Klaus C. Ewald, Gregor Klaus
Die ausgewechselte Landschaft

2. Auflage

: Haupt

Klaus C. Ewald • Gregor Klaus

Die ausgewechselte Landschaft

Vom Umgang der Schweiz
mit ihrer wichtigsten natürlichen Ressource

2. Auflage

Mit Beiträgen von Andreas Bosshard, Raimund Rodewald,
Hanspeter Schneider, Bruno Vanoni, Hans Weiss und Otto Wildi

Haupt Verlag
Bern · Stuttgart · Wien

Die erste Auflage wurde unterstützt durch die MAVA Stiftung für Naturschutz.

10 Prozent des Nettoerlöses aus dem Verkauf der Publikation kommen der Stiftung Landschaftsschutz Schweiz SL zugute.

Abbildungen Umschlag vorn: grosses Bild: Reinach/Arlesheim, Luftbild vom 2.9.2004, reproduziert mit Bewilligung von swisstopo (BA081672); kleines Bild: Das Birstal bei Arlesheim, Aquarell von Anonym, um 1840. Abbildungen Umschlag hinten: Alle Abbildungen stammen aus dem Inhalt. Abbildung Frontispiz: «Hodler schläft» von Hans U. Steger, Nebelspalter Nr. 17/1982.

Zitierung: Ewald, K.C. und Klaus, G. (2010): Die ausgewechselte Landschaft – Vom Umgang der Schweiz mit ihrer wichtigsten natürlichen Ressource. Bern/Stuttgart/Wien, Haupt. 2. Aufl. 660 S.

Gestaltung/Druckvorstufe: Dr. Markus Kappeler, Röschenz

1. Auflage: 2009
2. Auflage: 2010

Bibliografische Information der Deutschen Nationalbibliothek: Die Deutsche Nationalbibliothek verzeichnet diese Publikation in der Deutschen Nationalbibliografie; detaillierte bibliografische Daten sind im Internet unter http://dnb.d-nb.de abrufbar.

ISBN 978-3-258-07622-5

Mix
Produktgruppe aus vorbildlich bewirtschafteten Wäldern, kontrollierten Herkünften und Recyclingholz oder -fasern
Product group from well-managed forests, controlled sources and recycled wood or fibre
www.fsc.org Zert.-Nr. SGS-COC-004238
© 1996 Forest Stewardship Council

Alle Rechte vorbehalten.
Copyright © 2009 by Haupt Berne
Jede Art der Vervielfältigung ohne Genehmigung des Verlags ist unzulässig.

Printed in Germany

www.haupt.ch

Inhaltsverzeichnis

	Vorwort der Autoren	11
	Einleitende Worte: Die verlorene Heimat	15
1	**Was ist Landschaft?**	**22**
	Kampfzone zwischen Mensch und Natur	24
	Wie nehmen wir Landschaft wahr?	24
	Sehen wir Landschaft oder Natur?	28
	Was ist eine schöne Landschaft?	29
	Der Begriff «Landschaft» im Wandel der Zeit	31
2	**Landschaft als Lebensraum und Heimat**	**36**
	Leben in künstlichen Räumen	38
	Umwelt oder Mitwelt?	40
	Oh Heimat!	41
3	**Landschaftswandel erfassen – Quellen und Methoden**	**46**
	Terrestrische Fotografie	48
	Der Vergleich unterschiedlich alter Karten	49
	Luftbilder	52
	Weitere Quellen	56
4	**Von der Natur- zur Kulturlandschaft**	**62**
	Das Grossrelief entsteht	64
	Wald allüberall	65
	Der Mensch in der Landschaft	68
	Von allem etwas – die frühe Kulturlandschaft	69
	Urlandschaft oder Naturlandschaft – oder ist heute alles Kulturlandschaft?	70
5	**Die traditionelle Kulturlandschaft**	**72**
	Der Mensch bereichert die Landschaft	74
	Dominante Dreifelderwirtschaft	76
	Das historische Kleinrelief der Kulturlandschaft	82
	Das Ende der Dreizelgenwirtschaft	90
	Seidenraupen erobern die Schweiz	96
	Wein und Reblaus	97
	Landschaftsgestalter Obstbau	98
	Landschaft und Landwirtschaftpolitik	99
6	**Die entwässerte Landschaft**	**100**
	Wasser stopp!	102
	Flüsse im Streckbett	102
	Gewässerkorrektionen im Aargau	108
	Die Juragewässerkorrektionen	109
	Barrieren gegen die Vielfalt	113
	Trockengelegt und abgetorft	115

Wässermatten und Wuhren	118
Landschaft ohne Restfeuchte	122
Hochwasser und Landwirtschaft	124
Mehr Raum für Fliessgewässer	124

7 Die Demontage der traditionellen Kulturlandschaft 130

Die Landschaft zwischen 1850 und 1914	132
Erster Weltkrieg und Zwischenkriegszeit	135
Schweizerische Landesausstellung und Anbauschlacht	141
Das Landwirtschaftsgesetz von 1951	144
Die industrielle Landwirtschaft	147
Die «Sortensanierung»	150
Die Obstbaumtragödie	151
Milchseen und Butterberge	158
Die Auswirkungen auf Natur und Landschaft	160
Meliorationen als Kulturvandalismus	162
Landschaft im Griff der Meliorationen	168
Das Fallbeispiel Wintersingen	178
Bonitierungsverfahren mit Nebenwirkungen	183
Flurbereiniger als Flurpeiniger	184
Die subventionierte Unvernunft	187
Landschaftsgestaltung ohne Landschaftsplanung	190
Das Fallbeispiel Neeracherried	194
Wissenschaft im Dienst der Agrarlobby	198
Eine Juralandschaft wird umgestaltet	200
Ökonomie statt Ökologie im Rebberg	204
Die «Modernen Meliorationen»	210

8 Die Landschaft im Zeitalter der neuen Agrarpolitik 216

Die Landwirtschaft wird multifunktional	218
Das neue Direktzahlungssystem – was bekommt der Bauer?	221
Enttäuschte Hoffnungen	224
Neue Elemente bereichern die Landschaft	228
Alles Bio?	236
Hoffnungsschimmer Öko-Qualitätsverordnung	237
Weg mit den Renten!	238
Wie entwickelt sich das Direktzahlungssystem?	240
Natur auf dem Betrieb	241
Keine Chance für Hochstamm-Obstbäume?	244
Bedrohter Boden	249
Essay von Andreas Bosshard: Gesucht: eine Agrarreform mit Zukunft	*252*

9 Der Wald im Wandel der Zeit 266

Wald als Landschaftselement	268
Waldland Schweiz	269
Der Wald als Werkplatz	271
Weiden im Wald	272

Der Acker im Wald	274
Laubstreu und Harz	275
Niederwald als Brennholzlieferant	277
Bauholz aus dem Mittelwald	279
«Ländlicher Versorgungswald» oder «Plünderwald»?	280
Die Bäume kehren in den Wald zurück	281
Alle Macht dem Wald	284
Der Wald erobert die Landschaft	285
Sind Waldstrassen Wald?	288
Verhängnisvolle Kielwassertheorie	293
Die Mühen der Förster mit dem Nichtstun	295
Das Schweizer Amazonien	296
Kritik unerwünscht	302
Was Hänschen nicht lernt …	306
Das Ende der Waldweide?	308
Naturereignisse und rote Zahlen	312
Waldreservate entstehen	314
Neue Entwicklungen im Wald	315
Essay von Otto Wildi: Wald im Widerspruch der Interessen	*318*

10 Die zersiedelte Landschaft — 324

Siedlungen als lebendige Gebilde	326
Bauen, bauen, bauen	330
Bauen als Umweltzerstörung	338
Die modernen Agglomerationen: weder Stadt noch Land	349
Bauen ausserhalb der Bauzone	350
Gewerbegebiete als Landschaftsfresser	354
Shoppingland Schweiz	355
Bauen mit Nebenwirkungen	356
Das Ende der natürlichen Nachtlandschaft	360
Natur in der unverbauten Bauzone	365
Natur in der Stadt	366
Essay von Hans Weiss: Postmod. Beliebigkeit vs. nachhaltige Besiedlung	*370*

11 Strassen allüberall — 376

Das Wegnetz zur Zeit der Römer	378
Wegloses Mittelalter	379
Die Entstehung des modernen Verkehrsnetzes	382
Die Eisenbahn kommt	387
Das Auto erobert die Landschaft	391
Die Finanzierung des Strassenbaus	393
Nationalstrassen: Das hässliche Gesicht der Verkehrswege	396
Strassen statt Wiesen und Wälder	406
Die Zerschneidung und Verinselung der Landschaft	416
Homo mobilis helveticus	421
Unruhige Schweiz	428
Essay von Hanspeter Schneider: Die Erhaltung historischer Verkehrswege	*430*

12	**Landschaft im Sog des Tourismus**	**434**
	Die Anfänge des Tourismus	436
	Die ersten Hotels	441
	Die Theorie: Tourismuskonzept des Bundesrats	444
	Die Realität: Touristische Heimsuchung	444
	Klimawandel als Spielverderber?	454
	Sommertourismus entkoppelt sich von der Landschaft	462
	Landschaft im Hagel der Golfbälle	466
	Wildwuchs bei den Ferienhäusern	469
	Resorts als neue Herausforderung	479
	Essay von Raimund Rodewald: Landschaft als Freizeitpark	*482*
13	**Landschaft unter Strom**	**486**
	Energie ist Leben	488
	Die solare Gesellschaft	488
	Der Weg in die Industriegesellschaft	489
	Die verkabelte Landschaft	491
	Überflutete Landschaften	498
	Zur Ästhetik von Staumauern und Speicherseen	503
	Der Kraftwerkorganismus am Rand des Nationalparks	506
	Geopferte Natur, ertränkte Heimat	508
	Dem Fortschritt geopfert: das Sihlhochtal bei Einsiedeln	510
	Erfolgreicher Widerstand	514
	Bis auf den letzten Tropfen	521
	Kommt der Endausbau?	530
	Der Kühlturm in der Landschaft	533
	Der Wind, der Wind, das himmlische Kind?	536
	Die solare Kultur der Nachhaltigkeit	539
	Förderung erneuerbarer Energien mit angezogener Handbremse	541
	Renaissance der Niederwälder?	544
	Strom sparen statt neue Kraftwerke bauen	544
14	**Der geplante Raum in Theorie und Praxis**	**546**
	Ignorierte Landschaftsplanung	548
	Die Entwicklung des Landschaftsschutzes	549
	Verbandsbeschwerderecht: notwendig, wirksam – daher einschränken?	560
	Schutzgebiete hier, Schmutzgebiete dort	561
	Vom KLN zum BLN	564
	Die «Rothenthurm-Initiative»	575
	Schöne Leitbilder	580
	Dramatischer Vollzugsnotstand	580
	Der Fall Galmiz	585
	Anhaltende Schwächung des Naturschutzes	587
	Ein Scherbenhaufen	589

15	**Über den Umgang mit Landschaft – ein Landschafts-Knigge**	**590**
	Letzter Rückblick	592
	Gedächtnisschwund im Endstadium	592
	Landschaft bewusst planen	594
	Essay von Raimund Rodewald: Eine Trendumkehr ist möglich	*596*
	Landschaft mit Qualität	604
	Zurück zum Start!	620
	Die Autoren	623
	Literaturverzeichnis	625
	Stichwortverzeichnis	651

Vorwort der Autoren

Ein Buch über den Landschaftswandel zu schreiben, ist ein heikles Unterfangen. Man unterliegt schnell der Versuchung, jegliche Veränderung negativ zu bewerten und abzulehnen. Obstbäume roden ist schlecht, Häuser bauen ist schlecht, und die neue Autobahn ohnehin. Zu Beginn unserer Recherchen haben wir uns daher vorgenommen, möglichst nicht zu werten, sondern nur zu dokumentieren. Um es vorwegzunehmen: Es ist uns nicht gelungen! Zu drastisch waren die Eingriffe während der letzten 60 Jahre. Sinnlos zugeschüttete Hohlwege und Tümpel, systematisch geteerte Feldwege und im freien Feld erstellte Wohnhäuser müssen kommentiert werden.
Und schon taucht der Vorwurf auf, wir seien wirtschaftsfeindliche Ewiggestrige, die aus der Schweiz ein Volkskunde- und Naturmuseum machen wollen. Es geht uns aber keineswegs um eine «Ballenbergisierung» der Schweiz. Uns ist sehr wohl bewusst, dass Landschaft ein dynamisches Gebilde ist und sich ständig verändert. Das gilt für die Flusslandschaft genauso wie für die Kulturlandschaft. Es ist daher nicht so sehr die Veränderung an sich, die wir kritisieren, sondern die Art und Weise, wie die Veränderung durchgeführt wurde. Zu vieles ist unbedacht gemacht worden, und alles in rasendem Tempo.

Ein weiterer Vorwurf wird lauten, dass dieses Buch eine sinnlose Abrechnung mit der Vergangenheit ist und kein konkretes Programm für die Zukunft enthält. Kritisieren könne ja jeder! Das mag sein, doch erstens stammt die in diesem Buch enthaltene Kritik am Umgang mit der Landschaft meist gar nicht von den Autoren, sondern von Zeitgenossen, die noch während der Auswechslung der Landschaft das Tun kritisch hinterfragten und einen massvolleren Umgang mit unserer wertvollsten natürlichen Ressource, der Landschaft, verlangten. Hätte man ihnen doch mehr Gehör geschenkt!
Zweitens macht ein kritischer Rückblick durchaus Sinn, denn aus Fehlern kann man Lehren ziehen. Lernen aus Fehlern ist ein erster Schritt hin zu einem neuen Umgang mit der Ressource Landschaft. Wir müssen wieder lernen, Landschaften zu lesen, Strukturen zu erkennen. Wir müssen ein Gefühl für die Wohnlichkeit der Landschaft bekommen. Dieses Buch versucht, einen ersten Schritt in diese Richtung zu tun – in der Hoffnung, die zerstörende Hand zu bremsen und Landschaften zu erhalten, in denen sich ein Gleichgewicht zwischen gestern und heute hält. Wir wehren uns dagegen, dass es nicht möglich sein soll, das Neue mit dem Alten zu vereinen. Die totale Auswechslung der Landschaft ist keine Zukunftsperspektive, sondern ein Armutszeugnis.

Das grundlegende Problem beim Umgang der Schweiz mit ihren natürlichen Ressourcen ist die Tendenz, alles zu Geld zu machen und alles, was nicht zu Geld gemacht werden kann, zu beseitigen. Das gilt auch für die Ausstattung der Landschaft. Unsere Gesellschaft wird zunehmend vom reinen Nützlichkeitsdenken dominiert. Nur so ist es zu erklären, dass das Mittelland derart unansehnlich und gesichtslos geworden ist. Ein Häusermeer schiebt sich kontinuierlich in eine ausgeräumte Agrarlandschaft. Wir finden das beängstigend.

In einem offenen Brief an seinen Sohn schrieb der Geograf Josef Schmithüsen 1961 in der Zeitschrift «Natur und Landschaft» die bedenkenswerten Worte: *«In der Landschaft findest Du […] die Psyche der Bevölkerung ausgedrückt, zum Beispiel ihr Raumgefühl, ihren Schönheitssinn, den Gemeinschaftsgeist, die Traditionstreue, und zwar nicht nur in den Ortschaften, wo dieses selbstverständlich am ehesten in die Augen fällt.»*
Die Auswechslung der Landschaft, das systematische Auslöschen alter Landschaftselemente ist vergleichbar mit dem Abbrennen einer Bibliothek mit alten Büchern oder eines Archivs. Der Zeitgeist ist dabei, die historisch gewachsene Wirklichkeit in der Landschaft irreversibel zu beseitigen. Zurück bleibt eine Landschaftsausstattung, die nur noch internationalen Normen gerecht wird.

Leider stellen wir fest, dass die kritischen Stimmen immer leiser werden. Nur noch eine Handvoll Personen redet Klartext und kritisiert vehement das Tun in der Landschaft. Vor allem die Land- und Forstwirtschaft wird mit Samthandschuhen angefasst. Dieser Konkordanz-Kompromiss-Naturschutz mag den Niedergang der Landschaftsqualität und der Biodiversität in der Schweiz vielleicht bremsen, aber nicht aufhalten.
Dabei gibt es Wege aus der Krise im Prinzip zuhauf. Die Natur- und Landschaftsschutzorganisationen haben für praktisch jeden Umweltaspekt mindestens einen Lösungsansatz und ein Massnahmenpaket in der Schublade, mit welchen der Verlust der biologischen und landschaftlichen Vielfalt gestoppt werden könnte – ohne die Schweiz in die Steinzeit zurückzukatapultieren. Nur hört ihnen kaum noch jemand zu. Haben sie dennoch Erfolg, versucht man sie über die Einschränkung des Verbandsbeschwerderechts mundtot zu machen.

Im vorliegenden wissenschaftshistorischen Buch geht es uns darum, aufzuzeigen, was wir an Landschaftsqualität verloren haben und wer die Akteure sind. Die alte Garde der Natur- und Landschaftsschützer tritt zurück. Wenn jetzt nicht Rückschau gehalten wird, macht es niemand mehr. Uns ist bewusst, dass dieses Buch nicht allen Akteuren und Personen gefallen wird. Unsere umfangreiche «Buchhaltung» basiert aber auf unzähligen Quellen und Daten, die nicht einfach vom Tisch gewischt werden können. Sehr wichtig ist uns die Feststellung, dass die Kritik an Personen keinesfalls eine persönliche Kritik ist, sondern sich nur auf den Umgang mit Landschaft bezieht.
Die vielen Abbildungen und die zahlreichen Vorher-nachher-Bilder des gleichen Landschaftsausschnitts illustrieren und untermauern die im Text präsentierten Fakten. Es lohnt sich, die – jeweils mit einem Doppelpfeil gekennzeichneten – Bildvergleiche aufmerksam zu betrachten. Wo sind neue Häuser entstanden? Welche Strasse ist neu? Welches Gewässer ist verschwunden?

Die Entstehung des vorliegenden Werks war nur durch die grosszügige finanzielle Unterstützung der MAVA Stiftung für Naturschutz möglich. Man kann ihr dafür nicht genug danken. Ein ganz herzlicher Dank geht an Mario F. Broggi und Raimund Rodewald für das kritische Durchlesen des gesamten Manuskripts. Wertvolle Verbesserungsvorschläge an einem oder mehreren Kapiteln haben auch Cristina Boschi, Andreas Bosshard, Sebastian Klaus und René Bertiller gemacht. Dan-

ken möchten wir auch all jenen, die uns bei der Bildsuche behilflich waren, allen voran Raimund Rodewald, Beatrice Herren, Eneas Domenico, Markus Jenny, Matthias Bürgi, Roger Huber und Daniel L. Vischer. Die Stiftung Landschaftsschutz Schweiz, Via Storia, der Fonds Landschaft Schweiz und viele Institutionen und Privatpersonen haben uns ihre eindrücklichen Fotos kostenlos zur Verfügung gestellt, wofür wir uns vielmals bedanken möchten. Ein ganz spezieller Dank geht an Markus Kappeler für die geniale Gestaltung dieses reich illustrierten Werks.
Etliche Assistentinnen und Assistenten haben den Erstautor bei früheren Recherchen aller Art unterstützt. Besonders intensiv im Projekt haben mitgearbeitet: Thomas Coch, Christa Dähler, Claude Steck, Karl Martin Tanner und Michael Umbricht. Ihre hochmotivierte und angenehme Mitarbeit bleibt unvergessen.

Brunnen/Gerzensee und Rothenfluh, im Juni 2009
Klaus C. Ewald und Gregor Klaus

Vorwort zur 2. Auflage

Das Material für das vorliegende Buch wurde in den letzten 30 Jahren zusammengetragen. Drei Jahre haben wir benötigt, um das Buch in die vorliegende Form zu giessen. Aber nur 6 Monate hat es gedauert, bis die 1. Auflage ausverkauft war. Angesichts des grossen Medienechos auf das «durch sein Gewicht und noch viel mehr durch seinen Inhalt niederschmetternde Werk» (Bürgi 2010) ist das kein Wunder.
Der Entscheid zur Herausgabe einer 2. Auflage fiel leicht. Die Finanzierung leider weniger. Wir möchten uns an dieser Stelle ganz herzlich beim Haupt Verlag bedanken, dass er sich dazu bereit erklärt hat, eine 2. Auflage zu wagen. Allerdings mussten wir uns schweren Herzens dazu entschliessen, eine gekürzte Fassung herauszugeben. Zum Opfer fielen dem Rotstift das vormalige, 90 Seiten füllende Kapitel 15, in welchem wir am Beispiel der «Sanierung» des aargauischen Reusstals die Auswechslung einer Landschaft akribisch dokumentiert und analysiert hatten, und die zugehörigen acht aufwendig hergestellten Karten im Schuber.

Die einzige Kritik am Buch betraf interessanterweise dieses Kapitel und stammte ausnahmslos aus dem Kanton Aargau. Man hätte es lieber gesehen, wenn wir das Schwergewicht nicht auf das gelegt hätten, was verloren gegangen ist, sondern auf das, was man übrig gelassen hat, die sogenannten Biotop-Ecken. Das war aber nicht das Ziel des Buches. Auf keinen Fall wollten wir das Engagement der Naturschützer in Frage stellen. Wir wissen, dass die Naturschützer um jede Are, die nicht melioriert oder sogar aufgewertet wurde, gekämpft haben. Das ändert aber nichts an der Tatsache, dass der allergrösste Teil der Landschaft damals durch die Kulturingenieure ausgewechselt wurde.

Gerzensee und Rothenfluh, im Juni 2010
Klaus C. Ewald und Gregor Klaus

Einleitende Worte
Die verlorene Heimat

Jeder hat unbewusst eine ganz bestimmte Vorstellung von Heimat. Meine Heimat ist das Baselbiet. Oder sollte ich sagen, das Baselbiet *war* meine Heimat? Denn ich erkenne es nicht wieder. In meinen Kindheitserinnerungen existieren andere Wälder, andere Siedlungen, andere Bäche, andere Felder und andere Wege: ein Meer aus blühenden Wiesen und Obstgärten, Bäche, an denen ich als Kind gespielt habe, Feldgehölze, in denen wir Hütten gebaut haben, das kleine Dorf, in dem man auf der Strasse Völkerball spielen konnte.
Heute fressen sich die ausser Kontrolle geratenen Siedlungen und Gewerbegebiete die Täler hoch, das Rauschen der Blätter im Wald wird vom Rauschen der Autobahn übertönt. Der Bauernhof mit den mächtigen Linden, unter denen wir gespielt haben, musste dem Beton und Asphalt weichen, die Wiesen glänzen im fetten Einheitsgrün und sind ohne Reiz, die Agrarlandschaft ist ausgeräumt. Die unverwechselbaren Formen sind verschwunden, der Wiedererkennungsgrad strebt gegen null. Das ist nicht mehr die Landschaft meiner Kindheit (Abb. 1).

Im Baselbiet weiss ich genau, was für Schätze verloren gegangen sind. Die Dreistigkeit des permanenten Nützlichkeitsdenkens hat sie – wie fast überall in der Schweiz – weitgehend zerstört. Allein in den 1980er- und 1990er-Jahren wuchs die Siedlungsfläche in der Schweiz jährlich um 27 Quadratkilometer; zwischen 1972 und 2001 entstanden 6300 Kilometer neue Strassen. Das Mittelland ist mittlerweile zu einer gleichförmigen Siedlung ohne klassische Anzeichen von Urbanität verkommen. Alle holen sich, was sie gerade brauchen. Kaum jemand versucht, diese ungeheure Ausbeutung von Natur und Landschaft zu stoppen. Im ländlichen Raum hat die moderne Landwirtschaft die Landschaft vollständig ausgewechselt. Sie benötigte dazu nicht einmal 40 Jahre.
Jede Sekunde wird ein Quadratmeter Boden verbaut; er verschwindet irreversibel unter dem Häusermeer, den Autobahnen, Strassen, Parkplätzen, Flughäfen und Bahnhöfen. Das dort vorhanden gewesene Bodenmaterial ist abtransportiert oder zerstört worden – ein unersetzlicher Verlust für die Nahrungsmittelproduktion, denn noch leben wir von Produkten, die im Boden wurzeln. Mit dem zunehmenden Verlust von Landschaft und Humus werden wir noch abhängiger von Lebensmittelimporten aus Übersee.
Sogar in den Hochgebirgen beeinflusst der moderne Mensch die Landschaft. Mit Staumauern wurden ganze Talschaften unter Wasser gesetzt, und zwar ohne dass zusätzlich eine Landschaftsbereicherung angestrebt worden wäre. Besonders schlimm erging es den Gewässern der Schweiz. Bereits 1906 vermerkte der Zürcher Botaniker Prof. Carl Schröter in der Neuen Zürcher Zeitung: «*Mehr und mehr werden durch Uferbauten die natürlichen Seeufer mit den eigenartigen Pflanzengesellschaften der ‹Grenzzone› vernichtet; die Erhaltung solcher natürlichen Ufer liegt auch im Interesse des Landschaftsbildes.*» Fast alle Bäche und Flüsse wurden in ein Korsett gezwängt und fliessen trostlos vor sich hin. Aber auch alle anderen Elemente der Landschaft sind seit Jahrzehnten unter Druck. Immer rascher, grossflächiger und tiefgreifender wurde und wird Landschaft verwandelt. Im Umgang mit der Ressource Landschaft sollten wir aber nicht vergessen, dass Landschaft nicht vermehrbar ist. Sie ist nicht importierbar.

Abb. 1: Die ausgewechselte Landschaft: Blick vom Aussichtsturm auf Liestal und Umgebung.
Oben: 1904; unten: Juli 1999.
Quelle: Tanner 2001.

A Strasse ausgebaut und begradigt
B Wiesen und Weiden wiederbewaldet
C Gewerbe, Industrie und Siedlungen schwappen die Täler hoch
D Neue Wohnquartiere
E Fehlende Obstbäume
F Neue Hochspannungsleitung

Abb. 2: Das langsame Sterben der Linden beim Steinernen Kreuz in Hornussen (AG).

Für den Schutz der Natur und der Landschaft sind die kantonalen Naturschutzfachstellen und das Bundesamt für Umwelt zuständig. Doch man hat sie als zahnlose Papiertiger installiert. Alle sind sie dazu verurteilt, reaktiv tätig zu sein. Sie waren und sind nicht befugt, sich aktiv und prospektiv zu betätigen, denn man hat sie ohne diesbezügliches Instrumentarium ausgestattet. Zudem sind alle personell unterdotiert und können ihre Aufgaben – wenn überhaupt – nur ungenügend bewältigen. Im Jahr 1977 – zu einer Zeit, als die grössten Naturzerstörungen stattfanden – gab es auf der Stufe der Eidgenossenschaft nur eine Handvoll Stellen für den Natur- und Heimatschutz.

Da stellt sich die Frage, wem das Landschaftsbild gehört und wer sich eigentlich darum kümmert? Hat überhaupt jemand das Landschaftsbild und dessen Schutz im Pflichtenheft? Wohl niemand, denn es ist zu kompliziert und zu anonym. Für die Wissenschaft ist das Landschaftsbild a priori banal. Zudem entzieht es sich der Quantifizierung; daher ist es kein Thema. Für die Praxis ist das Landschaftsbild in der Regel unerheblich oder unwichtig, weil die Nutzungen gegenüber dem Erhalt von natürlichen Ressourcen Vorrang geniessen. Ganzheitliches Betrachten oder Begreifen scheint sowohl den Spezialisten als auch den Behörden fremd zu sein. Bei den raumwirksamen Tätigkeiten – im Bundesgesetz über die Raumplanung aufgeführt – hat man in der Praxis das Landschaftsbild aus den Augen verloren.

Irritierend ist nicht nur der Verbrauch von Landschaft, sondern auch die Globalisierung unserer Umwelt. Die schleichende Vereinheitlichung führt dazu, dass man die einzelnen Landschaften in der Schweiz kaum noch voneinander unterscheiden

kann. Bis etwa 1950 konnte die Kulturlandschaft im wahrsten Sinne des Wortes «gelesen» werden, das heisst die regional typischen, volkskundlich unterschiedlichen, zum Teil auch religiös geprägten Umgangsweisen mit der Kulturlandschaft spiegelten sich in der Landschaft wider.

Der Band «Landschaften der Schweiz» von Gutersohn (1950) zeigt beispielsweise anhand von zwölf ausgewählten Landschaften die kulturelle, historisch gewachsene Vielfalt der Schweiz. Mehr als 50 Jahre danach sind die meisten dieser «regionalen Identitäten» zerschlagen. Die von Gutersohn dokumentierten landschaftlichen, siedlungsgenetischen und volkswirtschaftlichen Verhältnisse lassen sich mühelos rückwärtsverfolgen und an spätmittelalterliche Wurzeln anknüpfen. Das ist heute nicht mehr möglich, da zu viele Verbindungen zu früheren landschaftlichen, flurgenetischen, siedlungsgeschichtlichen und volkskundlichen Konstellationen gekappt worden sind.

Das Amorphe vieler heutiger Landschaften lässt sich nicht charakterisieren und typisieren, wie das früher möglich war. Das zeigt auch ein Blick in neuere Lehrbücher der Geografie der Schweiz. Landschaftstypisierungen und Landschaftsbeschreibungen fehlen dort. Auch spezielle Charaktere der Landschaftsausprägung sind zerfallen, so die Sakrallandschaft, die Sprachlandschaft und auch die politische Landschaft, wie sie Richard Weiss 1959 beschrieb, ganz zu schweigen von den jahreszeitlichen Wanderungen im Gebiet der alpinen Mehrzweckwirtschaft wie zum Beispiel im Val d'Anniviers, die alle erloschen sind.

Der Verlust an landschaftlicher Vielfalt verläuft schleichend. Scheibchenweise verschwinden Landschaftselemente: Hier wird ein Hochstamm gefällt, dort ein Stein-

Oberlunkhofen (AG) im Reusstal. Oben im Juni 1931, unten im Mai 2000.

1931 liegt das Dorf in einem riesigen Obstgarten. Die Hochstämme zeichnen eindrücklich das Streifenparzellenbild nach. Links am Bildrand fliesst die Reuss. Noch wird die Aue ihrem Charakter gemäss genutzt: Artenreiche, feuchte Wiesen und Weiden, die ohne grossen Schaden ein Hochwasser überstehen, dominieren das Landschaftsbild.

Heute sind alle gewachsenen und natürlichen Strukturen ausserhalb der drei Naturschutzgebiete Schneggenmatten (A), Halde (B) und Friedgraben (C) verschwunden. Nur die s-förmige Strasse durch das Dorf ist geblieben. Alles andere wurde ausgewechselt. Die ehemalige Aue ist eine Schachbrettwüste.

haufen beseitigt, da eine Geländemulde aufgefüllt. Eine Strasse wird vergrössert, neben dem Aussiedlerhof entsteht ein überdimensionierter Stall, der nicht in die Region passt. Doch schon bald gehören die neuen Elemente zur Landschaft, als seien sie schon immer dagewesen. Der Mensch gewöhnt sich an alles. Und niemand ahnt mehr, dass die Fettwiese am Rande der Ortschaft früher ein Blumenmeer war und um die Ecke ein alter Kirschbaum stand.

Ich habe deshalb beschlossen, dem Vergessen entgegenzutreten und zusammen mit dem Wissenschaftsjournalisten Gregor Klaus die Schicksale der Schweizer Landschaften während der letzten beiden Jahrhunderte aufzuzeigen. Dank der grosszügigen Unterstützung durch die MAVA Stiftung für Naturschutz konnte das Projekt realisiert werden.
Im vorliegenden Buch machen wir die Landschaftsgeschichte der Schweiz sichtbar und rekonstruieren den Umgang mit der Landschaft und deren Nutzung. Anhand von Karten, Luftbildern und Fotovergleichen dokumentieren wir die Landschaftsveränderungen der letzten 150 Jahre. Wir wollen damit die Sinne für Veränderungen in Raum und Zeit anregen und schärfen; darüber hinaus sollen sie die sogenannte Raumwirksamkeit von Eingriffen sichtbar machen und zeigen, wie weit wir von einer natürlichen Landschaft entfernt sind.

So wie die Landnutzer und Territorialpolitiker das Recht für sich beanspruchen, Landschaft zu «meliorieren» und zu verbauen, nehme ich mir das Recht heraus, Landschaft zu verteidigen. Landschaft und Natur dürfen nicht mehr länger als Freiwild behandelt werden. Das Buch fragt danach, warum und wie es immer wieder möglich war und ist, dass das Unmögliche und das Undenkbare zum Normalfall wurden. Wie steht es um unsere Umwelt und um unsere Heimat? Lassen sich die Landschaftsveränderer identifizieren? Und welches ist deren Motivation? Wer finanziert die Agonie der Landschaft? Wie sind Wohntürme in den Alpen, Fabriken in der Landwirtschaftszone, Skihallen im Mittelland, Musikzentren in den Wytweiden des Juras, sowie das unreflektierte Gerede von der alpinen Brache, der urbanen Schweiz und «Metropolitan-Regionen» mit dem Nachhaltigkeitsartikel der Bundesverfassung zu vereinbaren? Wie kann Landschaft multifunktional sein und nachhaltig genutzt werden? Wir versuchen, Antworten auf diese Fragen zu geben.

Klaus C. Ewald, Brunnen/Gerzensee im Frühjahr 2009

Kapitel 1

Was ist Land

schaft?

Abb. 3: Deine Aussicht – meine Aussicht. Die wunderschöne Fernsicht wurde für 2,3 Millionen Franken privatisiert. Morgarten am Aegerisee.

Kampfzone zwischen Mensch und Natur

Für die meisten Menschen ist der Inhalt des Begriffs Landschaft unbekannt, schleierhaft oder unwichtig. Dennoch scheint das Interesse an der Landschaft wieder zu erwachen – so wie bereits in der Romantik oder im 18. Jahrhundert mit dem aufkommenden Tourismus. Die Beachtung, die der Landschaft entgegengebracht wird, basiert auf dem Prinzip «Angebot und Nachfrage»: Das Angebot an qualitativ hochstehenden Landschaften wird knapp, die Nachfrage steigt, und damit auch – wie bei Wirtschaftsgütern – der Preis.
Mit dem Wort «Landschaft» verbinden die meisten Leute Gebiete ausserhalb der Städte und Agglomerationen. Zwar sind vom wissenschaftlichen und ökologischen Standpunkt aus gesehen Städte und Agglomerationen Teile der Landschaft; gerade für Stadtbewohner liegt «die Landschaft» aber ausserhalb des besiedelten Gebiets, dort also, wo Berge, Wälder und Wildnis auf sie warten. Nicht vergessen werden darf, dass viele Stadtbewohner nie das Verlangen haben, auf das Land oder in «die Landschaft» hinauszufahren. So führen weltweit Millionen von Menschen freiwillig ein Leben ohne «Landschaft».
Die in den letzten Jahren publizierten Landschaftsdefinitionen sind meist vom gegenwärtigen Zeitgeist geprägt und entpuppen sich als subjektiv und vom Nützlichkeitsgedanken dominiert. Beispielsweise wird die sozialwissenschaftliche Interpretation von Landschaft dieser niemals gerecht, denn Landschaft ist eben kein «anthropogenes Produkt» – eine Plattitüde mit absoluter Verkennung naturwissenschaftlicher Gegebenheiten. Der Landschaftsbegriff wird – wie alles heute – überstrapaziert. So sprechen Buchhandlungen von Bücherlandschaften, Wohnausstatter von der Kissenlandschaft und DRS 2 von der Streichquartettlandschaft. In diesem Buch ist Landschaft ein dreidimensionaler Ausschnitt der Erdoberfläche von beliebig grosser Ausdehnung, der alle vorhandenen Anteile der Litho-, Pedo-, Hydro-, Bio-, Anthropo- und Atmosphäre einschliesst und sich heute als Kampfzone zwischen Mensch und Natur präsentiert.

Wie nehmen wir Landschaft wahr?

Das Wahrnehmen von Landschaft geschieht vor allem visuell über die Augen, die nichts anderes sind als an die Peripherie des Kopfes verlagerte Hirnteile. Wie Farben und Farbkombinationen wahr- und aufgenommen werden, ist von der Tageszeit und vom Wetter abhängig. Da blühende Bäume oder bunte Wiesen zeitlich befristet vorhanden sind, hängt die Wahrnehmung dieser Elemente nicht zuletzt auch von der Jahreszeit ab. Das Gleiche gilt für die Wahrnehmung von Äckern und Ackerpflanzen.
Landschaft nehmen wir meist als Bild wahr. Die Begriffe «Bilderbuchlandschaften» oder auch «Kalenderbildlandschaften» verdeutlichen dies. Sie werden für schöne Landschaften verwendet (Abb. 4), vor allem für Ferienlandschaften, die zum Wandern, Entspannen und Glücklichsein einladen sollen (Rodewald 1999a). Die Bilderbuchlandschaften sind noch immer die wichtigsten Promotoren des Schweizer Tourismus. Die Ströme von Touristen auf Jungfrau, Pilatus und Rigi, nach Inter-

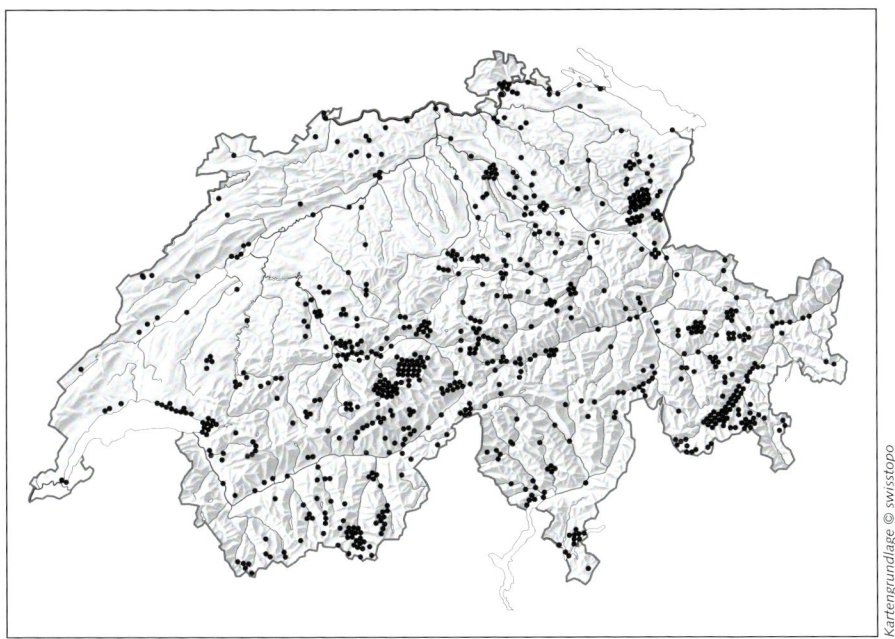

Abb. 4: Wo liegen die Kalenderlandschaften der Schweiz? Die Karte zeigt die Standorte von 750 Kalenderbildern aus dem Zeitraum von 1951 bis 2000. Weitaus am meisten der abgebildeten Landschaften liegen in den Alpen, vor allem in touristisch interessanten Regionen. Die Landschaften auf den Kalenderbildern dienen vor allem als Botschafter für eine attraktive Schweiz. Unsachgemässe Landschaftseingriffe führen dazu, dass dieses Potenzial laufend abnimmt. Quelle: Kuster und Tanner 2006.

laken, Zermatt und St. Moritz verdeutlichen, wie wichtig schöne Landschaftsbilder sind. Auch die anderen Sinnesorgane spielen bei der Landschaftswahrnehmung eine wichtige Rolle. So können wir die Geräusche der Natur wie Vogelstimmen und das Rauschen eines Wasserfalls hören und als Wanderer Landschaft riechen, sei es der Duft des Harzes im Wald, der Blumen auf der Wiese, der Lindenblüten oder der feuchten Erde.

Die Wahrnehmungsfähigkeit setzt nicht nur funktionsfähige Sinnesorgane voraus, sondern benötigt auch eine in der Kindheit anerzogene Bereitschaft zur bewussten Aufnahme der Umwelt und ein gewisses Grundwissen, um Vielfalt erkennen, benennen und intuitiv einordnen zu können. Doch der Mensch lebt zunehmend unter inneren und äusseren Zwängen, sodass zeitweilig die Wahrnehmungsfähigkeit vollständig ausfallen kann. Ein Jogger oder eine Mountainbikerin müssen sich auf den Weg konzentrieren – das Landschaftsbild wird kaum registriert. Landschaft könnte für sie auch eine Kulisse aus Papiermaché sein (Abb. 5). Die Snowboarder und Halfpipefahrer – was nehmen sie von der Winterlandschaft wirklich wahr? Die wohl intensivste Form der Wahrnehmung von Natur und Landschaft ermöglichen das Wandern und das Spazierengehen. Der Mensch bewegt sich langsam in der Landschaft und erlebt sie, wie wenn sie sich selbst gemächlich bewegte oder veränderte.

Wer gelernt hat, die Formen einer Landschaft zu deuten, kann in ihr lesen wie in einem Buch. Der Schriftsteller Hermann Hiltbrunner schrieb dazu 1943: «*Nicht nur der Mensch, auch die Landschaft hat ein Antlitz, ja, sie ist ein Antlitz durch und*

Abb. 5: Wer sieht Natur und Landschaft? Links: Wanderer bei Augst, 1949. Rechts: Moderne Fortbewegung im Wald.

durch und Schritt für Schritt – stumm und doch beredt, unbeweglich und doch bewegt. Wenn wir es anschauen oder uns von ihm angeschaut fühlen, so verhalten wir uns vor ihm wie vor einem Menschenantlitz: Wir deuten seinen Gesichtsausdruck, wir lesen seine Züge.»

Beim Blick in die Landschaft nimmt man zunächst die Grossformen der Landschaft wie Berge, Bergrücken, Kuppen, Hügel und Abhänge wahr, vor allem weil sie bildfüllend oder bildbestimmend vorhanden sind. Der geologische Untergrund bestimmt das Grobrelief (Abb. 6). Ob die Berge aus kristallinem Gestein oder Dolomit bestehen, zeigt sich deutlich im Landschaftsbild. Die unterschiedliche Beschaffenheit der Gesteine bildet zudem die Voraussetzung für unterschiedliche Strukturen, weil die Verwitterung unterschiedlich abläuft. Im Jura wechseln beispielsweise harte Kalkbänke mit weichen Mergelschichten ab, was nicht nur das Relief bestimmt, sondern auch die Vegetationsverteilung: Gebiete mit Mergelunterlage werden meist als Wiesen oder Weiden genutzt, während auf den Kalkbänken Wald wächst (Abb. 6).

Weil Wasser und Eis ständig am Gestein nagen, sind sie an der Gestaltung der Landschaft entscheidend beteiligt. Während in den Alpen Gletscher am Gestein hobeln, haben die Flüsse im Mittelland riesige Schotterebenen aufgeschüttet. Flüsse und Bäche sind aber nicht nur Landschaftsgestalter, sondern prägen auch das Landschaftsbild. Ein wichtiges Element des Landschaftsbilds ist die lebende Natur: Wälder, ihre Verteilung und Zusammensetzung, Einzelbäume, Baumgruppen, Gehölze, Obstbäume, Hecken, Ufergehölze und Alleen in der offenen Landschaft. Spätestens seit den mittelalterlichen Rodungen ist der Mensch der wichtigste Landschaftsgestalter. In der Schweiz ist die Präsenz des Menschen allgegenwärtig: Siedlungen, Wiesen, Weiden, Gewerbe- und Industriebauten, Seilbahnen und

> *«Landschaft nahmen wir gerne wahr als etwas, was uns einen Verlust ausgleicht. In ihr suchen wir, was uns nicht mehr selbstverständlich gegeben ist; sie war ein Fluchtziel zivilisierter Menschen, die bei ihr erfuhren, was in ihrem wirtschaftlichen, gesellschaftlichen oder privaten Raum ausgespart, verdrängt oder vergessen war. Als ein bewusstes Wunschziel konnte es Landschaft erst geben, seitdem das menschliche Leben sich ausserhalb natürlicher und landschaftlicher Vorgegebenheiten bewegte.»*
>
> Martin Warnke (1992), Kunsthistoriker

> *«Das Land ist die Erdoberfläche […], Landschaft dagegen das Gesicht des Landes, das Land in seiner Wirkung auf uns (Zitat Max J. Friedländer, Kunsthistoriker). […] die Landschaft stellt sich uns dar als Bild, zu dessen perzeptivem Charakter der Ausdruck gehört. Oder, […] sie erscheint uns wie das ‹Gesicht des Landes›, als der bestimmte Eindruck, der als Wirkung von dem bestimmten Ausdruck der jeweiligen Landschaft in uns zur Resonanz kommt. Aufgrund dieser Resonanz in uns sprechen wir dem Landschaftseindruck eine lebendige, melancholische, heitere, schöne oder erhabene Wirkung zu. Indem wir aber in einen bestimmten Eindruck versetzt werden, blicken wir ‹nicht auf ihn, sondern eher aus ihm›. Was wir beim Betrachten der Natur als Landschaft sehen, ist deshalb nicht nur, was wir sehen, sondern was wir in ihr sehen, und was wir in ihr sehen können, zeigt uns ihr Ausdruck. […]*
>
> *Bei der ästhetischen Erfahrung der Natur ist diese zunächst selbst, als wirkliche, Gegenstand der Zuwendung. Sie ist nicht repräsentiert wie im Kunstwerk, sondern selbst präsent. Im Unterschied zum perspektivisch entworfenen Raum des Landschaftsgemäldes ist der Landschaftsraum, den wir in der uns umgebenden Natur konstituierend entwerfen, ein wirklicher Raum, der auf unseren Leib hin orientiert ist. […]*
>
> *Erhaben wirkt die Natur auf uns, wo wir uns im Verhältnis zu ihrer Erscheinung als klein erfahren. Dies geschieht vor allem da, wo die Orientierung ihrer Gegenstände auf unseren Leib hin ausser Proportion gerät. Das Horizontale und das Vertikale als extreme Gegensätze können dieses Gefühl auslösen. Wir fühlen uns vom offenen Horizont des Meeres in die Weite gezogen und vom steil aufragenden Berg überwältigt.»*
>
> Manfred Smuda (1986), Professor für Linguistik

Luftbild reproduziert mit Bewilligung von swisstopo (BA081672)

Zeichnung © Cristina Boschi

Zeichnung © Corinne Klaus-Hügi

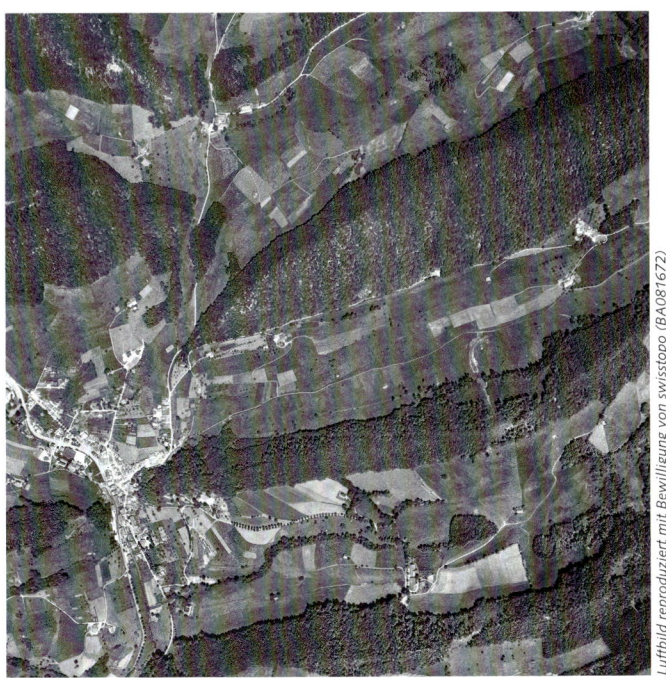

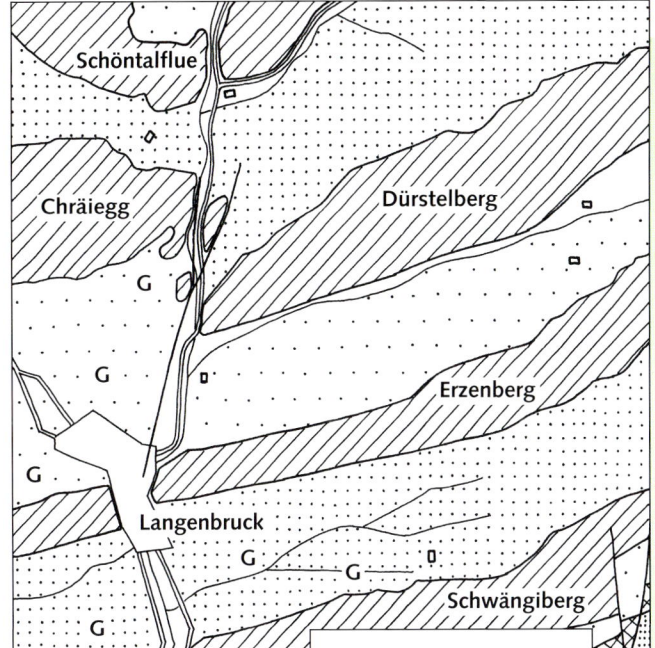

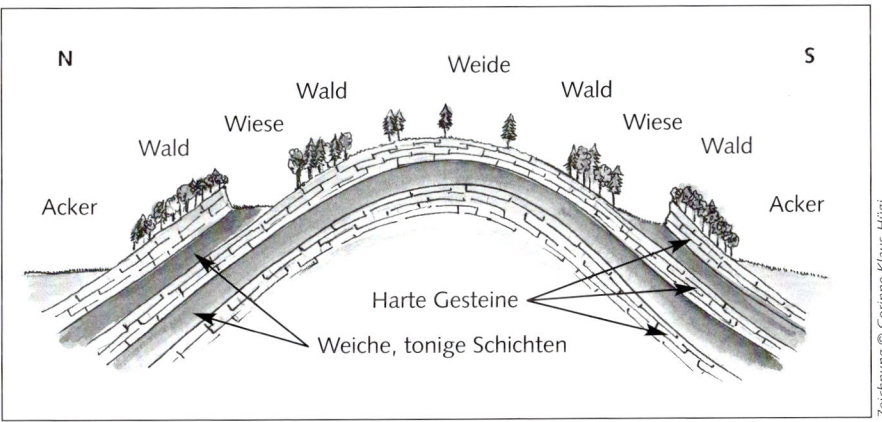

Abb. 6: Das Landschaftsbild des Faltenjuras – hier bei Langenbruck (BL) – wird stark von einem Wechselspiel zwischen Geologie und Vegetation geprägt: Wald und Rodung folgen genau hartem und weichem Gestein und vermitteln dadurch Einblick in den Feinbau der Jurafaltung. Harte Rippen sind bewaldet, weiche Gesteinsschichten tragen Wiesen und Weiden. Geologisches Profil nach einer unveröffentlichten Karte von D. Elber, Universität Basel. Quelle: Moor 1963.

Skilifte, Strassen und Wege prägen das Landschaftsbild. Rund 75 Prozent der Schweizer Bevölkerung lebt in Städten und Agglomerationen; die Menschen dort sehen Landschaftsbilder, die zum grössten Teil künstlich sind, also eine gebaute Umwelt darstellen.

Die akustische Wahrnehmung von Landschaft ist in den letzten Jahrzehnten immer schwieriger geworden. Nebst Tönen, Klängen und Geräuschen, die allgemein als angenehm empfunden werden wie Vogelgesang, Grillengezirpe oder Glockengeläut, wird die akustische Landschaft zunehmend von anthropogenem Lärm bestimmt. Dazu gehören die Geräusche von Autos, Motorrädern, Flugzeugen, Helikoptern, Traktoren, Motorsägen, Heugebläsen, Zügen oder Modellflugzeugen. Zwar tritt gegenüber diesen Geräuschen nach einer gewissen Zeit eine sinnesphysiologische Adaptation ein; die Bereitschaft oder die Fähigkeit zur akustischen Wahrnehmung von Landschaft nimmt aber deutlich ab. Das Gleiche gilt für Gerüche, welche die Wahrnehmung einschränken, seien es Abgase oder Gülle.
Häuser, Dörfer, grössere Siedlungen und Strassen sind in vielen Regionen mittlerweile so häufig, dass sie wohl registriert, aber nicht mehr bewusst wahrgenommen werden. Schon eher werden Einzelbauten in der offenen Landschaft zur Kenntnis genommen. Die biologische Vielfalt wird dagegen nur bedingt wahrgenommen. Sogar ein Bauer kennt gerade einmal sechs Wildpflanzenarten; dem Durchschnittseuropäer dürften noch weniger Pflanzen bekannt sein.
Die ungezählten planierenden Eingriffe in die Landschaft haben das Kleinrelief eingeebnet. Nimmt man die verbleibenden, schwachen Reste wahr, oder wird das

Abb. 7: Naturnahe Kulturlandschaft: Beim Betrachten des Bilds zeigt sich die Schwierigkeit, Natur und Kultur in traditionellen Kulturlandschaften zu trennen. Auf den ersten Blick denkt man an eine Naturlandschaft. Die Schneeberge im Hintergrund, die bewaldeten Bergrücken im Mittelgrund sowie die natürlich erscheinenden Hecken und Strukturen im Vordergrund deuten darauf hin. Die Aura von Ruhe, von Natürlichkeit – nicht von Wildnis! –, von duftenden Matten, von Busch und Wald, von Licht und Wärme und von Harmonie erwecken den Eindruck einer Bilderbuchlandschaft. Gemeinde Tschlin, Unterengadin, Oktober 2006.

noch vorhandene Kleinrelief übersehen? Bemerken wir überhaupt den Wandel, der im Laufe der Zeit stattgefunden hat? Sind wir in der Lage, uns nach Jahren zu erinnern, wie die Landschaft ausgesehen hat? Es muss befürchtet werden, dass die Antwort «nein» lautet. Nur so ist erklärbar, dass die Landschaftsqualität in den letzten Jahrzehnten derart abgenommen hat, ohne dass ein Aufschrei durch die Bevölkerung gegangen ist.

Sehen wir Landschaft oder Natur?

Natur ist ein unspezifischer und sehr allgemeiner Begriff. Naturwissenschaftler definieren ihn nicht, weil er über physikalische Gesetze, chemische Formeln oder meteorologische Gegebenheiten als Forschungsgegenstand dient. Hingegen versucht der «Naturschutz» seit je, das Objekt seiner Bemühungen zu definieren. Das gelingt aber nur zum Teil. Auch die Unterscheidung zwischen lebender (Pflanzen, Tiere) und toter Natur (Gesteine, Wasser, Luft usw.) geht auf naturschützerische und naturpuristische Denkweisen zurück. Doch auch diese Unterteilung trägt wenig zur Klärung der Natur bei.

«Natürlich» als Adjektiv hat noch immer den früheren Sinn bewahrt: ohne menschliches Zutun, also aus sich oder selbstständig entstanden. Allerdings ist es sehr schwierig bis aussichtslos, nachweisen zu können, ob zum Beispiel ein Pflanzenbestand oder eine Erosionsstelle natürlich sind, weil die Einflussnahme des Menschen seit über tausend Jahren andauert. Das umgangssprachliche «natürlich» oder die «natürliche Person» der Juristen haben sich dagegen weit vom ursprünglichen Wortinhalt entfernt.

Je nach Herkunft und beruflicher Prägung eines Menschen sind seine Optik und Perspektive in Bezug auf Natur und Landschaft völlig unterschiedlich. Doch selbst die in der Landschaft und mit der Natur arbeitenden Menschen wie Bauern, Förs-

> «In Zeiten ‹normaler Wissenschaft› (Th. Kuhn) ist der Begriff ‹Natur› kein Thema der Naturwissenschaften. Dies lässt sich schon daran erkennen, dass in kaum einem naturwissenschaftlichen Lehr- oder Handbuch der Naturbegriff Eingang findet. ‹Natur› ist aufgrund seines hohen Abstraktionsgrades ein Begriff, der für die Tätigkeit der naturwissenschaftlichen Einzeldisziplinen keinen wissenschaftlichen Sinn hat.»
>
> Joachim Wilke (1994), Philosoph

> «Nicht bloss das Waldland, auch die Sanddünen, Moore, Heiden, die Felsen- und Gletscherstriche, alle Wildnis und Wüstenei ist eine notwendige Ergänzung zu dem cultivierten Feldland. Freuen wir uns, dass es noch so manche Wildnis in Deutschland gibt. […] Jahrhunderte lang war es eine Sache des Fortschrittes, das Recht des Feldes einseitig zu vertreten; jetzt ist es dagegen auch eine Sache des Fortschrittes, das Recht der Wildnis zu vertreten neben dem Rechte des Ackerlandes.»
>
> Wilhelm Heinrich Riehl (1823–1897), Volkskundler
> (zitiert in Sieferle 1986)

ter, Gärtner und Jäger benötigen oder sehen keine Landschaft. Sie sind mit der Natur beschäftigt, und diese besteht aus Bäumen, Wiesen, Weiden, Mais, Rosen und Tieren. Auch Geologen, Geotechniker und Gewässerbauer sehen nicht die Landschaft, sondern Gesteine verschiedener Herkunft und unterschiedlicher Härte sowie natürliche Gefahrenpotenziale von Fliessgewässern im steilen Gelände.

Was ist eine schöne Landschaft?

Im Gegensatz zu anderen Umweltbereichen wie Luft, Artenvielfalt und Lärm lässt sich die Schönheit einer Landschaft nicht messen, weil der gleiche Landschaftsausschnitt auf verschiedene Menschen völlig anders wirken kann. Die persönliche, subjektive Komponente dominiert die Landschaftswahrnehmung. Eine grosse Rolle spielen die Werthaltung, die Persönlichkeit, bisherige Erfahrungen und das Wissen. Das führt dazu, dass die einen begeistert auf ein riesiges, gelb blühendes Rapsfeld reagieren und die anderen die ausgeräumte Landschaft beklagen.

Völlig unterschiedlich sind auch die Ansprüche der Menschen an ihren Lebensraum. Die einen wollen eine Umfahrungsstrasse, um schneller von A nach B kommen zu können. Die anderen wollen ebendiese Strasse nicht, weil sie an ihrem Haus vorbeiführen wird. Praktisch jede Landschaftsveränderung hat Gegner und Befürworter. Das gilt für den geplanten Golfplatz, das projektierte Einkaufszentrum, die neue Deponie und die bevorstehende Melioration. Für die einen bedeutet die Veränderung eine Steigerung der Qualität ihres Lebensraums, für die anderen geht ein Stück Heimat verloren.

Diese jeweilige Fokussierung auf eine spezielle Qualität der Landschaft führt in der Regel zu einer einseitigen Nutzung der Landschaft, weil manche Bevölkerungsgruppen sich besser durchsetzen können als andere. Das Nachsehen haben all jene, die unter einer schönen Landschaft ein Ensemble zwischen Natur- und Kulturlandschaft verstehen. Eine Landschaft ist für diese Menschen dann ästhetisch ansprechend, wenn die Kulturlandschaft reich gegliedert ist, alte und neue Elemente nebeneinander existieren können und in der Landschaft eingebettet sind.

Der Begriff «Landschaft» im Wandel der Zeit

Weil die Landschaft der zentrale Gegenstand dieses Buchs ist, kommt man nicht um eine Inhalts- und Begriffserläuterung herum. In der Geografie haben Generationen von Gelehrten seit dem 18. Jahrhundert um Definitionen gerungen und gestritten. Es leuchtet ein, dass ein Alltagsbegriff wie das Wort «Landschaft» mit einem Satz nicht hinreichend erläutert werden kann. Zu viele Elemente, Momente und Prozesse stecken im «System Landschaft». Der Beobachtungszeitraum von 1800 bis heute lädt ein, das Landschaftsverständnis im Wandel der Zeit anhand einiger zeitgenössischer Zitate aufzuzeigen. Wir stützen uns dabei zum Teil auf die rund 70 ausgewählten Landschaftsdefinitionen aus der Zeit von 1805 bis 1955, die von Anneliese Siebert zusammengetragen und 1955 publiziert worden sind.

Abb. 8 (Seite 30): Jörg Müller machte 1973 in einer Bildermappe den Landschaftswandel sichtbar. Dokumentiert wird der Übergang eines beschaulichen Bauerndörfchens zur industrialisierten Agglomerationssiedlung im Zeitraum 1953 bis 1972. Das aussergewöhnliche Zeitdokument ist heute aktueller denn je. Vor fünf Jahren ist die Bildermappe sogar in Taiwan erschienen – und wurde auch dort ein Erfolg. Quelle: Jörg Müller, «Alle Jahre wieder saust der Presslufthammer nieder oder Die Veränderung der Landschaft», Sauerländer AG, Aarau, 1973.

Sehr klar zum Begriff Landschaft äusserte sich Heinrich G. Hommeyer (1805):

> «Eine Landschaft ist ein Bezirk aller von einem sehr hohen Standpunkte überschauten Flächen, oder auch die Menge der Gegenden, welche von den nächsten grossen Terraintheilen, hauptsächlich von den Bergen und Waldungen umfasst werden.»

Das Sichtbare der Landschaft spielt bei Alexander von Humboldt (1845) ebenfalls eine wichtige Rolle. Für ihn ist Landschaft geschaute Natur:

> «Die Natur ist für die denkende Betrachtung Einheit in der Vielheit, Verbindung des Mannigfaltigen in Form und Mischung, Inbegriff der Naturdinge und Naturkräfte, als ein lebendiges Ganzes. Das wichtigste Resultat des sinnigen, physischen Forschens ist daher dieses: in der Mannigfaltigkeit die Einheit zu erkennen; von dem Individuellen alles zu umfassen, was die Entdeckungen der letzteren Zeitalter uns darbieten; die Einzelheiten prüfend zu sondern und doch nicht ihrer Masse zu unterliegen: der erhabenen Bestimmung des Menschen eingedenk, den Geist der Natur zu ergreifen, welcher unter der Decke der Erscheinungen verhüllt liegt.»

Alexander von Humboldt schrieb weiter (1845):

> «Es ist ein gewagtes Unternehmen, den Zauber der Sinnenwelt einer Zergliederung seiner Elemente zu unterwerfen. Denn der grossartige Charakter einer Gegend ist vorzüglich dadurch bestimmt, dass die eindrucksreichsten Naturerscheinungen gleichzeitig vor die Seele treten, dass eine Fülle von Ideen und Gefühlen gleichzeitig erregt werde. Die Kraft einer solchen über das Gemüth errungenen Herrschaft ist recht eigentlich an die Einheit des Empfindenen, des Nicht-Entfalteten geknüpft. Will man aber aus der objectiven Verschiedenheit der Erscheinungen die Stärke des Totalgefühls erklären, so muss man sondernd in das Reich bestimmter Naturgestalten und wirkender Kräfte hinabsteigen. Den mannigfaltigsten und reichsten Stoff für diese Art der Betrachtungen gewährt die landwirthschaftliche Natur […].»

In einer anderen Publikation (1849) nahm der Naturforscher von Weltgeltung das Landschaftsbild und damit den Landschaftsmaler zu Hilfe:

> «Was der Maler mit den Ausdrücken schweizer Natur, italienischer Himmel bezeichnet, gründet sich auf das dunkle Gefühl dieses lokalen Naturcharakters. Luftbläue, Beleuchtung, Duft, der auf der Ferne ruht, Gestalt der Tiere, Saftfülle der Kräuter, Glanz des Laubes, Umriss der Berge, alle diese Elemente bestimmen den Totaleindruck einer Gegend.»

Gut 50 Jahre später bemüht sich Friedrich Ratzel (1904) darum, das Landschaftsbild, das Naturschöne, das Erhabene darzulegen. Zum Thema «Landschaftsschilderung» seien nur zwei Sätze von ihm zitiert:

> «In der Geographie und in den verwandten Wissenschaften gibt es dann noch eine dritte, höhere und jedenfalls verwickeltere Aufgabe, das ist die Beschreibung ganzer Landschaften. Denn da die Geographie alle Erscheinungen der Erdoberfläche, ob organischer oder unorganischer Natur, zusammenfasst, liegt ihr auch eine zusammenfassende Beschreibung ob, ohne die die Geographie eines Landes nie vollständig sein wird.»

Und nochmals Friedrich Ratzel (1904):

> «Man sieht [...], wie wissenschaftliche Forscher mitten in ihrer Gedankenarbeit das Bedürfnis empfinden, aus der Zerlegung der Erscheinungen zurückzukehren zu einem Punkte, wo sie ein Ganzes übersehen. Es ist so, wie wenn der Maler immer einmal vor dem Bilde zurücktritt, wo er eine Menge von Einzelheiten ausführte; er will den Gesamteindruck gewinnen, zu welchem sie zusammenstimmen.»

20 Jahre später formuliert Robert Gradmann (1924) in seiner Schrift «Das harmonische Landschaftsbild» zum Thema der räumlichen Einheiten:

> «Jede dieser Einheiten ist bei aller Fülle der Erscheinungen ein in sich geschlossenes Ganzes, das so nirgends mehr wiederkehrt und dessen Einzelbestandteile in wunderbarem Einklang miteinander stehen. Sie verhalten sich wie die Bausteine in einem wohlgefügten Gebäude, wie die Räder in einem Uhrwerk, wie die Organe eines Leibes. Eine solche räumliche Einheit bezeichnet man seit langer Zeit (Alex. v. Humboldt) und heute ganz allgemein als natürliche Landschaft. Das innere, seelische Bild einer solchen natürlichen Landschaft möchte ich, einen mehrfach vorgefundenen Sprachgebrauch benützend, ein harmonisches Landschaftsbild nennen.»

Der Geomorphologe Alfred Penck interpretierte 1928 Landschaft vorab aus der Perspektive der Naturwissenschaften (in Siebert 1955):

> «Alle die von der Erdoberfläche ausgehenden physiogeographischen, biogeographischen und kulturgeographischen Funktionen werden für die Erscheinung der einzelnen Erdenstellen, für deren Oberflächengestaltung und dessen Kleid massgebend. Alles dies fassen wir heute unter dem Namen Landschaft zusammen.»

Ewald Banse sieht Landschaft eher durch eine ästhetische Brille (in Siebert 1955):

> «Landschaft ist der sinnliche Gesamteindruck, den ein Ausschnitt der Erdhülle vor allem durch seinen Anblick, daneben auch durch seine Geräusche sowie sein Klima im Menschen erweckt. Sie bildet die Synthese aller geographischen Elemente, die Krone der geographischen Schilderung, zumal wenn sie nicht ein beliebiger Naturausschnitt unter Dutzenden, eine Szenerie ist, sondern wenn sie die für einen bestimmten Erdraum typischen Formen und Farben in einem typischen Bilde vereinigt. Die Erkenntnis der Landschaft in einem ästhetisch-geographischen Sinne hängt von sehr vielen Momenten ab.»

Für das Landschaftsverständnis sehr wichtig wurde die Schrift von Klaus Bürger (1935). Er hat mithilfe von über 400 Literaturangaben Licht in das Landschaftsverständnis gebracht. Er selbst hat folgende Definition formuliert (in Siebert 1955):

> «Unter einer geographischen Landschaft versteht die heutige Geographie einen Teil der Erdoberfläche, der nach seinem äusseren Bilde und dem Zusammenwirken seiner ‹Erscheinungen› sowie den inneren und äusseren Lagebeziehungen eine Raumeinheit von bestimmtem Charakter bildet, der diesen Erdraum von seiner Umgebung unterscheidet.»

1950 präsentiert Heinrich Gutersohn eine anschauliche Beschreibung von Landschaft:

> «In einer Landschaft fügen sich indessen nicht bloss bestimmte Landschaftselemente mosaikartig zusammen, sondern ihre Eigenart besteht namentlich darin, dass sich diese Elemente in ganz bestimmter Weise vergesellschaften. So wie in einem Kaleidoskop dieselben farbigen Glassplitter immer wieder neue Bilder liefern können, so können sich dieselben landschaftlichen Strukturelemente zu ganz verschiedenen Landschaften zusammenfügen; die einzelnen Elemente werden sich in ihrer räumlichen Ausdehnung und in ihrer gegenseitigen Anordnung unterscheiden.»

Karlheinz Paffen widmet 1953 eine seiner Schriften dem «Landschaftsbegriff als Problemstellung» und verwendet Begriffe, die noch heute gebraucht werden:

> «Die geographische Landschaft ist eine vierdimensionale (raumzeitliche) dynamische Raumeinheit, die aus dem Kräftespiel, sei es physikalisch-chemischer Kausalitäten unter sich, sei es diese mit vitalen Gesetzmässigkeiten oder auch geistigen Eigengesetzlichkeiten gepaart, in einer stufenweisen Integration von anorganischen, biotischen und gegebenenfalls kulturell sozialen Komplexen als Wirkungsgefüge und Raumstrukturen erwächst.»

Zwanzig Jahre danach gibt Paffen einen Sammelband mit dem bedenkenswerten Titel «Das Wesen der Landschaft» (Paffen 1973) heraus. Er enthält mehr als 20 Beiträge aus den Jahren 1935 bis 1970 zu den verschiedenen Facetten des Landschaftsverständnisses. Aus diesem Band stammt auch das obige Zitat.

Der landschaftskundige Volkskundler Richard Weiss (1959) hat seine Sicht der Dinge so formuliert:

> «Landschaft soll nicht nur eine Summierung von Landschaftselementen in einem bestimmten Raumausschnitt bedeuten, sondern das funktionale Zusammenwirken der Elemente in der kulturellen Lebenseinheit […]. Kulturlandschaft ist der Raum, in dem Kultur entsteht und wirkt. Dieser Raum kann als jeweilige Raumeinheit subjektiv und objektiv begrenzt werden, sie kann objektiv nach der Einheitlichkeit der Sachen – z.B. der Häuser und Siedlungsformen – bestimmt werden, oder subjektiv vom Menschen aus, dem die betreffende Landschaft vetrauter Heimatraum ist.»

Möchte man noch subtiler des Menschen Wirken in der Landschaft begreifen, so kann man Josef Schmithüsen (1961) konsultieren:

«In der Landschaft findest Du auch die Psyche der Bevölkerung ausgedrückt, zum Beispiel ihr Raumgefühl, ihren Schönheitssinn, den Gemeinschaftsgeist, die Traditionstreue, und zwar nicht nur in den Ortschaften, wo dieses selbstverständlich am ehesten in die Augen fällt. Du musst nur lernen es zu sehen. Dann wird die Landschaft gesprächig und erzählt Dir viel von dem Wesen der Menschen, die zu ihr gehören.»

Blickt man in die Jahre des raumplanerischen Aufbruchs, so zeigt Ernst Winkler et al. (1974) einen ganzheitlichen Aspekt:

«Sowohl die Geschichte des Wortes Landschaft als auch die heutige Verwendung belegen, dass darunter volkstümlich wie wissenschaftlich von jeher die Gesamtheit der Sinneseindrücke verstanden wird, die ein Stück Erdoberfläche mit dem darüber befindlichen Bereich des Himmels und die dazwischen sich findenden Erscheinungen der Luft, Gewässer, Pflanzen, Tiere, Menschen und Menschenwerke in der menschlichen Vorstellung wecken.»

Ab den 1970er-Jahren wird das ökologische Denken, das bei vielen Landschaftskundlern und Landschaftspflegern schon immer mitschwang, in der Landschaftsbeschreibung manifest. Eine ausführliche Definition lieferte Hartmut Leser (1997):

«Das Landschaftsökosystem ist ein Ausschnitt aus der Biogeosphäre (Ökosphäre) der Erde, das als hochkomplexes stoffliches und energetisches System naturbürtiger, anthropogen veränderter und anthropogener Faktoren, Regler und Prozesse – die miteinander in direkten und indirekten Beziehungen stehen – realisiert ist; das Landschaftsökosystem weist eine übergeordnete einheitlich gerichtete Systemfunktion und eine übergeordnete Systemstruktur auf, die in verschiedenen Dimensionen betrachtet werden kann, wobei eine der jeweilgen Betrachtungsgrössenordnung gemässe ökogeographische Homogenität angenommen wird; das System befindet sich in einem dynamischen Gleichgewicht, es verfügt über gewisse Amplituden seiner ‹Verhaltensweisen› und wird in räumlich relevanten Grössenordnungen untersucht, die aus forschungs- und anwendungspraktischen Gründen gelegentlich auch unterschritten werden. Das Landschaftsökosystem wird aus Gründen der Methodik und der Fachbereichsinteressen zweckgerichtet abgegrenzt, gleichwohl aber als Ausschnitt der Realität untersucht, bewertet und geplant. Das Landschaftsökosystem ist räumlich manifest, es repräsentiert einen Landschaftsraum kurz: eine Landschaft.»

Die sinkende Landschaftqualität weltweit hat unter anderem zum «Europäischen Landschaftsübereinkommen» geführt, das im Herbst 2000 von 18 Staaten in Florenz verabschiedet wurde. Diese Landschaftskonvention nimmt im Kapitel 1 folgende Begriffsbestimmung vor:

«Im Sinne dieses Übereinkommens bedeutet a) ‹Landschaft› ein vom Menschen als solches wahrgenommenes Gebiet, dessen Charakter das Ergebnis des Wirkens und Zusammenwirkens natürlicher und/oder anthropogener Faktoren ist; [...] d) ‹Landschaftsschutz› Massnahmen zur Erhaltung und Pflege der massgeblichen oder charakteristischen Merkmale einer Landschaft, die durch den kulturhistorischen Wert der Landschaft begründet ist, der auf ihr natürliches Erscheinungsbild und/oder die Tätigkeit des Menschen zurückzuführen ist; e) ‹Landschaftspflege› unter dem Aspekt der nachhaltigen Entwicklung durchgeführte Massnahmen zur Gewährleistung der Erhaltung einer Landschaft, um so durch gesellschaftliche, wirtschaftliche und ökologische Prozesse hervorgerufene Veränderungen zu steuern und aufeinander abzustimmen.»

Damit wird hervorgehoben, dass Landschaft nicht nur als Raum-Zeit-Gefüge der Geo-, Hydro-, Atmo-, Bio- und Anthroposphäre von beliebiger Grösse zu begreifen ist, sondern dass die aktive und passive Rolle des Menschen in die Begriffsbestimmung oder Umschreibung der Landschaft zu integrieren ist. Zur Rolle des Menschen haben Bärbel und Gunther Tress (2001) Folgendes geschrieben:

> *«Der Mensch ist mit seinem Handeln und Denken Teil der Landschaft. Durch das Denken ist die Landschaft auch Teil von ihm selbst.»*

Das Bundesamt für Umwelt definierte im Jahr 2001 Landschaft folgendermassen (Gremminger et al. 2001):

> *«Landschaft umfasst den gesamten Raum, innerhalb und ausserhalb von Siedlungen. Sie ist das Entstandene und Werdende natürlicher Faktoren wie Untergrund, Boden, Wasser, Luft, Licht, Klima, Fauna und Flora im Zusammenspiel mit kulturellen, gesellschaftlichen und wirtschaftlichen Faktoren.»*

Sieben Jahre später wartet das Amt bereits mit einer neuen Definition auf (BAFU und BLW 2008). Ganz im Zuge der neuen Schutzphilosophie dieses Amts beinhaltet sie auch den Nützlichkeitsaspekt der Landschaft:

> *«Landschaften bilden räumlich die gelebte und erlebte Umwelt des Menschen, welche ihm als Individuum sowie der Gesellschaft die Erfüllung physischer und psychischer Bedürfnisse ermöglicht. Landschaften haben dabei als Ressource vielfältige Funktionen. Sie sind Lebensraum für Menschen, Tiere und Pflanzen, vielfältiger Erholungs- und Identifikationsraum sowie räumlicher Ausdruck des kulturellen Erbes. Zudem leisten sie einen Beitrag zur Wertschöpfung. Landschaften sind dynamische Wirkungsgefüge und entwickeln sich aufgrund natürlicher Faktoren wie Gesteine, Boden, Wasser, Luft, Licht, Fauna und Flora im Zusammenspiel mit der menschlichen Nutzung und Gestaltung.»*

Für die meisten Menschen ist die wissenschaftliche Definition der Landschaft allerdings nahezu belanglos. Sie haben eigene Vorstellungen und sind der Meinung, Landschaft sei etwas Harmonisches. Die «Schönheit», die es in der realen Landschaft – je nach Empfindsamkeit des Sehens – kaum mehr gibt, findet sich in Ersatzstücken. So zeigen Adventskalender, Weihnachts- und Neujahrskarten, Glaskugeln, aber auch viele Gratulations- und Ansichtskarten sowie Ferienprospekte «heile Welten» und «Sehnsuchtslandschaften».

Abschliessend ein Blick auf die Landschaft aus sprachlicher Sicht. Jakob und Wilhelm Grimm (1885) notierten Folgendes unter dem Wort Landschaft: «*landcomplex, zusammenhangender landstrich; althochdeutsch lantscaf; mittelhochdeutsch lantschaft; gegend; lachende landschaft; landschaft als ein sozial zusammenhängendes ganzes; gegend: regio usw. Landschäftchen als kleine Landschaft.*» □

Kapitel 2

Landschaft als Lebe

nsraum und Heimat

Abb. 9: Verlorene Heimat, zerstörter Lebensraum. Stein (AG), etwa 1970 und 1981 nach dem Bau der Autobahn. Meist gibt es kein Zeugnis davon, wie es vor einem Landschaftseingriff ausgesehen hat.

Foto © Sabine Wunderlin

Leben in künstlichen Räumen

Der Begriff «Lebensraum» stammt wie der Begriff Ökologie aus der Biologie. Dort steht er für den gesamten Raum, in dem sich das Dasein eines Organismus abspielt. Erst in jüngerer Zeit wurde der Begriff Lebensraum auf den Menschen angewandt – zuerst unter den Nationalsozialisten politisch manipuliert und rassistisch interpretiert und später zur Definition der Lebensqualität im Raum.
Jeder Raum ist dreidimensional: Länge, Breite, Höhe. Landschaft ist ebenfalls dreidimensional. Daher ist der Begriff «Landschaftsraum» ebenso ein Pleonasmus wie der weisse Schimmel oder der kleine Zwerg. Zunächst ist jeder Raum leer. Lebensraum für Organismen einschliesslich des Menschen benötigt deshalb Rauminhalte. Die Rauminhalte der Landschaft bilden die Landschaftselemente. Zu den naturbetonten gehören beispielsweise Wälder, Wiesen, Weiden, Moore und Felsgebiete. Siedlungen, Strassen, Eisenbahntrassen, Funktürme, Mobilfunkantennen und Kläranlagen sind zivilisatorische Landschaftselemente.
Nur eine kleine Bevölkerungsgruppe nutzt die Landschaft grossflächig als Arbeitsplatz: Bauern, Winzer, Gärtner und Förster benötigen und gestalten Landschaft. Sie sind massgeblich verantwortlich für das Aussehen der Landschaft, des Landschaftsbildes. Da die Primärproduktion weniger als vier Prozent der Erwerbstätigen umfasst, stellt sich die Frage, inwiefern die übrigen 95 Prozent den Lebensraum Landschaft nutzen, brauchen oder gar benötigen. Um dies zu klären, muss man sich den eigenen Tagesablauf vor Augen halten: Wie bewegen wir uns, wo halten wir uns auf?

Der Tag beginnt im Schlafzimmer. Dieser Raum ist im Durchschnitt 15 Quadratmeter gross. Typischerweise führt man bei Wohnräumen immer nur die Fläche und keine Kubatur auf, weil alle modernen Wohnungen einheitlich etwa 230 Zentimeter hoch sind. Je nach Gewohnheit folgt das Frühstück in der Küche oder im Wohnzimmer – oder gleich der Weg zur Arbeit. Von nun an bewegt sich der Mensch linienhaft entlang von Strassen, Trassen, Tunnels, Trottoirs – mit dem PKW, dem Bus, dem Fahrrad, zu Fuss oder in der Bahn. Rund um den Arbeitsplatz – ebenfalls ein gebauter, zum Teil sehr künstlicher Raum – benötigen etliche Leute einen Parkplatz, der oft kein Raum, sondern eine Asphaltfläche ist. Die Mittagspause in der Kantine oder dem Restaurant findet in einem künstlichen Raum statt. Das Essen und die Getränke stammen dagegen aus der Landschaft, die den Bauern als Arbeitsplatz dient. Die im Zunehmen begriffene bodenunabhängige Produktion, die sogenannte Hors-Sol-Produktion, findet dagegen ebenfalls in künstlichen Räumen statt. Nach Arbeitsschluss läuft alles nochmals in umgekehrter Richtung ab.
Es folgen Freizeitbewegungen, so das Einkaufen im Shoppingcenter, was ein Kunstraum auf der ehemaligen Wiese in der Landschaft darstellt. Es kann aber auch ein Abstecher zur Erholung im Schrebergarten – wieder mit Parkplätzen (=Parkraum) – oder beim Vitaparcours – natürlich mit Parkplätzen – sein. Auch bei der Turnhalle, der Tennishalle oder beim Fitnessclub, alles künstliche Räume, hat es Parkplätze. Wir beschliessen den Tag mit TV im Wohnzimmer und einem Bier.
So gesehen ist Landschaft nicht Lebensraum des Menschen. Landschaft dient als Funktions- und Dienstleister, indem sie all die Infrastrukturen der Wirtschaftsge-

Abb. 10: Die Unendlichkeit der Hors-Sol-Plantage. Der Mensch verliert den Bodenkontakt. Kerzers 2007.

sellschaft trägt. Der Mensch bewegt sich also in Kunsträumen und auf künstlichen Liniensystemen. Die Landschaft hingegen und deren Ausstattung nimmt er kaum oder nur verschwommen wahr.

In den Häusern und Wohnungen herrscht das ganze Jahr über die gleiche Temperatur. Regen wird, wenn überhaupt, nur als fernes Prasseln auf dem Dach wahrgenommen. Verlassen die Menschen ihre Wohnstätten, fahren sie in klimatisierten Autos oder Zügen zu klimatisierten Büros, Kinos oder Restaurants. Wir leben völlig losgelöst vom Naturzyklus in unnatürlichen Rhythmen. Die Dämmerung wird mit elektrischem Licht verscheucht, im Sommer spielen wir Eishockey, und im Winter essen wir Erdbeeren und Spargeln. Wir werden in eine materiell und energetisch übersättigte Welt hineingeboren und wachsen mit allen Annehmlichkeiten der grenzenlosen Mobilität auf.

Noch durchmessen wir Räume, um von einem Ort zum nächsten zu gelangen. Doch mit der «primären Realität» vor unserer Haustür konkurrieren zunehmend die vielfältigen Realitäten der elektronischen Vernetzung – in den Augen von Kreimeier (1995) *«ein Kontinent indirekter Bilder und Zeichen, der genauer als Archipel zu beschreiben wäre, als verzweigtes System, das mit seinen Apparaturen, ‹Interfaces› und variierenden Botschaften unseren Alltag durchdringt»*. Nicht nur das Fernsehen produziert neue Wirklichkeiten, sondern auch das Internet. Spätestens mit der virtuellen Welt von Secondlife wird klar, dass die klassische Raumerfahrung ihre Konsistenz verliert. Bereits 1969 schrieben McLuhan et al.: *«Wir leben in einer brandneuen Welt der Gleichzeitigkeit. Die ‹Zeit› hat aufgehört, der ‹Raum› ist dahingeschwunden. Wir leben in einem globalen Dorf […] in einem gleichzeitigen Happening»*. Die Datennetze setzen die Dimensionen Raum und Zeit ausser Kraft und damit auch die traditionellen Bezugspunkte der Identität, und zwar sowohl der persönlichen als auch der kollektiven (de Kerckhoven 1995).

Das «Abgehobensein» in eine künstliche Welt lässt uns «Hors-Sol»-Menschen vergessen, dass alle technischen Errungenschaften und Möglichkeiten, unsere

Versorgung und Entsorgung, letztlich von der Landschaft und deren Naturgütern abhängig sind. Allein ein Blick auf die Wasserkraftwerke und Stauseen belegt diese These. Um Missverständnissen vorzubeugen: Dies ist kein Plädoyer für eine Rückkehr in die Steinzeit. Die Landschaftsgeschichte ist aber ein Spiegel der gesellschaftlichen Entwicklung und der Wertschätzung sowie des Umgangs der Menschen mit sich und der Mitwelt.

Umwelt oder Mitwelt?

Der Begriff «Umwelt» wurde sinngemäss zum ersten Mal vom Zoologen, Philosophen und Freidenker Ernst Haeckel im Zusammenhang mit Meerestieren und ihrer intensiven Beziehung zum Lebenselement Wasser im 19. Jahrhundert verwendet. Nach heutigem Verständnis ist mit dem Begriff «Umwelt» weitgehend die Umwelt des Menschen gemeint: Dass die Umwelt gefährdet ist, wurde in manchen Gebieten bereits während der frühen Industrialisierung wahrgenommen. Zu einem Schlagwort wurde die Umwelt aber erst in den 1960er-Jahren, als die Schäden in Natur und Landschaft unübersehbar wurden: stinkende Flüsse, verpestete Luft, mottende Abfallhalden. In der Folge tauchte der Begriff des «Umwelt-Schutzes» auf.

In den 1980er-Jahren führten ethische Überzeugungen dazu, von der Mitwelt zu sprechen. Umwelt, so wurde argumentiert, sei ein rein anthropozentrischer Begriff. Es gehe aber nicht darum, sich die Umwelt untertan zu machen, sondern das Eingebundensein und die Abhängigkeit des Menschen in die Natur, die Landschaft – eben die Mitwelt – zu akzeptieren. Aus dieser Einstellung heraus wurde der Begriff des aussermenschlichen Lebens gebildet. Damit sollte der Tier- und Pflanzenwelt in ihrer gesamten Fülle und Verästelung ein partnerschaftlicher Stellenwert beigemessen werden. Diese Haltung führt dazu, Mitwelt oder Umwelt beziehungsweise Natur und Landschaft als Grundlage allen Lebens nicht auszubeuten oder zu beschädigen, sondern mit Respekt zu behandeln. Der Theologe und Naturwissenschaftler Günter Altner schrieb dazu 1994: «*Aufgeschreckt durch die ökologische Krise versucht eine wachsende Zahl von Menschen, ein neues, unmittelbares Verhältnis zur Natur zu gewinnen. In diesem Zusammenhang ist von Partnerschaft, Mitkreatürlichkeit und Mitwelt die Rede. In diesen Begriffen ist ein [...] Eigenwert der Natur vorausgesetzt. Es ist ganz offensichtlich, dass hier über den tiefen, durch die technische Zivilisation aufgerissenen Graben zwischen Mensch und Natur hinweg Beschwörungen einer verlorengegangenen und wieder erhofften Nähe ausgesprochen werden. Es geht um Versuche zur Wiederbelebung.*»

Diese ethischen Überzeugungen und Einstellungen sind jedoch Schall und Rauch geblieben. Das Artensterben geht weiter, ebenso der Schwund einzigartiger Lebensräume. Nur der technische Umweltschutz (z. B. Gewässerschutz, Luftreinhaltung und Bodenschutz) funktioniert einigermassen, weil der Mensch unmittelbar von verunreinigtem Trinkwasser und stark belasteter Luft betroffen ist. Auch wenn die Roten Listen der aussterbenden Arten jedes Jahr länger werden – die Menschen in ihren Häusern, auf den Strassen und in den Shoppingcentern sind davon nicht betroffen.

Abb. 11: Mitwelt. Ackerbegleitflora im Getreidefeld, Steinkauz am Höhleneingang. Der Steinkauz ist in der Schweiz praktisch verschwunden.

Oh Heimat!

Ganz zu Beginn dieses Buchs fiel das Wort Heimat. Doch was genau ist das? Feststeht, dass der Begriff schwer zu fassen ist. Während die einen die Verwendung des weltanschaulich belasteten und ideologisch missbrauchten Begriffs ablehnen und Heimatromane, Heimatfilme und Volksmusiksendungen vor Augen haben, verknüpfen andere mit «Heimat» Geborgenheit, Vertrautheit und emotionale Sicherheit.

Die Entstehung des Begriffs «Heimat» ist eng mit der Sesshaftwerdung der Menschen verbunden (Piechocki et al. 2003): Heimat leitet sich vom Substantiv «Heim» ab, das ursprünglich «Niederlassung» und «Wohnsitz» bedeutete. Seit dem Frühmittelalter wurde der emotional positiv besetzte Begriff «Heimat» zum Gegenbegriff von «Elend». Und «Elend» ist abgeleitet vom althochdeutschen «elilenti», was «Fremde» oder «anderes Land» bedeutet. Wer seiner Heimat beraubt wurde, befand sich im Elend.

Im 19. Jahrhundert wurde «Heimat» als Antwort auf den Verlust vertrauter Umgebung und auf die Entwurzelung infolge von Revolution und Industrialisierung

42

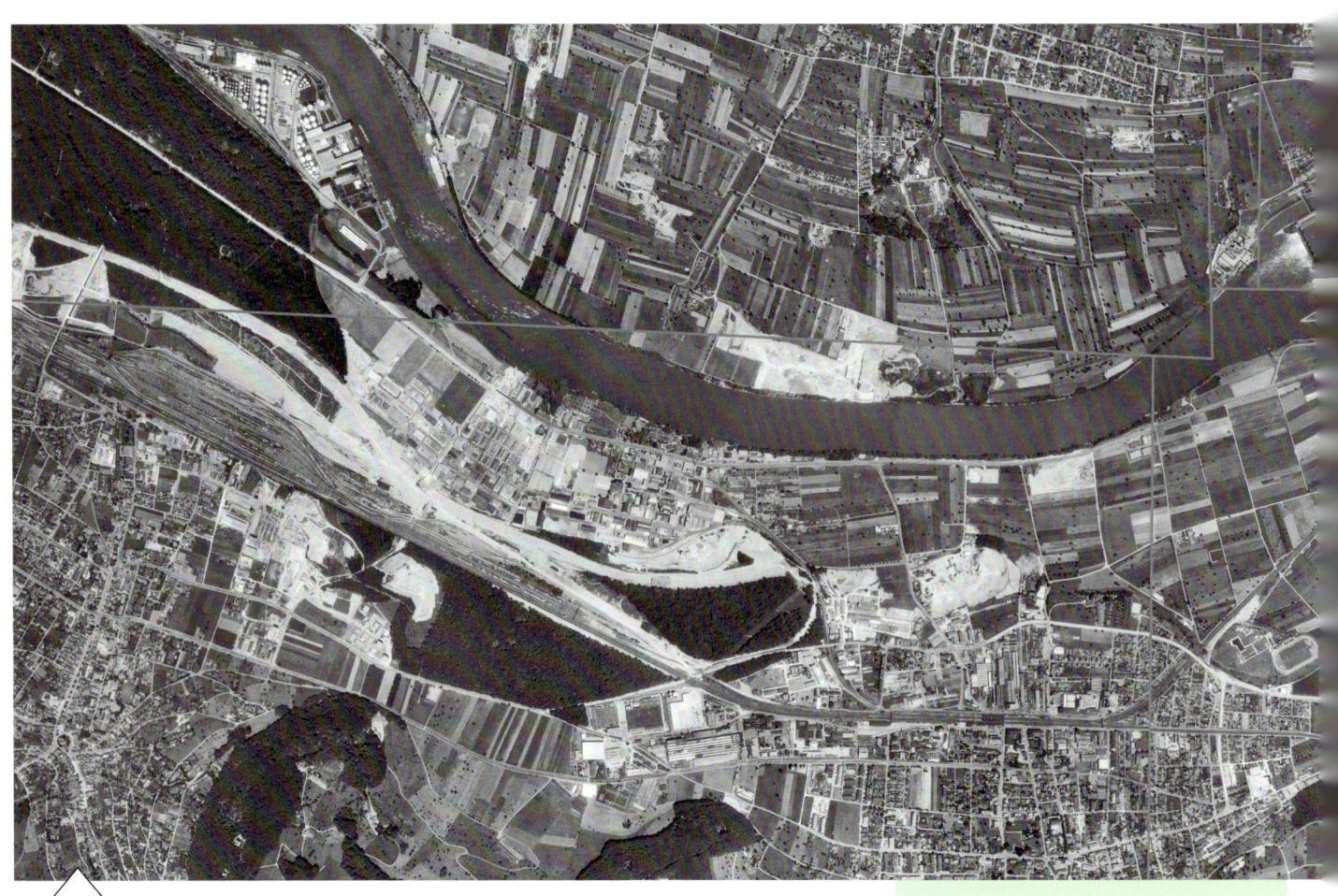

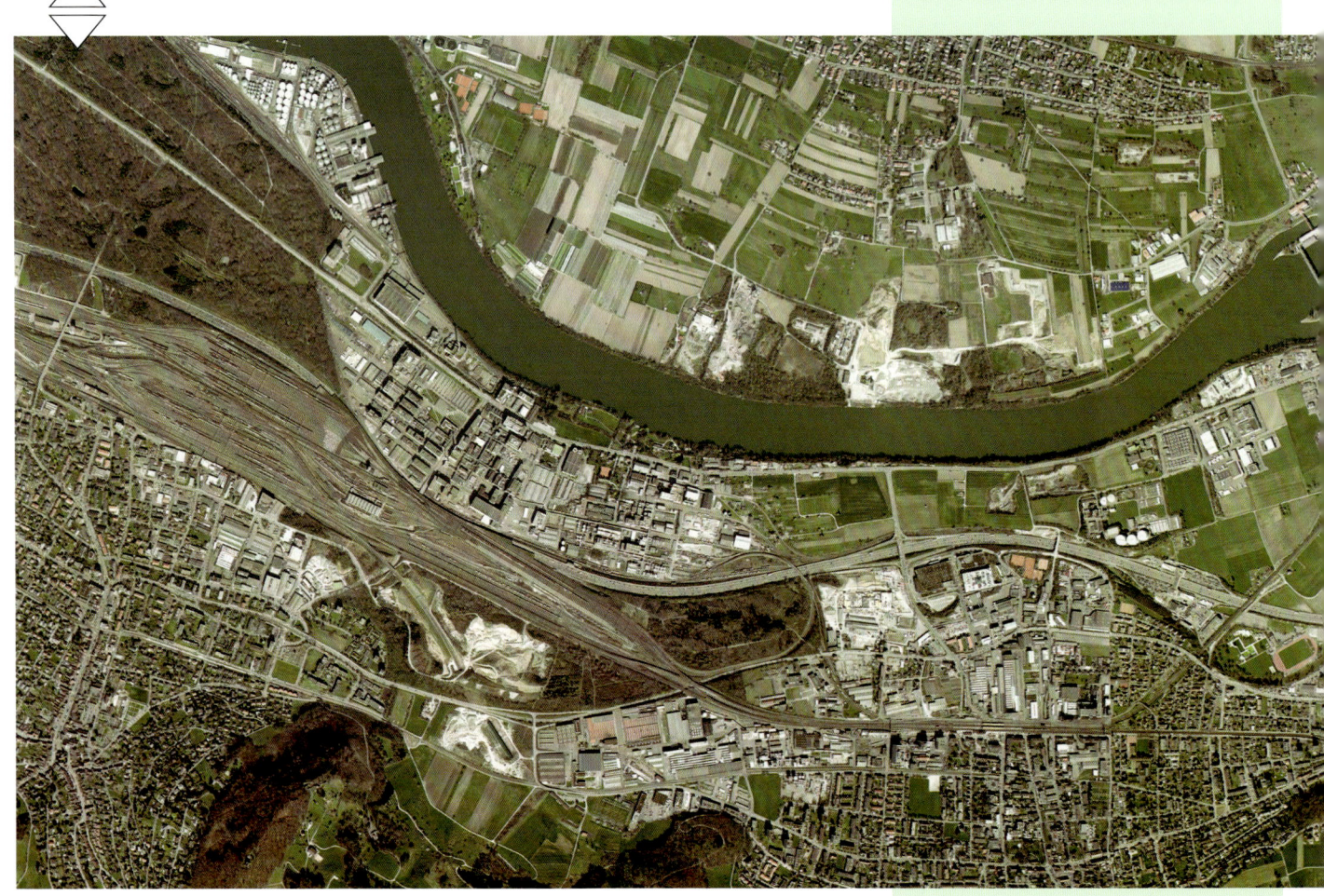

Abb. 12: Kann eine solche Landschaft noch Heimat sein? Das Luftbild zeigt einen Ausschnitt des Hochrheintals zwischen Muttenz und Kaiseraugst in den Jahren 1964 und 2005.

Die Römerstadt Augusta Raurica entwickelte sich in den ersten nachchristlichen Jahrhunderten zu einer blühenden Handels- und Gewerbestadt mit vielfältigen öffentlichen Gebäuden: Forum mit Tempel, Curia und Basilika, Theater, Thermen, Tempeln und Handelshäusern. Die Stadt lag am Knotenpunkt von drei wichtigen Verkehrsrouten: Hier trafen sich die Süd-Nord-Verbindung von Italien über den Grossen St. Bernhard ins Rheinland, die West-Ost-Verbindung von Gallien an die obere Donau und nach Rätien, und der Rhein, der eine wichtige Rolle im Gütertransport spielte. Noch heute sind Reste des Centurienplans der Colonia Raurica im Gelände erkennbar.

Bis um 1900 war die Oberstadt von Augusta Raurica praktisch intakt erhalten geblieben – ein einmaliger Glücksfall für die Archäologie nördlich der Alpen. Doch in den letzten 100 Jahren sorgte die planlose Ausdehnung des Siedlungsraums für die schrittweise Zerstörung dieses Kulturguts. Am 11. Dezember 2002 beschloss das Parlament des Kantons Basel-Landschaft schliesslich einstimmig, dass die Zerstörungen ein Ende haben sollen. Es verabschiedete das Archäologiegesetz mit der wegweisenden Bestimmung: *«Als archäologisches Schutzobjekt gilt insbesondere das Gebiet der ehemaligen Römerstadt Augusta Raurica».*

Die grössten Veränderungen in dem Gebiet, waren der Autobahnbau, der Bau des Muttenzer Rangierbahnhofs (für den 43 Hektaren Wald gerodet werden mussten), die Kiesausbeutung, der Bau von Wohnblocks und Industrieanlagen und die intensive Landnutzung durch die Landwirtschaft, die allerdings durch die Ausdehnung des Siedlungsraums zunehmend aus dem Gebiet verdrängt wird.

A   Amphitheater
B   Tempelanlage
C   Ovale Arena

Kapitel 2   Landschaft als Lebensraum und Heimat

Subökumene, Vollökumene und Anökumene

Mit dem Begriff Ökumene (griech. oikoumene: Erdkreis, ganze bewohnte Erde) wird in der Geografie der besiedelbare und landwirtschaftlich nutzbare Teil der Erdoberfläche bezeichnet. Dieser Lebensraum wird durch naturgegebene Grenzen bestimmt (Kälte-, Höhen-, Trockengrenze). Die Vollökumene umfasst Dauersiedlungen, sie sich selbst mit Nahrungsmitteln versorgen können. Das schweizerische Mittelland entspricht weitgehend diesem Lebensraum.

Als Subökumene bezeichnet man Gebiete mit Dauersiedlungen, die aber von extern versorgt werden müssen. Dazu gehören nicht nur Gebiete mit nomadischer Besiedlung in der borealen Nadelwaldzone und den semiariden Randgebieten, sondern auch die meisten Gebirgsregionen. Zwar wurde früher in den Alpen sogar oberhalb von 1600 Metern Ackerbau betrieben; doch das Anfang August gesäte Getreide konnte erst Ende August des folgenden Jahres geerntet werden. Oft wurde das Getreide unreif eingebracht. Weil in der Subökumene nichts oder nicht genug angepflanzt und geerntet werden kann, um die Bevölkerung zu ernähren, müssen die dort lebenden Menschen über grosse Distanzen versorgt werden. Energiezufuhr und Verkehrserschliessung sind für die Subökumene lebensnotwendig.

Auf die Subökumene folgt normalerweise die Anökumene, das heisst Gebiete, die vom Menschen nicht bewohnt werden. Doch in den Alpen hat der Tourismus die Anökumene zur Subökumene umgeformt: Seilbahn-Gipfelstationen, Passhotels und Feriensiedlungen stehen so dicht, dass nicht mehr von einem menschenleeren Raum gesprochen werden kann.

Betrachtet man die Höhenstufen der Schweiz, dann fällt auf, dass heute etliche Ortschaften oberhalb von etwa 900 Metern und damit bereits in der Subökumene liegen. Genau diese Ortschaften weisen ein überdurchschnittliches Bevölkerungswachstum auf (BFS 2001). Ob diese Entwicklung sinnvoll ist, sei dahingestellt. Tatsache ist aber, dass das Siedlungswachstum in den Alpen zu einem höheren Verbrauch von Energie (Heizen, Transport) führt.

Die Folgen zeigen sich beispielsweise in Davos. Über 100 000 Tonnen klimawirksames Kohlendioxid (CO_2) wurden allein im Jahr 2005 in der Landschaft Davos freigesetzt. Dieser Wert ist gross und spiegelt das kühle Klima sowie die auf Kur- und Sporttourismus ausgerichtete Wirtschaftsstruktur wider. Die Wärmeerzeugung hat einen Anteil von 75 Prozent an allen Emissionen und ist die grösste CO_2-Quelle in Davos. Der jährliche Pro-Kopf-Ausstoss von CO_2 in Davos ist mindestens 25 Prozent höher als im Schweizer Mittelland.

Abb. 13: Davos – Stadt in den Alpen.

verwendet. Im Gegensatz zu Deutschland, wo der Begriff in den Zeiten des Nationalsozialismus in unerträglicher Weise geopolitisch missbraucht wurde, blieb der Begriff Heimat in der Schweiz auch nach dem Zweiten Weltkrieg positiv besetzt. So heisst das erste Gesetz zum Schutz der Mitwelt «Bundesgesetz über den Natur- und Heimatschutz».

Eine neue Umfrage hat gezeigt, dass «Heimat» mittlerweile sogar in Deutschland kaum noch negativ assoziiert wird (Zucchi 2007). Mit Heimat werden positive Gefühle, Kindheit und Jugend, Natur und Landschaft sowie nahestehende Men-

Abb. 14: Reichhaltige Kulturlandschaft kontra ausgeräumte Kulturlandschaft im Talgebiet der Schweiz. Das rechte Bild vermittelt keine heimatlichen Gefühle.

schen verbunden. Landschaft ist demnach ein wesentliches Element des Konstrukts «Heimat», wobei heimatliche Landschaften häufig auch ästhetisch wertvolle Landschaften sind (Broggi 2006, Weiss 2006). Natürlich kann Heimat auch eine Projektion sein, ein Rückzug in eine Vergangenheit, die so nie existiert hat, eine Entlastung von den Herausforderungen der Gegenwart. Die Suche nach der verlorenen Zeit gilt dann einer Wirklichkeit, die es womöglich so nie gegeben hat. Dies kann zu einem nostalgisch verklärten Verlustempfinden führen, weshalb dem Begriff «Heimat» auch etwas Illusionäres anhaftet (Huber 1998).

Dennoch ist und bleibt Landschaft unser externes Gedächtnis und erinnert an persönliche Erfahrungen, Fähigkeiten, Werte und Zugehörigkeiten. Heimat ist eine Erfahrung der konkreten Umgebung, in der man aufwuchs: das Haus, der Garten, das Quartier, die Nachbarn. Das Heimweh ist eine deutliche Antwort auf Heimatbindung. Sie kann uns befallen, auch wenn man sich der Heimat oder des Landschaftsbilds nicht bewusst war.

Die Renaissance des Begriffs «Heimat» ist ferner als Antwort auf die Globalisierung zu verstehen (Piechocki et al. 2003), die eine kraftvolle Entwicklung ist und sich zunehmend auch in räumlichen Dimensionen abspielt. Mit menschlichen Bedürfnissen nach überschaubaren Bezügen, sozialer und räumlicher Identifikation oder emotionaler Bindung ist sie kaum in Einklang zu bringen. Die menschliche Psyche scheint anders getaktet und hat andere räumliche Massstäbe (Broggi 2006).

In der Landschaft hat sich diese Sehnsucht bisher allerdings noch nicht bemerkbar gemacht. Weiterhin werden unverwechselbare Kulturlandschaften zerstört, und es stehen hochspezialisierte und monostrukturell geprägte Landschaften nebeneinander, die überall in Europa identisch aussehen und den Menschen immer weniger «Heimat» sein können (Bätzing 1991). Der Wohnort «entheimatet» sich zunehmend. ☐

Kapitel 3
Landschaftswandel
Que

erfassen –
len und Methoden

Abb. 15: Die Landschaftsveränderung verläuft schleichend. Alte und neue Fotos, die innerhalb mehrerer Jahre oder Jahrzehnte vom selben Standort aus gemacht wurden, offenbaren aber die ausgewechselte Landschaft. Blick über den Lej da San Murezzan auf St. Moritz (Südostansicht) im September 1899 (links) und im September 1996 (rechts).

Foto © Documenta Natura

Terrestrische Fotografie

Der Landschaftswandel seit 1950 war derart gravierend und einschneidend, dass die nach 1970 Geborenen sich kaum eine Vorstellung davon machen können, wie die Landschaft Schweiz früher einmal ausgesehen hat. Es gibt verschiedene Möglichkeiten, diesen Landschaftswandel nachzuweisen und sichtbar zu machen. Am bekanntesten sind alte und neue Fotos, die vom selben Standort aus gemacht wurden. Schnell erkennt man fehlende Obstbäume, neue Strassen, ausgeweitete Siedlungen. Solche Bilder sind geeignete Instrumente, um die Menschen für den Landschaftswandel und die Veränderungsprozesse zu sensibilisieren (Tanner 1999).

Ein Nachteil dieser Methode ist die Perspektive der Fotos, die als sogenannte terrestrische Bilder gewissermassen aus der Froschperspektive aufgenommen werden. Zwar sieht man einen Vordergrund (allerdings bereits mit optischen Verkürzungen), doch im Mittelgrund sind die Landschaftselemente räumlich oder metrisch kaum mehr einzuordnen. Der Hintergrund kann sogar nur ausnahmsweise interpretiert werden.

Vergleichbarkeit, Objektivität und Genauigkeit sind jedoch die Voraussetzungen, um wissenschaftlich arbeiten und gesicherte Aussagen machen zu können. Im Gegensatz zur terrestrischen Fotografie liefern Karten und die Senkrecht-Luftfotografie auswertbare Daten. Luftbilder – ein merkwürdiger Ausdruck – werden in der Schweiz seit den 1920er-Jahren aus speziell dafür eingerichteten Flugzeugen aufgenommen. 1913 gab es bereits Versuche mit Fesselballonen. 1922 wurden erstmals kamerabestückte Flugzeuge eingesetzt. 1928 wurde schliesslich die Luftfotogrammetrie eingeführt.

Abb. 16: Dorfplatz von Brün vor und nach der Verbreiterung der Strasse, Valendas (GR), im März 1980 und April 1997. Die Bilder dokumentieren den Eingriff in das Ortsbild.

Der Vergleich
unterschiedlich alter Karten

Um den Landschaftswandel dokumentieren zu können, greift man zur topografischen Karte – im Volksmund Landkarte genannt. Je nach Fragestellung vergleicht man eine ältere mit einer neueren Ausgabe, oder aber alle Jahrgänge untereinander. Der Vergleich der Karten beziehungsweise der Karteninhalte ist eine Möglichkeit, die Landschaftsveränderungen zu erfassen. Konkret und vereinfacht vergleicht man Quadratkilometer um Quadratkilometer auf die Veränderungen zwischen den ausgewählten Jahrgängen: Was ist neu, was fehlt?

Eine Landkarte zeigt die Landschaft als Ausschnitt der Erdoberfläche von beliebiger Grösse. Allerdings können auf dem Papier nur zwei Dimensionen dargestellt werden. Erinnern wir uns: Per Definition weist die Landschaft immer drei Dimensionen auf. Die Kartografie hat es aber fertiggebracht, mittels Höhenkurven und Schattengebungen die dritte Dimension les- und sehbar zu machen.

Seit dem letzten Viertel des 19. Jahrhunderts gibt es gute topografische Karten in der Schweiz. Vor allem die Karten im Massstab 1:25 000 geben ein recht genaues Bild der Landschaft wieder, auch wenn betont werden muss, dass alle Karten – ob topografisch oder thematisch – Vereinfachungen, Auslassungen, Generalisierungen und Schematisierungen beinhalten. Das liegt aber in der Natur der Sache: Im Massstab 1:25 000 misst ein Quadratkilometer Landschaft auf der Karte lediglich 16 Quadratzentimeter.

Die wichtigsten Karten sind im Folgenden aufgeführt. Dabei geht es nur um eine kurze Charakterisierung der Karten; in der Schweiz, dem Land mit berühmten Kartografen, sind die Karten in ausführlichen Monografien beschrieben (siehe Eidgenössisches Topografisches Bureau 1896, Imhof 1950).

Die Michaeliskarte

In der ersten Hälfte des 19. Jahrhunderts gab es erst in wenigen Kantonen Karten im Massstab 1:25 000. Für den Kanton Aargau hat beispielsweise der preussische Ingenieur und Topograf Ernst Heinrich Michaelis (1794–1873) in den Jahren 1837 bis 1843 die erste genaue Karte erstellt (Ammann und Meier 1999, Oberli 1991a, Oberli 1991b, Oberli 1991c). Die 18 Kartenblätter im Massstab 1:25 000 in mehrfarbiger Schraffentechnik wurden aber nie publiziert, sondern erst 1991 als Faksimile herausgegeben (Abb. 17). Kopien der Originalerhebungen von Michaelis gingen an General G. H. Dufour als Vorlage für dessen Karte, dem ersten nationalen Kartenwerk der Schweiz (1:100 000).

Abbildung 17 gibt einen Eindruck der farblich ansprechenden Michaeliskarte im Massstab 1:25 000. Die Wälder erscheinen blaugrün, das Wasser blau, die Häuser und Mauern karminrot, die Strassen, Wege, Grenzen, Waldränder, Reblandumrisse, Gärten, Geländeschraffen und Felsen sind schwarzgrau. Hellviolett erscheinen die Rebberge sowie die Kantonsgrenze. Die Schrift ist schwarz (Oberli 1991a). Für die Interpretation der damaligen Landschaft kann demnach auf folgende Landschaftselemente zurückgegriffen werden: Wälder, Rebland, Gewässer, Feuchtgebiete (Michaelis nennt es Sumpfland, z.T. Torfboden), Gärten, Hecken und Obstbäume. Allerdings fehlen wichtige Elemente: «*Wiesen, Weidland und Äcker*

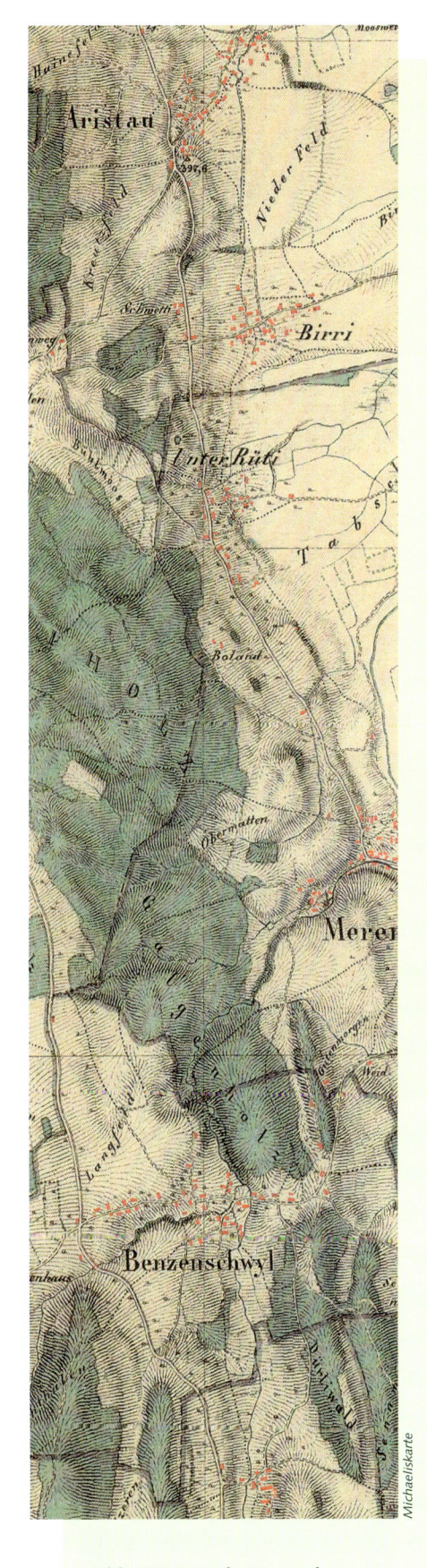

Abb. 17: Ausschnitt aus der Michaeliskarte.

sind unbezeichnet geblieben, weil die Grenzen zwischen diesen Culturarten sehr veränderlich sind, und daher ihre Unterscheidung vom Eidg. Herrn Oberstquartiermeister nicht gefordert wurde» (Erläuterungsblatt der Faksimilekarte). Gut ersichtlich sind die Verkehrswege: Sieben Kategorien – vom Fussweg bis zur Poststrasse 1. Klasse – sind von Michaelis kartiert worden. Drei Kategorien von Flussüberquerungen sind ausgewiesen. Oberli (1991a) betont den *«enormen persönlichen Einsatz»* von Michaelis und schreibt abschliessend von der *«minutiösen Genauigkeit mit der [...] Details wiedergegeben sind»*, und dass davon eine *«eigenartige Faszination»* ausgeht.

Die Siegfriedkarte

Von 1842 bis 1864 wurde die Topographische Karte der Schweiz im Massstab 1:100 000 durch General G. H. Dufour geschaffen. Dufour trat Ende 1864 als Leiter des Schweizerischen Kartenwerkes zurück und empfahl den Chef des Eidgenössischen Topographischen Bureaus Hermann Siegfried von Zofingen (1819–1879) als seinen Nachfolger. Bereits 1868 beschlossen die Eidgenössischen Räte eine Fortsetzung der topografischen Vermessung und Aufnahme der Eidgenossenschaft. 1870 erschienen bereits die ersten Blätter des mittlerweile zum Oberst beförderten Siegfried (Abb. 18). Daher wird der Topographische Atlas der Schweiz auch Siegfriedkarte genannt. Um die Jahrhundertwende war das aus 604 Blättern bestehende Kartenwerk fertiggestellt. Die Höhenkurvenkarten geben die alpinen Gebiete im Massstab 1:50 000 und die übrigen Landesteile im Massstab 1:25 000 wieder (Imhof 1950).

Die Dufourkarte ist einfarbig und enthält anstelle von Höhenkurven Schattenschraffen. Die Siegfriedkarte ist dagegen eine dreifarbige Höhenkurvenkarte, deren Äquidistanz (Abstand benachbarter Höhenlinien) zehn Meter beträgt. Gegenüber der Michaeliskarte tritt ein neues Element auf: die Eisenbahn. Andere topografisch wichtige Artefakte treten als neue Signaturen auf (z. B. Erdeinschnitt, Tunnel, Damm, Kiesgrube, Lehmgrube, Steinbruch, Erdschlipf und Allee).

Der Vergleich der Siegfriedkarte mit der Michaeliskarte ist grundsätzlich möglich – allerdings mit grossen Einschränkungen. Imhof (1950) liefert dazu die Begründung: Die Siegfriedkarte ist *«uneinheitlich in der Genauigkeit und in der Detailfüllung [...]. Einzelne Blätter weisen geglättete, gerundete Höhenkurven auf, die die Geländeformen nur in grossen Zügen wiedergaben. Dadurch werden irreführende Vorstellungen von der tatsächlichen Bodengestalt geweckt. Es ist oft schwer, sich im Gelände zurechtzufinden, da auffallende Einzelheiten der Natur in der Karte nicht erkennbar sind.»* Der Vergleich zwischen Michaeliskarte und Siegfriedkarte ist also mehr ein Vergleichen der Arbeit der Kartografen. Da in der Siegfriedkarte die Obstbäume fehlen, sind bei diesem Landschaftselement überhaupt keine Vergleiche mit der Michaeliskarte möglich.

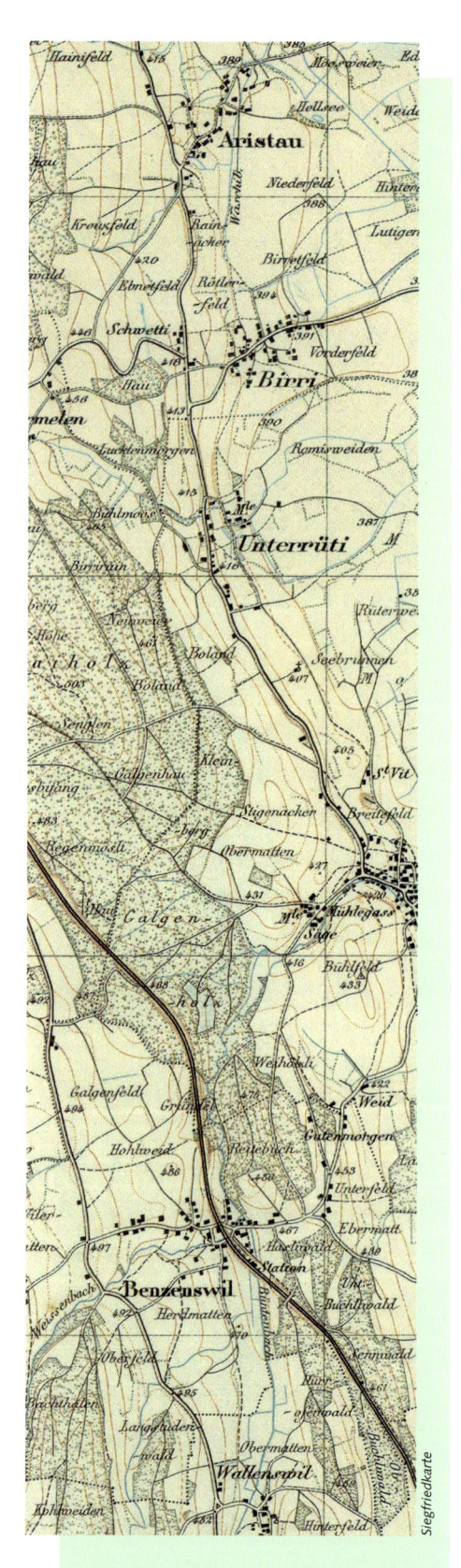

Abb. 18: Ausschnitt aus der Siegfriedkarte.

Die Landeskarte der Schweiz 1:25 000 (= LK 25)

Mit dem Bundesgesetz vom 30. Juni 1935 über die Erstellung der Landeskarte der Schweiz beginnt die moderne Kartografie in der Schweiz. Trotz oder wegen des Kriegs erschienen die ersten neuen Blätter im Massstab 1:25 000 im Jahr 1952 (Amman et al. 1999). Etwa alle sechs Jahre werden die Kartenblätter revidiert. So kann man das Blatt 1110 (Hitzkirch LU) oder Ausschnitte daraus von 1953 an (Erstausgabe) über die revidierten Ausgaben von 1957 (Einzelnachträge), 1963, 1970, 1976, 1982, 1988, 1994 bis 2000 betrachten (Abb. 19).

Die LK 25 enthält eine grosse Anzahl von Signaturen. Die Signaturenliste ist in jeder Buchhandlung erhältlich; die neuen Ausgaben enthalten diese auf der Kartenrückseite. Das Bundesamt für Landestopografie (neuerdings anglifiziert zu swisstopo) in Wabern bei Bern gibt verschiedene Informationsschriften über die LK, deren Herstellung sowie die LK auf CD-ROM heraus.

Die Signaturen symbolisieren definierte Elemente wie Häuser, Autobahnen, Starkstromleitungen, Skilifte, Strassen, Wege und Schiessstände. Diese Bauten und Anlagen stellen den Hauptanteil der Kartenelemente dar. Die Natur und deren Repräsentanten sind mit wenigen Signaturen oder Farben vertreten. Der Wald ist einheitlich grün, eine grüne Punktekette symbolisiert eine Hecke, grüne Einzelpunkte zeigen je nach Konfiguration einen offenen Wald (Wytweide), eine Kastanienselve, ein Gebüsch oder Einzelbäume. Sehr genau eingetragen sind dagegen die Rebberge. Das Wasser in allen seinen Erscheinungsformen in der Landschaft ist auf der LK 25 einheitlich blau eingetragen. Nur wenige geomorphologische Elemente wie Dolinen oder Erdböschungen finden sich mit einem Symbol in der Karte. Das Kulturland liegt in Gelbtönen vor – allerdings ohne jegliche Differenzierung in Ackerland, Wiese oder Weide. Das bedeutet, dass die Landeskarte sowohl zur Natur als auch zum Kulturland (nicht mit Kulturlandschaft zu verwechseln!) nur quantitative Angaben liefert. So können zwar die ungefähre Länge einer Hecke, eines unbebauten Seeufers oder eines Bachs ermittelt werden. Doch der See auf der Karte kann noch so sehr «lächeln und zum Bade laden» (Friedrich Schiller in «Wilhelm Tell») – wir wissen nicht, wie sauber oder schmutzig er ist, und ob die Ufer naturbelassen oder aufgeschüttet sind. Aus der LK 25 wird auch nicht ersichtlich, ob das Kulturland intensiv oder extensiv genutzt wird, ob die Rebberge mit Herbiziden behandelt oder gemulcht werden und wie gross die Parzellen im Kulturland sind.

Der Wald ist in der ganzen Schweiz als homogene grüne Fläche dargestellt, obwohl im Mittelland Laubmischwälder oder unnatürliche Nadelholzbestände stehen und die Wälder an der Waldgrenze meist von Lärchen oder Arven gebildet werden. Die Schneisen, welche die Orkane Vivian (1991) und Lothar (1999) in den Wald geschlagen haben, sind nicht erkennbar. Auch viele andere Naturbestandteile, Landschaftsnutzungen und Nutzungsintensitäten fehlen in der LK 25. Die Verteilung der Hochstamm-Obstbäume hat nur bis etwa 1975 den tatsächlichen Verhältnissen in der Landschaft entsprochen; die Karte und das effektive Landschaftsbild stimmen seither nicht mehr überein. Erst das Luftbild zeigt die wahren Verhältnisse in der Landschaft, so wie wir das für die Gemeinde Mühlau bezüglich der Hochstamm-Obstbäume erhoben haben (Abb. 107).

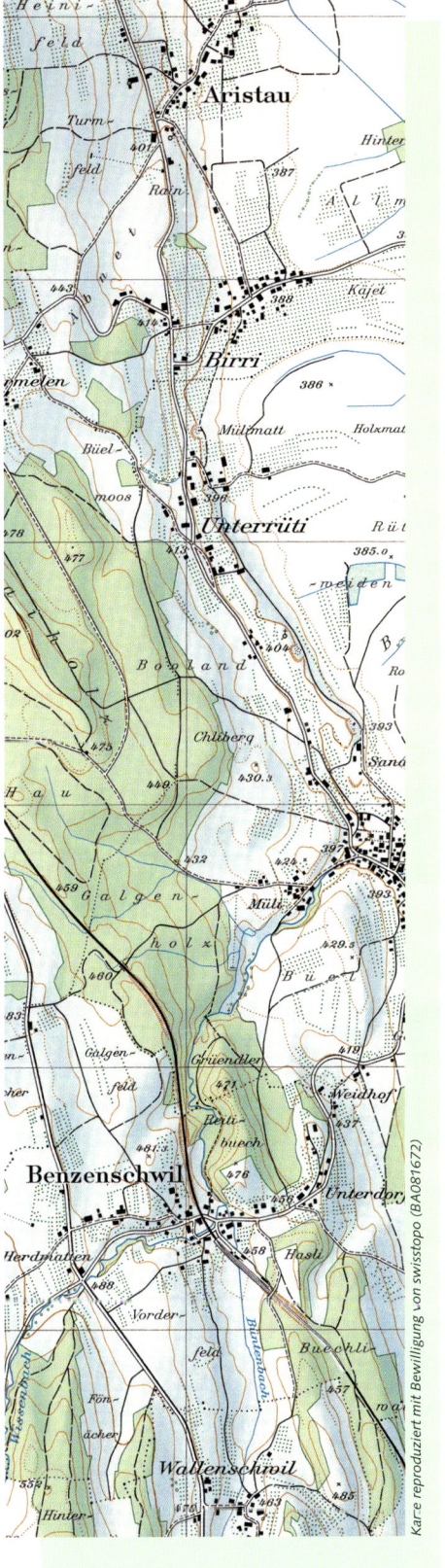

Abb. 19: Ausschnitt aus der Landeskarte LK 25, Blatt 1110, von 1953. Der Hochstamm-Streuobstbau zeichnet teils das uralte Parzellenbild, teils das Relief nach. Die feinen Farbabstufungen von dunkelgrün zu oliv und hellgrün von Wald und Relief fehlen in der heutigen LK 25. Erst wenige Strassen sind wirklich gerade.

Luftbilder

Ein Kartenvergleich zeigt, welche Landschaftselemente noch vorhanden oder neu hinzugekommen sind und ob sich Objekte verändert haben. Nachweisbar ist beispielsweise die Ausdehnung der Waldfläche auf lokaler, regionaler oder nationaler Ebene. Auch das Pflanzen oder Beseitigen von Hecken und Gehölzen ist gut erkennbar. Doch diese Veränderungen sind bei Weitem nicht die Summe der Landschaftsveränderungen, denn es fehlen qualitative Daten (siehe oben). Diese können jedoch aus Luftbildern gewonnen werden (Abb. 20 und 21).

Für die Landeskarten wird die Landschaft mit speziell eingerichteten Flugzeugen senkrecht von oben fotografiert. Damit man dieses Bilder hinterher stereoskopisch betrachten und auswerten kann, überschneiden sich die Bilder zu etwa 70 Prozent der fotografierten Fläche. Möchte man Senkrechtluftbilder metrisch auswerten, müssen sie entzerrt werden. Solche Luftbilder heissen Ortholuftbilder oder Orthofotos.
Erste Schrägluftbilder stammen vom Schweizer Ballonpionier Eduard Spelterini (Abb. 20). Seine frühesten Fotos stammen aus dem Jahr 1893. Schräg- und Senkrechtluftbilder existieren seit den 1920er-Jahren und wurden von der Ad Astra-Aero – der Vorläuferin der Photo Swissair – und später durch Photo Comet aufgenommen. Flächendeckende Senkrechtluftbilder wurden in der Schweiz nach dem Zweiten Weltkrieg erstellt. Die Eidgenössische Landestopografie, wie die Vorgängerin des Bundesamts für Landestopografie hiess, hat für einige Gebiete der Schweiz stereoskopische Schrägbilder hergestellt. Bis in die 1960er-Jahre waren die Luftbilder schwarzweiss. Für spezielle Zwecke wurden später Farbfilme und Infrarotfilme verwendet.

Das Senkrechtluftbild ist im Gegensatz zu den Karten eine Abbildung der realen Landschaft. Daher zeigen Luftbilder Dinge, welche nicht Gegenstand der Kartografie sind. Deutlich erkennbar sind beispielsweise Grösse und Form von landwirtschaftlichen Parzellen, die ein wesentliches Element des Landschaftsbilds sind. Das Luftbild zeigt uns, wo Gras, Getreide oder Gemüse wachsen, und wo die Weiden liegen. Bei stehenden Gewässern lässt uns die LK 25 über den Uferbewuchs im Unklaren, während das Luftbild Schwimmblattgesellschaften oder den Zustand des Schilfgürtels zeigt. Kurzum: Das Luftbild eröffnet Blicke auf qualitative Verhältnisse der Landschaft.

Kleine Kartenkritik

Bis etwa 1997 war das Ausgabejahr oder der Nachführungsstand der LK 25 identisch mit dem Luftbildjahrgang, auf dem die Revision basierte. Danach wurde eine unglückliche Trennung vollzogen: Auf der LK-Front steht «Ausgabe» plus eine Jahreszahl. Jedoch betrifft diese Jahreszahl das Publikations- oder Druckjahr – und nicht das Jahr des effektiv verwendeten Luftbildjahrs, was irreführend ist. Der Luftbildjahrgang steht nun als «Stand des Karteninhaltes» unten links auf dem Kartenblatt. Unverzeihlicherweise hat die Landestopografie an jener Stelle die früheren Revisions- oder Teilrevisionsjahre ersatzlos gestrichen, sodass der historisch interessierte Karten- und Landschaftskundler im Regen steht. Auch das neue Faltmuster der LK 25 verstösst gegen jede vernünftige Kartenhandhabung.

Abb. 20: Zwei Schrägluftbilder des Schweizer Ballonpioniers und ersten Luftfotografen Eduard Spelterini (1852–1931).

Oben: St. Gallen, wahrscheinlich 1893. Der Klosterbezirk dominiert das Stadtbild – ein UNESCO-Weltkulturerbe. Der Klosterplan von 820 kann als Dokument früherer Klosterinnenhöfe und -organisation gelten. Noch kann man Befestigungslinien des 10. und 15. Jahrhunderts erkennen.

Unten: Arlesheim (BL) um 1920, Blick von Nordwesten. Das noch geschlossene Dorf ist umgeben von der stark parzellierten Flur. Der grosse Rebberg weist keine Büsche oder sonstigen Strukturen auf. Im Wald oberhalb von Schloss Birseck sticht das schwach bewachsene Gebiet «Plättli» heraus. Die Kreten aber waren auch damals dicht von Wald eingehüllt. In der Gobenmatt erkennt man mehrere unbewaldete und nur schwach bestockte Gebiete. Wahrscheinlich waren es Weiden und grosse Kahlschläge zur Zeit der Niederwaldwirtschaft. Die Situation enspricht der Siegfriedkarte (Topographischer Atlas) von etwa 1890. Quelle: Lüthl 2006.

Kapitel 3   Landschaftswandel erfassen – Quellen und Methoden

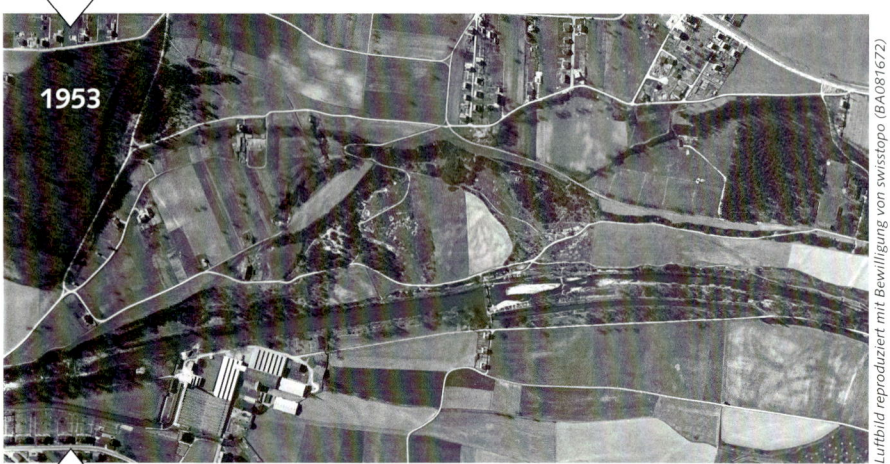

Abb. 21: Der Landschaftswandel im Senkrechtluftbild: Der Ausschnitt umfasst das heutige Naturschutzgebiet Reinacher Heide bei Basel und seine Umgebung. Quelle: Ewald 1981.

Die Luftbilder belegen für die Reinacher Heide und deren unmittelbare Umgebung den Nutzungswandel der Landschaft schlechthin. Einerseits ist der Landverbrauch durch Siedlungs-, Industrie- und Strassenbauten zu beobachten, andererseits nimmt die Nutzungsintensivierung im verbleibenden Kulturland zu. Das Ödland dient dem Abladen von Schutt und anderen Materialien. Die Flächen, die extensiv oder selektiv genutzt werden, sind wegen der Konzentrations- und Intensivierungsprozesse auf minimale Grösse geschrumpft. Obstbäume wurden gefällt und die Parzellen vergrössert.

Die Luftbildausschnitte zeigen interessante Details der Landschaftsveränderung. In der Aufnahme von 1964 sticht links der Birs ein heller Strich hervor: der Graben der Gasleitung, deren Verlegung Gehölze zum Opfer fielen. Gleichzeitig erobert die Freizeit die Landschaft: Gleich zwei Campingplätze siedeln sich im oder am Rand des späteren Naturschutzgebiets an. Aus Gewässerschutzgründen wird einer wieder geschlossen. Auffallend ist das umfangreiche Wegnetz der Anlagen. Ein grosszügig angelegtes Schwimmbad wird in der Landschaft gebaut. In der Fotografie von 1976 sind neue Schwellen in der Birs zu beobachten.

1974 wurde der Flusslauf der Birs zum Schutz vor Hochwasser durch Steinblöcke befestigt. Somit blieben regelmässige Überschwemmungen aus, und der Grundwasserspiegel sank zunehmend. Die Auenlandschaft wurde allmählich durch die heute charakteristische trockene «Heidelandschaft» verdrängt.

Das eigentliche Naturschutzgebiet Reinacher Heide, das 1974 zum Naturschutzgebiet erklärt wurde, ist zu einer Insel geworden. Aber auch dieser Landschaftsausschnitt hat eine bewegte Geschichte hinter sich. Zwischen den beiden Weltkriegen wurde das Gebiet für den Ackerbau genutzt. Später kamen immer mehr Nutzungsansprüche durch den Menschen dazu: Hundesportplatz, Campingplatz, Baumschule und Autobahnbau. Das Bild von 1976 offenbart die Nutzung der Reinacher Heide durch Reitübungen. Es lassen sich deutlich zwei Volten erkennen.

Abb. 22: Die «Urlandschaft» des obigen Ausschnitts, festgehalten auf dem vier Meter langen Birsplan von Johann Jakob Schäfer 1817 mit projektiertem Birslauf. Ausschnitt Dornachbrugg bis zur heutigen Kläranlage ARA Birs 1. Die noch wild fliessende Birs verlegte nach grossen Hochwassern immer wieder ihren Lauf. Zu Beginn des 19. Jahrhunderts war die Heide Bestandteil der etwa 500 Meter breiten Auenlandschaft der Birs. Das Gebiet gehörte zur Allmend und bot vielfältige Nutzungsmöglichkeiten: Die Korber holten hier ihre Weidenruten, und die Gemeinde verkaufte Sand und Kies aus den Schotterfluren. Zwischen 1847 und 1870 wurde die Birs begradigt. Die natürliche Dynamik verschwand aus der Landschaft. An ihre Stelle trat die menschliche Dynamik. Quelle: Lüthi 2003.

A Brücke Dornachbrugg
B Schwimmbad
C Kläranlage

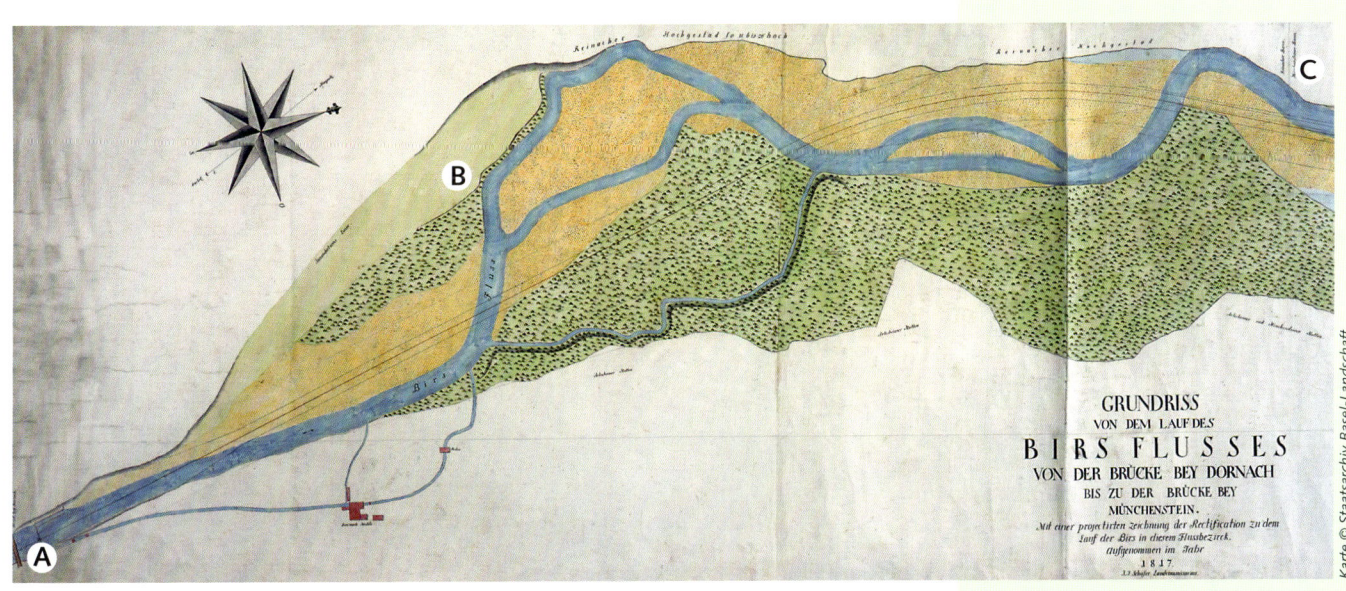

Weitere Quellen

Gemälde und Ansichtskarten

Wir leben in einer Zeit der gewaltigen medialen Bildpräsenz. Es ist heute kaum mehr vorstellbar, dass diese Bilderflut erst in den 1980er-Jahren anzuschwellen begann. Ein Blick in Bücher und Zeitungen der ersten Hälfte des 20. Jahrhunderts zeigt eine geringe Bilderdichte. Auffallend sind die damaligen Zeichnungen, sogenannte Strich-Zeichnungen, denn das Drucken von Fotografien via Bleiclichés war noch sehr kostspielig. Die Television steckte noch in den Anfängen, und die «illustrierten» Zeitungen wurden erst später in die Welt gesetzt.

Im 19. Jahrhundert finden sich Bilder in Büchern nur als Besonderheiten – sogar in Länderbeschreibungen, in Reiseführern oder in Tierbüchern. Das Stichwort Reiseführer bringt uns auf eine wichtige Spur der Bildersuche. Das vermehrte Reisen und der Tourismus haben einerseits den bebilderten Reiseführer, andererseits die Bildherstellungstechniken gefördert. J.G. Ebel brachte 1793 die «Anleitung auf die nützlichste und genussvollste Art in der Schweitz zu reisen» heraus. Die wenigen Bilder im Buch «mit drey geätzten Blättern» sind panoramaartige Abbildungen. Damit sei daran erinnert, dass ebenfalls etwa ab 1800 das Panorama in Mode kam.

Zwischen 1800 und 1900 ist eine Fülle von Landschaftsbildern in der Schweiz entstanden (Flüeler 1982). Gemälde, Stiche und Aquarelle waren die Mittel, um Landschaft darzustellen. Darunter gab es Maler und Zeichner, welche exakt gearbeitet haben, sodass ihre Werke für Vergleiche mit heute herangezogen werden dürfen. Ähnliches gilt für die Panoramen. Ein Teil dieser Gemälde erzielt heute im Kunsthandel exorbitante Preise, wogegen der reale ländliche Raum zum Nonvaleur geworden ist. Das aufkommende Reisen hat dazu geführt, dass die Besucher der Schweiz Eindrücke, Erinnerungen und Andenken nach Hause mitnehmen wollten. Die Erfindung der Lithografie um 1800 ermöglichte die Reproduktion. Es entstanden grafische Anstalten (ein neues Gewerbe), in denen beispielsweise Stiche koloriert werden konnten. Die früheren Reproduktionstechniken trugen die Landschaftsbilder auch in die gute Stube der Bürger.

Im Tourismusland Schweiz sind naturgemäss nicht alle Landschaften gemalt, gestochen oder fotografiert worden. Während beispielsweise der Rheinfall und das Matterhorn immer und immer wieder abgebildet worden sind, gibt es von anderen Gebieten fast keine alten Fotos. Das gilt beispielsweise für das Freiamt im Kanton Aargau. Die Durchsicht eines grossen Fotoarchivs mit Blick auf Landschaftsfotos von 1920 bis 1980 ergab eine ernüchternde Bilanz: Weil sich niemand für diese Landschaft interessierte, gab es auch keine Fotoaufträge.

Es stellt sich die Frage, was aus dem Bildmaterial wirklich herausgeholt werden kann. Ob ein Aquarell oder eine Fotografie: Wir sehen normalerweise eine Ansicht der Landschaft. Dazu gehören Vorder-, Mittel- und Hintergrund. Die Verkürzungen und die Ferne können wir nur abschätzen. Die Bildinhalte kann man definieren und charakterisieren. Die Kombination von natürlichen Voraussetzungen mit den sichtbaren Nutzungen ermöglicht uns die Einschätzung des Landschaftszustands. Der Vergleich einer gemalten Landschaft mit der später fotografierten Landschaft zeigt, was an Hoch- und Tiefbauten oder neuen Nutzungen hinzugekommen und welche verschwunden sind. Auch die Veränderungen im Wald – vom Nieder- und Mittelwald vor 150 Jahren zum heutigen Hochwald – sind im eigentlichen Sinne des Wortes «augenfällig». Das Vergleichen von alten mit neuen Ansichten ergibt qualitative Ergebnisse, und diese können wertvoll und wichtig sein für die Erklärung des Landschaftswandels (Abb. 23).

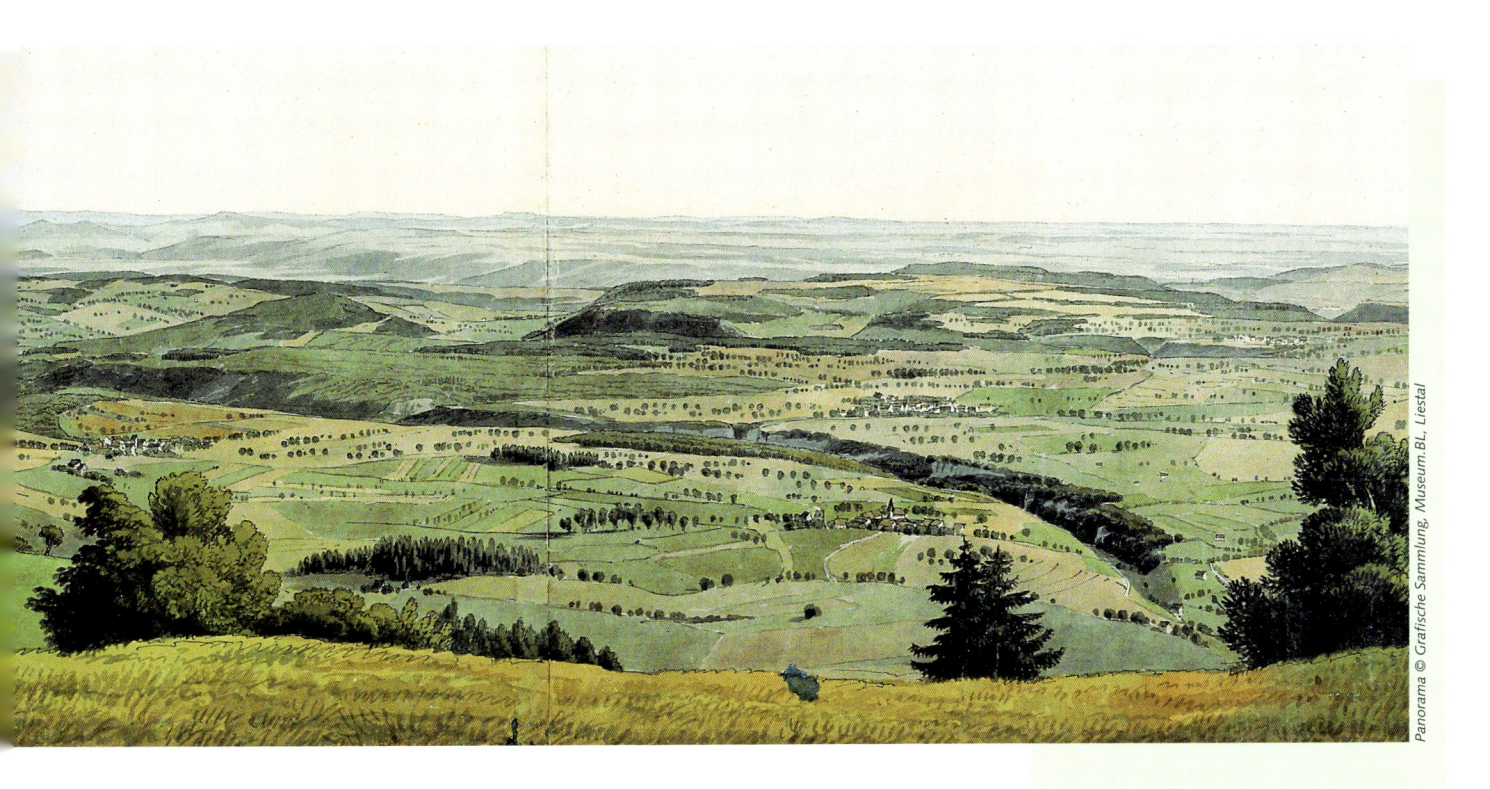

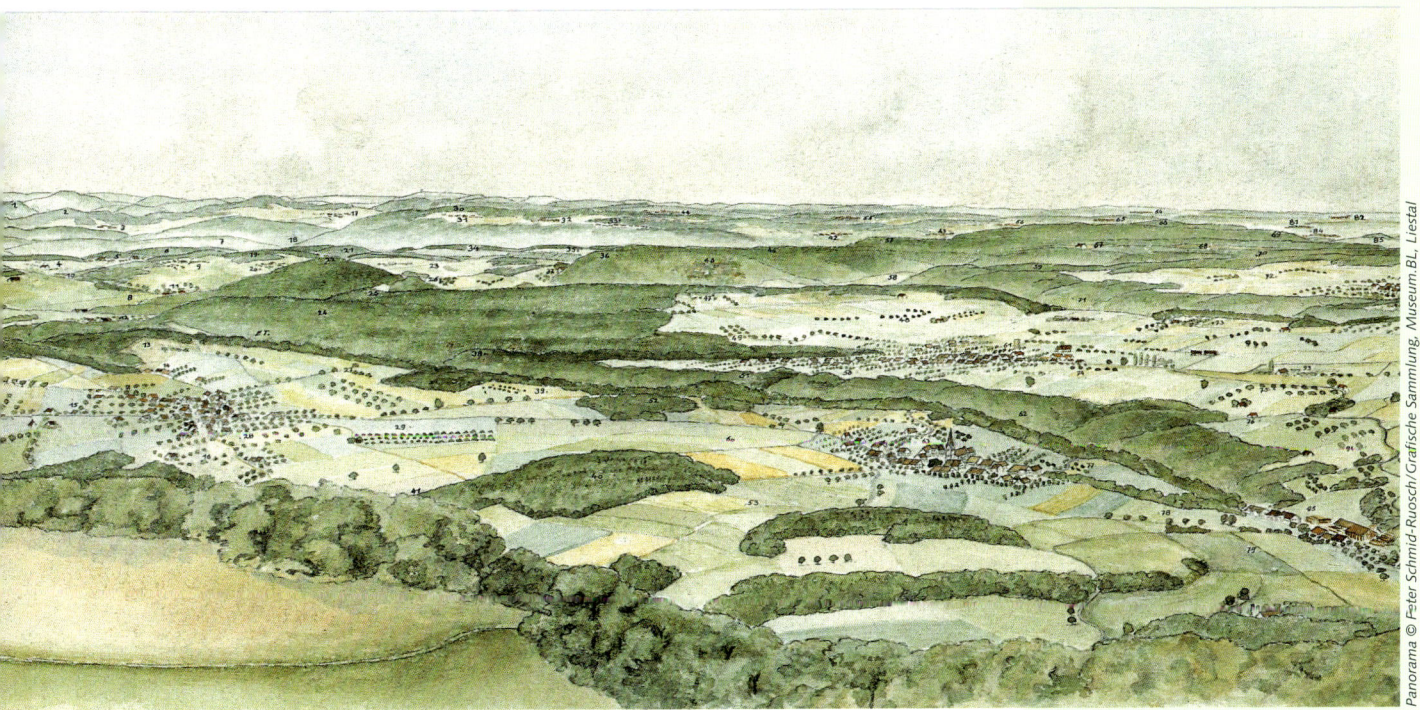

Abb. 23: Blick vom Wisenberg Richtung Norden über Rünenberg, Kilchberg und Wenslingen. Ausschnitte aus den 360°-Panoramen von Samuel Birmann (oben, 1813) und von Peter Schmid-Ruosch (unten, 1990). Die Waldfläche hat deutlich zugenommen.

Statistiken

Ein Blick auf das voluminöse Statistikjahrbuch der Schweiz lässt hoffen, dass alles und jedes erhoben, gemessen und verglichen wird, und dies seit Menschengedenken. Doch weit gefehlt – zumindest was die Dauer der Statistik und deren Bezug zur Landschaft angeht. Statistische Erhebungen entsprachen und entsprechen rein utilitaristischen Gesichtspunkten, indem lediglich wirtschaftlich bedeutsame oder gesellschaftliche Verhältnisse erhoben werden.

Die Landschaft findet sich nicht in der Statistik, dafür deren Nützlichkeit, das heisst Produkte, welche Natur und Landschaft zu bieten haben, wie Holz aus den Wäldern, (erlegte) Wildtiere (Jagdstatistik), gefangene Fische (Fischfangergebnisse), landwirtschaftliche und gartenbauliche Produkte, die Energie, die den Gewässern abgerungen wird, Kalk, Zementvorstufen, Kiese, Sande, Granit aus den Gruben und Steinbrüchen. Deponiemengen sind bekannt, weil man damit Gebühren kassieren kann, aber sie sind nicht als Belastung der Landschaft quantifiziert und schon gar nicht qualifiziert. Zwar sind in den 1980er-Jahren Ideen für eine Raumbeobachtung und auch für eine Umweltbeobachtung aufgekommen, doch es entwickelte sich daraus – wohl aus politischen Gründen – kein konsequentes und andauerndes Monitoring der Umweltzustände der Schweiz (BRP 1983, Zimmermann 1988, Elsasser und Trachsler 1987, Elsasser und Knoepfel 1990). Die Ideen zur Landschaftsbeobachtung wurden lediglich in Etappen publiziert (Glauser 1993, Koeppel et al. 1992, Roth et al. 1994, ARE und BUWAL 2001, ARE und BAFU 2007). Auch das Biodiversitätsmonitoring Schweiz, das in den kommenden Jahrzehnten viele gute Daten zur biologischen Vielfalt liefern wird, ist nur bedingt landschaftsrelevant.

Weil also über die Landschaft keine Statistik geführt wird, in deren «Landschaftsbuchhaltung» die jährlichen Veränderungen der naturnahen Wiesen und der Lesesteinhaufen dokumentiert ist, muss man sich mit Indikatoren aushelfen. Welche Statistiken oder Datenreihen kommen infrage? Ohne auf Vollständigkeit zu achten, seien einige Beispiele genannt. Die Arealstatistik gibt einen quantitativen Überblick über die Veränderung der Landschaftsnutzungen – allerdings erst seit Mitte der 1980er-Jahre. Die Bevölkerungszahl als absolute Grösse oder als Volksdichte einer politisch oder statistisch gegebenen Fläche gibt Hinweise auf die Landschaftsbeanspruchung durch Wohnen und Verkehr. Die Art der Beschäftigung der Bevölkerung charakterisiert ihre Zusammensetzung. Wer nicht am Ort arbeitet, pendelt zum Arbeitsplatz. Das Pendleraufkommen ist korreliert mit dem Verkehr. Ob Individualverkehr oder öffentlicher Verkehr – alle brauchen Strassen und Trassen. Der Strassenbau ist eine raumrelevante Kategorie, welche aber statistisch nur ungenügend als solche erhoben wird. Obstbäume prägen das Landschaftsbild, ob sie als Plantage Baum an Baum in Reih und Glied stehen oder als Streuobstwiese angelegt wurden. Die Dichte der Obstbäume gibt Hinweise auf die Nutzung der Landschaft.

Monografien und Heimatkunden
In der zweiten Hälfte des 20. Jahrhunderts gab es wieder eine Art Rückbesinnung auf die engere Heimat. Daraus entstanden wie bereits im 19. Jahrhundert örtliche Heimatkunden, die oft von der Lehrerschaft verfasst oder koordiniert wurden. Viele Monografien und Heimatkunden sind in den letzten Jahren entstanden, als wollten sie einen Gegenpol zur Globalisierung schaffen.
Die Inhalte ähneln sich, wobei die Ortschaft, deren Geschichte, das öffentliche Leben, soziale Einrichtungen, Brauchtum und das Vereinsleben im Zentrum des Interesses stehen. Auch der Natur wird stets ein Kapitel gewidmet. Die Landschaftsgeschichte wird teils durch die Abbildungen der Siedlungsentwicklung mit-

Abb. 24: Gegenpol zur Globalisierung. Von Aesch bis Zwingen haben im Kanton Basel-Landschaft rund zwei Drittel aller 86 Gemeinden seit den 1960er-Jahren ein Heimatkundebuch herausgegeben. Dokumentarische Bücher zum Thema Heimatkunde sind in Mode. Als landschaftsgeschichtliche Quellen sind sie aber von begrenztem Wert.

Foto © Karl Martin Tanner

tels Fotos oder via Kartendarstellungen dokumentiert. Etliche Gemeinden haben auch den Flur- und Ortsnamen Aufmerksamkeit geschenkt.

Wenn man Heimatkunden und Monografien auf die Raumrelevanz hin untersucht, bleibt allerdings wenig Substanz übrig. Wir haben in 35 Heimatkunden aus dem Freiamt und dessen Umgebung nach raumrelevanten Daten gesucht. Es kamen nur wenige Fakten mit Raumbezug zum Vorschein. Dies sollte jedoch nicht als Vorwurf aufgefasst werden. Wir leben a priori nicht auf den Raum fixiert. Vor allem die gegenwärtigen Lebensgewohnheiten sind nicht auf die Landschaft ausgerichtet; wir sind mobil und leben in künstlichen Systemen. Gleichzeitig waren an vielen Heimatkunden und Monografien Historiker und andere Geisteswissenschaftler massgeblich beteiligt. Bei ihnen sind der Mensch und die Gesellschaft das Objekt der Betrachtung, nicht seine Koordinaten im Raum. Daher können alten und neuen Heimatkunden nur ausnahmsweise Fakten entnommen werden, welche für die Dokumentation der Landschaftsgeschichte punkt- und zeitgenau nachvollziehbar wären.

Viele Landschaftselemente oder landschaftsrelevante Tätigkeiten können in Raum und Zeit nicht genau «verortet» werden. Daher bleiben sie relativ. Manche Landschaftselemente wurden erst dann genauer untersucht, als sie bereits sehr selten waren. Das gilt beispielsweise für die Inventarisierung von seltenen Lebensräumen wie Auen, Amphibienlaichgebieten und Trockenwiesen- und weiden. Daher ist über früher Alltägliches und Allgegenwärtiges viel zu wenig bekannt. Weil das entsprechende Wissen über den früheren Zustand fehlt, sind Schutz- und Rekonstruktionsmassnahmen schwierig.

Spuren früherer Nutzungen in Feld und Wald

Nur in Archiven herumzustöbern, reicht nicht aus, um eine Landschaftsgeschichte zu rekonstruieren. Das bedeutet Feldarbeit. Manchmal reicht ein Spaziergang, um auf Spuren früherer menschlicher Tätigkeiten zu stossen. Diese reichen von

Abb. 25: Diese Lesesteinhaufen in einem Wald bei Oberbuchsiten (SO) sind ein Hinweis darauf, dass die Bäume auf ehemaligem Ackerboden wachsen.

Abb. 26: Spuren in Feld und Wald treten im flachen Sonnenlicht besonders gut hervor. Der «Kanal» bei Gänsbrunnen (SO) kann ein Rest einer ehemaligen Weidgasse sein oder ein Kännel («Risi»), in welchem das Holz ins Tal geschleift wurde. Der hangquer verlaufende Weg wird auf der Böschung von einer Baumhecke begleitet.

Resten einer Römerstrasse über die Ruine einer ehemaligen Burg bis zu einzelnen Pflanzenarten, die auf frühere Nutzungen hindeuten. Die zeitlichen Dimensionen können also bis in die Ur- und Frühgeschichte zurückreichen. Andere Spuren verweisen auf das Mittelalter oder auf das 19. Jahrhundert. Ein Beispiel: In einem Wald finden wir Lesesteinhaufen und Lesesteinreihen; das sind auf den Äckern eingesammelte und zusammengetragene Steine, die am Ackerrand oder zwischen den einzelnen Parzellen als Haufen oder Reihen abgelagert worden sind. Dieser Wald mit Lesesteinen kann daher kein ungestörter Wald oder gar Urwald sein, denn er stockt auf ehemaligem Ackerland (Abb. 25).

Auch andere Formen des ehemaligen Ackerbaus können unter dem Wald quasi fossilisiert worden sein; allerdings nur solche, die als sogenanntes Kleinrelief sicht-

Lesen im Fledermauskot

Der Landschaftswandel widerspiegelt sich auch in der Nahrungsökologie des Grossen Mausohrs *(Myotis myotis)*, einer Fledermausart, die vor allem in Dachstöcken haust, bodenlebende Insekten erbeutet und in den vergangenen Jahrzehnten massive Bestandseinbrüche zu verzeichnen hatte. Die Entdeckung von mehr als 100 Jahre altem Kot in der reformierten Kirche von Tegerfelden bot die Möglichkeit, Änderungen im Nahrungsspektrum dieser Art zu analysieren (Steck 2001). Der Vergleich des historischen Mausohrkots mit dem Kot heutiger Wochenstuben zeigte, dass das Grosse Mausohr seine Nahrung früher viel häufiger aus dem Offenland bezog. Heute stammt der Grossteil der verspeisten Insekten aus dem Wald – dies obwohl der Anteil des Walds in der Region unverändert geblieben ist. Die Liste der Beutetierarten war zudem früher länger als heute. Diese Resultate sind ein deutlicher Hinweis darauf, dass die Landschaftsqualität im Offenland abgenommen hat.

Abb. 27: Wochenstube des Grossen Mausohrs (links); Mausohrmumie und alter Kot (rechts).

bar sind. Damit meint man Formen an der Oberfläche, die durch frühere Bewirtschaftung geschaffen oder verstärkt worden sind. Um erhöhte oder eingetiefte Strukturen in einem Wald sehen zu können, müssen sie mindestens 30 Zentimeter nach unten oder nach oben reichen. Da jedoch seit Jahrzehnten im Wald Maschinen im Einsatz sind, welche mit grossen Rädern sowie mit über den Boden gezogenen Baumstämmen das Kleinrelief einebnen, wird es immer schwieriger, die Landschaftsgeschichte eines Walds zu rekonstruieren.

Ausserhalb des Walds sind nur wenige Typen des ehemaligen Agrarreliefs der Einebnung oder Auffüllung entgangen: Terrassen, die als Ackerland oder für den Weinbau gedient hatten, Lesesteinansammlungen sowie Reste von Trockensteinmauern und Hohlwegen. Ein Spezialfall sind die im Querschnitt gewölbten, ehemaligen, beetartigen Äcker, die man Hochäcker oder Wölb-Äcker nennt (Abb. 39). Sie sind in einigen Gegenden der Nordostschweiz bis in die jüngste Zeit erhalten geblieben, weil auf ihrem Scheitel schon im 19. Jahrhundert Obstbäume gepflanzt oder die ganze Parzelle zu Dauergrünland umfunktioniert worden war. □

Kapitel 4
Von der Natur- zur

Kulturlandschaft

Abb. 28. Abgetorft, entwässert, umgepflügt: Nordostansicht des Obermoos nördlich von Münchenbuchsee (BE) um 1916 und 1994. Auf dem neuen Foto deutet nur wenig darauf hin, dass sich hier einmal ein Moor ausgedehnt hat.

Das Grossrelief entsteht

Unveränderlich und immer gleich – so erscheint uns die Oberflächengestalt einer Landschaft. Täler und Berge, Senken und Hügel sind für die meisten Menschen statische Gebilde. Erst ein Bergsturz oder eine andere plötzlich eintretende Naturkatastrophe weist darauf hin, dass die Erdoberfläche dynamischer ist, als es den Anschein hat. Über geologische Zeiträume betrachtet sind Bergstürze sogar sehr häufig: In den Schweizer Alpen sind rund 1500 grosse Abbrüche bekannt. Praktisch jedes Alpental hat einen Ort, wo seit dem Ende der Eiszeit vor etwa 13 000 Jahren während eines einzigen Ereignisses grosse Felsmassen zu Tal gedonnert sind. Veränderungen der Oberflächengestalt sind in der Geschichte einer Landschaft offenbar etwas ganz Normales, Stillstand ist eher untypisch und aussergewöhnlich.

Das Grossrelief eines Landschaftsausschnitts hat sehr viel mit plattentektonischen Vorgängen zu tun, bei denen Teile der Erdkruste verformt, eingeengt und übereinandergestapelt werden. Die Kräfte aus dem Erdinneren sorgen dadurch für die Höhengliederung der Erdoberfläche. Gleichzeitig versuchen die Naturkräfte jeglichen Höhenunterschied auszugleichen. Zunächst zermürbt die physikalische Verwitterung die Gesteine und zerlegt sie in kleine Teile, die dann von Bächen, Flüssen, Gletschern oder starken Winden in tieferliegende Gebiete transportiert werden. Wie stark Wasser, Eis und Wind, die letztlich alle durch die Sonnenenergie angetrieben werden, am Gestein nagen, und welche Reliefformen sie hinterlassen, hängt vor allem von der Härte und Wasserdurchlässigkeit des zu erodierenden Materials ab. Doch nicht nur die physischen oder physikalischen Kräfte des Wassers schaffen Erosionsprozesse; auch die im Wasser gelösten Stoffe können eine chemische Erosion bewirken. Endprodukte sind Karstlandschaften mit Dolinen und anderen «Lösungsformen», wie wir sie zum Beispiel im Neuenburger Jura oder im Gebiet der Bödmerenalp (Schwyz) finden.

Jedes Jahr werden weltweit etwa zehn Kubikkilometer an festen Stoffen in die Meere gespült. Ohne die reliefschaffenden Kräfte des Erdinnern würden Wasser, Eis und Wind die Kontinente zu einer monotonen Fläche einebnen. Und irgendwann würde die Erosion dafür sorgen, dass die Kontinente vollständig im Meer versinken. Vor allem die Erosionskraft des Wassers ist unerbittlich. Während eines Menschenlebens ist die Auswirkung zwar minimal: Man nimmt an, dass die Flüsse und Bäche beispielsweise im Kanton Zürich durch natürliche Abtragungsprozesse jährlich Material im Umfang von 0,025 Millionen Kubikmeter wegführen. Über die ganze Kantonsfläche verteilt, entspricht diese Menge einer Abtragungshöhe von 0,014 Millimeter pro Jahr. Innerhalb eines Menschenlebens von 70 Jahren wird so etwa ein Millimeter abgetragen. Aber in einer Million Jahren sind es bereits fast 15 Meter.
Der Kreislauf der Gesteine ist auch in der Schweiz allgegenwärtig. Bereits mit der ersten Hebungsphase der Alpen haben die Fliessgewässer versucht, das junge Gebirge einzuebnen. Mit der Geröll- und Sedimentfracht füllten die Urflüsse das Mittelland auf. Die Entstehung des Mittellands lässt sich daher nicht von der Bildung des Alpenbogens trennen. Auch der Jura ist ein Ableger der Alpenfaltung.

Je nach Jahreszeit und Wasserführung kam es im Mittelland zu flächenhaften Geröllschüttungen, aber auch zu plötzlichen murgangartigen Massenverfrachtungen. Die als Molasse bezeichneten Ablagerungen wurden im Laufe der Zeit durch Kalkausfällungen zu hartem Felsgestein verkittet. Als der Druck der afrikanischen Platte auf die eurasische Platte immer grösser wurde, wurden diese Molasseschichten am Südrand des Mittellands zusammengestaucht. Dieser Vorgang war landschaftsprägend: Der für die Molasseablagerungen typische Härtewechsel zwischen Mergellagen und Nagelfluhbänken führte beispielsweise im Zürcher Oberland zusammen mit der Wirkung des Wassers zur sägezahnartigen Silhouette des Hörnli-Berglands. Während die weicheren Mergellagen rasch Opfer der Wassererosion wurden, blieben die resistenteren Nagelfluhbänke stehen (Nievergelt und Wildermuth 2001). Auch die treppenartig gestuften, meist in verborgenen Talwinkeln rauschenden Wasserfälle sind direkter Ausdruck und Abbild dieser unterschiedlichen Felshärten.

Das Grobrelief der Alpen, des Mittellands und zum Teil auch des Juras wurde durch die Eiszeiten zum Teil stark überprägt. Die Gletscher, die am Gestein hobelten, verbreiterten die Täler und gaben den Alpen insgesamt rundere und weichere Formen. In vielen Gebieten des Mittellands stammen sogar fast alle Oberflächenformen aus der letzten Kaltzeit, die vor 115 000 begann und vor 13 000 Jahren zu Ende gegangen ist. Immense Gletschermassen durchpflügten während jener Epoche die Landschaft. Die über weite Strecken fast durchgehend erhalten gebliebenen Moränenwälle waren quasi die Leitplanken der Gletscher. In Verbindung mit den hufeisenförmig hineingeschobenen Endmoränenbögen im Talgrund ermöglichen sie eine zuverlässige Rekonstruktion der damaligen Eisdimensionen. Besonders markant sind die sogenannten Drumlins. Die Entstehung der ovalen Erhebungen ist noch nicht restlos geklärt. Im Wesentlichen handelt es sich aber um Anhäufungen aus Grundmoränenschutt oder Schottermaterial, das unter dem Eis zusammengeschoben und in Fliessrichtung stromlinienförmig in die Länge gezogen wurde. Die Gegend zwischen Hinwil, Wetzikon und Gossau gilt als eine der schönsten Drumlinlandschaften der Schweiz. Die Drumlins erscheinen wie Kompassnadeln im eiszeitlichen Kraftfeld des Gletscherstroms. Besonders auffällige «Fussspuren» des Eiszeitalters in unserer Landschaft sind Findlinge.

Wald allüberall

Als sich die Gletscher der letzten Eiszeit zurückzogen, breitete sich die Steppentundra in Mitteleuropa aus. Doch der Klimawandel begünstigte zunehmend holzige Gewächse. Bereits vor 10 000 Jahren war Mitteleuropa weitgehend wiederbewaldet. Auf die Waldsteppe mit Birken und Kiefern folgten dichtere Waldgesellschaften, in denen in tieferen Lagen zuerst die Eichen und später die Buchen dominierten. Gänzlich waldfreie Standorte kamen nur noch inselartig in der Landschaft vor. Wenn sich heute Bäume ungehemmt ausbreiten könnten, würde sich das Offenland auf Seen, Moore, Felsköpfe, Gebiete oberhalb der natürlichen Waldgrenze sowie Schotterebenen entlang von Flüssen und Bächen beschränken.

A Vor 20 000 Jahren	**E** Vor 15 000 Jahren
B Vor 19 000 Jahren	**F** Vor 10 000 Jahren
C Vor 18 000 Jahren	**G** Vor 6000 Jahren
D Vor 17 000 Jahren	**H** Vor 2000 Jahren

Abb. 29: Zeitreise durch das Reusstal: Von der Gletscherlandschaft zur Zivilisationslandschaft. Die dargestellte Entwicklung, die im Naturama in Aarau zu sehen war, beruht auf wissenschaftlichen Erkenntnissen. Digitale Bildbearbeitung: Max Maisch; Bildserie zur Verfügung gestellt vom Departement Bau, Verkehr und Umwelt des Kantons Aargau.

A Die Alpengletscher reichen weit ins Mittelland. Ein dicker Eispanzer bedeckt das spätere Reusstal.
B, C, D Die Gletscher ziehen sich in die Alpen zurück und hinterlassen einen reichhaltigen Formenschatz.
E Tundren und Moore bedecken die einstigen Gletschergebiete.
F Das Reusstal ist eine Schwemmebene, flankiert von Nadelbäumen.
G Wälder bedecken das Tal, durch das die wilde Reuss mäandriert.
H Der Mensch beginnt die Wälder zu roden und betreibt Landwirtschaft.
I Die Tätigkeiten des Menschen haben zur Entstehung einer vielfältigen traditionellen Kulturlandschaft geführt.
J Die Reuss ist gezähmt, naturnahe Landschaftselemente sind selten geworden.
K Pessimistisches Szenario: Siedlungen haben sich ausgebreitet, das Kulturland wird immer öder.
L Das Reusstal könnte zu einer dicht besiedelten, eintönigen Landschaft verkommen.

Kapitel 4   Von der Natur- zur Kulturlandschaft

Hochmoore gehörten in der Urlandschaft Mitteleuropas zu den wenigen waldfreien Standorten unterhalb der Waldgrenze. An nassen Standorten mit genügend Niederschlägen und gemässigten Temperaturen beträgt der jährliche Torfzuwachs der mitteleuropäischen Moore durchschnittlich 0,5 bis 1,5 Millimeter. Die lebende Vegetationsschicht wird immer weiter in die Höhe geschoben, bis die Pflanzen den Kontakt mit dem Grundwasser verlieren. Weil die Nährstoffzufuhr in intakten Hochmooren nur noch über das Regenwasser und über die Luft erfolgt, gehört dieser Moortyp zu den nährstoffärmsten Lebensräumen der Schweiz. Das aufgewölbte Hochmoor gleicht einem riesigen Schwamm. Bedingt durch die Nässe und die Nährstoffarmut können im Zentrum der Hochmoore keine Bäume wachsen.

Wie dicht standen die Bäume im Waldland Schweiz? Und wie sah das Mischungsverhältnis der verschiedenen Baumarten aus? Die Vorstellungen der Wissenschaft reichen von einem dichten Wald (Ellenberg 1986, Mitchell 2005) bis hin zu einer parkartigen Landschaft mit zum Teil ausgedehnten Weiden, die von Grosssäugern wie Wisent, Auerochse und Elch offengehalten wurden (Bunzel-Drüke et al. 1994, Gerken und Meyer 1996, Vera 2000). Noch gab es keine Expertenrunde, die sich auf das Aussehen der Naturlandschaft geeinigt hat. Für den Naturschutz hätte das Resultat weitreichende Folgen: Wäre der Einfluss der heute ausgestorbenen Megafauna beträchtlich gewesen, müssten «Buchenurwälder» als halboffene Wald-Weidelandschaft bewirtschaftet werden, um einen natürlichen Zustand zu erhalten.

Der Mensch in der Landschaft

Bei der Diskussion um das Aussehen der Naturlandschaft darf nicht vergessen werden, dass sich die Einflüsse des Menschen auf die Vegetationsbedeckung bereits zur Zeit der Buchenausbreitung nachweisen lassen. Während der Jungsteinzeit, die vor etwa 6500 Jahren begann, waren in den klimatischen und naturräumlichen Gunstlagen der Schweiz – beispielsweise in den Löss- und Lösslehmgebieten – bereits Bauern sesshaft. Es kann sogar nicht völlig ausgeschlossen werden, dass unsere Vorfahren durch Viehzucht und Ackerbau die Wiederbewaldung einzelner Flächen seit dem Ende der Eiszeit gänzlich verhindert haben.

Der Übergang von den Jäger- und Sammlerkulturen zu sesshaften Bauern mit Kulturpflanzen und domestizierten Tierarten wie Rind, Pferd, Schwein und Huhn fand während der Jungsteinzeit statt. Die Siedlungen nahmen Dorfcharakter an. Kennzeichnend für die damalige Lebensweise im Mittelland war der Getreidebau mit Waldrodungen und Viehhaltung. Erstaunlich früh begann auch die landwirtschaftliche Nutzung der Alpen. Zunächst mussten die naturräumlichen Voraussetzungen der Landschaft aber sehr gut erkundet und getestet werden. Man geht davon aus, dass die Alpen von oben nach unten in Besitz genommen wurden. Oberhalb der Baumgrenze fand der Mensch alpine Urrasen vor, die sich spontan für eine beschränkte Beweidung während der Sommermonate nutzen liessen (Bätzing 2003, Zoller und Erny-Rodmann 1994).

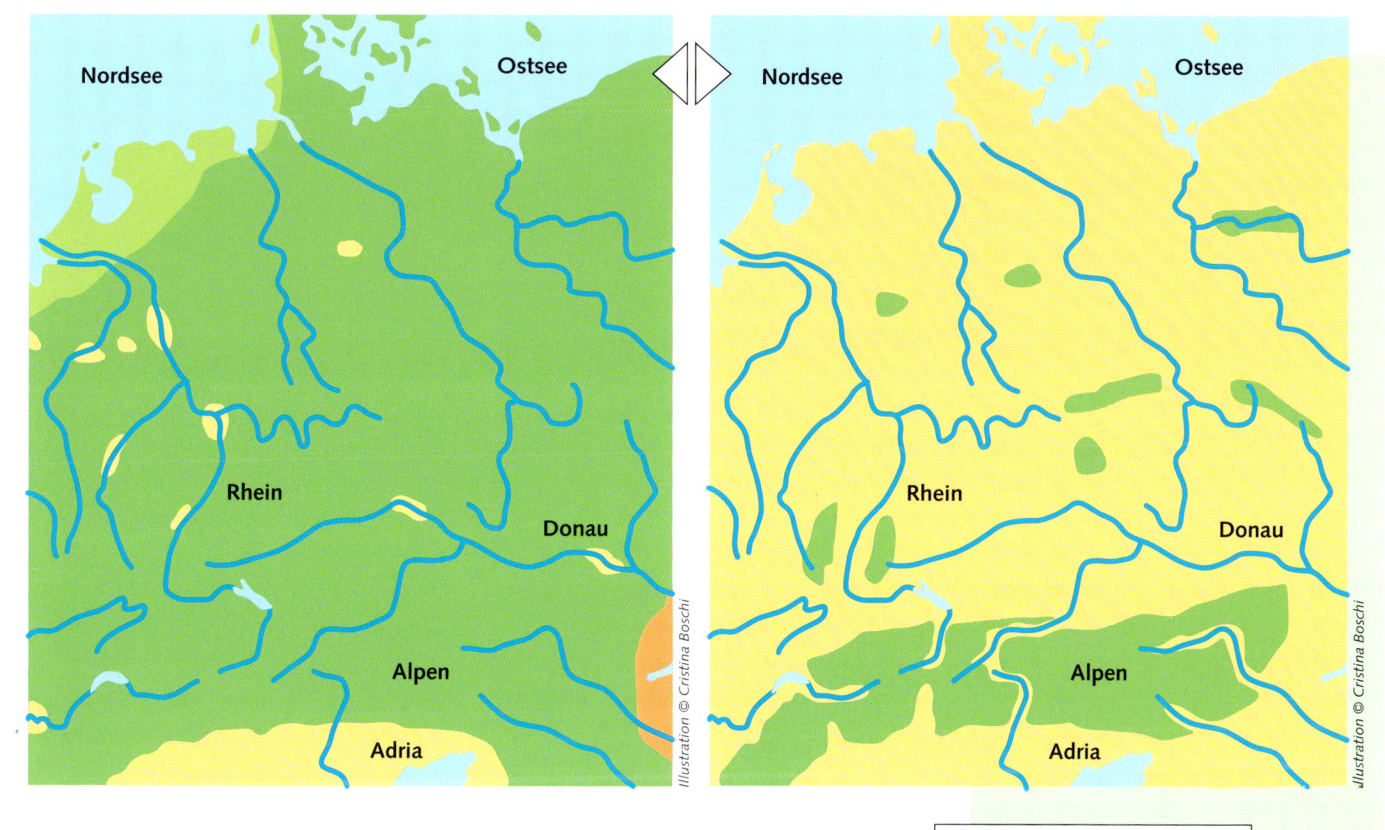

Als die Römer die Schweiz in Besitz nahmen, fanden sie bereits eine lückige Waldlandschaft vor. Unter dem römischen Einfluss wurden die Grundlagen zur heutigen Kulturlandschaft gelegt. Das gut ausgebaute römische Strassennetz bestimmte mancherorts den Strassenverlauf bis ins Mittelalter. Ausserhalb der neu entstandenen Städte entstanden zahlreiche grosse Landwirtschaftsbetriebe. Mit der Einführung der Rebe begann die Agrarlandschaft stellenweise neue Formen anzunehmen (Wiesli 1986).

Nachdem die römische Herrschaft um 400 n. Chr. zu Ende ging, begann die Zeit der Völkerwanderungen. Hier wurde der Grundstein für die kulturell bedingten Unterschiede in der Landnutzung und dem Landschaftsbild gelegt (Stöcklin et al. 2007). Die ersten grösseren Rodungswellen setzten im frühen Mittelalter ein und endeten erst im 13. Jahrhundert (Abb. 30).

- Landwirtschaft
- Mischwälder
- Feuchtgebiete, Moore
- Steppen

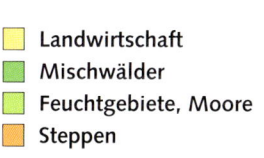

Abb. 30: Die grossen mittelalterlichen Rodungen in Mitteleuropa. Während noch im Jahr 1000 (links) Waldland vorherrschte, entstand bis 1300 (rechts) – verbunden mit einem starken Bevölkerungswachstum – eine fast flächendeckende offene Agrarlandschaft. Quelle: Marquardt 2005.

Von allem etwas – die frühe Kulturlandschaft

In Etappen haben die Menschen Inseln im Waldland Schweiz geschaffen. Der einzelne Mensch mit dem Grabstock oder der Hacke bewegte sich und die Landschaft im Bereich von wenigen Aren (Werth 1954). Je nach Grösse der Menschengruppe und je nach Oberflächenbeschaffenheit der Landschaft blieben die Nutzungen punktuelle oder kleinflächige Eingriffe in die Landschaft. Aber nicht nur die Bevölkerungsdichte setzte den Erschliessungen relativ enge Grenzen, sondern auch die verfügbaren Geräte.

Viele Gebiete waren nicht bewirtschaftbar und wurden der Natur überlassen. Man konzentrierte sich auf das Mögliche. Das Mittelland war deshalb übersät mit zahlreichen Resten der Eiszeit wie Feuchtgebiete und Findlinge. Viele blieben bis in das 18. und zum Teil 19. Jahrhundert erhalten. Die überschwemmungsgefährdeten Flussauen im Flachland blieben sogar zum Teil bis ins 20. Jahrhundert weitgehend unangetastet.

Die Landschaftsausnutzung war nicht total, wie man das heute fast im ganzen Mittelland sieht. Die Kulturlandschaft war ein Mosaik von unterschiedlich grossen und unterschiedlich stark genutzten Kleinflächen (Burzler et al. 2002). Heute unverständlich anmutende Grenzen von Parzellen und Wäldchen sowie merkwürdig verlaufende Wege gehen auf damalige Denk- und Bewirtschaftungsweisen zurück. Die Landschaft war ausserordentlich vielfältig und räumlich und inhaltlich reichhaltig strukturiert. Insgesamt bot sie Lebensraum für viele Tier- und Pflanzenarten. Ausser den Grosssäugern dürften nur wenige Arten ausgestorben sein. Dafür wanderten unzählige Arten in die neu entstandenen Lebensräume wie Magerwiesen und Trockenwiesen und -weiden ein. Die frühere Kulturlandschaft kann daher durchaus als naturnah bezeichnet werden.

Betrachtet man den Domestikationsprozess von Landschaft, Natur, Pflanzen und Tieren, so zeigt sich, dass der Mensch im Laufe der Jahrhunderte und Jahrtausende gelernt hat, die natürlichen Entwicklungen zu unterbinden oder zu seinen Gunsten zu steuern (Makowski und Buderath 1983). Das Weiden und Mähen verhinderte das Aufwachsen von Gehölzpflanzen; im Wald lernte man schnell, wie man Waldbäume freistellen und fördern muss, um einen «Kulturwald» mit viel und gutem Holz für Bauzwecke zu erhalten. Das Verhindern oder Unterbinden der Dynamik der Natur spielte im Gewässerbau des 19. Jahrhunderts eine zentrale Rolle. Wo man auch hinblickt, erkennt man in der Landschaft Verbauungen, Hindernisse, Böschungen und Hartbeläge, deren Zweck die Minimierung, Behinderung oder Ausschaltung jeglicher natürlicher Dynamik ist.

Urlandschaft oder Naturlandschaft – oder ist heute alles Kulturlandschaft?

Der Begriff Urlandschaft erinnert an den Urknall oder die Ursuppe, beides Ausdrücke zur Entstehung von Universum und Leben. Urlandschaft und Naturlandschaft bezeichnen Landschaften, die sich von Natur aus – also nur durch Naturgesetze – entwickelt haben. Während «Urlandschaft» eher ein überholter Begriff ist, wird häufig auf «Naturlandschaft» zurückgegriffen – auch wenn der Inhalt kaum mehr zutreffend ist.

Alle Lebensräume der Erde weisen Spuren des Menschen auf. Ob Blei am Nordpol, Stickstoff in den Mooren abgelegener Gebirge, Kohlendioxid in der Atmosphäre – die Ausdünstungen und Abfallprodukte der Zivilisation sind weltweit verbreitet und abgelagert worden. Der Begriff der Naturlandschaft kann daher nur noch eingeschränkt verwendet werden. Wer Begriffsdefinitionen ernst nimmt, darf den Begriff der Naturlandschaft heute überhaupt nicht mehr verwenden. So wurde bis vor Kurzem das Waldreservat Sihlwald «Naturlandschaft Sihlwald» genannt, was nicht zutreffend ist, weil der Sihlwald seit dem Mittelalter der Energielieferant der Stadt Zürich war. Die korrekte Verwendung und wahrheitsgetreue Interpretation der Begriffe ist in allen Fachgebieten oberstes Prinzip – nur in der «Landschafts-Domäne» spielt es aus unerfindlichen Gründen keine Rolle.

Es ist nicht von der Hand zu weisen: Im Bereich Landschaft und Natur stehen überhaupt nur wenige Begriffe zur Verfügung. Das dokumentieren zum Beispiel Titel von Bildbänden über Landschaft und Natur in der Schweiz: «Naturschönheiten

Abb. 31: Auch wenn die Alpen vorwiegend als Kulturlandschaft eingestuft werden müssen, gibt es auch unterhalb der Waldgrenze sehr naturnahe Verhältnisse, die an eine Naturlandschaft erinnern. Im Bild ein Ausschnitt des Maderanertals.

der Schweiz» (1970), «Schön ist die Schweiz» (1974), «Naturparadies Schweiz» (1975), «Naturwunder Schweiz» (1976), «Tierparadies Schweiz» (1978), «Unsere Seen» (1979), «Seen der Schweiz» (1979), «Die schönsten Naturschutzgebiete der Schweiz» (1980), «Landschaft Schweiz» (1989), «Geschützte Landschaften der Schweiz» (1991), «Wasserlandschaften in der Schweiz» (1991), «Urlandschaften der Schweiz» (2006).

Der Naturbegriff muss überlegter verwendet werden als bisher, denn im Zusammenhang mit Planung, Schutz und Management von Natur und Landschaften können nur präzise abgestützte Inhalte zu kompetenten Lösungen führen. Nicht die sichtbare Einschätzung «der Natur», sondern die landschaftsgeschichtlich hinterfragte Situation ermöglicht es, sinnvolle Massnahmen zu ergreifen. □

Kapitel 5
Die traditionelle

Kulturlandschaft

Abb. 32: Alvaneu (GR), links um 1930, rechts im Oktober 1991. Das Gebiet verfügte über ein reichhaltiges, agrarmorphologisches Kleinrelief, das dieser traditionellen Kulturlandschaft ein unverwechselbares Gesicht gab. Sozioökonomische Entwicklungen und Flurbereinigungen haben zu erheblichen Veränderungen geführt. Die Landschaft ist heute austauschbar und beliebig.

Der Mensch bereichert die Landschaft

Manche der heute vorhandenen Landschaftselemente bestehen schon seit dem Mittelalter, andere wie die Buntbrachen sind erst in den letzten Jahrzehnten entstanden. Das Spektrum dieser Strukturen ist vielfältig – dies gilt in Bezug auf die Entstehungsumstände, die betroffenen Zeiträume und die regionalen Unterschiede. Alle Erscheinungen zusammengenommen bilden ein Archiv der gewachsenen Kulturlandschaft, nicht anders als die Gebäude einer historischen Stadt (Müller 2005). Die Form der Parzellen und das ackerbaulich-kulturlandschaftshistorische Kleinrelief wie Stufenraine und Lesesteinhaufen geben einer Landschaft ein ästhetisch unverwechselbares Gesicht. Die Bedeutung dieser individuellen regionalen Identität darf gerade in Zeiten der Globalisierung nicht unterschätzt werden.

Um das Aussehen der traditionellen Kulturlandschaft im Mittelalter verstehen zu können, müssen die damaligen Verhältnisse und Bodennutzungssysteme beleuchtet werden. Im Gegensatz zum heutigen Menschen, der von vitaminisierten Knusperstängeln aus der Lebensmittelfabrik lebt, waren die meisten Bewohner der Schweiz bis weit ins 19. Jahrhundert auf ein mehr oder weniger grosses Stück Landschaft angewiesen, auf dem sie Nahrungsmittel wie Getreide, Gemüse, Kartoffeln und Obst ernten konnten. Der Mensch war in die Landschaft eingebunden – wobei «eingebunden» ein beschönigender Begriff für die absolute Abhängigkeit des Menschen von der Umwelt ist. Er war auf Gedeih und Verderb von der Scholle abhängig. Die Menschen waren Missernten, winterlicher Kälte, kolibakterienhaltigem Brunnenwasser und zahlreichen Krankheiten relativ hilflos ausgeliefert. Es war ein arbeitsintensives Leben, ganz ohne Maschinen. Franz Xaver Bronner (1758–1850) zeichnet in seinem «Historisch-geographisch-statistischen Gemälde der Schweiz» (1844) die damaligen Lebensverhältnisse für den Kanton Aargau nach. Man darf wohl seinen Schilderungen Glauben schenken – auch wenn er als Moralist und Naturphilosoph gilt. Die Leute lebten damals auf engem Raum zusammen. 10 bis 14 Personen pro Haus waren die Regel (Abb. 257). Viele Bauernfamilien waren für ihr Auskommen zusätzlich mit Heimarbeit beschäftigt.

Der Grad der Autarkie oder Selbstversorgung einer Gemeinschaft bestimmt die Intensität der Nutzbarmachung und damit die Landschaftsnutzung. Die Landnutzungssysteme waren im Mittelalter meist durch genossenschaftliche Organisationsformen (z. B. Flurzwang) gekennzeichnet und durch komplizierte Rechtsgefüge abgesichert. Ein weiteres, allgemeingültiges Charakteristikum der vorindustriellen Landwirtschaft war der eklatante Mangel an Düngern. Das Vieh weidete lange Zeit ganzjährig auf der Allmend und im Wald, wodurch kein Hofdünger anfiel. Die daraus resultierende geringe Produktivität pro Flächeneinheit musste bei steigender Bevölkerungszahl mit einer Ausdehnung der Nutzfläche ausgeglichen werden. Man konnte es sich nicht leisten, schlecht zugängliche Standorte nicht zu bewirtschaften. Selbst steilere Partien in der Landschaft, auf denen heute Feldgehölze stehen, wurden in der traditionellen Kulturlandschaft ackerbaulich genutzt.

Die geringe Kapitalintensität – es gab keine Maschinen! – wurde durch eine hohe Arbeitsintensität ausgeglichen. Es ist aus heutiger Sicht erstaunlich, mit welchen

Mitteln unsere Vorfahren die Landschaft nach ihren Bedürfnissen gestaltet haben. Im Vergleich zu heute standen nur wenige Geräte und Fremdkräfte zur Verfügung. Bis etwa 1850 war fast alles Handarbeit. Zwar ist der Einsatz von Tieren zum Ziehen und Tragen wohl schon uralt, doch viele konnten sich diesen «Luxus» nicht leisten. Dagegen gibt es einige Berufe, bei denen schon früh die menschliche Arbeitskraft durch Wasserenergie ersetzt oder ergänzt wurde. Das gilt beispielsweise für die Mühlen und die Sägereien.

Die menschliche Arbeitskraft war derart dominant, dass sie sogar als Raummass verwendet wurde: Das Mannwerk, der Morgen oder das Tagwerk illustrieren dies eindrücklich, aber auch Längenmasse wie Fuss, Elle oder Spanne (Fischer 1992). Ein in der Schweiz bis ins frühe 20. Jahrhundert gebräuchliches Flächenmass ist der Juchart, der in der Regel die Grösse eines in einem Tag gepflügten Stücks Ackerland bezeichnete (Ender 1993). Beim Mähen schaffte ein Mähder an einem Tag ein Mannwerk, was etwa 29 Aren entspricht. Brugger (1956) gibt die Leistung mit dem Aargauer Pflug – einem Kehr- oder Wendepflug mit Rädervorgestell und geraden, auswechselbaren Holzriestern, mit vier Tieren bespannt – mit einer Tagesleistung von drei Viertel Juchart an, was er auf 27 Aren umrechnet. Dubler (1968) nennt ähnliche Grössen, so eine grosse Jucharte Wald (= 40,5 Aren), eine gemeine Jucharte Wald (= 36 Aren), eine Jucharte Acker (= 32,4 Aren) und ein Mannwerk Mattland/Reben (= 28,8 Aren).

Die wichtigsten Geräte in der Landwirtschaft waren Hacke, Spaten, Schaufel, Rechen, Sichel, Sense, Hammer, Axt, Säge und Pflug (Werth 1954). Ein Besuch in einem Museum mit ehemaligen Geräten aus der Landwirtschaft, der Forstwirtschaft und dem Handwerk dokumentiert eine Fülle von Erfindungen (Haegele 1990). Über Jahrhunderte haben sich diese Geräte kaum verändert. Beispielsweise sehen Sichel und Sense, wie sie zum Teil heute noch in der alpinen Landwirtschaft zur Bewirtschaftung besonders steiler Flächen verwendet werden, genauso aus wie auf Darstellungen des Mittelalters.

Trotz der arbeitsintensiven Nutzung blieb der Naturlandschaftscharakter der offenen Feldflur erhalten. Es entwickelte sich eine naturnahe Kulturlandschaft (Abb. 33). Erst ab der Mitte des letzten Jahrhunderts wurde die vielfältige Kulturlandschaft zu einer monotonen Agrarlandschaft umgewandelt (Kap. 7). Aus dem Blickwinkel der Landschaftsgeschichte ist der Mensch demnach nicht nur für das Artensterben verantwortlich, sondern auch Gestalter, Förderer und Veränderer der biologischen Vielfalt.

Das Ackerland, das Rebland, Teile der Wälder und später die Wiesen waren parzelliert. Parzellen konnten alle Formen und Grössen haben, die man sich vorstellen kann: quadratisch, rechteckig, trapezförmig, sichelförmig, s-förmig, zwischen wenigen und einigen Hundert Quadratmetern gross. In der Kulturlandschaftsforschung wird eine Vielzahl von Flurformen beschrieben, die teilweise nur regional beschränkt vorkommen (Müller 2005). Das Strukturmuster drückt der jeweiligen Gemeinde seinen Stempel auf. Die Parzellengrenzen sind die wichtigsten Leitlinien in der Kulturlandschaft. Meist definiert dieses Netzwerk aus Grenzen die Standorte von Landschaftselementen wie Hecken, Obstbäumen oder Lesesteinwällen. Die Entstehung der Parzellen reicht weit zurück. Die für die Schweiz frühesten

Abb. 33: Reste der traditionellen Kulturlandschaft in der Schweiz.

Oben: Nur noch gelegentlich findet man in Ackerbaugebieten derartige Feldwege, die aussehen, als hätten sie sich seit 200 Jahren nicht verändert.

Unten: Kastanienselven sind vor allem im Tessin ein Landschaftselement der traditionellen Kulturlandschaft. Ab dem Spätmittelalter erlangte die Kastanie südlich der Alpen als «Brotbaum» eine weite Verbreitung. Mit dem Aufkommen der Kartoffeln und des Mais wurde die Kastanie und mit ihr die Kastanienselven allerdings wieder verdrängt.

Belege von Gewannen (= Parzellenverbände) stammen aus dem 15. und 16. Jahrhundert (Erni 2000, Egli 1985). Die Parzellen – oft auch ganze Gewanne – waren der Landschaft angepasst. Sie haben sich dem Relief angeschmiegt und es perfekt ausgenutzt. Man darf daher ruhig von einer Integration der alten Flur in die Landschaft sprechen. Die einfachen Geräte und die menschlichen Kräfte konnten keine Strukturen wider Natur und Landschaft einrichten – ganz im Gegensatz zu den Bulldozern im späten 20. Jahrhundert. Jede Güterzusammenlegung ist daher ein tiefgreifender Systembruch. Es entsteht eine ganz neue Grundstruktur, die der Landschaft aufgezwungen wird. Die meisten Landschaftselemente haben keinen Platz mehr in solchen Landschaften und werden ausgeräumt.

Dominante Dreifelderwirtschaft

Die Dreifelderwirtschaft hat das Landschaftsbild in weiten Teilen Europas stark geprägt. In der Schweiz war sie seit dem 11. Jahrhundert in den meisten Gebieten die vorherrschende Bodennutzung. Die Entstehung des Anbausystems ist eng gekoppelt mit dem Bevölkerungswachstum, der damit einhergehenden Landknappheit, dem zunehmenden Getreideanbau, dem Düngermangel und der da-

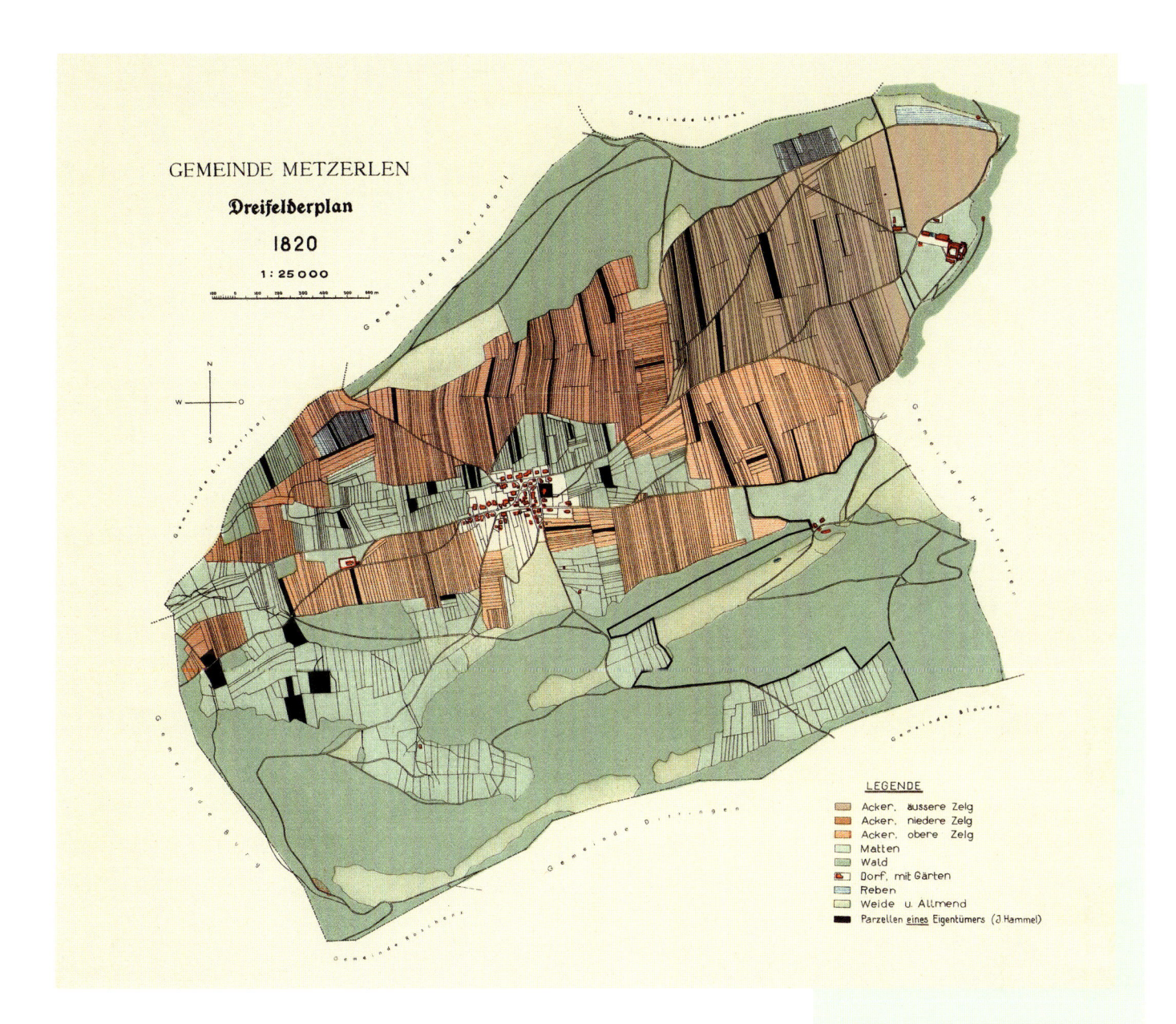

GEMEINDE METZERLEN
Dreifelderplan
1820
1:25 000

LEGENDE
- Acker, äussere Zelg
- Acker, niedere Zelg
- Acker, obere Zelg
- Matten
- Wald
- Dorf, mit Gärten
- Reben
- Weide u. Allmend
- Parzellen eines Eigentümers (J. Hammel)

durch entstandenen Notwendigkeit einer Brache, damit sich der Boden regenerieren kann. Die Erträge der Dreifelderwirtschaft lagen weit über denen der vorher ausgeübten Wechselwirtschaft – nicht zuletzt auch weil der Ackerbauanteil gesteigert werden konnte (Jäger 1980).

Bei der Dreifelderwirtschaft wurde im ersten Jahr Wintergetreide (Roggen, Weizen) angebaut, im nächsten Jahr folgte Sommergetreide (Hafer, Sommerweizen, Gerste), dann überliess man das Feld ein Jahr lang sich selbst. Dort wo das gesamte Ackerland einer Gemeinde in etwa drei gleich grosse Flurteile – die sogenannten Zelgen – aufgeteilt war und der Flurzwang die Rotation vorschrieb, spricht man von Dreizelgenwirtschaft (Abb. 34). Der Flurzwang war oft nötig, weil die durch die Erbteilung stark zersplitterten Parzellen vielfach über keine eigenen Zugangswege verfügten. Jede Zelge bildete eine Bewirtschaftungseinheit aus einer Gemengelage von Parzellen, innerhalb derer sich alle Besitzer an die vereinbarte Anbaufrucht sowie an gemeinsam festgelegte Saat-, Bearbeitungs- und Erntezeiten zu halten hatten (Volkart 1902). Dieses System war deshalb nur durchführbar, wenn die strengen Regeln des Flurzwangs von der Obrigkeit oder vom Dorfkollektiv durchgesetzt wurden. Nach der Ernte und während der Brache konnte das Vieh auf den Feldern weiden. Allerdings war die Zeit bis etwa 1850 vieharm, weil das Futter für den Winter fehlte (Brugger 1956). Einen relativ grossen Teil des Viehbestands bildeten Ochsen (1850: 13 Prozent), welche wichtige Zugtiere beim Getreideanbau waren. Im Brachemonat Juni pflügte man die brach-

Abb. 34: Der Plan der Gemeinde Metzerlen (SO) zeigt die drei Ackerzelgen in drei Brauntönen. Die erhaltenen Flurnamen Niderfeld, Oberfeld und Usserfeld in der heutigen LK 25 erinnern an die Zelgnamen von einst. Wald, Weide und Allmend sind nicht parzelliert (Gemeingut). Das Mattland (Zugtierfutterfläche) weist breitere Parzellen auf als die zu pflügenden Äcker in den Zelgen. Die Weglosigkeit ist auch hier augenfällig. Quelle: Baumann 1940.

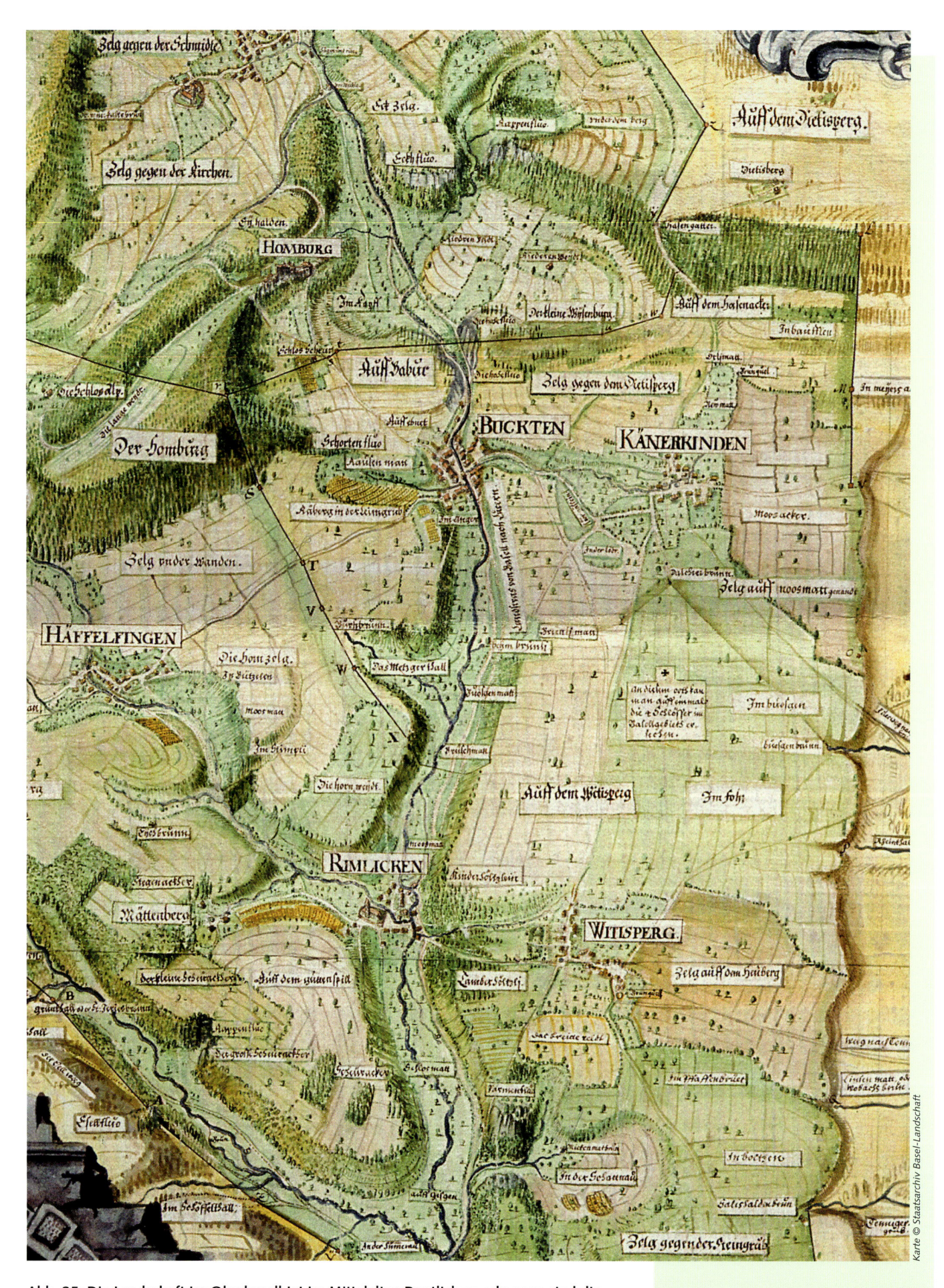

Abb. 35: Die Landschaft im Oberbaselbiet im Mittelalter. Deutlich zu erkennen sind die einzelnen Zelgen. Die Bäume in den Zelgen beruhen vermutlich auf der künstlerischen Freiheit des Kartografen. Ausschnitt aus G. F. Meyers Karte der Homburger-Vogtei, 1680/81 (Massstab des Originals 1:10000). Quelle: Lüthi 2008.

liegende Zelge oberflächlich (= Brochen). Im Rahmen der verbesserten Dreifelderwirtschaft wurden die Brachen später zu einem Teil mit Kartoffeln oder Hülsenfrüchten bepflanzt.

Die Zelgen produzierten das Brotgetreide sowie den zu entrichtenden Zehnten. Von der prinzipiellen Fruchtfolge gab es nur wenige Modifikationen. Das gilt auch für die Anbaumethode: Im Freiamt war beispielsweise das «Strucken» üblich, bei dem je eine Furche übersprungen wurde. Somit wird die Erde einer Furche auf die zuvor übergangene gewendet, was zu einem geringeren Unkrautdruck führte; im Herbst wurde geeggt und gedüngt (Huwyler-Frei 1988).

Neben den Zelgen standen ortsnahe, individuell und intensiv bewirtschaftete Gärten zur Verfügung (= Bünten). Zudem gab es das Grünland, das eine wichtige Ernährungsbasis für die Zugtiere wie Kühe, Ochsen und Pferde bildete. Die Allmend als öffentliche Fläche diente den Berechtigten als Viehweide. Je nach Grösse und Rechtslage wurden die Wälder ganzjährig beweidet. Da das Einstallen der Tiere erst viel später erfunden wurde, musste ein Teil des Viehs gegen Ende des Jahrs geschlachtet werden.

Um das Vieh auf den Weideflächen (Brachzelge, Wald, Allmend) zu halten, mussten die beiden Getreidezelgen, die Baumgärten sowie die Bünten mit mobilen Zäunen gegen das Vieh geschützt werden (Irsigler 1979). Das Dorf wurde von einem fixen Zaun, dem Etter, umgeben (Bronhofer 1955/56, Weiss 1959). Der Etter als Flechtzaun musste undurchlässig sein für das Federvieh und Diebe fernhalten (Boesch 1946). Über die «Stigeln» konnten die Zäune überquert werden. Wer wie das Vieh davor stehenbleibt und störrisch wirkt, galt als «stigelsinnig» oder «gätterliläufig» (Boesch 1946, Meyer 1879/80). Es gab auch lebende Hecken als Begrenzung der Zelgen; so war in Beinwil die Wiggwiler Allmend mittels Hecken in einzelne Weideplätze eingeteilt (Huwyler-Frei 1988). Die Bedeutung des Zauns darf nicht unterschätzt werden, wie folgende Zitate zeigen: «*Der Zaun ist der sichtbare Ausdruck der Grenze; die Grenze schafft erst den Raum.*» Oder: «*Zaun ist Friedensstifter unter den Nachbarn*» (Boesch 1946).

Für den Bau von Zäunen wurden lokale Ressourcen verwendet, vor allem Holz und Lesesteine. In der Schweiz lassen sich mindestens acht ganz unterschiedliche Holzzaun-Grundtypen unterscheiden. Manche wurden jeden Herbst abgebrochen und konnten im Frühjahr mit geringem Aufwand wieder aufgestellt werden, andere waren sehr robust und blieben über Jahrzehnte praktisch ohne Reparaturaufwand am selben Ort. Dank Erfindungsgeist und laufender Verbesserung entwickelte sich eine Vielzahl von Zaunbauweisen, deren Konstruktionsweise lokal über Generationen weitergegeben wurde. Heute sind die Holz-Weidezäune fast überall aus der Landschaft verschwunden und haben Litzenzäunen, Maschendraht und Flexinets Platz gemacht.

Zum Wald im Kanton Aargau meldet Bronner (1844a): Die Landesforstordnung von 1806 «*ermögliche die heilsame allgemeine Aufhebung des Weidganges in den Gehölzen […] und mache eine bessere Forstcultur möglich*». Ohne Bewilli-

Abb. 36: Traditioneller Zaun. Solche Konstruktionen harmonieren mit der Umgebung.

Abb. 37: Oben: Emanuel Büchel (1705–1775): Pratteln, Blick von der im Osten Prattelns gelegenen Flur Zweien zum Dorf, 1735. Unten: Gustave Castan (1823–1892): Kornernte.

Oben: Die kleinen, dicht bebauten Dörfer lagen meist eingebettet in einem Obstgarten. Bronner (1844a) stellte fest: *«Wie schön sind die Dörfer, deren Häuser in einem Obstwalde stehen.»* Das Obst – vor allem gedörrt – war ein wichtiger Bestandteil der Ernährung. Dennoch galt vielerorts die strikte Regel, dass im Ackerland keine Obstbäume wachsen durften. Die Bünten haben wohl so ausgesehen wie ihre Relikte heute, nämlich wie Pflanzplätze. Die Allmend wurde als Gemeingut stark genutzt und wies kahle Stellen auf. Der Wald sah völlig anders aus als die heutigen Hochwälder: lückig, eher Wald-Weide als Wald, mit wenigen älteren Bäumen. Auch hier gab es nackte Stellen: Kohlplätze, Rütenen mit Hackbau, Mergelabbaustellen oder Gruben mit Lehmabbau (z.B. für die Ziegelbrennerei). Auffallend wenige Strassen und Wege waren zu sehen.

Unten: Ein Blick über das reife Sommergetreide einer Zelge jener Zeit zeigt ein völlig anderes Bild als der Blick auf das heutige Ährenmeer. Das Gesamtbild der Zelge war wohl gelblich, aber wegen der «Verunkrautung» – heute nennt man das Segetalflora – mit anderen Farben und Strukturen durchzogen. Die Halmhöhe und die Halmdichte waren aufgrund des Düngermangels deutlich geringer. Feuchte und steinige Partien in der Zelge hatten Auswirkungen auf die Höhe und Dichte der Halme. Auch im ebenen Gelände war die Ackerzelge niemals so nivelliert wie die heutigen Ackerparzellen, denn die natürlichen Geländeformen konnten von den damaligen Ackerbaugeräten nicht zerstört, sondern nur überformt werden.

gung der Regierung durfte man seither den Waldboden nicht mehr in Feld- oder Wiesengrund umwandeln. Jeder *«Bräutigam musste, wenn er zur Ehe schritt, im Gemeindebanne seines Wohnortes sechs und jeder Vater, dem ein Kind geboren ward, zwei junge Bäume setzen»*. Mit dieser Auflage sind oft *«Strassensäume allmälig mit hübschen Obstbäumen»* besetzt worden.

Aus den Berichten von Bronner kann auch auf die damaligen ökologischen Verhältnisse geschlossen werden. *«Der fischreiche Jonenbach»* erinnert daran, dass Fische eine Rolle in der Ernährung gespielt haben. In der Liste der Tiere taucht auch der Weissstorch auf, der *«hier seit alten Zeiten wie zu Hause»* ist. Der Fischotter scheint verbreitet gewesen zu sein. Wie überall in der Schweiz gilt das Reh als *«ziemlich selten»*. Der etwa zweijährige Wolf, der 1808 auftaucht, wird sofort abgeschossen und auf einem Karren gebunden in Aarau zur Schau gestellt (Bronner 1844a).

Im Siedlungsraum muss an besonders raumwirksame Geschehnisse erinnert werden: die Brände. Bronner (1844b) beschreibt, dass 1811 in Jonen 28 Wohnhäuser, 24 Nebengebäude, die Kirche und die Schule abgebrannt seien. Das war für ein Dorf eine Katastrophe, unter anderem auch deshalb, weil sehr viel Bauholz wiederbeschafft werden musste, was im waldarmen Freiamt ein Problem war. Tä-

Abb. 38: Frinvilier – heute Frinvillier, oberhalb von Biel – im Jahr 1808 (Gouache), gemalt von Johann Joseph Hartmann. Der Künstler lebte 40 Jahre lang in Biel und hat zur Bekanntheit dieser Gegend durch seine Bilder beigetragen. Der Zaun kann als Etter gesehen werden. Die Äcker oder Felder sind fleckenartig verteilt, wie dies alte Flurpläne anderer Orte dokumentieren. Im Zentrum des Bilds beginnt ein Bauer mit dem Pflügen, wobei die Zugtiere Ochsen oder Kühe sind. Im linken Hintergrund kann man sich Ackerterrassen oder Terrassenäcker vorstellen. Im Tal links sieht man Wässermatten; eines der Gebäude könnte eine wasserbetriebene Mühle sein. Felsbrocken (Vordergrund) und grosse Steine (im Acker rechts) hat man mit dem Pflug umfahren. Erst später hat man sie gesprengt. Auffallend ist das «ungehobelte» Gelände, vor allem rechts und am rechten Abhang. Quelle: Sammlung Gugelmann, Schweizerische Nationalbibliothek, Bern.

gerig brannte 1838 fast zur Hälfte ab. Boswil, nordwestlich von Muri, verfügt über eine besondere Dokumentation, da der Söldner, Seiler, Sigrist und Lehrer Anton Wolfgang Hilfiker eine Chronik der Jahre 1728 bis 1795 geschrieben hat (Kretz 2002), in welcher er auch die 82 Feuersbrünste zwischen 1731 und 1793 registrierte. Etwa zwei Drittel betreffen das Mittlere und Obere Freiamt und deren unmittelbare Nachbargebiete. Diesen Bränden fielen 12 Kirchen oder Kirchtürme, 544 Wohn- und Bauernhäuser, 32 freistehende Scheunen, 21 Speicher, 3 Wein-, je 1 Öl- und Obsttrotte sowie die Papiermühle zum Opfer. Kretz schätzte die Obdachlosen dieser Brände auf 6000 Menschen und betont, dass oft die Nutztiere und die für mehrere Jahre aufbewahrten Nahrungsmittel für Mensch und Tier sowie das Saatgut vernichtet wurden. Er schätzt, dass für den kompletten Wiederaufbau eines abgebrannten Wohnhauses ein kleines Wäldchen beansprucht wurde.

Da im Mittelalter Selbstversorgung herrschte, war eine hohe Diversifizierung die Regel. Für alle Flächen und Landschaftselemente kannte man eine passende Nutzung. An Wegrändern und Böschungen, in Hecken, Wiesen, Weiden und Wäldern sowie entlang von Gewässern wurden Kräuter, Wildgemüse, Wildobst, Pilze und Beeren gesammelt oder Honig gewonnen (Machatschek 2003). Die Landschaft musste aber auch das Leben insgesamt ermöglichen. Dazu gehören neben Nahrungsmitteln auch Leder für Schuhe und Kleidungsstücke, spinn-, web- und knüpfbare Materialien wie Wolle, Hanf und Flachs für Kleider und Kopfbedeckungen, Holz als Baumaterial und Energielieferant sowie Essenzen für medizinische Zwecke. Wenn wir uns die Zeit nehmen würden, einen Tag lang alle Dinge, die wir benötigen oder meinen zu benötigen, nach ihrer Herkunft und Entstehung zu analysieren, würde uns klar, dass wir von globalisierten Gegenständen umgeben sind. Nehmen wir ein simples Erdbeerjoghurt: Die Erdbeeren stammen aus Spanien, der Zucker aus Kuba, das Aluminium aus Asien, die Milch aus irgendeinem Ort in der Schweiz.

Das historische Kleinrelief der Kulturlandschaft

Der sogenannte «agrar-geomorphologische Kleinformenschatz» verdankt seine Existenz entweder der Verstärkung natürlicher Prozesse wie der Erosion oder aber rein anthropogenen Tätigkeiten wie dem Pflügen, dem Pflugwenden auf der Anwand oder dem Steinelesen. Die wichtigsten Formen sind Stufenraine, Kulturwechselstufen, Ackerterrassen, Lesesteinhaufen, Lesesteinreihen, Anwande, Gewannstösse, Hohlwege und Wölb-Äcker. Viele dieser Landschaftselemente sind heute Kleinstlebensräume und wertvolle Rückzugsgebiete für Tiere und Pflanzen. Dass vom Menschen geschaffene Strukturen Träger von Biodiversität werden können, ist ein interessanter Sachverhalt. Zum historischen Kleinrelief schrieb Klett (2000): «*Dieselbe Hand, die den Pflug führte und den Obstbaum schnitt, meisselte und mauerte auch die Steine zum Bau des Gemarkungsmittelpunktes. Man muss sich einmal vorstellen: Mit derselben Gesinnung und Kunstfertigkeit, mit der eine gotische Kathedrale gebaut wurde, wurde auch an der Kulturlandschaft gebaut.*»

Feldraine

Feldraine strukturieren die Landschaft ganz erheblich. Man fand sie beispielsweise als Saum entlang von Wegen und Strassen. Dort, wo im Schutz von Zäunen Gräser und Kräuter hochwachsen können, weil sie vom Vieh nicht erreicht werden können, entstehen ebenfalls weithin sichtbare Feldraine. Sie fanden sich auch entlang von Äckern: Hier hoben sie sich als nicht gepflügte, grasbewachsene Streifen von der angrenzenden Nutzfläche ab.

Heute sind Feldraine fast völlig aus der Landschaft des Mittellands verschwunden, weil praktisch jeder Quadratmeter intensiv genutzt wird.

Stufenraine

Stufenraine sind die Folge einer mehrhundertjährigen Bodennutzung gekoppelt mit der Verlagerung von Bodenmaterial. Viele dieser Strukturen sind sehr stabil und mehrere Hundert Jahre alt. Sie entstehen vor allem in hügeligen Gebieten mit Ackerbau. Die Häufigkeit von Stufenrainen in der Landschaft ist abhängig von der Erosionsanfälligkeit der Böden sowie der Dauer und Art der Landnutzung.

Der Stufenrain kann allein oder in Gruppen vorkommen. Manchmal liegen mehrere Stufen von 30 bis mehr als 200 Zentimeter Sprunghöhe untereinander und unterteilen einen ganzen Hang in eine Abfolge flacherer Felder und dazwischenliegender steiler Streifen (Müller 2005). Früher nannte man den Stufenrain auch Hochrain – ein Begriff, der gelegentlich in einem Flurnamen erhalten geblieben ist.

Die Materialverlagerung wird einerseits durch den natürlichen Oberflächenabfluss in Gang gehalten, andererseits auch durch das Pflügen. Einfache Pflüge, die bis ins 19. Jahrhundert im Einsatz waren, bewirkten kein sauberes Wenden der Schollen, sondern führten zu einer mechanischen Materialverlagerung hangabwärts. An vielen Orten wurden deshalb bis in die erste Hälfte des 20. Jahrhunderts die untersten und letzten Schollen auf einem Tragbrett mit Griffen nach oben getragen. Die Bodenerosion kam erst vor sogenannten «Sedimentfallen» zum Stillstand. Solche Hindernisse, vor denen sich das Bodenmaterial ansammelte, können Lesesteinwälle, Feldraine oder angrenzende Parzellen mit einer anderen Nutzung sein. Der Flurform kommt daher eine entscheidende Bedeutung für die Entstehung und die Lage von Stufenrainen zu.

Von einer Kulturwechselstufe oder Kulturwechselterrasse spricht man dort, wo Ackerland und Wiesland oder Wald durch eine Stufe getrennt sind. Solche Stufen entstehen auch im Flachland, weil die Erosion von Böden unter Dauervegetation gering ist. Die Waldrandstufe ist in Lössgebieten besonders ausgeprägt.

In der traditionellen Dreifelderwirtschaft wurden die Stufenraine beweidet. Als im 18. und 19. Jahrhundert verstärkt Obstbäume angepflanzt wurden, stellten Stufenraine zusammen mit Wegrainen zunächst die bevorzugten Standorte dar, bevor es zu einer flächenhaften Ausbreitung des Obstbaus kam (Müller 2005). Später waren Stufenraine Grenzertragsstandorte, die nicht mehr bewirtschaftet wurden und auf denen Hecken aufkamen. Heute sind Stufenraine vielerorts die wichtigsten Standorte für Hecken.

Vor allem im Grünland in der Hügel- und Bergzone existieren auch heute noch Stufenraine. Da die agrarmorphologischen Prozesse, die zu ihrer Entstehung geführt haben, unterbrochen sind, spricht man von fossilen Reliefformen. Im Rahmen von Meliorationen wurden viele Stufenraine – vor allem die kleineren – völlig beseitigt und planiert.

Ackerterrassen

Im Prinzip können die Ackerterrassen mit einer Treppe verglichen werden, wobei die Stufe einem Stufenrain entsprechen kann. Die Treppenfläche ist eine leicht zum Abhang hin geneigte Ebene. Sie wurde mit der Hacke oder mit dem Pflug bearbeitet. Ziel der im Gegensatz zu den meisten Stufenrainen künstlich angelegten Ackerterrasse war es, die Bewirtschaftung zu erleichtern und die Bodenerosion zu vermindern (Abb. 32). Heute werden im Mittelland wie auch im Berggebiet die Ackerterrassen nur noch selten als Äcker genutzt. Fast alle sind zu Wies- und Weidland geworden. Im Berggebiet sind etliche schon im Verbrachungszustand.

Die ausgeprägtesten Terrassenackerfluren finden sich in den Alpen, kleinere existieren aber auch im höheren Mittelland (Raba 1997). Verwandt und oft nicht unterscheidbar von den Ackerterrassen sind Rebbergterrassen, die aber eine geringere Tiefe aufweisen. In der Schweiz gibt es rund 100 Terrassenlandschaftsobjekte (Lingeri et al. 2007). Ein nationales Inventar dieser landschaftlichen Kulturgüter oder ein gezieltes Förderprogramm existiert

leider noch nicht. Mit der Aufnahme des Lavaux ins UNESCO-Weltkulturerbe 2007 rückten die Terrassenlandschaften aber kurzzeitig ins Rampenlicht.
Die oft kaum maschinell bewirtschaftbaren «1-PS-Landschaften» sind heute einerseits durch die Nutzungsaufgabe und den Zerfall bedroht, andererseits aber auch durch die direkte Zerstörung infolge Überbauung und Strassenbau. Oft wird auch die Terrassenstruktur zerstört, indem Betonmauern die Trockenmauern ersetzen, Böschungen beseitigt werden oder die Nutzung intensiviert wird.

Lesesteinhaufen und -reihen

Der Lesestein verdankt seinen Namen seiner Herkunft: Er wurde vom Ackerland aufgelesen, weil er das Wachstum der Feldfrüchte und die Bodenbearbeitung behinderte. Die Bodenerosion bringt ständig neue Steine ans Tageslicht. Vor allem in Gebieten mit steinreichen Böden war der Kampf gegen den nie endenden Nachschub von Steinen eine regelrechte Sisyphusarbeit. Der Abtransport dieser Steine war extrem mühsam, weshalb sie meist nur bis zur Parzellengrenze transportiert wurden, wo sie zum Teil bis heute charakteristische Strukturen bilden. Wie auch die Stufenraine sind die Strukturen aus Lesesteinen eine Folge der anthropogen verstärkten Bodenerosion. Während die Stufenraine jedoch aus dem verlagerten Bodenmaterial selbst aufgebaut sind, sind die Lesesteinhaufen das Restprodukt (Müller 2005).

Wo Lesesteine in grossen Mengen anfielen, hat man sie in Lesesteinreihen abgelagert. Manchmal waren es so viele Steine, dass die daraus aufgebauten Strukturen zum charakteristischen Landschaftselement wurden. Im Neuenburger Jura wurden die Lesesteinreihen zu Grenzwällen aufgehäuft. Darauf haben sich Hecken angesiedelt («morgiers»). Mancherorts sind die Lesesteinhaufen zu Wällen angewachsen. Abgeplattete oder kantige Lesesteine hat man platzsparend zu Lesesteinmauern aufgeschichtet. Auch Weideeinzäunungen wurden so erstellt.

Anwande

Die Anwande (oder Anhaupt, Fürhaupt) sind quer verlaufende Streifen an den Kopfenden der Parzellen. In diesem Bereich wurde der Wendepflug gedreht. Da beim Wenden des Pflugs Erde auf die Anwand fiel und zudem die Bodenerosion auf der meist ganzjährig mit Vegetation bedeckten Anwand gering war, können die Anwande leicht erhöht sein – daher auch der Flurname «Hohe Anwand». Manchmal konnten die Anwande Wegfunktionen übernehmen. Da die Anwand bei der Bodenbearbeitung betreten und befahren werden musste, durften hier keine Steine abgelagert werden. Auch Gebüsche und Hecken wurden nicht geduldet.
Aufgrund der Güterzusammenlegungen sind die meisten Anwande aus der Landschaft verschwunden. Am ehesten erhalten blieben sie dort, wo zwei Gewanne aneinandergrenzten. Der Gewannstoss konnte stark erhöht sein. In grossen Gewannfluren sah man die Gewannstösse als «Ackerberge» in der Landschaft. Trotz deren systematischen Beseitigung kann man die Wölbung zum Teil heute noch erkennen.

Weidgassen

Weidgassen führen vom Dorf oder Weiler in das Weidegebiet. Die beidseitig der Gassen erstellten Zäune oder Trockensteinmauern hindern das Vieh am Ausbrechen in die benachbarten Acker- oder Wiesengebiete. Die Weidgassen erinnern daran, dass früher das Vieh nur auf der Allmend und im Wald gehalten wurde.
In manchen Landschaften ist die Weidgasse in der Landschaft ein dominierendes Element. Vor allem in den subalpinen Gebieten sind sie zum Teil heute noch vorhanden, auch wenn sie meist nicht mehr in Gebrauch sind.

Hohlwege

Im Mittelalter war es etwas völlig Normales, dass Strassen und Wege unbefestigt und kaum gepflegt waren – im Asphalt- und Betonzeitalter ist dies kaum mehr vorstellbar! Da an Steigungen die Erosion wirkte und das von den Fuhrwerken und den Hufen gelockerte Material nach heftigen Niederschlägen weggespült wurde, waren die Strassen und Wege mehr oder weniger tief eingeschnitten. Schottmüller (1961) gibt die jährliche Eintiefung von Wegen mit starker Neigung im Löss mit acht bis zehn Zentimetern an und nennt das Beispiel eines Hohlwegs, der in 80 Jahren um acht Meter eingetieft wurde. In Abhängigkeit des Verkehrsaufkommens, des Untergrunds und der Bildungsdauer gibt es ganz unterschiedlich tiefe Hohlwege. Nur im kristallinen Gestein fehlen sie fast völlig. In Lössgebieten bildeten Hohlwege regelrechte Labyrinthe, in denen sich Ortsunkundige verirren konnten. Die steilen Wände werden nicht oder nur extensiv bewirtschaftet und sind Lebensraum für viele Tier- und Pflanzenarten. Oft wachsen hier Magerrasen oder Ruderalfluren.

Weil unbefestigte Hohlwege nicht mehr den Anforderungen der motorisierten Landwirtschaft oder dem öffentlichen Verkehr entsprechen, wurden sie – wie so viele andere «Geländeunebenheiten» – planiert und aufgefüllt. Am ehesten sind sie im Wald erhalten geblieben. Für die Landnutzer waren die Hohlwege ein ständiges Ärgernis, weil sie den Zugang zu ihren Parzellen erschwerten. Dennoch spricht heute einiges dafür, die verbleibenden Hohlwege zu erhalten und wirkungsvoll zu schützen (Wolf und Hassler 1993). Neben ihrer Bedeutung als Zeugnisse althergebrachter Kulturlandschaften haben sie auch im Naturhaushalt wichtige Funktionen: Sie schaffen Übergänge zwischen verschiedenen Anbauformen und sind ein in sich verwobenes, engmaschiges Geflecht von Lebensraumnischen. Mit ihrem Gehölzbestand bereichern und prägen sie das Landschaftsbild. In Baden-Württemberg gibt es für zugewachsene oder teilweise aufgefüllte Hohlwege mittlerweile sogar ein «Hohlwegsanierungs- und Pflegeprogramm».

Wölb-Äcker

Der Wölb-Acker ist ein im Querschnitt gewölbter Acker, der nicht breit ist (3 bis 20 Meter), dafür aber sehr lang (bis 100 Meter) sein kann. Die Scheitelhöhe des Wölb-Ackers erreichte an manchen Orten fast einen Meter. Die Längsseiten waren durch mehr oder weniger markante Furchen gekennzeichnet. Solange keine Grenzsteine existierten, bildeten die Furchen die Parzellengrenzen. Meist lagen mehrere solcher Äcker parallel zueinander in einem Verband.

Entstanden ist der Wölb-Acker meist durch spiraliges Pflügen mit dem einseitswendenden, festen Streichbrett-Beetpflug. Über den Zweck einer solchen Anlage finden sich in der Literatur widersprüchliche Angaben. Denkbar sind eine Entwässerung feuchter Böden, eine Humus- und Nährstoffanreicherung oder eine deutlich sichtbare Grenzziehung (Ewald 1969). Die Anlage könnte aber auch der Risikominimierung gedient haben: In feuchten Jahren wuchs das Getreide auf dem Scheitel besser als an den Rändern, während es in trockenen Jahren eher zu den feuchten Furchen hin gut gedieh.

Wölb-Äcker haben sich wie so viele andere Landschaftselemente am ehesten unter Wald erhalten, das heisst dort, wo sich der Wald auf brachliegendem Kulturland ausgebreitet hat (Abb. 39). Teilweise sind die historischen Strukturen – quasi fossiliert – auch noch dort zu erkennen, wo Wölb-Äcker zu Dauergrünland umfunktioniert wurden. Besonders gut erhalten sind sie in Gebieten, in denen Hochstamm-Obstbäume im Bereich des Scheitels gepflanzt wurden. Im Kanton Thurgau dominieren sie zum Teil das Landschaftsbild – die sogenannten Thurgauer Kurven sind nichts anderes als Wölb-Äcker oder Hochäcker (Abb. 40).

Abb. 39: Wölb-Äcker-Fund mit Hightech. Ettingen (BL) oben links und oben rechts; Burnhaupt (Haut-Rhin F) unten. Bemühungen zur Erhaltung von Zeugnissen alter Kulturlandschaften sind auf entsprechende Dokumentationen angewiesen. Da Feldkartierungen aufwendig sind, bleiben vielerorts wertvolle Strukturen unerkannt. Das trifft insbesondere für Elemente zu, die unter Wald verborgen sind. Eine Abhilfe verspricht nun das Laserscanning von einem Flugzeug aus (Sittler und Hauger 2005). Während im Luftbild keine reliefbedingten Strukturen zu erkennen sind, zeigt das mittels Laserscanning erhaltene Bild ein durch mikrotopografische Unterschiede hervorgerufenes Flurmuster aus Wölb-Äckern. Im Fall von Ettingen wurde offenbar das ganze Gebiet im Mittelalter landwirtschaftlich genutzt, im Fall von Burnhaupt ein Teil des heutigen Waldgebiets (grün eingefärbt).

Abb. 40: Verbreitung von Wölb-Äckern im Kanton Thurgau, Raum Romanshorn. 1 Strich = 1–4 Hochäcker. Quelle: Trächsel 1962.

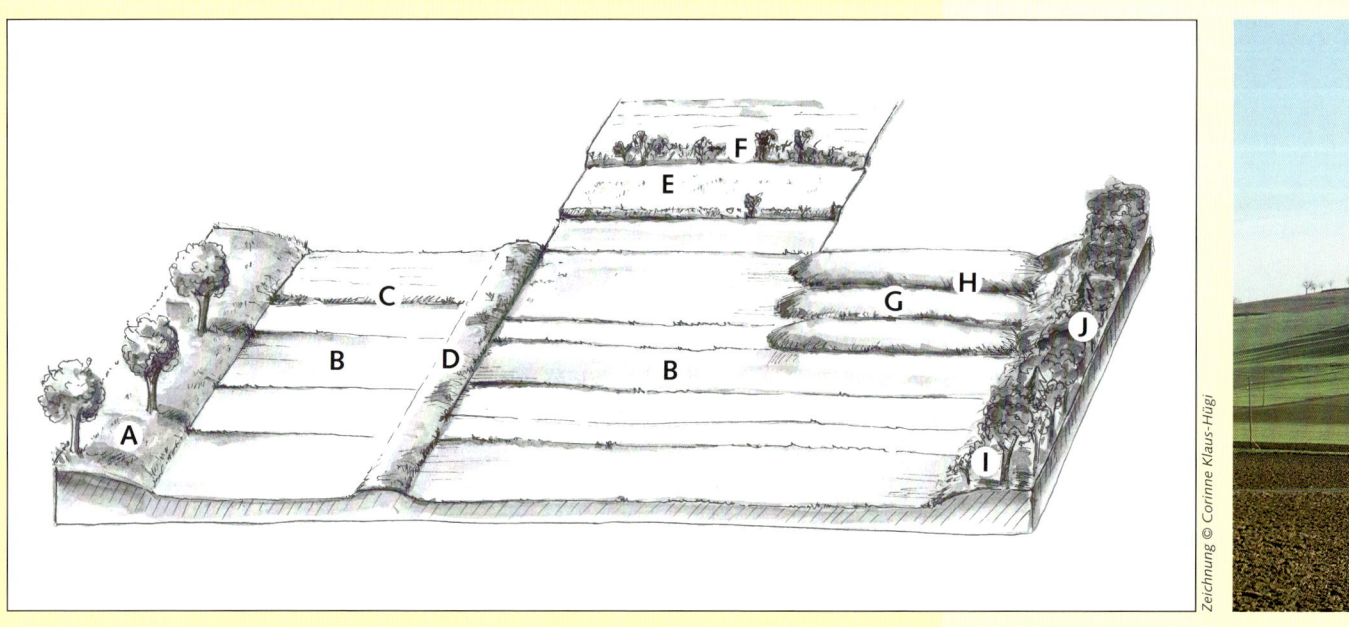

A Wiese
B Gewann (Länge >30 Meter)
C Feldrain
D Gewannstoss (Länge 10–400 m, Breite 5–10 m, Höhe 0,3–1,5 m)
E Terrassenacker
F Stufenrain
G Wölb-Acker
H Grenzfurche
I Waldrandstufe
J Wald

Abb. 41: Der agrarmorphologische Formenschatz, links schematisch dargestellt (Quelle: Ewald 1969), rechts «im Feld» bei Bibern (SO) im November 1976.

Abb. 42: Bei Winkel (Haut-Rhin, F) waren noch im Oktober 1968 viele der nachfolgend aufgelisteten wesentlichen Merkmale der traditionellen Kulturlandschaft erkennbar:

- Ursprüngliches Relief wenig verändert
- Überformung, Neuschaffung des Kleinreliefs: z. B. Stufenraine, Anwande, Terrassenäcker, Wölb-Äcker, Hohlwege
- Stein-, Blockwälle, Lesesteinhaufen, -reihen, -zeilen
- Waldrandstufen, Weidegräben, Kulturwechselstufen
- Wälder, Gehölze, (Feld-, Ufer-) Hecken, Flurbäume
- Vielzahl kleiner Flächen (Blöcke, Streifen)
- Flächen mit extensiver Nutzung («Niemandsland»), Säume, Grenzstreifen als Übergangsbereiche
- Äcker, Wiesen, Weiden mit grosser Artenvielfalt, da bis in jüngste Zeit kaum Dünger, keine Pestizide, keine Saatgutreiniger und keine Maschinen verwendet wurden
- Multifunktionale Flur wegen Selbstversorgung
- «*Nolitangere*»-Zonen = Reste der Naturlandschaft

C   Feldrain
D   ehemaliger Gewannstoss
F   Stufenrain
I   Waldrandstufe

Das Ende der Dreizelgenwirtschaft

Als Folge der französischen Revolution am Ende des 18. Jahrhunderts wurde auch in der Schweiz die starre Staatsstruktur gelockert. Mit dem Wegfall vieler Fesseln entfiel auch der Flurzwang. Doch die räumlichen Verhältnisse, die Güterzersplitterung sowie die Weglosigkeit machten eine rasche Ablösung des Bewirtschaftungssystems unmöglich (Pfister 1985). Bronner (1844a) erwähnt, dass die Zehntengesetze, die Weiderechte und die Wegverbote einer Erneuerung hinderlich waren. Vielerorts musste man sich von den Feudallasten loskaufen. Erst nach erfolgter Kündigung der Lasten konnte der Flurzwang gelöst werden. Allerdings waren die Schulden derart hoch, dass die Ablösung Jahrzehnte dauerte. Gebietsweise konnte der Grundherr sogar das Einhalten der Dreizelgenwirtschaft erzwingen.

Im Kanton Schaffhausen wurde die Dreizelgenwirtschaft mit Flurzwang erst in der zweiten Hälfte des 19. Jahrhunderts aufgehoben. Erst das Flurgesetz von 1880 besagte, dass der Flurzwang nicht mehr stattfinde (Bronhofer 1955/56). In Merishausen blieb diese Bewirtschaftungsweise auf freiwilliger Basis bis in die 1950er-Jahre bestehen (Bronhofer 1955/56). Im Kanton Aargau war noch zur Zeit von Bronner (1844a) der zelgengebundene Anbau der Normalfall. Dies bestätigen auch andere Quellen (Bronhofer 1955/56). Im Baselbiet blieb in der Gemeinde Anwil die Dreifelderwirtschaft bis zum Anfang des 20. Jahrhunderts bestehen, weil die Posamenterei (Bändelweberei in Heimarbeit) genug Einkommen zum Leben einbrachte (Suter 1969) und Neuerungen in der Landwirtschaft keine Notwendigkeit waren. Paravicini beobachtete in seiner Zeit (1928) die verbesserte Dreifelderwirtschaft in der Nordschweiz mit einer Ausbreitung nach Süden gegen Bremgarten im Reusstal sowie im Kanton Schaffhausen, wo noch 1905 fast 70 Prozent des genutzten Bodens mit Getreide bestellt wurde. Der Übergang von der alten Dreizelgenwirtschaftsflur – wie sie die Abbildung 34 von Metzerlen aus dem Jahr 1820 zeigt – zu neuen Bewirtschaftungsweisen zog sich also je nach Region oder Gemeinde über Jahrzehnte hin.

Mit der Aufhebung von Flurzwang, herrschaftlichen Weiderechten, Viehhaltungsbeschränkungen und weiteren Rechtsnormen war es einzelnen Bauern erstmals möglich, nicht nur frei über die Nutzung ihrer Parzellen zu entscheiden, sondern auch individuell neue Anbauweisen auszuprobieren und neue Agrarprodukte anzubauen. Wichtige Neuerungen waren der Obstanbau, Wässermatten (siehe Kap. 6) und die Sommerstallfütterung, die zu einer massiven Ausdehnung der Wiesen führte. Verschiedene Elemente wurden dadurch in die Kulturlandschaft neu eingebracht oder erheblich ausgedehnt (Müller 2005): Baumfelder (Obstbäume auf Äckern), Obstbaumreihen auf Rainen, Bewässerungsgräben zur Wiesenbewässerung, Magerwiesen als Futterquelle für die Stallfütterung, Streuewiesen zur Gewinnung von Einstreumaterial und Hecken als Einzäunung von Weiden.

Die Sommerstallfütterung war die zentrale Innovation der organischen Agrarmodernisierung. Je nach Gebiet der Schweiz und dem Zustand der Dreizelgenwirtschaft setzte sie sich im Mittelland zwischen 1750 und 1880 durch. Durch die Erstellung von Jauchegruben – einer weiteren Innovation – konnte die Düngung erheblich ausgeweitet werden. Um die Tiere im Sommer und Winter durchfüttern zu können, war allerdings deutlich mehr Grünland zur Gewinnung von Gras und Heu nötig. Dieses wurde auf den Ackerzelgen und den Allmenden angelegt, sodass immer mehr Fläche dem allgemeinen Weidgang und dem Getreideanbau entzogen wurde.

Da die Wiesen und deren Heuertrag die Menge des Viehdungs bestimmten, konnte das Ackerland nun besser mit organischem Dünger versorgt werden. Da die Zehnten zu Zeiten der Dreizelgenwirtschaft als Getreide oder in Bargeld abgeliefert werden mussten, hatte die Obrigkeit bereits früher Vergrösserungen der Wieslandflächen bewilligt. Eine eigentliche «Dünger-Wirtschaft» konnte sich aber erst mit der Sommereinstallung des Viehs nach dem Ende der Dreizelgenwirtschaft entwickeln. Allerdings musste man erst lernen, wie Harn und Kot der Tiere gesammelt und aufbereitet sowie zum richtigen Zeitpunkt ausgebracht werden müssen. Als die entsprechenden Methoden im Rahmen der ganzjährigen Stallhaltung verfeinert wurden, konnte die Düngermenge verdoppelt werden.

Die Milchwirtschaft begann sich langsam durchzusetzen. 1823 gab es beispielsweise im ganzen Kanton Aargau nur eine Käserei, die in Jonen eingerichtet wurde. 1862 erhöhte sich die Zahl auf 38, und 1895 gab es bereits 110 Käsereien. Die Anzahl Rinder und Kühe nahm in der Schweiz zwischen 1866 und 1911 stark zu, und zwar von 993 000 auf 1 443 000 Stück, was einer Zunahme von 45 Prozent entspricht (Brugger 1978). Gleichzeitig wurden Wiesen und Weiden immer landschaftsprägender. Während die Anzahl Zuchtstiere um 160 Prozent zulegte, ging der Ochsenbestand um gut 21 Prozent zurück. Im selben Zeitraum namen die Ziegen als «Gebirgsrasenmäher» und «Kuh des armen Mannes» von rund 375 000 um neun Prozent auf rund 341 000 Stück ab (Brugger 1978) – ein deutlicher Hinweis darauf, dass der Wohlstand in der Schweiz zugenommen hatte.

Der Wiesenbau war zu Zeiten von Bronner (1844b) sehr differenziert, indem man sich den Naturgegebenheiten anzupassen wusste – beziehungsweise anpassen musste. Die trockenen, völlig ungedüngten Wiesen waren vor allem magere Tristen, dürr oder steinig, auf denen nur wenig Gras wuchs. Die weiteren Wiesen waren die «trefflichen», mit Dünger «erfrischten Anger voll fetten Graswuchses», die dreimal gemäht werden konnten und reichlich Heu und Emd lieferten. Die feuchten Wiesen wurden entweder «durch Quellen von Privatleuten» oder von den Gemeinden aus Bächen gewässert (Bronner 1844b). Zusätzlich gab es die von Natur aus sumpfigen Wiesen.

Die Wiesen wurden von jenen Pflanzen «gesäubert», welche nicht als «beste Futterkräuter» angesehen wurden. Zudem wurde laut Bronner Klee oder Löwenzahn eingesät. Die Gemeinden regelten auf den Wässermatten alle notwendigen Eingriffe wie das Anschwellen der Bäche, den Einbau von Schleusen, das Ziehen von Wassergräben, die Anlage der Wasserrinnen über die Grundstücke und die Wässerungszeiten. Das Wässern war eine heikle Angelegenheit. Übermässiges Wässern, die «schädliche Überwässerung», hat nämlich die «schönsten Wiesen» in «moorartige Gründe» verwandelt, die nach und nach nur «saures Futter» hervorbrachten.

Bei den Weiden erkannte man, dass durch ein ungeregeltes Laufenlassen des Viehs Futter im Gegenwert von 10 bis 20 Prozent der Biomasse zertrampelt wurde.

Die Flurgeschichte von Grafenried

Die Flurpläne der Gemeinde Grafenried von 1531, 1657, 1749, 1876, 1927 und 1934 zeigen wie ein offenes Bilderbuch die Flurgeschichte dieser ländlichen Gemeinde (Zryd 1942). Das Dorf – 1531 gab es nur 14 Bauernhöfe – ist in dieser langen Zeit nur wenig gewachsen. Man wollte die Einwohnerzahl geringhalten wegen des Nutzens des Einzelnen am Acker, am Wald und an der Allmend: «*Nieman sol ussethalb etters husen*» (Zryd 1942). Erst die zweite Hälfte des 20. Jahrhunderts brachte das Siedlungswachstum.

Die Wege offenbaren Spannendes. So enden 1531 etliche Wege blind in der Flur oder im Wald. Nur wenige über den Bann hinausführende, überörtliche Wege sind zu erkennen. 1657 hat sich daran nicht viel geändert. 1749 erkennt man zusätzliche Wege. Die Lage der Wege lassen den Schluss zu, dass es sich um Wirtschaftswege handelt. Die Äcker beziehungsweise Parzellen laufen parallel zu ihnen oder stossen auf diese. So bilden die Wirtschaftswege die Anwand oder das Fürhaupt beziehungsweise den Ausgangspunkt für die Pflugarbeit.

Jene Bereiche in den Parzellen oder Gewanne (Gruppen von gleichlaufenden Parzellen), die von Wegen durchquert werden, sind entweder älter als der Weg oder der Weg wurde ebenfalls gepflügt und angesät. Bis zur Ernte benötigte man keine Wege in die geschlossenen Zelgen. Zryd nennt diesen Wechsel «[...] *die Strasse mag den Kampf gegen den Pflug geführt haben*» (1942). Die lange andauernde Konstanz des Wegnetzes von etwa 1400 bis 1927 ist sehr beeindruckend. Mit der Güterzusammenlegung begann auch hier die Verstrassung der Flur, wie das der Plan von 1934 belegt.

Die Zerstückelung, also die Vielzahl und Vielfalt von Formen und Grössen der Parzellen, war schon 1531 vorhanden. Mit der Zunahme der Anzahl Höfe mussten auch Parzellen aufgeteilt werden, was zur weiteren Zerstückelung beitrug, wie das die Zahlen bei den Plänen belegen. Bereits zwischen 1876 und 1927 sind Teilzusammenlegungen durchgeführt worden (Zryd 1942). Zwischen 1531 und 1927 schwankte die Grundstücksgrösse zwischen 45 Aren, 37 Aren und 46 Aren. Die schmalen Parzellen wurden durch die Pflugarbeit bestimmt. Je länger diese waren, umso weniger häufig musste man den Pflug wenden. In der Muldenlage von Nordosten nach Südwesten sind eher quadratische und trapezförmige Parzellen zu erkennen. Es sind ehemalige Wiesen. Ein Blick auf die Pläne zeigt das Verschwinden beziehungsweise die Kultivierung von Feuchtgebieten sowie Waldrodungen zum Kulturlandgewinn.

Die Flur mit ihrem eigenartigen, schönen und dem Relief der Landschaft angepassten Parzellennetz weist eine fast unvorstellbar lange Kontinuität auf. Diese traditionelle Kulturlandschaft hat wohl seit dem 11. Jahrhundert bestanden und straft all jene Lügen, die vom permanenten Wandel, vom Rasten und Rosten, vom «alles fliesst» und anderen Ausreden der Flurpeiniger sprechen. Im 20. Jahrhundert hat man es fertiggebracht, diese prächtigen, fast 1000 Jahre tradierten Kulturlandschaften binnen weniger Jahre in Schachbrettwüsten zu verwandeln.

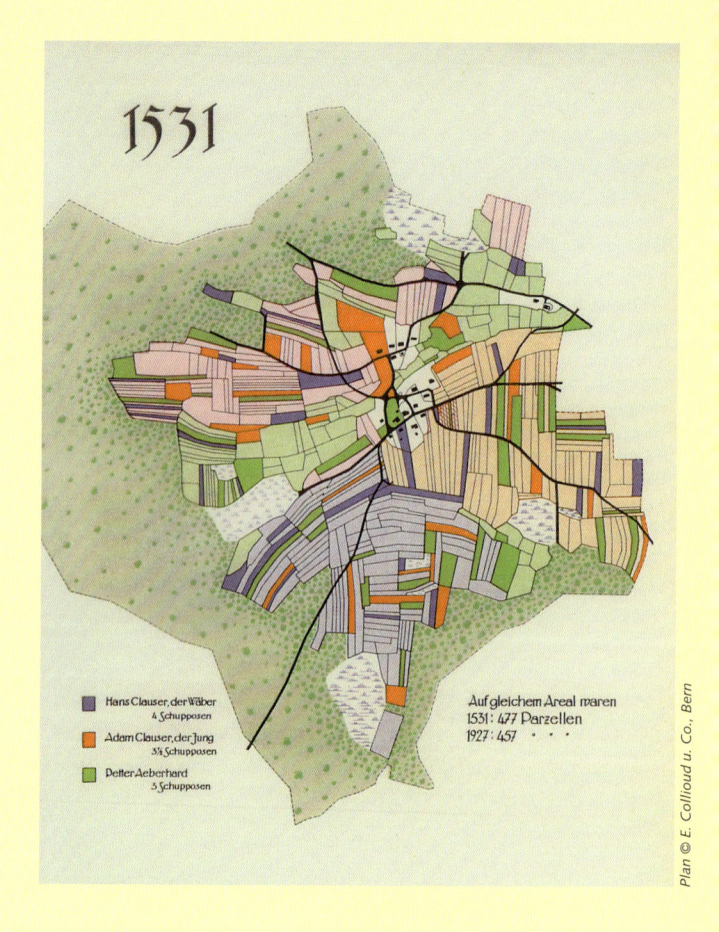

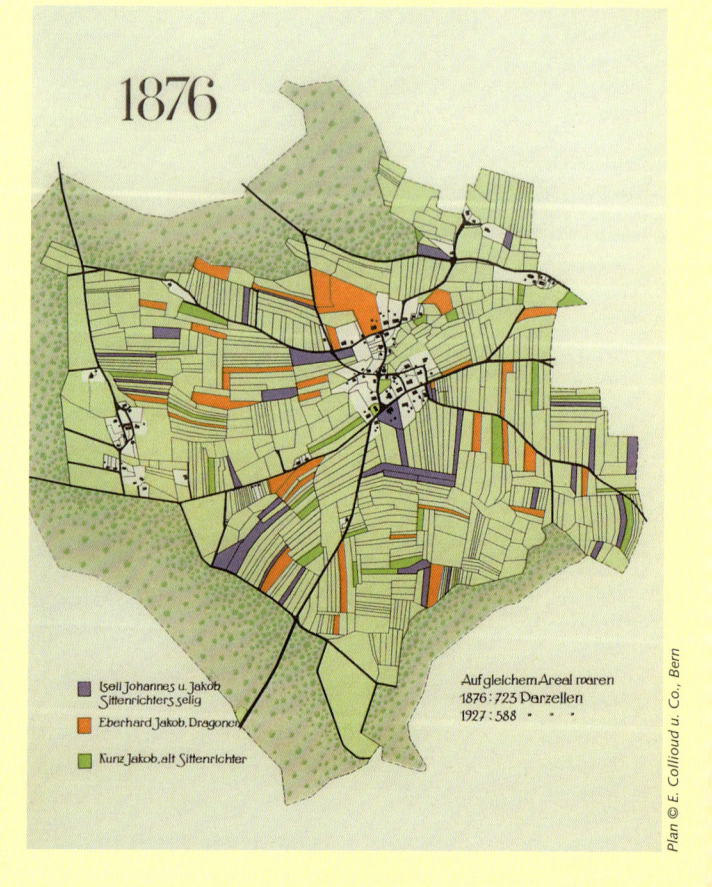

Abb. 43: Flurpläne der Gemeinde Grafenried (BE).

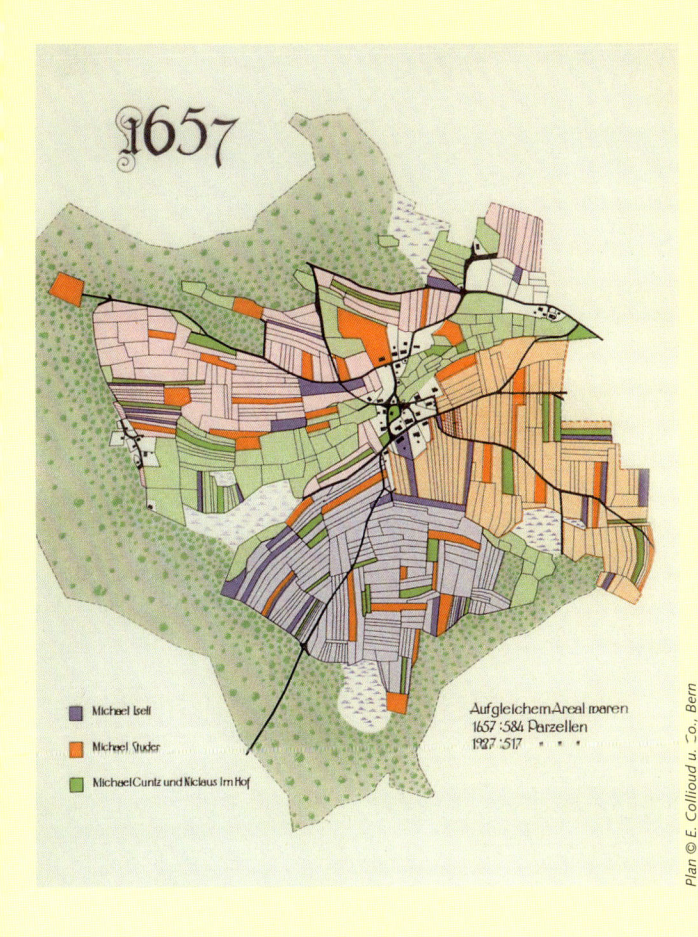

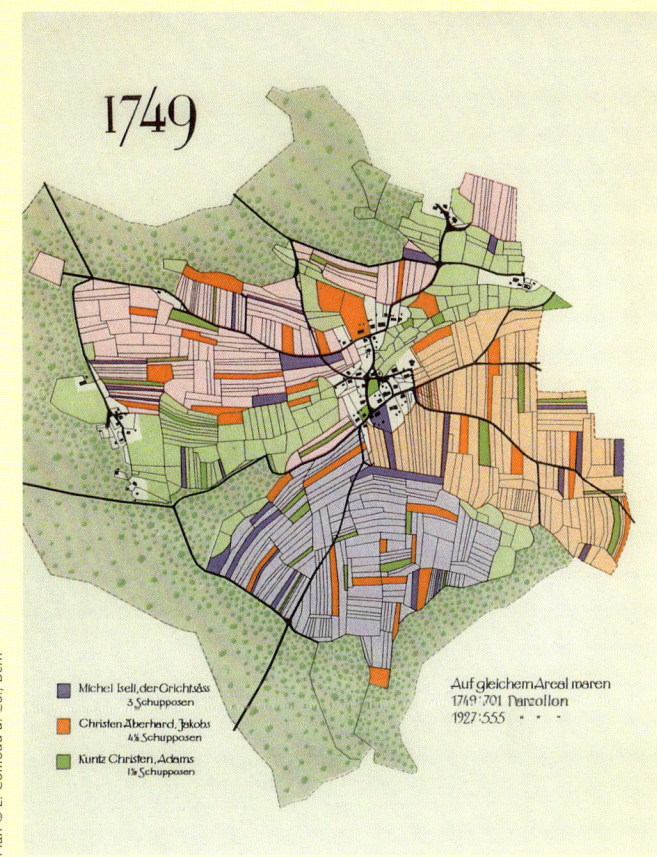

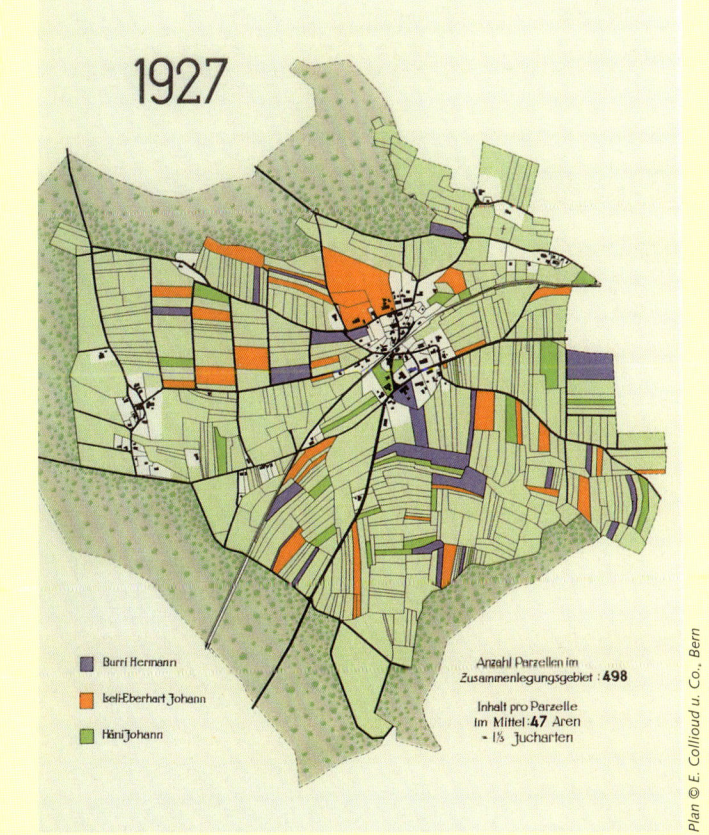

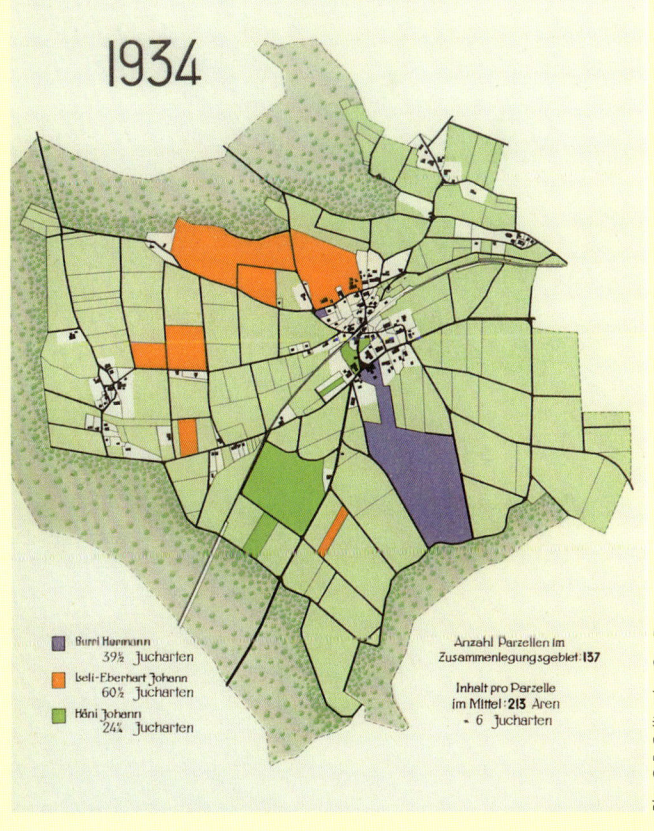

Kapitel 5 Die traditionelle Kulturlandschaft

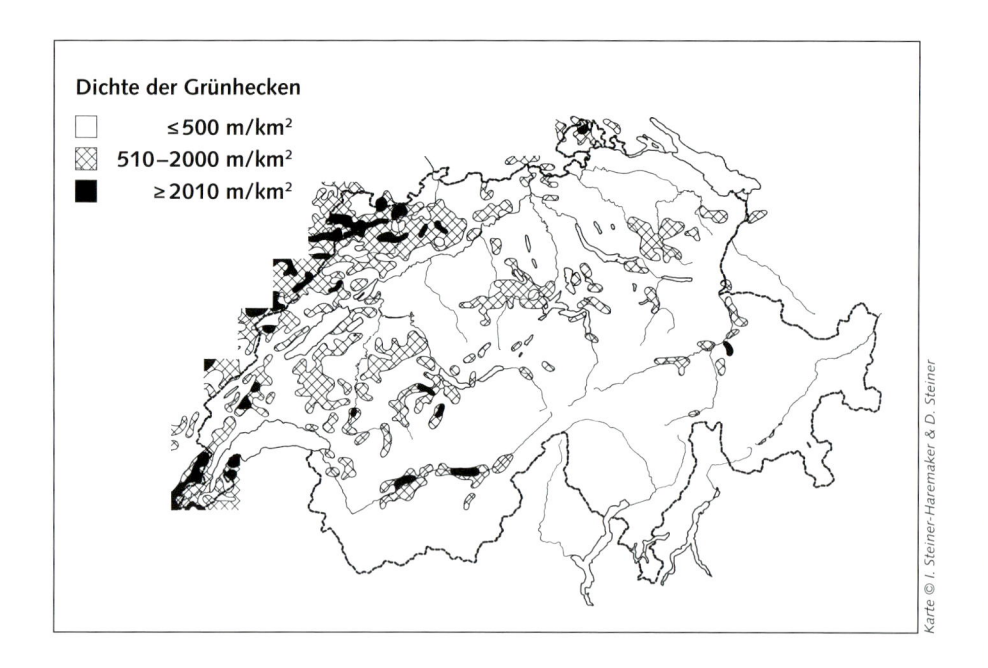

Dichte der Grünhecken
- ☐ ≤ 500 m/km²
- ▨ 510–2000 m/km²
- ■ ≥ 2010 m/km²

Karte © I. Steiner-Haremaker & D. Steiner

Foto © Markus Jenny

Abb. 44: In vielen Landstrichen Europas kommen Hecken in einer derart hohen Dichte vor, dass sie nicht nur zu einem auffallenden, sondern geradezu physiognomisch dominanten Bestandteil des Landschaftsbilds werden. In der Schweiz traten Hecken selten in so grosser Zahl auf, dass man von «Heckenlandschaft» sprechen könnte.

Steiner-Haremaker und Steiner (1961) haben anhand der Landeskarten der Schweiz um 1950 eine aufschlussreiche kartografische Darstellung der Grünheckendichte (Heckenlänge pro Fläche) präsentiert. Die grössten Heckendichten wurden bei Les Bayards (NE) mit 5,5 Kilometer Länge pro Quadratkilometer, im Randengebiet mit 4,6, am waadtländischen Jurafuss bei Bière mit 3,8, in der Umgebung von St. Ursanne mit 3,6, rund um Moutier mit 3,3 und in der westlichen Ajoie mit 3,1 Kilometer gefunden.

Es gibt zahlreiche Heckentypen. Ganz grob kann zwischen Wild- und Kulturhecke unterschieden werden. Während Kulturhecken absichtlich gepflanzt wurden und somit eine bestimmte Funktion ausüben oder ausgeübt haben, sind Wildhecken spontan auf Standorten entstanden, die nicht in die Landnutzung einbezogen wurden wie Lesesteinriegel und Ackerraine.

Neue Erkenntnisse lieferte auch der Anbau von Leguminosen, die keiner Bewässerung bedurften und mehrjährig nutzbar waren. Einerseits konnte das ungünstige Verhältnis von Acker- zu Mattland verbessert werden, andererseits brachten die luftstickstofffixierenden Knöllchenbakterien der Leguminosen pflanzenverfügbaren Stickstoff in den Boden. Der höhere Ertrag von Kleegras gegenüber Naturwiesen trug zur Steigerung der Milchleistung bei (Pfister 1996).

Die Aufgabe subsistenzbedingter Nebennutzungen, die Spezialisierung auf eine geringere Anzahl marktfähiger Produkte und neue Anbaumethoden führten im 19. Jahrhundert zu einer gewissen Nutzungsentflechtung und zu deutlicheren regionalen Unterschieden im Landschaftsbild (Müller 2005). Der Ackerbau, der weit in die Bergregionen hinaufreichte und für die Eigenversorgung und den Handel eine grosse Rolle spielte, wurde beispielsweise um 1870 im Alpenraum fast vollständig aufgegeben. Durch die Einführung der ganzjährigen Einstellung des Viehs, einer verbesserten Fruchtfolge und des aufkommenden «Kunstdüngers» erlebte die Landwirtschaft im Flachland eine enorme Produktionssteigerung. Die Landwirtschaft im Alpenraum konnte mit dieser Entwicklung nicht mithalten. Die kurze Vegetationszeit, die schwierige Topografie, der hohe Arbeitseinsatz pro Fläche und die grossen Distanzen zu den wichtigen Absatzmärkten benachteiligten die Berglandwirtschaft. Der Alpenraum wurde zu einem Futteranbaugebiet.

Bereits in der ersten Hälfte des 19. Jahrhunderts wurden neben Mist stellenweise Mergel (kohlensaurer Kalk) und Gips (schwefelsaurer Kalk) als natürliche Mineraldünger auf die «ausgemergelten», das heisst hungrigen Wiesen ausgebracht. Später kamen organische Dünger wie Knochenmehl und nach 1841 Guano (getrockneter Vogelkot vor allem aus Südamerika) hinzu (Brugger 1956). Ab 1860 wurde damit begonnen, Dünger wie Superphosphat in der Schweiz in Fabriken herzustellen (Brugger 1978). Zur gleichen Zeit gelangten Kalisalze, die aus kalihaltigen Schichten in Steinsalzlagerstätten Magdeburgs gewonnen wurden, in die Schweiz. 1875 wurden etwa 6000 Tonnen Handelsdünger in der Schweiz verbraucht; neun Jahre später waren es bereits 26 000 Tonnen, von denen etwa 10 000 Tonnen importiert waren.

Wie muss man sich die Landschaft Schweiz um 1900 vorstellen? Paravicini (1928) vermittelt dazu mit seiner Übersichtskarte und der Beschreibung der «Bodennutzungssysteme der Schweiz in ihrer Verbreitung und Bedingtheit» ein gutes Bild (Abb. 45). Insgesamt führt Paravicini 18 Nutzungstypen auf: «Verbesserte Dreifelderwirtschaft», «Graswirtschaft mit Ackerbau», «Welsche Graswirtschaft», «Rei-

Abb. 45: Eugen Paravicinis Übersichtskarte der landwirtschaftlichen Betriebsformen in der Schweiz von 1928 in vereinfachter Form. Quelle: Howald und Laur 1962.

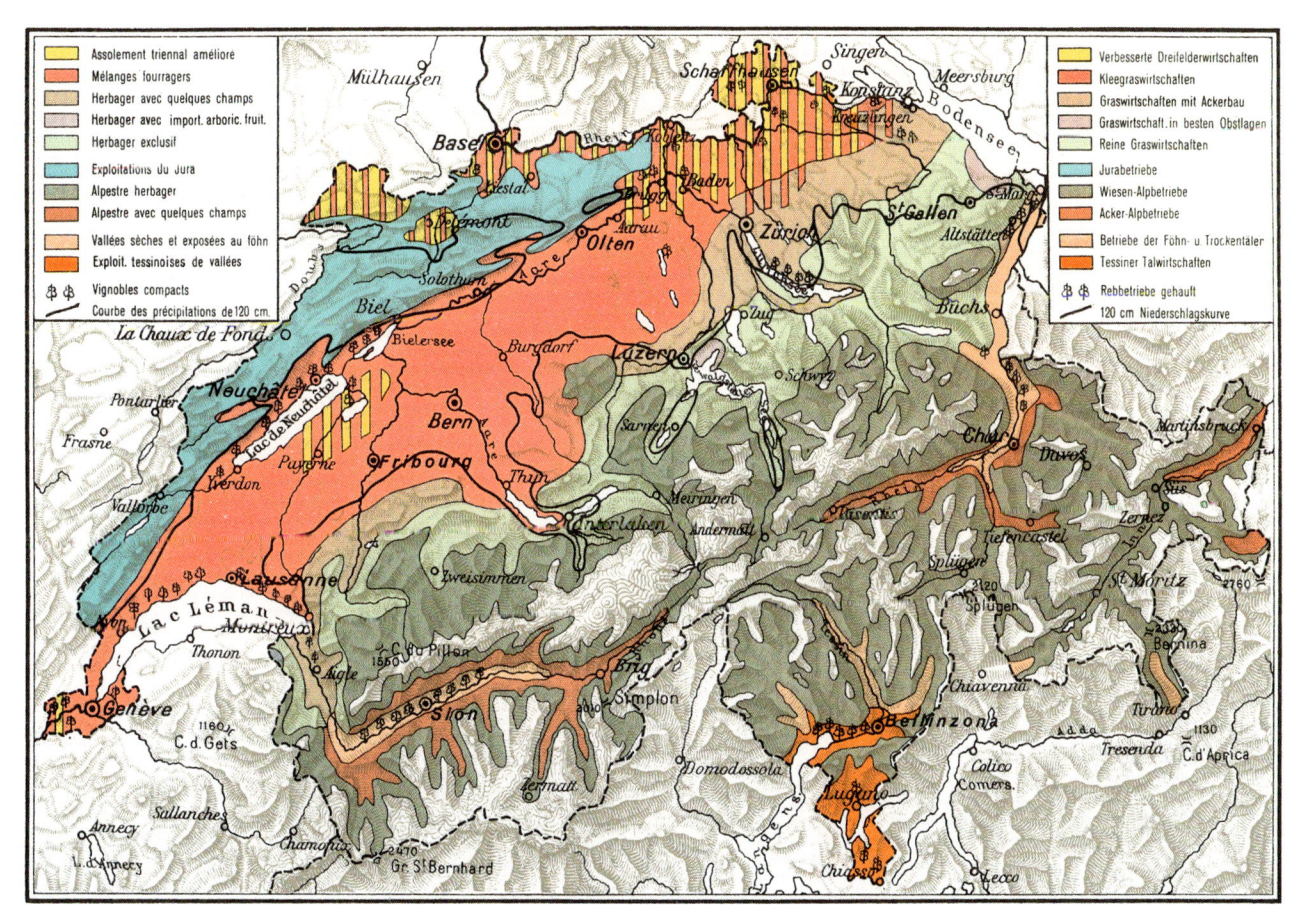

ne Graswirtschaft in Alpentälern», Kleegraswirtschaft von Aargau, Solothurn, Luzern usw. Offenbar wurde die Nutzung der Landschaften an das jeweilige Naturraumpotenzial angepasst, dabei aber auch kulturell und traditionell überprägt.

Seidenraupen erobern die Schweiz

Die Seidenraupenzucht fand bereits Ende des 18. Jahrhunderts im Tessin und in verschiedenen Gegenden der Kantone Graubünden, Solothurn und Waadt Verbreitung. Die Nahrung der Seidenraupen besteht aus den Blättern des Maulbeerbaums, der nach und nach überall in der Schweiz kultiviert wurde. Die Pflanzungen müssen das Dorf- und Landschaftsbild verändert haben – allerdings existieren keine zeitgenössischen Beschreibungen.

In den 1820er- und 1830er-Jahren breitete sich die Seidenraupenzucht stark aus. Vor der Gründung des «Schweizerischen Seidenbauvereins» wurde eine Umfrage über den Maulbeerbaumbestand in der deutschsprachigen Schweiz gemacht: Der Bestand wurde mit 561 500 Bäumen angegeben, wobei 204 000 Stück in der Landschaft Basel und 300 000 im Kanton Solothurn standen. Im Tessin wurden 1843 mehr als 300 000 Bäume gezählt (Brugger 1956).

1842 bildete sich in Bremgarten (AG) eine «Actien-Gesellschaft zur Anpflanzung von Maulbeerbäumen zur Einführung der Seidenzucht». Im Herbst 1845 wurden «cirka sechs Jucharten mit 1200 Stämmen besetzt». Bei Oberwil (südöstlich von Bremgarten) wurden 700 Stämme gepflanzt. Der Gemeinderat Bremgarten erklärte, dass in Zurzach «wohl 100 000 Pflanzen stehen» (Bürgisser 1979/80).
1843 bat die Finanzkommission des Kleinen Rats des Kantons Aargau um Unterstützung für die Pflanzungen von Maulbeerbäumen, um die Seidenkultur und damit die Seidenindustrie zu ermöglichen. 6200 «Pflänzlinge» und 2½ Pfund Samen verschiedener Maulbeersorten wurden gekauft. Als Pflanzorte wurden die *«ergiebigen und gut gelegenen Klostergüter von Muri und Wettingen»* genannt. Auch das staatliche Land in Olsberg, ebenfalls ein ehemaliges Kloster, das wie alle anderen im Aargau 1841 aufgehoben worden war, wurde für eine Kultur vorgesehen. 1862 bewilligte der Regierungsrat des Kantons Aargau 2819 Franken für die Anlage von Maulbeerpflanzungen in den Staatswäldern (Wullschleger 1997). Auch im Kanton Basel-Landschaft wurden weitere Maulbeerbäume gepflanzt – *«zu Tausenden»*. Das Baselbiet war bekannt für die Heimposamenterei, welche unter anderem Seidenbänder für die Stadt Basel herstellte (Klaus 1982).
Am 26. Februar 1854 wurde die Zürcherische Seidenindustrie-Gesellschaft als einer der ersten Wirtschaftsverbände der Schweiz gegründet (Widmer 2004). Um 1900 war die Seidenindustrie einer der bedeutendsten Industriezweige der Schweiz. Allein die Zürcher Seidenindustrie beschäftigte 50 000 Arbeitskräfte. Immer wieder kam es zu Krisen – nicht zuletzt deshalb, weil der Übergang von einem produktorientierten zu einem marktorientierten Denken die Seidenindustrie vor speziell grosse Probleme stellte, denn die Faszination am Rohstoff Seide stand bei den Industriellen oft im Vordergrund und trübte den Blick für die tatsächliche Nachfrage. Der Schwarze Freitag im Oktober 1929 traf diese Branche dann wie ein Blitz

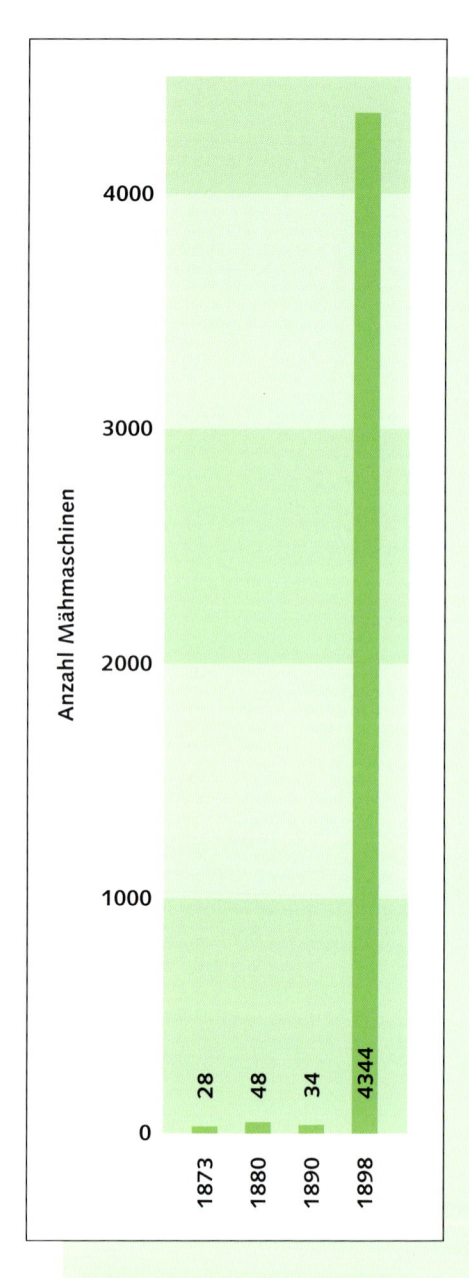

Abb. 46: Entwicklung der Anzahl Mähmaschinen in der Schweiz gegen Ende des 19. Jahrhunderts. Quelle: Brugger 1978.

aus heiterem Himmel. Mit dem Börsenkrach stürzten auch die Preise für Rohseide von einem Tag auf den anderen von 65 auf 12 Franken pro Kilo ab. Bis zum Kriegsbeginn 1939 sackte die Beschäftigtenzahl ähnlich wie in der Stickereibranche auf noch zehn Prozent des ehemaligen Bestands. Heute ist die Seidenindustrie in der Schweiz in einer Nische tätig und stellt nur noch Spezialitäten her. Vereinzelte Maulbeerbäume – wie in der Stadt Bremgarten – blieben allerdings bis weit ins 20. Jahrhundert erhalten (Bürgisser 1979/80).

Wein und Reblaus

In vielen Regionen der Schweiz prägt der Rebbau das Landschaftbild. Die Rebberge sind in den schon früh terrassierten Hängen (z.B. Lavaux, Salgesch, Tessin) besonders eindrückliche Landschaftselemente – vielerorts können sie sogar als monumental bezeichnet werden. An Rhein und Mosel lässt sich die Anlage der Rebmauern bis ins 3. Jahrhundert n.Chr. zurückverfolgen. Im 10. Jahrhundert setzte dort der mittelalterliche Neuausbau ein (Irsigler 1979). Die Güterzusammenlegungen im 20. Jahrhundert haben diese historischen Dokumente allerdings weitgehend zerstört.

Auch nicht terrassierte Rebberge sind wegen der Einsehbarkeit beziehungsweise Sichtbarkeit prägend für das Landschaftsbild. Der Rebstock, seine Kletterhilfen sowie seine Anbindung zeigen regionale Unterschiede. Bis zum Niedergang des Rebbaus durch die Reblaus lagen etliche Rebgebiete der Schweiz nicht in Hanglagen, sondern in ebenem Gelände.

Im 19. Jahrhundert führte die Reblaus im europäischen Weinbau zu dramatischen Verwüstungen. Die aus Nordamerika stammende Blattlausverwandte wurde Mitte des 19. Jahrhunderts nach Frankreich eingeschleppt und breitete sich rasant über sämtliche europäischen Weinbaugebiete aus. Besonders schlimm traf es Frankreich. Zwischen 1865 und 1885 verwüstete die Reblaus grosse Teile der französischen Weinanbaugebiete, in denen erst 1850 nach der Mehltaukrise neue Reben aus Amerika gepflanzt worden waren. In der Schweiz hat die Rebfläche zwischen 1884 und 1914 in den meisten Kantonen (ohne Bern, Freiburg, Solothurn, Tessin und Wallis) um 43 Prozent abgenommen. In der Ost- und Nordostschweiz ist die Rebfläche beispielsweise von 9275 Hektaren im Jahr 1877 auf 4100 Hektaren im Jahr 1914 gesunken (Brugger 1978). Abbildung 47 zeigt die Entwicklung der Rebfläche für den Kanton Aargau.

Rebberge, deren Reben von der Reblaus oder anderen Krankheiten zerstört wurden, haben drei mögliche «Lebenswege»:
- Dank neuer, resistenter Sorten und neuer Keltermethoden gab es – vor allem mit Blauburgunderreben – eine Art Renaissance des Rebbaus.
- Andere verwüstete Rebberge wurden mit Obstbäumen bepflanzt und marginal gepflegt. Sie haben sich zum Teil zu reichhaltigen Biotopen mit vielen Kleinlebensräumen entwickelt.
- Viele Rebberge wurden vor allem im 20. Jahrhundert mit Wohnhäusern überbaut.

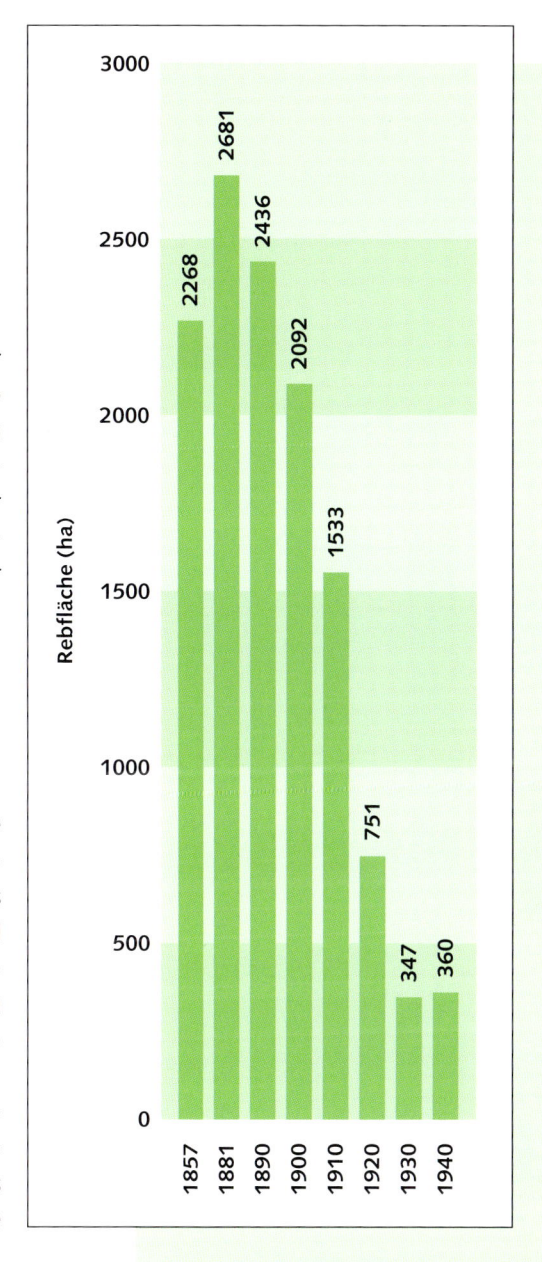

Abb. 47: Die Entwicklung der Aargauischen Rebfläche bis 1940. Quelle: Brugger 1948.

Landschaftsgestalter Obstbau

Wilde Apfel- und Birnbäume wurden im Oberrheingebiet bei den Waldrodungen verschont, da die Früchte der Schweinemast dienten. Der eigentliche Obstanbau wurde erst ab 1800 stark vorangetrieben (Brugger 1956). Im Gegensatz zu den Reben nahm in einigen Kantonen die Zahl der Obstbäume in der zweiten Hälfte des 19. Jahrhunderts zu (Brugger 1978). Die Hochstamm-Obstbäume waren in jeder Jahreszeit eindrückliche Elemente oder Gestalter des Landschaftsbilds, ganz besonders im weissen Blütenkleid des Frühlings und im farbigen Laub im Herbst (Abb. 48). Die viel weniger attraktiven und immer in Reih und Glied gepflanzten Niederstämme gibt es erst seit den 1960er-Jahren.

«*Die Häuser der Dörfer standen in einem Obstwalde*», schrieb Bronner 1844a. Zum Obstbau zählte er auch Erdbeeren, Himbeeren, Maulbeeren, «*Johannisträubchen*» und die Stachelbeeren, die besonders in Pfarrgärten angetroffen werden konnten. Kirschen wurden verkauft, gedörrt oder in Kirschwasser verwandelt. Dirlitzen oder Kornelkirschen wurden gegessen. Barillen, Amarillen oder Kriechen-Früchte, die wir heute kaum mehr kennen, gediehen in den Obstgärten. Das Fallobst gehörte den Schweinen. Äpfel wurden frisch gegessen, im Keller für den Winter gelagert oder teils als Schnitze nach dem Brotbacken im Ofen gedörrt. Aber auch Most («*Cyder*» nennt ihn Bronner) wurde gepresst. Quittenbäume waren selten, obwohl Apotheker und Zuckerbäcker gute Abnehmer von deren Früchten waren. Aus den Haselnüssen presste man Öl. Es gab die ersten Baumschulen, die sich für eine Verbesserung der Obstkultur einsetzten.

Die Esskastanie gilt ebenfalls als Obstbaum. Der Chestenberg oder Kestenenberg bei Baden wird 1533 genannt, wie auch die vom lateinischen Wort *castaneriae* abgeleiteten Châtaignier im Waadtland, die 1259 erwähnt werden. Obstbäume haben ganzen Ortschaften ihren Namen gegeben, so Birmensdorf (Birnbaumsdorf), Nussbaumen und Kestenholz (Mone 1861).

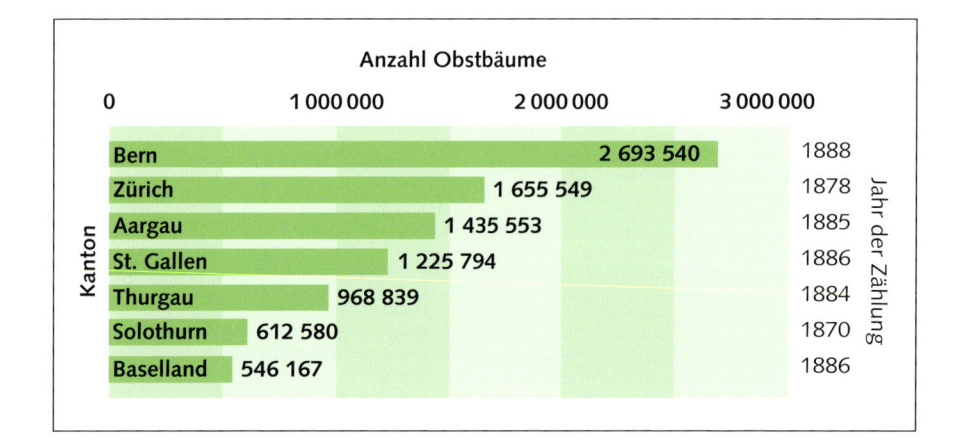

Abb. 48: Das klassische Bild einer mit Obstbäumen bestandenen Wiese ist eine jüngere Entwicklung. Heute sind Hochstamm-Obstbäume wichtige Landschaftsgestalter.

Abb. 49: Anzahl Obstbäume gegen Ende des 19. Jahrhunderts in verschiedenen Schweizer Kantonen. Quelle: Brugger 1978.

Kanton	Anzahl Obstbäume	Jahr der Zählung
Bern	2 693 540	1888
Zürich	1 655 549	1878
Aargau	1 435 553	1885
St. Gallen	1 225 794	1886
Thurgau	968 839	1884
Solothurn	612 580	1870
Baselland	546 167	1886

Aller Aufklärung zum Trotz hatten die Menschen im 19. Jahrhundert eine enge Beziehung zum Baum. Die Idee vom Lebensbaum blühte weiter und führte Baumbräuche ein, so Maibäume, Erinnerungsbäume, Aufricht-, Freiheits- und Ehrenbäume, ja Schandbäume (Hauser 1989). Vor allem die Erinnerungsbäume, die auf Kuppen gepflanzt wurden, haben das Landschaftsbild ausserordentlich stark geprägt.

Abb. 50: Idyll oder Mühsal? Links: Getreideernte von Hand 1935, Merenschwand (AG). Rechts: Getreidegarben sind 1959 zum Trocknen zu «Puppen» aufgestellt, Eglisacker bei Liestal (BL); heute ist das Gebiet überbaut.

Landschaft und Landwirtschaftspolitik

Im 19. Jahrhundert begannen sich die Bauern zu organisieren. Im Kanton Aargau wurde bereits 1838 die «Aargauische Landwirtschaftliche Gesellschaft» gegründet. Auch in anderen Kantonen bildeten sich solche und ähnliche Kommissionen, Gesellschaften, Vereine und Ähnliches im Schosse bestehender «ökonomischer Gesellschaften» (Brugger 1956). 1897 wurde der Schweizerische Bauernverband gegründet. Er entwickelte sich bis in die 1970er-Jahre zu einem wirtschaftspolitischen Machtinstrument: Der «Schweizerische Bauernsekretär» – der Leiter der übermächtigen Zentralstelle in Brugg – kumulierte derart viel Macht, dass er gar als 8. Bundesrat bezeichnet wurde. Für die Landschaft war dies eine verheerende Entwicklung, wie das folgende Kapitel zeigen wird.
Der Erste Weltkrieg endete in der Schweiz 1917/18 mit Hunger – zu stark hatte sich das seit dem Ende des 19. Jahrhunderts industrialisierte Land auf die Lebensmittelimporte verlassen (Baumann und Moser 1999). Die damalige soziale Krise mit dem Generalstreik hat die Agrarpolitik derart stark geprägt, dass sie sich bis in die Neuzeit auswirkte. Die aufkommende Agrarpolitik des 20. Jahrhunderts unterwarf ihren Interessen rigoros und absolutistisch die Landschaft, das Landschaftsbild und den Landschaftshaushalt. ☐

Kapitel 6
Die entwässerte

Landschaft

Abb. 51: Wo ist der Inn? Südansicht von Zuoz (GR), 1899 und 1996. Der begradigte Inn ist praktisch aus der Landschaft verschwunden. Der Schutzwald oberhalb des Dorfs und die Ferienhäuser sind dagegen «neue» Landschaftselemente.

Wasser stopp!

Die Schweiz gilt als das Wasserschloss Europas. Noch vor 200 Jahren verliessen die beachtlichen Regenmengen das Land über ein dichtes, fein verästeltes Netz aus Flüssen und Bächen. Wasser prägt die meisten Landschaften der Schweiz. Doch diese Lebensadern der Natur wurden systematisch zu Wasserstrassen, Vorflutern und Abwasserkanälen degradiert. Flüsse wurden eingedämmt, Bäche dolte man ein. Hochmoore und Flachmoore wurden trockengelegt und abgetorft, Auenwälder fielen der Axt zum Opfer oder vertrockneten. Die Restfeuchte im Kulturland wurde eliminiert, indem man die Böden systematisch drainierte. Heute ist das Wasser grösstenteils aus den Schweizer Landschaften verschwunden.

Abb. 52: Das Wasser ist in der Landschaft nicht nur im See, Bach oder Fluss «erlebbar», sondern auch als Nebel, Rauhreif, Wolken, Regen, Hagel, Graupel und Schnee.

Flüsse im Streckbett

Ein breites Flussbett mit mehreren Armen, Inseln, Kies- und Sandbänken sowie Weidengebüschen und Auenwäldern war das Markenzeichen der natürlichen Flusslandschaften in der Schweiz. Meist wurden sie von Feuchtgebieten begleitet, die in den Altarmen oder in den bis zur Oberfläche durchnässten Flussniederungen entstehen. Nach Hochwasser veränderte sich das Gesicht der Flusslandschaften: Neue Flussarme entstanden, Kiesinseln wechselten ihren Standort, und Ufer wurden abgetragen. Insgesamt herrschte eine hohe Dynamik, der die Menschen, die sich in der Nähe niederliessen, ausgesetzt waren.

Lange Zeit verfolgten die Bewohner der Flusslandschaften zwei Strategien im Umgang mit dem unbequemen Nachbarn. Entweder sie verliessen die gefährdeten Gebiete, oder sie harrten aus und verteidigten bei Hochwasser durch lokale, feuerwehrartig durchgeführte Massnahmen die Gebäude und Anlagen (Vischer 2003).

Nur selten kam es im Mittelalter zu grösseren Massnahmen gegen Hochwasser. Beispielsweise wurde der Zugersee zwischen 1591 und 1592 um 2,5 Meter abgesenkt. Auch erste einfache Flussbegradigungen wurden in Form von Flussschlingen-Durchstichen vorgenommen. Ein solcher Eingriff erfolgte beispielsweise 1415 an der Reuss zwischen Ottenbach und Birri-Merenschwand (Grünig 1988). Eine ähnliche Reussverlegung erfolgte 1594 zwischen Buchrain und Inwil.

Als jedoch die Bevölkerung in der Schweiz zwischen 1700 und 1900 von 1,3 auf 3,3 Millionen anstieg, wurde es eng im Gebirgsland Schweiz. Da die Gebiete oberhalb 1000 Meter keine grössere Besiedlung mehr zuliessen, wuchs der Siedlungsdruck in den Flusslandschaften. Gleichzeitig erlebte die Schweiz im 19. Jahrhundert eine markante Hochwasserperiode (Pfister 1996). Diese Entwicklungen läuteten

Abb. 53: Der Doubs in seinem zum Teil tief eingegrabenen Bett (oben) und die Maggia (links) mit ihren breiten Kiesbänken sind heute zwei der wenigen naturnahen Flüsse der Schweiz.

den Kampf gegen die Flüsse ein. Die Landnahme und der Schutz vor Hochwasser gingen dabei Hand in Hand: Zuerst wurden die Ufer befestigt, dann folgten Eindämmungen und schliesslich ganze Flusskorrektionen.

Der bekannte Flussverbauer Johann Gottfried Tulla schrieb dazu 1812 (Vischer 2000): «*Ein Fluss oder Strom hat nur ein Bett nötig, man muss daher, wenn er mehrere Arme hat, auf die Ausbildung eines geschlossenen Laufs hinwirken. Dieser ist soviel als möglich gerade zu halten, damit dem Hochwasser ein geregelter Abfluss verschafft wird, die Ufer leichter erhalten werden können, der Fluss sich tiefer einbette, also der Wasserspiegel sich senke, und das Gelände nicht überschwemmt werde. Die alten Flussarme sind zur Verlandung zu bringen, verlandete Flächen sind anzupflanzen*».

Die Ingenieure in der Schweiz machten sich gleich an die Arbeit (Minor und Hager 2004): Im 18. und 19. Jahrhundert wurden fast alle Flüsse der Schweiz korrigiert

Kapitel 6   Die entwässerte Landschaft

103

Abb. 54: Die ursprüngliche Aare: meist romantisch dahinfliessend, manchmal zum Fürchten. Oben: Der Aarelauf oberhalb von Uttigen (BE), Blick flussaufwärts gegen Thun, um 1770/80. Ölbild von J. L. Aberli (1723–1786). Unten: Aare-Hochwasser bei Büren a. A. (BE) im Jahr 1944.

(Abb. 56). Der Spielraum der Flüsse wurde immer mehr eingeengt – bis im 20. Jahrhundert den meisten Flüssen nur noch ein Kanal zwischen zwei Dämmen blieb. Diese Entwicklung hat dazu geführt, dass 90 Prozent der Auen in der Schweiz verschwunden sind. In 80 Prozent der verbleibenden Auen ist die natürliche Dynamik nicht mehr wirksam.

Ein Beispiel für einen notwendigen Eingriff in eine natürliche Flusslandschaft ist die Linthkorrektion von 1807 bis 1816 (Abb. 55; Vischer 2003). Früher floss die Linth weit unterhalb von Ziegelbrücke in den Tuggenersee, wo sie ihr Geschiebe ablagerte. Im 16. Jahrhundert war der See aufgefüllt und verschwand von der Landkarte. Die Schuttmassen, welche die Linth aber nach wie vor heranführte, blieben liegen und führten zu einer allmählichen Hebung des Flussbetts. Die Folgen waren verheerend: Immer wieder brach die Linth aus, was zu grossen Überschwemmungen führte. Gleichzeitig hob sich der Grundwasserspiegel, wodurch der Walensee eingestaut wurde. Diese Destabilisierung einer ganzen Region veranlasste schliesslich zur Kanalisierung der Linth.

Nicht jede grössere Flusskorrektion fiel unter die Rubrik Hochwasserschutz und Landnahme. Im 19. Jahrhundert gesellten sich zu den landwirtschaftlichen Interessen an den Talebenen auch starke Verkehrsinteressen. Besonders der Eisenbahnbau, der aus Gefällsgründen die Flussniederungen bevorzugte, war ab 1850 für zahlreiche Hochwasserschutzmassnahmen verantwortlich. Entsprechend war damals fast jeder Bahn- und Strasseningenieur auch ein Wasserbauingenieur (Vischer 2001).

Dem Wasser in der Landschaft wurde viel menschliches Leid zugeschrieben. So führte man die durch Malaria ausgelösten Symptome lange Zeit auf «giftige

Dünste» aus Feuchtgebieten zurück. «Mal'aria» heisst denn auch auf italienisch schlechte Luft. Die in der Schweiz verbreitete Form der Malaria war zwar nicht so gefährlich wie die tropische Malaria, machte aber einer vielerorts schon durch andere Umstände geschwächten Bevölkerung zu schaffen. Der Kampf gegen das Hochwasser galt darum oft auch dem Kampf gegen das «Sumpffieber».

Bronner (1844a) wies darauf hin, dass überall, wo viel Wasser sei, «Cretinen» nicht selten seien, beispielsweise in Suhr. Als «Cretinen» wurden Menschen bezeichnet, die körperlich und vor allem geistig behindert waren. Auch Michaelis (1843, in Kessler 1990), der die nach ihm benannten Karten schuf, hat sich Gedanken zum «Cretinismus» gemacht und vermutete, dass bewässerte Wiesen einen Einfluss haben könnten. Der im Kanton Aargau tätige Heinrich Zschokke schrieb über das Rhonetal (Zschokke 1838): «*Den traurigsten Anblick aber gewähren in den tiefern Rhonelandschaften des Unterwallis die zahlreichen Cretinen. Man kann im Durchschnitt in Ortschaften, die dem Cretinismus unterworfen sind, noch immer, auf hundert Einwohner, eins dieser elenden Wesen rechnen, die mit erdfahlen Gesichtern, schlaffen Mienen, dummstierenden Augen, Hals und Brust ekelhaft von ungeheuren Kröpfen belastet, zuweilen kaum Spuren der Vernunft verrathen. Manche sind sprachlos; ihre Stimme gleicht nur dem Blöcken eines Thiers; ihr grinsendes Lächeln jagt Furcht und Grausen ein.*»

Verschiedene Interessensgruppen drängten auch nach den grossen Bauarbeiten immer wieder auf Flusskorrektionen. Diese wurden kräftig vorangetrieben und teils in technisch perfekter Weise vollzogen – bis etwa in die 1980er-Jahre. Der Befehl dazu erging vom Bundesgesetz über die Wasserbaupolizei von 1877. Geradezu exzesshaft wurden Uferbefestigungen mit Gesteinsblöcken durchgeführt, auch völlig widernatürlich – beispielsweise mit Schwarzwaldgranit im reinen Kalkgebiet der Birs im Kanton Basel-Landschaft (Abb. 57). Die verbliebenen Kanäle dienten dazu, das Wasser möglichst rasch aus der Landschaft zu entfernen.

Gleichzeitig mussten die Flüsse und Bäche die Abwässer der Zivilisation aufnehmen. Die Gewässerverschmutzung durch Gewerbe (auch Blut aus Schlachthöfen oder Abwasser der Galvanisierungsbetriebe), Industrie sowie Siedlungen wurde in den 1960er-Jahren derart gravierend, dass viele Gewässer als tot erklärt werden mussten. In Holland konnte man mit dem auf 35 Grad erwärmten Rheinwasser Filme entwickeln (Waldner 1972).

Mit dem Bau von Kläranlagen ab den 1950er-Jahren konnten die Siedlungs- und Industrieabwasser gereinigt werden. 1952 waren allerdings erst 44 Abwasserreinigungsanlagen im Einsatz, und noch 1959 schwammen meterhohe Schaumberge in den Bächen und Flüssen der Schweiz (Märki 1960). Die Verschmutzung der Oberflächengewässer und des Grundwassers durch die Landwirtschaft mit Gülle und Pestiziden hält bis heute an (BAFU und BFS 2007).

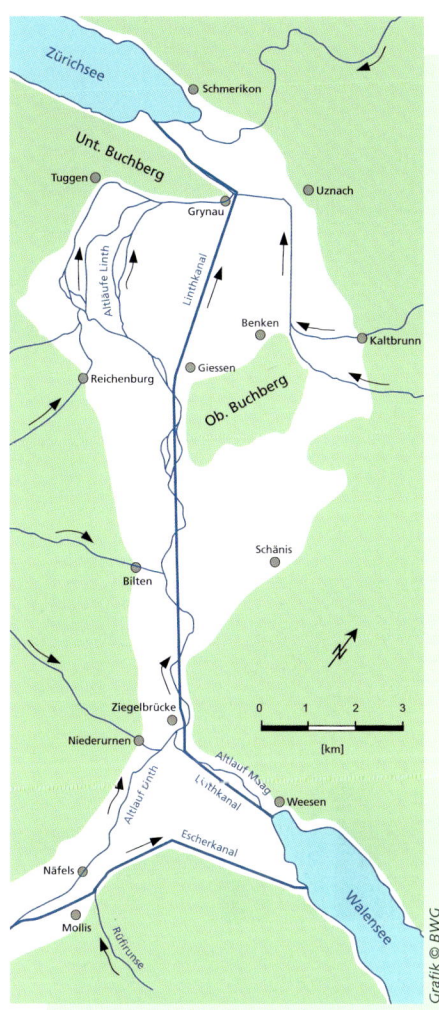

Abb. 55: Die freie Linth. Links: Die Linth oberhalb der Ziegelbrücke 1796. Aquatinta von F. Hegi nach einem Aquarell von A. Benz. Recker ziehen ein Lastschiff flussaufwärts. Ein anderes Schiff mit Segel kreuzt gerade die Mündung der Maag. Rechts: Altläufe vor der Linthkorrektion von 1807 bis 1816 und Moliserkanal (heute Escherkanal) und Linthkanal.

Kapitel 6 Die entwässerte Landschaft

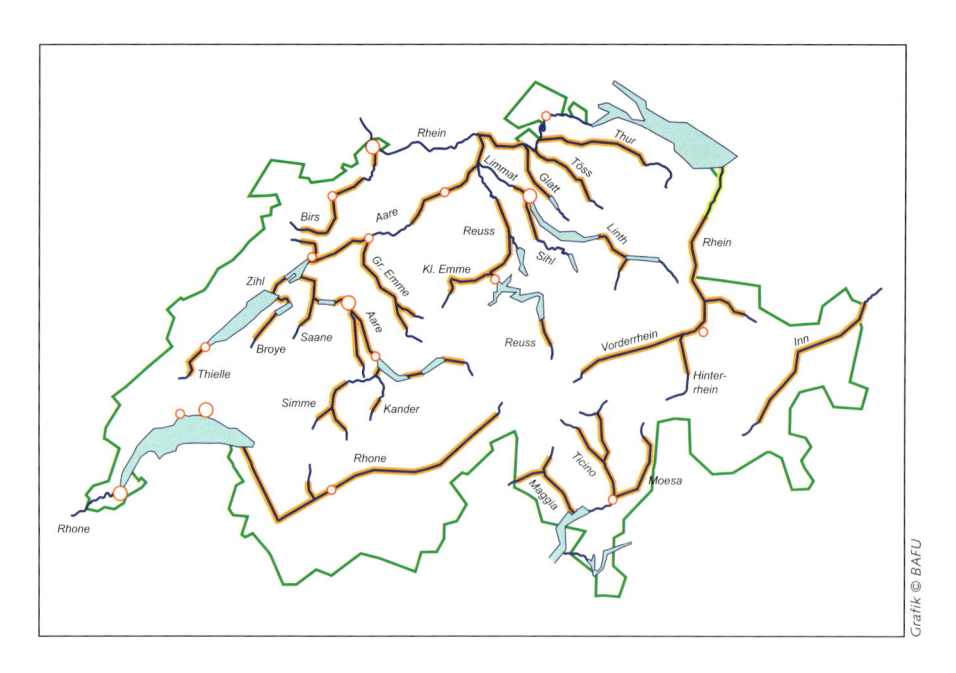

Abb. 56: Grobe Übersicht über die grösseren Flusskorrektionen im 18. und 19. Jahrhundert. Orange markiert sind die korrigierten Abschnitte. Quellen: Vischer 1986 (links), Graf 1991 (unten).

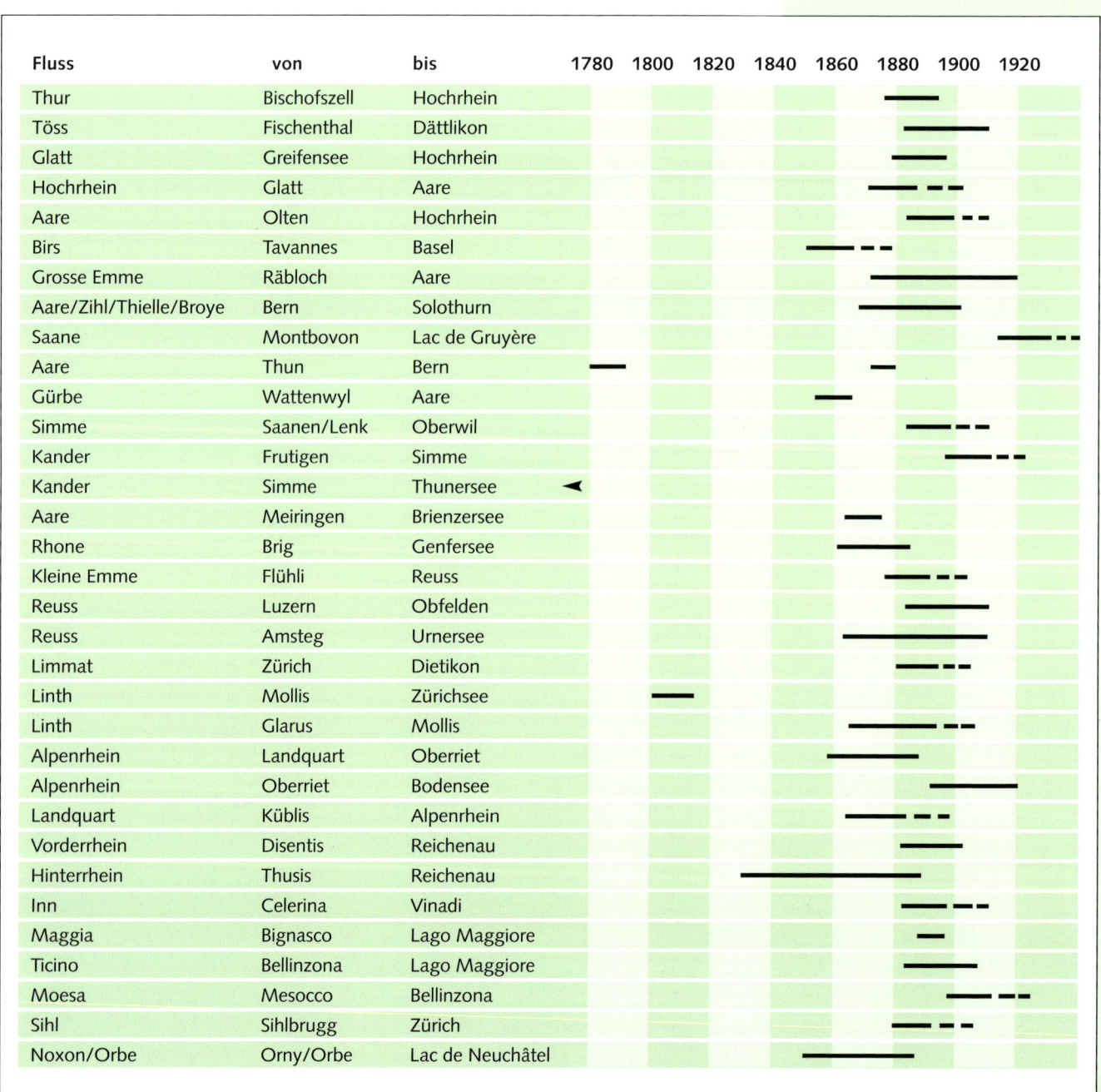

Fluss	von	bis	1780	1800	1820	1840	1860	1880	1900	1920
Thur	Bischofszell	Hochrhein						——		
Töss	Fischenthal	Dättlikon						——	—	
Glatt	Greifensee	Hochrhein						——		
Hochrhein	Glatt	Aare						——	- -	
Aare	Olten	Hochrhein						——	- -	
Birs	Tavannes	Basel					——	- -		
Grosse Emme	Räbloch	Aare					——	——————		
Aare/Zihl/Thielle/Broye	Bern	Solothurn					——	——		
Saane	Montbovon	Lac de Gruyère								—— - -
Aare	Thun	Bern	——					—		
Gürbe	Wattenwyl	Aare					—			
Simme	Saanen/Lenk	Oberwil						——	- -	
Kander	Frutigen	Simme						——	- -	
Kander	Simme	Thunersee	◄							
Aare	Meiringen	Brienzersee						—		
Rhone	Brig	Genfersee						——		
Kleine Emme	Flühli	Reuss						——	- -	
Reuss	Luzern	Obfelden						——		
Reuss	Amsteg	Urnersee					——	——		
Limmat	Zürich	Dietikon						——	- -	
Linth	Mollis	Zürichsee				——				
Linth	Glarus	Mollis						——	- -	
Alpenrhein	Landquart	Oberriet					——	——		
Alpenrhein	Oberriet	Bodensee							——	——
Landquart	Küblis	Alpenrhein					——	- -		
Vorderrhein	Disentis	Reichenau						——		
Hinterrhein	Thusis	Reichenau					——	——		
Inn	Celerina	Vinadi						——	- -	
Maggia	Bignasco	Lago Maggiore						—		
Ticino	Bellinzona	Lago Maggiore						——		
Moesa	Mesocco	Bellinzona							——	- -
Sihl	Sihlbrugg	Zürich						——	- -	
Noxon/Orbe	Orny/Orbe	Lac de Neuchâtel					——————			

Abb. 57: Die Birs ist der einzige grössere Fluss im Jura, der ausschliesslich jurassisches Gestein durchfliesst und transportiert. Mit einem Einzugsgebiet von etwa 922 Quadratkilometern ist das Einzugsgebiet der Birs für Schweizer Flüsse relativ klein; mit 73 Kilometern Länge ist der Fluss auch recht kurz. In der Kulturgeschichte der Region spielte die Birs aber eine grosse Rolle, indem sie zu einem Zusammengehörigkeitsgefühl einzelner Birslandschaften mit der Herrschaft des Fürstbischofs von Basel (999–1792) zwischen Tavannes und Arlesheim beitrug. Seit der Mitte des 18. Jahrhunderts ist die Birs Gegenstand von Zeichnungen und Reiseberichten. Oben links: Ausschnitt aus G. F. Meyers Karte des Pratteler, Muttenzer und Münchensteiner Banns, 1678. Wie überall in der Schweiz hat man aber auch die Birs korrigiert, verbaut und mit Kleinwasserkraftwerken versehen (Salathé 2000). Oben Mitte: LK 50 von 1957; oben rechts: LK 50 von 2000. Das Widernatürlichste war in den 1970er-Jahren die Befestigung der Ufer des reinen Juraflusses mit kristallinem Schwarzwaldgranit. In neuerer Zeit hat man das starre Korsett etwas gelockert, um natürliche Entwicklungen zuzulassen (unten).

Kapitel 6 Die entwässerte Landschaft

Gewässerkorrektionen im Aargau

Hochwasserereignisse an der Reuss im Kanton Aargau waren ein Dauerthema. Sie wurden zum Problem, weil der Mensch sich zunehmend im dynamischen Aktionsradius des Flusses niederliess, Häuser baute und Äcker anlegte. Da die seit Jahrhunderten ausgeführten Korrektionsarbeiten oft nur punktuell waren, gab es immer wieder neue Schwachpunkte. Die Überschwemmungen zwischen 1846 und 1847 waren so verheerend, dass die betroffenen Orte Mühlau, Schoren, Hagnau, Rickenbach, Ottenbach und Rüti eine Petition für eine grosse Korrektion einreichten. 1857 genehmigte der Grosse Rat des Kantons Aargau ein Sanierungsprojekt, und bereits 1860 existierten von Mühlau bis Rottenschwil durchgehende Hochwasserschutzdämme. Links der Reuss wurde ein neues Entwässerungssystem gebaut (Käppeli 1969). Doch die Hochwasser von 1876, 1897, 1910, 1912 und 1953 brachen sogar diese Dämme. Dass die Bevölkerung in der Reussebene von 1860 bis 1960 von 4441 auf 3486, also um fast tausend Seelen schrumpfte, ist daher nachvollziehbar.

Die Bünz, die sich bei Muri bildet und bei Wildegg in die Aare mündet, hat ebenfalls eine lange Geschichte der Korrektion hinter sich. Erste Pläne wurden 1884/85 entworfen, doch erst im Rahmen der Arbeitslosenbeschäftigung in den 1920er-Jahren wurden sie realisiert. Beendet wurden die Arbeiten erst 1952 (Kessler 1990). Das Resultat war die durchgängige Kanalisierung mit Ausnahme des unkorrigierten Abschnitts Mörikofen-Wildegg. Die Starkniederschläge von 1999 und der folgenden Jahre haben aber auch die Bünz nicht verschont. Erst durch Schaden wird man klug: Im Rahmen der Auenschutzpark-Tätigkeiten wird die Bünz heute mithilfe eines Renaturierungsprogramms ökologisch «repariert».

Abb. 58: Vielfalt oder Monotonie. Zwei extreme Varianten eines Flusslaufs.

Abb. 59: Bäche, Wege und Strassen sind kaum noch zu unterscheiden.

Die Korrektionen an der Aare waren so umfassend, dass Kramer und Zumsteg (1989) im Umweltverträglichkeitsbericht für das Kraftwerk Wynau schrieben: *«Heute entspringt die Aare in Stauseen, läuft mit Restwassermengen zu Tal und verbindet die Seen durch kanalisierte Abschnitte mit Stauhaltungen. Im Unterlauf, vom Bielersee zum Rhein, ist der Fluss bis auf drei freie Fliessstrecken verbaut und aufgestaut. Vor der Mündung in den Rhein endet die Aare im Stauraum.»* Und ein Blick auf den Rhein unterhalb Chur bis Liechtenstein bestätigt den Hinweis einer Tageszeitung aus den 1980er-Jahren, dass die Flüsse und Autobahnen einander ähneln – nicht zuletzt wohl deshalb, weil beide dem Eidgenössischen Amt für Strassen- und Flussbau unterstünden (Abb. 59).

Die Juragewässerkorrektionen

Das Berner Seeland war ursprünglich eine stark vom Wasser geprägte Landschaft. Hier lag einst das grösste Flachmoor der Schweiz, das Grosse Moos. Wie in anderen von Seen und Flüssen geprägten Regionen der Schweiz waren die Auseinandersetzungen des Menschen mit dem Wasser dramatisch. Zahlreiche Flüsse und Bäche wurden regelrecht aus der Landschaft radiert: Zwischen 1870 und 1990 sank die Länge der Fliessgewässer von rund 1000 Kilometer auf unter 500 Kilometer (Egli et al. 2002). Hauptursache für den Rückgang war im 19. Jahrhundert die erste Juragewässerkorrektion und im 20. Jahrhundert die Meliorationen (siehe Kapitel 7) und der Siedlungsbau (siehe Kapitel 10).

Um 1870 floss die Aare noch in der Ebene zwischen Aarberg und Büren. Der träg fliessende und mäandrierende Flusslauf teilte sich in zahlreiche kleinere Arme. Da die Hochwasser von Aare, Saane und Sense im Berner Seeland sowie zwischen Büren und Solothurn immer wieder und immer häufiger zu grossflächigen Überschwemmungen führten, beschloss man, umfangreiche Gewässerkorrektionen in der Region durchzuführen.

Den letzten Anstoss gaben die Überschwemmungen 1865: Immense Wassermassen führten dazu, dass Murten-, Neuenburger- und Bielersee zu einem einzigen See verschmolzen (Pfister 1999). Alle Auen und Moore – auch das Grosse Moos – lagen unter Wasser. Nur drei Jahre später wurde die schon seit längerer Zeit geplante Juragewässerkorrektion angegangen – als gemeinsames Werk der fünf betroffenen Kantone, und zwar von 1868 bis 1891 (Vischer 1986, Vischer 2003, Vischer und Feldmann 2005). Die Juragewässerkorrektion hat trotz ihres Namens die grossen Mittellandseen der Westschweiz sowie deren Zu- und Abflüsse und angrenzende Feuchtgebiete entwässert, was insgesamt zu deutlichen Landschaftsveränderungen geführt hat.

Der Bielersee, der Murtensee und der Neuenburgersee wurden zu Rückhaltebecken erklärt. Die Aare wurde über den Hagneckkanal von Aarberg in den Bielersee geleitet (Abb. 61). Dadurch erhöhte sich der jährliche Zufluss in den See um 290 Prozent. Die aus dem Bielersee fliessende Zihl, die nun mit der Aare vereinigt war, wurde über den Nidau-Büren-Kanal abgeleitet. Korrigiert wurden auch die Verbindungen zwischen dem Murtensee und dem Neuenburgersee (Broyekanal) sowie zwischen dem Neuenburgersee und dem Bielersee (Zihlkanal).

Beim Bau des Hagneckkanals zeigte sich, dass bereits die Römer gegen das Wasser im Seeland gekämpft hatten. Die Grabarbeiten förderten einen 670 Meter langen Stollen zu Tage, der bei Hagneck den Molasserücken am südlichen Bielersee durchbohrte (Vischer 2003). Sein Gefälle deutet darauf hin, dass er Wasser vom Grossen Moos in den See führte, vermutlich um die römische Heerstrasse zu entwässern.

Die erste Juragewässerkorrektion war das grösste flussbauliche Unternehmen der Schweiz. Durch das Grossbauwerk erfuhr das Gewässernetz des zentralen und westlichen Seelands tiefgreifende Veränderungen (Egli et al. 2002). Die zahlreichen Nebenarme der Flüsse wurden entweder trockengelegt oder existierten fortan nur noch als Altwasser. Besonders deutlich zeigt sich dies an den alten Flussarmen der Aare zwischen Aarberg und Büren sowie den Mäandern von Zihl und Aare vor Büren (Abb. 62).

Die Seespiegel sanken durch die Korrektionen um 250 Zentimeter. Dies hatte zur Folge, dass sich die Fläche der Seen um 31,4 Quadratkilometer verringerte. Dadurch veränderte sich die Form der Seen. Die St. Petersinsel wandelte sich von ei-

Abb. 60: «Die St. Petersinsel im Bielersee», Gemälde von Johann Joseph Hartmann, um 1790. Quelle: Sammlung Gugelmann, Schweizerische Nationalbibliothek, Bern.

Abb. 61: Hagneckdurchstich um 1900 in Fliessrichtung gesehen. Im Hintergrund das Wehr des 1897 bis 1900 am Bielersee erstellten Kraftwerks Hagneck.

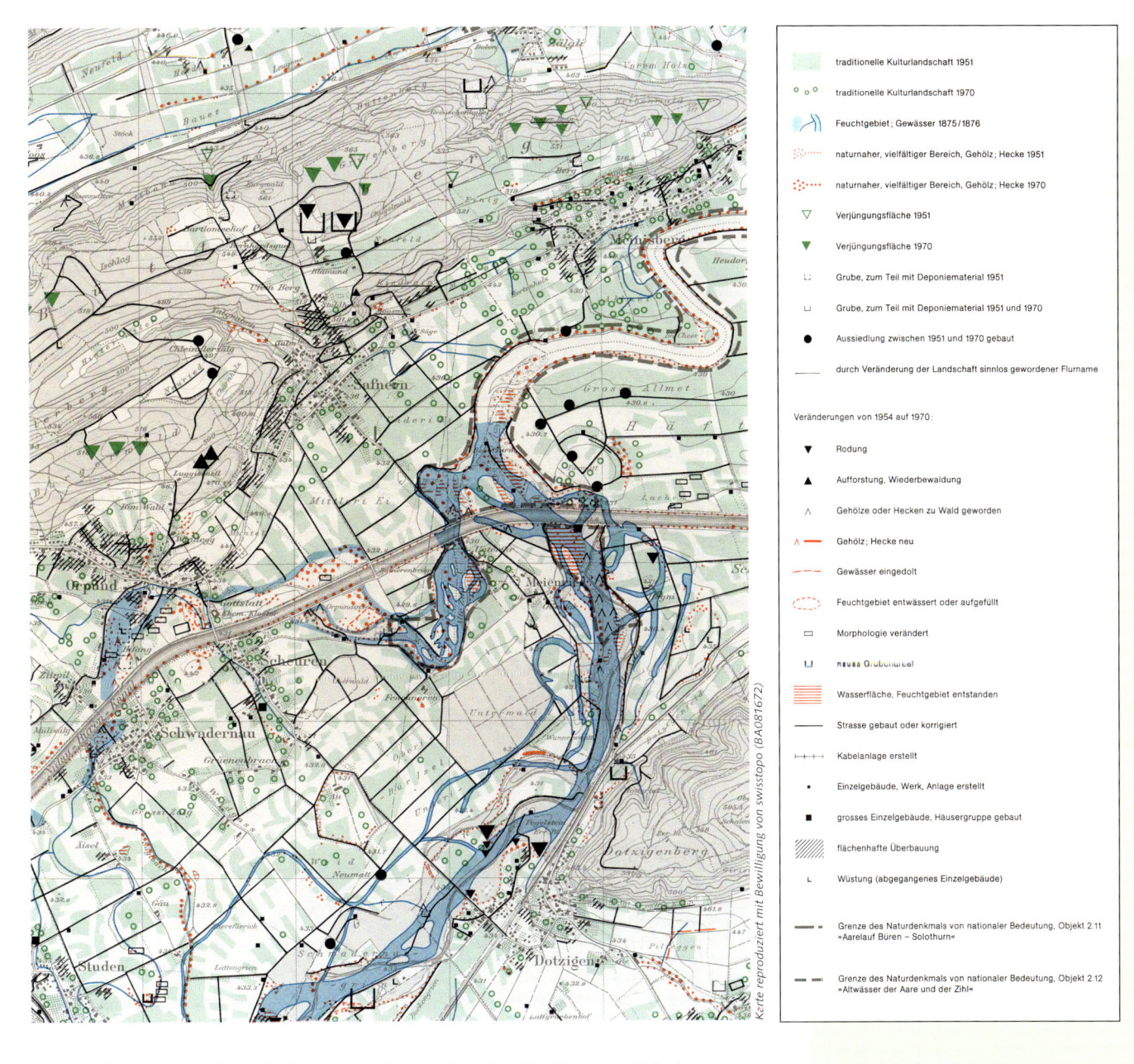

ner Insel zu einer Halbinsel, die durch einen schmalen Streifen von Erlach aus zu Fuss und schon bald mit dem Auto erreicht werden konnte (Abb. 60). Das Neuland wurde sofort trockengelegt und kultiviert.

Im Rahmen der 1. Juragewässerkorrektion erfolgte auch die Trockenlegung der Flachmoore. Vor allem das Grosse Moos wurde mit einem dichten Netz aus Entwässerungskanälen durchzogen. Zwischen 1900 und 1950 waren weite Teile des Seelands trockengelegt, wodurch selbst die Entwässerungsgräben überflüssig wurden und zunehmend aus der Landschaft verschwanden (Abb. 63). Gleichzeitig wurden im Siedlungsgebiet viele Bäche eingedolt. Oft geschah dies im Zusammenhang mit dem Bau von Kanalisationssystemen für die Abwasserentsorgung. Diese Entwicklungen setzten sich bis 1970 fort.

Da sich der Torfboden im Grossen Moos durch die Trockenlegungen um bis zu 1,5 Meter gesenkt hatte und sich das Wasser immer wieder bei Hochwasserereignissen aus den Seen in die Kanäle zurückstaute, kam es schon bald wieder zu grösseren Überschwemmungen. Als Gegenmassnahme wurde zwischen 1962 und 1973 die 2. Juragewässerkorrektion durchgeführt. Die Verbindungs- und Abflusskanäle der drei Seen wurden dabei derart verbreitert und vertieft, dass ein einziges Seensystem mit einem durch das Wehr von Port regulierbaren Wasserstand entstand. Durch die einsetzenden Meliorationen verschwanden zahlreiche Bäche und kleine Kanäle von der Erdoberfläche. Dafür tauchten nun neue, nicht in die Landschaft eingepasste Vorfluter auf (Abb. 64).

Abb. 62: Das Gewässernetz zwischen Biel und Büren hat sich zwischen 1951 und 1970 völlig verändert. Quelle: Ewald 1978.

Um 1870

- Stillgewässer
- Fliessgewässer

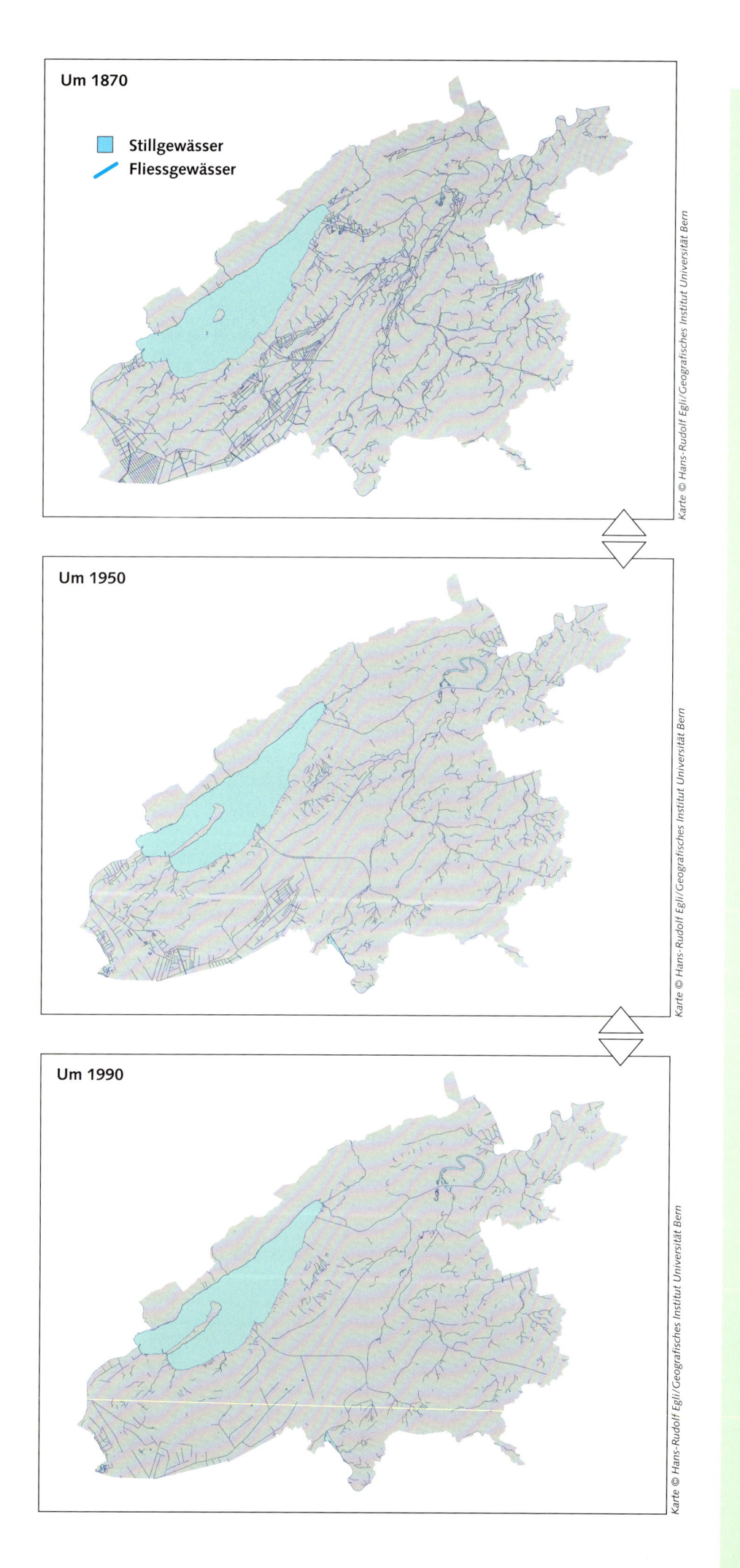

Um 1950

Um 1990

Abb. 63: Veränderungen im Gewässernetz des Berner Seelands zwischen 1870 und 1990. Quelle: Egli et al. 2002.

Abb. 64: Entwässert! Bau eines Kanals im grossen Moos.

Foto © Archiv Stiftung Landschaftsschutz Schweiz

Barrieren gegen die Vielfalt

Das dezimierte Gewässernetz der Schweiz mit seinen eingeengten Flüssen und Bächen krankt nicht nur am fehlenden Raum und der zum Teil nach wie vor schlechten Wasserqualität, sondern auch an den vielen Querverbauungen. In den Schweizer Flüssen und Bächen befinden sich nach Angaben des Bundesamts für Umwelt nicht weniger als 88 000 künstliche Durchgangshindernisse von über einem halben Meter Höhendifferenz – das ist im Durchschnitt mehr als ein Hindernis pro Gewässerkilometer. Allein im Kanton Bern sind insgesamt mehr als 13 600 Hindernisse auf einer Gewässerlänge von 6800 Kilometern verzeichnet (Fischnetz 2004).

Die meisten künstlichen Hindernisse in der Schweiz (rund 47 000) befinden sich in Höhenlagen zwischen 600 und 1200 Meter. Kleingewässer sind von Hindernissen stärker beeinträchtigt als Grossgewässer. An Kleingewässern sind im Durchschnitt 1,6 Hindernisse pro Gewässerkilometer anzutreffen, während es an Grossgewässern nur 0,6 Hindernisse pro Kilometer sind. Im Siedlungsgebiet ist die Dichte künstlicher Durchgangshindernisse besonders hoch – hier trifft man im Durchschnitt 2,5 Hindernisse pro Gewässerkilometer an. Der Grund hierfür ist die hohe Nutzungs- und Infrastrukturdichte – mit einem entsprechenden Schutzbedürfnis bei Hochwasser.

Verbauungen stören die Durchlässigkeit der Fliessgewässer für die meisten Tierarten. Für wandernde Fische wie Lachs und Seeforelle bilden vor allem Laufkraftwerke praktisch unüberwindliche Barrieren. Der letzte Lachs im Kanton Aargau wurde 1932 gefangen (Abb. 66). Ein einziges unpassierbares Hindernis reicht, um den ganzen Oberlauf eines Gewässers vom Unterlauf abzuschneiden. Für viele Wanderfische fällt in diesem Fall der gesamte Gewässerlauf oberhalb des untersten Wanderhindernisses als Laichgewässer aus. So ist eine bloss 30 Zentimeter hohe Schwelle, die eine Forelle mit einem kräftigen Sprung überwinden kann, für das vom Aussterben bedrohte Bachneunauge eine definitive Barriere.

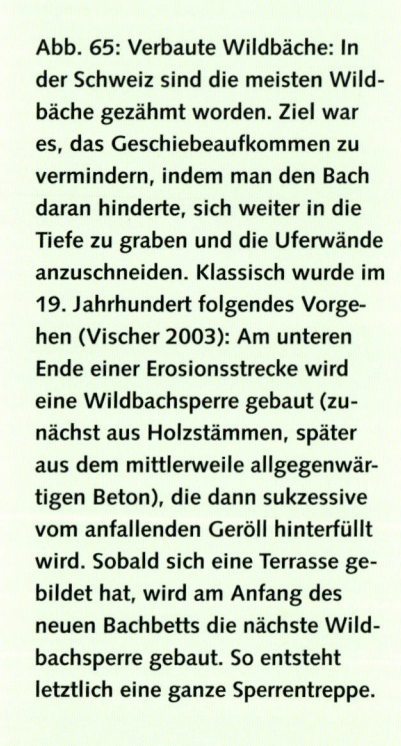

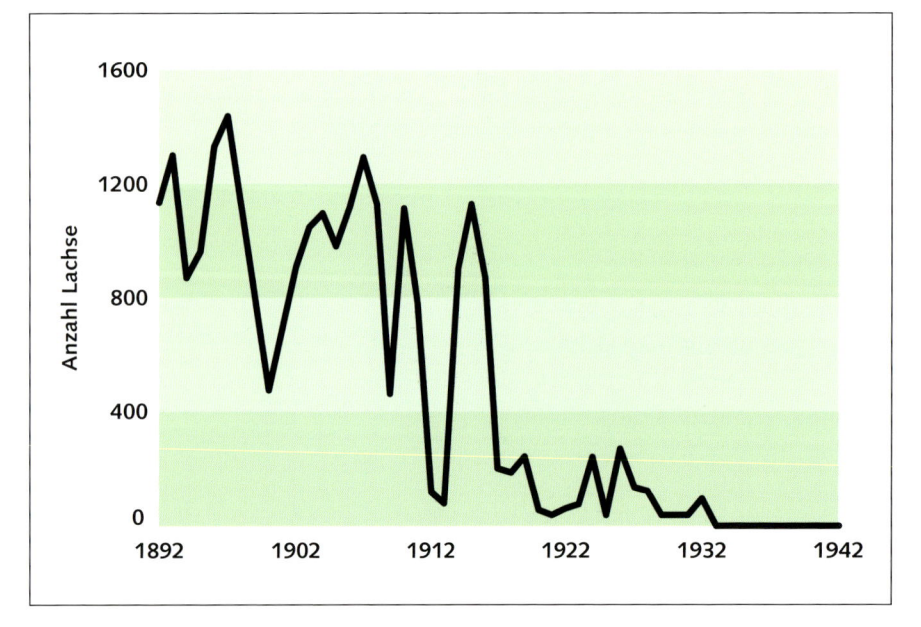

Abb. 65: Verbaute Wildbäche: In der Schweiz sind die meisten Wildbäche gezähmt worden. Ziel war es, das Geschiebeaufkommen zu vermindern, indem man den Bach daran hinderte, sich weiter in die Tiefe zu graben und die Uferwände anzuschneiden. Klassisch wurde im 19. Jahrhundert folgendes Vorgehen (Vischer 2003): Am unteren Ende einer Erosionsstrecke wird eine Wildbachsperre gebaut (zunächst aus Holzstämmen, später aus dem mittlerweile allgegenwärtigen Beton), die dann sukzessive vom anfallenden Geröll hinterfüllt wird. Sobald sich eine Terrasse gebildet hat, wird am Anfang des neuen Bachbetts die nächste Wildbachsperre gebaut. So entsteht letztlich eine ganze Sperrentreppe.

Abb. 66: Zahl der gefangenen Lachse im Kanton Aargau zwischen 1892 und 1942. Quelle: Brugger 1948.

Trockengelegt und abgetorft

Die Eiszeiten haben im Mittelland nicht nur Seen und Findlinge hinterlassen, sondern auch ausgedehnte Feuchtgebiete. Überall dort, wo Böden ständig wassergesättigt sind, können Moore entstehen: Entlang von Gewässern, die verlanden, an Standorten mit hohem Grundwasserstand, in Gebieten mit feucht-kühlem Klima, über Ton- oder Lehmschichten und in der Umgebung von Quellen. Nur spezialisierte Pflanzenarten können die luft- und meist sauerstoffarmen Böden besiedeln. Flachmoore und Hochmoore bedeckten zu Beginn des 18. Jahrhunderts rund 250 000 Hektaren oder 6 Prozent der Schweiz (Grünig 2007). Die Dufourkarten dokumentieren ab 1842 die damaligen Verhältnisse.

Um den Energiebedarf der rasch wachsenden Bevölkerung zu decken und die stark übernutzten Wälder zu schonen, wurde in der ersten Hälfte des 18. Jahrhunderts damit begonnen, in den Hochmooren und zum Teil auch in den Flachmooren Torf zu stechen. Der Abbau des «unterirdischen Holzes» erlangte in vielen Regionen der Schweiz wirtschaftliche Bedeutung. In praktisch jedem Hochmoor des Mittellands und des Juras wurde zeitweise Torf gestochen. Der Rückgang der Flachmoore setzte im 19. Jahrhundert ein. Sie fielen vor allem der Gewinnung von Wiesen, Weiden und Anbauflächen sowie dem Hochwasserschutz zum Opfer. Der offene Abzugsgraben war die häufigste Einrichtung zur Entwässerung von Feuchtgebieten, später erlangten Drainageröhren aus Ton grosse Bedeutung. Ganze Flachmoore konnten nun innerhalb weniger Jahre trockengelegt werden. Insgesamt verschwanden im 19. Jahrhundert über 3300 Moore (Früh und Schröter 1904).

Abb. 67: Hier wuchs früher ein Moor. Durch Oxidation des entwässerten Moorbodens sackt die Erde ab, wobei die zementierten Entwässerungsschächte stehenbleiben und mit der Zeit meterhoch über den Boden herausragen.

Im 20. Jahrhundert wurden viele Moore vollständig abgetorft oder trockengelegt. Notzeiten brachten jeweils eine Intensivierung des Abbaus und der landwirtschaftlichen Nutzung. So wurden während der beiden Weltkriege über 2,5 Millionen Tonnen Torf als Energieträger abgebaut und verbrannt – das entspricht

Luftbild reproduziert mit Bewilligung von swisstopo (BA081672)

Luftbild reproduziert mit Bewilligung von swisstopo (BA081672)

116

einer Hochmoorfläche von rund 1000 Hektaren (BUWAL und WSL 2002). Allein im Kriegsjahr 1943 wurden im Kanton Aargau 55 940 Tonnen Torf abgebaut. Entwässert wurden auch grosse Moorflächen, die lange Zeit als nicht kultivierbar galten.

Im Reusstal existierte noch im 19. Jahrhundert ein grosses Flachmoor, das Bünzmoos, das teilweise von einem Hochmoor überlagert wurde. Kessler (1990) liefert viele Informationen zum Werdegang des Bünzmooses. Das Hochmoor erstreckte sich über eine Fläche von 1400 auf 800 Meter. Lokal wurde wohl schon immer etwas Torf abgebaut. Bronner (1844a) schrieb über das Bünzmoos: «*Bei Boswyl und Bünzen hauchen in heissen Tagen Torfmoore schädliche Dünste aus, vergüten jedoch ihre unangenehme Nachbarschaft durch Brennmaterial.*» Ein Projekt zur Entwässerung sah eine Presstorffabrik vor. Doch die Regierung wollte davon nichts wissen. 1864 bildete sich mit 14 Personen «Die Entsumpfungs-Kommission des Bünzer-Boswiler Mooses». Diese gelangte mit der Bitte um Unterstützung an die Regierung und begründete ihr Ziel mit der Entwässerung, dem Torfabbau, der Urbarmachung sowie mit der Verbesserung der sanitären Verhältnisse. Tatsächlich waren 1834 die Ruhrepidemie und 1861 eine Typhusepidemie ebenso wie das «Wechselfieber» aufgetreten, das in Bünzen und Besenbühren weitaus häufiger vorkam als in anderen Teilen des Bezirks Muri – zweifellos ein Hinweis auf Malaria. Allerdings darf nicht vergessen werden, dass die Schachtbrunnen oft von Fäkalien infiziert waren (Abb. 69).

Abb. 68: Die drei Luftbilder von 1931, 1947 und 2000 dokumentieren das Verschwinden des Hochmoors bei Bünzen. Mit der Entwässerung des Moors wurde bereits in den 1870er-Jahren begonnen. 1931 und auch noch 1947 ist der Abbau in vollem Gang. Der Torf wurde als Brennmaterial und für den Gartenbau verwendet. Das Torfmoos ist heute nur noch ein Flurname (Nidermoos), die Landschaft vollständig ausgewechselt.

Am 23. Mai 1871 erliess der Grosse Rat schliesslich das Dekret über die Entsumpfung des Bünzmooses. 1872 wurden die Arbeiten aufgenommen. Doch es tauchten Probleme aller Art auf: Verzögerungen beim Bau der Seitenkanäle, Streit und Beschwerden. Erst 1882 waren die Kanäle fertig, und erst 1887 lag die Schlussabrechnung vor. Statt der veranschlagten 176 000 Franken kosteten die Kanalbauten fast 410 000 Franken, also eine Kostenüberschreitung von rund 130 Prozent. Vom ehemaligen, riesigen Feuchtgebiet ist heute praktisch nichts mehr erhalten (Abb. 68). Zurück blieb ein von geraden Kanälen durchzogenes Landwirtschaftsgebiet, dem die Meliorationen des 20. Jahrhunderts auch noch die letzten naturnahen Flächen raubten.

Abb. 69: Noch um 1900 gab es im Gemeindebann Boswil gegen 70 Schöpfbrunnen zur Nutzung des Grundwassers. Quelle: F. Mühlberg in Kretz 2002.

Wässermatten und Wuhren

Es mag paradox klingen: Aber gleichzeitig mit der Entwässerung von Mooren und Sümpfen wurden bestimmte Flächen auch bewässert. Im Mittelland war die Wässerwiesenwirtschaft im 19. Jahrhundert fast allgegenwärtig (Ineichen 1996). Es war zu dieser Zeit die einzige Möglichkeit, im Grünland einen grösseren Ertrag zu erzielen. Heute existiert die Bewässerung nur noch in reliktischer Form in der Umgebung von Langenthal (Binggeli et al. 1999).

Im Mittelland wurden nur Wiesen oder Matten bewässert, in den Tälern der Alpen auch Äcker. Die Bewässerung der Wiesen hatte mehrere Zwecke: So enthielt das aus Bächen abgezweigte Wässerwasser Mineralien, Sedimentmaterial sowie organische Stoffe, die das Wachstum der Kräuter und Gräser förderten. Wie in Kapitel 5 angemerkt, reichte der Dünger nur für den Ackerbau. Es gibt auch Hinweise darauf, dass mit der Bewässerung Mäuse und Engerlinge zurückgedrängt

Abb. 70: Der Wässerbammert bei der Arbeit im Weibelacher bei Roggwil (BE) im Jahr 1995: Die Gräben und das Wasserverteilungssystem müssen unterhalten werden.

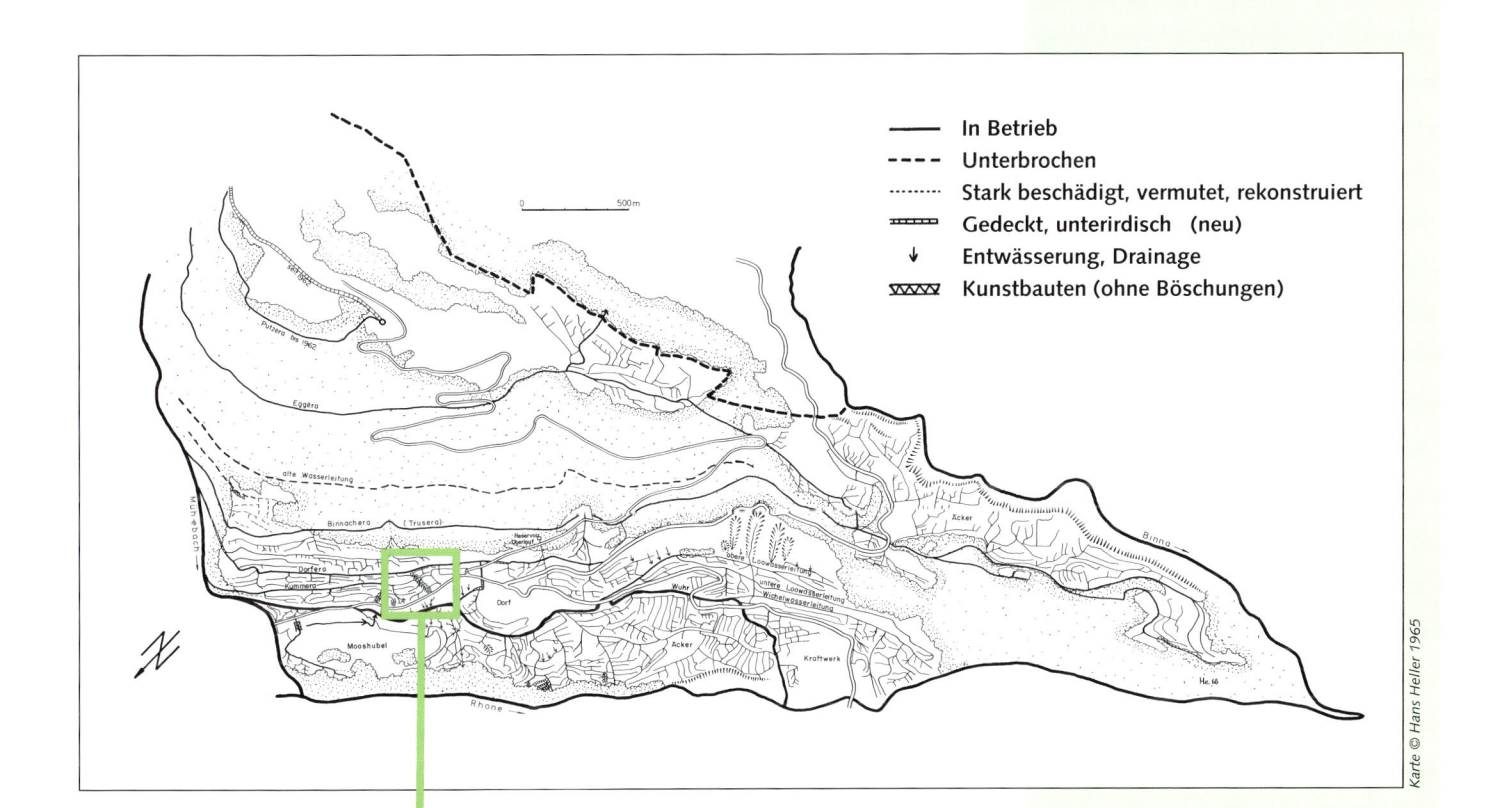

Legend:
- In Betrieb
- ---- Unterbrochen
- .... Stark beschädigt, vermutet, rekonstruiert
- ⊞⊞⊞ Gedeckt, unterirdisch (neu)
- ↓ Entwässerung, Drainage
- ⋁⋁⋁ Kunstbauten (ohne Böschungen)

Karte © Hans Heller 1965

Abb. 71: Die Bewässerungskanäle in Ernen (VS). Das Wiesenbewässerungssystem wurde mit grossem Einfallsreichtum angelegt. Streckenweise wurde das Wasser über einen Damm geleitet (links).

Foto © Klaus Ewald

werden konnten. Zudem konnte man die Wachstumszeit verlängern, indem im Frühjahr und Herbst mit dem Wässerwasser der noch beziehungsweise schon kalte Wiesenboden etwas erwärmt wurde.

Die zum Teil raffinierten Bewässerungseinrichtungen wie hochgelegte Kanäle, Verteilkanäle, Sperren usw. sind in Binggeli et al. (1999) abgebildet. Die Wuhrgenossenschaften stellten Reglemente auf, welche die Dauer der Bewässerung für die Grundstücke der Wuhrgenossen festhielten. Auch in Bauernregeln hat das

Kapitel 6   Die entwässerte Landschaft

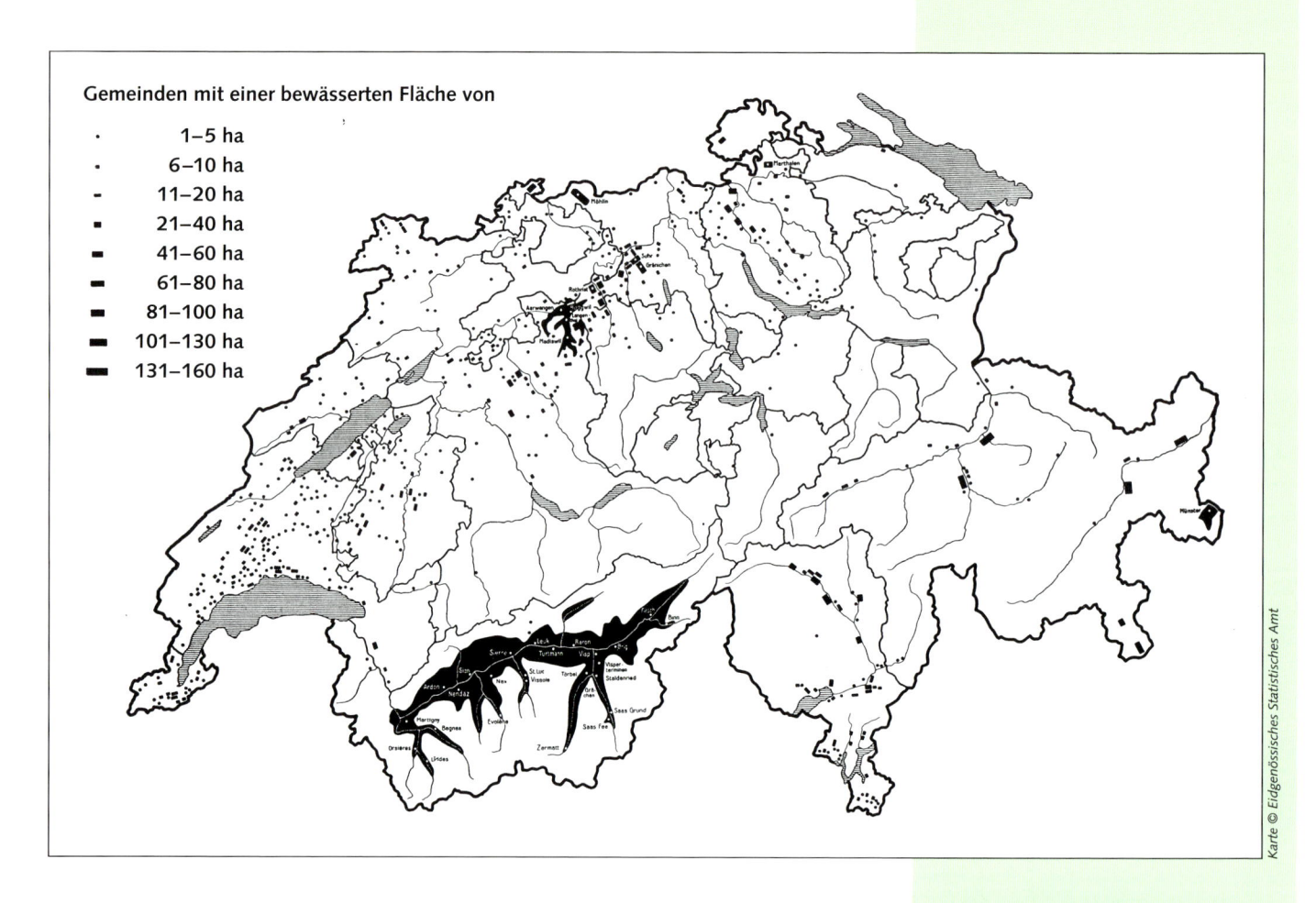

Gemeinden mit einer bewässerten Fläche von

- · 1–5 ha
- · 6–10 ha
- ‐ 11–20 ha
- ▪ 21–40 ha
- ▪ 41–60 ha
- ▪ 61–80 ha
- ▪ 81–100 ha
- ▬ 101–130 ha
- ▬ 131–160 ha

Abb. 72: Die Verbreitung der künstlichen Bewässerung in der Schweiz 1939. Quelle: Eidgenössisches Statistisches Amt 1945.

Bewässern Eingang gefunden, so am 6. November: «*Willst Du den Futterstand verbessern, musst im November die Wiesen wässern!*» Oder am 19. November: «*Im November Wässerung ist der Wiesen Besserung.*»

Lassen wir noch den Zeitgenossen sprechen (Bronner 1844a): «*Die Pflege der Wiesen ist im Aargau einheimisch. Sie werden in trockene und nasse eingetheilt. […] Die feuchten Wiesen sind entweder durch Quellen von Privatleuten gewässerte, oder von ganzen Gemeinden aus Bächen erfrischte, oder ihrer Lage wegen sumpfige Wiesen.*»

Sogar Flachmoore wurden bewässert. Der Anteil von nicht erwünschten Sauergräsern konnte hierdurch zurückgedrängt werden. Krause (1956) bringt ein Zitat aus dem Jahr 1820 mit folgendem Wortlaut: «*Ganz nassen, sumpfigen Wiesen gereicht es aber zum wahrhaften Gedeihen, wenn man sie vom Herbst bis zum Frühjahr stark überfluten lässt, weil dann […] süsses Gras an die Stelle des sauren […] zu treten pflegt*» (zitiert in Schwineköper 1997).

In der Gemeinde Jonen im Kanton Aargau zerstörte 1808 ein Hochwasser des Gemeindebachs sämtliche Wuhre (Wasserschleusen). Stark beschädigt wurden die Wasserwehre beim Hochwasser von 1852. Bewässert wurden dort die Matten unterhalb des Dorfs. Sie waren in drei Rotten (= Scharen) eingeteilt. Die erste, dem Dorf am nächsten gelegene Rotte durfte am Freitag, Samstag und Sonntag, die zweite, mittlere Rotte am Montag und Dienstag, die dritte, untere Rotte am Mittwoch und Donnerstag gewässert werden. Gewässert wurde von Martini (11. November) bis Anfang Mai. Zur Regulierung waren im Bach etwa 20 «Bütschen» (= die kleineren Hauptkanäle) angebracht. Die Landbesitzer hatten Bütschenzins zu entrichten. Noch 1884 werden die Pritschen zum Wässern benutzt. Der Ausdruck Pritschen wurde auch verwendet für ein Holzgestell als Bett oder die Fasnachtsholzretsche. Auch das Brett, das als Stufe in den Bach eingebaut wurde, gehört hierher (Bürgisser 1991).

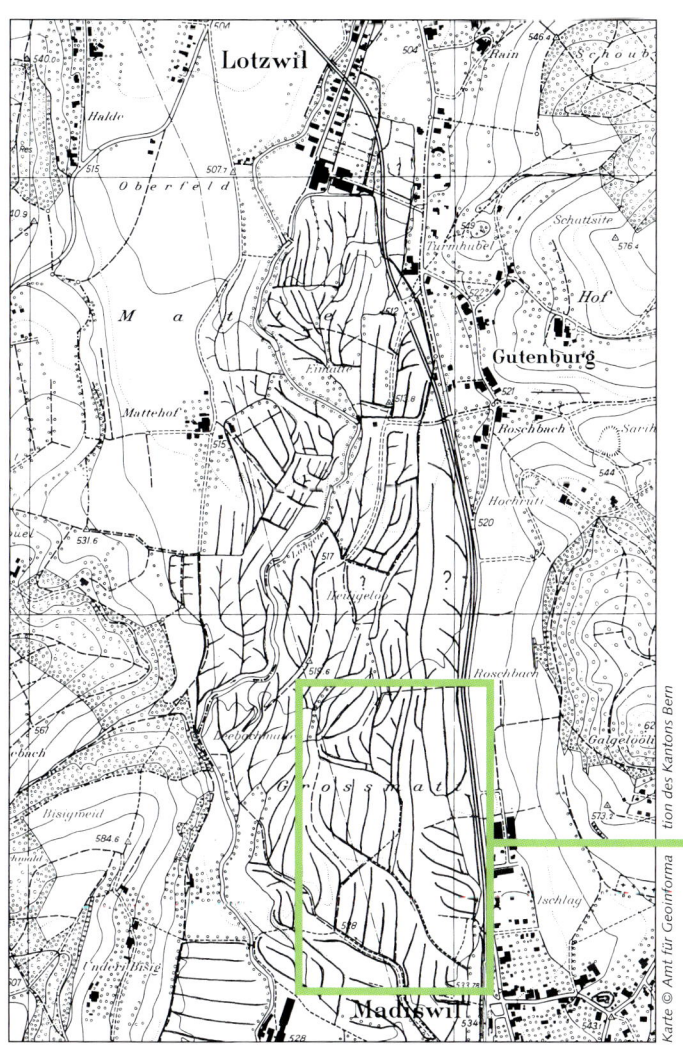

Mitte des 19. Jahrhunderts sorgte die plötzlich auftretende «Streunoth» dafür, dass viele Wiesen bewässert und in Streuewiesen umgewandelt wurden. Mit dem Ausbau des europäischen Eisenbahnnetzes trat der inländische Getreidebau immer mehr in Konkurrenz zu Importen, während durch eine steigende Nachfrage und Exporte die Preise für Vieh- und Milchprodukte stark stiegen. Einstreumaterial wurde zunehmend begehrter, da neben vermehrter Stallhaltung auch der Viehbestand markant zunahm. Gleichzeitig wurde jedoch weniger Getreide angebaut, sodass Stroh immer knapper, Riedstreu aber ein sehr gesuchtes Produkt und schliesslich teurer als Heu wurde. Gegen Ende des 19. Jahrhunderts galt nasses Streuland gar mehr als Acker- oder durchschnittliches Wiesland. Plötzlich lohnte es sich sogar, Grasland zu vernässen und in Streuewiesen umzuwandeln. Die «Streunoth» wurde erst während des Ersten Weltkriegs beendet, als der Brotmangel wieder zu vermehrtem Getreidebau zwang.

Abb. 73: Links, Karte: Wässermatten zwischen Lotzwil und Madiswil im Oberaargau (Feld-Kartierung/ Rekonstruktion 1984, Übersichtsplan Eidg. Vermessungsdirektion 1:10000). Quelle: Binggeli et al. 1999. Rechts, Luftbild: Madiswil, Grossmatten 1968: Die Wässerung ist teilweise noch in Betrieb. Swissair-Foto AG/RPVO, 28. 3. 1968.

Landschaft ohne Restfeuchte

Bereits 1897 stellte Hermann Walser fest, dass von den 149 kleineren Seen im Umkreis des Kantons Zürich, die 1667 auf der Gyger-Karte verzeichnet waren, im Jahr 1895 73 verschwunden waren; bei 10 war die Seeoberfläche deutlich reduziert, 15 waren deutlich kleiner. Noch schlimmer traf es die kleinen Gewässer. Mit der Begradigung der Flüsse und der Regulierung der Seen wurden Hunderttausende von kleinen Teichen und Tümpeln zerstört. Mindestens noch mal so viele gingen mit der Intensivierung der Landwirtschaft und den Meliorationen verloren. Die Homogenisierung der Landschaft – eine zugeschüttete, vorher zeitweise wassergefüllte Bodenmulde da, ein drainierter Quellhorizont dort – haben vor allem die Amphibien hart getroffen. Laichmöglichkeiten sind heute Mangelware. Die in den letzten Jahrzehnten entstanden Gartenweiher sind kein ausreichender Ersatz für die Zerstörung natürlicher Gewässer. Amphibien, vor allem die seltenen Arten, bevorzugen nämlich Teiche und Tümpel, die sich rasch erwärmen und periodisch alle paar Jahre austrocknen, was die Dichte an Fressfeinden erheblich reduziert.

Neben spektakulären Korrekturmassnahmen an den Flüssen und der Zerstörung der Moore gab es unzählige weitere Entwässerungsmassnahmen auf lokaler Ebene. Mit der Erfindung der Drainageröhre erhielt die Entwässerung der Landschaft eine neue Dimension. Die unterirdische Entwässerung hatte den Vorteil, dass keine Nutzflächen verloren gingen. Bereits 1851 nahm in der Schweiz die erste Tonröhrenpresse den Betrieb auf (Brugger 1956). 1892 zählte man in der Schweiz 93 Drainageröhrenfabriken mit einer jährlichen Produktion von durchschnittlichen 6 458 000 Röhren (Brugger 1978).

Bis in die 1960er-Jahre entfiel der grösste Teil des Meliorationsaufwands auf Entwässerungsmassnahmen. 80 Prozent des landwirtschaftlich intensiv genutzten Bodens der Schweiz galten als «ungenügend wasserdurchlässig» (Lüthy 1960). Ziel war es deshalb, «*das freie Bodenwasser in eine Tiefe herabzubringen, welche ein optimales Wachstum der Kulturpflanzen gestattet*». Systematisch wurden Zement- oder Tonröhren in der Landschaft verlegt. Bei «*sehr grossen Entwässerungsflächen und vor allem bei minimalen Terrain-Neigungen*» konnte die «*Vorfluterbeschaffung*» nur durch offene Gräben oder Kanäle «*gewährleistet werden*» (Lüthy 1960).

In der Schweiz wurden in den letzten 120 Jahren rund 1500 der 4500 Quadratkilometer Fruchtfolgeflächen mit unterirdischen Entwässerungssystemen versehen. Im Kanton Zürich sind nicht weniger als 200 der 720 Quadratkilometer landwirtschaftliche Nutzfläche entwässert. Bis Ende des 20. Jahrhunderts waren die Böden der Schweiz zu einem «Einheitsboden» drainiert (Abb. 74). Die Vielfalt naturnaher Lebensräume und damit ein grosses Stück Landschaftsqualität ging verloren.

Abb. 74: Verlauf von Drainagerohren und deren Wirkung auf die Entwässerung des Bodens in einem Seitentälchen in der Gemeinde Rothenfluh (BL). 1500 der 4500 Quadratkilometer Fruchtfolgeflächen der Schweiz sind mit solchen unterirdischen Entwässerungssystemen versehen. Quelle: Meier-Zielinski 1997.

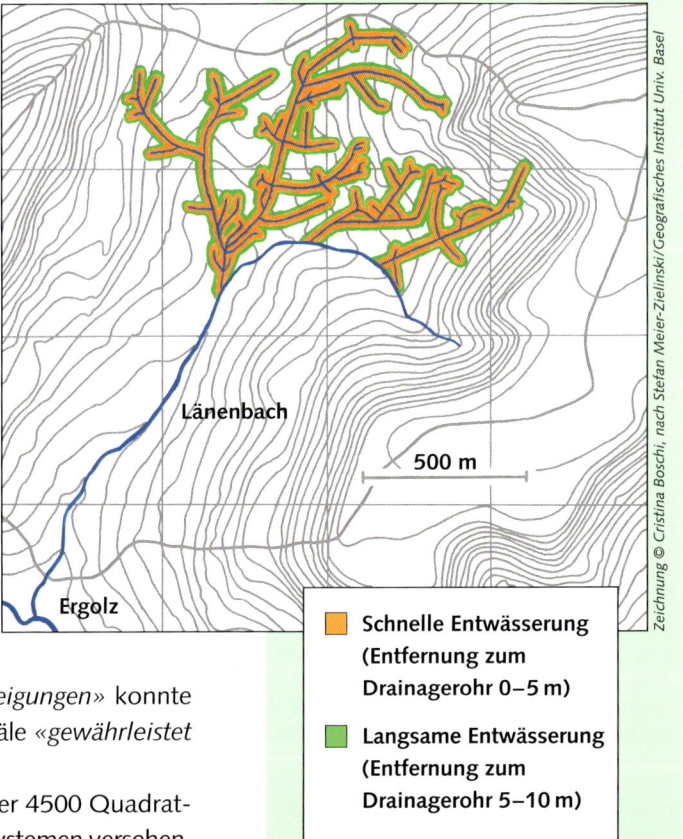

Abb. 75 (oben): Impressionen von Schweizer Bächen und Flüssen. Links: Erst jetzt kann der Bolzbach im Kanton Uri seinem Namen alle Ehre machen. April 1985. Mitte: Im Rahmen einer Melioration eingedolter Bach. Wölflinswil, Mai 1982. Rechts: Sobald der Bach Flachland erreicht, kommt er in ein Betonkorsett. Nach wenigen Metern verschwindet er von der Bildfläche.

Abb. 76: Auch im Gebirge bleiben die Bäche nicht verschont: Bach mit betoniertem und begradigtem Lauf, September 1987. 15 Jahre später, im Oktober 2002, verdeckt eine Hecke den Blick auf das trostlose Fliessgewässer. «Mustermelioration» Münstertal (GR).

Kapitel 6   Die entwässerte Landschaft

Hochwasser und Landwirtschaft

Die einzelnen Faktoren, die am Entstehen von Überschwemmungen beteiligt sind, und deren komplexes Zusammenwirken wurden erst in den letzten Jahren eingehend erforscht. Ein wesentlicher Faktor für die Entstehung von Überflutungen ist die Menge an Wasser, die durch Oberflächenabfluss die Flüsse erreicht. Der Oberflächenabfluss ist umso grösser, je weniger Wasser der Boden aufnimmt und je mehr Wasser über Gräben und Drainagerohre direkt in die Flüsse geleitet wird. Im Rahmen von Modellanalysen konnten Wissenschaftler zeigen, dass intakte Böden einen erheblichen Beitrag zum Hochwasserschutz leisten (Sparovek et al. 2002).

Die Landwirtschaft als der flächenmässig grösste Landnutzer nimmt durch Bodenbearbeitungsverfahren, Fruchtfolgegestaltung und Düngemitteleinsatz Einfluss auf die Stabilität des Bodengefüges. Die Stabilität des Bodengefüges wiederum ist ausschlaggebend für die Wasseraufnahmefähigkeit: Je stabiler das Bodengefüge, umso höher ist die Infiltrationsrate. Wird die Stabilität des Bodengefüges durch eine hohe Druckbelastung von landwirtschaftlichen Geräten bei der Bodenbearbeitung herabgesetzt, so vermindert sich die Infiltrationsrate des Wassers, und das Ausmass von Überschwemmungen nimmt zu. Eine ungünstige Fruchtfolgegestaltung wirkt sich ebenfalls negativ aus. Auch ein exzessiver Einsatz von Gülle führt zu einer Destabilisierung des Bodengefüges und somit zu einer geringeren Infiltrationsrate.

Der physikalische Zustand der Schweizer Böden ist bedenklich (siehe Kapitel 8). Mähdrescher und Traktoren mit dem Gewicht von Kampfpanzern haben bereits zu erheblichen Schäden am Boden geführt. Die Gefügestabilität ist stark vermindert; bei Stark- oder Dauerregen verschlämmen, versiegeln und verkrusten sie schneller als früher. Statt zu versickern, sucht sich das Wasser den direkten Weg in die Bäche und Flüsse. Das Wasser, das doch noch im Boden versickert, gelangt über Drainagerohre ebenfalls in die Vorfluter. In gewissem Sinne subventioniert der Bund die Bodenverdichtung durch PS-starke und schwere Maschinen – und damit einen Teil der Überschwemmungen – durch die Rückerstattung der Mineralölsteuer.

Mehr Raum für Fliessgewässer

Es gibt in der Schweiz wohl keine anderen Ökosysteme, die unter dem Einfluss des Menschen mehr gelitten haben, als Fliessgewässer und Feuchtgebiete. 2550 Kilometer Bäche sind zwischen 1951 und 1985 begradigt worden. In mehreren Kantonen wurden mehr als 50 Prozent der Bäche eingedolt. In der Periode 1984 bis 1995 wurden jährlich 85 Kilometer Bäche eingedeckt und 27 Kilometer verbaut und begradigt (ARE und BUWAL 2001). Unverbaute Gewässerabschnitte gibt es fast nur noch als kurze Fragmente im Oberlauf. Im Schweizer Mittelland sind dagegen etwa ein Drittel aller Gewässer eingedolt, das heisst aus unserem Landschaftsbild verschwunden. Doch nicht nur die Landwirtschaft, auch die Ausdehnung des Siedlungsraums hat zum Rückgang der Fliessgewässer beigetragen. Beispielsweise sind im Stadtgebiet von Zürich in den vergangenen hundert Jahren von ursprünglich 160 Kilometern offenen Bachläufen noch ganze 60 Kilometer übrig geblieben, die sich vor allem in den stadtnahen Waldgebieten befinden.

Erst in den letzten 15 Jahren ist die Wertschätzung für Bäche und Flüsse wieder gestiegen. Den Ausschlag gaben weniger ökologische Bedenken als vielmehr die Tatsache, dass sich die Hoffnung auf einen absoluten Hochwasserschutz durch die Begradigung und Eindämmung aller Flüsse als trügerisch erwiesen hat. In den letzten Jahren haben die Schäden durch extreme Ereignisse nämlich deutlich zugenommen. Die jüngsten Statistiken des Bundes sprechen für sich: In der zweiten Hälfte der Periode von 1972 bis 2005 haben sich die Schäden vervierfacht.

Abb. 77: Links: Stark verbauter Bach im Siedlungsraum. Reigoldswil (BL) 2008. Rechts: Ein renaturierter Abschnitt des Witibaches bei Grenchen (SO) dient als attraktives Erholungsgebiet.

Abb. 78: Ohne Pufferstreifen: Das Land wird bis zum Bachrand intensiv genutzt und gedüngt. Schad- und Nährstoffe gelangen ungehindert ins Wasser. Diese Situation ist typisch für viele Bäche im Landwirtschaftsland.

Kapitel 6 Die entwässerte Landschaft

Abb. 79: Grosses Engagement: Bachrevitalisierung 1995 bei Russikon (ZH).

Die Kanalisierung der Flüsse wurde vor allem nach den Hochwassern von 1999, 2005 und 2007 neu überdacht. Das Hochwasser von 2005 war der finanziell kostspieligste Schadensfall der letzten 100 Jahre. Bis dahin hatten die meisten Flüsse und Bäche ihre «Kastration» allerdings schon hinter sich. Daher war nun eine neue Philosophie gefragt. Statt den Flüssen weiterhin die Aue zu rauben oder noch mehr einzuengen, soll, wo es möglich ist, dem Fluss Raum zurückgegeben werden.

Der moderne Hochwasserschutz ist für die grossen Flüsse durchaus eine Chance. Die 1994 erlassene und 1999 ergänzte «Verordnung über den Wasserbau» kombiniert das Anliegen des Hochwasserschutzes mit dem Bestreben, die ökologischen Funktionen der Gewässer zu sichern. So wurde beispielsweise die Thur auf einer Länge von mehreren Kilometern aufgeweitet und das eigentliche Bett von 50 auf 100 Meter verbreitert. Und im Kanton Wallis hat man sich im Rahmen der im Jahr 2000 beschlossenen dritten Rhonekorrektion nicht nur die Verbesserung der Hochwassersicherheit zum Ziel gesetzt, sondern auch die ökologische Aufwertung des Flussraums und die Steigerung der Attraktivität der Flusslandschaft für den Menschen. Ob schliesslich etwas in dieser Richtung umgesetzt wird, bleibt abzuwarten.

Allerdings werden mit den «modernen» Gerinneaufweitungen fast nur Pionierlebensräume wie Kiesbänke und Kiesinseln gefördert. Da die Gerinneaufweitungen für natürliche Auenverhältnisse zu schmal und klein sind, liegt fast die gesamte «revitalisierte» Fläche immer noch im hochdynamischen Bereich des Fliessgewässers. Für Tiere und Pflanzen der Auen fällt der Gewinn daher bescheiden aus. Nicht selten gibt es Widerstand gegen grössere Gerinneaufweitungen. Dieser treibt manchmal seltsame Blüten: Um Überschwemmungen des Belpmooses bei Bern zu verhindern, plante der Kanton einen vom alten Damm abgesetzten neuen, bis zu vier Meter hohen und mehrere Kilometer langen Damm. Am alten Aaredamm sollten Ein- und Ausflusslöcher angebracht werden, sodass das Gebiet zwischen altem und neuem Damm bei Hochwasser als Überflutungsfläche hätte dienen können. Die Aare hätte mehr Raum bekommen, was zur Entstehung einer Auenlandschaft hätte führen können. Das Projekt wurde von der Gemeinde Belp jedoch abgelehnt. Die Begründung: Der neue Damm würde die Landschaft verschandeln.

Bei den spektakulären und medienwirksam präsentierten Grossprojekten wird leicht vergessen, dass der grösste Teil der Fliessgewässer aus Bächen und Gräben mit einer maximalen Breite von zwei Metern besteht. In diesem fein verästelten Netz spielt sich die Hauptauseinandersetzung zwischen Mensch und Fliessge-

Abb. 80: Der Landschaft wurde ein Stück Natur zurückgegeben. Südwestansicht der Weide Au, Köniz (BE), vor und nach der Bachfreilegung. Oktober 1997 und Juli 1999.

wässern ab. Der Schutz und die Aufwertung der kleinen Fliessgewässer ist auch heute noch unbequem, weil sie dem Landhunger der Gesellschaft im Weg stehen und die einzelnen Objekte mangels überregionaler Bedeutung kaum Fürsprecher haben. Ausserdem wird die Revitalisierung der Bäche als Hochwasserschutzmassnahme nicht anerkannt, weshalb die notwendigen finanziellen Mittel nicht zur Verfügung gestellt werden. Dennoch kann auch bei den kleinen Fliessgewässern eine positive Tendenz beobachtet werden. Die Stadt Zürich spielte eine Vorreiterrolle beim Ausdolen ehemaliger Bäche: Seit der Einführung des Bachkonzepts 1988 wurden im Rahmen zahlreicher grösserer und kleinerer Bachprojekte über 16 Kilometer Bäche und Bachabschnitte geöffnet, neu angelegt oder revitalisiert.

Wenn möglich sollte den Fliessgewässern wieder ein Pendelband zugestanden werden, in welchem sich der Bach seine Fliessrinne selbst suchen darf (Boschi et al. 2003). Idealerweise entspricht die Pendelbandbreite dem Fünf- bis Sechsfachen der natürlichen Gerinnesohle. Die Strukturvielfalt der Gewässer ist für die Besiedlung der Bäche durch Tierarten von grosser Bedeutung. Unterspülte Ufer, Totholz und langsam fliessende Gewässerbereiche bieten vor allem Fischen strömungsarme Ruhezonen und Schutz vor Fressfeinden. Wichtig für die Bäche in der Landwirtschaftszone ist ausserdem ein extensiv genutzter Streifen zu beiden Seiten der Ufervegetation. Dieser sogenannte Pufferstreifen schützt das Gewässer davor, dass Dünger oder Pestizide in das Wasser gelangen. Untersuchungen haben gezeigt, dass ein zehn Meter breiter Uferstreifen zwischen Acker und Gewässer fast das gesamte aus der Düngung stammende Phosphat und bis zu 50 Prozent des Stickstoffs herausfiltert.

Dass die meisten Bäche noch weit von einem naturnahen Zustand entfernt sind, zeigt der Niedergang der Bachmuschel *(Unio crassus)*. Noch Anfang des 20. Jahrhunderts konnte sie in fast jedem Bach der Schweiz angetroffen werden. Die Bachmuschel fühlt sich aber nur in reich strukturierten Bächen mit sauberem Wasser wohl. Vor 25 Jahren waren nur noch fünf Vorkommen bekannt, von denen zwei inzwischen erloschen sind. □

Kapitel 6   Die entwässerte Landschaft

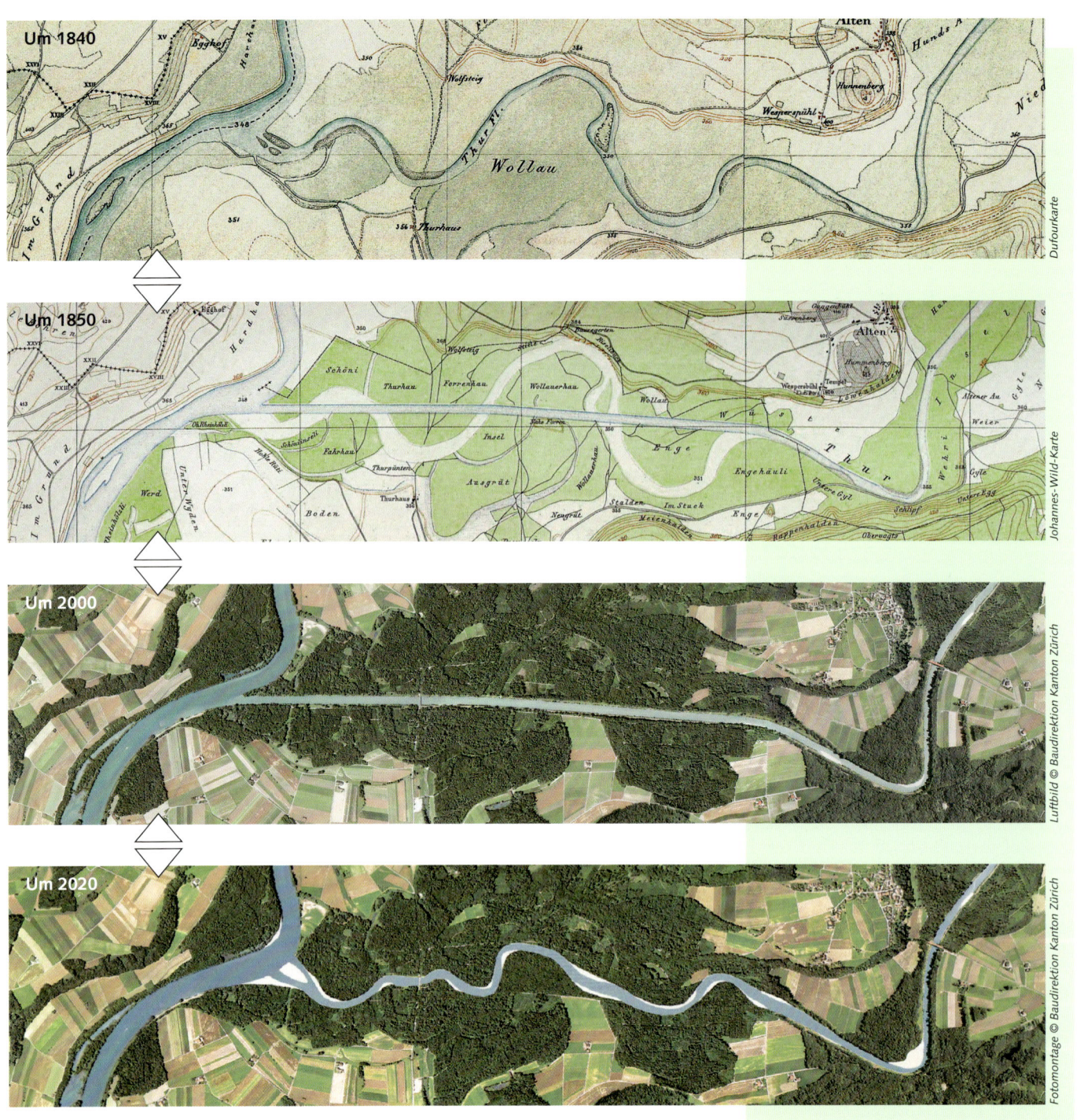

Abb. 81: Die Zeiten ändern sich: Zuerst wird zerstört, dann renaturiert. Oben: Die Thur, wie sie früher aussah, wie sie heute aussieht und wie sie nach neusten Plänen im Jahr 2020 aussehen könnte. Rechts: Die Planer und «Kulturingenieure» freuen sich.

Die vor 150 Jahren vorgenommene Flusskorrektion hat dazu geführt, dass kaum noch auentypische Prozesse stattfinden. Trotz der Dämme und Ufersicherungen, welche die Thur in einen schmalen Kanal zwingen, ist die Region nicht sicher vor einem grossen Hochwasser. Dies haben die Überschwemmungen 1978 und 1999 gezeigt. Im Rahmen des Projekts «Hochwasserschutz und Auenlandschaft Thurmündung» möchte der Kanton Zürich die Region hochwassersicher machen und das Auengebiet von nationaler Bedeutung ökologisch wiederbeleben. Für die Ausarbeitung des Auflageprojekts waren umfassende Grundwassermodellierungen, hydraulische Berechnungen und geschiebetechnische Untersuchungen erforderlich. An den Arbeiten waren nicht weniger als elf spezialisierte Firmen beteiligt. Das erarbeitete Projekt sieht jedoch nur eine kontrollierte Thurentwicklung vor – alle Massnahmen mussten so geplant werden, dass sie reversibel sind.

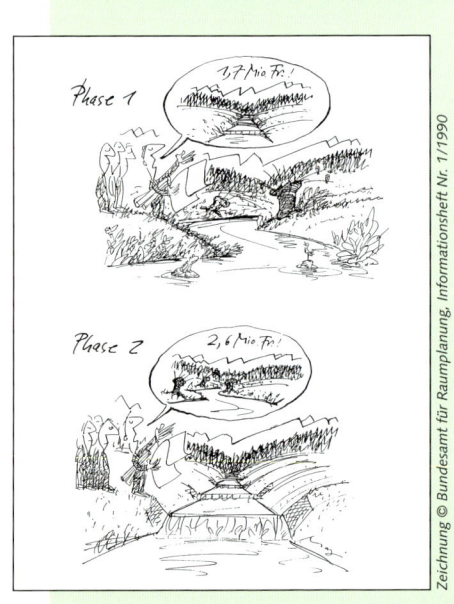

Eine Bachverlegung – diesmal ökologisch

Die Schweiz im Sommer 1987. Weite Teile des Lands werden von ergiebigen Regengüssen heimgesucht. Am 18. Juli hält auch die Gemeinde Samedan im Engadin den Atem an, denn die Wasserstandsmessungen am Inn lassen das Schlimmste befürchten. Nur wenige Zentimeter noch, und die Dämme würden vom Inn überflutet. An mehreren Stellen sickert bereits Wasser durch die Schutzwälle, die Bevölkerung der gefährdeten Gebiete wird evakuiert. Das Schadenspotenzial ist enorm; Wohnhäuser, der Bahnhof, Brücken und Strassen sind bedroht. Dass es nicht zu einem katastrophalen Dammbruch kommt, ist der plötzlich sinkenden Temperatur zu verdanken. Weil der Niederschlag im Berninagebiet als Schnee vom Himmel schwebt, geht die Hochwasserspitze rasch zurück.

Wie die meisten Flüsse der Schweiz wurde auch der Inn begradigt. Nach den fünf Überschwemmungen zwischen 1952 und 1957 wurden dem Fluss zwei gut sichtbare Schutzwälle zur Seite gestellt. Bei der Verbauung wurde allerdings nicht in Betracht gezogen, was passieren kann, wenn es dennoch schlimmer kommt. Die Hochwassergefahr in Samedan ergab sich vor allem aus dem Einzugsgebiet des Flaz-Bachs, der aus dem Berninagebiet kommt und kurz vor dem Dorf in den Inn mündet. Der Pegel des von St. Moritz kommenden Inns schwankt dagegen dank der Pufferwirkung der Engadiner Seen deutlich weniger.

Die Kantonsregierung reagierte prompt und verfügte in den gefährdeten Bereichen Samedans ein Bauverbot. In den mässig gefährdeten Gebieten durfte nur noch mit Einwilligung der Gebäudeversicherungsanstalt gebaut werden.

Weil damit gerechnet werden muss, dass die Klimaveränderung zu einer Zunahme von Hochwassern führen wird, mussten Alternativen zu den harten Verbauungen der Flüsse gesucht werden. Die Gemeinde Samedan beschloss, dem Flaz-Bach einen ganz neuen Flusslauf zu geben. Wenn sich die Wassermassen von Inn und Flaz erst unterhalb Samedans vereinigen würden und den beiden Flussabschnitten mehr Raum gewährt werden könnte, würde sich Samedan elegant aus der Gefahrenzone herausmanövrieren (Abb. 82).

Zum ersten Mal seit 80 Jahren wurde in der Schweiz wieder ein Fluss verlegt. Innerhalb von nur drei Jahren wurde ein über vier Kilometer langes Flussbett neu konstruiert. Die technischen Daten sind beeindruckend: 300 000 Tonnen Erde und Geröll wurden ausgebaggert, 75 000 Tonnen Blocksteine verbaut, sechs neue Brücken gebaut und 17 Hektaren Land beansprucht.

Für Natur und Landschaft war die Flazverlegung eindeutig ein Gewinn. Es wurde um den Flughafen, der keine Zierde für das Oberengadin ist, eine naturnahe und attraktive Gewässerlandschaft geschaffen: Der neue Flaz-Bach erhielt einen geschwungenen Lauf, der sich in der oberen Hälfte auch in mehrere Arme teilen darf. Die Dämme entlang des alten Flaz-Kanals, der zu einem kleinen, naturnahen Gewässer umgebaut wurde, konnten massiv abgesenkt werden, und bei der alten und neuen Einmündung in den Inn wurden Auenlandschaften von nationaler Bedeutung aufgewertet. Der Inn erhielt zudem unterhalb Samedan sein altes Flussbett zurück, das verbreitert und naturnah ausgestaltet wurde.

Abb. 82: Aufgewertete Gewässerlandschaft neben dem höchstgelegenen Flugplatz Europas im Oberengadin. Von links fliesst der neu angelegte Flaz-Bach in den Inn, der aus seinem Kanalkorsett in sein altes Bachbett verlegt wurde.

Kapitel 7

Die Demontage
der traditionell

en Kulturlandschaft

Foto © Hans-Dietmar Koeppel

Abb. 83: Links: Ehemalige Römerstrasse bei Ettingen (1981). Die meliorationsbedingte Auffüllung hat bereits begonnen. Rechts: Der gleiche Landschaftsausschnitt 19 Jahre später. Um Anbaufläche zu gewinnen, wurden 2000 Jahre Geschichte planiert. Magerwiesen, Gehölze und Säume wurden beerdigt.

Die beiden Weltkriege ebneten in der Schweiz einer Agrarpolitik den Weg, die zur weitgehenden Auswechslung der traditionellen Kulturlandschaft führte. Die Landschaft wurde durch eine masslose Intensivierungswelle und durch die hochsubventionierten Meliorationen, die in der Regel als Güterzusammenlegungen kombiniert mit sogenannten Bodenverbesserungsmassnahmen als Gesamtmeliorationen durchgeführt wurden, derart misshandelt, dass das Landschaftsgedächtnis erloschen ist. Die Meliorationen haben den tiefgreifendsten Wandlungsprozess im ländlichen Raum seit den grossen Rodungen des frühen Mittelalters bewirkt. Die Beseitigung der meisten Landschaftselemente, die sich innerhalb von Jahrhunderten herauskristallisiert haben, ist vergleichbar mit dem Bildersturm während der Reformation. Viele Landschaften in den Talgebieten der Schweiz sind heute zu einer landwirtschaftlichen «Produktionseinöde» verkommen, die allerdings in den offiziellen Statistiken weiterhin als Kulturlandschaft, wenn nicht gar als Natur geführt wird.

Die Landschaft zwischen 1850 und 1914

Die Einwohnerzahl der Schweiz wuchs zwischen 1850 und 1914 um 57 Prozent (Brugger 1978). Gleichzeitig sank der Bevölkerungsanteil, der in der Land- und Forstwirtschaft tätig war, von 48 auf 25 Prozent. Die Siedlungen dehnten sich aus, neue Wege und Strassen entstanden. Mit dem Eisenbahnbau kamen neue Elemente in die Landschaft (siehe Kap. 9): lange gerade Linien, Brücken von damals gigantischem Ausmass, Dämme von nie gesehener Höhe und Länge sowie unheimlich dunkle und vom Rauch geschwärzte Tunnel. Die Eisenbahntrassen konnten in den 1850er-Jahren in eine quasi jungfräuliche, unverbaute Landschaft geplant und gebaut werden.

In der Landschaft sichtbar sind neue Bauten wie Bahnhöfe und das Siedlungswachstum im Umkreis der Bahnstationen (Abb. 85). Die Stallungen für die Pferde wurden zum Teil abgebrochen oder umgenutzt. Nicht so offensichtlich, aber doch landschaftsbildverändernd, sind die Folgen des Getreideimports, der zu einem Rückgang der Getreideanbaufläche von 300 000 Hektaren im Jahr 1850 auf rund 105 000 Hektaren in den Jahren 1911/1913 führte (Abb. 84, Brugger 1978). Die Milchwirtschaft wurde zum zentralen Produktionszweig. Seit den 1880er-Jahren ging mehr als ein Viertel der verarbeiteten Milch in den Export. Neben Käsereien entstanden Kondensmilch- und Schokoladefabriken (Baumann und Moser 1999).

Besonders betroffen von den Getreideimporten waren die höher gelegenen Gebiete der Schweiz. Der Acker-

Abb. 84: Weniger Ackerfläche, mehr Wiesen und Weiden: In der zweiten Hälfte des 19. Jahrhunderts geht die Ackerfläche stark zurück. Verteilung von Ackerland, Grünland, Wald und Mais im Kanton Zürich zwischen 1775 und 1990. Quellen: Statistische Jahrbücher des Kantons Zürich und diverse Einzelquellen.

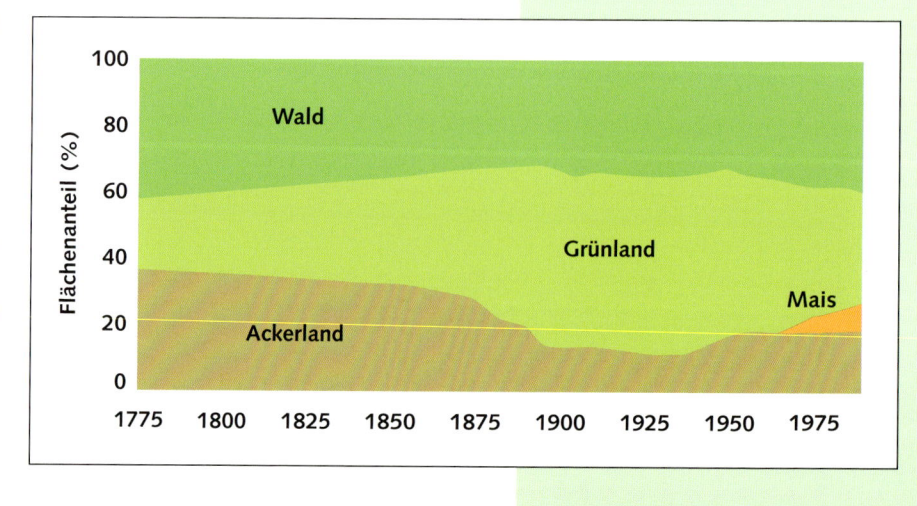

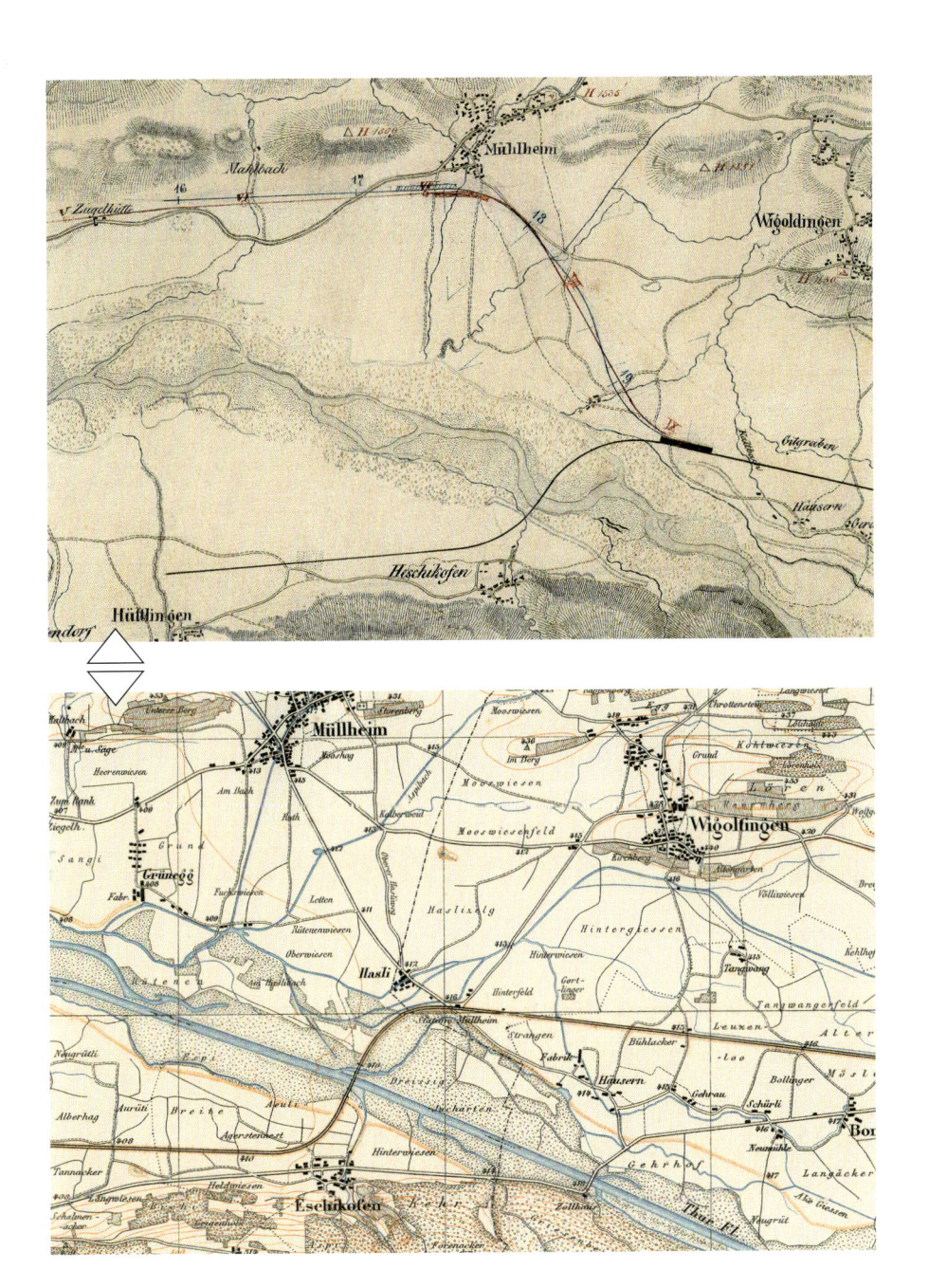

Abb. 85: Oben: Ausschnitt aus der zwischen 1830 und 1838 entstandenen topografischen Karte des Kantons Thurgau von Johann Jakob Sulzberger. Zu sehen ist eine vorindustrielle Landschaft, in der die Thur ihren Lauf selbst bestimmt. Die Dörfer und Weiler stehen mit gebührendem Abstand oder auf der Hochterrasse oder dem Gestade. Die der Thur tributären Bäche und Bächlein verschwinden am Rand der Aue oder laufen ein Stück weit parallel zu ihr, weil noch lange Zeit Eis in den Auen lag und ihnen den direkten Weg in den Fluss versperrte. Nur gegen die Südostecke hin kann man eine Furt über die Thur entdecken, ansonsten ist sie als wilder Fluss unüberwindbar und ohne Brücke. Doch ein neues Zeitalter steht bevor, wie die Planung einer Eisenbahnlinie und je einer Bahnstation am Rand der Au und bei der Ortschaft Mühlheim zeigt.

Unten: Die Karte zeigt denselben Ausschnitt, aber aus der Erstausgabe der Siegfriedkarte von 1880, also etwa 50 Jahre später. Etliche Veränderungen werden sichtbar, aber auch eine grössere Genauigkeit. Die Gerade hat in der Landschaft Einzug gehalten: Eisenbahn, eine gestreckte und korsettierte Thur, deren Giessen und Nebengewässer ebenfalls korrigiert sind, neue und gerade sowie korrigierte und gestreckte Strassen. Die Dörfer und Weiler sind gewachsen.

Dank der nun offiziellen Signaturen erkennt man die Rebberge, Feldgehölze und kleinen Wäldchen. Die Fabrik im Nordwesten ist angeschrieben und erklärt auch die nördlich davon gebaute Arbeitersiedlung. Neu in der Karte sind die Flurnamen, welche uns einen Spiegel der Natur- und Kulturlandschaftsgeschichte vor Augen halten: Haslizelg, Hinterfeld oder Langäcker waren wohl Ackerbauzelgen. Die Gebiete mit der Endung «-wiesen» bildeten das Mattland. Hintergiessen kann ein Wässermattenkomplex gewesen sein. Quelle: Frömelt und Guisolan 1998.

bau, der weit in die Bergregionen hinaufreichte und für die Eigenversorgung und den Handel eine grosse Rolle spielte (Abb. 87), wurde um 1870 im Alpenraum fast vollständig aufgegeben. Nur noch alte Ackerterrassen, die heute als Wiesen und Weiden genutzt werden oder brachliegen, sowie Stufenraine zeugen vom Getreideanbau im Alpenraum.

Durch die Einführung der ganzjährigen Einstellung des Viehs, der verbesserten Fruchtfolge und des «Kunstdüngers» erlebte die Landwirtschaft im Flachland eine enorme Produktionssteigerung. Die Landwirtschaft im Alpenraum konnte mit dieser Entwicklung nicht mithalten. Die kurze Vegetationszeit, die schwierige Topografie, der hohe Arbeitseinsatz pro Fläche und die grossen Distanzen zu den wichtigen Absatzmärkten benachteiligten die Berglandwirtschaft. Vor allem dort, wo die Bewirtschaftung extrem arbeitsintensiv, die landwirtschaftlichen Erträge dagegen gering und keine Intensivierung möglich waren, drohte die Nutzungsaufgabe.

Viele Regionen in den Alpen boten immer weniger Menschen eine ausreichende Lebensgrundlage: Die wirtschaftliche Tragfähigkeit des Berggebiets schrumpfte. Gleichzeitig erlebte auch das traditionelle Handwerk und Gewerbe, das dezentral überall vorhanden war, einen Niedergang. Es kam zu grossen Abwanderungsbewegungen, zu einem Bevölkerungsrückgang und zur Aufgabe steiler und abgelegener Flächen, sogenannter Grenzertragsflächen, deren Bewirtschaftung unter den neuen Bedingungen ökonomisch keinen Sinn mehr machte. Als Folge dieser Krise entstand 1893 in der Schweiz das erste Landwirtschaftsgesetz.

Mit dem Wechsel zur marktorientierten Landwirtschaft begann eine Spezialisierung, bei der sich die Berglandwirtschaft in eine andere Richtung entwickelte als grosse Teile des Mittellands. Der Alpenraum wurde zu einem Futterbaugebiet: Während sich die Bauern im Alpenraum auf die Kuhmilchproduktion konzentrierten, wurde im Flachland der Ackerbau zur wirtschaftlich tragenden Produktion.

Eher langfristig veränderte die Eisenbahn das Waldbild, indem Steinkohle in grossen Mengen importiert wurde. Dadurch konnte der Brennholzbedarf reduziert werden. Der Import von Petroleum ab 1860 verminderte die Anbaufläche von Raps (Brugger 1978) – ähnlich wie der Baumwollimport die einheimischen «Gespinstpflanzen» Hanf und Flachs aus dem Landschaftsbild verdrängte (Brugger 1978).

Abb. 86: Wirtschaften unter erschwerten Bedingungen in den Alpen. Links: Goms (VS). Rechts: Val Malvaglia (TI).

Abb. 87: Überreste des Ackerbaus im Wallis. Traditionelle Kulturlandschaft, Visperterminen, August 1999.

Erster Weltkrieg und Zwischenkriegszeit

Gegen Ende des Ersten Weltkriegs kam es in der Schweiz zu einer Ernährungskrise. Die Verletzlichkeit der damaligen Industriegesellschaft trat deutlich hervor – viel zu stark hatte man sich seit dem Ende des 19. Jahrhunderts auf einen funktionierenden Weltmarkt abgestützt (Hauser 1989). Die aus der Ernährungskrise entstandene soziale Krise mündete in den Generalstreik von 1918. Zusammen mit der Grippeepidemie führten Hunger und Unterernährung zum Tod von Tausenden von Menschen.

Diese Krise hat sich prägend auf die Agrarpolitik ausgewirkt, die über Jahrzehnte das Schicksal der Landschaft bestimmen sollte. Um die immer knapper werdende Nahrungsmittelversorgung zu verbessern, gründeten Industrielle und Behördenvertreter im Jahr 1918 die «Schweizerische Vereinigung für industrielle Landwirtschaft» (SVIL). Aus dem Krieg hat man die Lehre gezogen, dass es falsch ist, *«den heimischen Nährfruchtbau ganz den Einflüssen des Weltmarktes»* preiszugeben, um damit die *«Vereinseitigung unserer Bodenkultur zur Viehzucht»* zuzulassen.

Das wichtigste Ziel der SVIL war es, den Bundesratsbeschluss aus dem Jahr 1918 umzusetzen, der eine Ausdehnung der «obligatorischen Nahrungsmittelproduktion» über den schon bisher landwirtschaftlich genutzten Boden hinaus verlangte. Bestehende «Ödländer» sollten urbar gemacht und genutzt werden. Beispielsweise wurden Streurieder in Gemeindebesitz vom kantonalen Ernährungsamt mittels langjähriger Pachtverträge übernommen und in Form der Meliorationspacht an die Industrie weitergegeben.

Da es der SVIL vor allem um die *«restlose Ausnutzung des Schweizerbodens»* ging, erweiterte sie ihren Namen mit dem Begriff «Innenkolonisation». Man wollte die *«Bodenkultur»* mehr als bisher zum *«Allgemeingut des Volkes»* machen. Das bedeutet konkret: Gartenbau der Städter, industrielle Landwirtschaft und Gründung städtischer Wohnkolonien auf dem Lande, um den *«naturentfremdeten Menschen»* wieder mit *«der Scholle»* in Verbindung zu bringen.

Um die Arbeits- und Produktionsbedingungen der Landwirtschaft zu verbessern, wurden Meliorationen (sogenannte Bodenverbesserungen) und Güterzusammenlegungen durchgeführt. Die wichtigsten Massnahmen waren die Arrondierung der Betriebe (Vergrösserung der Parzellen durch Landabtausch), Entwässerungen, Weganlagen und Alpaufwertungen. Mit den Güterzusammenlegungen, die seit der vorletzten Jahrhundertwende von Fachleuten empfohlen wurden, sollten die Folgen der Realteilung rückgängig gemacht werden. Diese beruhte auf der Aufteilung der Parzellen eines Betriebs auf die Kinder, wobei es verschiedene Modifikationen der Erbteilung gab. Die Aufteilung aller Parzellen auf die Kinder über Generationen hinweg hat zu einer sogenannten Güterzersplitterung oder Gemengelage geführt (Abb. 88). Im Gegensatz dazu wurde im sogenannten Anerbengebiet der Landbesitz en bloc dem ältesten oder jüngsten Sohn vererbt, beispielsweise im Emmental.

Zur Zeit des Ersten Weltkriegs hatten etwa 40 Prozent der Landwirtschaftsbetriebe 1 bis 5 Parzellen; weitere 40 Prozent der Betriebe hatten 5 bis 20 Parzellen, die übrigen galten mit über 20 Parzellen als extrem zerstückelt (Baumann und Moser

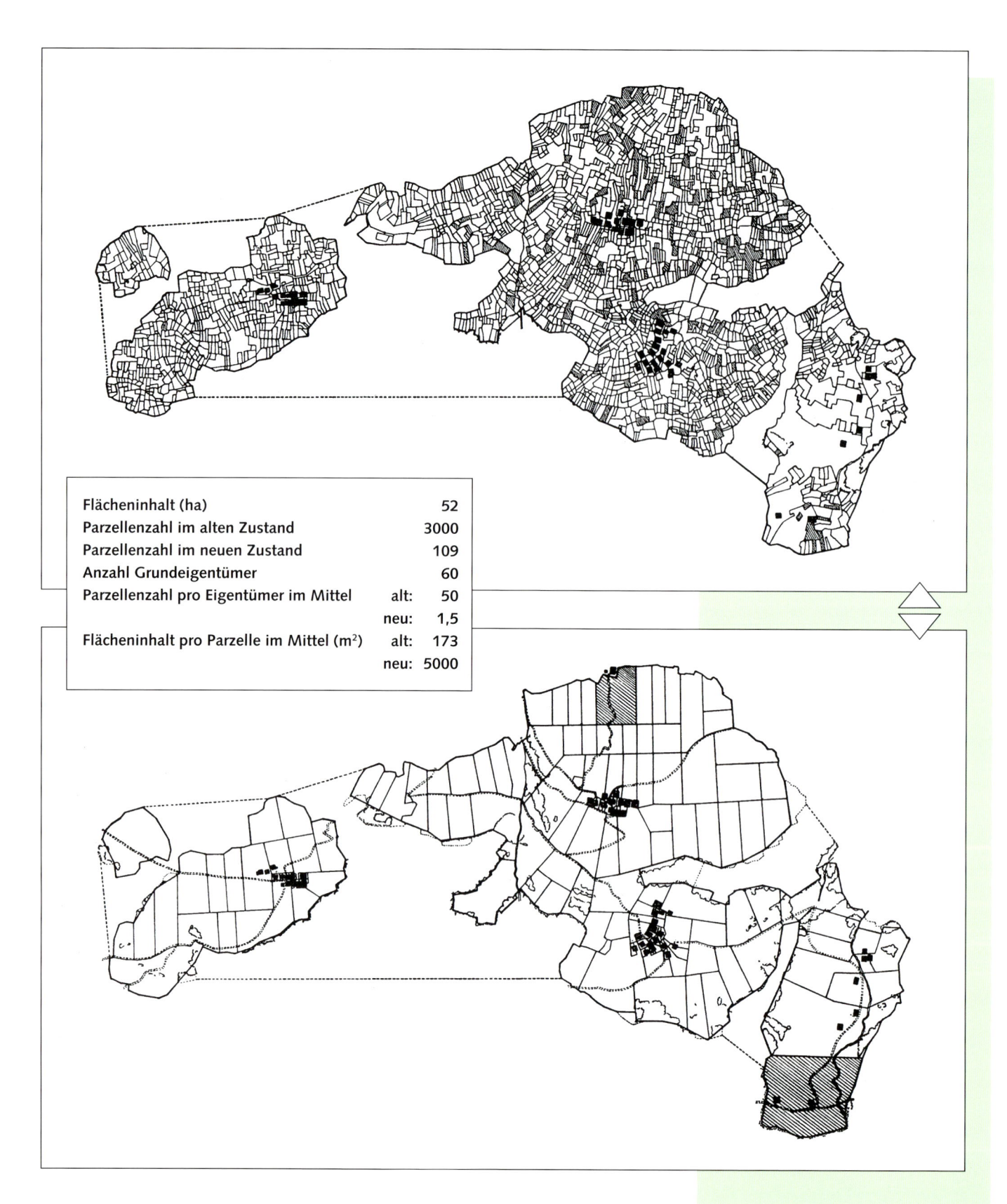

Flächeninhalt (ha)		52
Parzellenzahl im alten Zustand		3000
Parzellenzahl im neuen Zustand		109
Anzahl Grundeigentümer		60
Parzellenzahl pro Eigentümer im Mittel	alt:	50
	neu:	1,5
Flächeninhalt pro Parzelle im Mittel (m^2)	alt:	173
	neu:	5000

Abb. 88: Im Tessin herrschte eine extreme Zerstückelung des Grundeigentums. Zu Beginn des 20. Jahrhunderts waren die rund 30 000 Hektaren Landwirtschaftsfläche in 717 000 Parzellen unterteilt, die nur 29 000 Eigentümern gehörten. Jede Hektare war damit im Durchschnitt in 24 Grundstücke aufgeteilt. An vielen Orten gab es Eigentümer, die mehrere Hundert Parzellen in ein und derselben Gemeinde besassen. Eine Güterzusammenlegung war in diesen Fällen eine Frage des Überlebens. Die Güterzusammenlegung der Monti di Cavagnago, die in den ersten Jahrzehnten des 20. Jahrhunderts durchgeführt wurde, war eine sinnvolle Strukturverbesserung. Die Anzahl Parzellen reduzierte sich beispielsweise für den Bauern Giovanni Rosselli von 153 auf 2 (schraffierte Parzellen). Die Landschaft hat sich zwar stark verändert; die fehlenden technischen Möglichkeiten verhinderten aber, dass sie ausgeräumt wurde. Quelle: Baltensperger 1937.

Parzellen pro Betrieb
- 1–3
- 4–6
- 7–9
- 10–15
- 16–20
- über 20

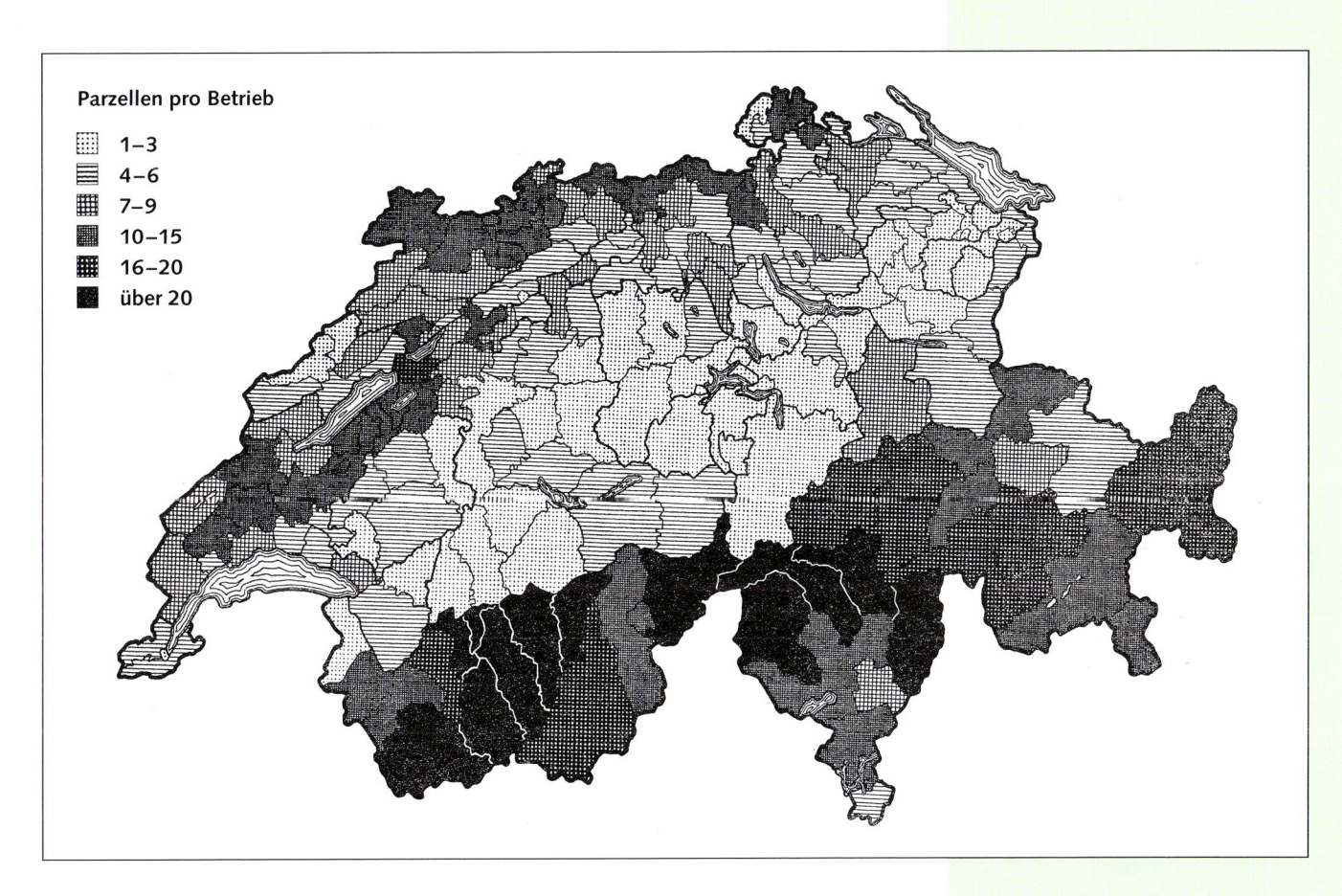

Abb. 89: Parzellierungsverhältnisse nach Bezirken 1950. Quelle: Eidgenössisches Meliorationsamt 1954.

1999). Stark parzelliert waren vor allem die Dreifelderwirtschaftsgebiete. Als «zusammenlegungsbedürftig» stuften Fachleute einen breiten Streifen im Norden und Westen sowie im Süden der Schweiz ein (Abb. 89). Relativ günstig waren dagegen die Verhältnisse in einem mittleren Streifen zwischen Freiburg und dem Appenzellerland. Am besten arrondiert waren die Innerschweizer Viehzucht- und Milchgebiete.

In den 1930er-Jahren wurden die Güterzusammenlegungen erstmals systematisch angewandt, weil die Parzellierung, die fehlenden Feldwege und die ungünstigen Grundstücksformen den propagierten Ackerbau und den Maschineneinsatz erschwerten und die Arbeitskosten erhöhten. Während von 1885 bis 1912 nur etwa 7000 Hektaren zusammengelegt worden waren, brachte der Erste Weltkrieg eine starke Zunahme von Meliorationen, bei denen zunächst Entwässerungen zur Kulturlandgewinnung im Vordergrund standen. In der Zwischenkriegszeit boomten die Güterzusammenlegungen, die auch als Arbeitsbeschaffungsmassnahme eingesetzt wurden: Von 1917 bis 1937 wurden gut 75000 Hektaren erfasst. Das war allerdings immer noch nicht einmal ein Fünftel der etwa 500000 Hektaren, die das Meliorationsamt als zusammenlegungsbedürftig einstufte. Vermehrte Aufmerksamkeit wurde den Berggebieten geschenkt. Neubauten und Gebäudesanierungen auf der Alp wurden unterstützt, und es wurden Wege und Bergstrassen angelegt, welche Einzelhöfe und Alpen erschlossen.

Das Beispiel des Kantons Bern, der in der Zwischenkriegszeit die Güterzusammenlegung besonders stark forciert hatte, zeigt allerdings, wie schleppend die Sa-

Truttikon 1929

Truttikon 1931

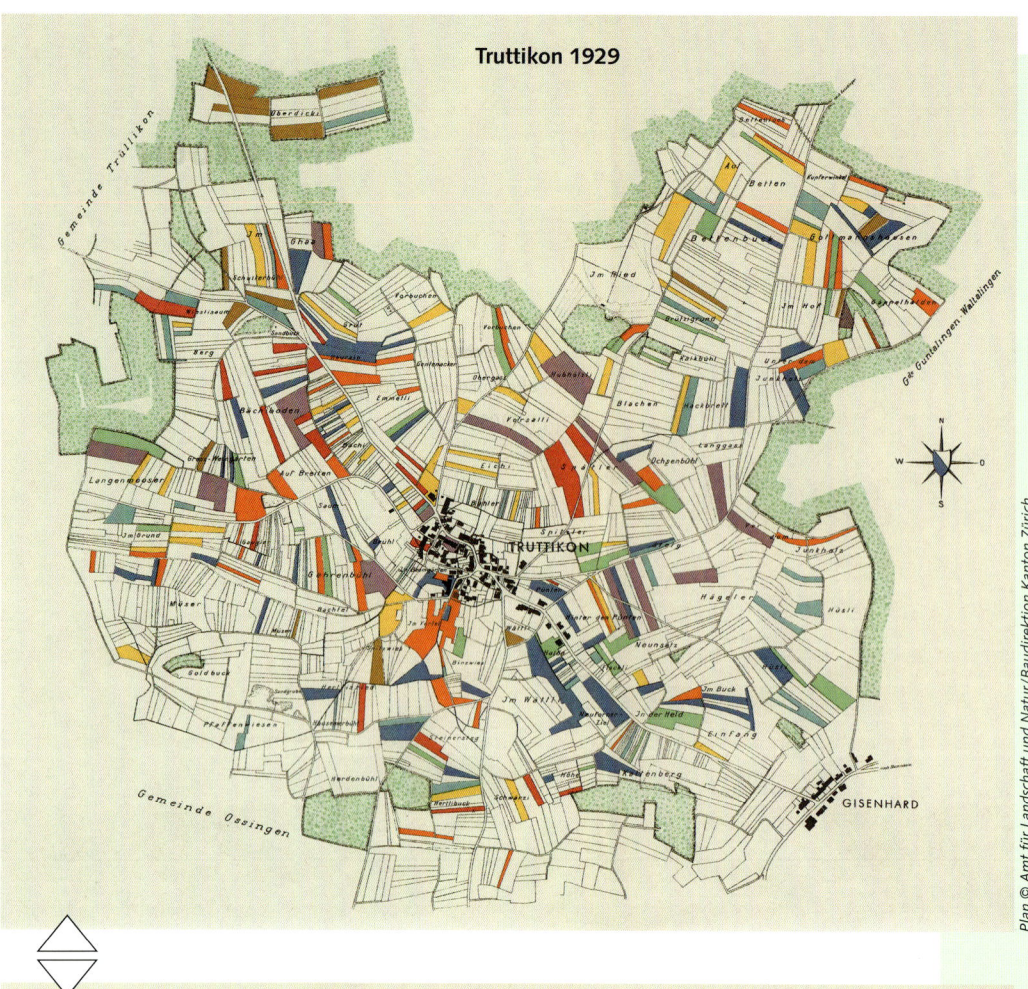

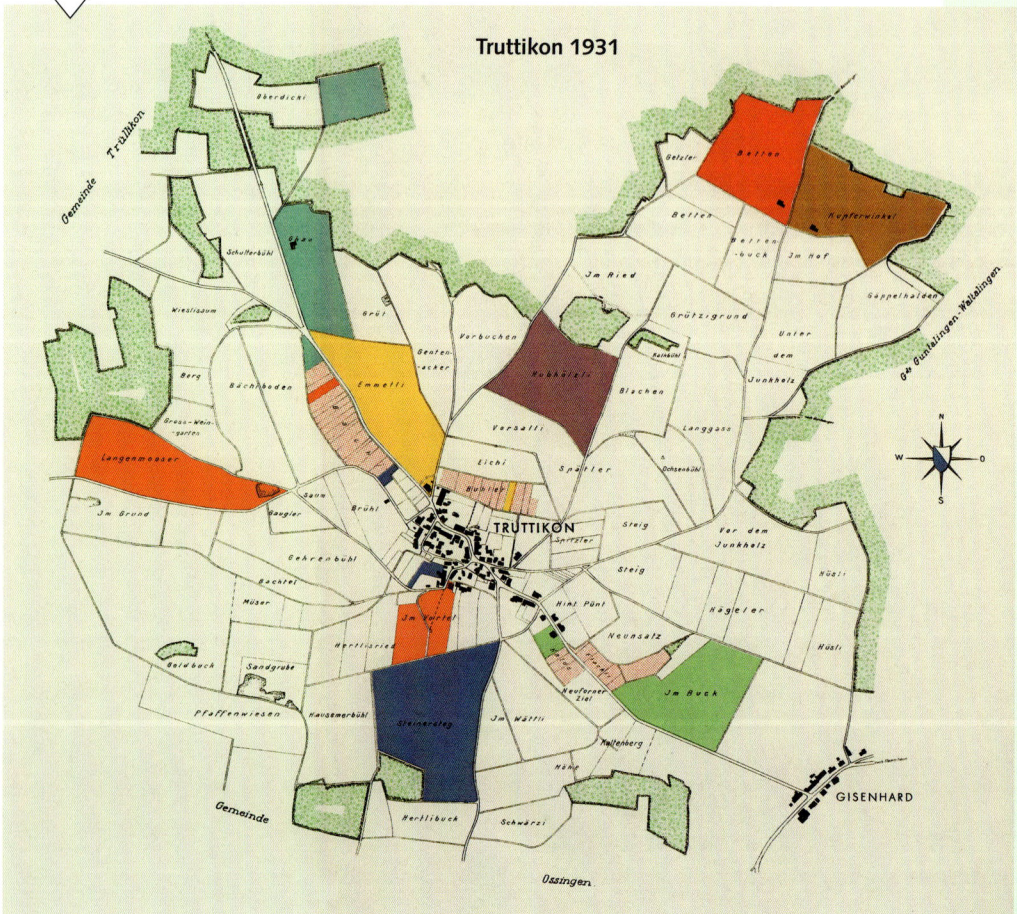

Abb. 90: Konventionelle Güterzusammenlegung. Gemeinde Truttikon (ZH), Bezirk Andelfingen. Quelle: Meliorations- und Vermessungsamt des Kantons Zürich.

Im alten Parzellenplan lässt sich das Relief der Landschaft ablesen. Beispielsweise bilden die kurzen und schmalen Parzellen in Dorfnähe zwei Rebberge ab beziehungsweise belegen die früheren dorfnahen Gärten und Hofstätte der Zeit der Dreizelgenwirtschaft. Nordwestlich des Dorfs kann man aus der Lage der langen und quer dazu verlaufenden Parzellen eine Muldenlage erkennen. Auch die Kuppe etwa 500 Meter nordöstlich des Dorfs wird durch markante Parzellen nachgezeichnet. Die Parzellenstrukturen südwestlich des Dorfs schaffen ebenfalls eine eindrückliche Landschaftsmodellierung. Das Feuchtgebiet («Im Ried») nördlich des Dorfs war nicht parzelliert, da es vermutlich unzugänglich oder Teil der Allmend war.

Die untere Abbildung zeigt nichts mehr von alledem. Das Landschaftsgedächtnis ist erloschen. Heute bereichern mehrere Aussiedlerhöfe die Flur.

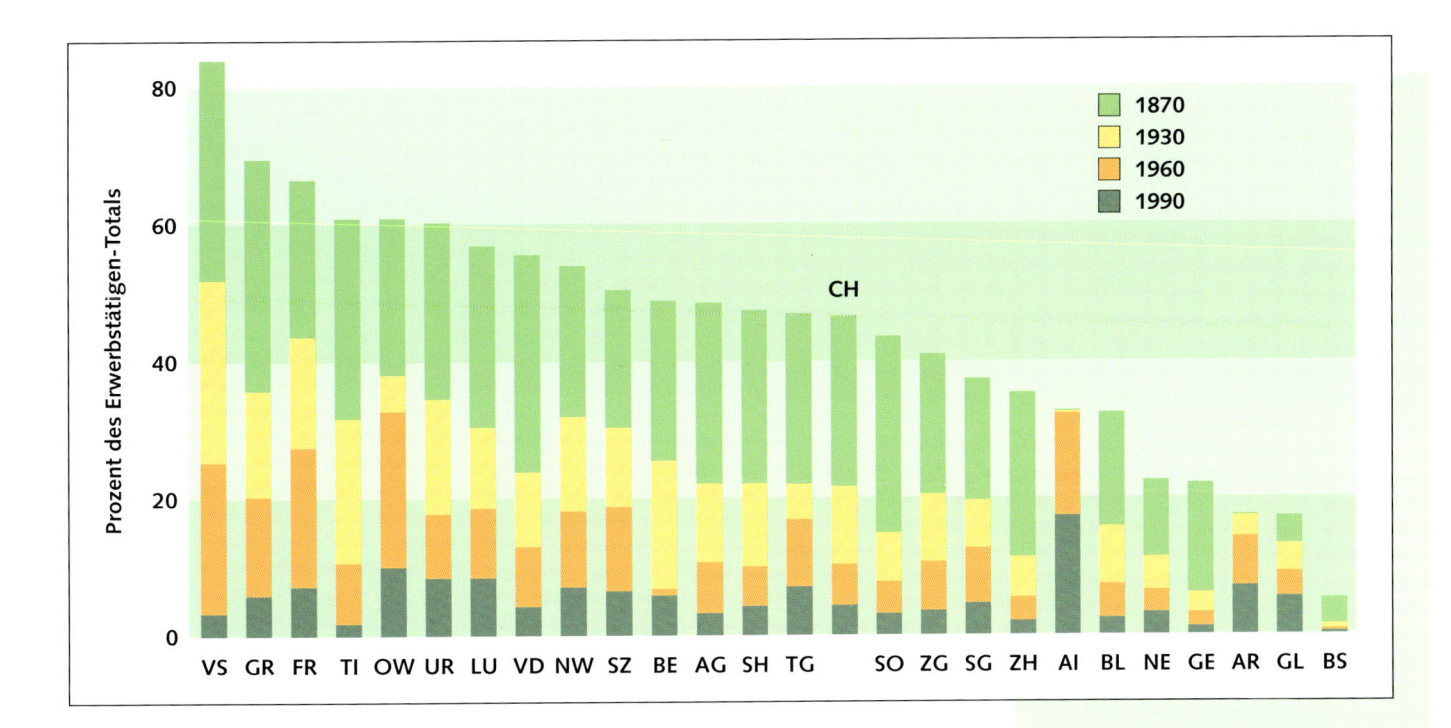

Abb. 91: Erwerbstätige in der Land- und Forstwirtschaft nach Kantonen, um 1870, 1930, 1960 und 1990 (ohne Jura). Quelle: Bundesamt für Statistik.

che in manchen Gebieten vorankam. Im Zweiten Weltkrieg wurde zwar aufgrund des ausserordentlichen Meliorationsprogramms doppelt so viel zusammengelegt wie bisher, dennoch war am Ende des Kriegs erst ein Sechstel der Fläche erfasst. In anderen Kantonen ging es schneller. In der Landschaft konnte man die Resultate in Form grösserer Parzellen und ersten Verlusten von historisch gewachsenen Landschaftselementen deutlich erkennen.

Sichtbar waren auch die neuen Hofsiedlungen, die in den 1920er-Jahren auf entwässertem Land und am Rand von zusammengelegten Gebieten gebaut wurden. Ziel war es, die abgelegenen Parzellen durch die Neugründung von vollständig arrondierten Einzelhöfen intensiver zu nutzen. Gleichzeitig machten die Aussiedler in den Dörfern, wo die Verhältnisse für die Viehhaltung zu eng geworden waren, den übrigen Dorfbewohnern Platz. Mit dieser Begründung wurde die teure Errichtung von Neusiedlungen seit 1921 von Bund und Kantonen bis zu 20 Prozent subventioniert. Im Kanton Zürich wurden bis zum Zweiten Weltkrieg ungefähr 80 Aussiedlungen errichtet, die man als Leitbilder einer modernen Landwirtschaft feierte.

Während die Entsumpfungen bei den Bauern trotz des grossen Arbeitsaufwands populär waren, stiessen die Güterzusammenlegungen auf grosse Skepsis, weil sie alte Rechte tangierten, Bindungen zwischen Betrieb, Boden und traditioneller Betriebsform zerstörten. Es kam zu Misstrauen zwischen den Bauern und den Experten sowie zwischen den Bauern untereinander (Baumann und Moser 1999).

Wie massiv der Eingriff in das Eigentum der Bauern gewesen sein musste, zeigt ein Zitat aus Holland aus einer späteren Phase. 1948 schrieb ein Grundeigentümer, der an einer Güterzusammenlegung beteiligt war, an seine Königin: «*Von Pest, Hungersnot und Krieg verschone uns der Herr! Als dieses Gebet geschaffen wurde, war die Güterzusammenlegung wohl noch unbekannt, sonst wäre diese auch zu den drei Übeln gesetzt worden, denn die Güterzusammenlegung ist so arg wie alle drei Plagen zusammen, denn dadurch wird zwischen einsgesinnte Menschen Zwietracht, Streit und Unfrieden gesät.*»

In der Zwischenkriegszeit, in der die schweizerische Landwirtschaft ihre Produktion um rund 10 Prozent steigern konnte, stiegen die Bundesausgaben für die Landwirtschaft stark an. Anfang des 20. Jahrhunderts galten 18 Prozent der Bundesausgaben den Bodenverbesserungen. In den 1920er-Jahren stieg dieser Anteil auf 30 Prozent. Als ausserordentliche Krisenmassnahmen wurden die Subventionen zwischen 1932 und 1935 verdreifacht (Baumann und Moser 1999).

Gleichzeitig nahm die landwirtschaftlich tätige Bevölkerung zwischen 1920 und 1941 von 955 000 (etwa 25 Prozent der Bevölkerung) auf 867 000 Personen ab (Baumann und Moser 1999). 1905 gab es 100 400 Landwirtschaftsbetriebe mit einer Betriebsfläche von 0,5 bis 3 Hektaren; 1939 noch 72 400. Grössere und mittlere Betriebe dominierten im westlichen und im zentralen Mittelland. Im Kanton Genf lag die durchschnittliche Betriebsfläche im Jahr 1929 bei fast 12 Hektaren, in Zug und Luzern bei rund 10 Hektaren. Die Nordostschweiz und das Zentralschweizer Berggebiet waren klein- und mittelbäuerlich geprägt. Klein- und Zwergbetriebe (weniger als 3 Hektaren) herrschten in der Nord- und Ostschweiz sowie in den inneren Alpen vor. In den Kantonen Aargau und Schaffhausen betrug die durchschnittliche Betriebsfläche 4,4, im Wallis 3,2 und im Tessin 2,7 Hektaren. Diese kleinbäuerlichen Strukturen haben das Landschaftsbild der Schweiz über Jahrhunderte geprägt.

Die Mechanisierung der Landwirtschaft setzte erst spät ein und blieb bis 1929 gering. Lediglich 1100 Traktoren bearbeiteten damals die Felder; auch 1939 waren es erst 8200, was auf die während der Wirtschaftskrise reichlich vorhanden Arbeitskräfte zurückzuführen ist. Nicht sichtbare, aber für die Landschaftsentwicklung sehr bedeutsame Elemente sind die Landwirtschaftsgeräte.

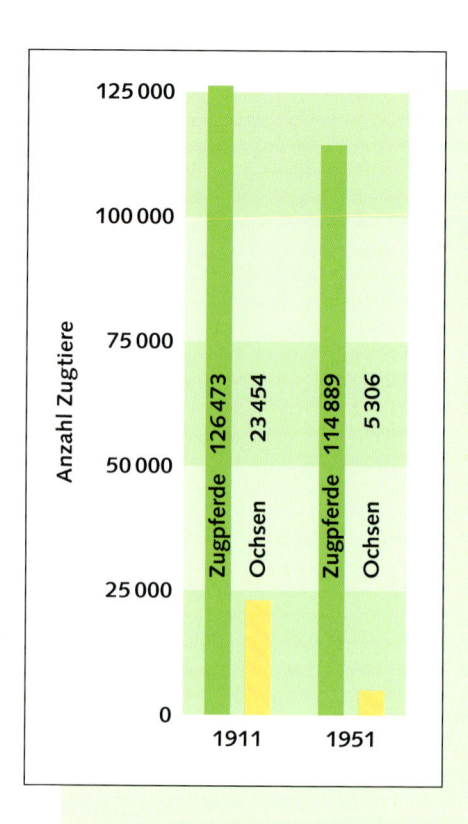

Abb 92: Entwicklung der Anzahl Zugtiere in der Schweiz. Quelle: Brugger 1985.

Abb 93: Torfabbau bei Merenschwand, Reusstal 1937. Rechts im Bild: 220-Volt-Stromleitungen, die heute generell verkabelt sind.

Die Bedeutung der Bodenverbesserungen nahm laufend zu, was sich nicht zuletzt darin zeigt, dass die zuständige Sektion der Abteilung für Landwirtschaft (ab 1980: Bundesamt für Landwirtschaft BLW) Anfang 1939 zum Eidgenössischen Meliorationsamt aufgewertet wurde. Zusammenfassend kann gesagt werden, dass sich bis zum Zweiten Weltkrieg eine Agrarpolitik entwickelt hat, die später lediglich noch in Verfassungs- und Gesetzesform gegossen werden musste. Die Agrarpolitik war nie wirtschaftsliberal; dennoch strebte sie relativ erfolgreich eine Modernisierung an. Das war – jenseits aller politischen Motive – die inhaltliche Grundlage der «Vernunftehe» zwischen Bauern- und Industrieverband, die auch nach dem Zweiten Weltkrieg fortgeführt wurde (Baumann und Moser 1999).

Schweizerische Landesausstellung und Anbauschlacht

Die vierte Landesausstellung 1939 (im Volksmund «Landi» genannt), innerhalb von 30 Monaten geplant und aufgebaut, fand in der Vorahnung kriegerischer Handlungen statt. Daher standen vereinende und nationalistische Leitgedanken wie «der geliebte Heimatboden» oder «das Hohe Lied vom Vaterland» im Vordergrund. Ganz besonders wurde aber der Bauernstand und das Bauerntum ideologisiert, was durch folgende Aussagen aus einem Buch zur Landesausstellung verdeutlicht wird (Duttweiler 1940): *«Die Furchen des Ackers sind die Schützengräben des Friedens»; «Pflug und Brot, Mühe und Lohn»; «Das ewige Brot»; «Das Land ist der Lebensquell unseres Volkes»; «Der Bauernstand sichert die Lebensmittelversorgung des Landes»; «Boden ist Heimat – ihn verbessern, ist Dienst am Vaterland»; «Je kleiner das Land, umso wertvoller der nutzbare Quadratmeter»; «Der übersetzte Viehbestand und die überreiche Milchproduktion stellen heute die wertvollste Reserve dar»; «Milch, unser nationaler Reichtum».* Diese Landi-Mentalität, die zum Teil als «Blut- und Bodenideologie» in Erscheinung getreten ist (Laur 1939), geistert noch heute in etlichen Köpfen herum.

Im Zweiten Weltkrieg waren zwar nur noch etwas mehr als 20 Prozent der Bevölkerung in der Landwirtschaft tätig. Doch es darf nicht vergessen werden, dass alle Bauern- und Dorfkinder der Vorkriegs- und Kriegsjahre von dieser Mentalität geprägt wurden – auch wenn sie in anderen Berufen im 2. oder 3. Sektor tätig waren. Extrem landwirtschaftsfreundliche Haltungen und Reaktionen dieser Generation im Zeichen des «Landi-Geistes» prägten die folgenden Jahrzehnte.

Zu Beginn des Kriegs ging man in der Schweiz davon aus, dass die Ausdehnung der offenen Ackerfläche in der Schweiz von 200 000 auf 300 000 Hektaren für die Ernährungssicherheit ausreichend sei. Doch am 15. November 1940 forderte Friedrich Traugott Wahlen, der im Eidgenössischen Kriegsernährungsamt für die Landwirtschaft zuständig war, in einem Vortrag, dass sich die Schweiz angesichts des völligen Einschlusses durch die Achsenmächte mit dem Gedanken einer vollständigen «Nahrungsmittelautarkie» vertraut machen müsse (Baumann und Moser 1999). Im schlimmsten Fall seien 500 000 Hektaren offene Ackerfläche notwendig. Der sogenannte «Plan Wahlen» führte zu den Kriegsmeliorationen wie die Urbarmachung von bisher ungenutzten oder naturbelassenen Flächen. In den Kriegsjahren wurden 60 000 Hektaren entwässert, 10 600 Hektaren gerodet und auf 80 000 Hektaren die Güter zusammengelegt. Man legte Hunderttausende von Pflanzplätzen an – die Zahl der Kleinpflanzer in der Schweiz versechsfachte sich. Etwa 60 Prozent aller Haushalte deckten ihren Kartoffelbedarf selbst (Baumann und Moser 1999). In den Städten wurden sogar Sportplätze und Grünanlagen mit Kartoffeln und Getreide bepflanzt (Abb. 94).

Die konkreten Anweisungen von Wahlen lauteten: *«Aber auch kleine und kleinste Winkel in Städten und Dörfern müssen nun ausgenützt werden.»* Böschungen, tote Winkel in Wegkreuzungen und verlassene Kiesgruben müssten in den Dienst des Anbauwerks gestellt werden. Das sei praktischer Heimatschutz im doppelten Sinn (Wahlen 1943). Damit hatte die sogenannte Anbauschlacht begonnen. Die restlose Ausnützung des letzten Fleckens in der Landschaft war der Beginn der

Agonie der Wildpflanzen und der Kleintiere, denn die Urbarmachung und rigorose Nutzung begann die Lebensräume freilebender Tiere und wildwachsender Pflanzen zu tilgen.

In seinem Vortrag «Schule und Anbauwerk», den er an der Pestalozzi-Feier der stadtbernischen Lehrerschaft am 28. Februar 1942 hielt, sagte Wahlen (1943): *«Wie anders, als sich im September 1939 das Volk, das Landi-Feuer im Herzen, zum Dienst am Vaterland bereitstellte. Rund 100 000 Mann waren aus den Bauernhöfen weg unter die Waffen gerufen worden, und 60 000 Pferde, die treuen Helfer im Anbauwerk sowie zahlreiche Traktoren mussten ihnen folgen [...]. Die materiellen Voraussetzungen haben sich sicher zwischen 1930 und 1939 nicht verändert. Im Gegenteil: sie waren nach dem Vorgesagten sehr viel schlechter geworden. Geändert haben die Herzen, in die jenes heilige Feuer gekommen ist, von dem einen Funken in jeden Schüler zu bringen grösste Aufgabe und höchster Lohn des Erziehers ist. Und wie liesse sich zur Zeit der Grundgedanke christlicher Bruderliebe und eidgenössischer Solidarität besser illustrieren als durch das Anbauwerk!»*

Eine weitere Leseprobe aus Wahlen lässt erahnen, wie die Anbauschlacht und die Verherrlichung und Mystifizierung des Bauernstands auf Jahrzehnte hinaus zementiert wurde: *«Die Erhaltung eines gesunden, lebensfähigen Bauernstandes ist nicht nur ein Wirtschaftsproblem, sondern aus Gründen höherer Ordnung eine nationale Notwendigkeit [...]. Dafür ist in mir die Überzeugung zu fest verankert, dass nur ein natur- und schollenverbundenes Volk, das gerade durch diese Eigenschaft auch den Weg zum Übernatürlichen findet, in seinem Kern gesund bleiben kann. Das sicherste Verbindungsglied zu Natur und Scholle aber ist ein zahlenmässig in seinem Bestand gesicherter, wirtschaftlich gesunder und kulturell hochstehender Bauernstand.»*

In einem weiteren Vortrag erklärte Wahlen am 27. März 1943, dass Natur- und Heimatschutz die Bestrebungen *«zur Erhaltung des Ackerbaues und der vielseitigen Betriebsweise überhaupt aufs Wärmste begrüssen»* müssten. Dadurch werde

Abb. 94: Die Anbauschlacht auf ihrem Höhepunkt: Rapsfeld, Bellevue Zürich 1944; Neulandgewinnung am Neuenburgersee, 1944.

nämlich eine «*Bereicherung des Landschaftsbildes*» erreicht. Das mag für die Vor- und Kriegszeit tatsächlich gegolten haben. Aber Wahlens Auffassung, der Natur- und Heimatschutz dürfe sich nicht mit einer konservierenden Rolle begnügen, sollte sich für das aussermenschliche Leben als letal erweisen. Die Idee, Naturschutz auf der ganzen Landesfläche unter der Aufsicht der Landwirte zu etablieren, war ein fataler Irrtum, weil die Landwirtschaft alles planieren und dominieren sollte (Abb. 95).

Es gab auch (vorsichtig) mahnende Worte. Zwei Jahre nach Beginn des Zweiten Weltkriegs schrieb der Schweizerische Bund für Naturschutz (SBN) in einer Stellungnahme zu den Kriegsmeliorationen (Däniker 1941): «*Kriegszeiten sind Notzeiten! Und Notzeiten verursachen nicht nur materielle Not und Existenzsorgen, auch ideelle Werte, auf die wir sonst stolz sind, verlieren an Bedeutung und laufen Gefahr, der Vernichtung anheimzufallen.*» Die «altehrwürdigen Vegetationsreste längst vergangener Jahrhunderte» seien zu schützen wie «ererbte Familienstücke oder anerkannte Kunstwerke». Der SBN stellte die berechtigte Frage, wer, wenn er friert, ein jahrhundertealtes Ahnenbild verfeuern würde, um sich für eine halbe Stunde die Hände zu wärmen. «*Heute, in der Zeit der Bedrängnis, ist es die Pflicht des Naturschutzes und der gesamten Bevölkerung, die eines weiteren Blickes fähig ist, sich klar zu werden, was der Not der Zeit zu opfern und was unter allen Umständen für eine hoffentlich bessere Zukunft […] zu verteidigen ist.*»

Abb. 95: Die umgepflügte Landschaft. Oben links: Bulldozer in Aktion. Was im Lauf von Hunderten von Jahren mühsam errichtet wurde, wird in wenigen Sekunden zerstört. Melioration in der Reussebene. Oben rechts: Materialeinsatz für die Eindolung offener Bachläufe. Gesamtmelioration im Knonauer Amt (1940–1946). Darunter: Die Gräben der Drainagen prägen das Landschaftsbild. Anlässlich der Gesamtmelioration im Knonauer Amt wurde das Ittenmoos in Bonstetten-Wettswil drainiert; alle Bäche verschwanden unter dem Boden.

Wahlen stellte aber in seinem Vortrag die «Naturschutzfanatiker» kalt, weil er diese «kenne» und diese der Sache nur «schaden» würden. Die Begründung folgt über die Instrumentalisierung des Hungers und menschlichen Elends, indem er sagt, dass Rodungen für Kulturland, Trockenlegung von Sümpfen, Eindämmung von Flussläufen, die Bändigung von Wildbächen als Kulturtaten zu qualifizieren seien. Damit stempelt er den Naturschützer zum Unmenschen und macht ihn lächerlich, indem er ihm unterstellt, er wolle die Schweiz in die Pfahlbauzeit zurückkatapultieren. Diese Haltung ist noch bis in die 1990er-Jahren durch Kulturingenieure als Antinaturschutzideologie gepflegt worden.

Interessant ist folgende Aussage von Wahlen: «*Es ist nicht nur im Meliorationswesen, sondern auf allen Gebieten der Technik eine wichtige Aufgabe unserer Zeit, nach Lösungen zu suchen, die sich harmonisch in das Gewordene einfügen und der Forderung Rechnung tragen, mit der Zweckmässigkeit die Schönheit zu verbinden.*» Doch nicht nur hier irrt er, sondern auch im übernächsten Absatz: «*In unserem Lande kommen [...] die topographischen Verhältnisse dem Bestreben zu Hilfe, eine zu weitgehende Standardisierung der Landschaft zu verhindern.*» Die Zukunft sollte ihm nicht Recht geben. Es war allerdings nicht voraussehbar, wie total die Landschaft ausgewechselt werden sollte, indem Maschinen konstruiert wurden, welche mit einer Bewegung 34 Kubikmeter Material umlagern können. Wahlen legte eine Naturschutzideologie vor, wie sie nur vertretbar war für seine Zeit – eine Zeit ohne Bulldozer und ohne Mineraldüngerüberfluss. Die Übertragung dieser Ideologie auf die 1960er- bis 1990er-Jahre hat sich deshalb katastrophal auf die Landschaft und die biologische Vielfalt ausgewirkt.

Auch das Landwirtschaftsgesetz von 1951 atmet den Geist der Agrarpolitik der Zwischenkriegszeit und der Anbauschlacht. Daher ist es nicht verwunderlich, dass es sich als Wirtschafts- und Sozialgesetz nicht um Natur und Landschaft kümmerte, obwohl beide die Grundlage für Ernährung und Trinkwasserbeschaffung sind.

Das Landwirtschaftsgesetz von 1951

Schon zu Beginn des Zweiten Weltkriegs wurde über die Nachkriegszeit nachgedacht. Im Dezember 1940 hielt die Spitze des Schweizerischen Bauernverbands fest, dass für die Lebensmittelversorgung alles getan werden sollte. Als Kompensation für die Produktionsumstellungen zur Erfüllung der Pflichten des Mehranbaus müssten den Kosten entsprechende Preise auch für die Nachkriegszeit garantiert werden (Baumann und Moser 1999). Ein starkes Argument war der Hinweis, dass die Lebensmittelteuerung im Ersten Weltkrieg massgeblich zum Generalstreik beigetragen hatte. Bereits 1942 wurde in der Eingabe des Schweizerischen Bauernverbands in aller Stille der Paritätslohn gefordert, das heisst ein mit Arbeitern vergleichbarer Lohn für die Bauern via Preisgestaltung. Trotz breit abgestützten Kompromissen zwischen Schweizerischem Bauernverband, Vorort (Schweizerischer Handels- und Industrieverein) und Schweizerischem Gewerkschaftsbund kam das Referendum gegen das vorgelegte Landwirtschaftsgesetz zustande. Mit nur 54 Prozent Ja-Stimmen wurde das Gesetz am 30. März 1952 allerdings angenommen (Baumann und Moser 1999).

Die Abteilung für Landwirtschaft hatte bereits 1943 angekündigt, dass das Hauptziel der Gesetzesrevision die Erhaltung des Bauernstands im bisherigen Umfang sein müsse, da dies unerlässlich sei für die wirtschaftliche und politische Stabilität der heutigen Staatsform. Im Bundesgesetz über die Förderung der Landwirtschaft und die Erhaltung des Bauernstandes (Landwirtschaftsgesetz vom 3. Oktober 1951) sind die Ziele der Agrarpolitik der Nachkriegszeit am allgemeinsten in den Wirtschaftsartikeln und im Landwirtschaftsgesetz formuliert – eine gewichtige Ausgangslage.

In Artikel 31bis Absatz 3 der damals gültigen Bundesverfassung hiess es: «*Wenn das Gesamtinteresse es rechtfertigt, ist der Bund befugt, nötigenfalls in Abweichung von der Handels- und Gewerbefreiheit, Vorschriften zu erlassen [...] zur Erhaltung eines gesunden Bauernstandes und einer leistungsfähigen Landwirtschaft sowie zur Festigung des bäuerlichen Grundbesitzes.*» Das Landwirtschaftsgesetz von 1951 diente der «*Absicht, einen gesunden Bauernstand und im Dienste der Landesversorgung eine leistungsfähige Landwirtschaft zu erhalten und sie unter Wahrung der Interessen der schweizerischen Gesamtwirtschaft zu fördern*». Mit der Landesversorgung als weiterem zentralen Ziel war vor allem die Versorgungssicherung in Kriegszeiten gemeint.

Der Korea-Krieg gab einen eindrücklichen Hintergrund ab für den Abstimmungskampf im Jahr 1952, und der deutsche Agrarminister Heinrich Lübke drückte eine in ganz Europa verbreitete Ansicht aus, als er 1954 erklärte: «*Kein Staat kann es sich [...] unter den gegenwärtigen weltpolitischen Verhältnissen leisten, auf einen ausreichenden Umfang der Nahrungsmittelversorgung aus der sicheren Inlandserzeugung zu verzichten.*»

Das Landwirtschaftsgesetz wurde nicht einfach von der Bauernlobby durchgedrückt, sondern im Wesentlichen vom Schweizerischen Handels- und Industrieverein und vom Schweizerischen Bauernverband ausgehandelt (Baumann und Moser 1999). Inhaltlich war es nicht einfach Ausdruck bäuerlicher Interessenpolitik, sondern von gesellschaftspolitischen Zielen geprägt, die von breiten Kreisen der schweizerischen Führungsschicht geteilt wurden.

Die Agrarpolitik und die Produktionspolitik standen während der gesamten ersten Hälfte des 20. Jahrhunderts im sogenannten Interesse der Landesversorgung und wurden zur Hauptsache vom Schweizerischen Bauernverband, vom Bauernsekretariat und vom Bundesamt für Landwirtschaft bestimmt. Es bildete sich ein dichter Filz zwischen dem Schweizerischen Bauernverband, dem Zentralverband Schweizerischer Milchproduzenten und dem Nationalrat, in welchem Personalunion, Bildungselite und Verbandsfunktionäre gemeinsame Interessen verfolgten. Dieser Filz setzt die milliardenschwere Agrarpolitik bis heute durch. Die Basis des Schweizerischen Bauernverbands hatte dabei nichts zu sagen. Sie betrachtete den Schweizerischen Bauernverband eher als Dienststelle des Volkswirtschaftsdepartements bzw. als vorgeschobenen Posten der Wirtschaft in der Landwirtschaft (Baumann und Moser 1999).

Dazu ein paar Zahlen: In den 1970er-Jahren waren 40 Prozent der Vorstandsmitglieder des Schweizerischen Bauernverbands Nichtbauern, 41 Prozent bewirtschafteten einen Hof von mehr als 15 Hektaren Fläche, und 19 Prozent waren Betriebsleiter auf Höfen mit weniger als 15 Hektaren. Im Jahr 1969 arbeiteten in der

Abteilung für Landwirtschaft in Bern 138 Beamte, während das Bauernsekretariat in Brugg 170 Personen beschäftigte (Baumann und Moser 1999).

Bauerntum und Bauernstand wurden, wie schon oben dokumentiert, überreich mit Ideologie verbrämt – so auch von Ernst Laur («Schweizer Art ist Bauernart»), der von 1901 bis 1937 an der ETH Agrarökonomie lehrte. Dass Generationen von Agronomen von dieser Ideologie durchdrungen wurden, ist im Landschaftsbild der Schweiz noch heute ablesbar. Wie tief die Bauernideologie bis heute sitzt, lässt sich an der Zusammensetzung des Parlaments ablesen. Gemessen an ihrem Anteil in der Bevölkerung sind die Bauern stets massiv übervertreten. Bei einem Bevölkerungsanteil von gerade einmal 4 Prozent belegten die Landwirte im letzten Parlament 16 Prozent der Nationalratssitze. 32 Vertreter des Bauernstands und seines Umfelds wurden am 19. Oktober 2003 in den Nationalrat gewählt. Und weil der agrarpolitische Sachverstand im gesamten Parlament in den vergangenen Jahrzehnten eher geschrumpft als gewachsen ist, wirken zunehmend die Bauernvertreter und die durch sie repräsentierten Partikularinteressen und Verbände als agrarpolitische Schrittmacher im Parlament.

Und was wurde bisher für das Landschaftsbild und die Natur getan? In den mehr als 100 Artikeln des Landwirtschaftsgesetzes besagt Artikel 79 im ersten Absatz: *«Den allgemeinen Interessen der Umwelt, insbesondere der Erhaltung des Grundwassers und der damit verbundenen Trinkwasserversorgung sowie dem Schutze der Natur und der Wahrung des Landschaftsbildes ist Rechnung zu tragen.»* Und unter Absatz 2 steht: *«Auf die Interessen der Fischerei, der Jagd und der Bienenzucht sowie auf den Schutz der Vögel ist Rücksicht zu nehmen.»* Es sind also nur die Nutzungen (Trinkwasser, Fische, Jagd, Honig sowie nützliche Vogelarten) schutzwürdig, nicht aber das Wasser oder die Tiere an und für sich. Diese Floskeln blieben zudem bis Ende der 1980er-Jahre tote Buchstaben.

Rechtliche Grundlagen der Landschaftsverwüstung

Auch wenn 1998 ein neues Landwirtschaftsgesetz erlassen wurde, so müssen wir uns an den Rechtsinstrumenten orientieren, welche die Landschaft ausgewechselt haben. Die Basis dafür bildete das Landwirtschaftsgesetz von 1951 sowie die unendlich vielen darauf basierenden Verordnungen. Brugger (1992) vermittelt einen Einblick in den undurchsichtigen Dschungel von Rechtserlassen der Landwirtschaft. Wir beschränken uns hier auf die wichtigsten Erlasse, die das Meliorationswesen veranlasst und gefördert haben.

Die Artikel 77 bis 94 regelten die Bodenverbesserungen. Als Bodenverbesserungen galten Massnahmen, welche die Ertragsfähigkeit des Bodens erhalten oder steigern, seine Bewirtschaftung erleichtern oder ihn vor Schäden durch Naturereignisse schützen. Der Artikel 91 garantierte bis zu 40 Prozent der Erstellungskosten als Unterstützung an die vom Bundesrat genehmigten Bodenverbesserungen. Der Artikel 92 nannte die Förderung des landwirtschaftlichen Siedlungswesens durch die Erstellung von Siedlungen im Zusammenhang mit Güterzusammenlegungen sowie anderen Bodenverbesserungen und Arrondierungen. Des Weiteren förderte der Bund – immer im Interesse der rationellen Bewirtschaftung des Bodens – die bessere Erschliessung von abgelegenen landwirtschaftlichen Nutzflächen. Im Jahr 1971 erliess der Bundesrat die Verordnung über die Unterstützung von Bodenverbesserungen und landwirtschaftlichen Hochbauten (Bodenverbesserungsverordnung). Mit etwa 70 Artikeln wurden die Anforderungen an die Bodenverbesserungsmassnahmen und die Subventionsansätze geregelt.

Die industrielle Landwirtschaft

Niemand hatte nach dem Zweiten Weltkrieg mit der rasch wachsenden Wirtschaft gerechnet. Es kam zu einer massiven Abwanderung von Arbeitskräften aus dem primären Sektor. Vor allem kleine Landwirtschaftsbetriebe wurden in grosser Zahl aufgegeben. Die Zahl der Betriebe der Schweiz schrumpfte von 1939 bis 1965 um 32 Prozent (Abb. 97); in der Innerschweiz um 15 Prozent und im Industriegebiet von Zürich bis Basel um 42 Prozent. Die männlichen Arbeitskräfte in der Landwirtschaft nahmen in den zehn Jahren nach Kriegsende um 20 Prozent ab, die weiblichen sogar um 37 Prozent.

Von 1955 bis 1960 nahm die Zahl der Bodenbewirtschafter um 10 000, von 1960 bis 1965 um 35 000 ab (Baumann und Moser 1999). In den Kantonen Wallis und Tessin halbierte sich die landwirtschaftliche Bevölkerung von 1950 bis 1970. Betriebsleiter im Nebenberuf nahmen in den Berggebieten dagegen zu. Sie arbeiteten zu über 90 Prozent in kleinen Betrieben mit weniger als fünf Hektaren Fläche.

Abb. 96: Zwei Welten treffen aufeinander.

Interessanterweise tauchen in der Betriebszählung von 1955 rund 20 000 Kinder unter 15 Jahren als ständige und 66 000 als nicht ständige Arbeitskräfte in der Landwirtschaft auf. (Eine weitere Korrektur der Bauernideologie: Ende der 1950er-Jahre bestand bei einem grossen Teil der Bergbevölkerung eine Mangelernährung.) Mehr als 90 Prozent der Bergbauernbetriebe – die «Heimetli» – waren Anfang der 1960er-Jahre in ihrer Existenz bedroht. Daher tauchte die Forderung auf nach der «*systematischen Ausmerzung der einer notwendigen Rationalisierung unzugänglichen Grenzproduzentenbetriebe*» – analog des Auftrags, das minderwertige Vieh «*auszumerzen*» (Zitate in Baumann und Moser 1999). Zur Auflösung der Kleinbetriebe wurde vorgeschlagen, «*einige 10 000 Gehöfte als selbständige Betriebe aufzuheben und deren Land zur Aufstockung anderer*» zu verwenden.

Trotz den Verlusten an Arbeitskräften konnte die Landwirtschaft zwischen 1950 und 1970 die Produktion um rund 50 Prozent steigern (Baumann und Moser 1999, Abb. 100). Beim Winterweizen betrug die Steigerung zwischen 1949/50 und

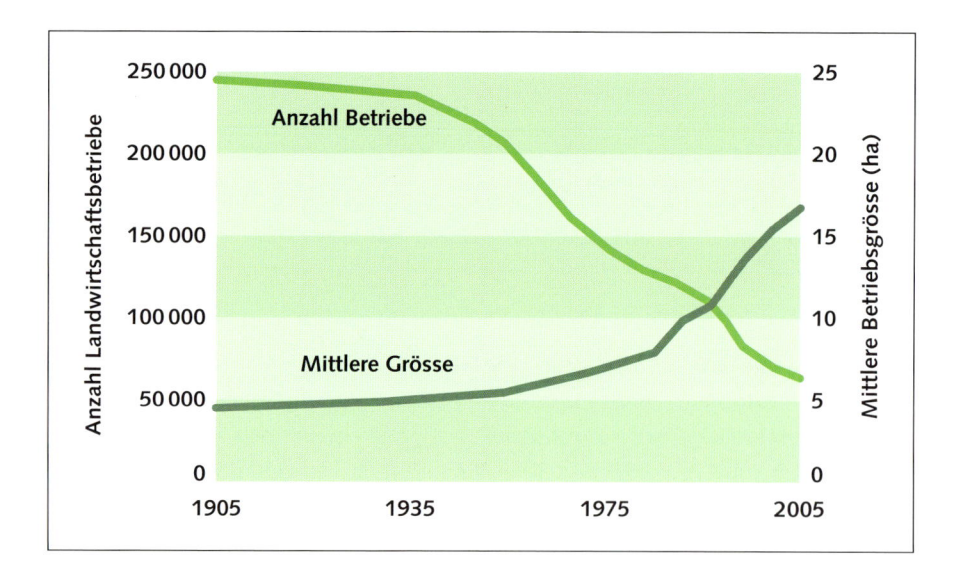

Abb. 97: Die Entwicklung von Anzahl und Grösse der landwirtschaftlichen Betriebe in der Schweiz zwischen 1905 und 2005. Quelle: BFS 2006.

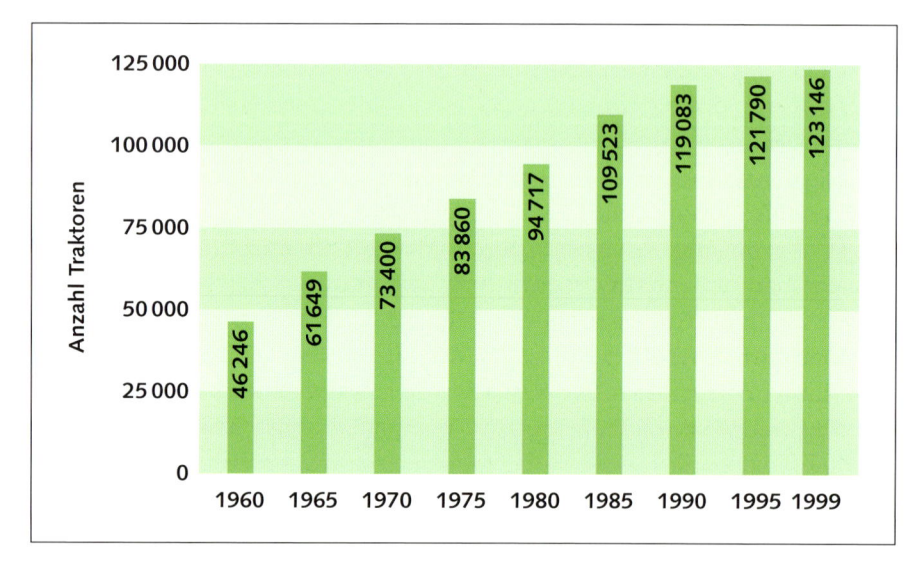

Abb. 98: In den 1940er-Jahren waren erst auf rund einem Drittel der schweizerischen Landwirtschaftsbetriebe eigene Motoren im Einsatz. Die Abbildung zeigt die enorme Zunahme der Anzahl Traktoren seit 1960. Gleichzeitig wurden die Motoren immer leistungsstärker. So hat die Anzahl Traktoren mit über 100 PS zwischen 1990 und 2003 von 1300 auf 6600 zugenommen. Die Bauern in der Schweiz sind damit völlig übermotorisiert. Quelle: Lips und Ammann 2007.

1966/70 sogar fast 80 Prozent, bei den Kartoffeln waren es 90 Prozent. Die potenzielle Milchleistung pro Kuh stieg kontinuierlich von etwa 2000 Kilogramm im Jahr 1866 auf über 5000 Kilogramm pro Jahr.

Die Produktionssteigerungen waren nur möglich durch die Mechanisierung der Landwirtschaft (Abb. 98) und einen masslosen Einsatz von Hilfsmitteln wie Herbiziden, Fungiziden, Insektiziden und Kunstdüngern (Abb. 99) sowie Antibiotika und weiteren Medikamenten in der Massentierhaltung. Eine Rekordernte jagte die andere. Noch in den 1970er-Jahren wurde die chemische Keule euphorisch nach festen Spritzplänen eingesetzt. Später wurde nur noch gespritzt, wenn die Behandlung sich wirtschaftlich lohnte. Der Verbrauch von sogenannten Pflanzenbehandlungsmitteln betrug zwischen 1975 und 1990 relativ konstant etwas über 2000 Tonnen pro Jahr – das ergibt rund zwei Kilogramm Agrochemikalien pro Hektare (Schudel 1991). Kein anderer Wirtschaftszweig in der Schweiz bringt derart grossflächig und in derart grossen Mengen giftige Chemikalien in die Umwelt wie die Landwirtschaft.

Man entfernte sich meilenweit von der Landwirtschaft der 1950er-Jahre, welche noch stark in Naturkreisläufe eingebunden und ein fast geschlossenes System war. Die einzig auf Produktionssteigerung ausgerichtete Modernisierung der Landwirtschaft griff immer tiefer in den Naturhaushalt ein und hob das komplizierte ökologische Gefüge aus den Angeln. Agrarchemikalien, der Dünger aus dem Sack und die technischen Möglichkeiten eröffneten den Landwirten die trügerische Aussicht, sie könnten sich über alle Regeln ihrer Vorväter hinwegsetzen. Es ist absurd, dass diese Nutzungsweise bis heute als «konventionelle Landwirtschaft» bezeichnet wird.

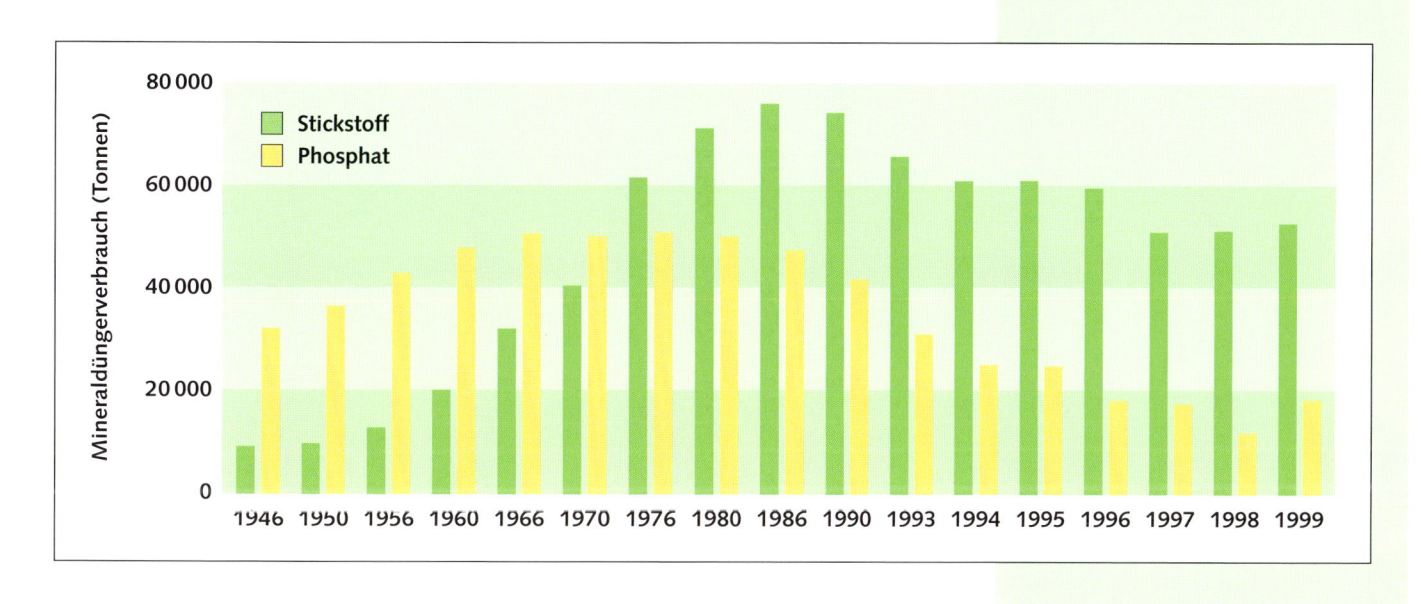

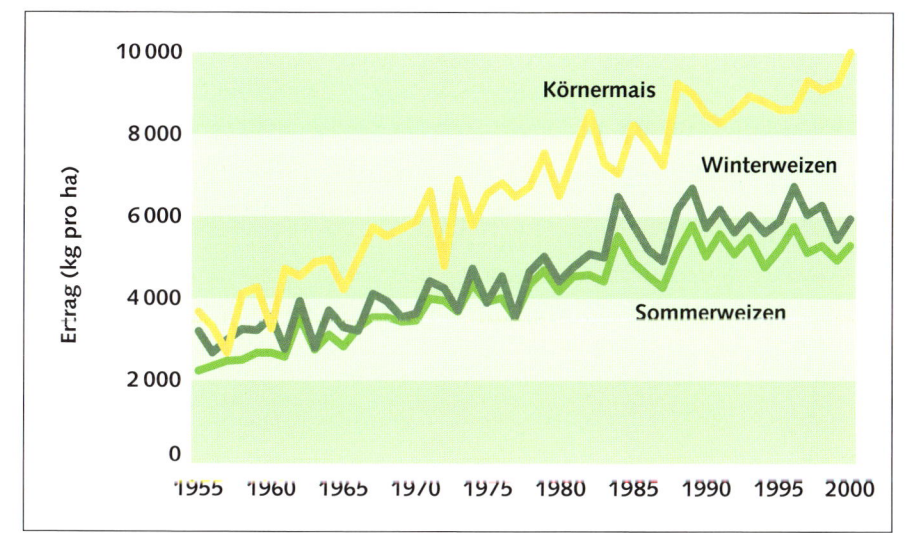

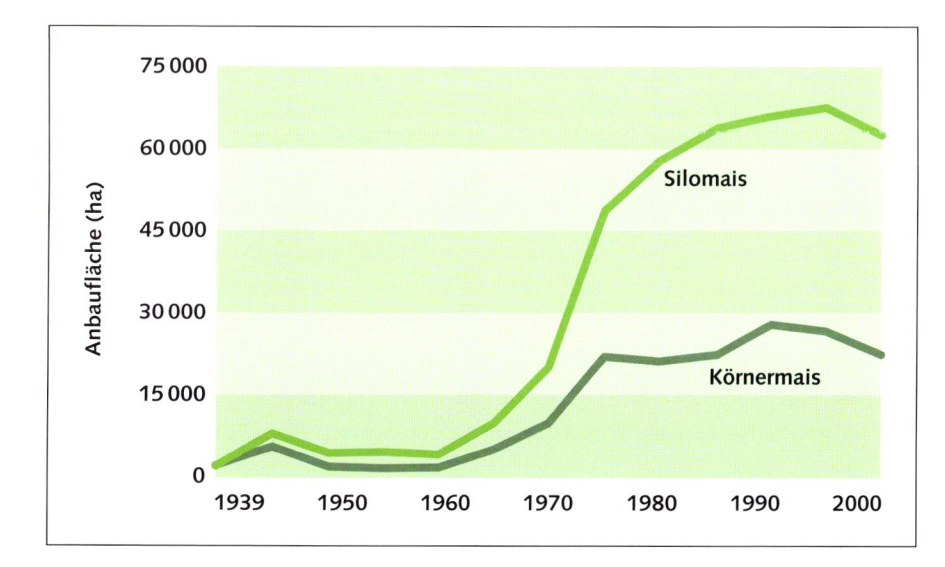

Abb. 99: Der Abschied von der blühenden Landschaft. Die Böden der Schweiz als Düngerdeponie. Seit 1999 steigt der Düngemittelverbrauch trotz der neuen Agrarpolitik (Kap. 8) wieder an. Quelle: Schweizerischer Bauernverband.

Abb. 100: Kunstdünger machts möglich: Dreimal so viel Mais und doppelt so viel Weizen pro Flächeneinheit innerhalb eines knappen halben Jahrhunderts! Quelle: Agroscope ART.

Abb. 101: Durch die Anpassung von Maishybriden an das hiesige Klima hat in den 1960er-Jahren eine regelrechte «Vermaisung» der Schweizer Landschaften eingesetzt. Die Körnermaisfläche hat sich zwischen 1965 und 1975 verfünffacht, die Silomaisfläche stieg zwischen 1965 und 1985 auf das Achtfache an. Heute ist rund ein Fünftel der Ackerfläche mit Mais bepflanzt. Damit ist der Mais zur zweitwichtigsten Kultur nach Weizen geworden. Quelle: Schweizerischer Bauernverband.

Kapitel 7 Die Demontage der traditionellen Kulturlandschaft

Der Zwang der industriellen Wachstumswirtschaft, in deren gewaltigen Sog die Landwirtschaft geraten war, verhinderte bis in die 1990er-Jahre die Ausbreitung des biologischen Landbaus, denn dieser zwingt zu Wachstumsbegrenzungen und höherer Qualität, was nicht in den damaligen «Mainstream» passte. Wer es dennoch versuchte, wurde von den Nachbarbauern belächelt oder behindert.
Die Landwirtschaft wurde in immer umfassenderem Sinn in die Wirtschaft und Gesellschaft des Industriestaats Schweiz integriert. Daher war der Natur- und Heimatschutz auch für die Landwirtschaft nur ein Störfaktor.

Die «Sortensanierung»

Noch in den 1950er-Jahren existierte im Pflanzenbau und in der Tierhaltung eine grosse Vielfalt an Sorten und Rassen. Die immer höheren Marktanforderungen und kulturtechnischen Verbesserungen haben bewirkt, dass heute nur noch einige wenige Hochleistungssorten und -rassen angebaut oder verwendet werden. So machen zwei Schweine- und drei Rinderrassen fast 100 Prozent des schweizerischen Bestands aus. Diese Konzentration lässt sich in geringerem Mass auch bei der Pflanzenproduktion feststellen, vor allem im Getreidebau. Der Verlust derart vieler Sorten und Rassen ist bedenklich. Die landwirtschaftliche Produktion dürfte nicht auf eine schmale genetische Basis gestellt werden, weil niemand sagen kann, welches die Herausforderungen der kommenden Jahrzehnte oder Jahrhunderte sein werden. Mit dem Verschwinden der genetischen Ressourcen verlieren wir aber die Möglichkeiten, die zukünftige landwirtschaftliche Produktion an veränderte Markt-, Produktions- und Umweltbedingungen anzupassen.
Weil für die meisten lokalen Pflanzensorten und auch Nutztierrassen keine Nachfrage besteht, bleibt deren Erhaltung das Hobby von wenigen Landwirten oder privaten Organisationen. Die Vermarktung von seltenen Kulturpflanzen und die Sensibilisierung der Öffentlichkeit für diese Vielfalt liegen deshalb zum grossen Teil in den Händen privater Organisationen wie ProSpecieRara (1995).

Abb. 102: Die Gemeinde Arisdorf (BL) lag 1941 inmitten eines Obstbaumwalds (links). Die Bäume wurden sorgfältig gepflegt. Für die Bewirtschafter stimmte das Verhältnis zwischen Aufwand und Ertrag. Im Jahr 1999 sind fast alle Obstbäume verschwunden (rechts). Stattdessen haben sich rationell bewirtschaftbare Acker- und Grünlandflächen ausgebreitet. Der Charakter der Landschaft hat sich grundlegend verändert. Quelle: Tanner 1999.

Die Obstbaumtragödie

Fotos zeigen, dass die Dörfer bis in die 1950er-Jahre in Obstgärten, ja manchmal in wahren Obstwäldern lagen (Abb. 102). Hochstamm-Obstbäume sind eine traditionelle Bewirtschaftungsform, die früher vor allem der Selbstversorgung diente. Noch im 19. Jahrhundert waren gedörrte Apfel- und Birnenschnitze als Nahrung unentbehrlich, weil sie vielen Leuten als Brotersatz dienten (Brugger 1956). Allerdings floss der Grossteil der Hochstammfrüchte in die Most- und Schnapsproduktion. Alkoholismus war ein ernstzunehmendes volksgesundheitliches Problem. Die Beseitigung von Hochstamm-Obstbäumen wurde deshalb von der höchsten politischen Instanz der Schweiz massiv gefördert.

Am 19. September 1955 wurde – gestützt auf Art. 24 des Bundesgesetzes (vom 21. Juni 1932) über die Gebrannten Wasser (Alkoholgesetz) – der Bundesratbeschluss über die Umstellung des Obstbaus erlassen. Mit 9 Artikeln wurde die Anpassung der Produktion an die Absatzmöglichkeiten des Obstbaus und Rationalisierungsmassnahmen gefordert. Eine massive Abholzung vieler alter Bestände war die Folge. Folgende Stichworte aus dem Beschluss liessen nichts Gutes erahnen: «*Verminderung des Baumbestandes vornehmlich durch Entfernen unwirtschaftlicher Bäume*»; «*Zusammenfassung der Obstbäume in geschlossene Bestände*»; «*Sortensanierung*»; «*Beiträge [...] für die Verminderung des Mostbirnbaumbestandes*».

Nachdem die Anzahl Obstbäume zwischen 1929 und 1951 von 14 486 000 noch auf 15 303 500 zugenommen hatte, sank sie bis 1971 auf 7 491 600 (Brugger 1985). Bereits im «Bericht des Bundesrates an die Bundesversammlung über die Geschäftsführung und Rechnung der Alkoholverwaltung für das Geschäftsjahr 1955/56» schreibt der Bundesrat unter anderem, dass «*bedeutende Fortschritte vor allem hinsichtlich der Verminderung des Baumbestandes [...] zu verzeichnen sind*». 1981 fehlten fast zwei Millionen Bäume. Zwischen Anfang der 1980er- und Mitte der 1990er-Jahre gingen die Flächen mit Hochstamm-Obstbäumen um 115 Quadratkilometer oder 28 Prozent zurück (BFS 2002a).

Im Bericht für das Geschäftsjahr 1956/57 stellt der Bundesrat fest: «*Die Alkoholverwaltung leistet denn auch bei Güterzusammenlegung besondere Beiträge, so z. B. für das Entfernen von Bäumen.*» Im Jahr 1968 schreibt der Bundesrat, er erwarte «*von den Produzenten aller Anbaugebiete Zurückhaltung im Anlegen neuer*

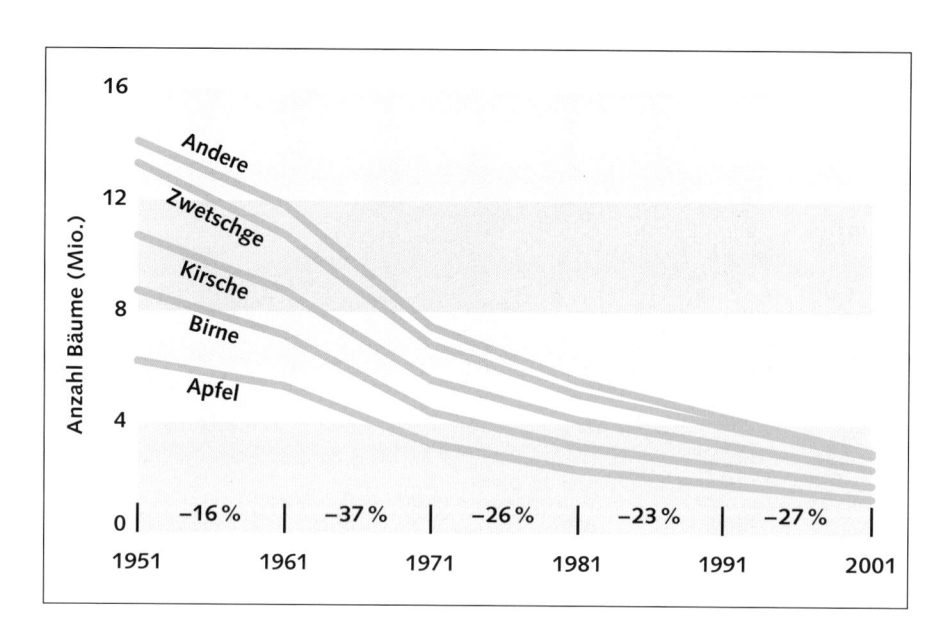

Abb. 103: Entwicklung des Feldobst-Baumbestands in der Schweiz. Quelle: Eidgenössische Obstbaumzählungen, Bundesamt für Statistik.

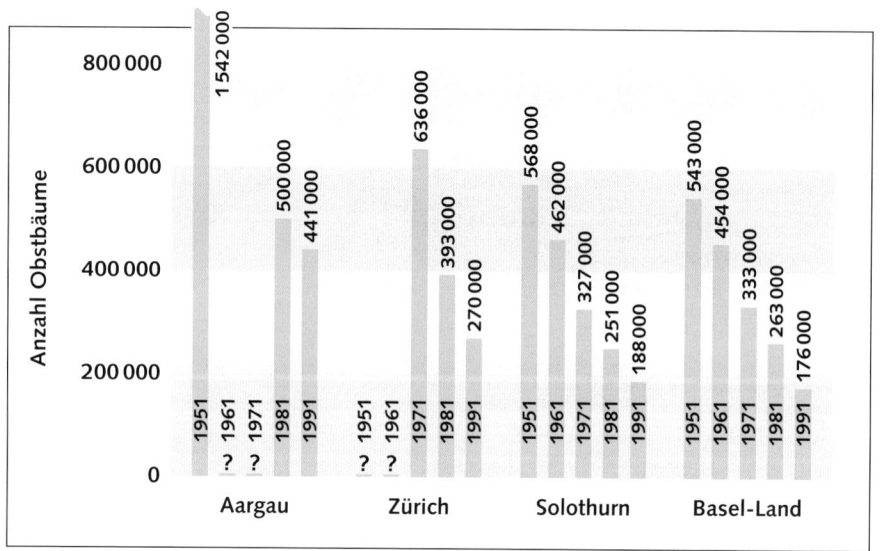

Abb. 104: Anzahl Obstbäume (Hoch- und Halbstämme) im Feldobstbau in ausgewählten Kantonen. Quelle: Bundesamt für Statistik.

Tab. 1: Anzahl Obstbäume (Hoch- und Halbstämme) im Feldobstbau in den elf Aargauer Bezirken. Quelle: Bundesamt für Statistik.

Bezirk	Anzahl Feldobstbäume 1951	1991	Abnahme (%)
Aargau	99 285	21 218	−79
Baden	145 616	27 510	−81
Bremgarten	125 002	29 453	−76
Brugg	156 946	47 057	−70
Kulm	146 135	54 103	−63
Laufenburg	204 157	78 277	−62
Lenzburg	120 738	28 310	−77
Muri	168 681	40 963	−76
Rheinfelden	122 658	44 073	−64
Zofingen	130 670	38 826	−70
Zurzach	121 694	31 142	−74
Kanton Aargau	**1 541 582**	**440 932**	**−71**

Obstkulturen und einen beschleunigten Abbau der Altbestände». Weiter unten steht: *«Leider beobachtet man aber immer noch zu viele altherkömmliche, unwirtschaftliche Obstgärten.»* Der Bundesrat sah sich darin bestärkt, dass eine weitere massive Reduktion des Kernobstbestands *«unerlässlich»* sei. Zur weiteren Abholzung stockte er den Kredit auf 15 Millionen Franken auf. Vorläufiges Ziel war es, den Bestand von Obstbäumen von 5 auf 2,5 Millionen zu reduzieren. Im Bericht 1970/71 schreibt der Bundesrat: Mit einer *«Fällquote von 500 000 pro Jahr soll dieses Ziel in 5 Jahren erreicht werden».* Im Winter 1970/71 wurden aber nur rund 200 000 Äpfel- und Birnbäume, davon etwa 160 000 mit Beiträgen aus Mitteln der Alkoholverwaltung, abgeräumt.

Erst als die Öffentlichkeit diese massiven Eingriffe registrierte, setzten Proteste ein. Der Bundesrat gab bei der Antwort auf drei kleine Anfragen im Nationalrat die Zusicherung, dass *«den Anliegen des Natur-und Heimatschutzes im Rahmen des Möglichen noch vermehrt Rechnung»* getragen werden solle – als ob bisher etwas in dieser Richtung getan worden wäre. 1970 war das erste Europäische Jahr der Natur, an dem sich die offizielle Schweiz nolens volens beteiligt hatte. In den folgenden Jahren verlangsamte sich die Rodungstätigkeit. 1974/75 endete die *«Ausrichtung von Schlagprämien zur Verminderung des Mostbirnbaumbestandes»*, welche 1933/34 begonnen worden war.

Abb. 105: Radikal und effizient. Baumfallaktionen in der Schweizer Landschaft. Oben links: im Rahmen einer Güterzusammenlegung im Wallis. Oben rechts: Subventioniertes Fällen von Hochstamm-Obstbäumen im Reusstal 1934. Unten links: Bözberg (AG) 1979. Unten rechts: Wittnau (AG) 1983.

Im Bericht der Eidgenössischen Alkoholverwaltung von 1988/89 liest man mit grossem Erstaunen: «*Vielerorts sind Bestrebungen im Gange, um den Hochstamm-Obstbau wieder vermehrt zu fördern.*» Allerdings war es nicht möglich, gestützt auf das Alkoholgesetz Beiträge für neu gepflanzte Bäume auszurichten.

Das Alkoholproblem war keineswegs der einzige Grund für das Verschwinden der landschaftsprägenden Bäume. Auch die moderne Landwirtschaft hatte keinen Platz für Hochstämme. Die Bäume standen den Maschinen im Weg und behinderten die Grasproduktion. Als wesentlich effizientere Anbaumethode im Tafelobstbau galten Niederstammkulturen. Hochstämme lagen nicht mehr im landwirtschaftlichen Trend. Vor allem in Ackerbaugebieten wurden in vermehrtem Mass ganze Grundstücke vollständig von Obstbäumen gesäubert. Diese despektierliche Behandlung von Bäumen bzw. Baumindividuen findet sich auch in den Plänen der Kulturingenieure und Meliorationsämter wieder: Die Flurobst- und Hochstammbäume, die man für überflüssig hielt (und das war die Mehrheit), werden dort als «Nullbäume» bezeichnet (Rodewald 1999a).

Die Vernichtung der Hochstamm-Obstbäume ist aber auch auf Entwicklungen auf dem Markt zurückzuführen. So ist der Mostkonsum in der Bevölkerung massiv zurückgegangen – und damit auch der Preis für Mostobst. Hochstamm-Obstbäume galten schlicht als unproduktiv und wurden beseitigt. Leider hat der Staat nie nach Alternativen zur Beseitigung der Landschaftselemente gesucht. Denkbar wären Vermarktungs- und Informationsinitiativen gewesen, um den Mostkonsum anzukurbeln und den Konsum der künstlichen «Süssblöterligetränke» – die auch zum Übergewicht beitragen – zu bremsen.

Die Hochstammrodungen waren nicht nur ein massiver Eingriff in das Landschaftsbild, sondern hatten auch Konsequenzen für die biologische Vielfalt (Tab. 2). Bronner (1844a), unser Aargauer Gewährsmann, hatte es geahnt, als er schrieb: *«Erst wenn die Obstbäume mangelten, würde jeder Einwohner fühlen, wie erstorben die Gegend sei.»* Hochstamm-Obstbäume und Streuobstwiesen dienen nämlich vielen Tieren und Pflanzen als Lebensraum (Baur et al. 1997). Hier finden zahlreiche Vogelarten Nahrung (Insekten und Früchte), Nistmöglichkeiten (Höhlenbrüter), Sitzwarten (Greifvögel) und Schutz. Doch mit den Rodungen wurden die für Hochstammbestände typischen Arten wie Steinkauz, Wiedehopf, Gartenrotschwanz, Rotkopfwürger, Wendehals und Grauspecht immer seltener. In den meisten Regionen der Schweiz sind diese Arten heute ausgestorben. Der Rotkopfwürger – eine ehemals weit verbreitete Vogelart im Schweizer Mittelland – brütet seit 2006 überhaupt nicht mehr in der Schweiz.

Allerdings sind die genannten Vogelarten auch dort zurückgegangen, wo die Hochstämme erhalten geblieben sind. Dies ist ein deutlicher Hinweis auf die fehlende Qualität der übrig gebliebenen Landschaftselemente. Zum Beispiel stehen neun von zehn Obstgärten mit Hochstämmen auf intensiv genutzten Wiesen (Kohli und Birrer 2003). Dort sind Grossinsekten äusserst selten. Die radikale Insektenbekämpfung, der immer häufigere Schnitt und das fehlende Blütenangebot in den Kunstwiesen haben die Futterbasis für Vögel und andere Tiere zerstört. Einst weit verbreitete Vogelarten der Obstgärten wie Steinkauz oder Gartenrotschwanz finden deshalb nicht mehr genügend Nahrung (Abb. 106).

Die Abnahme dieser Vogelarten ist ein Indikator für die Veränderung der Lebensraumbedingungen. In relativ kurzer Zeit haben sie sich auf allen Ebenen verschlechtert: Entwässerungen unter der Bodenoberfläche, Verdichtung des Bodens durch zu schwere Maschinen und zu häufiges Befahren, Beseitigung von Oberflächenformen, Veränderung der Artenzusammensetzung, Obstbaumrodungen.

Art	Besetzte Atlasquadrate 1972–1976	Besetzte Atlasquadrate 1993–1996	Bilanz (%)
Turmfalke	438	460	+5
Zwergohreule	6	10	+66
Steinkauz	1218	15	−88
Wiedehopf	144	58	−60
Wendehals	306	238	−22
Grauspecht	204	153	−25
Grünspecht	422	452	+7
Kleinspecht	198	219	+11
Gartenrotschwanz	422	423	+0
Gelbspötter	117	67	−43
Grauschnäpper	384	413	+8
Halsbandschnäpper	12	10	−17
Trauerschnäpper	240	244	+2
Gartenbaumläufer	304	320	+5
Schwarzstirnwürger	2	0	−100
Raubwürger	56	0	−100
Rotkopfwürger	98	14	−86
Star	407	383	−6
Feldsperling	310	304	−2
Distelfink	416	434	+4

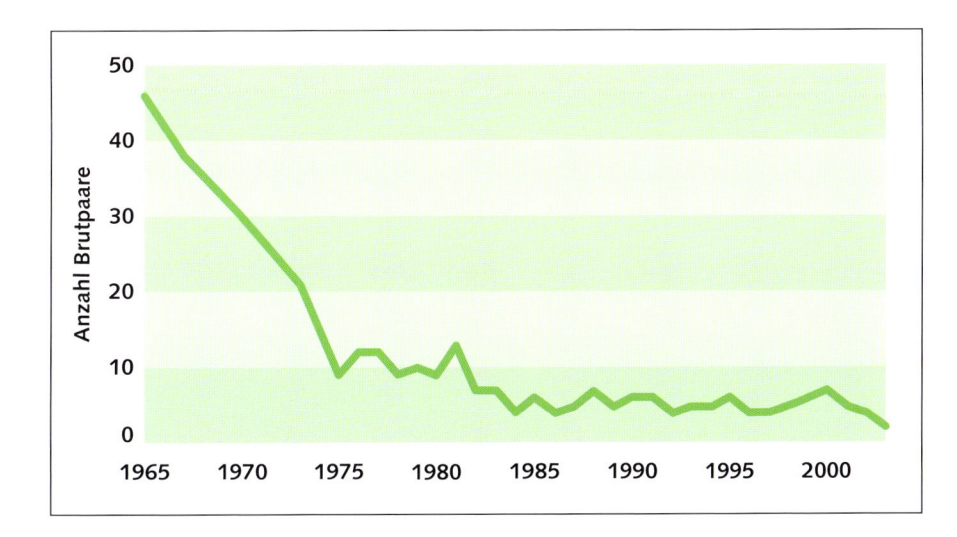

Tab. 2: Bestand, Verbreitung und Verbreitungsentwicklung von 20 obstgärtenbewohnenden Brutvogelarten der Schweiz. Quelle: Schmid et al. 1998.

Abb. 106: Bestandsentwicklung des Gartenrotschwanzes in der Gemeinde Horgen 1965–2003 mit dramatischem Rückgang in den 1960er- und 1970er-Jahren. Quelle: Felix und Felix 2004.

Abb. 107: Rückgang der Hochstamm-Obstbäume in der Gemeinde Mühlau im Freiamt zwischen 1955 und 2000. Neue Bäume sind meist Niederstämme, die in Reih und Glied gepflanzt werden.

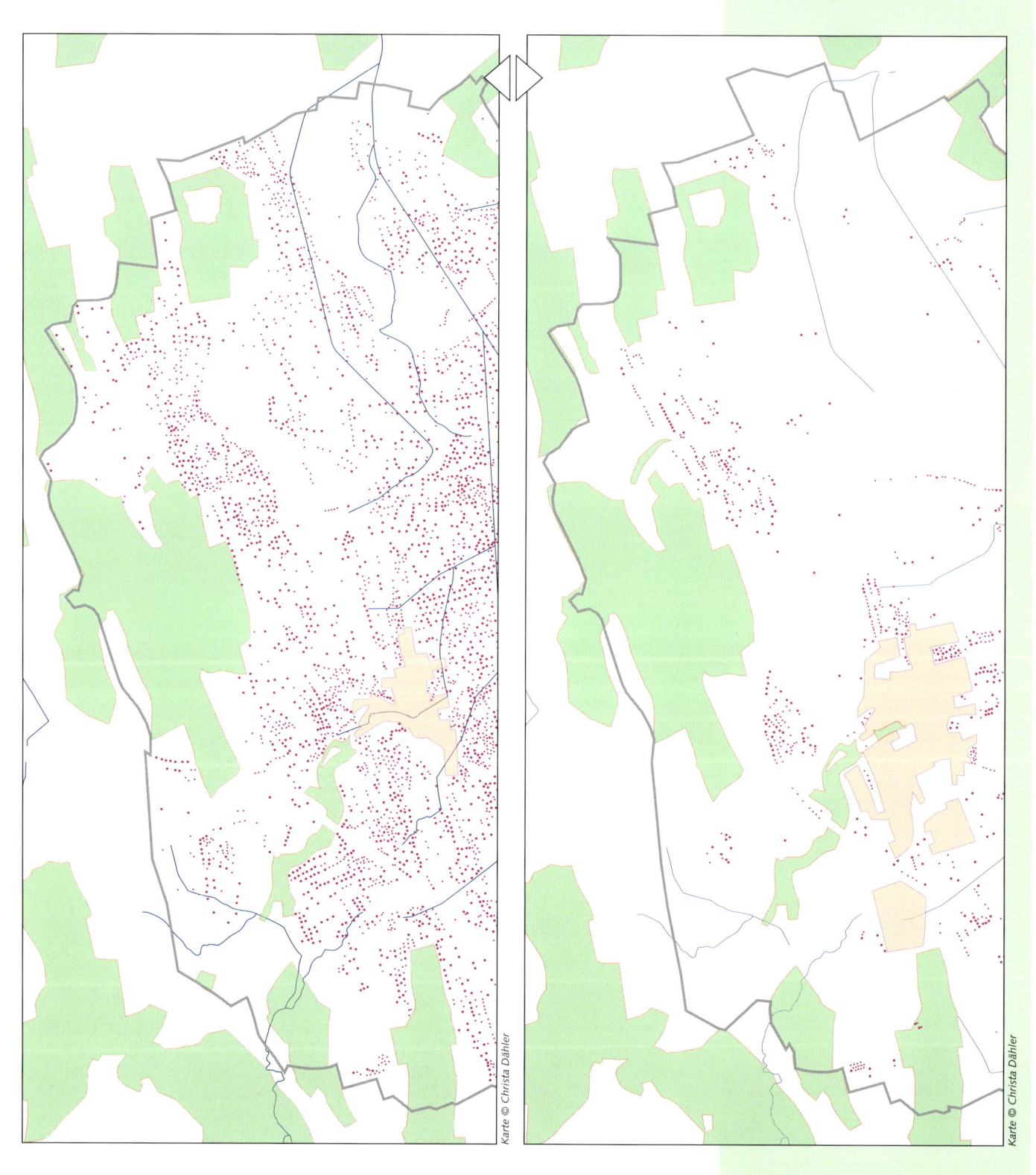

Hochstämme und Landschaftsästhetik

Zur ästhetischen Bedeutung der Obstbäume in der Landschaft schrieb der Biologe Werner Suter vor 30 Jahren (1979):

«Es mag zum Erbe unserer humanistischen Tradition gehören, dass ästhetische und ethische Aspekte wohl beim Heimatschutz, also beim Schutz vom Menschen geschaffener Kunstwerke, (noch) nicht aber beim Naturschutz akzeptiert werden. Tatsache ist, dass der gestalterische Einfluss der Feldobstbäume auf unser Landschaftsbild sehr gross ist. Die Hofstatt um den bernischen Weiler wie der Feldobstgürtel um das Zürcher Dorf verdienen ebensolchen Schutz wie die alten Höfe und Ortsbilder selbst. Obwohl sie bald nicht mehr zum vertrauten Landschaftsbild gehören, sind blühende Obstbäume noch immer ein Wahrzeichen des Frühlings, auch im Bewusstsein des Städters. Die zahlreichen ‹Blustfahrten›, welche im Frühjahr mit öffentlichen und privaten Verkehrsmitteln in die noch intakten Feldobstgebiete […] unternommen werden, beweisen deren Erholungswert.
Die kahle, ausgeräumte Landschaft ohne die ehemaligen Formen, Farben und Strukturen, ohne die vielfältige Lebensformen, vermag das den Menschen notwendige Naturerlebnis nicht mehr zu vermitteln, und die übriggebliebenen naturnahen Räume und Schutzgebiete sind dazu viel zu klein und zu wenig zahlreich. Verschiedene Störungen im psychisch-sozialen Bereich erwachsen aus diesen Umweltveränderungen, und viele der bekannten Probleme in Grossstädten gehören zu deren letzten Konsequenz.
Es ist andererseits auch klar, dass die Produktion im landwirtschaftlichen Sektor denselben wirtschaftlichen und technischen Entwicklungen wie die industrielle unterworfen ist. Eine naturnahe Anbauweise, nicht mehr so kleinkammerig wie zu Zeiten der ausschliesslichen Handarbeit, sondern in maschinengerechten Dimensionen, ist aber durchaus möglich. Daneben ist die landwirtschaftliche Produktion ja keineswegs selbsttragend, sondern muss mit umfangreichen Subventionen gestützt werden. Eine gewisse Verlagerung dieser Mittel zur Förderung ökologisch sinnvoller Anbaumethoden würde sich wohl in einiger Zeit als unverhofft ertragreiche Investition erweisen.» – Leider wurden Suters Forderungen bis heute nicht erfüllt.

Foto © Markus Jenny

Kapitel 7 Die Demontage der traditionellen Kulturlandschaft

Milchseen und Butterberge

Die Fleisch-, Geflügel- und Eierproduktion sowie teilweise auch die Milchproduktion entfernten sich zunehmend von der landeseigenen Futtergrundlage (Abb. 109). Um 1955 wurden etwa 11 Prozent Nährstoffeinheiten importiert, 1970 waren es bereits 30 Prozent des Futterbedarfs (Baumann und Moser 1999). Man stelle sich vor: Die Schweiz mit einer landwirtschaftlichen Nutzfläche von etwa einer Million Hektaren importierte ab den 1960er-Jahren Futtermittel von einer Fläche von etwa 300 000 bis 400 000 Hektaren! 1980 basierten nicht weniger als 80 Prozent der inländischen Geflügel- und Schweineproduktion auf importieren Futtermitteln – ein Nährstoffimport gigantischen Ausmasses, der zu katastrophalen Umweltproblemen führen sollte.

Die Zahl der Nutztiere stieg rasant: Gab es 1951 «nur» 892 095 Hausschweine in der Schweiz, waren es 1978 bereits 2 114 795 (Abb. 110; Brugger 1985). Es entstand ein riesenhafter Jaucheüberschuss. Abgeschwemmte Düngemittel gelangten regelmässig in die Gewässer. Allein im Einzugsgebiet des Sempachersees wurden jährlich 300 Tonnen Phosphat aus der Gülle auf landwirtschaftliche Produktionsflächen ausgetragen. Der Phosphateintrag in den See betrug in den 1970er- und frühen 1980er-Jahren zwischen 4,2 und 8 Tonnen pro Jahr (Kummert und Stumm 1989).
Zeitgleich wurde die Eier- und Geflügelproduktion propagiert. Mit der Förderung der Käfighaltung wurde einerseits die Hors-Sol-Produktion initiiert, andererseits das traurige Zeitalter der industriellen Tier- und Nahrungsmittelproduktion eingeläutet. Trotz zahlreicher Gegenstimmen und -gutachten erhielt die bodenlose industrielle Eier-, Geflügel- und Schweinezucht den Segen von ganz oben.
Der Staat kontrollierte die Landwirtschaft mit fixen Preisen, die er vorschrieb und an die sich alle halten mussten. Da diese Preise über dem eigentlichen Marktpreis lagen (welcher normalerweise Angebot und Nachfrage ins Gleichgewicht bringen sollte), wurde schon bald viel zu viel produziert. Diese Überproduktion wurde für den Staat ein kostspieliges Abenteuer, da er den Bauern garantiert hatte, alles, was produziert wird, auch abzukaufen (Übernahmegarantie). Im Volksmund sprach man vom Milchsee und vom Butterberg (Abb. 112). Die Milchpreisstützung kostete den Bund allein im Beitragsjahr 1966/67 rund 160 Millionen Franken, 1967/68 bereits 278 Millionen Franken (Baumann und Moser 1999). 1980 kostete die Milchverwertung den Bund 652 Millionen Franken, 1990 waren es 1,1 Milliarden Franken (Brugger 1992).

Abb. 108: Auf Wiesland wird Gülle zu 90 Prozent mit dem Druckfass ausgetragen. Es entstehen problematische Ammoniak-Emissionen. Die Fäkalienflut ist eine Folge des ungezügelten Fleischkonsums der Bevölkerung. Allein im Jahr 1993 wurden 50 Millionen Tonnen Gülle und Mist auf 9500 Quadratkilometern Kulturland ausgebracht – das sind mehr als 50 Tonnen pro Hektare.

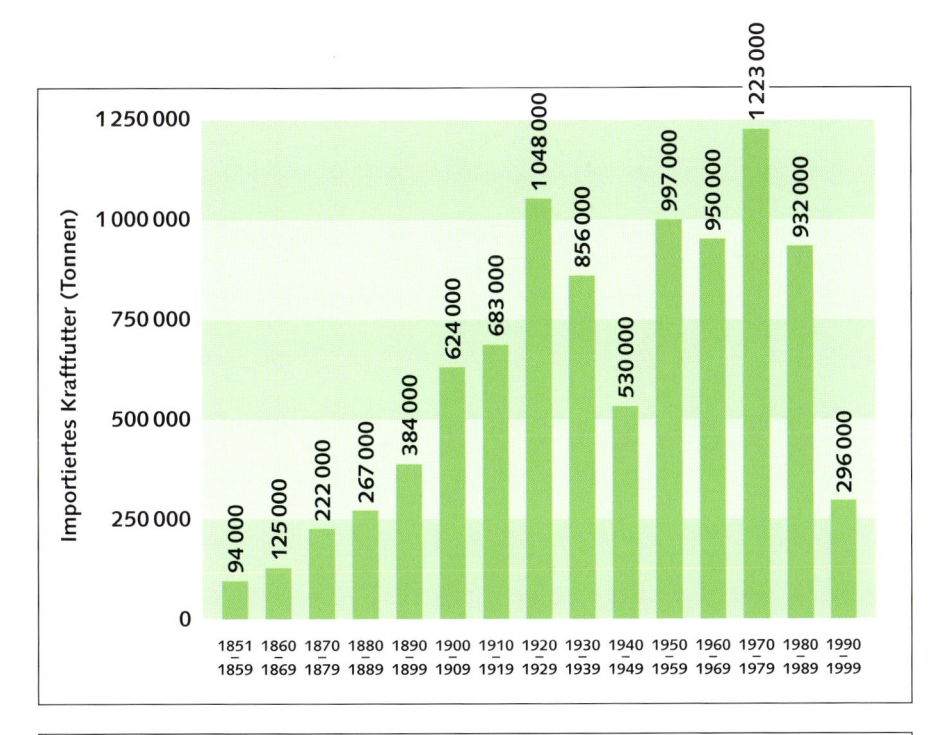

Abb. 109: Importierte Nährstoffe: Einfuhr von Kraftfutter in die Schweiz (Zehn-Jahres-Mittel). Quellen: Brugger 1968, Schweizerisches Bauernsekretariat, Statistische Erhebungen und Schätzungen über Landwirtschaft und Ernährung.

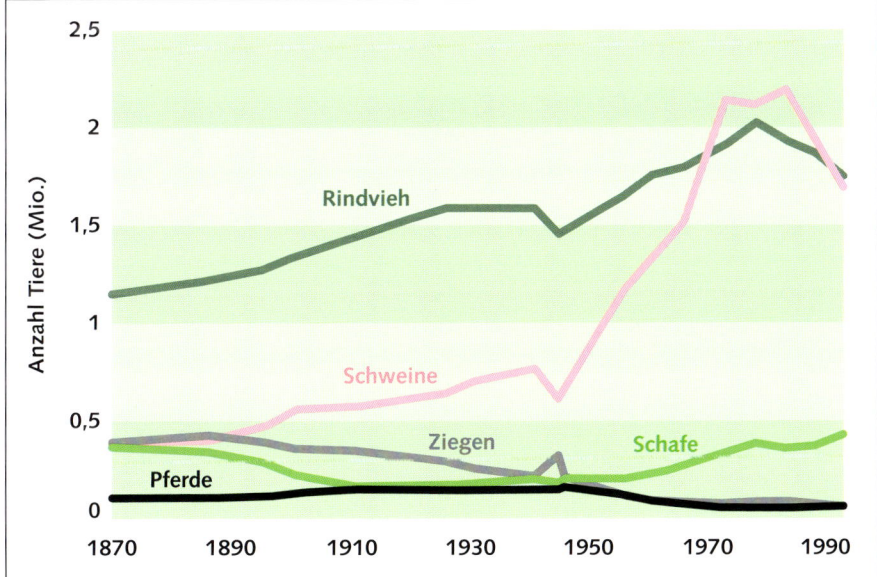

Abb. 110: Entwicklung des Grossvichbestands in der Schweiz. Besonders stark zugenommen hat die Anzahl Schweine. Quelle: Statistisches Jahrbuch der Schweiz, div. Jahrgänge.

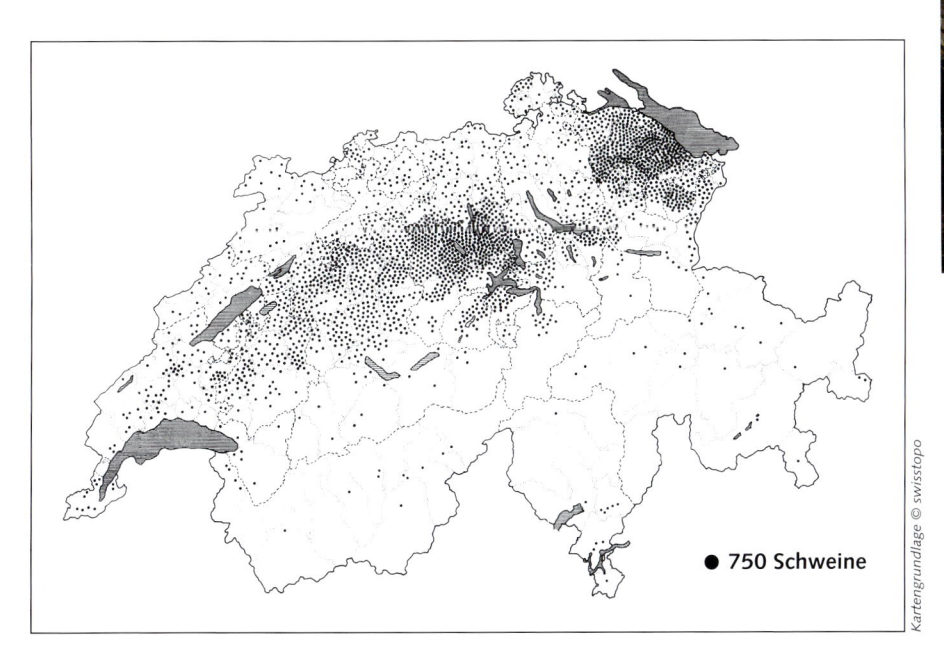

Abb. 111: Schweinerei im Mittelland: Verteilung des Schweinebestands in der Schweiz in den 1970er-Jahren. Quelle: Gemeindeergebnisse der eidgenössischen Betriebszählung 1975.

Kapitel 7 Die Demontage der traditionellen Kulturlandschaft

159

Die Auswirkungen auf Natur und Landschaft

Düngemittel bestimmen nicht nur den Ertrag und die Dichte landwirtschaftlicher Kulturpflanzen, sondern auch die Farbpalette im Grasland. Heute dominieren auf den intensiv genutzten Wiesen einige wenige Pflanzenarten, die vom reichhaltigen Nährstoffangebot profitieren. Nährstoffarme und dadurch artenreiche Grünlandökosysteme sind selten geworden. Jedes Jahr klettern die knallig grünen Wiesen ein Stück höher in die Berggebiete. Nur in extensiv genutzten Gebieten mit einer hohen Nutzungsvielfalt in den Alpen und im Jura gibt es noch das Mosaik aus verschiedenen Farbtönen.

Die Herbizide und hohen Düngergaben brachten Pflanzengesellschaften, die sich während Jahrhunderten den verschiedenen Standorten und Nutzungen angepasst hatten, in wenigen Jahrzehnten zum Verschwinden. Gleichzeitig verschwand auch die von einer vielfältigen Flora abhängige Tierwelt. Unliebsame Tierarten wurden ausserdem durch Insektizide eliminiert, wobei auch viele harmlose und nützliche Tiere beseitigt wurden.

Die Bearbeitung des Bodens mit grossen Maschinen erfordert grosse und zusammenhängende Flächen. Um einen rationellen Einsatz der schweren Geräte zu ermöglichen, wurde die Kulturlandschaft maschinengerecht umgestaltet. Naturnahe Landschaftselemente, welche die Bewirtschaftung erschwerten, wurden nach

Abb. 112: Die Überproduktion aus Sicht der Karikaturisten. Links: Schweizer Wirtschaftspanorama. Rechts: Die Karikatur wurde durchaus auch in der Schweiz verstanden. Quelle: Nebelspalter 1985 und 1981.

und nach ausgeräumt: Gehölze, Einzelbäume, Hecken, Steinhaufen, Feuchtgebiete, Tümpel und topografische Unebenheiten wurden beseitigt, Waldränder begradigt, Bäche eingedolt.

Angestachelt durch die milliardenschweren Subventionen hat die Landwirtschaft die Landschaft verstümmelt. Gänzlich ausgewechselt wurde sie durch die Meliorationen, die im nächsten Unterkapitel ausführlich behandelt werden. Und dennoch war es für die Agrarkreise ein Sakrileg, als in Deutschland 1985 das Sondergutachten «Umweltprobleme der Landwirtschaft» – verfasst vom Rat der Sachverständigen für Umweltfragen – publiziert wurde. Es durfte nicht wahr sein, dass die Landwirtschaft als «Hüterin und Pflegerin» der Natur zur Umweltzerstörerin und Umweltverschmutzerin degradiert wurde. Die Ergebnisse von damals waren weitgehend auch für schweizerische Probleme gültig – genau wie jene im Sachbuch «Ökologie» zum selben Thema (Haber und Salzwedel 1992).

Thomet und Thomet-Thoutberger haben 1991 eine gut dokumentierte Bilanz der Modernisierung und Subventionierung der Landwirtschaft für Natur und Landschaft vorgelegt:

- 90 Prozent der Trockenwiesen und -weiden sind verschwunden.
- Der Rückgang der Moorflächen ist gleich gross, aber die Zerstörung hat schon früher eingesetzt.
- 2550 Kilometer Bäche sind zwischen 1951 und 1985 begradigt worden. In mehreren Kantonen wurden mehr als 50 Prozent der Bäche eingedolt.
- Zwischen 1970 und 1990 wurden 30 Prozent der Feldhecken im Mittelland beseitigt.

Angesichts der damaligen Überproduktion sind die Versuche der Landwirtschaft, auch noch die letzten Nass- und Streuewiesen zu entwässern, zu düngen und zu intensivieren, heute nicht mehr nachvollziehbar. Dabei geht es nicht darum, den Bauern zu verteufeln – er ist ein Kind seiner Zeit. Der Journalist und Naturschützer Horst Stern schrieb dazu 1978: «Aber indem man [den Bauern] von Gesetzes wegen zum Naturschützer ernannte, ermunterte man ihn, im Schutz solcher Protektion auch die Restnatur noch zu zerstören.» Die «sinnlos gewordene Agrarpolitik, die nur noch von Geld und Erträgen redet», würde die Bauern immer tiefer in eine Feindschaft zur Natur hineintreiben. Einer ganzen Generation von Bauern wurde so lange Ökonomie schlimmster kapitalistischer Ausprägung gepredigt, dass ihr das in den 1970er-Jahren aufkommende Wort Ökologie wie ein «Druckfehler» vorkommen musste (Stern et al. 1978). Bis heute ist der Begriff für viele Bauern unverständlich, für andere wurde er gar zu einem Schimpfwort, mit dem Naturschutzabsichten belegt werden.

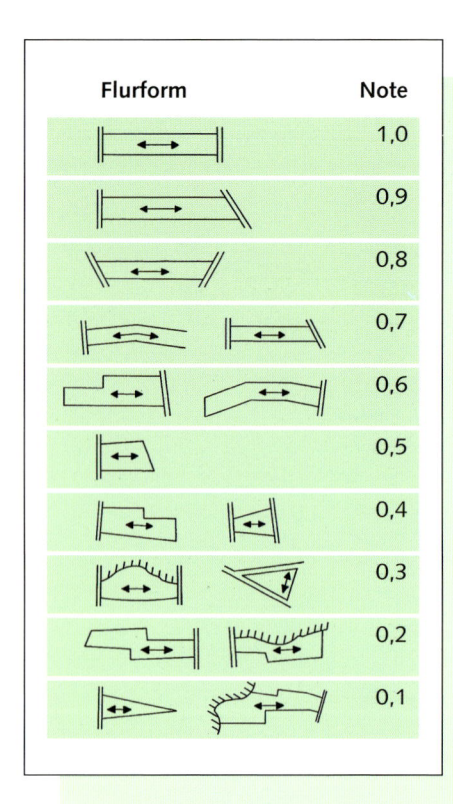

Flurform	Note
	1,0
	0,9
	0,8
	0,7
	0,6
	0,5
	0,4
	0,3
	0,2
	0,1

Abb. 113: Wenn Kulturingenieure Flurformen benoten: Viereckig = sehr gut, unförmig = miserabel. Was bleibt in der Landschaft? Die globalisierte Parzelle, die keinerlei Rücksicht auf naturräumliche Gegebenheiten und kulturell Gewachsenes nimmt. Quelle: Kantonales Meliorationsamt Bern 1978; in Schmid und Flury 1984.

Meliorationen als Kulturvandalismus

Die Meliorationstätigkeiten zwischen 1885 und 1953 und das ausserordentliche Meliorationsprogramm von 1940 bis 1946 haben die traditionelle Kulturlandschaft innerhalb von nur 70 Jahren bereits deutlich verändert. Doch Ende der 1950er-Jahre wurde ein weiteres Mal dazu aufgerufen, Güterzusammenlegungen, Strassen- und Wegbauten, Drainagen, Spezialisierungen von Kleinbetrieben sowie Rationalisierungen des innerlandwirtschaftlichen Betriebsablaufs vorzunehmen. Aus der Sicht des Natur- und Landschaftsschutzes sind die Meliorationen, die die Landschaft regelrecht umgepflügt haben, ein Biozid für freilebende Tiere und wildwachsende Pflanzen. Die heutige Generation der Natur- und Landschaftsschützer kann sich heute gar nicht mehr vorstellen, welche Mengen an Naturgütern vernichtet wurden. Von den Akteuren wurde dies aber permanent verleugnet oder in Abrede gestellt. Nur vereinzelt und zwischen den Zeilen wurde dazu aufgerufen, bei Meliorationen «Ehrfurcht vor dem Alten» zu zeigen (z.B. Tanner 1956).

Die Güterzusammenlegungen ab den 1950er-Jahren bekamen durch die nun zur Verfügung stehenden Maschinen – der Bulldozer kam erst nach dem Zweiten Weltkrieg – eine neue Dimension. Mit ihrer Hilfe war es möglich, die Bodennutzung ohne Rücksicht auf geomorphologische, historische und natürliche Voraussetzungen des Geländes völlig umzugestalten. Es entstanden Monokulturen, welche von geraden, künstlichen Linien dominiert werden (Abb. 113). Man muss sich bewusst sein, dass diese tiefgreifenden Landschaftsveränderungen durchgeführt wurden, ohne die Bevölkerung nach ihrem Willen zu fragen. Die Gegenüberstellung von alten und neuen Flurplänen bzw. Flurbildern, seien diese terrestrische Fotografien oder Luftbilder, offenbaren die komplette Auswechslung der Landschaft.

Was blieb nach einer Melioration? Um es vorwegzunehmen: nicht viel! Das Kleinrelief, das der Landschaft Bewegung und Leben gibt, weil die dritte Dimension für den Menschen fassbar und erlebbar ist, war den meliorativen Eingriffen schutzlos ausgeliefert. Der grösste Teil des agrarmorphologischen Formenschatzes wie

Anwande, Gewannstoss, Raine, Weidgassen, Hohlwege, Lesesteinhaufen, Steinriegel, Trockensteinmauern und Weidgräben wurde bei den Meliorationen planiert oder beseitigt. Sogar Sonderformen der traditionellen Kulturlandschaft wie Wölb-Äcker, Feldscheunen, alte Wege, Ackerterrassen und Wässermatteneinrichtungen, die eigentlich unter Denkmalschutz gestellt werden sollten, wurden beseitigt. Im «Weichbild» der Landschaft waren weitere Opfer des *«subventionierten Kultur-Vandalismus»* (Demandt 1997) zu beklagen. Hochstamm-Obstbäume, Feldgehölze, Grenzbäume, Gedenkbäume, Kopfweiden, Schneitelbäume, Bewässerungsgräben, Feuerweiher, kleine Lehmgruben und Weidzäune verschwanden aus der Landschaft (siehe Bildvergleiche Abb. 120–129, 157).

Mit der Beseitigung des agrarmorphologischen Reliefs, des historischen Wegnetzes, des flurgenetisch nicht erforschten, historischen Flurbilds und Parzellennetzes erodierten auch die traditionellen Requisiten von Dorf und Flur, die Bestandteil unserer Kultur sind. Spezielle funktionale Bauten wie Mühlen samt Mühlekanal, wassergetriebene Sägereien, Trotten, Mostpressen, Käsereien, «Milchhüsli», Dorfbacköfen, Feldscheunen, Feldställe, Pulvertürme, Dörröfen und Ölpressen wurden obsolet und beseitigt. Nur ein Promillesatz wurde erhalten oder umgenutzt. Im Gegensatz zur Schweiz hat man sich in Deutschland frühzeitig um diese historischen Kulturlandsschaftselemente gekümmert (siehe Gunzelmann 1987, Brink und Wöbse 1989, Wöbse 1994, Dix 1997, Schenk et al. 1997, Burggraaff et al. 1998).

Was in den meliorierten Landschaften nicht auf den ersten Blick ins Auge fällt, ist die Entwässerung der Landschaft. Es gab zwei Ebenen von Entwässerungsmassnahmen. Die eine ist die Entwässerung des Bodens durch Drainageröhren, die 80 bis 120 Zentimeter unter der Bodenoberfläche eingebracht werden. Tannenastförmig wurden diese «Sauger» in die Landschaft eingebaut (Abb. 74). Eine zweite Entwässerungsmassnahme betrifft die Fliessgewässer. Noch bis in die Gegenwart hat man kleine Fliessgewässer mit einer Fliessbreite von weniger als 40 Zentime-

Abb. 114: Links: Wegenstetten (AG), März 1983: Die Marchsteine für die Melioration liegen bereit. Rechts: Wittnau (AG), Oktober 1982. Neuer Flurweg in der Landschaft. Der Apfelbaum war eindeutig im Weg.

Abb. 115: Wirtschaftliche Notwendigkeit oder Grössenwahn?

tern in Röhren im Boden eingedolt bzw. entsorgt. Ein Spaziergang über Feld und Wiesen bestätigt die gähnende Leere in vielen Landschaften der Schweiz in Bezug auf Kleinstgewässer. Im subalpinen Gebiet und auf den Alpen gehören Wildbach- und Lawinenverbauungen zu den Bodenverbesserungsmassnahmen.

Broggi und Schlegel (1989) haben berechnet, dass Ende der 1980er-Jahre im Mittelland nur noch auf 3,5 Prozent der landwirtschaftlichen Nutzfläche naturnahe Lebensräume vorhanden waren. Die Auswirkungen der Meliorationen zwischen 1950 und 1985 werden wie folgt beziffert:

- 4438 Hektaren naturnahe Biotope wurden in Kulturland umgewandelt.
- 49 193 Hektaren wurden entwässert, das ist ein Sechstel des offenen Kulturlands.
- 2520 Kilometer Bäche wurden begradigt, das heisst, dass alle Begradigungen im Zusammenhang mit Meliorationen stehen (vgl. oben).
- 5854 Kilometer Güterstrassen und -wege wurden neu gebaut.

Der Wald blieb zwar als Fläche bestehen, wurde aber korsettiert, indem möglichst viele Strassen direkt am Waldrand gebaut wurden. Etwaige Waldbuchten wurden aufgeforstet und vorstehende Waldspickel gerodet: Alles in allem eine «saubere Lösung» mit parzellenscharfen Grenzen.

Geblieben sind neben dem Wald jene Gewässer, die man zwar begradigen, aber nicht eindolen und unter dem Boden versorgen konnte. Da und dort baute man eine Flussschlaufe ein, um dem Wunsch nach Revitalisierung nachzukommen. Viele Weiden sind dagegen leergefegt; es fehlen die Weidbäume, die dem Vieh Schatten gespendet haben.

Dagegen tauchte ein neues Element in der Landschaft auf: der Aussiedlerhof (Abb. 115–117). In vielen Dörfern war es so eng, dass an eine Modernisierung der Bauernhöfe nicht zu denken war. Das Errichten eines grösseren Stalls, einer neuen Scheune oder eines neuen Silos war in der Regel nicht möglich. Daher wurden Bauern im Rahmen der Güterzusammenlegung aus dem Dorf in die Flur ausgesiedelt, weshalb man diese neuen Bauernhöfe Aussiedlerhöfe oder Aussenhöfe nennt. Vor allem in den letzten Jahren hat man überdimensionierte Bauten in die Landschaft gestellt, welche das Landschaftsbild visuell erheblich beschädigen.

**Abb. 116: Aussiedlerhöfe.
Links: bei Kienberg (SO), April 2008. Rechts: ob Hemmiken (BL), August 2008.**

Der Bauer wurde entwurzelt und zum Hors-Sol-Menschen, der keinen Bodenkontakt pflegen kann, da er entweder mit dem Traktor unterwegs ist oder am Computer sitzt. Der moderne Bauernhof ist eine Kulisse, hinter welcher sich ein radikaler Wandel vollzogen hat vom bäuerlichen Leben hin zu gewerblich-industrieller Produktion. Das Fundament des modernen Landwirtschaftsbetriebs besteht bildlich gesprochen aus Erdölfässern (Baumann und Moser 1999). Daher ist auch die Vorstellung vom «ländlichen Raum» nurmehr ein (nationaler) Mythos.

Auch nach einer Melioration wird die Landschaft im Kleinen unablässig verändert, indem man die verbleibenden maschinenunfreundlichen Geländepartien abhobelt, planiert oder auffüllt. Jede noch so kleine Senke wird mit Erdmaterial von Erdarbeiten, die an anderen Stellen durchgeführt wurden, aufgefüllt. Hier spielt das «Anbauschlacht-Syndrom» eine gewichtige Rolle. Erst wenn man diese planierten Gebiete mit nicht meliorierter Landschaften vergleicht, realisiert man die grossen Unterschiede zwischen Monotonie und Vielfalt.

Kaum nachvollziehbar ist die Tatsache, dass man das fein ziselierte Parzellenmuster des Mittellands zerstört hat, ohne auch nur einen einzigen Gedanken daran zu verschwenden, dass hier Archivalien offen liegen, die noch niemand untersucht oder erforscht hatte. Diese meliorative Devastation hat der Flurforschung und der Erforschung der Landschaftsgenese das Forschungsobjekt zerstört. Hafner (1992) schrieb dazu: *«Ein Staatsarchiv birgt Schätze von unbezahlbarem Wert. Die kostbaren handschriftlichen Dokumente und Originalpläne, die Schlüssel zu unserer*

Abb. 117: Zersiedelte Landschaft: Jeder Hof erhält seine eigene Zufahrtsstrasse. Quelle: Ewald 1978, Blatt Andelfingen (LK 1052).

Abb. 118: Aussiedlerhöfe führen dazu, dass Flächen, die abgelegen liegen und deshalb nur extensiv bewirtschaftet wurden, intensiviert werden.

A Gehölz
B Hecke
C Extensiv genutzter Bereich
D Gemeindegrenze
E Aussiedlung

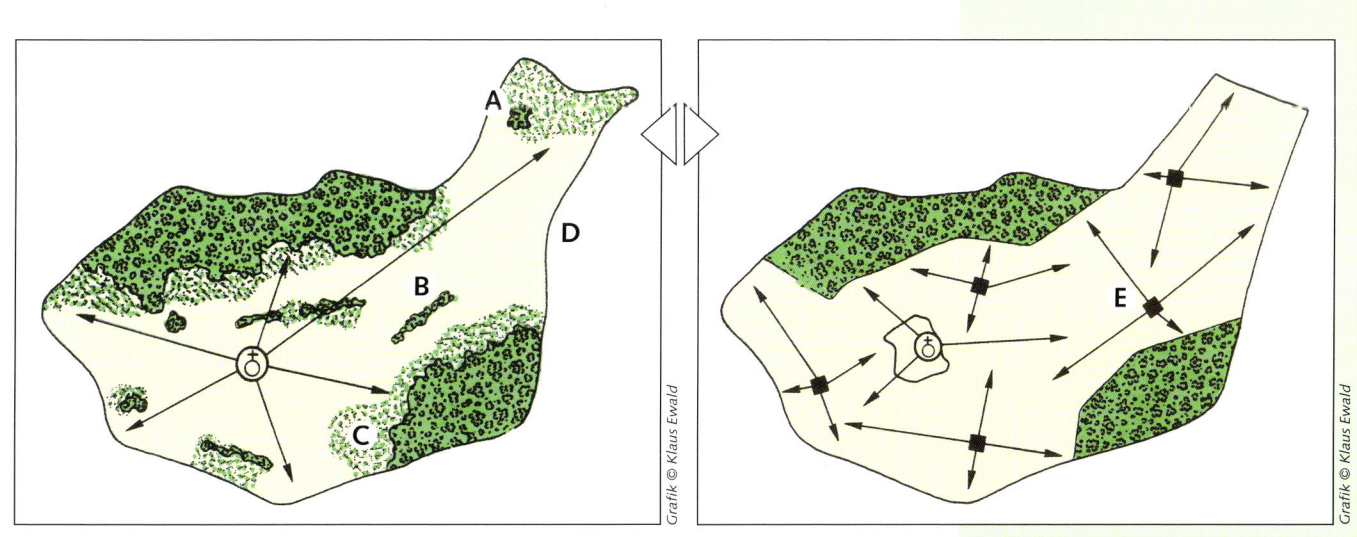

| Gemeinden | Ausführungszeit | Güterzusammenlegungen ||||| Drainageleitungen (m) | Bacheindolungen (m) | Neue Flurwege (m) | Gesamtkosten (Fr.) |
| | | Beizugsgebiet (ha) | Eigentümerzahl || Parzellenzahl |||||
			vor	nach	vor	nach				
Aeugst a. A.	1961–1979	477	190	194	616	358	32 693	4 220	18 000	3 688 701
Affoltern a. A.	1952–1963	813	350	380	1 700	550	57 510	6 880	57 400	2 440 305
Bonstetten und Wettswil a. A.	1941–1950	932	365	326	1 908	579	148 290	8 290	46 600	2 995 535
Hausen a. A.	1946–1959	1 047	364	336	1 150	440	106 190	168 112	34 807	2 692 420
Hedingen	1960–1975	407	125	133	450	170	45 860	3 017	21 203	2 059 382
Kappel (Zivilgem. Hauptikon und Uerzlikon) und Mettmenstetten (Zivilgem. Rossau)	1928–1933	530	147	130	1 137	349	0	5 236	28 755	384 250
Kappel a. A.	1967–1979	300	51	51	225	183	35 677	1 895	13 470	2 331 841
Knonau	1957–1976	572	170	171	480	252	51 575	1 893	31 500	2 582 411
Maschwanden	1932–1939	390	128	126	921	335	0	5 189	14 581	252 160
Mettmenstetten	1956–1972	954	343	376	1 668	835	50 833	3 311	51 990	3 377 573
Obfelden	1936–1942	599	294	272	1 936	670	0	3 073	26 860	290 584
Ottenbach	1966–1989	564	458	585	1 396	950	30 320	1 115	17 637	3 571 039
Rifferswil	1938–1950	585	205	192	1 395	542	0	3 370	17 000	287 749
Total		8 170	3 190	3 272	14 982	6 213	558 948	64 301	379 803	26 953 950

Tab. 3: Statistische Auswertung der im Knonauer Amt (Ämtler Gemeinden, ZH) durchgeführten Gesamtmeliorationen. Quelle: Baumann und Elmiger 2004.

Vergangenheit werden mit viel Aufwand verwaltet, gepflegt und durch teure technische Vorkehrungen vor einer möglichen Zerstörung geschützt. Unsere Alltagslandschaft draussen vor der Haustür ist auch ein wertvolles Archiv. Jede Geländeform, jedes Ortsbild und jeder Hohlweg zeugen im Massstab 1:1 von der langen Geschichte unseres Lebensraumes, vom steten Wandel unserer Umgebung. Der fortschreitende Verlust an diesem kulturlandschaftlichen Erbe ist endgültig, einem Brand im Staatsarchiv vergleichbar. Trotzdem erfolgt die Beseitigung jahrhundertealter Landschaftselemente in der Regel ohne ernsthafte Abwägung der verschiedenen Interessen, oft auch aus purer Unkenntnis.»

Zu Recht empört haben wir 2001 nach Afghanistan geblickt, als die Taliban die für sie als Götzenbilder geltenden Bamian-Buddhas zusammenschossen. Konsterniert haben wir vernommen, wie die Museen in Bagdad durch Vandalen zerstört und geplündert wurden. Doch sollten wir uns bewusst sein, dass eine analoge Zerstörung von öffentlichem Gut in unserer Landschaft stattfand, wobei der hier inszenierte Kulturvandalismus mit Steuergeldern subventioniert wurde.

Es gab zweifellos auch sinnvolle Güterzusammmenlegungen, die in der Regel mit sehr geringem technischem Aufwand realisierbar sind. So hat Bronhofer (1955/56) errechnet, dass im Kanton Schaffhausen ein Bauer in den 1950er-Jahren 180 Stunden Fahrzeit pro Jahr benötigte, um seine 52 zerstreut liegenden Wirtschaftsparzellen zu unterhalten. Ein anderer Bauer benötigte für seine 65 Parzellen 350 Stunden Fahrzeit pro Jahr, was 29 Arbeitstagen zu 12 Stunden entspricht. Diese Güterzersplitterung war untragbar, eine Neugruppierung der Güter unumgänglich, um einen unnötigen Energie- und Kräfteverschleiss zu verhindern. Aber es wurde in diesem Land, das sich so gern als das Land der Verhältnismässigkeit bezeichnet, masslos übertrieben, indem fast alle Landumlegungen automatisch mit Landerschliessungen, dem Bau von Drainagen und Meliorationsmassnahmen verbunden wurden.

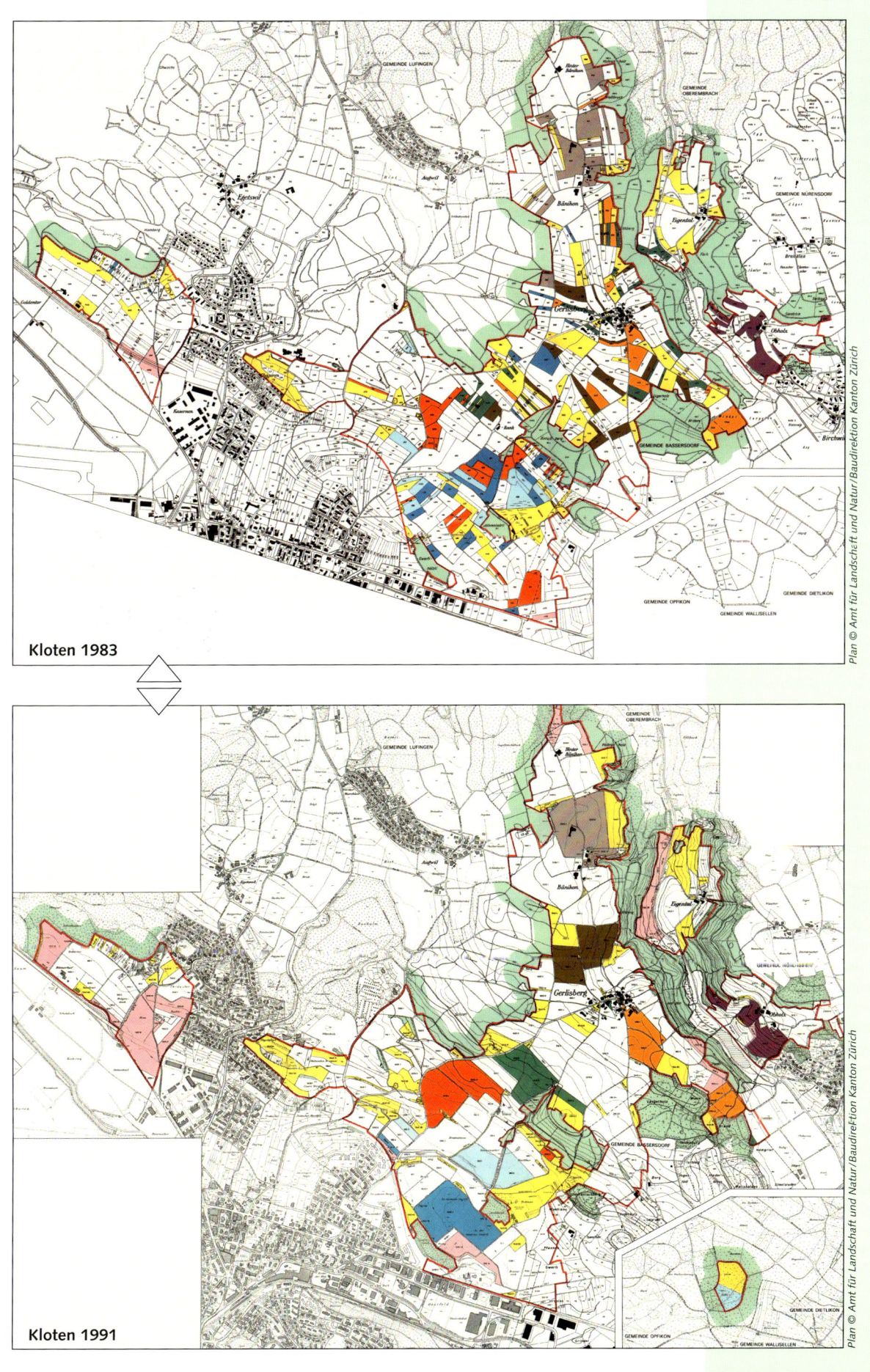

Abb. 119:
Aus viel mach wenig: Melioration Kloten (ZH). Quelle: Meliorations- und Vermessungsamt des Kantons Zürich.

Kloten 1983

Kloten 1991

Kapitel 7   Die Demontage der traditionellen Kulturlandschaft

167

Landschaft im Griff der Meliorationen

Auf den folgenden drei Doppelseiten werden Eingriffe in die Landschaft festgehalten, die sich den schnell an Neues gewöhnten Augen schon wieder entzogen haben. Fotografien sind Medizin für unser brüchiges Gedächtnis. Viele der hier abgebildeten neuen Bilder zeigen für sich allein genommen attraktive Landschaften. Im Ensemble mit den alten Bildern, die vom gleichen Standpunkt aus aufgenommen wurden, entfaltet sich aber eine Dynamik, der man sich nicht entziehen kann, und die zum Teil sprachlos macht.

Abb. 120: Melioriert wird auch im Ausland. Diese traditionelle Kulturlandschaft im norditalienischen Val Bregaglia, nahe der Schweizer Grenze, wurde durch eine Melioration komplett zerstört. Die Lesesteinmauern sind fast vollständig verschwunden, der Bach wurde von Gebüsch gesäubert und radikal begradigt.

Foto © Klaus Ewald

Foto © Klaus Ewald

Abb. 121 (links): Eine neue Strasse durchzieht die melorierte Landschaft um Wintersingen (BL). Immerhin wurde auf eine vollständige Asphaltierung verzichtet. April 1976 und 1996.

Abb. 122 (unten): Werdegang eines ganz normalen Landschaftsausschnitts (Diegten BL): Im Juli 1976 präsentierte sich diese Ecke als hübsche Landschaft. Die vielen Obstbäume haben den Übergang vom Wald ins Kulturland weniger hart erscheinen lassen. Mai 1980: Einige der Obstbäume mussten einem Acker weichen. Oktober 1996: der letzte Mohikaner. Im April 2008 möbliert ein Reitplatz auf der grünen Wiese die Landschaft.

Kapitel 7 Die Demontage der traditionellen Kulturlandschaft

Abb. 123 (oben): Eine Doline wird aufgefüllt, Wenslingen (BL), Herbst 1973 und Juni 1986. Dolinen (Einsturztrichter) und kleine Mulden können die landschaftliche Vielfalt bereichern. In ihnen herrschen andere mikroklimatische Bedingungen als in der Umgebung. Dadurch können sie – inselartig – besondere Tier- und Pflanzenarten beherbergen. Häufig werden aber solche «Löcher» mit Deponiematerial aufgefüllt.

Abb. 124 (links): Die Wiesen sind flurbereinigt und geglättet. Susch (GR), Herbst 1972 und 2003.

Abb. 125: Diesem Landschaftsausschnitt zwischen Zeglingen (BL) und Wenslingen (BL) wurden die charakteristischen Feldscheunen genommen. Verschwunden ist auch die naturnahe Fläche in der Bildmitte. Dafür hat die Melioration neue Feldwege hinterlassen. Die letzte verbleibende Feldscheune versteckt sich hinter Chinaschilf. Herbst 1973, Oktober 1996.

Abb. 126: Hier wurden Panzersperren gewaltsam entfernt. Diese Denkmäler gehören zu den wenigen extensiv oder gar nicht genutzten Standorten in unserer Landschaft. Ihre Beseitigung muss als Verlust bezeichnet werden. Hornussen (AG), Anfang und Mitte 1984.

Kapitel 7 Die Demontage der traditionellen Kulturlandschaft

171

Abb. 127: Ein Aussiedlerhof ermöglicht die intensive Nutzung dieser traditionellen Kulturlandschaft. Wegenstetten (AG), April 1976, Mai 1988 und August 2008. Die Streuobstwiesen wurden aufgelichtet, extensiv genutzte Bereiche sind praktisch verschwunden. Der «Hof» wurde laufend erweitert.

Abb. 128: Melioration Buus (BL). April 1975, Mai 1977, Juni 1981.

Abb. 129: «Kalte Melioration» bei Hochwald (SO). Mai 1975, April 1997.

Kapitel 7   Die Demontage der traditionellen Kulturlandschaft

173

Naturlandschaft	→	Traditionelle Kulturlandschaft	→	Heutige Kulturlandschaft
Naturrasen über der natürlichen Waldgrenze	Mahd	Naturrasen	Nutzungsaufgabe	Naturrasen
		Mähder/Wildheuflächen		
	Beweidung	Alpweiden	z.T. Nutzungsaufgabe	Alpweiden, Brache
Hochmoore, natürliche Flachmoore, Wälder auf nassen Böden	Rodung, Entwässerung, Kultivierungsmassnahmen Torfgewinnung	Hochmoore	Torfgewinnung	Flachmoor, degeneriertes Hochmoor
		Riedwiesen	Nutzungsaufgabe	Verbuschte Riedwiesen
		Nasswiesen	Düngung, häufigerer Schnitt, Drainage	(Nasse) Fettwiesen
Wälder (zahlreiche Waldtypen)	Intensiver Holzeinschlag	Ausgebeutete Wälder, Mittelwälder, Niederwälder	Rückgang der Eingriffe	Plenterwald, Wald mit steigendem Holzvorrat
			Pflegeeingriffe	Schutzwälder
	Beweidung	Waldweiden, lichter Wald	Weideverbot, Nutzungsaufgabe	Wald mit steigendem Holzvorrat
		Alpweiden		Alpweiden
			Nutzungsaufgabe	Verbuschung
			Infrastruktur für den Tourismus	Seilbahnen, Skipisten
	Rodung	Rebberge	Intensivierung, Meliorationen	Grossflächiger Rebbau
		Magerwiesen, Trockenwiesen		Magerwiesen, Trockenwiesen
			Düngung, häufigerer Schnitt, Pestizide	Fettwiesen, degenerierte Trockenwiese
			Nutzungsaufgabe	Wiederbewaldung
			Aufforstung	
			Beweidung statt Mahd	Weiden
		Mässig gedüngte Graslandgesellschaften		Mässig gedüngte Graslandgesellschaften
			Düngung, häufigerer Schnitt, Pestizide	Fettwiesen
			Beweidung	Extensive Weiden
			Ausdehnung des Siedlungsraums	Siedlungen, Infrastruktur
		Fettwiesen	Düngung, häufigerer Schnitt, Pestizide	Fettwiesen
		Weiden	Schwerere und anspruchsvollere Tiere, mehr Tiere pro Hektare	Intensivweiden
		Ackerland	Intensivierung	Agrarland
			Umwandlung in Kunstwiesen	Fettwiesen, Grasäcker
		Feldgehölze		
		Hecken		
		Agrar-geomorphologischer Kleinformenschatz (Kap.5)	Meliorationen, Rodung, Beseitigung	Homogenisierte Landschaft
		Feldobstgärten		
		Bewässerungsgräben		
		Maiensäss (Siedlungen)	Nutzungsaufgabe	Verbuschung, Wiederbewaldung
			Nutzung als Ferienhaus	Zersiedelung
		Regional typische Siedlungen, Industrieanlagen	Ausdehnung, moderne Bauweisen	Homogenisierte Landschaft durch gleiche Bauweise
Auenwälder, Sümpfe Schotterebenen	Rodung, Trockenlegung, Gewässerkorrektionen	Ackerland, Grasland	Intensivierung	Intensivkulturen
		Siedlungen	Ausdehnung, moderne Überbauungen	Agglomerationen
		Auen		
Flüsse und Bäche		Flüsse und Bäche	Begradigung, Eindolung, Wasserkraftnutzung	Monotones Gerinnebett, Stauseen, Flüsse mit geringer Restwassermenge

Abb. 130: Veränderung der Landschaft durch den Menschen. Die Entwicklung verlief von einer walddominierten Naturlandschaft über eine vielfältige, traditionell genutzte Kulturlandschaft zur heutigen, weitgehend monotonen Agrar- und Siedlungssteppe.

■ Sehr hohe Biodiversität
■ Hohe Biodiversität
□ Geringe Biodiversität

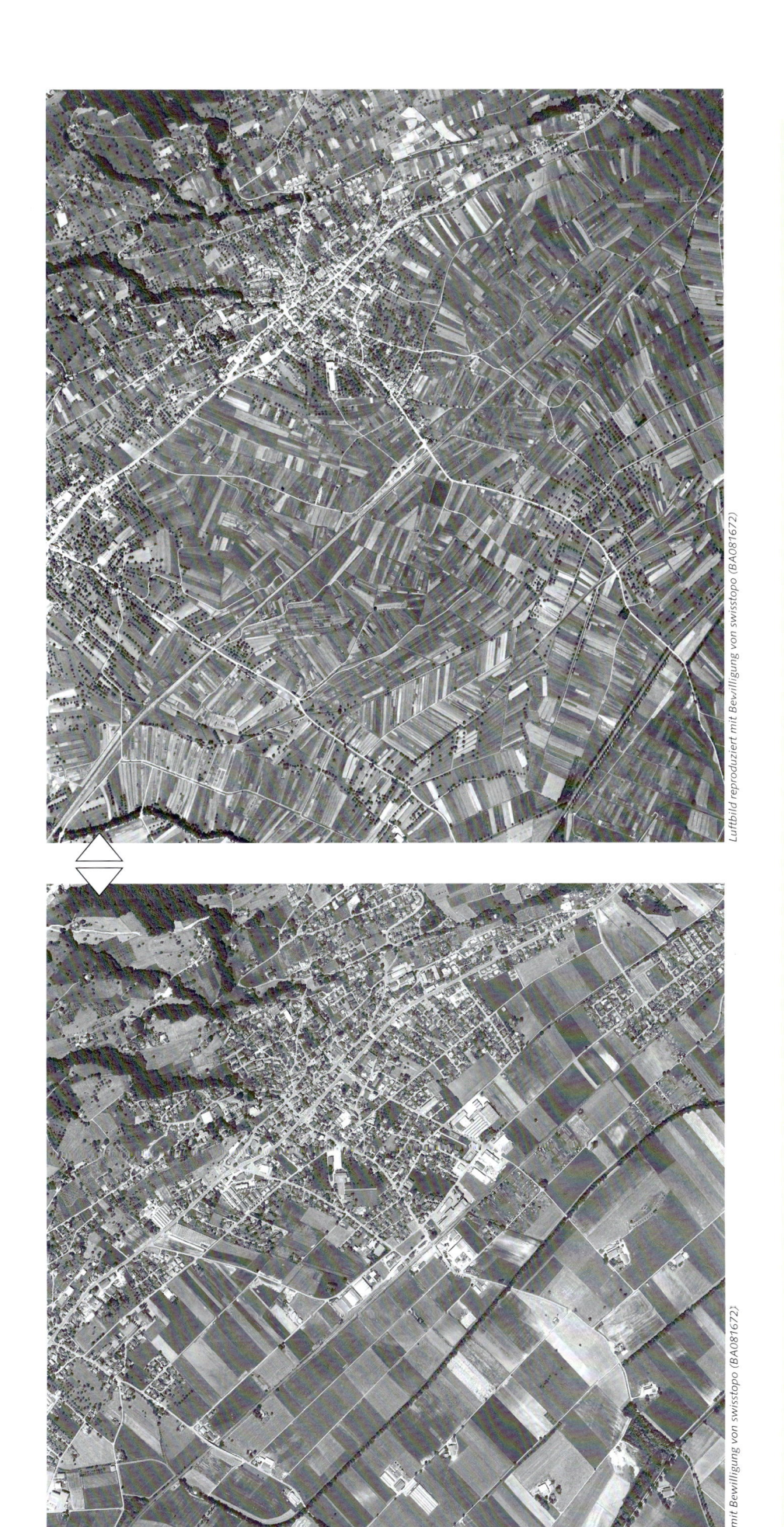

Abb. 131: Meliorationen haben Landschaft vom Reissbrett hinterlassen. Gemeinden Marbach-Rebstein (SG), oben August 1951, unten Juni 2002. Im südlichen Teil des neuen Luftbilds stechen die riesigen Aussiedlerhöfe hervor.

Kapitel 7 Die Demontage der traditionellen Kulturlandschaft

Abb. 132 (Bildpaar): Diese traditionelle Kulturlandschaft (bei Hornussen im Fricktal AG, 1950) wird durch folgende Merkmale charakterisiert: geschlossenes Dorf mit Obstgärten, wenige Einzelhöfe, verhältnismässig wenige Strassen und Wege, ein fein strukturiertes und «gewachsenes» Parzellenmuster, dichter Flurobstbau, extensiv genutzte Bereiche entlang von Waldrändern und an Abhängen sowie in der Flur, Feldgehölze und Feldhecken, mit dem Kulturland verzahnte Waldränder. Das kleine Fliessgewässer, die Sissle, verläuft in vielen Abschnitten wie ein natürlicher Bach. Luftaufnahme vom August 1950.

Der gleiche Landschaftsausschnitt 56 Jahre später (2006). Die moderne Kulturlandschaft wird durch folgende Merkmale charakterisiert: neue Häuser in den ehemaligen Obstgärten des Dorfes und ausserhalb des alten Dorfes, neue Einzelhöfe, einige Kilometer neue Flur- und Waldwege, korrigierte Strassen, Autobahn A3, im Rahmen einer Melioration neu geschaffenes Parzellenmuster, reduzierter Flurobstbau, Niederstammobstanlagen, kaum noch extensiv genutzte Bereiche, deutlich weniger Hecken und Feldgehölze, durch Aufforstung und Rodung begradigte Waldränder, Waldrandwege als Begradigung, verschiedene Verjüngungsflächen in den Wäldern, neuer Rebberg. Der Bach, jetzt ein Kanal, ist kaum mehr erkennbar. Luftaufnahme vom April 2006.

Luftbild reproduziert mit Bewilligung von swisstopo (BA081672)

Kapitel 7   Die Demontage der traditionellen Kulturlandschaft

Das Fallbeispiel Wintersingen

Als sich Anfang der 1980er-Jahre in der kleinen Baselbieter Gemeinde Wintersingen eine Melioration anbahnte, beschlossen Wissenschaftler der Abteilung Landschaft der damaligen Eidgenössischen Anstalt für das forstliche Versuchswesen (heute WSL), anhand eines Fallbeispiels die Auswirkungen einer Melioration auf Natur und Landschaft zu untersuchen. Alle natur- und landschaftsökologisch relevanten Elemente wie Obstbäume, Gehölze, Hecken, Gewässer, besondere Vegetationsstrukturen, das Kleinrelief, Wege, Reblandstrukturen, Trockensteinmauern und Lesesteinhaufen wurden in mehreren Plänen im Massstab 1:5000 sowie in Inventaren und Dutzenden von topografisch dokumentierten Fotografien festgehalten. Mit den 1983 erstellten Plänen (einzusehen beim Amt für Orts- und Regionalplanung Basel-Landschaft) führten die Wissenschaftler mit dem damaligen Chef des Meliorationsamts eine Flurbegehung durch, um ihm beispielhaft die Naturschutzanliegen im Feld aufzuzeigen. Dieser sicherte den Wissenschaftlern zu, die Anliegen des Natur- und Landschaftsschutzes «soweit möglich» zu berücksichtigen. Allerdings liess seine Bemerkung, «hier besteht ja nur ein Durcheinander; daher gehe ich auch nicht ins Elsass, weil dort die Landschaft ebenfalls ein Durcheinander ist», nichts Gutes erahnen.

Anfang der 1990er-Jahre beschlossen die gleichen Wissenschaftler, nun an der ETH Zürich, die Folgen der Melioration für Natur und Landschaft zu untersuchen und die exakten Felduntersuchungen von 1983 zu wiederholen. Für jedes im Landschaftsinventar festgehaltene Strukturelement wurde im ganzen Landwirtschaftsgebiet abgeklärt, ob es an den Orten der Erstkartierung noch oder nicht mehr vorhanden bzw. ob es an neuen Stellen aufgetreten ist. Es war das erste und einzige Mal, dass in der Schweiz alle Klein- und Kleinststrukturen einer Landschaft vor und nach einer Melioration systematisch und nach wissenschaftlichen Kriterien erhoben wurden.

Die Resultate zeigen eine dramatische Entwicklung der Landschaft: Zwischen 1983 und 1994 mussten die meisten Strukturelemente Verluste von 30 bis 70 Prozent hinnehmen (Tab. 4; Tanner und Zoller 1996a; Tanner und Zoller 1996b). Untersuchungen aus Deutschland zeigen, dass das Fallbeispiel Wintersingen kein Extremfall ist: Beispielsweise konnte Auweck (1982) nachweisen, dass bei Flurbereinigungen rund 50 Prozent der Kleinstrukturen beseitigt werden. Die Ergebnisse aus Wintersingen werden auch durch Untersuchungen aus dem benachbarten Aargauer Jura gestützt (Hertach 1994). In vier Gemeinden wurden die quantitativen Veränderungen von Magerwiesen, Hecken, Hochstamm-Obstbäumen und Strassen zwischen 1982 und 1994 untersucht. Bemerkenswert ist, dass Densbüren, dessen Gesamtmelioration in den Medien als ein gut gelungenes Beispiel einer naturnahen Landschaftsgestaltung dargestellt wurde, bezüglich der ökologischen Entwicklung unter den vier Gemeinden den letzten Platz belegt. Ohne die Landkäufe durch Naturschutzorganisationen wären die naturnahen Lebensraumstrukturen fast vollständig aus der Landschaft getilgt worden.

Lesesteinhaufen wurden in Wintersingen besonders häufig beseitigt. Von den 15 im Jahr 1983 kartierten Objekten konnten elf Jahre später nur noch deren fünf gefunden werden. Damit sind nicht nur attraktive Landschaftselemente verloren gegangen, sondern auch wichtige Reptilienstandorte zerstört worden. Grosse Verluste gab es auch bei der Feuchtvegetation. Insgesamt wurden 21 Kilometer Drainagen und Wegentwässerung erstellt. Dadurch sank die Anzahl der Standorte mit Feuchtvegetation um 41 Prozent.

Reben (plus 38 Prozent) und Niederstamm-Obstplantagen (plus 39 Prozent) wiesen zwar Zunahmen auf; bei der heutigen intensiven Art der Bewirtschaftung und der rechtwinkligen Anlage dieser Elemente können diese aber nicht als Gewinn für Natur und Landschaft betrachtet werden. Auch die Länge des Weg- und Strassennetzes hat deutlich zugenommen. Die neu erstellten 9,3 Kilometer entsprechen einem Kulturlandverlust von drei Hektaren.

Um die 455 Hektaren Acker, Wiesen und Weiden zu «meliorieren», wurden vom Kanton rund zehn Millionen Franken bewilligt (Regierungsratbeschluss Nr. 1738, 11. August 1981). Dieses Geld wurde wie folgt eingesetzt:
- 686 000 Franken für Eindolungen, d. h. Entwässerungen und Ähnliches
- 628 000 Franken für Wege im Rebberg und Ähnliches
- 7 000 000 Franken für 24 Kilometer Wegebau, Wegentwässerung und Ähnl.
- 1 300 000 Franken für die planerisch-technischen Seiten der Güterzusammenlegung

Das bedeutet, dass – bei 40 Landwirtschaftsbetrieben – 250 000 Franken pro Betrieb beziehungsweise 22 000 Franken pro Hektare ausgegeben wurden. Es dürfte einige Jahre dauern, bis diese Investitionen mit Kartoffeln, Mais und Milch amortisiert werden. Gar nicht auszudenken, was mit diesem Geld tatsächlich zugunsten der Landwirtschaft und der Landschaft getan hätte werden können. Da kaum je Alternativen zu den von den Ingenieuren durchgedrückten Gesamtmeliorationen entwickelt wurden, liess sich der Irrsinn der Meliorationen der 1970er- und 1980er-Jahre nicht von Beginn an erkennen – und meist auch nicht im Nachhinein.

Für Naturschutzzwecke wurden in Wintersingen gerade einmal 100 000 Franken bewilligt – für eine wenig naturnahe Begrünung von Weg- und Steilböschungen und sonstige Bepflanzungen, die mit Naturschutz wenig zu tun haben. Angesichts

Strukturelement	Abnahme (%)
Magerwiesen	−71
Lesesteinhaufen	−67
Gruben	−67
Gräben	−63
Bruchsteinmauern	−50
Brachland	−48
Feuchtstandorte	−41
Dolinen	−40
Blumenwiesen	−35
Geländestufen	−35
Hochstauden	−32
Vielfältige Waldränder	−30
Bewegtes Gelände	−19
Tälchen	−17
Feldgehölze und Hecken	−13
Bäche	−9
Bewachsene Feldwege	−7
Wildbäume	−3

Tab. 4: Die Bilanz der Melioration: Veränderung der Strukturelemente in Wintersingen zwischen 1983 und 1994. 100 Prozent entsprechen dem Zustand von 1983. Quelle: Tanner und Zoller 1996b.

Abb. 133: Melioration Wintersingen in vollem Gang. Juli 1983, Wegbau.

Abb. 134: Melioration Wintersingen (BL). Aufnahmen links 1983, rechts 1994. Maschinengerechtere Felder, weniger Hochstamm-Obstbäume, neuer Feldweg, neuer Aussiedlerhof, ausgebauter Feldweg, Maschendrahtzaun.

180

Abb. 135. Wintersingen, Blick Richtung Magden. Oben: 19. Juli 1983. Unten: Juni 1994. Die Kartierung der für die Biodiversität wichtigen Kleinstrukturen hat grosse Verluste aufgedeckt. Man würde nun auch auf dem Bildpaar drastische Unterschiede erwarten. Veränderungen von Klein- und Kleinststrukturen sind aber nur bei sehr genauer Betrachtung der beiden Bilder erkennbar. Am ehesten fallen Veränderungen bei den Einzelbäumen und den Häusern auf. Hier zeigt sich ein Wahrnehmungsproblem. Das Verschwinden von Klein- und Kleinststrukturen wird meist nicht als Verlust empfunden, da es ungenügend wahrgenommen wird.

dieser Verhältnisse kann die von der Fachstelle Melioration in Liestal geäusserte Forderung, Meliorationen sollten in Zukunft auch aus Naturschutzkrediten finanziert werden, «*damit die Bauern nicht alles bezahlen müssen*» (Basellandschaftliche Zeitung vom 12. August 1997), nicht ernst gemeint gewesen sein.

Da zumindest ein Teil der Veränderungen in Wintersingen auf die «normale» Dynamik in der Kulturlandschaft zurückzuführen sein könnte, haben Wissenschaftler in zwei weiteren Baselbieter Gemeinden die gleichen Erhebungen im gleichen Zeitraum durchgeführt (Tanner und Zoller 1996b). In beiden Gemeinden hat es zwischen den Kartierungen keine Melioration gegeben. Es wurde eine Dynamik festgestellt, die für Natur und Landschaft nicht nur negativ verlaufen ist. Die Bilanzen zeigen, dass die Anzahl Strukturelemente sogar zugenommen hat. Es wur-

Abb. 136: Wintersingen gilt nach wie vor als schöne Gemeinde. Auch nach der Melioration gibt es schöne Ecken, die aber darüber hinwegtäuschen, dass an vielen Orten Landschaftselemente unwiederbringlich verloren gegangen sind. April 1990.

den in beiden Untersuchungsgebieten beispielsweise Hecken gepflanzt und Bäche ausgedolt. Diese Massnahmen sind in erster Linie privaten und staatlichen Naturschutzbemühungen zu verdanken.

Die Reaktion der «Kulturingenieure» auf die publizierten Forschungsresultate liess nicht lange auf sich warten. Die Wissenschaftler erhielten am 8. Mai 1996 einen Brief aus dem Vermessungs- und Meliorationsamt des Kantons Basel-Landschaft, in welchem ihnen vorgeworfen wurde, keine Gelegenheit gehabt zu haben, vor der Publikation Stellung nehmen zu können – wobei nicht klar wird, wieso das Meliorationsamt vor der Publikation wissenschaftlich fundierter Forschungsresultate angehört werden sollte. Anschliessend folgt im Brief die übliche Begründung für Meliorationen: Das Vorgehen der Wissenschaftler sei umso mehr zu bedauern, *«als die Gesamtmelioration Wintersingen im vorliegenden Artikel aus einem einseitigen Blickwinkel öffentlich und summarisch negativ beurteilt wird. […] Wesentliche positive Ergebnisse der Melioration Wintersingen werden geflissentlich nicht erwähnt. Wir erlauben uns die Feststellung, dass es im ländlichen Raum auch noch Menschen, bzw. landwirtschaftliche Betriebe, die in einem harten Existenzkampf stehen, gibt.»* Damit unterschlagen die Kulturingenieure, dass die Schweizer Bauern nicht auf dem freien Markt agieren, sondern von massiven Subventionen der öffentlichen Hand abhängig sind. Sie stehen nicht mit kanadischen oder neuseeländischen Landwirten in Konkurrenz. Als Gegenleistung dürfte erwartet werden, dass sie der Öffentlichkeit, die ohne zu murren zusätzlich zu den Subventionen die höchsten Lebensmittelpreise Europas zu berappen hat, eine vielfältige Landschaft bereitstellt.

Moderater ist die Reaktion des Chefs der Abteilung Strukturverbesserungen im Bundesamt für Landwirtschaft (Brief vom 23. September 1997). Allerdings ist dieser überzeugt davon, dass Natur und Landschaft ausreichend berücksichtigt wurden: *«Unser Anliegen ist, in einer Gesamtmelioration möglichst alle Bedürfnisse und Nutzungen im ländlichen Raum zu berücksichtigen. Dazu gehören gleichwertig die Bedürfnisse der Raumplanung, der Landwirtschaft und des Natur- und Um-*

weltschutzes. Letzten Endes geht es bei einer Gesamtmelioration um die Verbesserung der Lebensbedingungen und um die Erhaltung der Bevölkerung im ländlichen Raum. Dies sind keine beschönigenden Worte, sondern klare Ziele. Dass dabei aber Konzessionen auf allen Seiten unumgänglich sind, versteht sich von selbst.»

Die Bilanz ist ernüchternd. Die Kulturingenieure blieben einsichtslos, weil sie vor allem materielle Ziele verfolgen. Sie verkennen die Charaktere der Landschaft – zum Beispiel das Kontinuum, das zwar seit Langem vom Menschen beeinflusst, aber nicht bis zur Unkenntlichkeit beseitigt wurde. Diese Ignoranz wurde ein weiteres Mal unter Beweis gestellt, als den Wissenschaftlern vorgeworfen wurde, dass die Meliorationen vor 1992 doch längst Geschichte seien, und heute «moderne Meliorationen» durchgeführt würden. In einem Zeitungsartikel in der Basellandschaftlichen Zeitung vom 12. August 1998 wird ein Befürworter der Melioration von Wintersingen mit den Worten zitiert: *«Eingriffe in die Natur haben zwar stattgefunden, aber die Narben sind inzwischen verheilt. Leben bedeutet Veränderung, und was sich nicht mehr verändert, ist tot! Schliesslich ist durch die Melioration eine saubere Sache für die nächsten hundert Jahre entstanden.»* Für solche Menschen existiert die Zeitachse der Landschaft nicht; die Verknüpfung der Dimensionen Raum und Zeit kann gar nicht stattfinden. Dass die Landschaft vor der Melioration als tot und nach den Eingriffen als lebendig bezeichnet wird, ist für uns nur schwer nachvollziehbar.

Bonitierungsverfahren mit Nebenwirkungen

Bei einer Güterzusammenlegung wird zunächst der gesamte Grundbesitz nach Eigentümern parzellenweise erhoben. Das betrifft nicht nur das Offenland, sondern in der Regel auch den Wald. In vielen Gemeinden musste eine Vermessung durchgeführt werden, weil die Angaben aus den Grundbuchplänen des frühen 20. Jahrhunderts den Anforderungen der Zeit nach 1960 nicht mehr genügten.

In den einzelnen Flurteilen variiert die Bodengüte zum Teil stark. Weil das Ziel der Güterzusammenlegung eine möglichst zusammenhängende Betriebsfläche ist, besteht die Gefahr, dass die neuen Parzellen mancher Bauern in Gebieten mit weniger guten Böden zu liegen kommen. Bevor irgendwelche Güter zusammengelegt werden können, muss daher die Bodengüte beurteilt werden. Im Rahmen des sogenannten Bonitierungsverfahrens wird die Qualität jedes einzelnen Grundstücks erhoben und protokolliert. Bei der Neuzuteilung der Parzellen kann so Qualität mit Quantität ausgeglichen werden. Das heisst, dass ein Bauer beispielsweise nach der Güterzusammenlegung etwas weniger, dafür aber besseres Land besitzen kann.

Die Bonitierung soll damit der gerechten Neuzuteilung dienen. Dass es vor, während und nach der Neuzuteilung zu heftigen Streitereien kam, ist verschwiegen worden – genau wie die Missgunst, die sich manchmal darin äusserte, dass mit dem Bulldozer alle eigenen Bäume umgelegt wurden, weil man sie einem verhassten oder unbekannten Neubesitzer nicht überlassen wollte.

Die Landschaft wurde nur noch als Produktionsstätte oder gar als Grossgärtnerei gesehen. Diesem Ziel hatte sich alles unterzuordnen – sogar die Rechte des Einzelnen. Wohl niemand kennt den entsprechenden Wortlaut des Artikels 703 im Schweizerischen Zivilgesetzbuch: «*Können Bodenverbesserungen wie Gewässerkorrektionen, Entwässerungen, Bewässerungen, Aufforstungen, Weganlagen, Güterzusammenlegungen und dergleichen, nur durch ein gemeinschaftliches Unternehmen ausgeführt werden und hat die Mehrheit der beteiligten Grundeigentümer, denen zugleich mehr als die Hälfte des beteiligten Bodens gehört, dem Unternehmen zugestimmt, so sind die übrigen Grundeigentümer zum Beitritt verpflichtet. Die an der Beschlussfassung nicht mitwirkenden Grundeigentümer gelten als zustimmend. Der Beitritt ist im Grundbuch anzumerken.*» Wird die Melioration durchgeführt, müssen sich alle Grundeigentümer an ihren Kosten ebenso wie an den nachfolgenden, oft nicht geringen Unterhaltsmassnahmen gleichermassen beteiligen – ob sie die Melioration und die durchgeführten Massnahmen vorher begrüssten oder nicht.

Traditions- und naturverbundende Landwirte wurden zum Mitmachen gezwungen. Ein Landwirt, der sich im Freiamt gegen die Eindolung seines Bächleins wehrte und um seine eigene gute Trinkwasserquelle fürchtete, erhielt vom Gemeinderat das Angebot, man werde ihm Gratiswasser aus dem öffentlichen Netz liefern. Mit einem selbst bezahlten Gutachten musste er den Wert der Quelle beweisen. Dieser Fall bringt eine Manie (= krankhafte, zwanghafte Besessenheit) ans Tageslicht, mit der Regulierungsorgane alter Schule unersetzliche Naturwerte wie Quellen aus der Landschaft auszumerzen suchten.

Abb. 137: Die Landwirtschaft als Hüterin der Natur? Angesichts dieser Bildserie sind Zweifel angebracht. Diegten (BL): Mai 1971, August 1978, September 1987, April 1996 – eine saubere Sache.

Flurbereiniger als Flurpeiniger

Ziel der Meliorationen war vordergründig die Maximierung der landwirtschaftlichen Produktion mithilfe von Steuergeldern auf Kosten der Oberflächengewässer, des Grundwassers, der Bodenstruktur, der naturnahen Vegetation und von Erholungsgebieten für die Bevölkerung. Die «Meliorationswut» der vergangenen

Jahrzehnte kann allerdings nur bedingt mit landwirtschaftlichen Interessen, volkswirtschaftlichen Überlegungen oder politischen Zielsetzungen erklärt werden. Dass derart viel Geld in fragwürdige Meliorationsprojekte investiert wurde, ist vor allem auf folgende zwei Mechanismen zurückzuführen.

Klotzen statt kleckern

Der erste Mechanismus hängt mit der Funktionsweise der Finanzierung zusammen. Mit den Geldern des Bundes können nur einmalige Infrastrukturmassnahmen, nicht aber nachfolgende Ergänzungsarbeiten finanziert werden. Dies hatte und hat bis heute für Natur und Landschaft zwei fatale Folgen: Zum einen ergibt dies einen starken Anreiz, die Erschliessungen so perfekt und beständig wie möglich zu bauen. Je mehr geteert, verbaut, befestigt, gesichert, betoniert wird, desto geringer ist das Risiko für die Flurgenossenschaft, spätere Veränderungen und Anpassungen aus der eigenen Tasche bezahlen zu müssen. Und weil trotz der begrenzten Erdölreserven davon ausgegangen wird, dass die Landwirtschafts- und Forstmaschinen immer grösser werden, werden die Strassen so breit wie möglich gebaut.

Zum anderen werden mit der Meliorationsverordnung Alternativen zu geplanten Arrondierungen, Bodenverbesserungen oder Infrastrukturprojekten von vornherein ausgeschlossen – auch wenn sie besser zum Ziel führen könnten, deutlich nachhaltiger und kostengünstiger wären. Dazu ein Beispiel aus der Waldwirtschaft: Die Waldbesitzer kommt es heute günstiger, ein überdimensioniertes Strassennetz vom Bund finanzieren zu lassen, auch wenn derselbe Wald mithilfe der modernen mobilen Seilkrantechnik zu einem Bruchteil der Kosten bewirtschaftet werden könnte. Das heisst, der Bund könnte sich über die Unterstützung von Seillinien Millionen von Franken Erschliessungskosten sparen und die strassenbedingten Landschaftsschäden vermeiden, macht es aber nicht, weil die Subventionen nicht dafür vorgesehen sind. Erschwerend kommt hinzu, dass die Kosten einer Melioration praktisch kein Thema sind, weil das Geld in Bern im Voraus bereitliegt. Es gab sogar Zeiten, in denen der Bund froh war, dass er die vom Parlament gesprochenen Gelder überhaupt los wurde.

Planer und Bauwirtschaft als Gewinner

Diese Konstruktionsfehler bei den Meliorationen allein erklären aber noch nicht, wieso nur selten Landumlegungen ohne aufwendige Erschliessungsprojekte realisiert worden sind, die den Zielen der Land- und Forstwirtschaft meist völlig genügt hätten. Der Grund dafür liegt massgeblich in der Funktionsweise der Meliorationskommissionen, in denen die Ingenieure und in ihrem Gefolge die Bauwirtschaft fast ungehindert Einfluss nehmen konnten und teilweise bis heute können. Da reine Landumlegungen diesen beiden Interessengruppen nur wenig einbringen, setzen sie alles daran, möglichst viele teure Bauwerke und Planierungen realisieren zu können. Dazu muss man wissen, dass dieselben Planer, die anschliessend die Vermessung und teilweise auch Bauleitung für die ganze Melioration über viele Jahre übernehmen und dabei nicht selten Umsätze in Millionenhöhe für sich beziehungsweise ihr Büro generieren, die Meliorationsgenossenschaften von Beginn an beraten. Da die übrigen Mitglieder dieser Gremien von Planungen, Bauanforderungen, Gesetzen und Alternativen nur wenig verstehen, haben die Aussagen der Planer grosses Gewicht. Als fast unangefochtene Autoritäten haben sie den entscheidenden Einfluss auf das, was in einer Melioration schliesslich realisiert wird. Und weil ihr Honorar weitgehend vom Bauvolumen abhängt, versuchen sie – oft klar gegen die Interessen der Bauern, die sich kaum wehren können – die Baumassnahmen so weit als möglich zu maximieren. Erst mit dem Aufkommen der Umweltverträglichkeitsprüfungen wurde die Alleinherrschaft der Kulturingenieure etwas eingeschränkt. Dennoch hat diese Konstellation bis heute fatale Folgen für Natur und Landschaft.

Dass sich die Meliorationsämter, die Gemeindevertreter, die Bevölkerung, die Bauern, ja der ganze Staat derart über den Tisch haben ziehen lassen, liegt vor allem in der Überzeugung begründet, dass man der Landwirtschaft ein «zeitgemässes Wirtschaften» und den Betrieben ein Überleben ermöglichen müsse – und dies trotz Überproduktion und Subventionen in Milliardenhöhe. Der Plan Wahlen wollte nicht aus den Köpfen.

Der Landschaftsplaner und Landschaftsarchitekt der ersten Stunde, Alwin Seifert, wusste bereits um diese Mechanismen. 1962 schrieb er in seinem Buch «Ein Leben für die Landschaft»: *«Bleiben als Feinde gesunder Landschaft immer noch zu viele Kulturtechniker und Flurbereinigungsmathematiker alter Schule, die in der geraden Linie das Heil der Welt sehen; die es noch immer nicht lassen können, jedes Bächlein zu einem ausbetonierten oder ausgepflasterten Gerinne zu machen; die immer noch Begradigungen kleinster Flüsschen oben anfangen, damit die vernünftigen Unterlieger ersaufen und mitmachen müssen […]. Immer noch gibt es aus durchsichtigen Gründen viel zu viel Geld für Entwässerung auch des letzten feuchten Wiesenflecks […], weil das Geld dafür da ist. Sture Baubullen haben die Möglichkeit, kostbarste Gebirgslandschaften, echte Naturschutzgebiete durch Mammut-Betonbauten zu zerstören […].»*

Die subventionierte Unvernunft

Zwischen 1885 und 1953 wurden mehr als 30 500 Bodenverbesserungsprojekte durchgeführt (Eidgenössisches Meliorationsamt 1954). Die Fortsetzung der Meliorationskosten zeigt die Tabelle der Meliorationssubventionen (Abb. 138). Sie widerlegt auch die bis in die jüngste Zeit perpetuierte Stereotype, die grossen Meliorationen seien während des Zweiten Weltkriegs durchgeführt worden. Die weiterhin überreichlich fliessenden Subventionsströme hielten die für die Kulturlandschaft tödlich wirkenden Strukturen von Bund und Kantonen sowie den dichten Filz von privaten Auftragnehmern aus Vermessungs- und Planungsbüros am Leben. Ohne die Subventionen wäre es den Grundeigentümern gar nicht in den Sinn gekommen, irgendwelche Veränderungen am Boden vorzunehmen, da der zusätzlich zu erwartende Ertrag in keinem Verhältnis zu den Aufwendungen stünde.

Formen (Gestaltelemente) und Flächen der traditionellen Kulturlandschaft	Ziel/Massnahmen
Wölb-Äcker	einebnen, neu parzellieren
Raine	einebnen
Anwand, hohe Anwand	einebnen, neu parzelliere
Gewannstoss	einebnen
Stufenrain	eventuell einebnen
Terrassenackersysteme	vollständig ausgleichen, teilweise egalisieren, eventuell aufforsten
Terrassensysteme des Rebbaus	ausgleichen, Trockenstein- durch Betonmauern ersetzen, neu parzellieren, intensiv nutzen
Kulturwechselstufe	–
Weidgräben	auffüllen
Lesesteinhaufen, Lesesteinreihen, Steinblockwälle, Trockensteinmauern	einebnen, urbarisieren, neu parzellieren, Steine für Wegbau
Lesesteinreihen und Ähnliches mit Hecken	roden, einebnen, urbarisieren, neu parzellieren
Hecken (Feldhecken, Strassenhecken)	roden, urbarisieren, roden bei Wegkorrektion oder Wegaufhebung
Feldgehölze	eventuell roden, urbarisieren
Gehölze an Gewässern	roden bei Korrektion
Feldobstbäume, Feldbäume	roden
Wege (Rasen-, Marchelwege)	aufheben oder mit Hartbelag versehen
Hohlwege	auffüllen
Fliessgewässer	korrigieren, eindolen
Hochmoore	entwässern, abtorfen
Flachmoore, Feuchtgebiete	entwässern, düngen, intensivieren
Kleinparzelliertes Ackerland, Allmend, Bünten, Matten, Wiesen usw.	neu parzellieren, intensivieren
Weiden	verbessern, säubern, intensivieren, Koppelweiden
Wald, Waldrand	Wald-Weide-Ausscheidung, Waldrandbegradigung, Waldwegbau, Nutzung intensivieren

Tab. 5: Die Veränderungen der traditionellen Kulturlandschaft durch Massnahmen der Gesamtmelioration. Quelle: Ewald 1978.

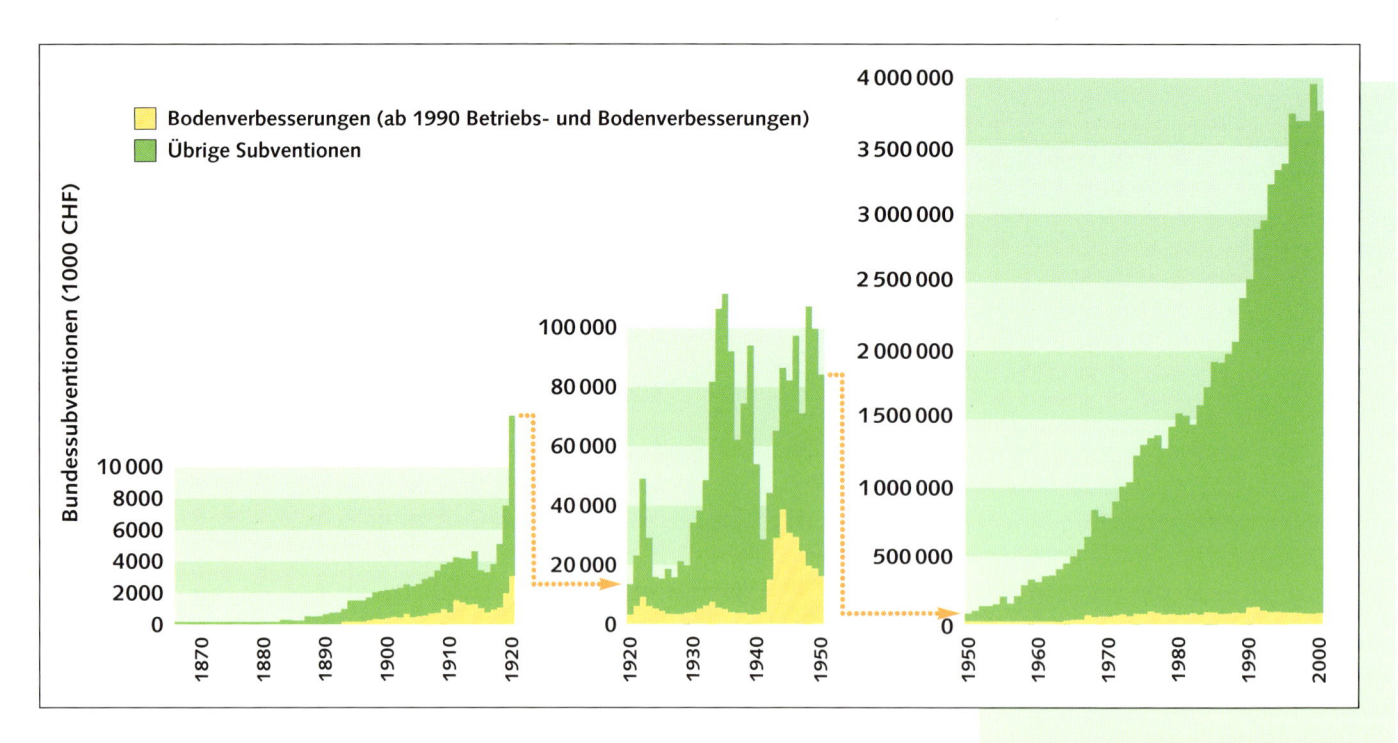

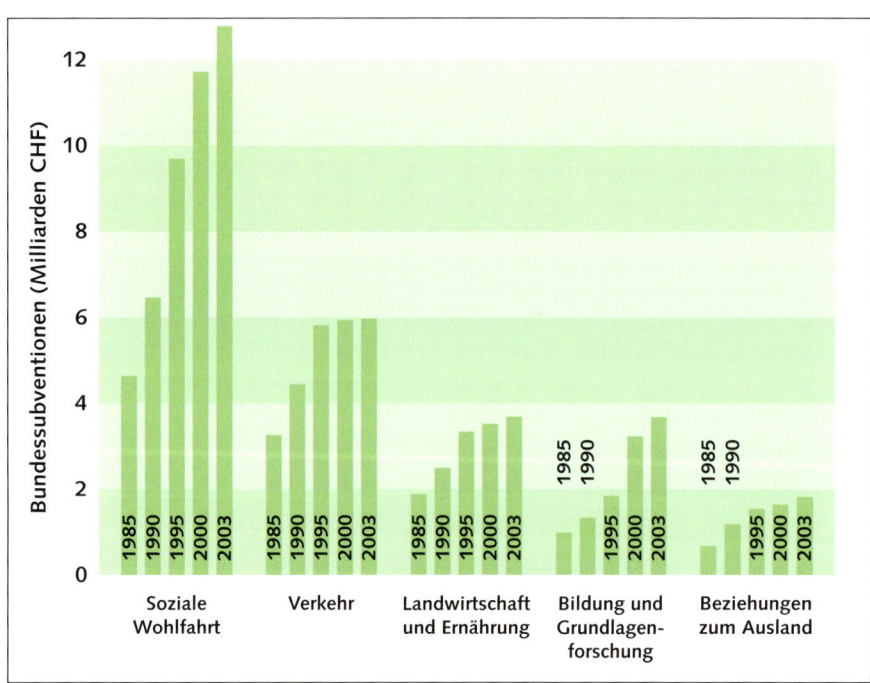

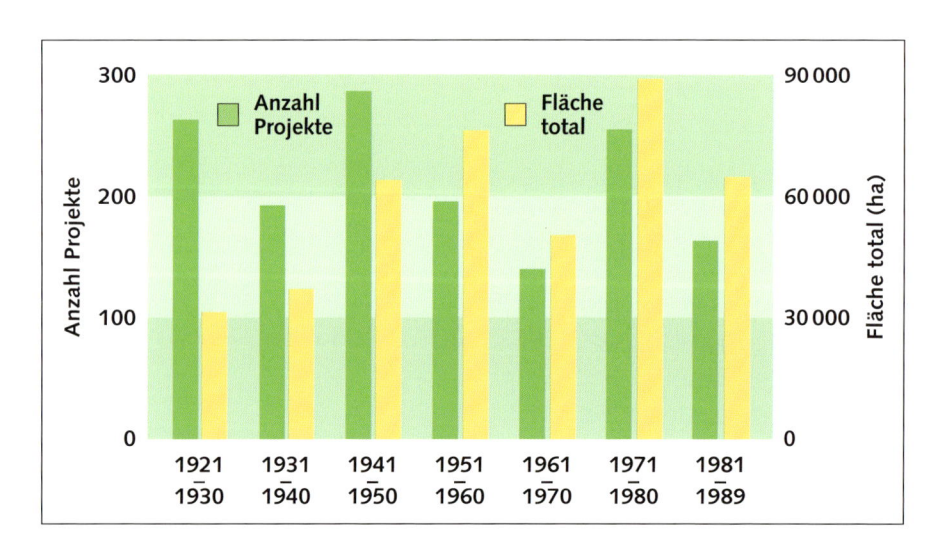

Abb. 138 (oben): Bundessubventionen an die Landwirtschaft von 1866 bis 2000. Quellen: Siegenthaler und Ritzmann-Blickenstorfer 1996, Bundesamt für Landwirtschaft.

Abb. 139 (links): Unterstützung durch den Bund. Eine Milchkuh bekommt mehr Bundessubventionen als ein Schulkind. Quelle: Eidgenössische Finanzverwaltung.

Abb. 140: Anzahl und Fläche der Güterzusammenlegungsprojekte in der Schweiz. Quelle: Brugger 1985.

188

Doch niemand in den Landwirtschaftskreisen machte sich die Mühe, abzuklären, ob die betriebswirtschaftliche und die volkswirtschaftliche Rentabilität von Meliorationen tatsächlich gegeben ist – und der Wissenschaft wurden die wenigen bestehenden Daten vorenthalten.

In einem Brief an alle kantonalen Meliorationsämter schrieb der WWF am 15. November 1978: «*Mögen früher gewisse Meliorationen (z.B. der Linthebene oder des Rheintales) für eine sinnvolle Landwirtschaft und den Schutz der Bevölkerung [...] nötig gewesen sein, so bringen die heutigen Entwässerungen für die Landwirtschaft nur noch geringen Nutzen (auch nach der Bodenverbesserung bleiben die Böden im landwirtschaftlichen Sinne ‹minderwertig›). Staatliche Subventionen werden immer nur an Vorhaben ausgerichtet, die auch im öffentlichen Interesse liegen. Werden aber Meliorationen [...] heute noch im öffentlichen Interesse unternommen? Kann nicht viel eher davon ausgegangen werden, dass das öffentliche Interesse heute an der Erhaltung der uns noch verbliebenen [...] Feuchtgebiete liegt? Das Argument, der Agrarwirtschaft müsse möglichst viel Land zugänglich gemacht werden, kann nicht verfangen, wenn gleichzeitig bestes Landwirtschaftsland für Überbauungen [...] zur Verfügung gestellt wird.*»

Frühe Querdenker

Die Eingriffe in die Landschaft wurden erst ab den 1980er-Jahren von der Öffentlichkeit wahrgenommen und diskutiert. Leute mit einem Sensorium für Naturschutz haben sich aber schon vor 1900 mit unbequemen Fragen quergestellt. Doch man hat sie der Lächerlichkeit preisgegeben und bis in die neuste Zeit ignoriert. Schon der deutsche Natur- und Jagdschriftsteller Hermann Löns (1866–1914) hat sich über die damaligen Güterzusammenlegungen Sorgen gemacht (aus Steiniger 1964):

«*Es geht ein Mann durch das bunte Land;
Die Messkette hält er in der Hand.
Sieht vor sich hin und sieht sich um;
‹Hier ist ja alles schief und krumm!›
Er misst wohl hin und misst wohl her;
‹Hier geht ja alles kreuz und quer!›
Er blickt zum Bach im Tale hin;
‹Das Buschwerk dort hat keinen Sinn!›
Zum Teiche zeigt er mit der Hand;
‹Das wird ein Stück Kartoffelland!›
Der Weg macht seinen Augen Pein;
‹Der muss fortan schnurgrade sein!›
Die Hecke dünket ihn ein Graus;
‹Die roden wir natürlich aus!›
Der Wildbeerenbaum ist ihm zu krumm;
‹Den hauen wir als ersten um!›
Die Pappel scheint ihm ohne Zweck;
‹Die muss da selbstverständlich weg!›
Und also wird mit vieler Kunst
die Feldmark regelrecht verhunzt.*»

Abb. 141: «Das Betonrohr – ein Stück Natur», «Gerne nennen wir Ihnen Ihren nächsten Lieferanten.» Betonwerbung aus dem Jahr 1993.

Abb. 142: Wegmeliorierte Vielfalt im Rahmen einer sogenannten «Mustermelioration». Oben: Traditionelle Kulturlandschaft im Südosten der Schweiz (Münstertal, Herbst 1972). Die Stufenraine und Bewässerungseinrichtungen haben das Landschaftsbild strukturell bereichert. Unten: Der gleiche Landschaftsausschnitt im Herbst 2002: Die Landschaft hat ihr Kleinrelief durch die Planierung fast vollständig eingebüsst.

Landschaftsgestaltung ohne Landschaftsplanung

Planung, Projektierung und Durchführung von Meliorationen wurden im Laufe des 20. Jahrhunderts zur Perfektion entwickelt. Analog baute sich die zuständige Berufsgilde auf: die Kulturingenieure, die Ingenieur-Agronomen und die Forstingenieure, die fast alle an der ETH Zürich ausgebildet wurden und die den Landschaftskuchen unter sich aufgeteilt haben. Noch im Jahr 2000 waren sie überzeugt davon, die alleinige Zuständigkeit für ihr jeweiliges Territorium gepachtet zu haben. Diese Territorialpolitik der Landnutzer, die keine Widerrede duldeten und alle Einsprachen von Natur- und Landschaftsschutz abschmetterten, ist mitverantwortlich für die Verwandlung der Landschaft in die Agrar- und Holzwüste, wie wir sie heute zwischen Genfersee und Bodensee antreffen. Hier hat der Bildungsauftrag der ETH versagt.

Da die Kulturtechniker uralte, historisch gewachsene Strukturen zerstörten und aus der traditionellen Kulturlandschaft eine Agrarlandschaft machten, die nur noch wenigen Nutzpflanzen als Substrat dient, ist der Begriff «Kulturtechnik» ein irreführender Begriff. Mit Subventionen wurden die tiefgreifenden Landschaftsveränderungen und die Überschussproduktion gefördert. In der Folge mussten –

abermals mit Subventionen – verschiedene Seen wie auf einer Intensivstation künstlich beatmet werden.

So wie für die schweizerische Forstwirtschaft bis in die 1990er-Jahre die so genannte Kielwassertheorie Gültigkeit hatte (Kap. 9), so galt diese analog für die Kulturland-Ingenieure. Die Kielwassertheorie aus den 1960er-Jahren besagt, dass ein genutzter Wald alle anderen Funktionen – eben im Kielwasser der Holzproduktion – erfülle. Gelegentlich wird diese wissenschaftlich unhaltbare Ideologie noch heute geäussert. Aufgrund der sprudelnden Subventionen wurde der ländliche Raum zur Goldgrube für die Kulturingenieure, Geometer und Agronomen, denn die Öffentlichkeit zahlte geduldig jede Rechnung. Der grösste Teil davon war in Bezug auf Landschaft, Landschaftsbild und Biodiversität im wahrsten Sinn des Worts à fonds perdu!

Während der Güterzusammenlegung wurden die neu geschaffenen Parzellen mit Feldwegen, die jetzt Güterwege oder -strassen heissen, erschlossen. Das Wegnetz wurde in der Regel nach vorgefertigtem Schema vom Zeichentisch auf die Landschaft übertragen. Im Konzept der Bodenverbesserungen gab es keinen Natur- und Landschaftsschutz, der diesen Namen verdient. Zwar wurden bereits 1944 «Richtlinien zur Landschaftsgestaltung bei Meliorationen» und später analoge Papiere gedruckt (BFF et al. 1983), doch sie waren unverbindlich und blieben

Abb. 143: Links: Melioration Wittnau (AG) in vollem Gang, Januar 1983. Drainagen werden in den Boden verlegt, der Boden durch Bagger zum Teil irreversibel verdichtet. Rechts: Trockengelegtes Flachmoor bei Muscheren (BE), Juni 1982.

Abb. 144: Saniert und melioriert: Agrarwüste bei Wölflinswil (AG), Mai 1982.

Abb. 145: Der feine Unterschied: Die Parzellen sind grösser geworden, das Relief wurde mit dem meliorativen Landschaftshobel geglättet. Sent im Oktober 1990 und 2002.

Worthülsen. In fast allen Meliorationsunternehmungen fehlt der Landschaftsplan oder ein begleitender Gestalter, es fehlen die Ideen von Landschaftsarchitekten. Allein ein Blick auf die Führung und Anlage vieler Güterstrassen beweist, dass keine Landschaftssachkundigen und keine Landschaftsästheten beteiligt waren. Die Normbauten in der Landschaft sind ein weiteres Zeugnis für die falsch verstandene Territorialpolitik der Landwirtschaft. Der ehemals ländliche Raum und die Erholungslandschaft der Städter ist innert kürzester Zeit ohne einen Hauch von demokratischer Beteiligung der Bevölkerung von Technikern mittels Steuergeldern banalisiert worden. Gleichzeitig blieben die Einsprachen von Natur- und Heimatschutzkreisen in der Regel chancenlos.

Nur hin und wieder wurde im Zug einer Güterzusammenlegung «etwas für die Natur» getan. Die Massnahmen gleichen dem Kunst- oder Kulturprozent, das bei öffentlichen Bauten angewandt wird, indem das Bauwerk mit einem «Kunstwerk», einer «Plastik» oder einer «Installation» «verschönert» wird. Doch diese Idee funktioniert in der Landschaft nicht. Die im Rahmen von Güterzusammenlegung und Gesamtmelioration «gebauten» Weiher und Tümpel sind in der Regel Fremdlingselemente, das heisst aus naturräumlichen Gründen sinnlos und deplatziert. Sie entsprechen der längst überholten Auftrennung (Segregation) der Landschaft in Schutzgebiete und Schmutzgebiete.

Spätestens seit dem Beginn der Ökosystemforschung in den 1970er-Jahren war das Wissen über die komplexen biologischen Beziehungen in der Landschaft vorhanden. Doch sie fanden keinen Eingang in die Köpfe der Landmanager. Die Ersatzhandlungen müssen als «ökologischer Ablasshandel» bezeichnet werden, denn sie dienten in der Regel der Beruhigung des schlechten Gewissens. Es ist nicht möglich, die Entwässerung riesiger Feuchtgebiete mit einem Weiher zu kompensieren.

Die Flurbereiniger wiesen alle Kritik weit von sich. So schrieb ein Kulturingenieur (Braschler 1980), *«dass eine Melioration die Landschaft bereichert, wohl verändert, aber niemals verschandelt»*. Es sei *«bemühend festzustellen, dass es immer mehr*

Vogelart	1935	1940	1945	1950	1955	1960	1965	1970	1975	1980	1985
Rebhuhn	●●●										
Grauammer	●●●										
Europ. Ziegenmelker	●●●●●	●●●●●	●●●●●								
Wachtelkönig	●●●●●	●●●●●	●●●								
Hohltaube	●●●●●	●●●●●	●●●●●	●●●●●	●●●●●	●●●					
Wiedehopf	●●●●●	●●●●●	●●●●●	●●●●●	●●●●●	●●●●●	●●				
Steinkauz	●●●●●	●●●●●	●●●●●	●●●●●	●●●●●	●●●●●	●●●●●	●●●●●	●●		
Haselhuhn	●●●●●	●●●●●	●●●●●	●●●●●	●●●●●	●●●●●	●●●●●	●●●●●	●●●		
Tannenhäher	●●●●●	●●●●●	●●●●●	●●●●●	●●●●●	●●●●●	●●●●●	●●●●●	●●●●●		
Raubwürger	●●●●●	●●●●●	●●●●●	●●●●●	●●●●●	●●●●●	●●●●●	●●●●●	●●●●●		
Mittelspecht	●●●●●	●●●●●	●●●●●	●●●●●	●●●●●	●●●●●	●●●●●	●●●●●	●●●●●	●●●●	
Schwanzmeise	●●●●●	●●●●●	●●●●●	●●●●●	●●●●●	●●●●●	●●●●●	●●●●●	●●●●●	●●●●●	
Braunkehlchen	●●●●●	●●●●●	●●●●●	●●●●●	●●●●●	●●●●●	●●●●●	●●●●●	●●●●●	●●●●●	●
Kleinspecht	●●●●●	●●●●●	●●●●●	●●●●●	●●●●●	●●●●●	●●●●●	●●●●●	●●●●●	●●●●●	●
Dorngrasmücke	●●●●●	●●●●●	●●●●●	●●●●●	●●●●●	●●●●●	●●●●●	●●●●●	●●●●●	●●●●●	●
Wendehals	●●●●●	●●●●●	●●●●●	●●●●●	●●●●●	●●●●●	●●●●●	●●●●●	●●●●●	●●●●●	●●
Wachtel	●●●●●	●●●●●	●●●●●	●●●●●	●●●●●	●●●●●	●●●●●	●●●●●	●●●●●	●●●●●	●●
Neuntöter	●●●●●	●●●●●	●●●●●	●●●●●	●●●●●	●●●●●	●●●●●	●●●●●	●●●●●	●●●●●	●●●
Heidelerche	●●●●●	●●●●●	●●●●●	●●●●●	●●●●●	●●●●●	●●●●●	●●●●●	●●●●●	●●●●●	●●●
Rotkopfwürger	●●●●●	●●●●●	●●●●●	●●●●●	●●●●●	●●●●●	●●●●●	●●●●●	●●●●●	●●●●●	●●●●
Kuckuck	●●●●●	●●●●●	●●●●●	●●●●●	●●●●●	●●●●●	●●●●●	●●●●●	●●●●●	●●●●●	●●●●

● Jahre mit Brutnachweis
● Art beobachtet, aber keine Brut
○ Jahre ohne Artnachweis

Abb. 146: In der Gemeinde Oltingen (BL) sind zwischen 1935 und 1985 21 Brutvogelarten verschwunden. In der Gemeinde fand zwischen 1946 und 1949 eine erste Feldregulierung statt. Bächlein verschwanden in Röhren, vernässte Wiesen wurden drainiert, Hecken und Feldgehölze beseitigt, Gruben und Dolinen aufgefüllt. Eine zweite Melioration wurde zwischen 1961 und 1984 durchgeführt. Dabei wurden praktisch alle alten Feldwege geteert; 21 Kilometer geteerte Wege und Strassen kamen hinzu. Quelle: Weitnauer und Bruderer 1987.

Leute gibt, die das einfach nicht einsehen wollen». Bemüht wird sogar Jeremias Gotthelf, der *«mehrmals auf die Bedeutung der Bodenverbesserungen»* hingewiesen habe. So auch in «Uli der Knecht»: *«Uli schlug sogar das Tonen vor in den nassen Matten. Tonen sind nämlich tiefe Gräben im Boden, die nachher wieder zugedeckt werden, welche das Wasser sammeln und abführen, so dass die Oberfläche austrocknet und fruchtbar wird.»* Heimatschützern wurde entgegengehalten, dass man sich keine Sentimentalitäten erlauben könne. Wo gehobelt wird, da würden halt Späne fallen.

Das Fehlen von ökologischem Wissen bei den Flurbereinigern offenbart sich in folgender Aussage (Braschler 1980): *«Auch uns Meliorationsfachleuten ist die Bedeutung von Einzelbäumen […] als Sauerstoffproduzenten […] bekannt.»* Es folgt die Information, dass eine 100-jährige Buche jede Stunde 1,7 Kilogramm Sauerstoff produziert. Unglücklicherweise wird der Sauerstoff, den eine Pflanze in ihrem Leben produziert hat, in dem Moment, in dem sie abgebaut oder verbrannt wird, wieder verbraucht. Und noch ein Beispiel zur Arroganz der Flurbereiniger: In seinem Pamphlet gegen die Naturschützer schrieb der Ministerialdirigent a.D. Karl-Anton Mayer (1982): *«Die Behauptung, dass Pflanzen in der Flurbereinigung dadurch gefährdet werden, weil gelegentlich befahrene sandige Wirtschaftswege asphaltiert werden, ist so absurd, dass sie sich selbst widerlegt.»* Es bleibt die Frage, wer sich hier widerlegt hat.

Das Fallbeispiel Neeracherried

Vor rund 1000 Jahren dehnte sich zwischen den Gemeinden Dielsdorf und Neerach im Nordwesten des Kantons Zürich ein grosses Feuchtgebiet aus. Bäche schlängelten sich frei und in mehreren Armen durch die Ebene, kleinere und grössere Teiche, Gebüsche und Baumgruppen bereicherten das Landschaftsbild. Die Bauern der Umgebung nutzten das Ried als Weidefläche. Mittels einzelner Gräben versuchten sie, den Wasserstand zu beeinflussen. Einerseits entleerte sich das Ried nach Regenfällen schneller, andererseits konnte das Gebiet bei Trockenperioden gewässert werden. Das Wässern war damals die einzige Möglichkeit, dem Grünland Nährstoffe zuzuführen und den Ertrag zu steigern. Als Mitte des 19. Jahrhunderts das Vieh ganzjährig im Stall gehalten werden konnte, gleichzeitig aber die einheimische Getreideproduktion zusammenbrach, war Streu Mangelware. Das Ried erlebte eine enorme Wertsteigerung. Gebüsche und Bäume wurden beseitigt, um möglichst viel Streu ernten zu können (Heller 2004).

Gegen Ende des 19. Jahrhunderts sank die Wertschätzung für das Flachmoor. Erste Projekte hatten zum Ziel, das Wasser aus der Ebene abzuleiten. Immer breitere und tiefere Gräben wurden angelegt; Drainageröhren wurden auf immer grösseren Flächen vergraben (Abb. 147). Doch diese Arbeiten waren bedeutungslos im Vergleich zu den Meliorationen, die während des Ersten Weltkriegs durchgeführt wurden. Ziel war es, dem Ried so viel Ackerland wie möglich abzuringen. Durchschnittlich 130 Personen waren 1917 gleichzeitig im Einsatz (Heller 2004). Die Gräben für die Entwässerung mussten von Hand ausgehoben werden (Abb. 148). Nicht weniger als 83,5 Kilometer Drainageleitungen, welche 128 Hektaren Land entwässerten, wurden bis 1918 verlegt.

Weitere Opfer wurden dem Ried während der Zwischenkriegszeit und dem Zweiten Weltkrieg abverlangt. Der Kantonsrat und Bauunternehmer Eugen Schäfer

Abb. 147: Der Drainageplan der Neeracher «Zeigelwiesen» von 1912 zeigt das enge Netz der Drainageröhren. Quelle: Heller 2004.

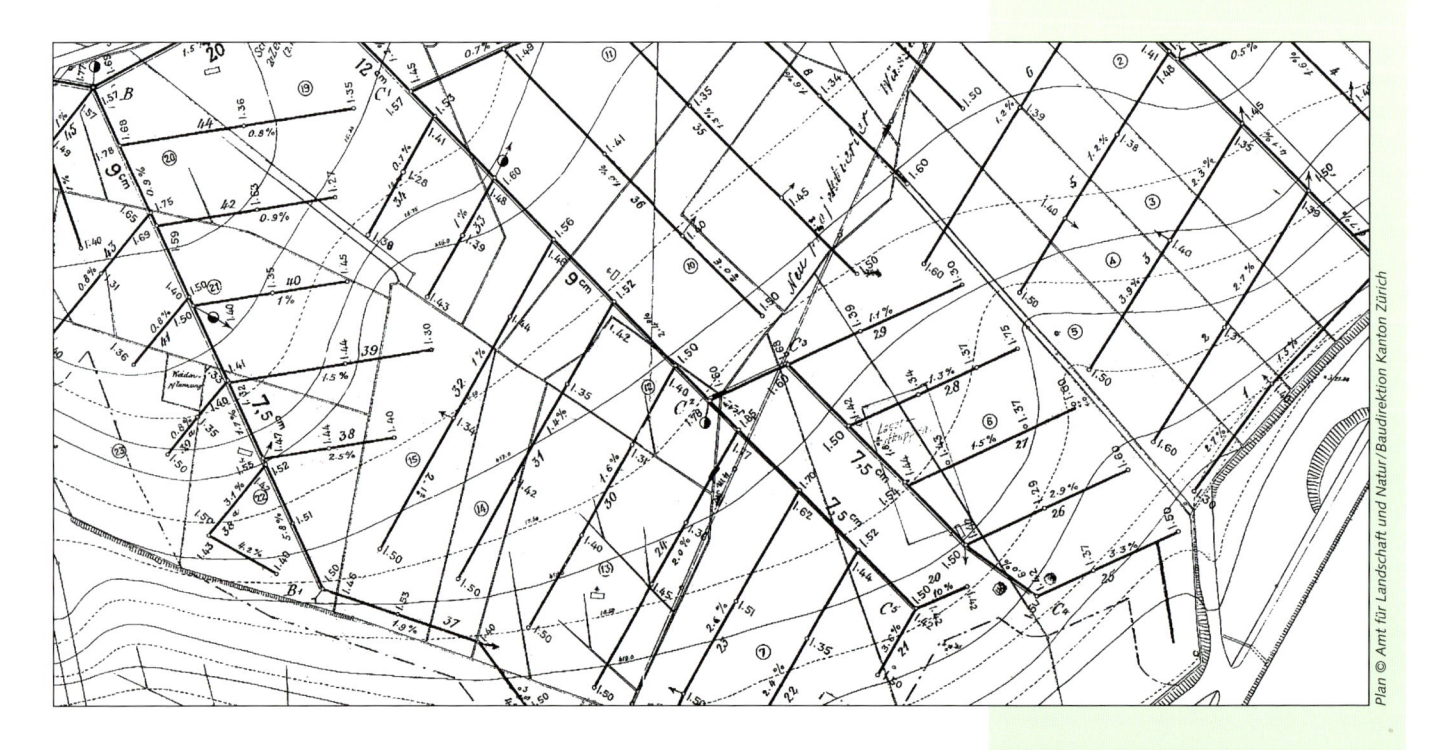

Abb. 148: Bei der Melioration Niederglatt-Niederhasli-Dielsdorf hoben die Arbeiter die tiefen Gräben von Hand aus und versenkten darin die dicken Röhren (Erster Weltkrieg). Kein anderes Projekt veränderte das Gesicht des Neeracherrieds schneller und grossflächiger als diese Melioration.

Abb. 149: Bulldozer im ehemaligen Ried schütten das südliche Neeracherried auf. Gesamtmelioration Neerach (1968–1981).

Abb. 150: Im Jahr 1976 wurde der Fischbach tiefer gelegt.

Abb. 151: Trockengelegt. Oben: Das Dielsdorfer/Steinmaurer Ried in der Mitte des Bilds war 1966 noch fast weglos und intakt. Allerdings können bereits erste Bautätigkeiten und Deponien beobachtet werden. Unten: Nur 15 Jahre später hat sich die Landschaft fundamental geändert. Der grösste Teil des Rieds ist drainiert.

forcierte 1942 ein Grossprojekt, das die Trockenlegung aller verbliebenen Feuchtflächen zwischen Neerach und Dielsdorf vorsah (Heller 2004). Doch das Projekt kam nicht über das Erstellen von detaillierten Drainageplänen und einer Torfkarte hinaus.

Tiefgreifende Landschaftsveränderungen erfolgten mit den Gesamtmeliorationen der 1960er- und 1970er-Jahre. Der Einsatz von «Kunstdünger» und speziellen Maschinen machte es möglich, dass die meliorierten Feuchtgebiete schon bald gute Erträge abwarfen. Die vollständige Entwässerung des Dielsdorfer/Steinmaurer Rieds konnte nur dank dem Einsatz des Zürcher Vogelschutzes verhindert werden. Von den 40 Hektaren Ried wurden immerhin 16 Hektaren vor der Zerstörung bewahrt. Allerdings wurde der Wasserspiegel in der Umgebung des Schutzgebiets derart abgesenkt, dass die Restfläche zeitweise bewässert werden musste.

Abb. 152: Das Neeracherried ist heute – trotz grosser Flächenverluste und obschon es durch mehrere Strassen zerschnitten wird – eines der letzten grossen Flachmoore der Schweiz. Es bietet Lebensraum für unzählige Vögel, Pflanzen, Amphibien, Reptilien und Kleintiere. Im Vordergrund des unteren Bilds das Naturschutzzentrum Neeracherried des Schweizer Vogelschutzes SVS/BirdLife Schweiz.

Bei der Gesamtmelioration in der Gemeinde Neerach kam man auf ganz neue Ideen zur Urbarmachung des Flachmoors: Die Riedwiesen wurden nicht mehr entwässert, sondern mit dem Aushub von Baustellen und zum Teil sogar mit Kehricht meterhoch aufgefüllt. Allein in den 1970er-Jahren wurden 20 Hektaren Riedland bis auf eine Höhe von fünf Metern überschüttet.

Von dem ursprünglich 500 Hektaren grossen Flachmoor wurde als grösstes Stück das heutige Naturschutzgebiet Neeracherried mit 105 Hektaren gerettet. Allerdings wird dieses Ried von zwei Hauptstrassen in zwei Teile geschnitten. Ansonsten zeugen nur noch drei weitere Naturschutzgebiete von der ursprünglichen Vegetation. Alle anderen Flächen werden heute intensiv landwirtschaftlich genutzt. Ein beträchtlicher Teil der Industriezone von Dielsdorf, der Freizeitpark Erlen und die Pferderennbahn liegen auf ehemaligem Riedland.

Wissenschaft im Dienst der Agrarlobby

Im Jahr 1976 beauftragte das Bundesministerium für Ernährung, Landwirtschaft und Forsten das Psychologische Institut der Universität Nürnberg-Erlangen, den Erholungswert flurbereinigter Landschaften zu untersuchen. Das vielzitierte Resultat (Baur et al. 1979): *«Es kann somit aufgrund der Ergebnisse die Behauptung widerlegt werden, dass Landschaften generell durch die Flurbereinigung an Attraktivität verlieren.»*

Seit ihrem Erscheinen dient die Untersuchung, die sich das Ministerium 140 000 DM kosten liess, Flurbereinigern in ganz Mitteleuropa als willkommenes Argument gegen ihre Kritiker. Doch bei näherem Hinsehen offenbart die in der Zeitschrift «Natur und Landschaft» publizierte Studie massive methodische Mängel (Kuhn 1980, Zerner 1981). Das beginnt bereits bei der Auswahl der Versuchspersonen, die in einem Bus durch verschiedene Landschaften gefahren wurden. Beispielsweise wurde ein Teil der Personen auf einem Flohmarkt angeworben. Insgesamt kann die «Stichprobe» nicht als repräsentativ bezeichnet werden. Bei der Auswahl der Landschaften wurden ebenfalls wissenschaftliche Kriterien missachtet, was den Verdacht der bewussten Manipulation aufkommen lässt (Zerner 1981). Die von Flurbereinigungsbehörden vorgeschlagenen acht Gebietspaare beschränkten sich auf typische Mittelgebirgslandschaften, einen Landschaftstyp, der auch dem eifrigsten Flurbereiniger Grenzen auferlegt. Die Täler und Höhen lassen sich nicht so drastisch und grossräumig planieren wie das Flachland, wo sich die Flurbereiniger ungehemmt austoben konnten. Gleichzeitig wurden für die unbereinigten Landschaften relativ intensiv bewirtschaftete Gebiete gewählt. Ad absurdum geführt wurde das ganze Unternehmen bei der Durchführung. Die Versuchspersonen sollten die Landschaften mithilfe von 22 vorgegebenen Begriffspaaren (z. B. gepflegt/ungepflegt; verwirrend/übersichtlich; unfreundlich/freundlich) auf ihre «Schönheit» hin beurteilen. Doch die Begriffe waren nicht neutral und wertfrei. Offenbar geriet in jener Zeit sogar die Wissenschaft auf flurbereinigte Abwege.

Abb. 153: Manipulierte Monotonie: Die triste Eintönigkeit wird zum ästhetisch gefälligen Kunstwerk. Das Bild macht deutlich, dass bei Flurbereinigungen die Anforderungen von Minimalarealen mit überlebensfähigen Mindestpopulationen der meisten wildlebenden Tier- und Pflanzenpopulationen nicht erfüllt werden. Das geringe Natur- und Naturschutzverständnis im Agrarbereich sprechen aus diesem Dokumentations- und Stimmungsfoto.

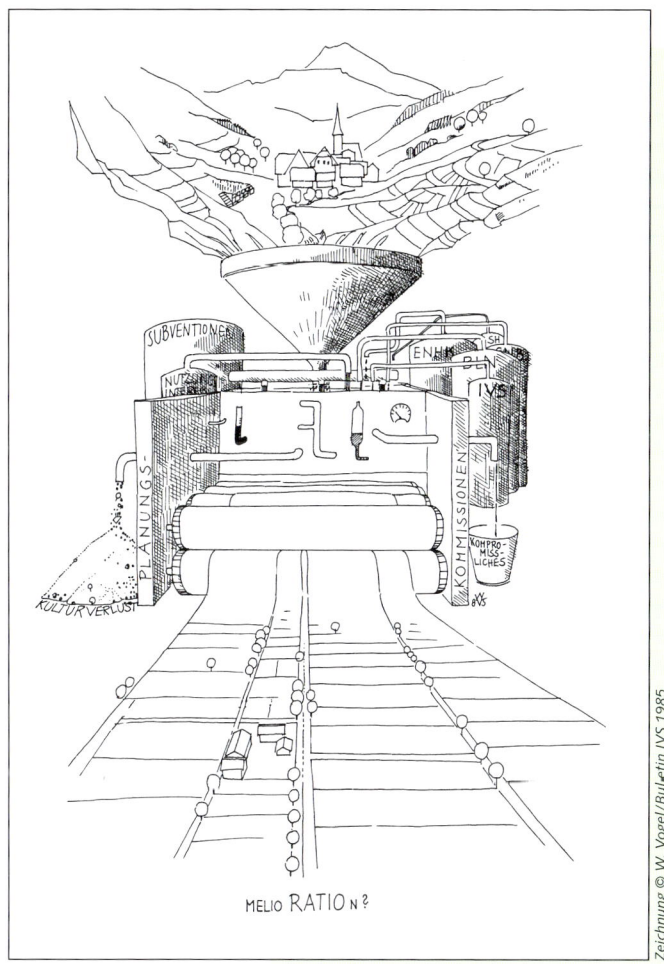

Gerechterweise muss man anfügen, dass viele Wissenschaftler der Studie wenig abgewinnen konnten. Walter Kuhn von der Technischen Universität München publizierte seine Kritik am Vorgehen der Psychologen ebenfalls in der Zeitschrift «Natur und Landschaft» (1980): «*Zumindest, was die Dimension Vielfältigkeit und Natürlichkeit betrifft, ist dieses Ergebnis ausgesprochen überraschend, liegt es doch in krassem Gegensatz zu dem, was bislang über die Auswirkungen der Flurbereinigung bekannt ist, und was ja grossenteils zur Erzielung besserer landwirtschaftlicher Erträge durchaus bewusst in Kauf genommen wurde. Stimmt es also überhaupt nicht, wenn man bisher annahm, dass die Vergrösserung der einzelnen Nutzungsparzellen, die Begradigung von Wegen und Bachläufen, die Beseitigung von Nass- und Feuchtbiotopen und Dränung von Streuwiesen und Vernässungszonen und damit eine Reduzierung des lokalen Artenspektrums in Pflanzen- und Tierwelt auch eine allgemeine Verringerung der Vielfältigkeit einer Landschaft mit sich bringen? Oder sollten derartige Verluste durch die Neuanlage einiger Erschliessungswege, von denen die Autoren besonders erlebnissteigernde Wirkung annehmen, ohne weiteres ausgeglichen werden können? Dem Verfasser fällt es schwer, dies für möglich zu halten.*»

Interessant ist der Versuch Kuhns, das Resultat unter Ausblendung der methodischen Mängel doch noch zu interpretieren. Kuhn fragt sich, ob die in der Bevölkerung «*schon sehr verbreitete ‹Saubermann-Mentalität› schon so weit fortgeschritten ist, dass [...] auch geordnete, flurbereinigte Areale der genormten Vorstellung von einer schönen Erholungslandschaft inzwischen ebenso entgegenkommen könnte, wie der pflegeleichte englische Parkrasen in irgendeiner Wohnsiedlung [...]*».

Abb. 154: Auf den Punkt gebracht: Karikaturen aus den 1980er-Jahren zum Thema Meliorationen. Links: Porentief rein! Von Arnd Bockhacker. Rechts: Meliorationsmaschine. Als diese Karikatur von W. Vogel im IVS-Bulletin 85/2 publiziert wurde, erhielt die Redaktion aufgebrachte Briefe aus dem Eidgenössischen Meliorationsamt, von der Gruppe der Freierwerbenden des Schweizerischen Vereins für das Vermessungswesen und Kulturtechnik sowie vom Institut für Orts-, Regional- und Landesplanung der ETH Zürich. Offenbarte sich das schlechte Gewissen oder ein völliges Unverständnis für die Anliegen des Landschaftsschutzes? Es zeigt auf jeden Fall, dass die Kulturingenieure keine Kritik duldeten und dulden – und schon gar nicht in Form einer Karikatur. Man hielt und hält sich für sakrosankt.

Kapitel 7 Die Demontage der traditionellen Kulturlandschaft

Eine Juralandschaft wird umgestaltet

Die folgende Bildergeschichte belegt, dass die Karikaturen auf der letzten Seite keine Hirngespinste von Landschaftsschützern sind, sondern die Wahrheit in Natur und Landschaft abbilden. Dies zeigt das Schicksal der Flur von Wittinsburg (BL), wobei dieses Beispiel der Auswirkungen einer Melioration auf Natur und Landschaft ebenso willkürlich ausgewählt wurde wie jenes von Wintersingen. Man kann unzählige andere Gemeinden in jenen Jahren heranziehen, ob diese nun in der Nord-, West-, Ost- oder Südschweiz liegen, um den landschaftszerstörenden Einfluss der Meliorationen zu dokumentieren.

Die Analyse der Flurentwicklung in der Gemeinde Wittinsburg kam zustande, weil der Erstautor des vorliegenden Buchs während 15 Jahren Experte der «Staatlichen Kommission für Natur- und Heimatschutz des Kantons Basel-Landschaft» war. 1974 wurde in Wittinsburg die Felderregulierung beschlossen. Als Mitglied der Subkommission Naturschutz führte Klaus Ewald an mehreren Tagen im Sommer 1976 eine Felderhebung durch, bei der er die wichtigsten Landschaftselemente und Geländestrukturen in einen Plan im Massstab 1:5000 einzeichnete. Dazu gehörten Trockeninseln, Feldgehölze, Hecken, Wegböschungen, Stufenraine sowie zwei zu schützende Objekte gemäss Regionalplan Landschaft (Ewald 1971). Der Plan entsprach der damaligen Naturschutzgesetzgebung. Da die Flur von Wittinsburg schon vor 1976 ziemlich ausgeräumt worden war (sog. kalte Melioration durch die einzelnen Landbewirtschafter), konnten nur relativ wenige Elemente, Objekte und Strukturen als schutzwürdig bezeichnet werden.

Bereits 1973 hatte das Amt für Naturschutz und Denkmalpflege des Kantons Basellandschaft in einer Besprechung in Wittinsburg «das Begehren gestellt, die im Naturschutzgutachten 1971 angegebenen Objekte Nr. 3.51 und 3.52 seien entsprechend zu berücksichtigen» (Protokoll Subkom. Naturschutz vom 8. Juli 1976). Die Subkommission Naturschutz hatte am selben Tag (selbes Protokoll) die zu regulierende Flur in Augenschein genommen und kam zum Schluss:

«1. [...] Die Begehung des Felderregulierungs-Perimeters hatte zum Ziel festzustellen, ob und wie die Begehren des Naturschutzes bei der Weiterbearbeitung durch das Meliorationsamt in seiner Planung erfüllt werden können.

2. Besprechung über die Begehren des Naturschutzes an die Felderregulierung:
 a) Erhaltung von Umfang und Inhalt (Buschwerk, Lianen, Wildfruchtbäume usw.) der Gehölze im Bereich 3.52.
 b) Charakter der Waldränder im heutigen Zustand erhalten.
 c) [...]
 d) Wo möglich Wegböschungen und Raine belassen.»

Abb. 155: Entweihte Landschaft im Tafeljura. Wittinsburg (BL) 2008.

Abb. 156: Monokultur – wie in Nordamerika. Wittinsburg (BL) 2008.

Auf der folgenden Doppelseite ist dargestellt, wie sich die Landschaft durch die Melioration verändert hat. Die wertvollen Elemente und Strukturen sind zusammen mit den beiden Naturschutzgebieten 3.51 und 3.52 in der linken Karte eingezeichnet. Aus Platzgründen erfolgt die Darstellung in einem vergrösserten Ausschnitt der LK 25, Blätter 1068 und 1088 der Jahre 1955 und 2006 mit vereinfachten Signaturen. Das Objekt 3.52 war ein Relikt einer traditionellen Kulturlandschaft mit Magerwiesen, Hecken, Feldgehölzen, lichtem Baumbestand, aufgelockerten Waldrändern des Pfeifengras-Föhrenwaldes, Krüppelföhren, Wacholder und zahlreichen seltenen Pflanzenarten. Als Schutzziel war eine adäquate Pflege geplant, die dieser komplexen Kleinlandschaft Rechnung trägt. Der Bildvergleich D zeigt, dass die vormalige komplexe Vielfalt der trivialen Einfalt gewichen ist. Bulldozer und der Güterstrassenbau haben das Landschäftlein banalisiert.

Der rechte Kartenausschnitt und die anderen Fotovergleiche belegen, dass praktisch nichts erhalten blieb. An zwei Stellen sind bolzengerade und unnatürliche Heckenriegel «gebaut» worden; ansonsten dominiert heute das übliche Schachbrettmuster.

Das Naturschutzobjekt 3.51 war ein Steinbruch mit miozänem Muschelagglomerat, Süsswasserkalk, roten Mergeln und Juranagelfluh, das als geologisches Denkmal galt. Ob er im Zuge der Melioration oder erst später zu etwa 80 Prozent aufgefüllt wurde (Bildvergleich B), liess sich nicht mehr ermitteln: Dieser einstmals prächtige Aufschluss ist für die Lehre und als Anschauungsobjekt praktisch verloren.

1955

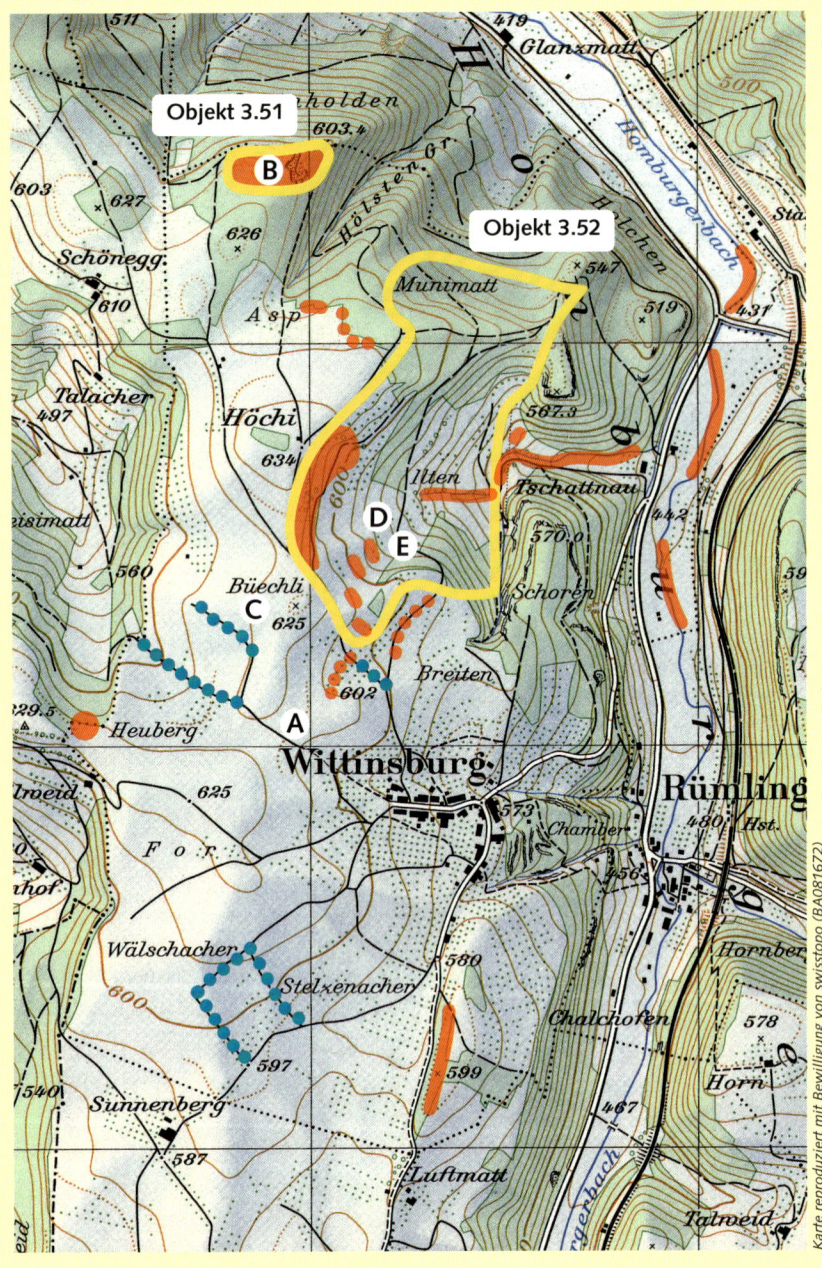

☐ Objekte Naturschutzgebiet Regionalplanung 1971
■ Naturschutzwürdig, absolut
● Alte Wege (eventuell römischen Ursprungs)

Abb. 157: Eine Flur wird zu Grabe getragen. Wittinsburg (BL), LK 1068 und 1088, Jahre 1955 und 2006. Die Fotografien in der linken Spalte (Seite 202) stammen aus den Jahren 1975 und 1976, die in der rechten Spalte (Seite 203) aus dem Jahr 2008 bzw. (ganz unten) 1981.

2006

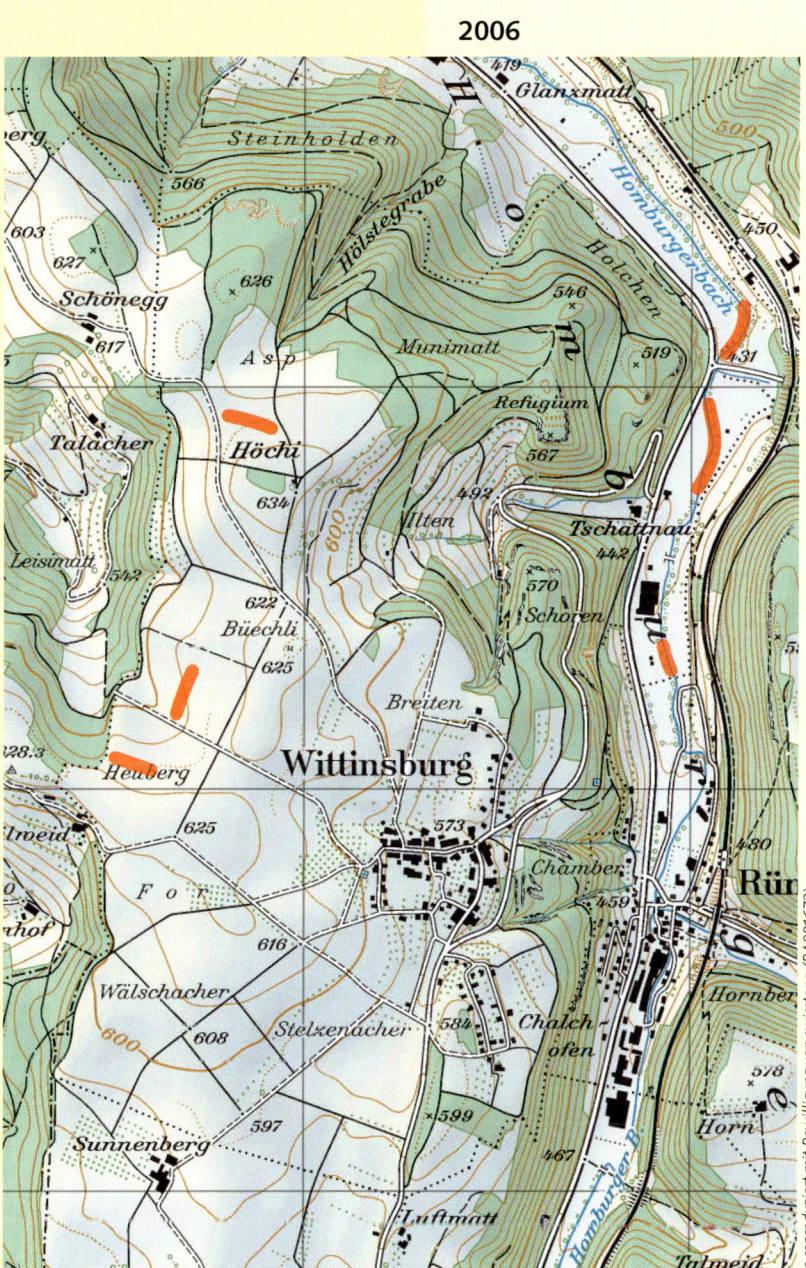

Heute geschützt

Kapitel 7   Die Demontage der traditionellen Kulturlandschaft

203

Ökonomie statt Ökologie im Rebberg

Die meisten Rebbaugebiete der Schweiz mussten in den vergangenen Jahrzehnten Meliorationen über sich ergehen lassen. Meist hat sich das Erscheinungsbild der zum Teil über viele Jahrhunderte gewachsenen Kulturlandschaften radikal verändert. Vielerorts hatten sich an den von kleinen Terrassen überprägten Hängen noch die ursprünglichen, natürlichen Oberflächenformen mit Tälchen und Mulden abgezeichnet, was ein Nebeneinander von natürlichen und vom Menschen geschaffenen Strukturen ergab. Die Meliorationen haben viele dieser Landschaftselemente eliminiert.

Nur selten gelang es, mässigend auf die Flurbereiniger einzuwirken. So beispielsweise in Salgesch, wo in den 1980er-Jahren eine Melioration in grossem Stil geplant wurde. Die reich gegliederten Rebhänge sollten einer schiefen Ebene weichen (das Bundesamt für Landwirtschaft verlangte eine Hangneigung von 8 Prozent, damit die Rebbauern in den Genuss von Subventionen kommen), auf welcher eine «rationelle» Bewirtschaftung möglich sein würde. Gleichzeitig war geplant, die Rebfläche zu verdoppeln – und dies zu einer Zeit, als die Schweiz im eigenen Wein zu ertrinken drohte und die Überschüsse mit 35 Millionen Franken aus der Bundeskasse gelagert werden mussten.

Abb. 158: Rebbergplanierung während der Rebbergmelioration Duden, Gemeinde Varen (VS).

Abb. 159: Planiertes und melioriertes Rebgelände. Rebbergmelioration Duden, Gemeinde Varen (VS), Frühjahr 1984. In diesem Stil wären auch die Rebberge bei Salgesch planiert worden.

Abb. 160: Das Endprodukt der Melioration, welche ohne Rücksicht auf Natur und Landschaft durchgeführt wurde.

Geplant war, sämtliche Tälchen und Mulden sowie einen natürlichen, dolinenartigen Weiher mit schwankendem Wasserstand meterhoch aufzuschütten und die Trockensteinmauern einzuebnen. Insgesamt sollten 250 000 Kubikmeter Material abgetragen und an anderen Stellen abgelagert werden. Ein völlig neues Wegnetz und eine Güterzusammenlegung waren fester Bestandteil des Projekts. Kostenpunkt: 140 000 Franken pro Hektare.

Sowohl bei den kantonalen als auch bei den nationalen Behörden fand das Projekt Anklang.

1984 reichten der WWF Schweiz und die Schweizerische Stiftung für Landschaftsschutz und Landschaftspflege Beschwerde gegen eine Rodungsbewilligung von 4000 Quadratmetern ein und zogen diese bis vor das Bundesgericht – mit Erfolg. Es folgten Jahre harter Verhandlungen, es hagelte Beschwerden und Einsprachen. Den Umweltverbänden begegnete man in Salgesch mit offenem Hass. Sie konnten zwar einen weiteren Erfolg vor dem Bundesgericht verbuchen, doch parallel

Wie viel Landschaft soll es denn sein?

Raimund Rodewald, Geschäftsführer der Stiftung Landschaftsschutz Schweiz, äusserte sich wie folgt zur Frage, wie viel Landschaft der Landschaftsschutz in Salgesch will (in Rodewald 1999a):

«Grundsätzlicher Unterschied zwischen dem ‹Schutz› der Interessen des Nutzers und dem Schutz der Natur ist, dass der Bauwillige einen Grundanspruch auf Erfüllung seiner Interessen zu haben scheint, während die stumme Natur sich mit dem zufriedengeben muss, was der Mensch in seiner Verspeisung des Bodens an Brosamen übriglässt.
Als im Walliser Dorf Salgesch sich die Weinbauern 1994 nach jahrelangem Streit um eine Rebbergmelioration und zweimaligem Gang ans Bundesgericht bereit erklärten, zusammen mit der Stiftung für Landschaftsschutz und dem WWF einen landschafts- und naturverträglichen, aber gleichzeitig auch in moderner Weise zu bewirtschaftenden Rebberg einzurichten, stellte mir der Präsident der Rebbergmeliorationsgenossenschaft, Raymond Mathier, die Gretchenfrage: ‹Wieviel Landschaft wollt ihr vom Landschaftsschutz?› In diesem äusserst vielfältigen, 30 Hektaren grossen Gebiet mit Kuppen, (‹Hubil›), Senken, Flaumeichenwäldchen, Obstbaumwiesen, Riedflächen, Felssteppen und einer Doline fanden sich dank der unterschiedlichen, mal intensiven, mal extensiven oder gar aufgegebenen Nutzung über 500 Tier- und Pflanzenarten, darunter eigentliche Trouvaillen wie die Kleine Kronwicke (Coronilla minima), der Kantige Lauch (Allium angulosum; hochgradig gefährdet) oder die Graukresse (Berteroa incana). Unter den insgesamt 67 bedrohten Tierarten stachen Orpheusspötter (Hippolais polyglotta), Neuntöter (Lanius collurio), die Äskulapnatter (Elaphe longissima) und der Blutbär (Thyria jacobaeae), ein rotflügliger Schmetterling, hervor. Diese Artenvielfalt hat allerdings nur dann eine Chance zu überleben, wenn es gelingt, die Grundeigentümer vom Naturwert dieser Flächen zu überzeugen. Bereits in den Jahren zuvor wurden immer wieder Wiesen umgebrochen, da und dort Aufschüttungen ausgeführt sowie alte Terrassierungen eingeebnet.
Wieviel Landschaft soll es denn sein? Wieviel Quadratmeter des 30 Hektaren grossen Meliorationsgebietes will der Landschaftsschutz beanspruchen? An dieser Frage zeigt sich die Grenze des ökologischen Arguments. Gewiss konnten wir einigermassen die Flächenbedürfnisse für die wichtigsten Tier- und Pflanzenarten definieren und die biologische Vernetzung konkretisieren. Dies umfasste insgesamt etwa 18 Prozent der Fläche. Die Einzigartigkeit des Landschaftsbildes ergibt sich aber gerade aus der mannigfaltigen Verzahnung von aufgelassenen Rebbergterrassen, intensiv genutzten Wiesen, kleinstflächigen Flaumeichenwäldchen oder kleinen Gärten. Trockensteinmauern, alte Suonen und Wege belegen die lange Geschichte der Landnutzung. Die Faszination des gegensätzlichen Reliefs von konkaven und konvexen Formen findet ihre Entsprechung in der kontrastreichen Nutzung von Intensivem zu Aufgegebenem, von alt zu neu, von Wiesen- und Obstbau zu Rebbau. Wieviel von dieser Landschaft brauchen wir Menschen, um diese Schönheit noch zu empfinden? Wieviel von Cézannes Mont St. Victoire ist intakt zu halten, ohne dass die Stimmung des Gemäldes verlorengeht? Wieviele Gebäude der Altstadt von Bern kann man abreissen, ohne dass das Ensemble zerstört wird? Inwieweit kann ein Walliser Spycher mit den typischen Mäuseplatten in ein Chalet umgebaut werden, bis der Schutzwert dahin ist? Die Absurdität dieser Fragestellung spricht für sich.»

zu den juristischen Querelen vollzog sich in der Landschaft ein schleichender, zum Teil illegaler Wandel, welcher dem Naturpotenzial bereits erheblich zusetzte. Die Bilder illegaler Planierungen wurden zu einem Symbol dafür, wie rücksichtslos man im Wallis mit Natur und Landschaft umgeht. Im Februar 1991 musste der Kanton Wallis die Polizei nach Salgesch schicken, um die illegalen Geländeterrassierungen zu stoppen. Fortan musste die Polizei den Rebberg überwachen, bis die zuständigen Gerichte über die hängigen Rekurse entschieden hatten.
Die verfahrene Lage entspannte sich erst, als der neue Gemeindepräsident Jean-Michel Cina Gespräche zwischen der Meliorationsgenossenschaft und den Umweltverbänden organisierte. Die Gespräche führten schliesslich zu einer Vereinbarung und dem Beginn der Melioration im Jahr 1995. Immerhin wurde erreicht, dass insgesamt 5 Hektaren Naturschutzfläche in das 30 Hektaren grosse Rebge-

Abb. 161: Rebberg im Lavaux, Kanton Waadt. Die traditionelle Kulturlandschaft wurde im Jahr 2007 zum Weltkulturerbe erklärt. Das Gebiet umfasst 898 Hektaren. Davon sind 574 Hektaren Weinberge, verteilt auf 14 Gemeinden. Die gegen den Genfersee abfallenden Hänge von Lavaux neigen sich zwischen 13 und 43 Prozent. Der Weinbau der steilsten Zone, jene des Dézaley, geht auf die zweite Hälfte des 12. Jahrhunderts zurück und ist Zisterziensermönchen zu verdanken. Das ganze Gebiet wurde von Generationen von Weinbauern gestaltet. Das Lavaux als Weltkulturerbe war nur möglich, weil hier im Gegensatz zum unteren Wallis keine meliorative Verwüstung der Rebberge stattgefunden hat. Die Rettung des Lavaux hat man den angeblich so subversiven und ewiggestrigen Natur- und Landschaftsschützern zu verdanken.

biet integriert wurden. Die Wunden der Auseinandersetzung sind allerdings noch nicht verheilt. Einige der Winzer schmerzt der Verlust der Naturschutzflächen. Andere wissen ihre Chance zu nutzen und führen ihre Kunden stolz in ihren «neuen» Weinberg mit natürlichen Strukturen und freuen sich über positive Rückmeldungen.

Dennoch sind auch in Salgesch unzählige Naturwerte verloren gegangen. Für die Tierwelt bedeuteten Flurbereinigungen in den Rebbergen den Verlust lebenswichtiger Brutstätten und Nahrungsreviere. Brachflächen und gebüschreiche Strukturen wurden beseitigt, Terrassen mit ihren Mauersystemen, welche zahlreiche Nistmöglichkeiten und Nahrung bieten, wurden planiert oder durch Betonmauern ersetzt, und zahlreiche traditionelle Weinberghütten, die als Brutplätze für Gebäudebrüter gedient hatten, wurden zerstört. Die meisten Rebberge sind heute als Lebensraum massiv abgewertet (Abb. 162).

Abb. 162: Der meliorierte Rebberg bei Miège, Kanton Wallis. Die Landschaft wurde komplett ausgeräumt. Über Dutzende von Hektaren wurde jede Geländeunebenheit ausplaniert. Sämtliche Bäche wurden in Betonröhren verlegt; alle Bäume und Gebüsche wurden radikal ausgemerzt. Nur das geometrisch angelegte Wegnetz unterbricht die Monotonie. Schmid (1980) schrieb dazu, dass sich nun erkennen liesse, *«welche betriebswirtschaftlichen Vorteile der meliorierte Rebberg gegenüber dem ursprünglich kleinstrukturierten Zustand mit sich bringt»*.

Untersuchungen aus Deutschland haben gezeigt, dass die Artenvielfalt nach einer Flurbereinigung deutlich abnahm (Matthäus und Roweck 1988). Die Individuenzahl der Vogelarten, die im Sommer in einem bereinigten Weinberg angetroffen wurden, war zudem nur etwa halb so gross wie im entsprechenden traditionellen Weinberg (Seiler 1986). Viele der vom Rückgang besonders stark betroffenen Arten sind insektenessende Kleinvögel, die zur Brutzeit fast pausenlos ihre Nahrungsreviere absuchen und als Lehrbuchbeispiel illustrieren, was mit dem Begriff «integrierter Pflanzenschutz» gemeint sein könnte.

Abb. 163: Das Ende vom Lied: Meliorationen dezimieren die Vogelwelt. Links: Rebberg der traditionellen Kulturlandschaft. Rechts: Meliorierter Rebberg. Für Tiere und Pflanzen hat es keinen Platz mehr.

Propaganda im Schulfunk

Der Arm der Agrarlobby reichte lange Zeit bis ins Schulzimmer. Diese These wollen wir mit einem Beispiel untermauern: Am 31. August 1978 brachte der Schweizer Schulfunk um 9.05 Uhr eine Dokumentarhörfolge für Schülerinnen und Schüler ab dem 7. Schuljahr mit dem verheissungsvollen Titel «Landwirtschaft und Naturschutz am Beispiel des Berner Seelandes». Darin wurden die Jugendlichen mit folgenden Informationen beschallt: «*Wirtschaftliche Unabhängigkeit bedeutet Ausnützung des letzten Quadratmeters kulturfähigen Bodens, Schaffung von Neuland, Erhalten der angestammten Scholle und Mehrung unserer land- und alpwirtschaftlichen Betriebseinheiten. Diese Massnahmen gehören zu den vornehmsten und verdienstvollsten Aufgaben des Staates.*» Man beachte, dass der Zweite Weltkrieg fast eine Generation zurück lag und die Landwirtschaft Butter und Milch im Überfluss produzierte.

Die Sendung hatte aber noch mehr zu bieten: «*In unserem regnerischen Land ist meistens ein Überschuss an Wasser vorhanden, der auf eine möglichst kostengünstige und gesamtökonomisch sinnvolle Weise abgeführt werden muss. [...] Die landwirtschaftliche Melioration hat zwangsläufig Änderungen des Landschaftsbildes zur Folge; verschiedenenorts müssen Hecken und Bäume verschwinden, weil sie der angestrebten Feldergestaltung und der neuzeitlichen maschinellen Bewirtschaftung hinderlich wären.*»

Abb. 164: Anleitung zum Entwässern für Schüler ab dem 7. Schuljahr. Quelle: Venner 1978.

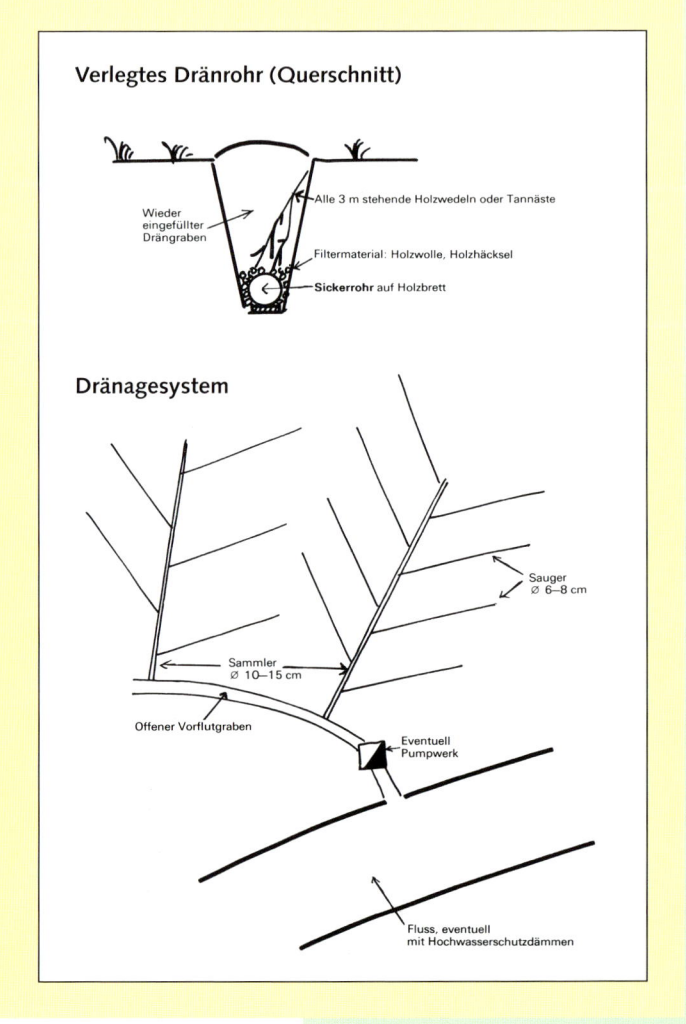

Landwirtschaftliche Organisation	Jährlicher Subventionsbetrag
Käseunion	460 000 000.–
Butyra (Butterverwertung)	386 000 000.–
Vereinigung zur Förderung der Betriebsberatung in der Landw.	7 903 000.–
Fleckviehzuchtverband	7 337 000.–
Rindviehzuchtverbände	6 571 000.–
Milchwirtschaftlicher Kontroll- und Beratungsdienst	5 814 000.–
Viehproduzentenverband (zinsloses Darlehen)	3 000 000.–
Zentralverband Schweizerischer Milchproduzenten	1 950 000.–
Zentralstelle für Kleinviehzucht	1 374 000.–
Schwarzfleckviehzuchtverband	1 234 000.–
Saatzuchtverband	1 170 000.–
Verband für Mast- und Schlachtleistungsprüfungg beim Schwein	1 076 000.–
Beratungs- und Gesundheitsdienst beim Schwein	920 000.–
Milchwirtschaftlicher Verein	622 000.–
Bauernverband	612 000.–
Pferdezuchtverband	428 000.–
Braunzuchtviehverband	253 000.–
Schafzuchtverband	232 000.–
Arbeitsgemeinschaft der Bergbevölkerung	217 000.–
Verband der Berufsreiter und Reitschulmeister	215 000.–
Kommission schweizerische Viehzuchtverbände	204 000.–
Inlandwollzentrale	200 000.–
Ziegenzuchtverband	164 000.–
Ehringerzuchtverband	135 000.–
Gemüseunion	135 000.–
Kleinviehzuchtverbände	132 000.–
Verband schweizerischer Geflügelhalter	124 000.–
Ingenieur Agrar Verband	109 000.–
Fédération des Sociétés d'agriculture de la Suisse romande	102 000.–
Arbeitsgemeinschaft zur Förderung des Futterbaus	96 000.–
Verein Deutschschweizer und rätoromanischer Bienenfreunde	89 000.–
Fachstelle für Zuckerrübenbau	68 000.–
Zentralstelle für Gemüsebau	63 000.–
Association genevoise des Centres d'études techniques agricoles	52 000.–
Centre Romand d'information agricoles	45 000.–
Société romande d'apiculture	44 000.–
Schweinezuchtverband	41 000.–
Verband für Landtechnik	34 000.–
Schweineproduzentenorganisation	33 000.–
Schafzuchtverband	29 000.–
Unione contadini ticinesi	27 000.–
Schweizerischer Landfrauenverband	25 000.–
Fédération romande d'élevage de menu betail (Kleinviehzucht)	23 000.–
Alpwirtschaftlicher Verein	8 000.–
Verein der Schweinewärter und Schweinehalter	3 000.–
Total	**888 913 000.–**

Tab. 6: Geldsegen für landwirtschaftliche Organisationen. Eine vertrauliche Liste zeigt: Das Bundesamt für Landwirtschaft hat Anfang der 1990er-Jahre landwirtschaftliche Organisationen mit jährlich knapp einer Milliarde Franken subventioniert. Während für Natur und Landschaft verschwindend wenig ausgegeben wurde, gab der Bund allein für landwirtschaftliche Organisationen jährlich ca. 900 Millionen Franken aus.

Spitzenreiter bei all diesen Verbänden und Vereinen war die Käseunion. Davon waren 15 Millionen für Administration und Personalkosten reserviert. 50 Millionen gingen in die Werbung. Geworben wurde aber nicht für eine gesündere Ernährung, sondern einzig und allein für den Kauf von Käse. Die restlichen Millionen wurden dazu gebraucht, die am Markt vorbeiproduzierten Überschüsse zu verwerten. Es kam vor, dass im Ausland Schweizer Käse billiger zu haben war als in der Schweiz. Die Käseunion verkaufte die Überschüsse zu Spottpreisen ins Ausland – die Verluste wurden vom Staat übernommen.

Um die Überschüsse der Butter «kümmerte» sich die Butyra in ähnlicher Weise wie die Käseunion um den Käseüberschuss. Quelle: Glisenti 1995.

Die «Modernen Meliorationen»

Dienten Meliorationen ursprünglich der «Sicherung des Lebens- und (Land-)Wirtschaftsraums», stand in den Kriegsjahren die Steigerung der Lebensmittelproduktion und nach dem Zweiten Weltkrieg die Rationalisierung und Mechanisierung der Landwirtschaft im Vordergrund. Praktisch alle Massnahmen waren bis in die späten 1970er-Jahre rein landwirtschaftlich orientiert. Ganze Landstriche wurden durch die staatlich gelenkten, mit öffentlichen Mitteln finanzierten Meliorationen unkenntlich gemacht.

Wie wenig Verständnis man auf politischer Ebene für Natur und Landschaft hatte, zeigt ein Blick in die kantonale Gesetzgebung. Als der Thurgauer Grosse Rat im September 1987 die erste Lesung des Meliorationsgesetzes beendete, blieb ein Paragraph ausgeschlossen, der an die Kommission zurückgewiesen wurde. Dabei ging es um die Frage, ob den thurgauischen Natur- und Heimatschutzorganisationen ein Beschwerderecht im Fall von landwirtschaftlichen Güterzusammenlegungen eingeräumt werden sollte. Alle anderen Versuche vonseiten der Grünen und der Sozialdemokraten, Umwelt- oder Landschaftsschutzbegehren in das Gesetz einzubringen, scheiterten. Dabei argumentierten der Kommissionspräsident und der Volkswirtschaftsdirektor damit, dass solche Anliegen nicht Sache des Meliorations-, sondern eines Natur- und Heimatschutzgesetzes seien.
Trotz der immer stärker werdenden Kritik vonseiten des Naturschutzes blieben Bund und Flurbereiniger weitgehend immun für die Anliegen von Natur und Landschaft. Es gab zwar die unter widrigen Bedingungen und bei völlig gegenläufigen Zielen von Naturschutzverbänden und Einzelpersönlichkeiten des Naturschutzes und der Flurbereinigung erreichten Erfolge bei einzelnen Meliorationen, die durchaus als beachtlich bezeichnet werden müssen. Zu einer systematischen und tiefgreifenden Berücksichtigung des Natur- und Landschaftsschutzes kam es aber erst Anfang der 1990er-Jahre.

Ein wichtiger Wendepunkt war die Motion von Ständerätin Esther Bührer aus Schaffhausen, die 1981 Ergänzungen zur Bodenverbesserungsverordnung forderte. Bührer schlug vor, zwei Bestimmungen in die Verordnung aufzunehmen, *«die verlangen, dass (1) ein Landschaftsplan als obligatorischer Bestandteil von Bodenverbesserungsplanungen vorgelegt werden muss, und (2) von den subventionsberechtigten Gesamtkosten eines Bodenverbesserungswerkes ein angemessener Prozentsatz zur Wahrung der Interessen von Landschafts- und Naturschutz verwendet werden muss»*.
Bührer machte darauf aufmerksam, dass ihr *«Begehren einzig auf die Durchsetzung längst postulierter und gesetzlich abgesegneter Grundsätze hinzielt»*. Doch die Gesetze, die den Schutz der Natur und Landschaft anvisiert haben, seien praktisch unwirksam geblieben. Die mutige Politikerin beklagte, *«dass die meliorierte Flur kaum noch extensiv genutztes Land kennt. Die Grenzsäume zwischen den Nutzungsbereichen werden zu vermessenen Grenzlinien; das Niemandsland, die toten Winkel verschwinden, die Aussiedlerhöfe sorgen für eine intensive Bewirtschaftung auch der entlegensten Gebiete»*. Bührer machte deutlich, dass es nicht darum geht, *«das Rad zurückzudrehen und das verständliche und legitime Bemü-*

hen der Landwirtschaft um mehr Produktivität zu verketzern. Sehr viele Massnahmen zugunsten von Natur und Landschaft liessen sich indessen verwirklichen, ohne dass es zu einem eigentlichen Interessenkonflikt kommen müsste».

Als Folge der Motion setzten das Bundesamt für Forstwesen und das Eidgenössische Meliorationsamt eine Arbeitsgruppe ein mit dem Auftrag, eine «Wegleitung zur Beachtung der Anliegen des Natur- und Heimatschutzes bei Meliorationen» auszuarbeiten. Die Wegleitung erschien 1983 und wurde von den beiden Bundesämtern und der SIA-Fachgruppe der Kultur- und Vermessungsingenieure unter dem Titel «Natur- und Heimatschutz bei Meliorationen» herausgegeben. Zahlreiche Schlagworte des Naturschutzes wie «Biotopverbundsystem», «Vernetzung» und «ökologische Vielfalt» haben in die Meliorationsplanung Eingang gefunden. Einzelne ökologisch ausgerichtete Massnahmen und Projekte wurden werbewirksam über die Medien der Öffentlichkeit vorgestellt. Ziel war es, Meliorationen «umweltverträglicher» erscheinen zu lassen. Die radikalen Zeiten der Flurbereinigung waren zwar vorbei; doch die Natur kam nach wie vor unter die Räder. Hertach (1994) stellte bei seinen Untersuchungen von vier Meliorationsprojekten fest: *«Die Bilanzen zeigen, dass von umfassender Sicherung schützenswerter Flächen, Erweiterung und Vernetzung der Lebensräume nicht gesprochen werden kann. Einige Versuche zu einer Aufwertung wurden zwar unternommen, sie blieben jedoch aus der Gesamtperspektive rudimentär.»* Die hochgejubelten Zielsetzungen der «neuen» Meliorationen wurden also nicht erreicht.

Die Agrarpolitik 2002, das neue Meliorationsleitbild sowie kantonale Konzepte und Leitbilder versuchten ab den 1990er-Jahren neue Massstäbe im Umwelt-, Natur- und Landschaftsschutz zu setzen. Gemäss dem Meliorationsleitbild «Moderne Meliorationen» von 1993 gelten Meliorationen ab sofort als gesamtheitliche «Projekte zur Gestaltung und Förderung des ländlichen Raumes». Meliorationen sollen «gleichwertige» Ziele für den Schutz von Natur und Landschaft, Boden und Wasser, für die Raumplanung und für die Landwirtschaft enthalten.

Doch wer gehofft hatte, die Flurbereiniger, die bisher die Landschaft ausgewechselt haben, würden nun selbst ausgewechselt, wurde enttäuscht. Die zeitgleich herausgegebene Broschüre «Förderung und Gestaltung des ländlichen Raums – Moderne Meliorationen als Chance» liest sich wie ein Rechtfertigungsschreiben früherer Schandtaten. Statt sich für die Auswechslung der Landschaft zu entschuldigen, werden die früheren Meliorationen vehement verteidigt: *«Mit dem Begriff ‹Melioration› sind vielfach Vorurteile verbunden, die gerade in der heutigen Zeit dringend einer Berichtigung bedürfen.»*

Nicht die Zerstörung der Landschaft ist also das Problem, sondern diejenigen, die die Meliorationen in der Öffentlichkeit kritisieren. Es stellte sich die Frage, ob angesichts dieser Einstellung der Flurbereiniger in Zukunft mehr Landschaftsqualität erwartet werden kann. Es lohnt sich, die Broschüre genauer unter die Lupe zu nehmen. Die Autoren schreiben, dass die in *«weiten Bevölkerungskreisen übliche Gleichsetzung von ‹meliorieren› und ‹drainieren› auf einem Missverständnis»* beruhe, *«genauso wie das Vorurteil, zwischen Landbewirtschaftung und Naturschutz bestehe zwangsläufig ein Widerspruch»*. Vier Seiten weiter lesen wir dann aber, dass mit Meliorationen *«die Entflechtung von Schutzgebieten und landwirtschaftlichen Vorrangflächen»* erreicht werden kann.

An dem Leitbild hatte eine Projektgruppe im Auftrag der Konferenz der Amtsstellen für das Meliorationswesen, des Schweizerischen Vereins für Vermessung und Kulturtechnik sowie der SIA-Fachgruppe der Kultur- und Vermessungsingenieure drei Jahre lang gearbeitet. Am 13. Januar 1994 wurde es in Biel vor rund 250 Anwesenden zeremoniell vorgestellt. Es ist bezeichnend, dass fast ausschliesslich Kulturingenieure und Meliorationsbeamte anwesend waren. Der Präsident der Projektgruppe betonte, dass die ursprünglichen Ziele der Meliorationen – Rationalisierung und Strukturverbesserung in der Landwirtschaft – erreicht worden seien und rief in die Runde: *«Seien wir stolz darauf!»*

Der Rheinaubund ahnte, dass hier ein Papiertiger geboren wurde. So enthält das Leitbild keinerlei verbindliche Vorschläge für die konkrete Umsetzung. In einer Stellungnahme zum Meliorationsleitbild konkretisierte der Rheinaubund das Leitbild mit Kriterien und Massnahmen. Der Anforderungskatalog, der in Zusammenarbeit mit dem Zürcher Naturschutzbund, dem Zürcher Vogelschutz und der Stiftung Landschaftsschutz Schweiz entwickelt wurde, muss die Flurbereiniger erschüttert haben. So wird unter anderem gefordert, dass moderne Meliorationen alte «Sünden» korrigieren und Landschaften gezielt ökologisch aufwerten müssen.

Abb. 165: Das Titelbild der Broschüre «Moderne Meliorationen als Chance» soll eine Landschaft zeigen, die trotz Melioration schön geblieben ist. Die nebenstehende Karte (Abb. 166) verdeutlicht allerdings, dass die Landschaftsqualität massiv zurückgegangen ist.

Eine eigentliche Trendwende fand erst Ende der 1990er-Jahre statt. Die ökologische Frage bei Meliorationen wird als *«Herausforderung von historischer Dimension»* (Glatthard 1996) begriffen und nicht mehr als sektoraler Teilbereich, den man – neben vielem anderen – vielleicht auch noch berücksichtigen sollte. Meliorationen *«müssen nicht eine ‹Landwirtezone› für eine Generation sichern, sondern eine multifunktionale Landwirtschaftszone und den ländlichen Raum als Daueraufgabe»* (Glatthard 1996). Fast über Nacht waren Natur- und Landschaftsschutz nicht mehr Mehrkosten, sondern Projektkosten. Für die meisten Landschaften der Schweiz kam dieses Umdenken allerdings zu spät.

1998 erschien die Wegleitung «Meliorationen im Einklang mit Natur und Landschaft» (Lüscher et al. 1998). Zwischen Leitbild und Wegleitung scheint sich einiges getan zu haben. Denn plötzlich gelten Meliorationen als *«Beitrag zur Erhaltung intakter Kulturlandschaften»*. Das Wort Melioration enthält *«die umfassende Bedeutung von Verbesserungen in den verschiedensten Bereichen unserer Umwelt»*.

Ein Fallbeispiel aus dem Kanton Jura verdeutlicht den radikalen Wandel. Auf dem Territorium der moorreichen Gemeinde Damphreux in der Ajoie wurde eine Melioration auf einer Fläche von rund 400 Hektaren geplant. Der Projektentwurf sah

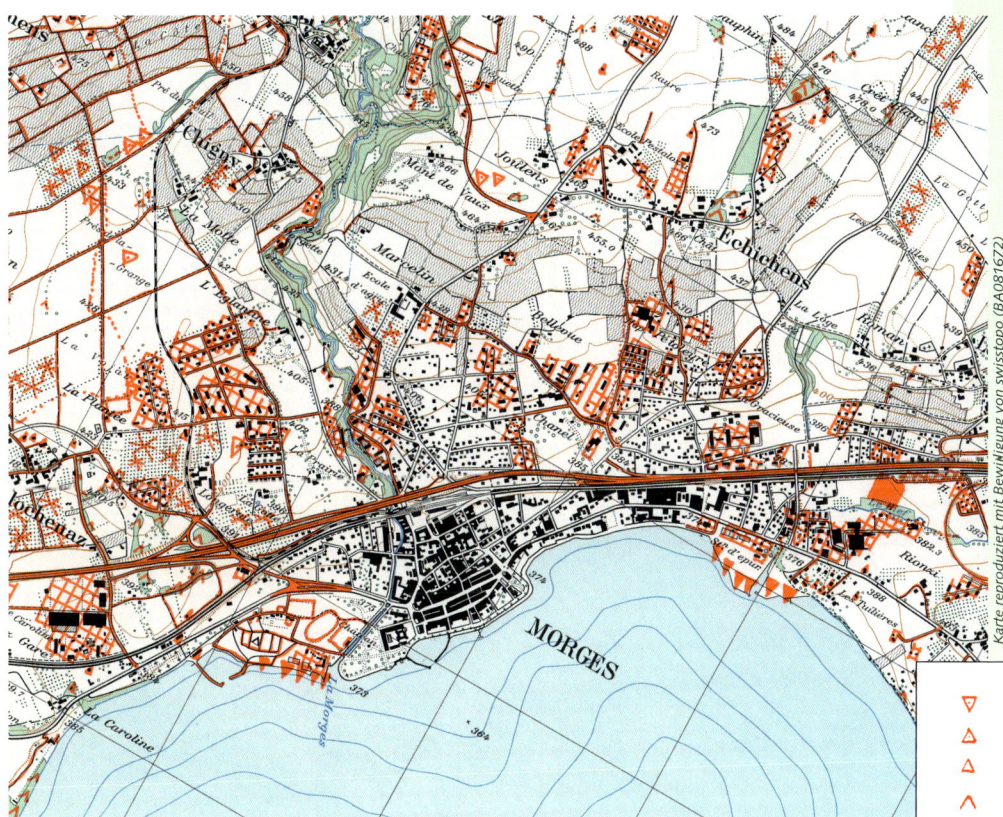

Abb. 166: Landschaftsveränderungen in der Region Morges (VD) am Genfersee. Handzeichnung Klaus Ewald.

▽	Rodung
△	Aufforstung
△	Wiederbewaldung
∧	Wald, Gehölz dichter
∨	Wald, Gehölz lichter
■	Naturnahe Elemente usw. aufgehoben
+	Neue naturnahe Elemente
⊞	Bebaute, überbaute Fläche
▲	Einzelbauten, Werke, Anlagen
▼	Veränderte Morphologie
⊔⊓⊐	Grube, Deponie, Doppelfunktion
∼	Verbaut, begradigt, gebaut
∼∼	Kabel, Leitungen, Stollen
✳	Intensivkultur
⌐	Wüstung (abgegangenes Einzelgebäude)
····	Eingedolter Bach

vor, vernässte landwirtschaftliche Nutzflächen mit einem Drainagesystem systematisch zu entwässern. Doch das Bundesamt für Landwirtschaft wies das Unternehmen mit der Begründung zurück, dieses entspreche nicht mehr der modernen Vorstellung der Landwirtschaftspolitik und könne nicht mit Subventionen unterstützt werden. Im Projekt, das letztendlich realisiert wurde, standen die Erhaltung und der Schutz der Feuchtgebiete im Vordergrund; Entwässerungen wurden praktisch keine durchgeführt.

Im Naturschutz-Gesamtkonzept für den Kanton Zürich von 1995 werden Meliorationen sogar ausdrücklich als Naturschutzinstrument genannt: Moderne Meliorationen seien zur Realisierung von Naturschutzanliegen einzusetzen. Genannt werden insbesondere Landumlegungen zur Aufstockung des Anteils an Schutzgebieten, Bachausdolungen und Biotopvernetzungen. Noch einen Schritt weiter ging der Kanton Bern, der die sogenannte Umweltmelioration ins Leben rief. Deren Ziele lauten: ökologische und ästhetische Aufwertung von Landschaften oder von einzelnen Landschaftselementen sowie die Umsetzung von Richtplänen und übergeordneten Renaturierungskonzepten.

Dürfen wir also von zukünftigen Meliorationen blühende Kulturlandschaften erwarten? Wohl eher nicht. Zahlreiche Meliorationsprojekte laufen immer noch den Zielen der «modernen» Meliorationen» zuwider. Vor allem die Erhaltung der Kleinstrukturen spielt nach wie vor eine untergeordnete Rolle. Eine Evaluation von 18 Meliorationsprojekten aus elf Kantonen ergab beispielsweise, dass moderne Meliorationen nicht das halten, was sie versprochen haben. So wurde die Erhaltung von Kleinstrukturen wie Lesesteinhaufen, kleine Mulden und Einzelbüsche als «*unzureichend erfüllt*» beurteilt (Hauser et al. 1999). Die Erstellung von Feuchtgebieten und Weihern in der Kunstlandschaft bzw. die Segregation von Natur und Agarland wird – selbst in Naturschutzkreisen – höher bewertet. Als vorbildlich muss daher die Melioration Bassersdorf bezeichnet werden. Das Beste daran war, dass sie nicht zustande kam. Zu verdanken war dies vor allem Alt-Gemeindepräsident Alfred Weidmann, der immer wieder darauf hingewiesen hat, dass im Hinblick auf die heutige Situation in der Landwirtschaft – vor 50 Jahren hatte Bassersdorf 50 Bauern, 1997 waren es noch sechs – eine Melioration nur hohe Kosten zulasten der Steuerzahler, aber keinen Nutzen bringe.

Das Verhältnis zwischen Landwirtschaft und Natur- und Landschaftsschutz bleibt weiterhin angespannt – ein Konflikt, der allzu oft zugunsten der mächtigen Landwirtschaftslobby gelöst wird. Und dennoch: So wie die Dinge liegen, waren die Voraussetzungen für den Natur- und Landschaftsschutz im Kulturland noch nie so günstig wie heute. Allerdings schliessen wir uns der Meinung der Naturschutzverbände an, die 1998 forderten, «*dass in traditionellen ländlichen Kulturlandschaften keine Meliorationen mehr durchgeführt werden sollten*» (Vetterli und Geiger 1998). Auf Bundes- und Kantonsebene sollten die entsprechenden Budgetposten gekürzt und die Pflichtenhefte der Meliorationsämter überprüft werden. Meliorationen sind unter den heutigen Rahmenbedingungen nur noch dann zu verantworten, wenn sie eine echte Chance für die Natur sind und verödete Landschaftswüsten wieder zu Lebensräumen umgestalten.

Das Schlusswort zum Thema «Moderne Meliorationen» gehört Rudolf Weidmann (1995) vom Meliorations- und Vermessungsamt St. Gallen: «*Meliorationen werden vermehrt zu einem Instrument der Gesamtplanung im ländlichen Raum. Sie haben im Interesse der ansässigen Bevölkerung und der Bauern eine Verbindung der ökologischen und ökonomischen Ziele zu finden. Die Bauern müssen als Sachverwalter der Natur die neuen Ziele anerkennen und umsetzen, dafür aber von der Gesamtbevölkerung ein genügendes Mass an materieller Sicherheit erhalten. Der Agrarkonsens ist wieder zu finden; damit wird auch dem Naturschutz am besten gedient.*» Dass zumindest die materielle Sicherheit garantiert wurde, zeigt das nächste Kapitel. □

Siloballen: auffällig aber praktisch

Wie Dinosauriergelege türmen sich überall in der Landschaft weisse oder grüne Siloballen. In der Schweiz kam das Phänomen Mitte der 1980er-Jahre auf. Die Ballen enthalten angewelktes Gras, das von gewaltigen Maschinen – scherzhaft «Dieselmegaherbivoren» genannt – zu Ballen gepresst und mit Plastikfolie umwickelt wird. Anschliessend vergären Milchsäurebakterien den Zucker im Gras zu Milchsäure – der gleiche Prozess lässt Kabis zu Sauerkraut werden. Dadurch sinkt der pH-Wert ab, was die Silage konserviert. Der Inhalt liefert Winterfutter, vor allem für Kühe.

Die steril verpackte Natur stört aber so manchen Sonntagsspaziergänger. Dennoch werden immer mehr Siloballen produziert. Die enthaltene Silage ist nämlich billiger als diejenige aus dem Silo. Silage kann einfacher verfüttert und Produktion und Verbrauch können besser mechanisiert werden. Ausserdem wurden die Siloverbotszonen in verschiedenen Regionen aufgehoben. Früher gab es in der Schweiz die Silozonen und die Siloverbotszonen. In den Gegenden, wo Hartkäse hergestellt wurde, durfte keine Silage verfüttert werden. Heute gibt es keine Zonen mehr, und der Landwirt kann theoretisch selbst entscheiden, ob er seine Milch weiterhin an eine Käserei liefert oder die Milch als Industriemilch verkauft.

Genaue Zahlen, wie viel Futter siliert wird, gibt es für die Schweiz nicht. Die Menge schwankt recht stark von Jahr zu Jahr. Die Menge an Gras- und Maissilage wird für 1980 auf 0,6 Millionen Tonnen Trockensubstanz geschätzt, für 1985 auf 0,7 Millionen Tonnen, für 1990 auf 0,8 Millionen Tonnen (Bührer 2002). Der Anteil Heu am Futterverbrauch wurde für dieselben Jahre jeweils nur etwa dreimal höher eingeschätzt.

Im Jahr 2000 wurden 58 Prozent der Milch von Betrieben geliefert, die Silage verfüttern. Der Anteil des silierten Futters, der in Ballen lagert, wird auf 10 bis 20 Prozent der gesamten Silage geschätzt. Eine grobe Schätzung durch die Forschungsanstalt Agroscope Reckenholz-Tänikon ART anhand des Silofolienverbrauchs ergab für die Schweiz pro Jahr über eine Million Siloballen. Die Silagebereitung stieg in den letzten 50 Jahren kontinuierlich an. Gemäss Bundesamt für Landwirtschaft wird der Kostendruck in der Landwirtschaft die Silagebereitung weiter ansteigen lassen (Bührer 2002). Die Forschungsanstalt ART rechnet damit, dass die Bauern jährlich 12 000 bis 20 000 Tonnen Polyethylen (PE) verbrauchen.

Dort, wo das Gras sofort in Folie verpackt wird, haben die darin lebenden Insekten wie Käfer, Bienen, Schmetterlinge und Heuschrecken keine Chance zu entkommen. Sie werden sauber verpackt abgeführt. Die Siloballen stören zudem das Landschaftsbild. Die Entsorgung der Folien, die leichte Verletzbarkeit der Folien, der Maschinenbedarf für den Umschlag der Siloballen, die höheren Fremdkosten sowie die Abhängigkeit vom Lohnunternehmer sind weitere Nachteile der Rundballen.

Abb. 167: Dinosauriergelege oder künstlerisch verpackte Natur? Die Lösung des Rätsels: Es sind Siloballen – und sie stören das Landschaftserlebnis teils erheblich.

Kapitel 8

Die Landschaft im Zeitalter der

neuen Agrarpolitik

Abb. 168: Seit 1996 ist die Schweizer Landwirtschaft nicht nur Produzent von Kalorien, sondern offiziell auch Landschaftspfleger. Den Bauern steht dafür aber immer weniger Land zur Verfügung. Die Ausdehnung des Walds, das Siedlungswachstum und andere Nutzungsformen beanspruchen immer mehr Kulturland. Im Bild der Golfplatz Les Bois vor und nach dem Bau in einer intensiv genutzten Kulturlandschaft im Kanton Jura.

Foto © Documenta Natura

Die Landwirtschaft wird multifunktional

Jahrzehntelang haben Natur- und Landschaftsschützer erfolglos für eine ökologisch orientierte Landwirtschaft gekämpft; die kritischen Stimmen, die den massiven Verlust von Artenvielfalt und Landschaftsqualität in der Kulturlandschaft anprangerten, verhallten jedoch ungehört. Nichts schien den rasanten Sinkflug der biologischen und landschaftlichen Vielfalt aufhalten zu können – bis die ökologisch so bedenklichen, staatlich garantierten Produzentenpreise auch ökonomisch und handelspolitisch nicht mehr tragbar waren: Allein die Milchverwertung kostete die öffentliche Hand 1993 über eine Milliarde Franken. Internationale Verpflichtungen, welche die Schweiz beispielsweise im Rahmen der Welthandelsorganisation WTO eingegangen ist, verlangten zudem einen Abbau protektionistischer Massnahmen in der Landwirtschaft – eine Agrarreform war überfällig.

Da die Landwirtschaft in der Schweiz ohne staatliche Fürsorge zusammenbrechen würde, wurde nach einer neuen Etikette für die Zahlungen in Milliardenhöhe gesucht. Man erklärte den Bauern kurzerhand zum Multitalent. Bauern würden die sichere Versorgung der Bevölkerung mit hochwertigen Lebensmitteln gewährleisten, die natürlichen Lebensgrundlagen erhalten, die Kulturlandschaft pflegen und eine dezentrale Besiedlung des Lands sicherstellen. Das Prinzip der «nachhaltigen» Landwirtschaft wurde 1995 im Verfassungsartikel 104 (siehe Kasten) festgeschrieben und ein Jahr später in einer Volksabstimmung von einer Dreiviertelmehrheit der Stimmberechtigten verabschiedet.

Das Zauberwort hiess «Multifunktionale Landwirtschaft». Offiziell wurde der Bauer nicht mehr für seinen Produktionseifer belohnt, sondern für seine Leistungen im Dienst der Gesellschaft. Damit glaubte die Schweiz, sich auch gleich noch ihrer umweltpolitischen Hausaufgaben entledigen zu können: Mit der Ratifizierung der Biodiversitäts-Konvention von Rio de Janeiro hat sie sich 1994 nämlich verpflichtet, die biologische Vielfalt – und dazu gehört auch die landschaftliche Vielfalt – als gemeinsames Erbe der Menschheit zu erhalten und zu fördern.

Im Rahmen der neuen Agrarpolitik wurden die traditionellen Subventionen ab 1993 vermehrt als sogenannte Direktzahlungen ausbezahlt, die für die Landwirte stabile und marktunabhängige Einnahmen darstellen (Abb. 172). Seit 1999 muss jeder Betrieb, der in den Genuss von Direktzahlungen kommen will, einen «ökologischen Leistungsnachweis» erbringen. Dazu gehören eine «tiergerechte Haltung der Nutztiere», eine «ausgeglichene Düngerbilanz», eine «geregelte Fruchtfolge», «Bodenschutzmassnahmen» und eine «dosierte» Anwendung von Pestiziden. Der biologischen Viel-

---

Art. 104 Landwirtschaft

[1] Der Bund sorgt dafür, dass die Landwirtschaft durch eine nachhaltige und auf den Markt ausgerichtete Produktion einen wesentlichen Beitrag leistet zur:
   a. sicheren Versorgung der Bevölkerung;
   b. Erhaltung der natürlichen Lebensgrundlagen und zur Pflege der Kulturlandschaft;
   c. dezentralen Besiedlung des Landes.

[2] Ergänzend zur zumutbaren Selbsthilfe der Landwirtschaft und nötigenfalls abweichend vom Grundsatz der Wirtschaftsfreiheit fördert der Bund die bodenbewirtschaftenden bäuerlichen Betriebe.

[3] Er richtet die Massnahmen so aus, dass die Landwirtschaft ihre multifunktionalen Aufgaben erfüllt. Er hat insbesondere folgende Befugnisse und Aufgaben:
   a. Er ergänzt das bäuerliche Einkommen durch Direktzahlungen zur Erzielung eines angemessenen Entgelts für die erbrachten Leistungen, unter der Voraussetzung eines ökologischen Leistungs nachweises.
   b. Er fördert mit wirtschaftlich lohnenden Anreizen Produktionsformen, die besonders naturnah, umwelt- und tierfreundlich sind.
   c. Er erlässt Vorschriften zur Deklaration von Herkunft, Qualität, Produktionsmethode und Verarbeitungsverfahren für Lebensmittel.
   d. Er schützt die Umwelt vor Beeinträchtigungen durch überhöhten Einsatz von Düngstoffen, Chemikalien und anderen Hilfsstoffen.
   e. Er kann die landwirtschaftliche Forschung, Beratung und Ausbildung fördern sowie Investitionshilfen leisten.
   f. Er kann Vorschriften zur Festigung des bäuerlichen Grundbesitzes erlassen.

[4] Er setzt dafür zweckgebundene Mittel aus dem Bereich der Landwirtschaft und allgemeine Bundesmittel ein.

falt und der Landschaftsqualität sind jene sieben Prozent der landwirtschaftlichen Betriebsfläche gewidmet, die als ökologische Ausgleichsflächen ausgeschieden werden müssen.

Da der Anteil der Direktzahlungen am Rohertrag je nach Höhenlage und Betriebsstruktur bis weit über 50 Prozent beträgt, kann es sich praktisch kein Landwirt leisten, abseitszustehen. Auf dem internationalen Parkett konnte der Bund nun selbstzufrieden darauf hinweisen, dass fast die gesamte Schweizer Landwirtschaft «umweltschonend» wirtschaftet und damit die massive staatliche Unterstützung gerechtfertigt ist.

Abb. 169: Restnatur! 60 Jahre intensive Landwirtschaft und Meliorationen haben vor allem im Mittelland nur noch wenige naturnahe Elemente hinterlassen. Oben: Insel in der Agrarwüste, Wilchingen (SH); links: ein Baum auf weiter Flur, bei Oberhallau (SH); rechts: «Feigenblatt-Eiche», Meliorationsgebiet Reusstal (AG).

Abb. 170: Treibhäuser und Stahl-Glas-Kisten werden unter dem Stichwort der Zweckmässigkeit als fantasielose Hallen in die Landschaften gestellt.

Abb. 171: Die an sich schon unnatürlich wirkenden Niederstammkulturen werden zunehmend mit Hagelschutzeinrichtungen versehen, was das Landschaftsbild weiter verfremdet (links Hemmiken BL, rechts Diegten BL, August 2008).

Das neue Direktzahlungssystem – was bekommt der Bauer?

Von den «allgemeinen Direktzahlungen» erhalten die fast 57 000 direktzahlungsberechtigten Landwirtschaftsbetriebe der Schweiz für jede Hektare Landwirtschaftsland jährlich einen sogenannten Flächenbeitrag von 1200 Franken (Stand 2006). Für Ackerland und Dauerkulturen bekommt der Bauer weitere 400 Franken pro Hektare, bei bestimmten Kulturen sind es bis zu 1500 Franken. Für steile Flächen werden zudem Hangbeiträge zwischen 370 und 510 Franken pro Hektare gewährt. Die Tierhaltung trägt weitere allgemeine Direktzahlungen bei: 900 Franken pro Jahr bringt eine Grossvieheinheit ein. Unter erschwerten Produktionsbedingungen sind es sogar bis zu 2090 Franken pro Jahr. Im Durchschnitt werden pro Hektare landwirtschaftliche Nutzfläche und Jahr 2400 Franken Direktzahlungen ausgerichtet. Je nachdem was und wo der Bauer anbaut, kann durchaus ein Erlös von bis zu 6000 Franken pro Hektare erzielt werden.

Für die Einhaltung konkreter ökologischer Anforderungen sind die «Ökologischen Direktzahlungen» konzipiert. So erhalten Betriebe für extensiv genutzte Wiesen, Buntbrachen, Hochstamm-Obstbäume oder Hecken «Beiträge für den Ökologischen Ausgleich». Sie liegen zwischen 450 und 3000 Franken pro Hektare (Tab. 7). Alle nach den Richtlinien des Biolandbaus bewirtschafteten Flächen erhalten zusätzliche 200 bis 1200 Franken, und artgerecht gehaltene Tiere erbringen zwischen 90 und 560 Franken pro Jahr und Grossvieheinheit.

Neben den Direktzahlungen unterstützt der Bund im Rahmen der Landwirtschaftsgesetzgebung die Landwirtschaft mit weiteren Beiträgen. So gibt er jährlich über eine Milliarde Franken für Marktstützungen, für die Verbesserung der Infrastrukturen (z. B. landwirtschaftliche Meliorationen), Investitionshilfen oder Forschung und Administration aus. Auch die Kantone und teilweise die Gemeinden unterstützen die Landwirtschaft mit eigenen, meist vom Bund mitsubventionierten Programmen – von der Bildung und Beratung über Infrastrukturverbesserungen bis hin zu Pflegebeiträgen für Naturschutzgebiete. Insgesamt dürften diese Ausgaben eine Milliarde Franken jährlich ausmachen (Economiesuisse 2006).

Abb. 172: Entwicklung der Direktzahlungen des Bundes. Es muss beachtet werden, dass die «Ökologischen Direktzahlungen» auch die sogenannten Beiträge zur Förderung der Nutztierhaltung unter besonders tierfreundlichen Bedingungen beinhalten. Nur etwa die Hälfte der braunen Säule hat tatsächlich mehr oder weniger mit Ökologie zu tun. Quelle: Eidgenössische Finanzverwaltung.

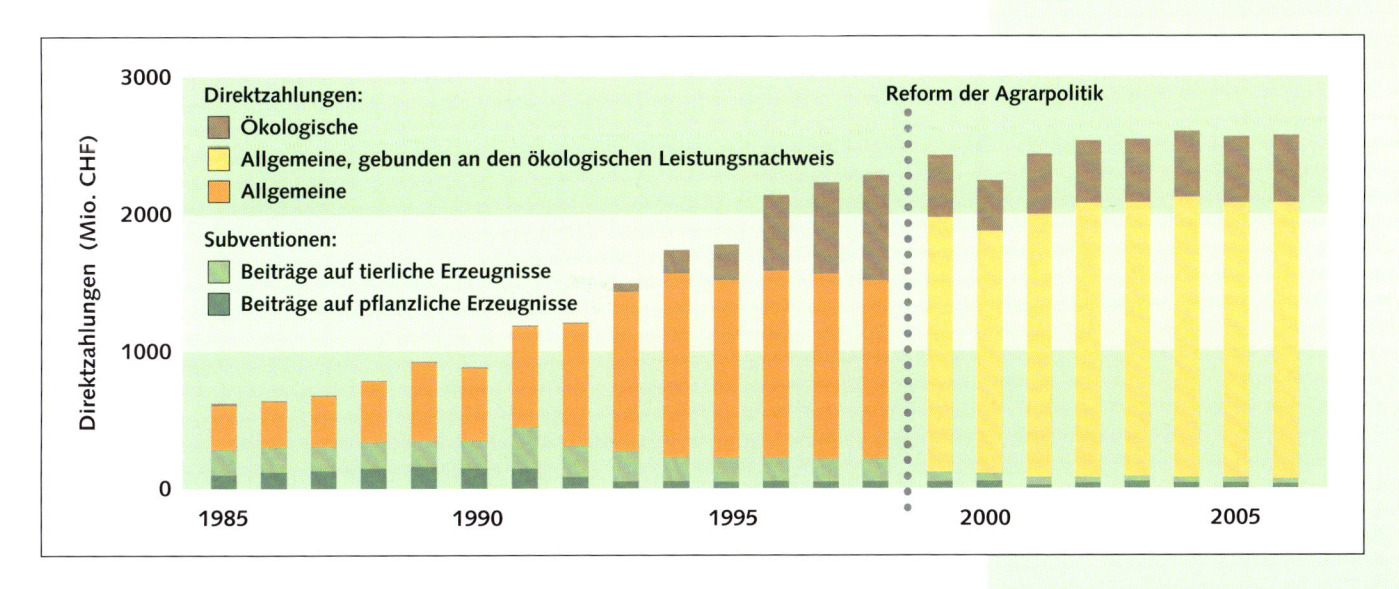

Abb. 173: Seit der neuen Agrarpolitik tauchen vereinzelt wieder Brachen im Agrarland auf.

Ökoflächentyp	Ökoflächenbeitrag* gemäss DZV** (Fr./ha u. Jahr)	Beitrag für ökologische Qualität* gemäss ÖQV** (Fr./ha u. Jahr)	Beitrag für ökologische Vernetzung* gemäss ÖQV** (Fr./ha u. Jahr)
Extensiv genutzte Wiese (keine Düngung)	1500–450	500	500
Wenig intensiv genutzte Wiese (eingeschränkte Düngung)	650–300	500	500
Streueflächen	1500–450	500	500
Hecken, Feld- und Ufergehölze	1500–450	500	500
Buntbrachen	3000	–	500
Rotationsbrachen	2500	–	500
Ackerschonstreifen	1000	–	500
Hochstamm-Feldobstbäume	15 pro Baum	20 pro Baum	5 pro Baum
Extensiv genutzte Weiden	–	–	500
Waldweiden	–	–	500
Einheimische standortgerechte Einzelbäume und Alleen	–	–	5 pro Baum
Wassergräben, Tümpel, Teiche	–	–	500
Ruderalflächen, Steinhaufen und -wälle	–	–	500
Trockenmauern	–	–	500
Unbefestigte, natürliche Wege	–	–	–
Rebflächen mit hoher Artenvielfalt	–	–	500
Weitere ökologische Ausgleichsflächen (ökologisch wertvolle natürliche Lebensräume, die keinem der oben beschriebenen Elemente entsprechen)	–	–	500

* Beiträge mit zunehmender Höhenlage abnehmend. Erste Zahl: Talgebiet; zweite Zahl: Bergzone 4
** DZV = Direktzahlungsverordnung, ÖQV = Öko-Qualitätsverordnung

Tab. 7: Elemente des ökologischen Ausgleichs und ihre Beiträge. Stand: 2007. Quelle: Bundesamt für Landwirtschaft.

Die Saubermann-Mentalität

Bundesrat Kaspar Villiger äusserte sich in einem Interview mit der Sonntagszeitung vom 1. Dezember 1991 zur neuen Rolle der Schweizer Landwirtschaft folgendermassen: «*Die Landwirtschaft war immer eine Stütze der Idee Landesverteidigung. Ich würde es schon sehr bedauern, wenn jetzt Risse entstehen würden. Aus der Sicht der Krisensicherheit des Landes möchte ich, dass die Bauern weiterhin einen beträchtlichen Grad an Selbstversorgung erreichen. Ein intakter Bauernstand ist für alles wichtig, was wir im Land haben. Kürzlich habe ich eine Wanderung über die Schweizer Grenze hinaus gemacht. Der Übertritt markierte den Schritt vom Garten Eden in eine verdorrte Wildnis. Als Bundesrat liegt es mir am Herzen, dass wir in der Schweiz den Garten Eden beibehalten. Dafür braucht es aber nach dem Abbau der Preisstützungen erhebliche direkte Zuschüsse aus der Bundeskasse.*»

Die «Generation Wahlen» ist offenbar nach wie vor präsent und verteidigt mit allen Mitteln und Tricks den immer grösser werdenden Subventionstopf für die Landwirtschaft. Interessant ist Villigers Aussage zur blühenden Schweizer Landschaft und zum «verdorrten» Ausland. Wie viel Ökologie darf von einer neuen Agrarpolitik erwartet werden, wenn deren treibende Kräfte einer unsäglichen, patriotisch unterfütterten Sauberkeitsideologie verfallen sind?

Es ist richtig, dass die Landschaften jenseits der Schweizer Landesgrenzen weniger «ordentlich» wirken. Die grössere Zahl von Hecken, naturnahen Böschungen und ungenutzten Flächen führt aber nicht zu einer Ödnis, sondern zu einem Eldorado für Flora und Fauna. Beispielsweise lebt im grenznahen Ausland eine reichhaltigere Vogelwelt als in der Schweiz. Dies ergab eine Analyse der Daten, die zwischen 1993 und 1996 von rund 1000 Amateurornithologen für den Brutvogelatlas der Schweizerischen Vogelwarte Sempach im Schweizer Grenzgebiet erhoben worden sind (Schmid und Pasinelli 2002).

Beim Vergleich von 243 schweizerischen mit 183 ausländischen Grenzquadraten zeigten sich interessante Unterschiede: Auf Schweizer Seite wurde eine durchschnittlich geringere Artenvielfalt ermittelt (Abb. 174). Ausserdem waren gefährdete Arten auf Schweizer Territorium wesentlich seltener. Diese Unterschiede zeigten sich vor allem in den Grenzbereichen zu Frankreich und Deutschland. Zu den auffälligsten Vogelarten, die jenseits der Grenze weiter verbreitet und häufiger sind als in der Schweiz, zählen Goldammer, Dorngrasmücke, Baumpieper und Gartenrotschwanz. Auch beim stark gefährdeten Braunkehlchen zeigt sich dieser Unterschied. Allen diesen Arten ist gemeinsam, dass sie eine reich gegliederte Landschaft bevorzugen.

Die Abweichungen in den Brutvogelgemeinschaften beruhen nicht auf grundsätzlich verschiedenen Lebensräumen dies- und jenseits der Grenze, sondern auf Unterschieden in der Landnutzung und der Intensität der Bewirtschaftung. Speziell die Bedingungen in den offenen und halboffenen Kulturlandschaften sind auf französischem und deutschem Gebiet günstiger als auf der gegenüberliegenden Schweizer Seite. Exkursionen der Professur für Natur- und Landschaftsschutz an der ETH Zürich führten deshalb nicht nur in die Schweizer Agrarlandschaft, sondern immer öfter auch in die Nachbarländer. Dies war vor allem dann der Fall, wenn es galt, Elemente der traditionellen Kulturlandschaft zu untersuchen.

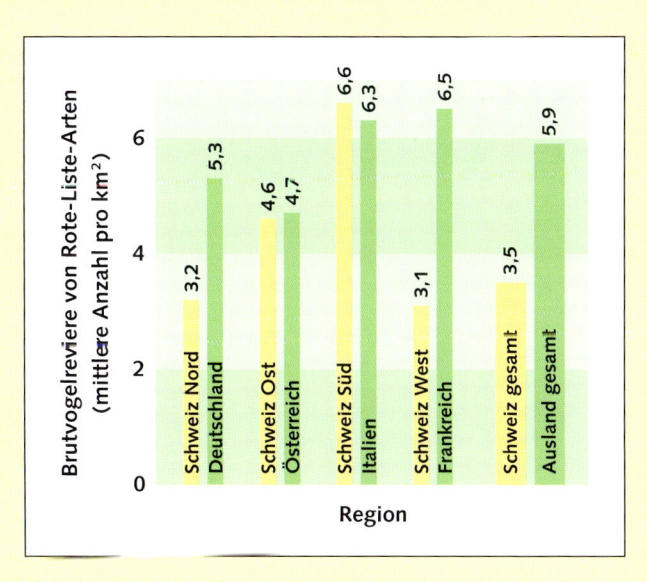

Abb. 174: Vergleich der mittleren Anzahl Reviere von gefährdeten Brutvogelarten in 243 schweizerischen Grenzquadraten mit derjenigen in 183 ausländischen Grenzquadraten. Quelle: Schmid und Pasinelli 2002.

Enttäuschte Hoffnungen

Der Verfassungsartikel 104 hat durch die Volksabstimmung den Charakter eines Gesellschaftsvertrags mit der Landwirtschaft erlangt. Die Bevölkerung unterstützt die Landwirtschaft weiterhin mit weltweit einzigartig hohen Zahlungen, wenn die Bauern dafür ökologisch arbeiten. Gebetsmühlenartig bekommt die Bevölkerung zu hören, dass die Umweltauflagen für die Schweizer Landwirtschaft viel höher sind als im Ausland; die Zahlungen seien deshalb mehr als gerechtfertigt. Doch diese Behauptung ist nicht richtig, wie eine Studie des Bundesamts für Umwelt belegt hat (Gassner 2006):

- Die maximal erlaubte Menge Stickstoff, die mit Hofdüngern ausgebracht werden darf, liegt in der Schweiz 1,5-mal über den Grenzwerten von Österreich und Deutschland.
- Die Mindestabstände für die Düngerausbringung entlang von Gewässern betragen in der Schweiz 3 Meter, in Österreich mindestens 10 bis 20 Meter.
- Die Grundwasserschutzzonen in der Schweiz sind deutlich kleiner als in Deutschland und Österreich.
- In der Schweiz sind wesentlich mehr Pflanzenschutzmittel zugelassen als in der EU.
- In Deutschland und Österreich ist die doppelte Lagerdauer von Gülle vorgeschrieben wie in der Schweiz.
- Der Vollzug der bestehenden Anforderungen wird in der Schweiz generell deutlich weniger streng gehandhabt als in der EU.

Da die Anforderungen des ökologischen Leistungsnachweises vor allem bestehende gesetzliche Rahmenbedingungen abdecken, sind die Umweltleistungen der Landwirte wenig beeindruckend. Das, was jeder andere Gewerbebetrieb ohne Subventionen tun muss, nämlich die gesetzlichen Vorschriften einhalten, macht die Landwirtschaft erst dann, wenn sie dafür bezahlt wird. Manche Gesetze wie die Chemikalien-Risikoreduktions-Verordnung sind sogar einschränkender als der ökologische Leistungsnachweis. Weil die wenigsten der Direktzahlungen an eine echte Leistung gebunden sind, kann durchaus von einer Rente gesprochen werden.

Dennoch geben Bundesrat und Agrarlobby sprachlich immer wieder zu verstehen, dass sie die (völlig unpräzis gefassten) Ziele im «Öko-Bereich» als erfüllt betrachten. Doch die Fakten sprechen eine ganz andere Sprache und offenbaren, wie unehrlich vonseiten der Landwirtschaft vorgegangen wird. In den meisten Umweltbereichen werden nationale Gesetze wie das Umweltschutzgesetz oder das Gewässerschutzgesetz, an die sich jedes andere Gewerbe halten muss, verletzt. So toleriert der Bund beispielsweise im Norden des Kantons Luzern weiterhin viel zu hohe Nitrateinträge von landwirtschaftlichen Nutzflächen in das Grundwasser und die Ausläufer der nördlichen Voralpen bilden trotz «Öko-Zahlungen» einen eigentlichen Güllegürtel. Die Schäden an der Umwelt und der Gesundheit werden nicht mit Sanktionen bekämpft, sondern mit millionenteuren und wenig erfolgreichen Zusatzanreizen im Rahmen von Spezialprogrammen. Die enormen Umweltdefizite der Landwirtschaft gelten für alle Umweltbereiche (BAFU und BLW 2008).

Ökologische Ausgleichsflächen

Quantitative Ziele für den ökologischen Ausgleich wurden im Rahmen der Agrarpolitik 2007 formuliert. Bis ins Jahr 2005 hätten im Talgebiet 65 000 Hektaren ökologische Ausgleichsflächen ausgeschieden sein müssen, das sind 10 Prozent der landwirtschaftlichen Nutzfläche im Talgebiet (ohne Hochstamm-Obstbäume). Bereits im Dezember 1997 hatte der Bundesrat im Landschaftskonzept Schweiz dieselben Ziele festgelegt, allerdings mit der sinnvollen Konkretisierung, dass diese Fläche auch ökologisch wertvoll sein soll.

Der von der Agrarpolitik postulierte Zielwert entspricht allerdings keineswegs der von Wissenschaftlern geforderten Fläche mit naturnahen Strukturen zur Erhaltung der biologischen und landschaftlichen Vielfalt. Broggi und Schlegel (1989) kamen in ihrer Studie «Mindestbedarf an naturnahen Flächen in der Kulturlandschaft» im Rahmen des Nationalen Forschungsprogramms «Nutzung des Bodens in der Schweiz» zum Schluss, dass mindestens 74 000 Hektaren ökologisch wertvoller Flächen nötig wären, um den Artenschwund in der Landschaft aufzuhalten. Ihre Analysen zeigten, dass Ende der 1980er-Jahre nur 23 000 Hektaren der landwirtschaftlich genutzten Fläche (3,5 %) als naturnah bezeichnet werden können.

Aber der Natur- und Landschaftsschutz wäre auch mit 65 000 Hektaren naturnahen Flächen zufrieden – solange deren Qualität stimmt. Im Rahmen der neuen Landwirtschaftspolitik können Landwirte aus einer Palette von 16 ökologischen Ausgleichsflächen (siehe Tab. 7) wählen, um die Vorgabe von sieben Prozent Ausgleichsfläche pro Betrieb zu erfüllen. Die extensiv genutzte Wiese ist die häufigste und am weitesten verbreitete ökologische Ausgleichsfläche (Abb. 175).

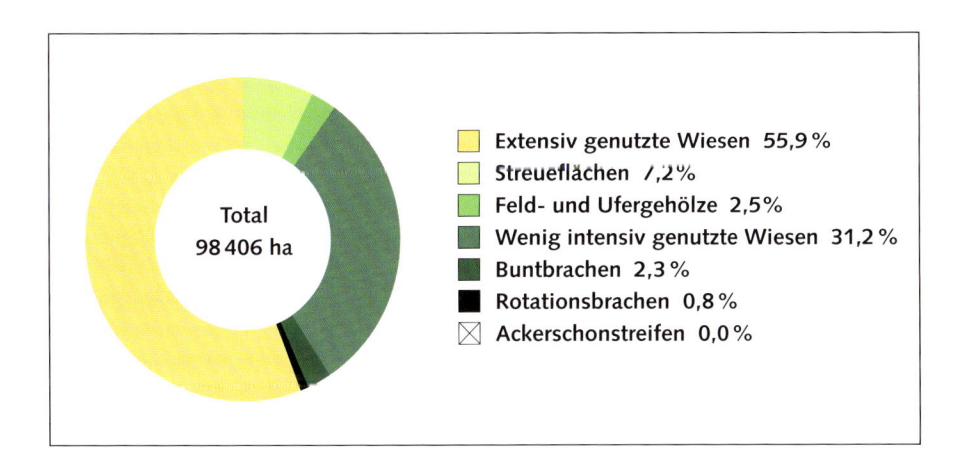

Total 98 406 ha

- Extensiv genutzte Wiesen 55,9 %
- Streueflächen 7,2 %
- Feld- und Ufergehölze 2,5 %
- Wenig intensiv genutzte Wiesen 31,2 %
- Buntbrachen 2,3 %
- Rotationsbrachen 0,8 %
- Ackerschonstreifen 0,0 %

Abb. 175: Aufteilung der beitragsberechtigten ökologischen Ausgleichsflächen (ohne Hochstamm-Feldobstbäume). Stand 2006. Quelle: Bundesamt für Landwirtschaft.

Die Evaluation der Ökomassnahmen im Bereich Biodiversität zeigt, dass die Erwartungen, die in den ökologischen Ausgleich gesetzt wurden, praktisch nicht in Erfüllung gegangen sind. Sogar die vom Bundesamt für Landwirtschaft finanzierte (und kontrollierte) Evaluation der Ökomassnahmen im Bereich Biodiversität bestätigt diese Aussage – und zwar in quantitativer wie in qualitativer Hinsicht. Das Ziel, 65 000 Hektaren ökologische Ausgleichsflächen im Talgebiet zu schaffen, wurde nicht erreicht. Zwar hat sich seit der Einführung des ökologischen Ausgleichs als eigenes Öko-Programm im Jahr 1993 die Anmeldung von ökologischen Ausgleichsflächen acht Jahre lang kontinuierlich erhöht (Abb. 176). Seit

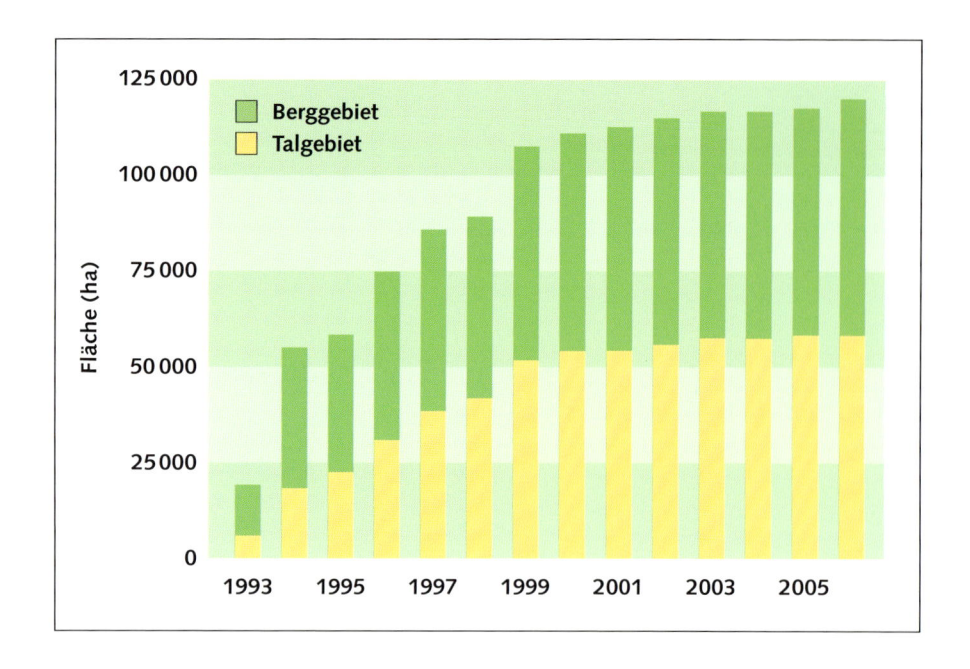

Abb. 176: Entwicklung aller anrechenbaren ökologischen Ausgleichsflächen (ohne Hochstamm-Feldobstbäume) zwischen 1993 und 2006. Quelle: Bundesamt für Landwirtschaft.

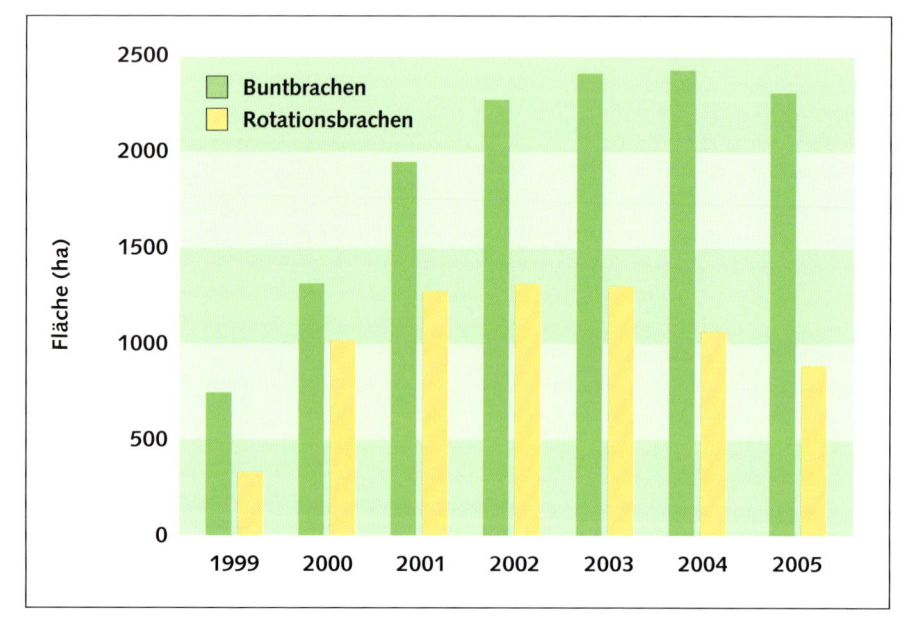

Abb. 177: Entwicklung der Buntbrachen und Rotationsbrachen zwischen 1999 und 2005. Quelle: Bundesamt für Landwirtschaft.

2001 stagnieren die ökologischen Ausgleichsflächen, im Mittelland ging ihr Flächenanteil über mehrere Jahre sogar zurück. Im Jahr 2007 waren erst rund 58 000 Hektaren angemeldet.

Der «Naturwert» dieser Flächen existierte allerdings schon vorher – oder eben nicht. Lediglich rund 20 Prozent der ökologischen Ausgleichsflächen sind ökologisch einigermassen wertvoll – also weniger als ein Fünftel der Zielsetzung des Landschaftskonzepts Schweiz. Das Ziel, mit dem ökologischen Ausgleich den Rückgang der gefährdeten Arten zu stoppen und ihre Wiederausbreitung zu ermöglichen, wurde nicht erreicht (Herzog und Walter 2005, Oppermann und Gujer 2003, Birrer et al. 2007). Damit tendiert auch der Gewinn für die Landschaft gegen null.

Unabhängige Wissenschaftler kommen zu noch bedenklicheren Resultaten. Weggler und Widmer (2000) haben in 55 Kulturlandflächen mit Grössen zwischen 40 und 60 Hektaren im Kanton Zürich die Bestandsdichten sämtlicher Brutvögel erfasst und mit einer analog durchgeführten Erhebung der Jahre 1986/1988 verglichen. Es stellte sich heraus, dass die Gesamtartenzahl innerhalb von rund zehn Jahren von 78 auf 65 abgenommen hat. Aufgrund dieser Ergebnisse, so die Wissenschaftler, lasse sich keine grossflächig positive Wirkung des seit 1993 wirksamen ökologischen Ausgleichs nachweisen.

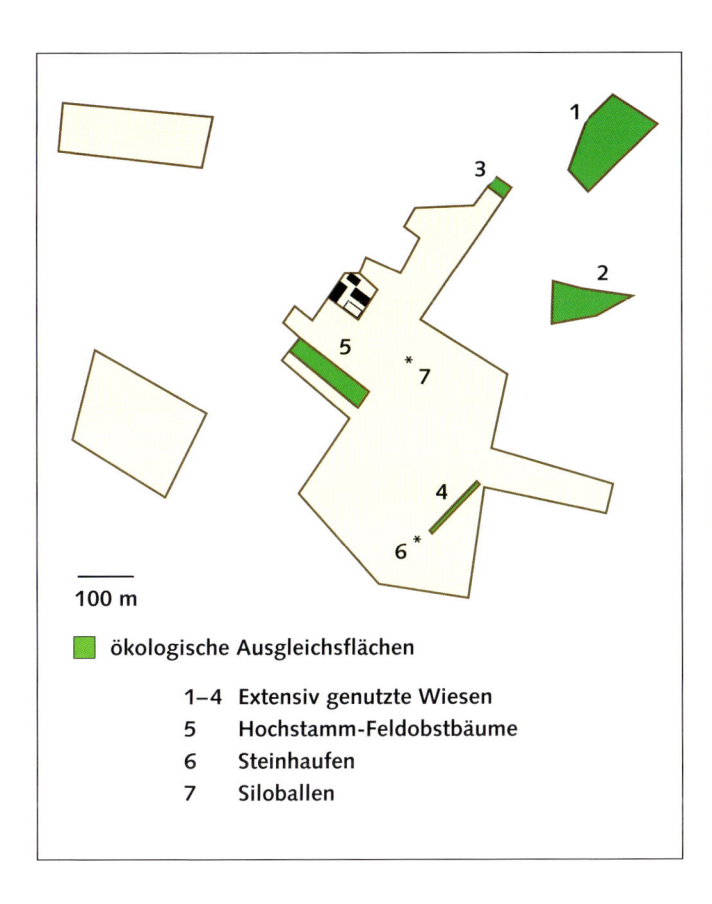

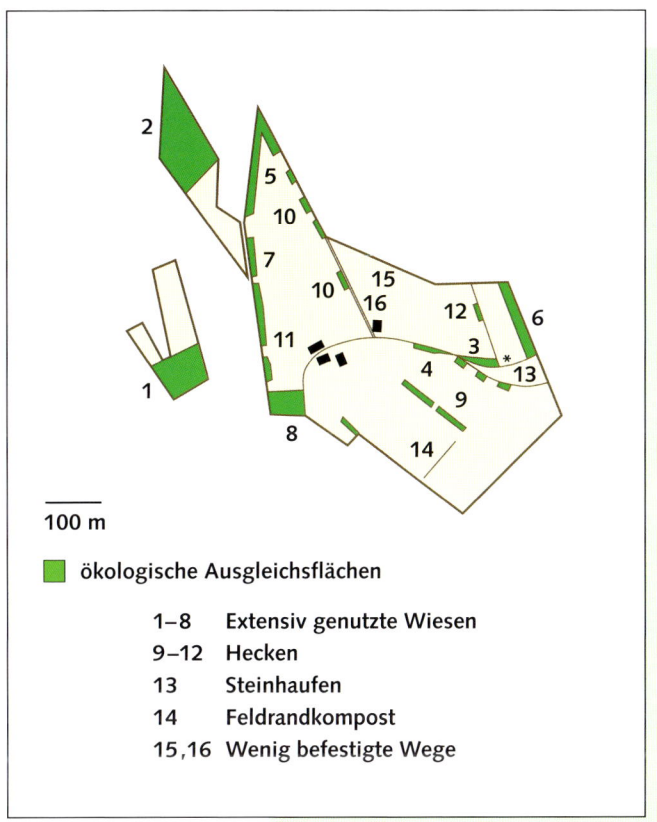

Die Ursache für die enttäuschenden Resultate der neuen Landwirtschaftspolitik im Bereich Natur- und Landschaftsschutz liegt im heutigen Direktzahlungssystem begründet: Die Anreize für den Ökoausgleich sind im Vergleich zu den pauschalen, nicht an eine Gegenleistung geknüpften allgemeinen Direktzahlungen (ungefähr 80 Prozent aller Direktzahlungen) so klein, dass es sich eher lohnt, die Letzteren als die Ersteren zu optimieren. Die Vorgaben der Bundesverfassung (Art. 2, Art. 78, Art. 104), der internationalen Verpflichtungen (Biodiversitäts-Konvention, Berner Konvention) und der Bundesgesetze (LwG, Art. 76; NHG, Art. 1, Art. 18) können also unter den heutigen Rahmenbedingungen nicht erfüllt werden. Wenn die ökologischen Ausgleichsflächen seltene Arten fördern und zu einer Erhöhung der Landschaftsqualität beitragen sollen, müssen sie insgesamt mehr Quantität und Qualität aufweisen (Dreier et al. 2002, Spiess et al. 2002).

Immerhin kann man dem «Ökoausgleich» zugutehalten, dass er so manchen naturnahen Standort vor einer weiteren Intensivierung bewahrt hat. Deshalb ist die «neue» Landwirtschaft aber noch lange nicht ökologisch. Das Engagement der Landwirte beschränkt sich auf einen Intensivierungsverzicht einiger weniger Flächen oder das Ausscheiden nicht intensivierbarer Flächen, die schon immer extensiv bewirtschaftet wurden wie Bahnborde oder Flächen am Waldrand. Die Konferenz der Vorsteher der Umweltschutzamtsstellen der Schweiz hält dazu fest (KVU 2006): *«Die Wahl und Pflege (der ökologischen Ausgleichsflächen) erfolgt primär ausschliesslich nach betriebswirtschaftlichen und produktionstechnischen und weniger nach ökologischen Kriterien. Es besteht kein Anreiz, diese Flächen ökologisch aufzuwerten.»*

Lediglich bei den angesäten oder gepflanzten Typen von ökologischen Ausgleichsflächen (Bunt- und Rotationsbrachen, Säume, Extensivwiesen auf Ackerland, Hecken) kann davon ausgegangen werden, dass sie die Artenvielfalt und Landschaftsqualität fördern. Doch genau diese Flächen nehmen seit 2004 ab (Abb. 177) und werden zum Teil mit der Agrarpolitik 2011 mit geringeren Beiträgen vergütet.

Abb. 178: Landwirtschaftsbetriebe und ihre ökologischen Ausgleichsflächen – zwei Beispiele. Quelle: Steiner 2006.

Links: Die extensiv genutzte Wiese 1 ist gepachtet und liegt im Wald (Waldwiese). Auch die zweite extensiv genutzte Wiese ist gepachtet. Es wurde nur das Minimum an ökologischen Ausgleichsflächen ausgeschieden.

Rechts: Die Ausgleichsflächen auf diesem Betrieb sind über das ganze Land verteilt. Die Qualität der extensiv genutzten Wiesen ist gut bis sehr gut. Alle Hecken wurden nach der Hofübernahme angelegt. Zudem wurden mehrere Hochstamm-Feldobstbäume angepflanzt.

Kapitel 8   Die Landschaft im Zeitalter der neuen Agrarpolitik

Neue Elemente bereichern die Landschaft

Die neue Agrarpolitik hat dazu geführt, dass viele der verbliebenen naturnahen Restflächen in der Schweizer Kulturlandschaft vor einer weiteren Intensivierung verschont wurden. Eine gewisse Bereicherung für die Landschaft sind angesäte Brachen und Säume.

Brachen

Brachen können im Rahmen des ökologischen Ausgleichs als mehrjährige Streifen in Bewirtschaftungsrichtung (Buntbrachen) oder als grössere zusammenhängende Flächen in der Fruchtfolge (Rotationsbrachen) angelegt werden. Buntbrachen sind speziell zur Vernetzung in der offenen Feldflur geeignet (Abb. 179). Rotationsbrachen dagegen können aufgrund ihrer Grösse störungsanfälligen Tieren wie Feldhasen oder bodenbrütenden Vögeln besonderen Schutz und Nahrung bieten (LBL 2000). Mit den Brachen wird der ökologische Ausgleich speziell in den ackerbaubetonten Regionen gefördert. Auf dem stillgelegten Ackerland muss eine empfohlene Saatmischung mit einheimischen Wildkräutern angesät werden, wofür der Landwirt mit 3000 bis 5000 Franken pro Hektare und Jahr entschädigt wird. Dank diesem Programm konnten 1998 rund 380 Hektaren Buntbrachen registriert werden.

Innerhalb weniger Monate kann ein monotones Maisfeld zur blühenden Oase werden. Mit den traditionellen Brachen haben die Buntbrachen allerdings wenig gemeinsam, da sie mit speziell entwickelten Mischungen von Ackerwildkräutern angesät werden. Dennoch sind sie optisch eine unübersehbare Bereicherung im Landschaftsbild.

Obwohl Buntbrachen viel weniger Arbeit verursachen als die übliche Bewirtschaftung der entsprechenden Fläche, werfen sie aufgrund der hohen Beiträge einen deutlich höheren Nettoertrag (Deckungsbeitrag) ab. Würden alle Landwirte ökonomisch handeln, sollten heute über ein Drittel der Fruchtfolgeflächen mit Buntbrachen angesät sein. In Wirklichkeit ist es aber nur ein Prozent. Bezogen auf die gesamte landwirtschaftliche Nutzfläche im Talgebiet sind es sogar nur drei Promille – Tendenz sinkend (Abb. 177). Für den Entscheid, ob eine Buntbrache angelegt wird, spielen ökonomische Überlegungen offensichtlich eine viel geringere Rolle als beispielsweise die Ablehnung

Abb. 179: Moderne Dreifelderwirtschaft? Links: Winter-Weizen. Mitte: einjährige Brache. Rechts: zweijährige Brache.

des «künstlichen Landschaftselements» in der Kulturlandschaft, die starke Vorliebe, Nahrungsmittel zu produzieren anstatt das Land sich selbst zu überlassen, oder die Angst vor einer Verunkrautung der Flächen.

Säume

Nachdem in den 1960er-Jahren die Nutzungsintensität der einzelnen Parzellen anstieg, wurden Ackerränder (bzw. Parzellengrenzen) und ackerbaulich nicht genutzte Randstrukturen zu einem wichtigen Rückzugsgebiet der historisch entstandenen standortspezifischen Ackerwildkraut-Gesellschaften. Doch auch die Ackerränder waren kein sicherer Zufluchtsort. Bei grossräumigen Güterzusammenlegungen wurden in vielen Gebieten der Schweiz kleine Feldparzellen mit Säumen, die die Feldgrenzen markierten, zu grösseren Ackerflächen zusammengefasst (van Elsen und Scheller 1995). Dabei ging der Grossteil der Feldränder verloren – und mit ihnen ein wichtiges Landschaftselement sowie der Lebensraum für unzählige Tier- und Pflanzenarten. Die verbleibenden Randstrukturen bestehen heute oft aus artenarmen, ökologisch unbedeutenden Grasstreifen, die mehrmals jährlich gemäht oder gemulcht und zum Teil mit Herbiziden behandelt werden.

Abb. 180: Säume entlang von Wegen sind attraktive Landschaftselemente. Der geteerte Flurweg sieht nur halb so hässlich aus.

Wie wichtig die verbleibenden Strukturen für die Flora sind, haben Wissenschaftler in einem 30 Hektaren umfassenden Ausschnitt einer ackerbaulich geprägten Landschaft im Schweizer Mittelland untersucht (von Arx et al. 2002). Von den knapp 200 gefundenen Pflanzenarten kamen fast alle in den Randstrukturen entlang der Äcker vor, die nur drei Prozent der untersuchten Fläche ausmachten. Das Potenzial der Säume für die Erhaltung der Artenvielfalt in der Kulturlandschaft ist hoch. Mit dem 2008 eingeführten neuen Ökoflächentyp «Artenreiche Säume auf Ackerland» sollen diese Randstrukturen optimiert, das heisst verbreitert und ökologisch aufgewertet werden. So sollen sie ihr Potenzial für die Vernetzung der Landschaft und als Lebensraum für viele ehemals typische Arten ackerbaulich geprägter Kulturlandschaften – vom Feldhasen über den Distelfink bis hin zum Tagfalter – wieder wahrnehmen können und die Landschaftsqualität erhöhen (Jacot et al. 2005, Luka et al. 2006). Im Gegensatz zu Buntbrachen sind Säume – wie auch Extensivwiesen – ein dauerhafter Ausgleichsflächentyp. Aus bäuerlicher Sicht haben Säume den Vorteil, dass sie im Verhältnis zu ihrer Wirkung als Vernetzungselement nur wenig landwirtschaftliche Produktionsfläche benötigen und im Vergleich zu Buntbrachen weniger verunkrauten.

Ackerschonstreifen

Die immer bessere Saatgutreinigung sowie der Einsatz von Herbiziden und mineralischen Düngern haben dazu geführt, dass die Ackerbegleitflora aus den Getreide- und Hackfruchtäckern weitgehend verschwunden ist. Um dieser Entwicklung entgegenzuwirken, erhalten Bewirtschaftende seit 1999 Ökobeiträge für Ackerschonstreifen (Abb. 181). Die drei bis zwölf Meter breiten Streifen werden im Gegensatz zu den besser bekannten Buntbrachen nicht aus der Bewirtschaftung genommen; die angesäten Kulturen aus Getreide, Raps oder Sonnenblumen werden lediglich extensiv bewirtschaftet. Bisher haben allerdings nur wenige Landwirte auf dieses Element des ökologischen Ausgleichs im Ackerland zurückgegriffen. Von 1999 bis 2004 nahm die Ackerschonstreifenfläche sogar von 59 auf 35 Hektaren ab.

Abb. 181: Schön anzusehen: Ein Ackerschonstreifen bringt Farbe in die Landschaft.

Pflanzenschutzmittel

Die Menge verkaufter Pflanzenschutzmittel ist seit 1991 zwar um über ein Viertel zurückgegangen – eine Tatsache, auf welche die Landwirtschaft besonders stolz ist. Allerdings lässt sich aus dieser mengenmässigen Reduktion keine Abnahme des Umweltrisikos ableiten. Eine ehrliche, umweltrelevante Statistik müsste die Wirksamkeit und die Toxizität der Mittel miteinbeziehen. Die stark zunehmende Wirksamkeit der Mittel hat vermutlich die mengenmässige Abnahme mehr als kompensiert.

Das Ziel der neuen Agrarpolitik war die Halbierung der Pestizidbelastung bis zum Jahr 2005. Es wurde nicht erreicht (EAWAG 2005). Nach wie vor werden Pflanzenschutzmittel in der Umwelt und sogar im Trinkwasser nachgewiesen (BAFU und BLW 2008). Besonders bei Regenwetter werden in kleinen Fliessgewässern, in deren Nähe Pflanzenschutzmittel ausgebracht wurden, einige Stoffe in hohen Konzentrationen von bis zu mehreren Mikrogramm pro Liter festgestellt. Damit wird die in der Gewässerschutzverordnung festgelegte Anforderung um ein Mehrfaches überschritten. Die Ergebnisse der nationalen Beobachtung der Grundwasserqualität (NAQUA) zeigen, dass zwischen 2004 und 2006 rund 80 Prozent der untersuchten Messstellen, deren Einzugsgebiet vom Ackerbau dominiert ist, Spuren von Pflanzenschutzmitteln aufweisen. Über alle Messstellen betrachtet sind es 50 bis 55 Prozent. Die numerische Anforderung der Gewässerschutzverordnung von 0,1 Mikrogramm pro Liter wird in rund einem Sechstel der Messstellen überschritten.

ÖKO-MUSTER.

Tiere, Böden, Wiesen? Dafür sorgen die Schweizer Bauern vorzüglich, mit weniger Hilfsstoffen, mehr bunten Wiesen und artgerechter Tierhaltung. Und dies bei allem Marktdruck. Die Natur schonen bringt mehr. Das lässt sich sehen: Für andere Staaten ist die Schweiz ein wohl beachtetes Öko-Muster.

GUT, GIBT'S DIE SCHWEIZER BAUERN.
www.landwirtschaft.ch

Abb. 182: Betrug? Oben: Inseratenkampagne der Schweizer Landwirtschaft. Quelle: Landwirtschaftlicher Informationsdienst LID. Unten: Nach wie vor werden grosse Mengen von Pflanzenschutzmitteln in die Landschaft ausgebracht.

Stickstoff

In der Umgebung von Agglomerationen und im Einflussgebiet intensiver Landwirtschaft übersteigt die jährliche Stickstoffdeposition aus der Atmosphäre Werte von 50 Kilogramm Stickstoff pro Hektare und Jahr. Der Verkehr ist bei der Stickstoffbelastung längst nicht mehr der Hauptsünder (BAFU und BLW 2008). Die Landwirtschaft trägt über 50 Prozent zur Umweltbelastung durch Stickstoffverbindungen in der Schweiz bei, beim Ammoniak sind es über 90 Prozent. Die Ammoniakemissionen wiederum tragen rund zwei Drittel zur Stickstoffdeposition bei, welche zur Eutrophierung und Versauerung empfindlicher Ökosysteme führt.

Ziel des Bundes war es, die Stickstoffüberschüsse zwischen 1990/92 und 2005 um 43 000 Tonnen oder 33 Prozent zu vermindern. Dieses Ziel wurde deutlich verfehlt: Bis 2004 betrug die Reduktion lediglich 16 000 Tonnen (Herzog und Richner 2005). Bei den umweltrelevanten Stickstoffverlusten aus der Landwirtschaft trat 1998 eine Entspannung der Situation ein; doch bis ins Jahr 2002 stiegen die Verluste wieder auf das gleiche Niveau wie im Jahr 1994 (KVU 2006). Offenbar wurde der ökologische Leistungsnachweis, der die Grundvoraussetzung für die Auszahlung von Direktzahlungen an die Landwirtschaft ist, so definiert, dass im Bereich Stickstoff keine positiven Fortschritte erzielt werden konnten.
Auch die Ziele bei der Reduktion von Nitrat im Grundwasser um 5 Milligramm pro Liter wurden verfehlt (Herzog und Richner 2005). Im Jahr 2006 erfüllten nur rund 75 Prozent der untersuchten Grundwassermessstellen die Anforderungen der Gewässerschutzverordnung an das Grundwasser. Etwas mehr als 19 Prozent der Standorte wiesen Werte zwischen 25 (Anforderungswert der Gewässerschutzverordnung) und 40 Milligramm Nitrat pro Liter auf (Trinkwassertoleranzwert der Fremd- und Inhaltsstoffverordnung), der Rest überschritt den Trinkwassertoleranzwert (BAFU und BLW 2008).

Phosphor

Die Phosphatbelastung der Oberflächengewässer aus der Landwirtschaft ist seit 1990/92 um 10 bis 30 Prozent zurückgegangen (Herzog und Richner 2005). Dies ist erfreulich, doch damit wurde das bundesrätliche Ziel einer Reduktion um 50 Prozent deutlich verfehlt.
Zwischen 1990 und 2000 haben die aufsummierten landesweiten jährlichen Phosphorüberschüsse im Boden von 20 000 auf 140 000 Tonnen zugenommen. Im Jahr 2004 betrug der Überschuss in der Phosphorbilanz noch immer 5600 Tonnen – obschon viele Böden bereits massiv mit Phosphor überversorgt sind.

Abb. 183: Seit 1997 stagniert der Mineraldüngerverbrauch auf hohem Niveau. Quelle: Schweizerischer Bauernverband.

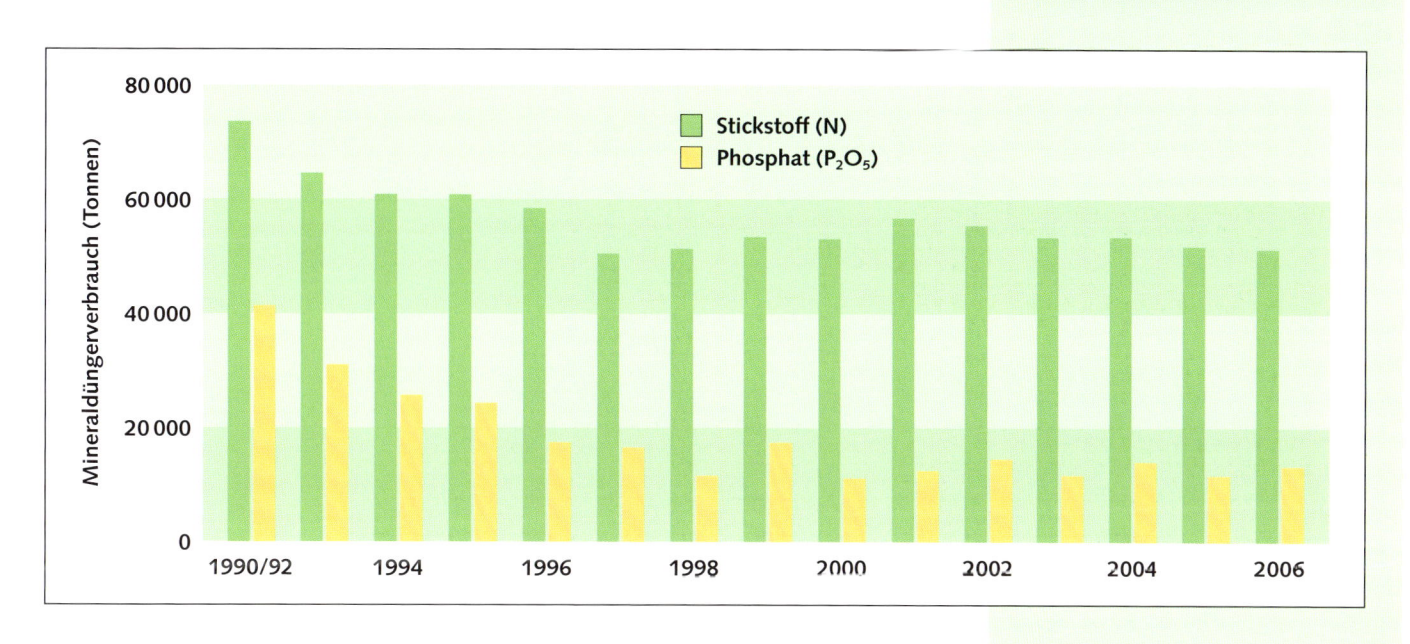

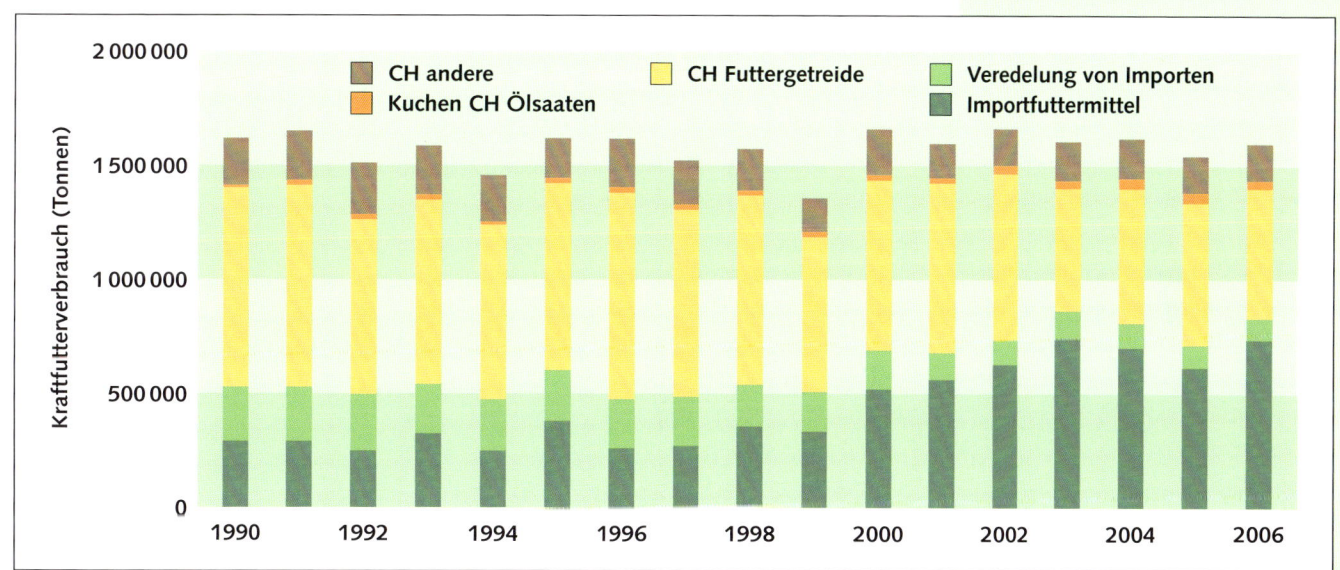

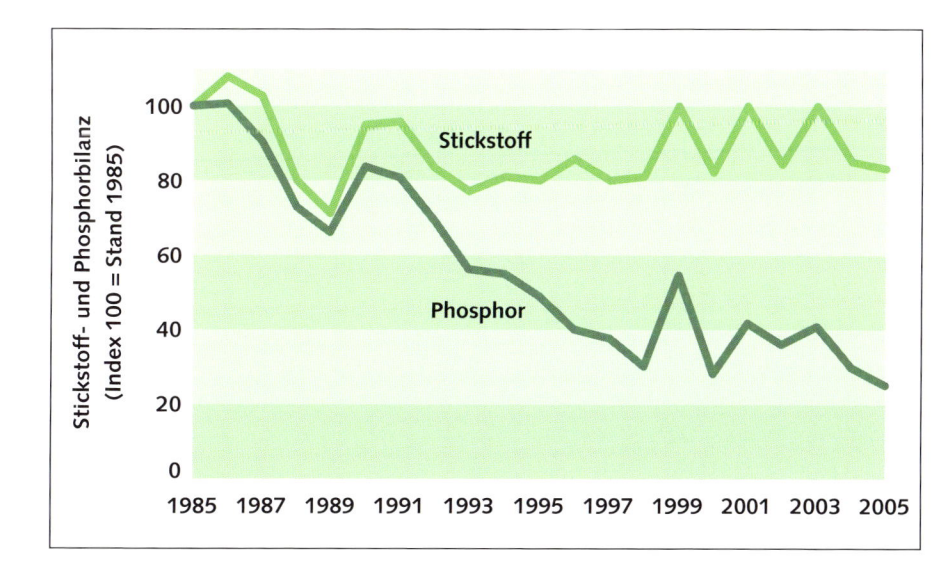

Abb. 184 (oben): Völlig unbeeinflusst von der Ökologisierung der Landwirtschaft blieb der Kraftfutterverbrauch. Quelle: Schweizerischer Bauernverband.

Abb. 185 (links): Immer noch viel zu hoch: Stickstoff- und Phosphorbilanz der Schweizer Landwirtschaft. Trotz Multifunktionalität herrschte 2005 landesweit ein Überschuss von 70 Kilogramm Stickstoff und 4 Kilogramm Phosphor pro Hektare. Quelle: Bundesamt für Statistik.

Abb.186: Trotz Direktzahlungen wird es in einigen abgelegenen Bergregionen in der Schweiz immer einsamer. Bergell 2007.

Offenhaltung der Landschaft

Die Offenhaltung der Landschaft ist eines der Lieblingsargumente der Landwirtschaft für die Entrichtung der allgemeinen Direktzahlungen – und damit für den grössten Teil der Agrargelder. Doch die jährlich zwei Milliarden Franken allgemeiner Direktzahlungen erfüllen ihre Aufgabe schlecht bis gar nicht. Zumindest in der Talregion wäre eine flächendeckende Bewirtschaftung auch ohne allgemeine Direktzahlungen gewährleistet (Mann und Mack 2004). Im Berggebiet reichen sie dagegen nicht aus, um die Nutzungsaufgabe abgelegener und steiler Flächen zu verhindern. Dort fördern die Pauschalzahlungen sogar die Schere zwischen Intensivierung und Nutzungsaufgabe durch falsche Anreize (Stöcklin et al. 2007). Intensivierung wie Nutzungsaufgabe gehören aber zu den wichtigsten Faktoren für den Artenrückgang und die sinkende Landschaftsqualität im Berggebiet.

Dezentrale Besiedlung

Der Beitrag der Landwirtschaft zur dezentralen Besiedlung der Schweiz ist ein wichtiges Verkaufsargument der Agrarlobby für die Direktzahlungen. Wissenschaftler der ETH haben allerdings nachweisen können, dass die Landwirtschaft nur in 360 von 3000 Gemeinden der Schweiz einen wesentlichen Beitrag zur dezentralen Besiedlung leistet (Rieder et al. 2004). Die Geldflüsse können deshalb nicht über Art. 104c der Bundesverfassung gerechtfertigt werden. Nach Angaben der Wissenschaftler könnte der Bund in Regionen ohne wesentlichen Beitrag der Landwirtschaft zur dezentralen Besiedlung jährlich rund 700 Millionen weniger aufwenden. Die Studie zeigt sehr eindrücklich, dass die heutige Agrarpolitik bezüglich dezentraler Besiedlung und sozialer Ziele nicht genügend wirksam ist.

Arme Bauern?

Jedes Jahr nach der Veröffentlichung der durchschnittlichen Einkommen der Landwirtschaftsbetriebe fordert der Schweizerische Bauernverband, *«dass dem sehr tiefen Niveau bei den landwirtschaftlichen Einkommen in der laufenden parlamentarischen Diskussion […] Rechnung getragen wird»*. In seiner Medienmitteilung zu den definitiven Ergebnissen der Buchhaltungsdaten der Forschungsanstalt Agroscope ART, die ein Rückgang der durchschnittlichen Einkommen im Jahr 2005 um 7,6 Prozent bekannt gab, hat der Schweizerische Bauernverband einmal mehr an seine vier Hauptforderungen – Erhöhung des Rahmenkredits, langsameres Tempo bei der Umlagerung der Marktstützung, griffige Kostensenkungsmassnahmen und keine Aushöhlung des bäuerlichen Bodenrechts – erinnert. Doch die Berechnungsmethode der Forschungsanstalt ist haarsträubend und bildet nicht annähernd die Wirklichkeit ab.

Die tatsächliche Einkommenssituation der Landwirte sieht vollkommen anders aus. De facto lässt sich mit gut geführten Betrieben im Schweizer Mittelland sehr gut Geld verdienen – markant mehr als in vergleichbaren Berufen (Schläpfer 2006). Dabei ist das Optimierungspotenzial, das in grösseren Betrieben oder in einer stärkeren Kooperation zwischen einzelnen Betrieben liegen würde, noch gar nicht ausgeschöpft. So beträgt der «Arbeitsverdienst je Familienarbeitskraft» des bestverdienenden Viertels in den Talregionen 87 101 Franken. Viele Arbeitnehmer des Industrie- und Dienstleistungssektors werden sich ob solcher Zahlen die Augen reiben und ihr Bild von den angeblich brotlosen Bauern hinterfragen.

Es stellt sich aber die Frage, was mit jenen 25 Prozent der Betriebe los ist, die ein enorm schlechtes Ergebnis erzielen, nämlich lediglich 10 800 Franken pro Familienarbeitskraft. Schläpfer (2006) weist darauf hin, dass der Grossteil dieser Betriebe zwei Gruppen zugeordnet werden kann. Die eine Hälfte führt ihren Betrieb aus unterschiedlichen Gründen gar nicht nach ökonomischen Gesichtspunkten, die andere geht einem Vollerwerb oder Haupterwerb ausserhalb der Landwirtschaft nach und bewirtschaftet ihren Betrieb mit möglichst wenig Aufwand. Diese Feierabend- oder Schreibtisch-Bauern erzielen einen Stundenlohn, der oft um ein Vielfaches über dem Vergleichslohn liegt, der ausserhalb der Landwirtschaft erzielt wird. Nicht vergessen werden darf zudem, dass die Landwirte von zahlreichen Privilegien profitieren. Dazu gehören Steuerprivilegien, billige Krankenkassenprämien, billiges Wohneigentum und verbilligter Diesel. Damit verhöhnen die Direktzahlungen in der heutigen Form den Steuerzahler, der glaubt, bedauernswerte Bauern zu unterstützen.

Die mächtige Bauernlobby täuscht jedes Jahr die Bürger und Steuerzahler, indem sie das traurige Schicksal der vielen Bauernfamilien beweinen lässt und immer neue Begehren nach Bern sendet. Nicht einmal die Naturschutzverbände trauen sich, dieses Lügengebilde zum Einsturz zu bringen. In einem Artikel der Weltwoche (Engeler 2006) kam ein Bauer zu Wort, der die Missstände anprangerte, aber nicht namentlich erwähnt werden wollte, weil Abweichler der offiziellen Landwirtschaftspolitik als Verräter gelten. Wer es gar wagt zu behaupten, den Bauern gehe es gut, habe mit Racheakten zu rechnen.

Ein Mythos ist nicht nur der arme Bauer, sondern auch das Bauernsterben. Der Begriff «Bauernsterben» suggeriert, dass eine Branche am Zusammenbrechen ist und die Betriebsaufgaben ein soziales Elend zur Folge haben. Im Rahmen einer Studie zum Strukturwandel in der Schweiz konnte gezeigt werden, dass dieses Bild falsch ist (Baur 1999). Der Agrarstrukturwandel in der Schweiz verlief zwischen 1939 und 1990 stark gebremst. Im Unterschied zu vielen Industrieländern entwickelte sich keine duale Agrarstruktur mit vielen kleinen Nebenerwerbs- und wenigen Haupterwerbsbetrieben, sondern eine kleinstrukturierte arbeits- und kapitalintensive Haupterwerbslandwirtschaft. In der Übergangsphase von der alten zur neuen Agrarpolitik ist ebenfalls statistisch keine Beschleunigung des betrieblichen Agrarstrukturwandels feststellbar.

Dass der Strukturwandel oft masslos überschätzt wird, liegt unter anderem an Fehlinterpretationen der Statistiken (Schreiber 2000). Denn bis 1990 hatte die Agrarstatistik auch Mikrobetriebe mit weniger als ein oder zwei Hektaren Land erfasst. Nach 1990 änderte das Bundesamt für Statistik die Erfassungsnormen: Kleinstbewirtschafter galten fortan nicht mehr als Landwirte. So war zwischen 1990 und 1996 einzig der Strukturwandel bei den Phantombetrieben dramatisch. Im Gegensatz zu anderen Branchen lösen sich Landwirtschaftsbetriebe zudem grösstenteils sozialverträglich beim Generationenwechsel auf.

Alles Bio?

Grosse Erwartungen in Bezug auf die Erhöhung der Landschaftsqualität wurden in den Biolandbau gesetzt. Während die meisten Betriebe nur die Mindestanforderungen des ökologischen Leistungsnachweises erfüllen, geht der Biolandbau bezüglich Umweltschonung, Tierwohl und Gesamtbetrieblichkeit weiter. Die Schweiz weist einen erfreulich hohen Anteil an biologisch bewirtschafteter Fläche auf. Im Jahr 2007 wurden 121 000 Hektaren nach der Bio-Verordnung des Bundes bewirtschaftet. Das sind 11,3 Prozent der gesamten landwirtschaftlichen Nutzfläche. Wissenschaftlich nachgewiesen ist der Beitrag des biologischen Landbaus zur Erhaltung der Artenvielfalt (Pfiffner et al. 2001). Doch es stellt sich die Frage, ob in der Landschaft auch sichtbar ist, wenn das Land von einem Biobetrieb bewirtschaftet wird.

Würden die ökologischen Ausgleichsflächen zur Erhöhung der Landschaftsqualität beitragen, müsste die Frage mit einem Ja beantwortet werden. Im Vergleich zu konventionellen Betrieben ist der Anteil an ökologischen Ausgleichsflächen bei Biobetrieben im Durchschnitt um rund 50 Prozent höher (Schader et al. 2008). Offenbar lassen sich die Ökomassnahmen bei den extensiver wirtschaftenden Biobetrieben besser in den Betriebsablauf integrieren. Hinzu kommt, dass die Betriebsleiter von Biobetrieben mit grosser Wahrscheinlichkeit eine höhere Sensibilität für die Förderung von Naturwerten besitzen.

Auch Steiner (2006) stellte fest, dass Biobetriebe im Kanton Zürich einen deutlich höheren Anteil ihrer landwirtschaftlichen Nutzfläche als ökologische Ausgleichsflächen nutzen. Die Wissenschaftlerin machte aber auch darauf aufmerksam, dass Betriebe, die neu auf den Biolandbau umstellen, tendenziell weniger Ausgleichsflächen anmelden. Die gleiche Entwicklung ist auch in Deutschland nachweisbar. Oppermann und Gujer (2003), welche die Naturschutzleistungen von Biobetrieben untersucht haben, kommen zum Schluss, dass im Hinblick auf die beabsichtigte Ausweitung des Biolandbaus eine Tendenz zur Entwicklung von «Intensiv-Bio-Betrieben» zu erwarten ist.

Ein Fragezeichen muss hinter die vielzitierte Behauptung gesetzt werden, dass die Schweizer Biobauern die weltweit höchsten Auflagen erfüllen. Für Bioprodukte, welche Schweizer Höfe in die USA exportieren, müssen zum Beispiel teilweise massiv strengere Anforderungen eingehalten werden, als sie in der Schweiz gelten. Bedauerlich ist zudem, dass sich im Berggebiet die Pflichten der Biobauern bezüglich Graswirtschaft kaum von jenen konventioneller Landwirtschaftsbetriebe unterscheiden. So ist die maximal tolerierte Menge von natürlichem Dünger auf Biowiesen nur wenig geringer als auf intensiv bewirtschafteten Wiesen.

Interessant sind die Vorgänge, die sich abgespielt haben, als der Bundesrat auf den 1. Januar 2008 die Bio-Verordnung in Bezug auf die Verfütterung von konventionell produziertem Viehfutter dem EU-Recht angepasst hat. Den Biobauern ist es seither untersagt, Gras, Heu, Silomais und Maiswürfel aus konventioneller Produktion zuzukaufen. Was eigentlich eine Selbstverständlichkeit sein sollte, löste bei vielen Biobauern Empörung aus und führte zu einer Austrittswelle von Biobetrieben. Offenbar war es einigen Bauern nicht möglich, geschlossene Kreisläufe einzurichten und ihre Produkte auf dem freien Markt zu befriedigenden Preisen abzusetzen.

Abb. 187: Die Öko-Qualitätsverordnung trägt dazu bei, dass die letzten naturnahen Flächen nicht endgültig verschwinden.

Hoffnungsschimmer Öko-Qualitätsverordnung

Insgesamt darf man den Schluss wagen, dass die herrschende Agrarpolitik nicht verfassungsmässig ist. Angesichts der enttäuschenden Wirkung der ökologischen Ausgleichsflächen muss der Übergang zu ergebnisorientierten Zahlungen eingeleitet werden (Stöcklin et al. 2007). Grosse Hoffnungen wurden in die Öko-Qualitätsverordnung (ÖQV) gelegt, die im Jahr 2001 eingeführt wurde. Seither können für Flächen mit besonderer biologischer Qualität sowie für Flächen, welche der Vernetzung von Lebensräumen dienen, Beiträge ausgerichtet werden. Die Teilnahme an den Projekten ist für die Landwirte freiwillig. Neu an der ÖQV ist gegenüber den bisherigen Anreizbeiträgen, dass mit Zielvorgaben statt Bewirtschaftungsauflagen gearbeitet wird.

Auf Ökowiesen mit Qualität müssen mindestens sechs Pflanzen aus einer Artenliste regelmässig vorkommen. Die Liste enthält nur Arten, die auch für Laien leicht zu erkennen sind, oder – bei schwer bestimmbaren Arten – Artengruppen, die sich aus mehreren in Aussehen und Indikatorwert ähnlichen Pflanzenarten zusammensetzen (z. B. violett blühende Enziane).

Gemäss ÖQV können für Ökoflächen Zusatzbeiträge von fünf Franken pro Are und Jahr ausgerichtet werden, wenn sie bestimmte Mindestanforderungen bezüglich Strukturvielfalt oder Vorkommen von Arten erfüllen. Beiträge in derselben Grössenordnung können für Ökoflächen bezahlt werden, welche im Rahmen eines lokalen oder regionalen Vernetzungskonzepts bezeichnet sind. Im Jahr 2008 wurden diese Beiträge mit Ausnahme der höheren Bergzonen verdoppelt.

Dennoch spielen die ÖQV-Gelder einkommensmässig eine absolut untergeordnete Rolle, weil sich das Interesse der Landwirtschaftskreise an der ÖQV in Grenzen hält und im Verhältnis zu den übrigen Zahlungen des Bundes zu wenig Geld bereitgestellt wird. In denjenigen Kantonen, welche die ÖQV lediglich dazu benutzt haben, möglichst für alle bereits bestehenden ökologischen Ausgleichsflächen etwas mehr Beiträge auszahlen zu können, ohne Zusatzanforderungen entwickelt zu haben, steht bereits jetzt fest, dass die ÖQV praktisch wirkungslos geblieben ist. Immerhin wurden im Jahr 2008 die Anforderungen an Vernetzungsprojekte vom Bund konkretisiert und teilweise verschärft.

Weg mit den Renten!

In keinem anderen Land der OECD wird die Landwirtschaft stärker subventioniert als in der Schweiz. 68 Prozent beträgt der Anteil der Subventionen am landwirtschaftlichen Produktionswert (2004). Rund vier Milliarden Franken gibt der Steuerzahler jährlich für direkte Subventionen für die Landwirtschaft aus – das sind fast acht Prozent der gesamten Staatsausgaben. Rechnet man alle anderen indirekten Unterstützungen hinzu, ergibt sich ein Betrag von fast acht Milliarden Franken. Damit bezahlt jeder Einwohner und jede Einwohnerin in der Schweiz rund 1000 Franken im Jahr an die Landwirtschaft.

Doch nur mit einem Bruchteil der Mittel, die in die Landwirtschaft fliessen, werden gemeinwirtschaftliche Leistungen abgegolten. Dazu gehören teilweise die Ökobeiträge, Beiträge für die Berglandwirtschaft und Beiträge für eine artgerechte Tierhaltung. Da im Mittelland 94 Prozent der Direktzahlungen an die Fläche und die Tiere gebunden sind, werden die wenigen Prozente, die für diese speziellen ökologischen Leistungen ausbezahlt werden, ökonomisch schlicht unattraktiv. Um die Anreizwirkung zu verbessern, genügt es aber nicht, nur die leistungsbezogenen Beiträge zu steigern; die allgemeinen Direktzahlungen, die nichts anderes als eine Rente sind, müssen gleichzeitig massiv reduziert werden.

Wissenschaftler konnten im Rahmen des Nationalen Forschungsprogramms «Landschaften und Lebensräume der Alpen» NFP 48 nachweisen, dass die falsch und zum Teil widersprüchlich verteilten Mittel einer Erhöhung der Landschaftsqualität und der biologischen Vielfalt im Weg stehen (Stöcklin et al. 2007). Die Forschenden schätzen, dass fast ein Viertel der artenreichen Flächen in den kommenden zehn Jahren verloren gehen werden, wenn das Direktzahlungssystem unverändert beibehalten wird. Bei einer Umlagerung der produktorientierten Subventionen und eines grossen Teils der allgemeinen Direktzahlungen in leistungsorientierte, zielgerichtete Direktzahlungen könnte dagegen die Schönheit und Eigenart der alpinen Kulturlandschaft bewahrt werden. Entsprechende Massnahmen dürften sogar zu einer gegenüber dem Jetztzustand klar positiven Entwicklung der Landschaften und der Biodiversität der Alpen führen. Die vorgeschlagenen Änderungen wären damit ein konkreter Beitrag zur Realisierung der im Landschaftskonzept Schweiz enthaltenen Landschaftsziele.

Wie viele andere Studien, die auf Defizite hingewiesen und Alternativen zur Optimierung der Agrarpolitik aufgezeigt haben, wurden auch die vom NFP 48 erarbeiteten Vorschläge von der Politik und den Medien lange Zeit kaum zur Kenntnis genommen. Die bewahrenden Kräfte, die vom bisherigen System profitieren, sind stark und bestens vernetzt. Umweltorganisationen, die an der Stossrichtung durchaus Gefallen finden, fehlt der Mut und das Wissen, um etwas zu bewegen, das über einige Detailkorrekturen hinausgeht. Viele wollen es nicht riskieren, mit weitergehenden Forderungen das in ihren Augen «gute» Einvernehmen mit der Landwirtschaft aufs Spiel zu setzen.

Um in dieser Situation Bewegung in die ins Stocken geratene Agrarreform zu bringen, wurde von anerkannten Fachleuten – Bauern, Ökologen und Ökonomen – der Verein «Vision Landwirtschaft» gegründet. Er will Vorschläge wie denjenigen aus dem NFP 48 in die politische und öffentliche Diskussion bringen, mit weiteren Studien ergänzen und so einer tatsächlich verfassungsgemässen Agrarpolitik mit eigenen, fundierten Vorschlägen zum Durchbruch verhelfen. Im Zentrum steht die Forderung, die allgemeinen Direktzahlungen, also rund zwei Milliarden Franken jährlich, konsequent in Leistungsbeiträge umzulagern.

Auch liberal-wirtschaftliche Kreise plädieren schon seit längerem für einen Richtungswechsel in der Agrarpolitik. Eine von Avenir Suisse in Auftrag gegebene Studie skizziert den Übergang zu einer Landwirtschaft, in welcher bäuerliche Unternehmer das Geschehen bestimmen (Rentsch 2006). Die Forderung lautet: *«Der Bund sollte sich gemäss dieser Vorstellung aus der Versorgungsrolle zurückziehen und wie für andere Branchen lediglich die nötigen Rahmenbedingungen garantieren. Dazu sollen über einen Zeitraum von 10 bis 15 Jahren (1) der agrarische Grenzschutz und die noch verbleibenden Marktstützungen stufenweise abgebaut, (2) die Direktzahlungen in Leistungsaufträge umgewandelt und reduziert und (3) das bäuerliche Boden- und Pachtrecht weitestgehend aufgehoben werden.»* Welche Leistungen letztendlich abgegolten werden, scheint den Ökonomen egal zu sein – Hauptsache, Angebot und Nachfrage stimmen überein.

Mit der heutigen Landschaft ist die Nachfrage nach intakter Natur noch längst nicht gedeckt. Wenn man die Steuerzahler direkt befragt, wie viel sie für Veränderungen der Landschaft und Landwirtschaft zu zahlen bereit sind, so werden sehr hohe Werte für eine Zunahme von strukturierenden Elementen wie Hecken und Feldbäumen, extensiven Landwirtschaftsflächen und Naturschutzflächen genannt – und zwar auf Kosten von intensivem Grünland. Wenn auch die absolute Höhe der in Umfragen genannten Beträge kaum verlässlich ist, so deutet deren relative Höhe darauf hin, dass eine Nachfrage für einen weiteren Ausbau spezifischer landschaftspflegerischer Leistungen besteht (Bosshard und Schläpfer 2005).

Dass eine wirksame Landschaftsaufwertung im Einklang mit einer produktiven Landwirtschaft steht, zeigen Erfahrungen aus ökologischen Aufwertungsprojekten, die mit besonderem Engagement und oft mit zusätzlichen Instrumenten durchgeführt wurden. Seit 1991 läuft beispielsweise im Klettgau ein Projekt zur Wiederansiedlung des Rebhuhns und zur Förderung des Feldhasen. Im Rahmen dieses Projekts wurden gezielt ökologische Ausgleichflächen angelegt. Dank diesen Anstrengungen gehört der Klettgau heute zu jenen Ackerbauregionen der Schweiz mit der höchsten Dichte an hochwertigen Landschaftselementen. Zahlreiche, im gesamten übrigen Mittelland sehr selten gewordene oder ganz verschwundene Vogelarten wurden häufiger oder siedelten sich neu an (Jenny et al. 2002). Selbst wenn die Ansiedlung des Rebhuhns nicht gelingen sollte, hat das Klettgau-Projekt doch einen wertvollen und vorbildlichen Beitrag zum Natur- und Landschaftsschutz geleistet.

Ein anderes Beispiel ist das Projekt «Agri-Kultur und Landschaft», das in einer bereits struktur- und artenreichen Gegend der Voralpen Landwirtschaftsbetriebe über sechs Jahre gezielt darin unterstützt hat, ihre ökologischen Leistungen zu optimieren. Ohne dass die Produktion zurückgegangen wäre, haben sie die Ökoflächenanteile verdoppelt, viele zugewachsene Flächen wieder in die Nutzung genommen und bestehende oder neue Ökoflächen mit zahlreichen, teilweise neu entwickelten Massnahmen markant aufgewertet (Jordi et al. 2007).

Wie entwickelt sich das Direktzahlungssystem?

Die Bemühungen von Wissenschaftlern und Praktikern, die Zahlungen an die Landwirtschaft leistungsabhängig zu gestalten, scheinen langsam Früchte zu tragen. Zusammen mit dem Bundesamt für Umwelt hat das Bundesamt für Landwirtschaft Umweltziele für alle vom Agrarsektor betroffenen Umweltbereiche erarbeitet (BAFU und BLW 2008). Warum dies nicht schon 1993 an die Hand genommen wurde, bleibt das Geheimnis der Bundesämter. Denn ohne konkrete Ziele ist eine zielorientierte Agrarpolitik nicht möglich.

Wer nun revolutionäre Ideen erwartet hatte, wurde aber wieder enttäuscht. Die Umweltziele basieren lediglich auf den rechtlichen Grundlagen wie Gesetzen, Verordnungen, internationalen Abkommen und Bundesratsbeschlüssen. Doch an die darin festgelegten Pflichten hätte sich die Landwirtschaft schon lange halten müssen. In dem Bericht teilt das Bundesamt für Landwirtschaft deshalb ungewollt mit, dass sich die Landwirtschaft trotz Direktzahlungen in Milliardenhöhe jahrzehntelang nicht an die Gesetze gehalten hat. Irritierend ist daher, dass das Bundesamt für Landwirtschaft von «anspruchsvollen Zielen» spricht.

Die Umweltziele für die Landwirtschaft dienten als Grundlage für den Bericht zur Weiterentwicklung des Direktzahlungssystems, den der Bundesrat gemäss einer Motion der Kommission für Wirtschaft und Abgaben des Ständerats 2009 vorgelegt hat. Verlangt wird, dass bei einem Umbau des Direktzahlungssystems unter anderem folgende Gesichtspunkte berücksichtigt werden:
- Angemessenheit der Abgeltung von nicht marktfähigen Leistungen, die von der Landwirtschaft verlangt werden;
- möglichst zielgenauer Einsatz der Mittel im Hinblick auf die zu erzielende Wirkung (z.B. Produktivität, Ökologie, Tierwohl, dezentrale Besiedlung, Einkommenssicherung);
- Anreizmöglichkeiten für die Betriebe, eine höhere Wirkung über den Standard hinaus zu erzielen (z.B. Biodiversität).

Das hört sich ermutigend an. Hoffen darf man auch deshalb, weil im Bundesamt für Landwirtschaft immer mehr jüngere und aufgeschlossene Beamte arbeiten, die die Zeichen der Zeit verstanden haben und sich dafür einsetzen, dass die Fördergelder leistungsabhängig eingesetzt werden. *«Durch die Fokussierung der Fördergelder auf Flächen mit definierter Qualität sollen die Landwirte einen Anreiz bekommen, die ‹richtigen› Flächen anzumelden und biodiversitätsfördernd zu bewirtschaften»*, erklärte beispielsweise ein Vertreter des Bundesamts für Landwirtschaft an einer Tagung im Herbst 2008 in Bern. Die «ökologischen Ausgleichsflächen» sollen in «Biodiversitätsförderflächen» umbenannt werden. Wie viel von diesen Ideen in die Weiterentwicklung des Direktzahlungssystems schlussendlich einfliessen werden, bleibt abzuwarten. Widerstand hat sich bereits formiert. Der Schweizerische Bauernverband schrieb am 27. Oktober 2008 in einem Brief an den Direktor des Bundesamts für Landwirtschaft folgende Zeilen:

«Das heutige DZS [Direktzahlungssystem, Anm. der Autoren] hat sich bis jetzt für die Landwirtschaft sehr gut bewährt und erreicht die verfolgten, ihm zugeschrie-

benen Ziele. Dieses System erlaubt eine offensichtlich ausgeglichene Berücksichtigung aller Produktionsrichtungen und -regionen. Das Gleichgewicht zwischen flächen- und tierbezogenen wie auch zwischen allgemeinen und ökologischen Direktzahlungen erlaubt der Landwirtschaft, ihre Rolle zu erfüllen im Sinne des Artikels 104 der Bundesverfassung. Wir lehnen jegliche Umstellung des Systems ab, die zu einer grundsätzlichen Störung des erwähnten Gleichgewichts tendieren würde und einer Reise ins Ungewisse gleichzustellen wäre. […] Damit eine produzierende Landwirtschaft weiter gefördert wird, darf keine weitere Verlagerung zwischen allgemeinen Direktzahlungen und ökologischen Direktzahlungen erfolgen. Die klare Verbindung zwischen den landwirtschaftlichen Betrieben und den ÖLN-Anforderungen, die von beinahe allen Betrieben erfüllt werden, zeigt die gut verankerte heutige Lösung. […] Aus Sicht der Landwirtschaft erfüllt das heutige DZS den Vollzug des Auftrags gemäss Bundesverfassung.»

Natur auf dem Betrieb

Die ökologische Aufwertung eines Betriebs wäre keine Hexerei. Auf den meisten Landwirtschaftsbetrieben sind noch Flächen vorhanden, die zumindest ein ökologisches Potenzial aufweisen. Diese Flächen müssen zunächst einmal durch den Landwirt erkannt werden. Grundsätzlich gilt, dass Standorte, die ertragsschwach, flachgründig, steil, feucht, nass oder extrem trocken sind, am ehesten ökologisch wertvolle Lebensräume beherbergen. Die Nutzung dieser Flächen sollte nicht intensiviert, sondern vielmehr extensiviert werden, das heisst dass die Flächen nicht mit Dünger oder Pflanzenschutzmitteln behandelt werden sollten. Hecken und Waldränder sollten stufig und lückig aufgebaut sein. Die Totholzäste an den Bäumen sind Lebensraum für viele seltene Insekten und sollten möglichst nicht entfernt werden.

Neues schaffen

Sind die bestehenden naturnahen Lebensräume und Landschaftselemente gesichert und aufgewertet, kann darüber nachgedacht werden, die Flächen zu erweitern oder neue Lebensräume anzulegen. Ohne grossen Aufwand kann beispielsweise entlang von Bachläufen, Waldrändern oder Wegen ein ungedüngter Krautsaum stehen gelassen werden. Die Wiesen und Weiden in Hochstamm-Obstgärten könnten nur noch extensiv genutzt werden. Flachgründige, nährstoffarme, trockene, feuchte oder vernässte Stellen könnten aus der intensiven Produktion herausgenommen werden, da der Ertrag im Verhältnis zum Aufwand wirtschaftlich uninteressant ist. Stellen, wo Steine anstehen, eignen sich beispielsweise als Standorte von Lesesteinhaufen. Vernässte Stellen kann man – anstatt drainieren – zusätzlich ausheben. Vor einer Neuanlage sollte man berücksichtigen, welche naturnahen Lebensräume und Landschaftselemente die Region prägen und wie die Landschaft früher aussah. Alte Fotos, Postkarten, Flurnamen oder auch die Heimatkunde zeigen, wo es früher feuchte Stellen, Hecken und Einzelbäume gegeben hat.

Komplizierter ist dagegen das Anlegen artenreicher Wiesen und Weiden. Während sich das Grasland leicht aufdüngen und intensivieren lässt, kann die Umwandlung von intensiv genutzten Wiesen in magere Blumenwiesen ein sehr langwieriger Prozess sein. Allein durch eine extensivere Nutzung erhöht sich die Biodiversität im vorher intensiv genutzten Wiesland oft nicht. Im Schweizerischen Nationalpark lassen sich beispielsweise nährstoffgesättigte Flächen auf ehemaligen Weiden noch heute im Vegetationsmuster nachweisen – obwohl sie seit rund 100 Jahren nicht mehr genutzt werden.

Hinzu kommt, dass die allermeisten Wiesenarten Samen haben, die nur wenige Jahre im Boden – in der sogenannten Samenbank – überleben können. Dementsprechend gering ist die Anzahl keimfähiger Samen auf intensiv genutzen Wiesen (Borgmann 2004). Die gewünschten Arten der früheren Fromental- und Magerwiesen müssen also von aussen einwandern. Nur tun sie dies sehr langsam – im Durchschnitt rund einen Meter pro Jahr. Oft sind die samenspendenden Wiesen in der Umgebung aber ebenfalls verschwunden. Sollen wieder artenreiche Wiesen entstehen, bleibt zumindest im Mittelland meist nur der Weg über Einsaaten. Erfahrungen und Forschungsresultate haben gezeigt, dass mit den richtigen Mischungen und Methoden auch auf vorher intensiv genutzten Böden in fast allen Fällen bereits nach zwei Jahren wieder relativ artenreiche, stabile Wiesen renaturiert werden können (Bosshard 1999). Heute sind viele spezifische Mischungen mit qualitativ hochwertigem Saatgut auf dem Markt. Sie enthalten bis zu 50 geeignete Arten, die alle oder fast alle aus Ökotypen regionaler Provenienz stammen. Viele Landwirtschaftsbetriebe haben sich auf die Samenproduktion solcher Arten spezialisiert (Bosshard und Burri 2003).

Abb. 188: Trockensteinmauern am richtigen Ort sind nicht nur attraktive Landschaftselemente, sondern auch wertvolle Lebensräume für viele Tier- und Pflanzenarten.

Die Vielfalt fördern

Kleinstrukturen wie Tümpel, Kopfweiden, Asthaufen, Trockensteinmauern und Krautsäume beanspruchen nur wenig Platz und stehen deshalb in geringer Konkurrenz zur Nahrungsmittelproduktion. Ihre Bedeutung für das Landschaftsbild sowie als Lebensraum und Trittstein für Tiere und Pflanzen ist aber trotz des geringen Flächenbedarfs sehr gross. Die landschaftliche und ökologische Bedeutung von Kleinstrukturen hängt wesentlich von deren räumlichen Verteilung ab. Alle Kleinstrukturen wurden durch den Menschen geschaffen und sind daher Elemente der Kulturlandschaft. Tabelle 8 listet die wichtigsten Kleinstrukturen auf.

In den meisten Vernetzungs- und Aufwertungsprojekten und auf den meisten Landwirtschaftsbetrieben kommen aber leider schweizweit immer etwa dieselben

	Standort	Pflege	Bewohner und Nutzer
Pfützen und Tümpel	• Vernässte Senken; mit Spaten oder kleinem Bagger können Vertiefungen angelegt werden • Auf wasserundurchlässigen Böden • Mehrere Kleingewässer nebeneinander • Sollten z.T. austrocknen können	• Gering; in Teilbereichen sollte die überschüssige Biomasse im Herbst entfernt werden.	• Kleinkrebse • Amphibien (v.a. Gelbbauchunke Kreuzkröte, Geburtshelferkröte) • Diverse Schmetterlingsarten • Rauch- und Mehlschwalben holen lehmhaltigen Boden für den Nestbau.
Asthaufen und Wurzelteller	• Gut besonnte, möglichst ungestörte und windgeschützte Stellen • Dort, wo das Material (dicke und dünne Äste, Holzreste usw.) anfällt • Da das Material verrottet und zu einem Nährstoffeintrag in den Boden führt: nicht in der Nähe nährstoffarmer Biotope anlegen	• Gering; alle paar Jahre kann neues Material deponiert werden.	• Ameisen • Käferlarven • Wildbienen • Reptilien • Amphibien • Igel
Steinhaufen	• Gut besonnte und möglichst ungestörte Stellen • Möglichst dort, wo die Steine anfallen	• Keine; eventuell nach ein paar Jahren Gebüsche entfernen	• Reptilien • Schmetterlinge • Verschiedene Insekten
Trockenmauern	• Exposition Ost bis West, am besten südexponiert • Steine sollten aus der Region stammen • Der Aufbau einer Trockenmauer ist nicht einfach; er erfordert handwerkliches Geschick und etwas Erfahrung.	• Gering; eventuell Reparaturarbeiten und Entbuschungsaktionen	• Seltene Pflanzenarten • Reptilien • Insekten (Wildbienen)
Kopfweiden	• Frische und feuchte Böden • Entlang von Fliessgewässern • Randbereiche von Wiesen und Weiden	• Gering; Schnitt jährlich oder alle zwei bis fünf Jahre	• Insekten • In den Nischen und Löchern der knorrigen Köpfe finden Höhlenbrüter wie Steinkauz, Wendehals, Gartenrotschwanz, und Fledermäuse Unterschlupf.
Krautsäume	• Überall möglich • Entlang von Wegen, Strassen, Parzellengrenzen usw.	• Es muss nicht jährlich gemäht werden.	• Spinnen • Käfer • Schmetterlinge • Vögel (v.a. Bodenbrüter) • Reptilien

paar Aufwertungsmassnahmen zum Zug: Hecken oder Bäume pflanzen, Buntbrachen anlegen, Wiesen extensivieren. Wie die obigen ausgewählten Beispiele zeigen, wäre aber viel mehr Kreativität und Vielfalt möglich. Bosshard et al. (2002) haben deshalb eine umfassende Liste mit über 100 Möglichkeiten und weiterführender Literatur zusammengestellt.

Tab. 8: Die Ökologie von Kleinstrukturen. Quelle: SVS 2000.

Keine Chance für Hochstamm-Obstbäume?

Die Förderung der Hochstamm-Obstbäume, die ein prägendes Element der Kulturlandschaft sind, hat in den vergangenen Jahren laufend zugenommen. Zu den 15 Franken Ökobeitrag pro Baum, welche seit 1999 ausgerichtet werden, kommen seit 2001 im Rahmen der Öko-Qualitätsverordnung 5 Franken Vernetzungsbeitrag und 20 Franken Qualitätsbeitrag dazu. Letzterer wurde 2008 auf 30 Franken erhöht, sodass der Bund heute für Hochstämme, die die definierte ökologische Mindestandforderungen erfüllen, 50 Franken pro Jahr bezahlt. Da das Obst von Hochstämmen kaum etwas wert ist, muss dieser Beitrag als lächerlich gering bezeichnet werden. Anders sieht es dort aus, wo vom Kanton weitere Beiträge für besonders wertvolle Obstgärten oder Pflanzbeiträge von bis zu 250 Franken pro Baum bezahlt werden. Obwohl es unter diesen Umständen heute ökonomisch wieder lukrativ wäre, Hochstämmer zu pflanzen, gehen die Baumzahlen nach wie vor zurück (Tab. 9).

Tab. 9: Entwicklung der als ökologische Ausgleichsflächen angemeldeten Hochstamm-Feldobstbäume zwischen 1999 und 2004. Quelle: Bundesamt für Landwirtschaft.

	1999	2000	2001	2002	2003	2004
Anzahl Bäume	2 463 234	2 470 500	2 440 899	2 420 014	2 412 333	2 390 098
Beiträge (CHF)	36 945 000	37 057 000	36 613 000	36 300 000	36 182 000	35 847 881
Jährliche Veränderung	–	+7 266	–29 601	–20 885	–7 681	–22 235
Jährliche Veränderung (%)	–	+0,29	–1,20	–0,86	–0,32	–0,92

Land	Habitattyp	Fläche 2002 (ha)	Rückgang (%)	Bezugseinheit	Zeitraum
Frankreich	Obstbaumwiesen	156 000	37	Fläche	1982–1998
Grossbritannien und Irland	Obstbaumwiesen	4 700	66	Fläche	1960–1998
Deutschland	Obstbaumwiesen	500 000	54	Anzahl Bäume	1951–1990
Österreich	Hochstamm-Feldobstbäume	169 000	70	Anzahl Bäume	1938–1994
Spanien	Obstbaumwiesen	15 500	78	Fläche	1985–1998
Slowenien	Obstbaumwiesen	21 000	42	Fläche	1950–1991
Schweiz	Hochstamm-Feldobstbäume	71 000	79	Anzahl Bäume	1951–2001

Pro Tag verschwinden rund 300 Hochstamm-Obstbäume (Müller et al. 2004). Der Beitrag der Landwirtschaft zum Rückgang der Hochstämme ist in den letzten 20 Jahren allerdings zurückgegangen – nicht zuletzt deshalb, weil in den intensiv genutzten Gebieten gar nicht mehr so viele übrig geblieben sind. Eine immer grössere Rolle spielt die Ausdehnung des Siedlungsraums. Beispielsweise steht im Kanton Zürich derzeit ein Viertel der Hochstamm-Obstbäume in der Bauzone (Müller et al. 2004). Es muss befürchtet werden, dass ein Grossteil in den kommenden Jahren durch Überbauungen beseitigt wird (Abb. 190).

Tab. 10: Entwicklung der Hochstamm-Feldobstbäume in verschiedenen europäischen Ländern. Quelle: SOLAGRO et al. 2002.

Abb. 189: Da sich die Hochstamm-Obstbäume nicht mehr rentieren und den grossen Maschinen im Weg stehen, werden sie zunehmend gerodet. Richtige Obstbaumfelder sind selten geworden.

Abb. 190: Ein grosser Teil der Hochstamm-Obstbäume fällt der Ausdehnung des Siedlungsraums zum Opfer.

Mit dem Feuerbrand tauchte 1989 eine neue Gefahr für die Hochstamm-Obstbäume in der Schweiz auf. Der Feuerbrand stammt aus den USA und ist eine gefährliche, meldepflichtige Pflanzenkrankheit, die durch Bakterien verursacht und von Insekten von einem Baum auf den anderen übertragen wird. Seit 1995 breitet sich die Krankheit in der Schweiz aus (Abb. 191).

Im Jahr 2005 wurde in der Ostschweiz – besonders im Kanton St. Gallen – bei Birnbäumen ein regional sehr starker Befall verzeichnet, teilweise auch bei Apfelbäumen. Im Kanton Luzern waren vor allem Birnbäume betroffen. Eine Rettung mittels Rückschnitt ist nur unter bestimmten Voraussetzungen erfolgreich. Insgesamt wurden in den beiden Kantonen zusammen rund 10 000 Bäume infolge Feuerbrandbefalls gefällt und verbrannt – eine Katastrophe für das Landschaftsbild und die bereits stark ausgeräumte Landschaft.

Zwei Jahre später herrschten während der Kernobstblüte nach einem milden Winter und hohen Temperaturen optimale Infektionsbedingungen. In Erwerbsanlagen und bei Hochstammbäumen wurden die bisher grössten Schäden verzeichnet. Rund 45 000 befallene Bäume wurden gemeldet (Holliger et al. 2007). Ein grosser Teil befand sich in der Ostschweiz (Kantone St. Gallen und Thurgau) und im Kanton Luzern. Im Kanton Bern wurden erstmals Tausende von Hochstamm-Obstbäumen befallen. Allein im Kanton Zürich wurden 4000 Hochstämmer gefällt.

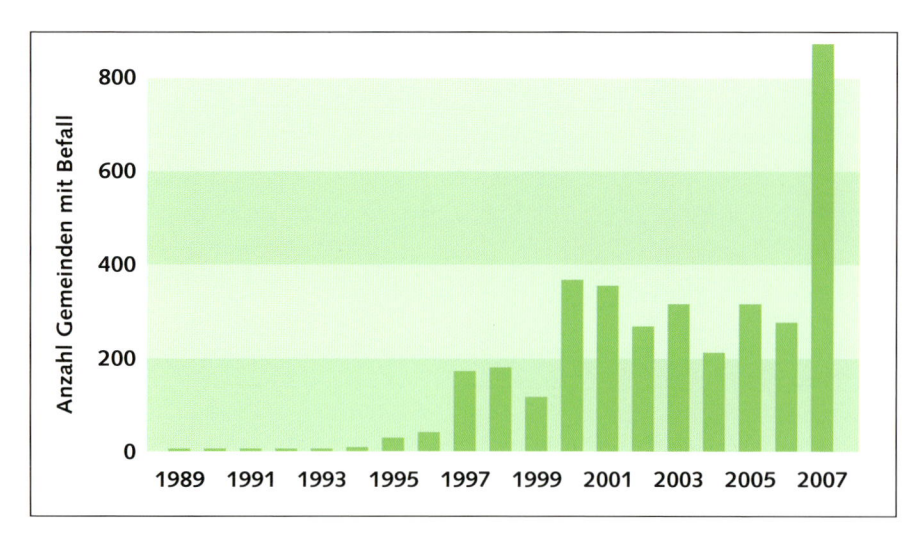

Abb. 191: Ausrottungsstrategie gescheitert? Links: Anzahl Gemeinden mit Feuerbrand in der Schweiz, 1989 bis 2007. Quelle: EVD/Forschungsanstalt Agroscope Changins-Wädenswil ACW. Unten: Gemeinden mit Feuerbrand, Befallssituation 2006 und 2007. Quelle: Bundesamt für Landwirtschaft.

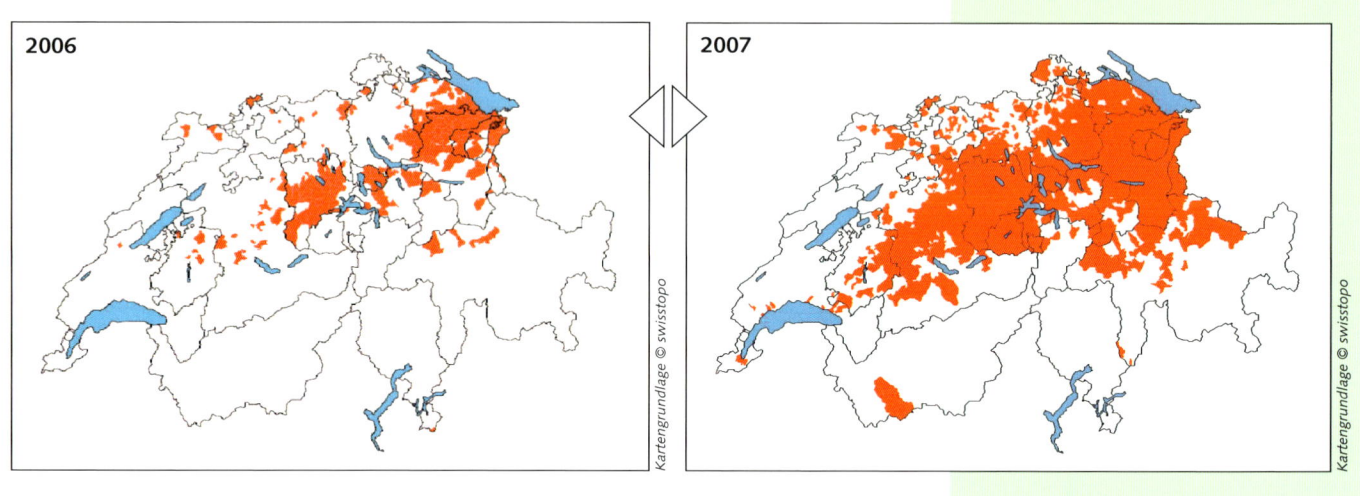

246

Seit vielen Jahren setzt der Bund auf die Ausrottungsstrategie, trotzdem wurde der Erreger im Jahr 2007 erstmalig in allen Kantonen nördlich der Alpen nachgewiesen und wird nicht mehr auszurotten sein. Es scheint so, als ob der Ansatz des Bundes gescheitert ist. Pro Natura, der Schweizer Vogelschutz SVS/BirdLife Schweiz und der WWF Schweiz forderten deshalb im Frühjahr 2008 eine alternative Feuerbrandstrategie, die dem Obstbau und den Hochstamm-Obstbäumen in der Schweiz eine Zukunft sichert. Sie wiesen darauf hin, dass die Krankheit Feuerbrand und die Auswirkungen bei den Wirtspflanzen bei Weitem noch nicht verstanden sind. Eine neue Feuerbrandstrategie müsste folgende Bestandteile enthalten:

- Der Bund bezieht die Erfahrungen aus den umliegenden Ländern insbesondere zum Genesungspotenzial der Bäume systematisch in eine moderne Feuerbrandstrategie ein.
- Rodungen von einzelnen stark befallenen Hochstamm-Obstbäumen sind nur als allerletzte Notmassnahme zulässig. Bäume sollen, wo nötig, zurückgeschnitten werden.
- Entschädigungen bei Zwangsrodungen sind erst auszuzahlen, wenn neue Obstbäume oder andere Feldbäume gepflanzt wurden.
- Es sind leistungsorientierte Unterstützungsbeiträge mit klaren ökologischen Zielsetzungen an die Hochstamm-Obstbauern zu zahlen.

Abb 192: Der Feuerbrand lichtet schleichend die Obstgärten. Wiesland mit Obstbau in Heldswil (TG) im September 2000 (oben) – und ein Jahr später, nach der Rodung der vom Feuerbrand befallenen Bäume (unten).

- Die Weiterbildung und die Beratung der Hochstamm-Obstbauern ist auszubauen.
- Feuerbrandanfällige Zierpflanzen werden im Siedlungsgebiet konsequent durch nicht anfällige ersetzt.
- Praxiswissen wird systematisch gesammelt und ist in eine Bekämpfungsstrategie einzubeziehen.
- Einführung eines Forschungsschwerpunkts Hochstamm-Obstbäume.

Während der Bund den Verlust durch behördlich angeordnete Rodungen mit Abfindungen mildert, sind für die Bewirtschafter die Anreize, die gerodeten Hochstämme durch resistentere Sorten zu ersetzen und so die landschaftsprägenden Hochstamm-Obstbaumgärten zu erhalten, zurzeit noch viel zu gering. Forderungen der Obstbauern, zum Schutz der Intensivkulturen langfristig eine Entflechtung von Hochstamm- und Niederstammkulturen zu betreiben, müssen abgelehnt werden. Es besteht nämlich die Gefahr, dass zwar die Hochstämmer in der Nähe von Intensivkulturen eliminiert, aber anderswo nicht ersetzt werden.

Vorbildlich ist das Vorgehen des Kantons Appenzell-Ausserrhoden. Über ein spezielles Programm finanziert er die Pflanzung neuer Hochstämme. Hier wurden alle durch den Feuerbrand entstandenen Lücken in der Landschaft durch Neupflanzungen robuster Apfel- und Birnbäume geschlossen – bevor sich die Bevölkerung an ein leeres Landschaftsbild gewöhnt hat. Zudem wurden auch Steinobstbäume sowie Nussbäume und Linden abgegeben, die alle nicht an Feuerbrand erkranken können. Quittenbäume, die am anfälligsten sind, werden keine mehr gepflanzt.

Biber auf der Anklagebank

Im Kanton Thurgau leben wieder 220 bis 240 Biber. Eigentlich ein Grund zur Freude. Doch die Tiere bedienen sich während der Nahrungssuche auch in landwirtschaftlichen Kulturen. Jährlich muss der Kanton die Summe von 4500 bis 6500 Franken für Biberschäden aufbringen. Und auch die Baumfäll- und Wühlarbeiten der Nager stossen auf Unmut. Die Rede ist vom Landschaftsbild, das die seltenen Tiere verschandeln würden.

Aus landschaftshistorischer Sicht eine groteske Situation: Da räumt die Landwirtschaft jahrzehntelang ungehindert die Landschaft aus, und plötzlich sitzt der Biber wegen ein paar gefällten Bäumen, die die Landwirtschaft übrig gelassen hat, und ein paar Kilogramm Mais auf der Anklagebank. Als Strafe stehen nicht nur «Hegeabschüsse» zur Diskussion, sondern auch eine Ausschaffung ins Ausland.

Foto © Bildagentur Waldhäusel

Bei der Erhaltung des Landschaftselements Hochstamm-Obstbaum sind aber auch die Konsumenten gefragt. Sind diese nur an den grossen Kirschen aus Niederstamm-Obstplantagen und an günstigen Preisen interessiert, haben die Hochstamm-Obstbäume langfristig keine Zukunft. Das neue Gütesiegel «Hochstamm Suisse», das eine ausschliessliche Verwendung von Obst aus Hochstamm-Obstgärten garantiert, will den Konsumenten dabei helfen, aktiv zur Erhaltung der Hochstamm-Obstbäume beizutragen (Müller et al. 2004).

Wichtig sind auch regionale Initiativen, wie ein Beispiel aus dem Kanton Solothurn zeigt: In der Gemeinde Metzerlen sah es lange so aus, als würde ein Grossteil der Hochstamm-Obstbäume der Motorsäge zum Opfer fallen. Allein bei der Neuverteilung der Felder im Zuge der Güterregulierung wurden zahlreiche der traditionellen Obstbäume in Nacht-und-Nebel-Aktionen gefällt. Heute hat sich die Situation grundlegend geändert: 19 Metzerler Bauern haben sich vertraglich dazu verpflichtet, rund 2000 Hochstämmer zu pflegen und zu nutzen. Dafür erhalten sie zu den Beiträgen des Bundes 50 Franken vom Kanton. Gegenüber der Basler Zeitung (31.1.2001) erklärte ein Landwirt, dass auch ästhetische Gründe dazu beigetragen haben, bei dem Projekt mitzumachen: «*Der Anblick des Landschaftsbildes um Metzerlen ohne die typischen Obstbäume hätte mir weh getan.*»

Bedrohter Boden

So unscheinbar der Erdboden unter unseren Füssen auch aussehen mag, diese dünne Umkleidung unseres Planeten stellt die Grundlage der Biosphäre dar. Praktisch alle Nutzpflanzen brauchen Erde, um zu gedeihen. Dass Boden ein wertvolles Gut ist, ergibt sich bereits aus der Tatsache, dass die Bildung von Erde aus dem Ausgangsgestein Tausende von Jahren in Anspruch nehmen kann.

Böden sind komplexe und dynamische Gebilde: Physikalische, chemische und biologische Prozesse führen im Lauf der Zeit zu einer mehr oder weniger ausgeprägten Schichtung des Bodens. Die Bodenlebewesen erneuern durch den Abbau von totem Pflanzenmaterial und durch ihre Grab- und Wühltätigkeit nicht nur die Fruchtbarkeit des Bodens, sondern auch die Durchlüftung und Wasserspeicherfähigkeit.

Der Mensch greift seit Langem in die natürlichen Kreisläufe des Ökosystems Boden ein. Uralte Kulturböden zeigen aber, dass er es durchaus verstanden hat, den Boden über lange Zeiträume hinweg fruchtbar zu erhalten. Seit Mitte des letzten Jahrhunderts hat sich der Zustand der Böden in der Schweiz allerdings kontinuierlich verschlechtert. Hauptursache sind die immer schwerer werdenden Traktoren und Erntemaschinen, die den Boden verdichten und das Bodengefüge destabilisieren oder zerstören können. Hinzu kommt, dass die Parzellen im Rahmen der Bewirtschaftung bis zu 15 Mal im Jahr befahren werden (Mosimann 1996).

Bei der Bodenverdichtung werden die grossen Bodenporen zusammengedrückt. Dadurch wird der Gasaustausch zwischen dem Boden und der Atmosphäre verhindert und der Oberflächenabfluss gefördert. Im Zusammenspiel mit weiteren Faktoren wie den zu grossen Parzellen, dem Gefälle der Ackerfläche, der fehlende Winterbedeckung und der Bearbeitung in Gefällsrichtung kommt es zur Erosion von Bodenmaterial.

Die Bodenerosion lässt sich im Ackerbau zwar nicht ganz vermeiden; sie trat deshalb auch schon früher auf. Die heute beschleunigte Erosion ist jedoch durch die Bewirtschaftung bedingt. Und sie ist gebietsweise erschreckend hoch (Abb. 193). Bei starken Niederschlägen können aus einer Hektare Ackerland bis zu 50 Tonnen Erde abgeschwemmt werden, was einer Abnahme von 5 Millimeter Humus entspricht (Brassel und Rotach 1988). Die durchschnittliche jährliche Erosion liegt zwischen 1 und 20 Tonnen Feinerde pro Hektare. Dadurch sinkt die Bodenmächtigkeit um 0,1 bis 2 Millimeter pro Jahr (Mosimann 1996). Das ist wesentlich mehr als die natürliche Bodenbildungsrate.

Auf rund 80 000 Hektaren Fläche gefährdet die Bodenerosion die Bodenfruchtbarkeit in der Schweiz. Dies sind etwa 20 Prozent der offenen Ackerfläche. Es ist demnach ein Irrtum anzunehmen, dass die Erosion nur ein Problem von Entwicklungsländern sei. Dabei sind die gesetzlichen Grundlagen zum Bodenschutz in der Schweiz klar gefasst: Laut der Verordnung über Belastungen des Bodens (VBBo) muss der Boden seine Funktionen im Naturhaushalt voll erfüllen können. Die Verordnung definiert die Überwachung der Böden, setzt Grenzwerte für kritische Belastungen und legt fest, was geschieht, wenn diese überschritten sind.

In der Schweiz ist die Erosion bis auf die Erosionsrinnen, die nach jedem Pflügen beseitigt werden, fast unsichtbar. Die Meliorationen haben ein dichtes Netz an

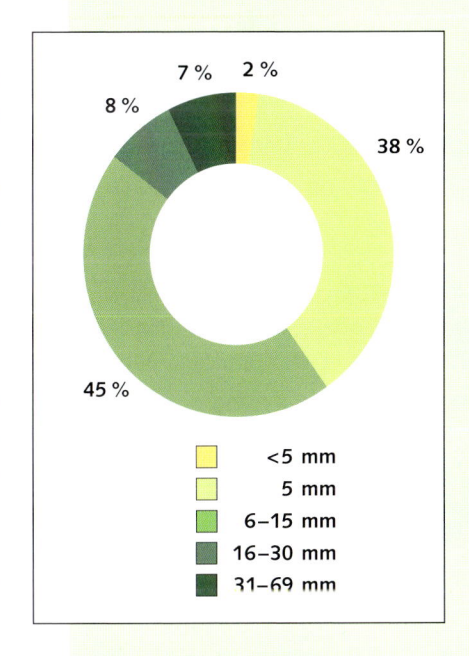

Abb. 193: Bodenverlust durch Erosion im Kanton Baselland während 75 Jahren. Lesehilfe: Auf 45 Prozent der Kantonsfläche beträgt die Erosion 6 bis 15 Millimeter Bodenmaterial im Jahr, das entspricht 60 bis 150 Tonnen Feinerde pro Hektare. Quelle: Bau- und Umweltschutzdirektion Kanton Basel-Landschaft.

Drainagesystemen und asphaltierten Erschliessungswegen mit Regenwassersammlern hinterlassen. Dies führt dazu, dass das Oberflächenwasser zusammen mit dem an Phosphat, Stickstoff und anderen Nährstoffen übersättigten Erdmaterial rasch und ungehindert in die Gewässer gelangt und massiv zur Eutrophierung von Seen und Teichen beiträgt. In der Region Frienisberg (BE) haben beispielsweise 65 Prozent der ackerfähigen Parzellen direkt oder indirekt Kontakt mit Oberflächengewässern; 90 Prozent des erodierten Materials, das die Parzellen verlässt, fliesst über die Kanalisation oder über das Wegsystem in die Bäche. Sichtbar ist die Bodenerosion deshalb vor allem dort, wo keine unterirdischen Wassersammler in der unmittelbaren Umgebung existieren, das heisst in nicht meliorierten Gebieten, wo das Erdmaterial auf Wegen sedimentiert oder von Grasstreifen und Hecken zurückgehalten wird.

Abb. 194: Schwere Rinnenerosion nach einem Gewitter bei Seewen im Kanton Solothurn (links, Mai 1976). Die Bewirtschaftung der Fläche führt dazu, dass die Schäden nach kurzer Zeit unsichtbar sind (rechts, Oktober 1996). Das Bodenmaterial ist dagegen unwiederbringlich verloren und belastet Gewässer und naturnahe Lebensräume.

Abb. 195: Die Schweiz ist infolge der unmässigen Meliorationen das Land mit der grössten Dichte von Drainagesystemen und Dolen. Erodiertes Bodenmaterial gelangt so rasch und ungehindert in die Gewässer und trägt massiv zur Eutrophierung von Seen und Teichen bei.

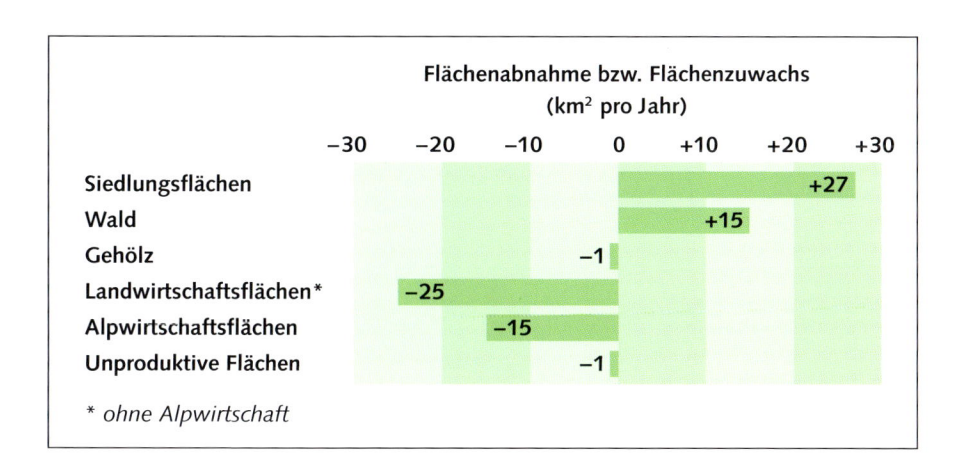

	Flächenabnahme bzw. Flächenzuwachs (km² pro Jahr)	
	−30 −20 −10 0 +10 +20 +30	
Siedlungsflächen		+27
Wald		+15
Gehölz	−1	
Landwirtschaftsflächen*	−25	
Alpwirtschaftsflächen	−15	
Unproduktive Flächen	−1	

* ohne Alpwirtschaft

Abb. 196: Der Bodennutzungswandel in der Schweiz zwischen 1979/85 und 1992/97. Siedlungen und der Wald nagen am Kulturland. Die neuen Siedlungsflächen vernichten fruchtbarste Böden. Quelle: Bundesamt für Statistik.

Abb. 197: Siedlungen und Gewerbegebiete beanspruchen heute die fruchtbarsten Böden der Schweiz.

Bodenerosion ist auch im Grünland an vielen Stellen in den Alpen ein Problem. Mitverursacht wird die Erosion durch die heutigen schweren Rinder und Kühe. So bringt eine Milchkuh heute rund 600 Kilogramm auf die Waage. Um 1805 betrug das Lebendgewicht einer Glarner Kuh lediglich 200 bis 250 Kilogramm, einer Kuh im St.Galler Oberland 150 bis 200 Kilogramm und einer Appenzeller Kuh 175 bis 200 Kilogramm. Eine Kuh in Uri vom leichten Schlag wog 100 bis 150 Kilogramm, eine des mittelschweren Schlages 175 bis 225 Kilogramm. Nur die schweren Schlachtkühe im Kanton Genf brachten um 1845 bereits 551 Kilogramm auf die Waage (Brugger 1956).

Ein grosses Problem im Bereich Bodenschutz ist der ungebrochene Trend, Landwirtschaftsböden in Bauland umzuwandeln. Davon betroffen sind vor allem die landwirtschaftlich fruchtbarsten und wertvollsten Böden in den Tallagen (Kap. 10) – obschon seit 1980 das Raumplanungsgesetz die haushälterische Nutzung des Bodens verlangt. Dazu gehören die langfristige Erhaltung der Fruchtbarkeit des Bodens und die Verringerung der Bodenverluste. □

Essay

Von Andreas Bosshard, Ö+L Büro für Ökologie und Landschaft, Oberwil-Lieli

Gesucht: eine Agrarreform mit Zukunft

Das vorliegende Buch ist «starker Tuback» für die Landwirtschaft und die Agrarpolitik. Es stellt ihnen mit erdrückendem Datenmaterial ein deprimierendes Zeugnis aus hinsichtlich ihrer Umweltleistungen – und dies trotz einer vor erst gut einem Jahrzehnt grundlegend reformierten «neuen Agrarpolitik», einer Agrarpolitik, die sich die Lösung der gravierenden Umweltprobleme der Nachkriegslandwirtschaft auf die Fahnen geschrieben hat.

Die Kritik kommt zu einem schwierigen Zeitpunkt: Die Landwirtschaft befindet sich mitten in einer tiefgreifenden Krise. Während im Agrarbereich die Märkte geöffnet werden, sehen sich die Bauern mit grossen und für viele existenziellen Einkommensverlusten konfrontiert. Hinzu kommt, dass der Ruf nach einem Abbau der Agrarstützungen in der Schweiz von liberaler Wirtschaftsseite unüberhörbar stärker wird. Und bereits steht die nächste Agrarreform mit vielen Unbekannten vor der Tür, angestossen von einer parlamentarischen Initiative aus Unzufriedenheit über den Leistungsausweis der Agrarpolitik.

Das Buch könnte deshalb zusätzliche Ängste auslösen und Widerstände provozieren. Beides aber sind keine brauchbaren Ratgeber in der Krise. Das Letzte, was die Landwirtschaft als Reaktion auf die in den vorangehenden Kapiteln geschilderten Tatsachen brauchen kann, sind Politiker, Bundesbeamten, Agrarjournalisten oder Bauernlobbyisten, die aufzuzeigen versuchen, dass in diesem Buch lediglich Schwarzmalerei betrieben worden sei und eigentlich alles gar nicht so schlimm ist. Oder Produktionsfetischisten, die Gegenängste zu wecken versuchen mit dem Argument, dass eine «extensive» Landwirtschaft nicht genügend Nahrungsmittel für die Ernährung der Menschheit produzieren könne. Oder Zauderer, die fürs Abwarten plädieren mit der immer wieder vorgebrachten Ausrede, dass die Schweiz zuerst die Frage klären müsse, welche Landwirtschaft sie denn eigentlich wolle, bevor erneut eine Reform der Agrarpolitik in Angriff genommen wird.

Wie kein anderes Land HAT die Schweiz eine agrarpolitische Vision. Diese ist zudem so klar formuliert wie in kaum einem anderen Politikbereich und kann sich erst noch auf breiteste Unterstützung in der Bevölkerung berufen. Wer dies negiert, betreibt Augenwischerei und blockiert die Lösungssuche in einer für die Landwirtschaft zweifellos wichtigen Phase.

Die Ereignisse und politischen Entscheide (oder Nichtentscheide) der nächsten Jahre werden ein Urteil über die Form und die Existenz oder Nichtexistenz von Tausenden von Bauernbetrieben fällen. Soll die Landwirtschaft in der Schweiz weiterhin bäuerlich und flächendeckend betrieben werden und uns mit den wichtigsten, qualitativ hochwertigen Nahrungsmitteln versorgen können, ist sie mehr denn je auf eine verlässliche, wohlwollende Unterstützung von Staat, Steuerzahler und Konsument angewiesen. Schönreden oder Abwarten wird nicht ausreichen, um das Wohlwollen sicherzustellen und die wachsende Unzufriedenheit zu besänftigen. Der Steuerzahler wird wissen wollen, ob sein Geld sinnvoll und zielgerichtet für den Volks- und Verfassungsauftrag investiert wird. Die Agrarpolitik wird nicht darum herumkommen, sich der in diesem Buch enthaltenen Kritik zu stellen. Sie wird bereits bei der in wenigen Jahren bevorstehenden Reform Lösungen darlegen müssen, die glaubhaft eine Umkehr der bisherigen Entwicklung aufzeigen.

> «Wie kein anderes Land HAT die Schweiz eine agrarpolitische Vision.»

In meinem Beitrag möchte ich aufzeigen, warum die Agrarpolitik und die Landwirtschaft ihre Vision im Bereich Umwelt, Natur und Landschaft bisher verfehlt hat, wo in ihrer nur noch schwer durchschaubaren, komplexen Mechanik die grössten Probleme zu orten sind, und vor allem: in welche Richtung und mit welchen Mitteln nach Lösungen gesucht werden muss.

Ein Verfassungsartikel als Vision

Die agrarpolitische Vision der Schweiz ist eine multifunktionale bäuerliche Landwirtschaft – eine Landwirtschaft, die nicht nur marktorientiert Nahrungsmittel hoher Qualität produziert, sondern wichtige weitere Leistungen für die Gesellschaft erbringt und dafür fair entschädigt wird. Diese Vision entstand in intensiven öffentlichen Diskussionen Ende der 1980er- und anfangs der 1990er-Jahre und kam in mehreren Abstimmungen als öffentliche Meinung zum Ausdruck. Sie wurde 1996 in der Verfassung verankert und führte schliesslich zu einer Reform der Agrarpolitik.

Im Vordergrund der Reform standen zwei Ziele: eine Umlagerung der welthandelspolitisch nicht mehr tragbaren Preisstützungen in Direktzahlungen, mit welchen nicht marktfähige öffentliche Leistungen der Landwirtschaft entschädigt werden (Konzept der Multifunktionalität), und zugleich die Einführung wirksamerer Instrumente, mit denen die verheerende Umweltbilanz der Nachkriegslandwirtschaft gestoppt und umgekehrt werden sollte. Um die weitreichende politische und inhaltliche Bedeutung der Vision einer mutlifunktionalen Landwirtschaft verstehen zu können, sind ein paar historische und gesellschaftliche Reflexionen hilfreich.

Die Landwirtschaft ist heute im «liberalen», «emanzipierten», «weltoffenen» Bewusstsein der Schweiz vor allem ein Wirtschaftssektor – und zwar ein ineffizienter, unrentabler. Er kostet den Steuerzahler viel und «bringt» wenig. Noch knapp drei Prozent der Bevölkerung sind in der Landwirtschaft tätig, und ihr Beitrag zum nationalen Bruttosozialprodukt beträgt gerade einmal ein halbes Prozent. Zudem sind die Bauern in ihrer Wirtschaftsleistung zu über zwei Drittel vom Staat (Direktzahlungen und Grenzschutz) abhängig. Diese Sichtweise basiert auf Zahlen, und sie ist in der heutigen ökonomisierten Welt so selbstverständlich, dass es in einigen Kreisen fast provokativ ist, sie infrage zu stellen.

Nach wie vor gibt es aber ein anderes Bewusstsein von der Landwirtschaft, das in der Schweiz bis heute stark verankert ist und das den «liberalen» Geist immer wieder zum Kochen bringt: das Empfinden und die Erfahrung, dass die Landwirtschaft nicht nur nach wirtschaftlichen Effizienzkriterien und Rendite zu beurteilen ist. Ein grosser Teil der Bevölkerung hat, wie Umfragen zeigen, nach wie vor persönlichen Kontakt zur Landwirtschaft, sei es über familiäre oder freundschaftliche Bande, sei es über Freizeiterlebnisse in der Kulturlandschaft. Dabei wird die Landwirtschaft vorwiegend positiv wahrgenommen. Mehr als in vielen anderen Ländern ist für die Mehrheit der Schweizer Bevölkerung klar: Wir brauchen und wir wollen eine zukunftsfähige, starke und nachhaltige bäuerliche Landwirtschaft in der Schweiz, auch wenn das den Staat erheblich Geld kostet. Abseits des Renditezwangs gehört die Landwirtschaft zum Selbstverständnis unseres Landes, sie ist Inspirationsquelle, liefert uns Bilder und Mythen, die – auch wenn es einige da-

> «Die Agrarpolitik wird nicht darum herumkommen, sich der in diesem Buch enthaltenen Kritik zu stellen.»

bei schaudern mag – zu unserem Gefühl, hier zu Hause zu sein, und zu unserer Identifikation beitragen. Die bäuerliche Landwirtschaft erhält durch ihre Nutzung und Pflege nach wie vor vielerorts reiche Naturschätze und wunderbare Kulturlandschaften, die weltweit Touristen anziehen und die Basis für den bedeutsamen Wirtschaftszweig Tourismus darstellen. Und nicht zuletzt produziert sie Nahrungsmittel, von denen wir wissen, woher sie kommen und wie sie hergestellt wurden.

In kaum einem anderen Land ist dieses Bewusstsein über die vielfältige und tragende Rolle der Landwirtschaft, die mit «Multifunktionalität» bezeichnet wird, so gross wie in der Schweiz. Es ist massgeblich der Schweiz zu verdanken, dass die landwirtschaftliche Multifunktionalität zu einem Begriff geworden ist, der einen grossen Einfluss auf die internationale Agrarpolitik – vor allem der europäischen Länder – ausgeübt hat. Das Konzept der Multifunktionalität ermöglichte letztlich, dass eine finanzielle Unterstützung der Landwirtschaft in Einklang mit den WTO-Welthandelsregeln möglich blieb, nämlich mit nicht marktverzerrenden Zahlungen für multifunktionale Umweltleistungen (sogenannte «green box»). Multifunktionalität wird dabei verstanden als marktorientierte Landwirtschaft, die zugleich öffentliche, nicht marktfähige und deshalb von der Öffentlichkeit zu entschädigende Leistungen erbringt. Weil es für diese Art von Leistungen und Kosten keinen Markt gibt, muss der Staat in die Lücke springen und im Sinne der gesellschaftlichen Ziele ausserhalb des Marktgeschehens Steuerungsfunktionen übernehmen.

Damit leitete die Schweiz in den 1990er-Jahren eine Abkehr ein von der entwicklungspolitisch, ökonomisch und ökologisch fatalen Preisstützungspolitik hin zur Entschädigung von positiven Externalitäten der Landwirtschaft (z. B. Umwelt-, Kultur- und Naturschutzleistungen). Seit den Agrarabstimmungen von 1995 und 1996 ist klar geworden, dass die Bevölkerung und das Parlament wissen wollen, welche Leistungen den Milliarden gegenüberstehen, die jährlich in die Landwirtschaft fliessen.

Kein anderes Land hat den Weg einer multifunktional ausgerichteten Agrarpolitik so stark gefördert und propagiert wie die Schweiz. Seit 1996 ist die Multifunktionalität sogar in der Bundesverfassung verankert. Das Konzept und die Vision der Multifunktionalität ist eine starke, zukunftsweisende Antwort auf das Spannungsfeld, das sich zwischen der auf Rendite und Wohlstandsvermehrung ausgerichteten Marktdominanz und dem Bedürfnis nach Nachhaltigkeit, Heimat und Kultur aufbaut und in welchem sich die Landwirtschaft heute befindet. Es verwandelt die beiden Pole von einem unversöhnlichen Gegensatz in ein Potenzialfeld, in welchem neue Lösungen möglich werden, die für beide Seiten eine Bereicherung darstellen und welche der Schweiz weit über die Landwirtschaft hinaus Impulse verleihen können.

Mit dem Konzept und der Vision einer multifunktionalen Landwirtschaft allein ist es allerdings nicht getan. Vielmehr erfordert ihre Umsetzung ein aktives, permanentes Engagement: vom Staat in finanzieller Hinsicht, und von allen Beteiligten die Bereitschaft, immer wieder gemeinsam nach tragfähigen Lösungen zu suchen.

«In kaum einem anderen Land ist das Bewusstsein über die vielfältige und tragende Rolle der Landwirtschaft, die mit ‹Multifunktionalität› bezeichnet wird, so gross wie in der Schweiz.»

Pauschalzahlungen statt Multifunktionalität

Zumindest im Bereich Natur, Landschaft und Umwelt ist die Vision der Multifunktionalität bis heute noch nicht realisiert. Die Landwirtschaft oder – je nach Perspektive – der Staat hat in grossem Stil und mit gigantischem Einsatz öffentlicher Gelder weiterhin zum Verschwinden von Arten und zum Niedergang der Landschafts- und Umweltqualität beigetragen. Wo Multifunktionalität draufsteht, ist bisher keine drin.

Dank unabhängigen Analysen der letzten Jahre wissen wir heute auch, wo die wichtigste Ursache für den Misserfolg zu suchen ist. 80 Prozent der Agrarzahlungen an die Landwirtschaft sind nicht an konkrete Gegenleistungen gebunden, sondern «Pauschalzahlungen». Obschon als Direktzahlungen betitelt, besteht der grösste Teil der Agrarzahlungen nach wie vor hauptsächlich aus Subventionen. Die unbeliebten, international nicht mehr haltbaren Preisstützungen der alten Agrarpolitik wurden also nicht in Direktzahlungen im Sinne einer Honorierung öffentlicher, nicht marktfähiger Leistungen umgelagert, sondern lediglich in eine neue Form von Renten. Statt an das Kilogramm produzierte Fleisch sind die Zahlungen heute an die Anzahl Tiere geknüpft, statt an das Kilogramm produzierter Weizen zu zahlen, werden weitgehend undifferenziert Flächenbeiträge ausgerichtet. Alter Wein in neuen Schläuchen. Die einzige Bedingung für die Zahlungen ist im Wesentlichen, dass die Gesetze eingehalten werden wie in jedem anderen Gewerbe auch – und teilweise, wie dieses Buch aufzeigt, nicht einmal das.

Damit aber nicht genug: Die Pauschalzahlungen setzen (insbesondere mit den hohen tiergebundenen Beiträgen) starke Anreize, intensiver zu produzieren als es volkswirtschaftlich und von den natürlichen Bedingungen her sinnvoll wäre – womit diese Gelder nicht nur ineffizient, sondern gegen die Ziele der Verfassung wirken. Die allgemeinen Direktzahlungen verhindern so – zumindest im Umweltbereich – letztlich sogar das, wofür sie per Gesetz konzipiert sind: Die Erbringung multifunktionaler Leistungen. Sie machen die Anreize der (geringen) sogenannten «ökologischen Direktzahlungen», welche für konkrete, definierte Leistungen im Bereich Artenvielfalt, Landschaftspflege, bodenschonende Nutzungsverfahren usw. ausgerichtet werden, für den Landwirtschaftsbetrieb schlicht uninteressant oder degradieren sie zur Nebensache.

Ein wesentlicher Teil der Agrargelder wird also eingesetzt, um genau das Gegenteil von dem, was erreicht werden sollte, zu verwirklichen. Dass dies nicht nur im Natur- und Landschaftsschutz, sondern auch im Umweltbereich und teilweise im Sozialen oder hinsichtlich dem Verfassungsziel der dezentralen Besiedlung so ist, geht aus vielen anderen Quellen hervor (z. B. Biedermann und Bühlmann 2007, Rieder et al. 2004). Gleichzeitig raubten die Pauschalzahlungen der Landwirtschaft viel Innovationskraft und trieben sie in eine für viele Bauern persönlich, aber auch für die Landwirtschaft als Branche belastende Abhängigkeit. Wie die Pauschalzahlungen im Detail wirken und warum die gezielten Anreize zumindest im Bereich Natur und Umwelt kaum eine Wirkung entfalten, ist mittlerweile in verschiedenen Untersuchungen aufgearbeitet worden (z. B. Stöcklin et al. 2007).

«Wo Multifunktionalität draufsteht, ist bisher keine drin.»

«Die Pauschalzahlungen sind nicht nur ineffizient, sondern wirken gegen die Ziele der Verfassung.»

Produktion oder Ökologie?

Die unerfreulichen Resultate haben einige Landwirtschaftskreise, allen voran den Schweizer Bauernverband, zu einer Flucht nach vorn bewegt. Sie stellen die Multifunktionalität im umfassenden Sinne zunehmend infrage. Man könne nicht gleichzeitig eine produktive Landwirtschaft und hohe Umweltleistungen haben. Die «Nahrungsmittelkrise» kam ihnen bei dieser Argumentation unerwartet entgegen. Denn «nur mit einer produzierenden (womit gemeint ist: intensiven) Landwirtschaft kann die Schweizer Bevölkerung und die Menschheit ernährt werden». Die Realität sieht allerdings ganz anders aus. Erstaunlicherweise hat von der Intensivierungspolitik der vergangenen Jahrzehnte die bodenbürtige Nettoproduktivität unserer Landwirtschaft kaum profitiert, im Gegenteil. Die Auslandabhängigkeit der Landwirtschaft hat laufend zugenommen – unsere Ernährungssicherheit sinkt kontinuierlich. Heute lassen wir auf einer Fläche von 200 000 Hektaren – dies entspricht fast der Ackerfläche der Schweiz – Futtermittel im Ausland produzieren und in der Schweiz verfüttern. Was als Schweizer Fleisch, Milch oder Eier bei uns auf den Tisch kommt, wächst zunehmend in Südamerika und auf anderen Kontinenten – und ist dank politischen Massnahmen wie Direktzahlungen und Grenzschutz für die hiesige Landwirtschaft teilweise hochprofitabel. Die 250 000 Tonnen jährlich importierter Sojaschrot beispielsweise sind für die Abholzung von Regenwäldern und gravierende Erosionsprobleme in den Herkunftsländern mitverantwortlich, in einzelnen Fällen sogar für Mangelernährung der lokalen Bevölkerung. Was dort durch den Export dem Nährstoffkreislauf entzogen wird, fällt bei uns an Phosphor- und Stickstoffüberschüssen an, überdüngt unsere Gewässer und ist wiederum die Hauptursache für millionenteure Sanierungsprojekte wie die Belüftung von Seen, um sie vor dem Kollaps zu bewahren, oder für die Schaffung der sogenannten «Ressourcenprogramme», mit denen ebenfalls jährlich hohe Summen an Unterstützungsbeiträgen an die Landwirtschaft bezahlt werden, um die Schäden aus den Nährstoffüberschüssen der überhöhten Tierbestände etwas zu verringern.

Man kann sicher keinem einzigen Bauern einen Vorwurf daraus machen, wenn er seinen Betrieb wirtschaftlich auf diese absurden Rahmenbedingungen ausrichtet. Die Verantwortung dafür trägt die Politik. Und wir alle begleichen die Rechnung. Während dem Schweizer Steuerzahler daraus volkswirtschaftliche Kosten in Milliardenhöhe entstehen, ist davon auszugehen, dass die zukünftigen Generationen einen noch weitaus höheren Preis dafür bezahlen müssen, wenn wir an die vor allem im Ausland zerstörten, unfruchtbaren Landschaften und die Auswirkungen dieser Politik auf den Klimawandel denken.

Wenig mit einer produktiven, bodenbürtigen Landwirtschaft hat auch ihre Energiebilanz zu tun. In jeder bei uns produzierten Nahrungsmittelkalorie stecken rund 2,5 Energiekalorien – nicht Sonnen- oder Wasserenergie aus der Schweiz, sondern grösstenteils fossile, nicht erneuerbare, importierte Energie. Gemäss offiziellen Statistiken liegt der Selbsternährungsgrad der Schweiz seit Jahrzehnten bei rund 60 Prozent (BLW 2000). In Tat und Wahrheit dürfte er heute unter 25 Prozent gefallen sein, werden diese erwähnten Inputs an Futtermitteln und Energie aus dem Ausland mitberücksichtigt.

Die geschilderten Zusammenhänge machen deutlich, wie unredlich es ist, mit einem ungenügenden Selbsternährungsgrad für eine intensive «produzierende»

«Man kann keinem Bauern einen Vorwurf daraus machen, wenn er seinen Betrieb wirtschaftlich auf diese absurden Rahmenbedingungen ausrichtet. Die Verantwortung dafür trägt die Politik. Und wir alle begleichen die Rechnung.»

Landwirtschaft zu werben. Würde sich die Politik tatsächlich auf den Verfassungsauftrag ausrichten und den Selbstversorgungsgrad steigern wollen, müsste sie im Futterbaugebiet – das sind 84 Prozent der landwirtschaftlich genutzten Fläche der Schweiz – auf eine Low-Input-Landwirtschaft setzen, die auf geschlossenen Nährstoffkreisläufen und auf einer raufutterbasierten Tierfütterung fusst. Die heute fast ausschliesslich gehaltenen Hochleistungskühe, die in aller Regel nur mit mehr oder weniger hohen, teilweise importierten Kraftfuttergaben auskommen, wären in einer solchen Landwirtschaft ebenso eine Ausnahme wie die jährlich fünfmal oder mehr geschnittenen Intensivstwiesen des Mittellands und der voralpinen Hügelzone.

Ein zusätzliches Potenzial für die Eigenversorgung liegt auch in den laufend aus der Nutzung entlassenen Flächen im Berggebiet – jeden Tag verschwinden dadurch produktive Flächen im Umfang mehrerer Fussballfelder (Bosshard und Sanders 2009). Vor allem aber der Ackerbau müsste fundamental umgestaltet werden, indem er konsequent auf den Anbau von Kulturen ausgerichtet würde, die direkt der menschlichen Ernährung dienen. Heute wird fast die Hälfte der Ackerfläche in der Schweiz für die Tierernährung genutzt. Futtermais, dank Direktzahlungen eine der lukrativsten wie umweltschädlichsten Kulturen, die durch die jüngsten agrarpolitischen Entscheide noch zusätzlich gefördert wurde (Bosshard 2008) und welcher derzeit auf fast einem Viertel der Ackerfläche angebaut wird, hätte in einer bodenbürtigen und auf die Ernährungssicherheit ausgerichteten Landwirtschaft nur noch eine ganz untergeordnete Rolle. Kalorienbezogen würde die landwirtschaftliche Nutzfläche mit diesen Anpassungen bei Weitem ausreichen, um die inländische Bevölkerung zu 100 Prozent ausreichend zu versorgen.

Dass wir dabei unsere Ernährungsgewohnheiten nicht nur der Gesundheit zuliebe leicht anpassen und etwas weniger Fleisch essen müssten – und etwas häufiger auch mal etwas anderes als nur das Zarteste vom Besten –, darf dabei nicht unterschlagen werden. Da wir, unter der Annahme gleichbleibender Ackerfläche, auf 90 Prozent der landwirtschaftlich genutzten Fläche (unter Ausschluss des Anbaus von Energiepflanzen) aber nur Fleisch und Milch produzieren können, müssten wir unseren Eiweissbedarf längst nicht nur vegetarisch decken. Derzeit wird in der Schweiz im Durchschnitt über 60 Kilogramm Fleisch pro Kopf und Jahr konsumiert, insgesamt 400 000 Tonnen. Knapp ein Drittel dieser Menge wird heute auf unseren Wiesen und Weiden produziert und könnte weiterhin nachhaltig auf unserem eigenen Boden und hauptsächlich mit Sonnenenergie erzeugt werden. Damit liesse sich nicht nur im Krisenfall gut und gesund leben.

Eine auf die Selbstversorgung unseres Landes ausgerichtete, tatsächlich produzierende Landwirtschaft stünde also überhaupt nicht im Widerspruch zu den ökologischen Zielsetzungen der Verfassung, sondern wäre insgesamt deutlich extensiver als heute, hätte eine massiv bessere Energiebilanz, würde weniger Umweltschäden verursachen, eine hohe Landschaftsqualität garantieren, einer grösseren Artenvielfalt Lebensraum bieten und aus dem eigenen Boden mehr Menschen ernähren als die jetzige Landwirtschaft.

«Eine auf die Selbstversorgung unseres Landes ausgerichtete, tatsächlich produzierende Landwirtschaft stünde überhaupt nicht im Widerspruch zu den ökologischen Zielsetzungen der Verfassung.»

Vielschichtige Ursachen

Wie konnte es so weit kommen, dass trotz eines breit abgestützten Bekenntnisses für eine nachhaltige, multifunktionale Landwirtschaft und einer Landwirtschaftspolitik, die sich diese Ziele als prioritär auf die Fahnen geschrieben hat, letztlich ein Etikettenschwindel resultierte? Dass trotz dem Einsatz von Geldmitteln, die um ein Vielfaches höher sind als in allen umliegenden Ländern, unsere Landwirtschaft in Bezug auf den Schutz von Umwelt, Landschaft und Artenvielfalt kaum nachhaltiger, vermutlich sogar schlechter dasteht als in vielen Nachbarstaaten (vgl. Gassner 2006)? Dass davon nicht einmal eine produzierende Landwirtschaft und die Ernährungssicherheit der Schweiz profitieren konnten? Die Ursachen sind vielschichtig und gehen auf verschiedene Besonderheiten unserer Agrarpolitik zurück:

- Die neue Agrarpolitik der Schweiz beruht auf einem neuen System. Der Effekt der Direktzahlungen, des «Kernprogramms» der neuen Agrarpolitik, war nicht sofort zu erkennen, sondern es brauchte teilweise aufwendige Untersuchungen über Jahre, um ihren Erfolg oder Misserfolg aufzeigen zu können.
- Eine Lenkung der Landwirtschaft im Sinne der Multifunktionalität mittels Anreizen war ein neuer Ansatz, der einerseits in den Details sehr komplex und anspruchsvoll ist (Vielfalt an Landwirtschaftsbetrieben und Produktionsvoraussetzungen in der Schweiz), andererseits praktisch nicht auf bestehende Erfahrungen zurückgreifen konnte, weder im In- noch Ausland. Zweifellos wurden insbesondere die Auswirkungen des hohen Pauschalzahlungsanteils von den Ökonomen falsch eingeschätzt. Sie bewirkten nämlich, dass das Verhalten der Bauern oftmals ganz anderen als ökonomischen, in Modellen berechneten Gesetzen folgte, weil die tatsächlich leistungsorientierten Anreize anteilsmässig zu gering (10–15 Prozent) und damit kaum mehr einkommensrelevant waren. So war es mit den gängigen Modellen unmöglich vorauszusagen, dass die meisten Bauern lieber in die Produktion oder in Maschinen investierten als bei den Ökoprogrammen professionelle Leistungen zu erbringen, obwohl Letzteres ökonomisch gerade in den Gunstlagen besser rentiert hätte.
- Eine extreme, nur noch von einer Handvoll Experten verstandene Komplexität und Intransparenz des agrarpolitischen Systems machte es lange gegen Angriffe und Kritik immun – zumindest solange keine Zahlen über die konkreten Auswirkungen vorliegen. Ein Beispiel: Der im September 2007 veröffentlichte Vernehmlassungsentwurf des Bundesrats zur AP (Agrarpolitik) 2011, also das Vierjahresprogramm der Schweizer Landwirtschaftspolitik, nahm über 350 Seiten in Anspruch, die eingegangenen Stellungnahmen dazu füllten acht Bundesordner, die daraus hervorgegangene Botschaft zur AP 2011 umfasste wiederum fast 300 Seiten, und die ihnen zugrunde liegenden Statistiken, Analysen, Evaluationen und Szenarienrechnungen brachten es auf weitere mehrere Tausend Seiten. Es gibt heute kaum mehr einen Politiker, der überblicken könnte, was mit den Landwirtschaftsgeldern des Staates genau passiert und warum sie was bewirken. Nur wenige Politikbereiche in der Schweiz weisen auch nur annähernd die Komplexität und die damit verknüpfte Intransparenz der Agrarpolitik auf.

- Das politische Kompetenzvakuum konnten einige landwirtschaftsnahe Organisationen erfolgreich ausnutzen, um bei politischen Entscheiden das System mit Lobbying und Öffentlichkeitsarbeit immer wieder nach ihren Interessen zu beeinflussen. Die Bauern standen in der Regel hinter diesen Bemühungen, denn sie hatten wenig Interesse an leistungsorientierten Zahlungen, sondern waren sich von der alten Agrarpolitik an die Pauschalzahlungen gewöhnt.
- Auch die Forschung konnte das Kompetenzvakuum nicht ausfüllen, denn es gibt in der Schweiz praktisch keine unabhängige, kritische und kompetitive Forschung und Entwicklung im Bereich Landwirtschaft. Praktisch alle Forschungsgelder gehen fix an die eidgenössischen Forschungsanstalten und ein paar wenige weitere Institutionen, die im Auftrag des Bundesamts für Landwirtschaft forschen. Die fehlende Unabhängigkeit hat immer wieder verhindert, dass die wesentlichen Fragen gestellt und die vordringlichen Probleme unvoreingenommen und kritisch analysiert oder vorausschauend unabhängige Lösungsvorschläge entwickelt wurden.
- Die fehlende unabhängige Forschungskapazität führt auch dazu, dass bei praktisch allen Entscheiden über wichtigere Weichenstellungen in der Agrarpolitik valable systemrelevante Alternativen gegenüber den Vorschlägen des Bundesamts für Landwirtschaft BLW fehlen. Damit stabilisierte sich das System quasi selbst: Die politischen und öffentlichen Diskussionen drehen sich jeweils sehr rasch und fast ausschliesslich um unwesentliche Nebenschauplätze, indem alle Interessensorganisationen versuchen, die für sie wesentlichen Schräubchen zu thematisieren und diese möglichst noch etwas zu ihren Gunsten zu drehen. Statt den Blick aufs Gesamtsystem zu richten, verpufft so ein Grossteil der konstruktiven Energie in Details, und da die Meinungen der Interessensvertreter dazu jeweils diametral auseinanderlaufen, sieht sich das BLW in seinen bisher fast ausschliesslich auf Interessenausgleich ausgerichteten Vorschlägen meist bestätigt, sodass sich die unzähligen Stellungnahmen, die jährlich Tausende von Arbeitstagen schlucken dürften, ohne von der Öffentlichkeit wahrgenommen, geschweige denn verstanden zu werden, meist weitgehend neutralisieren. Ein Beispiel sind die Ökoflächenbeiträge. Seit vielen Jahren setzt der Naturschutz einen wesentlichen Teil seiner Energie dafür ein, dass diese Beitragskomponente erhöht oder zumindest nicht gekürzt wird. Dies ist sicher richtig und wichtig. Aber das weitaus gravierendere Problem mit den Pauschalzahlungen, welche die Anreize der Ökobeiträge aushebeln und gleichzeitig viel stärkere Intensivierungsanreize setzen, als sie die Ökobeiträge ausgleichen könnten, ging im Wust der Details unter und war mangels verfügbarer Systemalternativen bis vor Kurzem überhaupt nicht Gegenstand der Diskussion.
- Die Ausbildung und Motivation der Landwirte hatte mit den neuen Zielen der Agrarpolitik und der Gesellschaft nicht Schritt gehalten, im Gegenteil. Agrarzahlungen, Schulen und Berater bestärkten die Bauern in ihrer Ausrichtung auf eine Hochleistungsintensivproduktion. Fragen der Artenvielfalt und der Kulturlandschaftsentwicklung sind bis heute bestenfalls Freifächer. Von einer professionellen Ausbildung im Bereich multifunktionaler Landwirtschaft kann nicht in Ansätzen die Rede sein. Ohne ein entsprechendes Wis-

«Die Ausbildung und Motivation der Landwirte hatte mit den neuen Zielen der Agrarpolitik und der Gesellschaft nicht Schritt gehalten, im Gegenteil: Agrarzahlungen, Schulen und Berater bestärkten die Bauern in ihrer Ausrichtung auf eine Hochleistungsintensivproduktion.»

sen der Bauern, das mit einer fehlenden Motivation oft Hand in Hand geht, konnten auch viele gute Instrumente wie die Öko-Qualitätsverordnung gar nicht umgesetzt werden und Anreizsysteme gar nicht zur Wirkung kommen. Eine multifunktionale Landwirtschaft ist nur dann erfolgreich, wenn sie auf Professionalität und Motivation der Bauern zählen kann.
• Von den vielen Milliarden Franken, welche die öffentliche Hand jährlich für den Agrarsektor ausgibt, profitieren bei Weitem nicht nur die Bauern. Direkt oder indirekt fliesst schätzungsweise ein Fünftel an die vor- und nachgelagerten Branchen (z.B. börsenkotierte Unternehmen der Nahrungsmittelindustrie). Dieses weit verzweigte Netzwerk konnte und kann alles andere als ein Interesse daran haben, das bestehende System über kleine Details hinaus infrage zu stellen. Wie stark beispielsweise die Nahrungsmittelindustrie die Verhandlungen im Parlament «zugunsten der Landwirtschaft» und vor allem zu ihren eigenen Gunsten beeinflussen kann, zeigte sich eindrücklich in den parlamentarischen Debatten um die Agrarpolitik AP 2011.

Unter diesen Voraussetzungen erstaunt es nicht, dass die Bundesverwaltung und die Politik im letzten Vierjahresprogramm AP 2011 auf keine der bereits damals formulierten Kritikpunkte an der bisherigen Politik eine Antwort gaben. Mehr noch, das Parlament hatte in einer von Einzelinteressen und einer fast schon dreist anmutenden Lobbyarbeit geprägten Debatte die wenigen vom Bundesrat vorgeschlagenen Verbesserungen im Winter 2007/08 teilweise wieder rückgängig gemacht und den Zahlungsrahmen – ohne die Forderungen nach klaren Zielen der Zahlungen, nach Effizienz und nach Gegenleistungen auch nur zu diskutieren – sogar erhöht.
Der öffentliche Goodwill für die Landwirtschaft und das verbreitete Unwissen über das Innenleben der Agrarzahlungen wurde auf diese Weise immer wieder politisch ausgenutzt, um Zahlungen zu rechtfertigen und Gelder zu mobilisieren, welche die Landwirtschaft in die gegenteilige Richtung unterstützten als von der Verfassung vorgegeben.

«Der öffentliche Goodwill für die Landwirtschaft und das verbreitete Unwissen über das Innenleben der Agrarzahlungen wurde immer wieder politisch ausgenutzt, um Zahlungen zu rechtfertigen und Gelder zu mobilisieren, welche die Landwirtschaft in die gegenteilige Richtung unterstützten als von der Verfassung vorgegeben.»

Perspektiven einer verfassungsmässigen Agrarpolitik
Eine tatsächlich multifunktionale und damit verfassungsgemässe Landwirtschaftspolitik wird deutlich anders aussehen als die gegenwärtige. Was muss sich ändern? Gemäss den Vorarbeiten des Vereins Vision Landwirtschaft, welcher als derzeit einzige unabhängige Institution in der Schweiz konkrete Alternativen zum bestehenden agrarpolitischen System entwickelt, betreffen die wichtigsten anstehenden Änderungen und Lösungen folgende Eckpunkte:

Direktzahlungen: weg vom Giesskannen- hin zum Leistungsprinzip
Gegenwärtig werden nur wenige Prozent der Direktzahlungen für definierte, konkrete Leistungen ausgerichtet. Das Verhältnis von Pauschal- zu Leistungszahlungen muss umgekehrt und die Ziele vermehrt auf die spezifischen regionalen und lokalen Bedingungen ausgerichtet werden. Direktzahlungen und andere Beiträge an die Landwirtschaft müssen in Zukunft eine faire, nachvollziehbare Entschädigung für gewünschte gemeinwirtschaftliche Leistungen sein. Wie ein solches System

aussehen könnte, wurde für das Berggebiet bereits skizziert (Stöcklin et al. 2007) und wird gegenwärtig von Vision Landwirtschaft für die ganze Schweiz erarbeitet. Bei einer konsequenten Leistungsabgeltung fallen die gegenwärtigen komplizierten Regelmechanismen weg, welche die Zahlungen bei zu grossen oder zu wohlhabenden Betrieben begrenzen. Das Direktzahlungssystem wird durch die Anpassungen einfacher, gerechter und transparenter.

Infrastrukturbeiträge: nur noch gegen umfassenden Nachhaltigkeits-Check
Wie dieses Buch eindrücklich dokumentiert, ging von den bisherigen Infrastrukturbeiträgen (Ausgabenposten «Grundlagenverbesserung») eine oft besonders verheerende Wirkung auf Natur und Landschaft aus – obwohl dieser Budgetposten mit einem Anteil von fünf bis zehn Prozent der gesamten Agrarausgaben einen relativ bescheidenen Umfang hat. Moderne Meliorationen können zwar nicht mehr mit den unsinnigen Ausräumungs- und Verstrassungsprojekten der früheren Meliorationen verglichen werden. Untersuchungen zeigen jedoch, dass Meliorationen auch heute noch in vielen Fällen weder volkswirtschaftlich sinnvoll noch ökologisch vertretbar sind (Rodewald und Neff 2001). Hinzu kommt, dass sie oft in undemokratischer Weise über die Köpfe und Widerstände der betroffenen Landwirte hinweg realisiert werden. Natürlich muss sich die Infrastruktur der Landwirtschaft weiterentwickeln. Folgende an sich selbstverständliche, bisher fast nie konsequent beachtete Grundsätze müssen bei dieser Unterstützung aber strikte eingehalten werden:

- Wenn Land besser erschlossen ist, sinkt der Bewirtschaftungsaufwand. Bei einem leistungsorientierten Direktzahlungssystem sind für die erschlossenen Parzellen oder Alpen die Beiträge tiefer anzusetzen gegenüber nicht erschlossenen. Dadurch wird der Druck, neue und für die Umwelt problematische Erschliessungsprojekte durchzuführen, deutlich reduziert. Das zeigt sich auch in Österreich, wo dieses Prinzip im Sömmerungsgebiet seit Längerem praktiziert wird. Volkswirtschaftlich kommt diese Lösung zudem in vielen Fällen günstiger (Bosshard et al. 2004).
- Bisher galten Strassen- und Wegbauten unhinterfragt als Kern jeder Melioration. Dabei gibt es grundsätzlich verschiedene Alternativen, die nicht nur kostengünstiger, sondern auch mit deutlich weniger Nebenwirkungen auf Natur und Umwelt verbunden sein können. Beispiele sind Seilbahnen statt Strassen oder die Unterstützung einer an das bestehende Wegnetz angepassten Mechanisierung anstatt die Unterstützung eines an die Mechanisierung angepassten Wegnetzes. Solche Alternativen wurden bisher kaum je ausgelotet. In zukünftigen Meliorationen muss es Pflicht sein, verschiedene Lösungsmöglichkeiten mit ihren ökonomischen, landwirtschaftlichen und ökologischen Vor- und Nachteilen fundiert zu beurteilen und einander gegenüberzustellen. Eine solche Systemanpassung macht eine Neudefinition des Subventionstatbestands nötig. Die Subventionen müssen sich an Zielen und nicht an Massnahmen orientieren und können damit genauso gut aus einmaligen wie wiederkehrenden Beiträgen bestehen, je nach dem, welche Form dem Ziel besser dient (Berechnungsbeispiele siehe Bosshard et al. 2004).

- Als Rechtfertigung für Meliorationen und andere Infrastrukturprojekte genügt es in Zukunft nicht mehr, lediglich aufzeigen zu müssen, dass sie einem landwirtschaftlichen Bedürfnis entsprechen. Vielmehr ist auch bei den Infrastrukturbeiträgen die Frage zu beantworten, welche nicht marktfähige Leistung die Landwirtschaft für das von der Öffentlichkeit investierte Geld erbringt. Ein günstiges Kosten-Nutzen-Verhältnis muss in jedem einzelnen Fall nachgewiesen werden können – eine Betrachtungsweise, die heute auch modernen Meliorationen noch völlig fehlt.

Landwirtschaftliche Bildung und Beratung endlich auf den Verfassungsauftrag ausrichten
Die staatlich finanzierte Aus- und Weiterbildung für Landwirte ist gegenwärtig in keiner Weise auf die multifunktionalen Verfassungsziele ausgerichtet. Artenvielfalt, Kulturlandschaft, Landschaftsökologie, Landschaftsqualität, umweltrelevante Stoffflüsse – also diejenigen Fachbereiche, für welche am meisten öffentliche Gelder zur Verfügung gestellt werden – sind höchstens nebensächliche Themen in den landwirtschaftlichen Schulen. Ein durchschnittlicher Landwirt weiss heute kaum mehr über diese Themen als der Durchschnittsschweizer. Es braucht dringend eine fundamentale Umgestaltung der Aus- und Weiterbildung, welche die Landwirte befähigt, professionell multifunktionale Leistungen zu erbringen. Ohne engagierte, gut ausgebildete Bauern ist der Verfassungsauftrag auch bei besten ökonomischen Anreizen eine Illusion.

Forschung und Entwicklung: Mehr Wettbewerb, mehr Innovation
Die Defizite der Landwirtschaftspolitik wurden unter anderem auch deshalb so spät bemerkt, weil die Agrarforschung staatlich gelenkt ist. Aus diesem Grund wurden auch keine vorausschauenden Lösungen entwickelt. Da praktisch alle Forschungsgelder im Agrarbereich fix an die landwirtschaftlichen Forschungsanstalten gehen, existiert keine kritische, unabhängige Forschung. Zudem werden die Fragestellungen im Wesentlichen vom Bundesamt für Landwirtschaft BLW vorgegeben. Wie in jedem anderen Forschungsbereich heute längst üblich muss auch die Landwirtschaftsforschung dringend unabhängig und kompetitiv ausgerichtet werden. Nur so wird die Schweiz den Anschluss an die internationalen Entwicklungen sicherstellen können. Die Forschungsanstalten sollen sich mit anderen Institutionen um die Forschungsgelder bewerben. Welche Fragen bearbeitet werden sollen, soll in Zukunft nicht das BLW allein, sondern ein «multifunktional» abgestütztes, demokratisch legitimiertes Gremium entscheiden.

Politikübergreifende Ansätze
Neben der Agrarpolitik steuern zahlreiche weitere Politikbereiche, Akteure und Gesetze die Landnutzung im Alpenraum. Sie sind nicht oder nur ungenügend koordiniert (vgl. Rodewald und Knoepfel 2000, Baur et al. 2006). Wo Überschneidungen vorhanden und Synergien möglich sind, müssen vermehrt politik- und sektorübergreifende Konzepte realisiert werden, beispielsweise zwischen Agrar- und Waldpolitik, Raumplanung, Natur- und Landschaftsschutz, Schutz vor Naturgefahren und Regionalpolitik.

Auf den Heimmarkt fokussierte Qualitätsstrategie

Bisher war wenig von Markt die Rede. Die Zukunft der Schweizer Landwirtschaft wird – zum Glück – nicht allein von den Geldern der öffentlichen Hand abhängen. Wie ein Blick über die östliche und südliche Grenze der Schweiz zeigt, bestehen noch grosse, bei uns bisher erst ganz rudimentär genutzte Möglichkeiten, die Einkommensbasis über eine geschickte Vermarktung der Produkte zu verbessern: Die Parmegiano-Käsereien zahlen beispielsweise ihren Produzenten in Italien höhere Milchpreise als irgendein Landwirt für seine Käsereimilch in der Schweiz erhält. Ein ähnliches Beispiel ist die lukrative Dehesa-Schinkenproduktion in Spanien, die zugleich eine der schönsten Kulturlandschaften Europas erhält, oder Mostpreise von mehreren Euro pro Liter in einem Hochstamm-Qualitätsmostprojekt in Ostösterreich.

Was bisher vor allem fehlte, war eine klare Strategie des Bundes und der entsprechenden Produzenten- und Vermarktungsorganisationen, die sich um dieses Potenzial geschlossen kümmern. Die Schweizer Landwirtschaft wird nie Strukturen und ein Kostenumfeld aufweisen, welche eine auf dem Weltmarkt konkurrenzfähige Produktion von landwirtschaftlichen Masseprodukten erlaubt. Die Zukunft liegt ohne Zweifel in imagestarken Qualitäts- und auch Nischenprodukten, die zudem hauptsächlich auf den heimischen Markt fokussieren. Denn in der Schweiz geniesst die heimische Landwirtschaft einen Bonus und direkte Kundenkontakte, die sie mit den aufwendigsten PR-Finessen im Ausland nie wird aufbauen können. Zudem kann sie in der Schweiz von der hohen Kaufkraft profitieren. Auch landwirtschaftliche Nebenprodukte wie Agrotourismus bieten zweifellos noch viel unausgeschöpftes Potenzial. Mit einer Qualitätsstrategie kann die Landwirtschaft hohe Umweltstandards – für deren Einhaltung sie Direktzahlungen erhält, die ihr aber allein nicht zum Überleben reichen – quasi noch ein zweites Mal über den Mehrwert ihrer Qualitätsprodukte verkaufen. Allerdings müsste sie dazu selber aktiv(er) werden.

Hoffnungsvolle Entwicklungen in diese Richtungen sind gegenwärtig an vielen Orten zu beobachten. Der Biomarkt wächst und wächst – eine erfolgreiche Qualitätsstrategie par excellence. Die Bauernvereinigung IP-Suisse hat vor einem Jahr zusammen mit Migros das neue Label TerraSuisse lanciert, das den Produzenten höhere Preise ermöglicht durch eine gezielte Optimierung und Vermarktung ihrer Leistungen für die Artenvielfalt. Und immer mehr Bauernbetriebe und bäuerliche Organisationen suchen ihre eigenen Wege für eine zusätzliche Wertschöpfung über innovative Produkte, die einen engen Bezug zur Qualität der Kulturlandschaft haben, in der sie produziert werden: Nussöl von den mächtigen Nussbäumen aus dem Schenkenbergertal, vielfältige Delikatessen aus den Tessiner Kastanienselven, welche die steigende Nachfrage bereits nicht mehr decken können, oder der Anbau alter Getreidesorten in Verbindung mit Leistungen für die Artenvielfalt im Emmer-Einkorn-Projekt. Dies sind erst Tropfen auf den heissen Stein. Aber sie bergen für die Zukunft ein kaum zu überschätzendes Potenzial. Zunehmend sollten solche Bemühungen durch unkomplizierte Formen von Krediten und Anschubfinanzierungen auch staatlich gefördert werden.

«Mit einer Qualitätsstrategie kann die Landwirtschaft hohe Umweltstandards – für deren Einhaltung sie Direktzahlungen erhält, die ihr aber allein nicht zum Überleben reichen – quasi noch ein zweites Mal über den Mehrwert ihrer Qualitätsprodukte verkaufen.»

Kapitel 8 Die Landschaft im Zeitalter der neuen Agrarpolitik

Wohin geht die Reise?
Die bisherigen Ausführungen machen deutlich, dass die Landwirtschaftspolitik bei der bevorstehenden Agrarreform eine grosse Herausforderung zu meistern hat, die sich keineswegs auf eine verfassungskonforme Umgestaltung der Agrarzahlungen beschränken kann, sondern weitere Bereiche der Landwirtschaft und der Agrarpolitik umfassen muss wie die Weiterbildung, die Forschungsmittelvergabe oder die Vermarktung.
Gerade in einer Krise lösen Reformen Ängste aus. Entscheidend für eine breite Akzeptanz wird dabei sein, aufzeigen zu können, wohin die Reise geht, wer wie profitiert und wer verlieren könnte. Dazu sind aufwendige Recherchen und Berechnungen unumgänglich. Ohne dass der Bund die entsprechenden Ressourcen bereitstellt – und zwar nicht nur für die von ihm präferierten Modelle –, wird dies kaum zu bewerkstelligen sein.
Der bisher einzige konkrete und zudem in seinen Auswirkungen näher untersuchte Reformvorschlag geht auf das Nationale Forschungsprogramm «Landschaften und Lebensräume der Alpen» zurück. In ihrem Synthesebuch zum Forschungsprogramm zeigen Stöcklin et al. (2007) für das Berggebiet auf, wie eine verfassungskonforme Agrarpolitik aussehen könnte und welche Auswirkungen für die Landwirtschaft und ihre Leistungen im Umweltbereich zu erwarten wären – dies im Vergleich mit anderen Entwicklungsszenarien wie etwa «weiter wie bisher» oder «gar keine Direktzahlungen mehr». Dabei kommen die Autoren zum Schluss, dass der bis heute fortschreitende Rückgang der Artenvielfalt und der Landschaftsqualität durch die vorgeschlagenen Reformen, insbesondere «*eine konsequent zielorientierte Abgeltung von ökologischen Leistungen der Landwirtschaft, gestoppt werden kann, ohne dass zusätzliche Mittel für die Agrarpolitik aufgewendet werden müssen. Die vorgeschlagenen Änderungen [...] lassen nicht nur eine Verbesserung der Landschaftsqualität und eine Erhöhung der biologischen Vielfalt und damit eine eigentliche Trendumkehr erwarten, sondern auch eine Verbesserung der wirtschaftlichen Situation der Berglandwirtschaft.*» Eine klassische Win-Win-Situation.
Für die Gunstregionen – also das Mittelland und die Ackerbaugebiete – fehlen bis heute solche alternativen Vorschläge und Wirkungsabschätzungen. Da in den Gunstlagen die Direktzahlungen im Verhältnis zu den dafür erbrachten gemeinwirtschaftlichen Leistungen höher sind, ist hier im Gegensatz zum Berggebiet zunächst von einem Einkommensrückgang auszugehen. Um auch in den Gunstlagen Aussagen machen zu können, wohin die Reise bei einer Reform der Agrarpolitik im skizzierten Sinne gehen würde, wird der Verein Vision Landwirtschaft entsprechende Vorschläge erarbeiten und Szenarienberechnungen durchführen – sofern die dazu nötigen Mittel zusammenkommen.

Fazit und Ausblick
Das vorliegende Buch hält der Agrarpolitik auf schonungslose Weise den Spiegel vor. Was darin zu sehen ist, sollte zu ernsthafter Sorge Anlass sein. So wie bisher wird es nicht weitergehen können. Doch wir dürfen uns dadurch nicht provozieren oder entmutigen lassen. Es braucht Bauern und Politikerinnen, Beamte und Planerinnen, Berater und Verbandsstrateginnen, Forscher und Entscheidungsträ-

gerinnen, welche der hier aufgezeigten Realität unerschrocken und ohne Scheuklappen in die Augen schauen und bereit sind, die Konsequenzen zu ziehen, neue Wege zu denken und Alternativen zu entwickeln und zu unterstützen.

Dabei gilt es, auch die anderen Seiten zu sehen, die Stärken und Erfolge. Denn immer bergen solche kritischen Darstellungen die Gefahr der Verallgemeinerung, Einseitigkeit und Ungerechtigkeit. Erinnert sei an die steigende Zahl von Landwirten, die eigene Wege suchen und gefunden haben, um ihr Produkt Kulturlandschaft auch über die von ihnen produzierten Nahrungsmittel zu kommunizieren und so eine bessere Wertschöpfung zu generieren. Vergessen wir nicht, dass es Landwirte gibt, die sich mit einem grossen Engagement in uneigennütziger Weise für die Erhaltung der Kulturlandschaft und der Artenvielfalt einsetzen, obschon sie vom agrarpolitischen System dafür nicht selten sogar wirtschaftlich bestraft werden. Den anderen Bauern kann man nicht ankreiden, dass sie sich ökonomisch verhalten in einem System, das weitgehend falsche Anreize setzt. Und schliesslich muss auch darauf hingewiesen werden, dass es ohne die Agrarreform in den 1990er-Jahren, das heisst ohne Abkehr von der alten Preispolitik, heute noch deutlich schlechter bestellt wäre um die Kulturlandschaft und die Umwelt (vgl. die Szenarien in Stöcklin et al. 2007). Die neue Agrarpolitik bestand nicht nur aus warmer Luft. Tatsächlich hat sie im Kleinen grundlegend neue Ansätze entwickelt, darin Erfahrungen gesammelt und entscheidende Denk- und Lösungsprozesse angestossen. Zu nennen ist beispielsweise die international beachtete Öko-Qualitätsverordnung. Diese Innovationen und Erfolge gilt es sorgfältig zu bewahren und weiterzuentwickeln.

Es wäre allerdings naiv, die beharrenden Kräfte zu unterschätzen. Für die bevorstehende Agrarreform werden bereits neue Schläuche vorbereitet, um den alten Wein ein weiteres Mal umzufüllen. Wir wollen aber keinen Essig, sondern wir setzen auf Qualitätswein. Es ist Zeit für ein Produkt, bei dem drin ist, was draufsteht, und das die Bevölkerung und den Steuerzahler in den kommenden Jahrzehnten zu überzeugen vermag.

Die Landwirtschaft kann es sich nicht leisten, in der Allianz mit der Gesellschaft nicht konstruktiv mitzuwirken und ihr für ihre Unterstützung diejenige Gegenleistung zu erbringen, die sie sich dafür wünscht. Genauso wenig kann es sich die Gesellschaft leisten, die Landwirtschaft allein unter dem Gesichtspunkt des wirtschaftlichen Gewinns und der Effizienz zu betrachten und ihre vielfältigen Leistungen für Gesellschaft, Kultur und Landschaft dadurch preiszugeben.

Wir hätten heute die Technik und das Wissen und – zumindest in der Schweiz – auch das Geld für eine wirklich nachhaltige, multifunktionale, produzierende Landwirtschaft. Die Chance einer Realisierung dieser Vision steht uns in den kommenden Jahren ein zweites Mal bevor. □

> «Vergessen wir nicht, dass es Landwirte gibt, die sich mit einem grossen Engagement in uneigennütziger Weise für die Erhaltung der Kulturlandschaft und der Artenvielfalt einsetzen, obschon sie vom agrarpolitischen System dafür nicht selten sogar wirtschaftlich bestraft werden.»

> «Wir hätten heute die Technik und das Wissen und – zumindest in der Schweiz – auch das Geld für eine wirklich nachhaltige, multifunktionale, produzierende Landwirtschaft.»

Kapitel 9

Der Wald im

Wandel der Zeit

Abb. 198: Südostansicht des Dorfs Madulain (GR). Das linke Bild wurde am 7. September 1899 aufgenommen. Im Vordergrund sieht man den Kreisförster (mit Stock) im Gespräch mit einem unbekannten Mann. Die Berghänge im Hintergrund sind grösstenteils abgeholzt und der Erosion preisgegeben. Das rechte Bild zeigt den gleichen Bildausschnitt 97 Jahre später. Bis auf die Wiesen, Weiden und Felsabbrüche sind die Hänge bis fast zur Waldgrenze wieder bewaldet.

Wald als Landschaftselement

Der Wald ist ein wichtiger «Landschaftsbildner». Während man ihn im flachen Mittelland meist nur aus der «Froschperspektive» sieht, hat man im Jura und den Alpen Ausblicke auf die Verteilung und Artenzusammensetzung der einzelnen Waldgebiete in der Landschaft. Die Verteilung richtet sich häufig nach den geologischen Bedingungen und den Landnutzungen des Menschen: Im Jura werden beispielsweise die tonigen Schichten, die sich durch die Landschaft ziehen, meist als Wiesen oder Äcker genutzt; der Wald muss mit den flachgründigen Böden über Kalkgestein vorliebnehmen (Abb. 6, Kapitel 1). Auch in den Alpen mit ihrem wilden Relief sind die Gunstlagen mit Wiesen und Weiden bedeckt, während der Wald unterhalb der alpinen und subalpinen Zone mit jenen Flächen vorliebnehmen muss, die sich beim besten Willen nicht landwirtschaftlich nutzen lassen. Fast natürliche Waldpartien stehen meist an besonders unzugänglichen Bergflanken oder in Tobeln. Farbe und Struktur der Waldgebiete geben Aufschluss über die Artenzusammensetzung, den Altersaufbau und die Art der Holznutzung durch die Forstwirtschaft.

Abb. 199: Vor allem in den Berggebieten ist der Wald das dominierende Landschaftselement. Binntal, Mai 2004.

Die Schweiz beherbergt eine grosse Vielfalt an ganz unterschiedlichen Waldgesellschaften, darunter auch solche, die eine grosse Artenvielfalt beherbergen (Delarze und Gonseth 2008). Dort, wo der Wald angepflanzt beziehungsweise aufgeforstet wurde, stehen dagegen meist artenarme Kulturen aus schnellwüchsigen, standortfremden und gleichaltrigen Nadelhölzern. Die Begriffe «Wald» und «Forst» verdeutlichen eindrücklich den Unterschied zwischen dem Wald als Lebensraum und dem Wald der ziel- und produktionsorientierten Forstwirtschaft.

Waldland Schweiz

Noch vor 2000 Jahren war die Schweiz grossflächig, gebietsweise zu 75 Prozent mit Wald bedeckt – und es war ein ganz anderer Wald, als wir ihn heute kennen. Ein Blick in die bis heute erhalten gebliebenen Urwälder des Karpaten-Biosphärenreservats in der Ukraine zeigt am ehesten, wie die Wälder in der Schweiz ausgesehen haben mögen (Brändli und Dowhanytsch 2003): Zwischen schlanken und geraden Buchen sieht man plötzlich dicke alte Bäume mit Durchmessern von einem Meter und mehr. Während im Wirtschaftswald die Bäume in einem «jugendlichen» Alter von rund 80 bis 120 Jahren geerntet werden, wachsen die Bäume im Urwald bis zur natürlichen Altersgrenze. Bei Buchen liegt diese je nach Standort bei 350 bis 400 Jahren, bei Tannen etwa bei 600 bis 700 Jahren.

Abb. 200: Wald ist nicht gleich Wald. In der Schweiz gibt es zahlreiche Waldgesellschaften. Oben links: Lichter Arvenwald unter der Waldgrenze, Aletschgebiet (VS); oben rechts: Naturnahe Silberweidenaue, Häftli, Büren a. A. (BE), 430 m ü. M.; unten links: Zahnwurz-Buchenwald, Liestal (BL); unten Mitte: Auenwald mit üppiger Krautschicht, Thurspitz, Flaach (ZH), 345 m ü. M.; unten rechts: Lindenmischwald auf Bergsturzmaterial, Liestal (BL).

Abb. 201: Urwaldähnlicher Wald in der Schweiz, nördlich des Pfäffikersees, Dezember 2007.

Neben den grossen dicken Bäumen gehören der hohe Anteil von stehenden und liegenden toten Bäumen und das viele vermodernde Holz zu den auffälligsten Merkmalen von Urwäldern. An abgestorbenen Baumstämmen und Ästen wachsen die verschiedensten Pilzarten. Immer wieder entdeckt man Baumstrünke, die in vier bis zehn Metern Höhe abgebrochen sind und in die Spechte ihre Höhlen geschlagen haben. Umgestürzte und halb vermoderte Stämme liegen kreuz und quer auf dem Waldboden. In Urwäldern ist der Anteil an Totholz bis zu 20 Mal höher als im Wirtschaftswald. Die Menge an Totholz ist allerdings abhängig von der Baumartenzusammensetzung und damit von der Waldgesellschaft, die wiederum von den klimatischen und standörtlichen Verhältnissen bestimmt wird. In reinen Buchenurwäldern, wo ein Baumstamm innerhalb von 10 bis 30 Jahren zersetzt wird, beträgt der Anteil an totem Holz bis zu 10 Prozent des gesamten Holzvolumens. In den nadelholzreichen Gebirgswäldern ist der Totholzanteil noch höher, weil das Holz langsamer und schlechter zersetzt wird. Im Schweizer Wirtschaftswald beträgt der Totholzanteil gemäss Landesforstinventar dagegen nur 1,1 Prozent im Mittelland und 6,1 Prozent in den Alpen (BUWAL und WSL 2005).

Ein typisches Merkmal von Urwäldern ist das wechselnde Mosaik von Entwicklungsphasen und das Nebeneinander verschiedener Baumgenerationen: hier eine vom umgestürzten Baumriesen leere Fläche mit Keimlingen; dort eine dichte Gruppe mit Jungwuchs. Die Verjüngung findet im Urwald meist kleinflächig, zeitlich und örtlich gestaffelt statt, so wie es Sturm und Baumarten bzw. -konkurrenz bestimmen. Eine mit Urwald bedeckte Landschaft ist also alles andere als monoton. Nur selten gibt es einen relativ homogenen Bestand mit gleichaltrigen Bäumen, der oft die Folge eines grossflächigen Sturmereignisses ist. Manchmal kann man an der leicht welligen Form des Geländes noch die Spuren umgekippter Wurzelteller eines vor vielen Jahrzehnten erfolgten Windwurfs erkennen. Grossflächige Windwürfe sind in Urwäldern der gemässigten Zone Europas allerdings selten. Insbesondere Buchenurwälder gelten als sehr sturmresistent (Brändli und Dowhanytsch 2003).

Der Wald als Werkplatz

Der Wald ist zwar ein langlebiges und sich dauernd erneuerndes Ökosystem; doch die Vorstellung, der Wald in der Schweiz sei per se beständig und naturnah, hält einer historischen Überprüfung nicht stand. Fast alle Wälder in der Schweiz sind Kulturwälder, die vom Menschen zum Teil stark beeinflusst worden sind. Durch die sich wandelnden Landnutzungen des Menschen haben sich Ausdehnung und Aussehen des Waldes in den letzten Jahrhunderten ständig verändert.

Nachdem der Mensch zu einer sesshaften Lebensweise übergegangen war, begann er sofort damit, die Waldbedeckung aufzulichten. Mit der Kraft des Viehs rang er dem Wald zuerst Weideflächen ab, später dann mit Axt und Säge Flächen für den Ackerbau. In der jüngeren Steinzeit, als die Siedlungsdichte anzusteigen begann und die Wirtschaftsweise bäuerlicher wurde, gab es bereits erste Löcher im Waldkleid Mitteleuropas. Offen ist die Frage, wie stark die Megaherbivoren wie Auerochse, Wisent, Elch und Hirsch den Urwald aufgelichtet hatten (Kap. 4, Gerken und Meyer 1996).

Die planmässige Erschliessung der Waldlandschaften begann erst im 7. Jahrhundert durch Klöster und Dorfgemeinschaften. Die landwirtschaftliche Nutzung und der Energiehunger der wachsenden Bevölkerung führten immer häufiger vom geschlossenen Wald über parkartige Waldstadien zu offenen Graslandflächen. Der Höhepunkt der Entwaldung wurde in der Mitte des 19. Jahrhunderts erreicht. Selbst in den Alpen waren ganze Berghänge kahl geschlagen.

Der verbliebene Wald wurde zum Teil intensiv genutzt. Er diente nicht nur als Brenn- und Bauholzlieferant, sondern spielte auch eine wichtige Rolle bei der Futterversorgung der Nutztiere, für die menschliche Ernährung und als Streuelieferant. Weitere Produkte aus dem Wald wie Harze und Eichenrinde wurden als Rohstoffe in bäuerlichen und teilweise auch in gewerblichen Betrieben eingesetzt. Der Wald war damit wichtiger und unverzichtbarer Bestandteil des bäuerlichen Lebens- und Produktionsraums.

Die überragende Bedeutung der agrarischen Waldnutzung, welche bis ins frühe 20. Jahrhundert reichte, ist von der Wissenschaft erst in den letzten Jahren wiederentdeckt worden. Die Nutzung des Waldes hatte grossen Einfluss auf den Wald als Landschaftselement: Die Wälder waren meist baumsavannenartige, sehr lichte, zwischendurch sogar kahle Lebensräume. Der Übergang zum eigentlichen Offenland war fliessend. Die Wälder waren nicht wie heute parzellenscharf gegen Wiesen, Weiden und Äcker abgegrenzt. Es dominierte ein kontinuierlicher Übergang von locker bestockten Waldgebieten hin zu offenen «Parklandschaften» mit zahlreichen Einzelbäumen. Jeremias Gotthelf beschreibt die kümmerlichen Wäldchen 1852 in «Zeitgeist und Bernergeist»: *«Die Bäume stehen in demselben so dünn und traurig wie die Zähne im Mund eines achtzigjährigen Zuckerbäckers.»*

Abb. 202: Kuh- und Schafweide in einer Parklandschaft zu Beginn des 19. Jahrhunderts. Blick auf Basel und den Jura vom Grenzacher Hörnli. Wilhelm Oppermann, Aquarell, 1818. Inv. 1927.165 (in Künstlerbuch A.21).

Weiden im Wald

Die Beweidung vieler Wälder war bis gegen Ende des 18. Jahrhunderts in der ganzen Schweiz die Regel (Bürgi 1998a, Stuber und Bürgi 2001). Vielerorts beruhte der wirtschaftliche Wert der Wälder sogar mehr auf der Weide als auf der Holznutzung. Den verschiedenen Tierarten stand ein vielfältiges Futterangebot zur Verfügung: Blätter, Knospen, Eicheln, Bucheckern, Zweige, Rinde, Gras, Kräuter, Moose, Flechten, Pilze und Wurzeln. In die Eichenwälder wurden vor allem die Schweine zur Eichelmast getrieben. Vom waldbaulichen Standpunkt her galt die Schweinemast als die unproblematischste landwirtschaftliche Nutzung des Waldes: Die Tiere lockerten mit dem Rüssel den Boden auf und frassen Engerlinge und andere Insektenlarven.

Als «Forstschädling» par exellence galt die Ziege, weil sie Baumkeimlinge und Gehölz frisst. Ziegen können einer Hektare Wald in einem Jahr eine Biomasse entziehen, welche mehr als 400 Kilogramm Heu entspricht. Beim Rind sind es dagegen nur rund 100 Kilogramm (Stuber und Bürgi 2001). Wie sehr das Vieh dem Wald zusetzte, wurde allerdings nicht allein von der Tierart bestimmt, sondern auch von der Dauer, der Häufigkeit und der jahreszeitlichen Verteilung der Beweidung sowie vom Waldtyp, den natürlichen Standortfaktoren und der Art der Waldbewirtschaftung.

Die Waldweide wurde erst im frühen 19. Jahrhundert in einzelnen forstlich intensiv genutzten Wäldern des Mittellands aufgehoben (Bürgi 1998a). Etwas später befassten sich bereits mehrere kantonale Gesetze mit der Aufhebung der Waldweide. Allerdings haperte es mit dem Vollzug der Gesetze. 1889 spielte die

Waldweide noch immer auf drei Vierteln der Waldfläche eine wichtige Rolle. Bei der Beweidung durch Ziegen (Abb. 204) sahen sich die Behörden zudem mit einer sozialen Komponente konfrontiert. Im Mittelland wichen die zahlreicher gewordenen Landlosen mit ihren Ziegen und Schafen von der aufgehobenen Brache und den aufgeteilten Allmenden in den Wald aus. Auch in den Gebirgen war die Waldweide oft die einzige Möglichkeit für die ärmere Bevölkerung, Ziegen zu halten. Um den Konflikt zu entschärfen, wurden ihnen schliesslich an den meisten Orten spezielle Waldpartien zugewiesen.

Abb. 203: Kühe und Schafe in der Hard bei Basel. Peter Birmann, Feder laviert, 1812. Bi. 369.28.

Abb. 204: Von Ziegen und Grossvieh jahrzehntelang abgefressene Buchen. Sonvico (TI), 1914.

Kapitel 9 Der Wald im Wandel der Zeit

Der Acker im Wald

Eine ackerbauliche Nutzung des Waldes hatte im Mittelalter und bis ins 18. Jahrhundert als Brandwaldfeldwirtschaft eine beachtliche Verbreitung. Je nach Form und Region wurden dafür sehr unterschiedliche Bezeichnungen verwendet: Hackwald, Heuberg, Reutberg, Birkenberg oder Schiffelland waren gängige Namen (Bürgi und Stuber 2003). In Gebieten mit Dreizelgenwirtschaft (Dreifelderwirtschaft mit Flurzwang) gab es nicht nur in Dorfnähe Gärten, die nach freier Wahl bepflanzt werden durften, sondern auch im Wald gelegene Flächen, auf denen kein Flurzwang herrschte. Diese sogenannten Rütinen oder Rütenen konnten nach Belieben mit Gemüse, Lein oder Hanf bepflanzt werden und waren dementsprechend begehrt. Der Waldbestand wurde geschlagen oder verbrannt. Nach ein bis zwei Jahren wechselten die Bauern die Anbaufläche – vermutlich weil die Böden erschöpft waren – und liessen die zurückgelassene Fläche wieder verwalden. Die Rütinen «wanderten» somit durch den Wald, was erstaunliche Parallelen zum heutigen Wanderfeldbau in den Regenwäldern der Tropen zeigt.

Aus der Brandwaldfeldwirtschaft entwickelte sich im 18. und 19. Jahrhundert der forstliche Waldfeldbau, bei dem auf Kahlschlägen für einige Jahre Getreide und

Abb. 205: Früher Acker, heute Wald. Der Kanton Schaffhausen hatte sein Waldminimum am Ende des 18. Jahrhunderts. Das Ackerland wurde aus verschiedenen Gründen in den darauffolgenden Jahrzehnten nicht mehr bebaut und verbrachte. Weitere Gebiete wurden aufgeforstet. Die Spuren des früheren Ackerbaus sind in den Wäldern des Kantons Schaffhausen noch heute sichtbar. Rot: Ehemalige Ackerraine und Lesesteine, heute mit Wald bestockt. Quelle: Zimmermann 1974.

Kartoffeln angebaut wurden. Die temporäre Verpachtung der Kahlschlagflächen war für die Forstwirtschaft ein interessantes Geschäft: Die Bauern entfernten nach dem Kahlschlag die Wurzeln, sorgten für eine gleichmässige Bodenbearbeitung und schafften damit günstige Voraussetzungen für die nachfolgende Forstkultur. In manchen Gegenden der Schweiz entwickelte sich die Verpachtung und Beaufsichtigung des Waldfeldbetriebs sogar zu einem wichtigen Zweig der Forstverwaltung. Gleichzeitig diente die Verpachtung der Felder dazu, die aufkommende Forstwirtschaft in der Bevölkerung beliebt zu machen und den Rodungsdruck auf bestehende Wälder zu reduzieren.

Einen grossen Schub erfuhr die Ausdehnung der Zwischennutzung in den Jahren 1844 bis 1852 mit der Ausbreitung der Kartoffelfäule. Es stellte sich nämlich heraus, dass die auf Waldfeldern gepflanzten Kartoffeln nicht angesteckt wurden. Ein bedeutender Teil des heutigen Waldes im Mittelland und in den Tallagen der Gebirge steht deshalb auf ehemals ackerbaulich genutzten Böden. Untersuchungen haben beispielsweise ergeben, dass 70 Prozent des Bülacher Hardwalds im Laufe der letzten 200 Jahre für einige Zeit ackerbaulich genutzt wurden (Bürgi 1998b). Erst gegen Ende des 19. Jahrhunderts ging der Waldfeldbau zurück. Einerseits stellte sich heraus, dass der Ackerbau den Boden negativ beeinflusst und eine Wiederbewaldung verzögert; andererseits rentierte sich der forstliche Waldfeldbau im Zuge der Agrarmodernisierung auch für die Bauern nicht mehr.

Laubstreu und Harz

Zu den häufigsten bäuerlichen Nebennutzungen zählte die Waldstreunutzung, bei der abgefallene Nadeln und trockenes Laub auf dem Waldboden zusammengerecht und als Einstreu für den Viehstall verwendet wurden. Vor allem mit der Einführung der Sommerstallfütterung stieg der Bedarf an dem unentbehrlichen Einstreumaterial stark an. Die Nachfrage nach Waldstreu wurde weiter angeheizt, als die grossen Feuchtgebiete im Mittelland trockengelegt wurden und die Streuwiesen verschwanden. Im Berner Oberland wurde jeder halbwegs zugängliche Buchenwald derart sorgfältig zusammengewischt, «dass man die zurückgebliebenen Blätter zählen könne» (Zitat in Stuber und Bürgi 2001).

Auch aus den Kantonen Wallis und Uri wird von grossflächig sauber gerechten Nadel- und Laubwäldern berichtet. Noch Ende des 19. Jahrhunderts war an vielen Orten in den Berggebieten die Waldstreu mehr wert als das Holz. Im Mittelland hatte die Bahn dagegen die Einfuhr von Stroh erleichtert und damit auch das Sammeln von Streu im Wald überflüssig gemacht. Im Ersten und Zweiten Weltkrieg stieg allerdings auch im Mittelland der Bedarf an Waldstreu wieder an, weil die Stroheinfuhr ausblieb.

Laub wurde nicht nur als Einstreu für das Vieh gesammelt, sondern auch als Füllung der Leinensäcke, die als Betten dienten. In vielen Gebieten, wo die Buche vorkam, wurde anstelle des Strohsacks ein mit Laub gefüllter Laubsack be-

Abb. 206: Saaser Frauen kratzen Nadel- und Krautstreue mit dem Adlerrechen vom Waldboden, um 1975. Quelle: Ruppen et al. 1988.

Abb. 207: Laubertag in Betlis (SG) anfangs des 20. Jahrhunderts. Die ganze Gemeinde sammelte an einem bestimmten Tag trockenes Buchenlaub zum Stopfen der Bettsäcke. Das Bettlauben wurde so zu einem Fest. Quelle: Brockmann-Jerosch 1928/30.

nutzt. An föhnigen Novembertagen zogen ganze Familien gemeinsam in die umliegenden Wälder, um dürres Laub zusammenzurechen. Erst Anfang des 20. Jahrhunderts marginalisierte sich das Schlafen auf dem Laub. In manchen Gegenden der Alpen wurden aber noch bis in die 1940er-Jahre mit Laub gefüllte Bettunterlagen verwendet. Mehrere Zeitzeugen berichteten, dass im St. Galler Rheintal bis in die 1960er-Jahre Bettlaub gesammelt wurde (Roth und Bürgi 2006).

Viele der damaligen Wälder dienten weiteren Nutzungen, wie der Waldimkerei (Zeidlerei). Die Kräuter, Sträucher und Bäume gaben reichlich Honig. Der Wald lieferte zudem wichtige Produkte für die Bauern und für das lokale Gewerbe. In den Eichenjungwäldern wurde die Rinde am stehenden Baum mit speziellen Metalllöffeln abgelöst (Eichenschälwald). Die so geerntete Eichenrinde (Lohe) benötigte man, um Häute und Felle zu gerben. Das Harz der Föhre diente als Lichtquelle, aber auch der Pechherstellung. Mit Pech und Harz wurden dem geschlachteten Schwein die Borsten entfernt. Mit dem Pech auf Ästen konnte man Vögel fangen – daher der Begriff Pechvogel.

Die bäuerlichen Nutzungsformen führten zu einem massiven Austrag von Biomasse und Nährstoffen aus den Wäldern. Dieser Stoff- und Energieexport – Schiess und Schiess-Bühler (1997) prägten den Begriff «Austragsnutzung» – förderte zusätzlich eine lockere Waldstruktur und lichte Wälder mit einer grossen Artenvielfalt. Lediglich der Kot der weidenden Tiere blieb auf der Fläche. Daher waren die Wachstumsbedingungen auf den ehemaligen Waldböden völlig anders als heute, wo sie durch Laub, Nadelstreu und Totholz humifiziert und zum Teil wieder tiefgründig sind.

Abb. 208 (links): Nadelstreunutzung in den Vispertälern (Wallis) um 1965. Tristenartiger Waldstreuhaufen, Chris-Tschifferen, Adlerrechen. Quelle: Kempf 1985.

Abb. 209 (rechts): Harzer an der Arbeit auf der Wytweide von Malleray. Man beachte die Werkzeuge zum Abkratzen und Auffangen des Harzes. Quelle: Schönenberger 1912.

Niederwald als Brennholzlieferant

Holz und Holzkohle – die leichter zu transportieren, dafür aber teurer war – bildeten noch vor 150 Jahren die einzigen Energieträger für das Leben beziehungsweise das Überleben. Holz diente zum Kochen in der offenen Feuerstelle, später im Holzherd und im Holzbackofen. Zugleich heizte die offene Feuerstelle oder der Holzofen die Küche. Der Rest des Hauses oder des Bauernhofs blieben meist ungeheizt. Da Holz entscheidend für das Leben war, erliess die Obrigkeit Regeln, um der «Plünderung» der Wälder Herr zu werden, was aber vielerorts nicht gelang.

Abb. 210: In den Niederwäldern wird in Abständen von 10 bis 30 Jahren das gesamte Holz abgeerntet, das heisst, grössere Flächen werden gerodet, ohne dass neue Bäume gepflanzt werden. Die Regeneration erfolgt aus den im Boden verbleibenden Wurzelstöcken und Stümpfen. Diese Nutzungsart war im Mittelalter weit verbreitet. Heute ist sie fast völlig verschwunden. Im Bild ein noch bewirtschafteter Buchenniederwald bei Mendrisio (TI).

Um möglichst viel Brennholz aus dem Wald zu holen, wurden spezielle Bewirtschaftungsmethoden entwickelt. Bei der Niederwaldwirtschaft wurden Laubholzarten wie Hagebuche, Linde, Rotbuche, Ulme, Eiche, Haselstrauch oder Esskastanie etwa alle 10 bis 30 Jahre bodeneben abgehackt (Abb. 210). Weil diese Baumarten ausschlagfähig sind, wuchsen aus dem im Boden verbliebenen Wurzelstock viele Jungtriebe, sogenannte Stockausschläge. Diese wurden wiederum nach 10 bis 30 Jahren abgehauen; viele dieser Triebe waren wohl nicht einmal armdick. Solche Niederwaldflächen konnten mehrere Hektaren bedecken (Abb. 211). Nach der Ernte der Stockausschläge schossen Kräuter und Gräser auf. Daher beweidete man gebietsweise diese Schlagflächen mit Rindern, Ziegen und anderen Haustieren. Es gab auch Gebiete, wo man auf den kahl geschlagenen Flächen Getreide säte, weil dieses rascher wächst als die Stockausschläge. Es ist heute kaum mehr möglich, sich diese «Hauwirtschaft», die fast vollständig verschwunden ist, auch im Landschaftsbild vorzustellen.

Abb. 211: Kolorierte Umrissradierung von Johann Ludwig Aberli (1723–1786): «Vue d'Yverdon prise depuis Clindi», 1782. Im Hintergrund sieht man als sehr grosse kahle Flächen und Streifen frisch geschlagene Niederwälder. Im Vordergrund die Schiffe als wichtige Transportmittel jener Zeit, in der die meisten Strassen in einem schlechten Zustand waren.

Bauholz aus dem Mittelwald

Holz war zum Bauen unentbehrlich. Dachfirste, Dachbalken, stehende Tragbalken (Ständerkonstruktionen) und Brücken waren aus Holz. In eichenreichen Regionen (z. B. Zürcher Weinland, Thurgau) hat man mit Eichenbalken die Fachwerkhäuser als Riegelbauten erstellt. Die «Fächer» zwischen den Balkenkonstruktionen wurden mit Weidenästen faschinenartig verstrebt und dann mit einem Lehmgemisch überdeckt (Weiss 1991).

Der Mittelwaldbetrieb lieferte beides, Brenn- und Bauholz. Der Grossteil dieser Wälder wurde wie ein Niederwald bewirtschaftet. Auf derselben Fläche liess man aber einzelne Bäume, die sogenannten Lassreiser oder Lassreitel, zu Bäumen aufwachsen. Deren Holz diente dem Bau von Häusern, Möbeln, Fuhrwerken und Arbeitsgeräten. Die dafür geeigneten Baumarten waren Eichen, Linden, Ahorn, Esche und Kirsche. Da diese Bäume viel Licht erhalten und seitlichen Freiraum zur Kronenbildung haben, bilden sie über der Hau- oder Niederwaldschicht grosse und markante Kronen, wie sie sich ansonsten nur bei freistehenden Bäumen bilden können. Dort wo man das daraus entstehende ästige Holz nicht wollte, wurden die Stämme weit hinauf entastet – «Aufasten» im Försterjargon.

Den Mittelwald würden wir heute kaum als Wald empfinden, denn die Lassreitel standen sehr locker in der Hauschicht. Zudem wurden vor etwa 200 Jahren die Bäume wegen des dringenden Bedarfs an Holz in eher jugendlichem Alter geerntet. Dies hatte natürlich auch logistische Gründe. Wie sollte man mit Handarbeit Eichenstämme von mehr als 50 Zentimetern Durchmesser ernten und abtransportieren?

Abb. 212: Relikt aus alten Zeiten. Mittelwald Ölberg-Watt, Rheinau-Marthalen (ZH), Mai 2008.

Abb. 213: Links: Aktiv genutzter Mittelwald, vor dem Schlag der unteren Baumschicht (linke Bildhälfte) und danach. Rechts: Mittelwald zwei Jahre nach dem Schlag. Beide Aufnahmen 1924.

«Ländlicher Versorgungswald» oder «Plünderwald»?

Der Wald diente als «Werkplatz» für weitere energieschluckende Tätigkeiten wie die Verhüttung von Bohnerz, die Glasherstellung, die Köhlerei und den Blei- und Silberbergbau. Zudem wurde der Wald kahlgeschlagen, um das Holz zu exportieren, sei es als Grubenholz, als Brennholz für die Salzsalinen – beispielsweise aus dem Unterengadin via Inn nach Österreich – oder als Schiffsbauholz nach Holland.

Überblickt man den Werkplatz Wald und alle land- und forstwirtschaftlichen Tätigkeiten, so wird klar, dass man vor etwa 200 Jahren keine Trennung zwischen Landwirtschaft und Waldwirtschaft machte und machen konnte. Die Landschaft als solche bildete die Lebensgrundlage des Menschen schlechthin. Der Begriff der Urproduktion wird in diesem Kontext verständlich. Der wohlklingende Terminus «silvo-agro-pastorale» Nutzung oder Wirtschaft bringt es auf den Punkt: Bäume und Büsche werden ebenso genutzt wie die Äcker, und Teile des Territoriums dienen als Weideland – eine Mehrfachnutzung baumbestandener und baumfreier Landschaften. Die künstliche Auftrennung in zwei Territorien – hier Wald und da Offenland – ist erst durch die Forstgesetzgebung ab 1876 allmählich statuiert worden.

Die im späten 19. Jahrhundert aufkommende geregelte Forstwirtschaft deutete die lockere Waldstruktur als Zeichen der Übernutzung. Die meisten bäuerlichen Waldnutzungen wurden zu «schädlichen» Nebennutzungen degradiert, und die Förster sprachen von «devastierten» (verwüsteten) Waldböden. Im Handbuch der Schweizerischen Volkswirtschaft von 1939 wird die bäuerliche Nutzung beispielsweise in das Kapitel «Waldschädlinge» unter Stürme, Lawinen und Insekten eingereiht (Petitmermet 1939). Noch 1990 stellte ein weit verbreitetes deutschsprachiges Lehrbuch für Forstgeschichte dem geregelten «Kulturwald» pauschal den traditionellen «Plünderwald» gegenüber. Es sollten aber auch diejenigen Waldnutzungen, die nicht auf die Holzproduktion ausgerichtet sind, unvoreingenommen betrachtet werden.

Besser wäre es, von einem «ländlichen Versorgungswald» als von einem «Plünderwald» zu sprechen. Denn das Verbot und die Aufgabe der bäuerlichen Waldnutzungen im 20. Jahrhundert stehen in Widerspruch zu ihrer einstigen Bedeutung für ärmere Bevölkerungsschichten und für die Struktur der Wälder (Bürgi und Stuber 2003).

Abb. 214: Veredeltes Holz: Kohlenmeiler zur Herstellung von Holzkohle. Ballenberg (BE), Juli 2005.

Die Bäume kehren in den Wald zurück

In der Mitte des 19. Jahrhunderts erreichte die Entwaldung ihren Höhepunkt. Ganze Berghänge waren kahl geschlagen. Nach einer Reihe von Jahren mit Starkniederschlägen (Pfister 1999) kam es zu verheerenden Überschwemmungen. Erst im Jahr 1876 setzte das erste Waldgesetz der Schweiz der ungezügelten Abholzung Schranken. Die Holznutzung wurde reglementiert und das «Forstareal», also die Waldfläche, durfte ohne Bewilligung des Kantons nicht verkleinert werden. Schon damals wurde der Subventionsgedanke aufgenommen und im Gesetz eingebaut. Die Wirkung des Gesetzes wurde allerdings durch den zunehmenden Import von Kohle mit der Eisenbahn verstärkt. Der neue Energieträger dürfte den Druck auf die Wälder wesentlich verringert haben (siehe Kap. 13).

Das «Bundesgesetz betreffend die eidgenössische Oberaufsicht über die Forstpolizei im Hochgebirge» (siehe Bloetzer 1992) galt bis 1897 zunächst nur für die Kantone Uri, Nidwalden, Glarus, Appenzell, Graubünden, Tessin, Wallis und für den gebirgigen Teil der Kantone Zürich, Bern, Luzern, Schwyz, Zug, Freiburg, St. Gallen und Waadt. Erst danach wurde es auf alle Kantone ausgedehnt. Wichtige Merkmale dieses Gesetzes waren der Stellenwert des Schutzwalds, der als neuer Begriff eingeführt wurde (siehe Exkurs «Wald als Versicherung»), sowie die streng hierarchische Oberaufsicht des Bundes über die Kantone – und dies über sämtliche Waldungen bis hinunter zu den Korporations- und Gemeindewäldern. Das rigorose und zentralistische Gesetz ist nur aus der damaligen Zeit und den damals herrschenden Verhältnissen zu begreifen.

Der durch das erste Gesetz erzwungene Aufbau eines Forstdiensts, der Schutzwaldgedanke und dessen Umsetzung sowie die umfangreichen Aufforstungsmassnahmen haben zum Aufbau von Schutzwäldern und Hochwäldern geführt. Die Forsteinrichtungswerke, die Wirtschaftspläne, aber auch die Ausbildung der Forstleute an ETH und Försterschulen haben einen neuen Berufsstand herbeigeführt. Natürlich gab es Widerstände gegen die rigorose Forstpolizei, denn jahrhundertealte Gepflogenheiten der Leute sind nur längerfristig zu beseitigen.

Es dauerte Jahrzehnte, bis die Aufforstungen zu nutzbaren Hochwäldern aufgewachsen waren. Diese Verhältnisse spiegeln sich in den Zahlen zum damaligen Holzimport wider. So wurden zwischen 1885 und 1889 über 2 Millionen Kubikmeter Holz zu einem Preis von fast 9 Millionen Franken importiert. Zwischen 1892 und 1905 bestand ein Einfuhrüberschuss von 2,5 Millionen Kubikmeter Holz zu einem Preis von fast 15,5 Millionen Franken. Und im Zeitraum von 1906 bis 1912 mussten zur Deckung des Holzbedarfs in der Schweiz sogar 4 Millionen Kubikmeter Holz zu einem Preis von fast 30 Millionen Franken eingeführt werden (Eidg. Volkswirtschaftsdepartement 1925).

1902 wurde das Forstpolizeigesetz erweitert beziehungsweise erneuert. Der grossflächige Kahlschlag wurde untersagt. Toleriert wurden dagegen «Kahlhiebe» oder «kahlhiebähnliche Abtriebe» von bis zu zwei Baumlängen. Das Forstpolizeigesetz gab den Forstorganen polizeiliche Gewalt zur Ahndung der «illegalen Waldnutzungen». Die Wälder wurden «eingerichtet», das heisst in Abteilungen eingeteilt, erschlossen, inventarisiert und verwaltet. Die Auswirkungen der beiden Forstpolizeigesetze auf das Landschaftsbild der Schweiz waren gross und tiefgreifend, und nicht alle ausgelösten Veränderungen sind als positiv zu bewerten.

Wald als Versicherung

Das ehemalige Forstpolizeigesetz hält in Art. 3 Abs. 2 fest: «*Schutzwaldungen sind diejenigen Waldungen, welche sich im Einzugsgebiet von Wildwassern befinden, sowie solche, welche vermöge ihrer Lage Schutz bieten gegen schädliche klimatische Einflüsse, gegen Lawinen, Stein- und Eisschläge, Erdabrutschungen, Verrüfungen sowie gegen ausserordentliche Wasserstände*». Der Art. 2 Abs. b der Vollziehungsverordnung präzisiert unter anderem: «*Es ist Sache der Kantone, auch Wälder, die für die Wasserreinhaltung und die Wasserversorgung, die Luftreinigung, die Erholung und Gesundheit der Bevölkerung sowie für den Landschaftsschutz von Bedeutung sind, zu Schutzwald zu erklären*». Schutzwald und Schutzfunktion beziehen sich also in erster Linie auf den Schutz vor Naturgefahren. Ganz neu war die Idee aber nicht: Einige Schutzwälder sind schon vor Jahrhunderten «in den Bann gelegt», das heisst als Schutzwälder für unterhalb des Waldes gelegene Siedlungen geschützt worden.

Gemäss dem zweiten Landesforstinventar schützen heute neun Prozent der Schweizer Waldfläche wichtige Verkehrsanlagen und Siedlungen vor Steinschlag und Lawinen (Brassel und Brändli 1999). Sie wirken sich damit positiv auf die Sicherheit ganzer Regionen aus und werten den Lebensraum Alpen erheblich auf. Zudem sind die Schutzwälder im Gegensatz zu künstlichen Verbauungen gegen Lawinen und Steinschlag eine Bereicherung des Landschaftsbilds. Der Bund tendiert zurzeit dazu, den Schutzwald zum Schwerpunkt seiner Subventionstätigkeit im Wald zu machen.

Abb. 215: Eine mächtige Staublawine donnerte am 22. Februar 1999 neben dem Skigebiet Evolene (VS) ins Tal. Aufgrund der heftigen Schneefälle hatten sich zahlreiche Lawinen spontan ausgelöst. Allein im Monat Februar starben 19 Menschen. Schutzwälder hielten viele Lawinen auf und verhinderten weitere Opfer und Zerstörungen.

Foto © KEYSTONE/Fabrice Coffrini

Abb. 216: Teilweise verheilte Landschaftswunde entlang der Lötschbergbahn. Links: Fürtfluh/Ronewald im Jahr 1912. Gut sichtbar sind die Schutthalden vom Bahnbau auf den drei Bauebenen: links im Bild Portal Nord zum Fürtentunnel I, rechts Fürtenviadukt, oben Ronewald-Viadukt. Rechts: Derselbe Blick 1995 zeigt eine erfolgreiche Rekultivierung. Links im Bild Reste der durch den Felssturz vom 25. Januar 1995 zerstörten Steinschlaggalerie Fürten; darunter die neue Schneise im Schutzwald. Quelle: Schwarz 1996.

Abb. 217: Die Rückkehr des Schutzwalds entlang der Lötschbergbahn. Links: Eggenschwand/Kandersteg im Jahr 1910. Installationsplatz und Tunnelportal Nord. Dahinter die wegen der Kistenlaui kahlen Steilhänge unterhalb der Feldfluh. Rechts: Dieselbe Gegend im Jahr 1995. Dank der Lawinenverbauung Kistenlaui vermochte ob dem Portal Nord innert 80 Jahren ein geschlossener Schutzwald aufwachsen. Quelle: Schwarz 1996.

Kapitel 9   Der Wald im Wandel der Zeit

Alle Macht dem Wald

Als folgenschwer hat sich die 1902 gewählte Formulierung herausgestellt, dass das Waldareal der Schweiz nicht vermindert werden soll (Art. 31). Dieser Artikel hat Absolutheit erlangt, indem das Bundesgericht über Jahrzehnte hinweg das Interesse des Waldes beziehungsweise der Forstwirtschaft über alle anderen Interessen gestellt hat. Die kompromisslose Erhaltung des Waldareals hat dazu geführt, dass alle anderen und neuen Nutzungen wie der Siedlungsbau und der Bau von Industrieanlagen und Gewerbegebieten nicht auf Kosten des Waldes gingen, sondern Kulturland beanspruchen mussten. Nur die Autobahnen haben das jahrzehntealte Paradigma gebrochen, wobei auch für diese Werke Ersatzaufforstungen zu leisten waren, die vor allem auf «unproduktiven» Standorten wie Magerrasen oder Feuchtgebieten mit einer reichhaltigen biologischen Vielfalt erfolgten und damit die Landschaftsqualität beeinträchtigten (Abb. 218).

Gleichzeitig wurde jede eingewachsene Fläche, wo auch immer sie sich befand, durch den Forstdienst einem sogenannten Waldfeststellungsverfahren unterworfen und im Normalfall kurzerhand zu Wald erklärt. So sind im Siedlungsgebiet Wäldchen gegen Eigentümerinteressen rechtlich festgelegt worden. Doch viele Eigentümer wollten eigentlich mit einem naturnahen und baumbestandenen Garten lediglich etwas für die Natur tun. Der gutgläubige Naturfreund hat dadurch aber Kapital verloren, weil die juristische Verwandlung seines Grundstücks durch das Waldfeststellungsverfahren von der Bauzone in die Waldzone eine erhebliche Wertminderung erzeugt hat. Diese Rechtssprechung nahm zum Teil groteske Formen an. Die 1902 noch notwendige Vermehrung des Waldareals war nämlich schon in der Mitte des 20. Jahrhunderts obsolet.

Das höchste Schweizer Gericht musste sich häufig mit dem Wald befassen. 1997 charakterisierten die Richter zu Lausanne 10 000 Quadratmeter an einer Autobahnzufahrt nahe der Basler Industriezone als Wald (Iten 1999). Bei Basel verloren Villenbesitzer schätzungsweise 15 bis 20 Millionen Franken, weil der Grossteil ihres Grundstücks als Wald deklariert wurde. In Heerbrugg (SG) half es der Leica AG nicht, dass sie die Weiterexistenz ihrer Fabrik in die Waagschale warf, als Weidensträucher die angrenzende Reservezone schleichend in Besitz genommen hatten und deshalb eine Erweiterung der Anlagen höchstrichterlich abgelehnt wurde.

Abb. 218: Hier wurde ein Halbtrockenrasen mit Nadelbäumen aufgeforstet. Das Bild links stammt aus dem Jahr 1975. 20 Jahre später ist die Aufforstung noch immer ein Fremdkörper. Rechtenberg, Seewen (SO).

Der Wald erobert die Landschaft

Seit etwa 150 Jahren ist das Landschaftselement Wald wieder auf dem Vormarsch und erobert landwirtschaftliche Nutzflächen zurück. Bis heute hat die Waldfläche um 30 bis 50 Prozent zugenommen (Brändli 2000), gemäss anderen Quellen sogar um bis zu 100 Prozent. Genaue Zahlen zur Zunahme der Waldfläche in den letzten 30 Jahren gibt es erst seit Kurzem: Gemäss Landesforstinventar hat die Waldfläche zwischen 1983/85 und 1993/95 jedes Jahr um 4800 Hektaren zugenommen, was der Fläche des Thunersees entspricht (BUWAL und WSL 2005). Die Arealstatistik weist aufgrund eines unterschiedlichen methodischen Vorgehens zwischen 1979/85 und 1992/95 eine jährliche Zunahme von 1700 Hektaren aus (BFS 1999). Neuste Daten des Landesforstinventars zeigen, dass sich die Waldzunahme auch nach 1995 unvermindert fortgesetzt hat. Viele der heutigen Waldgebiete müssen deshalb als sehr jung bezeichnet werden.

Analysen zeigen, dass die Waldausdehnung praktisch ausschliesslich im Berggebiet und hier vor allem im Alpenraum in den obersten Höhenstufen stattgefunden hat. Die Waldflächenzunahmen sind im südlichen Alpenraum deutlich höher als in den Voralpen oder im Jura. Rund drei Viertel der in jüngerer Zeit ausgewiesenen neuen Waldflächen liegen in den Kantonen Graubünden, Tessin und Wallis (Baur 2006). Im Mittelland blieb die Waldfläche dagegen fast unverändert.

Abb. 219: In den Berggebieten werden immer mehr Graslandflächen, die schlecht erreichbar sind und einen geringen Ertrag abwerfen, trotz Direktzahlungen aufgegeben. Im Bild eine zuwachsende Weide im hinteren Onsernonetal im Kanton Tessin.

Die Waldausdehnung verläuft schleichend und wird darum von der Bevölkerung – ausser in den Bauzonen – praktisch nicht wahrgenommen. Der Vergleich alter und neuer Karten oder Fotos zeigt aber, dass die Wiederbewaldung das Waldmuster und damit das Landschaftsbild deutlich verändert hat. So belegen Luftaufnahmen, dass zwischen 1985 und 1997 viele Waldstücke im Alpenraum und im Jura zusammengewachsen sind und sich viele Lücken und Lichtungen geschlossen haben (BFS 1999). Dadurch nimmt die Zahl der landschaftlich attraktiven Wald-

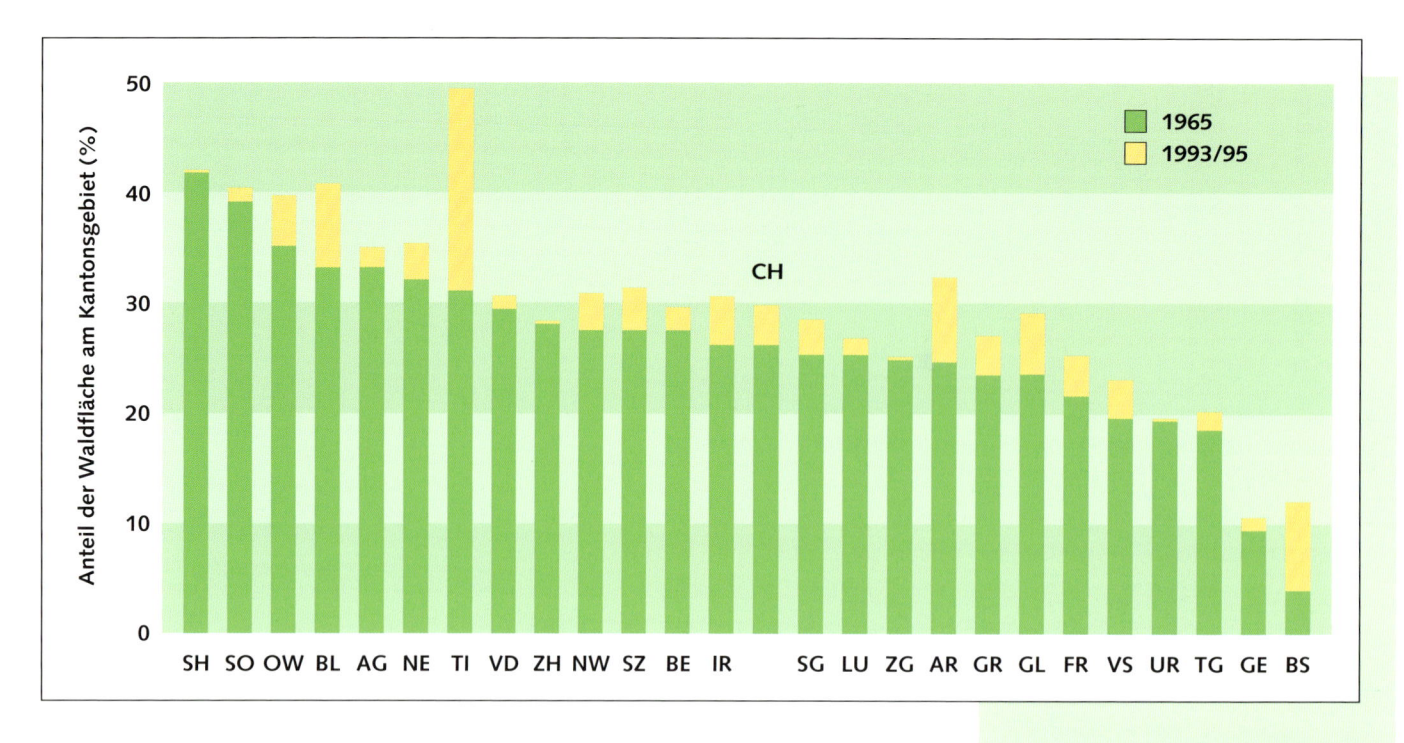

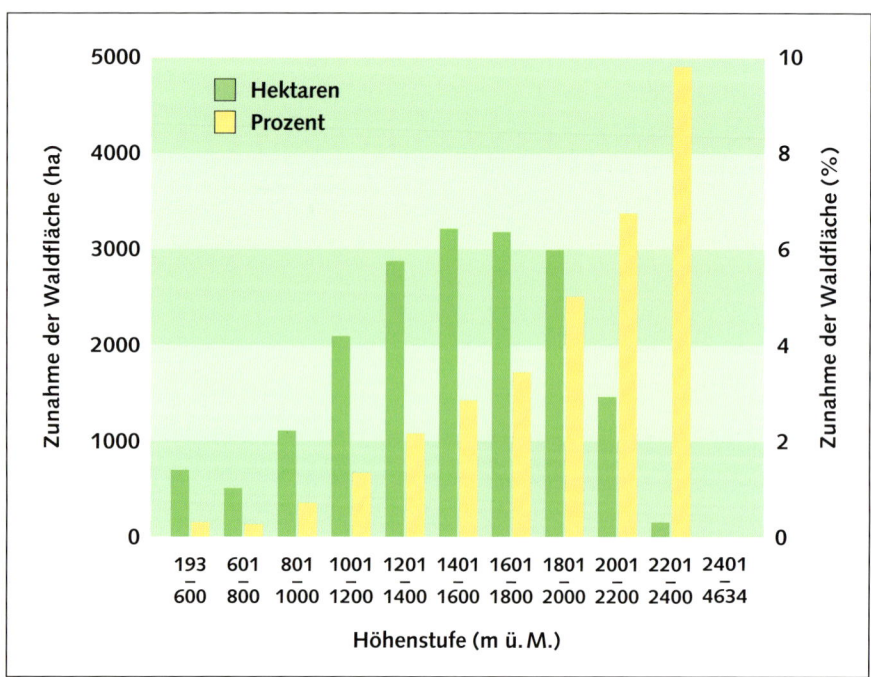

Abb. 220 (oben): Die Entwicklung der Waldflächen zwischen 1965 und 1993/95 in den Kantonen (ohne Kanton Jura). Der Kanton Schaffhausen hatte 1965 einen Waldanteil von 42 Prozent. Damit war er der waldreichste Kanton der Schweiz. Der Kanton Tessin war damals nur zu einem Drittel mit Wald bedeckt. 30 Jahre später waren es fast 50 Prozent. Die massive Waldzunahme führte dazu, dass der Kanton Tessin seither der waldreichste Kanton der Schweiz ist. Um 1900 hatte das Tessin etwa 60 000 Hektaren Wald, heute sind es etwa 150 000 Hektaren. Quellen: Schweizerischer Forstkalender 1970, Brassel und Brändli 1999.

Abb. 221 (unten): Zunahme der Waldfläche zwischen 1979/85 und 1992/97 nach Höhenstufen. In den obersten Höhenstufen war die Waldzunahme am grössten. Quelle: BFS 2005.

inseln ab, und viele ökologisch wertvolle Waldränder verschwinden. Die Landschaft wird dadurch immer homogener, mit einer immer strikteren Trennung zwischen Wald und Offenland. Strukturreiche Kulturlandschaften und als schön empfundene Erholungsgebiete verschwinden. Die Waldausdehnung geht auch auf Kosten artenreicher Lebensgemeinschaften. Der grösste Teil der Wiederbewaldung findet in den Sömmerungsgebieten und in den oberen beiden Bergzonen statt. Doch genau hier liegen rund 80 Prozent der floristisch wertvollen Flächen, wie die Kartierungen von Trockenwiesen und -weiden durch den Bund gezeigt haben (Baur et al. 2006).

Laut Arealstatistik sind lediglich 13 Prozent aller neuen Waldflächen durch Aufforstungen entstanden. Diese Zahl schliesst auch Ersatzaufforstungen für baubedingte Rodungen mit ein. Der grösste Teil des Waldes wuchs dagegen auf vormals land- und alpwirtschaftlich genutzten Flächen ein und ist damit das Ergebnis einer Bewirtschaftungsaufgabe. Eine Untersuchung der räumlichen und zeitlichen Muster der Bewirtschaftungsaufgabe und der natürlichen Wiederbewaldung im Schweizer Berggebiet hat gezeigt, dass der Wald vor allem auf ertragsarmen und

Abb. 222: Natürliche Wiederbewaldung nach Nutzungsaufgabe. Im Val Calanca (GR) hat sich der Wald bei den Monti di Arvigo nach und nach Maiensässe, Alpen, Wiesen und Weiden zurückerobert, welche der Natur vor Jahrhunderten in mühsamer Arbeit abgerungen worden waren. Luftaufnahmen vom 10. Oktober 1968 und vom 15. September 1995.

schwierig zu bewirtschaftenden Flächen zurückkehrt (Baur et al. 2006). Die Bewirtschaftung dieser sogenannten Grenzertragsflächen hat sich unter den wirtschaftlichen Rahmenbedingungen, die im 19. Jahrhundert und in der ersten Hälfte des 20. Jahrhunderts geherrscht haben, gerade noch gelohnt: Nahrungsmittel waren knapp, Energie, Dünger und technische Hilfsmittel waren teuer oder nicht vorhanden, und Arbeitskräfte gab es im Überfluss. Seither haben sich aber die ökonomischen und sozialen Bedingungen tiefgreifend geändert, der Grenzertrag wurde unterschritten. Einen besonders starken Schub erhielt die Verbrachung durch die Einführung der AHV. Ältere Menschen waren nun nicht mehr gezwungen, bis ins hohe Alter auf dem Hof ihrer Kinder mitzuhelfen, was dazu führte, dass abgelegene und steile Flächen nicht mehr bewirtschaftet wurden.

Die Bewirtschaftung von Grenzertragsflächen ist in der heutigen Schweiz, in der es Nahrungsmittel im Überfluss gibt und Arbeit teuer ist, keine Frage des Überlebens mehr. Baur et al. (2006) kommen deshalb zum Schluss, dass die Rückkehr des Waldes Ausdruck der Zunahme des Wohlstands in der Schweiz ist.

Alles spricht dafür, dass der Wald auch in Zukunft in den Berggebieten an Boden gewinnt und das Landschaftsbild verändern wird. In Kapitel 8 haben wir gezeigt, dass die heutige Politik in Bezug auf die Zielsetzung einer flächendeckenden Erhaltung der Kulturlandschaft wenig wirksam ist. Vor allem im Sömmerungsgebiet, das fast völlig von den Direktzahlungen ausgeschlossen ist, dürfte die Wiederbewaldung ungebremst weitergehen (Baur 2006).

Abb. 223: Zugewachsene Weide im Val Muggio (TI), Mai 2006.

Sind Waldstrassen Wald?

Das Forstpolizeigesetz schrieb vor, dass sowohl Waldstrassen als auch Holzlagerplätze und Forsthütten als Waldboden zu interpretieren seien, weil diese nur der Forstwirtschaft dienen (Art. 25 und 28). Das seltsamste an dieser Regelung war, dass die Forstwirtschaft sie jahrzentelang anstandslos umgesetzt hat. Sowohl der Waldstrassenbau als auch der Bau von Waldhütten und der Abbau und die Ausbeutung von Kies, Sand, Schotter oder Mergel im Wald für forstliche Zwecke waren forstwirtschaftsinterne Angelegenheiten und bedurften keiner Genehmigung von «ausserhalb» des Walds.

Im Jahr 1988 lag der Entwurf für das Waldgesetz vor, welches das alte Forstpolizeigesetz ersetzen sollte. Auch im neuen Waldgesetz tauchen die für Naturwissenschaftler und Naturschützer unerklärlichen Definitionskapriolen auf. In Artikel 2 werden wir darüber belehrt, dass im Wald Bäume stehen. «*Als Wald gilt jede Fläche, die mit Waldbäumen oder Waldsträuchern bestockt ist und Waldfunktionen erfüllen kann.*» Man ist froh um solche Belehrungen – wäre da nicht dieser verwirrende Zusatz: «*Als Wald gelten auch […] Waldstrassen und andere forstliche Bauten und Anlagen.*» Der Journalist Peter Amstutz schrieb dazu in der Basler Zeitung vom 30. Juni 1988: «*So wird die Waldhütte per Bundesbeschluss der eidgenössischen Räte zum integrierenden Teil des Waldes, wenn's die Rechtsexperten für richtig halten.*»

Die quartiermässige Erschliessung des Schweizer Waldes tangierte damit offiziell das Waldareal nicht. Und es wurde – vor allem im Mittelland – kräftig erschlossen (Abegg 1978, Bachmann et al. 1993, Burkhalter und Schader 1994). Allein zwischen 1965 und 1992 wurden fast 10 000 Kilometer Forststrassen neu erstellt, davon wurden 15 Prozent bereits beim Bau mit einem Hartbelag versehen, andere folgten nachträglich (Burkhalter und Schader 1994). Absoluter Höhepunkt war das Jahr 1976, als 617 Kilometer neue Strassen in den Schweizer Wald geschlagen und 125 Kilometer ausgebaut wurden. Auch Gebiete, die dem Bundesinventar der Landschaften und Naturdenkmäler von nationaler Bedeutung (BLN) unterstanden, blieben nicht verschont, so beispielsweise das Fellital (UR). Das Bundesamt für Forstwesen liess 1981 verlauten, dass hier wie in den meisten Gebirgswäldern ein allgemeiner «Erschliessungsrückstand» festzustellen sei. In Krisenzeiten müsse aber die «Landesversorgung» auf das Holz in Gebirgswäldern zurückgreifen können.

Der Bund war beim Forststrassenbau das treibende Element: Im Zusammenhang mit einer intensiveren Waldförderung ab Mitte der 1980er-Jahre profitierte der Forststrassenbau von höheren Subventionen. Der allgemein erwartete Rückgang der Erschliessungstätigkeit wurde dadurch gebremst (Burkhalter und Schader 1994). Um die Jahrhundertwende durchschnitten rund 29 000 Kilometer Forststrassen den Schweizer Wald (BUWAL 1999). Vor allem im Steilgelände entstanden hässliche Wunden im Landschaftsbild. Oft wurde das gesamte Überschussmaterial hangabwärts gekippt, wodurch lange und instabile Schutthalden entstanden und den unten liegenden Waldbestand schädigten.

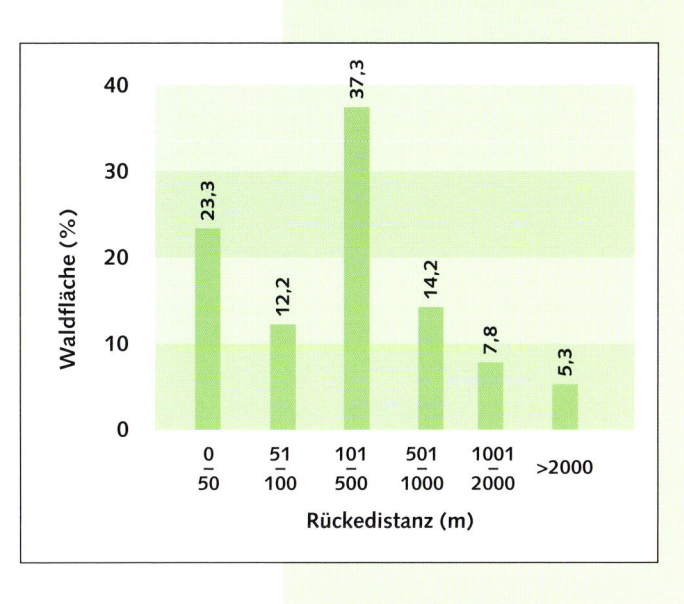

Abb. 224: Fast alle Bäume sind in Reichweite gerückt: Waldfläche nach Rückedistanz – so heisst der Weg eines Baums zur nächsten mit Traktoren befahrbaren Rückegasse – für den Zustand 1993/95. Quelle: Brassel und Brändli 1999.

Abb. 225: Im Winter ist die Verstrassung des Waldes besonders gut sichtbar. Unterhalb Salhöchi (SO/BL), April 2008.

Der Bevölkerung und vor allem dem Natur- und Landschaftsschutz entging die Bauerei im Wald nicht. In einer vom Bundesamt für Forstwesen in Auftrag gegebenen Umfrage stellten die Einwohnerinnen und Einwohner der Schweiz Ende der 1970er-Jahre dem Waldstrassenbau ein schlechtes Zeugnis aus. Doch statt ihre Strassenpolitik zu überdenken und mehr Sorgfalt und Rücksicht beim Waldstrassenbau walten zu lassen, kamen Förster in einer Antwort im Mitteilungsblatt des Bundesamts für Forstwesen (2. November 1979) zum Schluss, dass die Bevölkerung die Bedeutung von Waldstrassen «missversteht»: *«Die Bevölkerung unterschätzt den Nutzen der Waldwege für die Pflege unserer Wälder und überschätzt deren negative Auswirkungen. [...] Nach wenigen Jahren haben sich die geschlagenen Wunden in der Regel wieder geschlossen, und die Strassenanlage erscheint in die Landschaft vollauf integriert.»* Liegt hier eine bewusste Manipulation von Umfrageergebnissen vor? Oder handelt es sich um eine weltfremde Fehlinterpretation?

Abb. 226: Ein Wald bei Liestal wird erschlossen. Links: September 1959; Mitte: Oktober 1965; rechts: August 1980.

Abb. 227: Rücksichtsloser Forststrassenbau. Oben links: Eyholz bei Visp (VS); oben rechts/unten links: in den Voralpen; unten rechts: Chilpen bei Diegten (BL), April 1975.

Im Juni 1981 folgte die Broschüre «Waldstrassen – Wege zur Pflege. Eine Information des Bundesamtes für Forstwesen für alle Naturfreunde» (sic!). Es wurden zwar gewisse Fehlentwicklungen zugegeben: *«Sicherlich meint man es im Mittelland mit der Walderschliessung an einigen Orten zu gut und macht zuviel.»* Verschiedenes in der Broschüre ist dagegen logisch nicht nachvollziehbar: *«Eine genügende Erschliessung bietet […] Gewähr, dass die Holzerei schonend durchgeführt werden kann.»*

Ende der 1980er-Jahre kam eine Untersuchung im Rahmen des nationalen Forschungsprogramms «Holz» zum Schluss, dass der Erschliessungsbedarf vor allem in den Gebirgswäldern gross sei (Pfister et al. 1988). Dem Wald würden nicht weniger als 3600 bis 4300 Kilometer Strassen fehlen. Forstliche Kreise sind auch heute noch davon überzeugt, dass das bestehende Forststrassennetz bei Weitem nicht ausreicht.

Abb. 228: Ein «Band aus künstlichem Fels». Waldwege der Zukunft?

Absurdes leistete sich die Försterschule Lyss. Die zukünftigen Förster müssen *«praktische Bauarbeiten im Wald»* durchführen, *«wie sie im Wald notwendig sind»*. Etwas ganz Besonderes erwartete die Schüler im Jahr 1982, wie einem Bericht in der Zeitschrift «Schweizer Gemeinde (Nr. 165, 1983) entnommen werden kann: Sie durften mithelfen, einem Waldweg im Kanton Waadt einen 2000 Meter langen Betonbelag zu verpassen. Die Behauptung, Waldstrassen seien Wald, wurde hier ad absurdum geführt (Abb. 228).

Nicht nachvollziehbar ist die Praxis, dass Forststrassen ohne Bewilligung gebaut werden. Der 2008 verstorbene Forstingenieur Alfred Huber schrieb dazu 1988: *«Wir alle wissen, dass für die Erstellung von Bauwerken aller Art – bis hin zur Schrebergartenhütte oder einem Marroniverkaufsstand – eine behördliche Bewilligung eingeholt werden muss und dass solche Vorhaben in der Regel öffentlich auszuschreiben sind. Dadurch soll interessierten bzw. betroffenen Dritten die Mög-*

Abb. 229: Klotzen statt kleckern: neue Forststrasse in Brienzwiler (BE).

lichkeit gegeben werden, nötigenfalls Vorbehalte oder Einsprachen anbringen zu können. Gewohnheitsgemäss wird aber dieses Verfahren innerhalb des Waldareals, das immerhin ein Viertel unserer Landesfläche einnimmt, nicht angewandt. In ihm gelten Bauwerke – Waldstrassen, Brücken, Waldhütten, Bachverbauungen u.a.m. – in der Regel als Bestandteile der Waldbewirtschaftung, die sich weitgehend unter Ausschluss der Öffentlichkeit abspielt. Auch das Bundesgesetz über die Raumplanung attestiert dem Wald und seiner Betreuung eine Art ‹Eigenleben› losgelöst vom Geschehen in unserem übrigen Lebensraum, und das neue eidg. Waldgesetz sieht diesbezüglich keine Änderung vor.»

Forststrassenbau auf dem Holzweg

In der Gemeinde Bollodingen (Kanton Bern) schien im Jahr 1985 alles auf ein ganz gewöhnliches Forstprojekt zur Erschliessung einer bisher extensiv genutzten Waldung an einem Hang hinauszulaufen. Allerdings stellte sich heraus, dass die Forststrasse eines der bedeutendsten, noch intakten grösseren Hohlwegsysteme des Mittellands zerschneiden würde. Das einzigartige Hohlwegbündel war kurz zuvor im Rahmen der Arbeiten zum Inventar der historischen Verkehrswege der Schweiz (IVS) entdeckt worden (Schneider 1990). Das Wegbündel wurde zwischen dem 11. und 13. Jahrhundert angelegt. Es ordnet sich ein in eine Weganlage, die in zähringischer Zeit von Rheinfelden her über den Jura geradlinig nach Thun zielte (Aerni 1996).

Während die Eidgenössische Forstdirektion die Schutzwürdigkeit des Objekts anerkannte, zeigte die bernische Forstdirektion kein Verständnis für die Erhaltung des Kulturguts (Schneider 1990). Von Alternativprojekten wollte man nichts wissen. Als die Eidgenössische Forstdirektion schliesslich einen Beitrag von 30 Prozent an die Kosten der Walderschliessung zusicherte, deponierte der Schweizer Heimatschutz (SHS) beim Bundesgericht eine Verwaltungsgerichtsbeschwerde gegen die Subventionsverfügung (Aerni 1996). Nachdem sich vom Kantonsarchäologen bis zur Forstlobby alle zu dem Fall geäussert hatten, hiess das Bundesgericht im Juli 1990 die Beschwerde gut und hob die Subventionsverfügung auf. Das Beispiel wurde wegweisend für analoge Fälle.

Abb. 230: Das Hohlwegsystem in Bollodingen.

Verhängnisvolle Kielwassertheorie

Luftbilder aus den 1950er-Jahren zeigen, dass die Eingriffe der Holznutzung im wenig erschlossenen Schweizer Wald damals feiner und punktueller waren als gegen Ende des 20. Jahrhunderts. Die rücksichtslose Erschliessung der Wälder ab den 1970er-Jahren hatte allerdings nicht nur ökonomische Gründe, sondern auch ideologische Ursachen, denn die forstliche Dogmatik lehrte noch bis vor Kurzem, dass ein nicht genutzter oder gepflegter Wald zusammenbrechen würde.
Naturschutz im Wald? Wir sind von Natur aus Naturschützer! So lautete das Kredo der Forstwirtschaft. Diese Glaubensvorstellung führte automatisch zur Kielwassertheorie. Diese besagt, dass ein genutzter und gepflegter Wald gleichzeitig alle von der Gesellschaft geforderten Funktionen erfüllen könne, also Holzproduktion, Luftverbesserung, Schutz von Grund- und Oberflächenwasser, Naturschutz und was die Fantasie noch so alles zulässt. Die leere Formulierung retuschierte die absolute Vorrangstellung der Holzproduktion und sollte vor Kritik schützen – mit grossem Erfolg. Die Schweizer Bevölkerung sieht Wald – und ist zufrieden.
Die Kielwassertheorie ist eine ideologische Aussage und als solche zu einem tragenden Bestandteil der forstlichen Ideologie geworden. Sie suggeriert den Forstleuten, dass jegliches forstwirtschaftliche Handeln auch anderen Interessen am Wald nützt und man sich um die Belange der anderen Waldbenutzer nicht zu kümmern braucht. Als Peter Glück von der Universität Wien 1987 in seinem Artikel «Das Wertsystem der Forstleute» die Kielwassertheorie unter die Lupe nahm und als bedenklich einstufte, hätte ihn das fast die Stelle gekostet.

Beim Waldstrassenbau kam es zu einer zerstörerischen Eigendynamik: Die Forstwirtschaft verspricht «gesunde» Wälder – damit die Wälder «gesund» bleiben, müssen sie bewirtschaftet und «gepflegt» werden – ohne Waldstrassen keine Pflege. In einem Plädoyer gegen die Übererschliessung der Wälder versuchten der Forstingenieur Mario F. Broggi und der Landschaftsschützer Hans Weiss diesen Teufelskreislauf zu durchbrechen (Broggi und Weiss 1987): *«Es gehört zu den waldbaulich nie bewiesenen Hypothesen, dass der Wald immer und überall einer Bewirtschaftung oder Pflege bedarf, um seine Schutzfunktion ausüben zu können. Es tönt zwar banal, aber man muss daran erinnern, dass der Wald vor dem Menschen da war.»* Selbst wenn gleichaltrige Kunstwälder, die nicht mehr bewirtschaftet werden, stellenweise zusammenbrechen würden, sei auch ohne menschliche Eingriffe die Schutzfunktion des Waldes nicht automatisch aufgehoben. Absterbende Bäume und tote Äste sollten zudem nicht als Ärgernis gesehen werden, sondern als Teil eines grossartigen, sich selbstständig erneuernden Ökosystems. Broggi und Weiss machten darauf aufmerksam, dass der forstliche Nutzen vieler Waldstrassen fraglich sei und die entstandenen Schäden vor allem im Gebirge kaum aufwiegen dürfte. Es sei zudem unverständlich, weshalb in den meisten Kantonen der Bau von Waldstrassen keinem normalen Bewilligungsverfahren unterliege, obwohl dies vom Bundesgesetz über die Raumplanung für sämtliche Bauten und Anlagen vorgeschrieben wird.
Auch die Forschungsresultate von Burkhalter und Schader (1994) haben gezeigt, dass viele Waldpartien ohne negative Folgen aus der Bewirtschaftung entlassen

werden können und der Übererschliessung der Wälder mit Strassen Einhalt geboten werden muss. Kaum war diese Publikation erschienen, kamen erboste Reaktionen aus der Forstwirtschaft. Der Forstdirektor bezeichnete die Studie gar als «Parteigutachten». Die Diskussion werde durch solche Studien *«polarisiert und polemisiert»*, erklärte der oberste Förster der Schweiz.

Abb. 231: In den 1970er-Jahren wurden Fichtenplantagen zu einem genauso dominanten wie hässlichen Landschaftselement. Fichtenpflanzung oberhalb N3 bei Horgen (ZH).

Abb. 232: Waldbauliche Trostlosigkeit: Inneres eines Fichtenbestands bei Küttigen (AG).

294

Die Mühen der Förster mit dem Nichtstun

Findige Förster sind durchaus in der Lage, ihr Tun «wissenschaftlich» zu untermauern. Beliebt ist der Hinweis, dass im Wald weniger Tier- und Pflanzenarten gefährdet sind als im Offenland. Angesichts der dramatischen Zustände im Kulturland in den 1970er- und 1980er-Jahren ist dieser Vergleich ein schwacher Trost. Die kürzere Liste an bedrohten Organismen im Wald verleitete beispielsweise einen Zürcher Kreisförster zur Aussage, dass im Hinblick auf den Artenschutz «*keine grundlegenden Änderungen der Waldbewirtschaftung erforderlich*» seien (Abegg 1993). Glücklich hat die Schweizer Förster die Erkenntnis gemacht, dass in einem lichten Wald deutlich mehr Arten leben. Denn was, wenn nicht die Bewirtschaftung, bringt Licht in den Wald? Abegg (1993) geht sogar so weit, im Interesse der Artenvielfalt «*abgelegene Wälder*» zu bewirtschaften, «*um Licht hineinzubringen*». Und was benötigt die Forstwirtschaft für diese «Naturschutzmassnahme»? Erschliessungen natürlich.

Doch was ist mit den 20 Prozent der Waldarten, die irgendwann in ihrer Entwicklung auf Alt- und Totholz angewiesen sind? Auch hier haben die Förster Zahlen zur Hand: In den Schweizer Wäldern sind die Holzvorräte in den letzten Jahrzehnten deutlich angewachsen. Standen um 1950 in den Wäldern durchschnittlich 250 Kubikmeter Holz pro Hektare, waren es 50 Jahre später bereits 367 Kubikmeter. Dieser höhere Holzvorrat, so die Förster, bedeute auch mehr Alt- und Totholz, das ja auch bei der Waldbewirtschaftung anfalle. Und überhaupt: «*Die Forderungen des Naturschutzes nach mehr Alt- und Totholz oder nach Einrichtung von Urwaldreservaten widersprechen dem Ziel der Schaffung lichterer Wälder*» (Abegg 1993).

Diese «wissenschaftliche» Argumentationsweise konnte der Forstingenieur Mario F. Broggi so nicht stehen lassen. 1994 schrieb er: «*Wo die Kritik an Bruno Abegg ansetzen muss, ist, dass er seine Suchschleife zur Thematik zu eng ansetzt, indem er seine Aussagen auf eine Verteidigung des Försters mit seiner bisherigen Waldbewirtschaftung beschränkt.*» Broggi bestätigte zwar, dass die Waldbewirtschaftung mit dem Erhalt lichter Wälder «*auf speziellen Standorten […] Wesentliches zum Artenschutz beitragen*» kann. Gemeint sind aber nicht flächendeckend lichte Wälder, sondern Nieder- und Mittelwälder. Broggi widerspricht auch der These, dass der Altholzanteil im Schweizer Wald für Naturschutzaspekte genügend ist: «*Hier geht es um einen Trugschluss zwischen forstlichem und biologischem Alter, die sich um Jahrhunderte unterscheiden können. Referenzwert kann hierbei eben nicht der geplünderte Wald vor mehr als hundert Jahren sein, sondern der Natur- und Urwald.*» Vergleiche auf dieser Basis zeigen, dass die Wälder im Mittelland praktisch frei von Totholz sind. Ein grosses Fragezeichen muss auch hinter die These gesetzt werden, dass Urwälder dunkle Wälder sind. Brechen alte Einzelbäume zusammen, können grössere Lichtungen entstehen, auf denen eine reichhaltige Flora gedeihen kann.

Das Schweizer Amazonien

Unter dem Motto «Der Waldbau folgt dem Wegebau» wurde die subventionierte Grob- und Feinerschliessung der Mittellandwälder vorgenommen. Die Forstdienste hatten sich grosse Maschinenparks angeschafft, die amortisiert werden mussten. Im Luftbild präsentieren sich einige Waldgebiete des Mittellands in den 1970er-Jahren wie die heutigen Regenwälder Brasiliens und Indonesiens: Nach dem Bau von Strassen und Pisten wird der Wald «gerodet». Für schweizerische Verhältnisse wurden grosse Waldgebiete in rascher Folge umgewandelt, indem die Laubbäume gefällt und durch Nadelholzpflanzungen nach dem Vorbild des landwirtschaftlichen Ackerbaus ersetzt wurden.

Die Idee, alte Laubwälder umzuwandeln, setzte sich etwa in den 1970er-Jahren durch. Im Volksmund hiess das Kahlschläge, in der forstlichen Terminologie waren das «kahlhiebähnliche Abtriebe». Das Bild war dasselbe: Neue geometrische Schlagflächen zerrissen das Waldkleid, ausgedehnte Buchenwälder verschwanden in kurzer Zeit und in mehreren Etappen, grosse Bäume wurden immer seltener. Das Ziel war eindeutig: Steigerung der Holzproduktion. Es drohte das Ende der ökologischen oder naturnahen Forstwirtschaft.

Nach dem Kahlschlag wurden vor allem Fichten oder nordamerikanische Douglasien angepflanzt (Bürgi und Schuler 2003). Aus Gründen des «Waldschutzes» wurden viele dieser sogenannten Verjüngungsflächen eingezäunt, was vielen Jägern und Orientierungsläufern ein Dorn im Auge war. Der zunehmende Anteil an Nadelholz hat das Landschaftsbild vom hellen, quasi lindengrünen «Laubwaldaspekt» hin zum dunkelgrünen «Tannenwaldaspekt» verändert. Der farblichen Verdunkelung ist eine effektive gefolgt, indem das Nadelholz sehr dicht stand und ganzjährig den Boden verdunkelte. Damit wurden die Bodenvegetation und die daran gebundene Kleintierwelt verdrängt. Zudem wurden vermehrt standortfremde Arten gepflanzt, was man teils noch heute am Vorhandensein von Lärchen und Weisstannen im Mittelland sehen kann.

In den 1970er-Jahren hatten alle Wirtschaftsbereiche den Drang zum ungehemmten Wachstum. Ob Automobilhersteller, Strassen- und Siedlungsbau, Landwirtschaft oder Forstwirtschaft: Alle waren auf Gewinnmaximierung auf Kosten der Natur aus. Doch die beiden Urproduktionsbereiche, die Landwirtschaft und die Forstwirtschaft, haben nicht begriffen, dass man biotische Systeme nicht wie eine Zitrone ausquetschen kann, ohne Schäden zu provozieren.

Dem Gigantismus war auch die mehrhundertseitige «Gesamtkonzeption für eine schweizerische Wald- und Holzwirtschaftspolitik» aus dem Jahr 1975 zuzurechnen. Der Schweizerische Bund für Naturschutz (SBN, heute Pro Natura) beanstandete in seiner Stellungnahme unter anderem die Bewirtschaftungspflicht. Diese sah

Ein Waldspaziergang…

…mit Max Disteli, Naturschutzbeamter im Kanton Aargau, Anfang der 1970er-Jahre (Quelle: Disteli 1972):

«Nun konnten wir […] feststellen, dass gerade an Steilhängen grössere Flächen durch Kahlschlag abgetrieben werden und dieselben Flächen in ziemlicher Monokultur mit Fichten angesetzt werden. Es ist kaum ganz zu ermessen, was eine solche Wirtschaftsweise in wenigen Jahrzehnten für das Landschaftsgefüge für Auswirkungen haben wird, da der Waldanteil im Jura besonders hoch und sozusagen den landschaftlichen Ton angibt. […]

Mit der Rationalisierung, Technisierung, ‹Gesundschrumpfung› usw. hat die Landwirtschaft bereits entscheidende Schritte weg vom Leben, weg vom Organischen getan. Jetzt ist die Waldwirtschaft an der Reihe, jegliche Rücksichtnahme auf die Besonderheiten organischer und ökologischer Strukturen sowie fundamentaler Interessen für die Allgemeinheit fallenzulassen, um besser rentieren zu können, was nur für kurze Zeit und auf Kosten der Nachhaltigkeit und der nachfolgenden Generationen möglich ist. Wie überall, so fängt nun auch in der Waldwirtschaft das kurzfristige Renditedenken an überhandzunehmen. […]

Der nur noch marktorientierte Holzproduzent wird für die Landschaftspflege genauso tauglich sein wie ein schwer umweltbelastender Industrieunternehmer.»

Abb. 233. Einheimische Amazonasstimmung im Mittelland im März 1990.

Oben: «Waldräumung» zwischen Olten und Aarau. Der Blick von oben erinnert an Bilder aus tropischen Wäldern.

Mitte: Die im Gesetz festgeschriebene «Nachhaltigkeit» der Forstwirtschaft sucht man hier vergeblich. Solche Baumäcker sind kein Lebensraum für einheimische Waldarten und eine Zumutung für die einheimische Bevölkerung.

Unten: Dies ist kein Wald, sondern eine Holzproduktionsstätte.

vor, auch abgelegenste und unerschlossene Wälder zu bewirtschaften, weil sie ansonsten flächig «*zusammenbrechen*» und «*Herde für Epidemien*» bilden würden. Der Schweizerische Bund für Naturschutz suchte in der Gesamtkonzeption sowohl den Begriff des Naturschutzes wie auch dessen Umfeld vergeblich.

Der Naturschützer Heiner Keller stellte 1984 die berechtigte Frage, ob die Verschandelung der Wälder wirklich notwendig sei und ob der Wald denn überhaupt materiell rentieren müsse. Er forderte die Forstwirtschaft auf, zum naturnahen Waldbau der guten alten Schule zurückzukehren. «*Eine naturnahe Forstwirtschaft nutzt das natürliche Potential der Natur aus. […] Verzicht auf den maximal möglichen Holzzuwachs, Rücksichtnahme auf kleinste Standortunterschiede, vielfältigste Plenterwälder, vielfältigstes Holzangebot, Schaffung von Altholzinseln, damit alle Glieder der Waldfauna leben, überleben und segensreich wirken können. […] Es ist ein Kraftakt nötig, wie er seinerzeit zur Statuierung des Forstgesetzes geführt hat. Wir sind heute in einer ähnlichen Notsituation. Man kann nicht immer nur davon reden, welche Funktionen der Wald alle erfüllen soll, und trotzdem oft einfach nach wirtschaftlichen Kriterien im Wald funktionieren.*» Der Ruf verhallte ungehört im dunklen Wald.

Doch Keller gab nicht auf. Unermüdlich schrieb er gegen das Treiben im Wald, so 1989 unter dem Titel «Die Forstwirtschaft zerstört die Natur»: «*Die Zeitabschnit-*

Abb. 234: Durchlöchertes und aufgebrochenes Waldkleid: Verjüngungsschläge in einem typischen Schweizer Mittellandwald. LK Zürich. Aufnahme vom 2.7.1994.

te, die Intervalle der Waldumwandlung folgen sich rascher als die Baumgenerationen. Die Fichtenanbaufläche hat seit 1966 eine bisher nie dagewesene Höhe erreicht, die mit einer Abnahme der Buche einhergeht. [...] Kahlhiebe mit nicht ‹hiebfesten› Begründungen, schematische Pflegeverfahren mit Freischneidegeräten gehören nicht mehr zu den seltenen und vorschriftswidrigen Ausnahmen des heutigen Waldbaues. Der Waldbau wird der Maschine angepasst. [...] Durch einen unbegrenzten Anspruch auf Pflege und Nutzung wird der Wald ebenso stark umgewandelt wie die offene Landschaft durch die moderne Landwirtschaft. [...] Ein ökologischer Ausgleich, wie er im Bundesgesetz über den Natur- und Heimatschutz verlangt wird, ist nicht nur im Landwirtschafts- und Siedlungsgebiet, sondern auch im Wald dringend nötig.»

1990 belegte Keller mit dramatischen Bildern aus der Luft grosse Kahlhiebflächen und ausgedehnte Nadelforste im Mittelland. Tatsächlich verdient der Wald seinen Namen nicht mehr überall. Die Reaktion der betroffenen Förster kam postwendend: Förster sprachen selbstgerecht von einer «reisserischen und perfiden Aufmachung» des Artikels und einer «Irreführung der Öffentlichkeit». Der Stadtoberförster von Aarau sah sogar eine «strafbare Handlung». Keller nimmt es gelassen. In einem Antwortschreiben wies er darauf hin, dass angesichts der Luftbilder verschiedene Förster Schwierigkeiten bekommen, ihre Art der Waldbewirt-

Abb. 235: Schweizer Waldlandschaften im Jura. Klaffende Wunden allüberall. Oben links: Hölstein (BL), Februar 2008; unter der Räumung litt vor allem der Buchsbestand; oben rechts: Wittnau (AG), Mai 1984; unten links: Bubendorf (BL), April 1996; unten rechts: Magden (AG), April 1981.

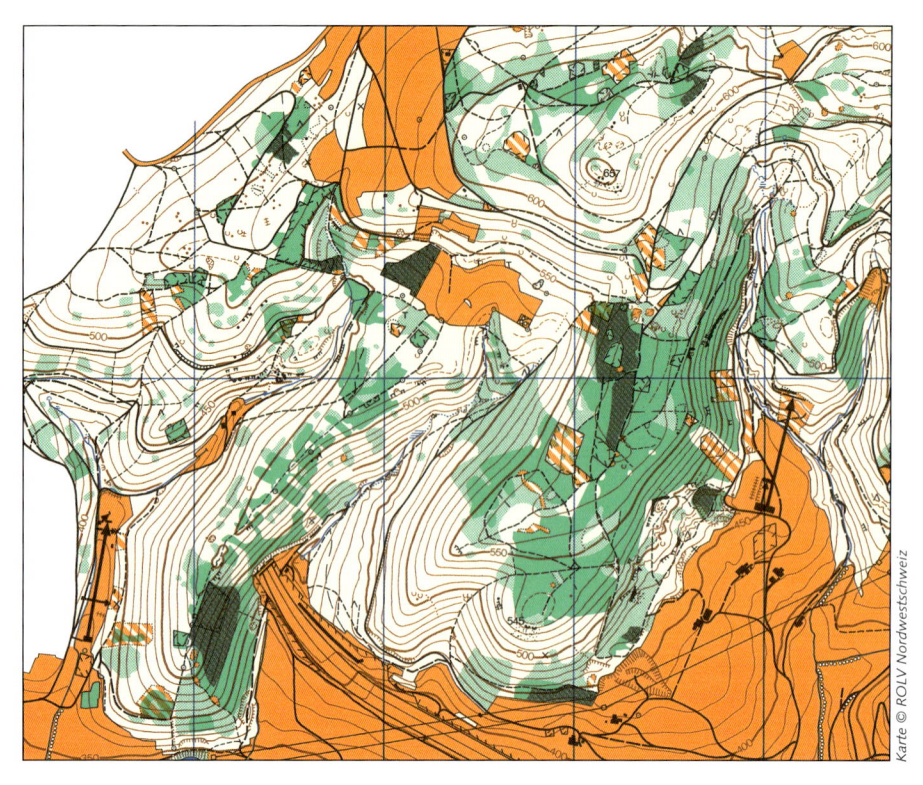

schaftung zu erklären. «Was auf Waldspaziergängen einem Laien-Publikum als ‹naturnah› vorgeführt wird, hält einer objektiven Beurteilung nicht stand.» Die Zahlen geben ihm Recht: So wurde beispielsweise 1985 ein Drittel der Waldfläche im Kanton Zürich als naturfern taxiert.

Doch Kahlschläge werden weiterhin verniedlichend als «Räumungen» deklariert, übertriebene Flächenhiebe als Zwangsnutzungen sanktioniert. An vielen Orten in der Schweiz drohte in den 1970er- und 1980er-Jahren der Wald zu einer Holzproduktionsstätte zu verkommen. Unaufhaltsam wanderte Hiebfläche um Hiebfläche durch den Wald, wobei sich die Hiebführung über alle kleinräumig verschiedenartigen Standorte hinwegsetzte. Nicht einmal die schützenswerten Auen wurden von der forstwirtschaftlichen Nutzung ausgenommen. Von Naturschutz im Wald konnte keine Rede sein. Es galt das absolute Primat der Holznutzung.

Abb. 236: OL-Karte: Orientierungslauf mit grösseren Hindernissen. Die Karte der Sissacher Flue (BL) im Originalmassstab 1:16 667 dient den Waldläufern zur Orientierung über die Geländebeschaffenheit. Der Wald ist weiss und grün gekennzeichnet. Die dunkelgrünen Flächen sind unpassierbar; die normalgrünen Flächen sind nur mit grössten Schwierigkeiten durchquerbar. Die geschlossenen schwarzen Linien mit Zähnen nach innen markieren Zäune im Wald, welche die Verjüngungsflächen vor Wildverbiss schützen sollen. Sowohl diese eingezäunten als auch die grünen Flächen sind Verjüngungsflächen, auf denen dichter Fichtenjungwuchs oder Fichtenforst steht. Die Kahlschläge (siehe Legende) auf der Karte – regelrechte Löcher im Wald – dienen der Orientierung.

Abb. 237: Dieser als Schutzwald aufgeforstete Gebirgswald wurde nicht natürlich verjüngt und gleicht einem Flickenteppich. Bölchenweid (BL), September 1987.

300

Abb. 238: Seltsame Strukturen im Wald: Es handelt sich um Schneisen der Waldbewirtschaftung durch die Seilkrananlage.

Abb. 239: Kahlschlag im Wandel der Zeit. Gemeinde Rothenfluh (BL), 1976, 1984, 1994.

Kapitel 9   Der Wald im Wandel der Zeit

Kritik unerwünscht

Wie bei der Landwirtschaft herrscht auch bei der Forstwirtschaft eine strikte Territorialpolitik. Der Waldrand wirkt als grüne Schutzmauer gegen alle «bösen» Einflüsse von ausserhalb des Waldes, selbst wenn es sich um Gesetze wie das Natur- und Heimatschutzgesetz handelt, welche für alle Gültigkeit haben (sollten). Im Gegensatz zur Landwirtschaft sind im Wald die ökologischen Folgeschäden dieser Politik nicht sofort ersichtlich.

Während Nutzungspläne für das Offenland meist differenziert ausgeführt sind, erscheint der Wald oft als grüne Fläche. Auch wenn die Waldentwicklungspläne der 1990er-Jahre neue Möglichkeiten eröffnet haben; die Realität blieb die alte: Im Wald hat allein der Förster das Sagen.

Nur wenige Kritiker von Forstwirtschaft und Waldbau haben sich öffentlich zu Wort gemeldet. Praktisch keine Kritik kam aus den Kreisen der Forstwirtschaft – kein Wunder, waren doch 95 Prozent der Schweizer Förster der Kielwassertheorie verpflichtet. Für die restlichen 5 Prozent konnte es Ende der 1990er-Jahre noch immer negative Folgen zeitigen, wenn sie sich namentlich exponierten (Iten 1999). Eine klare Aussage ist vom ETH-Forstprofessor Hans Leibundgut aus dem Jahr 1987 überliefert. In einem Artikel in der Schweizerischen Forstzeitschrift schrieb er: *«Der schweizerische Waldbau befindet sich ganz offensichtlich in einer Krise, aus welcher der Rückschritt in einen Holzacker mit modernen Mitteln hervorzugehen droht.»*

1992 lancierte der Schweizerische Bund für Naturschutz (SBN) eine «Naturwald-Kampagne» und forderte mehr Natur im Wald. Unter anderem sollten mindestens zehn Prozent der Waldfläche im Mittelland aus der Nutzung entlassen werden. Das geriet dem Schwyzer Waldwirtschafts-Verband in den falschen Hals: Im November 1992 schrieb dieser: *«Der Wald, der von den meisten Bürgern als heile Welt empfunden wird, ausgerechnet der Wald, der heute artenreicher und optisch schöner dasteht als vor 50 bis 60 Jahren, wird nun zum Hauptanliegen des SBN. […] Wissend, dass der Wald landab landauf von vielen uneigennützigen Helfern mit Liebe gepflegt und sinnvoll genutzt wird, könnte man solche Tagträume aus Glashäusern im Raum stehen lassen. Die Urwald-Thesen sind aber irreführend, ein ökologisches Eigengoal und volkswirtschaftlich schädigend. Mit der Urwaldaktion des SBN wird das Waldprodukt Holz in Frage gestellt und vermiest.»*

Im selben Jahr wird der von einer Expertengruppe im Auftrag des Regierungsrats des Kantons Zürich erstellte Entwurf «Naturschutz-Gesamtkonzept für den Kanton Zürich» sowohl vom Institut für Waldbau der ETH als auch auf mehr als zwei Dutzend Seiten vom Oberforstamt des Kantons Zürich zerzaust und mit den uralten, üblen «forstlichen Verbalinjurien» abgetan. Mit einer PR-Aktion schlugen sie zurück: Auf einem Waldspaziergang mit Journalisten am Südhang des Irchels oberhalb Zürichs im Jahr 1993 erklärte der Oberforstmeister, *«man wolle nicht per eingeschriebenen Brief aus Zürich Anweisungen erhalten, wie der Naturschutz im Wald zu gestalten sei»*. Und der Präsident des Verbands der Zürcher Förster warnte *«vor einem falsch verstandenen Naturschutz im Wald, denn ein ‹vergammelter› Wirtschaftswald sei artenärmer als ein gepflegter, und wer grosse Reservate wolle wie die ‹Naturlandschaft Sihlwald›, biete geradezu Hand zur Zerstörung von Lebensräumen»*.

In einer Zuschrift in der Neuen Zürcher Zeitung kommentierte André Welti, Sekretär des Zürcher Naturschutzbundes, den Waldspaziergang (3.8.1993): Die Förster wollen demonstrieren, «wer das Sagen hat im Wald. Die Förster fühlen sich durch Naturschützerinnen und Naturschützer bedrängt, die zusätzliche Ideen mitbringen, wie Naturschutz im Wald betrieben werden könnte. Ich begreife nicht, warum die Förster den Dialog nicht willig aufnehmen. Stattdessen neigen sie dazu, einen geistigen Zaun um den Wald zu bauen, in dem sie ‹ungestört› ihre Ideen umsetzen können».

1995 erschien ein Communiqué der Volkswirtschaftsdirektion Zürich mit dem verheissungsvollen Titel «Verbindung von Naturschutz und Holznutzung – Zur Waldwirtschaft im Kanton Zürich». Staunend las man, dass die Waldwirtschaft sehr häufig angewandter Naturschutz sei – also Kielwassertheorie in Reinkultur. Die Professur für Natur- und Landschaftsschutz der ETH Zürich schrieb – wenn auch nicht öffentlich – der zuständigen Regierungsrätin folgende Entgegnung: *«Die*

Abb. 240: Vom Umgang der Schweiz mit ihren Waldrändern. Oben links: Fichtenplantage vor Laubwald, Tenniken (BL) 1984; oben rechts: Fichtensperranlage, Wölflistein, Sissach (BL) 1975; Mitte links: Mit Herbiziden vergifteter Waldrand, Oberrüti (AG) 1982; Mitte rechts: Gülle im Waldrand, Tenniken (BL) 1982; unten links: Ackern bis an die Baumstämme; unten rechts: Eine saubere Sache – geteerte Strasse bildet den «Waldrand».

Verlautbarung ist formal und politisch deplaziert; sie kommt über abgegriffene, leere Behauptungen nicht hinaus; sie erweist dem wissenschaftlichen Naturschutz einen Bärendienst [...]. Das Communiqué hat keinen äusseren Anlass. Als Rechtfertigung wird eine angebliche Behauptung aufgeführt, nämlich dass die Erhaltung des Waldes als Lebensraum die Holznutzung generell ausschliesse. Es wird nicht angeführt, wer denn eine solche Behauptung überhaupt je vorgebracht habe. Tatsächlich wird sie weder von den Schutzorganisationen noch von der Wissenschaft vertreten. Kurzum: Sie ist frei erfunden. Es ist dies ein altes Requisit aus der dialektischen Mottenkiste: Man konstruiert eine fremde, absurde Behauptung, widerlegt diese dann wortreich, um damit die angeblichen Urheber der Behauptung zu diskreditieren und gleich die eigene Botschaft unauffällig verpackt unter die Leute zu bringen.»

Abb. 241: Stabilisierung eines Rutschhangs durch die Forstwirtschaft. Das Bild links zeigt die Buochserrübi (NW) als kahlen Runsenkessel mit steilen Abbruchrändern im Jahr 1950. Die Stützwerke aus Holz wurden mit Erde bedeckt. Fischgratartig gegen eine Entwässerungsrinne gerichtete Flechtwerke aus Weiden dienen der Oberflächenstabilisierung. Schräg durch das Bild verläuft die Gleisanlage für den Materialtransport in Rollwagen. Das Bild rechts aus dem Jahr 1975 zeigt die begrünte Rübi. Ausser den eingebrachten Weiden *(Salix viminalis)* kommen bereits Fichten, Tannen, Bergahorn und Esche auf, die nicht angepflanzt, sondern aus den umliegenden Wäldern als Samen eingeweht wurden. Die Buochserrübi ist ein positives Beispiel einer Hangstabilisierung durch die Forstwirtschaft mithilfe der Ingenieurbiologie.

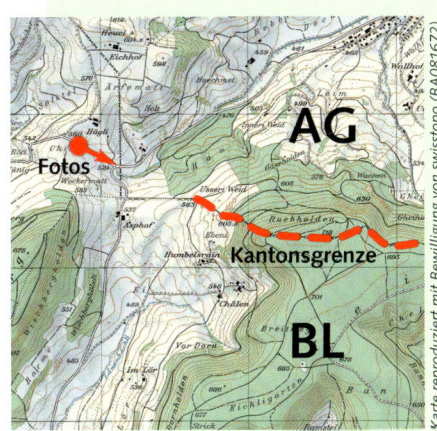

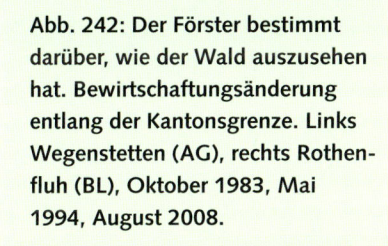

Abb. 242: Der Förster bestimmt darüber, wie der Wald auszusehen hat. Bewirtschaftungsänderung entlang der Kantonsgrenze. Links Wegenstetten (AG), rechts Rothenfluh (BL), Oktober 1983, Mai 1994, August 2008.

Kapitel 9   Der Wald im Wandel der Zeit

Was Hänschen nicht lernt ...

Die Förster wurden als Forststudenten an der ETH noch bis in die 1980er-Jahre wie Klosterschüler in Forstideologie und Forstdogmatik unterwiesen. Ein Forststudent mit Freude und Kenntnis der Flora und Fauna des Waldes wurde als «Blüemliförster» denunziert und damit als unbrauchbar für den strammen Fichtenproduzenten disqualifiziert. Er musste – wenn möglich – via Prüfung unschädlich gemacht werden. Als ein Forstingenieur 1979 wagte, Thesen zum Thema «Wald und Gesellschaft» aufzustellen, unter denen eine lautete: *«Das Natur-Areal Wald ist in unserer Welt zu wichtig geworden, als dass man es den Förstern allein überlassen könnte»*, tobten die Förster und stempelten ihn zum Häretiker – es handelte sich um den späteren Vater des Naturreservats Sihlwald.

Noch Anfang der 1990er-Jahre musste ein promovierter Forstingenieur erleben, wie seine Anstellung in der Professur für Natur- und Landschaftsschutz an der ETH dazu führte, dass er von den vormaligen Forstkollegen geschnitten wurde. Im Waadtland erklärte 1994 ein Oberförster grossspurig, dass Personen mit dem Wort Naturschutz im Mund in seinem Wald nichts verloren haben. Der Korpsgeist, das Machertum und die paramilitärische Organisation verhalfen den Förstern, alle von ausserhalb des Waldes kommenden Einwände und Überlegungen abzuschmettern und die produktive Ungeduld unter gegenseitigem Applaus fortzuführen.

Anstelle von naturwissenschaftlicher Erkenntnis und solidem ökologischem Wissen wurde noch bis in die 1980er-Jahre simples Machertum vermittelt. Beim Forststrassenbau wurde beispielsweise vorgeschrieben, wie eine Strasse unter Einhaltung von vorgegebenen Kurvenradien und bestimmten Steigungsprozenten zu bauen sei. Dass aber so eine Piste historisch bedeutsames Gelände (siehe Kap. 11) oder seltene Lebensräume zerstören könnte, galt als emotionale Nebensächlichkeit.

Eines der wenigen Foren, die sich getraut haben, sich mit den Förstern anzulegen, war die Zeitschrift «Natürlich». An einer Pressekonferenz im Juli 1990 sagte der Leiter des Schweizerischen Zentrums für Umwelterziehung: *«Das ‹Natürlich› treibt die Förster zur Weissglut. Das hat den Vorteil, dass wieder über den Wald gesprochen wird, nachdem das Waldsterben gestorben ist.»* 1988 besuchte der Redaktor der Zeitschrift, Walter Hess, den Lehrwald der ETH am Uetliberg. Was er zu Gesicht bekam, begeisterte ihn nicht: *«Die Frage nach Natur im Wald ist bei der Förster-Ausbildung in den letzten Jahren offensichtlich nicht mehr klar genug gestellt worden: Der ETH-Lehrwald am Uetliberg ist teilweise zu einer Ansammlung von Versuchsäckern für schnellwüchsige einheimische und fremde Arten wie Nordmanns Tannen, Douglasien, griechische oder spanische Tannen [...] verkommen. [...] Er ist das Spiegelbild einer praktisch ausschliesslich ökonomisch orientierten Forstwirtschaftsphilosophie, die in den Hörsälen verbreitet wird.»*

Die Vorwürfe erregten den Zorn der ETH-Wissenschaftler. Ein Professor des ETH-Instituts für Waldbau und Holzforschung schrieb in einer wütenden Zuschrift in der gleichen Zeitschrift von *«lügnerischer Information»* und einer *«völlig verzerrten Darstellung der Wirklichkeit»* (Schütz 1988). Er bezeichnete den Redaktor als *«Extremisten»*, dem es an *«Kompromissbereitschaft»* fehle – ein erstaunlicher Vorwurf aus der Forstwirtschaft. Der Wissenschaftler bezeichnete die Douglasie als

Abb. 243: Wo die Förster in den 1980er-Jahren Waldbau lernten: Eingang in den ETH-Lehrwald (Zürich Waldegg) mit gleichförmigen Fichtenaufforstungen – Wegbereiter des typischen Schweizer Waldes. Der Naturschützer und Redaktor der Zeitschrift «Natürlich» Walter Hess besuchte 1988 den ETH-Lehrwald und fragte sich hernach in einem Artikel in seiner Zeitschrift: «Was für eine Wissenschaft wird da wohl betrieben?»

Kapitel 9 Der Wald im Wandel der Zeit

Bereicherung der Baumartenvielfalt, rühmte die von Exoten dominierte Baumartenvielfalt im Lehrwald und propagierte die Walderschliessung mit Waldwegen, weil nur so die «*Naturabläufe behutsam gesteuert und die Nutzung schonend erfolgen*» könnten. «*Die verschiedenen Verjüngungsverfahren mit all ihren Kombinationsmöglichkeiten erlauben grundsätzlich eine harmonische, in die Landschaft gut einfügbare Verjüngungstätigkeit.*»

> ## Stirbt der Wald?
>
> Mario F. Broggi, von 1998 bis 2004 Direktor der Eidgenössischen Forschungsanstalt für Wald, Schnee und Landschaft (WSL) in Birmensdorf, schrieb 2008 rückblickend zum Thema Waldsterben: «*In meiner WSL-Direktionszeit hatten wir das ‹Waldsterben› offiziell beerdigt. Es war kein Ruhmesblatt für die Wissenschaft. Man liess sich damals von einem medialen ‹Tsunami› mitreissen und profitierte zugegeben auch davon. Das Wald-Ökosystem bleibt aber nach wie vor durch Schadstoffe gefährdet. Die aus der Waldsterbens-Debatte angesagte Therapie im Kampf gegen die Luftverschmutzung war richtig, wenn auch die Diagnose falsch war.*»

Wieder einmal bestehen die Ausführungen der Forstlobby vor allem aus der gewohnten Mischung von Schlagworten, beschönigenden Begriffen und Belehrungen. Kahlschläge werden verharmlost, die Artenvielfalt wird auf die Vielfalt der Baumarten reduziert, die zu einem grossen Teil nicht einmal einheimisch sind. Kein Wort darüber, dass die Schweiz in Bezug auf Waldreservate und Altholzinseln im weltweiten Vergleich weit im Hintertreffen liegt.

1993 schrieb der Kreisoberförster von Laufen (BL): «*Wir betrachten die Forderungen nach ‹naturnahem Waldbau› als weitgehend erfüllt*» (Kümin 1993). Angesichts der Forderungen aus dem Naturschutz schlägt er einen weinerlichen Ton an: «*Vielleicht bleibt nach Jahrzehnten noch ein Platz für uns!*» Den Waldbesitzern rät er, als Naturschutzmassnahme «*das eine oder andere Scheit liegen zu lassen*». Der Waldbesitzer könne aber «*keine finanziellen Leistungen für den Naturschutz erbringen, da ihm das nötige Geld fehlt*». Aber was war mit der Kielwassertheorie? Offenbar lassen sich doch nicht alle Interessen am Wald in harmonischer Weise durch die Waldbewirtschaftung verbinden.

Das Ende der Waldweide?

Die landschaftliche Relevanz von bestimmten forstlichen Massnahmen zeigt sich in Art. 18 Abs. 2 der Vollziehungsverordnung zum alten Forstpolizeigesetz: «*Die Kantone treffen Massnahmen zur Ausscheidung von Wald und Weide und zur Aufhebung des Weidganges im Wald.*» Die Umsetzung dieser Vorschrift war ein gewaltiger Abbau der Landschaftsvielfalt und ein Aderlass für die Biodiversität. Wald/Weide-Ausscheidung heisst im Klartext: Auflösung von breiten Übergangsbereichen in eine parzellenscharfe, definierbare Grenze, welche Wald und Offenland voneinander zu trennen hat. Alle Übergangsbereiche in Natur und Landschaft (sogenannte Ökotone) sind aber wichtige Lebensräume für Tier- und Pflanzenarten (Hondong et al. 1993). Diese für Natur und Landschaft gewaltsame Trennung hat im Jura, den Voralpen und den subalpinen Gebieten auf Hunderten von Quadratkilometern stattgefunden (Abb. 244).

Zu Beginn des 20. Jahrhunderts war die Waldweide nur noch im Jura (siehe S. 310), in Graubünden, im Tessin und im Berner Oberland verbreitet. Doch auch hier verlor sie – wie bereits in den tieferen Lagen der Schweiz – mit der Modernisierung der Landwirtschaft an Bedeutung. Heute werden noch zwölf Prozent des Waldes im Schweizer Alpenraum extensiv beweidet (siehe Exkurs «Lärchenwiesen und -weiden»), wobei die Bedeutung der Waldweide regional allerdings sehr unterschiedlich ist.

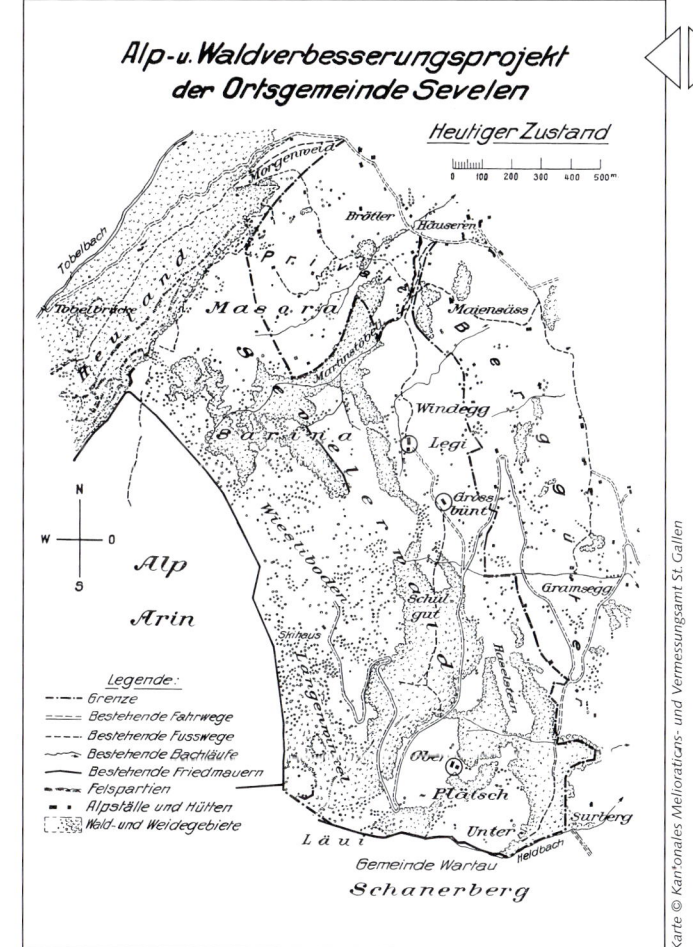

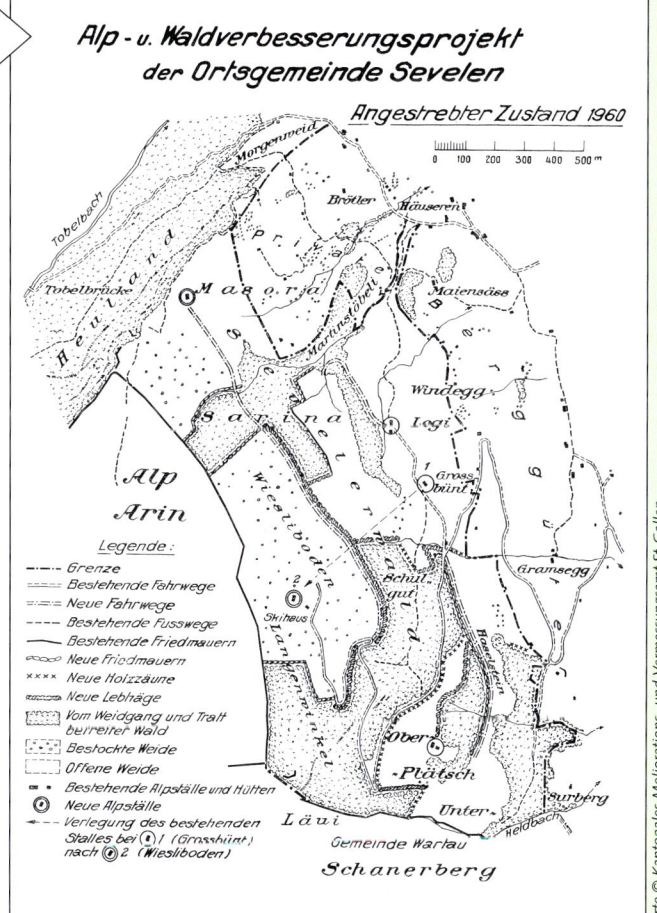

Neue Forschungsresultate zeigen, wie unnötig die Bestrebungen der Kantone waren, die Waldweide aufzulösen. Die land- und forstwirtschaftliche Doppelnutzung des Waldes mit Rindern ist bei angepasster Viehdichte ein geeignetes Weidesystem, das auch die Schutzwirkung der Gebirgswälder keineswegs einschränkt (Mayer et al. 2004). In Bezug auf die Lawinengefahr im Alpenraum ist es sogar vorteilhafter, Wald und Weide auf der gleichen Fläche eng zu vermischen, als im Rahmen einer Trennung grössere zusammenhängende Offenweideflächen zu schaffen. Ausserdem haben Umfragen ergeben, dass Touristen offenen Waldweiden den Vorzug vor geschlossenen und dunklen Wirtschaftswäldern geben würden. Sogar aus Sicht der Tierernährung steht einer Nutzung der Gebirgswälder durch das Vieh nichts entgegen (Mayer et al. 2004). Die Rinder haben eine erstaunliche Fähigkeit zur Selektion gut verdaulicher und schmackhafter Futterpflanzen. Die Waldweide scheint demnach eine ökonomisch und ökologisch sinnvolle Landnutzung zu sein.

Heute ist die Beweidung von Wald allerdings nur noch mit Ausnahmebewilligung möglich. In einzelnen Kantonen werden die Bewilligungen erteilt, sofern mit der Beweidung Naturschutzziele verfolgt werden.

Abb. 244: Wald und Offenland werden gewaltsam getrennt. LK 1135. Quelle: Widrig 1950.

Attraktive Wytweiden

Wytweiden prägen im Jura vielerorts das Landschaftsbild. Die halboffene, traditionelle Kulturlandschaft besteht aus einem Mosaik von Weiden, mächtigen Einzelbäumen, Gebüschen und kleineren bewaldeten Flächen. Sie ist das Ergebnis einer jahrhundertelangen extensiven land- und forstwirtschaftlichen Nutzung. Sie bietet nicht nur vielfältige Lebensräume für seltene Tier- und Pflanzenarten, sondern auch attraktive Erholungsräume für den Menschen (Perrenoud et al. 2003).

Doch weil sich die wirtschaftlichen Rahmenbedingungen auch in der Berglandwirtschaft des Juras seit Mitte des letzten Jahrhunderts stark verändert haben, sind die Wytweiden keine Selbstverständlichkeit mehr. Immer weniger Vieh wird vom Mittelland in die Sömmerungsgebiete des Juras geschickt, und die Erträge aus der Holzernte decken den Aufwand oft nicht mehr. Im Zuge der Rationalisierung kam es zu einer zunehmenden Trennung von Wald und Weide, die auch von der land- und forstwirtschaftlichen Forschung aktiv progagiert wurde. Während gut bewirtschaftbares und in Hofnähe gelegenes Land in reines Grünland umgewandelt und intensiviert wurde, überliess man wenig produktive Flächen dem Wald. Dies führte im Jura zum Verschwinden grosser Wytweidebestände.

Glücklicherweise wurde die Politik der Trennung von Wald und Weide nicht überall konsequent umgesetzt, sodass auch heute noch schöne Wytweiden existieren (Perrenoud et al. 2003).

Lärchenwiesen und -weiden

Die Lärchenwiesen kennen viele von uns aus den Ferien im Ober- und Unterengadin als attraktive Landschaft. Es sind lichte Lärchenhaine, deren Bodenoberfläche so gut besonnt wird, dass eine dichte Wiesenvegetation gedeihen kann. Diese wird seit Urzeiten beweidet. Pollenanalytische Untersuchungen belegen, dass in der Gegend von Ardez im Unterengadin die Lärchenwiesen vor fast 6000 Jahren im Jungneolithikum geschaffen wurden (Zoller und Erny-Rodmann 1994). Es sind vom Menschen gestaltete Landschaften. Soll dieser Lebensraum erhalten bleiben, bedarf er auch in Zukunft der Pflege. Das bedeutet, dass junge Lärchen gepflanzt werden müssen. Doch dies ist in vielen Gebieten wegen des Aufwands nicht mehr der Fall. Mit dem Absterben der alten Lärchen verfällt dieses uralte Kulturlandschaftselement, was eine weitere Verarmung der landschaftlichen Vielfalt bedeutet.

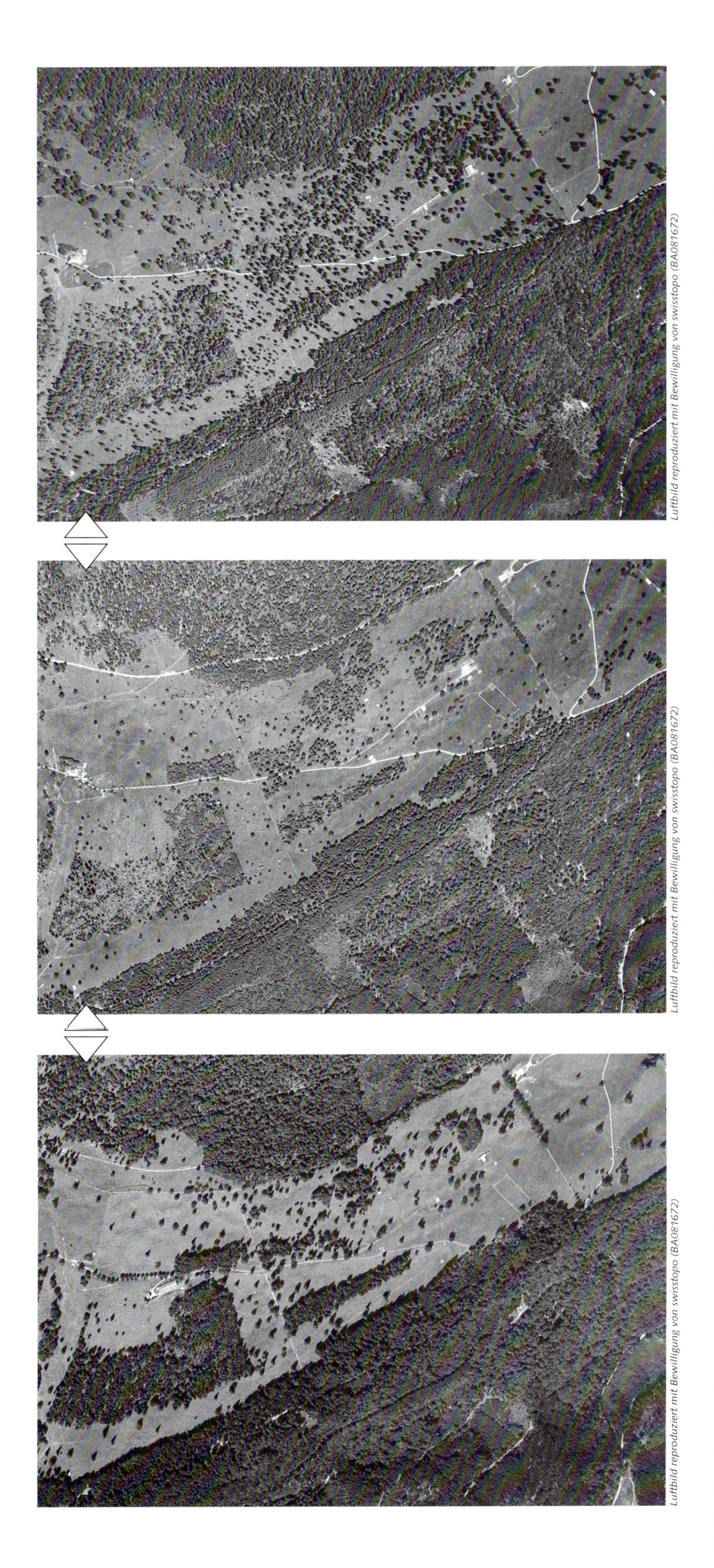

Abb. 245: Die Luftaufnahmen der Weiden Montagne-Devant/Petit-Châlet im Waadtländer Jura aus den Jahren 1934, 1953 und 2004 zeigen deutlich die erfolgten Veränderungen bezüglich der Verteilung von Wald und Weide.

Kapitel 9   Der Wald im Wandel der Zeit

Naturereignisse und rote Zahlen

Die Diskussionen um das vermeintliche Waldsterben sowie die Folgen der Trockenheit der letzten Jahre (1984, 2003) und die Orkane Vivian (1990) und Lothar (1999) haben zu einem gewissen Umdenken in der Forstwirtschaft geführt. So wurde zunehmend auf die natürliche Verjüngung anstelle des Anpflanzens von Nadelholz gesetzt. Auf vielen von Vivian kahl gefegten Flächen liess man die natürliche Entwicklung (Sukzession) gewähren – auch wenn es länger dauert bis zum erntereifen Nutzwald. Der Orkan Lothar (siehe S. 313) hat noch grössere Lücken in die Wälder gerissen. Weil man nicht alles Sturmholz verarbeiten wollte und konnte, haben sich die Borkenkäfer stark vermehrt (Abb. 247). Je nach kantonaler Forstdoktrin liess man sie gewähren, oder aber man fällte die Käferbäume.

Eine veränderte Waldbewirtschaftung ergab sich auch durch die wirtschaftliche Lage der öffentlichen Forstbetriebe, die sich Ende der 1980er-Jahre dramatisch verschlechtert hat. Die Ursachen waren vielschichtig: steigende Lohnkosten, hohe Produktionskosten, die Amortisation der Maschinenparks, Konkurrenz aus dem

Abb. 246: Windwurffläche bei Disentis (GR). Oben 1993, nach dem Orkan Vivian, unten 2007.

Ausland, und Holzpreise, die im Vergleich zum Ausland tief waren. Rund zwei Drittel der Forstbetriebe schrieben bis 2005 rote Zahlen – dies obwohl laufend subventioniert und rationalisiert wurde: Abläufe wurden verbessert und Betriebe zusammengelegt. Allein zwischen 2000 und 2005 sind dem Strukturwandel und der Produktivitätssteigerung rund zehn Prozent der Arbeitsplätze in der Waldwirtschaft zum Opfer gefallen (BUWAL und WSL 2005). Weil das Verjüngen und die Jungwuchspflege aufwändig sind, ist man wieder vermehrt zur naturnahen Waldwirtschaft zurückgekehrt. Dies bedeutet, dass die Natur entscheidet, was wo wächst.

Abb. 247: Von Borkenkäfern befallene Bäume im Entlebuch, Juni 2003. Braune Waldpartien dominieren das Landschaftsbild.

Die Macht des Orkans

Der Orkan Lothar fegte 1999 kurz nach Weihnachten mit kräftigen Wirbeln über die Schweiz. Er hinterliess Schneisen der Verwüstung in Wäldern, Feldern, Siedlungen, Gärten, Parks und Hochstamm-Obstgärten. Die Schäden betrugen 1,7 Milliarden Franken, und das Subventionsloch von Bund und Kantonen belief sich auf etwa 750 Millionen Franken. Die vom Sturm binnen einer Stunde umgelegte Holzmenge entsprach mit 13,8 Millionen Kubikmetern Holz etwa drei durchschnittlichen Jahresnutzungen (BUWAL 2004). Etwa ein Fünftel des Holzes blieb liegen – ein für viele Leute unbegreifliches Vorgehen.

Doch Lothar hatte eine heilende Wirkung auf die Forstwirtschaft: Endlich keimte die Überzeugung, dass Naturschutz auch im Wald notwendig sei. Dies war insofern eine interessante Erkenntnis, als auf einzelnen Flächen riesige Mengen Holz lagen, die sich zu Totholz und damit zu «Futter» für ungezählte Insekten und Pilze entwickeln konnten. Angesichts der geknickten, entwurzelten und zersplitterten Bäume sprach man nach dem Sturm von einer Katastrophe für die Wald- und Holzwirtschaft. Im Rückblick stufte die Eidgenössische Forstdirektion den Sturm nicht mehr als ökonomische und ökologische Katastrophe ein (BUWAL 2004).

Abb. 248: Der Orkan Lothar hinterliess in den mitteleuropäischen Wäldern grosse Lücken. Oben: Rigi, August 2000; unten: Rothenfluh (BL), Juni 2000.

Waldreservate entstehen

Eine positive Neuerung im Wald, welche das revidierte Waldgesetz von 1991 brachte, war die Schaffung von Waldreservaten. Zwar gab es schon seit vielen Jahrzehnten Waldreservate; diese waren aber fast alle klein und nicht repräsentativ für die Waldgesellschaften in der Schweiz. Das einzige kompromisslos geschützte Waldreservat war lange Zeit der Schweizerische Nationalpark, der seit 1914 besteht.

Ein für schweizerische Verhältnisse sehr grosses Waldreservat ist die «Naturerlebnislandschaft» Sihlwald mit 850 Hektaren Fläche. Hier wird auf sämtliche forstliche Eingriffe verzichtet. In gewissen Forstkreisen stiess die Ausscheidung dieses Waldreservats allerdings auf völliges Unverständnis. So schrieben Förster aus dem Kanton Graubünden in einer Stellungnahme, die in der Zeitschrift Bündnerwald unter dem Titel «Gedanken einer Försterrunde» publiziert wurde (Ardüser et al. 1993): «*Die Vorgänge im Stadtforstamt Zürich rufen in uns eine grosse Ablehnung hervor. Muss die schweizerische Forstwirtschaft ohnmächtig diesem Gebaren zuschauen? Der Sihlwald zählt zu den besten Waldstandorten in der Schweiz, die Wuchsleistung lässt uns ‹Bergler› staunen. Mancher Gebirgsforstbetrieb wäre mit einem Bruchteil der Erschliessungsdichte vom Sihlwald mehr als zufrieden. Nun brüstet sich aber der Stadtoberförster mit der Urwaldideologie: Einer der wüchsigsten Wälder (so von seinem Vorgänger übernommen) soll auf seine Initiative hin Urwald werden. Waldstrassen werden wieder begrünt [...]. Mit solchen Machenschaften wird den Berggemeinden, die nicht mal eine Basiserschliessung haben, das Wasser abgegraben. Die Volksmeinung wird gegen eine vernünftige Forstwirtschaft eingestellt. [...] Leute wie der Stadtoberförster von Zürich betrachten wir als ‹Totengräber› einer Forstwirtschaft, die seit der Forstgesetzgebung von 1876 und 1902 gut funktionierte.*» Zum Glück hat sich das fragwürdige Demokratieverständnis der Bündner Förster nicht durchgesetzt.

Seit den 1990er-Jahren werden sogenannte Sonderwaldreservate ausgeschieden, in denen gezielt für die Erhaltung und Förderung spezieller Arten eingegriffen wird. Der Kanton Zürich zum Beispiel hat sich zum Ziel gesetzt, 1000 Hektaren dauernd lichte Wälder zu schaffen und damit seltene und gefährdete, auf Licht und Wärme angewiesene Arten zu fördern (Bertiller und Keel 2006).

16 Kantone haben mittlerweile Waldreservatskonzepte erstellt, weitere sind dabei, solche zu erarbeiten (WWF 2004). Der Kanton Aargau hat frühzeitig Waldnaturschutzgebiete aufgrund der Inventarisierung unter Schutz gestellt (Baudepartement Aargau und Finanzdepartement Aargau 1994). In der Schweiz sind 301 Quadratkilometer oder 2,5 Prozent der Waldfläche als Reservatsflächen ausgeschieden. Das Ziel ist es, bis 2030 auf 10 Prozent der Waldflächen (124 000 Hektaren) Reservate einzurichten (BUWAL und WSL 2005).

Abb. 249: Der Übergang von einem Kulturwald zu einem Naturwald dauert viele Jahrzehnte. Naturschutzgebiet bei Basel.

Neue Entwicklungen im Wald

Der Wald hat in den vergangenen 200 Jahren tiefgreifende Veränderungen erfahren. Zurzeit halten sich negative und positive Entwicklungen die Waage. Die gravierende Verstrassung der Wälder und die Aufhebung der Waldweide sind eindeutig negative Entwicklungen. Andererseits gehen künstliche Verjüngungen mit unangepassten Baumarten zurück, dafür nehmen Wälder mit standortangepassten Baumarten, Waldreservate sowie über längere Zeit gar nicht mehr bewirtschaftete Waldgebiete langsam aber stetig zu. Doch die Lage könnte sich für den Landschaftsschutz rasch wieder verschlechtern.

Im Rahmen einer Waldgesetzrevision wurde bis Ende 2007 darüber diskutiert, wie Ökologie und Ökonomie unter einen Hut gebracht werden könnten – und zwar abseits der Kielwassertheorie. Streckenweise dominierten Bestrebungen, bessere Rahmenbedingungen für eine «effizientere» Waldbewirtschaftung zu schaffen. Vorgesehen waren beispielsweise grosse Kahlschläge von mehr als zwei Fussballfeldern. Doch selbst der Bund fragte sich, ob solche Kahlschläge tatsächlich dazu taugen, die Wirtschaftlichkeit der Forstbetriebe zu verbessern. Eingriffe in dieser Grössenordnung sind vielmehr ein radikaler Eingriff ins Landschaftsbild und dürften bei der Bevölkerung, die die Forstwirtschaft mit viel Geld subventioniert, auf wenig Verständnis stossen. Der Bund beschloss deshalb, auf grossflächige Kahlschläge zu verzichten und die Bundessubventionen stärker auf Schutzwälder und Waldreservate zu konzentrieren. Für die wirtschaftliche Nutzung soll es dagegen weniger, für plantagenartige Monokulturen gar keine Bundesbeiträge mehr geben. Allerdings sind die Bundesbeiträge zur Förderung der biologischen Vielfalt im Wald völlig unzureichend und betragen nur einen Bruchteil dessen, was die Landwirtschaft für die Förderung der Biodiversität im Kulturland erhält.

Trotz des Verzichts auf grosse Kahlschläge stehen dem Wald unruhige Zeiten bevor, weil die deutlich gestiegene Nachfrage nach Holz neue Voraussetzungen in der Waldwirtschaft schafft (Wildi und Wohlgemuth 2008). Der hohe Erdölpreis hat das Heizen mit Holz wieder attraktiv gemacht, und Bauen mit Holz liegt im Trend. Gleichzeitig kauft China auf der ganzen Welt Holz – nicht nur in Borneo, Brasilien oder Zentralafrika, sondern mittlerweile auch in Deutschland und wohl bald schon in der Schweiz. Der Holzmarkt hat sich aufgrund der globalen Nachfrage völlig verändert: Er ist weltumspannend geworden. Es braucht keine hellseherischen Fähigkeiten, um sich die Folgen für die Wälder auszumalen. Der seit 2005 steil ansteigende Weltmarktpreis für Holz führt dazu, dass Holzexporte, auch solche aus der Schweiz, attraktiver werden.

Das Blatt scheint sich für die Forstbetriebe zu wenden. Holz ist wieder ein gefragter Rohstoff. 2006 wurde im Schweizer Wald etwa ein Viertel mehr Holz genutzt als im Durchschnitt der 30 Jahre zuvor. Die ersten veröffentlichten Resultate des dritten Landesforstinventars zeigen, dass die Holzvorräte des Waldes im Mittelland und in den Voralpen seit der letzten Inventur abgenommen haben. Und schon wird der Natur- und Landschaftsschutz in den Hintergrund gedrängt. Die im Dezember 2008 vom Bund veröffentlichte neue Holzpolitik hat zum Ziel, die Ressource Holz weiter auszuschöpfen. Die Holzwirtschaft jubelt – und fordert, dass der Bund nun konsequenterweise auch weitere Walderschliessungen unterstützen müsse.

Viele Forstbetriebe setzen grosse Erwartungen in den Bau von zwei Grossägereien. Diese benötigen vor allem Rundholz mit 30 bis 40 Zentimetern Durchmesser, und es sollte möglichst Nadelholz sein. Der Verband Holzindustrie Schweiz rief sogar wieder zum Fichtenanbau im Mitteland auf – einer Untugend, von der man in den letzten beiden Jahrzehnten glücklicherweise zunehmend abgekommen ist. Bei all der Euphorie wird allerdings vergessen, dass der hohe Holzpreis wieder unter Druck geraten könnte, weil die Grossägereien eine Dominanz entfalten werden, die es ihnen erlaubt, die Preise zu diktieren.

Abb. 250: Grosssägereien benötigen viel Holz, und am besten Fichte.

Seit einigen Jahren kann in vielen Waldgebieten beobachtet werden, dass zunehmend Holz über das ganze Jahr geschlagen wird und es keine klassische Holzschlagsaison mehr gibt. Dies führt zu einer erheblichen Störung der Flora und Fauna und zur Schädigung des Bodens. Dieser wird zusätzlich durch den Einsatz immer grösserer Erntemaschinen in Mitleidenschaft gezogen. In manchen Wäldern sind bereits heute zwei Drittel der Fläche durch Fahrspuren beeinträchtigt. Ein verstärkter Holzschlag ist aus Sicht des Landschafts- und Biodiversitätsschutzes wie bereits oben erwähnt nicht a priori unerwünscht – im Gegenteil: Alte Nutzungsformen wie die Mittelwaldbewirtschaftung sind sehr intensive Nutzungsformen, in denen viele lichtbedürftige Tier- und Pflanzenarten leben und die einen hohen Erholungswert haben. Auch eine verstärkte Holznutzung kann durchaus naturnah erfolgen (Mollet et al. 2005). Die Frage ist aber das Wie und Wo. Die Tatsache, dass mit der intensivierten Holznutzung wieder Gewinn gemacht werden kann, könnte die Interessen der Allgemeinheit in den Hintergrund drängen. Das geltende Waldgesetz kennt nämlich ausser dem grossflächigen Kahlschlagverbot keine verbindlichen Grundregeln für die Waldbewirtschaftung, die gravierende Fehlentwicklungen wie einen Rückfall in die Fichtenkultur verhindern könnten.
Es müssen dringend ökologische Grundanforderungen an die Waldbewirtschaftung durch den Bund definiert und durch die Forstwirtschaft eingehalten werden. Solche Grundanforderungen an die Waldbewirtschaftung waren in der Revisi-

onsvorlage zum neuen Waldgesetz vorgesehen. Doch die Revision scheiterte kläglich. Am 6. Dezember 2007 entschied der Nationalrat in historisch einmaliger Weise einstimmig und ohne Enthaltung, nicht auf die Vorlage einzutreten. Während die einen der sich im Aufwind befindenden Forstwirtschaft keine Steine in den Weg legen wollten, waren der grünen Seite die Grundanforderungen nicht streng genug. Ob die jeweiligen Rechnungen aufgehen, werden die kommenden Jahre zeigen.

Grosse Herausforderungen für den Wald bringt der Klimawandel. Da Bäume sehr langlebige Organismen sind, wird der Wald zwar mit grosser Verzögerung reagieren. Dennoch muss langfristig mit erheblichen Veränderungen gerechnet werden. Aktuelle Untersuchungen der Eidgenössischen Forschungsanstalt WSL zeichnen verschiedene Szenarien auf. So könnte bei einer Temperaturerhöhung von 3,6°C beispielsweise die Fichte – der Lieblingsbrotbaum der Forstwirtschaft – aus dem Mittelland verschwinden. Die Buche wird bei steigenden Temperaturen zunächst eher profitieren und die Waldvegetation dominieren, zieht sich dann aber ab einem bestimmten Temperaturbereich in die Voralpen zurück, um Eichenwäldern Platz zu machen.

Klimatische Extremereignisse und eine intensivere Nutzung könnten dazu führen, dass der Wald der Zukunft ein eher lückiger und damit lichtreicher Wald sein wird. Zu den klimatischen Extremereignissen gehören Hitzewellen und Stürme, die grosse Löcher in das Waldkleid reissen. Warme und trockene Sommer und viel Schadholz im Wald fördern zudem Schadinsekten wie den Borkenkäfer und erhöhen das Risiko für Waldbrände. Das ist gut für jenen Teil der biologischen Vielfalt, der es warm und hell mag. Weniger positiv ist es dagegen um jene Arten bestellt, die auf Alt- und Totholz angewiesen sind. Diese dürften vermehrt auf Waldreservate angewiesen sein. ☐

Essay

Von Otto Wildi, Leiter der Forschungseinheit «Ökologie der Lebensgemeinschaften» an der Eidgenössischen Forschungsanstalt WSL

Wald im Widerspruch der Interessen

In der Schweiz ist der Umgang mit dem Wald in einem eigenen Gesetz – dem Waldgesetz – verbindlich geregelt. Fälschlicherweise wird gelegentlich angenommen, das Waldmanagement betreffe ausschliesslich die Holzproduktion und damit die Forstwirtschaft. Ein umfassendes Waldmanagement berücksichtigt aber alle Interessen am Wald und alle Funktionen des Waldes.
Je nach Ort, wirtschaftlichem Umfeld und gesellschaftlichem Wertsystem gibt es erwünschte und unerwünschte Funktionen. Wälder können Biodiversität fördern oder unterdrücken, sie können den Wasserhaushalt verbessern helfen oder ihn verschlechtern, das Landschaftsbild verschönern oder stören, Kohlenstoff speichern oder zu dessen Freisetzung beitragen, den Erholungswert steigern oder mindern, eine wirtschaftlich rentable oder eine defizitäre Holzwirtschaft zulassen, als Rohstoff- und Energielieferant dienen oder Brennstoff für gefährliche Waldbrände produzieren. Für alle Funktionen verlangt das Waldgesetz eine Waldpflege und Waldnutzung nach dem Nachhaltigkeitsprinzip.
Nachhaltig ist eine Bewirtschaftung dann, wenn sie auch zukünftigen Generationen eine Nutzung – in welcher Form auch immer – ermöglicht. Dabei ist zu berücksichtigen, dass das Ressourcenmanagement der ganzen Erde zum Zeitpunkt der Drucklegung dieses Buchs einem Wandel unterworfen ist, den es in dieser Geschwindigkeit in historischer Zeit nie gab. Fast jährlich stossen wir auf neue Probleme, denn sowohl der Verbrauch nicht erneuerbarer Ressourcen als auch das Potenzial der erneuerbaren Ressourcen führen mit den Ansprüchen der noch immer wachsenden Weltbevölkerung und den Verteilungsproblemen zwingend zu Engpässen.

Prägende historische Prozesse

Mitteleuropa verfügt über geologisch junge und damit besonders fruchtbare Böden, über ein gutes Klima für das Pflanzenwachstum und über fast immer ausreichende Regenmengen. Unsere Wälder (aber natürlich auch unsere Landwirtschaftsflächen) profitieren von diesen vergleichsweise vorteilhaften Umweltbedingungen, indem die Natur Fehler im Waldmanagement verzeiht – Fehler, die andernorts, beispielsweise in tropischen Gebieten, zu ökologischen Katastrophen führen würden (Diamond 2005).
Problematisch ist allenfalls die relative Artenarmut, eine Eigenheit der Wälder Mitteleuropas, die auf die verheerende Wirkung der Eiszeiten zurückzuführen ist. In der Schweiz wachsen zum Beispiel lediglich vier einheimische Eichenarten, gegenüber Dutzenden in Nordamerika und einigen Hundert weltweit. Unseren vier Ahornarten stehen über zehn allein in Kanada gegenüber; im Fernen Osten ist die Zahl noch weit höher. Fichtenarten haben wir nur eine von weltweit über hundert, zudem nur eine Tanne von ebenfalls über hundert Arten. Viele Baumgattungen findet man bei uns überhaupt nicht.
Was bedeutet das für unser Waldmanagement? Es ist ganz klar ein Nachteil. Mehr Arten bedeuten eine grössere Flexibilität des Waldes in der Anpassung an veränderte Umweltbedingungen. Fällt bei uns eine Art aus, beispielsweise wegen einer neu auftretenden Krankheit, so steht nicht ohne Weiteres eine vergleichbare Er-

«Ein umfassendes Waldmanagement berücksichtigt alle Interessen am Wald und alle Funktionen des Waldes.»

«Bei uns verzeiht die Natur Fehler im Waldmanagement, die andernorts, beispielsweise in tropischen Gebieten, zu ökologischen Katastrophen führen würden.»

satzart bereit. Das ist ein Faktor, der bei Überlegungen zur Reaktion auf eine Klimaerwärmung zu berücksichtigen ist. Es ist auch nicht verwunderlich, dass immer wieder erwogen und auch versucht wird, fremde Arten aus Ostasien oder aus Nordamerika bei uns anzupflanzen, in der Hoffnung auf einen besseren Ertrag. Dass damit erhebliche Risiken verbunden sind, ist bekannt. So ist es denn wohl eher unsere Aufgabe, die natürliche «Artenarmut» unserer Wälder zu akzeptieren und zu erhalten.

Die weltweite Bedrohung naturnaher Wälder gibt oft der Meinung Vorschub, auch die Waldfläche der Schweiz werde immer kleiner. Spätestens seit der Einführung des ersten Forstpolizeigesetzes im Jahr 1876 ist das Gegenteil der Fall. In vielen alten Darstellungen erkennt man eine baumarme, praktisch waldfreie Landschaft Schweiz. Die Wiederbewaldung der Schweiz begann im Süden und breitete sich kontinuierlich nach Norden aus. Die heutigen Wälder sind daher – wie das vorliegende Buch eindrücklich zeigt – unter anderem ein Resultat der neueren Landnutzungsgeschichte der Schweiz.

Vom ersten Landesforstinventar (um 1984) bis zum zweiten Landesforstinventar (um 1995) wurde eine Zunahme der Waldfläche in der Grösse des Kantons Zug nachgewiesen. Stark zugenommen hat in dieser Zeit auch der «Holzvorrat», also die nutzbare Holzmenge: Die Baumbestände wurden dichter und die Bäume durchschnittlich dicker. Im dritten Landesforstinventar (in Vorbereitung) stellt man schliesslich fest, dass der Holzvorrat beinahe stagniert – nicht zuletzt eine Folge des verheerenden Orkans «Lothar» vom 26. Dezember 1999 sowie des Trockenjahrs 2003. Die Wertung dieser Entwicklung ist kontrovers. Aus der Sicht des Landschafts- und Biodiversitätsschutzes kann die Zunahme der Waldfläche nämlich auch unerwünscht sein. Durch das Einwachsen von Kulturland in der Südschweiz und im Alpenraum sind artenreiche Trocken- und Feuchtwiesen verloren gegangen; viele seltene und geschützte Arten wurden zurückgedrängt. Das historische Landschaftsbild, geprägt von Rodungsinseln an landwirtschaftlich nutzbaren Lagen, ist einer monotonen Waldfläche gewichen. Und schliesslich sind die Wälder durch das Einwachsen deutlich dunkler und artenärmer geworden. Das erklärt, warum gerade aus Natur- und Landschaftsschutzkreisen Projekte ins Leben gerufen worden sind, die dem entgegenwirken sollen: die Freistellung ehemaliger Kastanienselven im Tessin oder die gezielte Auflichtung von Wäldern im Mittelland. Beide Massnahmen sind Beiträge zur Erhaltung der landschaftlichen Vielfalt.

Der Zeithorizont der Nachhaltigkeit

Gemäss der eingangs gegebenen Definition von Nachhaltigkeit misst sich diese an der Zeit, die eine erneuerbare Ressource benötigt, um sich zu regenerieren. Tut sie das rasch, so kann auch ihre Nutzung entsprechend erfolgen. Eine sehr langsam regenerierende Ressource der Wälder sind die Böden. In schonend oder nicht bewirtschafteten Wäldern bleiben sie nicht nur erhalten, sondern bauen sich ständig auf: Die Erosion läuft langsamer ab als die Bodenbildung.

Wir wissen heute, dass viele Böden der Erde bereits in prähistorischer Zeit durch landwirtschaftliche Übernutzung zerstört wurden (Montgomery 2007). Da unsere Böden besonders robust sind, treten Erosionsprobleme weniger augenfällig hervor. Es ist aber nachgewiesen, dass die heutige landwirtschaftliche Nutzung einen ständigen Bodenverlust mit sich bringt. Ferner wachsen viele Wälder des Mittellands auf ehemaligen Landwirtschaftsflächen, die bereits in prähistorischer Zeit geschädigt wurden, sich aber heute langsam wieder erholen. Das braucht seine Zeit: Für die Entstehung einiger Zentimeter Boden unter einem schonend behandelten Wald ist auch bei uns mit einem Jahrtausend zu rechnen.

Der Zeithorizont für eine nachhaltige Nutzung wird kürzer, wenn es um die Erhaltung alter Bäume geht. Aus der Geschichte der Wälder der Schweiz lässt sich erklären, warum wirklich alte Bäume bei uns sehr selten sind. Weil die massive Wiederbewaldung erst Mitte des 19. Jahrhunderts begonnen hat, sind viele unserer alten Bäume nur etwa 150 Jahre alt. Viele unserer Baumarten können aber mehrere Hundert Jahre alt werden. Nachhaltigkeit bezüglich eines Bestands wirklich alter Bäume bedeutet, dass diese über sehr viele Generationen nicht angetastet werden dürfen – eine Forderung, die eine schnelllebige Politik kaum garantieren kann, die aber durch langlebige, tief verwurzelte Traditionen zu realisieren ist. Dazu gehört die Faszination, die sehr alte Bäume auf historisch interessierte Menschen ausüben.

Die ältesten Bäume der Schweiz sind Lärchen und Arven, die sich auf Weiden der Zentralalpen erhalten haben, sowie einzelne Kastanien im Tessin. Sie sind also nicht das Resultat forstlicher, sondern landwirtschaftlicher Nutzungen. Lärchen erreichen als Weidebäume ein Alter von bis zu 800 Jahren (Zurwerra et al. 2006).

Das Interesse an alten Bäumen ist gross. Die Zahl der Bücher, welche Fotografien der angeblich ältesten Bäume eines Landes zeigen, nimmt laufend zu. Die Suche nach greisen Bäumen ist für viele zur Passion geworden (z.B. Brunner 2007). So eindrücklich das ist – im weltweiten Vergleich haben wir diesbezüglich nicht sehr viel zu bieten. Ausgedehnte Bestände im borealen Waldgürtel Asiens und vor allem Nordamerikas weisen Bestandsalter von deutlich über 1000 Jahren auf. Und die ältesten bekannten Bäume, die Bristlecone Pines, eine Gruppe von drei nordamerikanischen Baumarten, sollen über 5000 Jahre alt sein.

Globalisierte Holzwirtschaft

Aus ökologischen und ökonomischen Gründen sollte in der Schweiz geerntetes Holz hier verarbeitet, verwendet und auch wieder entsorgt werden. Lange Transportwege werden so vermieden, es wird eine hohe Wertschöpfung für den Rohstoff Holz erzielt, der im Holz gebundene Kohlenstoff bleibt in Bauwerken verarbeitet über Jahrzehnte fixiert, und die endgültige Entsorgung lässt sich umweltschonend realisieren. Soweit die offizielle Strategie des Bundesamts für Umwelt (BAFU 2008a). So erstrebenswert diese ist, sie stösst rasch an Grenzen. Der hoch entwickelte Industriestaat Schweiz ist nämlich ein Grossverbraucher von Holz. Im Rahmen einer Studie des WWF (2004) wurde berechnet, dass im Jahr 2003 insgesamt 13,1 Millionen Kubikmeter Rohholzäquivalente importiert wurden; der Holzeinschlag im gleichen Zeitraum betrug aber lediglich 5,1 Millionen Kubikmeter. Nur der kleinste Teil davon war Rohholz, der Rest bestand aus Halbfertigprodukten und Fertigprodukten wie Möbel, Gebrauchsgegenstände, Zellstoff und Papier. Diese Produkte lokal herzustellen ist in der globalisierten Wirtschaft undenkbar, und die noch immer zunehmende Vernetzung auf dem Weltmarkt wird den Anteil importierter Holzprodukte eher noch ansteigen lassen.

Von dem im Land produzierten Holz dürfte gleichzeitig ein immer grösserer Teil exportiert werden. In einer Publikation des BAFU (2008b) wird gezeigt, wie eine unlängst in der Schweiz gebaute Grosssägerei produziert. Bei einer Kapazität von rund einer Million Kubikmeter pro Jahr wird nicht das eingekauft, was die Waldbesitzer anbieten, sondern das, was der Betrieb verarbeiten und weiter verkaufen will. Im vorliegenden Fall sind das zu 95 Prozent Fichten, die zu 85 Prozent aus der Schweiz und zu 15 Prozent aus dem nahen Ausland stammen. Fast die gesamte Produktion verlässt die Schweiz und wird dem Weltmarkt zugeführt: der EU, den USA, China und Japan. Die Waldnutzung wird damit zunehmend vom Markt und immer weniger vom Waldbesitzer bestimmt.

«Die Waldnutzung wird zunehmend vom Markt und immer weniger vom Waldbesitzer bestimmt.»

Etwa seit dem Jahr 2006 ist eine neue Entwicklung auszumachen, die mit dem lokalen Holzmarkt wenig, mit den wirtschaftlichen Veränderungen in der Welt aber viel zu tun hat. Der stark steigende Holzbedarf der ostasiatischen Staaten, vor allem Chinas, hat zu einer weltweiten Verknappung des Angebots geführt. Zusammen mit den stark gestiegenen Energiepreisen hat das eine allgemeine Verteuerung des Rohstoffs Holz nach sich gezogen. Die brachliegenden Holzreserven der Schweiz sind in den Sog der Weltwirtschaft geraten. Der steigende Weltmarktpreis für Holz führt dazu, dass Holzexporte – auch solche aus der Schweiz – attraktiver werden. Die Menge des genutzten Holzes in der Schweiz hat bereits wieder stark zugenommen. Gesicherte Zahlen über die in den Jahren 2007 und 2008 stattgefundenen Veränderungen sind im Moment nicht verfügbar, weil eine differenzierte Übersicht fehlt.

Geändert hat sich auch die Erntemethode. Wurde früher das Nutzholz abtransportiert und die restliche Biomasse im Bestand belassen, so beobachtet man jetzt, dass auch Äste und Jungholz abtransportiert und der Energienutzung zugeführt werden. Genutzte Bestände werden «sauber» aufgeräumt. Neu stellt sich die Frage, ob die vermehrte Nutzung zu einer Nährstoffverknappung der Waldböden führt oder ob der Nährstoffvorrat für weitere Baumgenerationen ausreicht.

Die Entwicklung gibt Anlass zu Diskussionen rund um die Nachhaltigkeit. Wie viel der reichlich verfügbaren Holzreserven soll geerntet und vermarktet werden? Ist es überhaupt sinnvoll, diese Reserven bereits heute zu reduzieren? Wenn ja, wo soll vor allem geerntet werden? Im Mittelland oder eher in den schwerer zugänglichen Gebirgslagen? Wie sollen dabei die anderen Interessen berücksichtigt werden, jene des Landschaftsschutzes, der Biodiversitätserhaltung, der Kohlenstoffspeicherung, des Grundwasserschutzes und der Erholung? Es taucht der Begriff des Zielvorrats auf. Gibt es überhaupt einen solchen, und wie gross soll er sein? Wie soll das Holz verwendet werden? Als Bauholz, als Rohstoff für Fasern zur Papierproduktion, als Brennstoff oder gar als Ausgangsmaterial für Dieseltreibstoff? Die Holzwirtschaft der Schweiz steht vor epochalen Herausforderungen. Diese sind nicht einfach monetärer Natur. Sie betreffen die Wohlfahrt des Landes, die Intaktheit der Landschaft, die Erholung, das Wasser, die Lebensqualität insgesamt.

«Die Holzwirtschaft der Schweiz steht vor epochalen Herausforderungen.»

Eines ist klar: Es gibt kein einfaches, universelles Rezept für das Waldmanagement. Nur ein offener Dialog kann zu einer Lösung führen, die für alle tragbar, sinnvoll und eben nachhaltig ist. Ziel eines solchen Dialogs unter allen betroffenen Interessengruppen muss es sein, die Frage zu beantworten, wie viel wo und wann getan werden soll.

Holznutzung – wie viel, wann und wozu? Die Versuchung, genau im Moment eines Preisanstiegs die Nutzung zu steigern, ist gross. Auf den ersten Blick scheint es berechtigt, diese Chance zu nutzen. Problematisch ist, dass sie auf eine Veränderung der weltweiten Marktlage zurückgeht. Im Sinn der Nachhaltigkeit soll mit Zurückhaltung reagiert werden. Da wir keinerlei Kontrolle über die weltweiten Reserven haben, drängt sich eine nationale Strategie für eine vielleicht gesteigerte, aber eben massvolle Nutzung auf. Eine solche über die Quantität definierte Strategie fehlt bislang. Sie müsste sich unter anderem zur zeitlichen Staffelung der Aktivitäten äussern, denn diese ist der Schlüssel zur Nachhaltigkeit. Dazu gehört, dass man sich Gedanken über die Verwendung des Holzes macht, soweit sich dies überhaupt beeinflussen lässt. Das geht ohnehin nur bei Holz, das im Land bleibt. Die lokal sinnvollste, langlebigste Verwendung ist jene als Bauholz, gefolgt von der Nutzung der Fasern und der Energieproduktion. Letztere ist – trotz der ökologischen Vorteile gegenüber Energie aus Landwirtschaftsprodukten – wenig erstrebenswert. Holz wird die Energieprobleme unserer Gesellschaft nicht lösen.

«*Holz wird die Energieprobleme unserer Gesellschaft nicht lösen.*»

Nationale Nutzungsplanung dringend notwendig. Die forstwirtschaftliche Nutzung selbst und ihre Folgen können das Landschaftsbild erheblich beeinträchtigen und die Erholung stören. Um Konflikte dieser Art zu vermeiden, ist eine neue Art der nationalen Nutzungsplanung nötig. Diese darf nicht nach Forstrevieren oder Gemeinden erfolgen, sondern sie muss ganze Talschaften umfassen. Nur so ist es möglich, Prioritäten zu setzen: Wo soll intensiv, wo extensiv und wo überhaupt nicht forstwirtschaftlich genutzt werden? Noch erlauben unsere politischen Strukturen nur in Ausnahmefällen ein solches Vorgehen, das übrigens auch der einzige Weg zu wirtschaftlich sinnvollen und für Privatwaldbesitzer interessanten Lösungen ist.

Schutzwaldpflege und Naturwaldreservate. Der Wald schützt vor Naturgefahren. Die Frage, ob nur ein gepflegter Wald diesen Schutz bietet, wurde von der Wissenschaft negativ beantwortet: In der Regel halten auch vom Sturm umgeworfene Bestände den Schnee fest, sofern sie nicht weggeräumt werden. In der Praxis wird aber noch immer postuliert, dass sich selbst überlassene Waldbestände ihre Schutzwirkung verlieren und die Pflege staatlich subventioniert werden müsse. Es bedarf wohl noch einiger Anstrengungen, um hier einen Schritt weiterzukommen.
Die Schutzwaldpflege ist in Steillagen sehr kostenintensiv. Die Idee, in entlegenen Gebieten auf eine Nutzung zu verzichten und diese als Naturwaldreservate auszuweisen, ist in mancher Hinsicht attraktiv. In einigen Kantonen wurde dieser Weg beschritten, in anderen ist noch immer die Mehrheit der Gebirgswälder als «Schutzwald» ausgewiesen. Zusätzlich benötigen wir eine räumlich differenzierte Naturwald-Reservatsstrategie. Schliesslich möchten viele auch dort Naturwälder, wo Holznutzung prioritär ist. Eingebunden in eine Nachhaltigkeitsstrategie sollte das möglich sein.

«*Die Frage, ob nur ein gepflegter Wald Schutz vor Naturgefahren bietet, wird von der Wissenschaft negativ beantwortet*»

Holznutzung und Waldbau. Die heutige Holznutzungstechnologie ist auf die international übliche Kahlschlagnutzung mit schwerstem Maschinenpark ausgerichtet. In der Schweiz wird mit den Wäldern aufgrund gesetzlicher Vorschriften viel behutsamer umgegangen. Wir sollten uns den Luxus leisten, daran festzuhalten. Das dient dem Landschaftsbild, der Erholung, dem Bodenschutz und der Biodiversität. Auf die Nutzung besonders empfindlicher Bestände kann sowohl aus ökologischen wie auch aus wirtschaftlichen Gründen verzichtet werden. Die Begründung künstlicher Waldbestände ist bei uns aus Kostengründen kaum mehr üblich. Wo immer sie praktiziert wird, geht sie mit einem dramatischen Verlust an Biodiversität und anderen oft sehr schädlichen Einflüssen einher. Wir sind in der Schweiz in der komfortablen Lage, nicht darauf angewiesen zu sein.

Kulturwälder und alte Bäume. Die Pflege alter Kulturwaldformen ist für unsere Wohlfahrt nicht zwingend. Sie hilft aber mit, das Verständnis für die Rolle der Wälder zu fördern und deren Bedeutung für unsere Vorfahren sichtbar zu machen. Die Wiederherstellung oder Anlage von Wytweiden, Mittelwäldern, Niederwäldern und Kastanienselven soll gefördert werden, wo immer sich die Gelegenheit dazu ergibt. Solche Massnahmen lassen sich bestens koordinieren mit Bestrebungen der Biodiversitätsförderung.
Ein Kulturerbe sind auch unsere ganz alten Bäume. Man kann sagen, dass der Wille zu deren Erhaltung da ist. Was aber fehlt, ist die Nachhaltigkeit im Schutz. Sollen sich unsere Nachfahren dereinst ebenso an greisen Bäumen freuen können, so müssen auch «jüngere» Bestände erhalten werden. Solche eben, die jetzt 500, 300 oder gar «nur» 200 Jahre alt sind.

Störungen tolerieren. Störung ist in der Ökologie ein Faktor, der einerseits zu den normalen Vorgängen innerhalb eines Ökosystems gehört und der andererseits für begrüssenswerte Veränderungen sorgt. In unseren Schweizer Wäldern finden viele natürliche Störungen statt, beispielsweise Stürme, Lawinen, Überflutungen, Insektenkalamitäten, Wildverbiss und gelegentlich auch Waldbrände. Gegen Störungen anzukämpfen ist schwierig und oft auch kontraproduktiv. Störungen helfen oft mit, das ökologische Gleichgewicht zu erhalten; sie sind zudem Teil der Biodiversitätsförderung. Wo immer dies möglich ist, sollte versucht werden, «geschädigte» Bestände sich selbst zu überlassen. Das ist sowohl ökologisch als auch ökonomisch sinnvoll, und in vielen Fällen minimiert es die Risiken.

Umfassende Planung

Die Schweiz verfügt ökonomisch und ökologisch über eine im weltweiten Vergleich hervorragende Ausgangslage zur Erhaltung eines in fast jeder Hinsicht idealen Waldes. Eine Besonderheit ist auch der freie Zugang, den viele andere Länder nicht kennen. Der Zutritt macht ihn für jedermann interessant, zumindest als Ort der Erholung. Der Wald wird deshalb positiv wahrgenommen.
Die Ansprüche an den Wald haben sich in den letzten Jahren durch globale Veränderungen gewandelt. Darauf haben wir uns noch nicht eingestellt. Wir benötigen eine umfassende Planung, um dem ökonomischen Druck von aussen wirkungsvoll zu begegnen. Seit Biodiversität und Kohlenstoffspeicherung Gegenstand internationaler Abkommen sind, treten neue Akteure in der Diskussion rund um die Waldnutzung auf. Es braucht einen neuen Dialog, für den die Plattformen noch nicht bereitgestellt sind. Eine neue Debatte um Nachhaltigkeit im Wald hat eben erst begonnen. □

«Die Schweiz verfügt ökonomisch und ökologisch über eine hervorragende Ausgangslage zur Erhaltung eines in fast jeder Hinsicht idealen Waldes.»

Kapitel 10

Die zersiedelte

Landschaft

Abb. 251: Die Schweiz boomt und baut. Die Siedlungsfläche frisst sich ungebremst in die Landschaft. Leihacker bei Stein (AG) 1982 und 2006.

Mit Ausnahme der grossen Waldrodungen im Mittelalter hat sich die Landschaft der Schweiz in keiner Phase der Menschheitsgeschichte so rasch und radikal verändert wie in den letzten 60 Jahren. Veränderungen in der Quantität und Qualität des Siedlungsraums haben massgeblich zum tiefgreifenden Wandel im Erscheinungsbild der Schweiz beigetragen. Demografische Veränderungen, der Übergang zur Industrie- und anschliessend zur Dienstleistungsgesellschaft, der steigende Wohlstand, das steigende Raumbedürfnis und veränderte Lebensgewohnheiten lösten in der Schweiz einen Bauboom aus, der auf Natur und Landschaft keine Rücksicht nahm und oft am Rande des Rechts stattfand. In den überdimensionierten Bauzonen schiessen Einfamilienhäuser wie Pilze aus dem Boden. Immer mehr Siedlungen verschmelzen miteinander; ursprüngliche Strukturen lösen sich in diffusen, gesichtslosen Agglomerationen auf.

Siedlungen als lebendige Gebilde

Wer siedelt, lässt sich dauerhaft nieder. Das alte Wort Niederlassung ist noch heute in der Niederlassungsbewilligung präsent. Das Siedeln setzt verschiedene kulturelle und zivilisatorische Errungenschaften voraus. So wird das nomadische «Dem-Futter-Nachsteigen» durch die Erfindung und die Methoden der Vorratshaltung ersetzt. Die Lebensbasis bilden Kulturpflanzen wie Getreide und Gemüse, aber auch domestizierte Tiere wie Rinder, Schafe, Ziegen und Schweine. Die Höhle der nomadisierenden Jäger und Sammler weicht einem selbst gebauten Unterschlupf, der als Pfostenhaus, als «Pfahlbau» oder als Holzhütte errichtet wird.

Die ältesten Siedlungen in Mitteleuropa wurden in Gunstlagen gegründet. Diese so genannten Altsiedelgebiete wurden zum Teil vor mehreren Tausend Jahren besiedelt und liegen meist in Regionen mit leichten Böden oder Löss. Eine Siedlung kann terminologisch ein Einzelhof, eine Häusergruppe, ein Weiler, ein Dorf oder eine Stadt sein. Das Siedeln hat räumliche Konsequenzen, indem die Menschen um die Siedlung herum den Wald roden und die Waldlandschaft in eine Kulturlandschaft verwandeln. Die Menschen lebten vom Ackerbau und von verschiedenen Waldnutzungen. Nur noch ausnahmsweise gibt es heute in unseren Breiten einen Weiler oder ein kleines Dorf, das in einer sichtbaren ehemaligen Rodungsinsel in einem Waldgebiet liegt und damit das Verhältnis zwischen autarkem Lebens- oder Nährraum und Wohnplatz widerspiegelt.

Die natürlichen, das heisst vom Standort vorgegebenen Bedingungen haben noch bis weit ins 19. Jahrhundert das menschliche Leben bestimmt – sogar die Art, wie Häuser gebaut wurden (Abb. 252, 253; Tab. 11). In felsigem oder steinreichem Gebiet baute man Steinhäuser. In waldreichen Regionen entstand das Holzhaus mit Holzschindeln als Dachbedeckung. In Getreidebaugebieten entwickelte man den Ständerbau mit Strohdach. Wenn das Stroh knapp war oder andere Verwendung fand, deckte man das Dach mit Schilf. In den Regionen mit Ackerbau auf schweren Böden und Lehmböden haben sich das Fachwerkhaus und Riegelbauten entwickelt. In schneereichen Gebieten musste ein massives Dach erfunden werden. In den regenarmen und karstigen Freibergen baute man grosse Dächer, mit denen man Regenwasser sammeln konnte.

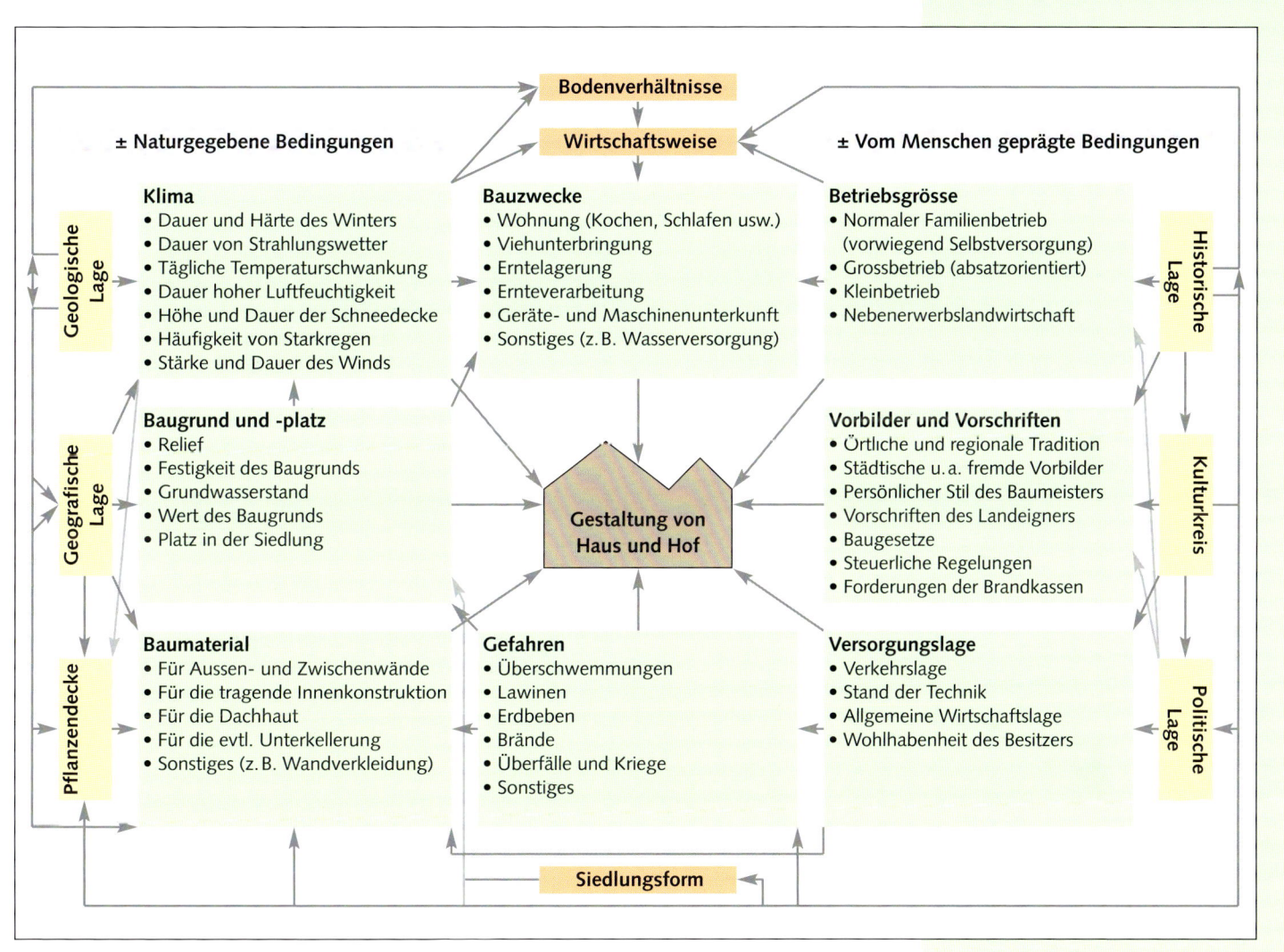

```
                              Bodenverhältnisse
     ± Naturgegebene Bedingungen   Wirtschaftsweise    ± Vom Menschen geprägte Bedingungen

     Klima                          Bauzwecke                    Betriebsgrösse
     • Dauer und Härte des Winters  • Wohnung (Kochen, Schlafen usw.)  • Normaler Familienbetrieb
     • Dauer von Strahlungswetter   • Viehunterbringung                  (vorwiegend Selbstversorgung)
     • Tägliche Temperaturschwankung • Erntelagerung                   • Grossbetrieb (absatzorientiert)
     • Dauer hoher Luftfeuchtigkeit • Ernteverarbeitung                • Kleinbetrieb
     • Höhe und Dauer der Schneedecke • Geräte- und Maschinenunterkunft • Nebenerwerbslandwirtschaft
     • Häufigkeit von Starkregen    • Sonstiges (z. B. Wasserversorgung)
     • Stärke und Dauer des Winds

     Baugrund und -platz                                         Vorbilder und Vorschriften
     • Relief                                                    • Örtliche und regionale Tradition
     • Festigkeit des Baugrunds                                  • Städtische u. a. fremde Vorbilder
     • Grundwasserstand                  Gestaltung von          • Persönlicher Stil des Baumeisters
     • Wert des Baugrunds                Haus und Hof            • Vorschriften des Landeigners
     • Platz in der Siedlung                                     • Baugesetze
                                                                 • Steuerliche Regelungen
                                                                 • Forderungen der Brandkassen

     Baumaterial                    Gefahren                     Versorgungslage
     • Für Aussen- und Zwischenwände • Überschwemmungen          • Verkehrslage
     • Für die tragende Innenkonstruktion • Lawinen              • Stand der Technik
     • Für die Dachhaut             • Erdbeben                   • Allgemeine Wirtschaftslage
     • Für die evtl. Unterkellerung • Brände                     • Wohlhabenheit des Besitzers
     • Sonstiges (z. B. Wandverkleidung) • Überfälle und Kriege
                                    • Sonstiges

                                    Siedlungsform
```

(Geologische Lage, Geografische Lage, Pflanzendecke — Historische Lage, Kulturkreis, Politische Lage)

Abb. 252: Gestaltung von Haus und Hof in Abhängigkeit von naturgegebenen und vom Menschen geprägten Bedingungen. Nach Ellenberg 1990.

In den ländlichen Gebieten entwickelten sich unterschiedliche Funktionalbauten. Diese dokumentieren die Vielfalt der damaligen Lebensweise: Feldstall, Feldscheune, Heustall, Speicher, Maiensäss, Alphütte, Kastaniendörrhaus, Trotte, Backofen, Sägerei, Mühle, Öle, Kornhaus, Zehntenscheune und Hopfenscheune bereicherten das Landschaftsbild (Abb. 254).

Im Wallis, im Tessin und im Puschlav prägten jahreszeitliche Wanderungen bis etwa 1950 das Leben ganzer Tal- und Dorfschaften. Der Vegetation und den unterschiedlichen Höhenstufen entsprechend stieg man im Vorsommer auf die Maiensässe bzw. Monti, weil dort Futter für das Vieh vorhanden war. Im Sommer wanderte man mit Kind und Kegel auf die Alp. Nach der Sömmerung bewegte man sich in Etappen ins Tal. Auf den sogenannten Heimweiden fand das Vieh das letzte Futter vor dem langen Winter (Weiss 1959). Heute sind nur noch Siedlungsreste dieser sogenannten «Transhumanz» vorhanden. Sie zerfallen zunehmend oder werden in Ferienhäuschen umgewandelt.

Siedlungen wurden nicht zufällig in der Landschaft erstellt, sondern richteten sich nach naturräumlichen Gegebenheiten. Das gilt auch für Stadtgründungen. Das Relief der Landschaft kann einer Stadt in mehrfacher Hinsicht Schutz bieten: Die

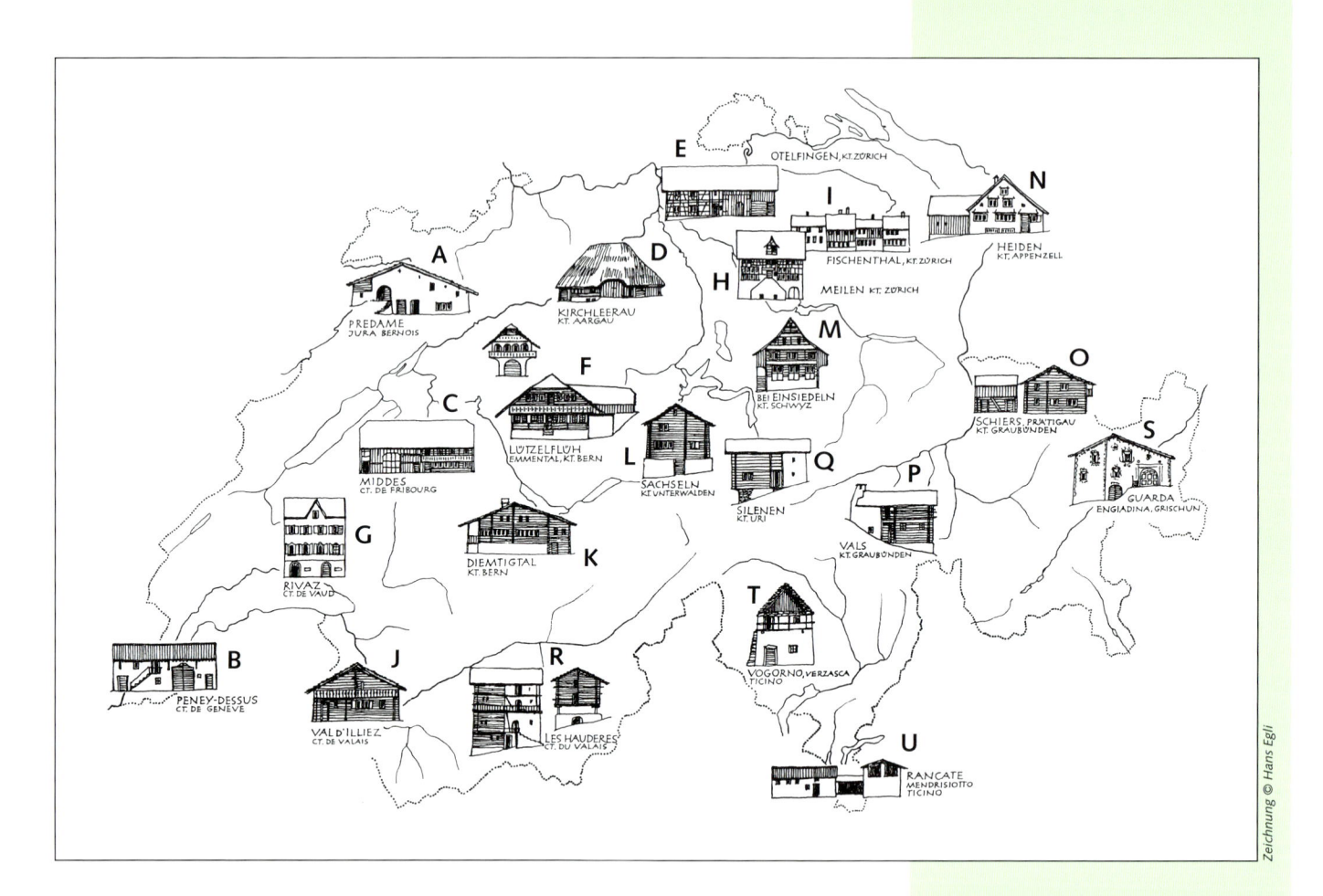

Lage auf einem Sporn (z.B. Aarburg) ist dabei ebenso gut zu verteidigen wie die Anlage in einer Flussschlinge (z.B. Bern; Boesch und Hofer 1963, Borner 1988). Der Boden als stabiler, trockener Baugrund («Hast Dein Haus auf Sand gebaut ...») ist entscheidend für grosse Bauten. Wasser muss in genügender Menge vorhanden oder beschaffbar sein – als Trinkwasser, aber auch als Abfallbeseitiger. Die Verkehrslage spielte eine sehr wichtige Rolle. So war die Überwachung des Verkehrs mit entsprechenden Zolleinnahmen von grosser Bedeutung.

Städte sind spezielle Siedlungen. Die Stadt ist von ihrem weiteren Umland abhängig, da sie keine agrarischen Produkte erzeugen kann. Aber mit dem Marktrecht und dem Handelswesen holt sie alle notwendigen Lebensmittel und Güter wie Holz, Metalle oder Wein durch die Stadttore hinein. Noch heute ist eine Stadt von ihrem Umland abhängig, denn einerseits müssen Energie, Trinkwasser, Nahrung, Baustoffe usw. von ausserhalb importiert, andererseits alle «Abstoffe» wie Abwasser und Siedlungsabfälle, aber auch alle Produkte der Stadt, in die Landschaft verfrachtet und dort «verdaut» werden. Das Denken in landschaftlichen Dimensionen zeigt daher, dass die Stadt in die Landschaft eingebunden und ökologisch von ihr abhängig ist.

Abb. 253: Lokaltypische Hausformen der Schweiz. Quelle: Weiss 1959.

Jura
- Jurahaus: A

Mittelland
- Ackerbauernhäuser: B, C, D, E
- Emmentalerhaus: F
- Weinbauernhäuser: G, H
- Kleinbauern- und Arbeiterhaus: I

Nordalpines Gebiet
- Viehzüchterhaus: J, K, L, M, N

Inneralpines Gebiet
- Mehrzweckbauernhäuser: O, P, Q, R, S

Südalpines Gebiet
- Haus der Doppelkulturen: T
- Lombardische Gehöfte: U

Tab. 11: Bäuerliche Haus- und Siedlungsformen in den verschiedenen Grosslandschaften der Schweiz. Quelle: Weiss 1959.

	Wirtschaft		Haus und Siedlung					Bauerntyp
	Art	Betriebssystem	Baumaterial Bauart	Dach	Haus	Hofform	Siedlungsform	
Jura	Ackerbau, Viehzucht	Verbesserte Dreifelderwirtschaft, Jurabetrieb	Stein Steinbau	Ziegel, Schindel, Satteldach, Pfettendach mit Ständern, Sparrendach	Quergeteiltes Einhaus, Jurahaus	Einheitshof	Dorf, Einzelhof	Ackerbauer, Viehzüchter
Mittelland N	Ackerbau, Krautfutterbau, Obstbau	Verbesserte Dreifelderwirtschaft, Kleegraswirtschaft	Laubholz mit Füllmaterial Ständerbau, Fachwerk	Stroh/Ziegel Sattelwalmdach Hochstud- oder Sparren- u. Pfettenkonstruktion	Quergeteiltes Einhaus	Einheitshof	Dorf	Ackerbauer
Mittelland S	Ackerbau, Viehwirtschaft	Kleegraswirtschaft, Graswirtschaft	Laubholz Ständerbau	Stroh, Schindel, Ziegel, Sattelwalmdach (steil), Sparren- u. Pfettenkonstruktion	Quergeteiltes Einhaus	Einheitshof	Dorf, Weiler, Einzelhof	Ackerbauer, Viehzüchter, Rebbauer
Nordalpine Zone	Viehwirtschaft	Graswirtschaft, Alpwirtschaft	Nadelholz Blockbau	Schindel, Ziegel, Satteldach (schwach geneigt)	Landenhaus	Mehrbauhof	Dorf, Weiler, Einzelhof (Streusiedlung)	Hirtenbauer, Viehzüchter
Inneralpine Zone	Ackerbau, Obstbau, Viehzucht	Bünden-Walliser-Betriebe, Alpwirtschaft	Nadelholz Stein	Holz, Steinplatten, Satteldach, Pfettendach	Gotthard-Engadinerhaus	Mehrbauhof, Einheitshof	Dorf, Einzelhof (Walsertäler)	Ackerbauer, Rebbauer, Hirtenbauer
Südalpine Zone	Ackerbau, Viehzucht	Alpwirtschaft Tessinbetriebe	Nadelholz Stein	Steinplatten, Rundziegel, Sparrendach, Satteldach	Tessinerhaus, Lombardisches Haus	Mehrbauhof	Dorf	Ackerbauer, Hirtenbauer, Rebbauer

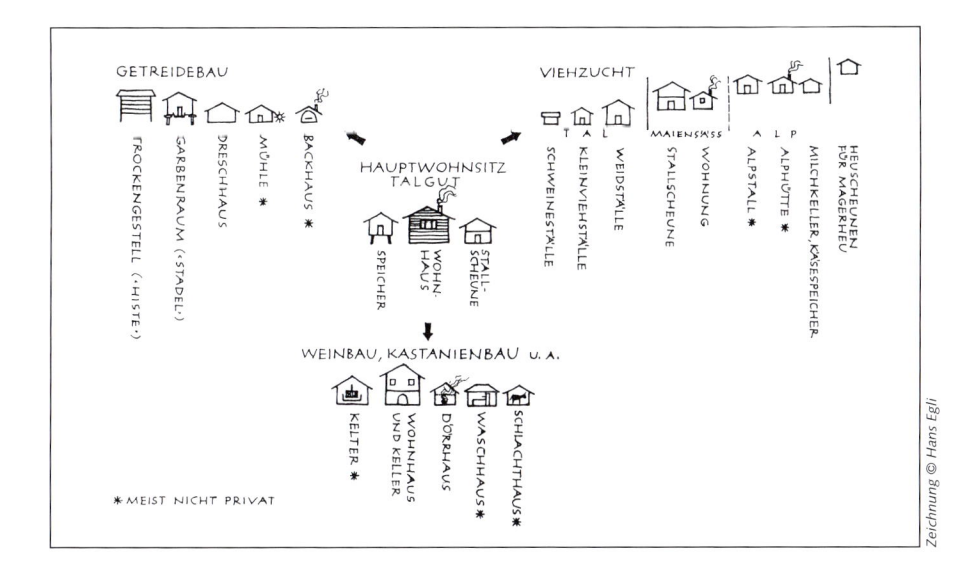

Abb. 254: Streuhof des Mehrzweckbauern in der Inneralpinen und südalpinen Zone. Gebäudebedarf für die drei Hauptzweige Getreidebau, Viehzucht und Weinbau. Quelle: Weiss 1959.

Kapitel 10 Die zersiedelte Landschaft

Abb. 255: Die hier abgebildeten Dörfer von der Alpensüdseite sind organisch gewachsene Gebilde. Sie unterscheiden sich kaum von den Felsen im Hintergrund. Links: Mesocco (GR); rechts oben: Sabbione im Bavonatal (TI) Juni 1988, rechts Mitte und unten: Sonlerto (TI) Juni 1988.

Bauen, bauen, bauen

Der Siedlungsraum ist ein lebendiges Gebilde, das sich laufend verändert. Bis zur beginnenden Industrialisierung vollzog sich dieser Wandel gemächlich und organisch, dann beschleunigte er sich zunehmend und erreichte ab den 1950er-Jahren ein zerstörerisches Ausmass. Optisch äussert sich dieser Wandel im unkontrollierten Wachsen der überbauten Fläche und in der mangelnden landschaftlichen Einpassung der neuen Bauten.

Die Mitte des 19. Jahrhunderts einsetzende Industrialisierung liess die Bevölkerung vor allem der Städte stark anwachsen. Akute Platzprobleme führten dazu, dass vor den Toren der Städte neue grosse Quartiere geplant und in mehreren Phasen verwirklicht wurden. Auch neue Industriestandorte lösten eine rege Bautätigkeit aus. Nach dem Zweiten Weltkrieg bewirkten das beschleunigte Wachstum von Industrie und Bevölkerung sowie der steigende Wohlstand und die zunehmende Mobilität eine erhebliche Vergrösserung der Siedlungsfläche. Betrachtet man den gesamten Baubestand der Schweiz, so zeigt sich, dass 75 Prozent aller Bauten nach dem Zweiten Weltkrieg entstanden sind, 56 Prozent des gesamten Bestands sogar erst nach 1961 (Gadient und Althaus 2003).

Abbildung 259 zeigt eindrücklich die Zunahme der Siedlungsfläche in der Schweiz seit 1935. Zur Messung des Zersiedelungsgrads reicht allerdings die Angabe der Siedlungsfläche allein nicht aus. Von Bedeutung ist auch die Streuung der Siedlungsfläche im Raum. Je mehr Fläche bebaut ist und je weiter gestreut die Gebäude sind, desto höher ist die Zersiedelung. Entsprechende Berechnungen haben gezeigt, dass vollständig unbesiedelte Gebiete in der Schweiz praktisch nicht mehr existieren (Jaeger et al. 2008). Städte, die 1935 noch klar begrenzt waren, fingern heute entlang von Tälern oder Hautverkehrsachsen weit in die Umgebung hi-

Abb. 256: Arth mit Zugersee um 1900, umgeben von einem Hochstammmeer, und im Juli 2008. Siedlungen waren bis Mitte des letzten Jahrhunderts besser in die Landschaft integriert und ästhetisch ansprechende Landschaftselemente.

naus. An gewissen Orten ist die Zersiedelung mehr auf eine Zunahme der Streuung, an anderen mehr auf die Ausdehnung der Siedlungsfläche zurückzuführen. Die Zunahmerate der Zersiedelung hat sich im Zeitraum 1980 bis 2002 gegenüber der Phase 1960 bis 1980 zwar abgeschwächt, doch besteht kein Anlass zur Entwarnung.

Wer immer nach 30-jähriger Abwesenheit in die Schweiz zurückkehrt, erkennt seine Heimat nicht mehr wieder. Die Landschaft hat sich völlig verändert: Häuser, Gewerbegebiete, Verkehrs- und Freizeitanlagen sind wie Pilze aus dem Boden geschossen. Manchem fällt vielleicht das Konzept der Orte und Nicht-Orte des Pariser Anthropologen Marc Augé (1994) ein. Zu den Nicht-Orten zählte Augé die für den beschleunigten Verkehr von Personen und Gütern erforderlichen Einrichtungen wie Schnellstrassen, Autobahnkreuze und Flughäfen, aber auch die Verkehrsmittel selbst, die gleichsam bewegliche Behausungen sind, oder die Einkaufszentren. *«Die Übermoderne produziert Nicht-Orte, das heisst Räume, die*

Abb. 257: Das «Birrischloss» in Villmergen mit seinen 22 Bewohnern (um 1900). Das Bild lässt erahnen, dass das Gesicht der Dörfer einst noch um Kategorien anders ausgesehen hat als in der Mitte des 20. Jahrhunderts. Quelle: Räber 1996.

Abb. 258: Viehmarkt in Liestal 1912. Das Bild verdeutlicht die enge Verflechtung des Städtchens mit der Landwirtschaft. Die Viehmärkte wurden noch bis Ende 1968 abgehalten. Quelle: Tanner 1999.

selbst keine anthropologischen Orte sind und überlieferte Orte nicht integrieren […]. Der Raum des Nicht-Ortes schafft weder eine charakteristische Identität noch eine Beziehung, sondern Einsamkeit und Ähnlichkeit.»

Allein zwischen Anfang der 1980er-Jahre und Mitte der 1990er-Jahre hat die Siedlungsfläche um 13 Prozent zugenommen (BFS 2005). Neue Zahlen liegen für die Westschweiz vor: Zwischen 1979/85 und 2004/09 hat die Siedlungsfläche um 11 400 Hektaren zugenommen, was gut der Hälfte des Neuenburgersees entspricht. Dieser Trend ist mit dem Bevölkerungswachstum allein nicht erklärbar. Hintergrund dieser Zunahme ist auch der steigende Flächenverbrauch pro Kopf, der seit Anfang der 1980er-Jahre von 382 auf 410 Quadratmeter Siedlungsfläche pro Einwohnerin und Einwohner gewachsen ist. Der steigende Wohlstand benötigt Platz: Schlafzimmer und Bäder inzwischen so gross wie Wohnzimmer, und auch die ein bis zwei Autos benötigen heute Wohnraum in Form von Garagen. Zum Vergleich: Im «Birrischloss» zu Villmergen (Abb. 257) wohnten um 1900 etwa 22 Personen. Mehrere Kinder teilten sich ein Bett.

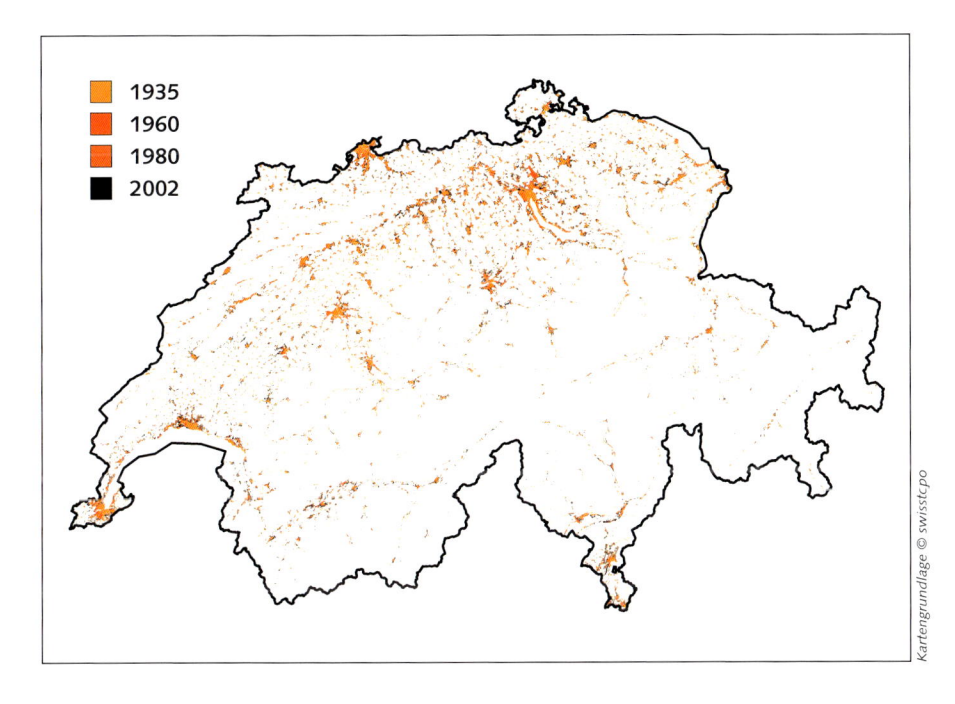

Abb. 259: Die Zunahme der Siedlungsfläche in der Schweiz zwischen 1935 und 2002. Quelle: Jaeger et al. 2008.

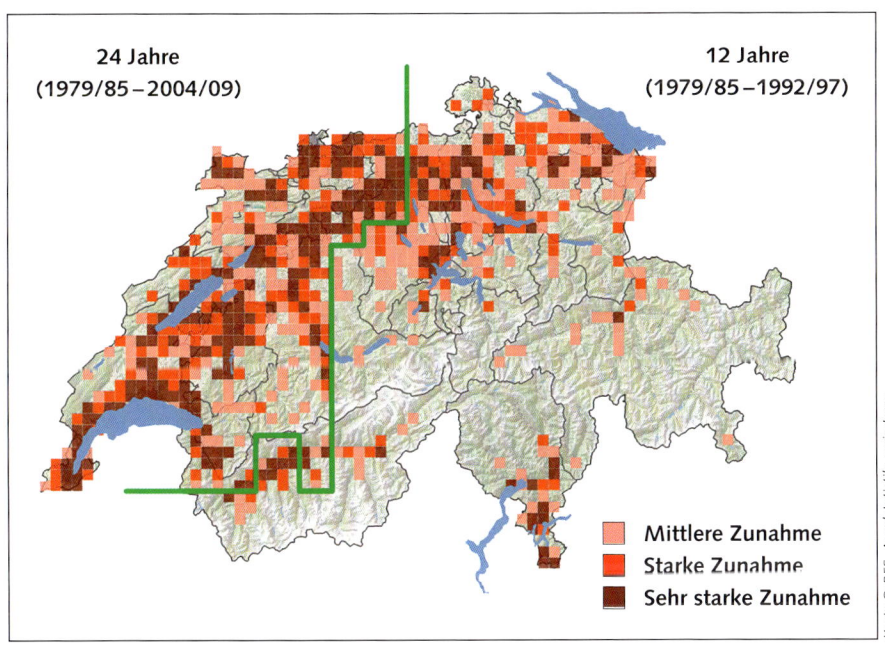

Abb. 260: Wachstum der Siedlungsflächen innerhalb von 12 (östliche und südliche Schweiz) bzw. 24 Jahren (westliche Schweiz). Quelle: BFS 2005.

Die Analysen der Arealstatistik zeigen, dass jede Sekunde ein Quadratmeter Boden verbaut wird. Hält die Bauwut an, ist in 380 Jahren die gesamte Kulturlandfläche der Schweiz überbaut. Neuste Daten des Bundesamts für Statistik belegen, dass das Siedlungswachstum sogar wieder an Fahrt gewonnen hat. So sind zwischen Januar und September 2007 rund 30 000 neue Wohnungen in der Schweiz bezugsbereit geworden, gut zehn Prozent mehr als im Bezugsraum des Jahrs 2006. Weitere 62 700 Wohnungen waren Ende September 2007 im Bau, was sechs Prozent mehr ist als 2006.

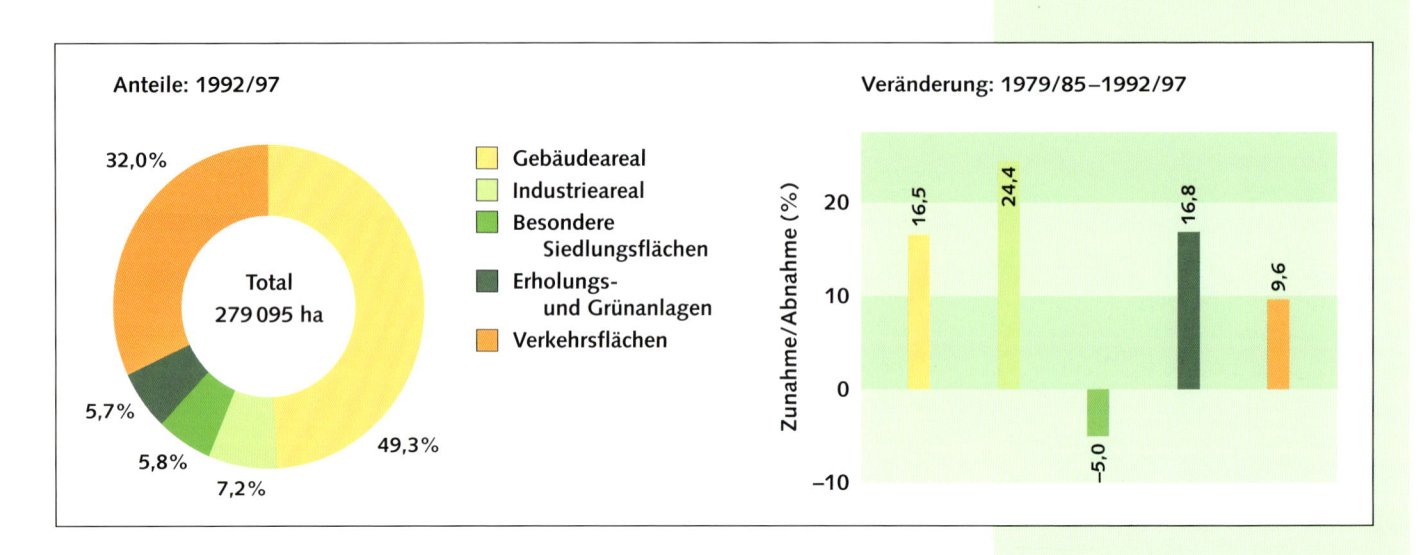

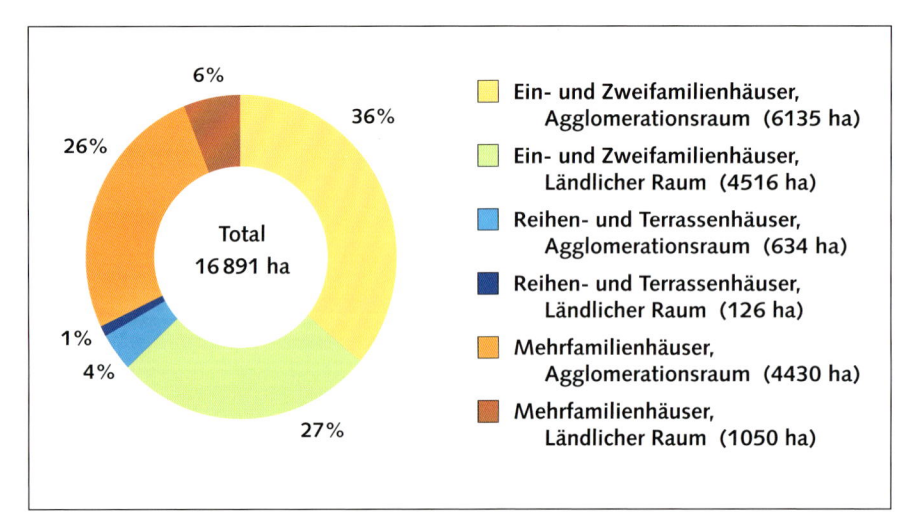

Abb. 261 (oben): Zusammensetzung und Veränderung der Siedlungsfläche der Schweiz. Besondere Siedlungsflächen: Baustellen, Abbau, Deponie, sonstige Ver- und Entsorgungsanlagen. Quelle: BFS 2005.

Abb. 262: Art der Wohngebäude in der Schweiz 1992/1997. Ein- und Zweifamilienhäuser dominieren den Siedlungsraum. Quellen: BFS 2005, BFS 2002b.

Mit einem Anteil von fast 50 Prozent dominiert das Gebäudeareal die Siedlungsfläche der Schweiz (Abb. 261). Die Gebäudeflächen der Ein- und Zweifamilienhäuser benötigt gesamtschweizerisch am meisten Boden, nämlich zwei Drittel der gesamthaft mit Wohngebäuden überbauten Flächen (Abb. 262). Der Traum vom Einfamilienhaus «abseits vom Verkehr» und an «unverbaubarer Lage» ist tief verankert und wird durch die auf Einfamilienhäuser fixierte Werbung der Kreditinstitute sowie die Inserate von Kantonen, die sich als attraktive Wohnstandorte anpreisen, verfestigt (Bühlmann 2007). Es ist nicht übertrieben zu behaupten, dass die Schweiz infolgedessen in einem Häusermeer zu versinken droht.

Das zentrale Problem der Zersiedelung liegt nicht zuletzt darin begründet, dass die Gemeinden der Schweiz die Einzonung von Bauland ohne Korrektiv beschliessen können. Zwar gäbe es Kontrollinstrumente; doch Politik und Föderalismus verhindern logisch begründbare Einsprachen. Wie machtlos Schutzbemühungen sind, zeigen in drastischer Weise die zugepflasterten Ufer des Zürichsees. Seit 1927 bemüht sich der sogenannte «Schilfröhrli-Klub», der Zürichsee-Landschaftsschutz, *«das Landschaftsbild des Zürichsees frei von Verunstaltungen irgendwelcher Art den Nachfahren zu überliefern»*. Die Bemühungen sind nicht sehr erfolgreich.

Erst im Jahr 2008 kam das Bundesamt für Raumentwicklung (ARE) auf die Idee, den Fragen nachzugehen, ob es in der Schweiz zu viel Bauland hat und ob sich die Bauzonenreserven an jenen Orten befinden, wo der Baulandbedarf am grössten sein wird und eine Zunahme der Überbauung *«als zweckmässig erachtet werden kann»*. Die Resultate sind brisant (ARE 2008):

- Die Schweiz verfügt über knapp 227 000 Hektaren Bauland. Ein Viertel davon ist noch nicht überbaut.
- Zusätzlich zu dem noch nicht überbauten Land existiert in den bereits überbauten Gebieten eine erhebliche innere Reserve, das heisst, dass viele Parzellenflächen nicht voll ausgenutzt sind und ein grosses Nutzungspotenzial besteht.
- Gut zwei Drittel aller Baulandreserven liegen am Siedlungsrand, der Rest sind Baulücken im Siedlungsgebiet.
- In den Grosszentren der Agglomerationen, wo die Nachfrage nach Land am grössten ist, gibt es nur noch relativ wenige Baulandreserven. Viel zu viel Bauland wurde dagegen in den Nebenzentren, in den touristischen Regionen und im ländlichen Raum ausgeschieden. Das bedeutet, dass die Baulandreserven schlecht verteilt sind.
- Fast die Hälfte des Baulands ist schlecht mit dem öffentlichen Verkehr erschlossen.

Offenbar sind die Bauzonenreserven in der Schweiz viel zu gross und oft am falschen Ort (Abb. 264). Der Trend geht jedoch dahin, die Bauzonen weiter zu vergrössern und unkoordiniert zu nutzen. Das ARE geht davon aus, dass ohne Korrekturen bis 2030 etwa 13 000 Hektaren zusätzlich eingezont würden. Die Siedlungsentwicklung muss daher nicht auf kommunaler, sondern auf regionaler Ebene und über die Kantonsgrenzen geplant werden.

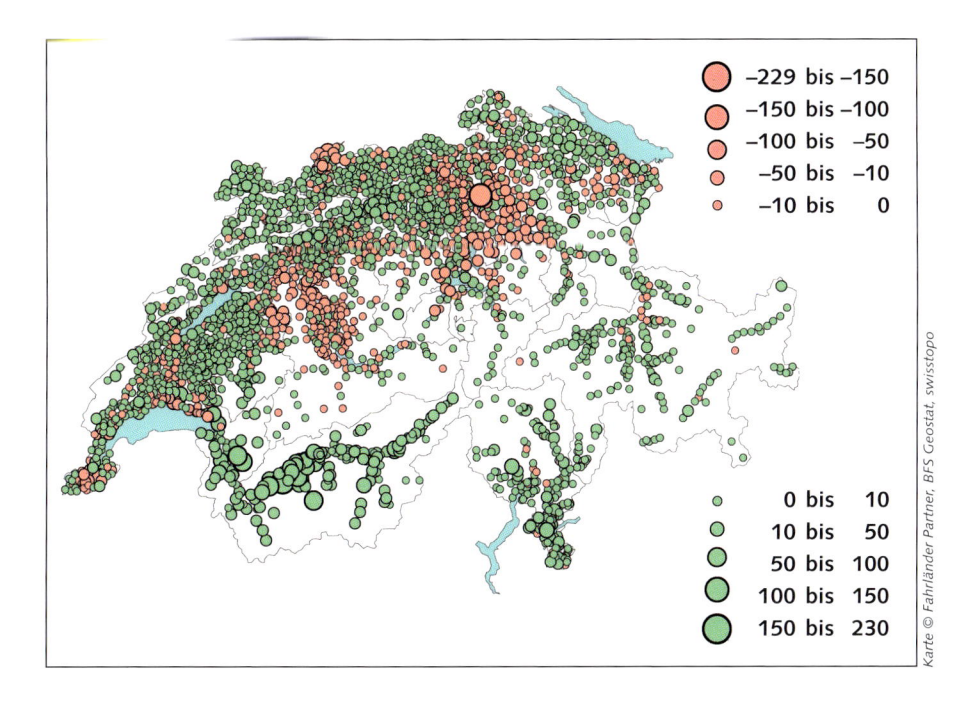

Abb. 263: Gras oder Geld? «Gute Investitionsmöglichkeiten in Haus- und Grundbesitz werden immer rarer. Möchten Sie da untätig zusehen?» Inserat in der National-Zeitung Basel, 19.12.1969.

Abb. 264: Differenz zwischen aktuellen Bauzonenreserven und der im Zeitraum 2005–2030 zu erwartenden Nachfrage nach Bauzonenfläche für Wohnnutzung (nach Gemeinden, in Hektaren). Die grünen Punkte stellen Gemeinden dar, in denen die aktuellen Bauzonenreserven grösser sind als die bis 2030 zu erwartende Nachfrage. Quelle: Matter 2008.

Abb. 265: Zugepflastert! Enormes Siedlungswachstum im Tessin. Oben links: Siegfriedkarte (oberer Teil: 1894, 1:50 000; unterer Teil: 1891, 1:25 000), oben rechts LK 25 2004. Links: Bauen ohne Plan, Magadinoebene (TI).

336

Das 20-jährige Moratorium für Bauzonen, wie es die 2008 eingereichte Landschaftsinitiative «Raum für Mensch und Natur» fordert, ist die einzige Alternative zur bisherigen Politik, die dazu geführt hat, dass die Schweiz von wahllos in die Landschaft gestreuten Gebäuden zerfressen wird. Wichtig ist dabei die Einführung von Ausgleichsmechanismen zwischen Gemeinden mit zu viel und solchen mit zu wenig Bauland: Wird irgendwo ein Stück angesetzt, muss es an einem anderen Ort wieder entfernt werden.

Zwar verlangt das Raumplanungsgesetz seit 1980 die haushälterische Nutzung des Bodens und eine zweckmässige Zuordnung von Wohn- und Arbeitsgebieten. Die Fakten zeigen aber, dass die Siedlungsentwicklung in der Schweiz den Zielen und Grundsätzen des Raumplanungsgesetzes in keiner Weise entspricht. Der Schweiz droht ein geschlossenes Siedlungsband vom Bodensee bis nach Genf. Städte, Dörfer und Weiler explodieren in die Landschaft hinaus. Dazwischen bleiben Flächen übrig, die weder für eine vernünftige bauliche noch landwirtschaftliche Nutzung taugen. Mit anderen Worten: Der Boden wird nicht haushälterisch genutzt, obwohl das als Auftrag an alle im Raum tätigen Behörden seit 1969 in der Bundesverfassung und seit 1979 im Bundesgesetz über Raumplanung steht.

Abb. 266: «Hodler schläft». Quelle: Nebelspalter 1982.

Es ist nicht so, dass nie jemand vor der drohenden Zersiedelung der Schweiz gewarnt hätte. 1947 sagte Paul Reichlin, Staatsschreiber des Kantons Schwyz, vor dem Schweizerischen Juristenverein: *«Es ist undenkbar, dass ein Staat, der Schokolade, Konfitüre und Konfiseriewaren bei zeitweiser Verknappung rationiert, von der dauernden Verknappung des Lebensraumes seiner Bevölkerung einfach Kenntnis nimmt und es dem Zufall, der Einsicht der Einsichtigen und der Profitsucht der Egoisten überlässt, was mit dem Boden geschehen soll.»* Acht Jahre später erschien ein rotes Büchlein mit dem Titel «achtung: die Schweiz», in welchem Lucius Burckhardt, Max Frisch und Markus Kutter (1955) vor einer *«unkontrolliert wachsenden Stadtlandschaft»* warnten und vorschlugen, die Begrenztheit der Fläche als gegebene Herausforderung zu respektieren, die Konsequenzen daraus *«weitsichtig»* zu bedenken und die weitere Siedlungsentwicklung der Schweiz bewusst zu gestalten und zu planen. Anstelle einer Landesausstellung schlug das Trio die Errichtung einer Musterstadt vor. Auslöser für das Manifest war die Erkenntnis, dass die Schweiz in den 1950er-Jahren dabei war, den American Way of Life zu übernehmen – mitsamt den wuchernden Ballungszentren und der unkontrolliert wachsenden Stadtlandschaft. *«Es geht einfach weiter, Serie um Serie, wie die Vergrösserung einer Kaninchenfarm. Fährt man weiter, zeigt sich, dass das schweizerische Mittelland aufgehört hat, eine Landschaft zu sein; es ist nicht Stadt, auch nicht Dorf.»*

Auch «Landi-Architekt» Armin Meili beklagte 1964 die *«liederliche Versteinerung unseres Landes»* und forderte *«die Erhaltung des erhabenen Antlitzes unserer Heimat»* durch eine Raumplanung. 1986 widmete der Publizist Hans Tschäni der Thematik ein ganzes Buch. Die Ursachen des problematischen Umgangs mit dem Bo-

Kapitel 10 Die zersiedelte Landschaft

den ortete er in einer «*verhängnisvollen Überschätzung des Eigentumsbegriffs*» und in der «*Nutzung des Bodens als Handelsware, als Objekt der Marktwirtschaft*». Tschäni wettert gegen die «*arbeitslosen Riesengewinne der Bodenspekulanten*» – und fährt schweres Geschütz auf: Eine wirkliche Änderung der Verhältnisse könne nur mit einem «*Stopp des Bodenhandels*» erreicht werden. «*Ob man es gern hört oder nicht: das würde Kommunalisierung bedeuten; Rückkauf des Bodens durch die Gemeinden und seine Abgabe nach demokratischen Regeln im Baurecht. Damit fiele der arbeitslose Bodengewinn der Allgemeinheit zu, und es liesse sich eine Bodennutzung nach sozialen Grundsätzen bewerkstelligen. Nach allem, was uns der Bodenhandel beschert, erscheint es mir richtig, diesen Gedanken im Gespräch zu halten. […] Es ist indess der Sache nicht gedient, nur nach den Sternen zu greifen. Mit gutem Willen – freilich auch unter Inkaufnahme einer Kombination weiterer unliberaler Beschränkungen der Eigentumsfreiheit – sind die schlimmsten Mängel und Auswüchse im Umgang mit Eigentum und Boden auch ohne brüske Kommunalisierung einzudämmen. Die skizzierten Bodenrechtsziele des Bundesrates genügen jedoch bei weitem nicht zu einer Besserung der Sachlage, umso mehr als bezweifelt werden muss, dass es ihm gelingen wird, die Raumplanung als wirksames Bodenrechtsinstrument durchzusetzen.*»

Seither ist nicht allzu viel geschehen – obwohl sich alle besorgt geben: Die Bauern, denen die Produktionsgrundlage entzogen wird, Naturschützer, denen der Beton zu viel wird, Politiker, denen das unkontrollierte Wachstum ihrer Gemeinden Angst macht. Unbeeindruckt zeigt sich dagegen der Schweizerische Baumeisterverband. Dieser textete in einem Inserat: «*Vielleicht darf man wieder einmal daran erinnern, dass der Bürger auch noch andere Wünsche hat als einen übertriebenen Landschaftsschutz.*»

Bauen als Umweltzerstörung

Die Kirche mitten im Dorf, zugleich das höchste Gebäude, das von keinem anderen Bauwerk überragt werden durfte (und lange auch nicht werden konnte), prägte über Jahrhunderte das Bild der Dörfer (Winkler und Hofer 1941). Grosse oder schon fast monumentale Bauten entstanden erst in der ersten Hälfte des 19. Jahrhunderts. Auffällig waren die Schulhäuser, die das gestiegene Bildungsbewusstsein dokumentierten und wesentlich zur Entwicklung der Gesellschaft im 19. Jahrhundert beitrugen. Immer wieder veränderte sich das Gesicht der Dörfer. So wurde bald nach 1800 aus feuerpolizeilichen Gründen das Strohdach verboten. In Gebieten mit Heimarbeit, die viel Licht benötigte, wurden grössere Fenster eingebaut.
An der Qualität des Siedlungsraums veränderte sich durch diesen kontinuierlichen Wandel aber nicht viel. Die meisten Arbeitsabläufe des Alltags waren verknüpft mit dem Haus und seiner näheren Umgebung (Tanner 1999). Das Verkehrsaufkommen war bescheiden, und so war das Dorf ein vielfältiger Ort der Begegnung, des Arbeitens und des Spielens. Sogar in grösseren Ortschaften gehörten Kühe zum alltäglichen Strassenbild (Abb. 258).

Abb. 267: Bretzwil (BL). Das Bildpaar gewährt Einblick in das Innere eines an der Peripherie des Kantons Basel-Landschaft gelegenen Dorfs, oben um 1900, unten im September 1998. Um 1900 lebten die Einwohnerinnen und Einwohner von der Heimindustrie und der Landwirtschaft. Letztere drückte dem Ortsbild den Stempel auf.

Doch der Bauboom ab den 1950er-Jahren zerstörte den lokalen Charakter der Dörfer. Viele seit den 1950er-Jahren erstellten Bauten haben die Ortsbilder zum Verschwinden gebracht: Die kubischen, fantasielosen und lebensfeindlichen Wohnsilos, die Einfamilienhaussiedlungen, die überdimensionierten Mehrzweckhallen und Hallenbäder, die als subventionierte Ausgeburten der Stillosigkeit manches Dorfbild verschandeln. Ausserhalb der oft denkmalgeschützten Dorfkerne, die als Zeugen einer anderen Zeit nur noch Fassade sind, zerstören Grossüberbauungen schlagartig Teile der während Jahrzehnten langsam gewachsenen Bausubstanz. Alles wird verschieb- und austauschbar, mit der Folge, dass sich die Ortsbilder immer mehr zu gleichen beginnen (Broggi 2000).

Auch der Strassenbau der 1970er- und 1980er-Jahre hat viele Orts- und Dorfbilder tiefgreifend und dauernd beschädigt, indem «Boulevards» gebaut wurden, auf denen man durch die Dörfer rasen kann. Auch mit noch so gut gemeinten verkehrsberuhigenden Massnahmen und Betonpflanztrögen, Findlingen und weiteren Schikanen lassen sich die Fehlplanungen weder vertuschen noch rückgängig machen. Nur ein mutiger Rückbau würde die Wunden heilen, die die Höherbewertung der individuellen Mobilität gegenüber der Ortschaft als Wohnraum gerissen hat.

Abb. 268: Sitten (VS) in der ersten Hälfte des 20. Jahrhunderts (oben) und 1977. Kultur und Natur sind nur noch Inseln in einem Meer aus einem amorphen Siedlungsbrei.

Was ist geblieben? Die Kunstdenkmälerbände und der dreibändige Kunstführer der Gesellschaft für Schweizerische Kunstgeschichte wie auch das Inventar der neueren Schweizer Architektur (INSA) sowie das Inventar schützenswerter Ortsbilder der Schweiz (ISOS) sind die Nachschlagewerke – oder Sterberegister? – der Baudenkmäler der Schweiz.

Unter dem Titel «Bauen als Umweltzerstörung – Alarmbilder einer Un-Architektur der Gegenwart» hat der Architekt Rolf Keller 1973 ein noch heute aktuelles Buch zur Ästhetik am Bau veröffentlicht. Wie ein früher Seismograf für Landschafts- und Umweltveränderungen dokumentiert er, was in den 1960er-Jahren im Siedlungsraum an Umweltschäden gebaut wurde. *«Bauen wird heute zum Agglomerieren, d. h. zum rücksichtslosen Nebeneinanderreihen und Ansammeln von kurzlebigen Wegwerfbauten. Es fängt oft mit harmlosen Disharmonien und schleichenden Unwirtlichkeiten an und wächst sich dann bis zu ganzen Agglomerations- und Wegwerflandschaften aus. [...] Diese Diagnose mag hart erscheinen, Zerstörung für dieses Bauen ein harter Ausdruck, aber Umweltzerstörung in den Bereichen Wasser, Luft usw. ist vergleichsweise ebenso drastisch. Bauen bedeutete wesensmässig Aufbauen. Heute bekommt es meist ein negatives Vorzeichen und wird so zur Zerstörung. Ein Zustand ohne Beispiel in der Geschichte.»*

Abb. 269: Romont (FR), oben in den 1950er-Jahren, unten 1980. Wohnsilos dominieren das Landschaftsbild.

Keller stellt die Frage, ob Industriegebiete ein «*Recht auf Hässlichkeit*» hätten. Im Wohnungsbau kritisiert er die erschreckende Monotonie der Wohnsilos, «*in denen das Individuum das Gesicht verliert*». Bei den Einfamilienhausquartieren kritisiert er den Individualismus, der zu egoistischem, chaotischem Pluralismus degeneriert sei. Das individuelle Gesicht würde so zur «*Fratze, das zur Schau gestellt wird*». «*Einzelne Bauten können an sich erfreulich sein, aber sie vermögen das Gesamtbild nicht zu verbessern. Ins Auge springt ein Stil-Mischmasch, ein Sammelsurium, ein Kreuz und Quer von extremen Formen, die nicht zusammenpassen, die sich gegenseitig beeinträchtigen, stören, ja oft optisch totschlagen. Der Pluralismus an Formen erzeugt eine babylonische Verwirrung: Häuser, die nicht miteinander reden können, jedes mit anderer Zunge. Gnadenlos stehen sie beieinander. Kontaktlos, vereinsamt wie ihre Bewohner.*» Keller's mahnende Bilder und polarisierende Texte – auch das Aufzeigen von Bauvorschrift und gebauter Realität – sollten «*Alarm auslösen*». Doch leider haben sie nichts bewirkt.

Eine Fahrt durch die Neubauquartiere zeigt ein wahres Gruselkabinett von architektonischen Selbstverewigungen. Weder von Materialgerechtigkeit, Gestaltung, Stil und Ortsbild kann die Rede sein. Nur ausnahmsweise finden sich akzeptable Neubauquartiere. Der Schaden ist praktisch irreversibel – denn wer hat den Mut und die Mittel, um die Hunderttausende von Sprengobjekten zu beseitigen und zu ersetzen? Das ungeplante Durcheinander ist nicht nur zwischen Boden- und Genfersee sowie Tessin und Basel die Regel, sondern auch im Berggebiet, das heisst in den touristischen Destinationen.

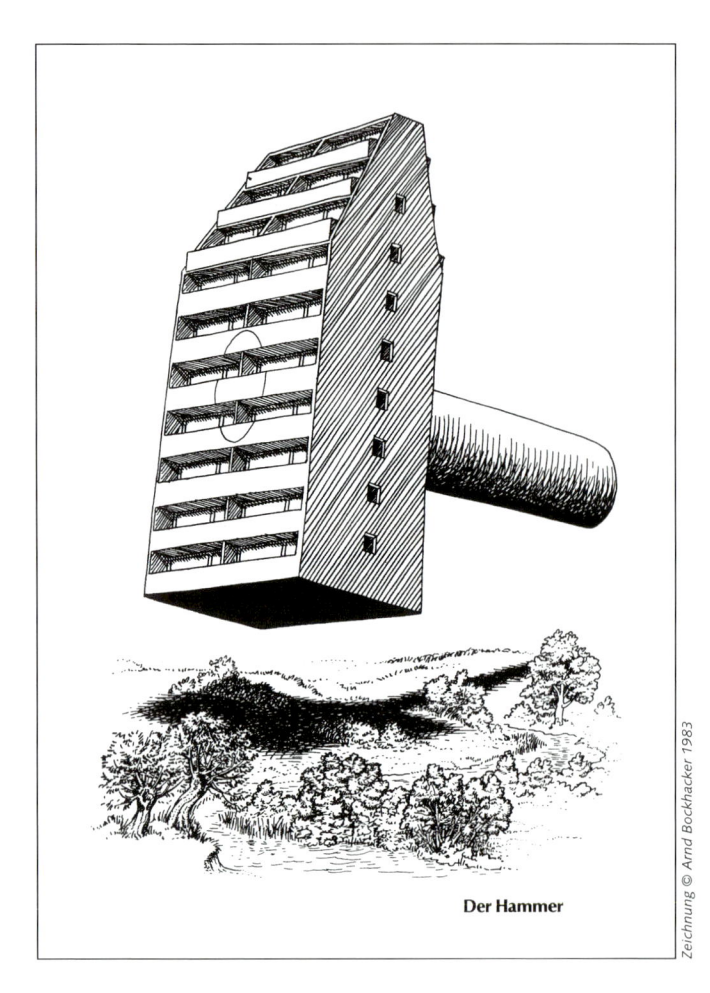

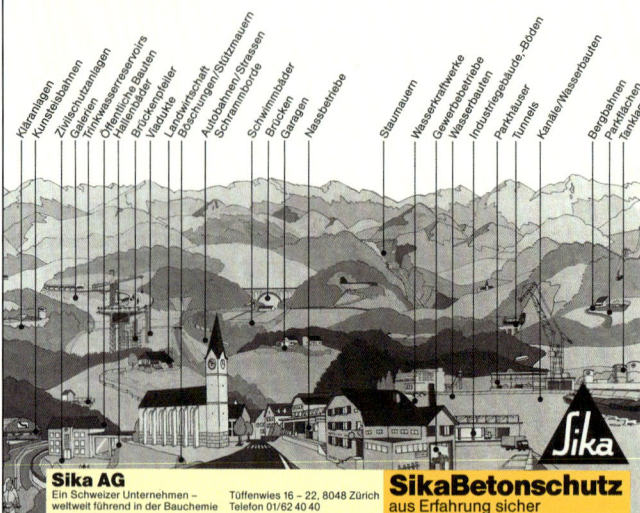

Abb. 270 (oben rechts): Die Werbung zeigt, wo es langgeht: bauen in der Landschaft. Inserat in «Schweizer Ingenieur und Architekt», 1983

Abb. 271: Bauen auf der grünen Wiese wird immer beliebter.

Abb. 272: Einfamilienhausweide im Mittelland.

342

Abb. 273: Wandspruch an einem Pfeiler des Strassenviadukts Interlaken-Goldiwil in den 1970er-Jahren.

Abb. 274: Goldau (SZ), 2008. Bergsturzmaterial von 1806 wird für Hausbauten abgebaggert.

Abb. 275: Darf man hier bauen?

Kapitel 10 Die zersiedelte Landschaft

343

Abb. 276: Neue Gebäude verändern das Landschaftsbild. Oben: Brunnenberg, Itingen (BL), 1983 und 1988. Mitte: Schillingsrain, Liestal (BL), 1972 und 1979. Unten: Liestal, Blick vom Oristal Richtung Eglisacker, 1976 und 1996. Die 1945 gepflanzte Friedenslinde ganz links im Bild hat den Bauboom bis jetzt überlebt.

Oben: Baar (ZG) 1998 und 1999. Mitte: Birmenstorf (AG) 1981 und 1983. Unten: Birmenstorf 1981 und 1982.

Kapitel 10   Die zersiedelte Landschaft

345

Abb. 277: Kirche Küttigen (AG) – von zwei unterschiedlichen Standorten gesehen (April 2001).

Abb. 278 (oben): Via dei Pescatori, Muralto (TI), im März 1999 (links) und im März 2003 (rechts). Beton und Glas haben den mediterranen Garten ersetzt.

Abb. 279: Vor allem in den 1970er-Jahren waren Terrassenhäuser sehr beliebt. Im Vergleich zu Einfamilienhäusern verbrauchen sie deutlich weniger Boden.

Abb. 280: Zersiedeltes Mittelland. Blick vom Säli-Schlössli bei Olten (SO) auf Aarburg/Rothrist, Juni 1999.

Abb. 281: Durcheinander in Liestal, Altmarkt (BL). Juli 2008.

Kapitel 10 Die zersiedelte Landschaft

Die Gesichtslosigkeit und das Amorphe neuer Siedlungen und Agglomerationsteile zeigt sich nicht zuletzt darin, dass sich für Besucher nicht mehr beschreiben lässt, wo man den Klotz X finden kann, in welchem die Bekannten neuerdings wohnen. Ein Hinweis auf die Kirche oder den Bäcker ist ebenso eine Illusion wie der Bahnhof. Meisenweg? Nie gehört, gibt es das hier überhaupt? Auch die Strassennamen sind nicht mehr zielführend, weil am «Lerchenweg» keine Lerchen mehr leben, am «Sumpf» alles trockengelegt ist und an der «Auenstrasse» die Auen fehlen. Bleibt die Frage, wie es zu diesem zerstörerischen Umgang mit unserer Umwelt kommen konnte. Der Physiker und Naturphilosoph Klaus Michael Meyer-Abich hat die passende Antwort gegeben: «*Wirklich betroffen sind wir von der Mitweltzerstörung nur dort, wo sie schneller voranschreitet als die gleichzeitige Verkümmerung unserer Sinne. Mit der Zerstörung der Lebensgrundlagen hat es vielleicht nur deshalb so weit kommen können, weil uns die Sinne gleichzeitig vergangen oder sozusagen degeneriert sind – nicht physiologisch, versteht sich, sondern weil wir es mit unserer natürlichen Mitwelt nicht (mehr) zu tun hatten, so dass die Sinneseindrücke in unserer Seele nichts zum Klingen bringen konnten.*»

Der englische Historiker Eric Hobshawn kommentierte die Vorgänge der letzten 100 Jahre so: «*Der typische Zug des 20. Jahrhunderts war es, alles beseitigt zu haben, was vorher war: die Traditionen, Bräuche, Gewohnheiten – die Zerstörung jener sozialen Mechanismen, welche eine Generation an die vorhergehende binden.*»

Seeblick dank Kettensäge

See- und Bergsicht haben ihren stolzen Preis. Bei sonst vergleichbarem Wohneigentum kann der Aufschlag für Seeblick sechzig Prozent betragen. Kein Wunder ist der Zusatz «mit Seeblick» ein wichtiges Verkaufsargument. Ein findiger Generalunternehmer pries deshalb in den Verkaufsunterlagen zu einer Wohnüberbauung in Wädenswil den wunderbaren Blick über den Zürichsee an. Dumm nur, dass der Seeblick durch ein Wäldchen verwehrt wurde. Doch am 29. August 2007 war das Wäldchen plötzlich verschwunden. Der Auftraggeber für die Kettensägenaktion war schnell gefunden – zu durchsichtig war das egoistische Motiv des Generalunternehmers.

Ein mutiger Richter verfügte den Einzug des mit der Fällaktion erzielten Mehrwerts von fünf Millionen Franken. Ein Rekurs war im Sommer 2008 allerdings noch hängig. Mittlerweile wurde das Gebiet wieder mit Jungbäumen bepflanzt. Der Generalunternehmer wurde zu regelmässigen Pflegemassnahmen während der ersten fünf Jahre verpflichtet. Der Forstdienst erklärte, dass er das Wäldchen auch nachher im Auge behalten werde, um dafür zu sorgen, dass die Bäume in die Höhe wachsen können.

Die modernen Agglomerationen: weder Stadt noch Land

Im Februar 1793 schrieb Jean-Jacques Rousseau an den Marschall von Luxemburg: «*[In der Schweiz] trifft man überall auf Häuser. […] Die ganze Schweiz ist wie eine grosse Stadt, die sich in dreizehn Quartiere unterteilt, von denen die einen in den Tälern und noch andere auf den Bergen liegen […]. Die Quartiere sind unterschiedlich dicht besiedelt, allerdings immer dicht genug, dass man sich in der Stadt wähnt.*» War dies eine hellseherische Vorwegnahme der städtebaulichen Entwicklung im 20. Jahrhundert?

Verstädterung und Konzentration der Menschen waren in den letzten 100 Jahren die beherrschenden Trends der Siedlungsentwicklung in der Schweiz. Heute ist jede dritte Schweizer Gemeinde städtisch: Der städtische Raum in der Schweiz – inklusive sogenannte Einzelstädte, die jeweils nur aus einer Stadtgemeinde bestehen – umfasst insgesamt 979 Gemeinden mit 5,3 Millionen Einwohnern und einer Gesamtfläche von 9000 Quadratkilometern. Im Jahr 2003 hatte die Agglomeration Zürich nach Angaben des Bundesamts für Statistik 31 neue Agglomerationsgemeinden mit über 94 400 Einwohnern. Damit leben 95 Prozent der Zürcher innerhalb eines städtischen Ballungsraums. Wanderbewegungen innerhalb der Agglomerationen führen zu einer wachsenden Segregation. Daten des Bundesamts für Statistik zeigen, dass junge Erwachsene die Kernstädte bevorzugen, während die sozial benachteiligten Bevölkerungsschichten in den ehemaligen Arbeiterquartieren am Stadtrand oder in den Vororten leben und es die besser gestellten Familien «ins Grüne» zieht.

«Agglomeration» und «Zwischenstadt» sind hässliche Begriffe für eine hässliche Realität. Sie weisen darauf hin, dass in der Schweiz über Jahrzehnte keinerlei städtebaulicher Gestaltungswille vorhanden war – und auch heute noch erst ansatzweise erkennbar ist. Ein grosser Teil der verstädterten Gebiete sind deshalb

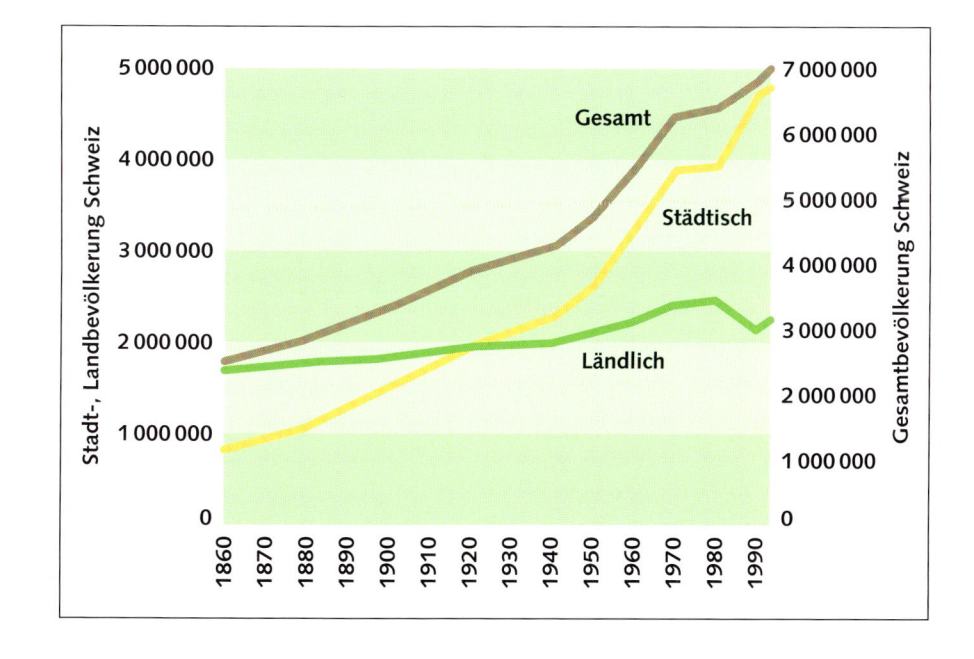

Abb. 282: Stadt- und Landbevölkerung der Schweiz. Quelle: Statistisches Jahrbuch der Schweiz, div. Jahrgänge.

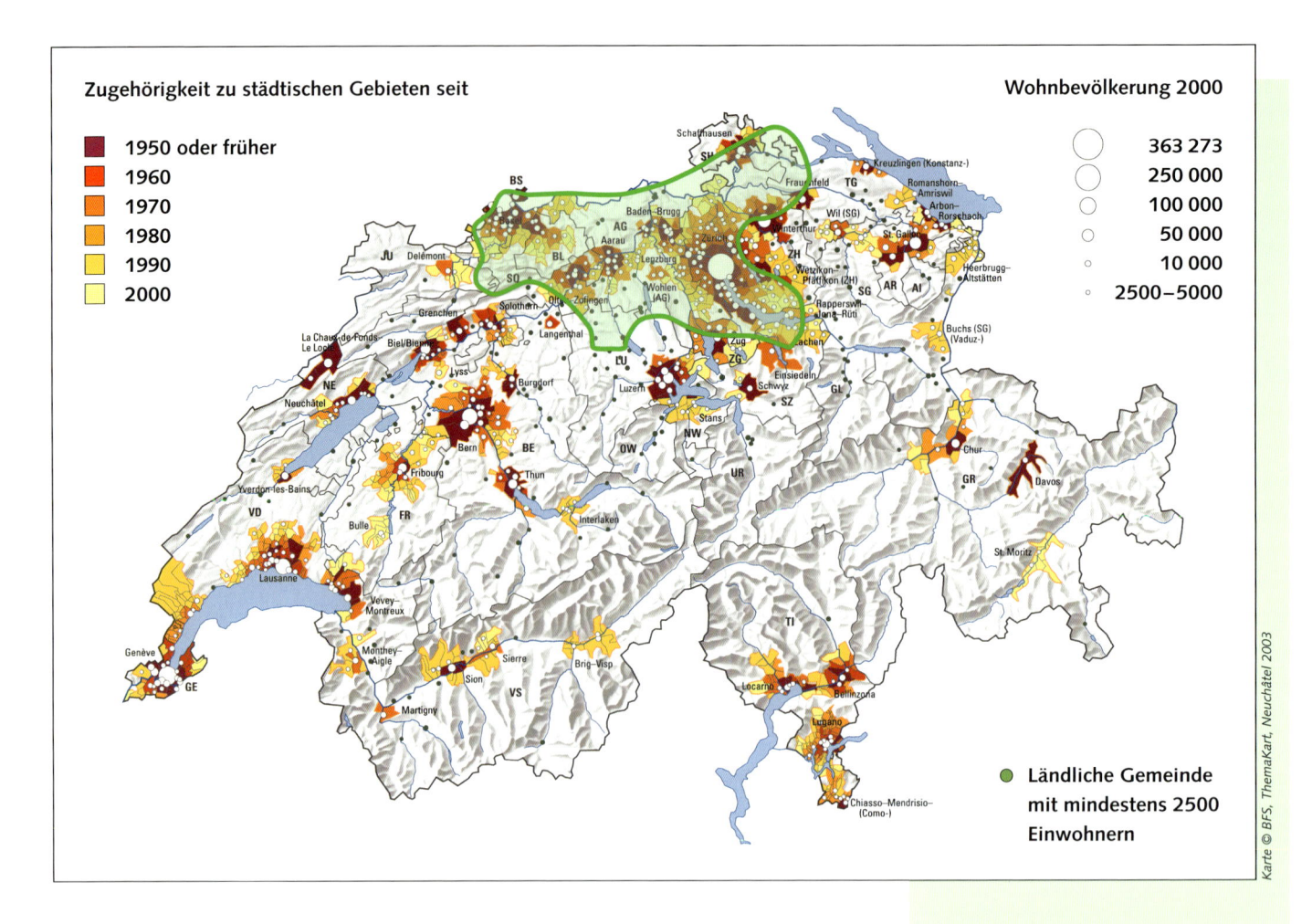

Zugehörigkeit zu städtischen Gebieten seit	Wohnbevölkerung 2000
1950 oder früher	363 273
1960	250 000
1970	100 000
1980	50 000
1990	10 000
2000	2500–5000

● Ländliche Gemeinde mit mindestens 2500 Einwohnern

Abb. 283: Agglomerationen, Einzelstädte und Metropolen der Schweiz im Jahr 2000. Die grüne Fläche zeigt massstäblich die Ausdehnung der Stadt Los Angeles. Quelle: BFS 2002b.

städtische Sanierungsgebiete (Baumgartner 2003). Vergeblich sucht man im gestalt- und gesichtslosen Zusammenwachsen der Agglomerationsgemeinden, in denen drei Viertel der Schweizerinnen und Schweizer leben, eine städtebauliche Qualität. Mit dem Bekenntnis «*ich wohne in der Agglomeration*» löst man keine Neidgefühle aus, sondern vielmehr Mitleid.

Dörfer, die von der Siedlungsentwicklung überrollt wurden, werden zu «Vororten» oder «Zwischenstädten». Sie haben ihre dörfliche Identität verloren, aber keine städtische Identität gewonnen. Der Leiter der Sektion Siedlung und Landschaft im Bundesamt für Raumentwicklung, Fred Baumgartner, schrieb dazu (2003): «*So ist es nicht verwunderlich, dass die Agglomeration als Wohn- und Lebensraum kaum Heimat schaffen kann und kein positiv besetzter Begriff ist.*»

Bauen ausserhalb der Bauzone

In vielen Regionen der Schweiz galt im Mittelalter das Verbot, ausserhalb von Dörfern und Stadtmauern zu siedeln. Die wenigen Einzelhöfe zur Zeit der Dreizelgenwirtschaft wurden von der Kirche, von Feudalherren oder Aristokraten gebaut – meist als deren Nahrungslieferanten. Erst nach der endgültigen Aufhebung des Flurzwangs wurden Einzelhöfe in der offenen Landschaft möglich. Es gibt Gemeinden, die wegen der geringen Flurgrösse den Einzelhofbau erst zu Beginn des 20. Jahrhunderts erlaubten, wie das Peter Suter für den Kanton Basel-Landschaft nachweisen konnte (Suter 1969). Völlig anders war die Entwicklung in den Regionen, wo seit eh und je aus standörtlichen Gründen nur Einzelhöfe, also keine Dörfer, existenzfähig waren, beispielsweise im Appenzellerland.

Die Agrarpolitik des 20. Jahrhunderts hat der Landschaft allerdings eine Welle von Aussiedlerhöfen beschert (siehe Kap. 7). Abbildung 284 zeigt die Landschaft, die durch diese Art der Verbauung und der dazugehörigen Infrastruktur im eigentli-

Abb. 284: Inmitten der Ackerlandschaft bei Ramosch (GR) steht heute ein Aussiedlerhof.

chen Sinne zersiedelt worden ist. Im aargauischen Freiamt wurden allein zwischen 1956 und 2000 über 50 Aussiedlungen auf einer Fläche von 112 Quadratkilometern erstellt. Mit diesen architektonisch meist primitiven, an Lagerhallen erinnernden Bauten hat man die individuelle Eigenart und Freiheit der Landschaft massiv beeinträchtigt.

Nicht weniger als 540 000 Gebäude stehen in der Schweiz ausserhalb der Bauzone. Das ist rund ein Drittel sämtlicher Gebäude (Hornung et al. 2005). Neben Wohn- und Ökonomiebauten sind es Infrastrukturbauten wie Übertragungsleitungen oder Antennenmasten, Bauten und Anlagen für die Landesverteidigung sowie (zunehmend) für Freizeit und Erholung. Von den schweizweit rund 300 000 Hektaren Siedlungs- und Verkehrsflächen liegen 105 000 ausserhalb der Bauzone.

Abb. 285: GMS- und UMTS-Anlagen in der Schweiz (Stand: 1.6.2008). Quelle: Urs Thomi, Bundesamt für Kommunikation BAKOM.

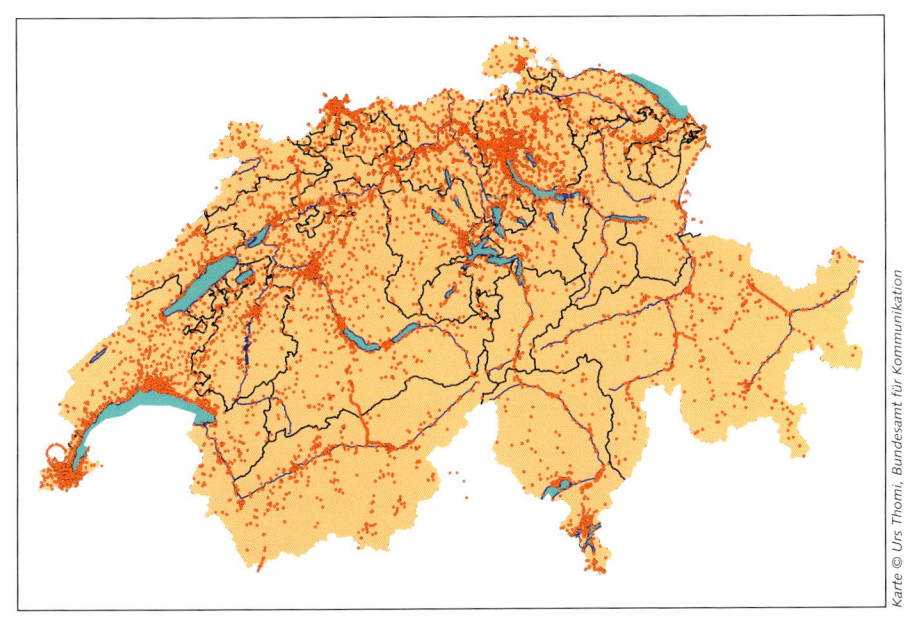

Kapitel 10   Die zersiedelte Landschaft

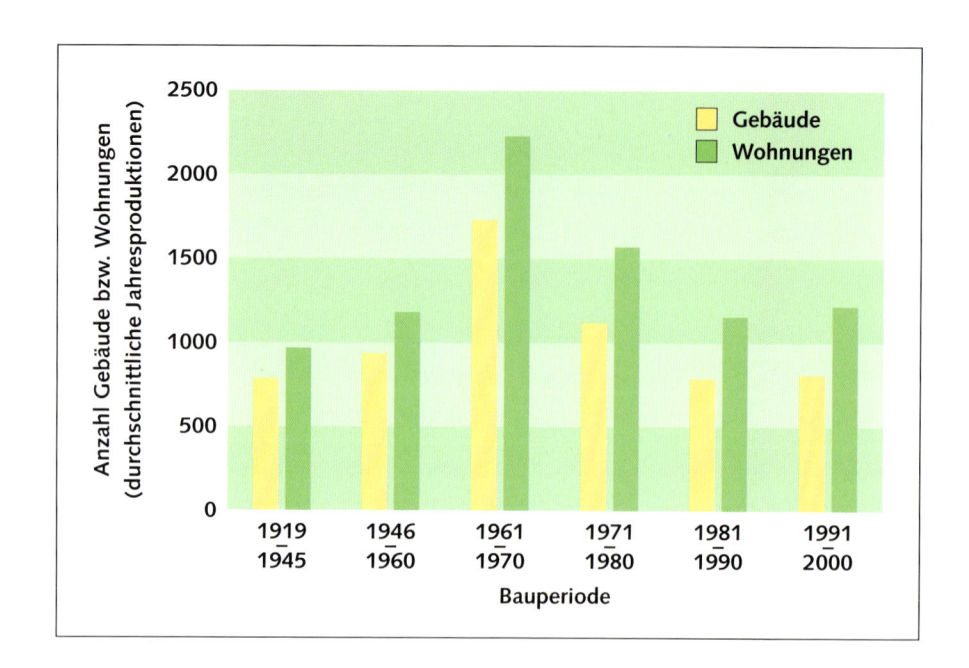

Abb. 286: Gebäude und Wohnungen ausserhalb der Bauzone nach Bauperiode in der Schweiz. Quellen: Infoplan ARE, BFS, Eidg. Volkszählung 2000.

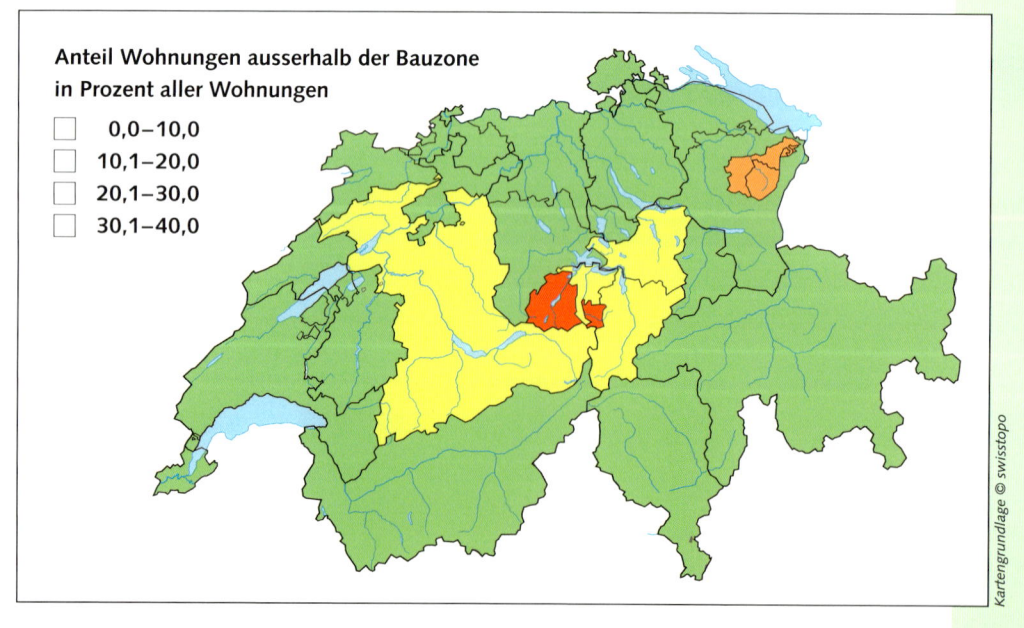

Abb. 287: Wohnungen ausserhalb der Bauzone nach Kantonen im Jahr 2000. Quellen: Infoplan ARE, BFS, Eidg. Volkszählung 2000, GEOSTAT, swisstopo.

Über die Hälfte des Bestands an Wohngebäuden und Wohnungen ausserhalb der Bauzone wurde nach 1919 erstellt. Allein zwischen 2001 und 2005 wurden ausserhalb der Bauzone jährlich 740 neue Wohnbauten erstellt, was fünf Prozent aller neu erstellten Wohnhäuser entspricht. Innerhalb der Bauzone sind die Verhältnisse damit wesentlich prekärer. Allerdings haben Gebäude ausserhalb der Bauzone einen wesentlich grösseren Einfluss auf die Landschaftsqualität als im bestehenden Siedlungsbrei.

Nur rund ein Drittel der Gebäude ausserhalb der Bauzone werden von Personen bewohnt, die in der Landwirtschaft tätig sind. Je ländlicher der Gemeindetyp, desto höher ist der Anteil von Gebäuden, die von Erwerbstätigen in der Landwirtschaft bewohnt werden. Allerdings wird selbst in agrarischen und agrar-gemisch-

Abb. 288: Nach wie vor werden viele Gebäude ausserhalb der Bauzone erstellt. Egliswil (AG).

Abb. 289: Landwirtschaftliche Festung oberhalb eines Dorfs im Jura. Läufelfingen (BL), August 2003.

ten Gemeinden mit 56 Prozent bzw. 52 Prozent mehr als die Hälfte der Gebäude ausserhalb der Bauzone von Personen bewohnt, die keinen Bezug zur Landwirtschaft haben (Hornung et al. 2005).

Die Trennung von Bau- und Nichtbaugebiet ist ein zentrales Anliegen der Raumplanung in der Schweiz. Das Bauen ausserhalb der Bauzone wurde deshalb im Bundesgesetz über die Raumplanung geregelt. Ausserhalb der Bauzone sind grundsätzlich landwirtschaftliche sowie standortgebundene Bauten zulässig. Doch was heisst «standortgebunden»? Ein Wasserreservoir – früher Brunnstube genannt – ist standortgerecht, weil es dort gebaut wurde, wo die Quellen gefasst werden konnten. Auch die Türme und Antennen für Flugsicherung, Fernsehen, Funk und Telekommunikation stehen am richtigen Ort, nämlich am höchsten Punkt auf dem Berg. Auf das Landschaftsbild wurde aber in der Regel keine Rücksicht genommen, obwohl dies mit wenigen Massnahmen oder Standortverschiebungen möglich gewesen wäre. Bei etlichen Hochspannungsleitungen muss man sich fragen, warum sie so und nicht anders die Landschaft durchqueren. Dass Kläranlagen und wassergekühlte Atomkraftwerke an Flüssen stehen, kann mit der Standortgerechtigkeit begründet werden. Nicht mehr nachvollziehbar ist es allerdings, wenn der Bau einer Kläranlage in einem Naturschutzgebiet damit begründet wird, dass beide dem Umweltschutz dienen würden – so geschehen im Tessin, wo die Regierung in den 1970er-Jahren eine Kläranlage mitten im Feuchtgebiet der Bolle di Magadino errichten wollte.

Mit der Aufweichung der Landwirtschaftszone unter dem unseligen Begriff der Liberalisierung durch die Änderung des Raumplanungsgesetzes sind unnötige Schleusen für eine weitere Zersiedelung geöffnet worden. Am 7. Februar 1999 hiess das Schweizer Volk die Revision des Raumplanungsgesetzes gut – ein «souveräner Fehlentscheid», wie sich jetzt herausstellt. Die Revision erlaubt nämlich zusätzliche Bautätigkeiten und Gebäudeumnutzungen – vor allem für die bodenunabhängige Produktion – in der Landwirtschaftszone. Doch die Regelungen zur Umnutzung von Gebäuden sind hochkomplex und offenbaren bei genauerem Hinsehen erhebliche Vollzugsprobleme (Rodewald 1999b).

Dennoch war sich Bundesrat Arnold Koller nicht zu schade, anlässlich der OLMA (Ostschweizerische Land- und Milchwirtschaftliche Ausstellung) am 8. Oktober 1998 für die Annahme der Revision des Raumplanungsgesetzes mit folgenden Worten zu werben: *«Mit dem Konzept der Multifunktionalität der Landwirtschaft trägt das Gesetz sogar zusätzlich zur Erhaltung der Landschaft und des Erholungsraumes bei. [...] Die Revisionsvorlage schafft die nötige Klarheit und steckt den Rahmen dessen, was künftig zulässig sein soll, deutlich und transparent ab.»*
Bereits 2005 stand die nächste Änderung im Parlament zur Diskussion, nämlich ein weiterer Freibrief zur Zersiedelung der Landschaft Schweiz. Dazu gehören Bauten für landwirtschaftsfremde Nutzungen, und zwar für die bodenunabhängige Ergänzung, für gewerbliche und andere Nebenerwerbsmöglichkeiten, zur Produktion erneuerbarer Energie aus Biomasse und für Miet- oder Ferienwohnungen. Damit ist die Landwirtschaftszone statt bodenabhängige Produktionsstätte und Garant einer gewissen Landschaftsästhetik zum Gemischtwarenladen verkommen.

Gewerbegebiete als Landschaftsfresser

Gewerbe und Industrie haben ab etwa 1820 ganz bestimmte Flächen bevorzugt und besetzt. Wichtigster Standortfaktor waren Bäche, Flüsse oder Kanäle, welche Energie für die Produktion lieferten. Obwohl Strom schon bald über weite Strecken transportiert werden konnte, siedelten sich Industrie und Gewerbe aber weiterhin im flachen, verkehrsgünstig gelegenen Gelände an. Die besten Landwirtschaftsböden der Schweiz liegen heute in Gewerbe- und Industriezonen.
Die Bodenvernichtung hält bis heute an. Allein zwischen 1979/85 und 1992/97 hat das Industrie- und Gewerbeareal um 24,4 Prozent oder fast 19 Quadratkilometer zugenommen (BFS 2005). Und die Flächen, die beansprucht werden, werden immer grösser. Vor den Toren praktisch jeder grösseren Gemeinde sind in den letzten 20 Jahren riesige, überdimensionierte Gewerbehallen erbaut worden, die überall gleich aussehen. Diese Bauten sind die wohl grössten Schandflecke im Siedlungsraum – und das will etwas heissen!

Abb. 290: In dieser Gewerbezone dürfte längst kein Sumpf mehr zu finden sein.

Shoppingland Schweiz

In die gleiche Kategorie wie die Gewerbegebiete fallen die sogenannten Shoppingcenter, die vor Kurzem noch Einkaufszentren hiessen. Sie verbrauchen ebenfalls wertvollen Boden, beeinträchtigen die Landschaftsqualität, vergrössern das Verkehrsaufkommen und belasten damit die Umwelt. Gleichzeitig graben sie den Geschäften in den Gemeindezentren zumindest teilweise das Wasser ab. Weil die heutige Gesellschaft auf diese Art des Einkaufs nicht mehr verzichten will, sollten wenigstens die Standorte gut durchdacht werden. Einkaufszentren gehören nicht auf die grüne Wiese. Dennoch stehen viele Einkaufszentren der Schweiz weit vor den Toren der Städte.

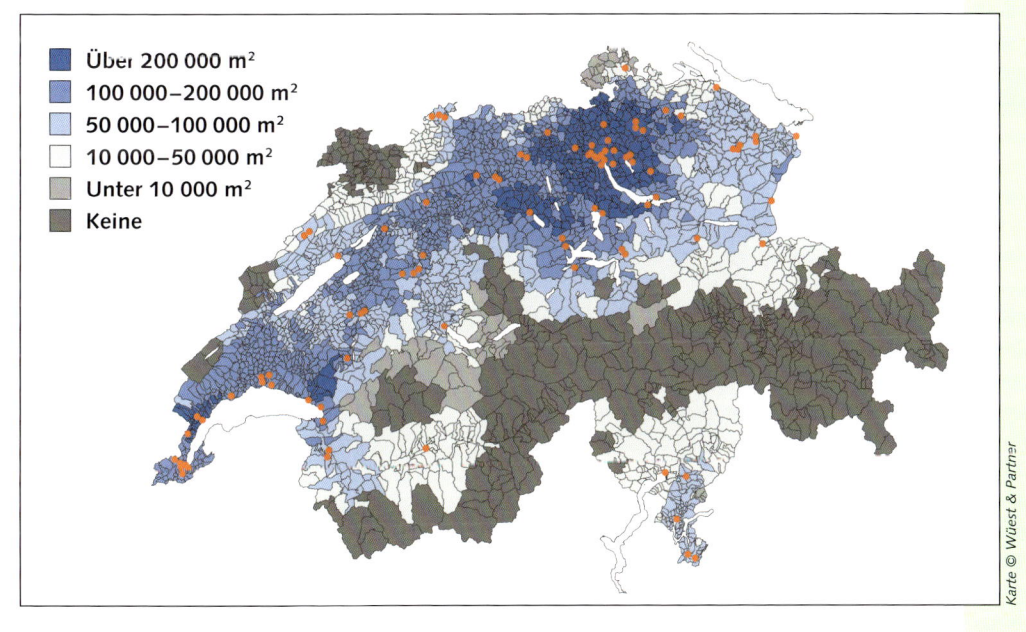

Abb. 291: Die Abdeckung der Schweiz mit Einkaufszentren: In 30 Autominuten erreichbare Verkaufsflächen. Stand 2005. Quelle: Einkaufszentrendatenbank Wüest & Partner.

Aufschlussreich sind die Werbebroschüren, die dem Bau von Einkaufszentren vorauseilen. Die Initianten des in den frühen 1970er-Jahren geplanten, dann aber doch nicht realisierten Einkaufszentrums «Hülften» im Kanton Basel-Landschaft traten mit folgenden Botschaften an die Bevölkerung:

«Die Bevölkerung im Baselbiet wächst. Ausserhalb der Städte und Dörfer entstehen immer neue Wohnsiedlungen. Ihre Bewohner sind aufs Auto angewiesen, oder auf ein öffentliches Verkehrsmittel. Wo sollen sie einkaufen? Menschen von heute möchten aus einem umfassenden und vielfältigen Angebot auswählen können. Sie wollen prüfen, vergleichen, sich inspirieren lassen, um gut und preisgünstig einzukaufen. Mit ihrem Preisbewusstsein helfen sie mit, die Teuerung zu bekämpfen. [...] In der Hülften wird jeder bequem, konzentriert und darum zeitsparend einkaufen und manches gleichzeitig erledigen können. Viele möchten gerne gemeinsam einkaufen, Mann und Frau, am liebsten mit der ganzen Familie. Aber in den meisten Stadt- und Dorfzentren stockt der Verkehr. Autos suchen vergeblich Parkplätze. Und verpesten die Umwelt. [...] Die Autos werden einen geschützten Platz haben. [...] Die Automobilisten werden nicht unnötig herumfahren müssen, um einen Parkplatz zu suchen.»

Abb. 292: Gewerbe- und Industriebauten konkurrieren mit der landwirtschaftlichen Nutzfläche.

Die Verkaufsfläche der 20 grössten Einkaufszentren der Schweiz ist gigantisch und umfasst über 600 000 Quadratmeter. Allein das Einkaufszentrum in Spreitenbach mit dem geistlosen Namen Shoppi & Tivoli – nomen est omen – umfasst eine Fläche von fast 80 000 Quadratmetern. In keinem anderen Land Europas ist die Verkaufsfläche pro Einwohner derart hoch wie in der Schweiz. Allein zwischen 2000 und 2007 stieg sie um sieben Prozent. Und das ist erst der Anfang: 18 Shoppingcenter sind geplant oder im Bau. Sie heissen Urban-Entertainment-Center, Westside und Ebisquare und werden wie Kirchen und Museen von «Stararchitekten» errichtet. Ganz im Zeichen der Zeit werden neue Einkaufszentren zunehmend als Erlebnis- und Freizeitzentren geplant. Der Fantasie sind keine Grenzen gesetzt: In einem Shoppingcenter im Tessin hat man sogar Rustici eingebaut.
In der Schweiz verwandelt sich neuerdings jeder Bahnhof, jeder Flughafen und jedes Fussballstadion in ein Shoppincenter. Shoppen gilt als sozialer Akt und als Mittel zur Zerstreuung. Was riet Rudi Giuliani, der frühere Bürgermeister von New York, den Bewohnern Manhattans nach den Anschlägen vom 11. September? *«Nehmt einen Tag frei. Geht shoppen.»* Zunehmend führt der Ausflug am Samstag nicht mehr in den Wald, sondern in den nächsten Einkaufskoloss – einkaufen als Hobby und Massenvergnügen. Der Mensch wird Teil der Warenwelt. Und was sagen Konsumkritiker? Die Neue Zürcher Zeitung am Sonntag bemerkte dazu am 5. Oktober 2008: *«Sie sind vom Erdboden verschwunden.»*

Bauen mit Nebenwirkungen

Historische Bauten wurden aus Bruchsteinen, Baumstämmen, Rundholz, Ruten (Hasel, Weiden), Schindeln, Holznägeln, Sand, Kalk, Mörtel, Lehm, Stroh, Schilf, Eisenklammern und vielen weiteren Baumaterialien erstellt. Der grösste Teil des Baumaterials wurde lokal beschafft. Das galt zunächst auch für gebrannte Backsteine und Ziegel sowie für die Zementherstellung ab dem 19. Jahrhundert. Im Kanton Aargau nahm die Anzahl Zement-, Kalk- und Gipsbetriebe zwischen 1882 und 1901 von 2 auf 36 zu, die Anzahl Arbeiter von 36 auf 423 (Rey 1937).
Die Entnahmestellen mineralischer Baumaterialien waren zunächst nicht sehr ausgedehnt, hinterliessen aber doch unzählige kleinere Löcher und Gruben im Relief. Diese Situation veränderte sich mit dem starken Anwachsen der Anzahl Gebäude und des Verkehrsnetzes. Der jährliche Bedarf an Baumaterialien stieg enorm an (Abb. 293) und betrug Ende des letzten Jahrhunderts pro Person rund zehn Tonnen im Jahr (Redle 1999). Die hierzulande im Hoch- und Tiefbau eingesetzten

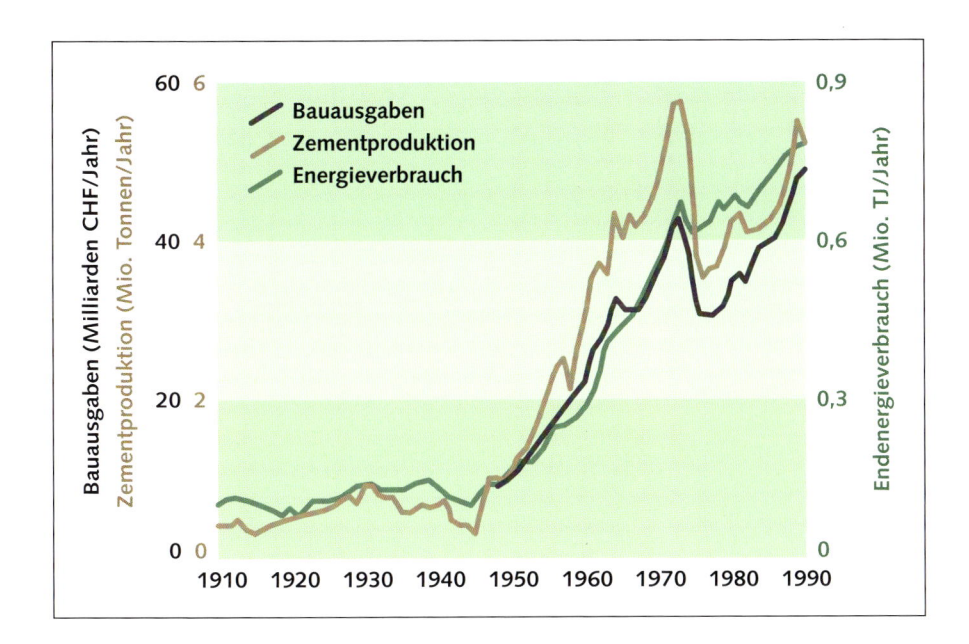

Abb. 293: Entwicklung der jährlichen Bauausgaben, der Zementproduktion und des Energieverbrauchs. Da der überwiegende Teil der Energie in der Schweiz für das Heizen verwendet wird, hat mit dem Wachstum der Bauwerke auch der Energieverbrauch stark zugenommen. Quelle: Redle 1999.

Abb. 294: «Unsere Schüttgutflotte [...] kann bis zu 1000 m^3 Erde, Kies oder Beton auf einen Schlag heranschaffen.» Anruf genügt! Inserat in «Kubaturen» 1984.

Baumaterialien bestehen zu über 90 Prozent (Gewichtsanteil) aus Baustoffen, die aus mineralischen Ressourcen hergestellt und überwiegend in der Schweiz abgebaut werden. Die quantitativ wichtigsten sind mit 80 Prozent Sand und Kies, welche für die Herstellung des Massenbaustoffs Beton und im Strassenbau unentbehrlich sind und die Substanz der meisten Bauwerke bilden. Der jährliche Verbrauch allein von Sand und Kies beträgt 32 Millionen Tonnen (BFS 2000).

Die Schweiz ist reich an Sand und Kies, die während den Eiszeiten abgelagert wurden. Auch für die Zementgewinnung sind die Rohmaterialien Kalkstein und Ton vor allem im Jura reichlich vorhanden. Doch der industrielle Abbau der mineralischen Baumaterialien hat gewaltige Krater und weithin sichtbare Wunden in der Landschaft verursacht; die Auswirkungen auf den Grundwasserspiegel waren stellenweise bedenklich.

Die meisten Gruben und Steinbrüche sind Fremdkörper in der Landschaft. Nicht selten hat eine ganze Region ihren ursprünglichen Charakter verloren (Abb. 296). Der bereits früh geäusserten Forderung von Landschaftsschützern, bei der Planung sowie am Ende der Abbautätigkeit die Entnahmestelle dem Formenschatz der betroffenen Landschaft anzupassen, wurde selten nachgekommen. Bei vielen heute aufgelassenen Gruben und Steinbrüchen wäre eine topografisch einigermassen befriedigende Eingliederung nur erreichbar, wenn der Abbau nochmals ausgeweitet würde.

Für den Artenschutz sind die Landschaftsnarben immerhin ein Segen, weil sie Ersatzstandorte für die in der Schweiz selten gewordenen Auengebiete sind. Viele Tier- und Pflanzenarten haben in den Kiesgruben des Mittellands ein Asyl gefunden. Das gilt vor allem für Amphibien, die in den letzten 50 Jahren dramatisch zurückgegangen sind. Auf den weder durch Dünger noch durch Pestizide beeinflussten Böden gedeihen zudem Pflanzenarten, welche nährstoffarme Standorte bevorzugen.

Das Bauen in der Landschaft hat viele weitere Nebenwirkungen. So fördert jede Baugrube grosse Mengen von Aushub zutage. Ein Teil des Aushubs wird abtransportiert und an einem anderen Ort in der Landschaft dauerhaft abgelagert – nicht selten wurde damit eine Geländeunebenheit oder eine natürliche Geländeform aufgefüllt. Das Bauen im Untergrund ist deshalb ebenfalls ein Eingriff in die Landschaft.

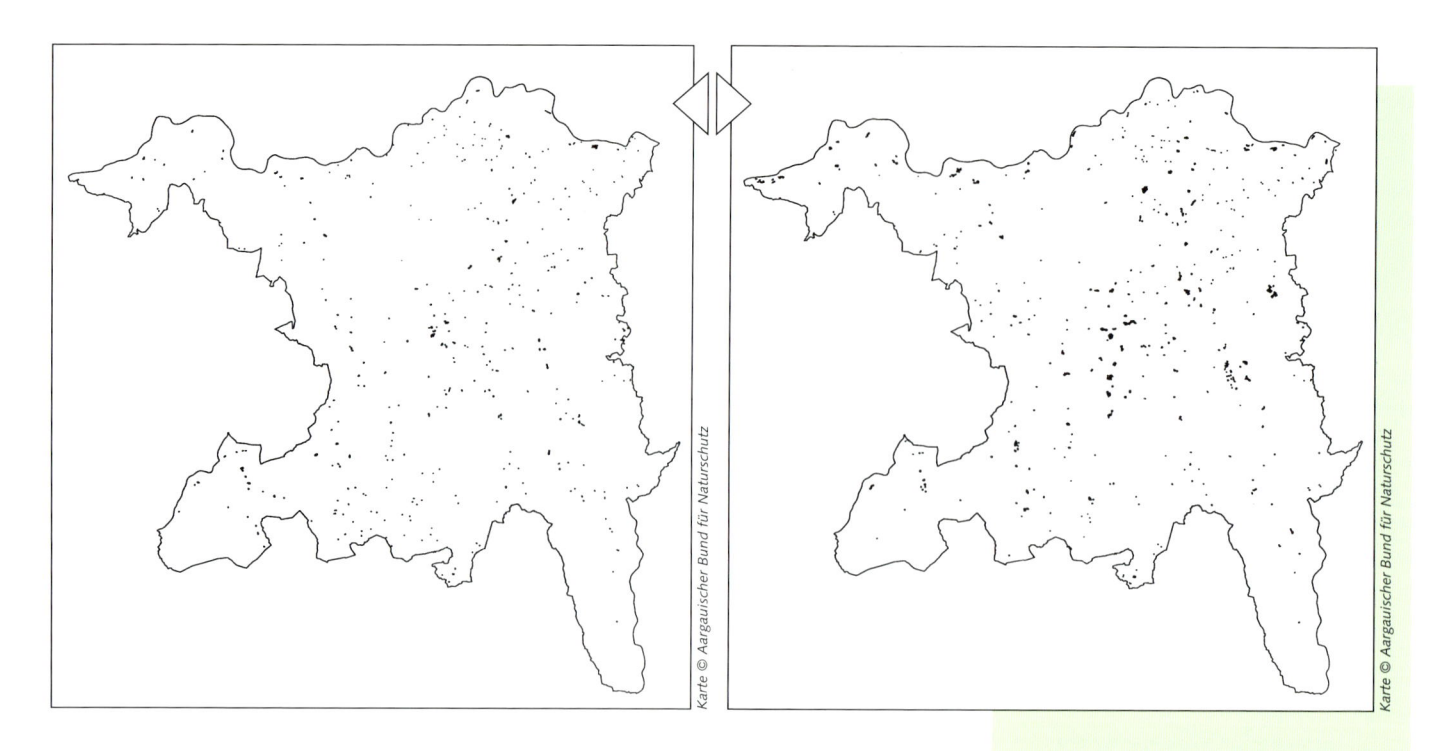

Im Rahmen der Siedlungsentwicklung finden Materialumlagerungen statt, die den meisten Menschen nicht bewusst sind. Alle Bauwerke sind lediglich Zwischenlager für den Kies, den Sand und den Zement, die der Landschaft entnommen wurden. Früher oder später werden die Bauten abgerissen, und das Material muss entweder rezyklisiert werden – oder landet wieder in der Landschaft. Allerdings nicht in den zum Naturschutz erklärten Gruben und Steinbrüchen, sondern in Deponien oder sonstigen Hohlformen.

Nicht vergessen werden darf, dass viele Rohmaterialien oder Rohstoffe wie Aluminium, Kupferleitungen, Metalllegierungen, Chromstahl, Keramik, Spezialglas, Isolationsmaterialien, Dichtungen und Dämmungen ebenfalls aus der Erde stammen, auch wenn sie importiert werden. Auch dort bewirkt das Bauen riesige Wunden in den Landschaften, die in der Regel nach der Ausbeutung sich selbst überlassen werden.

Abb. 295: Durchlöcherte Landschaft. Kies- und Lehmgruben sowie Steinbrüche im Kanton Aargau. 1955/57 und 1982. Quelle: ABN (Aargauischer Bund für Naturschutz) 1986.

Tab. 12: Natürliche und anthropogene Materialumlagerungen. Quelle: Gamper und Suter 1995.

	Geogene (natürliche) Prozesse und Güter	Geogener (natürlicher) Güterfluss	Anthropogene Prozesse und Güter	Anthopogener Güterfluss
Alpen, Voralpen und Alpensüdseite	• Abtragungsrate • Abtrag	0,4 mm/Jahr 12 Mio m³/Jahr	– –	– –

Kanton Zürich	• Abtragungsrate
	• Abtrag
		0,01 mm/Jahr
		0,025 Mio m³/Jahr
			• Kiesabbau
			• Ablagerungen von
			  - Aushubmaterial
			  - Bauschutt
			  - Mineralische Fraktion
			    von Bausperrgut
			• Kehrichtschlacke
			• Sedimentationsrate
				4 Mio m³/Jahr
				
				4 Mio m³/Jahr
				0,5 Mio m³/Jahr
				
				0,2 Mio m³/Jahr
				0,1 Mio m³/Jahr
				2,5 mm/Jahr

Schweiz	• Eiszeitliche Kiesbildung	0,1 Mio m³/Jahr	• Kiesbedarf • Kiesabbau • Kehrichtschlacke • Rückstände der Bauwirtschaft	35 Mio m³/Jahr 30 Mio m³/Jahr 0,7 Mio m³/Jahr 2,5 Mio m³/Jahr

Abb. 296: Der Steinbruch bei Olten im Mai 1973, Blick von der Bölchenfluh. Der Fremdkörper in der Landschaft ist weithin sichtbar.

Insgesamt setzen die Einwohner und Einwohnerinnen der Schweiz heute bedeutend mehr Material um als die Natur (Tab. 26). Bei einer natürlichen Abtragungsrate von etwa 0,4 mm pro Jahr im Alpen- und Voralpenraum sowie auf der Alpensüdseite ergibt sich eine Materialumlagerung von zwölf Millionen Kubikmetern pro Jahr. Allein der Kiesabbau übertrifft diesen Wert um das Dreifache.

Abb. 297: Kiesabbau im Münstertal 1979 und 1999. Die Landschaftswunde wurde beträchtlich grösser.

«Die Auffüllkrankheit»

Am 25. Januar 1980 schrieb Rudolf Massini in der Basler Zeitung in der Kolumne «Die andere Meinung»: *«Eine schwer ansteckende Krankheit geht in unserem Land um, die Auffüllkrankheit (Completitis nivellirans). Ihr Erreger ist ein naher Verwandter der besonders in der Schweiz auftretenden, oft lebensgefährlichen Ordnungssucht (Rabies aufräumeri). Die beiden Erkrankungen können dann schwere Folgen haben, wenn sie Menschen infizieren, deren Organismus bereits durch das endemisch grassierende Ausnutzungsfieber (Verdienitis insatiabilis) geschwächt ist. Der Auffüllwut fallen unzählige wertvolle Naturgebiete zum Opfer. [...]*
Die Auffüllkrankheit hat wirklich die gesamte Landschaft befallen. Auf landwirtschaftlichen Böden werden Mulden und Senken durch Auffüllen ausgeebnet, Bachläufe werden zugeschüttet, um Land zu gewinnen, abfallende Ufer von Flüssen werden aufgehöht, um die Ackerfläche zu vergrössern, ganze Waldtäler verschwinden unter Schutt und Müll. [...] Die Nivellierung erfasst den letzten freien Bodenfleck. Das Ergebnis ist Einheitlichkeit und Eintönigkeit. Was etwa noch bleibt, fällt der Überbauung zum Opfer.»

Das Ende der natürlichen Nachtlandschaft

Das natürliche Licht von Sonne, Mond und Sternen ist ein wesentlicher Bestandteil der Landschaft. Das Licht der Gestirne ermöglicht dem Menschen ein visuelles Erleben der Landschaft – auch bei Nacht. Die Dämmerung und die Dunkelheit verändern auf natürliche Art und Weise die Erlebbarkeit der Landschaft vollends. Diese optische Vielfalt spricht die Sinnesorgane besonders an und vermittelt andere Eindrücke als bei Tageslicht (Abb. 298). Es erstaunt daher nicht, dass das nächtliche Firmament über Jahrhunderte Dichter und Denker inspiriert hat.

Doch die natürliche Nachtlandschaft ist bedroht, weil der Mensch die Nacht zum Tag macht. Während man sich in der ersten Hälfte des 20. Jahrhunderts über jede neu installierte Lampe gefreut hat, herrscht seit 30 Jahren eine regelrechte Lichtepidemie, die zu einer schleichenden Verschmutzung der Nacht mit Licht führt. Häuser werden mit teilweise flutlichtähnlichen Anlagen in Szene gesetzt, Bäume und Gärten werden beleuchtet, Berge werden mit Beamern angestrahlt und als Werbeträger gebraucht, Reklametafeln leuchten bis in die Morgenstunden, Lichtshows und Skybeamer durchschneiden die Nacht. Überall tauchen neben Lichtfallen neue Ideen auf, was noch angeleuchtet werden könnte. Ein regelrechtes Wettrüsten ist im Gange, weil man nur noch durch eine noch stärkere Beleuchtung auffallen kann. Der Philosoph Gernot Böhme schrieb dazu in der Neuen Zürcher Zeitung (1.12.1995):

Abb. 298: Was bedeutet uns die Schönheit der Nacht? Lassen wir uns auch heute noch in einer klaren Nacht von einer Sternschnuppe verzaubern? Natürliche Nachtlandschaft in den Alpen, Milchstrasse am Berninapass.

> «Das moderne, allgemeiner das urbane Leben ist nicht in das Geschehen der natürlichen Umwelt so eingebettet, dass die einkehrende Ruhe in der Natur mit einer abendlichen Beruhigung des Menschen korrelierte oder dass gar die einhüllende Dämmerung als Haus oder Kammer empfunden würde, in denen man sich vor den Ereignissen des Tages bergen könnte. Zwar können auch wir nicht schlechthin verleugnen, dass wir in der Natur leben, auch in den Städten nicht, und dass es morgens hell wird und abends dunkel, ist immer noch eine elementare Tatsache: Wenn es abends zu dunkel wird, schalten wir das Licht an.
> Wir schalten das Licht an – und dadurch schalten wir die Dämmerung aus. Die praktisch unbeschränkte Verfügbarkeit von Licht im Alltagsleben hat zum Verlust der Dämmerung als Erfahrungsraum geführt. [...] Die Lebensrhythmen sind [...] im wesentlichen vom ‹Tageslauf› abgekoppelt. Das Leben wird nach der Uhr organisiert, nicht nach dem, ‹was der Tag bringt›.»

Mittlerweile verfügt die Schweiz über keinen Quadratkilometer Fläche mehr, wo noch natürlich dunkle Nachtverhältnisse herrschen (Cinzano et al. 2001). Millionen künstlicher Lichtquellen erhellen den Nachthimmel. Vor allem über den Agglomerationen und Städten bilden sich nachts grosse Lichtglocken, weil vom Boden kommendes Kunstlicht an Luft- und Staubteilchen gestreut wird und den Himmel erhellt (Abb. 300).

Mit der Ausdehnung des Siedlungsraums und der steigenden Intensität der Lichtemissionen nimmt die Verschmutzung der Landschaft mit Licht dramatisch zu.

Allein in Deutschland beträgt der jährliche Zuwachs der Lichtverschmutzung sechs Prozent, in Japan sind es gar zwölf Prozent. Diese künstliche Erhellung der Nacht beeinträchtigt die Wahrnehmung der Nachtlandschaft. So geht die Faszination des Alls im Lichtmeer unter. An vielen Orten sind von den 2000 Sternen, die von blossem Auge sichtbar wären, nur noch wenige Dutzend erkennbar. Der Weltatlas des künstlich erhellten Nachthimmels zeigt, dass 20 Prozent der Weltbevölkerung – darunter die Hälfte der Einwohner Westeuropas – nicht mehr in der Lage sind, die Milchstrasse mit freiem Auge zu erkennen (Cinzano et al. 2001). Für Astronomen, die auf eine freie Sicht zu den Sternen angewiesen sind, ist das Sternegucken zum Martyrium geworden (Abb. 302).

Der vom Menschen nicht genutzte Teil des Kunstlichts ist nichts anderes als «Lichtabfall» und damit ein Beitrag zur Umweltverschmutzung und zur Energieverschwendung. Kunstlicht verändert auch den Lebensraum nachtaktiver Tiere. An das Bild der unzähligen Insekten, die eine Strassenlaterne umkreisen, hat man sich zwar längst gewöhnt. Doch die Erkenntnis, dass die Lichtquellen zu Massengräbern für Insekten werden und zu einer kontinuierlichen Schwächung der Insektenfauna führen, ist neu. Allein an den 6,8 Millionen Strassenlampen Deutschlands sterben jede Nacht durchschnittlich über eine Milliarde Insekten (Eisenbeis 2001). Hochgerechnet auf alle Lichtquellen in Deutschland könnten so jedes Jahr

Abb. 299: Europa bei Nacht, vom Satelliten aus fotografiert. Vor allem die Metropolen strahlen ihr Licht ins All. Bewohner dieser Städte können nur die hellsten der Sterne am Nachthimmel erkennen. Alles andere ertrinkt im Licht.

Abb. 300: Der Mensch macht die Nacht zum Tag. Kunstlichtglocke über Basel.

mehrere Billionen nachtaktive Lebewesen verenden. Noch kaum untersucht sind die Auswirkungen der Homogenisierung von Tag und Nacht durch Kunstlicht auf den Menschen. Die Hinweise, dass Licht am falschen Platz und zur falschen Zeit ein ernsthaftes Gesundheitsrisiko für den Menschen darstellen kann, nehmen stetig zu.

Im Gegensatz zu anderen Umweltbelastungen wie die Verschmutzung von Gewässern lässt sich die Verschmutzung der Umwelt mit Licht einfach und effizient vermindern (Klaus et al. 2005). Zunächst müssen alle Leuchtquellen, die nicht im Zusammenhang mit der Sicherheit stehen, hinterfragt werden – was nicht heisst, dass dem Siedlungsraum das Licht abgestellt wird. Eine Reduktion der Lichtemissionen würde sich wunderbar mit dem Grossstadtleben vertragen: Durch sinnvoll angebrachte, gut abgeschirmte, blendfreie Leuchten liesse sich die urbane Lebensqualität deutlich verbessern. Nächtliche Spaziergänger könnten sich unter einem von Sternen übersäten Himmel durch eine angenehm und sicher ausgeleuchtete Stadt bewegen. Die Lösung zur Eindämmung der Lichtemissionen ist aus technischer Sicht trivial. Eine Leuchte sollte grundsätzlich nur von oben nach unten strahlen und mit einer Abschirmung in Form eines Helms versehen sein. Doch diese einfache Formel findet in der Praxis keine Anwendung. So haben die Schweizer Bundesbahnen SBB auf zahlreichen Regionalbahnhöfen von unten beleuchtete, acht Meter hohe Säulen, sogenannte «Railbeams», erstellt. Diese Art der Beleuchtung trägt dazu bei, dass die Sterne im Licht ertrinken. Trotz heftiger Proteste von Dark-Sky Switzerland, einer Fachgruppe der Schweizerischen As-

Abb. 301: Links: Alltäglich gewordene Beleuchtungsanlage, die vor allem den Himmel anleuchtet. Rechts: Bei Tag betrachtet fällt die Installation zur Fassadenbeleuchtung kaum auf. Bei Nacht zeigt sich aber die dramatische Wirkung. Der grösste Teil des Lichts strahlt als Abfall ungenutzt in den Himmel.

tronomischen Gesellschaft SAG, und der Vogelwarte Sempach haben die SBB an der Ausrichtung der Beleuchtung von unten nach oben festgehalten. Als «Kompromiss» wurde die Wattleistung der Strahler reduziert. Der Verlust des Sternenhimmels als Speicher von Sagen und Mythen sowie als Projektionsfläche für Träume und Sehnsüchte wird billigend in Kauf genommen. Astronomen wollen dieses Verhalten nicht mehr länger hinnehmen und befürworten die Aufnahme des natürlichen Nachthimmels als Weltkulturlandschaft in die UNESCO-Liste des Weltkulturerbes.

Abb. 302: Gestörter Durchblick: Immer mehr Sternwarten geraten in den Einflussbereich der Lichtglocken. Im Bild die Sternwarte Binningen bei Basel.

Abb. 303: Hier wird Lichtabfall in grossen Mengen produziert.

Abb. 304: Faszinierende Astronomie. Der Rosetta-Nebel ist ein Sternentstehungsgebiet und liegt rund 4500 Lichtjahre von der Erde entfernt im Sternbild Einhorn. Die «Sternenfabrik» misst etwa 100 Lichtjahre im Durchmesser. Ein Lichtjahr ist die Strecke, die das Licht in einem Jahr zurücklegt, und entspricht knapp zehn Billionen Kilometern. Im Zentrum des Rosetta-Nebels haben junge, helle Sonnen ein Loch in die Gaswolke geblasen. Die ultraviolette Strahlung dieser heissen Sterne lässt den Nebel leuchten.

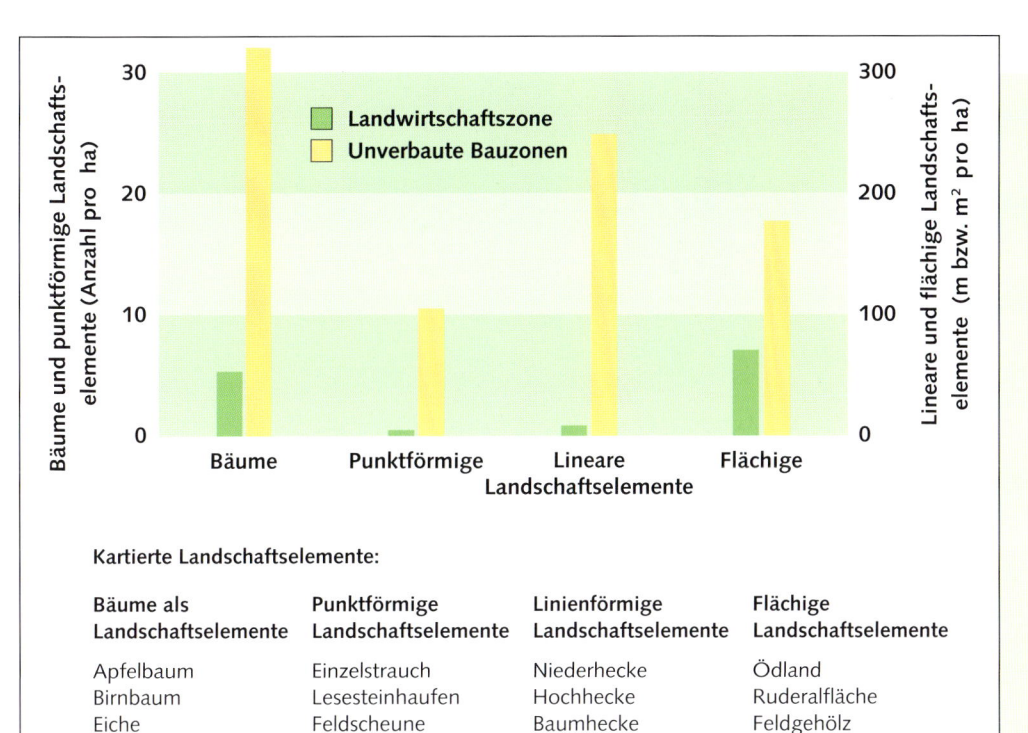

Abb. 305: Die unverbauten Bauzonen verfügen über wesentlich mehr Landschaftselemente als die ausgeräumte Landwirtschaftszone. Quelle: Carle und Tanner 2000.

Kartierte Landschaftselemente:

Bäume als Landschaftselemente	Punktförmige Landschaftselemente	Linienförmige Landschaftselemente	Flächige Landschaftselemente
Apfelbaum	Einzelstrauch	Niederhecke	Ödland
Birnbaum	Lesesteinhaufen	Hochhecke	Ruderalfläche
Eiche	Feldscheune	Baumhecke	Feldgehölz
Kirschbaum	Holzhaufen	Bach	Pflanzgarten (Bünten)
Nadelbaum	Schnittgrashaufen	Baumreihe, Allee	Stehendes Gewässer
Nussbaum	Laubhaufen	Graben	Vernässte Stelle
Zwetschgenbaum		Trockensteinmauer	Hügel
		Mulde	Unversiegelter Weg
		Krautsaum	
		Viehtritt	
		Ufervegetation	
		Böschung, Bord	
		Geländestufe, Terrassenkante	

Natur in der unverbauten Bauzone

Als Wissenschaftler Landschaftselemente in (noch) unverbauten Bauzonen und in der Landwirtschaftszone kartierten, stellten sie überrascht fest, dass die Bauzonen deutlich vielfältiger sind als die Agrarlandschaft (Carle und Tanner 2000). In den Bauzonen fanden sie 6-mal mehr Bäume, 21-mal mehr punktförmige Landschaftselemente, 30-mal mehr lineare Landschaftselemente und 2,5-mal mehr flächige Landschaftselemente als in der Landwirtschaftszone (Abb. 305).

Diese absurde Situation ist darauf zurückzuführen, dass die Bauzonen konzentrisch um den alten Siedlungskern herum angelegt wurden. Dadurch kam das reich gegliederte Areal der Bünten und Baumgärten fast vollständig in die Bauzone zu liegen. Überdies wurden die Bauzonen nicht in die Gesamtmeliorationsverfahren einbezogen. Und so ist nicht das Landwirtschaftsgebiet, wie jedermann annehmen würde, ein «Hort der Natur», sondern das potenzielle Baugebiet. Leider gibt es keine Möglichkeiten, diese letzten Reste der traditionellen Kulturlandschaft zu bewahren. Sollte es aber jemals zu Rückzonungen kommen, sollte der Natur- und Landschaftsschutz diesen Flächen höchste Priorität einräumen.

Abb. 306: An der Stelle einer Hecke wird in wenigen Monaten ein Haus stehen. Hecken sind bundesrechtlich geschützte Landschaftselemente – aber nicht in der Bauzone. Zwingen (BL), Februar 1988.

Natur in der Stadt

Städte gelten als naturferne Kunstprodukte und lebensfeindliche Betonwüsten. Tatsächlich lässt sich der Einfluss des Menschen auf die Natur an keinem anderen Ort radikaler erleben. Doch während ausufernde Städte und Dörfer an ihren Rändern Naturwerte irreversibel zerstören, lebt in dem Häusermeer eine charakteristische Lebensgemeinschaft von Tieren und Pflanzen. Mittlerweile ist die Agrarlandschaft derart ausgeräumt und verarmt, dass der Siedlungsraum von Wissenschaftlern und Naturschützern sogar als Arche Noah bezeichnet wird. Wie bei der reichhaltigen Natur in der Bauzone muss hier abermals von einer grotesken Situation gesprochen werden.

In alten Stadtplänen lässt sich Natur kaum finden. Vielleicht ein Baum «am Bäumlin» – heute Bäumleingasse – in Basel, oder ein Rebberg, vielleicht ein Gottesacker, heute Friedhof. Doch die Natur ist vorhanden: Gärten, Park- und Friedhofsanlagen, Bahnareale, Bachufer, Schotterplätze, Mauerritzen, Schuttstellen, Vorgärten, Industrieareale, gepflasterte Plätze und Strassenböschungen dienen zahlreichen Tier- und Pflanzenarten als Lebensraum. Allein in Zürich hat Elias Landolt (2001) über 1200 Pflanzenarten gezählt, die entweder einheimisch sind oder eingeschleppt wurden und als eingebürgert gelten. Damit beherbergt die Stadt fast doppelt so viele Pflanzenarten wie eine vorwiegend land- und forstwirtschaftlich genutzte Gegend von ähnlicher Grösse im Mittelland. Ähnliches gilt für die Stadt Freiburg, wo auf weniger als zehn Quadratkilometern Fläche 721 Pflanzenarten leben (Purro und Kozlowski 2003). Davon steht ein Drittel auf der Roten Liste. Viele weitere Beispiele und Einzeluntersuchungen zum Artenreichtum der Städte hat Josef Reichholf (2007) in seinem Buch «Stadtnatur» zusammengetragen. Offensichtlich bietet der Siedlungsraum heute ein breiteres Angebot von Lebensräumen als die eintönig gewordene Kulturlandschaft.

Doch auch die Stadtnatur ist bedroht. Für viele Tier- und Pflanzenarten wurde es in den letzten Jahrzehnten zunehmend schwieriger, in den Siedlungsgebieten zu überleben. Mehrere Ursachen sind für den Niedergang verantwortlich. Die Bodenversiegelung nimmt zu und verdrängt wertvolle Strukturen, und die Gebäudehüllen und Dachstöcke moderner Gebäude bieten kaum noch Nist- und Unterschlupfmöglichkeiten für Vögel, Fledermäuse und Insekten.

Abb. 307: Naturgarten mit grosser Artenvielfalt.

Abb. 308: Der Werdegang eines Gartens: Juli 1997 mit «Unkraut», August 1997 nach Gifteinsatz, November 1997 mit Golfrasen, Mai 1999 mit Tulpenbeet, November 2004 mit Plastikhirsch.

In vielen Schweizer Städten wurde das Problem erkannt. Seit einigen Jahren wird die naturnahe Gestaltung der Grünflächen offiziell gefördert. Mit Unterstützung der Behörden entstanden in vielen Grünarealen der Schweizer Städte Blumenwiesen und bunte Brachflächen. Doch das Naturpotenzial der Siedlungsräume ist damit noch lange nicht ausgeschöpft. Das hat eine von der Dr. Bertold Suhner-Stiftung für Natur-, Tier- und Landschaftsschutz in St. Gallen in Auftrag gegebene Studie ergeben (EER Raumplanungsbüro FSU et al. 2003).

Als Mustersiedlungsraum diente den Wissenschaftlern die Gemeinde Gossau, eine typische Vertreterin einer Agglomerationsgemeinde im Nordostschweizer Mittelland. Die Resultate zeigten wenig Erfreuliches. In der Regel war der ökologische Zustand der Gewerbe- und Industriegebiete, Parkflächen, Einzelhausbebauungen und Eisenbahnlinien gering. Das ökologische Potenzial stuften die Wissenschaftler aber als mittel bis hoch ein. Das gilt beispielsweise für die Einzelhausbebauungen, die einen grossen Flächenanteil am Stadtgebiet beanspruchen. Während die Gestaltung der einzelnen Gebäude entsprechend den individuellen Vorstellungen der Eigentümer eine grosse Vielfalt aufweist, gleichen sich die Gärten wie ein Ei dem anderen: Regelmässig geschnittene, möglichst unkrautfreie Einheitsrasen, umgeben von sauber zurückgeschnittenen Thujahecken mit Sichtschutzfunktion sind allgegenwärtig. Trotz der vorhandenen Strukturelemente wie Hausfassaden, Mauern, Einfriedungen, Hänge und Wege ist das ökologische Potenzial nicht einmal ansatzweise ausgeschöpft.

Die Lebensräume im Siedlungsgebiet bieten zwar vielfach eine gute Ausgangslage für eine ökologische Aufwertung, in ihrem heutigen Zustand sind sie aber oft eintönig und deshalb für viele Tier- und Pflanzenarten weder als Lebensraum noch als Verbindungselement von allzu grosser Bedeutung. Es gibt aber im Siedlungsraum zahlreiche Möglichkeiten, mit wenig Aufwand etwas zugunsten einer naturnahen Umgebungs- und Quartiergestaltung beizutragen. Wer Spontanvegetation zulässt, Dächer begrünt, Blumenwiesen ansät, einheimische Gehölze

Abb. 309: Frau des Dschungels hält urbanen Wildwuchs in Schach. Inserat in der «Zuger Woche», 31.3.1999.

pflanzt, Nisthilfen für Wildbienen anbietet oder Steinhaufen anlegt, wertet das Siedlungsgebiet ökologisch auf. Eine wichtige Rolle kommt hierbei den Behörden, Raumplanern, Architekten, Ingenieuren und Gärtnern zu. Vor allem die Behörden sollten bei der Gestaltung von öffentlichen Flächen wie Parks oder Freiflächen eine noch stärkere Vorreiterrolle übernehmen. So könnte mit einem Teilrichtplan «Ökologische Siedlungsaufwertung» die Basis für ein zielgerichtetes Vorgehen gebildet werden.

Es spricht nichts dagegen, der Natur im Siedlungsraum wieder mehr Platz einzuräumen. Ein finanzieller Mehraufwand lässt sich vermeiden, wenn von Anfang an dahingehend geplant und projektiert wird. Vor allem Sanierungen böten einen guten Anlass, siedlungsökologische Aspekte einfliessen zu lassen. Auch ist der Unterhalt naturnaher Flächen vielfach sogar weniger aufwendig. Der Einsatz zugunsten der Siedlungsnatur ist aber nicht nur von ökologischer Bedeutung, sondern kommt auch der Lebensqualität der Bevölkerung zugute. ☐

Die 1000 Naturparks der Schweizer Wirtschaft

Im europäischen Naturschutzjahr 1995 keimte die Idee, mehr Natur auf öde Industrieareale zu bringen. Engagierte Ökobüros und Einzelpersonen gründeten mit Unterstützung der Wirtschaft und des Bundes die Stiftung Natur&Wirtschaft. Zunächst musste ein Qualitätslabel für ein naturnahes Firmenareal erarbeitet werden. Die wichtigsten, bis heute geltenden Bestimmungen standen nach einem knappen Jahr Vorbereitungs- und Vernehmlassungsarbeit Ende 1997 fest:
- Mind. 30 Prozent der Gebäudeumgebung müssen naturnah gestaltet sein;
- es werden einheimische Pflanzen verwendet;
- auf Biozide wird verzichtet, die Pflege erfolgt umweltverträglich.

Der Bekanntheitsgrad der Stiftung stieg und stieg. Verschiedene Gemeinden motivierten Unternehmen, bei Um- und Neubauten von Industriearealen die Kriterien der Stiftung Natur&Wirtschaft auf freiwilliger Basis anzuwenden. Der Artenvielfalttag 2003 bei der Ciba Spezialitätenchemie AG in Kaisten war ein weiterer Meilenstein und brachte verblüffende Resultate ans Licht: Im Ciba-Naturpark im Kanton Aargau suchten 22 Tier- und Pflanzenkenner 24 Stunden lang nach Natur – und fanden über 900 Tier- und Pflanzenarten. Dieser Erfolg war sogar dem Schweizer Fernsehen und dem deutschen Magazin GEO einen Beitrag wert.

In den vergangenen zehn Jahren sind über 300 Naturparks entstanden. Manche Firmenareale sind neu gebaut worden und waren von Beginn an ökologisch durchdacht. Andere Betriebsgelände sind langsam umgestaltet worden, mit dem Ziel, Investitionen geringzuhalten. Mit relativ kleinem Aufwand fördern Unternehmen so eine positive Wahrnehmung in der Öffentlichkeit. Damit wurde in der Industrie- und Gewerbezone ein echter Paradigmawechsel realisiert. Noch in den 1980er-Jahren hätte eine Firma, die beim Eingang eine Wildpflanzensammlung anstelle einer akkuraten Blumenrabatte vorgezeigt hätte, viele Kunden verloren. Ob Wildkräuter im Industrieareal, Naturgärten bei Wohnhäusern oder begrünte Dächer auf Banken und Gewerbegebäuden – in den Agglomerationen sind das reale Möglichkeiten, um der Natur Platz zu geben.

Gärten als Kulturdenkmäler

Der Garten ist seit dem Mittelalter und vor allem seit der Renaissance Bestandteil der abendländischen Kultur. Die ehemaligen Bauerngärten waren besonders schmuckvoll, trotzdem aber nützlich, denn sie lieferten Blumen, Kräuter, Salat und Gemüse. Aus Platzgründen pflanzte die Bäuerin – der Bauerngarten war immer die Domäne der Frau – Beeren und Gemüse in den Bündten oder neben der Hofstatt, also dem hofnahen geschlossenen Obstbaumgarten. Noch heute gibt es Bauerngärten, in denen nach historischem Vorbild knöchel- oder kniehohe Buchskleinsthecken die Beete und Wege einrahmen. Nach dem Muster der grossen, historischen Gärten der Renaissance oder des Barocks nimmt der klassische Bauerngarten das Prinzip der Symmetrieachse auf. Und wenn der Garten auch noch so klein ist – schon bei vier Beeten findet sich eine Symmetrie. Die Weglein zwischen den Beeten sind mit kantigem Schotter oder Kies öfters in heller Farbe belegt.

Hauser (1976) hat dem Bauerngarten einen ganzen Bildband gewidmet und auch Heyer (1980) geht auf den Bauerngarten ein. Christ (1916) hat sich nicht nur dem Pflanzenleben der Schweiz gewidmet, sondern auch das Spezielle des Bauerngartens der Basler Landschaft in einem eindrücklichen Buch dargestellt. Bauerngärten sind kostbare und schützenswerte Kulturgüter, die es verdienen, als Kulturdenkmäler sorgsam gepflegt zu werden. Trotzdem sind im Zug der Dorfsanierungen – vor allem beim Strassenbau (Räber 1996) – etliche Bauerngärten zerstört worden.

Die Geschichte der Haus- und Dorfgärten ist bestens aufgearbeitet (Bader 1973). In den vergangenen Jahrzehnten wurden die Gärten allerdings dem Zeitgeist angepasst und zu sogenannten «pflegeleichten» Gärten umgewandelt. Sie sind immergrün, weil die fantasielosen Cotoneaster und anderes «Pinschergrün» so günstig im Gartencenter zu erwerben sind.

Abb. 310: Links: Garten mit Buchskleinsthecken, Schloss Oberhofen. Rechts: Solche Bauerngärten werden immer seltener.

Im Gegensatz zum pflegeleichten Hausgarten werden die Kleingärten in «Kolonien» eifrig genutzt und gepflegt. Ohne auf die soziale Differenz beider Gartentypen einzugehen, sei lediglich an die historischen Wurzeln erinnert. Der Hausgarten hat sich wohl seit der römischen Zeit entwickelt. Der Familiengarten geht dagegen auf den Schrebergarten zurück. Daniel Gottlob Moritz Schreber war Mediziner und Sozialtherapeut. Er sah in der Zeit der Industrialisierung die Fabrikarbeiter und -arbeiterinnen, die einerseits etwa 70 Stunden pro Woche arbeiteten, und andererseits in zum Teil misslichen Mietskasernen wohnten. Er fand, man müsse diesen Menschen die Möglichkeit verschaffen, am Sonntag oder am Abend (am Samstag wurde gearbeitet) vor der Stadt ein Stücklein Erde bearbeiten zu können und dort, um die Lebenshaltungskosten zu senken, Kartoffeln, Gemüse und Früchte für den Eigenbedarf zu produzieren.

In der Schweiz hat sich der Schrebergarten im Gegensatz zu Deutschland wegen der fehlenden Grösse der Industriegebiete nur gebietsweise durchgesetzt. Hingegen hat Carl Franz Bally, der in Schönenwerd eine grosse Schuhfabrik betrieb, 1876/77 einen Park als englischen Garten erstellt, in welchem sich seine Arbeiter erholen konnten (Abegg et al. 2005). Die Familiengärten in der Schweiz haben sich erst seit dem Agglomerationsprozess in den 1970er-Jahren entwickelt.

Essay

Von Hans Weiss, ehemaliger Geschäftsleiter der Schweizerischen Stiftung für Landschaftsschutz SL und des Fonds Landschaft Schweiz

Postmoderne Beliebigkeit versus nachhaltige Besiedlung

Es hat sich längst herum gesprochen: Das Adjektiv *nachhaltig* ist zur billigen Münze verkommen. Nicht etwa, weil der Begriff unklar wäre, sondern weil wir alle nur zu gut wissen, dass unser Umgang mit der Umwelt alles andere als nachhaltig ist. Und je weiter man sich von einem erstrebenswerten Ziel entfernt, desto öfter muss man von ihm reden. Mit unverwechselbarer Ironie brachte der Schriftsteller Mark Twain diese Einsicht auf den Punkt: *«Als sie das Ziel aus den Augen verloren hatten, verdoppelten sie ihre Anstrengungen.»*

Die ökonomischen Kosten der Verschwendung

An nichts lässt sich die Nachhaltigkeit – beziehungsweise deren Gegenteil, nämlich die Vergeudung von unvermehrbaren Ressourcen – so gut ablesen wie am heutigen Umgang mit der Landschaft. Sie bringt es – nun im eigentlichen Wortsinn: nach-haltig – an den Tag. Die haushälterische Nutzung des Bodens ist zwar ein Gebot, das seit 1999 in der Schweizerischen Bundesverfassung steht. Dennoch möbliert sich das, was einst Dorf- oder Stadtrand war, mit diesem Durcheinander von Verteil- und Einkaufszentren, Fachmärkten, Imbissshops und Freizeitanlagen. So mutiert die offene Landschaft vom einstigen Komplementärraum der Stadt zur Abfallmulde für fast alles, was bei einem sorgsamen und koordinierten Umgang mit den Ressourcen innerhalb der besiedelten und urbanisierten Räume Platz finden müsste. Doch für die dazu nötige Koordination fehlen unserer eiligen Konsumgesellschaft die Zeit und die schöpferische Kraft.

Zustand und Entwicklung der Landschaft sind ein untrüglicher Spiegel, der zeigt, ob sich Nachhaltigkeit nur auf technologische Verbesserungen bei der Nutzung von Ressourcen bezieht oder ob sie umfassend ist, indem auch der nicht vermehrbare Lebensraum geschützt wird. In der Landschaft akkumulieren sich die räumlichen Folgen unseres Tuns und Lassens. Wenn der Umgang mit Ressourcen verschwenderisch ist, wird er auch durch eine am Einzelbau oder mit Apparaten und Maschinen noch so ausgeklügelte Technologie nicht wettgemacht.

Der grosse Teil dessen, was sich in unseren Breitengraden als sogenannte Metropolisierung flächenmässig – das heisst auf Kosten unüberbauter Landschaft – ausbreitet, ist als Landschaft verloren. Es dürfte frühestens durch die nächste Eiszeit wieder abgeräumt werden. Viele verhältnismässig zarte und zerbrechliche geologische Strukturen sind im Gelände noch immer sichtbar, obwohl sie seit Jahrhunderten oder Jahrtausenden der Verwitterung ausgesetzt sind. Wir können uns daher eine Vorstellung darüber machen, über wie lange Zeiträume beispielsweise heutige Skipistenplanierungen noch von unserer Epoche zeugen werden. Das Wort «pharaonisch» ist in dem Zusammenhang nicht übertrieben.

Doch woran soll man nun die Verträglichkeit oder Nachhaltigkeit des Bauens konkret festmachen? Um einem oft laut werdenden Missverstehen gleich zu begegnen: Es geht hier nicht darum, Bauwerke entlang der Achse ihres numerischen Alters zu bewerten, nach dem Motto: je älter, desto erhaltenswerter, je moderner,

> «So mutiert die offene Landschaft vom einstigen Komplementärraum der Stadt zur Abfallmulde für fast alles, was bei einem sorgsamen und koordinierten Umgang mit den Ressourcen innerhalb der besiedelten und urbanisierten Räume Platz finden müsste.»

desto störender oder weniger nachhaltig. Ein Mass für die Nachhaltigkeit ergibt hingegen das Verhältnis zwischen dem Nutzen eines Bauwerks und seinem allfälligen Nachteil in der Form der Beeinträchtigung des betreffenden Ökosystems sowie der Beanspruchung von Raum und Landschaft, die – jedenfalls für die Lebensdauer des Bauwerks – für andere Zwecke nicht oder nur noch teilweise nutzbar sind.

Die Kosten korrelieren in einer groben Annäherung zunächst mit der gebauten Masse. Falls später aufgrund gewandelter sozioökonomischer Verhältnisse ein Rückbau oder eine Beseitigung nötig oder erwünscht wird, müssten auch die Kosten für die vollständige Rückgabe an die Landschaft in Rechnung gezogen werden. Denken wir etwa an Autobahnen, die obsolet werden, sei es weil das Erdölzeitalter zu Ende geht, sei es, weil sie schon vorher durch leistungsfähige öffentliche Verkehrssysteme ersetzt werden. Das gilt auch für touristische Transportanlagen, die infolge Schneemangels nicht mehr benutzt werden können. Ein aktuelles Beispiel ist die Abfalldeponie im aargauischen Kölliken, die seinerzeit als zukunftsweisend gefeiert wurde. Allfällige Sanierungskosten müssten vor einem Bauentscheid in eine umfassende Umweltbilanz für «Bauten mit erheblichen Auswirkungen auf die Landschaft» einfliessen.

Hinzu kommen jene schwerer quantifizierbaren Verluste, die durch die Zerstörung oder Zerschneidung von naturnahen Landschaften anfallen. Ein Mass dafür ergibt sich aus der Summe ihrer Werte und den Kosten für ihre Wiederherstellung, sofern eine solche überhaupt möglich ist. Es ist hier nicht der Ort, genaue Kriterien für eine umfassende Bilanz zwischen Kosten und Nutzen beziehungsweise für die Landschaftsverträglichkeit zu erörtern. Schon der Hinweis, dass eine solche in aller Regel nicht erfolgt, muss zutiefst beunruhigen.

Es ist ähnlich wie bei der Gewinnung von Energie, Steinen, Erden und anderen Materialien: Zu den Kosten werden nach wie vor nur der Aufwand für die Erbringung, der (viel zu billige) Transport und der Verbrauch gerechnet, aber fast nie jene Kosten, welche durch den Eingriff, den Transport und die Verarbeitung an Landschaften, Lebensräumen und Ökosystemen entstehen. Wir zehren laufend von einem schwindenden Vorrat, ziehen aber vom Gewinn nur die Spesen ab, die von der Entnahme bis zum Konsum ab Steckdose oder Ladenregal entstehen.

«Wir zehren laufend von einem schwindenden Vorrat, ziehen aber vom Gewinn nur die Spesen ab, die von der Entnahme bis zum Konsum ab Steckdose oder Ladenregal entstehen.»

Vom Wert eines Blaukehlchens

Ein viel gehörter Einwand gegen das Postulat einer umfassenden Bilanz zwischen Kosten und Nutzen ist die Unmessbarkeit der ideellen Werte der Landschaft und der Natur. «Was kostet ein Blaukehlchen?» lautete die Frage, welche das Problem der Quantifizierung unter dem Titel «Der Wert eines Vogels» schon vor 25 Jahren zum Ausdruck brachte. Man kann auch vom «Nutzen der Schönheit» oder vom «Nutzen des Nichtnutzens» sprechen.

Nun kann die Fragwürdigkeit der Monetarisierung solcher Werte nicht dazu führen, dass das Umweltproblem als solches negiert wird. Es geht hier um den blinden Fleck unserer Ökonomie, nämlich die Annahme, dass, wenn sich die Kosten eines Gutes nicht in Geld bemessen liessen, es volkswirtschaftlich keinen Wert habe. Dem Wert wird nicht Rechnung getragen, ausser in den Fällen, bei denen ein Gericht das Interesse an der Erhaltung des Lebensraumes, etwa des Eisvogels, höher gewichtet als das materielle Interesse an der Überbauung oder touristischen Nutzung des Flussufers, an dem diese Art noch vorkommt.

So weit kommt es aber nur dann, wenn eine zur Beschwerde befugte Nichtregierungsorganisation aufgrund gesetzlicher Vorgaben von ihrem Recht Gebrauch macht. In diesem Zusammenhang verwundert es immer wieder, wie sehr es die Gegner des Verbandsbeschwerderechtes stört, wenn Organisationen im Namen der Natur vor ein Gericht gelangen, aber keinen Anstoss daran nehmen, wenn Private oder juristische Personen das ebenfalls – und ungleich viel häufiger – tun, mit dem einzigen Ziel, ihre meistens sehr handfesten Eigeninteressen durchzusetzen. Das zeigt, dass Umwelt für viele politische Gruppen kein öffentliches Gut mit einer Rechtsstellung ist, sondern eine Grösse, die auf mysteriöse Art immer wieder nachwächst, oder falls sie das nicht tut, in unbegrenzter Menge vorhanden ist und an der man sich deshalb gratis bedienen kann.

Da und dort beginnen nun Kostenrechnungen aufgrund einer ökologischen und nicht nur eng ökonomischen Kostenrechnung wenigstens in Ansätzen zu greifen, etwa im Verkehr oder bei einzelnen Produkten, wo man schon beim Kauf etwas an die Entsorgung mitbezahlt. Erstaunlicherweise ist aber der Verbrauch von Landschaft durch eine sich immer noch im Tempo von einem Quadratmeter pro Sekunde ausbreitenden Siedlungsfläche nie Gegenstand finanzpolitischer Diskussionen. Auch das ist eigentlich rational nicht verständlich, wo doch sonst jeder Kubikmeter Beton Gegenstand genauer Kostenberechnungen ist. Doch eigentlich beginnen die Kosten schon beim viel höheren Aufwand für Einfamilienhäuser auf der grünen Wiese (gemessen an der Infrastruktur für Verkehr, Wasser, Abwasser und Elektrizität für Gruppensiedlungen und Mehrfamilienhäuser), ganz zu schweigen von den ideellen Verlusten historisch gewachsener oder sich durch ihren Eigenwert auszeichnenden Lebensräume. Diese Betrachtungen mögen zeigen, in welcher Richtung Kriterien für das Bauen ausgearbeitet werden müssen, sollen sie dem Gebot der Nachhaltigkeit sozial, wirtschaftlich und ökologisch entsprechen.

«Erstaunlicherweise ist der Verbrauch von Landschaft durch eine sich immer noch im Tempo von einem Quadratmeter pro Sekunde ausbreitenden Siedlungsfläche nie Gegenstand finanzpolitischer Diskussionen.»

Landschaftsgerechtes Bauen

Das Thema Bauen und Landschaft hat neben quantitativen vor allem auch qualitative Aspekte, die für unser Leben bedeutsam sind. Eine weit verbreitete Meinung geht von der Vorstellung aus, ein Knigge für landschaftsverträgliches Bauen habe mit gutem Geschmack, architektonischem Stil und Anpassung an das Gegebene zu tun. Diese Meinung zielt am Kern des Problems vorbei. Nicht dass Anpassung an das Gegebene nicht wichtig sei, wenn damit Respekt und nicht bloss Tarnung gemeint ist. Ein Betonklotz wird nicht besser, wenn man ihn zwecks Anpassung grün anstreicht. Der berühmte Künstler Joseph Beuys hat jedenfalls einem städtischen Publikum den Gefallen einer äusserlichen Verschönerung nicht getan, als er den Auftrag zur Gestaltung eines monströsen Gemischs von vielgeschossigen Bürogebäuden, mehrspurigen auf- und absteigenden Strassen und einigen grünen Restflächen annahm. Statt einer gefälligen Skulptur zur Verschönerung der städtebaulich verpfuschten Situation füllte er die hässlichsten Zwischenräume zwischen dem renditebedingt abgesenkten Erdgeschoss eines Betongebäudes und dem Strassenrand mit Talg aus, liess die Masse abkühlen und zer-

«Ein Betonklotz wird nicht besser, wenn man ihn zwecks Anpassung grün anstreicht.»

sägte sie in einzelne ungestalte Blöcke. Diese stellte er dann – als massstabgetreues Abbild städtebaulicher Unarchitektur – im öffentlichen Freiraum auf. Sein knapper Kommentar dazu: «Man muss die Wunden zeigen.»

Dass gutes Bauen nichts mit Verstecken zu tun hat, dafür aber mit Respekt vor Geschichte und Gewordenem, zeigt ein anderes Beispiel, und dies weit besser als theoretische Erläuterungen. Die 1913 als Illustration eines Märchens von Hans Christian Andersen vom Bildhauer Edvard Eriksen in Kopenhagen erstellte Meerjungfrau hätte nach behördlichen Plänen temporär nach China verfrachtet werden sollen, um an der Weltausstellung in Shanghai gezeigt zu werden. Daraus wurde aber nichts, nachdem die Bevölkerung lautstark dagegen protestiert hat. «Unsere Meerjungfrau gehört nicht nach China!» hiess es.

Man sollte die Haltung der Däninnen und Dänen, die ihre Meerjungfrau nicht ausleihen wollen, nicht vorschnell mit dem Chauvinismusverdacht abtun. Gegen einen weltweiten Austausch von Kunst und Kultur ist nichts einzuwenden. Aber die Verpflanzung eines Denkmals – und das gilt für ein ländliches Umfeld genauso – übergeht einen fundamentalen Aspekt: Bauliche Zeugen, seien sie nun profaner, künstlerischer oder religiöser Art, sind immer durch ihre Geschichte mit einem Ort verbunden und geben ihm dadurch seine Unverwechselbarkeit. Sie bilden in physischer, seelischer und geistiger Hinsicht einen Raum, der sie umgibt. Dieses Ganze ist nicht in Einzelteile zerlegbar.

Manche Amerikaner mit ihrem vergleichsweise spärlichen architektonischen Erbe neigen zur Idee, mit genügend Geld könne man einen Ortsbezug kaufen und verpflanzen. Die unter dem Titel «The Gost goes west» berühmt gewordene Filmstory bezeugt dies. Da baut ein reicher Amerikaner in Schottland ein ganzes Schloss ab, Stein für Stein, um es in seiner Heimat wieder aufzubauen – und wird dadurch den lästigen Geist, der ihn nachts stört, nicht los. Neuerdings tun es ihm die russischen Milliardäre und die Ölscheichs gleich. Wenn man den genius loci schon nicht verpflanzen kann, so ist es doch möglich, ihn wenigstens zu kopieren. Die Kopie bzw. der Klon ist dann so gut wie das Original. So geschehen beispielsweise mit Versailles und anderen europäischen Denkmälern in Dubai.

Hinter dem Protest der Dänen gegen den zwar nur temporären Wegzug ihrer Meerjungfrau steckt mehr als blosse «Heimattümelei». Sie erkennen – vielleicht unbewusst – dass auch die Chinesen am Exportgut nicht das haben würden, was ihnen merkantile Ausstellungsmacher versprechen, weil sich Orte eben nicht verpflanzen lassen – es sei denn um den Preis, dass genau das verloren geht, was sie ausmacht: ihre Einmaligkeit und die Nichtwiederholbarkeit ihrer Geschichte.

Wie Orte zu Unorten werden

Die Landschaft leidet nicht nur unter dem quantitativen Schwund, sondern auch unter einer postmodernen Beliebigkeit, die sich dank unbegrenzter Transportmöglichkeiten und einem Arsenal fabrikmässig hergestellter Produkte weltweit ausbreitet. Man hat auch schon von der «Disneyisierung» gesprochen und meint damit nicht den genialen Erfinder von Mickey Mouse und Donald Duck, sondern die Möblierung und Inszenierung mit beliebigen Versatzstücken, wie sie in sogenannten Freizeit- und Erlebnisparks Mode geworden sind. Während sie dort wenigstens auf ein bestimmtes Areal beschränkt blieben, werden zunehmend gan-

> «Bauliche Zeugen, seien sie profaner, künstlerischer oder religiöser Art, sind immer durch ihre Geschichte mit einem Ort verbunden und geben ihm dadurch seine Unverwechselbarkeit.»

ze Landschaften in Beschlag genommen, sei es indem Berge nachts beleuchtet werden oder eine Landschaft als Werbeprodukt mit eigenem Label vermarktet wird. Geschützt ist dann nicht unbedingt die Landschaft, sondern das Label. Das entspricht durchaus dem Zeitgeist, der zwischen Etikette und Inhalt nicht mehr unterscheiden kann.

«Anything goes» – alles ist möglich. Blieb im Mittelalter der Transport von schneeweissem Marmor aus dem südalpinen Ossolatal dem Erzbischof von Mailand vorbehalten, kann heute die Baukommission jeder kleinen Gemeinde darüber befinden, ob sie anstelle des teureren heimischen Kalksteins für den Dorfplatz nicht doch den billigeren Granit aus Vietnam bestellen soll. Das ist ein Kostenfaktor, während die Erklärung eines ganzen Abhangs zur Einfamilienhauszone kein solcher ist, weil man damit gute Steuerzahler anlocken kann. Dort aber wird dann gebaut, und zwar ebenfalls in postmoderner Beliebigkeit, die sich noch weniger um die Identität des geschichtlich gewachsenen Ortes kümmert. Die Bauherren werden sich auch sardischen oder brasilianischen Granit leisten, wenn er ihrem Geschmack besser entspricht. Aber es sei nochmals gesagt: Nicht sosehr wegen schlechtem individuellem Geschmack, schlechter Architektur (an der freilich kein Mangel herrscht), sondern wegen einer durch den materiellen Überfluss überforderten kommunalen Baukultur und dem schwindenden Bewusstsein für die Einmaligkeit jeden Ortes werden immer mehr Orte zu Unorten.

«Immer mehr Orte werden zu Unorten, weil die kommunale Baukultur durch den materiellen Überfluss überfordert ist und das Bewusstsein für die Einmaligkeit jeden Ortes schwindet.»

Keine Sandkastenübungen mehr

Ob der Verlust der kulturellen und schliesslich auch der naturräumlichen Grenzen eine unabwendbare Folge der globalisierten Wirtschaft ist? Kaum, denn die Verknappung der Ressourcen wird uns früher oder später zu einem neuen und umfassenden Kostenbewusstsein zwingen.

Gegenwärtig wird von Planungsfachleuten viel über neue Raumkonzepte und neue Instrumente diskutiert. Unser immer noch gültiges Bundesgesetz über die Raumplanung, das 1980 in Kraft trat, ist wohl etwas in die Jahre gekommen. Aber die Grundpfeiler, nämlich die Begrenzung des Siedlungsgebiets, die Trennung von Baugebiet und Nichtbaugebiet sowie die Zuweisung zu den wichtigsten Kategorien Bau-, Landwirtschafts- und Schutzzonen ist nach wie vor ein unabdingbares Erfordernis und seine Umsetzung in die Praxis aktueller denn je. Anstatt weitere kostbare Zeit mit Sandkastenübungen für neue und unverbindliche Raumkonzepte zu verlieren, sollten wir uns wieder um die elementaren Aufgaben des Bodensparens und um den achtsamen Umgang mit der Landschaft kümmern.

Die ökologische Erneuerung des Gebauten ist vordringlich. Gleiches Gewicht hat die Aufgabe, von der authentisch gewachsenen Kulturlandschaft, die auch eine Inspirationsquelle für Neues sein kann, möglichst viel in die Zukunft zu retten, bevor es dafür zu spät ist. □

«Anstatt weitere kostbare Zeit mit Sandkastenübungen für neue und unverbindliche Raumkonzepte zu verlieren, sollten wir uns wieder um die elementaren Aufgaben des Bodensparens und um den achtsamen Umgang mit der Landschaft kümmern.»

Abb. 311: Oben: Die Kirche von Mogno (TI) Anfang des letzten Jahrhunderts. Am 25. April 1986 wurde sie zusammen mit mehreren Häusern von einer Lawine zerstört. Der Tessiner Architekt Mario Botta aus Lugano wurde beauftragt, die Kirche neu zu errichten. Der Neubau (unten) erhitzt bis heute die Gemüter: Die einen sind der Überzeugung, dass das Botta-Werk an diesem Ort eine eigentliche Verschandelung und eine unerträgliche Provokation ist; die anderen sind nicht nur mit dem Projekt einverstanden, sondern erachten dieses Werk als geniale Antwort auf die Lawine. Die Kirche mit elliptischem Grundriss und in sich abwechselnden Schichten aus Peccia-Marmor und Vallemaggia-Granit ist mit Eisen und Glas überdacht.

Kapitel 10   Die zersiedelte Landschaft

Kapitel 11

Strassen

allüberall

Abb. 312: Die Autobahn kommt. Das Gebiet der A3 bei Effingen (AG) 1982 und 1996.

Verkehrswege sind prägende Teile der Landschaft. Bis 1900 waren Wege und Strassen jedoch keine Fremdkörper in der Landschaft. Die historischen Verkehrswege lehnten sich meist an natürliche Geländeformen an. Wegbegleiter wie Kapellen, Wegkreuze, Hecken, Zäune, Trockenmauern, Baumreihen und Einzelbäume setzten in der Landschaft Akzente. Spätestens seit den 1960er-Jahren führte der Strassenbau allerdings zu tiefgreifenden optischen Veränderungen in der Landschaft. Es setzte eine regelrechte Verstrassung der Schweiz ein. Zu viele Verkehrsträger wurden zudem zu wenig überlegt geplant und gebaut. Sie zerschneiden die Landschaft und stören das Landschaftsbild zum Teil erheblich. Das gilt nicht nur für die National- und Kantonsstrassen, sondern auch für die landwirtschaftlich genutzten Wege im Kulturland und für die Forststrassen. Problematisch ist vor allem die Asphaltierung von Wanderwegen.

Das Wegnetz zur Zeit der Römer

Mit der Entstehung zusammenhängender Staats- und Wirtschaftsgebilde in der Antike entfalteten sich Handel und Handwerk. Damit wuchs auch das Bedürfnis nach Wegen und Strassen. Die Entwicklung von Rad und Wagen erleichterte den Transport zu Land. Ihre Verwendung setzte aber befahrbare Verkehrswege voraus. Die Römer waren die Ersten, die in Europa und im nördlichen Afrika ein weiträumiges Netz von Fahrstrassen mit einer Gesamtlänge von rund 120 000 Kilometern anlegten (Grotrian 2007). Die Strassen imponierten in ihrer zum Teil gewaltigen Ausdehnung und soliden Bauart.

Abb. 313: Rekonstruktion der Römerstrasse in Arch, Blick gegen Nordosten. Das Bild zeigt die wesentlichen Elemente der römischen Strasse: die gekieste Fahrbahn auf einem Bett aus groben Steinen, ein seitlicher Gehweg und Entwässerungsgräben.

Kurz nach der Eroberung der Schweiz durch die Römer vor rund 2000 Jahren wurde im Berner Seeland Kies abgebaut. Das Material wurde für die Fahrbahn einer Strasse verwendet, deren Verlauf an mehreren Stellen durch neuere archäologische Ausgrabungen nachgewiesen werden konnte. Spätrömische Wegverzeichnisse und Meilensteine zeugen von der Route, die das antike Rom mit Gallien und

Germanien verband. Sie führte über die Alpenpässe und die Region des Genfersees, durchmass das Mittelland, überquerte den Jura und erreichte so Augusta Raurica bei Augst.

Die durch die Schweiz führende Via Romana war bei Weitem nicht die einzige Strasse. Fast das ganze Mittelland war damals besiedelt, und ein relativ dichtes Strassennetz verband die zahlreichen Gutshöfe miteinander (Bolliger 2004). Im Zusammenhang mit dem Krieg gegen die Alemannen wurden viele weitere Strassen gebaut. Mit Ausnahme einer einzigen gepflasterten Strasse in Martigny weisen alle bisher bekannten und sicher datierten römischen Strassen im Mittelland und im Jura eine Fahrbahn aus Kies mit einer Unterlage aus gröberen Steinen auf (Abb. 313). Für die Strassenbauer des 19. Jahrhunderts waren die «Römerstrassen» das Mass aller Dinge, und noch heute verleihen sie einer Gemeinde historisches Gewicht.

www.kulturwege-schweiz.ch

Kulturwege Schweiz: Der Name steht für eine ganz neue Sicht auf die Schweizer Kulturlandschaft. Ein Netz von zwölf nationalen Via-Routen und zahlreichen regionalen ViaRegio-Routen in der ganzen Schweiz erschliesst auf historischen Verkehrswegen die Attraktionen unserer Kultur- und Naturlandschaft.

Wegloses Mittelalter

Mit dem Zerfall des weströmischen Reichs zerfiel auch dessen Verkehrssystem. Die Strassen wurden nicht mehr unterhalten und ausgebessert. In den kommenden Jahrhunderten wurde das Wegesystem in der Landschaft von der bäuerlich geprägten Gesellschaft bestimmt: als Wege ins Feld, als Tränkwege und als Wege zum Markt und zur Kirche (Schiedt 2005). Naturalwirtschaft und Tauschhandel auf lokaler Ebene dominierten die wirtschaftlichen Beziehungen. Die Weglosigkeit hatte verschiedene Gründe. Wichtig war die Erhaltung der Ackererde in den Zelgen, daher durfte ausserhalb des Dorfetters bis Ende des 19. Jahrhunderts nicht gebaut werden. Weil die mit Getreide bestellten Zelgen nach dem Säen bis zur Ernte nicht mehr betreten werden durften, brauchte es auch gar keine Wege. In etlichen Zelgen wurden die wenigen bestehenden Wege sogar eingesät (Baumann 1940).

Auch die Wege in die nächste Siedlung und in die nächste Stadt waren hauptsächlich vom landwirtschaftlich genutzten Umfeld geprägt (vgl. Kap. 5). Nur wo die Wege regelmässig mit Wagen befahren wurden, erhielten sie die Breite der in der Gegend üblichen Bauernfuhrwerke. Die Gewässer wurden an untiefen Stellen mittels Furten überquert; grössere Bäche und Flüsse mit der Fähre. Brücken waren selten, weil schwierig und kostspielig zu bauen, denn die Flüsse und Bäche waren unberechenbare, breite Wildwasser, die ihren Lauf immer wieder änderten.

Sowohl topografische Karten als auch Pläne zeigen bis 1900 ein sehr weitmaschiges Wegnetz, wobei der Begriff «Netz» eigentlich erst für die Neuzeit zutrifft. Es gab zwar Verbindungsstrassen zwischen den Ortschaften; von den Dörfern gingen aber fast nur Stichstrassen in Feld und Wald, die fast alle blind endeten. Erst im 20. Jahrhundert – und hier meist erst in der zweiten Hälfte – wurden diese Wege entweder ausgebaut und in eine andere Stichstrasse geleitet, oder es wurde ein völlig neues Wegnetz angelegt.

Abb. 314: Auf den Hälenplatten sind die Trittstufen einer frühen Variante des Grimsel-Saumpfads in den Fels gehauen.

Es ist heute kaum mehr vorstellbar, wie gering die Erschliessung bis weit ins 19. Jahrhundert war. Dementsprechend war die Fortbewegung der Menschen: Sie gingen meist zu Fuss, und zwar Körbe, Hutten oder Lasten tragend. Der Wegerich *(Plantago major)*, vormals Wegetritt, Wegbeherrscher oder Wegekönig geheissen, zeigte den Tritt des Menschen auf (Früh 1932). Lasttiere wie Esel, Maulesel, Maultiere und Pferde trotteten auf Pfaden durch die Landschaft und via Säumerpfade über Pässe. Diese Transportart hielt in den Bergen zum Teil noch bis in die 1940er-Jahre an (Abb. 315).

Die Reise von Zürich nach Bern war um das Jahr 1700 ein äusserst mühsames Unterfangen. Mit einem Wagen konnte die Strecke kaum durchgehend befahren werden (Betschart 2002), und zu Fuss dauerte die Reise mindestens drei Tage. Die Wege waren nur selten befestigt und bestenfalls für Fuhrwerke im Lokal- und Regionalverkehr nutzbar. Bei anhaltendem Regen- oder Tauwetter verwandelten sie sich in kaum passierbare Schlammpisten. Zeitgenössischen Berichten zufolge gab es Bachbetten, die besser zu befahren waren als die Strassen. Immer wieder wird erwähnt, dass die Kutsche oder der Wagen «gebrochen» sei.

Eine Reise von einer Stadt zur nächsten war unter diesen Bedingungen kaum rationell zu planen – und sie war nicht ganz ungefährlich. So kippte die Kutsche des Habsburgerkaisers Karl VI 1703 auf der 80 Kilometer langen Strecke zwischen London und Petworth zwölf Mal um. Wohlhabende Besitzer von Kutschen mieteten sich darum Männer, die neben dem Fahrzeug herliefen, um es bei Bedarf aus dem Morast zu ziehen. Das Reisetempo entsprach schon allein deshalb dem eines Fussgängers. Ebel (1793) gibt dementsprechend etliche seiner Reisen in Fussstunden an: Von Basel nach La Chaux-de-Fonds brauchte man 8 Stunden, von Obergesteln über die Furka ins Urserental 8 bis 9 Stunden.

Die Strassen waren um 1800 so miserabel, dass man – wo immer es ging – den Wassertransport vorzog (Hauser 1961). Schiffe und Flösse aus zusammengebundenen Baumstämmen waren leistungsfähige Transportmittel. Im Reusstal wurden zum Beispiel im Jahr 1852 bei Bremgarten von Mai bis Juli etwa 600 Flösse gezählt (Hiltmann 1999). Befördert wurden Güter, Tiere und Personen. Schifffahrt und Flösserei begünstigten die Entwicklung von Städten und bestimmten die wirtschaftliche Verflechtung mit. Dies gilt nicht nur für das Mittelland, sondern auch für den Alpenraum (Abb. 316). Die Schifffahrt hatte grossen Einfluss auf die Ufergestaltung: Man benötigte Lande- und Ladeplätze für die Schiffe sowie Treidelwege entlang der Fliessgewässer, auf denen die schiffschleppenden Leute oder Pferde gehen konnten (Abb. 55).

Noch in der ersten Hälfte des 19. Jahrhunderts war im Schiffsverkehr der Warenverkehr wichtiger als der Personenverkehr. So transportierten 623 Schiffe vom 1. Juli bis 1. Dezember 1825 120 000 Zentner Waren und etwa 6000 Personen zwischen Bern und Thun. Um 1823 verkehrte als erstes Dampfschiff die «Guillaume Tell» zwischen Genf und Ouchy (Hauser 1989). Bald danach dampften auch auf anderen Seen Schiffe. Die Rheinschifffahrt von Norden nach Basel gelang erstmals 1832.

Abb. 315: Alpaufzug bei Grimentz, einem alten Walliser Dorf.

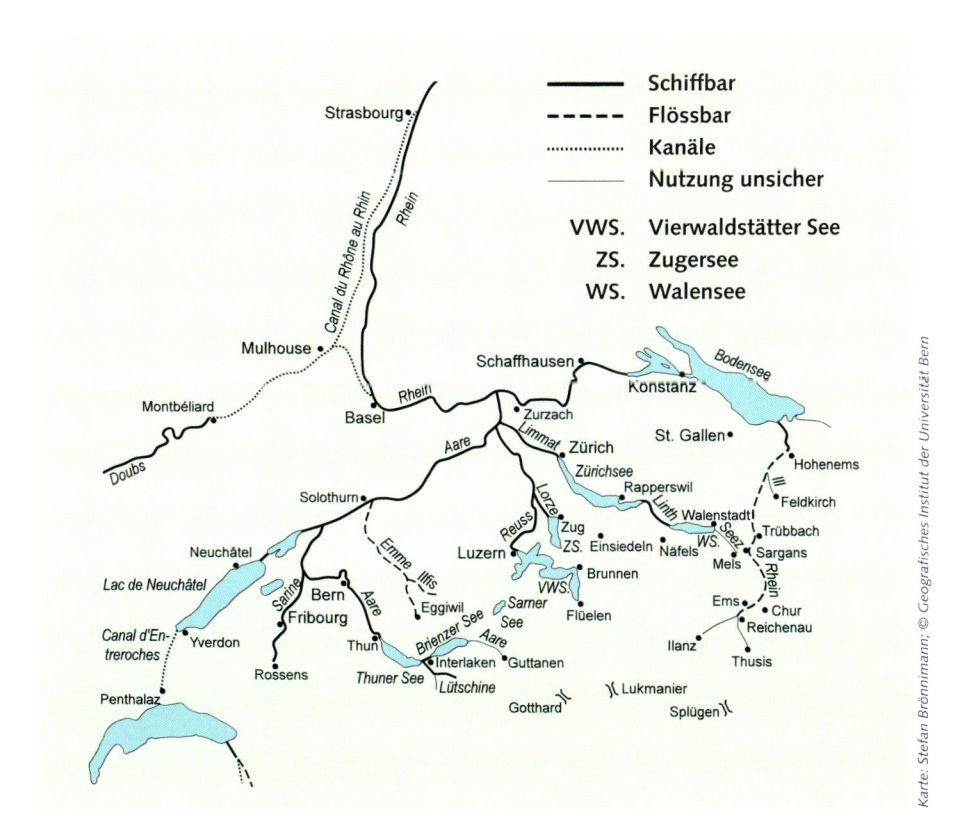

Abb. 316: Die Lebensadern des Mittelalters: Die schiff- und flössbaren Gewässer im Einzugsgebiet des Rheins. Schifffahrt wurde auch in den Alpen betrieben und spielte dort eine grosse Rolle im Verkehrssystem und in der Versorgung der Städte. Quelle: Brönnimann 1997.

Kapitel 11 Strassen allüberall

381

Die Entstehung des modernen Verkehrsnetzes

Die Entwicklung vom Erdweg zur modernen Strasse verlief in mehreren Etappen. Dabei war der Schritt vom Erdweg, der nur an einzelnen Stellen mit dicken Ästen oder Steinen befestigt wurde, zur durchgängig und solide gebauten Chaussee oder Landstrasse besonders wichtig. Die neuen Strassen, die ab dem 18. Jahrhundert gebaut wurden, wiesen eine leicht gewölbte Kofferung aus massiven Steinen und seitlichen Abzugsgräben auf, denn die obersten Ziele des Chausseenbaus waren die möglichst breite Verteilung des Drucks von Wagen, Lasten, Tieren und Menschen auf den Untergrund sowie die effiziente Entwässerung der Strassenoberfläche und des Strassenkörpers (Betschart 2002). Die Bauqualität der frühen Chausseen war beeindruckend: Noch heute bilden sie vielerorts das Fundament der Kantonsstrassen und zeigen sich dem wachsenden Druck des Personen- und Güterverkehrs gewachsen.

Der Bau der ersten Chausseen in Europa stand oft in Zusammenhang mit der Neuordnung von Staat und Wirtschaft. Es ist daher kein Zufall, dass die ersten Strassen in den absolutistischen Staaten gebaut wurden, allen voran in Frankreich. Das bisherige Wegnetz, das sich fast ausschliesslich nach den Gegebenheiten der Natur gerichtet hatte – Brücken gab es nur an besonders engen Stellen der Flüsse, Talböden wurden im Mittelland wenn möglich auf den Höhenzügen umfahren – galt als überholt, weil es für eine zentralistisch ausgerichtete Kontrolle und Verwaltung des Staatsgebiets nicht geeignet war.

Auch der Berner Strassenbaumeister Friedrich Gabriel Zehender stiess 1740 mit seinem «Memoriale über die Construction, Reparation und Conservation der hohen Land-Strassen» bei seiner Obrigkeit auf offene Ohren. Wortreich beschrieb Zehender den schlechten Zustand des Strassensystems. Zudem schilderte er die Vorteile militärischer und wirtschaftlicher Art, die eine Neuanlage der Hauptstrassen nach «modernen» Richtlinien bewirken würde. Seine Vorschläge wurden erstaunlich schnell umgesetzt: Bereits zwei Jahre nach dem Erscheinen seiner Abhandlung wurde mit dem Berner Strassennetz begonnen (Bösch 2002). Schon bald folgten die anderen Mittellandkantone. Gebaut wurden in erster Linie überregionale Verbindungen.

Insgesamt entstanden zwischen 1740 und 1780 etwa 1000 Kilometer neuer Strassen (Schiedt 2007). Gleichzeitig kam es zu einer Hierarchisierung des Wegnetzes, indem sich das Hauptstrassennetz mit restriktiven Benützungsvorschriften auch organisationsmässig vom lokalen Wegnetz abzutrennen begann (Betschart 2002). Neben den Lastenträgern, Saumtieren und kleinen Karren waren nun auch schwere Transportfuhrwerke unterwegs. Die Strecke von Bern nach Zürich konnte nun weitgehend unabhängig von den Wetterverhältnissen mit einer Kutsche in etwa einem Tag bewältigt werden.

Bronner (1844b) nennt die Dauer der Postkutschenkurse im Aargau: von Aarau nach Zürich 5 $\frac{1}{2}$ Stunden, von Bern nach Aarau im Eilwagen 6 Stunden, von Aarau nach Basel 6 $\frac{1}{2}$ Stunden. Die Bewohner der Dörfer waren allerdings bis zu Beginn des 20. Jahrhunderts praktisch immobil. Sie blieben im Dorf, weil sie keinen Anlass hatten, dieses zu verlassen. Es fehlte nicht nur der Batzen; die Wegelagerei machte das Reisen zeitweise zu einer nicht ungefährlichen Angelegenheit.

Zwischen 1800 und 1840 wurden auch die ersten Alpenpässe zu Fahrstrassen ausgebaut. Die meisten Passstrassen führten zu weiteren Strassenbauten im Mittelland. In nur fünf Jahren (1800–1805) wurde die Simplonpassstrasse angelegt. Das Grossprojekt wurde allerdings von Frankreich aus militärstrategischen Gründen vorangetrieben: Kein Geringerer als Napoleon Bonaparte ordnete per Dekret den Bau der Strassenverbindung an. Das Bauwerk bewies die Möglichkeiten der technischen Realisierung des Chausseebaus im Gebirge (Schiedt 2007). Alle weiteren Passstrassen orientierten sich an der Simplonstrasse, die schnell zur Attraktion für Europareisende wurde (Betschart 2002). Landschaftsmaler widmeten ihr ganze Bildzyklen, und zahlreiche Reisebeschreibungen schilderten eingehend die «wunderbare Strasse», auf der man die «schreckensreiche» Berglandschaft so bequem durchqueren konnte.

Die grosse Zeit des kantonalen Strassenbaus fand in den 1830er- und 1840er-Jahren statt. Sie brachte die wohl grundlegendsten Veränderungen der Strassensituation: Innerhalb von nur 20 Jahren wurden rund 6000 Kilometer Strassen neu gebaut oder ausgebaut (Schiedt 2007). Damit war die Grundlage des heutigen Kantonsstrassennetzes gelegt. Hinter dieser zweiten grossen Ausbauwelle standen vor allem Entwicklungsargumente der Wirtschaftsförderung, der Marktintegration sowie der Staats- und Gesellschaftsintegration. Die Strassen galten dem Staat als Instrument für die Ankurbelung des Handels, der Versorgung der rasch wachsenden Städte und der Erschliessung des ländlichen Raums.

Eröffnung der wichtigsten Alpenpassstrassen in der Schweiz

Simplon	1805
San Bernardino	1823
Splügen	1826
Julier	1826
Gotthard	1830
Maloja	1839
Albula	1865
Bernina	1865
Oberalp	1865
Furka	1866
Flüela	1867
Ofen	1872
Lukmanier	1877
Grimsel	1894
Klausen	1899
Umbrail	1901
Gr. St. Bernhard	1905
Susten	1946
Nufenen	1969

Abb. 317: Das Hauptstrassennetz der Schweiz im ersten Viertel des 20. Jahrhunderts. Quelle: Früh 1932.

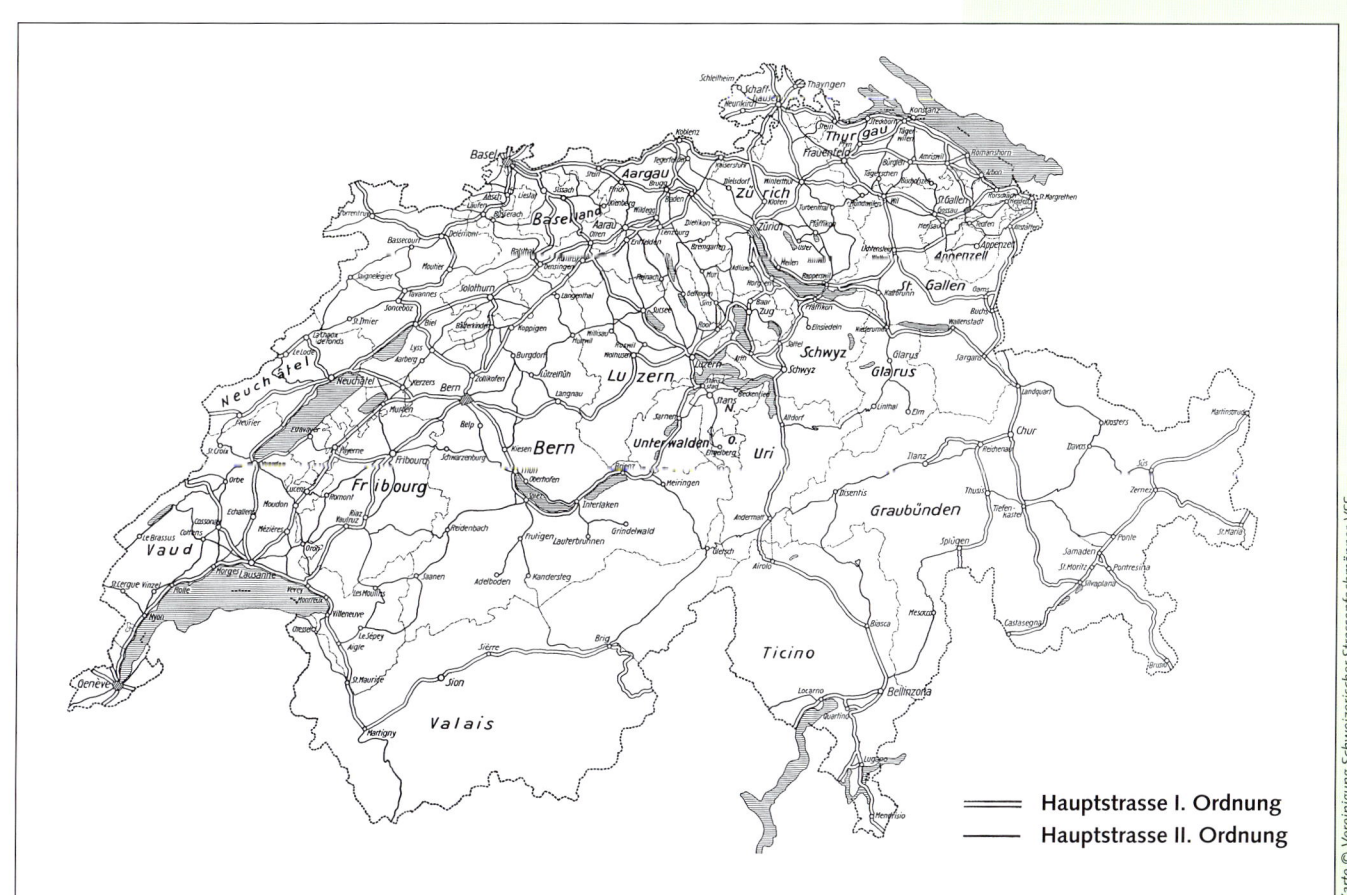

Der Bau der Strassen wurde durch die Entwicklung neuer Bauweisen erleichtert. Der Schotte John Loudon McAdam ersetzte um 1820 das Steinbett der Chaussee durch eine einfache Schotterlage, die sich mit der Belastung durch Fahrzeuge allmählich verdichtete. Das war wesentlich billiger als der Bau eines Steinbetts und hatte eine ähnliche Wirkung. Das Steineklopfen, also das Zerkleinern und Beschlagen grosser Steine mit dem Hammer, wurde in zeitgenössischen Lehrbüchern zum Strassenbau als leichte Arbeit dargestellt, die auch für Frauen und Kinder empfohlen wurde. Die Verdichtung durch Dampfwalzen verbesserte die Schotterstrassen ab 1890 markant.

Während sich das Frachtaufkommen vervielfachte, verkürzte sich die Reisezeit: Eine Analyse von Fahrplänen ergab, dass sich die reine Fahrgeschwindigkeit bei Postverbindungen zwischen 1750 und 1850 verdoppelt hatte (Schiedt 2007). Insgesamt brachte der Bau der Kunststrassen im 18. und 19. Jahrhundert Veränderungen in Wirtschaft, Alltag und Landschaft mit sich, die mit jenen des Baus der Eisenbahn im 19. und der Autobahnen im 20. Jahrhundert durchaus vergleichbar sind (Betschart 2002).

Für das Landschaftsbild war entscheidend, dass bis etwa 1900 die Chausseen und Kunststrassen an die Topografie und das natürliche Relief ein- und angepasst wurden. Das ist nicht verwunderlich, denn bis etwa 1900 wurden die Strassen meist in Handarbeit und mit wenigen Pferdestärken gebaut. Enorme Höhenunterschiede galt es mittels endloser Abfolgen von Kehren zu bewältigen. Im Gebirge mussten neue Bauformen wie Wintergalerien und Tunnels entwickelt werden. Die Entwicklung all dieser ingenieurtechnischen Grundlagen sollte wenige Jahrzehnte später beim Eisenbahnbau von entscheidender Bedeutung sein.

Abb. 318: Die Chaussee von Schönbühl stammt aus dem 18. Jahrhundert und ist eine der wenigen erhalten gebliebenen Pflästerungen aus der damaligen Strassenbauzeit.

Abb. 319: Der Bau der Furkapassstrasse 1866 hat die Region für den Tourismus zugänglich gemacht. Aus einem Souveniralbum von 1910.

Abb. 320: Die Reisegeschwindigkeit Ende des 19. Jahrhunderts hielt sich trotz der neuen Strassen in Grenzen.

Ab den 1850er-Jahren beendete der Bau des Eisenbahnnetzes die Epoche der grossen Strassenbauprojekte (Schiedt 2007). Neue Hauptstrassen entstanden vor allem noch in den Bergregionen. Die Strassen im Mittelland wurden dagegen deutlich abgewertet. Die Bahnhöfe wurden wichtige neue Verkehrsknoten, von denen aus nun manche lokale Strassen grössere Verkehrsaufkommen aufwiesen als die Hauptstrassen. Die Kantone dehnten deshalb ihr Engagement auch auf Strassen dritter Klasse aus.

Die Höhe der Staatsausgaben für den Strassenbau war vor 1850 beachtlich. Beispielsweise betrug im Kanton Zürich der Anteil der Staatsausgaben für das neue Strassennetz zwischen Mitte der 1830er-Jahre und 1850 durchschnittlich 28 Prozent (Schiedt 2007). Im Kanton Glarus waren es sogar 42 Prozent. Im Durchschnitt aller Kantone betrugen die Strassenausgaben zwischen 1860 und 1900 dann nur noch rund 10 Prozent.

Abb. 321: Strassenlandschaft im Alpenraum: Im Vordergrund die Grimselstrasse, im Hintergrund die Furkapassstrasse.

Das Inventar der historischen Verkehrswege der Schweiz

Die Verkehrserschliessung der Schweiz ist durch das «Inventar historischer Verkehrswege der Schweiz» (IVS) hervorragend dokumentiert (Aerni et al. 2006). Das Inventar wurde zwischen 1984 und 2003 durch das Geographische Institut der Universität Bern erarbeitet (Aerni 2005). Es besteht aus 55 Bundesordnern mit 24 500 illustrierten Beschreibungen und über 900 Kartenblättern. Am 30. Dezember 2003 wurde es dem Bundesamt für Strassen ASTRA übergeben. Die politische Umsetzung des Inventars, die Vernehmlassung in den Kantonen sowie die Publikation der Dokumentation liegen seither in den Händen des Bundes. Es ist zu hoffen, dass möglichst viele historische Wege und Strassen – so noch vorhanden – als Stück lebendiger Kulturgeschichte der Schweiz erhalten bleiben.

Aus dem IVS entstand die Fachorganisation ViaStoria, das Zentrum für Verkehrsgeschichte an der Universität Bern, das sich seit 30 Jahren für die Erforschung, Sanierung und sachgerechte Nutzung historischer Verkehrswege einsetzt. Forschung, Beratung und Information sind die drei wichtigsten Wirkungsbereiche von ViaStoria. Inhaltliche Schwerpunkte bilden das Tourismusprogramm «Kulturwege Schweiz» und das Forschungs- und Publikationsprojekt «Verkehrsgeschichte Schweiz». Weiterhin nutzt ViaStoria das bei der Arbeit am IVS gewonnene Know-how im Rahmen von Inventarisierungs- und Beratungsmandaten mehrerer Kantone. ViaStoria gibt verschiedene Publikationen heraus, darunter das Bulletin «Wege und Geschichte».

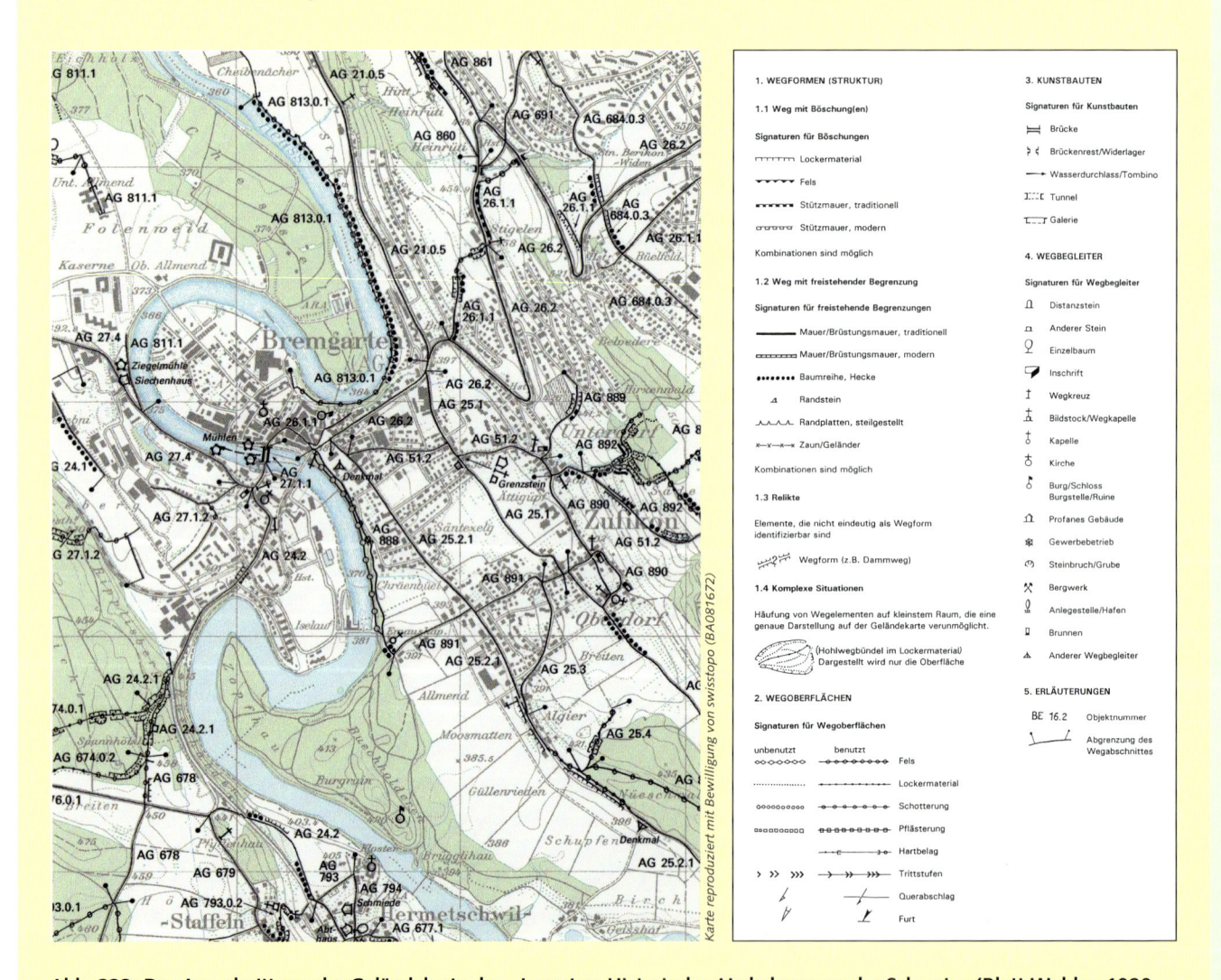

Abb. 322: Der Ausschnitt aus der Geländekarte des «Inventars Historischer Verkehrswege der Schweiz» (Blatt Wohlen 1090, 1993) dokumentiert das Wegnetz, Wegoberflächen und Wegbegleiter. Das Gewirr könnte auf den ersten Blick die im Text erwähnte Weglosigkeit im Mittelalter entkräften; doch die Stadt Bremgarten war ein wichtiger zentraler Ort, wo Strassen wegen des Markts (Import und Export von Lebensmitteln und Gütern aller Art) seit dem Mittelalter hinführten. Zudem liegt am südlichen Rand des Kartenausschnitts das Kloster Hermetschwil, das mit anderen Klöstern – vorab dem grossen Kloster Muri – in Verbindung stehen musste. Alte Hohlwege sind am rechten Bildrand Mitte sowie unten links zu sehen. Dort wo Wegsymbole fehlen – unten rechts und oben links – handelt es sich um flurbereinigte Flächen (Doswald 2005). Modernisierte Strassen (historischer Verlauf mit Hartbelag) erscheinen als durchgezogene Linien. Die Wege mit traditionellen Formelementen sind dagegen mit differenzierten Signaturen charakterisiert, die sowohl den Wegkörper als auch die Wegbegrenzung darstellen. Punktierte Linien geben Reliktformen an, d.h. unbenutzte Wege wie aufgelassene Hohlwege. Quelle: Doswald 2000.

386

Die Eisenbahn kommt

Die Geschichte der Eisenbahn beginnt mit der Verbindung der Dampfmaschine mit den eisernen Schienen. Die erste Eisenbahnstrecke, mit der auch Personen befördert werden konnten, wurde 1825 in England eröffnet. In der Schweiz fehlten dagegen bis zur Gründung des Bundesstaats im Jahr 1848 die politischen Voraussetzungen für den Bau einer Eisenbahnlinie (Grotrian 2007).

Das Eisenbahnzeitalter in der Schweiz begann zögerlich. 1847 wurde die 23 Kilometer lange Bahnstrecke von Zürich nach Baden eingeweiht. Der fehlende wirtschaftliche Erfolg verhinderte jedoch, dass die Strecke in Richtung Basel weitergebaut wurde. Eine überregionale Bedeutung erreichte die Strecke nicht. Da mit ihr vor allem das Badener Spezialgebäck «Spanische Brötli» nach Zürich transportiert wurde, bekam die Strecke im Volksmund den Namen Spanisch-Brötli-Bahn (Abb. 324).

Während sich in den Nachbarländern ein europäisches Eisenbahnnetz bildete, drohte die Schweiz von dieser Entwicklung ausgeschlossen zu werden. Doch der Bundesrat proklamierte den privaten Eisenbahnbau, und bereits 1866 hatte das Schweizer Eisenbahnnetz eine Gesamtlänge von über 1300 Kilometern. Die wichtigsten Linien im Mittelland waren fertiggestellt, und die nördlich der Alpen gelegenen Städte waren durch die Eisenbahn miteinander verbunden. Erst nachdem sich der Bundesstaat 1872 am Eisenbahnbau beteiligte, wurden auch die mittleren und kleineren Städte an das bestehende Hauptnetz angeschlossen. 1880 umfasste das Schweizerische Eisenbahnnetz 2540 Kilometer (Abb. 325). 1882 wurde die Gotthardbahn eröffnet, die den damals sagenhaften Betrag von 185 Millionen Franken verschlungen hatte (Hauser 1961).

Im Reusstal wurde die Bahn Wohlen-Muri am 1. Juni 1875 einspurig in Betrieb genommen, Muri-Rotkreuz einspurig am 1. Dezember 1881. Der Ausbau auf Doppelspur erfolgte erst zwischen 1966 und 1972. Die Strecke Wohlen-Bremgarten wurde am 1. September 1876 eingeweiht. Die Bremgarten-Dietikon Schmalspurstrecke wurde am 1. Mai 1902 bzw. am 8. Februar 1912 eröffnet.

Das Eisenbahnnetz verfügte zu Beginn des 20. Jahrhunderts über rund 600 Tunnels mit einer Gesamtlänge von 300 Kilometern. Das dem Berg entnommene Material konnte man aus technischen Gründen nur teilweise für Dammschüttungen und Dammbauten verwenden. Die Abraumhalden bildeten ebenso markante Landschaftsveränderungen wie die Brückenbauten. Markante Wunden wurden in die Landschaft geschlagen. Die mehr als 100 Brücken der Gotthardbahn stellten völlig neue Gebilde in der Landschaft dar. Noch kühnere Brückenbauten entstanden mit der Rhätischen Bahn im Kanton Graubünden. Aber auch für Fluss- und Talüberquerungen wurden Brücken von damals ungeheuerlichen Dimensionen gebaut. Besonders der Bau von Bergbahnen hat sich ab 1875 negativ auf das Landschaftsbild ausgewirkt.

Abb. 323: Eisenbahnbau am Gotthard in der zweiten Hälfte des 19. Jahrhunderts. Das Bild zeigt die weitgehend verbaute Südrampe mit den Kehrtunnels in der Biaschina. Heute ragen nur noch die Brücken aus dem grünen Unterholz. Quelle: ViaStoria und Elsasser 2007.

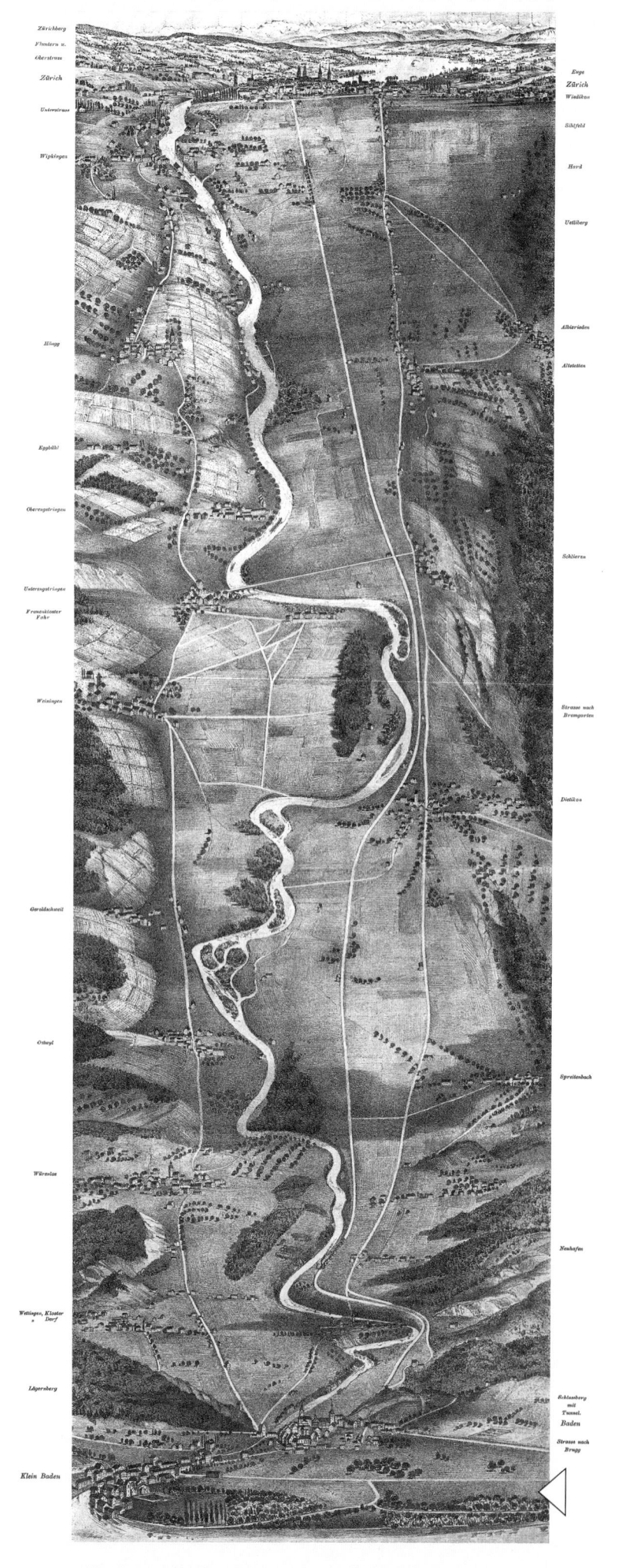

Abb. 324: Das Limmattal 1847 (links) und 2000 (rechts).

Das Limmattal 1847 als Grundriss, Aufriss und in der Vogelschau (links) – bis heute eine beliebte Darstellungsweise auch im Tourismus und Fremdenverkehr – zeigt die Überschaubarkeit der damaligen Verhältnisse. Oben liegt Zürich, dominiert durch Kirchtürme und den See; unten liegt Baden. Die Eisenbahn konnte auf fast direktem Weg gebaut werden. Die Eisenbahnlinie sticht als relativ gerade Linie heraus. Ein Hindernis bildete damals nur die Limmat. Die Lage der Dörfer dokumentiert den Respekt vor der Limmat: Sie liegen an sicheren Standorten, gesichert vor Naturgefahren. Das Strassennetz ist, wenn auch im Verlauf nicht ganz korrekt dargestellt, typisch für jene Zeit: Nur eine überörtliche Strasse, wenige Wege von und zu den Dörfern sowie fast keine Talquerungen, weil der Fluss und seine Aue schwer überwindbar waren. Die Felder, Bäume und Gehölze sind nur unter dem dekorativen Aspekt zu sehen. Der Wald entspricht jedoch gebietsweise der damaligen Realität.

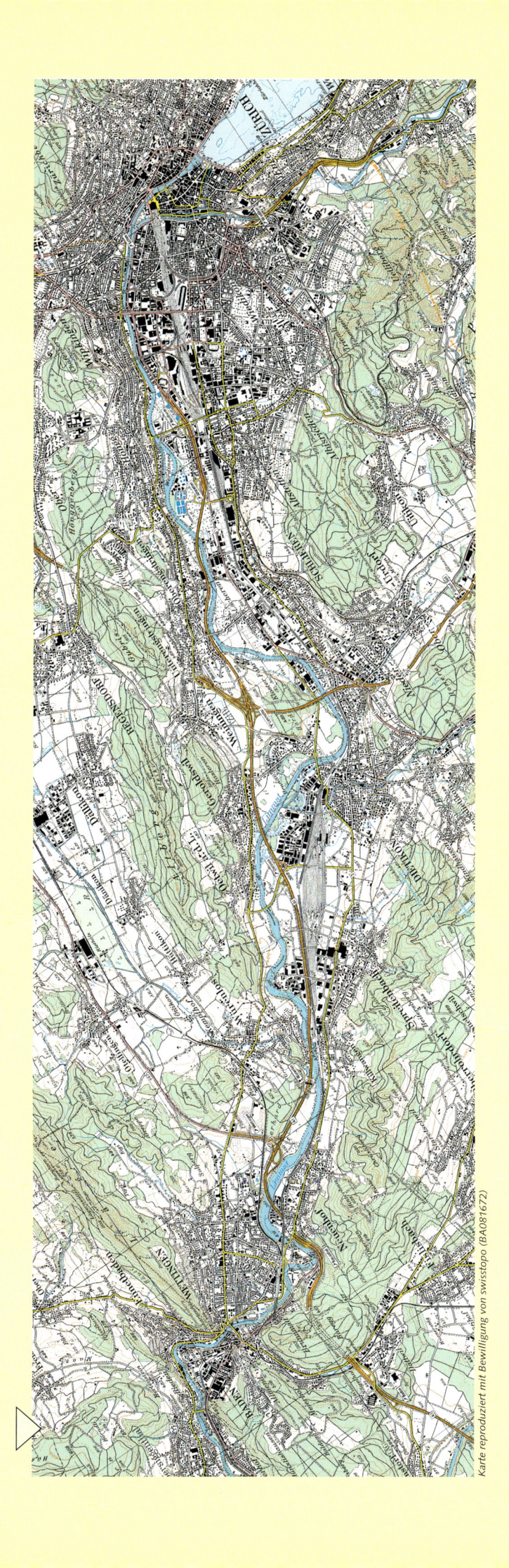

2000 ist die Limmat nicht mehr dominant, aber immerhin noch vorhanden. Der Lauf blieb im Wesentlichen derselbe, auch wenn er im Detail korrigiert und eingedämmt wurde, denn die Limmat dient mit Laufkraftwerken der Stromproduktion. Eine neue Dominanz haben die Siedlungen erhalten – ein grosser Teil des Kartenausschnitts ist überbaut mit Wohnhäusern, aber auch Industrie- und Gewerbebauten, Einkaufszentren wie Spreitenbach, Lagerareale und Occasionsautohalden. Durch die Farbe hervorgehoben dominiert ein neues Bauwerk das Kartenbild: die Autobahn. Für diese gibt es keine Hindernisse. Mindestens vier Mal quert sie hier die Limmat und verzweigt sich in die stauberüchtigten Seitenäste, die zum Teil durch den Berg (Gubrist) verlaufen. Der Wald ist sehr auffällig im Kartenbild. Dank der rigorosen Forstgesetzgebung ist er standhaft gemacht worden.

Was man heute nicht mehr sehen kann, sei nur an einem Beispiel erläutert: die Versorgung der Stadt Zürich mit Energie. War Letztere über Jahrhunderte in Form von Holz – auch als Flössholz via Sihl aus dem Sihlwald – in die Stadt gelangt, so konnte sie ab Mitte des 19. Jahrhunderts dank der Eisenbahn in Form von Kohle importiert und im Limmattal auf riesigen Halden gelagert werden. In Schlieren war ein grosses Gaswerk, welches die Kohle entgast und das Gas aus grossen Druckkesseln verteilt hat. Heute sind nur noch museale Reste davon erhalten.

Kapitel 11 Strassen allüberall

389

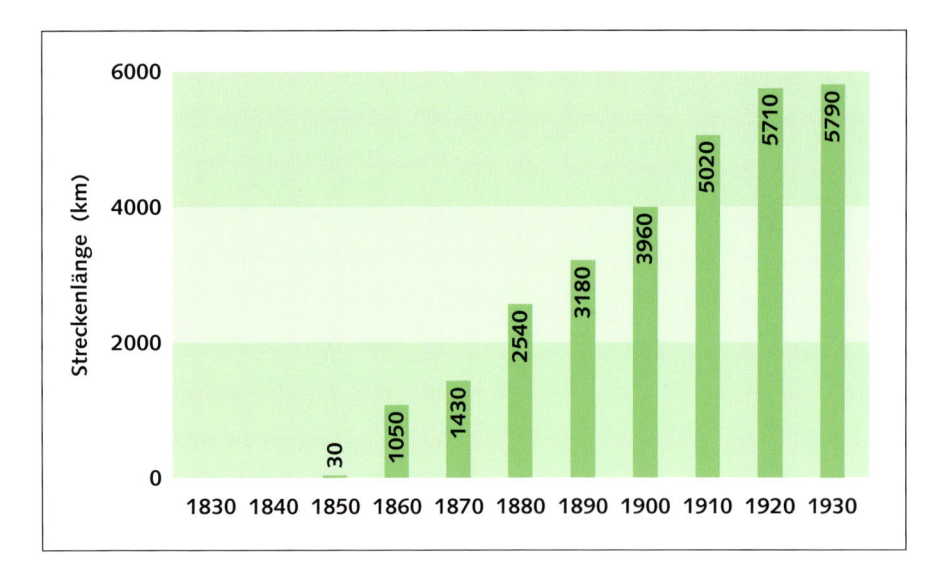

Abb. 325: Die Entwicklung des Eisenbahnnetzes in der Schweiz bis 1930. Quelle: Bundesamt für Statistik.

Abb. 326: Das schweizerische Eisenbahnnetz entwickelte sich langsam aber sicher. Quelle: Gerlach 1986.

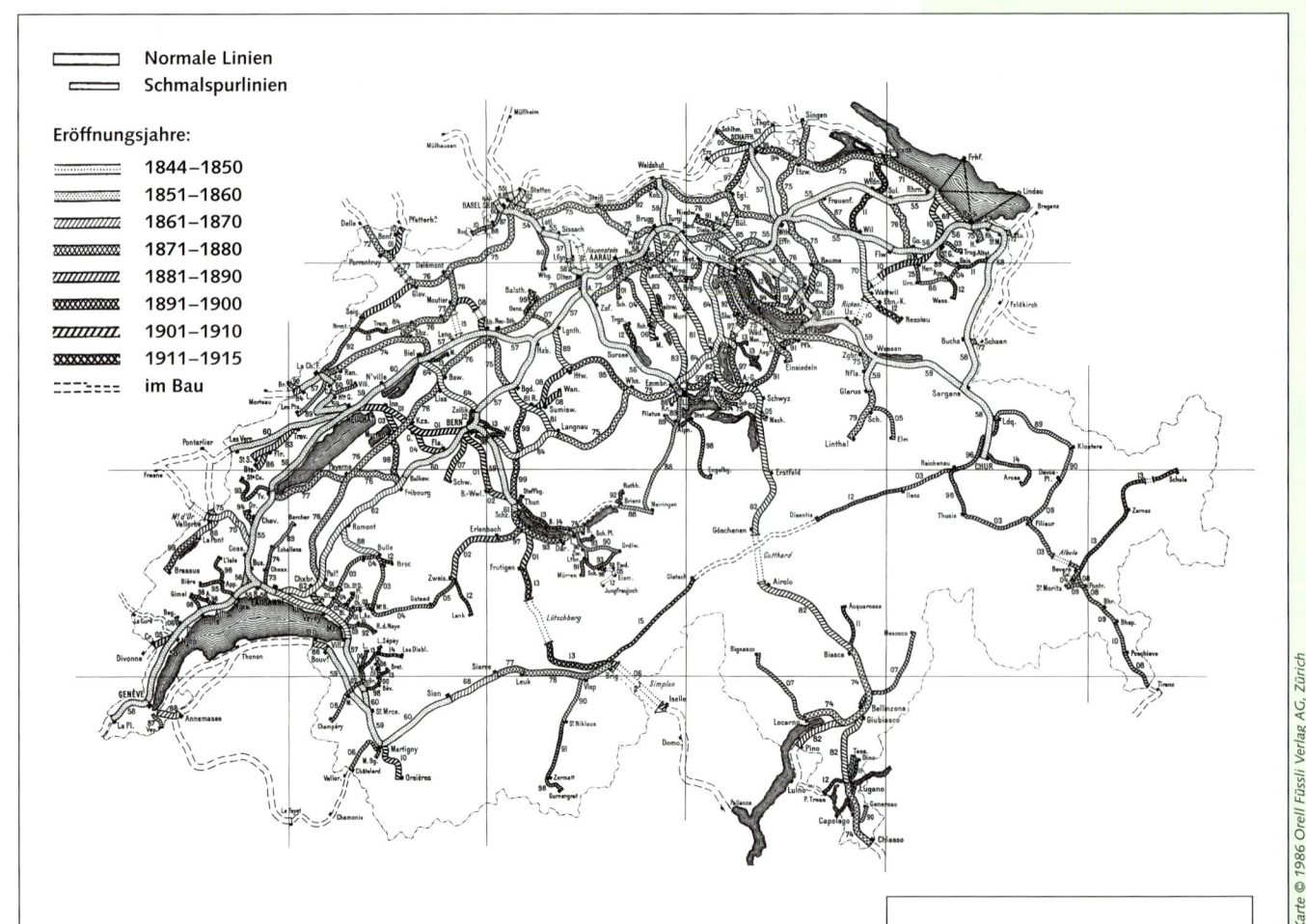

Obwohl die Eisenbahn in der Schweiz erst spät Fuss fassen konnte, nahm die Schweiz bei der Elektrifizierung des Streckennetzes eine Vorreiterrolle ein. Erste elektrische Bahnen wurden schon Ende des 19. Jahrhunderts eingesetzt. 1928 war bereits die Hälfte der Strecken mit Fahrdrähten ausgerüstet (Grotrian 2007) – ein neues Element machte sich in der Landschaft breit.

Eine weitere sichtbare Folgeentwicklung des Eisenbahnnetzes war die Entstehung von Industrieanlagen in der Nähe der Eisenbahnlinien. Die Eisenbahn und die Industrialisierung beeinflussten auch die Siedlungsstruktur der Schweiz und trugen massgeblich zur Verstädterung bei. Verschiedene Täler in den Alpen entvölkerten sich dagegen, weil sich der Verkehr von den alten Passstrassen zu den neuen Eisenbahnlinien verlagerte. Gleichzeitig brach der Getreideanbau in den Alpen infolge der Getreideimporte aus dem Flachland vollständig zusammen. Die Berg-

Baulängen, Stand Ende 1914:	
Bundesbahnen	2 695 km
Privatbahnen (norm.)	892 km
Schmalspurbahnen (inkl. Brünig)	1 367 km
Zahnradbahnen	110 km
Tramways	475 km
Seilbahnen	48 km
Total	**5 587 km**

gebiete der Schweiz wurden dadurch zu einem reinen Futterbaugebiet. Für die Fuhrhalter, die damaligen «Transportunternehmer», war die Eisenbahn vielerorts der Todesstoss, so am Gotthard und vielen anderen Passstrassen, wo das Säumer- und Transportwesen zusammenbrach.
Die Postkutschen, die zwar noch lange Zeit neben der Eisenbahn oder als Ergänzung zu ihr fuhren, hielten bei Gasthöfen die «zur Post» hiessen und in den Dorf- oder Stadtzentren lagen. Die Eisenbahn dagegen hielt oder endete in der damals neuen, revolutionären oder innovativen Eisenarchitektur, die nicht in der Stadt, sondern vor den Stadtmauern, quasi als fremdartiger Appendix mit schlechtem Ruf, entstanden war (Schivelbusch 1977).

Beim Wechsel von der Kutsche auf die Bahn hat sich das Landschaftserlebnis völlig verändert. Die Strecke Zürich–Bern dauert heute nur noch eine Stunde. Die Verkleinerung des Raums, die als Vernichtung von Raum und Zeit im Zuge der Globalisierung heute wieder diskutiert wird, wirft Fragen zur Erlebbarkeit der vorbeifliegenden Landschaft auf. Bereits 1844 schrieb ein anonymer Autor (in Schivelbusch 1977): *«So wie die Eisenbahn als Projektil wird die Reise in ihr als Geschossenwerden durch die Landschaft erlebt, bei dem Sehen und Hören vergeht. Beim Reisen in der Eisenbahn gehen in den meisten Fällen der Anblick der Natur, die schönen Ausblicke auf Berg und Tal verloren oder werden entstellt.»* Und Jacob Burckhardt klagte 1840: *«Die nächsten Gegenstände, Bäume, Hütten und dergleichen kann man gar nicht recht unterscheiden; so wie man sich darnach umsehen will, sind sie schon lange vorbei.»*

Das Auto erobert die Landschaft

Zwischen 1900 und 1939 erwachten die Landstrassen aus ihrem Dornröschenschlaf. Hauptursache war die Motorisierung des Verkehrs (Merki 2002). Begonnen hat der Siegeszug des Automobils in der Mitte der 1890er-Jahre in Paris, wo der Pkw als Sport- und Repräsentationsfahrzeug entdeckt wurde. Ab 1900 wurden die Kutschen durch Postautos ersetzt, zehn Jahre später begann der Niedergang der Fuhrwerke, die von Lastwagen abgelöst wurden. Allerdings waren die Reisebusse erst nach dem Ersten Weltkrieg so zuverlässig, dass die Kutschen endgültig ausgemustert werden konnten. Nur die pferdegezogenen Fahrzeuge konnten sich noch erstaunlich lange auf den Strassen halten: Der Pferdebestand erreichte sein Maximum erst 1946.
Das Automobil stiess zunächst auf grossen gesellschaftlichen Widerstand, weil es die allen offenstehende Strasse zu einer blossen Fahrbahn entwertete (Merki 2002). Leonard Ragaz, der religiöse Sozialist aus Zürich, bezeichnete das Auto 1927 als *«einen Ausdruck unerhörter Brutalität»*. Es verkörpere den *«wilden Egoismus des heutigen Menschen»* und sei ein *«Mörder der Ruhe, des Schlafes, der Gesundheit und der Natur»*. Tatsächlich drängte es als schnellstes und schwerstes Fahrzeug, das zunächst nur von wohlhabenden Bevölkerungsschichten gelenkt wurde, die anderen Strassenbenützer an den Rand. Die Kosten waren erheblich: Das Automobil brachte Unfälle, Staub, Lärm und Gestank. In den Bergkantonen, die zu-

sätzlich unter hohen Strassenkosten litten, wurde der Widerstand sogar zur offenen Politik. Im Kanton Graubünden galt beispielsweise bis 1925 ein allgemeines Autoverbot.

Seit dem Zweiten Weltkrieg ist der Ausbau des Hauptstrassennetzes unauflöslich und dominant mit der Motorisierung verbunden. Da die meisten Strassen auf die Bedürfnisse von Fussgängern, Reitern und Kutschen zugeschnitten waren, galten sie unter Autofahrern als «nur halb fahrbar». Kurven wurden deshalb geglättet, wegbegleitende Bäume und Hecken beseitigt. Dem natürlichen Relief wurde immer weniger Beachtung geschenkt. Die Automobile riefen zudem nach neuen, härteren und staubfreien Oberflächen.

Eine wichtige Vorbedingung für die Herstellung von grossen Asphaltoberflächen war das massenhafte Anfallen von Teer als Abfallprodukt der Steinkohlevergasung und von Bitumen als Produkt der Erdöldestillation. 1906 waren im Kanton Genf 8 Kilometer und im Kanton Waadt 20 Kilometer Strasse geteert. Im Kanton Basel-Stadt waren es 1912 60 Kilometer. Hauptmotivation war zunächst nicht der Fahrkomfort der Autofahrer, sondern die Bekämpfung des aufgewirbelten Staubs. 1932 waren bereits drei Viertel oder 4800 Kilometer aller übergeordneten Hauptstrassen mit einer «staubfreien» Oberfläche versehen (Schiedt 2004). Dazu gehörten Oberflächenteerungen, Asphaltbeläge, Pflästerungen und Betonoberflächen.

Abb. 327 (links): Bevor sich die Walzung der Schotteroberflächen durchgesetzt hatte, wurde die jährliche Herbstbekiesung durch die Fahrzeuge selbst festgefahren.

Abb. 328 (rechts): Als erste Strassen wurden Stadtstrassen geteert. Im Bild eine Oberflächenteerung im Jahr 1915 in Basel.

Abb. 329: Die Hauptstrasse in Herisau vor und nach dem Walzen im Jahr 1911. Der Unterschied lässt erahnen, wie wichtig dieser Fortschritt war.

392

Ab den 1940er-Jahren galt die Oberflächenteerung als normale Massnahme des Unterhalts des Hauptstrassennetzes. Fatalerweise wurde dieser Kniefall vor der Motorisierung schon bald auch auf die Wald- und Güterstrassen angewendet. War man lange Zeit noch mit dem Ausbau der Hauptstrassen beschäftigt, wobei innerorts die Fussgänger auf Trottoirs ausgelagert wurden, kamen schon bald Neubauten und Umfahrungen enger Ortskerne hinzu.

Abb. 330 (links): Alter Weg und neue Strasse über den Splügenpass.

Abb. 331 (rechts): Neue Strassen schaffen neuen Verkehr. Am 25. August 1946, zwei Wochen vor der offiziellen Eröffnung, stauen sich die Autos am Sustenpass.

Die Finanzierung des Strassenbaus

Die Automobilisten wurden schon bald zu einer Kraft, die sich für ihre Interessen einzusetzen wusste. Auf ihren Druck hin wurde eine Regelung geschaffen, wonach ein Grossteil der Treibstoffzolleinnahmen für die Finanzierung von Verkehrsbauten zu verwenden sei. Den Grundstein für diese Politik legten die 450 Automobilisten im Kanton Bern, die sich 1913 dazu bereit erklärten, einer Besteuerung ihrer Fahrzeuge zuzustimmen, wenn der Ertrag ausschliesslich für den Ausbau des Strassennetzes verwendet werde. Sie setzten sich durch, obwohl Steuern bekanntlich ohne Anspruch auf eine spezifische Gegenleistung entrichtet werden.

Der Anteil der zweckgebundenen Einnahmen aus den Treibstoffzöllen stieg kontinuierlich mit der zunehmenden Motorisierung. Während von 1925 bis 1949 18 bis 25 Prozent der Gelder für den Strassenbau ausgegeben werden musste, waren es zwischen 1950 und 1958 50 Prozent (Merki 1995). Die Kantone und die Automobilwirtschaft hatten nach dem Zweiten Weltkrieg einen forcierten Strassenbau zulasten der Bundeskasse gefordert. 1950 beugte sich der Bundesrat dem Druck und erklärte sich bereit, den Kantonen die Hälfte der Treibstoffzölle für den Strassenbau zu überlassen. Zwischen 1959 und 1983 betrug der zweckgebundene

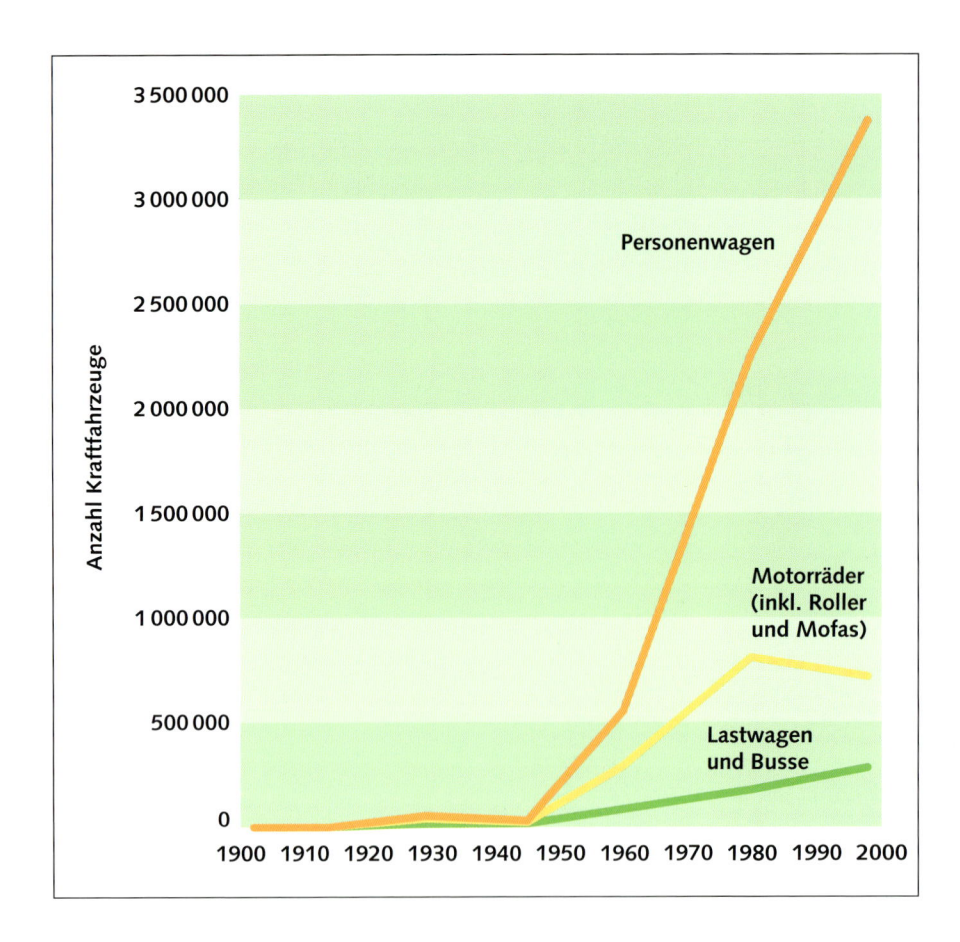

Abb. 332: Entwicklung des Kraftfahrzeugbestands in der Schweiz, 1902–1998. Quelle: Historisches Lexikon der Schweiz.

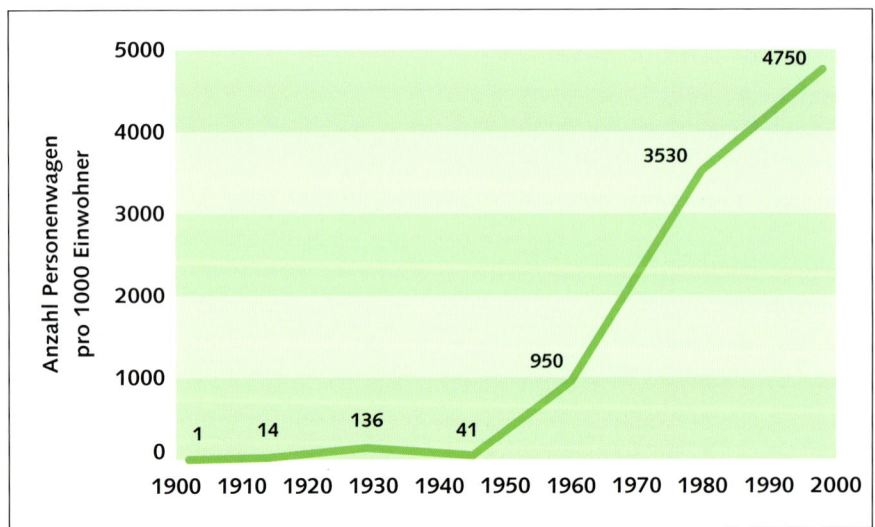

Abb. 333: Personenwagen pro Einwohner, 1902–1998. Quelle: Historisches Lexikon der Schweiz.

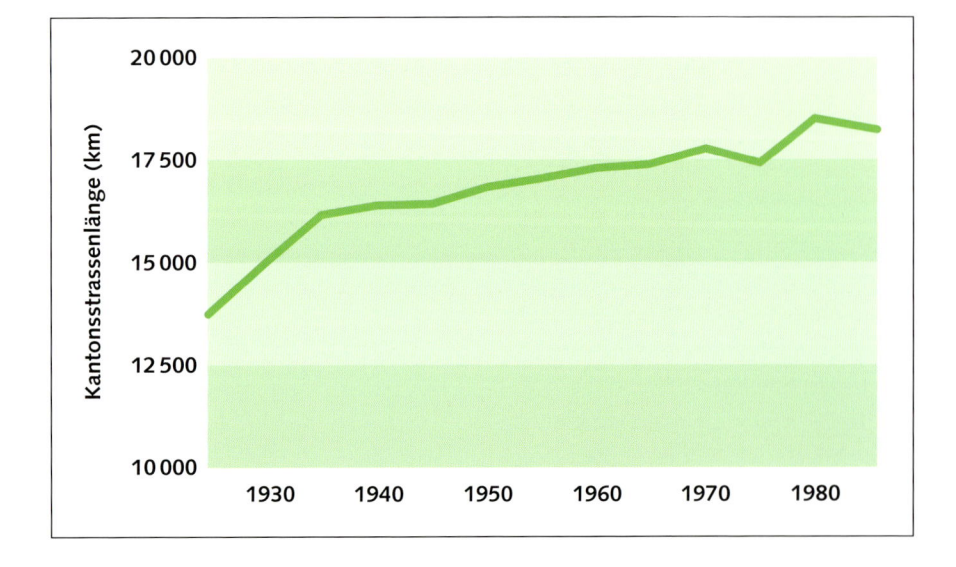

Abb. 334: Der Neu- und Ausbau der Kantonsstrassen wurde durch die Benzinabgaben stetig genährt. Quelle: Ochsenbein 1999.

Anteile: 1992/97

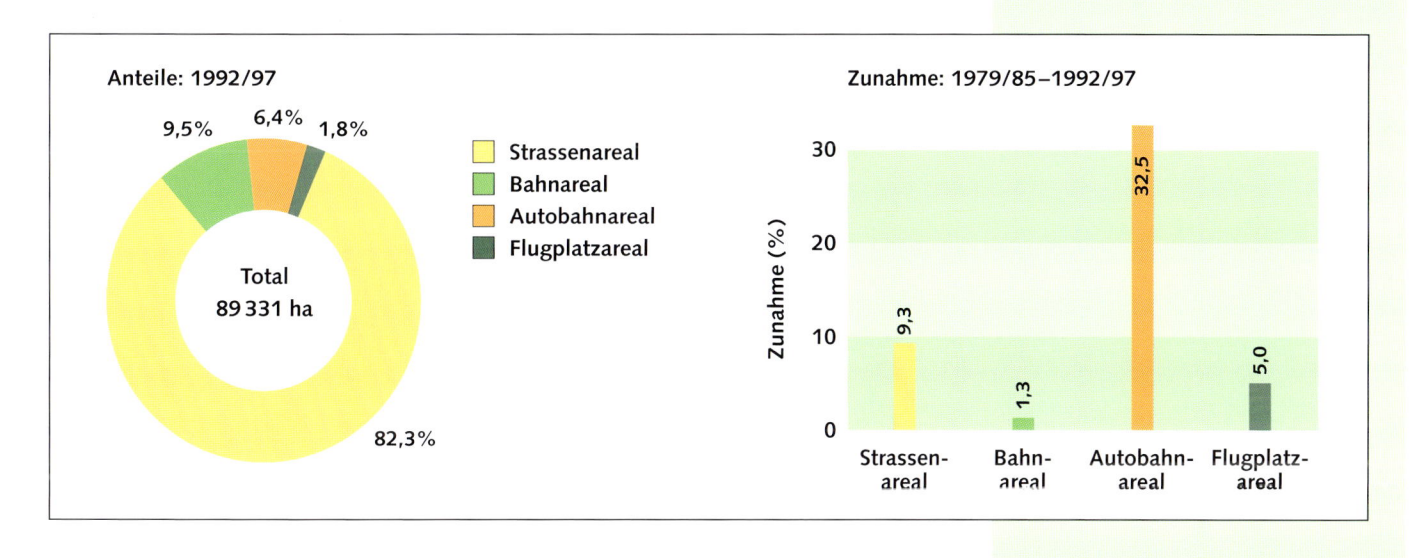

- 9,5 % Bahnareal
- 6,4 % Autobahnareal
- 1,8 % Flugplatzareal
- 82,3 % Strassenareal

Total 89 331 ha

Zunahme: 1979/85–1992/97

- Strassenareal: 9,3
- Bahnareal: 1,3
- Autobahnareal: 32,5
- Flugplatzareal: 5,0

Abb. 335: Die Anteile von Strassen-, Bahn- und Flugverkehr an der Gesamtverkehrsfläche (89 331 Hektaren) 1992/97 und ihr Anwachsen von 1979/85 bis 1992/97. Quelle: BFS 1999.

Anteil sogar 60 Prozent, seither wieder die Hälfte der Einnahmen. Zwischen 1945 und 1961 stiegen die Einnahmen aus dem Treibstoffzoll exponentiell, und zwar von 3 auf 378 Millionen Franken pro Jahr. 1993 beliefen sich die Einnahmen auf knapp vier Milliarden Franken – etwa 1250-mal so viel wie am Ende des Kriegs.

Der Bundesbeschluss von 1950 leitete einen historisch einmaligen, sich selbst verstärkenden Automatismus ein. Pfister (2004) schrieb dazu: «*Im Unterschied zu anderen staatlichen Ausgabeposten, die ihre Berechtigung innerhalb eines knappen Gesamtbudgets ständig neu behaupten mussten, standen für den Strassenbau desto mehr Mittel zur Verfügung, je stärker die Zahl der Motorfahrzeuge und die von ihnen zurückgelegten Distanzen zunahmen.*» Und Christoph Maria Merki stellte 2002 fest, dass damit jenes Karussell an Schwung gewann, «*das zu bremsen heute so viel Mühe bereitet*».

Dass der Ausbau des Strassennetzes über die Treibstoffzölle vorangetrieben wurde, verstärkte die Vorteile des Autos und steigerte die Nachfrage, und das wiederum lieferte die Rechtfertigung für weitere Strassenbauten. Innerhalb von Europa hat die Schweiz heute die höchste Automobildichte: Auf 1000 Einwohner kommen sagenhafte 514 Personenwagen. Die Folgen für Natur und Landschaft sind verheerend. Zur Ausdehnung der vom Verkehr beanspruchten Fläche liefert die Arealstatistik genaue Daten – zurzeit allerdings nur für den Zeitraum zwischen 1979/85 und 1992/97. Innerhalb dieses Zeitraums hat die Verkehrsfläche um rund 10 Prozent zugenommen. Gleichzeitig hat sich die Anzahl Personenwagen verdoppelt. Die Zerschneidung der Landschaft durch Strassen stieg deutlich an (siehe unten). Das Bahnareal, das lediglich 10 Prozent der Verkehrsfläche beansprucht, hat nur geringfügig um 1 Prozent zugenommen – dies obwohl die Zahl der Bahnpendler im gleichen Zeitraum um rund 55 Prozent gestiegen ist.

Dennoch kommt der Bund zum Schluss (BAFU und BFS 2007): «*Die Schweizerische Verkehrspolitik orientiert sich am Grundsatz der nachhaltigen Entwicklung. Sie will Infrastrukturen schaffen, die den Mobilitätserfordernissen, den Kosten- und Effizienzkriterien sowie den Anforderungen an den Service public gerecht werden, ohne die natürliche Umwelt zu belasten.*»

Nationalstrassen: Das hässliche Gesicht der Verkehrswege

Bis in die 1950er-Jahre lag es in der Befugnis der Kantone, das Netz der öffentlichen Strassen zu bestimmen, Strassen zu bauen, zu unterhalten und «dem Verkehr dienstbar zu machen», und zwar aufgrund eines interkantonalen Konkordats von 1914, dem sich 18 Kantone angeschlossen hatten. Darin wurde die Höchstgeschwindigkeit innerorts auf 18 km/h, ausserorts auf 40 km/h beschränkt (Brassel-Moser 1992). Sogar Sonntags- und Nachtfahrverbote sowie die – verfassungswidrige – Erhebung von Strassenabgaben in Innerschweizer Kantonen gab es in jener Zeit. Die Kantonshoheit machte es möglich, dass im Kanton Graubünden durch eine Volksabstimmung im Januar 1925 die Öffnung des Kantonsgebiets für den allgemeinen Automobilverkehr abgelehnt wurde.

Im Jahr 1954 mischte sich der Bund in den Strassenbau ein. Man beschloss den Bau eines Nationalstrassennetzes. Die Planung wurde einer Expertenkommission übertragen. Anlass waren nicht nur das völlig überlastete Kantonsstrassennetz, sondern auch der Glaube an das technisch Machbare und die Liebe zum Auto. 1958 lag der «Zusammenfassende Bericht der Kommission des Eidg. Departements des Innern für die Planung des Hauptstrassennetzes: Das Schweizerische Nationalstrassennetz» vor (Kommission EDI 1958). Im Vorwort schrieb der damalige Departementsvorsteher Bundesrat Philipp Etter: «[…] geht es doch darum, die verkehrspolitische Position unseres Landes im Interesse unserer Wirtschaft und unseres Fremdenverkehrs gegen die Gefahr der Umfahrung zu verteidigen, unser Strassennetz dem motorisierten Strassenverkehr anzupassen und, letzten Endes, namentlich im Blick auf unsere Dörfer und Städte, um die dem Schutz des menschlichen Lebens geschuldete Ehrfurcht.» Das Zitat veranschaulicht die Ahnungslosigkeit jener Zeit für die bevorstehenden, damals noch unvorstellbaren Entwicklungen im Nationalstrassenbau.

Meinungen wie jene des 84-jährigen SBB-Beamten Müller, der sich 1957 bei Bundesrat Etter gegen den Autobahnbau zu Wort meldete, gehörten einer anderen Epoche an (zitiert in Merki 1995): «*Ich betrachte die Motorfahrzeugbauer als Kommunistenzüchter, Zeitverschwender, Geldvergeuder, Erzieher von Genusssüchtigen, Urheber der Inflation und Vernichter des Wohlstandes unserer schönen Heimat.*» Etter notierte an den Rand des Schreibens: «*Verlangt keine Antwort.*» Merki (1995) schreibt dazu: «*In seinem Departement bereitete man sich auf das motorisierte Zeitalter vor. Im Oberbauinspektorat, wie das Bundesamt für Strassen damals noch hiess, war eine handvoll tatkräftiger Modernisten am Werk: Hatten sie sich in ihrer Planungsarbeit noch vor kurzem durch die nationalsozialistische Reichsautobahn inspirieren lassen, wurden nun die amerikanischen high-ways zum bewunderten Leitbild.*»

Die Verfassungsvorlage zum Nationalstrassenbau wurde 1958 mit 515 000 gegen 90 000 Stimmen und von 21 Kantonen angenommen. Zwei Jahre später stehen Gesetz und Verordnung zur Finanzierung über Treibstoffzölle, die Planung und die Organisation. Seit 1962 werden zusätzlich zum Grundzoll auf Treibstoffe sogenannte Zollzuschläge erhoben, die samt und sonders dem Nationalstrassenbau zugutekommen.

Abb. 336: «Die Gotthardpost nach Rudolf Koller». Gemälde: Fred Engelbert Knecht, 1976.

Abb. 337: Die Autobahnen kommen. Oben bei Volketswil (ZH), unten bei Rubigen (BE).

Mit lediglich vier Artikeln legte die Eidgenossenschaft das Nationalstrassennetz fest (Beschluss der Bundesversammlung vom 21. Juni 1960). Zusammenhänge zwischen Verkehrsbau, Raumplanung und Siedlungsstruktur wurden bewusst ausgeklammert (Linder 1995). Man ging davon aus, dass das Nationalstrassennetz 1980 erstellt sei. Doch statt der angenommenen 21 Jahre benötigte man 45 Jahre. Statt der geschätzten Kosten von 6 Milliarden mussten 60 Milliarden Franken bezahlt werden. 1960 ging man davon aus, dass ein Kilometer Autobahn 2,4 Millionen Franken kostet; 1980 waren bereits 20 Millionen Franken und nur 20 Jahre später 76 Millionen dafür aufzuwenden.

Doch Geld spielte offensichtlich überhaupt keine Rolle. Die Treibstoffgelder fielen im welthistorischen Boom der 1960er- und 1970er-Jahre in solchen Mengen an, dass die Strassenbauer Mühe hatten, das zur Verfügung gestellte Geld sinnvoll zu verbauen (Pfister 2004). Grösste Gewinner waren Tiefbauunternehmer, die dank der gesicherten Finanzierung der öffentlichen Hand über ein konjunkturunempfindliches Auftragsvolumen verfügten. Erst mit der Annahme der FinöV-Vorlage (Bundesbeschluss über Bau und Finanzierung von Infrastrukturvorhaben des öffentlichen Verkehrs) in der Volksabstimmung von 1998 ist die strikte Zweckbindung des Treibstoffzolls an Strassenbauten in grösserem Umfang aufgeweicht worden. Danach gelangte auch die NEAT, die 1. und 2. Etappe Bahn 2000, der TGV-Anschluss und die Lärmsanierungen in den Genuss von Treibstoffgeldern.

Abb. 338: Autobahn bei Bern-Wankdorf während des Baus und heute.

Im Gegensatz zur Kantonsstrasse als lineares Element in einer Landschaft ist die Autobahn ein flächenhaft sich auswirkendes Störungsband. Weil auf das Relief kaum mehr Rücksicht genommen wird, müssen im geneigten Gelände künstliche Böschungen, Dammkonstruktionen oder Mauerbauten riesigen Ausmasses angelegt werden. In den Alpen wurden gigantische Brücken und Viadukte gebaut, wie das die von den wohl massivsten Eingriffen begleitete Autobahn der Schweiz, die Gotthardautobahn im Kanton Uri und im Kanton Tessin, demonstriert. Der Baubetrieb benötigt Baupisten, die oft ausserhalb des künftigen Strassenkörpers liegen. Für die Dammbauten, Strassenkoffer und Kunstbauten benötigt man riesige Mengen von Schotter, Kies, Sand, Beton und Teer, die nicht an Ort entnommen, sondern aus Gruben, Steinbrüchen und Betonfabriken herantransportiert werden müssen und die Landschaft zusätzlich belasten.

Abb. 339: Aufbruch in die Moderne? Links: Pfeiler der Ganterbrücke der N9 im Wallis; rechts: N1 bei Bern-Tiefenau.

Abb. 340: Impressionen von Schweizer Autobahnlandschaften. Links: Flamatt (FR). Mitte und rechts: Gotthardautobahn.

Immer häufiger werden in der Schweiz entlang der Nationalstrassen massive und teure Zyklopenmauerwerke errichtet (z.B. entlang der N3 bei Walenstadt oder entlang der Rheintalautobahn N13). Diese Mauerwerke im Bereich ehemaliger Schwemmebenen sind landschaftsgenetisch durch nichts zu rechtfertigen. Weil der Landerwerb des Bodens durch die öffentliche Hand das Besitzgefüge im tangierten Kulturland und im Wald durcheinanderbringt, muss für Ersatz gesorgt werden. Daher lösten alle Autobahnprojekte in der Schweiz Güterzusammenlegungen oder Gesamtmeliorationen aus – mit dem im Kapitel 7 beschriebenen Elend für Landschaft und Natur. Vor allem die Anschluss- und Kreuzungswerke der Autobahnen verschwendeten enorme Flächen an Landschaft. Im Voralpengebiet und im alpinen Bereich verbrauchten die Autobahnwerke die besten Flächen der Landwirtschaft.

Heute ist nicht mehr nachvollziehbar, welche Planungskriterien in den 1950er-Jahren wie stark gewertet wurden; vieles ist eher anekdotenhaft überliefert. Die Pionierphase des Autobahnbaus war wie alle revolutionären Aufbrüche von einer ungestümen Euphorie und einem Machbarkeitswahn geprägt. So ist die Bauphase in den 1960er-Jahren bis in die 1980er-Jahre äusserst schonungslos mit der Ressource Landschaft umgegangen.

Die Opfer, die die Natur erbringen musste, lassen sich leicht durch Kartenvergleiche eruieren. Durchschnittene Wälder weisen darauf hin, dass verschiedene Waldökosysteme zerstört wurden. Gewässer wurden wegen des Autobahnbaus verlegt bzw. begradigt. Mulden und kleine Gewässer sind durch den Autobahnbau aufgefüllt oder drainiert, jedenfalls zerstört worden. Die Autobahnen haben dementsprechend grosse Flächen zerstört. Genaueres kann man nur erfahren, wenn man Luftbilder vor und nach dem Strassenbau vergleicht (Abb. 363).

Abb. 341: Die lustigen Nationalstrassenplaner. Quelle: VCS-Zeitung 1/82.

Kapitel 11   Strassen allüberall

Abb. 342: Der Autobahnbau schlägt grosse Wunden in die Landschaft. Auch wenn sich das Grün wieder bis an den Asphalt schiebt, bleiben Autobahnen ein unschönes Landschaftselement. Oben: Merishausen (SH) 1966 und 1998, rechte Seite oben: Diegten (BL) 1968 und 1982, darunter: Giebenach (BL) 1970 und 1997.

Abb. 343: Waldlichtung im Unterwald bei Herzogenbuchsee (BE) vor (Juli 1998) und während (Mai 2002) dem Bau einer Neubaustrecke im Rahmen des Grossprojekts «Bahn 2000».

Kapitel 11 Strassen allüberall

401

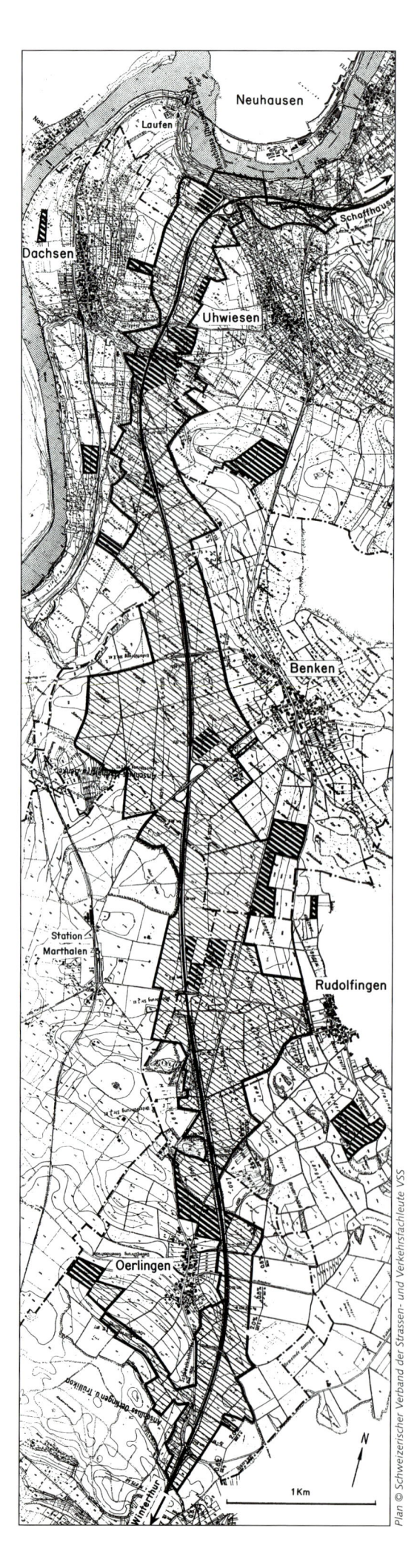

Abb. 344: Der Autobahnbau und Meliorationen gehen Hand in Hand: Die Fortsetzung der bereits erstellten Nationalstrasse 2. Klasse zwischen Winterthur und Andelfingen bis Schaffhausen Mitte des letzten Jahrhunderts berührte auf einer Strecke von 9,8 Kilometern sechs Gemeinden. Die vom Strassenbau benötigte Landfläche betrug rund 42 Hektaren. Für den Realersatz wurden vom Staat vorsorglich 60 Hektaren erworben. Die Kosten der strassenbaubedingten Melioration (Umlegung, neues Wegnetz, Entwässerungen usw.) betrugen über eine Million Franken und gingen zu Lasten des Strassenbaus. Weitergehende Meliorationsmassnahmen wurden dagegen als «ordentliche Bodenverbesserungen» behandelt. Quelle: Schweizerische Fachorganisationen für Kulturtechnik und Vermessungswesen 1960.

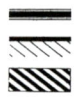

Nationalstrasse 2. Klasse
Beizugsgebiet
Vom Staat erworbene Grundstücke
Gemeindegrenzen

Abb. 345: Hülften bei Pratteln (BL), oben in den 1950er-Jahren, unten 2008.

Kapitel 11   Strassen allüberall

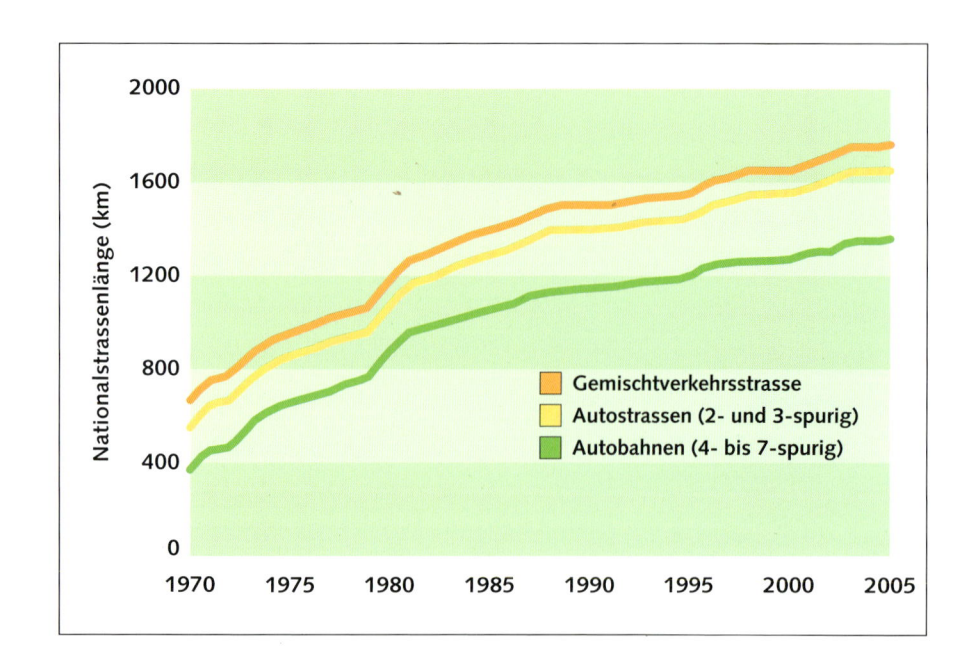

Abb. 346: Zunahme der Nationalstrassenlänge 1970–2005. Quelle: ASTRA.

Gemischtverkehrsstrasse
Autostrassen (2- und 3-spurig)
Autobahnen (4- bis 7-spurig)

Abb. 347: Die neue Eisenbahn-Alpentransversale (NEAT) ist ein entscheidender Baustein bei der Verlagerung des Schwerverkehrs von der Strasse auf die Bahn. Von der Baustelle Bodio am Südportal des Gotthard-Basistunnels wird nach der Eröffnung zwar fast nichts mehr zu sehen sein – doch was lässt sich «renaturieren»?

Foto © AlpTransit Gotthard AG, Luzern

Ausbruchmaterial aus Tunnels: Fluch und Segen für die Landschaft

In den Pionierphasen des Autobahnbaus liess man die Trassen nur dort in Tunnels laufen, wo es aus bautechnischen Gründen unbedingt notwendig war. Das demonstrieren die Gotthardstrecke, der Belchentunnel oder der Seelisbergtunnel. Je dichter die Schweiz zugebaut wurde, desto schwieriger wurden allerdings oberirdische Autobahnbauten. Daher verschwanden immer mehr Strecken unter Tag, was die Kosten in die Höhe trieb. Bei jedem Tunnelbau fallen zudem gigantische Mengen an Ausbruchmaterial an. Noch bis in die frühen 1970er-Jahre wurde der grösste Teil des Aushubs unsachgemäss, das heisst hochgradig unökologisch und fahrlässig irgendwo in der Landschaft deponiert oder zur Auffüllung ganzer Tälchen verwendet. Das galt auch für den anderen «Abfall» aus dem Strassenbau. So wurde das vom Bergdruck zerstörte Eptingerviadukt aus Beton nördlich des Belchentunnels in einem Seitentälchen des Diegtertals «beerdigt».

Erst in den 1980er-Jahren begann man damit, einen Teil des Ausbruchmaterials aus ökonomischen und ökologischen Gründen als Baustoff wieder zu verwerten. Beispielsweise wurden beim Bau des 34,6 km langen Lötschberg-Basistunnels 16 Millionen Tonnen Material ausgebrochen, davon 10 Millionen im Südabschnitt und 6 Millionen im Nordabschnitt. Rund 40 Prozent des Gesteins wurden als Zusatzstoff für Beton oder Dammschüttungen wiederverwendet. Das restliche Material musste allerdings in die «Enddeponien» Goler und Riedertal transportiert werden. In der Landschaft deponiert wurde auch das Material aus dem Islisbergtunnel, dem längsten Tunnel der Westumfahrung Zürich. Beim Bau fielen täglich rund 5000 Tonnen Aushubmaterial an. Dieses wurde mit speziellen Förderanlagen zu einer Zwischendeponie und zur Bahnverladestation transportiert und von dort ins Rafzerfeld gebracht, wo es in ehemaligen Kiesgruben abgelagert wurde.

Für 2,6 Millionen Tonnen Ausbruchmaterial aus dem Gotthard-Basistunnel der NEAT und aus dem Tunnel der Umfahrung Flüelen konnte eine spezielle Deponie gefunden werden. In den Jahren 2001 bis 2005 wurden am Südufer des Urnersees insgesamt sechs Inseln mit umgebenden Flachwasserzonen geschaffen. Drei Inseln wurden zu Naturschutzgebieten erklärt, die restlichen dienen der Bevölkerung als Badeinseln. Damit wurde dem südlichen Reussdelta wieder eine Flachwasserzone zurückgegeben, die durch den Abbau von Sand und Kies im See und durch die Reusskorrektion in den vergangenen 100 Jahren zerstört worden war. Die durchgeführte Bestandskontrolle auf den Naturschutzinseln zeigt erste Erfolge des Projekts. So wurden etliche Pflanzen der Roten Liste gefunden, darunter eine Art, die gesamtschweizerisch als stark gefährdet und im Reussdelta seit 1940 als ausgestorben galt. Die Besiedlung durch Vögel nimmt stetig zu. Bereits konnten Bruterfolge des Flussregenpfeifers beobachtet werden – die einzigen im Einzugsgebiet des Vierwaldstättersees.

Abb. 348: Landschaftsbereicherung mit Tunnelausbruchmaterial am Urnersee.

Strassen statt Wiesen und Wälder

Im Rahmen des Projekts «Landschaft unter Druck» untersuchen das Bundesamt für Raumentwicklung und das Bundesamt für Umwelt mithilfe der Signaturen der Landeskarte, wie sich einzelne Merkmale der Landschaft verändert haben (Koeppel 1991). Bisher liegen Daten aus vier Beobachtungsperioden zwischen 1972 und 2003 vor. Zur Ausdehnung des Strassennetzes liefert das Projekt detaillierte Angaben – und offenbart eine bedenklich grosse Dynamik beim Strassenbau.

Das überörtliche Erschliessungsnetz der 1. und 2. Klass-Strassen (Tab. 13) nahm zwischen 1972 und 1983 jährlich um 424 Kilometer zu (Tab. 14). In der 3. Beobachtungsperiode verlangsamte sich der Ausbau kurzzeitig. In der 4. Beobachtungsperiode (1989–2003) ist wieder eine Zunahme festzustellen.

Während ein Teil der neuen 1. und 2. Klass-Strassen völlig neu gebaut wurde, besteht der Rest aus «aufgewerteten» Strassen und Wegen niedrigerer Klassen. Das gleiche Muster lässt sich auch für die Strassen und Wege des lokalen Strassennetzes beobachten. Der deutliche Zuwachs bei den 3. Klass-Strassen ist vor allem auf den Ausbau von meist ungeteerten 4. und 5. Klass-Wegen zurückzuführen. Besonders extrem sind die Veränderungen bei den Forststrassen (siehe auch Kap. 9) und den landwirtschaftlichen Güterstrassen (4. und 5. Klass-Strassen). Zwischen 1972 und 2003 wurden jährlich zwischen 900 und 1400 Kilometer Wege 4. und 5. Klasse neu erstellt (Tab. 14). Gleichzeitig wurden zwar 400 bis 900 Kilometer Wege dieser Klassen eliminiert. Doch die meisten dieser Wege sind nicht etwa von der Landkarte verschwunden, sondern wurden in Strassen höherer Klassen überführt. Werden die über 32 Jahre erfolgten jährlichen Zunahmen der Lokalstrassen und Wege aneinandergereiht, ergibt dies mit 60 000 Kilometern eine 1,5-fache Erdumrundung, d. h. von Bern einmal um die Welt und dann nochmals von Bern bis Neuseeland (Roth et al. 2007).

Tab. 13: Definition der Strassenklassen gemäss swisstopo.

Strassen und Wege	Beschreibung
1. Klasse, Strasse	Mindestens 6 m breit, zwei Lastwagen können ungehindert kreuzen
2. Klasse, Strasse	Mindestens 4 m breit, zwei Personenwagen können ungehindert kreuzen, Ortsverbindungen und wichtige Strassen innerorts
3. Klasse, Strasse	Mindestens 2.80 m breit, meist mit Hartbelag, bei normalen Verhältnissen mit Lastwagen befahrbar, Erschliessung von Dörfern, Weilern und wichtigen Einzelgebäuden, wichtige Strassen für Land- und Forstwirtschaft
Quartierstrasse	Mindestens 4 Meter breit, mit Hartbelag
4. Klasse, Fahrweg	Mindestens 1.80 m breit, bei normalen Verhältnissen mit Personenwagen befahrbar, gute Wege für Land- und Forstwirtschaft, oft mit Gras in der Mitte
5. Klasse, Feld-/Waldweg	Ohne ausreichenden Unterbau, meist nur mit Traktor befahrbar
6. Klasse, Fussweg	Für Fussgänger bestimmte Verbindung, vom Bergpfad bis zum breiten Spazierweg, unterbrochen dargestellt

	Beobachtungsperiode			
	1. 1972–1983	2. 1978–1989	3. 1984–1995	4. 1989–2003
1. und 2. Klasse Strassen				
1. und 2. Klasse neu	+315 km	+96 km	+44 km	+31 km
1. und 2. Klasse aus 3. Klasse	+125 km	+70 km	+45 km	+92 km
1. und 2. Klasse aus Quartierstrasse				+30 km
1. und 2. Klasse aufgehoben	–16 km	–10 km	–6 km	–24 km
Bilanz	*+424 km*	*+156 km*	*+83 km*	*+129 km*
3. Klasse Strassen und Quartierstrassen				
3. Klasse neu	+212 km	+108 km	+80 km	+134 km
3. Klasse aus 4./5. Klasse	+426 km	+292 km	+288 km	+653 km
3. Klasse aufgehoben	–18 km	–14 km	–8 km	–21 km
Quartierstrasse neu				+146 km
Quartierstrasse aus 4./5. Klasse				+126 km
Quartierstrasse aufgehoben				–42 km
Bilanz	*+620 km*	*+386 km*	*+360 km*	*+996 km*
4./5. Klasse Wege				
4./5. Klasse neu	+1427 km	+1160 km	+928 km	+931 km
4./5. Klasse eliminiert	–463 km	–487 km	–424 km	–908 km
Bilanz	*+964 km*	*+673 km*	*+504 km*	*+23 km*

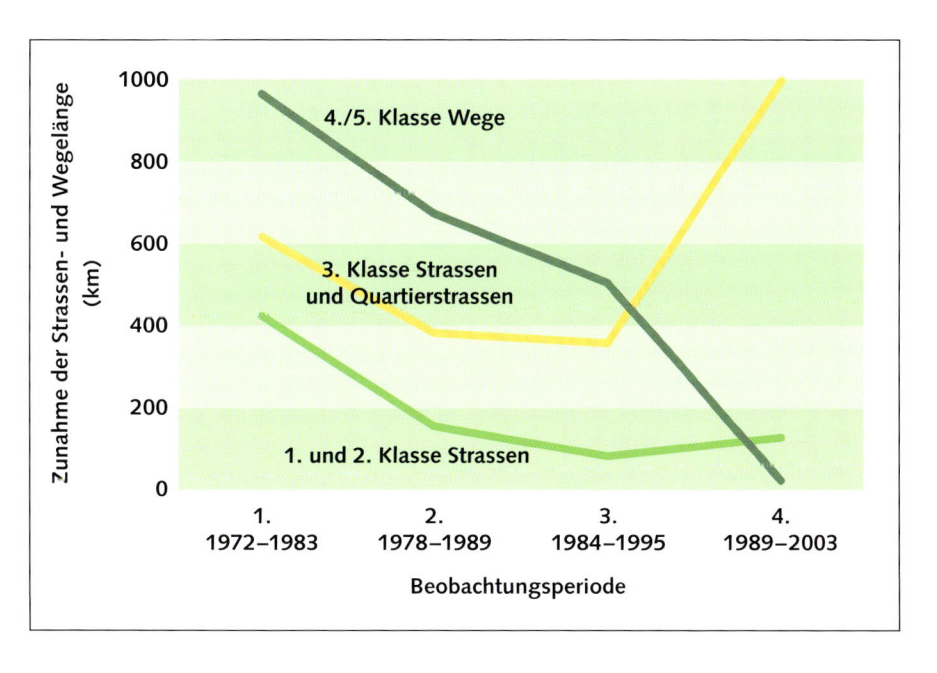

Tab. 14 und Abb. 349: Jährliche Veränderungen der Verkehrsanlagen in der Schweiz. Quelle: Roth et al. 2007.

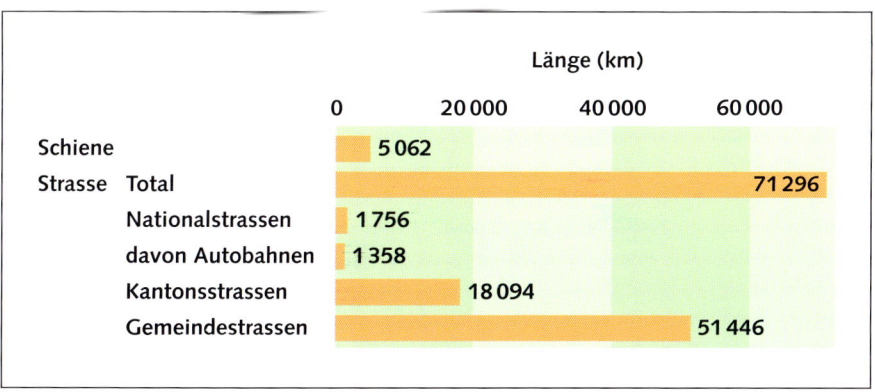

Abb. 350: Infrastruktur der verschiedenen Verkehrsträger (Strassen 1. bis 3. Klasse) im Jahr 2005. Quelle: Bundesamt für Statistik.

	Länge (km)
Schiene	5 062
Strasse Total	71 296
Nationalstrassen	1 756
davon Autobahnen	1 358
Kantonsstrassen	18 094
Gemeindestrassen	51 446

Abb. 351 (oben): Links: Ein häufiges Bild: Hier wurde die traditionelle Sandsteinmauer durch eine banale Betonmauer ersetzt.
Rechts: Eine geglückte Strassensanierung am San Bernardino. Bauform, Material und Verarbeitung entsprechen dem traditionellen Strassenbau der 1830er-Jahre im Kanton Graubünden.

Abb. 352: Beton neben alter Kirche. Meliorationsstrasse St. Peter (GR)-Fatschel.

Abb. 353: Die Napoleonbrücke im Gantertal am Simplonpass wird von der neuen Simplonbrücke umfahren.

Abb. 354: Ausbau der Domleschgerstrasse 1978 (Gemeinde Scharans GR).

Abb. 355: Für die Verbreiterung dieses Hohlwegs wurde die rechte Böschung auf einer Breite von rund einem Meter abgetragen. Der Charakter des Hohlwegs wurde dadurch zerstört.

Kapitel 11　Strassen allüberall

409

Flurpeiniger teeren die Landschaft

Das Güterstrassennetz hat sich in der Schweiz in den vergangenen 50 Jahren kontinuierlich verdichtet. Im Jahr 1978 wurde mit 470 Kilometern neuer Güterstrassen der Höhepunkt erreicht. Bei der Finanzierung der neuen Strassen gibt es grosse Unterschiede zwischen den einzelnen Kantonen (Burkhalter und Schader 1994). In Graubünden und im Tessin zum Beispiel wird die Mehrzahl der Strassen im Rahmen von Güterzusammenlegungen subventioniert, in den Kantonen Appenzell und Uri dagegen wird die Erschliessung fast ausschliesslich als Einzelmassnahme subventioniert. Im Mittel werden die Güterstrassen zu 80 Prozent von der öffentlichen Hand finanziert.

Der grösste Teil der Neu- und Ausbauten von Strassen im Kulturland steht im Zusammenhang mit Güterzusammenlegungen. Die direkten Auswirkungen von Meliorationen auf die Landschaft wurden in Kapitel 7 ausführlich dargestellt. Die Erschliessung des Kulturlands mit einem dichten Güterstrassennetz wirkt sich aber noch weit über die eigentliche Melioration negativ auf die Natur aus. Die Zugänglichkeit der Landschaft führt dazu, dass die Landwirte laufend kleinere Eingriffe wie Planierungen, Entwässerungen und Rodungen von Hecken in Eigenregie vornehmen (Luder 1992). Gleichzeitig verändert der Güterstrassenbau den Erholungswert der Landschaft. Das liegt nicht nur an der Dichte des Verkehrsnetzes, sondern auch in der systematischen Nichtberücksichtigung natur- und landschaftsschonender Techniken. Die Art der Honorierung der Ingenieure – nach Bausumme – ist einer zurückhaltenden, kosten- und landschaftsschonenden Bauweise nicht förderlich (Burkhalter und Schader 1994).

Tragisch sind nicht nur die Verstrassung des Kulturlands und die zahlreichen planerischen Bausünden, sondern auch die falsche Wahl des Oberflächenbelags, nämlich immer häufiger Asphalt. Während auf Naturwegen eine erstaunlich hohe Anzahl Tier- und Pflanzenarten lebt (Bachmann et al. 1993), sind asphaltierte Wege im Kulturland lebensfeindliche Flächen, welche die Landschaftsqualität massiv beeinträchtigen. Aus Sicht der Landwirtschaft verbessern Hartbeläge die Befahrbarkeit und erleichtern die Schneeräumung. Diese Argumente sind aber nur für Hofzufahrten gültig und rechtfertigen eine systematische Teerung des Güterstrassennetzes in keiner Weise. Deshalb wird das Argument der Unterhaltskosten ins Feld geführt.

Nach landläufiger Meinung gelten geteerte Strassen längerfristig als billigere Variante. Zu einem ganz anderen Schluss kam eine Studie des BUWAL, die 1995 publiziert wurde. Die Resultate zeigen, dass die längerfristigen Unterhaltskosten bei einer nicht allzu steilen Asphaltstrasse pro Laufmeter und Jahr sechs Franken gegenüber drei Franken bei Kiesstrassen betragen – ein überraschendes Ergebnis. Nicht nur die Baukosten sind erheblich teurer, sondern auch der Unterhalt. Und so kostet ein Kilometer Asphaltstrasse Eigentümer und Öffentlichkeit über die übliche Lebensdauer von 40 Jahren betrachtet 135 000 Franken mehr als eine Strasse mit Kiesoberfläche. *«Diese Erkenntnis müsste zu einer vertieften Wirtschaftlichkeitsprüfung von Strassenprojekten führen»*, hielt der damalige BUWAL-Direktor Philippe Roch in seinem Vorwort fest. Doch leider wurde ihm kein Gehör geschenkt.

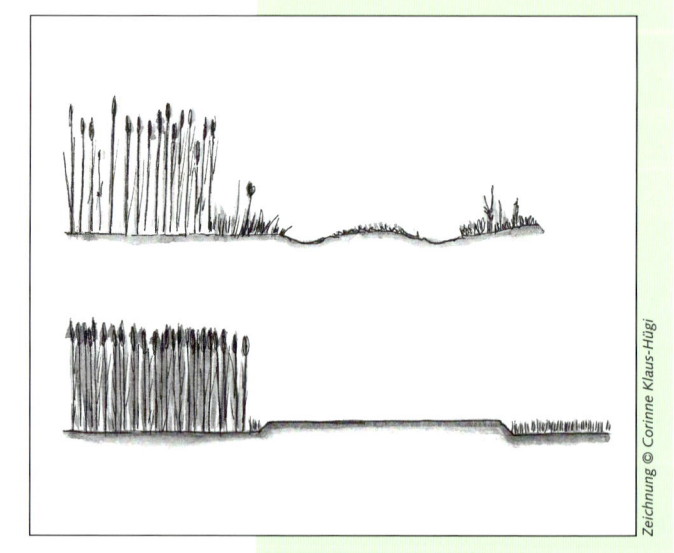

Abb. 356: Flurwege früher und heute. Alles wird gerader, glatter und geometrischer.

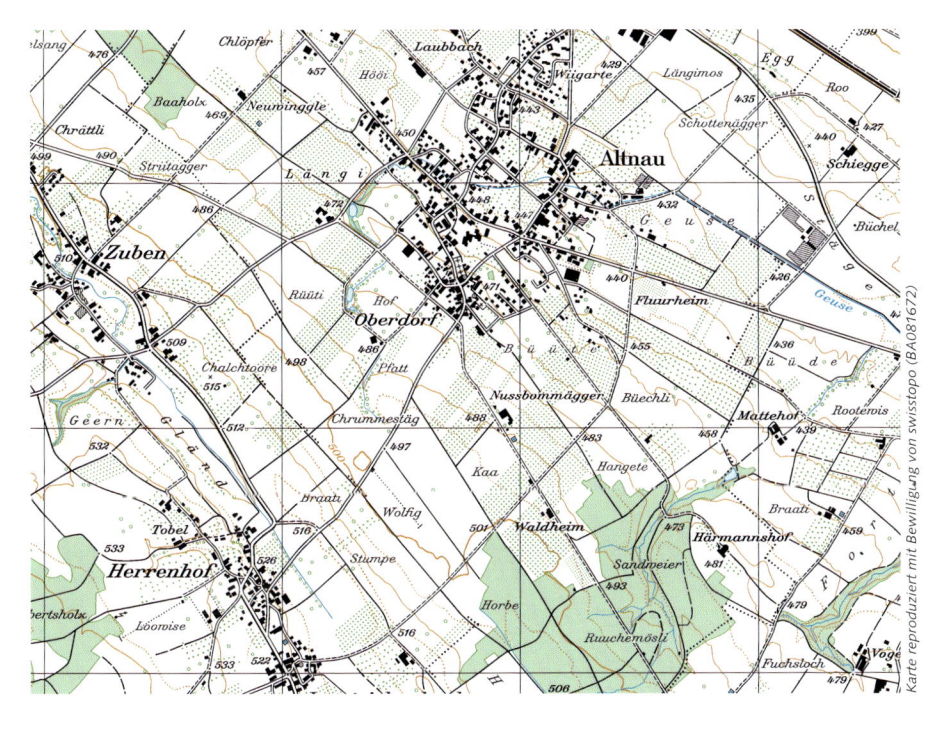

Abb. 357: Landschaft vom Reissbrett. Meliorationen haben das alte Wegnetz ausgewechselt.

Abb. 358: Ausgeräumt und asphaltiert. Impression aus der meliorierten Landschaft beim Grossen Moos. Die Wege sind gänzlich ohne Saum.

Abb. 359: Die Melioration Sursee hat eine funktionslose Wegkapelle hinterlassen.

Kapitel 11 Strassen allüberall

411

Bereits vor der Veröffentlichung des schon 1992 fertiggestellten Berichts kam es zu ersten Versuchen, die Bedeutung des wertvollen Gutachtens herunterzuspielen – der «*Teerstrassenvirus*» (Schüpbach 1996) liess sich nicht ausmerzen. Es wurde versucht, den luxuriösen Belagsstrassenbau der letzten Jahrzehnte zu rechtfertigen, um ihn auch künftig unverändert weiterführen zu können. Schüpbach (1996) ist überzeugt, dass die Kostendifferenz zugunsten von Kiesstrassen noch deutlicher ausfällt, wenn die Deckschicht von Kiesstrassen richtig gestaltet und die Entwässerung optimal geplant würde. Zudem weist er darauf hin, dass beim Unterhalt von Kiesstrassen die Bauern einbezogen werden könnten, was diesen über eine entsprechende Unterhaltsentschädigung ein zusätzliches Einkommen bringen würde. Doch die hochsubventionierte und verwöhnte Landwirtschaft hat dieses Geld offenbar nicht nötig. So blockierte die Bauernlobby im Berner Kantonsparlament im Juni 1995 eine Motion für einen ökologischeren Wege- und Strassenbau mit der vereinfachten Hauptargumentation, die Stossrichtung schade der Landwirtschaft (Kaufmann 1996).

Asphaltwandern

Geteerte Strassen sind für Wanderer und Spaziergänger ein Ärgernis. Eine Studie der Schweizerischen Arbeitsgemeinschaft für Wanderwege SAW (1980) zu den Auswirkungen des Strassenbaus auf das schweizerische Wanderwegnetz hat gezeigt, dass jährlich rund 1,5 Prozent der markierten Wanderwege zu Strassen ausgebaut werden und somit ihre Funktion nicht mehr erfüllen können. Burkhalter und Schader (1994) halten fest, dass das land- und forstwirtschaftliche Meliorationswesen Hauptverursacher der qualitativen und quantitativen Veränderungen im schweizerischen Wanderwegnetz sind. Anfang der 1990er-Jahre lag der Anteil von Wegstrecken mit Hartbelag bei rund 23 Prozent – das sind 12 350 von insgesamt 54 200 Kilometern.

Das Schweizer Wanderwegnetz geniesst über die Landesgrenzen hinweg einen guten Ruf (Zaugg et al. 2007). Es ist eine tragende Säule des Sommertourismus in der Schweiz und animiert die Bevölkerung zu mehr Bewegung. Das gilt allerdings nur für die Tourismusregionen Alpen und Jura. Im Flachland ist Wandern in der Regel keine Freude mehr. Die Wege leisten hier keinen Beitrag an die Förderung des Langsamverkehrs und unterstützen die Bestrebungen zu einer nachhaltigen, sanften Freizeitbeschäftigung in keiner Weise. Dabei verfügt die Schweiz über einen Verfassungsartikel zum Schutz des Wanderwegnetzes – weltweit wohl ein Unikum. Gestützt darauf ist 1985 ein Gesetz über die Fuss- und Wanderwege in Kraft getreten, welches das Wanderwegnetz sowohl qualitativ wie quantitativ erhalten soll. Doch wie beim Umweltschutzgesetz stellt sich auch hier die Land- und Forstwirtschaft über Gesetz und Verfassung und schaltet und waltet nach Belieben. Um dem Gesetz zu genügen, kamen einige Kantone auf die Idee, neu asphaltierte Strecken einfach aus dem Wanderwege-Richtplan hinauszunehmen (Burkhalter und Schader 1994). Man darf gespannt sein, wie die kürzlich vom Bundesamt für Strassen und von der Vereinigung Schweizer Wanderwege publizierten Qualitätsziele in der Landschaft umgesetzt werden. Eines der Ziele lautet: Wanderwege haben grundsätzlich keine befestigten Wegoberflächen (Zaugg et al. 2007).

Abb. 360: Dieser Weg lädt nicht zum Wandern ein.

Foto © Archiv Stiftung Landschaftsschutz Schweiz

Abb. 361: Der Ausbau von Flur- und Waldwegen beeinträchtigt das Wandererlebnis.

Kapitel 11   Strassen allüberall

Verkehrswege im Berner Seeland

Im Rahmen einer Landschaftsanalyse wurden für das 450 Quadratkilometer grosse Berner Seeland die Veränderungen bei den Verkehrswegen während 120 Jahren verfolgt. Zwischen 1870 und 1990 wurde das Strassen- und Wegnetz von 1782 Kilometern auf 4044 Kilometer erweitert (Egli et al. 2002). Auffallend ist die radiale Anordnung der Wege um 1870, die von den Siedlungskernen ins Umland führen. Die Wiesen und Äcker werden vor allem über Stichstrassen erschlossen. In Biel ist mit dem Wachstum der Stadt über den alten Kern hinaus ein geometrisches Strassenraster entstanden. Kaum erschlossen waren die Wälder – erkennbar beispielsweise am Jurasüdfuss. Die geringste Netzdichte wiesen das Grosse Moos und das Überschwemmungsgebiet entlang des Aarelaufs zwischen Aarberg und Büren auf.

Die augenfälligsten Erweiterungen des Strassen- und Wegnetzes zwischen 1870 und 1900 erfolgten in den Wäldern und den Feuchtgebieten, die kurz vor der Trockenlegung standen. Zwischen 1900 und 1950 wurde die Nutzbarmachung ehemaliger Feuchtgebiete weiter vorangetrieben, weitere Flurwege wurden erstellt. Die ersten umfangreichen Meliorationen führten zu vollständig neuen, geometrischen Flurwegnetzen, beispielsweise in der Umgebung von Kallnach und Büren. Im Zeitraum von 1950 bis 1970 wurden im Rahmen von Meliorationen weitere Wegnetze aufgehoben und durch rechtwinklige Muster ersetzt. In vielen Dörfern fallen neue Quartierstrassen auf.

Die Meliorationen dominierten auch zwischen 1970 und 1990 die Landschaftsveränderungen. Betroffen war die gesamte Ebene vom Grossen Moos bis in die Umgebung von Jens und Worben. Einen markanten Eingriff in die Landschaft stellt die vierspurige Autobahn T6 von Schönbühl nach Lyss mit ihren Anschlussbauwerken dar.

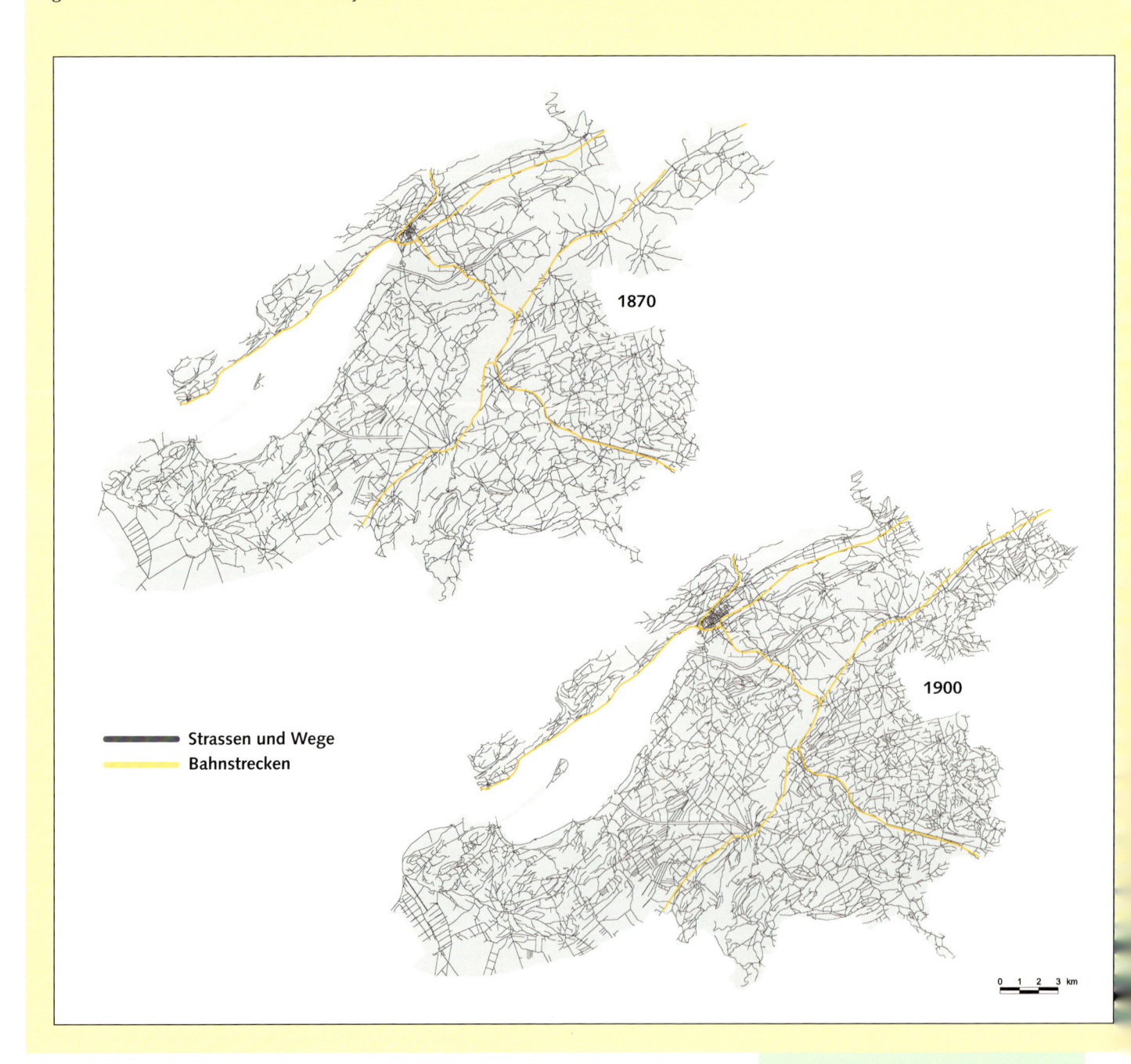

1950

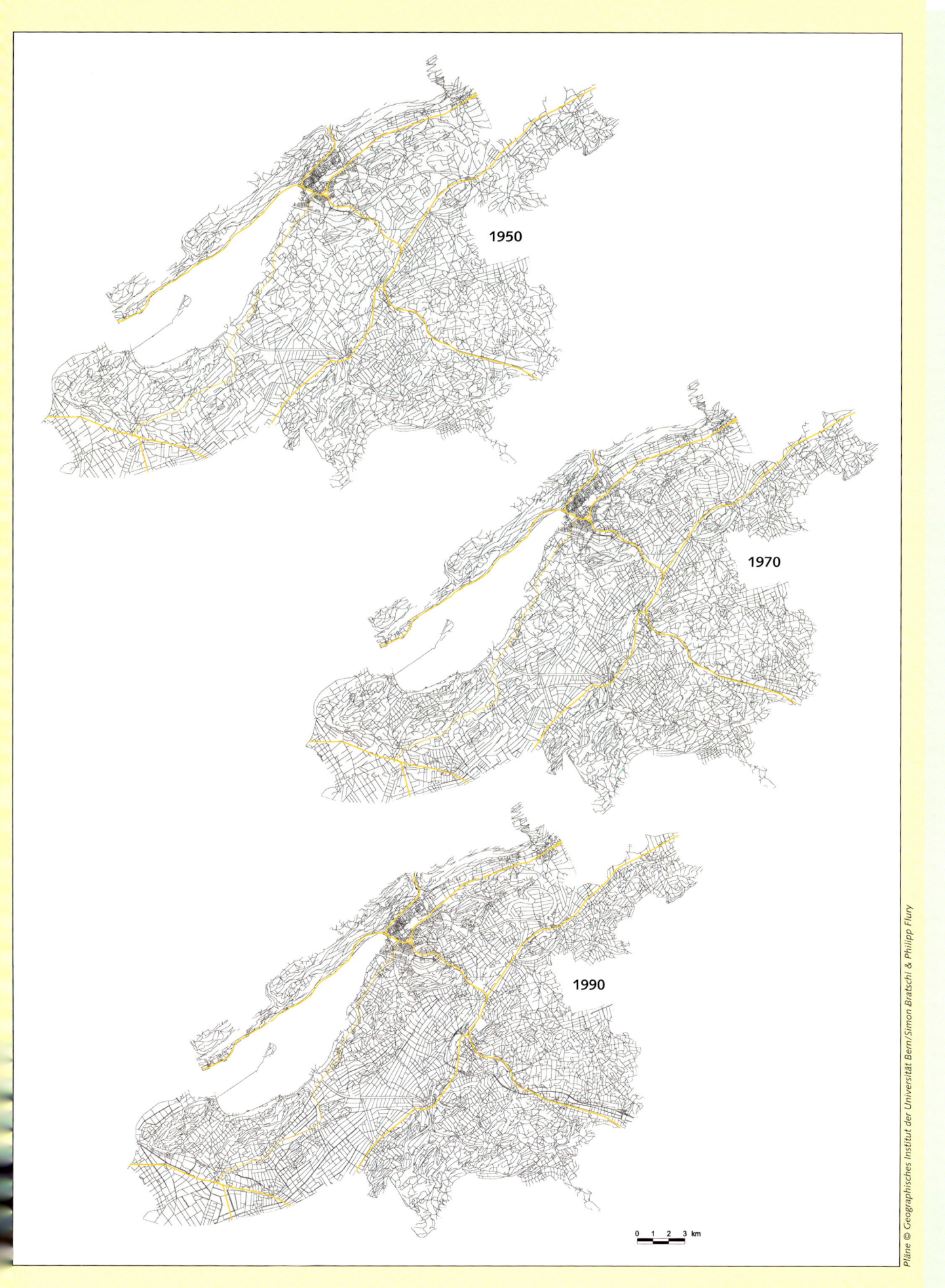

1970

1990

0 1 2 3 km

Pläne © Geographisches Institut der Universität Bern/Simon Bratschi & Philipp Flury

Kapitel 11   Strassen allüberall

Die Zerschneidung und Verinselung der Landschaft

Zehntausende von Naturfreunden verfolgten im Jahr 2000 die Lebensgeschichte des bereits zu Lebzeiten legendären Jungluchses Tito auf der Homepage der Naturschutzorganisation Pro Natura. Doch Tito wurde nicht alt. In der Nacht auf den 11. August wurde er zwischen Frutigen und Adelboden überfahren. Tito, der im Juni 1999 zum Abschuss freigegeben worden war und der seine Häscher anschliessend wochenlang zum Narren gehalten hatte, ist kein Einzelfall. Unter den bekannten Todesursachen bei Luchsen rangiert der Strassentod nach der Wilderei an zweiter Stelle. Für die bedrohte Tierart sind dies keine besonders günstigen Aussichten in einem Land, dessen Infrastrukturnetz zu einem der dichtesten der Welt zählt.

Auch Frösche, Kröten, Igel, Feldhasen und Rehe bleiben beim Überqueren von Strassen häufig «auf der Strecke». Über 20 000 grössere Wildtiere werden in der Schweiz pro Jahr überfahren. Dass Strassen für Tiere den Tod bedeuten können, war schon vor bald 50 Jahren bekannt, aber es hat lange Zeit niemanden interessiert (Schmidt 1966).

Abb. 362: Strassensammelsurium in einer meliorierten Gemeinde im Berggebiet.

Strassen und Eisenbahnlinien haben noch weitere Auswirkungen auf das Leben von Tieren. Während die Verkehrswege den Menschen dazu dienen, bequem von einem Ort zum anderen zu gelangen, stellen sie für viele Arten Barrieren dar (Di Giulio et al. 2008). Bereits in den 1970er-Jahren wurden sich Naturwissenschaftler dieser Problematik bewusst (Mader 1979, Lassen 1979).

Um die Verkehrsteilnehmer vor gefährlichen Wildunfällen zu schützen, wurden in der Schweiz die Autobahnen mit Zäunen gesichert. Dadurch sind diese Strassen vollständig undurchlässig für Wildtiere. Insbesondere im Mittelland wurden zahlreiche traditionelle Wildwechsel vollständig blockiert. Natürliche Wanderungen von den Alpen in den Jura waren beispielsweise nach dem Bau der N1 nicht mehr

Abb. 363: Auf dem älteren Luftbild aus dem Jahr 1953 schmiegt sich das Dorf Eiken unterhalb von Frick (AG) eng an den Fuss des Tafeljuras (links im Bild) an. Die relativ steilen Abhänge der Tafelränder sind bewaldet. Die Hauptstrasse verläuft am Fuss der Juratafeln, ebenso die Eisenbahn. Die Strassen und die relativ wenigen Wege sind dem Gelände und den alten Parzellenstrukturen angepasst und verlaufen in Kurven und Bögen – ausser in der oberen rechten Ecke, wo frühere Bereinigungen und Begradigungen sichtbar sind. Landschaftsprägend ist der fast mäandrierende Lauf der Sissle, wobei ehemalige Prallhänge und Terrassenkanten der Sissle mit Gehölzen und Hecken das Landschaftsbild plastisch erscheinen lassen. Die Umgebung des Dorfs besteht aus unzähligen kleinen Wirtschaftsparzellen. Sowohl die Tafelflächen als auch die nicht regulierten Bereiche im Tal sind von Hochstammobstbäumen bestanden. Unterhalb der Bildmitte ist eine Mergel- oder Kiesgrube zu sehen. Der Wald weist auf eine kleinflächige Bewirtschaftung hin.

Das neue Luftbild aus dem Jahr 2006 zeigt eine ausgewechselte Landschaft. Das Dorf ist geradezu in die Landschaft explodiert. Die Flur ist zu Bau- und Gewerbezonen umfunktioniert worden. Die Autobahn dominiert das Bild, indem sich ihr fast alles unterzuordnen hat. Die Sissle ist bis zur Mitte des Bilds zerstört und durch einen Kanal ersetzt worden. Fast alle Strassen wurden gestreckt. Ein dichtes Netz von Güterstrassen breitet sich aus, auch auf den Tafelflächen samt einer Einzelhoferweiterung. Die ehemaligen Prallhänge und Terrassenkanten der Sissle sind geschleift, weggeschoben oder aufgefüllt worden. Gruben gibt es in grösserer Zahl und Ausdehnung. Die Obstbäume sind praktisch verschwunden. Im meliorierten Gebiet rechts oben sind Industriekomplexe sichtbar. Der Wald zeigt grössere Hiebflächen und dunkle Fichtenriegel.

möglich. Ein Inventar ehemaliger sowie noch bestehender Wildtierkorridore von nationaler Bedeutung zeigt auf, dass von 303 übergeordneten Wildwechseln der Schweiz nur noch 85 (28 %) intakt sind (BAFU 2001). Über die Hälfte der Korridore (171 oder 56 %) sind in ihrer Funktionstüchtigkeit nennenswert bis stark beeinträchtigt und 47 Korridore (16 %) sind für Wildtiere nicht mehr benutzbar.

Abhilfe versprach man sich durch den Bau sogenannter Grünbrücken. Diese stehen allerdings auf wissenschaftlich unsicheren Füssen: Bis Mitte der 1990er-Jahre wurden solche Bauwerke nur mit geringen ökologischen Abklärungen in die Landschaft gestellt. Erst langsam kristallisiert sich heraus, dass Grünbrücken mindestens 50 Meter breit sein müssen, um ihren Zweck für grosse Wildtiere einigermassen zu erfüllen.

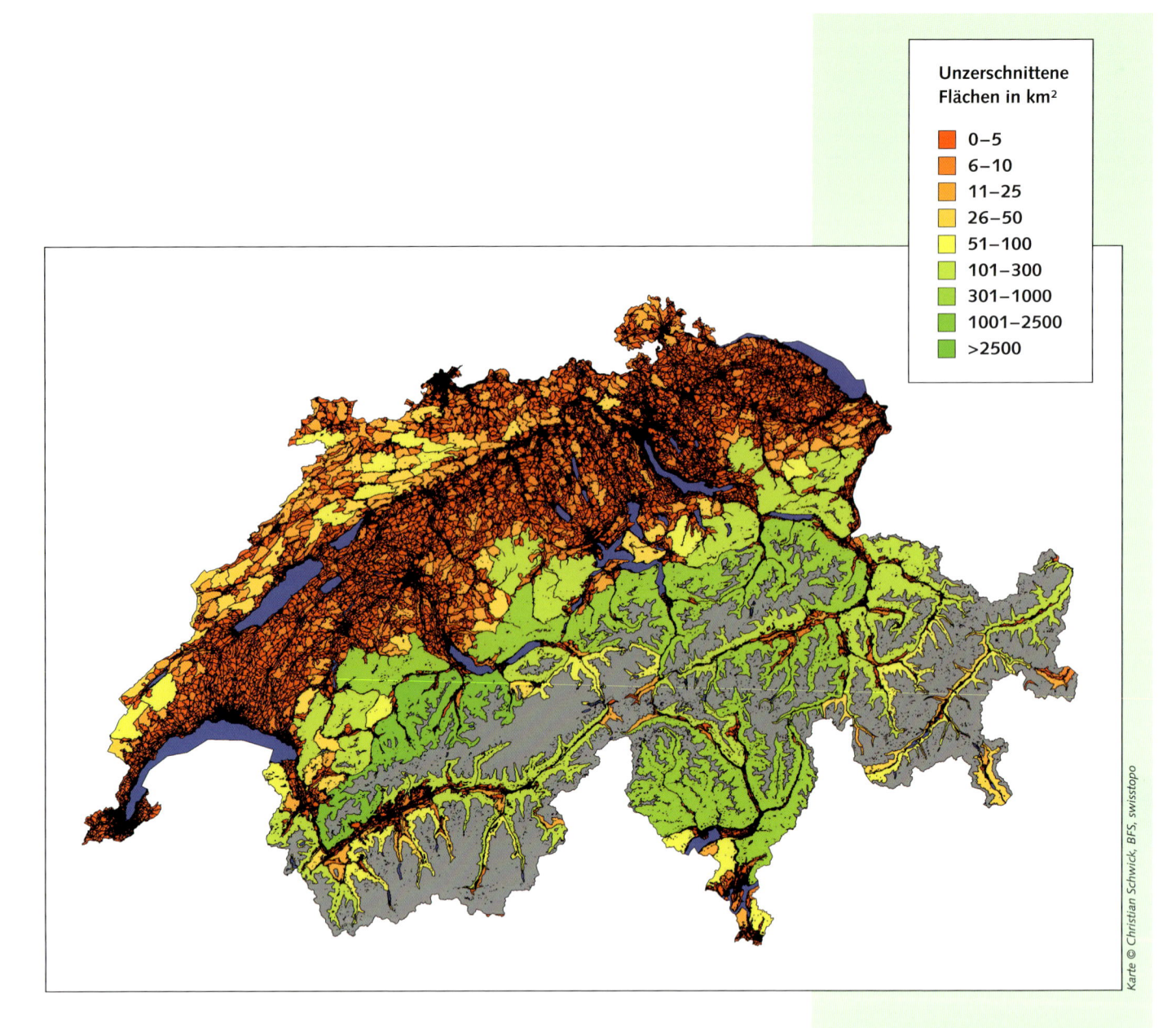

Unzerschnittene Flächen in km²
- 0–5
- 6–10
- 11–25
- 26–50
- 51–100
- 101–300
- 301–1000
- 1001–2500
- \>2500

Karte © Christian Schwick, BFS, swisstopo

Abb. 364: Zerschneidungskarte der Schweiz für das Jahr 2002. Landflächen oberhalb von 2100 Metern wurden nicht berücksichtigt. Quelle: Bertiller et al. 2007.

Die Landschaftszerschneidung in der Schweiz ist gut dokumentiert (Bertiller et al. 2007). Als Messgrössen des Zerschneidungsgrads dienen die effektive Maschenweite und die effektive Maschendichte. Die effektive Maschenweite bezeichnet die Grösse der verbleibenden «Lücken» im Netz der Verkehrslinien und Siedlungsflächen; die effektive Maschendichte die Anzahl der Maschen bzw. Verkehrswege pro 1000 Quadratkilometer Landesfläche. Berücksichtigt wurden allerdings bei den Strassen nur jene der 1. und 2. Klasse, zum Teil auch die 3. Klass-Strassen.

Die Resultate sind eindrücklich: Die effektive Maschenweite hat in der Schweiz seit 1885 von 580 Quadratkilometer auf 176 Quadratkilometer um 70 Prozent abgenommen (Bertiller et al. 2007). Entsprechend hat die effektive Maschendichte in diesem Zeitraum von 1,7 Maschen pro 1000 Quadratkilometer auf 5,7 Maschen pro 1000 Quadratkilometer um 230 Prozent zugenommen. Die Zerschneidung im Mittelland und im Jura ist weitaus stärker als in den Alpen. Im Mittelland stieg die effektive Zahl der Maschen pro 1000 Quadratkilometer um 280 Prozent von 24,6 auf 92,8. Der Zerschneidungsgrad bzw. die Maschenweite variiert auch zwischen den Kantonen stark (0,5 Quadratkilometer in Basel-Stadt und 635 Quadratkilometer im Kanton Glarus). Gebirgskantone haben eine deutlich grössere effektive Maschenweite als die Mittellandkantone und vor allem als die städtischen Kantone (Abb. 364). Die acht am stärksten zerschnittenen Kantone sind Basel-

Abnahme der effektiven Maschenweite in %

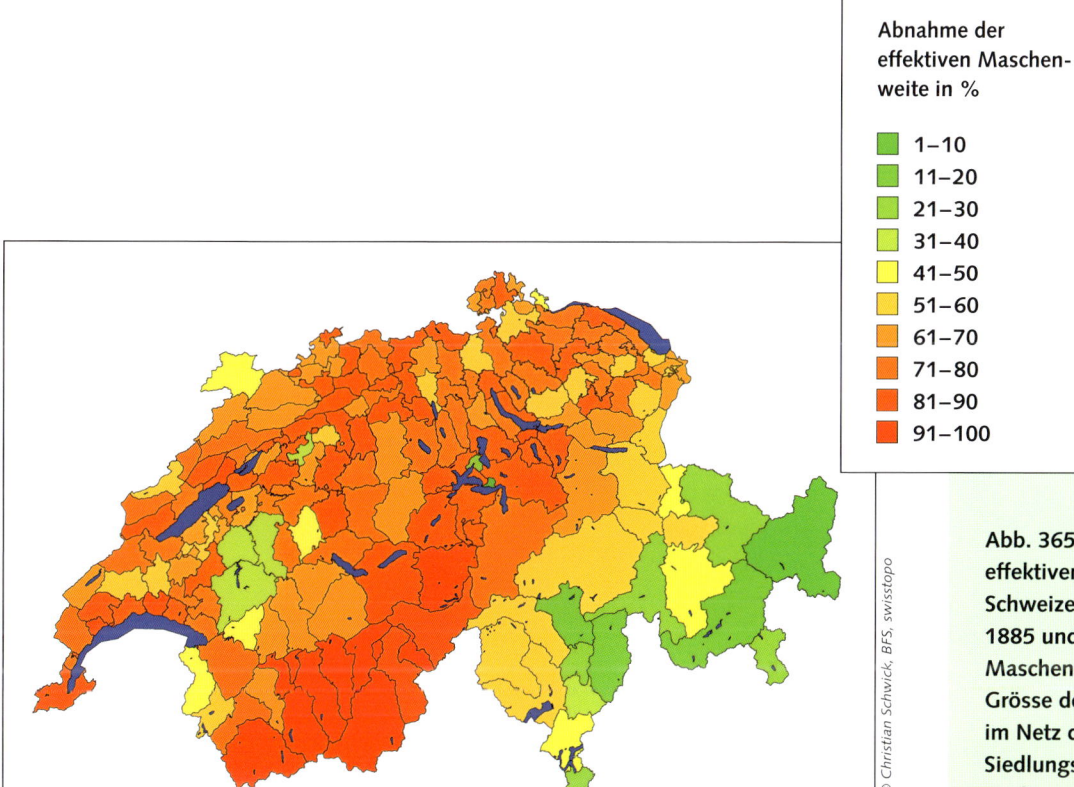

- ■ 1–10
- ■ 11–20
- ■ 21–30
- ■ 31–40
- ■ 41–50
- ■ 51–60
- ■ 61–70
- ■ 71–80
- ■ 81–90
- ■ 91–100

Karte © Christian Schwick, BFS, swisstopo

Abb. 365: Relative Abnahme der effektiven Maschenweite in den Schweizer Bezirken zwischen 1885 und 2002. Die effektive Maschenweite bezeichnet die Grösse der verbleibenden «Lücken» im Netz der Verkehrslinien und Siedlungsflächen. Quelle: Bertiller et al. 2007.

Stadt, Genf, Thurgau, Aargau, Zürich, Zug, Schaffhausen und Basel-Landschaft. In ihnen liegt die effektive Maschenweite unterhalb von 10 Quadratkilometern. Die grössten effektiven Maschenweiten weisen die Kantone Glarus, Uri, Tessin, Nidwalden, Graubünden und Obwalden auf.

Der Bund bestätigt zwar, dass in Bezug auf die Zerschneidung der Landschaft etwas getan werden müsste, kommt aber meist nicht über das Formulieren von Visionen und allgemeinen Handlungsempfehlungen hinaus. Im Rahmen des Projekts REN (Réseau écologique national) wurden beispielsweise naturschutzrelevante Gebiete sowie ihre vorhandenen und potenziellen Vernetzungsachsen bezeichnet (Berthoud et al. 2004). Das REN könnte somit ein wichtiges Instrument zum Schutz der Artenvielfalt und der Landschaftsqualität sein. Ob es sich jemals zu einer wichtigen Planungshilfe entwickeln wird, bleibt abzuwarten.

Abb. 366: Die Zerschneidung der Landschaft durch Strassen zerstört Lebensraum und isoliert die übrig gebliebenen Restflächen. Viele dieser Gebiete sind zu klein, um längerfristig überlebensfähige Populationen seltener Arten beherbergen zu können.

Foto © Markus Jenny

Kapitel 11   Strassen allüberall

Das traurige Schicksal des Lothenbach-Hirschs

Am 17. August 2007 benutzte ein naiver Hirsch den traditionellen Wildwechsel am Westufer des Zugersees – ein Fehler, wie sich später herausstellen sollte.

Abb. 367: Der Hirsch verlässt erschöpft den See. Endlich hat er eine Stelle gefunden, wo ein Ausstieg möglich ist. Das Stück Mobilzaun in seinem Geweih ist ein weiteres Symbol für die Zerschneidung unserer Landschaft, die immer lebensfeindlicher wird.

Er verirrte sich in Lothenbach, missachtete eine Baustellenampel, überquerte die Zugerstrasse, irrte zwischen Gebäuden hindurch und sprang panisch in den Zugersee. Dem nicht genug zog das arme Tier einen Mobilzaun – im Volksmund «Flexinetz» genannt – hinter sich her, der sich in seinem Geweih verheddert hatte. Der Hirsch zog das Wasser dem lebensfeindlichen Land vor und durchschwamm den Zugersee in nur 15 Minuten. Am anderen Ufer hatte die Zivilisation eine weitere Überraschung für den Hirsch parat: Ein Hund erschreckte ihn derart, dass er in den See zurückflüchtete. Er schwamm nach Süden in Richtung Arth. Am stark verbauten Ufer suchte er lange vergebens nach einem Ausstieg. Als sich endlich eine Lücke auftat, sprang er ans Ufer und jagte in wilder Flucht über Hecken und Zäune bis Immensee, wo er erschöpft zusammenbrach. Da die Hauptstrasse und die Autobahn weniger als 100 Meter entfernt waren, beschloss man, dem Tier den Gnadenschuss zu geben.

Quelle: Bote der Urschweiz vom 21. 8. 2007

Lärmschutzwände als neues Landschaftselement

Die Bahn 2000 und die NEAT brachten vielerorts grosse Landschaftsveränderungen mit sich. Im Vergleich zu den modernen Strassen konnte die Eisenbahn lange Zeit als landschaftsneutral gewertet werden. Seit einigen Jahren stört aber auch die Eisenbahn mit dem Bau von Lärmschutzwänden stellenweise das Landschaftserlebnis. Von den 260 Kilometern Lärmschutzwänden, die entlang der Bahngeleise vorgesehen sind, wurden 35 Kilometer bereits erstellt und 90 Kilometer genehmigt (BAFU und BFS 2007). Die Art und Weise, wie die bis zu zehn Meter hohen Wände erstellt werden, entsetzt allerdings immer wieder Heimatschützer und Architekten. Dazu ein Beispiel: Quer durch Brunnen am Vierwaldstättersee wurde eine braune Lärmschutzmauer erreichtet, die im Volksmund den Namen «Berliner Mauer» erhalten hat. Die Wand trennt heute das Dorf in zwei Teile, in ein Ost-Brunnen und ein West-Brunnen.

Abb. 368: Lärmschutzwände schützen die Bevölkerung vor übermässigen Lärmbelastungen, werden aber zum Teil auch an Stellen gebaut, wo sie die Landschaft belasten.

Homo mobilis helveticus

Die Schweizer Bevölkerung ist hochmobil: Über 120 000 000 000 Kilometer legte die Schweizer Bevölkerung im Jahr 2000 zurück (Abb. 369). 90 Prozent der Bevölkerung sind mindestens einmal täglich unterwegs. Jede Person ab sechs Jahren legt pro Jahr im Durchschnitt 17 400 Kilometer zurück. Davon werden 10 000 Kilometer mit dem Auto und 2600 Kilometer mit dem Flugzeug zurückgelegt – deutlich mehr als mit dem Zug (2000 Kilometer). 630 Kilometer bewältigen wir zu Fuss, 520 mit dem Tram oder dem Bus, 350 mit dem Fahrrad, 300 im Reisecar und 1000 mit anderen Verkehrsmitteln.

Doch wozu dient diese apokalyptische Herumfahrerei? Den Löwenanteil bilden der Freizeitverkehr und der Berufsverkehr (Abb. 370). Diente 1974 nur rund ein Viertel aller Wege der Freizeit, so waren es 1989 ein Drittel und 2000 fast die Hälfte (ARE und BFS 2001). Beim Freizeitverkehr fällt zudem der hohe Autoanteil der zurückgelegten Kilometer auf (68 %). Ein Drittel der Wege sind kürzer als drei Kilometer, was zeigt, dass die Möglichkeiten zu einer Verlagerung auf den Langsamverkehr noch bei Weitem nicht ausgeschöpft sind.

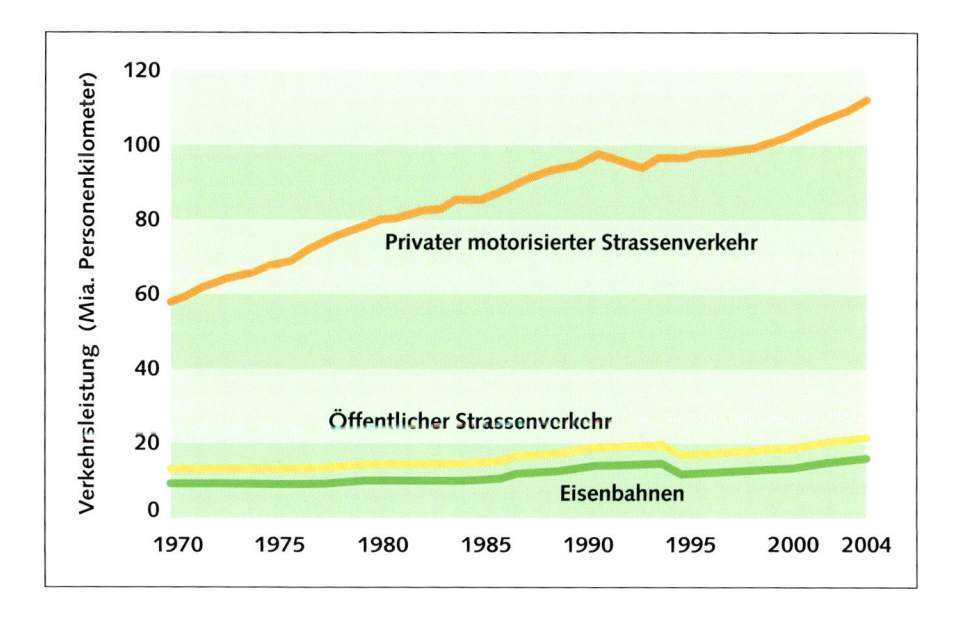

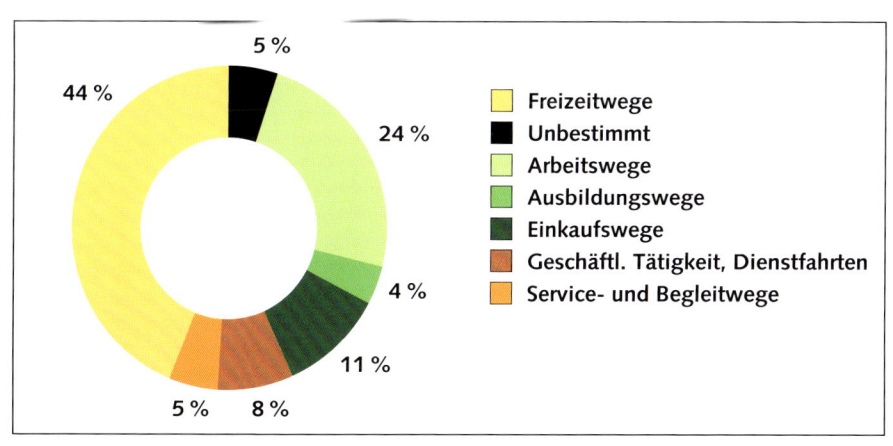

Abb. 369: Verkehrsleistungen im Personenverkehr. Quelle: Bundesamt für Statistik.

Abb. 370: Ursachen der Mobilität. Tagesdistanz nach Zweck. Quelle: ARE und BFS 2001.

Der Boom des Freizeitverkehrs hat vor allem zwei Gründe: Da die Arbeitszeit abgenommen hat, verfügt die Bevölkerung über mehr Freizeit. Gleichzeitig wurde das Verkehrsangebot – vor allem Strassen – stark ausgebaut. Die gut ausgebaute Strasseninfrastruktur und die hohe Auto-Mobilität – vier Fünftel aller Haushalte besitzen mindestens ein Auto – erlauben es der Schweizer Bevölkerung, den Wohnort ohne Rücksicht auf den Arbeitsplatz und das öffentliche Verkehrsnetz zu wählen (Abb. 371). Die Folge ist ein Pendlerverkehr gigantischen Ausmasses. Allein im Kanton Zürich pendeln täglich 630 000 Personen (Moser 2005). Die Distanzen, welche die Pendler zurücklegen, sind im Wirtschaftsraum Zürich zwischen 1970 und 2000 stark gewachsen. Lagen 1970 noch durchschnittlich vier Kilometer Luftlinie zwischen Wohn- und Arbeitsort, waren es im Jahr 2000 elf Kilometer. Zeitlich hat sich die zusätzliche Distanz für die Pendler allerdings kaum ausgewirkt: Der durchschnittliche Arbeitsweg nimmt heute 28 Minuten in Anspruch, was nur zwei Minuten mehr ist als 1970. Ermöglicht wurde dies durch das stark ausgeweitete und ausgebaute Verkehrsnetz.

Besondere Blüten treibt die Mobilität in der Region Genf. Weil immer mehr Briten ihren Wohnort in die südöstliche Schweiz verlegen, aber teils weiterhin in Grossbritannien arbeiten, verkehren jede Woche über 300 Flüge zwischen Genf und Grossbritannien. Aus 24 verschiedenen Städten der Insel kann man mittlerweile – oft mit einem Billigflieger – nach Hause oder in den Skiurlaub in die Region Genf abheben. Die Mobilität lässt praktisch jeden Ort für das Wohnen und Arbeiten attraktiv erscheinen.

Heute bestehen zum Teil ganze Familien aus Pendlern: Wohnsitz ist Baden, der Mann arbeitet in Zürich, die Frau in Biel, während die Kinder in Basel zur Schule gehen. Am Wochenende bricht man gemeinsam zum Skifahren ins Wallis auf, und in den Sommerferien geht es auf die Malediven. Das Auto und das Flugzeug gelten in unserer Gesellschaft als das höchste Symbol für Freiheit und Emanzipation. Das Auto mutierte dabei zu einer eigentlichen «Lebenskapsel» mit Auto-

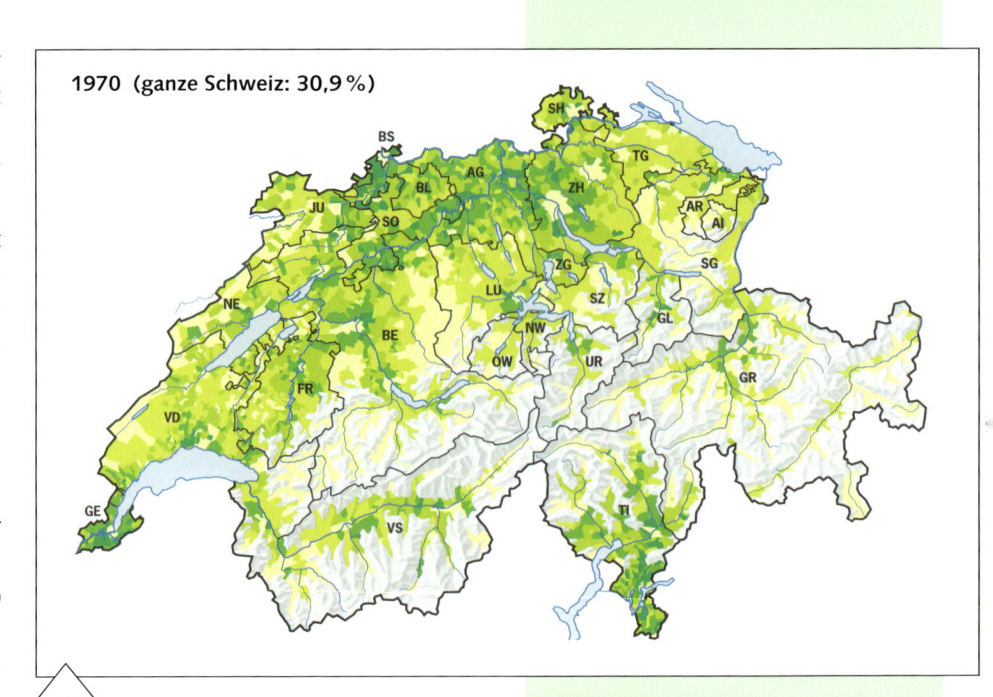

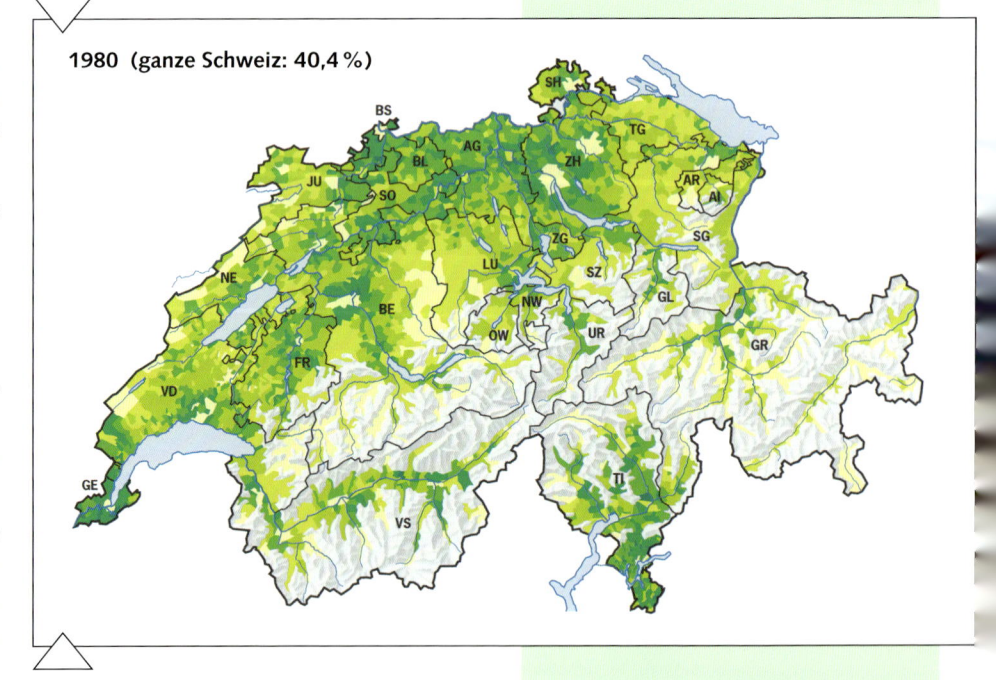

1990 (ganze Schweiz: 51,7%)

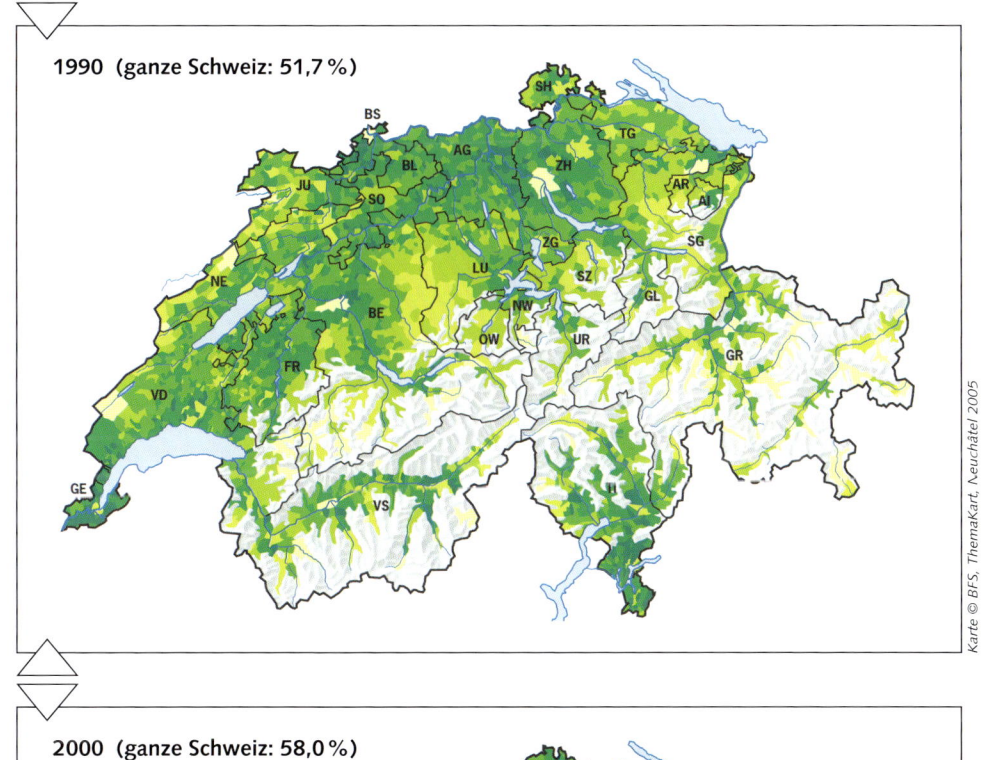

2000 (ganze Schweiz: 58,0%)

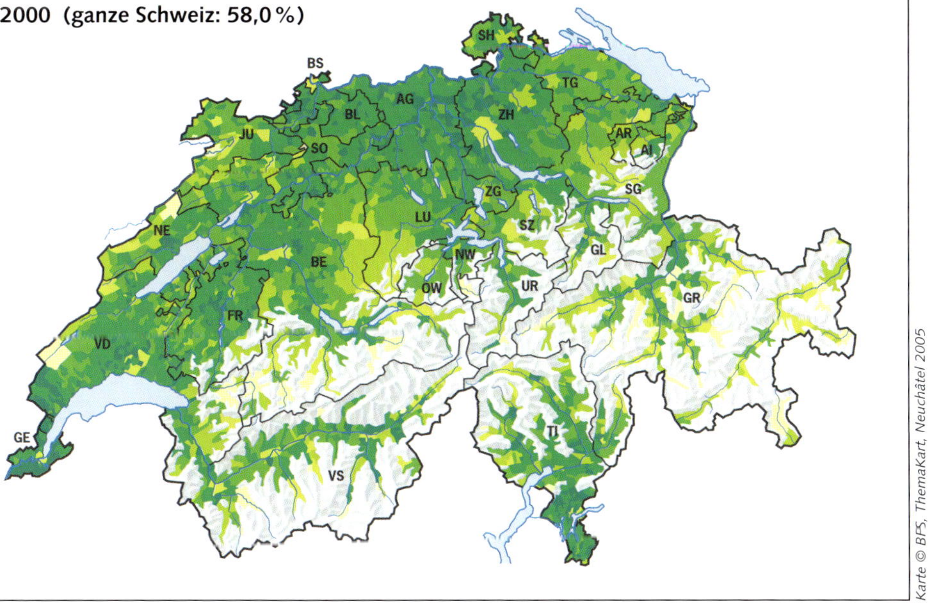

Abb. 371: Anteil Erwerbstätige, welche ausserhalb ihrer Wohngemeinde arbeiten (nach Gemeinden). Quelle: Eidgen. Volkszählung, BFS.

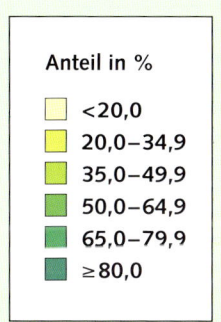

Anteil in %
- <20,0
- 20,0–34,9
- 35,0–49,9
- 50,0–64,9
- 65,0–79,9
- ≥80,0

telefon, Schlafsessel, Kühlschrank und Bordcomputer. Die Landschaft wird gar nicht mehr registriert.

Zusammenfassend lässt sich feststellen, dass Strassen Mobilität verursachen, und Mobilität Strassen. Der moderne Strassenbau folgt dem Motto «gerade» und «breit» – «gerade» für schnell, und «breit» für sicher. Die enge Verzahnung historischer Strassen mit dem Untergrund, den Landschaftsformen und Vegetationsmustern wurde zerstört. Heute wird die Landschaft der Strasse angepasst. Damit sind Strassen kein bereicherndes Element der Landschaft mehr, sondern Fremdkörper und trennende Linien.

Kapitel 11 Strassen allüberall

Kommt der Verkehr zur Ruhe, müssen die Fahrzeuge geparkt werden. Riesige Asphaltflächen als Parkplätze sind heute selbstverständlicher Bestandteil der Stadtplanung und des Wohnungsbaus. Die Raumwirksamkeit des Verkehrs lässt sich eindrücklich im Mittelland erleben, wo in den letzten beiden Jahrzehnten eine regelrechte Bandstadt von Genf nach St. Gallen entstanden ist.

Ein Ende der Mobilität ist nicht in Sicht: So kam eine Studie zum Schluss, dass das Bedürfnis des Menschen nach Mobilität im Jahr 2020 ungebrochen sein dürfte und sowohl der Personen- als auch der Güterverkehr auf allen Verkehrsträgern zunehmen wird (Widmer und Peters 2000). Die im Personenverkehr zu erwartenden Zunahmen betragen je über 30 Prozent auf der Strasse sowie auf der Schiene und 60 Prozent im Flugverkehr. Mit neuen Strassenbauprojekten darf daher gerechnet werden.

Abb. 372: «Gutes Bauland braucht mehr als Sonnenschein. Wir wissen das.» Inserat in der NZZ vom 7. April 1987.

Abb. 373: Das steigende Verkehrsaufkommen hat die Gemeinde Sissach (BL) dazu bewogen, eine Umfahrungsstrasse zu bauen, die grösstenteils in einem Tunnel verläuft. Die Kosten beliefen sich auf über 300 Millionen Franken. Die neuen Zufahrtsstrassen zum Tunnel haben die Landschaft stark beeinträchtigt (oben 1981, unten 2008).

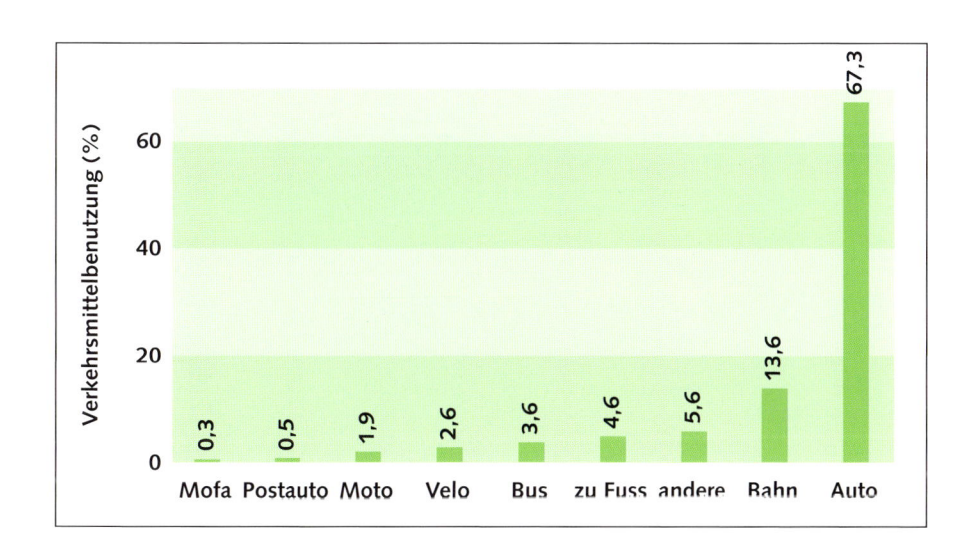

Abb. 374: Verkehrsmittelbenutzung im Schweizer Personenverkehr im Jahr 2000.

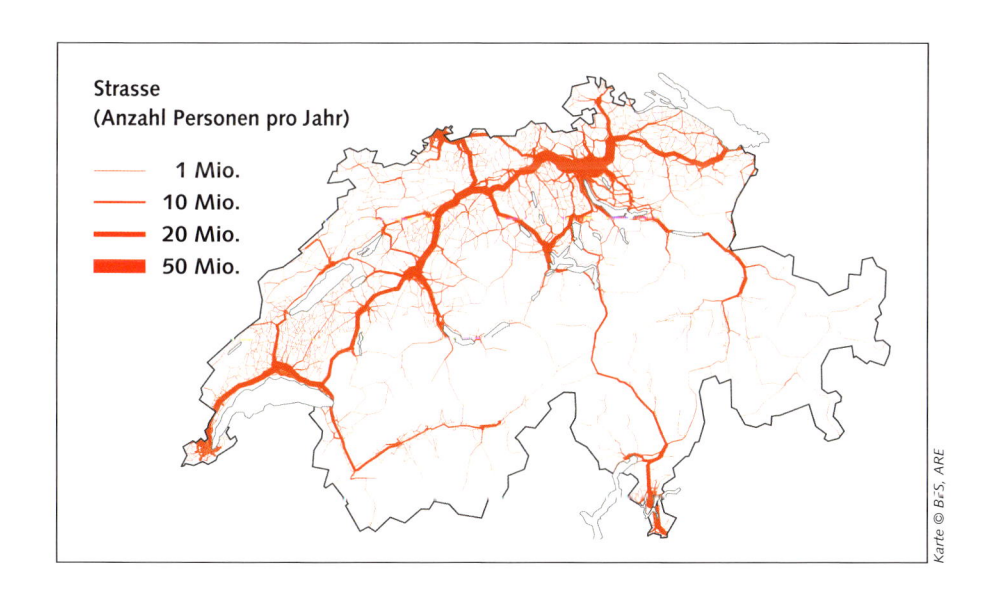

Abb. 375: Verkehrsströme im Schweizer Personenverkehr im Jahr 2000. Quellen: INFOPLAN-ARE, Verkehrsmodellierung VM-UVEK, Geostat-BFS.

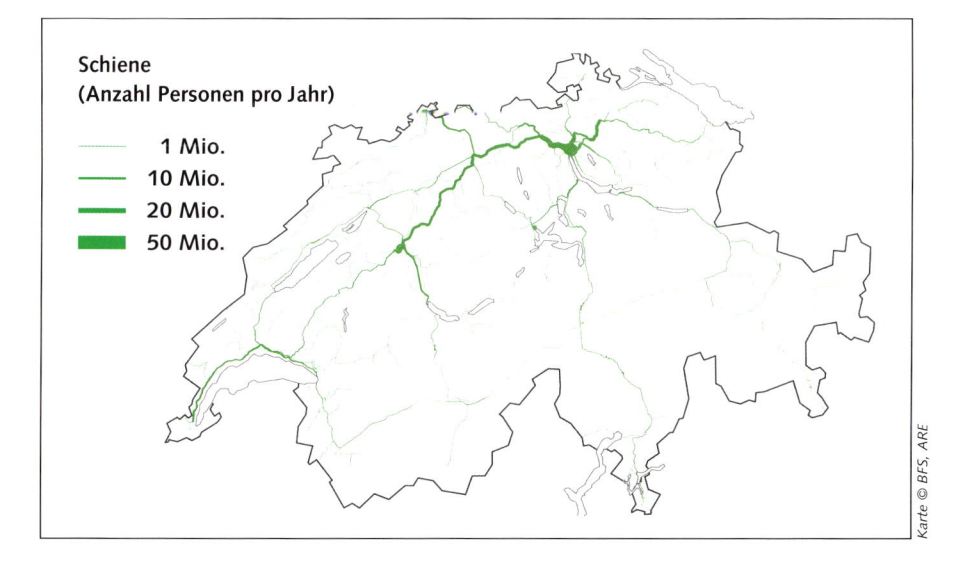

Kapitel 11 Strassen allüberall

425

Abb. 376: Südostansicht von Castasegna (GR) vor (1996), während (1997, 1998) und nach (1999) dem Bau der Umfahrungsstrasse.

426

Der Schulweg prägt

Immer mehr Kinder gehen nicht mehr zu Fuss in die Schule, sondern werden gefahren. Je reicher die Eltern sind, desto wahrscheinlicher ist es, dass ein Kind gefahren wird. Auch überängstliche Eltern fahren zunehmend ihre Kinder in die Schule. Den Kindern tut der elterliche Taxidienst allerdings nicht gut. So kommt eine Studie zum Schluss, dass Kinder das halbe Leben verpassen, wenn sie gefahren werden. Marco Hüttenmoser (2006) liess dazu 375 Kindergarten- und Primarschulkindern ihren Schulweg zeichnen. Kinder zeichnen, was sie sehen, was sie kennengelernt, was sie zu Fuss abgeschritten haben. Der siebenjährige William, der zu Fuss in die Schule geht, hat seinen Schulweg vollständig gezeichnet und liebevoll mit vielen Details ausgemalt (Abb. 377). Beim gleichaltrigen Samuel dagegen, der jeden Tag mit dem Auto gefahren wird, bleibt die Landschaft mit Ausnahme der Strasse leer.

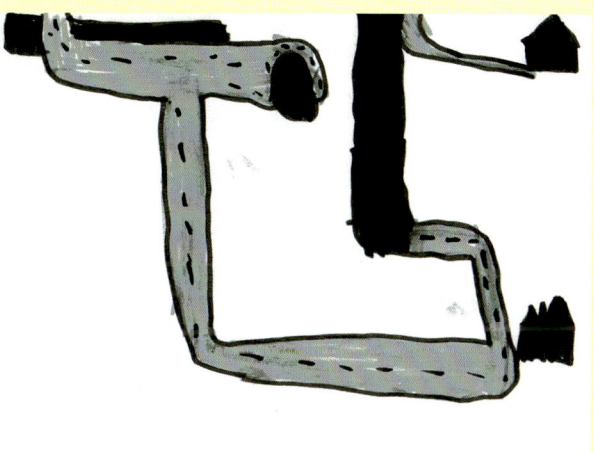

Abb. 377: Zwei Bilder – zwei Welten. Schulkinder haben ihren Schulweg gemalt. Eines geht zu Fuss, eines wird mit dem Auto gefahren. Quelle: Hüttenmoser 2006.

Hüttenmoser (2006) gibt eine interessante Analyse: «*Ein Kind kann den im Auto zurückgelegten Weg nicht wirklich erfahren und es kann darüber auch in seiner Zeichnung nicht berichten. In der Zeichnung des siebenjährigen Samuel blieb nichts übrig als grau-schwarzer Asphalt ... Das heisst: Wer mit dem Auto in die Schule fährt, kennt seinen Schulweg nicht oder nur im Vorbeifliegen. Das Kind verpasst damit eine wichtige Gelegenheit, seine nähere und weitere Umwelt eingehender kennen zu lernen. Es verpasst einen wichtigen Zugang zur Welt. [...]*
Für Erwachsene, für Verkehrsplaner und die Verkehrspolizei ergeben sich dadurch andere Perspektiven und andere Prioritäten. Nicht der ‹flüssige Verkehr›, der möglicherweise durch Ampelanlagen oder einzelne, auch wenig begangene Fussgängerstreifen behindert wird, darf an erster Stelle stehen, sondern gute Bedingungen für ein gesundes Aufwachsen der Kinder haben absolute Priorität. Ein Fussgängerstreifen zum Beispiel darf nicht aufgehoben werden, weil er zu wenig sicher ist, sondern er muss sicherer gemacht werden, wenn erforderlich mit einer Ampelanlage.
Damit Kinder von klein an mit Freude und mit der ihnen normalerweise angeborenen Energie an die nähere und weitere Umwelt herangehen und in sie hineinwachsen können, damit sie ihre Umgebung – auch dort, wo es Verkehr hat – geniessen und ihre wachsenden Fähigkeiten selber schulen können, braucht es einen Klimawechsel.

Anstelle von Hektik und Rasanz des motorisierten Strassenverkehrs, wie sie heute bis in den letzten Winkel unserer Dörfer und Städte üblich sind, muss ein sinnvolles Miteinander treten. Nur wenn die Motorfahrzeuge langsam verkehren, ist Kommunikation und gegenseitige Rücksichtnahme möglich. Nur unter diesen Bedingungen ist es auch möglich, die Kinder auf vernünftige Weise, ohne übertriebene Ängste, auf den Verkehr vorzubereiten.
Konkret heisst dies: Wohngebiete und Quartiere müssen wieder zu lebendigen Zentren der Begegnung und des Spiels werden. Ohne Tempobeschränkung geht dies nicht. Das heisst, abseits der Hauptverbindungsstrassen darf höchstens mit Tempo 30 gefahren werden. Für ein Miteinander von Fahrzeugen und auf der Strasse spielender Kinder ist allerdings Tempo 30 noch zu schnell. Das bedeutet, dass Tempo-30-Zonen so oft wie nur möglich, mit Wohnstrassen, resp. Begegnungszonen, in denen die Fussgänger und spielende Kinder den Vortritt haben, durchgesetzt werden müssen. Schritttempo ist hier angesagt.»

Abb. 378: Spielen auf der Strasse ist heute, oft auch in Quartierstrassen, gefährlich.

Unruhige Schweiz

Gemäss Umfragen fühlen sich 64 Prozent der Schweizer Bevölkerung (4,7 Millionen Menschen!) durch Lärm gestört (Lorenz 2000). Lärm hat vielfältige gesundheitliche, soziale und ökonomische Auswirkungen. Zu den psychischen Auswirkungen von Lärm gehören Konzentrationsstörungen, Beeinträchtigungen der Erholung und der Kommunikation, aber auch Reaktionen wie Verärgerung oder Unwohlsein (BUWAL 2002). Bei Lärmpegeln von über 60 Dezibel erwachen die Menschen häufiger. Dadurch vermindert sich die Erholung im Schlaf. Die Folgen sind Ermüdung, Nervosität oder erhöhte Reizbarkeit. Die körperlichen Gesundheitsfolgen betreffen das vegetative Nervensystem. Es kann zu einem Blutdruck- und Herzfrequenzanstieg kommen, zu Stoffwechselstörungen und Stressreaktionen. Studien deuten darauf hin, dass chronische Lärmbelastungen das Risiko für Herz-Kreislauf-Erkrankungen bis hin zum Herzinfarkt erhöhen.

Lärm hat auch soziale Auswirkungen. So kommt es in stark lärmbelasteten Gebieten zu einer sozialen Entmischung. Wer kann, zieht weg. Zurück bleiben alleinstehende Personen, Rentner, Ausländer und Menschen im Bereich der Armutsgrenze. Lärm ist damit zu einem sozialen Umweltproblem geworden ist, welches zwar von allen verursacht wird, aber mehrheitlich von den finanziell und sozial Schwächeren ertragen werden muss, die über keine Lobby verfügen.

Die wirtschaftlichen Kosten des Lärms werden oft unterschätzt. Berechnungen haben gezeigt, dass die gesamten Lärmkosten des Landverkehrs im Jahr 2005 1174 Millionen Franken betrugen (ARE und BAFU 2008). Die Kosten setzen sich aus den Gesundheitskosten und den Mietzinsausfällen zusammen. Bauten verlieren durch übermässigen Lärm an Wert. Dadurch sind die Wohnungsmieten in lärmbelasteten Gebieten tendenziell tiefer als in ruhigeren.

Ein brisanter Bericht des Bundesamts für Umwelt (BAFU 2009) gibt erstmals Aufschluss über das Aussmass der Lärmbelastung in der Schweiz. Die Resultate sind bedenklich: Rund 1,2 Millionen Menschen in der Schweiz sind tagsüber einem Strassenverkehrslärm ausgesetzt, der zum Teil deutlich über den Grenzwerten der Lärmschutz-Verordnung liegt (Abb. 379). Der Strassenverkehrslärm verursacht einen flächenhaften Lärmteppich, der sich über grosse Teile der Schweiz ausbreitet. Vom Eisenbahnlärm sind deutlich weniger Menschen betroffen, nämlich 70 000 Personen am Tag und 140 000 in der Nacht.

Werden strengere Schwellenwerte angewendet, erhöht sich die Zahl der am Tag vom Strassenverkehrslärm belasteten Personen auf 1,68 Millionen Menschen oder 23 Prozent der Gesamtbevölkerung. Die Zahl der von Eisenbahnlärm Betroffenen beträgt tagsüber 110 000 Personen. In der Nacht sind 200 000 Personen übermässigen Lärmimmissionen ausgesetzt. Bei Anwendung der noch strengeren Schwellenwerte der Weltgesundheitsorganisation WHO müssen am Tag 3,5 Millionen Menschen oder fast 50 Prozent der Gesamtbevölkerung als vom Strassenverkehrslärm beeinträchtigt angesehen werden (BAFU 2009). Das sind rund dreimal so viele Personen wie nach den Grenzwerten der Lärmschutz-Verordnung.

Weitere Lärmquellen sind Schiessanlagen, Industrie- und Gewerbeanlagen, Maschinen und Geräte wie Rasenmäher und Laubgebläse. Lautes Musikhören und dröhnende Heizungen sind ebenfalls häufige Lärmquellen. Besonders ärgerlich

Immissionen 06.00–20.00 Uhr (in Dezibel)

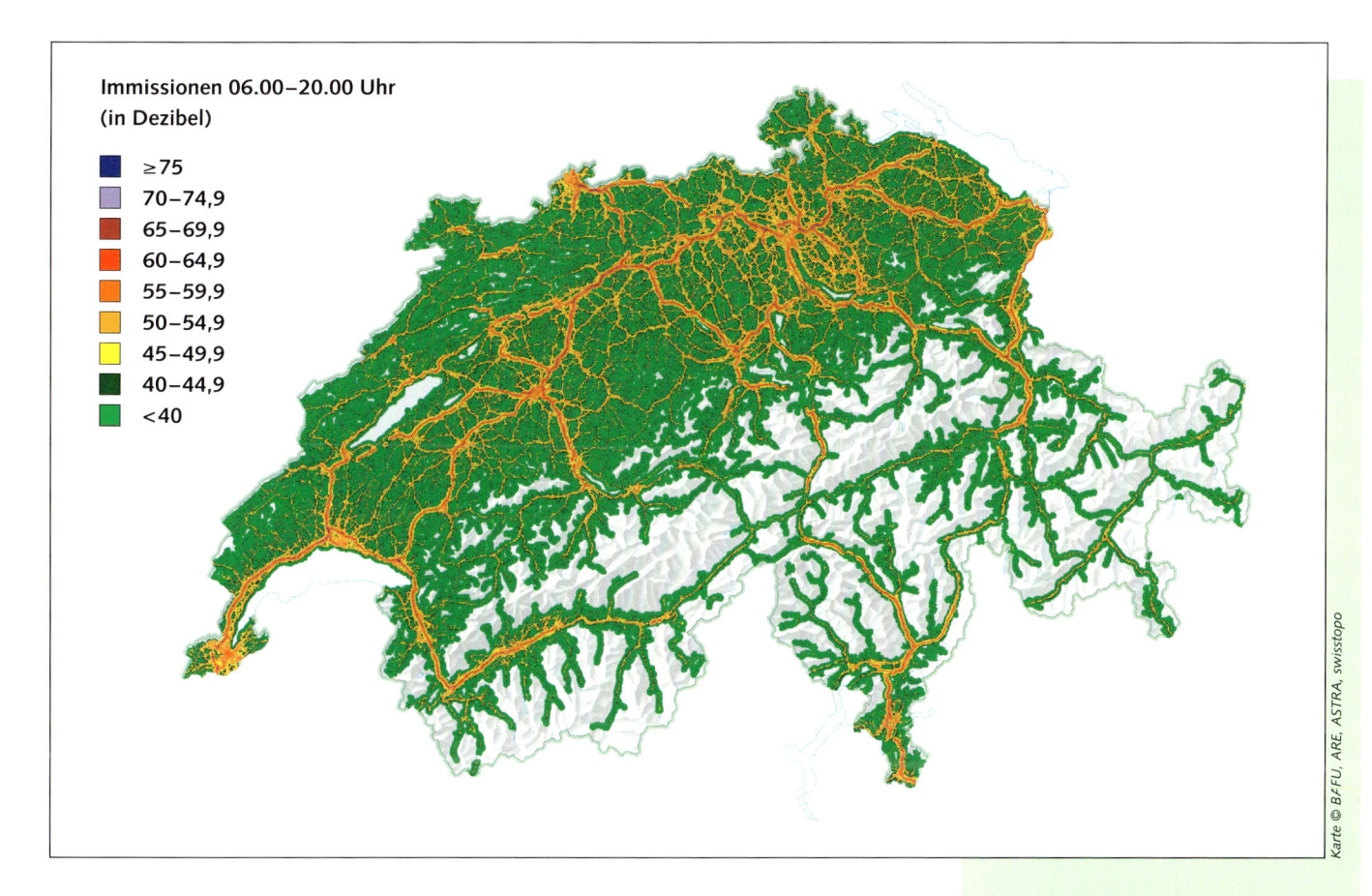

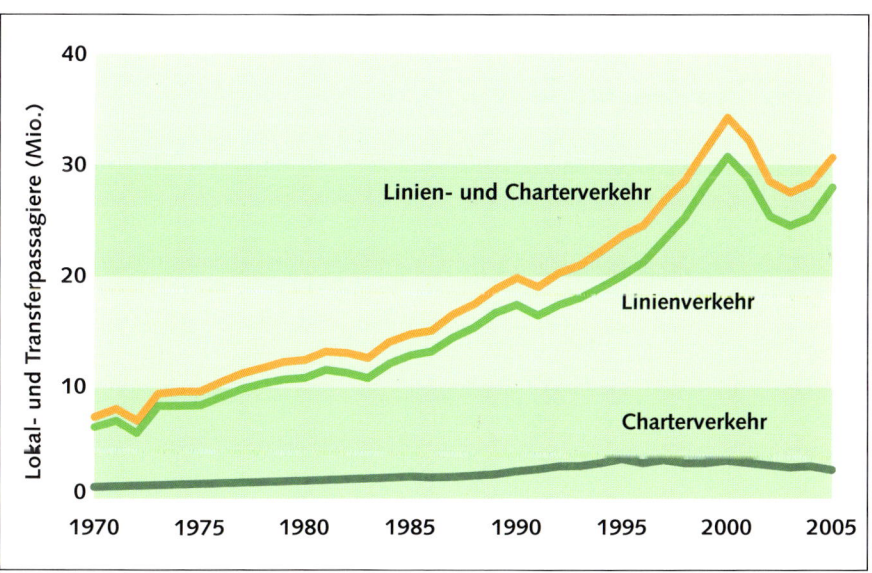

- ≥ 75
- 70–74,9
- 65–69,9
- 60–64,9
- 55–59,9
- 50–54,9
- 45–49,9
- 40–44,9
- < 40

Karte © BFU, ARE, ASTRA, swisstopo

Abb. 379: Belastung durch den Strassenverkehrslärm in der Schweiz am Tag. Quelle: BAFU 2009.

Abb. 380: Die Schweiz hebt ab und beschallt das Land. Entwicklung des Passagieraufkommens im Linien- und Charterverkehr. Quelle: Bundesamt für Zivilluftfahrt BAZL.

sind Sportflieger, die in Wildwestmanier jeden Sonntag ganze Landstriche mit dem Lärm ihres Sportgeräts belästigen. In den Alpen verlärmen Helikopter und Militärflugzeuge die Landschaft Schweiz bis in die letzte Ecke und bis auf den höchsten Berggipfel – nirgendwo ist mehr Ruhe.

Untersuchungen haben gezeigt, dass wir einem ständigen Hintergrundrauschen ausgesetzt sind (Winkler 2002). Welche akustischen Ereignisse von Menschen als Lärm empfunden werden, hängt allerdings von ihren subjektiven Bedürfnissen und Vorstellungen ab und ist auch stark von der jeweiligen Situation abhängig (Grotrian 2007). Besucher eines Rockkonzerts empfinden den Schall als angenehm. Wanderern in der Nähe wird dagegen das Landschaftserlebnis kaputt gemacht. ☐

Kapitel 11 Strassen allüberall

Essay

Von Hanspeter Schneider, Geschäftsführer ViaStoria – Zentrum für Verkehrsgeschichte, Bern

Die Erhaltung historischer Verkehrswege

Historische Verkehrswege, insbesondere im ländlichen Raum, stehen häufig in direktem Zusammenhang mit traditionellen Siedlungs- und Flurformen. Die Kenntnis der Wechselwirkung von Weg, Siedlung, Flur, Einzelgebäuden und ländlichen Strukturelementen wie Hecken, Alleen oder Trockensteinmauern ist für das Verständnis der Genese der Kulturlandschaft von herausragender Bedeutung. Dadurch entsteht einerseits ein grösseres Verständnis für die Beziehungen von einzelnen Kulturgütern und Denkmälern untereinander. Andererseits werden in der Regel die Bedeutung und der Stellenwert eines einzelnen Denkmals in einem Gesamtkontext der Kulturlandschaft erhöht und die Voraussetzungen für dessen Erhaltung verbessert. Ein nachhaltiger Umgang mit historischen Verkehrswegen erfolgt somit in erster Linie über dessen kulturlandschaftlichen Zusammenhang und weniger über den Weg als isoliertes Einzelobjekt.

Die Erhaltung von historischen Verkehrswegen muss grundsätzlich durch sachgerechte Instandstellungsmassnahmen unter Einhaltung von denkmalpflegerischen Grundsätzen erfolgen. Historische Verkehrswege weisen nebst ihrer Geschichte häufig typische Baumerkmale oder charakteristische «Substanzkriterien» auf. Diese gilt es sowohl beim Projektwesen als auch bei Instandstellungsmassnahmen zu berücksichtigen. In einer von ViaStoria im Auftrag des Bundes erarbeiteten technischen Vollzugshilfe zur «Erhaltung historischer Verkehrswege» sind die wichtigen Grundsätze für einen nachhaltigen Umgang mit der Substanz von historischen Verkehrswegen definiert. Diese Vollzugshilfe sollte künftig für alle Instandstellungsprojekte beigezogen werden. Bei baulich anspruchsvollen Projekten ist zudem eine Fachbegleitung zu empfehlen.

Schutzmassnahmen an historischen Verkehrswegen können durch eine zweckmässige Nutzung und einen regelmässigen Unterhalt am wirkungsvollsten unterstützt werden. Um die schonende Nutzung sicherzustellen, sind die historischen Verkehrswege deshalb nach Möglichkeit in die Wegnetze des land- und forstwirtschaftlichen Güterverkehrs und des individuellen Langsamverkehrs (Fuss-, Wander- und Radwege) einzubeziehen.

Diese Voraussetzungen sind beispielsweise bei einer touristischen Nutzung im Rahmen des «sanften», nachhaltigen Tourismus sehr gut gegeben. Mit Kulturwege Schweiz entsteht deshalb erstmals ein Tourismusprojekt direkt auf den Grundlagen eines Bundesinventars. Bei der Planung von Via- und ViaRegio-Routen werden vor allem Wege aus dem Inventar historischer Verkehrswege der Schweiz (IVS) berücksichtigt. Damit entsteht für Förderinstitutionen ein Gesamtkonzept für potenzielle Instandstellungsarbeiten – eine Art Richtplan – über anstehende Wegprojekte, basierend auf den Kriterien eines Bundesinventars. Förderorganisationen erhalten dadurch die Gelegenheit nicht nur einen Beitrag zur Erhaltung und zum Schutz von historischen Verkehrswegen zu leisten, sondern auch zur Steigerung der Wertschöpfung der ländlichen Bevölkerung.

Im nachhaltigen Umgang mit den historischen Verkehrswegen sind also drei Kerngrundsätze zu beachten:

- Den Weg als vernetzendes und prägendes Kulturlandschaftselement erkennen
- Sachgerechte Instandstellungsmassnahmen am Einzelobjekt anwenden
- Einen nachhaltigen Umgang durch zweckmässige Nutzung anstreben

> «Die Kenntnis der Wechselwirkung von Weg, Siedlung, Flur, Einzelgebäuden und ländlichen Strukturelementen wie Hecken, Alleen oder Trockensteinmauern ist für das Verständnis der Genese der Kulturlandschaft von herausragender Bedeutung.»

Günstige Rahmenbedingungen

Mit der Vollzugshilfe «Erhaltung historischer Verkehrswege» wurden die Voraussetzungen für einen nachhaltigen Umgang mit den historischen Verkehrswegen geschaffen. Dazu gehören das Festlegen von Grundsätzen zur Erhaltung von historischen Verkehrswegen, die Definition von landesweit gültigen Standards für den denkmal- und landschaftspflegerischen, ingenieurtechnischen und planerischen Umgang mit historischen Verkehrswegen und deren begleitenden Elementen sowie die Vermittlung von grundlegendem praktischem Wissen über traditionelle Baumethoden und deren Ergänzung durch moderne Techniken.

Bei historischen Verkehrswegen bestehen günstige Rahmenbedingungen für einen nachhaltigen Umgang. Diese Rahmenbedingungen sollten optimal genutzt werden. Eine Grundvoraussetzung bildet das Schaffen von positiven Assoziationen zum Thema. Historische Verkehrswege bilden eine wesentliche Grundlage für die Planung von Wanderwegen und damit für die Nutzung im Rahmen der Erholung und des Tourismus. In diesem Kontext lösen historische Verkehrswege in der Regel positive Assoziationen von schönen, geschichtlich interessanten Kulturlandschaftsobjekten aus.

Beim Tourismusprojekt Kulturwege Schweiz, das auf dem IVS basiert, offenbart sich das Innovationspotenzial und sogar die regionale Wertschöpfung eines Bundesinventars. Zusammen mit effizienten Strukturen im Vollzug auf Gemeinde-, Kantons- und Bundesebene werden so die Voraussetzungen für den Erhalt der historischen Verkehrrswege geschaffen. Drei Massnahmen sind hervorzuheben:

- An erster Stelle steht die Ausschöpfung des rechtlichen Spielraums eines Bundesinventars nach Art. 5 des Natur- und Heimatschutzgesetzes und damit die bessere Positionierung des Themas der historischen Verkehrswege im Rahmen von Interessenabwägungen im Projektwesen. Die geplante Verordnung über das IVS, die der Bundesrat voraussichtlich 2009 oder 2010 in Kraft setzen wird, kann dazu einen wesentlichen Beitrag leisten.
- Ebenso grundlegend ist die Schaffung von effizienten Strukturen bei Bund und Kantonen für die Betreuung des Themas der historischen Verkehrswege durch zuständige Fachstellen. Diese Voraussetzungen sind im Prinzip geschaffen, müssen jedoch in einzelnen Kantonen auf ihre Zweckmässigkeit überprüft werden.
- Für eine nachhaltige Positionierung der historischen Verkehrswege bildet die Tätigkeit von ViaStoria als explizite Fachorganisation für historische Verkehrswege eine wichtige Voraussetzung. Wir haben die Struktur von ViaStoria mit den drei Tätigkeitsbereichen «Forschung», «Beratung» und «Tourismus» genau diesen Bedürfnissen angepasst. Die Abteilung Forschung schafft den unabdingbaren wissenschaftlichen Hintergrund zum Thema, die Abteilung Beratung gewährleistet den nachhaltigen praktischen Umgang mit den historischen Verkehrswegen, und die Abteilung Tourismus stellt eine nachhaltige ökonomische Nutzung des IVS sicher.

«Eine Grundvoraussetzung für einen nachhaltigen Umgang mit historischen Verkehrswegen bildet das Schaffen von positiven Assoziationen zum Thema.»

Vernetzungs- und Kooperationsmöglichkeiten

Die elektronische Vernetzung von verschiedenartigen Informationen ist heute eine Selbstverständlichkeit. Das Tourismusprojekt Kulturwege Schweiz ermöglicht über das Via-und das ViaRegio-System mit dem historischen Verkehrsweg als linearem Kulturlandschaftselement jedoch zusätzlich eine physische Vernetzung in der Landschaft. Dadurch entstehen ideale Voraussetzungen, einzelne Denkmäler mit regionalen Produkten (mit demselben historischen Hintergrund) oder UNESCO-Welterbestätten mit regionalen Naturparks zu vernetzen. Neue Kooperationsmöglichkeiten zwischen Partnern, die bisher eher in ihrem eigenen Bereich tätig waren, sind die Folge. Vergleichbare Möglichkeiten bietet im Prinzip die flächendeckende Einbindung des IVS in die Rauminformationssysteme (GIS) des Bundes und der Kantone. Diese Möglichkeiten werden aber erst ungenügend genutzt.
Deshalb macht es Sinn, beim Thema historische Verkehrswege über die Vernetzungs- und Kooperationsmöglichkeiten einzusteigen und nicht über die möglichen Akteure. Aus dieser Optik kann Nachhaltigkeit für historische Verkehrswege insbesondere erreicht werden, indem die Erhaltungskriterien in möglichst alle landschaftsrelevanten Politikbereiche einbezogen werden und indem die Förderinstrumente des Bundes und der Kantone systematisch nach dem Vernetzungspotenzial mit historischen Verkehrswegen analysiert werden.
Zahlreiche aktuelle Förderprogramme wie etwa die Tourismusinnovation «Innotour», die Neue Regionalpolitik NRP sowie die Regionale Entwicklung nach Art. 93, 1c des Bundesgesetzes über die Landwirtschaft LWG setzen auf den Vernetzungsgedanken und auf Marketingkooperationen. Darunter fallen aktuelle Trendbereiche wie «Erhaltung traditioneller Kulturlandschaften», «Agrotourismus», «Regionale Produkte» und «Nachhaltiger Tourismus». Je umfassender sich das Spektrum der durch historische Verkehrswege vernetzten Politikbereiche entwickeln wird, desto grösser wird der Kreis von Akteuren, die für die Nachhaltigkeit gewonnen werden können.
Nach unseren Erfahrungen mit dem IVS gibt es zwei unterschiedliche Methoden, «Akteure» einzubinden: die konservative Methode der Kontrolle und eine eher präventive oder informative Methode. Die konservative Methode bietet verschiedene Instrumente. Beispielsweise die Überprüfung von Bauprojekten im Hinblick auf mögliche Beeinträchtigungen von historischen Verkehrswegen im Rahmen des ordentlichen Baubewilligungsverfahrens. Diese Überprüfung erfolgt über ein Mitberichtsverfahren der für historische Wege zuständigen kantonalen Fachstelle. Im Rahmen eines Mitberichts verfasst ViaStoria für mehrere Kantone sogenannte Fachberichte. Darauf basierend nimmt die federführende kantonale Behörde eine Interessenabwägung vor und fällt einen Projektentscheid.
Werden bei einer Interessenabwägung Parteianliegen wie diejenigen der historischen Verkehrswege unbefriedigend berücksichtigt, kann es in Ausnahmefällen auch zu einem Beschwerdeverfahren durch eine nach Art. 55 des Bundesgesetzes über den Umweltschutz beschwerdeberechtigte Organisation kommen. Aus solchen Verfahren können bei positiven Gerichtsentscheiden Präzedenzfälle entstehen, die sich normativ auf die künftige Interessenabwägung auswirken. Der Bundesgerichtsentscheid von 1990 zu einem Forststrassenprojekt in Bollodingen (BGE 116 IB 309) ist dazu ein gutes Beispiel (siehe Seite 292). Dieser Präzedenzfall bewirkte, dass das damals noch weitgehend unbekannte Thema der histori-

> «Nachhaltigkeit für historische Verkehrswege kann insbesondere erreicht werden, indem die Erhaltungskriterien in möglichst alle landschaftsrelevanten Politikbereiche einbezogen werden und indem die Förderinstrumente des Bundes und der Kantone systematisch nach dem Vernetzungspotenzial mit historischen Verkehrswegen analysiert werden.»

schen Verkehrswege auf nationaler Ebene zu einem gesetzten Thema im Forststrassenbau wurde. Für die eher präventive oder informative Methode sind folgende Beispiele erwähnenswert:
- Bei einer Integration von historischen Verkehrswegen in das Tourismusprojekt Kulturwege Schweiz sind Erhaltungs- oder Instandstellungsauflagen viel einfacher durchzusetzen, weil sie nicht als lästige Verpflichtung empfunden werden, sondern als selbstverständliche Massnahme zum Funktionieren des Tourismusprojektes.
- Das Thema der historischen Verkehrswege bietet ideale fachliche Bezüge zum heutigen Strassenbau. Wichtig ist dabei, den modernen Strassenbau nicht nur als Verursacher von Beeinträchtigungen an historischen Verkehrswegen zu sehen, sondern als Partner mit derselben Geschichte: Der Geschichte des Strassenbaus. Über die Identifikation mit der eigenen Geschichte können Mitarbeitende eines Tiefbauamtes den Wert von alten Brücken und Strassen ihrer Vorgänger besser nachvollziehen.

Kontrolle und Korrektiv
Zwei wichtige Instrumente für die Durchführung einer effizienten Kontrolle sind seit Ende 2008 vorhanden: das Bundesinventar IVS und die technische Vollzugshilfe «Erhaltung historischer Verkehrswege» ASTRA. Das gesamte IVS – Strecken und Texte – ist elektronisch zugänglich (http://ivs-gis.admin.ch/). Einzig die definitive Rechtsetzung des IVS ist zum jetzigen Zeitpunkt noch ausstehend.
Die wichtigsten Akteure bei der Kontrolle sind einerseits die Behörden des Bundes, der Kantone und der Gemeinden und andererseits Schweizerische Organisationen und Stiftungen, die sich für die Erhaltung von historischen Verkehrswegen engagieren. Bei den Behörden der Gemeinwesen steht die systematische Handhabung der oben erwähnten Instrumente im Vordergrund. Insbesondere die Anwendung der technischen Vollzugshilfe sollte es den Behörden ermöglichen, bei Projektüberprüfungen und im Subventionswesen künftig die richtigen Prioritäten zu setzen und angemessene Auflagen für die jeweilige Projektausführung zu formulieren.
Andere Voraussetzungen stellen sich bei Schweizerischen Organisationen und Stiftungen, die sich erfreulicherweise zusehends für die Erhaltung von historischen Verkehrswegen engagieren. Nach den Erfahrungen der letzten Jahre wählen diese Institutionen häufig spektakuläre Wegobjekte aus, die in erster Linie ihren Fördergrundsätzen entsprechen und die es ermöglichen, den Einsatz von Spendengeldern sichtbar zu machen. Die Auswahl der unterstützten Projekte erfolgt teilweise ohne Beizug des IVS und auch ohne Kenntnis der Instandstellungskriterien. Ungenügende Auflagen zur Ausführung der Instandstellungsarbeiten oder eine fehlende fachliche Baubegleitung und Bauabnahme wirken sich jedoch in der Regel negativ auf die Qualität der Instandstellungsarbeiten aus oder können gar zu einer Beeinträchtigung von Schutzobjekten führen.
Mit diesen Institutionen ist deshalb ein verstärkter Informations- und Erfahrungsaustausch anzustreben. Der Leitgedanke für den nachhaltigen Umgang mit historischen Verkehrswegen sollte grundsätzlich mehr durch Überzeugung für die Thematik und weniger durch Kontrolle geprägt sein. □

«Der Leitgedanke für den nachhaltigen Umgang mit historischen Verkehrswegen sollte grundsätzlich mehr durch Überzeugung für die Thematik und weniger durch Kontrolle geprägt sein.»

Kapitel 12
Landschaft im Sog

des Tourismus

Abb. 381: Adelboden 1945 und im Jahr 1999. Der Tourismus hat die Siedlung stark anwachsen lassen. Eine Seilbahn führt auf die Tschentenalp. Im Vergleich zu anderen Tourismusorten, beispielsweise im Wallis, kann trotz der enormen Landschaftsveränderung von einer moderaten Entwicklung gesprochen werden. Im Schutzwald oberhalb Adelbodens wachsen heute deutlich mehr Bäume. Die Runsen, die nicht zuwachsen können, wurden gegen Steinschlag gesichert.

Die Anfänge des Tourismus

Die Alpen sind eine gigantische Fluchtburg. Nach der Eiszeit boten sie den Tieren und Pflanzen der tieferen Lagen ihren vertrauten Lebensraum und Zuflucht vor dem vordringenden Wald. Während den Kriegen wurden die Alpen zum Reduit für die Menschen hochstilisiert. Als der Mensch das Flachland immer intensiver zu bewirtschaften begann, wurden die Alpen zum Reduit für Wolf, Bär und Luchs, später für die gesamte biologische Vielfalt. Heute flieht der Mensch vor sich selbst aus dem Flachland in die Berge – und ist daran, seine Fluchtburg zu zerstören.
Innerhalb von rund 300 Jahren haben sich die Alpen – heute der Inbegriff von Erholung und Tourismus im weitesten Sinne des Wortes – von der bedrohlichen, sagenumwobenen Wildnis zum Fitnesscenter Europas gewandelt (Müller, 2007, 2008). Der Tourismus ist heute der wichtigste Industriezweig im alpinen Berggebiet. Er prägt nicht nur den Gang der Dinge in vielen Bergregionen, sondern auch das Landschaftsbild. Vor allem die einseitige Ausrichtung auf den Skisport und neue Sportarten haben zu Landschaftseingriffen geführt, die sich ästhetisch und rechtlich kaum legitimieren lassen.
Aus Sicht der Tourismusverantwortlichen, vieler Einheimischer und Touristen sind die Kritiker des nicht nachhaltigen touristischen Wachstums lediglich eine nörgelnde Minderheit, die den Touristen den Spass verderben will. Doch so unbestritten notwendig der Tourismus für die Wirtschaft der meisten Berggebiete war und ist, so wichtig erscheint es, ihm Grenzen zu setzen. Nicht nur zur Erhaltung der Landschaftsqualität, sondern auch um den Tourismus vor dem Tourismus zu schützen.
Dabei hatte alles so friedlich begonnen. Einen ersten Höhepunkt erreichte das Reisen in die Schweiz im 18. Jahrhundert. Verschiedene Zeitgenossen förderten die Reiselust. So besuchte Johann Jakob Scheuchzer (1672–1733), Zürcher Naturforscher und Professor, regelmässig die Alpen mit seinen Studenten. Nachdem er fast alle Schweizer Alpenpässe begangen hatte, veröffentlichte er 1723 die «Itinera alpina, ein Loblied der Schweitzerischen Alpen» (Flückiger 1991). 1732 erschien das Gedicht «Die Alpen» von Albrecht von Haller (1708–1777), das in idyllischer Schilderung das Leben der einfachen Alpenbewohner idealisierte. Langsam aber sicher wurde damit die Grundlage des Tourismus gelegt: Die gezielte Neubewertung des Mensch-Natur-Verhältnisses und die Wahrnehmung der Alpen als «schöne Landschaft» (Bätzing 2003).

Die frühen Formen des Fremdenverkehrs bestanden im Wandern und Erwandern der Alpen. Johann Gottfried Ebel hat 1793 die «Anleitung auf die nützlichste und genussvollste Art in der Schweiz zu reisen» veröffentlicht, einer der ersten Reiseführer für die Schweiz. Die Landschaften der Schweiz zogen Reisende aus ganz Europa an. Zunächst war das Reisen allerdings nur den Angehörigen der gehobenen Bürgerschicht vorbehalten. So beispielsweise Thomas Cook (1808–1892), der 1863 mit seiner ersten «Grand Tour» in die Schweiz den Begriff «Tourismus» begründet hat (Wyler 2000). Die meisten dieser Touristen blieben nicht wie heute nur wenige Tage, sondern mehrere Wochen bis Monate.
Nebst dem Wandern kamen Kutschen- und Schifffahrten auf. In der Mitte des 19. Jahrhunderts wurde nicht nur Bergwandern Mode, sondern auch das Klettern:

Eine Erstbesteigung reihte sich an die andere. So wurden 1786 der Mont Blanc, 1811 die Jungfrau, 1812 das Finsteraarhorn, 1850 die Bernina und 1865 das Matterhorn erklommen.

1871 fuhr die erste Zahnradbahn Europas auf die Rigi. Damit beginnt die mechanische Eroberung der Berggipfel, die noch heute nicht beendet ist. Die Rigibahn beförderte schon im dritten Jahr ihres Bestehens rund 100 000 Personen auf den Gipfel. Zwischen 1873 und 1913 schüttete sie neun Prozent Dividenden aus, was das Bergbahn-Baufieber tüchtig anheizte (Bachmann 1999).

Die Rigibahn war die erste Bergbahn in der Schweiz überhaupt. Schon früh gab es erste Kritiker, die den hektischen und unnötigen Entwicklungen skeptisch gegenüberstanden. So äusserte sich der Musikprofessor, Naturschützer und wahrscheinliche Schöpfer des Begriffs «Heimatschutz» Ernst Rudorff (1880) folgendermassen zum «Rummel» auf der Rigi:

«Es ist offenbar: die beiden scheinbar entgegengesetzten Tendenzen der Zeit, hier das völlig gleichgültige Hinopfern der Schönheit im Drange praktischer Bestrebungen, dort das Ausbeutungs- und Abnutzungssystem des Touristenwesens berühren sich ebenso sehr im Resultat, als sie der nämlichen Wurzel entstammen, einer mehr und mehr ausschliesslichen Herrschaft realistischer Lebensauffassung, deren natürliches Gegenbild zunehmende Grobsinnigkeit und Stumpfsinnigkeit auf idealem Gebiet sein muss.

Der Kellner auf dem Rigi fragt: ‹Wie befehlen Sie? Zuerst Souper und dann Sonnenuntergang, oder in umgekehrter Reihenfolge? Für beide Eventualitäten ist gesorgt›. Der Sonnenuntergang rangirt neben Hummersalat und Champagner, Billardspiel und Conversation als einer der verschiedenen Artikel, die dazu bestimmt sind, dem Menschen auf amüsante Weise die Zeit todtschlagen zu helfen. Das erhabene Bild der Alpenkette hat den Rahmen für das elegante Treiben herzuleihen; es wird zur Decoration herabgewürdigt. Schliesslich kommt kaum mehr allzuviel darauf an, ob der Effect von der Natur producirt oder mit Hülfe von Pappe, Farbentöpfen und allerhand Beleuchtungsapparaten künstlich hergestellt ist.

Die Schweiz ist das Musterland für den geschäftsmässigen Betrieb des Naturgeniessens. Sie steht nicht nur in Beziehung auf die Menge und Grossartigkeit der Hotels, das Raffinement ihrer inneren Einrichtung, die Ausbeutung jeder irgendwie auffallenden einzelnen Natur-Erscheinung zum Zwecke des Gelderwerbes obenan, sie hat ebenso im ausgedehntesten Masse und mit der geschicktesten Berechnung für das prompte Ineinandergreifen aller Beförderungen von einem Ort zum anderen, für das Auskaufen und Sparen der Minuten gesorgt, so dass ihr denn auch der Ruhm zufällt, die erste Eisenbahn gebaut zu haben, die mit Hülfe einer besonders hierfür erfundenen Construction gerades Weges einen hohen Berg hinanführt.»

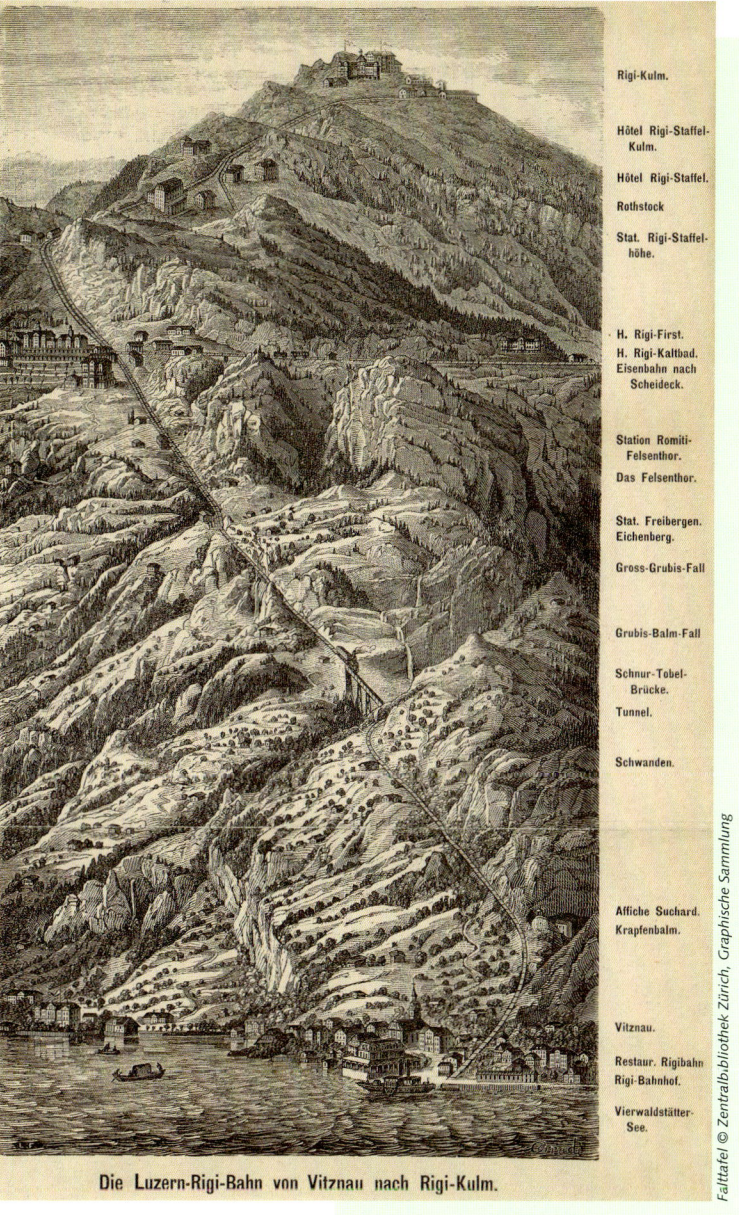

Abb. 382: Werbeprospekt für die Rigibahn, um 1875. Holzstich von Konrad Corradi (1813–1878). Falttafel in: Hermann Alexander Berlepsch: Die Luzerner Rigi-Bahn zu Vitznau am Vierwaldstättersee (Europäische Wanderbilder 3, Zürich, Orell Füssli, 1877).

Abb. 383: Die frühen Panoramen für den Tourismus waren echte Kunstwerke. Oben: Rigi-Panorama von W. Oppermann/H. Winkler um 1850. Unten: Rigi-Panorama von G. Meyer/J. Wurster um 1860.

Kapitel 12   Landschaft im Sog des Tourismus

439

Die Periode der «Belle Epoque» von 1850 bis 1914 war ein weiterer Höhepunkt des schweizerischen Tourismus. Dazu gehörte der Ausbau und Neubau von Passstrassen, aber auch der Bau weiterer kühner Bergbahnen wie die steile Zahnradbahn auf den Pilatus, die 1889 den Betrieb aufnahm. Es folgten jene auf den Monte Generoso 1890, auf das Brienzer Rothorn 1892 sowie auf den Rocher-de-Naye (Flückiger 1991). Die Jungfraubahn nahm am 1. August 1912 den Betrieb auf – auf den Berg der Berge der damaligen Zeit. Ende 1906 lag ein Konzessionsgesuch beim Bundesrat für eine Bahn von Zermatt auf den Gipfel des Matterhorns vor. Befürworter und Gegner stritten sich heftig. Zwar erteilte der Bundesrat die Konzession, doch der Erste Weltkrieg verhinderte den Bau, was auch für andere Bahnprojekte galt, so für die Verlängerung der Jungfraubahn bis zum Gipfel oder eine direkte Zahnradbahnverbindung zwischen Brig und dem Jungfraujoch entlang des Aletschgletschers (Bachmann 1999). Die bis dahin erstellten Bahnprojekte blieben jahrzehntelang die weitestgehende technische Erschliessung des Hochgebirges.

Bis 1902 kauften die Schweizerischen Bundesbahnen (SBB) die wichtigsten Privatbahnen auf und starteten einen systematischen Werbefeldzug im Ausland. 1917 wurde die Schweizerische Verkehrszentrale (SVZ) in Zürich geschaffen. In der Schweiz existierten neben den früheren Verkehrs- und Verschönerungsvereinen – die Landesverschönerung hat ihre Wurzeln im 18. Jahrhundert – rund 200 lokale Verkehrsvereine. Daneben gab es etwa 90 Kurvereine. 1932 wurde der Schweizerische Fremdenverkehrsverband (SFV) gegründet.

Abb. 384: Tourismusplakate zeigen, wie zu Beginn des 20. Jahrhunderts mit der Schönheit der Landschaft geworben wurde.

Links: Dieses Plakat von E. Conrad, 1890, wurde in englischer Sprache angeschrieben, weil damit im Ausland für das aufkommende Tourismusland Schweiz geworben wurde.

Oben: Ein Plakat von A. Reckziegel 1895, Wengernalp-Bahn, Berner Oberland.

Rechts: Brunnen am Vierwaldstättersee lässt grüssen. Um 1900.

440

Die ersten Hotels

Der einsetzende Fremdenstrom bewirkte ab der Mitte des 19. Jahrhunderts das Aufkommen einer eigentlichen Hotelindustrie, und damit einer eigenständigen Tourismusarchitektur. Mit der Öffnung des ersten Hotels für Wintergäste durch Hotelier Johannes Badrutt in St. Moritz begann 1865 der Wintertourismus. Hotels schossen wie Pilze aus dem Boden und waren die damals grössten Gebäude im Alpenraum (Abb. 384, 385). Alpenweit entstanden zu dieser Zeit etwa 100 grössere Tourismusorte, von denen etwa 80 Prozent in der Schweiz lagen. Erschlossen wurden jene Orte, von denen sich die Alpenlandschaft wie auf einer Bühne, einem Gemälde oder einem Foto – mit Vorder- und Hintergrund – bewundern lässt (Bätzing 2003).

Am Ufer des oberen Genfersees entwickelte sich im letzten Viertel des 19. Jahrhunderts zwischen Vevey und dem Schloss Chillon eine eigentliche Hotelstadt (Flückiger 1991). In Montreux standen 1835 lediglich zwei bescheidene Gasthöfe; um 1900 existierten hier 74 Hotels und Gasthäuser mit über 5000 Gästebetten. Das 1902 eröffnete Caux Palace war eines der grössten Hotels der damaligen Zeit, was auch zeitgenössische Abbildungen drastisch vor Augen führen. Der Erste Weltkrieg beendete allerdings diese Epoche auf einen Schlag. Und die Zeit nach dem Zweiten Weltkrieg konnte den «Hotelkästen» des Fin de Siècle bzw. Jugendstils nichts abgewinnen. Viele verkamen und wurden abgerissen.

Abb. 385: Die ersten Hotels wurden an den schönsten Stellen der Schweiz erbaut. Im Bild das Hotel Sonnenberg, Seelisberg (UR), erbaut 1859/60 und 1875.

Abb. 386: Die Karikatur aus dem Jahr 1889 zeigt, dass der Bau von Bergbahnen sowie die aufstrebende Hotellerie schon früh Kritiker fanden.

Karikatur © Nebelspalter 1889

Abb. 387: Die Wertschätzung für die Architektur der frühen Hotels ist wenig ausgeprägt. Das Hotel Gotthard in Brunnen wurde beispielsweise im Jahr 2006 abgerissen und durch einen gesichtslosen Neubau ersetzt.

Foto © Klaus Ewald

Der touristische Aufschwung liess bis 1955 auf sich warten. Statt der Oberschicht vergnügte sich höchstens die Mittelschicht in kleineren Hotels und Ferienhäusern. Dennoch wurden erste Schwebe- und Luftseilbahnen gebaut – eine neue Art des Bergerlebnisses. Mit der Zunahme der Freizeit, dem wachsenden Wohlstand, der raschen Motorisierung und der sinkenden Umweltqualität in vielen Regionen Europas setzte ab den 1960er-Jahren der Massentourismus ein (Müller 2007, 2008). Die alpine Goldgräberzeit dauerte bis 1985 und hinterliess in den Alpen ein wahres Durcheinander von Bauten und Infrastrukturen.

Schöne Landschaften – das Kapital des Tourismus

Jost Krippendorf (1938–2003), Schweizer Tourismusforscher und Vordenker eines sozial- und umweltverträglichen Tourismus, schrieb in einer seiner Publikationen (1984), dass am Anfang jeder Betrachtung über die Wechselwirkungen zwischen Tourismus und Landschaft drei grundlegende Feststellungen stehen müssen:

- *«Nicht Hotels, Luftseilbahnen und Skilifte, nicht Spielkasinos und Unterhaltungsbetriebe, weder Golfplätze noch Kunsteisbahnen oder Hallenschwimmbäder bilden die Hauptattraktionen des Tourismus. Im Mittelpunkt der touristischen Bedürfniswelt, an der Spitze der Urlaubsmotivationen stehen die landschaftlichen Reize des Reiseziels. Die Form, die Schönheit, die Stimmung, mit einem anderen Wort, der Erlebniswert der Landschaft ist entscheidend. Fremdenverkehrsunternehmungen überschätzen sich oft. Sie sind in den Augen der Touristen nur Mittel zum Zweck: Man nimmt ihre Leistungen in Anspruch, um Natur und Landschaft besser konsumieren zu können.*
- *Die vielzitierte Flucht vor dem Alltag in einen Gegenalltag, das Bedürfnis nach Tapetenwechsel, die Suche nach dem Unterschiedlichen, die Ferien als Kontrasterlebnis prägen die touristische Bedürfniswelt.*
- *Also ist Landschaft wahrlich Rohstoff, Existenzgrundlage und Wirtschaftsmotor des Tourismus.»*

Daraus folgt, dass schöne Landschaften gewissermassen das Kapital des Tourismus sind. Was das in Geld ausgedrückt heisst, hat das Staatssekretariat für Wirtschaft (SECO) berechnet: Mit mindestens 2,5 Milliarden Franken veranschlagt es den Nutzen der Landschaft für den Tourismus. Kapitalisiert man diesen Wert, hat die Landschaft einen tourismuswirtschaftlichen Wert von 71 Milliarden Franken. Zum Vergleich: Die Infrastruktur der Schweizer Hotellerie lässt sich auf 12 bis 15 Milliarden veranschlagen. Da Landschaft ein Kollektivgut ist, müsste es vor den Interessen Einzelner geschützt werden.

Abb. 388: Ist es möglich, den Wert der Landschaft in Rappen und Franken anzugeben? Touristen auf dem Säntis.

Die Theorie: Tourismuskonzept des Bundesrats

Im Schweizerischen Tourismuskonzept, das über Jahrzehnte die Grundlagen für die Tourismuspolitik skizzierte, hielt die beratende Kommission für Fremdenverkehr des Bundesrats 1979 fest: *«Die Schweiz ist im Gegensatz zu zahlreichen anderen Ländern arm an hochwertigen Rohstoffen. Dagegen kann sie die Landschaft als einen ihrer wichtigsten Rohstoffe kommerziell nutzen. Der Rohstoff ‹Landschaft› ist neben der kulturellen Vielfalt unseres Landes die Existenzgrundlage der Tourismuswirtschaft. Die touristische Wertschöpfung ist besonders hoch, da der Importanteil für diesen Rohstoff entfällt.»*

Das klingt einsichtig, und man sollte erwarten, dass die Ziele im Umweltbereich mutig und vorausschauend gesetzt wurden. Doch die Umweltziele kommen im Tourismuskonzept erst nach den Zielen im Gesellschafts- und Wirtschaftsbereich. Das erste Umweltziel lautet, dass Touristen vor negativen Umwelteinflüssen zu schützen seien. Das zweite Umweltziel verlangte die *«Beachtung der ökologisch bedingten räumlichen Wachstumsgrenzen touristischer Siedlungen und Erschliessungen»*. Schon beinahe nebensächlich erfolgt der Hinweis, dass die Nutzung der Umwelt (nicht der Landschaft!) *«schonend und geordnet»* erfolgen muss und *«harmonische Landschaftsräume»* erhalten werden sollen.

Die Realität: Touristische Heimsuchung

Während der Sommertourismus lange Zeit noch traditionell geprägt war – man wanderte und spazierte durch die alpine Landschaft – war der Wintertourismus von Anfang an «modern» geprägt und symbolisierte den neuen Stellenwert der Freizeit in der aufkommenden Dienstleistungsgesellschaft (Bätzing 2003). An die Stelle der eher passiven Bewunderung von Natur und Landschaft tritt das aktive Körpererlebnis beim Abfahrtsskilauf. Es macht Spass, die gleiche Piste täglich mehrmals hinunterzufahren – ein Verhalten, das für Wanderer absurd wäre. Die Landschaft wird dadurch zur «Kulisse», und die Alpen werden zum «Sportgerät», das der Erzeugung körperlicher Sensationen dient (Bätzing 2003). Die Berge sind nichts anderes als eine schiefe Ebene und der Schnee die Unterlage, auf der die Bretter gut gleiten.

Die mit dem Skitourismus einhergehende «Technisierung der Freizeitlandschaft» (Krippendorf 1984) fordert ihren landschaftlichen Preis: fast jedem Berg seine Seilbahn und sein Bergrestaurant, und ein möglichst dichtes Netz von Skiliften. Schneisen werden für Lifte und Abfahrten in die Bergwälder geschlagen, Pisten planiert, neue Strassen, Brücken, Rampen, Kunstbauten, Ferienhäuser und unzählige weitere Erschliessungselemente wie Helikopterlandeplätze und Beschneiungsanlagen gebaut (Abb. 390 ff.).

Seit 1955 wurden Hunderte von touristischen Transportanlagen erstellt. Im Jahr 2000 existierten nach Angaben des Bundesamts für Raumentwicklung 1757 Seilbahnen, davon 1063 Skilifte, 426 Sesselbahnen, Umlaufbahnen und Gruppen-

Umlaufbahnen, 211 Luftseilbahnen und Gruppen-Pendelbahnen sowie 57 Standseilbahnen (ARE und BAV 2001). Die Hälfte davon steht in den Kantonen Wallis und Graubünden. Insgesamt haben die Seilbahnanlagen der Schweiz eine Transportkapazität von etwa 1,5 Millionen Personen pro Stunde – theoretisch könnte man also in fünf Stunden die ganze Wohnbevölkerung der Schweiz auf die Berge befördern.
Die Landschaftsqualität leidet weniger unter dem Kabelgewirr, den unangepassten Berg- und Talstationen aus Beton oder den Pfeilern, die an den unmöglichsten Orten aufgestellt wurden, sondern in erster Linie an den Terrainveränderungen für die Skipisten, die seit den 1960er-Jahren im grossen Stil durchgeführt wurden (Abb. 395 ff.). Vor allem seit der Winterolympiade 1964 in Innsbruck ist es Mode geworden, mit grossen Baumaschinen die Skipisten von Vertiefungen, Hügelchen und Felsbrocken zu befreien. Die Skipistenplanierungen zeigen sich bis heute als grossflächige Eingriffe in die alpine Landschaft: Planierungen, Abbaggerungen, Verflachungen, Terrassierungen und Aufschüttungen (Hünerwadel et al. 1982). Wo Trax und Bagger versagten, verhalfen Sprengungen den neuen Skipisten zum Durchbruch. Offenbar ist Natur zur modernen Erholung in seiner rohen Form ungeeignet.

Abb. 389: Einst und jetzt: bereits früh wurde auf die Auswirkungen des Skitourismus aufmerksam gemacht. Illustration von Olaf Gulbransson, 1913.

Die Landschaftsschutzorganisationen realisierten erst spät, was sich da in den Alpen abspielte. Die Presse meldete sich erst zögerlich: *«Aus Alpweiden werden künstliche Steinwüsten: Landschaftsschäden durch den Skitourismus»* titelte die National-Zeitung am 27. März 1976 und druckte fünf Forderungen der Schweizerischen Stiftung für Landschaftsschutz ab, die mehr Nachhaltigkeit zum Ziel hatten. *«Im Sommer gleichen die Skipisten Autobahnbaustellen»* lautete ein Artikel des Landschaftsschützers Hans Weiss am 7. Mai 1977 im Magazin des Tages-Anzeigers.

In der Rückschau bleibt festzustellen, dass in den Schweizer Alpen bezüglich Natur- und Heimatschutz das Faustrecht herrschte. Seit dem 1. Januar 1967 war zwar das Bundesgesetz über den Natur- und Heimatschutz in Kraft, aber kein Raumplanungsgesetz und auch kein Umweltschutzgesetz. Für die Naturschutzfachstellen in den Bergkantonen – falls damals überhaupt vorhanden – war die heilige Kuh Tourismus tabu. Und wo kein Kläger ist, ist auch kein Richter.
Der frühere Präsident der Schweizerischen Stiftung für Landschaftsschutz, heute Stiftung Landschaftsschutz Schweiz, Nationalrat Ruedi Schatz, reichte 1978 eine Motion ein, mit welcher er die überbordende, ungeplante und unkontrollierte Planierung von Skipisten in geregelte Bahnen durch den Bund leiten lassen wollte. Als Folge erliess das Eidgenössische Departement des Innern (EDI) 1979 die «Richtlinien über Eingriffe in die Landschaft im Interesse des Skisportes» – ein schmalbrüstiges Heftchen von gerade mal 17 Seiten. Darin heisst es: *«Eingriffe können unter Vorbehalt […] zugelassen werden, wenn sie einem wichtigen Interesse entsprechen.»* Der Vorbehalt bezieht sich dabei vor allem auf grossflächige Pisten-

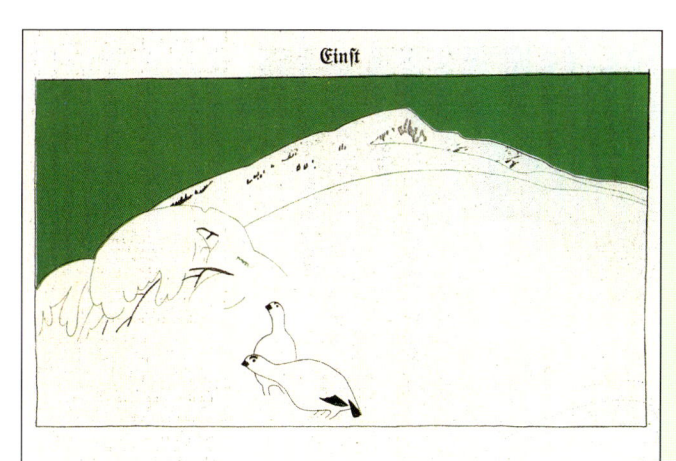

Abb. 390: Auf die Strapazen des Aufstiegs kann verzichtet werden. Sport gibt es auf dem Tennisplatz oder im Fitnessstudio. Bahnengewirr Fiesch-Eggishorn (VS).

Abb. 391: Silvaplana: Seilbahn, Skipistenplanierung und Grabarbeiten für die Wasserversorgung am Corvatsch (GR).

Abb. 392: Entwicklung der Schlepplifte und Seilbahnen in der Schweiz seit 1960. Quelle: Schweizer Seilbahnen.

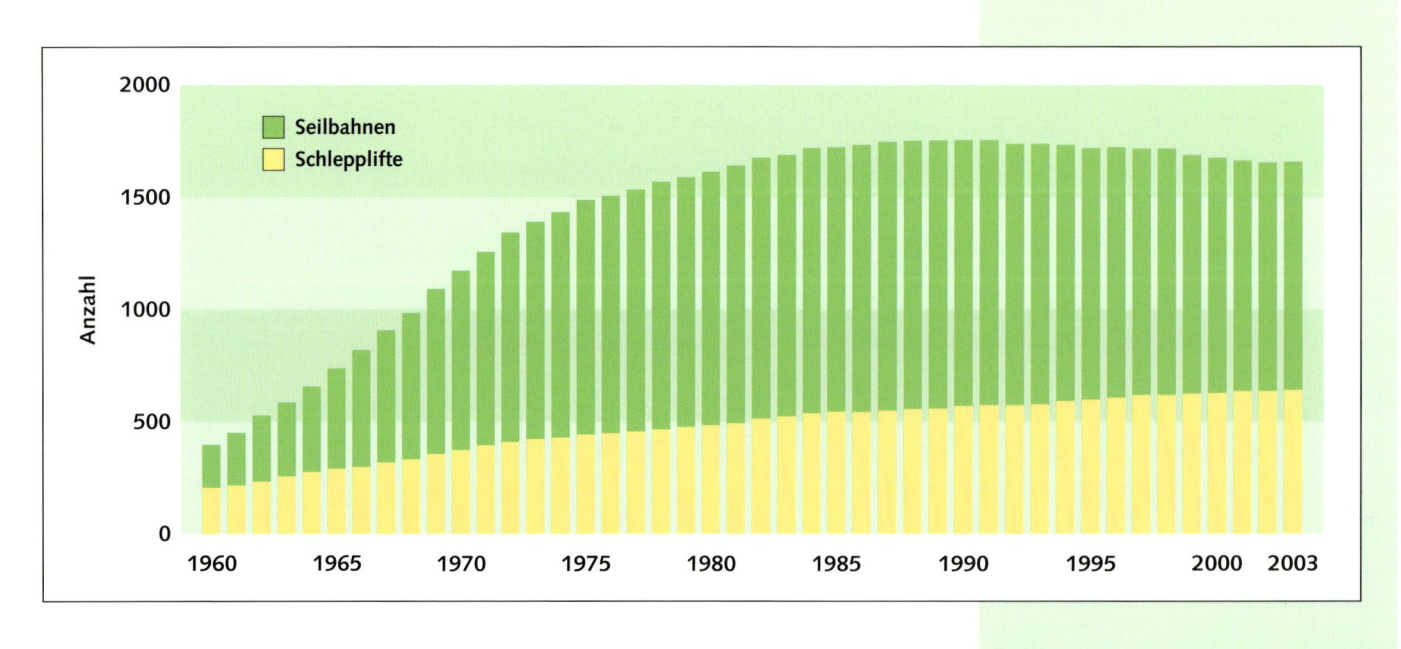

Abb. 393: UFO-Landestation in den Alpen?

planierungen, die «*nicht gestattet werden*» sollen. Dazu heisst es: «*Grossflächige Pistenplanierungen sind Veränderungen des bestehenden Terrains, in der Regel mit Beseitigungen oder Überdeckung der vorhandenen Vegetationsdecke, die eine zusammenhängende Fläche von 2000 m² überschreitet.*» Bleibt die Frage, was unter «zusammenhängend» zu verstehen ist.

Die Pistenplaner hatten solche Hintertürchen aber gar nicht nötig, da sie sich oft gar nicht erst an bestehende Gesetze hielten. So kam eine Untersuchung in zehn Skigebieten zum Schluss, dass mindestens ein Fünftel der Hochbauten, ein Drittel der Tiefbauten, ein Viertel der entfernten Einzelbäume und Hecken, ein Viertel der Veränderungen an Gewässern und die Hälfte der Waldrodungen illegale Eingriffe gewesen waren (Brandner 1995). Der Autor stellt zudem erstaunt fest, dass der Skitourismus in den untersuchten Gebieten weitgehend ohne Nutzungsplan ausgekommen ist. Nutzungskonflikte wie im Skigebiet Jochpass, wo ein Pflanzenschutzgebiet mit der skitouristischen Nutzung kollidierte, wurden deshalb auf kaltem Weg durch laufende Erteilung von Ausnahmebewilligungen nach Artikel 24 des Raumplanungsgesetzes zuungunsten der Anliegen des Naturschutzes entschieden. Der Vollzug des bundesrechtlichen Auftrags, regionale und lokale Biotope zu schützen, ist in den untersuchten Skigebieten die Ausnahme,

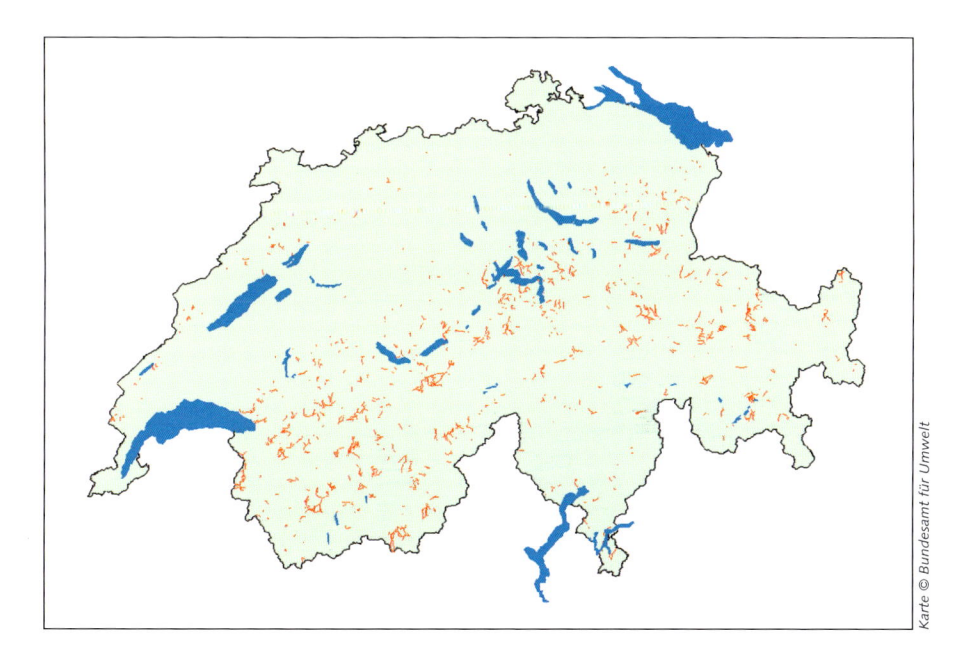

Abb. 394: Die touristischen Transportanlagen (Luft- und Standseilbahnen, Skilifte, Zahnradbahnen) in der Schweiz. Braucht es angesichts des dichten Netzes wirklich noch neue Skigebiete und weitere Erschliessungen? Quelle: Oggier et al. 2001.

Kapitel 12 Landschaft im Sog des Tourismus

Abb. 395: Planierte und instrumentalisierte Landschaft. Der Berg wird zur Rutschbahn des Massentourismus. Skipistenplanierung Furtschellas bei Sils/Segl (GR).

Abb. 396: Vertilgte Landschaft: Mit Motorsägen bahnt sich der Skitourismus seinen Weg durch den Wald. Piste de l'Ours, Veysonnaz (VS).

Abb. 397: Skigebiet ohne Winterkleid; mit Bulldozern und Dynamit zerstörtes Wandergebiet. Sommertouristen meiden Regionen, in denen die Landschaft derart verunstaltet wurde. Oben (2x): Seetalhorn, Grächen (VS). Links: ohne Ortsangabe.

Abb. 398: Schweizer Erholungslandschaft? Der Skitourismus hat bei Furtschellas (GR) eine monotone Steinwüste geschaffen.

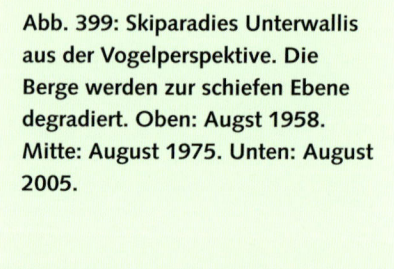

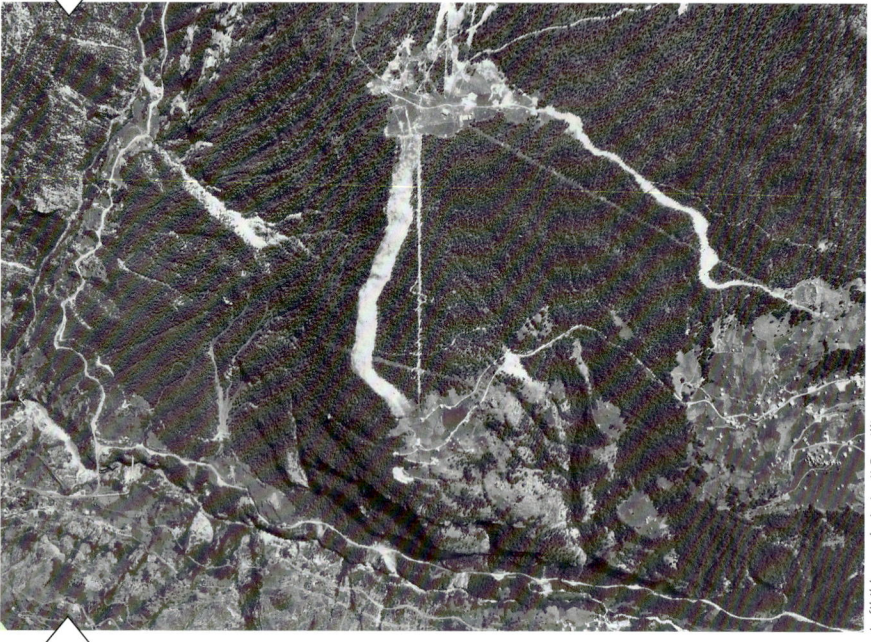

Abb. 399: Skiparadies Unterwallis aus der Vogelperspektive. Die Berge werden zur schiefen Ebene degradiert. Oben: Augst 1958. Mitte: August 1975. Unten: August 2005.

450

Feldbegehungen haben zudem gezeigt, dass zwischen legalen und illegalen Terrainveränderungen in ihrer Ausführung keine qualitativen Unterschiede festgestellt werden können (Brandner 1995). Doch wenn die Bewilligungsverfahren keinen Einfluss auf die Qualität des Terraineingriffs hatten, dann können die in Baubewilligungen üblichen Auflagen kaum wirksam sein. Entweder waren die formulierten Auflagen unzweckmässig oder an sich zweckmässige Auflagen wurden nicht ausgeführt.

Und so ging die Planierung der Bergwelt munter weiter. Anfang der 1980er-Jahre sorgte der Fall Grächen im Wallis für Schlagzeilen. «*Landschaftszerstörung mit Zustimmung des Bundesrates*» titelte die NZZ am 10./11. September 1983. Der Schweizerische Bund für Naturschutz (SBN) hatte gegen die Erschliessung des Skigebiets Seetalhorn ob Grächen Beschwerde beim Bundesrat erhoben. Dieser lehnte sie ab und überging seine Richtlinien wie auch die Empfehlungen des Bundesamts für Forstwesen sowie das 1980 in Kraft getretene Bundesgesetz über die Raumplanung, darüber hinaus auch die Empfehlungen seiner für solche Zwecke 1936 geschaffenen Eidgenössischen Natur- und Heimatschutzkommission (ENHK).

In seinem Beschwerdeentscheid vom 25. Mai 1983 schrieb der Bundesrat: «*Die Bergstation ist unterhalb des Gipfels des Seetalhorns in einer vom Dorf aus nicht einsehbaren Mulde geplant. Die Umgebung ist von grossen Felsblöcken und grobem Geröll übersät und bedarf für die geplante Benutzung einer gründlichen Planierung mit Sprengung der grösseren Blöcke. [...] Die direkte Abfahrt von Plattja Richtung Grächen ist wegen des felsigen Geländes nicht möglich, vielmehr sind die Skifahrer – soweit sie nicht mit der Seilbahn zurückfahren – auf die Querverbindung nach Hannigalp und von dort auf die Dorfpiste angewiesen. Diese Querverbindung ist noch herzurichten.*»

Redaktor Stefan Frey vom WWF Schweiz schrieb zu diesem Vorfall im Panda-Journal 2/1983: «*Wer sich auf einer Gebirgswanderung von der Schönheit eines Alpenmannstreu hinreissen lässt und das Blümchen im Rucksack verschwinden lässt, handelt gegen das Natur- und Heimatschutzgesetz, das solchen Frevel verbietet. Wer dasselbe Alpenmannstreu oder eine der über 50 geschützten Pflanzenarten mit der Dynamitpatrone von der Bildfläche verschwinden lässt und dabei gleich noch das Gesamtbild der Landschaft wegbombt, handelt rechtens; der Bundesrat selbst erteilt dazu das Plazet.*»

Abb. 400: Die Landschaft ist hergerichtet: Skipistenplanierungen bei Davos, Blick auf das Jakobshorn im September 1982.

Abb. 401: «Albumblatt für Grächen/VS». Quelle: Nebelspalter 1983.

Abb. 402: Die Erholungslandschaft aus Sicht des Skisports.

Ab 1978 untersuchten Wissenschafter des Geobotanischen Instituts, Stiftung Rübel, an der ETH Zürich die Auswirkungen der Skipistenplanierungen auf die Vegetation. 1982 schrieb Edi Meisterhans: «*Im Sommer erweisen sich die Skipistenplanierungen oberhalb der Waldgrenze trotz Wiederbegrünungsbemühungen als öde Schuttflächen.*» Allmählich sahen auch Tourismuskreise Probleme in der «Baggermentalität». 1986 bemerkte sogar der Bundesrat, dass die Richtlinien des EDI von 1979 ein Misserfolg waren. Der Präsident der Stiftung Landschaftsschutz Schweiz, Nationalrat Willy Loretan, hatte zuvor eine einfache Anfrage zu den Skipistenplanierungen eingereicht. Der Bundesrat bestätigte in seiner Antwort, dass die durch Geländeeingriffe verursachten ökologischen und landschaftlichen Schäden tatsächlich «*meist irreversibel*» seien und die Landschaft «*ihrer Vielfalt beraubt*» werde. Besonders aufschlussreich in der Antwort des Bundesrats war die Aussage, dass nur 5 von 19 Kantonen überhaupt Angaben über das Ausmass von Terrainveränderungen machen können.

In der Folge wurde eine neue Wegleitung geschaffen (BUWAL 1991). In der Publikation «Landschaftseingriffe für den Skisport – Wegleitung zur Berücksichtigung des Natur- und Landschaftsschutzes» erklärt Bundesrat Flavio Cotti im Vorwort gleich die Verbindlichkeit der Wegleitung: «*Es ist Aufgabe der Entscheidungsträger, die Anliegen des Natur- und Landschaftsschutzes optimal zu berücksichtigen. In diesem Sinne ist diese Wegleitung allen Behörden zur Anwendung bestens empfohlen.*» Und was empfiehlt der gut gemeinte Papiertiger? Hier ein kleiner Auszug: «*Bewilligungsbehörden sorgen zumindest bei bedeutenderen Eingriffen für eine ausreichende Kontrolle der Einhaltung der Bewilligungsauflagen.*»

Die Vollzugsprobleme bleiben. Diese Tatsache nahm der Publizist Hans Tschäni als Anlass für «Politische Gedankengänge» im Tagesanzeiger vom 8. November 1986: «*Der Vollzugsschlendrian mancher Kantone wird langsam peinlich. […] Man ist zuerst irritiert. Ist die Schweiz wie ein südamerikanischer Staat geworden, wo Gesetze und Wirklichkeit weit auseinander klaffen? Dann erinnert man sich aber an die Klagen über die Durchführung des Raumplanungsgesetzes, wo die Fristen für die Ablieferung der kantonalen Richtlinien nach Bern laufend verlängert werden müssen und wo gewisse Kantone mit der Ausnahmebewilligungspraxis für Bauten in den Landwirtschaftszonen regelrecht Unfug betreiben.»*

Zu jener Zeit, im Herbst 1986, waren 24 000 Hektaren Pisten geländepräpariert – das entspricht der Fläche des Neuenburgersees. Die Landwirtschaft hatte keine Probleme mit den Eingriffen – im Gegenteil. Die Pistenplanierungen, die Beseitigung von Geländeelementen, die Entwässerungen sowie die Zwergstrauchrodungen kamen einer Flurbereinigung gleich (Brandner 1995). Im Skigebiet Jochpass konnte die Produktivität im Futterbau beispielsweise um über 40 Prozent erhöht werden. Gleichzeitig profitiert der Skitourismus von der landwirtschaftlichen Nutzung des Bodens. Die Bauern sorgen kostenlos dafür, dass die Skipisten nicht verganden und die Dynamik der Waldflächenausdehnung eingedämmt wird.

Die Anlage der Ski-Autobahnen in den oberen Regionen der Alpen ist ein heikler Eingriff, weil die Vegetation ohne «ingenieurbiologische» Massnahmen erst nach Jahrzehnten oder Jahrhunderten zurückkehrt. Die verwüsteten Pisten wurden nicht selten der im Berggebiet schonungslosen Erosion preisgegeben (Mosimann und Luder 1980; Mosimann 1983, 1985). Mitte der 1980er-Jahre wurden 1000 Hektar Pistenplanierungen mit fast vollkommen zerstörter Vegetation registriert. Im Wallis setzte man deshalb immer häufiger den «Fliegenden Sämann» ein, ein Helikopter beladen mit Dünger und Alpenpflanzensamen, der die zerstörte Vegetation in Hochlagenpisten «reparieren» soll. Doch das zentrale Problem bleibt: Die Regeneration des zerstörten Bodens nimmt oberhalb der Waldgrenze sehr lange Zeiträume in Anspruch. Am Geobotanischen Institut der ETH Zürich wurde deshalb versucht, ein Verfahren zu entwickeln, das in den Hochlagen eine Begrünung mit einheimischen alpinen Pflanzen erlaubt. Heute konstatiert man, dass die Begrünungen in vielen Fällen keine stabile und geschlossene Vegetationsdecke erreichen. Es gibt Autoren, welche Vegetationsschäden für Jahrhunderte annehmen (Mayer 2005).

Da die Eingriffe in das Landschaftsbild in der schneefreien Zeit viel stärker in Erscheinung treten als im Winter, kommen die meisten Klagen gegen die übertriebenen Eingriffe von den Sommergästen. Planierungen sind landschaftsfremde Elemente in einem Hochgebirge, dessen Oberflächenform unter der Beteiligung einer Vielzahl von Prozessen über Jahrtausende entstanden ist. Zur Banalisierung der Landschaft trägt nicht nur die platte Oberfläche bei, sondern auch die künstliche Begrünung, die wie ein Fremdkörper wirkt. Man spürt, dass die Farben nicht mehr Ausdruck einer Wirtschaftsform sind, die sich an der nachhaltigen und pfleglichen Nutzung des Bodens orientiert (Weiss 1982). Und so setzt das unkontrollierte Streben nach immer mehr Umsatz und Profit einen Prozess in Gang, der im Wort «Tourismus zerstört Tourismus» zum Ausdruck kommt: Die Landschaft verliert durch ihre Übernutzung ihren touristischen Wert – zumindest für die Sommertouristen.

Klimawandel als Spielverderber?

Grosse Veränderungen drohen dem Wintertourismus durch den Klimawandel. Der vierte Klimabericht des «Intergovernmental Panel on Climate Change» IPCC präsentierte eindrückliche Fakten und Zahlen (Solomon et al. 2007), die zeigen, dass der Klimawandel keine Science-Fiction ist, sondern eine Tatsache. Die durchschnittliche Temperatur ist seit 1850 um etwa 0,76°C gestiegen, davon entfallen 0,65°C auf die letzten 50 Jahren. Dieser Anstieg dürfte grösstenteils menschengemacht sein: Seit der Industrialisierung ist der Ausstoss von Treibhausgasen, vor allem der Ausstoss von Kohlendioxid, exponentiell angestiegen, nämlich um 70 Prozent allein zwischen 1970 und 2004. Und die Zukunft verheisst nichts Gutes: Je nachdem, wie sich die Treibhausgasemissionen in Zukunft entwickeln, muss bis 2050 mit einer weiteren globalen Temperaturzunahme um 0,8 bis 2,4°C gegenüber 1990 gerechnet werden; bis Ende des 21. Jahrhunderts könnten es 1,4 bis 5,8°C sein (Solomon et al. 2007).

In den Alpen waren die Temperaturerhöhungen überdurchschnittlich hoch. Das wird auch in Zukunft so bleiben: Ein regionales Temperaturszenario für die Schweiz prognostiziert bis 2050 einen Temperaturanstieg von 1,8°C im Winter und 2,7 bis 2,8°C im Sommer (OcCC und ProClim 2007). Niederschlagsszenarien ergeben ein ähnliches Bild. Bis 2050 wird je nach Region eine Zunahme im Winter von 8 bis 11 Prozent, im Sommer eine Abnahme von 17 bis 19 Prozent erwartet (OcCC und ProClim 2007).

Das alles sind miserable Nachrichten für jene Wintersportorte, die einseitig auf den Skitourismus ausgerichtet sind. Der durch die Klimaerwärmung verursachte Schneemangel trifft den Lebensnerv ganzer Regionen. Bereits die schneearmen Winter Ende der 1980er-Jahre führten vielerorts zu einer Untergangsstimmung. Berechnungen haben gezeigt, dass ein Anstieg der Höhengrenze der Schneesicherheit von 1200 auf 1500 m ü.M. gravierende Folgen haben wird (Abegg 1996). Statt 85 Prozent schneesichere Skigebiete werden es künftig nur noch 63 Prozent sein. Gleichzeitig wird die Zahl der zum Skifahren geeigneten Tage erheblich abnehmen, beispielsweise in Einsiedeln von 51 auf 24 Tage (Abegg 1996).

Diese Szenarien sind nicht unrealistisch: Bis im Jahr 2050 wird die Schneegrenze voraussichtlich um bis zu 350 Meter ansteigen (OcCC und ProClim 2007). Die OECD-Studie «Climate Change in the European Alps» prognostiziert denn auch eine Reduktion des Anteils schneesicherer Skigebiete im gesamten europäischen Alpenraum von heute 91 auf 30 Prozent bei einem Temperaturanstieg um 4°C (Abegg at al. 2007). In der Schweiz werden insbesondere Destinationen im Berner Oberland, in der Zentralschweiz, im Waadtland und in Freiburg mit den Folgen einer derartigen Erwärmung konfrontiert. Die Reaktion der Wintersportbranche liess nicht lange auf sich warten. Anstatt nach Alternativen zum Skisport zu suchen, setzte man auf Schneekanonen und Neuerschliessungen in höheren Lagen.

Mit Schneekanonen die Alpen erobern

Um grüne Hänge im Winter und massive finanzielle Verluste zu vermeiden, greifen immer mehr Wintersportorte zur «Schneekanone» (Wortwahl der Gegner) beziehungsweise zur «Beschneiungsanlage» (Wortwahl der Befürworter). Natur-

Abb. 403: Schnee aus der Kanone ist ein weiterer Versuch, die Umwelt den übertriebenen Ansprüchen des Menschen unterzuordnen – statt die Ansprüche des Menschen der Umwelt anzupassen. Künstliche Beschneiung im Skigebiet Jakobshorn, Davos.

und Landschaftsschutzorganisationen stehen dem Siegeszug der technischen Beschneiung skeptisch gegenüber. Sie rechnen mit negativen Auswirkungen auf die Artenvielfalt der beschneiten Wiesen und Weiden und kritisieren die Energieverschwendung und die Wasserentnahme aus Bächen und Flüssen zu einem Zeitpunkt, an dem der Wasserstand jahreszeitlich bedingt bereits sehr tief ist. Untersuchungen haben gezeigt, dass der Wasserverbrauch durch die technische Beschneiung 20 bis 35 Prozent des gesamten Wasserverbrauchs der Region betragen kann (Teich et al. 2007).

In der Schweiz wurden die ersten Schneekanonen 1976 in Betrieb genommen (Mosimann 1989). Die Verbreitung der Beschneiungsanlagen verlief exponentiell steigend. Wurde 1990 erst 1 Prozent der Pistenfläche beschneit, so waren es 2000 bereits 7 Prozent (Abb. 404). Allein im Jahr 2000 wurden 140 Einzelanlagen zur Beschneiung erstellt (Mathis et al. 2003). Bis im Jahr 2001 stieg die maschinell beschneite Pistenfläche auf 16,7 Quadratkilometer, was bei einer Pistenbreite von ungefähr 35 Metern einer Pistenlänge von rund 480 Kilometern entspricht. Zwei Jahre später wurde auf 10 Prozent der Pistenfläche Kunstschnee ausgebracht (Mathis et al. 2003). Mittlerweile können nach Angaben von «Seilbahnen Schweiz» 19 Prozent der Skipistenfläche künstlich beschneit werden.

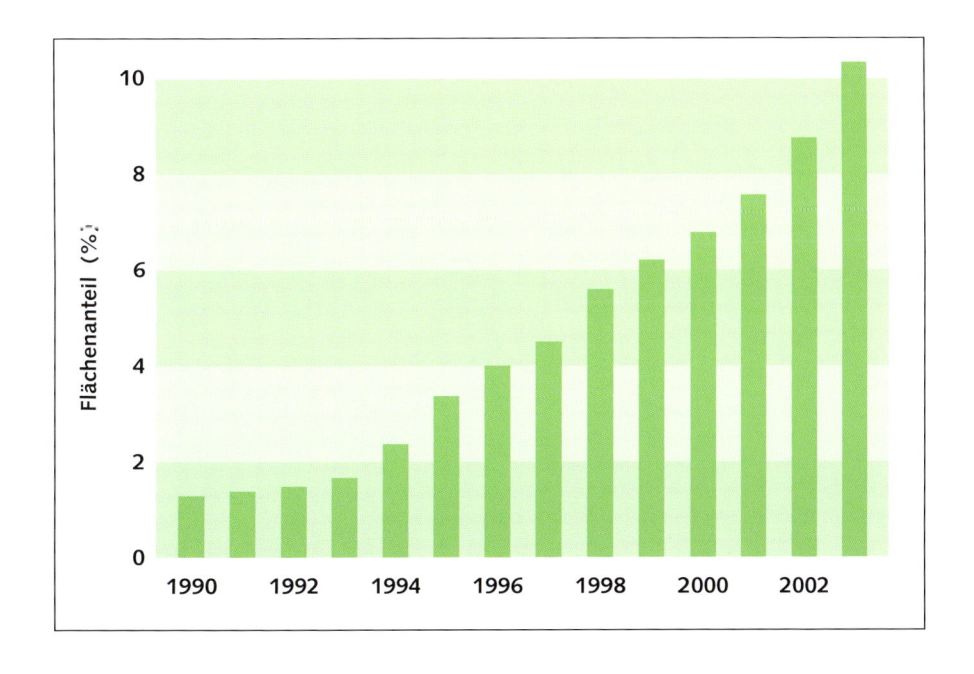

Abb. 404: Anteil der präparierten Skipistenfläche der Schweiz, die mit Schneekanonen bearbeitet wird. Quelle: Seilbahnen Schweiz.

Kapitel 12 Landschaft im Sog des Tourismus

Der Trend, Beschneiungsanlagen grossflächig auszubauen, wird auch in den kommenden Jahren anhalten. Es ist eine Frage der Zeit, bis ganze Skigebiete mit Kunstschnee präpariert und Skigebiete nur dank dem Bau von Beschneiungsanlagen erweitert werden. In der Schweiz wurden im Winter 2006/07 rund 20 Millionen Franken in den Neu- und Ausbau von Beschneiungsanlagen investiert. Im Winter 2008/09 waren es bereits etwa 70 Millionen Franken. Rekordhalter im Alpenraum sind die österreichischen Skigebiete, die erstmals etwa gleich viel in die künstliche Beschneiung wie in die Erneuerung der Seilbahninfrastruktur investiert haben, nämlich rund 200 Millionen Euro. Mittlerweile sind dort knapp zwei Drittel der Pistenfläche künstlich beschneibar.

In Bezug auf die Bewilligungsauflagen geht man im «eigenständigen» Kanton Wallis eigene Wege – obwohl man in fast allen Bereichen auf die Subventionen aus Bern angewiesen ist. Die pingeligen Auflagen interessieren nicht: 40 Prozent der Schneekanonen waren im Winter 2001/02 illegal im Einsatz.

Für den Betrieb von Schneekanonen werden verschiedene Infrastrukturen benötigt, welche die Landschaftsqualität negativ beeinflussen. Vor allem die Leitungen und Schneiteiche (Abb. 406) stellen unschöne Eingriffe in das Landschaftsbild dar. Anstatt die Seen in die Landschaft einzupassen und eine naturnahe Uferbepflanzung zu gewährleisten, werden Dämme aufgeschüttet und die zum Teil sehr steilufrigen Kunstseen mit Folie ausgekleidet und aus Sicherheitsgründen mit einem Maschendrahtzaun umgeben. Die Vegetation, welche durch die Pistenplanierungen, die Pistenpräparation und die intensive Landwirtschaft zu leiden hat, wird durch den Kunstschnee weiter negativ beeinflusst (Wipf et al. 2005).

Da der Kunstschnee aus See- oder Flusswasser produziert wird, das bis zu achtmal mehr Nährstoffe enthält als natürlicher Schnee, kommt es zu einer Zusatzdüngung der künstlich beschneiten Flächen. Arten nährstoffarmer Böden haben das Nachsehen. Zudem bleibt Kunstschnee im Frühling bis zu vier Wochen länger liegen, wodurch sich die Vegetationsdauer verkürzt. Früh blühende Arten wie der Frühlings-Krokus oder verschiedene Enzianarten geraten so unter Druck.

Besonders gross ist der Nährstoffgehalt im Kunstschnee von Rennpisten, wo zur Härtung der Piste unter anderem Ammoniumnitrat eingesetzt wird. Für das Weltcup-Rennen am Lauberhorn in Wengen wurden im Januar 2007 1,4 Tonnen dieses «Kunstdüngers» ausgebracht. Immerhin konnte sich das Bundesamt für Umwelt nach harscher Kritik aus Naturschutzkreisen dazu durchringen, für zukünftige Rennen ein zahnloses Merkblatt zu verfassen. Der Rennleiter am Lauberhorn kommentiert den Kunstschneeeinsatz so: «*Der Naturschnee ist heute ohnehin absolut ungeeignet*». Ganz nach dem Motto: Und ist die Natur nicht willig, so wird sie ersetzt.

Umfragen haben gezeigt, dass im Sommer befragte Gäste die künstliche Beschneiung mehrheitlich ablehnen (Teich et al. 2007). Wintersportler sind dem

Abb. 405: Verlängerter Winter: Diese «technisch beschneite Piste» bei Davos apert rund zwei Wochen später aus als die umliegenden Flächen.

Kunstschnee dagegen positiv eingestellt. Im Vergleich zu früheren Studien wurde das Ausbringen von Kunstschnee sogar häufiger befürwortet. Allerdings hat die Untersuchung ebenfalls verdeutlicht, dass Schneesicherheit bei der Wahl einer Feriendestination ein wichtiger, aber nicht der einzig entscheidende Faktor ist. Hoffnungsvoll waren auch die Antworten von Personen aus der Seilbahnbranche. Die Befragten betrachten zwar den Kunstschnee als entscheidende Massnahme zur Sicherung der Skisaison und zur Aufrechterhaltung der Wettbewerbsfähigkeit sowie als Marketinginstrument im Skitourismus (Teich et al. 2007). Die Tourismusdestinationen haben jedoch auch erkannt, dass man sich auch auf die regionalen Stärken konzentrieren muss und im Sommer wie im Winter ein vielfältiges, qualitativ hochwertiges Angebot präsentieren sollte. Die Garantie der Schneesicherheit allein hilft nicht, um sich im Wettbewerb mit anderen Tourismusorten zu etablieren.

Dies konnten Wissenschaftler des Forschungsinstituts für Freizeit und Tourismus der Universität Zürich auch für das Berner Oberland nachweisen, wo für den Zeitraum 2006 bis 2030 mit klimabedingten Umsatzeinbussen von ca. 120 Millionen Franken pro Jahr gerechnet werden muss. Mit geeigneten Anpassungsmassnahmen, beispielsweise durch den Ausbau des Sommertourismus, könnten diese negativen ökonomischen Effekte auf jährlich 70 Millionen Franken reduziert werden.

Abb. 406: Künstliche Reservoire für die Skipistenbeschneiung. Die «Gewässer» sind Fremdkörper in der Landschaft: Umzäunt, mit Plastikfolie ausgekleidet, steilufrig, ohne Wasser-Land-Übergang. Oben: Schneiteich oberhalb von Davos (GR). Unten: Schneiteich bei Stoos (SZ) im Bau.

Höher und grösser

Zwar wurden bis zur Jahrtausendwende mehr touristische Transportanlagen abgebrochen als neue erstellt – ihre Zahl nahm laut Bundesamt für Raumentwicklung zwischen 1991 und 1999 um 112 Anlagen (6 %) ab. Vor allem in grossen Tourismusorten werden aber immer mehr Anlagen durch moderne Bergbahnen und Lifte ersetzt, die eine deutlich erhöhte Transportkapazität aufweisen und höher hinaufreichen. Mittlerweile ist der Anteil bewilligter Ersatzanlagen praktisch gleich hoch wie der Anteil bewilligter Neubauten. Die Anlagen «wandern» langsam aber sicher in die Höhe, wo die Schneesicherheit grösser ist, was aber zu einer stärkeren Belastung der ökologisch empfindlichen alpinen Gebiete führt.

Der Wintersport und die dafür benötigten Infrastrukturen beeinträchtigen dabei nicht nur das Landschaftsbild, sondern machen auch den Wildtieren das Leben schwer. Beispielsweise werden Birkhuhnbestände durch den Skitourismus stark negativ beeinflusst (Patthey et al. 2008). In Skigebieten sind die Birkhuhnbestände nur halb so gross wie in vergleichbaren Gebieten ohne Skilifte; am Rand von Skigebieten liegt die Einbusse bei 18 Prozent. Der Einfluss von Skiliften ist bis auf eine Entfernung von 1500 Metern spürbar. Nur mit gut platzierten Wildruhezonen innerhalb der Skigebiete kann das Problem entschärft werden.

Dennoch werden seit der Jahrtausendwende im ganzen Alpenraum wieder grosse und spektakuläre Neuerschliessungen diskutiert, um die Attraktivität einzelner Regionen zu steigern (Bätzing 2003). Hier zeigt sich wieder einmal die einseitige Gewichtung zwischen Wirtschaft und Umweltschutz, die sich europaweit und in allen Sektoren durchgesetzt hat und bei der der Natur- und Landschaftsschutz immer das Nachsehen hat.

Nach aufwendigen Recherchen hat Pro Natura 113 Projekte und Ideen für Neuanlagen oder für die Erweiterung von Skigebieten in den Schweizer Alpen aufgedeckt (Mathis et al. 2003). Die Studie belegt, dass das Wettrüsten in den Bergen trotz stagnierendem Wintertourismus dank Steuergeldern unvermindert weiter-

Abb. 407: Erst mehr, dann höher: Anzahl Konzessionen und Bewilligungen von Seilbahnen und Schleppliften. Quelle: Schweizer Seilbahnen.

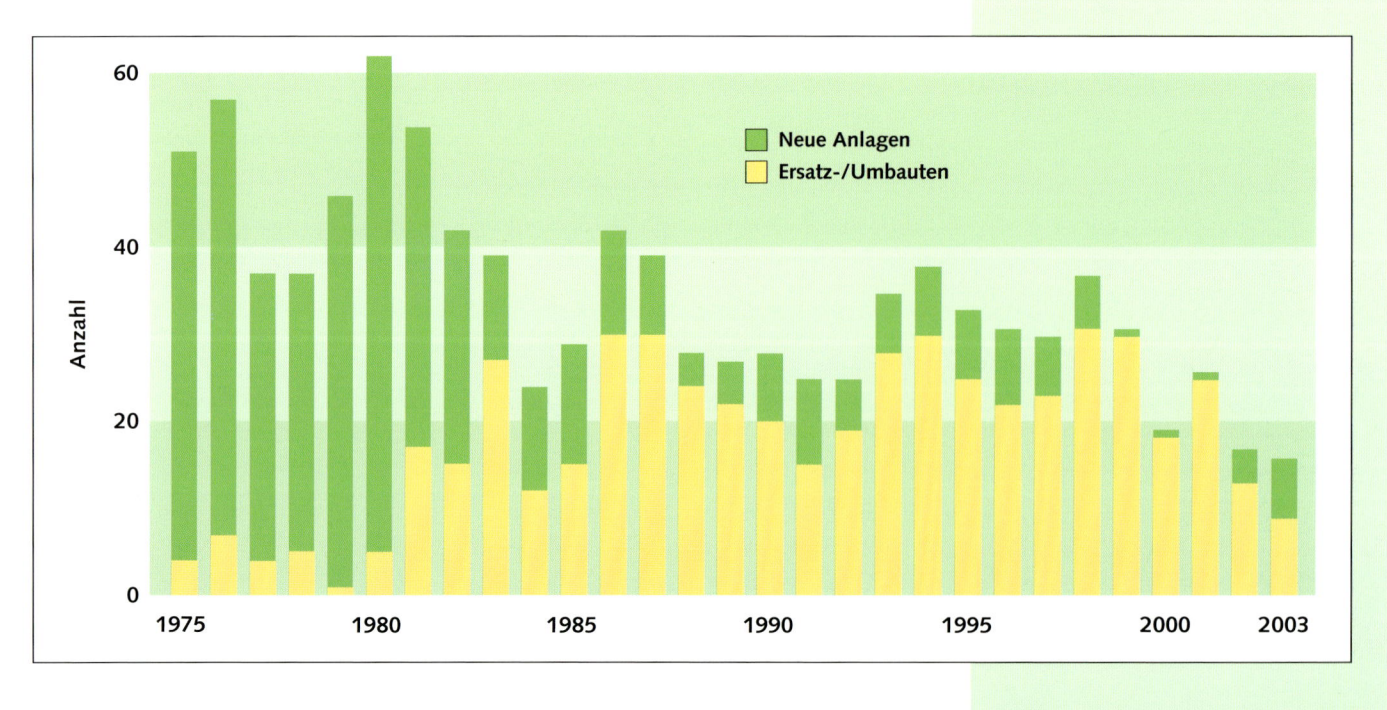

Abb. 408: Stellenweise dominieren die Pfeiler und Drähte der Transportanlagen das Landschaftsbild. Das Foto ist in Flumserberg aufgenommen, der «grössten Wintersportdestination zwischen Zürich und Chur».

geht. Allein zwischen 1993 und 2001 flossen über 80 Millionen Franken in touristische Infrastrukturprojekte. Gut die Hälfte davon stammte von der öffentlichen Hand, hauptsächlich den Kantonen – dies obwohl die Ertragslage im Wintertourismus mehr als düster ist. Rund 70 Prozent der Schweizer Seilbahnunternehmen hatten nach Einschätzung des Staatssekretariats für Wirtschaft (SECO) im Jahr 2003 Geldprobleme.

Lange Zeit waren Samnaun (1979), Saas Grund (1979) und Evolène (1981) die letzten neuerschlossenen Wintersportgebiete in der Schweiz. Mit der Bahn auf das Klein Matterhorn oberhalb von Zermatt (1979) wurde in jener Zeit auch die

Einseitige Seilbahnverordnung

Seit dem 1. Januar 2007 ist die neue Seilbahnverordnung in Kraft. Da das Prinzip der Nachhaltigkeit in der Bundesverfassung (Art. 73 BV) verankert ist, müsste sich die Verordnung nach diesem Grundsatz richten. Tut sie aber nicht. Sie ist vielmehr einseitig ausgerichtet und berücksichtigt fast ausschliesslich baurechtliche Aspekte und Sicherheitsaspekte. Der Schutz der Landschaft und der Natur ist praktisch nicht eingeflossen. Eine umweltverträgliche Planung sowie der Bau und der Betrieb der projektierten Anlagen sind somit nicht gewährleistet. Diverse Artikel der alten Verordnung, welche die Interessen von Natur und Landschaft berücksichtigt hatten, wurden ohne Begründung gestrichen. Gleichzeitig wurde der Detaillierungsgrad gegenüber der alten Verordnung stark verringert. Damit wird der Handlungs- und Ermessensspielraum für Behörden und Planer noch grösser. In einer Stellungnahme bezweifelte die Stiftung Landschaftsschutz Schweiz, dass aufgrund derart bescheidener, einseitig formulierter Ausführungen zu den einzelnen Artikeln fundierte Entscheide gefällt werden können. Die Stiftung verlangte daher im Sommer 2006 eine Überarbeitung des Entwurfs und machte auch gleich detaillierte Ergänzungsvorschläge und Ergänzungsanträge – weitgehend erfolglos.

Abb. 409: Die Erschliessung des Hochgebirges wurde mit der neuen Seilbahnverordnung stark vereinfacht. Die Belange von Natur und Landschaft wurden praktisch nicht berücksichtigt.

höchstgelegene Seilbahn der Alpen eröffnet. Erst in den 1990er-Jahren wurden im Tessin wieder ganze Wintersportdestinationen aus dem Boden gestampft. Der Tessiner Grosse Rat bewilligte mit leichter Hand und Hoffnung aufs grosse Geld Millionen aus öffentlichen Kassen für Investitionen in den Wintertourismus. Es entstanden in der Landschaft schwere Wunden, die nur schlecht vernarben. Das Engagement geriet aber nicht nur zu einer ökologischen Katastrophe, sondern auch zu einem ökonomischen Flop. Trotz aller Subventionen und Kredite von Bund und Kanton schrieben die tiefliegenden Tessiner Skistationen laufend rote Zahlen. Der Ruf nach einer flächendeckenden künstlichen Beschneiung war ein Automatismus. Im Februar 2008 kam das Aus für die Skigebiete Bosco Gurin und Carì.

Weiterhin problematisch ist die illegale Bautätigkeit in den Skigebieten. Am 19. Dezember 1998 hat beispielsweise das Bundesamt für Verkehr die abgelaufene provisorische Konzession in Saas Almagell (Wallis) für den Sessellift Furggstalden-Heidbodmen nicht erneuert. Grund: Statt der bewilligten 6030 Quadratmeter waren 12 555 Quadratmeter Wald gerodet worden. Zusätzlich waren auf einer Fläche von 20 745 Quadratmetern Geländekorrekturen vorgenommen worden; bewilligt waren aber nur 1945 Quadratmeter. Damit blieb der Sessellift über die Feiertage gesperrt, was einen Ausfall von rund 200 000 Franken bedeutete und Krokodilstränen auslöste. Man sammelte in Saas Almagell rund 2000 Unterschriften für eine Petition, mit der «Bern» zur Milde bewegt werden sollte.

Auch nach der Jahrtausendwende herrschte Wildwestmentalität. Im Sommer 2003 planierten die Sportbahnen Airolo (TI) kurzerhand und illegal 15 000 Quadratmeter alpine Vegetation, dolten einen Bach ein und zerstörten den Lebensraum einer sehr seltenen Schmetterlingsart. Nach wie vor haben die Verantwortlichen nicht begriffen, dass die Zukunft des Tourismus weit mehr von der Bewahrung der natürlichen Landschaft abhängt als von ihrer maximalen Erschliessung.

Obwohl die Schweizer Bergwelt zu den am besten erschlossenen weltweit zählt, wollen einige Touristen noch höher hinaus und lassen sich mit dem Helikopter in die entlegensten Winkel ausserhalb der erschlossenen Gebiete fliegen, um unberührte Schneehänge hinunterzuwedeln. Was in Frankreich und Österreich fast vollständig verboten ist, ist in der Schweizer Winterlandschaft Alltag. Durch das unsoziale Heliskiing wird das Wild in Panik versetzt und in Lebensgefahr gebracht. Zudem wird der Jungwuchs im Wald durch das Fahren ausserhalb jeglicher Piste geschädigt. Mittlerweile kollidiert das Heliskiing auch mit dem Tourismus. Immer häufiger fühlen sich Touristen, welche in die Stille der Bergwelt eintauchen möchten, durch den Lärm belästigt. Ausnahmsweise hat die Natur die Tourismusdirektoren auf ihrer Seite.

Abb. 410 (rechte Seite oben): Die Alpen als Sport- und Funpark. Blick auf den Piz Corvatsch mit beleuchteter Abfahrtspiste nach Surlej/Silvaplana (GR), aufgenommen im Februar 2003.

Abb. 411 (rechte Seite unten): Tourismus: Traum oder Albtraum? Bergrestaurant in Samnaun (GR).

Unverständliches aus der Skiarena Flims-Laax

«Bei den 3. Orage European Freeski Open by Swatch in LAAX fanden am heutigen 2. Contesttag die Qualifikationen in der Halfpipe statt und die im Slopestyle ihre Fortsetzung. Das hohe Niveau der Rider beeindruckte die Judges in beiden Freestyle Formaten. Weite Airs und schwierige Tricks meisterten am Vormittag bei durchzogenem Wetter Herren und Damen in der Pipe Konkurrenz. Nachmittags schaltete die Sonne den Spot auf den Slopestyle Parcours. Ein Double Backflip und 1080 Rotationen über die Kickerline entlockten den Zusehern entlang der 450 Meter langen Strecke begeisterten Applaus. Die besten 24 Herren und 6 Damen aus den Vorrunden sicherten sich einen fixen Startplatz für die Semifinals, die ab morgen, Freitag, am Crap Sogn Gion stattfinden.»

Quelle: Homepage Flims-Laax, 13. März 2008

Foto © Arno Balzarini/Keystone

Foto © Emanuel Ammon/AURA **Kapitel 12   Landschaft im Sog des Tourismus**

Sommertourismus entkoppelt sich von der Landschaft

Im Gegensatz zum Wintertourismus kam der Sommertourismus mit Ausnahme der Bergbahnen und Wanderwege lange Zeit ohne allzuviel Infrastruktur aus. Das änderte sich jedoch Ende der 1980er-Jahre. Aktiv-Sport-Urlaub war «angesagt», die traditionellen Wanderferien waren «out». Spezialisierte Sportarten wie Mountainbiking, Golf, Freeclimbing, Tennis, Walking, Cross-Laufen, Paragliding, Canyoning und Hydrospeed sind die neuen Freizeitbeschäftigungen einer zunehmend gestressten Freizeitgesellschaft. Ähnlich wie im Wintersport benötigen jetzt auch die Sommersportarten besondere Anlagen und technische Infrastrukturen: Golfplätze (siehe unten), Tennisplätze, Hallen, spezielle Wege, Abflugrampen, Klettersteige und Zufahrtswege. In der Schöllenenschlucht, wo Goethe vor zwei Jahrhunderten um Atem und Worte rang, klimmen und hangeln heute Freizeitkletterer an Metallleitern durch das Naturwunder.

Bunter wird die Landschaft nur, weil jede Sportart eine spezielle Bekleidung erfordert. Allein im Sommer 2007 haben die Schweizerinnen und Schweizer fast 400 Millionen Franken für Sportbekleidung ausgegeben. Ohne die «richtige» Sportuniform, mit der offenbar schon halb geturnt ist, scheint sich niemand mehr ins Freie zu wagen.

Wie beim Skifahren wird die Landschaft auch im Sommer zunehmend zur Kulisse degradiert und austauschbar. Der Tourismus zieht sich zunehmend aus der Landschaft zurück (Bätzing 2003). Die Tourismuswerbung verdeutlicht diesen

Abb. 412: Fun und Spektakel in den Alpen. Die Landschaft ist nur noch Beilage. Die verschickten Ansichtskarten sind der einzige Beweis dafür, dass man in den Alpen war.

462

Trend, wie beispielsweise ein Blick auf die Internetseite www.pilatus.ch zeigt (Stand Sommer 2008). Die ersten beiden Rubriken heissen «Erlebnis» und «Fun & Action». Unter Erlebnis findet sich folgender Text: «*Nahe bei Luzern und gut erreichbar mit öffentlichen Verkehrsmitteln, ist der Pilatus (2132 m ü. M.) der ideale Erlebnisberg für Gross und Klein. 2 Seilbahnen, 2 Hotels, 7 Restaurants, die steilste Zahnradbahn der Welt und der grösste Seilpark der Zentralschweiz versprechen spannende Ausflugserlebnisse. Sportler aller Couleur treffen sich hier zum Wandern, Klettern, Rodeln, Biken und Schlitteln (6 km Schlittelpiste). Dazu: Events, Attraktionen und eine Menge Spass!*»

Immerhin steht hier im Gegensatz zu anderen Tourismusregionen das Wandern noch an erster Stelle. Unter «Fun & Action» werden dann schon die Superlative angepriesen: «*Die längste Sommer-Rodelbahn der Schweiz (1350 m) und der grösste Seilpark der Zentralschweiz versprechen hier auf 1416 m ü. M. unvergleichliche Erlebnisse.*»

Gleichzeitig versuchen sich die Tourismusregionen mit «Mega-Events» zu übertrumpfen. Ob Konzerte, Freilandkinos oder Sportanlässe – die Menschen kommen in Scharen. Pro Jahr finden in der Schweiz allein 290 000 Sportanlässe statt. Die Landschaft ist für Events vogelfrei und wird nur noch als Beigabe benötigt.

Die Spezialisierung im Sommertourismus bleibt nicht ohne Konflikte. Die Biker stören die Wanderer, die Wanderer die Jogger, die Jogger die Walker, die Walker die Inlineskater, die Inlineskater die Biker. Als die Biker Ende der 1980er-Jahre an den Oberengadiner Seen zur Plage wurden, musste ernsthaft nach rechtlichen Mitteln und Wegen gesucht werden, um die Raser auf zwei Rädern davon abzuhalten, weiterhin die Wanderer zu gefährden. Im Wald am Üetliberg ob Zürich wurden kürzlich zur Schonung von Mensch und Wald durch das Biken zwei «Biketrails» geschaffen. Pro Saison toben allein dort rund 10 000 Biker den Berg herunter. Ohne Anwalt bleibt das Wild, das von den Gleitschirmen und den Tiefschneefahrern durch die Landschaft gejagt wird.

Abb. 413: Es gibt mit Ausnahme von privaten Seen und dem Pro Natura gehörenden und dadurch geschützten Baldeggersee praktisch keinen natürlichen See ohne Campinganlage. Sie versperren an den meisten Seen schönste Uferpartien und idyllische Buchten; dasselbe gilt für Flüsse, wo die Campingplätze das Delta besetzen, wie bei Maggia oder Ticino. Leider stammt der erste und letzte Bericht über den Zustand der Seeufer in der Schweiz aus dem Jahr 1975! Das Foto zeigt den Campingplatz am Lauerzersee im September 2008.

Abb. 414: Nichts ist dem Freizeitmenschen zu dumm.

Abb. 415: Das Maggia-Delta wurde zwischen August 1953 (oben) und Juni 1995 (unten) komplett umgestaltet. Heute sind praktisch alle grösseren Naturflächen verschwunden. Wer findet die Ursachen? Hier eine kleine Lesehilfe:

A Campingplatz
B Bootshafen;
C neue Häuser, davon viele mit Zweitwohnungen
D Umfahrungsstrasse
E intensive Landwirtschaft
F ARA
G Flugplatz

Der Golfplatz (H) wurde bereits 1928 von einem britischen Architekten gebaut, seither aber immer wieder umgestaltet.

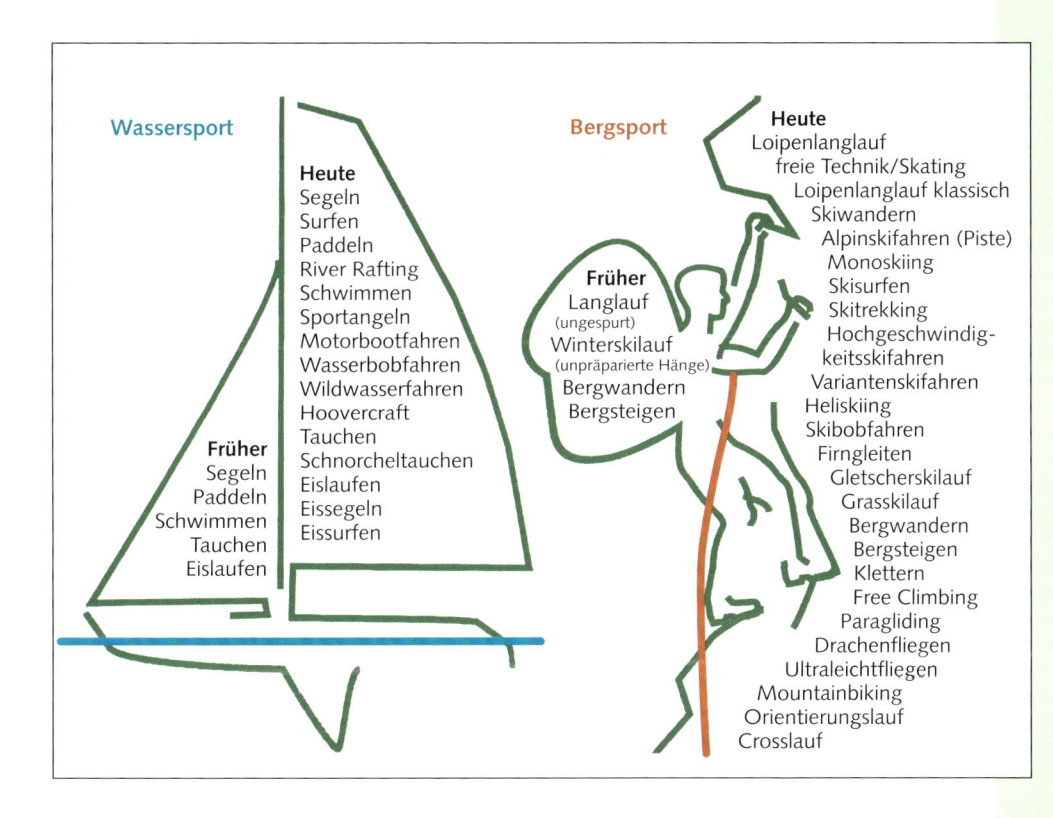

Abb. 416: Entwicklungstendenzen im Wasser- und Bergsport. Quelle: BFS 2002a.

Wassersport

Heute
Segeln
Surfen
Paddeln
River Rafting
Schwimmen
Sportangeln
Motorbootfahren
Wasserbobfahren
Wildwasserfahren
Hoovercraft
Tauchen
Schnorcheltauchen
Eislaufen
Eissegeln
Eissurfen

Früher
Segeln
Paddeln
Schwimmen
Tauchen
Eislaufen

Bergsport

Früher
Langlauf (ungespurt)
Winterskilauf (unpräparierte Hänge)
Bergwandern
Bergsteigen

Heute
Loipenlanglauf freie Technik/Skating
Loipenlanglauf klassisch
Skiwandern
Alpinskifahren (Piste)
Monoskiing
Skisurfen
Skitrekking
Hochgeschwindigkeitsskifahren
Variantenskifahren
Heliskiing
Skibobfahren
Firngleiten
Gletscherskilauf
Grasskilauf
Bergwandern
Bergsteigen
Klettern
Free Climbing
Paragliding
Drachenfliegen
Ultraleichtfliegen
Mountainbiking
Orientierungslauf
Crosslauf

Abb. 417: Und wie erholt sich der Wald? Quelle: PANDA Magazin 1979.

Erholung im Walde
Wer findet die Sünden der "Waldfreunde"?
(Lösung letzte Seite)

Kapitel 12 Landschaft im Sog des Tourismus

Landschaft im Hagel der Golfbälle

In der Schweiz gab es um die vorletzte Jahrhundertwende nur die Golfplätze von Samedan, Aigle und Luzern, die in erster Linie für Sommergäste aus Grossbritannien gebaut worden waren. Die Landschaftseingriffe waren damals noch moderat: Gebaut wurde auf Flächen, die sich ganz natürlich dazu eigneten, sodass auf grosse Erdarbeiten verzichtet werden konnte. Schön anzusehen sind sie trotzdem nicht: Auf dem Golfplatz Luzern dominieren exotische Bäume und Sträucher sowie riesige, saftiggrüne Rasenflächen. Es existieren nur wenige naturnahe Lebensräume, und sogar die Roughs werden fast ausnahmslos rasenartig kurz gehalten. Dementsprechend bleiben sogar anspruchslosere Vogelarten wie die Goldammer oder der Neuntöter dem Gelände fern.

Obwohl der Golfsport bei uns noch weit davon entfernt ist, ein Volkssport zu sein, hat die Nachfrage nach Golfplätzen in der zweiten Hälfte des letzten Jahrhunderts stark zugenommen. Gab es 1982 erst 29 Golfclubs, waren es im Jahr 2002 bereits 80. Die Anzahl Anlagen hat sich von rund 40 Mitte der 1990er-Jahre auf heute über 90 mehr als verdoppelt. Die Anzahl neuer Golfplatzprojekte dürfte diese Zahl noch übersteigen. Obwohl die Anzahl Mitglieder von 18 000 im Jahr 1990 auf über 60 000 im Jahr 2007 gestiegen ist, kann von einem Golfboom, wie die Befürworter weiterer Golfplätze gerne hervorheben, allerdings nicht gesprochen werden. Gerade einmal 0,7 Prozent der Schweizer Bevölkerung spielt mehr oder weniger regelmässig Golf – verbraucht aber für die Ausübung dieses Sports eine Fläche, die mehr als doppelt so gross ist wie der Sempachersee.

Der Bau eines Golfplatzes ist in der Regel mit umfangreichen Terrassierungen, Entwässerungen, Bodenveränderungen und Rodungen verbunden. Der Flächenbedarf beträgt einschliesslich Land für Übungsfelder, das Klubhaus, ein Lagergebäude, Parkplätze und Zufahrten 50 bis 150 Hektaren. Neue Golfanlagen stellen somit eine zusätzliche Nutzung in einer ohnehin stark beanspruchten Landschaft dar. Die Auswirkungen einer Golfanlage auf Natur und Landschaft können allerdings ganz unterschiedlich sein. Wo monotone Maisäcker und Kunstwiesen das Landschaftsbild dominieren, kann der Bau eines Golfplatzes eine Bereicherung sein. Hinsichtlich der Belange des Landschaftsschutzes kommt somit der Wahl des Standorts und der Projektierung entscheidende Bedeutung zu (BUWAL 1998).
Beispielsweise mussten dem Golfplatz Sempachersee zwar 380 Meter Hecken und 90 Einzelbäume weichen, als Kompensation wurden aber 2,3 Kilometer neue Hecken und 270 hochstämmige Obstbäume gepflanzt. Ausserdem entstanden mehrere Teiche und Feuchtgebiete. Eingedolte Bäche wurden wieder ausgegraben und naturnah gestaltet. Diese Massnahmen kamen der Vogelwelt zugute: Bei den Brutvögeln stieg die Anzahl Arten von 25 auf 32 (Birrer und Graf 2004). Vor allem gewässerbewohnende Arten wie der Zwergtaucher oder der Sumpfrohrsänger profitierten von den neu angelegten Lebensräumen. Auch der Bau des Golfplatzes Holzhäusern im Kanton Zug scheint eher ein Gewinn als ein Verlust für die Artenvielfalt zu sein. Birrer und Graf (2004) konnten hier im Vergleich zu umliegenden Landwirtschaftsflächen eine reichhaltige Tier- und Pflanzenwelt nachweisen. Der Anteil naturnaher Landschaftselemente stieg von 5,5 auf 15 Prozent.

Abb. 418: Sport planiert die Landschaft. Der Bau eines Golfplatzes (Golf de Lavaux, VD) hat riesige Erdarbeiten zur Folge (oben, Mai 1998). Immerhin entstehen auf vielen Golfplätzen neben den intensivst gepflegten Rasenflächen auch zahlreiche naturnahe Landschaftselemente (unten).

Nichts zu suchen haben dagegen Golfplätze in einer vielfältigen und mehrheitlich extensiv bewirtschafteten Kulturlandschaft mit vielen gewachsenen Strukturen. Obwohl Golfplätze nicht zu einer Verbauung der Landschaft führen, brechen sie den funktionellen Bezug zu den dort lebenden Menschen samt ihrer Geschichte. Der Landschaftsschützer Raimund Rodewald notierte zum Bau von Golfplätzen im Alpenraum (1998): «*Die zunehmende Ausbreitung der städtischen Kultur im ländlichen Raum, welcher für den freizeithungrigen Städter in immer neuer Weise möbliert wird, führt letztlich zum Verlust von Vielfalt. [...] Durch eine übergeordnete Planung und alpenweit verbindliche Umwelt- und Raumverträglichkeitsprüfung sind [...] der ökonomische Sinn und die ökologische und landschaftliche Verträglichkeit von Golfplatzprojekten sicherzustellen.*»

Die Realität sieht leider anders aus. In den Schweizer Berggebietsgemeinden Tujetsch (GR) und Grimisuat (VS) votierte die Mehrheit der Bevölkerung für den Bau von Golfplätzen in naturnahen Landschaften, weil die Verlockung, kurzfristig Gewinne zu erzielen, zu gross war. Rodewald (1998) bemerkte dazu: «*Das Althergebrachte, die kulturelle Identität und der ländliche Charakter werden damit als bedeutungslos, da weniger ertragreich, abgeurteilt.*»

Parks von nationaler Bedeutung – eine Chance für den naturnahen Tourismus

Derzeit werden zahlreiche Projektideen für Naturparks diskutiert. Den Anstoss dazu hatte die Naturschutzorganisation Pro Natura gegeben. Im Jahr 2000 hat sie alle Gemeinden der Schweiz eingeladen, die Gründung eines neuen Nationalparks zu prüfen. Für den zweiten Nationalpark der Schweiz wurde eine Starthilfe von einer Million Franken in Aussicht gestellt. Das Echo war gewaltig und überraschte selbst die Naturschutzorganisation.

Mit der Revision des Natur- und Heimatschutzgesetzes (NHG) hat der Bund im Jahr 2007 die rechtliche Grundlage für die Entstehung neuer Parks gelegt. Das Bundesamt für Umwelt BAFU hat drei Parktypen – Nationalpark, Regionaler Naturpark, Naturerlebnispark – samt qualitativen und quantitativen Anforderungen formuliert. Die Parkpolitik des Bundes basiert dabei auf einem freiwilligen Prozess in der Region. Während der Moorschutz eine Verfassungsaufgabe ist, die bis auf die einzelne Parzelle wirkt, entstehen Parks freiwillig nach dem Bottom-up-Prinzip. Parks sind für die Regionen eine Chance auf dem Weg zu einer neuen Identität und zu neuem Selbstbewusstsein.

Im September 2008 hat das Bundesamt neun Parkprojekte – acht Regionale Naturparks und einen Naturerlebnispark – positiv beurteilt (Abb. 419). Damit konnten die Trägerschaften mit der Errichtung der Parks von nationaler Bedeutung beginnen. Es sind neue, früher undenkbare Koalitionen zwischen Wirtschaft und Naturschutz entstanden. Die neue Situation beruht allerdings nicht auf einer Versöhnung der alten Gegensätze, sondern auf der Einsicht, dass die Zusammenarbeit für beide Seiten Gewinn bringen kann. Die Gemeinden haben erkannt, dass sich mit Parks Geld verdienen lässt; die Trennung von Natur, Kultur und Regionalökonomie wird dadurch zunehmend infrage gestellt.

Mit dieser Philosophie lassen sich auch Angebote des naturnahen Tourismus fördern. Im Zentrum des natur- und kulturnahen Tourismus steht das Erleben von intakten Natur- und Kulturwerten. Ein natur- und kulturnaher Tourismus kann dazu beitragen, dass die Natur und die Landschaft erhalten bleiben. Grosse Hoffnungen werden in das neue Produkt «Naturreisen» von Schweiz Tourismus gesetzt.

Ob eigentliche Modellregionen für eine nachhaltige Entwicklung entstehen, bleibt abzuwarten. Die Parks müssen sich von anderen Regionen abheben und potenziellen Gästen erklären können, wieso sich gerade ihre Region zum Verbringen des Wochenendes oder der Ferien eignet. Die Gäste müssen wahrnehmen können, dass innerhalb eines Parks anders mit der Umwelt umgegangen wird als ausserhalb.

Naturschutzorganisationen sind skeptisch und weisen immer wieder darauf hin, dass in den Managementplänen der Parks viel zu wenig Natur enthalten ist. Die Naturwerte und deren Schutz müssen aber das zentrale Element eines Regionalen Naturparks oder eines Naturerlebnisparks sein. Ist dies nicht der Fall, verkommen die nationalen Labels zu reiner Wirtschaftsförderung mit Naturschutzgeldern und werden die Parks als Gütesiegel unglaubwürdig. Pro Natura fordert deshalb, dass das Bundesamt für Umwelt die Latte im Natur- und Landschaftsschutz in Parks höherlegen muss.

Abb. 419: Neue Parks in der Schweiz. Zumindest in diesen Gebieten sollte in Zukunft der Tourismus naturnah und landschaftsschonend erfolgen. Quelle: Bundesamt für Umwelt BAFU.

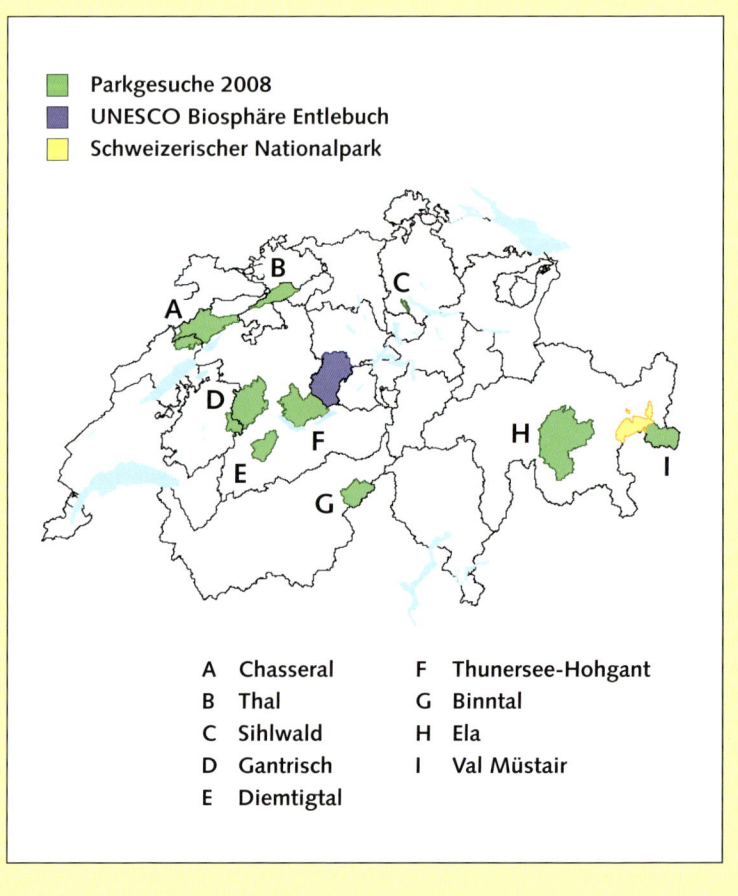

- Parkgesuche 2008
- UNESCO Biosphäre Entlebuch
- Schweizerischer Nationalpark

A Chasseral
B Thal
C Sihlwald
D Gantrisch
E Diemtigtal
F Thunersee-Hohgant
G Binntal
H Ela
I Val Müstair

Wildwuchs bei den Ferienhäusern

Der Tourismus hat die Siedlungsausweitung und Zersiedelung in den Tallagen der Alpen und des Juras seit den 1960er-Jahren stark vorangetrieben. Vor allem der Bau von Zweitwohnungen im Alpenraum ist nicht nachhaltig und landschaftsgerecht. Messerli (1989) sprach in diesem Zusammenhang von einer «*Kolonisation des Berggebietes durch die Unterländer aus den wirtschaftlich potenten Regionen*». Bis 1966 waren es vorwiegend Ferienhäuser, die verstreut und oft an den schönsten Stellen der Landschaft gebaut wurden. Später wuchsen überdimensionierte und unansehnliche Betonkolosse und Jumbo-Chalets in grosser Zahl aus dem Boden (Abb. 420). Diese Entwicklung verlief völlig unkontrolliert; lediglich die Grundstücksverkäufe an Ausländer werden seit 1961 genau registriert.

Abb. 420: Wie bei der biologischen Zellteilung: Ein Ferienhaus gleicht dem anderen.

Einen zweiten Boom erfuhr der Zweitwohnungsbau Ende der 1990er-Jahre. Der aktuelle Bestand an Zweitwohnungen beträgt in der Schweiz beinahe eine halbe Million. Jede zehnte Wohnung in der Schweiz wird als Zweitwohnung genutzt, die nur an wenigen Wochen im Jahr bewohnt ist und damit unnötig Energie und Landschaft verbraucht (Abb. 425). In den klassischen Tourismusgebieten in den Alpen wird jede dritte Wohnung als Zweitwohnung benutzt (Hornung und Röthlisberger 2005). Im Oberengadin beträgt der Anteil an Zweitwohnungen sogar 58 Prozent, in Madulain rekordverdächtige 82 Prozent. Der Anteil der touristischen Bodennutzung in den typischen Tourismuskantonen Wallis und Graubünden hat ein Drittel beziehungsweise ein Viertel der Siedlungsfläche erreicht. Viele Dörfer sind in den letzten Jahrzehnten regelrecht den Berg hochgerutscht.
Der Tourismus beeinträchtigt damit nicht nur die Landschaftsqualität, sondern birgt auch Gefahren wie anfällige Wirtschaftsstrukturen, Fremdbestimmung, Untergrabung der kulturellen Eigenart, Spannungen und Ungleichgewichte innerhalb der Dorfgemeinschaft sowie einseitiges und unkoordiniertes Wachstum

Abb. 421: Interessante Raumplanung im Goms (VS).

(Krippendorf und Müller 1986). Die Bodenpreise explodieren, Einheimische können sich keine Wohnung mehr leisten, Hotels werden reihenweise in lukrative Eigentumswohnungen umgebaut. Letztendlich sinkt nicht nur die Landschaftsqualität, sondern auch die Wertschöpfung.

Ein wesentlicher Grund für die ungezügelte Entwicklung des Zweitwohnungsbaus ist die Schwäche der Raumplanungspolitik (Rodewald 2008). Gerade Tourismusgebiete verfügen oft über riesige Bauzonenreserven, mit denen sorglos umgegangen wird (Abb. 264, Kap. 10). Wichtige treibende Elemente sind die lokale Bauwirtschaft und der Immobilienmarkt, der zum Hauptgeschäft des Tourismus avanciert ist (Krippendorf 1984). Neuerdings haben auch internationale Immobiliengesellschaften den Zweitwohnungsmarkt entdeckt. Mit weiterem Wachstum ist also zu rechnen.

Eine Trendwende ist höchstens in der öffentlichen Diskussion spürbar. Im Oberengadin haben bei einer Volksabstimmung im Jahr 2005 72 Prozent der Stimmberechtigten einer regionalen Kontingentierungsinitiative zugestimmt, welche die Eindämmung des Wildwuchses im Zweitwohnungsbau zum Ziel hat – dies vor dem Hintergrund, dass die Baulandreserven bei anhaltender Bautätigkeit innerhalb von vier Jahren aufgebraucht worden wären. Ähnliche Kontingentsregeln haben mehrere Gemeinden im Wallis eingeführt.

Abb. 422: Die Folge fehlender Verantwortung und übermässiger Freiheit. Bausünde im Berggebiet.

Landschaftszerstörend ist allerdings nicht nur das Bauen an sich, sondern auch die Art und Weise, wie gebaut wird. Krippendorf (1984) schrieb dazu: «*Das Zusammentreffen alter, historisch wertvoller Kulturlandschaften mit neuen Nutzungsformen ist bisher immer dramatisch und tragisch verlaufen. Die Integration neuer touristischer Bauten in die ursprüngliche landschaftliche und siedlungsmässige Umwelt ist bislang weltweit kaum gelungen.*» Viele sogenannte Erholungslandschaften wurden mit «*gestaltloser, konfektionierter Vorortarchitektur überzogen, die sich nicht wesentlich von neuentstandenen Wohnblocks in den Randgebieten der grossen Ballungszentren unterscheidet*». Auch die als traditionell bezeichnete Bauweise zerstört wertvolle Orts- und Landschaftsbilder. Dazu gehört auch das «*einem falsch verstandenen Chaletstil nacheifernde Ferienort-Design, das traditionalistisch, fantasielose Bauen im Pseudo-Heimatstil*» (Krippendorf und Müller 1986).

Abb. 423: Gebaut wird, wo es schön ist. Bellwald (VS) 1963 und 2008.

Abb. 424: Die Vorstadtarchitektur dominiert in erschreckender Weise auch die Erholungslandschaften.

Kapitel 12   Landschaft im Sog des Tourismus

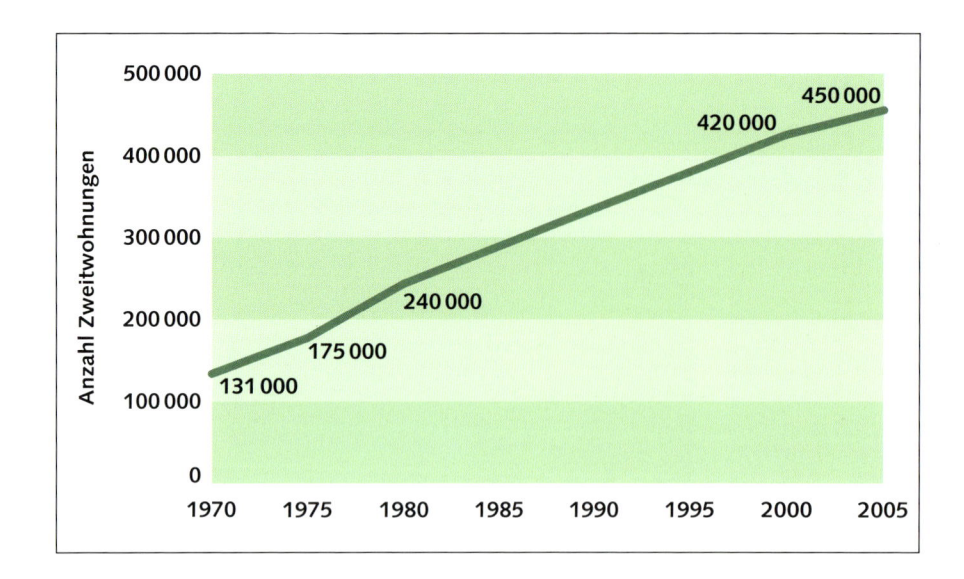

Abb. 425: Zunahme der Zweitwohnungen innerhalb von nur 35 Jahren. Quelle: Stiftung Landschaftsschutz Schweiz.

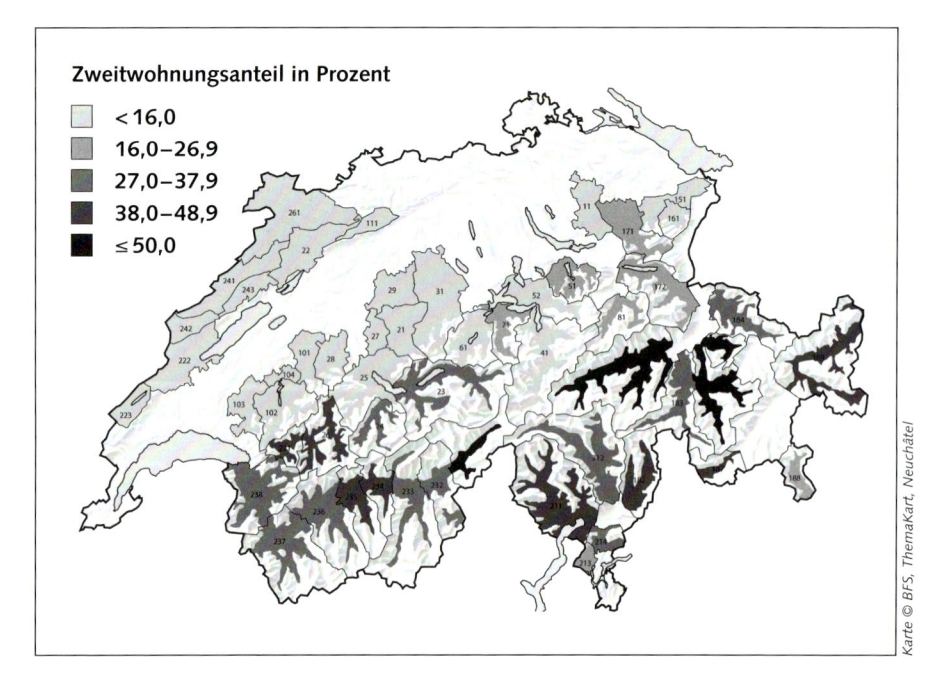

Abb. 426: Problematische Zweitwohnungen. Anteil zeitweise bewohnter Wohnungen am Gesamtwohnungsbestand nach Bergregionen im Jahr 2000. Die ungebrochen steigende Zahl von Zweitwohnungen gefährdet das Landschafts- und Ortsbild der Siedlungen erheblich. Zudem führt der Zweitwohnungsbau zu überhöhten Bodenpreisen und einer Verdrängung der einheimischen Bevölkerung vom Wohnungsmarkt. Quelle: Hornung und Röthlisberger 2005.

Das Problem mit den Zweitwohnungen: Zahlen aus dem Oberengadin

- 38 000 Betten in Hotels und Parahotels, genutzt an 51 Tagen im Jahr
- Anteil Zweitwohnungen: 58 Prozent
- 250 neue Wohnungen pro Jahr
- Zwischen S-chanf und Sils: 17 800 Einwohner; in der Hauptsaison sind es rund 100 000
- Die Baubranche stellt 2000 Arbeitsplätze
- Quadratmeterpreis in St. Moritz: 30 000 Franken
- Madulain: Ohne Hotel, bald auch ohne Dorfladen. Anteil Zweitwohnungen: 82 Prozent

Quelle: Stiftung Landschaftsschutz Schweiz

Abb. 427: Bergidylle Montana (VS). Was erwartet den Touristen?

Abb. 428: Erholungslandschaft? Immer höher, immer chaotischer, immer hässlicher, immer weniger Natur. Montana (VS).

Abb. 429: Geschlossene Fensterläden, tote Dörfer: Die meisten Zweitwohnungen stehen an über 300 Tagen im Jahr leer.

Kapitel 12 Landschaft im Sog des Tourismus

473

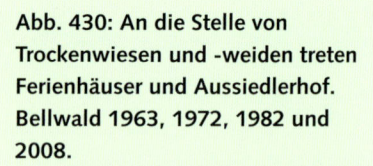

Abb. 430: An die Stelle von Trockenwiesen und -weiden treten Ferienhäuser und Aussiedlerhof. Bellwald 1963, 1972, 1982 und 2008.

Abb. 431: Links: Die Zeiten ändern sich. Rechts: Wildschaden im Bündnerwald.

Abb. 432: Hätte Pro Natura den Aletschwald nicht unter Naturschutz gestellt, wäre das Gebiet vermutlich schon längst mit Ferienhäusern überbaut.

Kapitel 12 Landschaft im Sog des Tourismus

475

Abb. 433: Der alte Siedlungsraum hat seinen Charakter trotz touristischer Umnutzung bewahrt. Bellwald (VS) 1963 und 2008.

Abb. 434: Sanft umgebauter Speicher, Bellwald (VS) 1963 und 2008.

Abb. 435: Falli-Hölli – nomen est omen! 36 gestaltlose und konfektionierte Ferienhäuschen sind im Freiburgischen Plasselb regelrecht in die «Hölle» gefahren. Die Chalets wurden im rutschigen Flyschgebiet gebaut und auf Zwang der Regierung gegen den Willen der kantonalen Gebäudeversicherung versichert. Im Mai 1994 begannen die Hangrutsche, einen Monat später waren bereits vier Chalets zerstört. Am 20. Juli 1994 musste die ganze Siedlung als zerstört betrachtet werden, es war nichts mehr zu retten. Die Renaturierung kostete 500 000 Franken. Das Rutschgebiet wurde der Natur zurückgegeben.

Skisprungschanzen in Einsiedeln

Ausgerechnet im weltberühmten Klosterdorf Einsiedeln baute die «Genossenschaft Nationale Skisprunganlage Eschbach» eine Skisprunganlage. Statt den budgetierten 8,6 Millionen Franken kostete sie 12,2 Millionen. Im Jahr 2008 musste das Unternehmen Konkurs anmelden. Die Stiftung Landschaftsschutz Schweiz bezeichnete die Anlage als «Sündenfall». Zusätzlich sollte Coca-Cola-Werbung auf etwa 282 Quadratmetern Fläche angebracht werden, was die Landschaftsschützer verhinderten. Die Landschaftsverunstaltung steht in keinem Verhältnis zu den wenigen Tagen im Jahr, an denen die Anlage genutzt wird (Aufnahmen vom August 2008).

Resorts als neue Herausforderung

In der Tourismusindustrie zeichnet sich ein neuer Trend ab: Geplant werden nicht mehr einzelne Hotels oder Ferienhausquartiere, sondern ganze Resorts. Jedes Resort soll ein idealisierter Mikrokosmos werden. Die Übernachtung, der Service, die Gastronomie und eine reichhaltige Palette von Freizeitangeboten werden praktisch unter einem Dach vereint und meist auch von derselben Firma betrieben. Die Planer der zum Teil gigantischen Infrastrukturprojekte versprechen nicht wenig: Anschluss an touristische Trends, Wiederanstieg der Logiernächte, «warme Betten», Arbeitsplätze, Steuern, Zukunft.

Zurzeit werden in den Schweizer Berggebieten rund 50 Projekte mit dem Etikett Resort geplant (Marti et al. 2009). Weit fortgeschritten ist die Planung des Ferienresorts der Orascom Hotels & Development in Andermatt (UR). Im Endausbau soll das Projekt 3000 bis 5000 Betten in 6 Hotels, 710 Wohnungen und 30 Villen umfassen. Weil die Natur allein scheinbar wenig hergibt, wird ein riesiges Sportzentrum inklusive Hallenbad sowie ein 120 Hektaren grosser Golfplatz gebaut. Alle sind glücklich, auch die Schweizer Regierung, die das nicht mehr benötigte Militärgelände bei Andermatt verkaufen kann, und natürlich der ägyptische Tourismusinvestor, für den Andermatt den Schritt nach Europa bedeutet. Die Bedingungen für den gewieften Investor sind hervorragend: reichlich billiger, durch das Militär bereits verbrauchter Boden, eine fast widerstandslose Gemeinde und ein beherzt unterstützender Kanton.

Die Regierung des Kantons Uri, die Gemeindebehörden und eine Mehrheit der Bevölkerung haben sich Ende 2005 für die Pläne ausgesprochen. Einige Menschen nörgeln noch. So beklagt sich die Landwirtschaft nicht zu Unrecht, dass sie auf die steilen Hänge verbannt wird, weil das ebene Landwirtschaftsland zugebaut oder umgenutzt wird. Ein Bauer machte darauf aufmerksam, dass es die Kulturlandschaft sei, welche das Bild von Andermatt präge und auf den Postkarten zu sehen sei.

Fest steht, dass Andermatt nie mehr so sein wird, wie es war. In einem ersten Umweltbericht schreibt die Justizdirektion Uri im September 2006 lapidar: «*Gemäss Bau- und Zonenordnung der Gemeinde Andermatt wird grundsätzlich erwartet, dass sich neue Bauten und Anlagen am bestehenden Ortsbild von Andermatt orientieren (Eingliederung, Architektur, Materialien). Mit der Richtplananpassung ‹Siedlungsentwicklung Andermatt› werden rund 18 ha Flächen in neues Siedlungsgebiet und 7 ha in ein zukünftiges Siedlungserweiterungsgebiet umgewidmet. Die Auswirkungen auf die Landwirtschaft sind derzeit noch nicht abschliessend erkennbar.*»

Angesichts der Projektflut fühlt sich die Stiftung Landschaftsschutz Schweiz (2008) in die Belle Epoque am Ende des 19. Jahrhunderts zurückversetzt, in welcher zahlreiche Nobelhotels entstanden. Der Soziologe Hans-Peter Meier spricht von einer «*Revolution quer durch die Alpen*» (in Marti et al. 2009): «*Blickt man auf frühere Freizeit- und Tourismusprojekte, kann man die Resorts als einschneidende Zäsur werten: aufgrund ihrer Grösse, Anzahl, des Tempos der Realisierung, der zu erwartenden Auswirkungen auf Landschaft, Wirtschaft und Gemeinwesen.*»

Abb. 436: Neue Resorts in den Alpen (im Bau oder in Planung): Oben: Grand Resort Bad Ragaz (SG). Mitte links: Thermes Parc in Val d'Illiez (VS). Randspalte: Intercontinental Resort & Spa Davos (Stilli Park), Davos (GR). Unten: Hotel und Appartements Frutt Lodge & Spa.

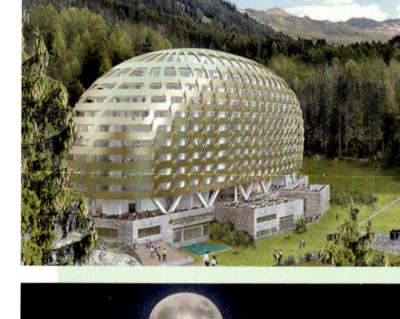

480

Die Raumplaner in der Schweiz wurden vom Grossandrang der Grossprojekte kalt erwischt (Marti et al. 2009). Sogar die Lex Koller könnte ausgehebelt werden: Dieses Gesetz beschränkt den Verkauf von Liegenschaften und Wohnungen an Ausländer, um Bodenspekulationen und dem Zweitwohnungsbau Grenzen zu setzen. Doch hotelmässig bewirtschaftete Wohnungen – «warme Betten», wie sie Resortprojekte versprechen – gelten wie Hotels als Betriebsstätten und fallen nicht unter die Lex Koller. Mit «faulen Tricks» können die «warmen Betten» allerdings schnell auskühlen. Marti et al. (2009) schreiben dazu: *«Es wäre erstaunlich, widmeten sich plötzlich reihenweise Geldgeber der renditearmen Hotellerie und dem kniffligen Bewirtschaften von Ferienwohnungen.»* Die Kantone Graubünden und Wallis fordern bereits ungeniert, die Resorts aus der Kontingentierung durch die Lex Koller zu entlassen. Andernfalls werde die *«Wettbewerbsfähigkeit der Berggebiete»* geschwächt.

Aus landschaftlicher Sicht sind die flächenintensiven Einrichtungen kritisch zu beurteilen. Dies insbesondere, weil sie oftmals auf der grünen Wiese geplant werden, wie zum Beispiel das «Castle Radons» in Savognin (GR). Auf den ersten Blick erfreulich ist die Tendenz vieler Projektanten, beim Bau auf den Minergiestandard zu setzen und die Resorts als klimafreundlich zu verkaufen. Die Stiftung Landschaftsschutz Schweiz (2008) weist allerdings darauf hin, dass die erneuerbaren Energien nicht alle landschaftsverträglich sind. So sind «nicht überraschend» drei neue Windturbinen auf dem Gütsch sowie der Bau eines Laufkraftwerks im Witenwasserental geplant, um den sich durch das Orascom-Resort verdoppelnden Energiebedarf zu decken. Wie solche Anlagen die Landschaftsqualität beeinträchtigen, werden wir in Kapitel 13 ausführlich dokumentieren.

An der Tagung «Landschaft im alpinen Resort», die im Herbst 2008 in Luzern stattfand, wurde zum Teil deutlich Kritik an der Resort-Manie geübt. Benno Schubiger von der Sophie und Karl Binding Stiftung sagte beispielsweise: *«Das wertvolle, begrenzte und deshalb rare Gut Schweizer Berglandschaft soll auf dem Weltmarkt immer mehr für Reiche und Mobile verhökert werden. Für diese Klientel werden Grossresorts ‹designt› als neue künstliche Kaufanreize. […] 3000-Franken-Jobs im Tourismus können die einheimische Jugend nicht in den Bergen halten.»* Aus Sicht des Landschaftsschutzes ist vor allem eine gesamtschweizerische Politik in Bezug auf die Planung von Resorts via Richt- und Nutzungspläne nötig. Nur so lässt sich verhindern, dass der Bau von Resorts nicht zu weiteren gesichtslosen Tourismusorten führt. □

Essay

Von Raimund Rodewald, Geschäftsleiter der Stiftung Landschaftsschutz Schweiz SL

Landschaft als Freizeitpark

Gibt es etwas Dynamischeres und Unvorhersehbareres als die touristischen Ansprüche an unsere Landschaften? Wohl kaum. Tourismus verkauft inszenierte Erlebnisse, die immer wieder neu zu erzeugen sind. Reize jedoch, die sich wiederholen, führen zu Abstumpfung und Indifferenz, um es mit der einfachen Formel des deutschen Philosophen Wolfgang Welsch auszudrücken.

Geringe Halbwertszeit

Der Mystery Parc in Interlaken, Mitte der 1990er-Jahre von Erich von Däniken als erster Themenpark der Schweiz lanciert, stiess derart auf Begeisterung, dass die Investitionskosten von über 80 Millionen Franken rasch beisammen waren und die Politiker raschest eine Baubewilligung erteilten. Sogar eine subventionierte eigene Bahnstation hätte eingerichtet werden sollen. «Die Menschen sollen das Staunen lernen», lautete das Motto des Park-Vaters von Däniken. Im November 2006 hatte es sich aber bereits ausgestaunt. Der Park schloss seine Tore.
Im Gegensatz zur Landesausstellung EXPO.02, welche ein Ausstellungsspektakel der temporären Art bot (sämtliche Pavillons wurden wieder abgebaut), war der Mystery Parc aufgrund seiner starren, monothematischen Ausrichtung bereits vor seiner Eröffnung im Mai 2003 zum Scheitern verurteilt. Statische Themenparks mögen zwar die Lust für einen einmaligen und teuren Besuch wecken, das Erlebnisverfallsdatum ist damit aber bereits vorprogrammiert. Grosse Freizeitparks haben es seither in der Schweiz schwer. Geplant waren viele, zahlreiche sind gescheitert oder aufgegeben worden (z. B. Parc Alpin in Disentis, Milaviparc in Avenches, Swiss Marina in Rorschach, Swiss Dream Parc in Inwil, Ebisquare in Ebikon, Gottéron Village in Villars-sur-Glâne, Skihalle in Egerkingen, Swiss Fun Park in Schänis, «Castle Radons» in Savognin).
Gebaut und eröffnet wurden dagegen riesige Einkaufs- und Freizeittempel, beispielsweise «Westside Bern» mit 55 Geschäften, Erlebnisbad, elf Kinos, zehn Restaurants und Hotel, oder die ebenso megalomane Sihlcity Zürich. Das mondäne Orascom Resort in Andermatt hat inzwischen alle behördlichen Hürden gemeistert. Mit jährlich 350 000 Besuchern rechnen die Promotoren für den geplanten «Acquaparco Ticino» in Rivera, so eine Zeitungsmeldung aus dem Jahr 2008.

Ferienresorts stehen hoch im Kurs

Die Inszenierung von Scheinwelten ist als Phänomen und Massenspektakel alt – erwähnenswert sind beispielsweise der «Parco dei Mostri» aus dem 16. Jahrhundert im italienischen Bomarzo/Viterbo oder die mittelalterlichen Ritterspiele. Zweck war damals wie heute der Verkauf gesteigerter Erlebnisse. Die heutigen Freizeitparks wollen in konzentrierter Form höchste Emotionen im Rahmen der kurzen Besuchszeit wecken. Das Ganze erinnert dann nicht selten an einen erlebnismässigen Schnellimbiss, der spätestens beim zweiten Parkbesuch fade schmecken wird.
Die Entwicklung der Freizeitparks zeigt am Beispiel Mystery Parc eine hässliche Seite des Tourismus auf: Schnelllebige Trends gepaart mit kapitalkräftigen aus-

> «Freizeitparks erinnern nicht selten an einen erlebnismässigen Schnellimbiss, der spätestens beim zweiten Besuch fade schmeckt.»

wärtigen Investoren treffen auf eine schwache Raumplanungsgesetzgebung und Behörden, die von Prestige und realen Gewinnen träumen und sich gern vom mondänen Hauch der oft internationalen Geldgeber bezirzen lassen. So liess sich gemäss Zeitungsmeldungen der Gemeindepräsident von Mollens (VS) von der russischen Bauinvestorengruppe nach Moskau locken, um sich danach überwältigt von der Seriosität und dem guten Willen der Promotoren eines Luxusresorts mit fünf Hochhäusern auf der grünen Wiese in Aminona zu zeigen. In der Toskana hat der Reiseveranstalter TUI ein ganzes Dorf gekauft (nur die Kirche war ihm heilig), um es in ein Tourismusresort mit Robinson-Club umzuwandeln; in Spanien ist ein veritables Las Vegas auf 2000 Hektaren geplant; die Luxury Hotel & Spa Management Ltd. unter Schweizer Leitung möchte gemäss Medienbericht aus dem Jahr 2008 ein ganzes Oberwalliser Dorf kaufen, um es in globo in ein Luxushotel umzuwandeln. Die Begehrlichkeiten kennen keine Grenzen.

Überhaupt stehen derzeit Ferienresorts in den Schweizer Alpen hoch im Kurs: Relativ autarke Feriensiedlungen mit eigenen Geschäften, Restaurants, Vergnügungs- und Wellnessbereichen versprechen ein exklusives Ferienerlebnis, das von unliebsamen Begegnungen mit Einheimischen ungetrübt bleibt. Das Projekt «Castle Radons» als Ferienresort weit oberhalb von Savognin (GR) auf einer unbebauten Alpwiese geplant, sollte ein 17 Hektaren grosses Feriencamp im Burgenstil mit etwa 1700 Betten, über 1000 Parkplätzen und einem Skigebietsanschluss direkt vor der Haustüre in unberührte Gebiete versprechen. Raumplanerische Gesetze schienen belanglos zu sein. Der Bergbahndirektor meinte lakonisch: *«Wir entscheiden hier, ob und wo gebaut werde.»*

Die Umweltverbände WWF, Pro Natura und SL waren es schliesslich, welche die Bevölkerung aufrüttelten. Zu aller Überraschung wurde das Projekt in der ersten Gemeindeabstimmung begraben. Auch andere Grossprojekte überlebten die kommunalen Abstimmungen nicht: Herzog & De Meurons Projekt eines Hochhauses auf der St. Andreas Halbinsel in Cham (ZG) oder der Botta-Kristall-Turm von 77 Metern in Celerina (GR). Dennoch warten zahlreiche prestigeträchtige Grossprojekte auf ihre Realisierung: Der Schatzalpturm oberhalb von Davos, der Konzertsaal auf der Jurahöhe bei Courgenay (beides von Herzog & De Meuron), das Hochhaus auf dem Damm in Melide (Zaha Hadid) und die Pyramide auf dem Klein Matterhorn (Heinz Julen). Letzteres soll zu einer italienisch-schweizerischen Passhöhe entwickelt werden, wo die eventhungrigen Städter aus Norditalien und der Nordschweiz sich für ein touristisches Happening auf 4000 Metern über Meer treffen. Dazu sollen die Bergbahnkapazitäten massiv ausgebaut werden.

Immerhin regt sich angesichts dieser absurden Pläne immer mehr Widerstand in der Zivilgesellschaft. An vielen Orten organisieren sich Bewohnerinnen und Bewohner und wehren sich in Leserbriefen gegen diesen Allmachtsanspruch touristischer Investoren auf die Landschaft.

«Being away»
Was steckt aber hinter all diesen Erscheinungen? Der Literaturwissenschaftler Hans Ulrich Gumbrecht warf in seinem Buch «Diesseits der Hermeneutik, die Produktion von Präsenz» aus dem Jahr 2004 den Begriff der «Präsenzkultur» auf und meinte damit das fokussierte Erlebnis besonderer ästhetischer Intensität, das ein

«Schnelllebige Trends gepaart mit kapitalkräftigen auswärtigen Investoren treffen auf eine schwache Raumplanungsgesetzgebung – und Behörden, die von Prestige und realen Gewinnen träumen und sich gern vom mondänen Hauch der oft internationalen Geldgeber bezirzen lassen.»

Gefühl des «Being away» erzeugt und insulär, das heisst fernab vom Alltäglichen auftritt. In Freizeitparks wird diese Insularität mit gesteigerten emotionalen Tensionen gepaart und in käuflichen Dosen feilgehalten. Die Faszination der Präsenzerscheinung dringt in den Körper des Sinneswesens Mensch ein und wird verzehrt. Die Sinnkultur, das heisst die geistige, metaphorische, reflektierende Ebene des Menschen wird damit kaum berührt. Präsenzkultur bedeutet nach Gumbrecht das Miterleben des Lebens, also eine direkte unmittelbare Berührung von epiphanen Erscheinungen der Gegenwart. Es stellt sich nunmehr die Frage, wie verhindert werden kann, dass die inszenierte Präsenzkultur in Form von Fun- und Freizeitparks letztlich nicht gänzlich die nicht inszenierte authentische Natur und Kultur unserer Landschaften verdrängt.

Auf der anderen Seite zeichnet sich eine «Verparkung» der Natur ab: Naturparks wollen ebenso ein gesteigertes Lusterlebnis inszenieren wie die Freizeitparks. Der Park führt – als eine Art Hortus conclusus – zu einem Eingrenzen und Abgrenzen. In diesem Garten soll Natur produziert werden, so wie das der Parc Ela mit seinen Produkteräumen vorgesehen hat: Da gibt es einen Wasserweg, einen Geologieweg, einen Pfad der Pioniere usw. Diese Produktion kennen wir von dem ältesten Naturpark, dem Paradies, der ja nach Genesis ein Baumgarten oder Park darstellt, in dessen Zentrum sich der Baum des Lebens und der Baum der Erkenntnis von Gut und Böse befindet. Das Wort Paradies stammt übrigens aus dem altpersischen und bedeutet auch grosser ummauerter Park mit Bäumen und Tieren.

Seit dem Sündenfall steht der Mensch ausserhalb des Paradiesparks. Die Sehnsucht nach dem Paradies ist aber wohl verbreiteter, als man annimmt. Der Naturpark wird damit zu einem Topos dieser Sehnsucht, einer Suche nach dem Schönen als Kontrast zum Alltag. Ein Naturpark ist somit ein Ersatzort, ein Satisfaktionsraum für unser Bedürfnis nach einem «Being away». Er soll Faszination der Natur und eine Art «Ich-Welt-Kongruenz» für den ortslosen Metropoliten und dessen denaturiertes Alltagsleben bieten. Dies hat schon Goethe 1779 auf seinem Weg über den verschneiten Furkapass im Angesicht der Bergnatur treffend festgestellt: *«Er [der Mensch] hat, wenn er diese Eindrücke zu bewahren, sie mit andern Empfindungen und Gedanken, die in ihm entstehen, zu verbinden weiss, gewiss einen Vorrat von Gewürz, womit er den unschmackhaften Teil des Lebens verbessern und seinem ganzen Wesen einen durchziehenden guten Geschmack geben kann.»*
Insofern sind Natur- und Nationalparks trotz ihres segregativen und inszenatorischen Inhalts für unser Wohlbefinden sehr willkommen. Sie erlauben den Zugang zum authentischen Reiz der Natur und der im makroökonomischen Umfeld sonst weitgehend verschwundenen alten bäuerlichen Kulturlandschaft. □

«Ein Naturpark ist somit ein Ersatzort, ein Satisfaktionsraum für unser Bedürfnis nach einem ‹Being away›.»

Abb. 437: Wo ist der Hirsch? Naturnaher Tourismus im Schweizer Nationalpark. Diese Tourismusform macht die natürlichen und kulturellen Landschaftswerte einer Region erlebbar, ohne sie zu zerstören.

Kapitel 13

Landschaft

unter Strom

Abb. 438: Das Gemälde von Gustav Schönleber (1851–1920) zeigt die Laufenburger Stromschnellen kurz vor der Sprengung in den Jahren 1909/10 für das Laufkraftwerk Laufenburg. Der Professor an der Kunsthochschule in Karlsruhe malte das Bild im Auftrag der Kraftwerksgesellschaft. Heute präsentiert sich der Rhein bei Laufenburg als gezähmtes Gewässer.

Energie ist Leben

Energie ist in unterschiedlicher Form Triebfeder für jedes Leben auf der Erde. Die mit Abstand wichtigste Energiequelle ist die Sonnenenergie, welche die Photosynthese-Kraftwerke in den grünen Pflanzen in Gang hält. Sonnenenergie steckt auch zu 100 Prozent in der Wind- und Wasserkraft sowie in den fossilen Energieträgern wie Erdöl, Erdgas, Stein- und Braunkohle.

In der Schweiz ist heute Energie im Überfluss vorhanden – auch wenn seit 2007 die Erdöl- und Benzinpreise steil angestiegen sind und die sogenannte Strommarktliberalisierung seit 2008 einen massiven Teuerungsschub ausgelöst hat. Die permanente Verfügbarkeit von Energie lässt die Frage nach dem «Woher» und «Wie lange noch» gar nicht erst aufkommen. Für unzählige Menschen in den Entwicklungsländern ist die Energiebeschaffung dagegen eine tägliche Sorge. Energieträger sind dort meist Holz oder getrockneter Tierdung, die zum Teil über grosse Distanzen herbeigeschafft werden müssen.

In den letzten 60 Jahren hat sich der Energieverbrauch in der Schweiz mehr als verfünffacht. Dieser enorme Zuwachs wurde überwiegend durch Erdölprodukte gedeckt, was zum Ausstoss von gewaltigen Mengen des Treibhausgases Kohlendioxid geführt hat. Diese Überlastung der Umwelt bringt das Klima auf der Erde spürbar aus dem Gleichgewicht. Erneuerbare Energien, die aus Sonne, Erdwärme, Wind, Holz und anderer Biomasse gewonnen werden, decken lediglich etwas über drei Prozent des Energieverbrauchs. Die Schweiz ist damit noch Welten von einer nachhaltigen Energieversorgung entfernt.

Beim Klimaschutz herrscht grosser Handlungsbedarf. Allerdings kollidieren einige Massnahmen zum Klimaschutz mit dem Landschaftsschutz. Das gilt vor allem für die Wasserkraft und die Windenergie. Mit etwas gutem Willen und einem deutlich tieferen Energieverbrauch liessen sich diese Konflikte aber mildern.

Die solare Gesellschaft

Die Dreizelgenwirtschaft war darauf bedacht, nicht nur Nahrung für die Menschen bereitzustellen, sondern auch die Energie für die Zugtiere, die unentbehrlich waren, um den Pflug, die Egge, den Heuwagen und die Holzfuhrwerke zu ziehen. Ein bestimmter Anteil des Gemeindebodens oder der gesamten Flur war als Grünland, also Wiesen und Matten, reserviert. Diese sogenannte «Zugtierfutterfläche» lieferte an Ort und Stelle die «Tankfüllung» für die Bearbeitung des Bodens. In Deutschland betrug die Zugtierfutterfläche nach dem Zweiten Weltkrieg noch ein Viertel der landwirtschaftlich genutzten Fläche (Eisenkrämer 1987).

Holz war der Energieträger par excellence. Es diente zum Kochen, wobei das offene Feuer der Küche auch das Haus heizte. Holz war ferner Energiespender für Schmelzvorgänge der Handwerker: Das galt vor allem für die Eisenverhüttung, die Schmieden, Schlossereien und Glashütten. Die «veredelte» Form von Holz war die Holzkohle. Sie war leichter zu transportieren und hat einen hohen Brennwert. Für 8 Tonnen Holzkohle benötigte man allerdings 30 Tonnen Holz. Diese Menge reichte für die Schmelze von einer Tonne Roheisen (Schubert 2002).

Als Lichtquellen dienten Kerzen, Öllampen oder aus Föhrenwurzeln herausgeschnitzte Kienspäne. Je nach Region wurde in Hochmooren Torf abgebaut, getrocknet und als Brennstoff verwendet. Der Torf hat allerdings heftig gequalmt, sodass beispielsweise die Stadt Zürich im dichten Smog lag, wie das ein Zeitgenosse schilderte (Schinz 1775): *«Ein schwarzer Nebel auf unserer Stadt liegt, ein Nebel von kranken Ausdünstungen mit Rauch, und allen Arten von Dämpfen vermengt.»*

Die Energieautarkie hat den Erfindergeist gefordert. So lernte man schon früh die Wasserkraft für Mühlen und Sägereien einzusetzen: Das Aquarell «Die Drahtziehmühle an der Pegnitz» von Albrecht Dürer (um 1489/90) zeigt ein Bild aus dem Hochmittelalter, wo sich der Mensch am Flusslauf eingerichtet und Mühlen gebaut hat – wohl wissend, dass den Gerbern, die ebenfalls auf das Wasser angewiesen waren, die «Felle davon schwimmen» konnten (Schenk 2001).

Bis 1850 besassen die fossilen Brennstoffe kaum Gewicht (Tab. 15). Biomasse und Wasserkraft lieferten die gesamte Energie. Man spricht deshalb auch von der «solaren Gesellschaft» (Marek 1994). Der Energieverbrauch pro Kopf in diesem «Solarenergiesystem» (Sieferle 1982) ist vergleichbar mit demjenigen in heutigen Entwicklungsländern.

Abb. 439: Kochen mit Holz. Bohneneintopf in Zentralafrika.

Der Weg in die Industriegesellschaft

Die Industrialisierung in der Schweiz begann noch während des solaren Zeitalters. Zwar fehlten im Vergleich zu England oder Deutschland grössere Vorkommen fossiler Energieträger; die Schweiz ersetzte dieses Manko aber, indem sie auf technologie- und arbeitsintensive Industriezweige setzte, beispielsweise die Uhren- und die Textilindustrie. Die Arbeitskraft bildete die energetische Basis. Daneben spielte die Wasserkraft in der wasserreichen und mit viel Gefälle gesegneten Schweiz eine grosse Rolle. Sie stellte den einzigen nicht organischen Weg dar, um mechanische Energie zu gewinnen. Damit Fabrikkanäle verwirklicht werden konnten, mussten Gewässerkorrektionen vorgenommen werden. Bronner (1844a) berichtet, dass die ersten mechanischen Baumwollspinnereien im Aargau um das Jahr 1810 gegründet wurden. Diese Fabriken sind vor allem entlang von Aare, Reuss und Limmat erstellt worden. Bronner nennt für das Freiamt zwei Baumwollfabriken und eine Papierfabrik in Bremgarten, mehrere Strohgeflechtfabriken in Villmergen und Wohlen sowie eine in Muri.

Die Destabilisierung des solaren Energiesystems und der Übergang zur «kohlebefeuerten Wirtschaftsweise» (Pfister 1996) begann in der Mitte des vorletzten Jahrhunderts. Voraussetzung war der Anschluss an die deutschen und französischen Kohlereviere sowie eine effiziente Binnenverteilung mit modernen Verkehrsmitteln, bei der die Transportenergie deutlich kleiner war als die Nutzenergie (Marek 1994). Der rasche Ausbau der Eisenbahn (siehe Kap. 11) liess den Import von Kohle rasch ansteigen (Tab. 16). Ab 1852 war der durchgehende Kohletransport von den deutschen Revieren nach Basel möglich. Für den Aufbau einer fossilen Energieversorgung reichte das aber noch nicht aus. Erst 1858 wurde mit dem Hauensteintunnel die letzte Lücke im Schienennetz zwischen Basel und dem schweizerischen Mittelland geschlossen (Marek 1994). Dennoch blieb der Transport kostspielig: So beanspruchte der Eisenbahntransport für sich allein etwa ein Fünftel der gesamten Menge der Steinkohleproduktion.

Trotz der einsetzenden Industrialisierung war die Lebensweise bis in die 1950er Jahre vom Paradigma der Sparsamkeit und von der althergebrachten Recycling-Mentalität geleitet (Pfister 1996). Nach wie vor bewegte sich der Konsum an der kurzen Leine ökonomischer Zwänge. Das galt vor allem für den ländlichen Raum, wo sich selbstversorgungsorientierte Strukturen der alten Agrargesellschaft bis weit in die Mitte des letzten Jahrhunderts hielten. Pfister (1996) bescheinigte dem Europa der 1950er-Jahre, dass es sich, gemessen am heutigen Zustand, *«noch auf einem umweltverträglichen Entwicklungspfad bewegte»*. Das änderte sich mit der Einfuhr des Erdöls, der Schlüsselenergie der aufkommenden Konsumgesellschaft. Allein zwischen 1950 und 1970 betrug der jährliche Zuwachs des gesamten Endverbrauchs an Erdölprodukten nach Angaben des Bundesamts für Energie im Durchschnitt 12,5 Prozent.

Tab. 15: Energiequellen in der Schweiz und Anteile am gesamten Energieverbrauch 1851 und 1910. Quelle: Marek 1994.

Energiequelle	1851 (%)	1910 (%)
Holz	88	16
Torf	9	0
Kohle	3	78
Petroleum u. Ä.	0	1
Wasserkraft (Elektrizität)	<1	5

	1851	1860	1870	1880	1890	1900	1910
Importe (Tonnen)	11 000	105 000	305 000	642 000	1 111 000	2 054 000	2 825 000
Einheimische Förderung (Tonnen)	38 000	38 000	32 000	25 000	15 000	13 000	11 000
Durchschnittliche jährliche Zuwachsrate der Importe (Prozent)	–	28	11	8	6	6	3

Der Einsatz von Primärenergie entkoppelte sich zunehmend von der Region ihrer Gewinnung. Für die Landschaft in der Schweiz bedeutete das zunächst eine Entlastung: Der Raubbau an den Wäldern liess deutlich nach. Die Förderung einheimischer Kohle, beispielsweise im Lötschental, war bereits 1860 vernachlässigbar (Tab. 16). Verheerend waren dagegen die Landschaftsveränderungen in den Kohleabbaugebieten im Ausland. Mit der aufkommenden Elektrizität und den Stromkabeln in der Landschaft sowie dem Ausbau der Wasserkraft sollte die Landschaftsqualität aber auch hierzulande Schaden nehmen.

Tab. 16: Importe und einheimische Förderung von Kohle von 1851 bis 1910. Quelle: Marek 1994.

Die verkabelte Landschaft

Ab 1867 begann die Herstellung von Geräten, welche Elektrizität in Kraft umsetzen konnten. 24 Jahre später gelang es, Starkstrom über grosse Distanz zu übertragen (Bergier 1990). Damit begann der Siegeszug der Elektrifikation der Landschaft. Heute überziehen die Freileitungen die schweizerischen Landschaften wie stählerne Spinnenfäden und beeinträchtigen zum Teil massiv das Landschaftsbild. Rund 150 000 Kilometer lang ist das Netz der Stromleitungen aller Art. Besonders auffällig sind die Hochspannungsleitungen, die mittlerweile eine Länge von 7250 Kilometer erreicht haben und immer häufiger an Masten hängen, die so hoch sind wie das Berner Münster. Abgenommen bis zum fast völligen Fehlen haben einzig die Verdrahtungen in den Siedlungen (Abb. 440). Noch bis in die 1970er-Jahre standen die Telefonstangen aus Holz ziemlich dicht. Mit gebühren-

Abb. 440: Leitungsmasten und Drähte, aber auch Televisionsdachantennen prägten in der Schweiz bis weit in die 1960er-Jahre die Ortsbilder. Heute ist die Verdrahtung fast vollständig aus dem Siedlungsraum verschwunden. Die Fotos links zeigen die Ergolz-Brücke in Liestal (BL) 1939 und 1998.

dem Abstand folgten die etwas grösseren Strommasten, ebenfalls aus Holz. In der freien Landschaft, über den Wäldern und in den Bergen herrscht dagegen bis heute stellenweise ein dichtes Drahtgewirr.

Vor einer systematischen Verdrahtung der Landschaft durch die Elektrowirtschaft warnten Natur- und Heimatschutzkreise bereits vor über 80 Jahren – und sie wussten die Bevölkerung hinter sich. Anfang der 1920er-Jahre gerieten beispielsweise zwei Freileitungsprojekte in der Ostschweiz in die Schlagzeilen. Nicht weniger als 26 Gemeinden und vier Kantone leisteten erbitterten Widerstand. Schlussendlich wurde ein Vorhaben neu projektiert und eines fallengelassen. 1926 schrieb der Malanser Ingenieur C. Rieder (zitiert in Rodewald 1993): «*Die öffentliche Meinung will nicht mehr zusehen, wie dessen Entwicklung dem Zufall oder dem Wettlauf der einzelnen Werke überlassen wird. Sie verlangt die Zusammenlegung der Stränge, die Schonung von Grund und Boden, die Konzentrierung auf wenige Sammelpunkte, die Zusammenarbeit der Interessierten.*» Rieder warnte zudem vor den volkswirtschaftlichen Folgen des Leitungswirrwarrs, wies auf einen fehlenden Gesamtplan hin und postulierte eine «Einheitsnetzgesellschaft».

Abb. 441: Stromlandschaft Schweiz. Trafostation der Kraftwerke Oberhasli KWO in Innertkirchen (BE). Neun Kraftwerke wandeln hier 700 Millionen Kubikmeter Wasser im Gebiet zwischen Grimselpass (siehe Abb. 479), Sustenpass und Meiringen in elektrische Energie um.

Anfang der 1960er-Jahre kam es zu einer skurrilen Debatte zwischen dem Schweizer Heimatschutz (SHS) und den Kraftwerksbetreibern über die Auflage des Kantons Graubünden, die Hochspannungsleitungen durch einen Farbanstrich unsichtbar zu machen. So schrieb der Direktor der Kraftwerke Sernf-Niederenbach AG an den Schweizer Heimatschutz: «*Seit Jahrzehnten hat sich der richtig verstandene Heimatschutz vor allem für die materialtreue und materialgerechte Form eingesetzt. Wenn man versucht, einen Leitungsmast durch einen grünen Anstrich gewissermassen einer Tanne anzupassen, so scheint mir dies ein übel verstandener, unechter Heimatschutz zu sein. Zudem scheint mir noch eine rechtsungleiche Haltung der Behörden vorzuliegen, indem den Bahnen nicht zugemutet wird, ihre […] Fahrleitungsmasten in gleicher Weise durch grünen Anstrich in ‹Baumstämme› zu verwandeln.*» Hier spricht der gekränkte technikgläubige Mensch, von dem verlangt wird, dass er nicht zu seinem Werk stehen darf.

In einem Antwortbrief begründet der Bauberater des Schweizer Heimatschutzes umständlich seine positive Haltung zum Anstrich, der dazu führt, dass Masten «*nicht augenfällig sind*» und dem Auge keinen Anlass geben, das Gebilde «*zu registrieren, sich auseinanderzusetzen*». Dann fügt der Heimatschützer eine erstaunliche Theorie zu den Stromleitungen im Gebirge an: In offenen, baumlosen Landschaften setzen die Leitungen «*der Landschaft mit dem feinen Geflecht der Masten den Massstab, und sie führen mit dem Takt ihres Schreitens den Blick in die Ferne. Sie machen selbst die Ferne messbar mit der Perspektive der Mastenabstände. Auch in den baumlosen, steinigen Weiten unserer Passlandschaften im*

492

Abb. 442: Kabellandschaften in der Schweiz. Oben: bei Leibstadt (AG); Mitte: Bei Ziegelbrücke-Schänis (SG); unten: bei Laufenburg (AG).

Hochgebirge erfüllen diese Leitungen dieselbe massstabsetzende Funktion und bilden damit eine ästhetische Bereicherung der Naturlandschaft.» Zum Glück hat sich diese «ästhetische» Sicht auf die Strommasten unter Landschaftsschützern nicht durchgesetzt.

Hoffnung für den Landschaftsschutz brachte das Natur- und Heimatschutzgesetz von 1966. Kurz nach Inkraftsetzen drängte sich die Entwicklung einheitlicher Kriterien für die Linienführung von Freileitungen auf (Trocmé 1995). Ziel war es, die elektrischen Leitungen besser in das jeweilige Landschaftsbild zu integrieren. Eine Expertengruppe arbeitete einen entsprechenden Anforderungskatalog aus, der 1980 vom Eidgenössischen Departement des Innern als «Wegleitung für die landschaftsschonende Gestaltung von Übertragungsanlagen für elektrische Energie und Nachrichten» herausgegeben wurde. Zum Schutz der Landschaft legt die Wegleitung vier allgemeine Gestaltungsgrundsätze fest:
- Schutzgebiete und besonders schutzwürdige Gebiete sowie visuell exponierte Lagen wie Kreten sind grundsätzlich zu umfahren.
- Nach Möglichkeit sind Freileitungen entlang von Hauptverkehrswegen, Bahnlinien und bestehenden Leitungen zu führen.
- Leitungen sollen sich den Landschaftsformen mittels angepassten Trassen (Hangfuss, Geländesenken) geführt werden.
- Leitungen sind so anzulegen, dass die visuelle und ökologische Belastung der Landschaft sowie die Nutzungsbeschränkungen minimal bleiben.

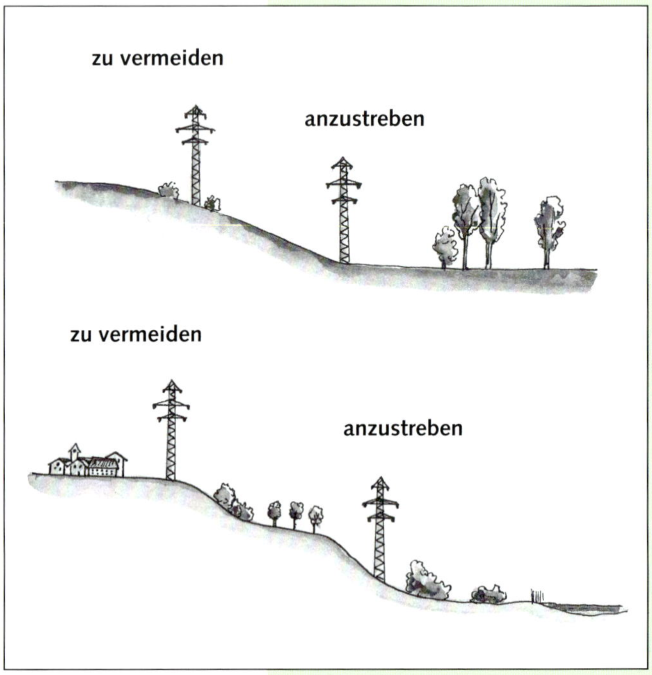

Abb. 443: Hochspannungsleitungen können gut oder weniger gut in die Landschaft eingepasst sein.

Wie so oft wurde auch diese gut gemeinte Wegleitung nie konsequent umgesetzt. Immerhin gelang es, die Umfahrung oder Verlegung der Stromkabel in den Boden für Schutzgebiete wenigstens für den Mittelspannungsbereich durchzusetzen (Rodewald 1993). Im Hochspannungsbereich beschränkte sich die Verkabelung im Boden weitgehend auf den Siedlungsbereich und Landschaften von nationaler Bedeutung, und auch dort nur in absoluten Ausnahmefällen. Im Höchstspannungsleitungsbereich ist Verkabelung – im Gegensatz zum Ausland – praktisch inexistent.

Die unterirdische Linienführung wird schon seit Langem sehr kontrovers geführt. Die Gegner – in der Regel Vertreter der Stromwirtschaft – argumentierten lange Zeit, dass die Verlegung mit untragbaren Mehrkosten verbunden sei. Je höher die Spannung, desto teurer komme eine Verlegung in den Boden zu stehen. Rodewald (1993) wies aber darauf hin, dass die Kosten der Freileitungen vor allem deshalb so tief sind, *«weil der Verbrauch von Landschaft kostenmässig in keiner Rechnung auftaucht»*.

Nachdem Frankreich und Italien vorgeführt hatten, dass mit speziellen Grabungstechniken und bei günstigen Bodenverhältnissen eine Verlegung von Übertragungsnetzen mittlerer Spannung in den Boden kaum teurer zu stehen kommt,

Abb. 444: Vielerorts sind Strommasten die einzigen dreidimensionalen Strukturen in der ausgeräumten Kulturlandschaft.

und Holland mittlerweile sein gesamtes Netz mittlerer und niedriger Spannung unterirdisch führt (Trocmé 1995), geriet die Stromwirtschaft in Argumentationsnot. Plötzlich entdeckte die Stromwirtschaft die Ökologie. Gegenüber der Neuen Zürcher Zeitung vom 30. Juli 2008 schliesst der Pressesprecher der Nordostschweizer Kraftwerke eine Verkabelung im grossen Stil aus, weil die Erdverlegung einen massiven Eingriff in die Bodenstruktur darstellt. Energieverluste würden zur Erwärmung des Bodens führen und Grundwasserströme stören – eine beinahe esoterische Sichtweise. Nicht ganz Unrecht hat der Vertreter der Stromwirtschaft mit dem Hinweis, dass für die Erdverlegung breite Schneisen in die Landschaft und Zufahrtsstrassen für schwere Baumaschinen nötig wären. Und zum Schluss folgt doch noch das obligatorische ökonomische Argument: Die Wartung der unterirdischen Kabel sei wesentlich aufwendiger als bei Freileitungen.

Mit dem geplanten Ausbau des Hochspannungsnetzes in der Schweiz und dem sich anbahnenden Widerstand der Gemeinden und der Bevölkerung ist die Debatte um die Erdverlegung heute aktueller denn je. Im Frühling 2007 definierte eine vom Bundesamt für Energie eingesetzte Arbeitsgruppe in ihrem Schlussbericht ein sogenanntes «*strategisches Übertragungsnetz*» der Hochspannungsleitungen (BFE 2007, Abb. 445). Dieses soll bis zum Jahr 2015 «*ausgebaut und abgesichert*» werden. Begründet wird der Ausbau mit der «*angespannten Versorgungssicherheit*». Von den 67 aufgelisteten Projekten dienen 28 der Versorgung der Eisenbahn und 39 dem Überlandnetz für die allgemeine Stromversorgung.

Besonders gross ist der Widerstand gegen die neuen Freileitungen von Chamoson nach Mörel im Wallis, von Mühleberg nach Wattenwil (BE) und von Yverdon (VD) nach Galmiz (FR). Der Gemeindepräsident von Salins und Präsident des Vereins «Hochspannung unter den Boden» erklärte im April 2008, dass das Rhônetal nicht mit bis zu 90 Meter hohen Masten verschandelt werden dürfe. Eine Könizer Gemeinderätin setzte sich für eine Verkabelung der Hochspannungsleitung Mühleberg-Wattenwil im Boden ein. Und der Gemeindepräsident von Villarepos wandte sich gegen das Hochspannungsleitungsprojekt Yverdon-Galmiz: Mit einer veralteten Technologie solle dort eine «*elektrische Autobahn*» durchgeboxt werden, dabei wäre es technisch möglich, diese Leitung im Neuenburgersee zu versenken. Mit einem Postulat regt der Basler Nationalrat Rudolf Rechsteiner an, für die Verlegung von Stromkabeln das Autobahnnetz zu benützen.

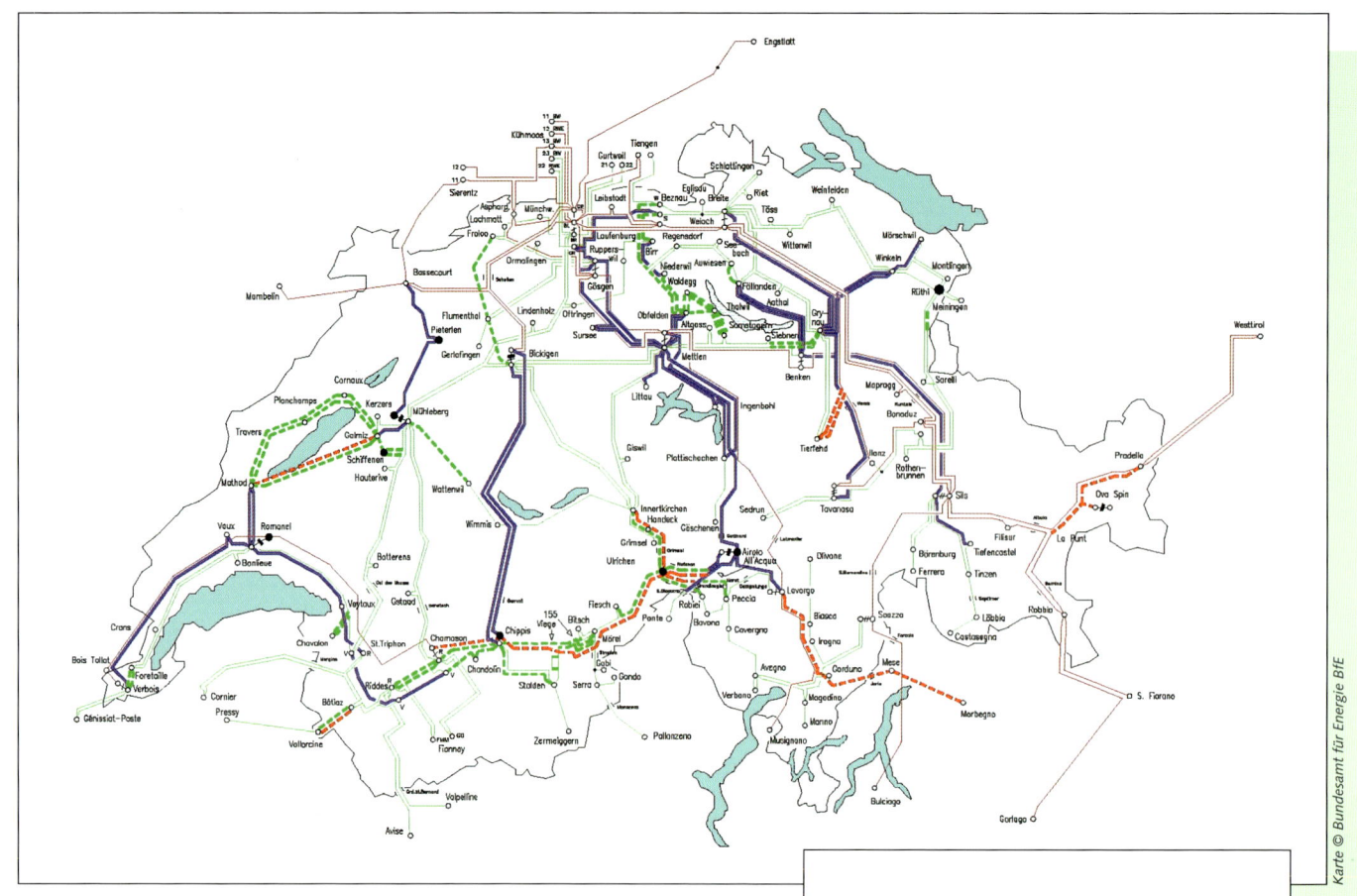

Ausbauvorhaben bis 2015:

— Leitung mit 380 kV in Betrieb
— Leitung mit 220 kV in Betrieb
— Dito, 380 kV isoliert
○ Schaltanlage
○─┼─○ Schaltanlage mit Transformatoren
▬▬▬ Geplante Ausbauvorhaben (Neubau, Umbau, Einschlaufung, Betriebsspannung)
● Geplante Schaltanlage
○─┼─○ Geplante Transformierung

Abb. 445: Die verkabelte Landschaft: Das «strategische Übertragungsnetz» des Bundes. Quelle: BFE 2007.

Interessant sind die Reaktionen von Unternehmen, Bundesämtern und Verbänden auf den Schlussbericht. Während die SBB den Bericht «begrüssen» und das Bundesamt für Raumentwicklung mit den Empfehlungen der Arbeitsgruppe «einverstanden» ist, können die Stromversorger ihren Jubel kaum verbergen. Die nationale Netzgesellschaft swissgrid dankt der Arbeitsgruppe «herzlich» für die «ausgezeichnete Arbeit». Swisselectric steht «als Vertreter der Übertragungsnetzbetreiber» hinter den im Bericht enthaltenen Aussagen. Frust herrschte dagegen bei den Naturschutzorganisationen: «*Aufgrund der personellen Zusammensetzung der Arbeitsgruppe war die Interessenlage bei vielen Fragen von vornherein klar. Eine klare Mehrheit der Arbeitsgruppenteilnehmer vertrat die Interessen der Netzbesitzer und eines starken Leitungsausbaus. Die Resultate der Arbeitsgruppe sollten aus dieser Optik betrachtet werden. […] Die zwei Empfehlungen […], für den Bau von 28 strategischen Projekten der SBB und für den Bau von 39 strategischen Projekten der Überlandwerke, entsprechen exakt den Projektvorstellungen, wie sie von den SBB-Verantwortlichen resp. den Überlandwerke-Verantwortlichen eingebracht wurden. Eine fachliche Überprüfung und Diskussion zur Notwendigkeit dieser Projekte fand weder innerhalb der Arbeitsgruppe noch durch externe Experten statt.*»

Die Bewilligungspraxis des Bundes wurde bereits früher scharf kritisiert. Lüthi (1994) nahm dabei besonders das eidgenössische Starkstrominspektorat (ESTI) ins Visier. Diese «besondere Dienststelle» soll unter anderem dafür sorgen, dass Starkstromanlagen umweltgerecht geplant und erstellt werden. Doch Lüthi kann am Beispiel der Bernina-Leitung im Engadin nachweisen, dass die Dienststelle nicht unabhängig ist. Er kommt zu folgendem Schluss: «*Beim ESTI handelt es sich nicht um eine unabhängige Bundesstelle, sondern um eine Instanz, die vom Schweizerischen Elektrotechnischen Verein geführt wird. In diesem Verein reden die Elektrizitätsgesellschaften ein gewichtiges Wort mit. Für die Prüfung von leitungstechnischen Belangen und Sicherheitsfragen ist das Starkstrominspektorat* zweifellos geeignet. Als unabhängige Prüfbehörde des Bedarfs, der Interessensabwägung und als Rechtsmittelinstanz ist das ESTI aber absolut untauglich. Die Genehmigungsverfügung für die Bernina-Leitung zeigt das deutlich: Das ESTI rechtfertigt die Landschaftseingriffe der Leitung etwa mit ‹… all den stinkenden, mit Baumstämmen beladenen und über den Pass kriechenden Lastwagen …› und als ‹… nicht gar so tragisch›. Solche unqualifizierten Bemerkungen und Wertungen zeugen von der Parteilichkeit und damit von der fehlenden Eignung dieser Behörde für die ihr zugewiesene Aufgabe […].»

Es bleibt wieder einmal den Natur- und Landschaftsschutzverbänden überlassen, das Kabelnetz zu entwirren. Beispielsweise beteiligt sich der Fonds Landschaft Schweiz an einem Projekt, mit dem ein Moor von nationaler Bedeutung im Vallée de Joux seine ursprüngliche Schönheit wiedererlangen soll. Dazu werden über mehrere Kilometer oberirdische Kabel in den Boden verlegt und zahlreiche Strommasten entfernt (Abb. 446).

Abb. 446: In den Boden gelegt: An der fast frei mäandrierenden Orbe und innerhalb der Moorlandschaft von nationaler Bedeutung «Vallée de Joux» wurden seit 2004 mehrere Kilometer elektrische Freileitungen (Hoch- und Niederspannung) verkabelt. Die Gräben für die neuen Leitungen wurden so angelegt, dass sie die Kernzonen der Moore nicht tangieren.

Überflutete Landschaften

Wasserkraft ist für die Schweiz eine wichtige Energiequelle. Sie gilt zudem als «sauber», «einheimisch» und «erneuerbar». An einer Tagung im Juni 1991 im bayerischen Erding pries der Direktor des Schweizerischen Wasserwirtschaftsverbands die unübertroffenen Vorteile der Wasserkraft: *«Das Wasser bleibt öffentliches Gut. Für die Stromproduktion wird es weder vermindert noch chemisch oder physikalisch verändert, es wird auch nicht verschmutzt. Lediglich ein Teil seiner Energie wird genutzt. Als Strom wird diese Energie den Beziehern – und das sind wir alle – zur Verfügung gestellt.»*
Für die Bergkantone ist das Wasser neben der schönen Landschaft, dem Holz und der Sonnenenergie praktisch die einzige natürliche Ressource. Die Wasserkraftnutzung und der Tourismus sind wichtige Einnahmequellen. Das Interesse an einer möglichst weitgehenden Ausbeutung der in den Bergen «schlummernden», vermeintlich «unerschöpflichen» Wasserkräfte zur Stromproduktion war deshalb von Anfang an sehr gross – auch wenn die Wasserkraft dem Tourismus das Wasser abgräbt. Bereits vor über 100 Jahren versäumten es die Promotoren der neuen Energieform auch nicht, ans Nationalbewusstsein der Bevölkerung zu appelieren, wenn es um den Bau eines grossen Stausees ging.
Ganz so grün, wie immer dargestellt, ist die Wasserkraft allerdings nicht. Jede Wasserkraftanlage ist ein technisches Grossprojekt, das einen markanten und weitgehend irreversiblen Eingriff in die Landschaft darstellt. Während Talböden geflutet werden, trocknen benachbarte Bäche aus, weil sie zur Stromgewinnung unterirdisch umgeleitet werden. Zu den Bauwerken gehören nicht nur Talsperren, Wehre und Wasserfassungen, sondern auch Deponieflächen, Pumpstationen, Krafthäuser, Zufahrtsstrassen, Parkplätze, Seilbahnen und Fernleitungen. Da die klassischen Projektgebiete für Talsperren in den letzten naturnahen Landschaften der Schweiz lagen und liegen, nämlich in unberührten Alpentälern und halbwegs intakten Flusslandschaften, ist der Konflikt mit dem Landschaftsschutz vorprogrammiert.
Einer der frühen Professoren an der ETH, der Physiker Rudolf Clausius, war dennoch von der Wasserkraft überzeugt. In einer akademischen Festrede erklärte er 1885: *«Für einen Naturfreund mag es freilich kein anziehendes Bild sein, wenn er sich denkt, dass die Wasserfälle, welche jetzt in ihrer schäumenden Wildheit einen Hauptschmuck der Gebirgslandschaften bilden, eingefangen und vor Maschinen gespannt sind; aber dieses Los wird ihnen nicht erspart werden, und das rege industrielle Leben, welches sich um jeden grossen Wasserfall entwickeln wird, muss dann als Ersatz für die verlorene Naturschönheit dienen. Im Interesse der Menschheit wäre es sehr zu wünschen, dass diese Art, die bisher nutzlos verloren gehenden Naturkräfte zweckmässig zu verwenden, und dadurch die in der Erde befindlichen Kohlenvorräte, welche durch längeres Liegen nicht verderben, vor zu schnellem Verbrauch zu schützen, so bald wie möglich in grossem Massstab zur Ausführung käme.»*
Es gibt zwei Typen von Wasserkraftwerken: Die Laufkraftwerke als Querriegel entlang der Flüsse und die Speicherkraftwerke. Die Produktionsleistung der Laufkraftwerke hängt von der Wasserführung und dem Gefälle der Flüsse ab. Laufkraftwerke «laufen» in der Regel rund um die Uhr. Meist bleibt das Wasser im

Abb. 447: Stauseen verändern das Landschaftsbild tiefgreifend. Verzasca-Staumauer mit Vogorno-Stausee im Jahr 2008.

Flussbett. Es wird allerdings vor dem Kraftwerk um einige Meter aufgestaut, damit es dank dem dadurch entstandenen Gefälle die Turbinen in Schwung bringt. Speicherkraftwerke speichern das Wasser in Stauseen. Das Wasser wird durch Stollen über ein grosses Gefälle zu den Turbinen geleitet. Eine Verbindung zwischen Laufkraftwerk und Speicherkraftwerk ist das Pumpspeicherkraftwerk, in das mit überschüssigem Strom aus den Laufkraftwerken Wasser aus tieferliegenden Gebieten in die Höhe gepumpt wird. Wie bei einer Batterie wird dabei Energie gespeichert, allerdings nicht in Form von Strom, sondern als Hubkraft.

Die Geschichte der Wasserkraftnutzung in der Schweiz kann in fünf Phasen eingeteilt werden (nach Vischer 1990, ergänzt):
- Die Pionierzeit von den ersten Anfängen bis 1907
- Der Aufschwung von 1908 bis 1945
- Die «Blütezeit» von 1946 bis 1970
- Faktisches Moratorium von 1971 bis 2000
- Seit 2000: Neuer Wasserkraftboom infolge der «neuen» Energiepolitik zur Förderung erneuerbarer Energien und der kostendeckenden Einspeisevergütung (KEV). Ziel ist der «Endausbau» der Wasserkraft.

Die Schweiz übernahm beim Bau von Talsperren eine Pionierrolle: In den 1870er-Jahren errichtete sie die erste betonierte Staumauer Europas, 50 Jahre später die erste Bogenstaumauer des Kontinents. Die Pionierzeit verlief sehr euphorisch. Ein Redner an der Fünfzigjahrfeier des Schweizerischen Wasserwirtschaftsverbands im Jahr 1960 erinnert sich an den Bau des Löntschwerks im Kanton Glarus, eines der ersten Grosskraftwerke der Schweiz, das 1910 fertiggestellt wurde und dem der Klöntalersee zum Opfer fiel: «*Die junge Technik war für uns unproblematisch in die grossartige Gebirgswelt eingegliedert. Ja, unser Buben- und Dorfstolz tat sich etwas darauf zugute, dass wir in unserem Gemeindebann ein Werk hatten, das dem Dorf eine besondere Note verlieh. Mochten andere Ortschaften Burgen mit geheimnisvollen unterirdischen Gängen und Schätzen haben, so thronte über*

Name	Kanton und Land	Inhalt gesamt (Mio m³)	Höhe ü.M. (m)	Fläche (km²)	Tiefe max. (m)	Name der Talsperre	Staumauertyp	Baujahr	Höhe (m)
Zur Stromproduktion aufgestaute Seen									
Klöntalersee	Glarus	56	847	3,29	47	Rhodannenberg	Erdschüttdamm	1910	30
Lago Bianco	Graubünden	19	2234	1,50	53	Lago Bianco Nord, Lago Bianco Süd	Gewichtsmauer Gewichtsmauer	1912 1912	15 26
Lago Ritom	Tessin	54	1850	1,49	69	Piora	Gewichtsmauer	1920	27
Wohlensee	Bern	25	480	3,65	20	Mühleberg	Gewichtsmauer	1920	29
Lac de Montsalvens	Freiburg	13	801	0,74	50	Montsalvens	Bogenmauer	1920	55
Wägitalersee	Schwyz	150	900	4,18	65	Schräh	Gewichtsmauer	1924	111
Gelmersee	Bern	14	1850	0,64	48	Gelmer	Gewichtsmauer	1929	35
Grimselsee	Bern	103	1908	2,63	100	Seeuferegg Spitallamm	Gewichtsmauer Bogenmauer	1932 1932	42 114
Sihlsee	Schwyz	97	889	10,72	23	Hühnermatt In den Schlagen	Erdschüttdamm Gewichtsmauer	1937 1937	17 33
Arnensee	Bern	11	1543	0,45	50	Arnensee	Erdschüttdamm	1942	17
Lac de la Gruyère	Freiburg	220	677	9,60	75	Rossens	Bogenmauer	1947	83
Lago di Lucendro	Tessin	25	2134	0,54	96	Lucendro	Pfeilerkopfmauer	1947	73
Räterichsbodensee	Bern	27	1767	0,67	77	Räterichsboden	Gewichtsmauer	1950	94
Lac de Cleuson	Wallis	20	2186	0,51	76	Cleuson	Gewichtsmauer	1950	87
Lac de Salanfe	Wallis	40	1925	1,62	48	Salanfe	Gewichtsmauer	1952	52
Oberaarsee	Bern	61	2303	1,47	90	Oberaar	Gewichtsmauer	1953	100
Lac de Moron	Neuenburg und Frankreich	21	716	0,69	59	Châtelot	Bogenmauer	1953	74
Lai da Marmorera	Graubünden	60	1680	1,41	65	Marmorera (Castiletto)	Erdschüttdamm	1954	91
Lac du Vieux Emosson	Wallis	14	2205	0,55	42	Vieux-Emosson	Bogenmauer	1955	45
Lago del Sambuco	Tessin	63	1461	1,11	124	Sambuco	Bogenmauer	1956	130
Lac de Mauvoisin	Wallis	211	1961	2,08	180	Mauvoisin	Bogenmauer	1957	250
Zervreilasee	Graubünden	101	1862	1,61	140	Zervreila	Bogenmauer	1957	151
Lac de Tseuzier	Wallis	51	1777	0,85	140	Proz-Riond Zeuzier	Erdschüttdamm Bogenmauer	1957 1957	20 156
Lac de Moiry	Wallis	78	2249	1,40	120	Moiry	Bogenmauer	1958	148
Albignasee	Graubünden	71	2163	1,13	108	Albigna	Gewichtsmauer	1959	115

unserem Dorf ein Wasserschloss mit einem kaum minder geheimnisvollen Stollen […].» Der Redner erinnerte aber auch daran, dass es Menschen gab, die anderer Meinung waren: *«Es fehlte aber im Dorf auch nicht an älteren Leuten, welche den Klöntalersee nicht vergessen konnten. Sie hatten in ihren Stuben Bilder dieses idyllischen Alpensees aufgehängt, die sie vielleicht aus ihrem ersten Treffnis am Wasserzins hatten malen lassen. Wer diese Bilder genau ansah, dem schimmerte durch alle ungelenke Kunst eine grosse und reine Schönheit entgegen […].»*
Bis 1945 wurden 10 grössere Projekte mit einer Speicherkapazität von mehr als 10 Millionen Kubikmetern gebaut (Tab. 17). In den 1950er-Jahren kamen 13 weitere grosse Speicherkraftwerke hinzu. Der Höhepunkt der Bautätigkeit wurde in den 1960er-Jahren erreicht: Innerhalb von zehn Jahren entstanden 18 grössere Stauseen. Danach fand die ungestüme Bautätigkeit ein abruptes Ende. In den 1970er-Jahren wurden nur noch gerade 3 grössere Speicherseen gebaut. Anfang der 1980er-Jahre kam der Bau von neuen und reinen Wasserkraftanlagen prak-

Tab. 17: Liste der grossen Speicherseen in der Schweiz mit einem Inhalt von über 10 Millionen Kubikmetern, geordnet nach Baujahr. Quelle: Wikipedia.

See	Kanton					Staumauer/Damm			
Göscheneralpsee	Uri	76	1792	1,32	106	Göscheneralp	Steinschüttdamm	1960	155
Lago di Lei	Graubünden und Italien	197	1931	4,12	133	Valle di Lei	Bogenmauer	1961	141
Lac des Dix	Wallis	401	2365	3,65	227	Grande Dixence Dixence	Gewichtsmauer Pfeilerkopfmauer	1961 1935	285 87
Lai da Nalps	Graubünden	45	1908	0,91	122	Nalps	Bogenmauer	1962	127
Sufnersee	Graubünden	18	1401	0,90	51	Sufers	Bogenmauer	1962	58
Lago di Luzzone	Tessin	108	1592	1,27	181	Luzzone	Bogenmauer	1963	225
Limmerensee	Glarus	93	1857	1,36	122	Limmern	Bogenmauer	1963	146
Schiffenensee	Freiburg	66	532	4,25	38	Schiffenen	Bogenmauer	1963	47
Lac des Toules	Wallis	20	1810	0,61	75	Les Toules	Bogenmauer	1963	86
Lago di Vogorno	Tessin	105	470	1,68	204	Contra	Bogenmauer	1965	220
Griessee	Wallis	19	2386	0,50	66	Gries	Gewichtsmauer	1965	60
Lai da Curnera	Graubünden	41	1956	0,81	136	Curnera	Bogenmauer	1966	153
Mattmarksee	Wallis	101	2197	1,76	93	Mattmark	Erdschüttdamm	1967	120
Gibidumsee	Wallis	9	1436	0,21	110	Gebidem	Bogenmauer	1967	122
Lago di Livigno	Graubünden und Italien	165	1805	4,71	119	Punt dal Gall	Bogenmauer	1968	130
Lai da Sontga Maria	Graubünden	67	1908	1,77	86	Santa Maria	Bogenmauer	1968	117
Lago dei Cavagnöö	Tessin	29	2310	0,46	100	Cavagnoli	Bogenmauer	1968	111
Lac de l'Hongrin	Waadt	53	1255	1,60	105	Hongrin Nord Hongrin Sud	Bogenmauer Bogenmauer	1969 1969	125 90
Lago del Narèt	Tessin	32	2310	0,73	104	Naret I Naret II	Bogenmauer Gewichtsmauer	1970 1970	80 45
Lac d'Emosson	Wallis	227	1930	3,27	161	Emosson Barberine	Bogenmauer Gewichtsmauer	1974 1925	180 79
Gigerwaldsee	St. Gallen	36	1335	0,71	135	Gigerwald	Bogenmauer	1976	147
Bortelsee	Wallis	3.6	2464	1,15	?	Bortelsee	Erdschüttdamm	1989	20

Zur Stromproduktion genutzte Naturseen

Lac de Joux/Brenet	Waadt	149	1005	8,77	34		Natursee		
Lago di Poschiavo	Graubünden	111	962	1,98	84		Natursee		
Lungerersee	Obwalden	65	688	2,01	68		Natursee		
Davosersee	Graubünden	15	1559	0,59	54		Natursee		
Lago Tremorgio	Tessin	13	1830	0,36	57		Natursee		
Engstlensee	Bern	11	1850	0,44	49		Natursee		

tisch zum Erliegen (Vischer 1990). Das hatte drei Gründe: Erstens waren sämtliche günstigen Standorte in den Alpen bereits verbaut. *«Der grösste Teil unserer Wasserkräfte ist heute ausgebaut»*, erklärte der Vizedirektor der Kraftwerke Ryburg Schwörstadt AG, Rheinfelden (AG), an einer Tagung im September 1993 im bayerischen Deggendorf. Zweitens war der Bau von Talsperren aus ökonomischen Gründen kaum mehr sinnvoll, und drittens musste mit erheblichem Widerstand aus der Bevölkerung und vonseiten der Natur- und Landschaftsschutzorganisationen gerechnet werden. Vischer (1990) spricht denn auch von einem faktischen *«Moratorium für neue Wasserkraftwerke»*.

Die weiteren Aktivitäten betrafen vor allem Umbauten älterer Anlagen sowie die Ergänzung von bestehenden Speicherkraftwerken mit Speicherpumpen. Dazu waren keine spektakulären Bauten mehr nötig und insbesondere keine «stolzen» Talsperren. Der Anteil des Stroms aus der Wasserkraft sank dadurch kontinuierlich, war aber im Jahr 2008 mit 55 Prozent immer noch beachtlich.

Neben den grossen Speicherseen gibt es zahlreiche kleinere Kraftwerke. Talsperren sind in der Schweiz omnipräsent. So gibt es rund 200 Talsperren von mindestens 15 Metern Höhe, die fast alle der Stromproduktion dienen. Wieder andere Zahlen ergeben sich, wenn man die Leistung als Bezugsgrösse nimmt und die Laufkraftwerke dazuzählt: Die Schweiz verfügte am 1. Januar 2008 über 532 Zentralen von Wasserkraftanlagen mit einer maximal möglichen Leistung von 300 Kilowatt. Rund 47 Prozent der mittleren Produktionserwartung (ohne Umwälzbetrieb) entfallen auf Laufkraftwerke, etwa 49 Prozent auf Speicherkraftwerke und rund 4 Prozent auf Pumpspeicherkraftwerke.

Abb. 448: Bauboom in den Alpen. Die meisten Staumauern wurden in den 1950er- und 1960er-Jahren gebaut. Viele Baustellen wirkten wie Mondlandschaften, aus denen die Landwirtschaft für immer verdrängt wurde. Oben links: Staumauer Moiry (VS) im Bau, Juni 1956; oben rechts: Staudamm Melchsee-Frutt (OW) im Bau, August 1958; unten links: Bogenstaumauer Les Toules (VS) im Bau, August 1962; unten rechts: Baustelle Sanetschsee (VS), Oktober 1962.

Abb. 449: Alle Wasserkraftanlagen mit einer Leistung von mehr als 200 Megawatt befinden sich im Alpenraum. Auch gemessen an der gesamten schweizerischen Produktionserwartung aus Wasserkraftwerken liegen die Bergkantone Wallis (27 %), Graubünden (22 %) und Tessin (10 %) an der Spitze. Beträchtliche Anteile stammen zudem aus den Kantonen Bern (9 %) und Aargau (9 %). Stand 1.1.2008. Quelle: Bundesamt für Energie.

Zentralen von Wasserkraftanlagen mit einer maximal möglichen Leistung ab Generator von

- 🟡 10 – <50 MW (102 Zentralen)
- 🟥 50 – <200 MW (62 Zentralen)
- 🔺 ≥200 MW (15 Zentralen)
- ⬜ Zentrale einer internationalen Wasserkraftanlage

Zur Ästhetik von Staumauern und Speicherseen

Staumauern verändern Lebensräume und Landschaftsbilder fundamental. Für fortschrittsgläubige Politiker sind sie dagegen Machtsymbol und Aushängeschild. Als reine Funktionsbauten, bei welchen die Material- und Standortwahl aus wirtschaftlichen Gründen vorausbestimmt sind, entziehen sie sich jeglicher baukünstlerischer Gestaltung. Im Gegensatz zu allen anderen Bauten ist diese «*Abstinenz an ästhetischen Gestaltungsmöglichkeiten bei Talsperren*» einmalig (Kreuzer 1983). Die übermenschlichen, visuell so aufdringlichen Dimensionen der Talsperren führen die Anwendung von Formprinzipien der Architektur ad absurdum. Im Detail haben diese Prinzipien allerdings ihre Anwendungsmöglichkeiten. Bauwunden in der Umgebung sollten vermieden werden, was leider meistens nicht der Fall war. Baukünstlerische Gestaltungsmöglichkeiten gibt es bei den Nebengebäuden, die zu den Kraftwerken gehören. Aber auch hier herrscht öde Einfalt, die von einem funktionell-technischen Ingenieurdenken geprägt ist.

Die Stauseen werden von der Energiewirtschaft als ästhetische Bereicherung bezeichnet. Man schwärmt von «*fjordähnlichen Seen*» in den Alpentälern. Denkt man sich den See voll und die Staumauer weg, so mag das zutreffen. Aber die Seen sind meist nicht voll und offenbaren einen hässlichen, vegetationslosen, felsigen oder lehmigen Uferstreifen. Doch die Geschmacker sind verschieden. 1960 erklärte ein Redner an der Fünfzigjahrfeier des Schweizerischen Wasserwirtschaftsverbands: «*Ebenso klar ist es [...], dass der Limmernboden ob Linthal, wo nur während weniger Sommermonate ein einziger Mann, der Schäfer von Brigels, seine Herde sömmerte, dem Gemeinnutz unseres ja an Zahl rasch und noch rascher an Strombedarf wachsenden Volkes zu dienen hat. Es ist übrigens meine Überzeugung, dass diese Felsenwüste eines Tages mit ihrem See schöner sein wird als bisher, wie auch das Grimselwerk dem obersten Aaretal neue edle Linien und einen neuen Farbton auf der Palette verlieh.*»

Abb. 450: Endlich in den Alpen!

Abb. 451: Stauseen mit ihren kahlen und unansehnlichen Uferstreifen sind keine Bereicherung für das Landschaftsbild. Links: Zervreila Stausee im Valser Tal (GR); unten links: Vogorno-Stausee im Verzasca-Tal (TI); unten rechts: Marmorera-Stausee (GR).

Abb. 452 (oben): Gross, grösser, am grössten: Die Grande Dixence im Wallis, die höchste Staumauer der Welt. Das brachiale Bauwerk ist 285 Meter hoch. An der Basis ist es so breit wie die grosse Pyramide von Giseh – jedoch doppelt so hoch. Die Kronenbreite beträgt 15 Meter, die Kronenlänge 748 Meter. Über 1,2 Millionen Tonnen Beton wurden verbaut. Der Inhalt des Stausees misst 401 Millionen Kubikmeter Wasser. Die Grande Dixence ist aber nicht nur eine Staumauer von schwindelerregender Höhe, sondern auch ein gewaltiges, rund 160 Kilometer langes Stollensystem, das die südlichen Walliser Alpen von Mischabel bis Grand Combin entwässert – insgesamt rund 360 Quadratkilometer. Die Arbeiten begannen 1953 und wurden erst 1966 abgeschlossen. 3500 Männer arbeiteten gleichzeitig auf 25 Baustellen in Höhen von bis zu 2900 Metern. In den Werkzeugschuppen mussten auch die Särge Platz finden, in die sich die Arbeiter, wenn sie genug getrunken hatten, aus Spass legten. Bei Sturm schliefen sie im Stollen, nicht selten durchnässt und ohne Decken.

Abb. 453: Staumauern sind Fremdkörper in der Gebirgslandschaft. Sogar der Mauersegler meidet die Betonflächen. Im Bild die Grande Dixence-Staumauer im Wallis.

Abb. 454: Der Lac de la Gruyère mit seinen nackten Ufern ist ein besonders unansehnlicher Stausee. Das ehemalige Bundesamt für Wasser und Geologie ist da anderer Meinung. In einer Hauspublikation aus dem Jahr 2004 kann man in einer Bildlegende lesen: «*Ein Speicherbecken als Teil der Kulturlandschaft: Im freiburgischen Greyerzerland bildet die gestaute Saane den Lac de la Gruyère.*» Die Aufnahme entstand am 18. März 2005.

Der Kraftwerkorganismus am Rand des Schweizerischen Nationalparks

Über mehrere Jahrzehnte, vor allem aber in den 1960er- und 1990er-Jahren, wurde im Unterengadin und im benachbarten Italien ein regelrechter Kraftwerkorganismus gebaut. Der Kulturphilosoph Hans Zbinden schrieb dazu 1954:
«Wir haben nicht zu wählen zwischen einem durch ein Kraftwerk ramponierten Park und einem unbedingt geschützten Park, sondern zwischen Erhaltung des Parks in seiner jetzigen, vom Bundesbeschluss gewollten Gestalt, oder Preisgabe der Idee. Entweder bleibt der Park seiner Bestimmung gemäss ein Stücklein unberührter Natur, dem ‹Menscheneinfluss absolut entzogen›, oder er hört auf, ein Nationalpark im Sinne dieser Idee und nach dem Willen seiner Gründer zu sein. Entweder hält man am Beschluss von 1914 fest, der grundlegend und massgebend ist; dann kann es auch jetzt nur heissen: Hände weg vom Nationalpark! – oder man verzichtet auf diesen Beschluss oder ändert ihn ab; dann spreche man diese Absicht ohne Umschweife aus, ohne so zu tun, als werde die ursprüngliche Parkidee durch technische Eingriffe ‹nur wenig tangiert›. Sie wird nicht nur tangiert, sie wird aufgehoben.»

Abb. 455: Oben links und rechts: Bau der Staumauer Ova Spin in der Spölschlucht im Jahr 1966. Unten links und rechts: Bau der Staumauer Punt dal Gall im oberen Spöltal 1966, hinter dem sich der Stausee von Livigno staut.

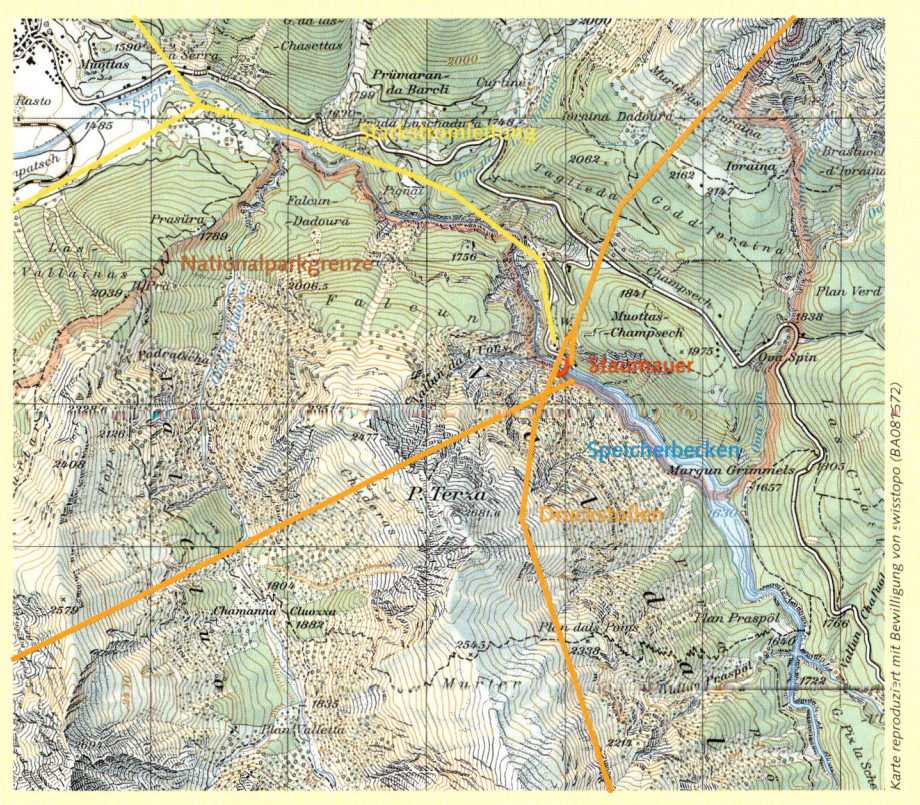

Abb. 456: Das Speicherbecken Ova Spin ist zusammen mit dem Stausee von Livigno nur der sichtbare Teil der Anlagen zur Energiegewinnung aus Wasserkraft in der Nationalparkregion. Unter dem Gebiet des Nationalparks befinden sich mehr als 22 Kilometer Stollen und Tunnel, die Wasser hin und her, hoch und runter transportieren und praktisch die Adern des riesigen Kraftwerkorganismus sind. An mindestens sechs Orten wird Wasser abgezapft und in den Stausee von Livigno am südlichen Rand des Nationalparks geleitet. Im Rahmen einer ersten Nutzung wird das Wasser in das Speicherbecken Ova Spin geleitet, in das auch Wasser aus dem Inn bei S-chanf gepumpt wird. Bei geringer Stromnachfrage wird dieses Wasser wieder in den Stausee von Livigno gepumpt, welcher hinter einer 130 Meter hohen Mauer gestaut wurde. Nebenwirkungen des Kraftwerkbaus sind neue Strassen, Schutthalden sowie verschiedene Gebäude am Rand des Nationalparks.

Abb. 457 (unten): Das Bild links zeigt die Grossbaustelle der Engadiner Kraftwerke unterhalb von Scuol im Juni 1991. Ein Teil des gestauten Inns wird in einen 14 Kilometer langen Druckstollen mit einem Gefälle von 112 Metern geleitet und zur Stromerzeugung genutzt. Das Foto rechts zeigt den gleichen Landschaftsausschnitt im September 1997.

Kapitel 13 Landschaft unter Strom

507

Geopferte Natur, ertränkte Heimat

Den Speicherseen sind grossartige Landschaften geopfert worden. Sogar der Schweizerische Nationalpark blieb nicht verschont. Der Gedanke, die Wasserkräfte im Unterengadin in elektrische Energie umzuwandeln, hatte schon früh Fuss gefasst (Philippin 1971). Im Jahr 1908 entstand ein Projekt für ein Kraftwerk im Val Cluozza, dem heutigen Herzstück des Nationalparks. Am 1. März 1914 veröffentlichte ein Bündner Ingenieur sein Projekt für ein grosses Kraftwerk bei Zernez, das Teile des Nationalparks unter Wasser gesetzt hätte. In der Folge wurde eine ganze Reihe weiterer Projekte ausgearbeitet, unter anderem sollte die malerische Seenplatte von Macun zu einem Pumpspeicherkraftwerk umgestaltet und der halbe Unterengadiner Talboden hinter einer 200 Meter hohen Staumauer im Grenzgebiet Schweiz–Österreich verschwinden.

Alle diese Projekte wurden zum Glück nicht realisiert. Es waren aber nicht die unvorstellbaren Eingriffe in das Landschaftsbild, die die Projekte verhindert hatten, sondern die Energieabsatzschwierigkeiten während der Wirtschaftskrise der 1930er-Jahre. Erst 1942 wurde es ernst: Das «Konsortium für Engadiner Kraftwerkprojekte» plante eine ganze Kraftwerkgruppe im Engadin. Diesmal wurden Nägel mit Köpfen gemacht. Bei den Naturschutzorganisationen klingelten die Alarmglocken. Zwar wurde im Laufe des Planungsprozesses nach heftigen Protesten des Schweizerischen Bundes für Naturschutz (SBN) und des Schweizerischen Heimatschutzes (SHS) ein Teil der ursprünglichen Vorhaben redimensioniert oder fallengelassen. Problematisch sind aber die entwässerten Bäche im Nationalpark und dessen Umgebung sowie das Speicherbecken Ova Spin, dessen 73 Meter hohe Staumauer zwar «nur» an der Grenze des Nationalparks gebaut wurde, dessen Wassermassen aber in den Nationalpark zurückstauen (Abb. 456).

Die Kraftwerkbetreiber sind überzeugt, genug für Natur und Umwelt getan zu haben. Ein Delegierter des Verwaltungsrats der Engadiner Kraftwerke AG schrieb im Jahr 1967: «*Wenn auch […] auf die Belange des Nationalparks weitgehend Rücksicht genommen wurde, so ist doch von Seiten gewisser Kreise des Naturschutzes unermüdlich auf eine Verhinderung der beabsichtigten Wasserkraftnutzung des Spöl hingearbeitet worden. In diesem Zusammenhang wäre zuerst auf die, jedoch in der Volksabstimmung vom Mai 1956 mit grosser Mehrheit verworfenen Wasserrechtsinitiative hinzuweisen, die wohl grundsätzlich verlangte, dass die Erteilung von Wasserrechtskonzessionen durch den Bund dem fakultativen Referendum zu unterstellen sei, in erster Linie aber die Verhinderung des Spölwerkes und damit die von diesen Kreisen proklamierte Erhaltung des Nationalparkes zum Ziel hatte.*»

Nachdem die Grossbauten fertig waren, lobten die Kraftwerkbetreiber die «*guten Beziehungen*», die sie mit den eidgenössischen und kantonalen Exponenten des Naturschutzes sowie mit den Behörden des Nationalparks unterhalten würden (Philippin 1971). Das mit den Arbeiten zur Ova-Spin-Anlage beauftragte Bauunternehmen schloss mit den salbungsvollen Worten: «*Es blieben noch verschiedene Kleinigkeiten auszuführen und vor allem die durch das Baugeschehen in die Natur geschlagenen Wunden wieder zu heilen, denn trotz Technik ist auch der Natur ihr Tribut zu entrichten.*» Am 27. August 1971 wurden die Engadiner Kraftwerke feierlich eingeweiht.

Speicherseen wurden nicht nur in abgelegenen Bergtälern errichtet, sondern auch in bewohnten Gebieten. Mehrere Dörfer und zahlreiche Landwirtschaftsbetriebe versanken in den Wassermassen. Besonders viele Menschen mussten dem Sihlsee weichen (Abb. 460 ff.). Die Bevölkerung wurde entweder mit Geld gefügig gemacht oder zum Umzug gezwungen. Der Verlust der Heimat erregte meist noch jahrzehntelang die Gemüter und spaltete die Bevölkerung in Gegner und Befürworter. Es muss äusserst merkwürdig auf die Bergbevölkerung gewirkt haben, dass der Bund zwar der Entvölkerung der Berggebiete den Kampf angesagt hatte, es gleichzeitig aber zuliess oder unterstützte, dass ganze Gebirgstäler mit zum Teil fruchtbaren Böden unter Wasser gesetzt wurden.

Die vielen grösseren und kleineren Dramen, die sich abgespielt haben, lassen sich nur noch erahnen. Dem Untergang geweiht war beispielsweise das Dorf Marmorera (GR). 1955 versank es in den Fluten eines Stausees (Abb. 458). 1948 hatte sich die Gemeinde in einer Volksabstimmung an die Stadt Zürich verkauft – viel zu billig, wie man heute weiss. Alexander Lozza, ein Pater und Gegner des Stausees dichtete:

Abb. 458: Das alte Marmorera ist nur noch Postkartenidylle. In der Landschaft erinnert nichts mehr an die ehemalige Siedlung, auch nicht die Wegweiser.

Abb. 459: Buben spielen ein letztes Mal am Dorfbrunnen von Marmorera, bevor das Dorf in den Fluten versinkt.

*«Dem grossen Moloch Zürich opferst Du
Geschichte, Sprache, Tradition.
Vom Tun und Trachten unserer Alten
Nur die Sage bleibt erhalten.»*

Von keinem der 29 Häuser, 52 Ställe und Speicher blieb ein Stein auf dem anderen, auch nicht von der Kirche und dem Schulhaus. Man wollte allzu grossen Emotionen vorbeugen und nicht denselben Fehler begehen wie die italienischen Behörden fünf Jahre zuvor am Reschenpass (Krummenacher 2006). Dort wurden zwei vollständig erhaltene Dörfer überflutet. Der Kirchturm von Graun ragt bis heute aus dem Wasser – als Mahnmal gewissermassen für die Vertreibung der Dorfbewohner.

In Marmorera mussten elf Familien zwangsenteignet werden. Pünktlich zum Weihnachtsabend 1949 flatterte der Enteignungsbescheid ins Haus. Manche der Enteigneten gingen bis vor das Bundesgericht – erfolglos. Noch heute prangt an der Fassade eines Hauses von Neu-Marmorera der Schriftzug «La Resistenza».

Dem Fortschritt geopfert:
das Sihlhochtal bei Einsiedeln

Der Sihlsee ist mit seinen fast elf Quadratkilometern der flächenmässig grösste künstliche See der Schweiz. Die mit dem Bau und der Flutung einhergehenden sozialen Probleme, das Gefühl von Heimatverlust, das Schwanken zwischen industriellem Fortschrittsglauben und bäuerlicher Tradition sind eindrücklich in Saurer (2002) beschrieben. Die Flutung des Hochtals der Sihl begann am 30. April 1937. Am 13. September war die maximale Stauhöhe erreicht. Rund 500 Menschen hatten vor dem Stau im Seegebiet gewohnt. Einige von ihnen fanden in Amerika eine neue Heimat. 93 Wohnhäuser, 124 Scheunen mit Stallungen, 13 Feldscheunen, 197 Torfhütten und 14 weitere Gebäude wie Sägereien, Kapellen oder gedeckte Brücken versanken in den Wassermassen. Von den 1100 Hektaren Land, die dem See zum Opfer fielen, waren 943 landwirtschaftlich genutzt worden. Bingisser (2002) weist darauf hin, dass die gängige Meinung, es habe sich fast nur um unproduktives Land gehandelt, klar korrigiert werden muss. Von dem produktiven Land entfielen 41 Prozent auf gutes Pflanz-, Wies- und Weideland und 45 Prozent auf zwar etwas minderwertiges, aber im Hochtal überaus geschätztes Torf- und Streueland.

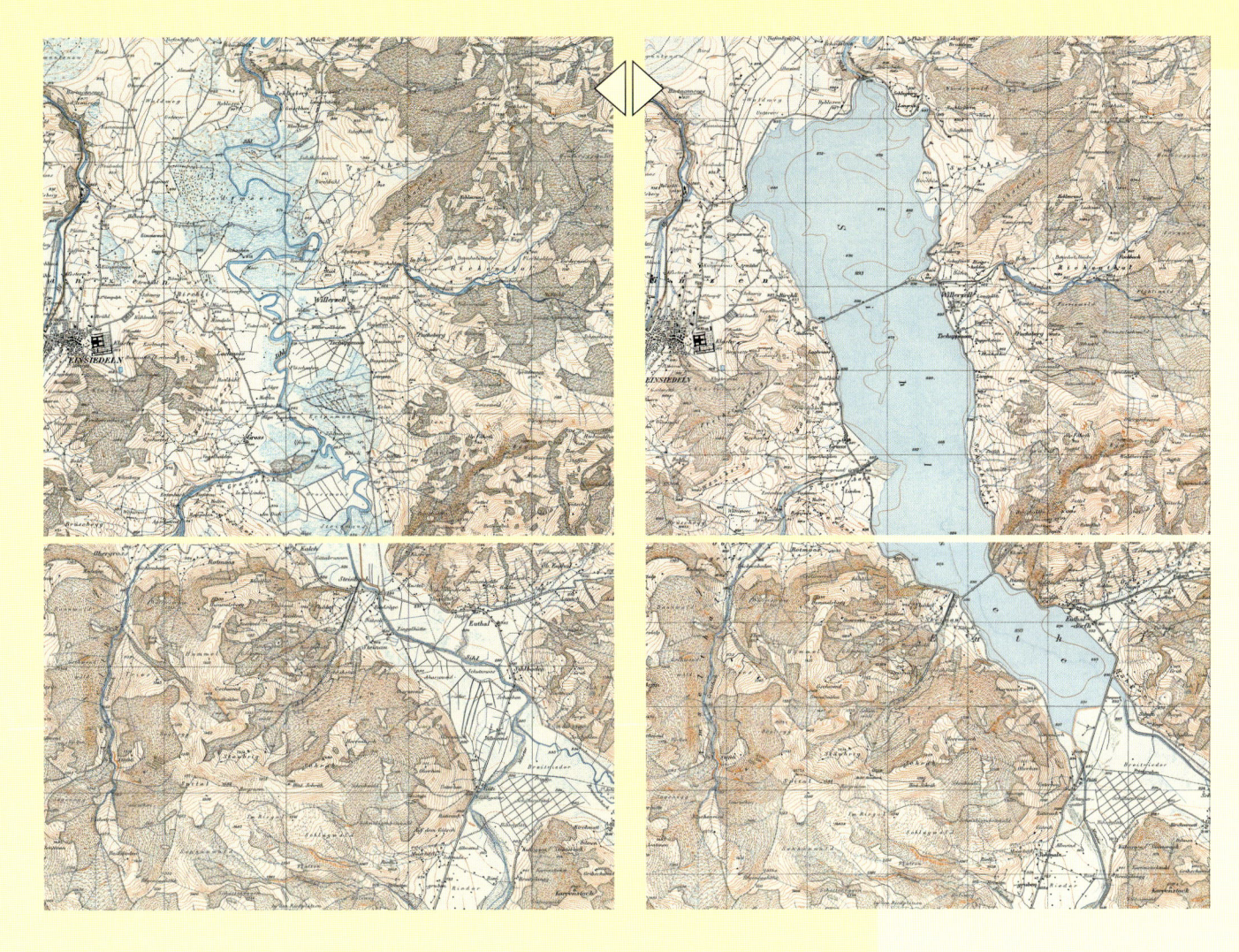

Abb. 460: Mit dem Sihlsee wurde die Landschaft vollkommen ausgewechselt. Siegfriedatlas, Blätter 245 und 259, links Stand 1904/06, rechts Stand 1937.

Abb. 461: Das Gebiet des Sihlsees vor dem Stau 1937. Im Vordergrund erkennt man mehrere Wölb-Äcker. Dahinter – und über das ganze Hochtal verstreut – zum Trocknen aufgestapelter Torf sowie Dutzende von Torfhütten, die der Lagerung des getrockneten Brennstoffs dienten.

Kapitel 13 Landschaft unter Strom

Eindrückliche Worte fand der Landammann August Bettschart nach der Einsegnung der Staumauer am 12. Mai 1937 (zitiert in Saurer 2002): «[...] *Bei aller Freude über das Gelingen des Werkes und bei aller Zuversicht in dessen Vollendung sind wir uns doch des Schmerzes bewusst, den so viele unserer engsten Volksgenossen beim Anblick dieses mitten in uraltem Kulturland sich bildenden Sees erleiden müssen. [...] Die dauernde Überflutung und Vernichtung so viel Grund und Bodens, den unsere Vorfahren im Schweisse ihres Angesichts gerodet und auf dem sie seit über 1000 Jahren gelebt haben, schien so ungeheuerlich, dass viele nicht daran glauben konnten. [...] Es war ein eindrucksvolles Schauspiel, das der Besucher unseres Hochmoores kurz nach dem Staubeginn erleben konnte und heute noch erlebt, wenn er mitansehen muss, wie die gesamte Kleintierwelt, die Ameisen, Käfer, Mäuse und alles was lebt und sich bewegt, vor der steigenden Flut sich*

Abb. 462: Die nördlichen Moorteile vor und bei Beginn der Aufstauung, am 29. April 1937 und am 4. Mai 1937. Links das Willerzeller Viadukt, darüber Freiherrenberg. Rechts die Talausgänge von Geissweid und Schlagen (mit Staumauer). Die nicht abgebauten Hochmoorbereiche treten als Inseln hervor. Untergangsstimmung macht sich breit.

eilends rettet, die Vögel des Himmels ihre Nester verlieren und die ersten Frühlingsblumen sachte, aber unabwendbar in den Wassern versinken. Und auf den Hängen rings um das Staugebiet stehen unsere Männer und Frauen, schweigend und aufs tiefste bewegt im Anblick der werdenden Seefläche, die grösser und mächtiger wird und so viele Erinnerungen an menschliches Geschehen, an Liebes und Leides bedeckt.»

Abb. 463: Das Willerzeller Viadukt (1115 m) vor und nach dem Stau.

Erfolgreicher Widerstand

Nicht immer war der Kampf der Talbevölkerung gegen die Kraftwerkbefürworter erfolglos. In mehreren Fällen konnte eine Talflutung verhindert werden.

Das Stauseeprojekt Urserental

Seit den 1920er-Jahren gab es mehrere Projekte für Wasserkraftwerke am Gotthard, die beim Urnerloch eine Staumauer und die Flutung des ganzen Urserentals bis nach Realp vorsahen. Andermatt, Hospental und Realp hätten an höherer Lage wieder aufgebaut werden sollen. Doch alle Projekte stiessen bei den Ursnern auf vehementen Widerstand. 1945 schockierten die Centralschweizer Kraftwerke die Talbevölkerung mit einem besonders grossen Stauseevorhaben: Geplant war das grösste Speicherwerk Europas. Die Staumauer in der Schöllenenschlucht hätte 208 Meter hoch sein sollen. Das Kraftwerk hätte einen Drittel des damaligen Energieverbrauchs gedeckt.

Die Kraftwerkverantwortlichen versuchten mit allen Mitteln, der Bevölkerung das Projekt schmackhaft zu machen. Man pries vor allem die Vorteile für den Tourismus: «*Zum Schluss werfen wir im Geist einen Blick auf das zukünftige Staugebiet von Andermatt. Träumerisch liegt der tiefblaue See, eingebettet im sonnigen Tal von Urseren, umrahmt von zum Teil noch schneebedeckten Bergriesen des Aare-, Gotthard- und Oberalpmassivs. Die Staumauer beim Urnerloch, obschon für sich ein Riesenwerk der Technik, verschwindet unter dem gewaltigen Eindruck des Sees in der wildromantischen Hochgebirgsszene. Andermatt und Hospental sind aus dem schattigen Talgrund hinaufgestiegen an die sonnigen Berghalden und spiegeln sich in ihrem Festgewand im See, als ob es immer so gewesen wäre. Nichts stört die Harmonie der Natur. […] Zweifelsohne wird der Stausee auf den Fremdenverkehr eine grosse Anziehungskraft ausüben. Zumal neben den bestehenden Verkehrsmitteln noch ein weiteres, die Schiffahrt, hinzukäme und der See mit seiner Oberfläche von der Grösse des Baldeggersees, die Einführung eines jeglichen Wassersports ermöglichte*» (zitiert in Ammann 2000).

Mit dem Dampfschiff von Neu-Andermatt nach Neu-Hospental? Keine Rede davon, dass Heimat verloren geht und der See keineswegs immer voll sein würde. Langlauf wäre nicht möglich gewesen, denn die fortwährende Absenkung des Sees im Winter hätte die Eisdecke zerbrechen lassen. Im Winter und bis weit in den Sommer wäre der See ein unansehnliches Staugewässer gewesen. Die gesamte Energielobby bis hin zum Bundesrat war aber von dem Riesenprojekt begeistert.

Abb. 464: Neu-Andermatt gegen die Oberalp mit dem projektierten Stausee Urseren 1920. Thomas Brunner: Retuschierte Postkarte aus dem Album «Dorfbilder».

Die Ursner liessen sich aber von der Progaganda nicht einlullen. Ihre Parole war eindeutig: «*Wir verhandeln nicht! Wir verkaufen nicht! Wir gehen nicht!*» Höhepunkt der Auseinandersetzungen bildete die «Krawallnacht von Andermatt» am 19. Februar 1946, als wutentbrannte Einwohner das Büro des Studiensyndikats demolierten und den zuständigen Ingenieur regelrecht zum Tal hinausprügelten. Waren die Talbewohner lange Zeit auf sich allein gestellt, wuchs Mitte der 1940er-Jahre auch der Widerstand in der Eidgenossenschaft. 1951 wurde auf das Projekt verzichtet. Das Ursner Wasser wurde allerdings gefasst, und zwar grösstenteils im Kraftwerk Göschenen, das zehn Jahre später gebaut wurde.

Die Landschaft im Urserental schien gerettet. Zumindest für ein halbes Jahrhundert. Im Jahr 2005 präsentierte der ägyptische Milliardär Samih Sawiris sein Milliardenprojekt in Andermatt: Geplant ist ein gigantisches Tourismus-Resort, das aus Andermatt «*eine blühende Alpenoase*» machen soll. Der Kanton Uri zeigte sich extrem dankbar, dass man wieder eine «*positive Perspektive*» hat (siehe Kap. 12). Hätte man das Tal Mitte des letzten Jahrhunderts geflutet, wäre den Ursnern diese «Zukunftschance» verwehrt geblieben.

Das Stauseeprojekt Rheinwald

Rheinwald ist der hinterste Teil des Hinterrheins zwischen Schams und dem San-Bernardino-Tunnel. Seit 1911 gab es Pläne, die Wasserkraft der Talfurche zu nutzen. Am längsten hielt sich ein 1930 ausgearbeitetes Projekt. Dem Plan der Kraftwerke Hinterrhein entsprechend sollte im Rheinwald ein neun Kilometer langer Stausee entstehen, der fünf Quadratkilometer Kulturland unter Wasser gesetzt hätte. Die Staumauer hätte sich bei der Burg Splügen 700 Meter weit quer durch den Talboden gezogen, 115 Meter hoch. Die Dörfer Splügen und Medels wären vollständig überflutet worden, Nufenen teilweise (Abb. 465). Als Ersatz für die Siedlungen war geplant, oberhalb der Staumauer ein Dorf «Neu-Splügen» zu errichten – am Schattenhang. Ein Gutachten erklärte, weshalb das Projekt durchgeführt werden sollte (Bernhard 1931): «*Unsere Untersuchungen erweisen, dass es auch im Falle etwaiger Stauseebauten im Rheinwald möglich sein wird, durch Realersatzleistungen die ansässigen landwirtschaftlichen Existenzen aufrecht zu erhalten. Das ist vom Standpunkt der Innenkolonisation aus das Wesentlichste. […] Die bündnerischen Behörden werden zusammen mit der Bevölkerung des Rheinwalds darüber zu befinden haben, ob die ideellen Einbussen, hervorgerufen durch die Umsiedlung von Splügen, durch die volkswirtschaftlichen Vorteile und Verbesserung der Existenzverhältnisse der Ansässigen überwogen werden. Wir unsererseits bejahen diese Frage.*»

Besonders feurige Plädoyers für den Bau des Kraftwerks schrieb der Direktor der Rhätischen Werke für Elektrik: «*[…] Zusammenfassend darf also gesagt werden, dass der Verlust an landwirtschaftlichen Existenzmöglichkeiten durch eine mächtige Belebung des Verkehrs und durch die mit der Wartung und dem Betrieb der Stauseen und Kraftwerksanlagen verbundenen neuen Verdienstmöglichkeiten, die ohne weiteres auch Handel und Gewerbe in der Talschaft selbst befruchten werden, weit mehr als nur einen mageren Ausgleich finden wird und dass man statt des derzeitigen langsamen, aber sicheren Bevölkerungsrückgangs wieder eine Bevölkerungszunahme erhoffen darf. […] Sollte es zuviel verlangt sein, dass die heu-*

tige und namentlich die ältere Generation der Jugend und damit der Zukunft das Opfer einer Umsiedlung und teilweisen Umstellung im Erwerbsleben bringt, wenn damit die Talschaft weit besseren Lebensbedingungen entgegengeführt und gleichzeitig dem Kanton eine fortschreitende wirtschaftliche Entwicklung eröffnet werden kann?» Doch die Bevölkerung wollte sich nicht zum Glück zwingen lassen. Alle drei Gemeinden lehnten das Projekt ab.

Die Elektrizitätswirtschaft liess aber nicht locker. Zehn Jahre später legten der Schweizerische Elektrotechnische Verein und der Verband Schweizerischer Elektrizitätswerke bereits ein Zehnjahresprogramm für den Bau mehrerer Kraftwerke vor. Das Projekt Hinterrhein stand an allererster Stelle. Kaum wurde das Programm veröffentlicht, organisierte sich der Widerstand. Man wollte den angestammten Boden unter keinen Umständen preisgeben. Die Gemeinde Splügen lehnte das Projekt am 16. November 1941 mit 189 zu null Stimmen ab und beauftragte eine Kommission, alles daranzusetzen, um das Vorhaben zu verhindern. Die offizielle Konzessionsofferte des Rheinwald-Konsortiums traf ein halbes Jahr später ein. Erstaunt musste man aber zur Kenntniss nehmen, dass der Bundesrat dem Projekt grundsätzlich zustimmte. Am 25. Juli 1942 wurde die Offerte von den betroffenen Gemeinden in geheimer Abstimmung einstimmig verworfen – und dies bei einer Wahlbeteiligung von 93 Prozent.

Das Konsortium blieb hartnäckig und wandte sich hilfesuchend an die Bündner Regierung. Mehrere Gutachten, Publikationen und Verteidigungsschriften wurden vom Konsortium und von den Gegnern publiziert. Interessanterweise plädierten die Gegner in ihrer 1943 publizierten Kampfschrift «Rheinwald» für den Bau anderer Wasserkraftwerke in abgelegenen Tälern, darunter auch die in den 1970er- und 1980er-Jahren so heiss umkämpfte Greinaebene. Den Gegnern der Wasserkraftwerke ging es bis in die 1960er-Jahre keineswegs um die Erhaltung von Natur und Landschaft, sondern um den Erhalt der landwirtschaftlichen Produktionsgrundlage und der Heimat.

Abb. 465: Splügen unter Wasser. Blick von Süden von der Splügenstrasse her in den Rheinwald. Gemäss dem Projekt aus dem Jahr 1942 wäre der Talboden in den Wassermassen verschwunden, die sich hinter einer 115 Meter hohen Mauer aufgestaut hätten. Die Wasseroberfläche hätte sich bei vollständiger Füllung 50 Meter über der Kirchturmspitze befunden.

Im März 1944 lehnte die Bündner Regierung das Projektgesuch ab und hoffte, *«dass die Miteidgenossen diese Haltung und Motive zu würdigen verstehen»*. Die Neue Zürcher Zeitung kommentierte: *«In dem tragischen Widerstreit zwischen unwägbaren Werten und greifbarem Nutzen, zwischen dem Recht des Stärkeren und dem stärkeren Recht, ist ein Entscheid ergangen, der, so will uns dünken, vor dem Urteil der Geschichte mit Anstand bestehen wird.»* Das Konsortium blieb jedoch nicht untätig und baute in den drauffolgenden Jahren mehrere kleinere Stauseen in abgelegenen Gebieten, darunter den Stausee im Val di Lei.

Greinaebene unter Wasser?

Es gibt wohl kein Hochtal in den Schweizer Alpen, für das nicht irgendwann einmal ein Stauseeprojekt entworfen wurde. 1982 bestanden im Kanton Graubünden 20 Wasserkraftprojekte. Eines davon betraf die unberührte und vollkommen intakte Hochgebirgslandschaft der Greinaebene. Keine Seilbahn, keine Strasse erschlossen das Hochtal. Helle Gneise und dunkler Bündner Schiefer prägen die geologischen Verhältnisse. Auf dem Talgrund schlängeln sich die Mäander des Somvixer Rheins, dazwischen eingebettet liegen kleine Seen und Flachmoore. Die unverdorbene Landschaft strahlt beinahe arktische Verhältnisse aus.

Für die Energiewirtschaft, für die Gemeinden Somvix und Vrin sowie für den Kanton Graubünden war das Naturjuwel unproduktives Land, das es zu nutzen galt. Im Jahr 1962 erhielten die Nordostschweizerischen Kraftwerke und die Rhätischen Werke für Elektrizität die Konzession zur Nutzung der Wasserkräfte. Das Kraftwerkprojekt sah eine 80 Meter hohe Staumauer an der Camonaschlucht vor. Gerade die Unberührtheit und die einzigartige Topografie der Greina schienen für den Bau eines Stausees ideal zu sein. Die hochverschuldeten Gemeinden waren froh um die in Aussicht gestellten Einnahmen aus dem Kraftwerkbau und die Wasserzinsen. Niemand musste umgesiedelt werden, Kulturgut stand auch nicht auf dem Spiel. Doch die Rechnung wurde ohne die Natur- und Landschaftsschutzorganisationen gemacht. In den Jahren 1975 und 1976 publizierte die Zeitschrift des Rheinaubundes, «Natur und Mensch», umfangreiche Fachartikel über die Greina-Landschaft und plädierte für die Erhaltung dieser einzigartigen Landschaft.

1983 reichte der «grüne» Winterthurer SVP-Nationalrat Erwin Akeret ein Postulat ein, in welchem er den Bundesrat aufforderte, das Gebiet «Greina-Piz Medel», welches bereits im Inventar der «Kommission für die Inventarisation schweizerischer Landschaften und Naturdenkmäler von nationale Bedeutung» aufgelistet war, in das Bundesinventar ebendieser Landschaften und Naturdenkmäler aufzunehmen. Die betroffenen Gemeinden wehrten sich gegen eine Unterschutzstellung mit den Argumenten, ihre lebenswichtigen Interessen würden beschnitten und ihre Gemeindeautonomie würde verletzt. Eine Unterschutzstellung sei ein *«krasser Widerspruch»* zur Erhaltung der Bergbevölkerung. Der Bundesrat nahm das Postulat entgegen, blieb aber untätig.

Eine Beurteilung des Projekts aus der Sicht des Natur- und Heimatschutzes kam zu folgendem Schluss (Broggi und Reith 1984): *«Die Greina gehört zu den noch naturhaften und zusammenhängenden extensiv oder gar nicht genutzten Gegenden der Schweiz. Dieser Umstand, die besondere Eigenart des Hochlandes, be-*

gründet eine absolute Schutzwürdigkeit. Die Landschaft der Greina verdient den Schutz des Art. 22 des Bundesgesetzes vom 22.12.1916 über die Nutzbarmachung der Wasserkraft, gemäss dessen die natürliche Schönheit einer Landschaft zu schonen und, wo das allgemeine Interesse an ihr überwiegt, diese ungeschmälert zu erhalten ist. Dementsprechend ist auf eine Wasserkraftnutzung wie auch auf eine allenfalls touristische Erschliessung mit Bahnen und Strassen zu verzichten.»
Der gleiche Bericht, in dem insgesamt 40 geplante Wasserkraftwerke unter die Lupe genommen wurden, weist darauf hin, dass 20 Projekte in der Schweiz aus Sicht des Natur- und Heimatschutzes *«kompromisslos»* abzulehnen seien. 8 weitere Projekte stünden *«den Anliegen des Natur- und Heimatschutzes»* entgegen.

Zum Projekt Greina schrieb der Landschaftsschützer Hans Weiss am 11./12. Oktober 1986 in der Neuen Zürcher Zeitung: *«Ein Regierungsrat warf mir einmal gesprächsweise vor, ich sei ein Egoist, wenn ich für den Schutz von Naturlandschaften wie die Greina eintrete, da diese ja nur von einem verschwindend kleinen Teil der Bevölkerung besucht würde. Und überhaupt seien die von den Landschaftsschützern verwendeten Beurteilungskriterien völlig subjektiv. […] Im Grunde stecken hinter dem Anspruch der Objektivität […] zwei Vorstellungen: Erstens müsse eine Mehrheit aus dem Vorhandensein einer Landschaft Nutzen ziehen können, damit sie erhaltenswert sei, und zweitens müsse der Wert dieser Landschaft ‹objektiv› ermittelt, d. h. mess- oder erwägbar sein. […] Jeder Mensch hat, wenn auch mit unterschiedlichem Bewusstheitsgrad, nicht nur einen Bedarf an objektiv ermittelbaren und kontingentierbaren Gütern […], sondern auch einen Bedarf an subjektivem, nicht quantifizierbarem Umwelt- und Landschaftserlebnis. Wenn dem so ist, fällt der Vorwurf, nur die eigenen Interessen zu schützen, dahin.»*
Weiss schliesst sein Plädoyer für die Erhaltung der Greina mit folgenden Worten: *«Die Holländer haben das Meer, andere Völker haben den Urwald oder die Wüste als naturnahes Refugium. Wir Schweizer haben unsere unbewohnten Gebirgsgegenden, soweit wir sie nicht schon für den kommerziellen Tourismus, den Verkehr, die Gewinnung von Rohstoffen und Energie oder als militärisches Gelände in Anspruch genommen und genutzt haben. Vielleicht besteht der Nutzen von Landschaften wie die Greina gerade in ihrem Nicht-Nutzen, einmal abgesehen davon, dass für die Erforschung von Ökosystemen naturnahe, unberührte Landschaften unentbehrlich sind. Schon die alpine Sage lehrt uns ja, dass derjenige, der in seiner Begehrlichkeit alles nutzt, am Ende alles verliert. Sicher darf die Konkretisierung dieser Einsicht nicht ohne Gegenleistung denjenigen abverlangt werden, die bis jetzt am bescheidensten gelebt haben. Damit wird aber die Frage, ob eine Greina und andere letzte Naturlandschaften erhalten werden können, zu einer neuen Herausforderung für die eidgenössische Solidarität. Diese ist hier so wichtig wie bei der Entwicklungszusammenarbeit. Jedenfalls wäre die reiche Schweiz in mehrfacher Hinsicht ein armes Land, wenn sie nicht imstande wäre, die wenigen unberührten Landschaften, die sie auf ihrem kleinen Territorium noch hat, zu bewahren.»*
Im November 1986 verzichtete das Konsortium Greina-Wasserkraftwerke auf den Bau des Kraftwerks im Gebiet der Greina, das die Stromproduktion der Schweiz lediglich um 0,3 Prozent erhöht hätte. Begründet wurde dieser Entscheid mit dem Argument, dass *«angesichts der geltend gemachten Schutzwürdigkeit und der*

Abb. 466: Gerettetes Hochtal: Die Urlandschaft Greina.

rechtlichen Unsicherheiten mit einschneidenden Massnahmen und nicht verantwortbaren zeitlichen Verzögerungen» zu rechnen gewesen wären, «die sich nicht sehr günstig auf die Wirtschaftlichkeit des Werks ausgewirkt hätten». Eine enttäuschende Begründung, fand die Neue Zürcher Zeitung: Der Pressetext des Konsortiums sei «wie gemacht zum Aufpolieren des schiefen Bildes von den Elektrizitäts-Baronen, die nichts anderes kennen ausser Franken und Kilowattstunden». Weiter schreibt sie: «Und wie soll man, wenn wieder einmal ökonomische Interessen gegeneinander abzuwägen sind, mit Überzeugung den Verzicht auf Greina als Leistung der Elektrizitätswirtschaft in die Waagschale werfen können, wenn der Abschied von diesem Projekt im wesentlichen wirtschaftlich begründet worden ist? Wie elegant wäre es gewesen, wenn die Projektanten Hand geboten hätten, um gemeinsam mit den Umweltschutzorganisationen und den beiden Gemeinden ein Schutzprojekt zu verwirklichen?»

Der Gemeindepräsident von Sumvitg konnte seinen Frust nicht verbergen: «Die Natur war immer da, um uns zu schädigen – wir hätten erwartet, dass wir von der Natur auch ein kleines Opfer verlangen können.» Wie so oft in Helvetien ging anschliessend ein langwieriges Feilschen um die Unterschutzstellung der Greina und die «Entschädigung» der Gemeinden los, die auf die erhofften Wasserzinsen verzichten mussten. Via Wasserrechtsgesetz wurde am 15. November 1995 – fast zehn Jahre nach dem Bauverzicht – die «Verordnung über die Abgeltung von Einbussen bei der Wasserkraftnutzung» vom Bundesrat in Kraft gesetzt. Die Stiftung Landschaftsschutz Schweiz, die Pro Rein anteriur und die Greina-Stiftung haben sich stark für diese sogenannte «Greina-Verordnung» eingesetzt und zusammen mit prominenten Parlamentariern die Streichung des «Landschaftsfrankens» ver-

Abb. 467: Gletsch unter Wasser. 1978 legte der Staatsrat des Kantons Wallis ein Projekt für ein Speicherkraftwerk Gletsch im Tal von Gletsch vor. Die 163 Meter hohe Staumauer in der Schlucht unterhalb von Gletsch hätte einen See mit einem Volumen von 100 Millionen Kubikmeter Wasser gestaut. Natur- und Landschaftsschutzorganisationen stellten sich gegen das Projekt, das eine einmalige Landschaft mit interessanter Klima- und Gletschergeschichte zerstört hätte. Erst 1983 wurde auf den Bau des Kraftwerks verzichtet.

hindert. Damit können Gemeinden, die auf die Nutzung von Wasserkraft zugunsten des Landschaftsschutzes verzichten, entschädigt werden. Während 40 Jahren, rückwirkend ab 1995, erhalten die Gemeinden Vrin und Sumvitg jährlich je 360 000 Franken vom Bund.

Einiges deutet allerdings darauf hin, dass das Konsortium Greina-Wasserkraftwerke nicht ehrlich in seiner Begründung des Bauverzichts gewesen ist. Die Geologie der Greina ist nämlich kompliziert. Zwischen den hellen Gneisen und dem dunklen Bündner Schiefer liegt eine wasserdurchlässige Zone, die dem Stausee zumindest teilweise das Wasser abgegraben hätte. Dieses nie wirklich publik gemachte Manko erklärt unter anderem, weshalb sich der Baubeginn nach der Erteilung der Konzession Anfang der 1960er-Jahre so lange verzögert hat.

Den beiden armen Gemeinden sollen die «Ausgleichszahlungen» nicht missgönnt werden. Aber sie stehen auf wackligen Füssen, weil die Staumauer vermutlich auch ohne die Landschaftsschützer nie gebaut worden wäre. Schmid (1997) weist zudem darauf hin, dass das ausschöpfbare Wassernutzungspotenzial durch den vom Gesetz vorgeschriebenen Landschaftsschutz nicht geschmälert wird, sondern durch die erforderliche Landschaftsverträglichkeit erst in seinem Umfang bestimmt wird. Damit sei eine Finanzierung der Ausgleichsleistungen aus allgemeinen Bundesmitteln nicht gerechtfertigt.

Bis auf den letzten Tropfen

Die seit den 1950er-Jahren immer intensivere Wasserkraftnutzung hat dazu geführt, dass immer mehr Bäche und Flüsse im Alpenraum immer weniger Wasser führen und streckenweise sogar ganz austrocknen. Wasserkraftwerke entnehmen den Flüssen und Bächen für die Stromproduktion grosse Mengen von Wasser, das meist in Speicherbecken geleitet wird. Nach der Nutzung für die Stromproduktion fliesst dieses Wasser an einem anderen Ort ins gleiche oder in ein anderes Gewässer zurück. Der Wassertransport erfolgt sowohl innerhalb als auch zwischen den Einzugsgebieten der grossen Flüsse. Der Ticino erhält beispielsweise Wasser aus dem Rhein, der Reuss und der Rhone (Bundi 2002). Zum Teil wird das Wasser auch über die Landesgrenze hinweg umgeleitet, beispielsweise aus dem Inn nach Italien.

Die Diskussionen darüber, ob und wie viel Wasser in den Bächen verbleiben muss, begannen spät. Das Reizwort für die Wasserwirtschaft hiess und heisst Restwasser. Als Restwasser wird jenes Wasser bezeichnet, welches zwischen Entnahme- und der Rückgabestelle im Gewässerbett bleibt. 1961 hatte Nationalrat Welter den Bundesrat in einem Postulat ersucht, *«zu prüfen, ob es nicht möglich wäre, Vorschriften zu erlassen, die eine angemessene Wasserführung der Flüsse gewährleisten»*. Seither hat sich auf gesetzlicher Basis einiges getan. Die Bemühungen um das sogenannte «Restwasseropfer» versickerten allerdings regelmässig auf dem Weg in die Landschaft.

Anfangs der 1980er-Jahre erarbeitete beispielsweise eine eidgenössische Kommission einen Entwurf für einen neuen Verfassungsartikel 24, der in einer Volksabstimmung am 7. Dezember 1975 mit 858 429 gegen 248 377 Stimmen angenommen wurde. Der Artikel machte in Absatz 1 die *«haushälterische Nutzung»* der Wasservorkommen zur Pflicht und übertrug dem Bund in Absatz 2 die Aufgabe, auf dem Weg der Gesetzgebung Bestimmungen zu erlassen über *«den Schutz der ober- und unterirdischen Gewässer gegen Verunreinigung und die Sicherung angemessener Restwassermengen»*. Am 22. Juni 1977 rief das Eidgenössische Verkehrs- und Energiewirtschaftsdepartement eine «Arbeitsgruppe Restwasser» unter der Leitung von Nationalrat Erwin Akeret ins Leben, um *«Thesen zu erarbeiten, die eine oder mehrere Möglichkeiten aufzeigen, wie das Problem der Restwassermengen und seine Teilaspekte in der Gesetzgebung und in Einzelfällen einer Lösung zugeführt werden können»*.

Die Arbeitsgruppe empfahl dem Bund in ihrem 1982 erschienenen Schlussbericht, zur Sicherung der Restwassermengen *«polizeiliche Nutzungsbeschränkungen in entsprechenden Schutzgesetzen, vor allem aber im Gewässerschutzgesetz»*, zu erlassen. Restwassermengen werden dann als genügend bezeichnet, wenn das Gewässer aus Sicht des Natur- und Heimatschutzes *«seinen Charakter als Landschaftselement wahrt und die vielseitigen dynamischen Funktionen in ihrer Gesamtheit erfüllt»*.

Die Realität sieht bis heute anders aus. Daran hat auch das Gewässerschutzgesetz vom 24. Januar 1991 nichts ändern können, das in allen Gewässern *«angemessene Restwassermengen»* fordert und selbstverständlich heftig bekämpft wurde. Die Wasserwirtschaft jammerte, dass die geforderten Restwassermengen zu einer

Minderproduktion von Strom um zwölf Prozent führen würden. Untersuchungen an neukonzessionierten Kraftwerken, die die Restwassermengen respektieren, haben aber gezeigt, dass die Minderproduktion lediglich 3,5 Prozent beträgt (Kummer 2002).

Dennoch fliessen die Restwassermengen spärlich in den Alpenbächen. Eine vom Bundesamt für Umwelt BAFU im Juli 2007 publizierte Restwasserkarte für die Schweiz offenbarte das ganze Ausmass der Übernutzung der Bäche und Flüsse durch die Wasserwirtschaft (Abb. 468): 60 Prozent der mit Angaben versehenen Fassungen werden mit sage und schreibe null Restwasser betrieben, das heisst die Bäche sind komplett trockengelegt. Obwohl die kantonalen Inventare gemäss Gewässerschutzgesetz bereits seit 13 Jahren fällig waren, fehlen bei rund der Hälfte der Fassungen Angaben zu den Restwassermengen. Es darf angenommen werden, dass die Situation bei den Wasserfassungen ohne Angaben dramatischer ist. Einige Kantone haben sich vehement gegen die Erstellung und Publikation der Restwasserkarte gewehrt. Die Kantone Graubünden und Tessin haben sich sogar rechtlich gegen die Veröffentlichung zur Wehr gesetzt. Ihre Begründung: Die Restwasserkarte verletzte die Geschäftsgeheimnisse der Kraftwerke.

Das eidgenössische Gewässerschutzgesetz schreibt die gesetzeskonforme Umsetzung der Restwasserbestimmungen bei neuen und erneuerten Wasserkraftkonzessionen sowie die Sanierung der Restwasserstrecken von bestehenden Wasserkraftkonzessionen vor. Doch im Jahr 2006 wiesen Wissenschafter des Wasserforschungs-Instituts EAWAG drauf hin, dass der Vollzug der Sanierungen nur sehr schleppend vorankommt (Uhlmann und Wehrli 2006). Die Umsetzung der Restwasservorschriften unterscheidet sich je nach Kanton stark. Von insgesamt 491 sanierungspflichtigen Wasserfassungen – die Daten stammten von 21 Kantonen; einzelne Kantone stellten trotz mehrmaliger Anfrage keine Daten für die Auswertung zur Verfügung – wurde für 40 Prozent der Wasserfassungen noch kein Sanierungsbericht erarbeitet, für 36 Prozent wurde ein Sanierungsbericht erstellt und nur für 24 Prozent Sanierungen verfügt. Die zögerliche Umsetzung ist laut den Autoren der Studie «*in vielen Kantonen insbesondere auf eine mangelnde*

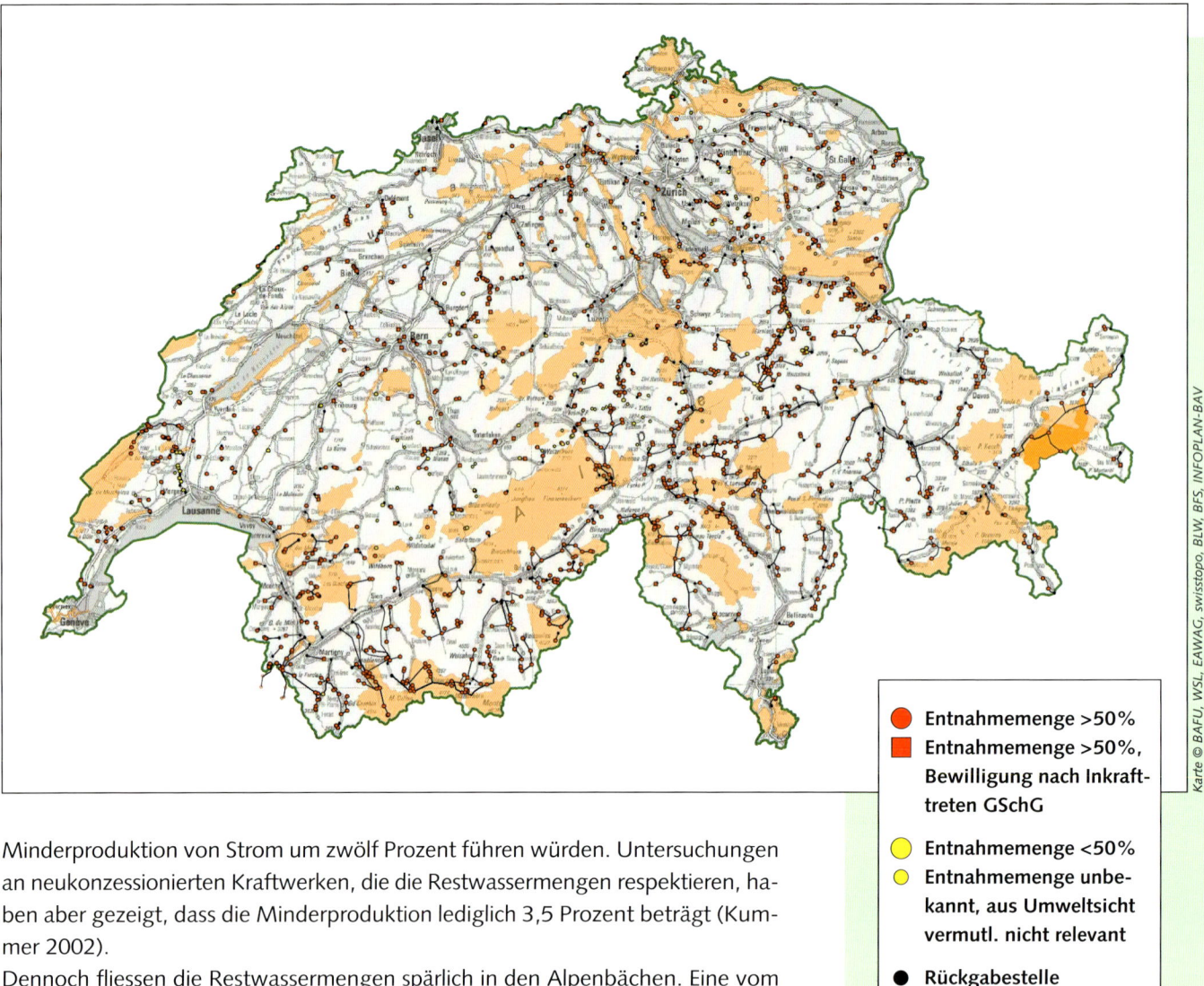

Abb. 468: Im Rahmen des Vollzugs des Gewässerschutzgesetzes mussten die Kantone dem Bund ein Inventar der bestehenden Wasserentnahmen einreichen. Das Bundesamt für Umwelt erstellte mit diesen Daten eine nationale Restwasserkarte im Massstab 1:200 000. Die Karte enthält die von den Kantonen inventarisierten Wasserentnahmestellen sowie die Rückgabestellen, Angaben zum Entnahmezweck, zu den Restwassermengen und weitere Angaben. Quelle: Kummer et al. 2007.

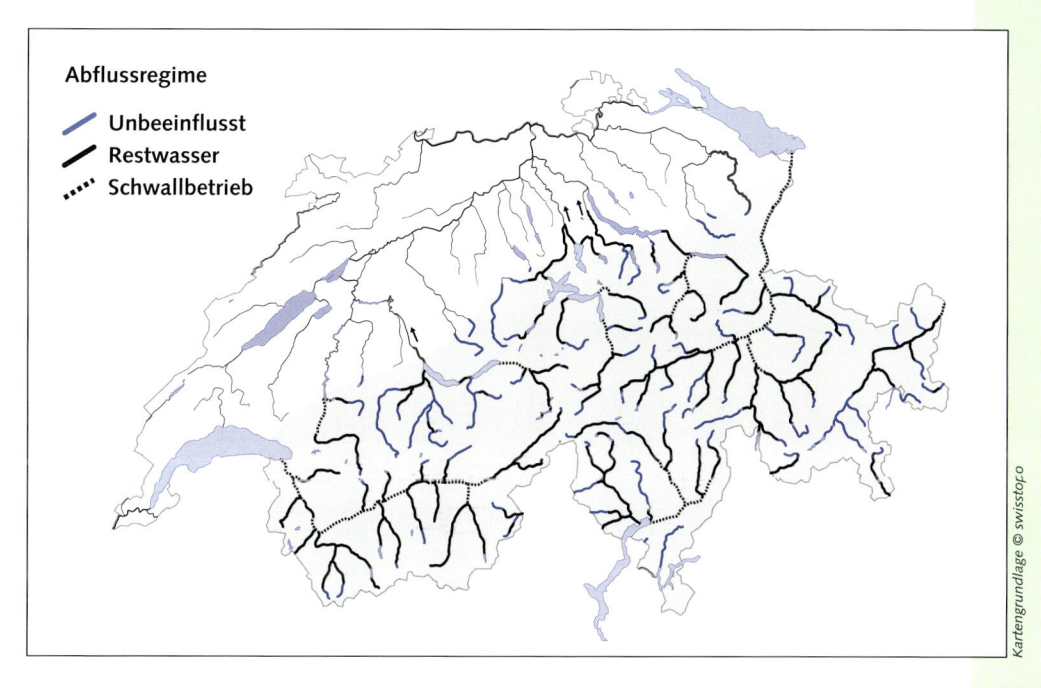

Abb. 469: Alpine Fliessgewässer, die durch Wasserkraftnutzung beeinträchtigt sind. Quelle: Bundi 2002.

politische Unterstützung und fehlende finanzielle Mittel zurückzuführen». Dem Wasser hohe Priorität eingeräumt haben die Kantone Bern, Aargau und St. Gallen, während Graubünden, Tessin und Wallis in der Rangliste der Willigen ganz am Schluss stehen.

Auch die bei Restwassersanierungen neu vorgeschlagenen und teilweise umgesetzten Wassermengen liegen je nach Kanton in einem sehr breiten Spektrum. Durchschnittlich liegen die kantonalen Mittelwerte bei 30 Prozent der natürlichen Abflussmenge oder immerhin bei 80 Prozent der Mindestrestwassermenge nach Artikel 31 des Gewässerschutzgesetzes. Allerdings stellt diese Mindestrestwassermenge eigentlich einen «Alarmwert» dar, der aufgrund politischer und nicht ökologischer Entscheide im Gewässerschutzgesetz verankert wurde (Uhlmann und Wehrli 2006). Es besteht also kein Grund zum Jubeln.

Mit jedem Tal in den Alpen, das unter Wasser gesetzt und zum Stausee gemacht wurde, mit jedem trockengefallenen Bach ist der Reichtum der jeweiligen Elektrizitätsgesellschaft gestiegen – parallel zur sinkenden Landschaftsqualität der Alpen. Mit einem Marktvolumen von rund zwei Milliarden Franken pro Jahr ist die Wasserkraft zudem ein bedeutender Wirtschaftsfaktor. Auch die Kantone verdienen durch die Übernutzung der Gewässer kräftig mit. Der Kanton Graubünden ist beispielsweise an 15 Kraftwerksgesellschaften beteiligt. Der Kanton erhält im Durchschnitt pro Jahr 47 Millionen Franken und die Gemeinden etwa 41 Millionen Franken aus Wasserwerksteuern und Wasserzinsen. Mit dem Wasserzins werden die Bergkantone dafür entschädigt, dass Private das Wasser aus den Flüssen entnehmen und oft erst Kilometer weiter unten wieder der Allgemeinheit und der Natur zurückgeben. Man muss sich das einmal durch den Kopf gehen lassen: Durch Zufall sind die Bergkantone zu Naturschätzen gelangt wie Bergbäche, Wasserfälle, Schnee und reichlich Niederschläge. Seit Jahren wird dieses Wasser als Natur(schutz)gut dem Profit geopfert und quasi mehrfach verkauft: Im Winter in

Form von Schnee und Eis an den Wintertourismus, im Sommer und Winter als Wasser in den Speicherseen als teurer Strom für lange Nächte und Pistenbeleuchtungen sowie zum Heizen.

Die Natur wird so zum Selbstbedienungsladen. In der Sommersession 1996 wurden die Wasserzinsen von 54 auf 80 Franken pro installierte Kilowattstunde erhöht. Besonders viel Geld wird mit dem Spitzenstrom verdient. Für die Natur bedeutet dies jedes Mal ein kleines Hochwasser. Die Produktion von hoch rentablem Spitzenstrom mittels Speicherseen ist für die täglich auftretenden Fluten unterhalb der Wasserrückgaben, dem sogenannten Schwall und Sunk, verantwortlich. Bis jetzt haben sich die Interessenvertreter der Wasserkraft erfolgreich gegen die Sanierung der durch Schwall-Sunk beeinträchtigten Flüsse gewehrt. Dabei zeigen Daten der EAWAG, dass der Schwallbetrieb von Wasserkraftwerken in vielen schweizerischen Gewässern zunehmend zum Problem für die Gewässerökologie geworden ist, ganz besonders für die Fische. Von den grösseren Fliessgewässern ist jedes vierte durch diese künstlichen Abflussschwankungen im Tages- und Wochenrhythmus beeinflusst (Abb. 469). Zusammen mit den Flussverbauungen zählt der Schwallbetrieb unterhalb von Speicherkraftwerken, zum Beispiel in der Rhône, zur Hauptursache für die Artenarmut. Typische Auswirkungen der Schwall-Sunk-Situation sind auch eine erhöhte Trübung, wenig durchlässige Gewässersohlen und kurzfristige Temperaturschwankungen. Wasserorganismen werden mit dem raschen Pegelanstieg aus Schwallstrecken abgeschwemmt. Wenn der Pegel wieder sinkt, stranden sie auf trockenfallenden Flächen.

Der Geschäftsführer des Schweizerischen Fischereiverbands erklärte im Jahr 2000: «*Obwohl die meisten Wasserkraftwerke in den vergangenen 25 Jahren ansehnliche Gewinne erzielt haben und es sich deshalb hätten leisten können, Geldmittel für die ökologische Aufwertung der von ihnen genutzten Gewässerstrecken abzuzweigen, ist in dieser Richtung praktisch nichts geschehen. […] Im Gegensatz zu den Industrie- und Gewerbebetrieben, die seit Inkrafttreten des neuen Gewässerschutzgesetzes im Jahr 1972 und des Umweltschutzes am 1. Januar 1985 Milliardenbeträge für Sanierungsmassnahmen aufwenden mussten, ist es den Kraft-*

Abb. 470: Links: Restwasser null; die Muota im Kanton Schwyz wird restlos zur Stromerzeugung genutzt. Das Bild stammt aus dem Jahr 1995. Rechts: Die Wasserkraftnutzung bringt unzählige Bäche zum Verschwinden. Daran ändert auch das Gemälde eines rauschenden Bachs an der Staumauer im Bächlital (sic!, BE) nicht viel.

Abb. 471: Gefahrenzone Alpental: Statt Warnanlagen zu installieren, beschränkt sich die Wasserwirtschaft auf das Aufstellen wenig hilfreicher Tafeln. Immer wieder werden unkundige Touristen regelrecht weggeschwemmt.

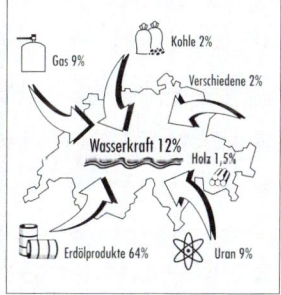

Abb. 472: Skurrile Werbung der Wasserwirtschaft. Oben: Die Natur legt die Natur trocken. Zeitungsinserat vom 7. März 1997. Mitte: «Ein Diskussionsbeitrag Ihrer Schweizerischen Elektrizitätswerke». Zeitungsinserat vom 25. März 1992. Unten: «Wenn Wasser an seine Grenzen stösst». Zeitungsinserat vom 3. Juni 2008.

werken gelungen, die Anwendung des Fischereigesetzes zu unterlaufen. […] Angesichts der engen Verflechtungen, die auf dem Gebiet der Wasserkraftnutzung zwischen Behörden und Betreibern seit jeher besteht, erstaunt es nicht, dass im vergangenen Vierteljahrhundert gestützt auf die Sanierungsbestimmung des Fischereigesetzes keine einzige kantonale Verfügung ergangen ist.»

Trotz der Übernutzung der Gewässer forderten die Bergkantone am 6. August 2007 mehr Wasserzins von den Kraftwerkbetreibern. Diese Forderung ist aber nur dann gerechtfertigt, wenn die höheren Abgaben für die Kantone verbindlich an ökologische Bedingungen geknüpft sind. Die Naturschutzorganisation Pro Natura forderte deshalb, dass die Erhöhung des Wasserzinses nur denjenigen Kantonen gewährt wird, welche sämtliche Aufgaben gemäss Gewässerschutz erfüllt haben. Einer generellen Erhöhung des Wasserzinses könne sie nur zustimmen, wenn mindestens die Hälfte des zusätzlichen Wasserzinses für Gewässerrevitalisierungen zweckgebunden wird.

Der Schweizerische Fischereiverband wollte endlich Nägel mit Köpfen machen und hat als Reaktion auf die *«miserable Umsetzung des Gesetzes»* unter dem Motto «Alarmstufe ROT» die eidgenössische Volksinitiative «Lebendiges Wasser» lanciert. Das Volksbegehren fordert die Sanierung und Renaturierung beeinträchtigter Fliessgewässer, ausreichende Restwassermengen und das Recht, die Respektierung gesetzlicher Verpflichtungen einzufordern. Problemlos kamen über 160 000 Unterschriften zusammen, die im Juli 2006 bei der Bundeskanzlei eingereicht wurden. Doch der Bundesrat wollte davon nichts wissen und lehnte die Volksinitiative ohne Gegenvorschlag ab. *«Der Bundesrat verschliesst die Augen vor einem der grössten Umweltprobleme der Schweiz»*, erklärte Pro Natura in einer Pressemitteilung. *«Es ist sehr stossend, dass der Bundesrat untätig zuschaut,*

Abb. 473: Wasserfälle sind wichtige Erlebnisgestalter und Erlebnismomente in der Landschaft. Aus dem 19. Jahrhundert gibt es eine wahre Flut von Wasserfalldarstellungen. Doch der rigorose Wasserexorzismus in den Alpen durch die Kraftwerkgesellschaften hat 60 bis 70 Prozent der Wasserfälle in den Alpen «abgestellt», das heisst gekappt und deren Wasser via Stollen in Staubecken geleitet (Schwick und Spichtig 2007). Die abgebildeten Wasserfälle gibt es nicht mehr, da die Aare im Grimselstausee gefasst ist. Die Aare stürzte bei Handegg, 5,5 Kilometer südlich von Guttannen, als Wasserfall 46 Meter in die Tiefe (an derselben Stelle, wo der Aerlenbach von Westen her hinunterstürzt). Links: Lory, Gabriel (gen. Loryfils; 1784–1846): La Chûte de l'Aar à la Handeck. Rechts: Handeckfall auf dem Weg nach Meiringen, Schweitz, 1857.

wie die Kantone die Umsetzung des Gewässerschutzgesetzes, das 1992 mit einer 7weidrittelmehrheit vom Stimmvolk gutgeheissen wurde, verschleppen oder gar verweigern. […] Die Volksinitiative ‹Lebendiges Wasser› wäre ein Steilpass für den Bundesrat gewesen, um den Kantonen Beine zu machen. Er lässt ihn stillstehend an sich vorbeirollen.»

Abb. 474: Links: Rieter, Julius (1830–1897): Reichenbachfall ob Meiringen. Einer der berühmten Wasserfälle des Berner Oberlands. Rechts: Mentha, Edouard (1858–1915): Cascade du Giessbach (près du Lac de Brienz).

Abb. 475: Der Wasserfall von Soladino im Maggiatal (TI) 1941 und 1985. Die Wasserkraftnutzung hat diesem Naturschauspiel das Wasser abgegraben.

Kapitel 13 Landschaft unter Strom

Abb. 476: Brutaler Landschaftswandel: Der Gelmersee auf dem Gemälde von François Diday (1802–1877) «Lac de Gelmer sur le Grimsel, effet du soir. S. M. le Roi des Belges, par Mme la Grand-Duchesse», 1846 und heute.

Eine Umfrage im Jahr 2007 hat gezeigt, dass eine deutliche Mehrheit der Schweizerinnen und Schweizer von trockengelegten Bächen und verbauten Flüssen genug hat (Abb. 477). 80 Prozent unterstützen Renaturierungen von Bächen, Flüssen und Seen. Die Befragten sind sich dabei bewusst, dass Renaturierungen auch Geld kosten.

Immerhin konnte sich das Parlament im Juni 2008 zu einem Gegenvorschlag zur Volksinitiative «Lebendiges Wasser» durchringen. Doch die Träger der Volksinitiative beurteilen den Gegenentwurf kritisch. Sie begrüssten es grundsätzlich, dass das Parlament endlich Schritte unternimmt, dem Volkswillen Rechnung zu tragen. Inakzeptabel sind für die Initianten der Volksinitiative die dürftigen Finanzmittel für Renaturierungen und die langen Fristen für die Sanierung der zerstörten Flussläufe. In Bausch und Bogen verwerfen sie die Vorschläge zur teilweisen Aufhebung der Restwasserpflicht. Das würde dazu führen, dass die Wasserkraftfassungen voraussichtlich zur Hälfte an-

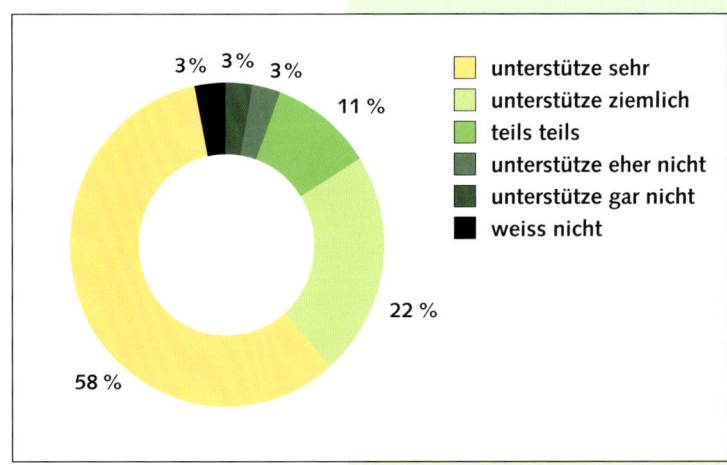

Abb. 477: Die Schweizer Bevölkerung will lebendige Gewässer. Die Befragung wurde im Auftrag der Volksinitiative «Lebendiges Wasser» durch gfs-zürich von Ende November bis Anfang Dezember 2007 durchgeführt. Die Stichprobe ist mit 1016 Personen repräsentativ für die Deutsch- und die Westschweiz.

- unterstütze sehr: 58 %
- unterstütze ziemlich: 22 %
- teils teils: 11 %
- unterstütze eher nicht: 3 %
- unterstütze gar nicht: 3 %
- weiss nicht: 3 %

hand von Ausnahmebestimmungen alles oder nahezu alles Wasser ableiten könnten. Der Ständerat präsentierte im Herbst 2008 eine besonders enttäuschende Fassung des Gegenvorschlags. Der Verein «Ja zu lebendigem Wasser» hoffte auf Korrekturen im Nationalrat und schrieb in einer Pressemitteilung: *«Statt endlich das gesetzlich geforderte Restwasser in unseren Flüssen sicherzustellen, hat der Ständerat den Rückwärtsgang eingelegt: Die Restwasserbestimmungen wurden aufgeweicht und damit dem mangelnden Vollzug ‹angepasst›. Bei Gewässern über 1500 m ü.M. (bisher: 1700 m ü.M.) soll es keine Restwasserpflicht mehr geben. Das mit der Initiative geforderte Antrags- und Beschwerderecht für betroffene Organisationen wurde nicht in den Gegenvorschlag aufgenommen.»*

Abb. 478: In der Schweiz existieren entlang der Flüsse zahlreiche grössere Wehranlagen, die die Flussdynamik zum Stillstand gebracht haben. Dennoch ist das ökologische Potenzial bei Laufkraftwerken wesentlich grösser als bei den Stauseen mit ihren gewaltigen Staumauern und extrem schwankenden Wasserspiegeln. Mit etwas gutem Willen können Überschwemmungsflächen und Stillwasserzonen geschaffen werden. Ein wertvolles Landschaftselement kann mit Umgehungsgerinnen geschaffen werden, die nicht nur eine ideale Aufstiegsmöglichkeit für Fische sind, sondern auch ein wertvoller Ersatzlebensraum für bedrohte Tierarten.

Ein besonders gelungenes Beispiel ist das Umgehungsgewässer beim Flusskraftwerk Ruppoldingen oberhalb der Stadt Aarburg, wo in den Jahren 1996 bis 2001 an der Aare als Ersatz für ein über 100 Jahre altes Kanalkraftwerk das neue Flusskraftwerk Ruppoldingen erbaut worden ist. Die wichtigsten Ausgleichs- und Ersatzmassnahmen für den Eingriff in den Naturhaushalt sind ein 1,2 km langes naturnahes Umgehungsgewässer und die Neuschaffung von 5,2 ha Auenfläche im Unterwasser des Kraftwerkes. Um geeignete Habitate für seltene Fischarten bereitzustellen, wurden verschiedene Sohl- und Strömungsstrukturen eingerichtet, die auf Messungen an natürlichen Flüssen basieren (Gebler 2002). Das Umgehungsgewässer ist in seiner Grösse und Gestaltung weltweit einzigartig. Einzigartig ist neben der Dimension des Gewässers insbesondere die Ausgestaltung mit den genannten Stromschnellenstrukturen. Ähnliche Projekte sind auch an bestehenden Kraftwerken des Hochrheins und der Nebenflüsse geplant.

Kommt der Endausbau?

Im Mai 1999 schrieb die Online-Zeitung «Die Selezione» folgende bedenkenswerten Zeilen: *«Eigentlich müssten die grossen Schweizer Stromproduzenten den Naturschützern Dividenden zahlen. Mit Beschwerden, Einsprachen und Gutachten haben Umweltorganisationen seit den 1980er Jahren den Aus- und Neubau von Wasserkraftwerken verhindert – und damit die Branche vor riesigen Fehlinvestitionen bewahrt. Mit der Liberalisierung des Strommarktes sind nämlich die Preise für Elektrizität derart tief gefallen, dass die in den Bergen geplanten Pumpspeicheranlagen heute unmöglich rentieren würden. In der Strombranche ist man sich dessen zwar schon lange bewusst. Aber wer gibt schon gerne Schwächen zu und überlässt damit dem Gegner das Feld unversehrter Natur?»*
Seit der Jahrtausendwende haben sich die Rahmenbedingungen allerdings tiefgreifend verändert. Der Begriff des «Endausbaus» der Wasserkräfte hängt zwar schon seit den 1970er-Jahren wie ein Damoklesschwert über dem Alpenraum. Doch die Diskussion um den Atomausstieg und die CO_2-Abgaben sowie die steigenden Strompreise haben dazu geführt, dass auf «immer und ewig» in den Schubladen versorgte Projekte wieder hervorgeholt werden.
Beispielsweise der Bau eines Stausees im Val Curciusa, inmitten der grossartigen Gebirgslandschaft zwischen Splügen- und Bernardino-Pass. Es waren nämlich nicht Umweltschützer, die im Val Curciusa und an vielen anderen Orten in den Alpen die Pläne begraben haben, sondern kühle Rechner. Als das Projekt 1999 zurückgezogen wurde, galt es als unrentabel; mit den steigenden Strompreisen hat sich die Situation vollkommen verändert. Tatsächlich findet die Wasserwirtschaft wieder Gehör, wenn sie bei Gemeinden und Kantonen anklopft und auf die Verwirklichung von für sie verlockenden Vorhaben drängt. Das aktuelle Motto der Wasserwirtschaft lautet: *«Den Klimawandel zum Energiewandel machen»*.

Für die Wasserwirtschaft ist es unerträglich, dass von dem technisch nutzbaren Wasserkraftpotenzial in der Schweiz «nur» 80 Prozent genutzt werden. Das theoretische Potenzial entspricht für Wasserbauer *«der potenziellen Energie des jährlich auf die Schweiz fallenden Niederschlages»* (Allet und Schleiss 1990). Mit Wehmut weisen sie darauf hin, dass die Wasserkraft im Jahr 1965 rund 98 Prozent zur Stromversorgung in der Schweiz beigetragen hat; heute sind es nicht einmal mehr 60 Prozent. Landschaftsschützer, die sich neuen Ausbauplänen widersetzen, werden zu ewigen Neinsagern abgestempelt.
Die Bundesämter für Energie sowie für Wasser und Geologie gaben die Marschrichtung vor: In ihrer Studie «Ausbaupotential der Wasserkraft», die im November 2004 erschienen ist, halten sie fest: *«Der Erhalt der Wasserkraft oder deren Ausbau ist auf mittlere Sicht ungewiss. Diese Tatsache unterstreicht die Wichtigkeit der Entwicklung einer entsprechenden Strategie. […] Mehrere Treiber, welche einen Einfluss auf das Ausmass des Ausbaupotentials haben, sind steuerbar. Bund und Kantone haben somit die Möglichkeit, die relevanten Treiber so zu steuern, dass für den Erhalt bzw. Ausbau der Wasserkraft günstige Rahmenbedingungen resultieren. Basierend auf den wirkungsvollsten Treibern ergeben sich folgende Massnahmen und strategische Anweisungen: […]*

Abb. 479: Der Ausbau des Grimsel-Wasserkraftwerks ist vorerst vom Tisch. Das Berner Verwaltungsgericht hat das Baubewilligungsverfahren Anfang April 2008 aufgehoben. Die Staumauer am Grimselstausee sollte um 23 Meter angehoben werden. Hält die Kraftwerke Oberhasli AG am Projekt zur Staumauererhöhung an der Grimsel fest, muss sie dafür eine Neukonzession beantragen. Eine Baubewilligung, wie von den Kraftwerken angestrebt, hätte dazu geführt, dass der Ausbau praktisch ohne Gewässerschutzmassnahmen erfolgt wäre, weil dies in den zum Teil jahrzehntealten Konzessionen nicht vorgesehen war. Eine Neukonzession für das Erweiterungsprojekt unterliegt dagegen dem Gewässerschutzgesetz von 1992 und damit strengeren Restwasservorschriften für die Bäche.

- *Es soll eine Straffung und Verkürzung der Verfahren zur Erteilung der Konzessionen geprüft werden;*
- *Bei den Konzessionsverhandlungen ist eine angemessene Berücksichtigung der Anliegen der Wasserkraft und keine einseitige Bevorzugung einzelner Interessen vorzusehen;*
- *Auch ausserhalb von konzessionsrelevanten Geschäften ist eine ausgewogene Berücksichtigung der Interessen der Wasserkraft zu empfehlen; dies gilt namentlich im Bereich der Steuern und Wasserzinsen.»*

Die Schweizerische Wasserwirtschaft doppelte 2006 mit einem Bericht nach, in dem alle gegen den Ausbau eingestellten Kräfte negativ dargestellt werden. Unter dem Titel «Analyse und Bewertung der Rahmenbedingungen für die Wasserkraftnutzung in der Schweiz» wird der Versuch unternommen, die Diskussion für einen umweltgerechten Umbau unserer Wirtschaft als Alibi für einen hemmungslosen Weiterausbau der Wasserkraftnutzung zu missbrauchen. Wieder einmal hat die Wasserwirtschaft damit eine Chance verpasst, in einer ehrlichen Auseinandersetzung die Wasserkraft als ein wichtiges Element einer nachhaltigen Energiepolitik zu entwickeln. Der Landschaftsarchitekt Uwe Scheibler, Geschäftsführer des Rheinaubundes, schrieb dazu 2007 in der Zeitschrift «Natur und Mensch»: *«Einzelne Stellen können fast belustigend wirken, wenn sie denn nicht bitter ernst gemeint wären. So wird auf Seite 11 zum Beispiel der Volksinitiative ‹Lebendiges Wasser› vorgeworfen, dass sie bestehendes Recht ändern wolle (!), obwohl dies ja genau der Zweck jeder Initiative sein muss. Keine Probleme bereitet es den Verfassern hingegen, an genau 16 Stellen die Abschaffung oder Änderung bestehender Gesetze zu fordern. Man möchte den Autoren doch gerne ans Herz legen, vielleicht wieder einmal (oder gar zum ersten Mal?) die Präambel und den zweiten Artikel unserer Bundesverfassung zu lesen. [...] Der hier vorgestellte Bericht stellt sich damit als eine Kampfschrift für eine rein profitorientierte Wasserwirtschaft dar. Ein Pamphlet gegen alle Versuche, die Wasserkraft in eine nachhaltige und gesellschaftlich verantwortbare Form der Energienutzung zu überführen.»*

Erste Präzedenzfälle im Konflikt zwischen Energiegewinnung und Landschaftsschutz zeichnen sich bereits ab. Im Aletsch klärte man beispielsweise im Jahr 2008 diskret Möglichkeiten ab, wie die vor Jahrzehnten schon geplante zusätzliche Kraftwerkstufe Oberaletsch im Herzen des UNESCO-Weltnaturerbes Schweizer Alpen Jungfrau-Aletsch aus den Abgeltungsverträgen für entgangene Wasserkraftnutzung herausgenommen und realisiert werden könnte. Diskutiert werden auch riesige Pumpspeicherkraftwerke wie das Milliardenprojekt Nant de Drance im Hinterland von Martigny (VS). Dabei wird nachts mit billigem, zugekauftem Strom Wasser in die Höhe gepumpt. Zwölf Stunden später wird aus diesem Wasser wieder Strom produziert, der mit 100 Prozent Gewinn weiterverkauft werden kann. Es erstaunt daher nicht, dass entsprechende Projekte wie Pilze aus dem Boden schiessen. Die neuen Kraftwerke werden dabei nicht mit überschüssigem Strom aus Laufkraftwerken betrieben, wie dies bei den ersten Pumpspeicherkraftwerken der Fall war, sondern fast ausschliesslich aus Kohle-, Gas- und Atomkraftwerken. Im Jahr 2003 verschlangen die Pumpspeicherkraftwerke nicht weniger als fünf Prozent des inländischen Stromverbrauchs.

Natürlich ist nicht alles schlecht, was die Wasserwirtschaft in die Hand nimmt. Ein positives Beispiel ist das Projekt «Linthal 2015». Geplant ist ein grosses Pumpspeicherkraftwerk im Kanton Glarus, das allerdings von mehreren Ausgleichsmassnahmen begleitet wird. Die Kraftwerkbetreiber haben die Umweltverbände frühzeitig in den Prozess einbezogen und umfassend informiert. Naturschützer bezeichnen das Vorgehen als «*ungewöhnlich offen und konstruktiv*» (Fierz 2008). Innerhalb von zwei Jahren konnten Einigungen über Umweltverträglichkeitsprüfungen, Ausgleichs- und Ersatzmassnahmen, Schutz- und Nutzungsplanung sowie Schwall-Sunk-Regelungen erreicht werden. Als Gewinn können die deutlich erhöhte Restwasserführung der Linth zwischen Linthschlucht und Linthal, mehrere Flussaufweitungen, vier Fischtreppen und die Wiederbelebung zweier Wasserfälle bezeichnet werden.

Unter Ausblendung der nicht mehr rückgängig zu machenden Bausünden und Landschaftszerstörungen der Vergangenheit muss in Zeiten des Klimawandels gesagt werden, dass die Wasserkraft an sich nichts Schlechtes ist. Reine Neubauten sind aber klar abzulehnen. Es darf nicht sein, dass die Natur bis zum letzten Tropfen ausgequetscht wird. Sinnvolle Produktionssteigerungen können beispielsweise durch Effizienzsteigerungen bei bestehenden Kraftwerken erreicht werden. Es darf nicht sein, dass die Gewässer in den Alpen praktisch flächendeckend genutzt werden. Das Motto muss heissen: Ökostrom aus Wasserkraft ja, aber nicht überall und nicht um jeden Preis. Die letzten naturnahen Täler und Flussgebiete müssen vor einem Ausbau geschützt werden, und zwar mit raumplanerischen Ansätzen.

Der Kühlturm in der Landschaft

Aus der Mitte des letzten Jahrhunderts ist folgende Aussage des damaligen Delegierten des Bundesrats für Fragen der Atomenergie überliefert (zitiert in Vischer 1990): *«Der Moment mag kommen, wo der Mensch den Genuss der reinen Natur höher schätzt als den Genuss der billigsten Energie und wo er, sei es auch nur um des Fremdenverkehrs willen, zu einem materiellen Opfer bereit ist. Er wird dann einige Atomkraftwerke mehr bauen als unbedingt nötig und die abgefangenen und erdrosselten Bäche zum Teil wieder frei springen lassen.»* Eine interessante Idee, die allerdings spätestens mit der Reaktorkatastrophe von Tschernobyl 1986 einen grossen Rückschlag erlitten hat.

Vor dem Super-GAU galten Atomkraftwerke als sicher. Der Direktor des Eidgenössischen Instituts für Reaktorforschung erklärte 1978: *«Ein denkbarer extremer Reaktorunfall (1000 akute Todesopfer) ist für 100 Kernkraftwerke nur einmal in einer Million Jahre zu erwarten».* Der «unwahrscheinliche Fall» trat aber dann doch bereits acht Jahre später ein – mit sehr vielen «akuten» Opfern.

Jörg Schneider von der ETH Zürich erklärte 1988 zum Risiko bei der Kernenergienutzung: *«Risikostudien versagen vor dem ‹Null mal Unendlich›. Und dieses liegt bei der Beurteilung der Risiken einer Kernenergie-Wirtschaft vor. Die Eintritts-Wahrscheinlichkeiten denkbarer Ereignisse sind ausserordentlich klein, die denkbaren Folgen hingegen unermesslich und jenseits aller Erfahrung. Wie sollen wir das Produkt werten? Es geht hier eher um die Frage, ob und wie wir ein solches Ereignis, wie wahrscheinlich oder unwahrscheinlich es auch immer sei, überhaupt ertragen können. Was auch immer wir vorkehren, jedes denkbare Ereignis wird früher oder später eintreten. Das ist Murphy's Law. Und man sagt, er sei ein Optimist gewesen. ‹Don't start what you can't stop› steht für den gleichen Gedanken. Wenn wir die denkbaren Folgen einer Technologie nicht ertragen können, dann müssen wir auf diese Technologie verzichten. Das mag für Kernkraftwerke, je nach ihrem Standort und Konzept, zutreffen.»*

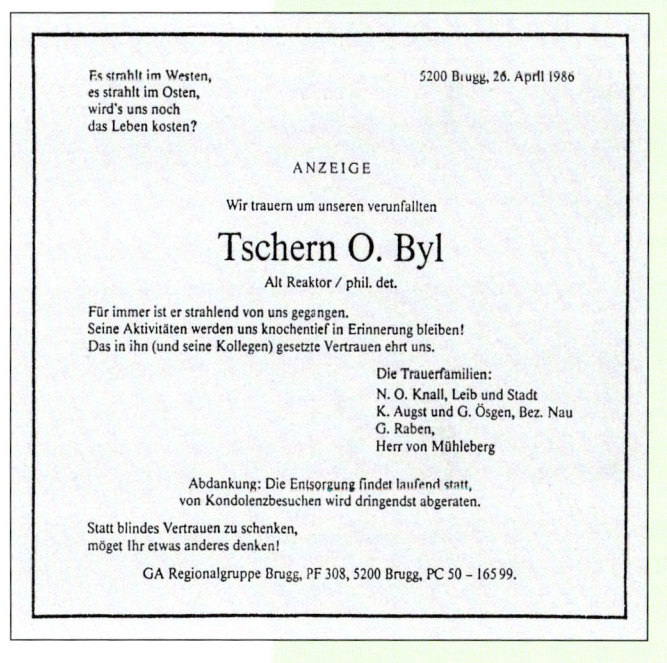

Abb. 480: Todesanzeige vom 26. April 1986.

Die Sicherheit von Kraftwerken soll hier nicht weiter diskutiert werden, dafür aber ihre Landschaftsrelevanz. Im Gegensatz zu Wasserkraftwerken ist die Beeinträchtigung der Landschaftsqualität gering – zumindest, wenn man die Auswirkungen des Uranabbaus im Ausland ausblendet. Für 33 Tonnen Uran, dem Jahresbedarf des Atomkraftwerks Leibstadt, müssen nämlich über 440 000 Tonnen Gestein entnommen und zerkleinert werden. Riesige Landschaftswunden und radioaktiv verseuchte Landschaften sind die Folge. Problematisch ist auch die Entsorgung der radioaktiven Abfälle, die eine Million Jahre lang munter weiterstrahlen und irgendwo in der Landschaft entsorgt werden müssen. In der Schweiz werden zurzeit in Science-Fiction-Manier Entsorgungskonzepte entworfen, welche das Weltgeschehen für die nächsten paar Hunderttausend Jahre vorhersagen wollen.

Abb. 481: Die Schweizer Atomlandschaft. Blick vom Schwarzwald Richtung Süden über die gesamte Nordschweiz bei Nebel. Deutlich zu erkennen sind die Dampffahnen der Atomkraftwerke Leibstadt (links) und Gösgen (rechts).

Abb. 482: Die Dampffahne aus dem Kühlturm ist das Markenzeichen vieler Atomkraftwerke und ein dominantes Landschaftselement. Im Bild das Atomkraftwerk Leibstadt (AG) im März 1992.

Abb. 483: Dieses Bild wurde 1977 an einem Vortrag an der Eidgenössischen Forschungsanstalt EAFV/WSL mit folgenden Worten gezeigt: «Der Weg steht wie ein Fragezeichen vor dem Kühlturm des Atomkraftwerks Gösgen, der sich gespenstisch im Nebel abzeichnet. Es stellt sich die Frage, wohin die Schweiz in Sachen Umweltschutz driftet.» Der Redner wurde von altgedienten Ingenieuren ausgebuht.

Das Symbol für Atomkraftwerke ist eindeutig der Kühlturm – wobei drei der fünf Schweizer Atomkraftwerke gar keinen Kühlturm besitzen, sondern Flusswasser zum Kühlen des Dampfs, der aus den Turbinen kommt, verwenden. Die beiden Kühltürme in der Schweiz mit ihren Dampffahnen sind weithin sichtbar und bei schönem Wetter ein landschaftsdominierendes Element (Abb. 481). Der Kühlturm des Atomkraftwerks Leibstadt ist beachtliche 144 Meter hoch und hat an seiner Basis einen Durchmesser von 120 Metern. Zwei weitere imposante Bauwerke der Atomkraftwerke sind das Reaktorgebäude und das Maschinenhaus.

Als die ersten Atomkraftwerke gebaut wurden, machte man sich Sorgen um die Umweltprobleme, die sich aus den Kühltürmen ergeben könnten (Turner 1974). Man befürchtete eine verminderte Sonnenscheindauer durch die Dampffahne, Temperaturveränderungen durch die Wärmeabgabe und eine Erhöhung des Niederschlags. Turner (1974) wies darauf hin, dass ein einziger Kühlturm örtlich konzentriert in einem Jahr ebenso viel Wasser verdunstet wie ein See mit einer Fläche von 26 Quadratkilometern. Angesichts der sonstigen Umweltsünden des Menschen kann diese Diskussion allerdings beigelegt werden.

Ob in der Schweiz weitere Atomkraftwerke gebaut werden, darf trotz der Vorteile der Atomkraft für den Klimaschutz bezweifelt werden. Es gibt derzeit weder für den Neubau genehmigungsfähige Konzepte noch konsensfähige Endlagerstandorte für die strahlenden Abfälle. Zudem dürften die hohen Investitionskosten die Atomenergie gegenüber anderen Kraftwerken unwirtschaftlich machen.

Abb. 484: Inserate können sprachlos machen. Dieses stammt aus dem Jahr 1984, zwei Jahre vor dem Unglück von Tschernobyl. Aus dem Text: «Je mehr sich die Stromproduktion auf die umweltfreundlichen Wasser- und Kernkraftwerke stützt, desto grösser wird die Chance, dass die künftigen Generationen noch gesunde Wälder und Fluren antreffen.»

Der Wind, der Wind, das himmlische Kind?

Die vermehrte Nutzung erneuerbarer Energiequellen ist eine wichtige Massnahme gegen den Klimawandel. Neben der Wasserkraft hat vor allem die Wind- und Sonnenenergie in den letzten Jahren weltweit stark an Bedeutung gewonnen. Die Windenergie ist eine altbekannte Kraft. Dennoch sind Konflikte mit dem Landschaftsschutz vorprogrammiert. Die Fläche, die eine einzelne Windkraftanlage beansprucht, beschränkt sich zwar auf das Fundament. Mastenhöhen von bis zu 100 Metern (höher als das Berner Münster) und Rotorendurchmesser von rund 40 Metern bedeuten aber einen markanten Landschaftseingriff. Die Supertürme lassen sich nämlich beim besten Willen nicht in die Landschaft integrieren (Rodewald 2002, Nohl 2006). Die Liste der negativen Wirkungen auf das Landschaftsbild ist lang (Gabel 2004):

- Die Anlagen müssen an windexponierten, also landschaftlich auffälligen Lagen wie Kreten, Gipfeln, Hochebenen, Passlagen und Kuppen stehen.
- Die Anlagen sind daher von Weitem sichtbar und fallen mit ihren sich drehenden Rotoren entsprechend als Fremdkörper in der Landschaft auf. Es kommt zu einer optischen Beunruhigung, die durch Lichtreflexe («Diskoeffekt») noch verstärkt werden kann.
- Die neuen Dimensionen in der Landschaft führen zu einer technischen Überprägung und einem Massstabsverlust.
- Sichtachsen und Blickbezüge werden gestört. Landschaftsprägende Horizontalstrukturen werden aufgehoben («Horizontverlust»).
- Unberührte Landschaftsräume, die bisher von technischen Anlagen verschont geblieben sind, werden entwertet.
- Die Anlagen führen zu weithin hörbaren Lärmemissionen durch den Generator und die Abrisströmung an den Rotorblättern.

Dennoch wird gebaut und geplant. Besonders unkoordiniert verlief die Entwicklung in Deutschland. In den nördlichen Bundesländern deckt die Windenergie heute 20 bis 35 Prozent des Stromverbrauchs ab. Aber nicht nur in Küstengebieten wurden Anlagen gebaut: Das Bundesland Baden-Württemberg besitzt heute das 45-Fache der schweizerischen Windkraftleistung. In der Schweiz ist man zum Glück etwas zurückhaltender, was aber weniger mit Landschaftsschutz zu tun hat als vielmehr mit der stiefmütterlichen Behandlung von erneuerbaren Energien (ausgenommen der Wasserkraft!), die hierzulande lange Zeit kaum gefördert wurden. Hinzu kommt, dass die Schweiz aufgrund ihrer Topografie kein Windland ist. Hohe Wirkungsgrade werden vor allem in Meeresnähe erreicht. Die Rentabilitätsgrenze für die Windkraftnutzung liegt bei einer durchschnittlichen Windgeschwindigkeit von über sechs Metern pro Sekunde. Solche Standorte sind in der Schweiz äusserst rar.
Wie sehr man sich in der Schweiz den Windkraftboom dennoch herbeisehnt, zeigt das im Jahr 2004 publizierte Konzept «Windenergie Schweiz» des Bundesamts für Energie, des Bundesamts für Umwelt und des Bundesamts für Raumentwicklung (BFE et al. 2004). Obwohl man sämtliche Schutzgebiete der Schweiz ausgespart hat, wurden 110 potenzielle Windkraftstandorte identifiziert. Bis ins Jahr

Abb. 485: Windkraftanlagen sind technische Grossanlagen und dominieren das Landschaftsbild. Die Bilder zeigen Anlagen auf dem Mont Crosin im Berner Jura.

2025 wird der Bau von 28 Windparkstandorten mit 189 Anlagen als generell machbar erachtet (Abb. 486). Der Hinweis auf den Ausschluss von Schutzgebieten bei der Projektierung von Windkraftanlagen hilft allerdings nicht weiter, denn die Turbinen wirken auf Distanz und ragen in der Regel aus der Horizontlinie (Rodewald 2002).

Ein Blick in die Leserbriefspalten der Tageszeitungen zeigt, dass die Diskussionen um die Windkraftanlagen in die Nähe von Glaubenskriegen führen. Es ist ein Gang zwischen Scylla und Charybdis, denn einerseits bestehen die Horrorszenarien über den Klimawandel und die ungelöste Energiezukunft, anderseits sind die Landschaften der Schweiz bereits zum Bersten voll mit Bauten und Anlagen, Hochspannungsleitungen, Antennen, Gondelbahnen, Seilbahnen, Transportbahnen, Skiliften und Kränen. Es darf zudem nicht vergessen werden, dass die Nutzung der Windkraft in der Schweiz energiepolitisch wenig sinnvoll ist. Selbst wenn alle geplanten Anlagen gebaut würden, könnten diese nicht mehr als 0,2 Prozent zur nationalen Stromproduktion beitragen. Man muss sich fragen, ob die Schweiz an-

- prioritäre Standorte
- kantonale Standorte

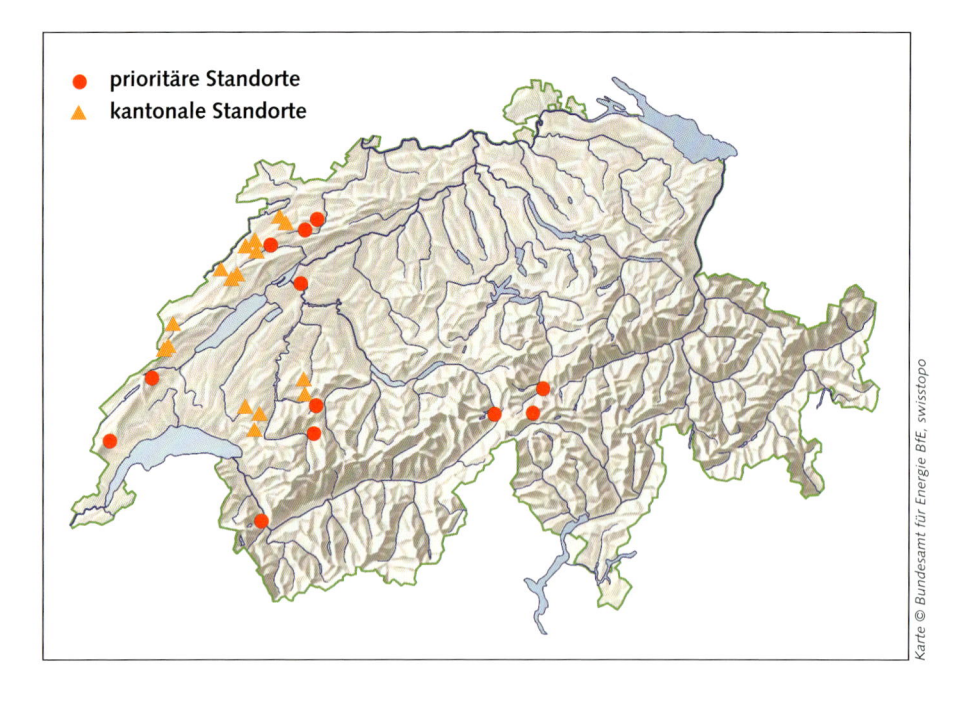

Abb. 486: Wo in Zukunft Windkraftanlagen gebaut werden könnten: Die Jura-Kreten und viele Alpengipfel würden zu Technoparks. Quelle: BFE et al. 2004.

gesichts dieses unerheblichen Beitrags auf die Windenergie und die damit verbundene Landschaftsverschandelung nicht verzichten sollte.

Doch die Windenergielobby lässt nicht locker: In einem Leserbrief schrieb ein Vertreter des «European Fuel Cell Forum» im Februar 2006 in der Neuen Zürcher Zeitung: *«Aus den primitiven, lärmenden und hässlichen Geräten der siebziger Jahre sind inzwischen elegante, leise und effiziente Windkraftanlagen geworden, die jeder Landschaft besondere Akzente verleihen. [...] Über Geschmack lässt sich streiten. Erst das fertig gestellte Bauwerk erlaubt dessen ästhetische Beurteilung. [...] Lediglich 0,07 Prozent des Schweizer Bodens [...] wären betroffen. Auch weht der gute Wind nur in abgelegenen höheren Regionen, also fernab von Siedlungen und Publikum. Künstliche Stauseen haben diese Regionen bereits stärker geprägt, als es die geplanten Windkraftanlagen je zu tun vermögen.»*

Am 18. April 2008 meldete sich in der gleichen Zeitung alt SVP-Ständerat Hans Lauri zu Wort: *«Die geringe Ertragsfähigkeit der Windkraftanlagen in der Schweiz steht in umgekehrter Proportion zu ihren visuellen Immissionen und damit zur Störung des natürlichen Landschaftsbildes. [...] Es darf nicht sein, dass unsere bereits stark belasteten Landschaften vorschnell und ohne umfassende Güterabwägung mit Windkraftanlagen bestückt werden. Da wir am Anfang einer neuen Entwicklung stehen, sind die Bewilligungsinstanzen hier ganz besonders zu einem ganzheitlichen Denken aufgefordert.»*

Die Realität sieht leider anders aus: Auf dem Gotthard sind beispielsweise unterhalb der Passhöhe auf der Südseite acht 78 Meter hohe Masten mit Propellern von 82 Metern Durchmesser als «Parco Eolico del San Gottardo» geplant. Rückendeckung haben die Befürworter der Windenergienutzung vom Bundesgericht erhalten: Am 31. August 2006 hob es ein Urteil des Neuenburger Verwaltungsgerichts auf, das den Bau von sieben bis zu 93 Meter hohen Windkraftanlagen auf dem seit 1966 unter Schutz stehenden Crêt-Meuron im Gebiet Vue des Alpes untersagt hatte. Die Lausanner Richter warfen dem Verwaltungsgericht vor, das öffentliche, energiepolitische Interesse an erneuerbaren Energien missachtet und dem Schutz der Landschaft zu grosses Gewicht beigemessen zu haben. *«Landschaftsschutz darf nicht so gehandhabt werden, dass Windkraftwerke von vorneherein und generell verboten werden»*, lautete das Fazit des Bundesgerichts. Der Konflikt Landschaftsschutz–Windkraft dürfte sich daher in den kommenden Jahren weiter zuspitzen.

Die solare Kultur der Nachhaltigkeit

Pierre Fornallaz, emeritierter Professor der ETH Zürich und unermüdlicher Kämpfer für eine «*solare Kultur der Nachhaltigkeit*», erklärte in einem Interview über die Nutzung der Sonnenenergie (Klötzli und Stadelmann 2008): «*Die Sonne ist eine einzigartige und unvergleichliche Energiequelle. Die Strahlungsenergie ist praktisch unerschöpflich und viele tausend Mal grösser als unser Bedarf. Sie muss nicht aus fernen Ländern importiert werden, kann dezentral genutzt werden, verursacht keine unlösbaren Umweltprobleme und ist in ihrer Rohform gratis. In volkswirtschaftlicher Hinsicht ist sie deshalb die gesündeste Energiequelle, die man sich vorstellen kann. Seit über 30 Jahren wird eine Energiekrise heraufbeschworen. Das ist wissenschaftlich betrachtet ein Unsinn. Wir werden auf der Erde beliebig vielen Ressourcenerschöpfungsproblemen begegnen, aber bei der Energie, die uns als einzige Ressource täglich aus dem Weltall eingestrahlt wird, kann es dieses Problem nie geben.*»

Dennoch fristet die Sonne als Energiequelle in der Schweiz ein klägliches Schattendasein. Dabei könnte sie auf zwei Arten genutzt werden: Mit solarthermischen Anlagen zur Warmwassergewinnung oder mittels Photovoltaik zur Stromerzeugung. Doch der Anteil der Photovoltaik an der Stromproduktion in der Schweiz beträgt nicht einmal ein halbes Promille. Grosse Anlagen sind Mangelware. Zu den grössten zählt das Solarkraftwerk Mont-Soleil (Abb. 487), das seit 1992 Strom für 200 Haushalte liefert. 1996 geriet die Anlage wegen dem Flächenverbrauch von 20 000 Quadratmetern in die Kritik von Greenpeace. Die Naturschutzorganisation warf der Energiewirtschaft vor, die Anlage nicht als Paradebeispiel, sondern als «*Argument, an der Kernenergie festzuhalten*», gebaut zu haben. Tatsächlich gibt es wesentlich sinnvollere Standorte als artenreiche Bergwiesen. So könnte auf den Dächern aller Schweizer Gebäude mithilfe der Sonne der gesamte inländische Strombedarf gedeckt werden. Und es gibt unzählige weitere, von der Zivilisation genutzte Flächen, die sich problemlos mit Solarstromanlagen bestücken liessen. Dazu gehören Fassaden, Schallschutzwände und Sportstadien. Im Jahr 2006 produzierte das weltgrösste stadionintegrierte Sonnenkraftwerk auf den Dächern des Stade de Suisse Wankdorf Bern über 800 000 Kilowattstunden Solarstrom. Zur Verteidigung des Solarkraftwerks Mont-Soleil muss allerdings gesagt werden, dass es sich hier um das bedeutendste private Photovoltaik-Kompetenzzentrum der Schweiz handelt, das wichtige Pionier- und Aufklärungsarbeit leistet.

Abb. 487: Das Solarkraftwerk Mont-Soleil auf der Bergwiese.

Abb. 488: Keiner zu klein,
ein Stromproduzent zu sein.

Foto © Setz Architektur, Rupperswil

Nachdem in den 1970er-Jahren einzelne Hausbesitzer Sonnenkollektoren montierten, begann sich der Heimatschutz um die ästhetisch empfindlichen «Dachlandschaften» Sorge zu machen. 1980 gab die Vereinigung Schweizerischer Bauinspektoren «Empfehlungen für die Bewilligung von Sonnenkollektoren» heraus. Darin heisst es: «*Sonnenkollektoren dürfen im Orts- und Landschaftsbild sowie in der Dachfläche nicht stören und müssen in Bezug auf die Architektur ansprechend gestaltet sein. Der Sonnenkollektor sollte nicht als ‹Fremdkörper› wirken.*» Ein Jahr später publizierte der Schweizer Heimatschutz (SHS) die Wegleitung «Sonnenenergie im Orts- und Landschaftsbild» für die Praxis. Darin werden gelungene Beispiele präsentiert, die zeigen, dass die Sonnenenergienutzung mehr sein kann als ein energiesparendes Anhängsel einer auf Verschwendung angelegten Architektur und dass das Energiesystem hohen ästhetischen und raumgestalterischen Anforderungen gerecht werden kann. Der Schweizer Heimatschutz schreibt dazu: «*Ortschaften und Landschaften sind keine Wegwerfartikel. Zu ihnen ist Sorge zu tragen. Das aber muss nicht in jedem Fall ‹schützen› oder ‹verbieten› heissen. Es verpflichtet vielmehr dazu, für jede Aufgabe die richtige Lösung zu suchen. Das verlangt Beweglichkeit, Einfühlungsvermögen und vor allem fachliches Können.*»
Die Sonnenenergie gehört zu den Hoffnungsträgern unter den erneuerbaren Energien. Sie könnte einen substanziellen Beitrag zur sicheren Stromversorgung der Schweiz und zum allfälligen Ersatz von Kernkraftwerken leisten. Könnte – denn die Förderung der Solarenergie ist nirgends in Mitteleuropa so bescheiden wie in der Schweiz. Die vom WWF in Auftrag gegebene Studie «Kantonsvergleich Solarenergie» deckte 2008 auf, dass viele Kantone die Nutzung der Sonnenenergie praktisch nicht fördern. Bestnoten erhielt nur der Kanton Basel-Stadt, der die Installation einer typischen Sonnenkollektoranlage auf einem Einfamilienhaus mit über 5000 Franken fördert – das sind fast 50 Prozent der Investitionskosten. Finster sah es hingegen in Obwalden, Schwyz, Tessin und Zug aus, wo für Solaranlagen kein einziger Franken aus der Kantonskasse floss.

Förderung erneuerbarer Energien mit angezogener Handbremse

Am 1. Januar 2009 trat endlich die kostendeckende Einspeisevergütung für Strom aus erneuerbaren Quellen gemäss revidiertem Energiegesetz auch hierzulande in Kraft, nachdem dieses Instrument bereits in vielen Ländern für einen Boom bei Strom aus Wasserkraft, Photovoltaik, Wind, Geothermie, Biomasse und Abfällen aus Biomasse geführt hat. Bereits am 1. Mai 2008 konnten Anlagen, die Strom aus erneuerbaren Energien produzieren, für die kostendeckende Einspeisevergütung angemeldet werden. Diese Anlagen erhalten ab 2009 einen festgelegten Preis pro Kilowattstunde während mindestens 20 Jahren vergütet. Offiziell sollte so mit dem Ausbau an sauberer Stromproduktion vorwärts gemacht werden. Doch das ganze Unternehmen bewegt sich am Rande eines Fiaskos. Denn die schweizerische Version der kostendeckenden Einspeisevergütung bringt kaum einen mengenmässigen Durchbruch für neuen Strom aus erneuerbaren Quellen.

Eigenartig war bereits das Datum des Anmeldetermins. Offenbar wurde nicht realisiert, dass der 1. Mai 2008 auf den arbeitsfreien Auffahrtstag gefallen ist und auch am Folgetag in vielen Betrieben nicht gearbeitet wurde. Wer diese beiden Tage für die Anmeldung von geplanten Solar-, Wind- oder Biomasseanlagen verpasste, hatte bei der Berücksichtigung für die kostendeckende Einspeisevergütung schlechte Karten. Denn bereits innerhalb der ersten 36 Stunden gingen Tausende von Anmeldungen ein, womit das begrenzte Kontingent schon fast ausgeschöpft war.

Vor allem bei der Zukunftstechnologie Photovoltaik hat die neue Regelung massive Mängel. Dadurch verordnet sie den Schweizer Firmen in diesem globalen Wachstumsmarkt (+52 Prozent im Jahr 2007 gegenüber dem Vorjahr) das Abseitsstehen. So hat das Parlament bei den Beratungen zur Revision des Energiegesetzes nur gerade fünf Prozent der Mittel (14 Mio. Franken) für Solarstrom reserviert. Das reicht nur für etwa 40 000 Quadratmeter Solarpanels – dabei wurden beim Bau von Wohngebäuden allein im Jahr 2008 zwei Millionen Quadratmeter Dachfläche gebaut (Glauser 2008). Dies hat zur Folge, dass nur ein Bruchteil der interessierten Dachbesitzer ihre Solaranlagen realisieren können. Der «Kostendeckel», wie der Maximalbetrag in korrektem Amtsdeutsch heisst, wurde für die Solarenergie bereits am ersten Tag der Frist um rund das Dreissigfache überzeichnet.

Der Präsident des Solarenergie-Fachverbandes Swissolar, alt Nationalrat Yves Christen, forderte deshalb am 13. Mai 2008 vergeblich eine Nachbesserung der Regelung: «*Auf geeigneten Dächern kann bis zu einem Drittel unseres Strombedarfs mit Solarzellen produziert werden. Beginnen wir jetzt mit dem Aufbau einer sicheren und sauberen Energieversorgung!*» Unterstützt wurde er vom Direktor des Bauernverbands, Nationalrat Jacques Bourgeois: «*Landwirtschaftliche Gebäude haben meist grosse, bestens geeignete Dachflächen. Unsere Landwirte können zu Energiewirten werden, wenn wir die richtigen Rahmenbedingungen schaffen. Damit schaffen wir neue Erwerbsquellen auch in strukturschwachen Regionen.*»

Die Erfahrung anderer Länder hat gezeigt, dass eine kostendeckende Einspeisevergütung ohne «Deckelung» der verfügbaren Mittel am ehesten zum gewünschten Erfolg führt. So hat sich in Baden-Württemberg innerhalb von sechs Jahren die

Anzahl Solaranlagen um das Hundertfache vervielfältigt. Würde die Photovoltaik in der Schweiz nicht durch den Kostendeckel behindert, könnten im Jahr 2025 zweieinhalb Atomkraftwerke durch Solaranlagen ersetzt werden, dezentral und grösstenteils finanziert durch Tausende von Hausbesitzern.

Ganz anders sieht es bei der Wasserkraft aus, die über eine starke Lobby verfügt. Rund ein Viertel der kostendeckenden Einspeisevergütung fliesst in die Förderung von Kleinwasserkraftwerken bis zehn Megawatt Turbinenleistung. Viele dieser Kraftwerke gehören zu Kraftwerkgruppen von Stromunternehmen, andere werden praktisch hobbymässig betrieben. Der Geschäftsführer des Rheinaubundes kommentierte diese Entwicklung so: *«Jetzt können sie (die Stromproduzenten) mit ‹ökologisch reinem Gewissen› auch noch die letzten natürlichen und naturnahen Bäche und Flussabschnitte rentabel verbetonieren.»*

Abb. 489: Kontinuumbruch: Kleinwasserkraftwerke beeinträchtigen die Fliessgewässer und liefern wenig Strom. Kraftwerk Blatten in Oberriet (SG) am Rheintaler Binnenkanal.

Die Renaissance der Kleinwasserkraftwerke ist ökologisch und ökonomisch bedenklich. Sie steuern praktisch nichts zum Schweizer Stromaufkommen bei, können aber als regelrechte Fischhäckselmaschinen und dem für den Betrieb notwendigen «Gewässerausbau» für grosse Umweltschäden sorgen. Dennoch erhielten sämtliche im Jahr 2008 eingereichten 347 Kleinwasserkraftprojekte an fast 250 Standorten vom Bund einen positiven Bescheid.

Stark gefördert wird mit der kostendeckenden Einspeisevergütung auch die Nutzung der Windkraft. Ohne Einspeisevergütung liegt die Rentabilitätsgrenze für die Windkraftnutzung bei einer durchschnittlichen Windgeschwindigkeit von über sechs Metern pro Sekunde. Dieses Limit kann aber je nach Einspeisevergütung drastisch sinken. Je höher die Einspeisevergütung wird, desto grösser ist die Gefahr der «Verspargelung der Landschaft» mit ineffizienten Anlagen an ungeeigneten Standorten. Der drohende Boom hat einmal mehr die Stiftung Land-

schaftsschutz Schweiz auf den Plan gerufen. Sie forderte dringend eine nationale Koordination beim Bau von neuen Anlagen. Die Ausscheidung und Prüfung der Standorte müsse auf der Basis eines Richtplans erfolgen.
Abschliessend wollen wir die Vorstellungen des Geschäftsführers des Rheinaubundes zur Strompolitik des Bundes wiedergeben:

«1. Konsequenter Abbau der Stromverschwendung durch massive Steuerbelastung und eine restriktive Zulassungspraxis neuer Geräte.
2. Förderung stromsparender Produkte bis hin zu Gebäuden, die mehr Strom liefern als verbrauchen.
3. Entlastung der Gewässer von den massiven Eingriffen der Stromproduktion.»

Energie-Hotspot in der Landschaft

Seltene, aber markante Landschaftselemente sind Turbinenhallen, Transformationsstationen oder Benzintanklager. Ein absolutes Novum für die Schweiz war 1964 der Bau einer Erdölraffinerie im Seeland zwischen Neuenburger- und Bielersee bei Cressier. Weder die dagegen wütenden Winzer noch die Proteste der Umweltschützer konnten die erste und letzte Erdölraffinerie in der Schweiz verhindern, die ab 1966 Erdöl aus der Pipeline via Besançon erhielt und verarbeitete. Diese Raffinerie mit 83 Lagertanks sollte die von Benzin- und Heizöleinfuhren abhängige Landesversorgung sicherstellen. Die Raffinerie Cressier verbrennt pro Tag 300 Tonnen Erdöl. Der Altwasserarm der «Vielle Thielle» musste dem Bauwerk und seinem gewaltigen Bahnhof weichen. Ein interessantes Detail: Die Autobahnausfahrt Cornaux, die auch die Raffinerie bedient, umschliesst den Friedhof von Cornaux. Da kann man nur sagen: Ruhe in Frieden!

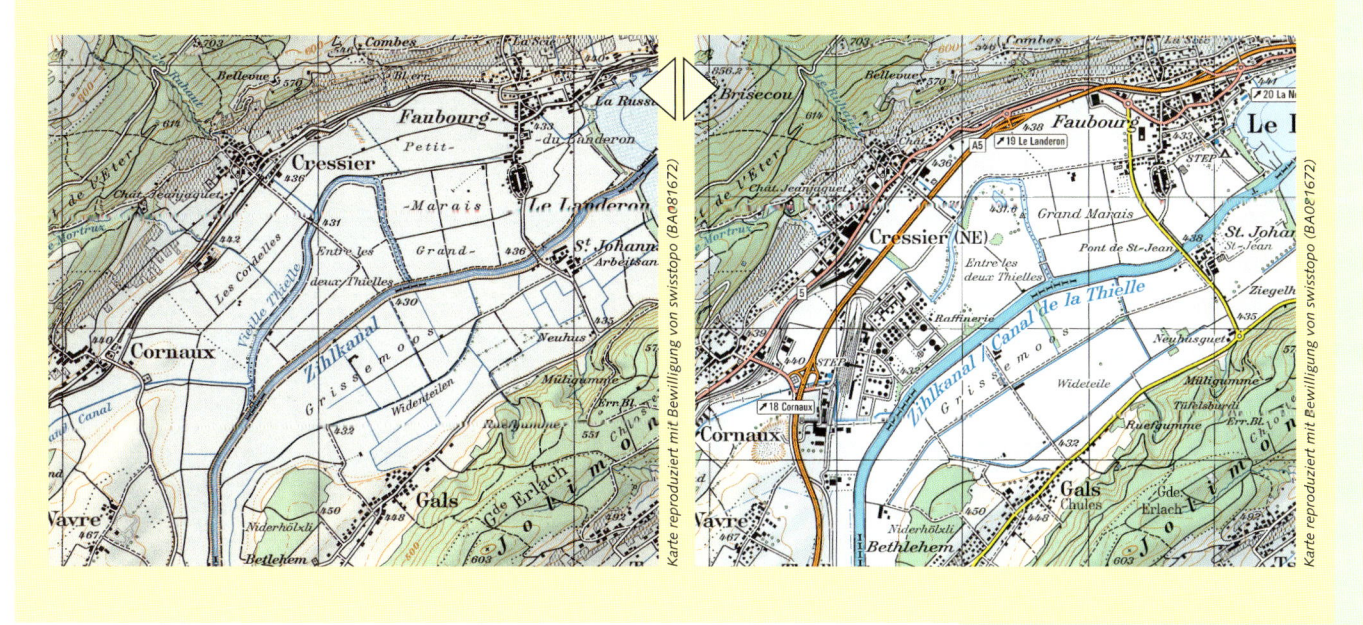

Renaissance der Niederwälder?

Holz als Energielieferant wurde nach der sogenannten Ölkrise von 1973 wiederentdeckt. In den 1990er-Jahren und besonders nach dem Orkan Lothar 1999 stieg diese Wertschätzung nochmals beträchtlich. Holzschnitzelheizungen und Holzpeletsheizungen kamen auf. 1997 ergab eine Studie, dass die damals rund 75 000 Hektaren Nieder- und Mittelwälder der Schweiz zusammen 160 000 Tonnen Energieholz liefern können, was 54 000 Tonnen Heizöl entspricht (BFE 1997).

Der Niederwald war während Jahrhunderten ein sehr wichtiger Energielieferant, der durch fossile Energieträger überflüssig wurde. Alternative Wärmequellen rücken nun aber wieder ins Blickfeld, so Holzschnitzelheizungen, Holzpelletsheizungen und Schwedenöfen. Eine Untersuchung im mittleren Schwarzwald, einem klassischen Gebiet der Niederwaldwirtschaft, hat diesen Wirtschaftstyp auf dessen Energiepotenzial aus der Sicht des Naturschutzes analysiert (Suchomel und Konold 2008). Die Bedeutung aus naturschutzfachlicher Sicht liegt im Arten- und Strukturreichtum, der sich durch eine Vielzahl verschiedener, nebeneinander vorkommender Altersstadien einstellt. Die Ganzbaumnutzung für den Energiegewinn als Nährstoffaustrag ist aus Naturschutzsicht wünschenswert. Die den Niederwald bildenden Baumarten wie Hagebuche, Robinie, Eiche, Esche und Rotbuche haben einen hohen Heizwert, was den Niederwald zum Energiewald macht.

Strom sparen statt ständig neue Kraftwerke bauen

Die Wasserkraft ist eine saubere, einheimische und erneuerbare Energiequelle. Das ist unbestritten – sofern man die Landschaft ausblendet. Die ist nämlich nicht erneuerbar. Vor allem für die Wasserkraft und die Windenergie gibt es eine Grenznutzung, die nicht überschritten werden darf. Der ökonomisch sinnvolle Ausbaugrad beim Wasserkraftausbau ist in der Schweiz praktisch erreicht, ökologisch gesehen ist er bereits überschritten. Für jede Energienutzung brauchen wir deshalb klare Rahmenbedingungen.
Vor allem gilt es aber, durch Stromsparen neue Kraftwerke überflüssig zu machen. Der Energieverbrauch steigt seit Jahrzehnten. Bereits 1974 hätte man gemäss dem Eidgenössischen Amt für Energiewirtschaft mit den damals verbrauchten 185 Milliarden Kilowattstunden das gesamte Alpenmassiv um etwa einen halben Meter heben können. Zwanzig Jahre später verbrauchten die Geräte der Unterhaltungselektronik in der Schweiz allein im Stand-by-Modus 460 Millionen Kilowatt-Stunden pro Jahr, was vier Prozent des gesamten Haushaltstromverbrauchs entsprach. Fast gleich gross war damals der Stand-by-Verlust bei Bürogeräten. Um die Jahrtausendwende floss etwa ein Drittel der Jahresleistung des Atomkraftwerks Mühleberg in «abgeschaltete» Geräte in Haushalt und Büro. 2007 war das Jahr mit dem höchsten Energieverbrauch in der Schweiz. Diese Zahlen zeigen, dass das Energiesparpotenzial gewaltig ist.

Um 1910 lag der mittlere Energieverbrauch in der Schweiz bei etwa 900 Watt pro Kopf; 1950 waren es 1280 Watt, zehn Jahre später bereits 2000 Watt. Der Energieverbrauch in der Schweiz liegt heute bei 6000 Watt pro Person, wobei der grösste Teil auf nicht erneuerbare Brenn- und Treibstoffe entfällt. Die Amerikaner bringen es gar auf 10 000 Watt. Umgekehrt verbrauchen die meisten Länder der Dritten Welt deutlich weniger als 1000 Watt. Die begrenzte Belastbarkeit unseres Planeten erlaubt es aber nicht, die sechs Milliarden Menschen mit jenen Energiemengen zu versorgen, welche heute die Industriestaaten beanspruchen. Das Ungleichgewicht ist nur mittels eines signifikanten Rückgangs des Energieverbrauchs in den Industrieländern zu überwinden.

Diese Erkenntnis hat im Bereich der Eidgenössischen Technischen Hochschulen (ETH) zur Idee der «2000-Watt-Gesellschaft» geführt. Ziel ist die Senkung des Energieverbrauchs um zwei Drittel bei gleichbleibendem Lebensstandard, wobei 1500 Watt aus erneuerbaren Energiequellen stammen sollten. Erreicht werden könnte dieses Ziel durch die Senkung der Verluste beim Übergang von Primär- zur Nutzenergie von 57 auf 40 Prozent. Zudem soll mit neuen Technologien der Bedarf an Nutzenergie halbiert werden (Stulz 2000). Imboden (2002) weist darauf hin, dass es den Amerikanern geglückt ist, innerhalb von zehn Jahren einen bemannten Flug zum Mond zu planen und durchzuführen; er fragt sich, wieso es nicht möglich sein soll, innerhalb von 50 Jahren eine 2000-Watt-Gesellschaft zu verwirklichen. Leider hat die ETH im Jahr 2008 das 2000-Watt-Ziel revidiert.

Zum Schluss wollen wir noch einen interessanten Einblick in die Funktionsweise der Schweizer Politik werfen – und zeigen, was alles möglich ist. Im Val Onsernone (TI) wurde kürzlich das neben dem Nationalpark und dem Val Cama grösste Waldreservat der Schweiz eingerichtet. Das Tal ist zudem Teil des erfolgversprechenden Kandidaten für einen zweiten Nationalpark (Locarnese und Vallemaggia). Die Stiftung Landschaftsschutz Schweiz wurde im August 2007 nach Comologno gerufen, um an der Manifestation gegen die geplante Wasserkraftnutzung im obersten, zu Italien gehörenden Talabschnitt teilzunehmen. Die direkt an der Grenze geplante Wasserableitung würde den Talfluss Isorno zum Versiegen bringen und damit letztlich den Wald und den Lebensraum der Talbevölkerung bedrohen.

Die Tessiner Regierung (!) und Bundesrat Moritz Leuenberger (!) intervenierten politisch bei den italienischen Behörden. Unter Natur- und Landschaftsschützern rieb man sich die Augen. Über hundert Personen, darunter Staatsrat Marco Borradori, Mitglieder des Grossrats und Talbewohnerinnen und -bewohner wanderten durch das Gebiet, um ihren Willen für die Erhaltung dieser einmaligen Landschaft kundzutun. Raimund Rodewald von der Stiftung Landschaftsschutz lancierte bei diesem Anlass die Idee, ausgehend von diesem Konflikt möglichst rasch den Nationalpark – als stärkeren Schutz gegen einen Eingriff – ins Leben zu rufen und gleichzeitig dem Piemont vorzuschlagen, den obersten Talabschnitt auch in den Perimeter aufzunehmen. Somit liesse sich ein landschaftlich verheerendes Wasserkraftprojekt zugunsten eines imageträchtigen grenzüberschreitenden Nationalparks ad acta legen. ☐

Kapitel 14

Der geplante
in

Raum
Theorie und Praxis

Abb. 490: Nordostansicht der Rigi mit Rigi-Nordlehne im Jahr 1907 und 1992. Im Vordergrund Oberarth und Arth. Das Gebiet ist im Bundesinventar der Landschaften und Naturdenkmäler von nationaler Bedeutung aufgeführt (Objekt Nr. 1606 Vierwaldstättersee mit Kernwald, Bürgenstock und Rigi). Ziel dieses Inventars ist die «ungeschmälerte Erhaltung» der Objekte.

Ignorierte Landschaftsplanung

Fachleute aus Deutschland haben den Erstautoren immer wieder gefragt, ob es denn in der Schweiz keine Raumplanung gäbe, es sehe zum Teil wirklich chaotisch und unkoordiniert aus in der Schweiz. Um es vorwegzunehmen: Im Prinzip gibt es in der Schweiz keine Landschaftsplanung.
Noch in der ersten Hälfte des 19. Jahrhunderts war es vielerorts verboten, im offenen Kulturland Bauten zu errichten (siehe Kap. 5). Ein Blick auf den Topographischen Atlas von 1870 bis 1935 bestätigt diese Ordnung. Natürlich gab es Ausnahmen für Funktionalbauten wie Torfhütten, Feldställe, Feldscheunen, Mühlen oder Sägereien. Das uferlose Bauen, Zersiedeln und Auswechseln der Landschaft begann aber erst in den 1960er-Jahren, je nach Landesgegend sogar noch später. Nur wenige Kantone verfügten damals über Gesetze, mit denen sie die Aktivitäten im Raum steuern konnten.
Der heute geläufige Begriff Raumplanung ist noch gar nicht so alt. Er tauchte bei uns etwa in den 1970er-Jahren zum ersten Mal auf. Seit etwa 1930 wurde immerhin von Landesplanung gesprochen (Winkler 1970, EDI 1967). Daran erinnert auch der Name des ehemaligen Instituts für Orts-, Regional- und Landesplanung, welches von 1961 bis 2002 an der ETH Zürich angesiedelt war. Aber zwischen Planung, politischem Handeln, Rechtsinstrumenten und deren Umsetzung ist bekanntlich ein langer Weg, zumal in der Schweiz, wo die Wege – wenn überhaupt – nur über viele Windungen zum Ziel führen.

Was sich in Bezug auf die Raumplanung in der Schweiz vollzogen hat, haben die bisherigen Kapitel ausführlich dokumentiert: Es ist wenig bis nichts. Hoch- und Tiefbau, Land-, Forst- und Energiewirtschaft, Wasserbau und Tourismus haben in der Landschaft mit einer beängstigenden Rasanz und Totalität ausgeräumt, gebaggert und gebaut. Die Landschaftszerstörungen riefen nach einer Kehrtwende – oder zumindest nach Korrekturen. Doch die Trägheit des Menschen und die Interessenvielfalt der Gesellschaft verhinderten radikale Lösungen. Das Schleppende und das Verschleppen der Probleme kennzeichneten die Geschichte der Umweltpolitik und der Umweltschutzgesetzgebung in der Schweiz.
Zwar gibt es keine politische Partei in der Schweiz, in deren Parteiprogramm die Umwelt fehlen würde. Aber alle Parteien sind weit davon entfernt, Landschaft zu schützen oder zu schonen (Auftrag des Raumplanungsgesetzes!) oder sich für eine qualitative ausreichende Planung einzusetzen. Daher fehlt auch eine breit getragene nationale Landschaftsschutzpolitik.

Wenn die Politik oder der Staat Aufgaben nicht wahrnimmt, treten oft Private auf den Plan, um die Lücken zu schliessen. Interessengruppen haben sich in vielen Bereichen unserer Gesellschaft aus ganz unterschiedlichen Gründen gebildet. 1971 entstand beispielsweise aus dem Komitee gegen den Überschallknall die Schweizerische Gesellschaft für Umweltschutz. Auch im Natur-, Heimat- und Landschaftsschutz versuchen Nichtregierungsorganisationen die Lücken der fehlenden nationalen Strategien und Konzepte zu füllen. Es ist aber nur bedingt möglich, Schäden infolge staatlicher und politischer Versäumnisse durch Nichtregierungsorganisationen reparieren zu lassen.

Letztendlich ist die Landschaftsplanung in der Schweiz von allen Hauptnutzern der Landschaft torpediert worden, um die eigene Territorialpolitik durchzusetzen. Wie sich die Landschaftsplanung in Deutschland als Planungsinstrument der Landespflege entwickelt hat, dokumentierte Ewald (1989). Leider hat die Schweiz nichts aus diesem Erfahrungsschatz unseres Nachbarlands übernommen, obwohl es an hervorragenden Anleitungen und Mustern nicht mangelt (Buchwald und Engelhardt 1968/69, 1978–1980; DRL 1984).

Wieso dieses Ignorieren der Landschaftsplanung? Der Hauptgrund liegt wohl darin begründet, dass die Landschaftsplanung im Gegensatz zu allen anderen Planungen keine direkten ökonomischen Ziele verfolgt. Dies ist der springende Punkt für die Hauptnutzer der Landschaft: Sie ignorieren die absolute Ungleichheit zwischen produktionsorientierter – zumal subventionierter – Landnutzung und dem Umgang mit Landschaft im Sinne von Landschaftsschutz und nachweisbarer Nachhaltigkeit.

Der Umweltschutz hat es da viel einfacher. Boden, Wasser und Luft sind unentbehrliche Lebensgrundlagen. Erosion, Gewässerverschmutzungen und Luftverunreinigungen führen deshalb zwangsweise zum Handeln. Die Motivation hierzu leuchtet allgemein ein, denn verschmutztes Wasser kann man nicht trinken und mit Schadstoffen belastete Luft kann die Gesundheit gefährden. Dem Natur- und Heimatschutz stehen keine derart offensichtlichen Motivationen zur Verfügung. Daher sind seine Bestrebungen viel komplizierter.

Die Entwicklung des Landschaftsschutzes

Die drohende Zerstörung von Landschaftselementen löst je nach Empfänglichkeit einer Person oder Gruppe Emotionen aus und motiviert diese zu einer Reaktion. Ende des 19. Jahrhunderts haben ästhetische Gründe den Anlass gegeben, dass Heimatschutz zu einem Thema wurde. Die Betroffenheit aufgrund der vielen Heimatveränderungen – Landschaft, Natur und Heimat wurden als identisch erlebt – wirkte quasi wie ein Seismograf auf Erschütterungen oder Einbrüche im Landschaftsbild und im Landschaftserlebnis. Diese Personen haben Teile der Bevölkerung mobilisieren können.

1905 wurde die Schweizerische Vereinigung für Heimatschutz gegründet, 1909 der Schweizerische Bund für Naturschutz (SBN, heute Pro Natura). 1907 wurde folgender Artikel in das Schweizerische Zivilgesetzbuch (ZGB) aufgenommen: «*Dem Bunde, den Kantonen und den Gemeinden bleibt es vorbehalten, Beschränkungen des Grundeigentums zum allgemeinen Wohl aufzustellen, wie namentlich betreffend die Bau-, Feuer- und Gesundheitspolizei, das Forst- und Strassenwesen, den Reckweg, die Errichtung von Grenzmarken und Vermessungszeichen, die Bodenverbesserungen, die Zerstückelung der Güter, die Zusammenlegung von ländlichen Fluren und von Baugebiet, die Erhaltung von Altertümern und Naturdenkmälern, die Sicherung der Landschaften und Aussichtspunkte vor Verunstaltung und den Schutz von Heilquellen.*» Unzählige kantonale Erlasse und Verordnungen zum Natur- und Heimatschutz stützten sich in der Folge auf diesen Artikel ab.

Ein Jahr zuvor hatte sich im Schosse der Schweizerischen Naturforschenden Gesellschaft (gegründet 1815, heute: Schweizerische Akademie der Naturwissenschaften SCNAT) die Schweizerische Naturschutzkommission (SNK) gebildet. Sie setzte sich ein für die Inventarisation der bereits geschützten Objekte sowie der bestehenden Gesetze, aber auch für die Erhebung der schützenswerten Naturdenkmäler (Burckhardt 1992). Die Gründung des Schweizerischen Nationalparks 1914 ist ebenfalls der Schweizerischen Naturschutzkommission zu verdanken (Bachmann 1999).

Die komplizierte Geschichte des Naturschutzes in der Schweiz von 1900 bis 1938 wurde von Bachmann (1999) ausführlich beschrieben. Parlamentarische Vorstösse und andere Bemühungen für die Verankerung des Natur- und Heimatschutzes in der Bundesverfassung wurden über Jahrzehnte abgeschmettert. Angesichts dieser Situation rief der Bundesrat am 1. Mai 1936 die Eidgenössische Natur- und Heimatschutzkommission (ENHK) als eidgenössische Expertenkommission ins Leben (Vischer 1946).

Nach dem Zweiten Weltkrieg setzte ein nie dagewesener wirtschaftlicher Aufschwung ein, der in ein exponentielles Wachstum in fast allen Bereichen der Gesellschaft übergehen sollte. Ein Kind jener Zeit ist das Bundesgesetz über die Nationalstrassen vom 8. März 1960. Der Autobahnbau führte an vielen Orten der Schweiz zu dramatischen Einbrüchen in Natur und Landschaft (Kap. 11). Ein weiteres Bundesgesetz, das unabsehbare negative Auswirkungen auf Natur und Landschaft haben sollte, war das Bundesgesetz über die Förderung der Landwirtschaft und die Erhaltung des Bauernstands vom 3. Oktober 1951 (Kap. 7). Das Trauma von Hunger, Importsperre und Anbauschlacht während des Zweiten Weltkriegs führte die Feder beim Niederschreiben dieses Bundesgesetzes.

Das Natur- und Heimatschutzgesetz

Ein wichtiger Meilenstein in der Landschaftsschutzgeschichte der Schweiz war die Rheinau-Volksbewegung. Ein Jahr vor dem Ende des Zweiten Weltkrigs hatte der Bundesrat die Konzession zum Bau einer Staustufe für ein Kraftwerk im Rhein bei Rheinau erteilt. Das Vorhaben gehörte zur Konzeptidee, den Hochrhein bis zum Bodensee schiffbar zu machen. Doch die Menschen hatten in den letzten Kriegsjahren und unmittelbar nach dem Zweiten Weltkrieg andere Sorgen als anonyme Baukonzessionen wahrzunehmen. Erst 1951, als am Rheinfall Profile aufgestellt wurden, realisierte man die Konsequenzen eines Aufstaus des Rheins: Unter anderem würde der weit über die Landesgrenzen bekannte Rheinfall zwei Meter Fallhöhe verlieren und praktisch in einen See stürzen. Im April 1951 bildete sich ein Komitee zum Schutz der Stromlandschaft Rheinfall-Rheinau. Bereits nach kurzer Zeit konnte dem Bundesrat eine von rund 150 000 Personen unterzeichnete Petition überreicht werden. Trotzdem begannen am 23. Januar 1952 die Bauarbeiten. In Schaffhausen wurden aus Protest die Fahnen auf Halbmast gesetzt und mit Trauerflor versehen. Bereits vier Tage später gab es einen ersten gewaltigen Volksaufmarsch.

Am 23. Februar 1953 wurde die «Rheinau-Initiative» bei der Bundeskanzlei eingereicht – mit 59 988 Unterschriften. Die Initiative verlangte, dass Absatz 2 des Artikels 24bis der Bundesverfassung wie folgt zu ergänzen sei: «*Naturschönhei-*

ten sind zu schonen und da, wo das allgemeine Interesse an ihnen überwiegt, ungeschmälert zu erhalten. Übergangsbestimmungen: Zur ungeschmälerten Erhaltung des Rheinfalles sowie zum Schutz der Schönheit der Stromlandschaft Rheinfall-Rheinau wird die im Widerspruch zu Artikel 22 des Wasserrechtsgesetzes vom 22. Dezember 1894 erteilte Konzession für den Bau des Kraftwerkes Rheinau aufgehoben. Eine solche Konzession darf nicht wieder erteilt werden.»
Der Bundesrat lehnte die Initiative am 19. Februar 1954 ab. Im Abstimmungskampf wurden den Stimmbürgern von den Fachverbänden der Wasserwirtschaft Stromengpässe und wirtschaftliche Ausfälle in Aussicht gestellt. Ausserdem wurde ins Feld geführt, dass die Steuerzahler bei der Annahme der Initiative mit *«hohen Schadenersatzforderungen»* zu rechnen hätten. Die Argumente wirkten: Am 5. Dezember 1954 wurde die Vorlage mit 504 330 Nein-Stimmen gegen 223 114 Ja-Stimmen vom Volk und von 21 Ständen bei einer Stimmbeteiligung von 51,9 Prozent verworfen (Graf 1972). Mit dem Bauabschluss 1957 sind viele rauschende Stromschnellen des Rheins verschwunden.

Für die unterlegene, aber doch starke Minderheit wurde «Rheinau» zum Fanal. Einerseits entstand aus der Abstimmungsniederlage der 1960 offiziell gegründete «Rheinaubund» (Wirz 2009); andererseits schien der Abstimmungskampf die Politik wachgerüttelt zu haben. Im Mai 1954 schrieb der Bundesrat zu Handen der Bundesversammlung: *«Die Frage liesse sich stellen, und prüfen, ob durch einen selbständigen Verfassungsartikel der Natur- und Heimatschutz auf einer breiteren bundesrechtlichen Basis gewährleistet werden könnte.»* Schon am 28. September 1954 wurde die Frage durch die vorbereitende Kommission des Nationalrats zur Rheinau-Initiative in einer Motion im Parlament aufgegriffen. Das Resultat der Anstrengungen war der neue Verfassungsartikel 24 sexies betreffend den Natur- und Heimatschutz. Der Bundesrat legte der Bundesversammlung die Ergänzung der Bundesverfassung am 19. Mai 1961 vor. Die Beweggründe des Bundesrats lassen staunen: *«Dennoch ist es Tatsache, dass weder die eidgenössischen oder kantonalen Erlasse noch die Bestrebungen der Natur- und Heimatschutzorganisationen das Verschwinden wertvoller Kultur- und Naturdenkmäler, seltener Biotope und Tierarten oder die schwere Beeinträchtigung schöner und beliebter Erholungslandschaften gänzlich zu verhindern vermochten. Viele Werte bleiben damit unwiederbringlich verloren, was nicht mehr weiter hingenommen werden darf. […] In der heutigen Zeit der sprunghaften wirtschaftlichen und technischen Entwicklung bedrängen in allen Teilen unseres Landes rasch anwachsende Überbauungen, industrielle Anlagen und Ablagerungen, neu angelegte Strassen, Bahnen und Leitungen, Reklamevorrichtungen u. a. m. die Schönheit von Natur und Landschaft aufs schwerste. […] Demzufolge wurden seit Kriegsende eine beträchtliche Zahl wertvoller Landschafts- und Ortsbilder sowie Naturschönheiten in nicht wiedergutzumachender Weise beeinträchtigt, verunstaltet oder gar vernichtet.»*
Am 27. Mai 1962 nahmen Volk und Stände den Artikel 24 sexies (heute Artikel 78) in die Bundesverfassung auf. Dieser besagt, dass Natur- und Heimatschutz Sache der Kantone sei; der Bund habe bei der Erfüllung seiner Aufgaben das heimatliche Landschafts- und Ortsbild zu schonen und dort ungeschmälert zu erhalten, wo das allgemeine Interesse überwiegt. Im Weiteren unterstützt der Bund die Bestrebungen von Natur- und Heimatschutz durch Beiträge, Naturreservate, Siche-

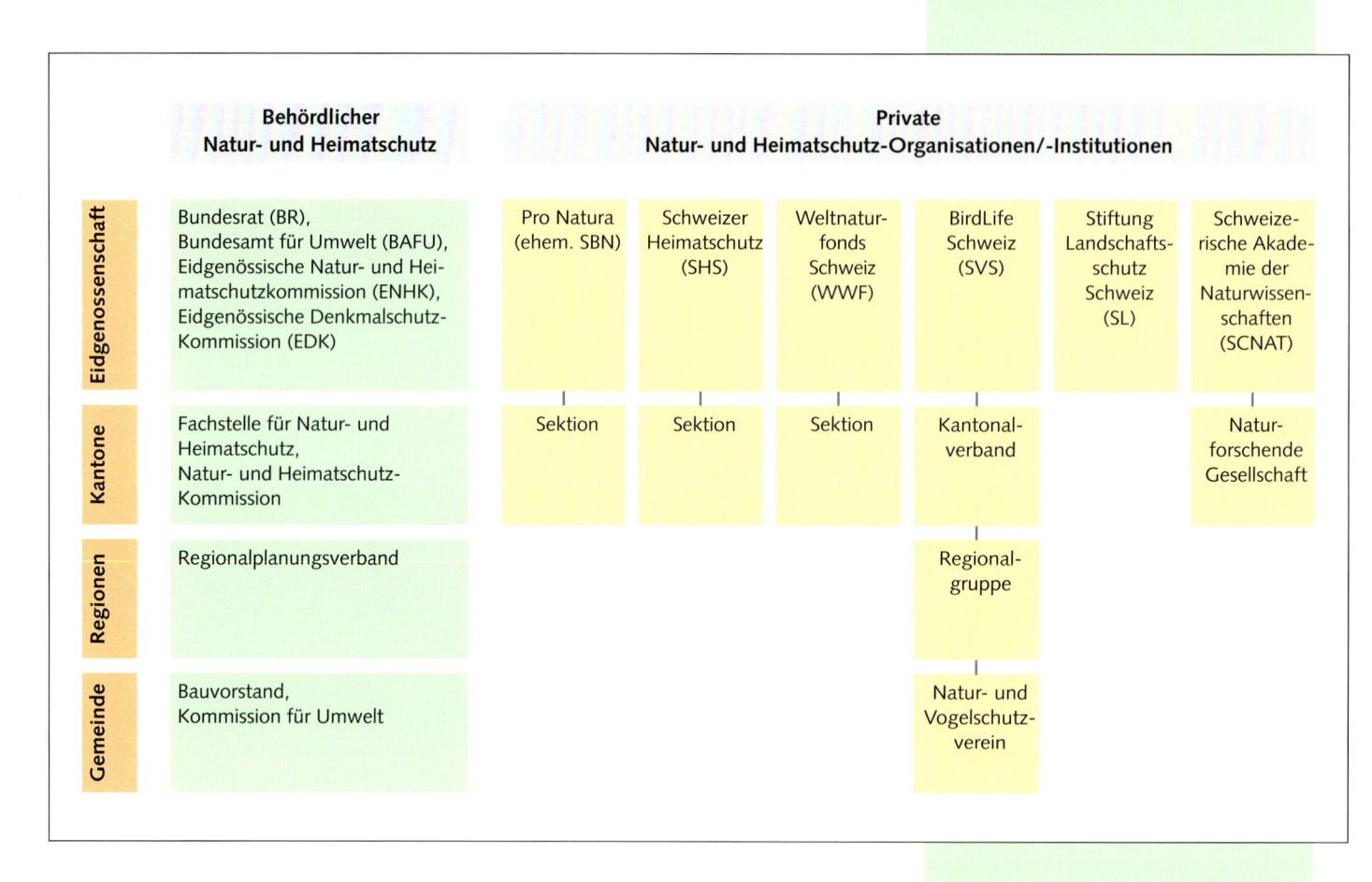

	Behördlicher Natur- und Heimatschutz	Private Natur- und Heimatschutz-Organisationen/-Institutionen					
Eidgenossenschaft	Bundesrat (BR), Bundesamt für Umwelt (BAFU), Eidgenössische Natur- und Heimatschutzkommission (ENHK), Eidgenössische Denkmalschutz-Kommission (EDK)	Pro Natura (ehem. SBN)	Schweizer Heimatschutz (SHS)	Weltnaturfonds Schweiz (WWF)	BirdLife Schweiz (SVS)	Stiftung Landschaftsschutz Schweiz (SL)	Schweizerische Akademie der Naturwissenschaften (SCNAT)
Kantone	Fachstelle für Natur- und Heimatschutz, Natur- und Heimatschutz-Kommission	Sektion	Sektion	Sektion	Kantonalverband		Naturforschende Gesellschaft
Regionen	Regionalplanungsverband				Regionalgruppe		
Gemeinde	Bauvorstand, Kommission für Umwelt				Natur- und Vogelschutzverein		

Abb. 491: Organisation des Naturschutzes in der Schweiz. In der Gemeinde ist die «Black Box», wo Natur- und Heimatschutz weitgehend fehlen. Quelle: Eigene Zusammenstellung.

rung von geschichtlichen Stätten und Kulturdenkmälern von nationaler Bedeutung durch unterschiedliche Instrumente. Zudem ist der Bund befugt, Bestimmungen zum Schutz der Tier- und Pflanzenwelt zu erlassen.

Drei Jahre nach der Annahme des Verfassungsartikels unterbreitete der Bundesrat der Bundesversammlung die Botschaft zum Entwurf eines Bundesgesetzes über den Natur- und Heimatschutz. Auch in dieser Botschaft malte der Bundesrat den Zustand der Natur- und Kulturlandschaften der Schweiz in düsteren Farben: «*Zur Erhaltung der heute leider nicht mehr sehr zahlreichen unversehrten Naturlandschaften, Ortsbilder, geschichtlichen Stätten und Kulturdenkmäler von grossem, im ganzen Lande anerkanntem Wert drängte sich deshalb ein wirksamer, unmittelbarer Schutz durch den Bund auf.*» Der Bundesrat beklagte hier die unersetzlichen Verluste bis ins Jahr 1965. Es stellt sich die Frage, was er heute schreiben müsste.

1967 trat endlich das überfällige Bundesgesetz über den Natur- und Heimatschutz (NHG) in Kraft. Der mangelnde Vollzug war dem Gesetz aber bereits in die Wiege gelegt: Für die Umsetzung des Natur- und Heimatschutzgesetzes gab es 1970 in der eidgenössischen Verwaltung nur drei Stellen.

Eine Pioniertat im Landschaftsschutz leisteten drei grosse private Organisationen: der Schweizerische Bund für Naturschutz (SBN, heute Pro Natura), der Schweizer Heimatschutz (SHS) und der Schweizer Alpenclub (SAC). Im Jahr 1963 stellten sie ein gesamtschweizerisches Inventar der zu erhaltenden Landschaften und Naturdenkmäler von nationaler Bedeutung der Öffentlichkeit vor (siehe unten). Die Pioniertat fand insofern Anerkennung, als der Bundesrat es in der Botschaft würdigte und die Idee als Artikel 5 in das Bundesgesetz über den Natur- und Heimatschutz einbaute.

Das Natur- und Heimatschutzgesetz ist die Grundlage des derzeitigen Natur- und Landschaftsschutzes. Es verpflichtet zu umfassender Rücksicht gegenüber einheimischen Pflanzen, Tieren und der Landschaft, es legt die Grundlagen für die finanzielle Unterstützung von Natur- und Heimatschutz sowie Denkmalpflege und es verlangt vom Bund, Lebensräume (insbesondere Moore) zu erhalten. Für die Umsetzung des Gesetzes sind Bund und Kantone verantwortlich. Verschiedene Verordnungen konkretisieren die Ausführung.

Das Raumplanungsgesetz

Erst Ende der 1960er-Jahre wurden in einer Volksabstimmung die sogenannten Bodenrechtsartikel, die Artikel 22ter und 22quater (heute in Art. 75 BV), in die Bundesverfassung aufgenommen. Sie ermöglichen es auf Bundesstufe, Raumplanungsrecht zu schaffen. Der Erstautor erinnert sich lebhaft an jene Jahre. Gegner prophezeiten im Abstimmungskampf Zustände wie in der Planwirtschaft der Sowjetunion mit radikalen Enteignungen.

Noch in den 1960er–Jahren verfügten nur wenige Kantone über ein Baugesetz, welches das Baugebiet vom Nichtbaugebiet trennte. Vielerorts griff man in der Not behelfsmässig auf die Gewässerschutz-Gesetzgebung zurück, die seit dem 16. März 1955 in Kraft war. Dieses erstaunlich fortschrittliche Gesetz besagte, dass man nur dort bauen darf, wo ein Anschluss an die Kanalisation möglich ist. Das Ausscheiden des generellen Kanalisationsperimeters diente dem Festlegen eines künftigen Baugebiets. Doch mehr als eine Krücke war diese Steuerungsmöglichkeit nicht. Es herrschte ein gigantischer Handlungsbedarf.

Im Mai 1972 unterbreitete der Bundesrat dem Parlament die Botschaft zum Bundesgesetz über die Raumplanung. Fast gleichzeitig legte er dem Parlament den Entwurf eines Bundesbeschlusses über dringliche Massnahmen auf dem Gebiet der Raumplanung vor. Dieser enthält wichtige Aussagen und Auflagen für den Umgang mit Natur, Landschaft und Heimat – und er ist als Notrecht zu taxieren, was für schweizerische Verhältnisse eine Rarität darstellt. Dieser Bundesbeschluss wurde innerhalb von weniger als zwei Monaten in Kraft gesetzt.

Die äusserst selten ergriffenen Sofortmassnahmen begründete der Bundesrat mit der langen Zeitdauer, welche die Beratung des Raumplanungsgesetzes beanspruchen werde. Darüber hinaus war er offensichtlich besorgt über die tatsächlichen Verhältnisse in der Landschaft Schweiz, indem er die Bedenken der Eidgenössischen Natur- und Heimatschutzkommission (ENHK) zu seinen machte, indem er sie in der Botschaft zitierte: «*Mit eindrücklichen Worten gab die Eidgenössische Natur- und Heimatschutzkommission in einer Eingabe an den Bundesrat ihrer grossen Besorgnis darüber Ausdruck, dass Landschaften von einmaliger Schönheit und Eigenart innerhalb weniger Jahre zerstört werden, wenn die gegenwärtige Entwicklung andauert. Aber auch Gegenden, die nicht zu den Landschaften von ausgesprochener Naturschönheit zählen, jedoch für Erholungszwecke benötigt werden, sind von einer unkontrollierten Bautätigkeit zu schützen. Eines besonderen Schut-*

zes bedürfen namentlich die Erholungsgebiete in der näheren und weiteren Umgebung der grossen Agglomerationen. Endlich besteht die Befürchtung, dass sich die Bautätigkeit in vermehrtem Masse solcher Gebiete bemächtigen könnte, die wegen ihrer Bedrohung durch Naturgewalten freigehalten werden sollten.»

Die Eidgenössische Natur- und Heimatschutzkommission war 1936 vom Bundesrat als beratendes Organ geschaffen worden – und zwar in Ermangelung gesetzlicher Grundlagen für den Natur- und Heimatschutz. Dass sie nun derart Klartext redet ist kein Zufall: Das erste Europäische Naturschutzjahr 1970 hat sehr viele bewegt und vieles ausgelöst. Auch die ENHK wurde offenbar von jener Motivationswelle erfasst.

Der Bundesbeschluss über «dringliche Massnahmen auf dem Gebiete der Raumplanung» war von raumplanerischer und landschaftlicher Relevanz. Die Kantone mussten innerhalb von etwa acht Monaten – im Wortlaut hiess das: «*ohne Verzug*» – jene Gebiete bezeichnen, die aus Gründen des Landschaftsschutzes und der Erholungsvorsorge sowie auch wegen der Naturgefahren vor Besiedlung und Überbauung vorläufig freizuhalten sind (EJPD 1974). Der Artikel 2 nennt die Ausscheidungskriterien für die provisorischen Schutzgebiete: Dazu gehören Fluss- und Seeufer, Landschaften von besonderer Schönheit und Eigenart, Ortsbilder, geschichtliche Stätten sowie Natur- und Kulturdenkmäler von nationaler oder regionaler Bedeutung. Die Vollziehungsverordnung zu diesem Bundesbeschluss erläutert präzis, was Fluss- und Seeufer sind und wie sie auszuscheiden sind. Diese beeindruckende Präzision fehlt allerdings sowohl im Bundesgesetz über den Natur- und Heimatschutz und in späteren Revisionen als auch im Raumplanungsgesetz.

In Bern ging man davon aus, dass das Notrecht durch ordentliches Raumplanungsrecht abgelöst wird. Doch gegen das Raumplanungsgesetz wurde das Referendum ergriffen. Am 13. Juni 1976 lehnte das Volk – zwar knapp mit 51 Prozent, dafür aber umso wuchtiger mit 19 Ständen – die Vorlage bei einer Stimmbeteiligung von nur 34,5 Prozent ab. Das Notrecht musste verlängert werden. Am 1. Januar 1980 trat schliesslich das Bundesgesetz über die Raumplanung in Kraft. Mit dem Raumplanungsgesetz wurde auch das Bundesamt für Raumplanung – seit Juni 2000: Bundesamt für Raumentwicklung – eingerichtet. Leider hat sich die gesamte «Raumplanung» in der Schweiz fast ausschliesslich als (zahnlose) Siedlungs- und Verkehrsplanung erwiesen und alle anderen Bereiche wie Landwirtschaft, Forstwirtschaft und Energie ausser Acht gelassen (Lendi und Elsasser 1996, Kuster und Meier 2000).

Das Raumplanungsgesetz im Detail

Art. 1 Ziele
[1] Bund, Kantone und Gemeinden sorgen dafür, dass der Boden haushälterisch genutzt wird. Sie stimmen ihre raumwirksamen Tätigkeiten aufeinander ab und verwirklichen eine auf die erwünschte Entwicklung des Landes ausgerichtete Ordnung der Besiedlung. Sie achten dabei auf die natürlichen Gegebenheiten sowie auf die Bedürfnisse von Bevölkerung und Wirtschaft.

[2] Sie unterstützen mit Massnahmen der Raumplanung insbesondere die Bestrebungen,
a. die natürlichen Lebensgrundlagen wie Boden, Luft, Wasser, Wald und die Landschaft zu schützen;
b. wohnliche Siedlungen und die räumlichen Voraussetzungen für die Wirtschaft zu schaffen und zu erhalten;
c. das soziale, wirtschaftliche und kulturelle Leben in den einzelnen Landesteilen zu fördern und auf eine angemessene Dezentralisation der Besiedlung und der Wirtschaft hinzuwirken;
d. die ausreichende Versorgungsbasis des Landes zu sichern;
e. die Gesamtverteidigung zu gewährleisten.

Art. 6 Grundlagen
[1] Für die Erstellung ihrer Richtpläne bestimmen die Kantone in den Grundzügen, wie sich ihr Gebiet räumlich entwickeln soll.

[2] Sie stellen fest, welche Gebiete
a. sich für die Landwirtschaft eignen;
b. besonders schön, wertvoll, für die Erholung oder als natürliche Lebensgrundlage bedeutsam sind;
c. durch Naturgefahren oder schädliche Einwirkungen erheblich bedroht sind.

[3] Sie geben Aufschluss über den Stand und die anzustrebende Entwicklung
a. der Besiedlung;
b. des Verkehrs, der Versorgung sowie der öffentlichen Bauten und Anlagen.

[4] Sie berücksichtigen die Konzepte und Sachpläne des Bundes, die Richtpläne der Nachbarkantone sowie regionale Entwicklungskonzepte und Pläne.

Art. 14 Begriff
[1] Nutzungspläne ordnen die zulässige Nutzung des Bodens.

[2] Sie unterscheiden vorab Bau-, Landwirtschafts- und Schutzzonen.

Wohnen in Zelten?

Den notorischen Gegnern des Raumplanungsgesetzes war sogar die abgeschwächte Form von 1979 zuviel. Einer meldete sich 1986 in der Zeitschrift «Die Schweizer Baustoff-Industrie» mit folgenden Worten: «*Bauen wäre eigentlich in einem freien Land als Grundrecht aufzufassen. Doch von der Existenz eines solchen Grundrechts kann in der Schweiz seit langem keine Rede mehr sein. Vielmehr ist das Gegenteil der Fall. Wenn es nach gewissen – allerdings subalternen – Beamten ginge, dann dürften wir bald einmal überhaupt nur noch in Zelten wohnen.*» Die Befürchtungen dieses Herrn waren unbegründet, wie Kapitel 10 ausführlich dokumentiert hat.

Immer wieder wurden Wege zur Umgehung der Raumordnung gesucht. Eine 1991 im Eidgenössischen Parlament angenommene Motion zur Öffnung der Landwirtschaftszone wurde angenommen (Kap. 10). Nach langem Hin und Her wurde die entsprechende Volksabstimmung am 7. Februar 1999 ebenfalls angenommen und damit die Landwirtschaftzone via Änderung des Raumplanungsgesetzes für bestimmte Bauten geöffnet. Dieser weitere Zahnverlust ist in der Zwischenzeit in der Landschaft sichtbar geworden.

Schweizer (T)Raumplanung

Mit dem Raumplanungsgesetz besass die Schweiz eine gute Basis für einen sorgfältigen Umgang mit Landschaft. Die Hoffnung war gross, dass die Landschaftsentwicklung endlich gesteuert werden konnte.

Das zentrale Planungsinstrument ist der kantonale Richtplan, der durch den Bundesrat genehmigt werden muss. Der behördenverbindliche Plan soll aufzeigen, wie die Kantone die zahlreichen raumwirksamen Tätigkeiten des Bundes, des Kantons und der Gemeinden aufeinander abgestimmt werden. Er bezieht beispielsweise die Netze des öffentlichen Verkehrs, die Schutzgebiete und die Standorte für Abfallentsorgungsanlagen ein. Eine Kartenabbildung dient der visuellen Verdeutlichung und Lokalisierung des Richtplaninhalts. Die Richtpläne müssen laufend den Entwicklungen angepasst und mindestens alle zehn Jahre revidiert werden.

Die grundeigentümerverbindliche Nutzungsplanung überlassen die meisten Kantone den Gemeinden. Die einzelnen Nutzungen sind parzellenscharf und detaillierter als bei den kantonalen Richtplänen. Die kommunale Nutzungsplanung beschränkt sich nicht nur auf die Bauzone, sondern zieht auch das Gebiet ausserhalb der Bauzone mit ein. Dort können Zonen mit besonderen Zwecken festgelegt werden (z.B. Materialabbau, Weilerzonen, Skipisten usw.). Abgestützt auf eine Landschaftsplanung werden Schutzzonen ausgeschieden.

So viel zur Theorie. In der Praxis machen die Gemeinden was sie wollen, die Kantone kontrollieren sie nicht oder ungenügend, und der Bund greift nicht ein. Wer mit offenen Augen durch die Schweiz läuft, muss auf eine gigantische Vollzugskrise

Der Eidgenössische Landschaftsplan von 1972

Gute Ideen für die Landschaft gab es immer wieder, aber die meisten konnten sich in der auf Rendite und Nützlichkeit ausgerichteten Schweiz nicht durchsetzen (siehe auch Roth 1980, Winkler et al. 1979). So hat der Delegierte für Raumplanung bereits im Oktober 1972 vorgeschlagen, den «Eidgenössischen Landschaftsplan» zu erstellen. Es ist anzunehmen, dass er bereits zum 1. Januar 1977 hätte umgesetzt werden sollen, weil der Bundesbeschluss über dringliche Massnahmen auf dem Gebiet der Raumplanung vom 17. März 1972 Ende 1976 auslaufen würde. Als Inhalte des Eidgenössischen Landschaftsplans wurden im damaligen Entwurf des Arbeitsprogramms folgende Punkte aufgeführt:
- Die Funktion des Nichtsiedlungsgebiets als Urproduktionsraum, als Erholungsraum für das Siedlungsgebiet sowie als Landschaftsschutzraum aufzeigen.
- Die Nutzungen der Landschaft nach Art und Intensität definieren und räumlich ausscheiden.
- Die Schutzmassnahmen zur Erhaltung der Schönheit der Landschaft, des ökologischen Gleichgewichtes und der geplanten Nutzungsmöglichkeiten bestimmen.

Doch auch diese Ideen verliefen nicht einfach im Sande, sondern sie wurden aktiv gebodigt. Seit damals ist die Landschaft Schweiz höchstens «Statist» in Politik und Raumplanung. Landschaftsplanung ist in der Schweiz nicht zum Tragen gekommen. Inhalt und Zweck einer Landschaftsplanung besteht darin, die Nutzungen im Raum so aufzuteilen, dass das Naturraum- und Landschaftspotenzial die ausschlaggebende Rolle spielen, weil ökologische und Nachhaltigkeitskriterien die bestimmenden Merkmale sein müssen. Aber es kam das Faustrecht der Territorialpolitik der Landnutzer.

schliessen. In einem Interview erklärte der Chef der Sektion Landschaft und Landnutzung des Bundesamts für Umwelt im Jahr 2006: «*Wie so oft mangelt es nicht am Gesetz, sondern an der Umsetzung. Die Richtpläne gleichen in einzelnen Kantonen eher Wunschkatalogen als einem Instrument zum Management der räumlichen Entwicklung und zur Lösung von Nutzungskonflikten. In den Gemeinden entstehen Umsetzungsdefizite durch überdimensionierte Bauzonen. Die Ausnahmebewilligung für Bauten ausserhalb der Bauzonen wird vielerorts fast zur Regel. […] Die Diskussionen um das Verbandsbeschwerderecht zeigen, dass bisweilen kritische Mahner auch dort nicht gefragt sind, wo die öffentlichen Interessen und die Gestaltungsmöglichkeiten künftiger Generationen auf dem Spiel stehen.*»
Wesentlich mehr Kontrollmöglichkeiten hatte der 1976 abgelehnte erste Entwurf für ein Raumplanungsgesetz enthalten. Doch eine verbindliche nationale Raumordnung war damals nicht zu schaffen, und die Summe der kantonalen Richtpläne bildet keinen Ersatz.

Martin Lendi, einer der Väter der schweizerischen Raumplanung und bis 1998 Professor am Institut für Orts-, Regional- und Landesplanung an der ETH Zürich, sprach 2007 von «*einer Politik der langen Zügel*». Seine Kritik ging tief: «*Die Raumordnungsberichte und Realisierungsprogramme des Bundesrates, die eidgenössischen Sachpläne, die Richtpläne der Kantone und auch die kommunalen Planungen wurden eher als Pflichtübung absolviert. Dies führte zu Fehlentwicklungen. Statt sich auf komplexe Faktoren zu konzentrieren […], verlor sich die raumplanerische Debatte in einem Ränkespiel um das Bauen ausserhalb der Bauzone. Gesetzgeber, Bundesgericht und weite Teile der Wissenschaft eilten diesem einen Problem nach, sicherlich ein echtes Problem, in der Problemfülle aber eines von vielen.*»
Lendis Liste der Defizite des Raumplanungsrechts ist lang (Lendi 2007; siehe auch Lendi 2006):
- Fehlende Regelung des Verhältnisses zwischen Raumplanungs-, Umwelt-, Energie-, Landschafts-, Gewässer-, Verkehrs-, und Baurecht
- Fehlende Ansprache der Städte und Agglomerationen
- Fehlende Grundlegung der Stadtplanung
- Fehlende Differenzierung des Nichtsiedlungsgebietes
- Fehlender Einbezug des Waldes und der Landschaftsplanung
- Fehlende Differenzierung der Instrumente der Nutzungsplanung

- Unzulängliche Regelung der rechtlichen Bedeutung der Sachpläne des Bundes und der Kantone
- Unzureichende Kompetenz des Abstimmens zwischen kantonalen Anforderungen und kommunalen Planungsabsichten

Etwas Bewegung in die Raumplanung brachte die Landschaftsinitiative einer breit abgestützten Trägerschaft aus verschiedenen Organisationen. Am 14. August 2008 reichten die Initianten 110 081 beglaubigte Unterschriften bei der Bundeskanzlei ein. Den Kern der Initiative bilden folgende Punkte:
- Die Gesamtfläche an Bauzonen in der Schweiz darf während 20 Jahren nicht wachsen.
- Bund und Kantone sind gemeinsam für die haushälterische Nutzung des Bodens zuständig.
- Die Trennung zwischen Bau- und Nichtbaugebiet soll in der Verfassung verankert werden.
- Schutz des Kulturlands

Der Bund hat bereits reagiert: Er will das Raumplanungsgesetz von 1979 einer Totalrevision unterziehen. Noch ist nicht klar, wohin die Reise geht. Eine erste Vorlage verheisst aber nichts Gutes.

Die «Landschaftsinitiative» im Wortlaut

Der Text der eidgenössischen Volksinitiative «Raum für Mensch und Natur (Landschaftsinitiative)» lautet folgendermassen:

I Die Bundesverfassung vom 18. April 1999 wird wie folgt geändert:

Art. 75 Raumplanung
[1] Bund und Kantone sorgen für die zweckmässige und haushälterische Nutzung des Bodens, die geordnete Besiedlung des Landes, die Trennung des Baugebiets vom Nichtbaugebiet und den Schutz des Kulturlandes. Sie berücksichtigen bei der Erfüllung ihrer Aufgaben die Erfordernisse der Raumplanung.
[2] Der Bund legt Grundsätze der Raumplanung fest. Er erlässt Bestimmungen, insbesondere für eine hochwertige Siedlungsentwicklung nach innen und zur Begrenzung des Bauens im Nichtbaugebiet. Er fördert und koordiniert die Raumplanung der Kantone.
[3] *Aufgehoben*

II Die Übergangsbestimmungen der Bundesverfassung werden wie folgt ergänzt:

Art. 197 Ziff. 8 (neu)
[8] Übergangsbestimmung zu Art. 75 (Raumplanung): Nach Annahme von Artikel 75 darf die Gesamtfläche der Bauzonen während 20 Jahren nicht vergrössert werden. Der Bundesrat kann in begründeten Fällen Ausnahmen gewähren.

Weitere wichtige, landschaftsrelevante Gesetze

Weitere wichtige Artikel des funktionalen Natur- und Landschaftsschutzrechts finden sich im Gewässerschutzgesetz (vom 24. Januar 1991), im Bundesgesetz über den Wald (vom 4. Oktober 1991), im Bundesgesetz über die Jagd und den Schutz wildlebender Säugetiere und Vögel (vom 20. Juni 1986), im Bundesgesetz über die Fischerei (vom 21. Juni 1991), im Bundesgesetz über den Umweltschutz (vom 7. Oktober 1983) und im Bundesgesetz über die Landwirtschaft (vom 29. April 1998). Nebst den Vollziehungsverordnungen zu den Bundesgesetzen ist eine grosse Zahl von Verordnungen vorhanden (Abb. 492). Vieles blieb jedoch toter Buchstabe.

Folgenlose Raumbeobachtung

Im Jahr 1983 erschien die Publikation «Raumbeobachtung CH – ein Rahmenkonzept» des Bundesamts für Raumentwicklung. Das darin skizzierte Ziel war es, *«die für die Raumplanung auf nationaler Ebene wichtigen räumlichen Entwicklungsvorgänge periodisch und im gesamtschweizerischen Überblick»* darzustellen. *«Die Informationen sollen vor allem der Abstimmung der raumwirksamen Tätigkeiten bundesintern und mit den Kantonen dienen.»* 1983 bis 1988 erarbeitete eine Arbeitsgruppe die Methode zur Fassbarkeit und Nachführung von Landschaftsveränderungen via Landeskarte. Leider erschienen die Resultate dieser Studie unter dem Titel «Landschaft unter Druck – Zahlen und Zusammenhänge über Veränderungen in der Landschaft Schweiz» erst vier Jahre später (Koeppel et al. 1992). Es folgte eine Fortschreibung für die Jahre 1978 bis 1989 (Roth et al. 1994), eine 2. Fortschreibung 1984 bis 1995 (ARE und BUWAL 2001) und eine 3. Fortschreibung 1989 bis 2003 (ARE und BAFU 2007). Die immer wieder publizierten, erschreckenden Daten sind wahre Sterberegister. Die Politik hat ihr keine Beachtung geschenkt.

Geografen der Universität Zürich haben sich ebenfalls der Raumbeobachtung (Elsasser und Trachsler 1987) sowie der Umweltbeobachtung (Elsasser und Knoepfel 1990) angenommen. Zimmermann (1988) hat alle diese Aktivitäten zusammengetragen. 1988 rief die Schweizerische Naturforschende Gesellschaft – heute SCNAT – die «Schweizerische Kommission für Umweltbeobachtung» (SKUB) ins Leben, welche nicht nur die raumwirksamen Phänomene gemäss Raumplanungsgesetz beobachten, sondern analoge Anliegen des neuen Umweltschutzgesetzes vom 7. Oktober 1983 wahrnehmen sollte. Eine zusätzliche Erweiterung brachte die Studie über die «Landschaftsbeobachtung» (Glauser 1993). Seit 2004 werden unter dem Sammelbegriff «Umweltbeobachtung» folgende Programme zusammengefasst: NABO (Nationale Bodenbeobachtung), BDM (Biodiversitätsmonitoring), NADUF (Nationale Daueruntersuchung der schweizerischen Fliessgewässer), NABEL (Nationales Beobachtungsnetz für Luftfremdstoffe), MFM-U (Monitoring Flankierende Massnahmen Umweltauswirkungen des alpenquerenden Güterverkehrs), NAQUA (das nationale Netz zur Beobachtung der Grundwasserqualität) sowie das LFI (Landesforstinventar seit 1983). Seit dem Frühjahr 2000 ist ein Indikatorensystem zur Beobachtung der Nachhaltigen Entwicklung der Schweiz in Ausarbeitung (Monitoring der Nachhaltigen Entwicklung MONET; BFS et al. 2002).

Bundesverfassung der Schweizerischen Eidgenossenschaft vom 18. April 1999

Art. 73 Nachhaltigkeit	Art. 74 Umweltschutz	Art. 75 Raumplanung	Art. 76 Wasser	Art. 77 Wald	Art. 78 Natur- und Heimatschutz	Art. 79 Fischerei und Jagd	Art. 88 Fuss- und Wanderwege	Art. 104 Landwirtschaft

Bundesgesetze

USG Umweltschutzgesetz	RPG Raumplanungsgesetz	GSchG Gewässerschutzgesetz	WaG Waldgesetz	NHG Natur- und Heimatschutzgesetz	BGF, JSG Fischereigesetz, Jagdgesetz	FWG Fuss- und Wanderweggesetz	LWG Landwirtschaftsgesetz

Verordnungen

UVPV, LRV, VSBo *	RPV Raumplanungsverordnung	GSchV Gewässerschutzverordnung	WaV Waldverordnung	NHV, VBLN, VISOS, AuV, MLV, HMV, FMV, ASchV **	VBGF, JVS Fischereiverordnung, Jagdverordnung	FWV Fuss- und Wanderwegverordnung	OeBV Öko-Beitragsverordnung

Schutz der natürlichen Lebensräume

Internationale Abkommen

z.B.

Ramsar-Konvention (Übereinkommen über Feuchtgebiete, insbesondere als Lebensraum für Wasser- und Watvögel, von internationaler Bedeutung, 2.2.1971)	Welterbekonvention (Übereinkommen zum Schutz des Kultur- und Naturgutes der Welt, 23.11.1972)	Washingtoner Abkommen, CITES (Übereinkommen über den internationalen Handel mit gefährdeten Arten freilebender Tiere und Pflanzen, 3.3.1973)	Bonner Konvention (Übereinkommen zur Erhaltung der wandernden wildlebenden Tierarten, 23.6.1979)	Berner Konvention (Übereinkommen über die Erhaltung der europäischen wildlebenden Pflanzen und Tiere und ihrer natürlichen Lebensräume, 19.9.1979)	Biodiversitätskonvention (Übereinkommen über die Biologische Vielfalt, 5.5.1992)

* UVPV = Verordnung über die Umweltverträglichkeitsprüfung, LRV = Luftreinhalteverordnung, VSBo = Verordnung über Schadstoffe im Boden
** NHV = Verordnung über den Natur- und Heimatschutz, VBLN = Verordnung über das Bundesinventar der Landschaften und Naturdenkmäler, VISOS = Verordnung über das Bundesinventar der schützenswerten Ortsbilder der Schweiz, AuV = Auenverordnung, MLV = Moorlandschaftsverordnung, HmV = Hochmoorverordnung, FmV = Flachmoorverordnung, ASchV = Artenschutzverordnung

Es werden also sehr viele Daten erhoben – allerdings ist nicht transparent, welche Einsichten und welche politisch relevanten Folgen daraus gezogen werden. Damit erfüllten sich die mutigen Worte eines Mitarbeiters des Bundesamts für Forstwesen und Landschaftsschutz (Thélin 1987): «Landschaftszerstörung wird nicht verhindert, nur in geordnete Bahnen gelenkt; sie geht koordiniert weiter.»

Abb. 492: Die für Natur, Landschaft und Umwelt wichtigen Artikel, Gesetze und Verordnungen (siehe auch Munz et al. 1996). Quelle: Eigene Zusammenstellung.

Verbandsbeschwerderecht: notwendig, wirksam – daher einschränken?

Es ist eigentlich eine traurige Sache: Da werden in der Schweiz zuhauf Baugenehmigungen und Ausnahmebewilligungen erteilt (z. B. Bauen ausserhalb der Bauzone, Bauten in Biotopen und Landschaften von nationaler Bedeutung), die das Schweizer Recht mit Füssen treten. Viele dieser «Projekte» würden sogar realisiert, gäbe es da nicht das Verbandsbeschwerderecht. Zurzeit sind 30 Verbände beschwerdeberechtigt, darunter Pro Natura, der VCS, der WWF, der Schweizer Heimatschutz, die Stiftung Landschaftsschutz Schweiz, der Schweizer Vogelschutz und der Schweizer Alpenclub. Auch das Bundesamt für Umwelt hat ein Beschwerderecht. Doch das Amt nutzt es nur in ein bis zwei Fällen pro Jahr – mehr wäre dem «guten Klima» zwischen dem Bundesamt für Umwelt und den kantonalen Vollzugsbehörden nicht förderlich. Zum Glück gibt es das Verbandsbeschwerderecht, um die heissen Kartoffeln im Interesse von Natur und Landschaft aus dem Feuer zu ziehen.

Immer wieder haben Untersuchungen gezeigt, dass das Verbandsbeschwerderecht ein unentbehrliches Instrument der Rechtsdurchsetzung ist. So mussten die Behörden im Jahr 2007 in 76 Prozent von 242 umstrittenen Fällen Korrekturen zugunsten der Natur vornehmen. Eine Zürcher Professorin und Rechtsanwältin meinte dazu im Jahr 2007: «*Dass das Verbandsbeschwerderecht sehr erfolgreich ist, wird mitunter ein Grund sein, weshalb dieses auf der politischen Ebene derart umstritten ist.*» Dabei werden Rechtsmittel gegen Behördenentscheide von den Umweltorganisationen noch zurückhaltend wahrgenommen.

Welches Demokratieverständnis legt also jemand an den Tag, der gegen das Verbandsbeschwerderecht eintritt? Es sind nicht wenige, die seit Jahrzehnten dieses wichtige Instrument beschneiden oder ganz abschaffen wollen. Im Jahr 2004 inserierten Gegner in mehreren Tageszeitungen ihr dubioses Gedankengut: «*Schaut man sich dann diese TypInnen – für einmal schreiben wir feministisch – an, welche das Rechts- und Umweltgewissen der Schweiz zu sein vorgeben, stellt man fest, dass sie in ihrer sonstigen politischen Tätigkeit klar sozialistische Positionen vertreten. Die Definition ist also zulässig: Verbandsbeschwerde = linkes Herrschaftsinstrument. Also muss es weg, abgeschafft werden und zwar rasch.*»

Allein seit 1990 wurden insgesamt 15 parlamentarische Vorstösse zur Abschaffung oder Einschränkung des Verbandsbeschwerderechts eingereicht (Rodewald 2004). Steter Tropfen höhlt den Stein, und am 1. Juli 2007 traten mit den Änderungen des Natur- und Heimatschutzgesetzes sowie des Umweltschutzgesetzes auch Einschränkungen beim Verbandsbeschwerderecht in Kraft. Vor allem für kleinere Verbände ist die Kostenauferlegung gravierend: Falls ein Verband vor Gericht unterliegt, muss er die gesamten Verfahrenskosten bezahlen. Zudem wurde die Pflicht zur Umweltverträglichkeitsprüfung abgeschwächt, und es wurden Vereinbarun-

Unentbehrliches Instrument

«*Das Verbandsbeschwerderecht wird von den Umweltverbänden als Anwälte der Natur demokratisch legitimiert, verantwortungsvoll und sachbezogen wahrgenommen. Mangelhafte Projekte werden verbessert und umweltverträglich gemacht. Damit unterstützen sie Behörden und Projektanten bei der Umsetzung der Natur- und Umweltschutzgesetze. Ein echter Ausgleich zwischen Ökonomie und Ökologie wird zum Wohl aller gefördert.*»

Jürg Bloesch, Ko-Präsident Rheinaubund,
in: Statistik Verbandsbeschwerderecht 2007, Fakten & Zahlen

gen zwischen Umweltorganisationen und Bauherren restriktiv geregelt. Damit steigt der Druck auf Natur und Landschaft weiter an.

Den unerbittlichen Gegnern des Verbandsbeschwerderechts war dies nicht genug. In der Eidgenössischen Volksinitiative mit dem klangvollen Namen «Verbandsbeschwerderecht: Schluss mit der Verhinderungspolitik – mehr Wachstum für die Schweiz!» forderte die Freisinnig-Demokratische Partei FDP, dass Volks- und Parlamentsentscheide inklusive Entscheide von Gemeindeversammlungen vom Verbandsbeschwerderecht ausgenommen werden müssen. Das heisst mit anderen Worten: Wenn Volk und Parlament gegen das Recht verstossen, ist das o.k. Dazu meinte eine Zürcher Professorin und Rechtsanwältin: *«Diese Privilegierung der Volksentscheide fügt sich in die äusserst problematischen politischen Bestrebungen ein, das Volk von der Bindung an das übergeordnete Recht zu dispensieren.»* Die Initiative war populistisch und passte überhaupt nicht in das liberale Staatsverständnis der FDP. Die Bevölkerung erkannte aber, dass die Initiative auf sehr wackeligen Füssen stand und lehnte sie am 30. November 2008 mit 66 Prozent Nein-Stimmen deutlich ab – und sprach damit den zur Beschwerde berechtigten Umweltverbänden das Vertrauen aus.

Schutzgebiete hier, Schmutzgebiete dort

Eigentlich ist es absurd, Landschaften in Schutzgebieten zu schützen. Landschaft ist Lebensraum und Heimat. Die Erhaltung einer hohen Landschaftsqualität in der gesamten Schweiz ist deshalb nur logisch.

Alle Landschafts- und Ressourcennutzer wie die Landwirtschaft, die Forstwirtschaft, die Bauwirtschaft, die Betonindustrie, der Kiesverband, die Energiewirtschaft und der Tourismus haben Bedürfnisse und sind von ihren jeweiligen Ressourcen in der Landschaft (gutes Landwirtschaftsland, Kies, Kalk, Seen usw.) abhängig. Die Lage ihrer Interessengebiete müsste in einem Landschaftsplan deklariert werden, wobei die Erhaltung der Landschaftsqualität immer oberstes Kriterium sein muss. Leider ist es in der Schweiz nie soweit gekommen. Naturschutzorganisationen waren deshalb gezwungen, besonders schöne Gebiete im Rahmen von regelrechten Feuerwehrübungen in Schutzgebieten zu erhalten.

Doch das Schutzgebiet – egal ob schwach oder stark geschützt, ob der Schutzvollzug auf einer Verordnung, einer Bewirtschaftungsvereinbarung oder einem Regierungsratbeschluss basiert – bleibt für viele rätselhaft. Die meisten Menschen sind überzeugt, dass im Schutzgebiet alles verboten ist, dass also die berühmt-berüchtigte Käse- oder Glasglocke das Schutzgebiet von allen Einflüssen abschirmt. Dieses sogenannte «Totalreservat» ist eine sehr seltene Schutzform. Es gibt von diesem Typ Schutzgebiet wohl nur eine Handvoll in der Schweiz, aber der Irrglaube, es wimmle davon, hält sich unerschütterlich.

Auch wenn immer wieder behauptet wird, dass grosse Flächen der Schweiz geschützt seien, so ist das ins Reich der Märchen zu verweisen. 2005 waren nur fünf Prozent der Landesfläche mit Vorrang für Natur und Landschaft geschützt. Die streng geschützten Objekte gemäss Kategorie I der Weltnaturschutzunion IUCN (echte Wildnisgebiete) betragen nur 0,7 Prozent der Schweiz. Im Mittelland bedeutete der Übergang zur Reservatspolitik die Trennung der Landschaft in inselhafte Schutzgebiete und grossräumige Schmutzgebiete.

Der Umgang der Natur im Schutzgebiet ist gar nicht so einfach. Natur ist kein Denkmal. Denkmalschutz ist daher diametral anders als Naturschutz, weil beim Schutz des Baudenkmals oder des Ensembles der Charakter oder Stil einer bestimmten Bauperiode als Zeitdokument erhalten bleiben soll. Die dauerhafte Fixierung eines Zustands ist dort das Ziel. Das kann auch für das Naturdenkmal gelten, wenn es sich um einen Findling als Zeuge eines Eiszeitvorstosses handelt. Man muss keine Massnahmen ergreifen, ausser dass er nicht beschädigt werden darf.

Bei lebenden Systemen wie einer blumenreichen Trockenwiese, einem lichten Föhrenwäldchen mit Orchideen, einem kleinen Weiher oder einem einmal jährlich gemähten Terrassensystem muss der Mensch eingreifen, will er die Landschaftsqualität erhalten. «Nichtstun» bedeutet bei uns Wiederbewaldung. Dieses «Sichselbstüberlassen» kann nur bei jenen Waldreservaten ein Ziel sein, bei denen ein urwaldähnlicher Zustand angestrebt wird.

Weil die Schweiz ein Mosaik von Kulturlandschaftstypen enthält, sind als Schutzmassnahmen jene Unterhalts- und Pflegemassnahmen weiterzuführen, welche diesen oder jenen Typ über lange Zeit geschaffen und unterhalten haben. Pech für die Schmutzgebiete: Aus dem Kapitel 7 wissen wir, dass seit den 1960er-Jahren grosse Umwälzungen in der Landschaft und in der Landwirtschaft stattgefunden haben. Diese haben die meisten traditionellen Nutzungs- und Bewirtschaftungsweisen abgeschafft oder komplett verändert. Damit war auch die bis in den Beginn des 20. Jahrhunderts gültige Formel: Schutz = Nutzung bzw. Nutzung = Schutz ungültig geworden. Moderne Nutzung ist keine Pflege der Natur, sondern Monokultur.

Eine lange Tradition im Natur- und Heimatschutz haben Inventare. Es besteht in der Schweiz sogar eine Inventarisierungspflicht: Diese war im Natur- und Heimatschutzgesetz von 1966 im Artikel 5 bereits vorgesehen (siehe Kasten). In späteren Revisionen folgten weitere Inventarisierungspflichten durch den Artikel 18 und den Artikel 23 b (Moorlandschaften). Das Inventar der Landschaften und Naturdenkmäler von nationaler Bedeutung werden wir im nächsten Unterkapitel ausführlich behandeln. Daneben gibt es das Inventar der schützenswerten Ortsbilder der Schweiz und das Inventar historischer Verkehrswege der Schweiz (Kap. 11). Die Inventarisierung der Biotope von nationaler Bedeutung wurde dank der Rothenthurm-Initiative möglich (siehe übernächstes Unterkapitel). Doch auch die Summe der Inventare ergibt keine Naturschutzstrategie. Die Inventarobjekte könnten allerdings Knotenpunkte für eine echte Landschaftsplanung bilden.

Inventarisierungspflicht: Art. 5, Natur- und Heimatschutzgesetz

Inventare des Bundes von Objekten mit nationaler Bedeutung

[1] Der Bundesrat erstellt nach Anhören der Kantone Inventare von Objekten von nationaler Bedeutung; er kann sich auf bestehende Inventare von staatlichen Institutionen und von Organisationen stützen, die im Bereich des Naturschutzes, des Heimatschutzes oder der Denkmalpflege tätig sind. Die für die Auswahl der Objekte massgebenden Grundsätze sind in den Inventaren darzulegen. Ausserdem haben diese mindestens zu enthalten:
  a. die genaue Umschreibung der Objekte;
  b. die Gründe für ihre nationale Bedeutung;
  c. die möglichen Gefahren;
  d. die bestehenden Schutzmassnahmen;
  e. den anzustrebenden Schutz;
  f. die Verbesserungsvorschläge.

[2] Die Inventare sind nicht abschliessend. Sie sind regelmässig zu überprüfen und zu bereinigen; über die Aufnahme, die Abänderung oder die Streichung von Objekten entscheidet nach Anhören der Kantone der Bundesrat. Die Kantone können von sich aus eine Überprüfung beantragen.

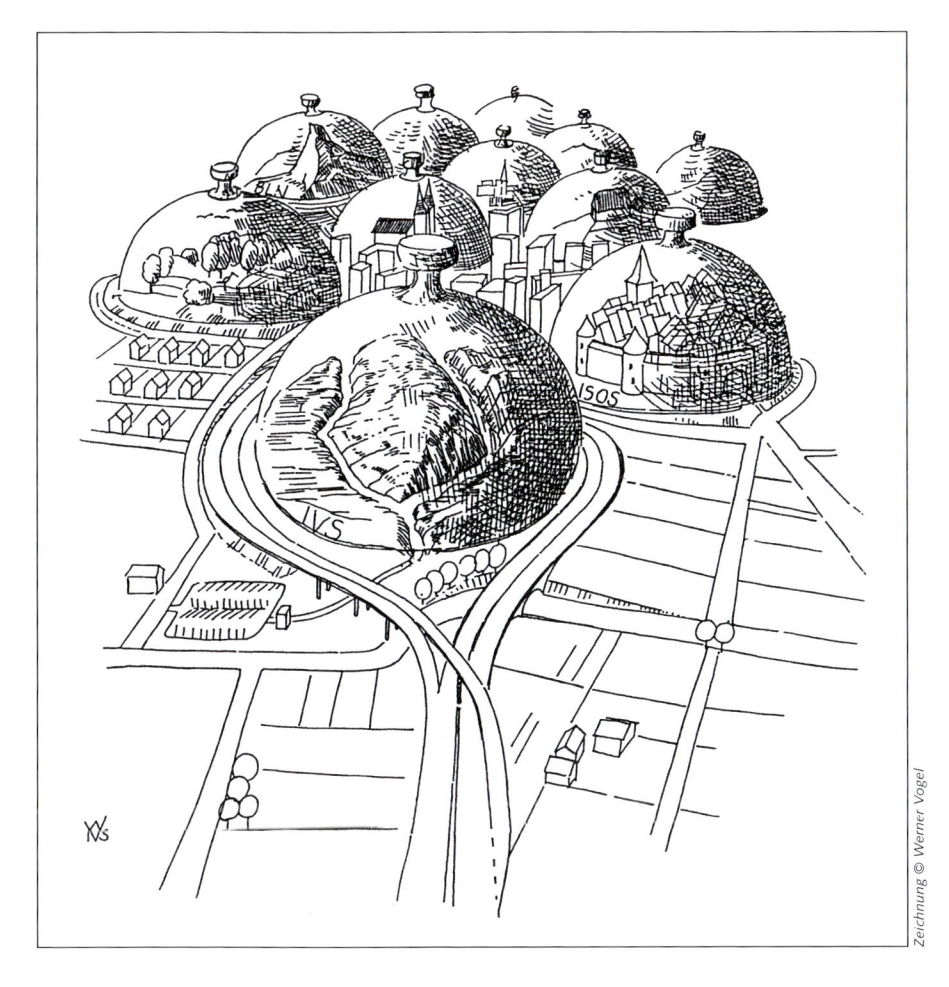

Abb. 493: Die Angst vor der Käseglocke war unbegründet, wie ein Blick in die heutige Landschaft zeigt. Quelle: Bulletin IVS 2/1985.

Abb. 494: Naturschutzgebiet! Überlebt die Natur bald nur noch in Reservaten? Diese Frage stellten sich bereits in den 1980er-Jahren immer mehr Naturschützer.

Kapitel 14 Der geplante Raum in Theorie und Praxis

Vom KLN zum BLN

Der Obmann des Baselbieter Heimatschutzes (Schmassmann 1954) schrieb nach der bitteren Niederlage von Rheinau (siehe oben): «*Als Konsequenz aus den Erfahrungen in Rheinau haben wir […] angeregt, dass Natur- und Heimatschutz in der ganzen Schweiz ein Inventar derjenigen Landschaften aufstellen, die uns ohne jegliche Einschränkungen und Vorbehalte teuer sind. Wir müssen einmal ganz klar sagen, dass wir diese und jene Landschaften oder diese und jene Baudenkmäler als unantastbar betrachten, und wir müssen versuchen, die Methode des Fall-zu-Fall-Eingreifens zu überwinden. Auch im kleineren kantonalen Rahmen wird die Verwirklichung dieses Postulates eine unserer wichtigsten Aufgaben sein müssen, wenn wir nicht immer wieder und wieder zu spät kommen wollen.*»
Ende Dezember 1954 wandten sich die Obmänner des Basler und des Baselbieter Heimatschutzes an den Obmann der Schweizerischen Vereinigung für Heimatschutz und schlugen dessen Zentralvorstand vor, dieser solle sich dafür einsetzen, dass eine Liste von Naturdenkmälern in der Schweiz geschaffen wird, die erhalten werden müssen. Dies soll in gemeinsamer Arbeit mit dem Schweizerischen Bund für Naturschutz (SBN) geschehen.

Bereits im Mai 1955 befasste sich der Zentralvorstand des Schweizer Heimatschutzes (SHS) mit dem «Antrag betreffend der Liste der unberührt zu erhaltenden Naturdenkmäler». Interessant ist das Auftauchen des Begriffs der «Naturdenkmäler». Diese spielten im deutschsprachigen Raum seit der Denkschrift von Conwentz (1904) eine wichtige Rolle für den Naturschutz. Ein Jahr später erschien auch in der Schweiz ein Heft «Über Natur-Denkmäler, ihre Gefährdung und Erhaltung» (Glutz-Graff 1905). Tatsächlich galt eine wichtige Phase des jungen Naturschutzes im frühen 20. Jahrhundert wie bereits beschrieben dem Schutz von Findlingen und besonderen Einzelbäumen. Die Erkenntnis war damals noch jung und für die Leute so überwältigend, dass einst Eisströme bis hausgrosse Felsen über unvorstellbar lange Distanzen in ganz andere Landschaften getragen hatten. Auch die alten und imposanten Baumgestalten lösten Bewunderung aus, weil die Energienot bis weit ins 19. Jahrhundert so gross war, dass es kaum mehr alte Wälder geschweige denn viele alte Bäume gab.
1955 erstrahlten die Naturdenkmäler wieder in neuem Licht. Gefordert wurde eine Liste mit Landschaften, «*deren ungeschmälerte Erhaltung für das allgemeine Wohl des ganzen Landes oder grösserer Regionen gefordert werden muss*». Als Beispiele von «*nationaler Bedeutung*» – ein neuer Begriff, der einige Jahre später Eingang in das Natur- und Heimatschutzgesetz finden sollte – nennen die Antragsteller Hansjörg Schmassmann und Rudolf Massini Rheinfall, Matterhorn, Nationalpark, Urnersee, Viamala und Aareschlucht. Nach einem detaillierten Prüfungsverfahren sollen die erfolgreichen Objekte «*unter den Schutz der Eidgenossenschaft*» gestellt werden.
Der Zentralvorstand des Schweizer Heimatschutzes fasste in der genannten Sitzung vom Mai 1955 weitreichende Beschlüsse – und zwar von historischer Dimension, denn die Saat ging auf. Bereits im November 1955 setzten sich die Zentralvorstände des Schweizer Heimatschutzes und des Schweizerischen Bundes für Naturschutz zusammen und beschlossen, eine «Liste der schutzwürdigen Land-

schaften und Naturdenkmäler von nationaler und regionaler Bedeutung» aufzustellen. Zudem wurde gefordert, dass der Natur- und Heimatschutz in der Gesetzgebung endlich weiterkommen müsste. In derselben Sitzung stellte man eine Kommission zur Sichtung der Vorschläge ein und wählte den Begründer der Idee, Hansjörg Schmassmann, zum Präsidenten der «Kommission zur Erstellung einer Liste der zu erhaltenen Landschaften und Naturdenkmäler von nationaler Bedeutung» (KLN).

Im Dezember 1955 versandten der Schweizer Heimatschutz (SHS) und der Schweizerische Bund für Naturschutz (SBN) einen Fragebogen mit ausführlichem Begleitbrief an die Sektionen des Schweizer Heimatschutzes (der SBN war bis 1964 zentral organisiert), an die Naturschutzkommissionen der Kantonalen Naturforschenden Gesellschaften (die meisten von ihnen sind nach 1964 durch Sektionen des Schweizerischen Bundes für Naturschutz ersetzt worden) und an zielverwandte Organisationen mit der Bitte, die zu meldenden Objekte möglichst genau mit Karten und Fotos zu dokumentieren. Eine Bilanz war erst vier Jahre später möglich – und sie fiel für den Präsidenten ernüchternd aus: Von den vielen angeschriebenen Organisationen wurden nur 34 Vorschläge eingereicht.

Am 18. April 1959 fand die 1. Sitzung der KLN statt, wobei sich Schmassmann wohl wegen der Pannen nur als interimistischen Präsidenten der Kommission sah. Doch das Blatt sollte sich wenden. Die KLN führte unter seiner umsichtigen, aber strengen Leitung bis 1987 nicht weniger als 86 Sitzungen durch, wobei zwischen den Sitzungen Hausaufgaben durch alle Mitglieder zu bearbeiten waren. Am 30. November 1962 lag der Entwurf des KLN-Inventars vor. Am 4. Mai 1963 wurde das gedruckte KLN-Inventar zum Postulat der Natur- und Heimschutzorganisationen der Schweiz erklärt.

Weil es 1963 noch keine Arealstatistik gab, wurden die Objekte auf den Kärtchen planimetriert, um die Flächen zu ermitteln. Insgesamt ergab sich eine Fläche von rund 3800 Quadratkilometern oder 9,4 Prozent der Oberfläche der Schweiz. Rund zwei Drittel dieser Fläche entfielen auf 13 Objekte, nämlich Vierwaldstättersee, Säntisgebiet, Speer-Churfirsten-Alvier, Maderanertal-Fellital, Rhonegletscher, Berner Hochalpen, Silvretta-Vereina-Gebiet, Nationalpark und Randgebiete, Kesch-Ducan-Gebiet, Bernina-Maloja-Gebiet, Matterhorn-Monte Rosa, Val de Bagnes und Val Verzasca. Bescheiden vertreten waren bereits damals das Mittelland und der Jura.

Die «permanente KLN»

Mit dem Inkrafttreten des Natur- und Heimatschutzgesetzes auf den 1. Januar 1967 hatte die Eidgenossenschaft den Auftrag erhalten, Inventare von Objekten mit nationaler Bedeutung zu erstellen (Art. 5). Am 30. April 1968 übergaben der Schweizer Heimatschutz (SHS), der Schweizerische Bund für Naturschutz (SBN) und der Schweizer Alpenclub (SAC) einer Delegation des Bundesrats ihr KLN-Inventar. Bei dieser Gelegenheit wurde mit den «Erläuterungen zum Inventar der zu erhaltenden Landschaften und Naturdenkmäler von nationaler Bedeutung» klipp und klar seitens der Verbände kommuniziert, welche Möglichkeiten das Natur- und Heimatschutzgesetz für die Unterschutzstellung einräumt:

- Ein Abweichen von der ungeschmälerten Erhaltung darf bei Erfüllung einer Bundesaufgabe nur in Erwägung gezogen werden, wenn ihr bestimmte gleich- oder höherwertige Interessen von ebenfalls nationaler Bedeutung entgegenstehen.
- Der Bund kann bis zu 50 Prozent Beiträge an Sicherungsmassnahmen leisten, wenn der Kanton einen seiner Finanzkraft entsprechenden Beitrag leistet.
- Der Bund kann gemäss Art. 15 Naturlandschaften vertraglich oder ausnahmsweise auf dem Wege der Enteignung erwerben oder sichern.

Doch diese gesetzlichen Möglichkeiten wurden kaum je angewendet, wie jeder Augenschein in diesen Gebieten heute bestätigt.

Dem damaligen Eidgenössischen Oberforstinspektorat (OFI) wurden lächerliche drei Stellen für den Natur- und Heimatschutz zugesprochen, um den Natur- und Heimatschutz zu erledigen – Natur- und Heimatschutz ist Sache der Kantone. Die Mitarbeiter für Natur- und Heimatschutz wollten für das anstehende «Bundesinventar der Landschaften von nationaler Bedeutung BLN» (OFI 1977) die KLN-Texte stilistisch und juristisch überarbeiten und den Kantonen vorlegen. Die Wendung «Nach Anhören der Kantone» ist eine Falle; und so wurde die «Anhörung» zu einer nicht enden wollenden «Vernehmlassung», bei welcher einzelne Kantone die Mitarbeit mit dem Hinweis verweigerten, «*es interessiert nicht, was man in Bern auf Karten gekritzelt hat*».

Statt eine erste Serie von Objekten des KLN-Inventars im ersten Europäischen Naturschutzjahr 1970 in das Bundesinventar überzuführen und dieses aus der Taufe heben zu können, sollte es sieben Jahre dauern, bis die erste Serie mit sogenannt «problemlosen Objekten» wie die Objekte St. Petersinsel, Chasseral, Weissenstein und Creux du Van den Sprung in das Bundesinventar schafften, begleitet von der zaghaften Verordnung über das Bundesinventar der Landschaften und Naturdenkmäler von nationaler Bedeutung (VBNL) vom 10. August 1977.

Als die KLN dieses Trauerspiel sah, beschloss sie, ihre Auflösung noch nicht zu beantragen und eine weitere Revision an die Hand zu nehmen, zumal den meisten Mitgliedern der KLN von Jahr zu Jahr klarer wurde, dass Objekte nur ausnahmsweise mit einem Schutz versehen oder mit einem «Schutzschleier» bedeckt wurden. Etliche Inventarobjekte waren schon damals geschädigt. Darüber hinaus sah die KLN, dass die kleine Fachstelle für Natur- und Heimatschutz im Eidgenössischen Oberforstinspektorat nicht in der Lage war, eine weitere Revision verbunden mit Recherchen und Feldbegehungen durchzuführen. Daher führte die KLN von 1971 bis 1978 eine Totalrevision des Inventars durch. 1972 erschien nochmals ein unveränderter Nachdruck des KLN-Inventars von 1967, da dieses wegen Nichtgebrauchs in vielen Amtsstuben im Abfall gelandet war.

Nötige Revisionen

Um für die Totalrevision möglichst viele Informationen zu erhalten, führte die KLN im Dezember 1973 eine gezielte Umfrage bei den Sektionen des SBN, SHS, SAC sowie den kantonalen Naturforschenden Gesellschaften, den kantonalen Ämtern oder Kommissionen des Natur- und Heimatschutzes und bei kantonalen Planungsämtern durch. Gegenüber früheren Auflagen änderte die KLN zudem drei

Aspekte in ihrer Philosophie, um das Inventar den veränderten Verhältnissen anzupassen:
- Die KLN verzichtete auf die Nennung eines Schutzziels oder Schutzzwecks, da es sich als unmöglich herausstellte, für grosse Gebiete eine nicht differenzierte Zielsetzung formulieren zu können.
- Die KLN verzichtete darauf, bei den Objekten den bestehenden Schutz aufzulisten.
- Der Erholungsbetrieb hatte sich nach den 1960er-Jahren grundsätzlich und wirklich tiefgreifend verändert. Das beschauliche Spazieren und Wandern wurde vom Massentourismus verdrängt. Diese Entwicklung veranlasste die KLN dazu, nicht mehr von «Erholungsgebieten» zu sprechen, denn sie ahnte schon damals, dass dies den «Tod von Natur und Landschaft» bedeutete. Daher ist ab dem KLN-Inventar 1979 nur noch vom «Wandergebiet von überkantonaler Bedeutung» die Rede.

Im Rahmen der Totalrevision ging die KLN auch bezüglich der Auswahlkriterien nochmals über die Bücher, denn altersbedingt waren neue Personen von den Organisationen in die KLN gewählt worden und dadurch neue Ideen in die KLN hineingetragen worden. Doch am Grundkonzept änderte die KLN ausser den drei genannten Kriterien nichts. «Einzigartige Objekte» oder «einmalige Naturdenkmäler» wie der Rheinfall oder das Matterhorn bildeten von Anfang an das Rückgrat des Inventars, zumal die beiden genannten wie auch Rigi, Vierwaldstättersee, Pilatus und Aletschgletscher als Naturdenkmäler und Landschaften von europäischer Bedeutung gelten, wie das die Geschichte des Fremdenverkehrs in der Schweiz seit Goethe oder Cook dokumentiert.
Ein weiteres Kriterium ist die «Typ-Landschaft», die sich durch spezifische Charaktere auszeichnen. Diese können sich auf die natürliche Gestalt und die dadurch prädestinierte Bewirtschaftungsweise beziehen. So ist die geologisch-geomorphologische Beschaffenheit der Freiberge (Franches Montagnes) des Plateaujuras eine Voraussetzung zur Entwicklung der Wytweiden mit typischer silvo-pastoraler Nutzung. Die Leitidee war, von allen Landschaftstypen mit ihren spezifischen Ausprägungen mindestens je ein Beispiel ins Inventar aufzunehmen.

Bedrohung und Schutz
Schon während der Totalrevision zwischen 1971 und 1978 wurde klar, dass man weder die Bedrohung der Objekte noch deren anzustrebenden Schutz in wenige Worte fassen konnte. Waren bis etwa 1965 die wichtigsten Bedrohungen absehbar und räumlich zu erkennen, so änderte sich der Landschaftswandel ab etwa 1970 rapide, indem quasi überall alles Bedrohliche möglich wurde, von der ungeplanten touristischen Erschliessung über ungehemmtes Bauen bis hin zu fundamentalen Nutzungsänderungen. Während dieser Revision sah sich die KLN gezwungen, Objekte aus dem Inventar zu streichen, weil sie seit der letzten Ausgabe arg gelitten hatten, beispielsweise durch Hochbauten, Masten, Militär, Strassenbauten und Deponien. Diese lädierten und von der KLN gestrichenen Objekte liessen den SBN aufhorchen. Er bat die KLN, eine Liste der Bedrohung der KLN-Objekte zu erstellen, und zwar nach den drei Kategorien «sehr bedroht», «bedroht»

und «nicht unmittelbar bedroht». Im Juni 1978 legte die KLN dem SBN eine Liste vor: 20 Objekte waren sehr bedroht, 62 bedroht und 53 nicht unmittelbar bedroht. Die Liste wurde in der Monatsschrift «Die Alpen» des SAC publiziert, was aber in der Öffentlichkeit kaum zur Kenntnis genommen wurde.

Im selben Jahr erschien das Buch «Landschaftswandel», in welchem 26 KLN-Objekte in Bezug auf Landschaftsschäden untersucht wurden (Ewald 1978). De jure und theoretisch war ab 1. Januar 1967 das Natur- und Heimatschutzgesetz in Kraft. Daher hätten die neuen Luftbilder «die ungeschmälerte Erhaltung oder jedenfalls grösstmögliche Schonung» (Art. 6 NHG) innerhalb der KLN-Objekte dokumentieren müssen. Doch in 24 von 25 KLN-Objekten hatten sich zum Teil einschneidende Veränderungen vollzogen.

Als die 3. revidierte Ausgabe des KLN-Inventars 1979 erschien, war das Raumplanungsgesetz noch nicht in Kraft. Auch fehlten in einigen Kantonen Raumplanungsämter. Daher konnte die KLN nur Hinweise zur Planung geben. Die KLN selbst hatte strukturierte Vorstellungen, dass jedes KLN-Objekt im Sinne eines Nutzungsplans mit unterschiedlichen Schutzzonen zu beplanen wäre. Im KLN-Inventar nennt sie in einer Checkliste die möglichen Schäden, Bedrohungen und deren Verursacher. Diese hätten für eine Positivplanung angewendet werden können.

Das Bundesinventar der Landschaften und Naturdenkmäler von nationaler Bedeutung (BLN)

Im Februar 1980 wurde endlich dem Artikel 5 des Natur- und Heimatschutzgesetzes Folge geleistet. Dieser besagt, dass der Bundesrat Inventare von Objekten mit nationaler Bedeutung erstellt (siehe Kasten Seite 562). Er kann sich dabei auf bestehende Inventare stützen. Der Vorsteher des EDI, Bundesrat Hans Hürlimann, stellte den anderen Bundesräten die Neuauflage des KLN-Inventars von 1979 mit folgendem Brief zu:

«Herr Bundesrat, trotz wachsender Anstrengungen auf dem Gebiete von Landschaftsschutz und Raumplanung ist nicht zu übersehen, dass die Natur- und Kulturwerte der schweizerischen Landschaft dauernd gefährdet und im Rückgang begriffen sind. Zusammenhängende Landschaftsräume intakt zu erhalten, entspricht deshalb einem Anliegen von unverminderter Aktualität. Das von den drei grossen gesamtschweizerischen Verbänden des Natur- und Landschaftsschutzes (SBN, SHS, SAC) erstellte ‹Inventar der zu erhaltenden Landschaften und Naturdenkmäler von nationaler Bedeutung (KLN-Inventar)› ist im Herbst 1979 in einer etwas erweiterten, dem Bundesinventar (BLN) angenäherten und namentlich in der kartographischen Darstellung wesentlich verbesserten Form neu aufgelegt worden. Dieses Ereignis nehme ich zum Anlass, um Ihnen ein Exemplar dieser Neuauflage zu überreichen. Ich werde das für die Inventare zuständige Amt meines Departementes anweisen, zusätzlich je einen Inventarordner an die nachstehenden Amtsstellen Ihres Departementes abzugeben: Mit der Abgabe des neu aufgelegten Inventars verbinde ich die Empfehlung und Bitte, diese für die Erhaltung schweizerischer Kulturlandschaften und Naturdenkmäler wertvolle und bedeutsame Unterlage bei der raumbezogenen Tätigkeit Ihres Departementes heute schon so weitgehend wie möglich zu berücksichtigen, obwohl das Werk für den Bund noch nicht in allen Teilen volle Rechtsverbindlichkeit besitzt. Mein Departement verwendet die darin

enthaltenen Vorschläge schon seit einiger Zeit als Arbeitsgrundlage für die Gespräche, die mit den Kantonen zur Vorbereitung einer zweiten Serie des ‹Bundesinventars der Landschaften und Naturdenkmälern von nationaler Bedeutung (BLN)› geführt werden. Für die Aufmerksamkeit und das Interesse, das Sie dieser verbesserten Grundlage des Landschaftsschutzes schenken werden, danke ich Ihnen und grüsse Sie mit dem Ausdruck meiner vorzüglichen Wertschätzung.»

Der Vorsteher des EDI richtete ein analoges Schreiben an alle Ämter des EDI «mit landschaftsbezogener Tätigkeit» (Bundesamt für Kulturpflege, Bundesamt für Strassenbau, Amt für Bundesbauten, Bundesamt für Forstwesen und Bundesamt für Umweltschutz). Damit wurde endlich die Verordnung über das Bundesinventar der Landschaften von nationaler Bedeutung vom 10. August 1977 «vollzogen»: Artikel 1 besagt nämlich, dass das KLN-Inventar die Bedeutung einer verwaltungsanweisenden Richtlinie besitzt, soweit die in ihm enthaltenen Objekte noch nicht im BLN berücksichtigt worden sind.

Auch wenn spätere «Inventaristen» sich über den «Götterblick» der KLN mokierten: Die KLN hatte dank ihrer flächendeckenden Kenntnis der Schweiz keine eilfertigen Entschlüsse getroffen. Zudem hatte sie die wenigen damals schon bestehenden Inventare (z. B. Brutvogelatlas, Wasservogelhabitate von internationaler und nationaler Bedeutung) konsultiert und die Repräsentativität der KLN-Objekte im Lichte traditioneller schweizerischer Kulturlandschaften sowie Bioregionen geprüft.

1983 erschien die 2. Serie des BLN und trat am 19. Dezember 1983 in Kraft. Die Mitarbeiter der Abteilung Natur- und Heimatschutz des Bundesamts für Forstwesen sahen voraus, dass der Schutz der Objekte schwierig sein würde: «*Aus der Sicht des Bundes wird betont, dass ohne Schutzverpflichtungen auch der Kantone, ja ohne eine tiefgreifende Veränderung der Mentalität der Bevölkerung überhaupt die Erhaltung naturnaher Landschaften nicht zum Tragen kommen wird, denn bei den schädigenden Eingriffen handelt es sich meistens nicht um ohne weiteres erkennbare grobe Verschandelungen, und ausserdem sind die Eingriffe schwer zu kontrollieren.*»

Die 5. und letzte Ausgabe des KLN-Inventars erschien 1988. Im gleichen Jahr löste sich die KLN auf und gab das erfüllte Mandat an die drei Verbände zurück. In 86 Sitzungen (1959 bis 1987) hatte sie ihr Inventar aus dem Nichts bis zur 5. Ausgabe gebracht, und zwar aufgrund der ehrenamtlichen Arbeit zu sehr geringen Kosten:

Sitzungsperiode	1959–1963	24 Sitzungen	Fr. 24 200.–
Sitzungsperiode	1963–1987	62 Sitzungen	Fr. 210 000.–
Druckkosten	1967–1984		Fr. 172 000.–

Summa summarum: Der Bund bzw. die Eidgenossenschaft übernahm ohne grosse Eigenleistung unter neuem Namen die gigantische Pionierleistung der Verbände, denen man später mehrfach das Beschwerderecht entziehen wollte. Kaum jemand realisierte, dass das KLN-Inventar faktisch das erste Landschaftskonzept der

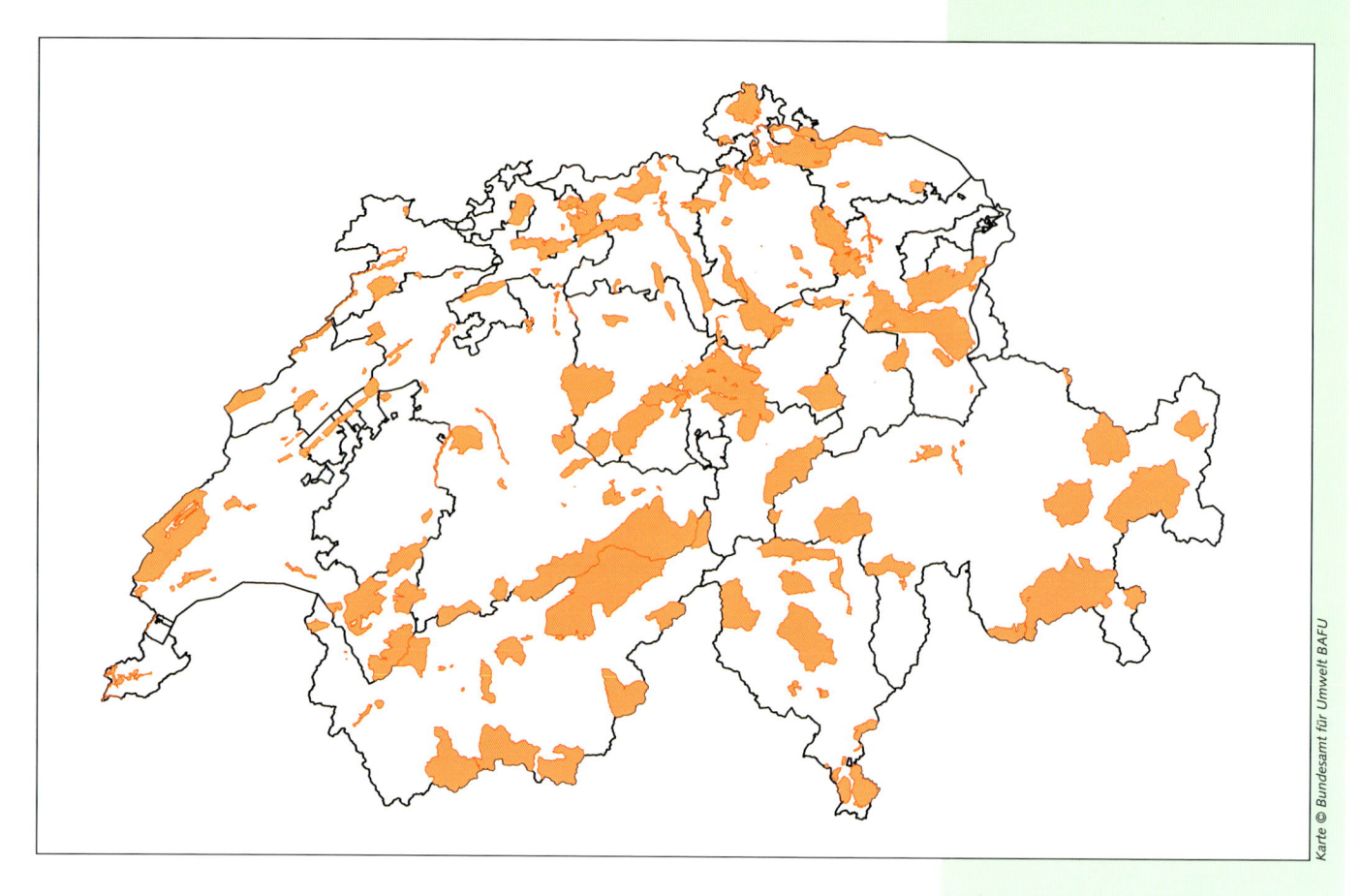

Schweiz war. Am 1. April 1998 löste das BLN das KLN-Inventar endgültig ab, indem praktisch alle KLN-Objekte sowie zusätzliche Objekte in das BLN aufgenommen wurden.

Doch die Maxime, dass ein Schutzgebiet wirklich nur ein solches sein kann, wenn verschiedenste Regeln eingehalten und durchgezogen werden, ist leider mit Füssen getreten worden. Nur wenige begreifen, dass der Schutz nur dann erfolgreich sein kann, wenn bestimmte Bedingungen erfüllt sind. Doch die Fünfer-und-Weggli-Mentalität ist typisch für die Schutzbestrebungen insgesamt. Das «Nicht-Schützen» oder eben das «Halbbatzige» zieht sich als lange Reihe von Tragödien durch die Schweizer Naturschutzgeschichte.

Abb. 495: Das Bundesinventar der Landschaften und Naturdenkmäler von nationaler Bedeutung (BLN) beinhaltet 162 Objekte, die über das ganze Land verteilt sind.

Missachtete Rechtswirkung – BLN ohne Wirkung

Für alle Bundesstellen mit raumwirksamer Tätigkeit stellt das BLN eine streng verbindliche Richtlinie dar. Natürlich gibt es «Ausnahmen»: Ein Abweichen von der ungeschmälerten Erhaltung kann in Betracht gezogen werden, wenn ihr «*bestimmte höher eingestufte Interessen von ebenfalls nationaler Bedeutung*» entgegenstehen – also beispielsweise Stromleitungen, «Ernährungssicherheit», Staudämme und militärische Übungsplätze. Bindend ist das BLN auch für die Kantone – allerdings nur dann, wenn sie mit dem Vollzug einer Bundesaufgabe beauftragt sind. Ansonsten hat das Inventar einen «orientierenden Charakter», das heisst in der Praxis, dass es nicht existent ist. Das Inventar hat zudem keinerlei direkte grundeigentümerverbindliche Wirkung.

Da von den Kantonen und Gemeinden nicht viel zu erwarten ist, lagen die Hoffnungen darin, dass wenigstens der Bund die BLN-Gebiete schonend behandelt.

Doch weit gefehlt: So hat eine Studie des Fonds Landschaft Schweiz und der Stiftung Landschaftsschutz Schweiz ergeben, dass 90 Prozent der raumrelevanten Bundessubventionen – das sind ein Drittel aller Subventionen, die zwei Drittel der Bundesausgaben ausmachen – die Landschaft schädigen (Rodewald und Neff 2001). Eine Sonderposition wurde den BLN-Gebieten nicht eingeräumt – weder bei den Subventionen an die Landwirtschaft noch an die Forstwirtschaft. Das frustrierende Fazit: Ob eine Landschaft von nationaler Bedeutung ist oder nicht, ist für deren Schutz kaum massgebend. Seit dem Bestehen des BLN werden die Gebiete weder von den politischen Instanzen noch von der Verwaltung wahrgenommen. Das BLN ist ein riesiger Papiertiger.

Im Mai 1998 dokumentierte die Stiftung Landschaftsschutz Schweiz in einer Medienkonferenz den ungenügenden Schutz der BLN-Gebiete. Die Resultate waren niederschmetternd. Das damals quasi 21 Jahre alte BLN hatte den erhofften und vom Natur- und Heimatschutzgesetz geforderten Schutz nicht erbracht. Die Forderung der Stiftung Landschaftsschutz Schweiz nach einem verbindlichen Sachplan für die Kantone verhallte ungehört.
Im selben Jahr rügte die Organisation für wirtschaftliche Zusammenarbeit und Entwicklung (OCED) die Schweiz, weil sie viel zu wenig im Bereich Arten- und Biotopschutz unternimmt. Im März 2000 zeigte ein BUWAL-interner Bericht, dass die ungeschmälerte Erhaltung der BLN-Objekte nicht erreicht sei – nicht einmal eine landschaftsverträgliche Entwicklung sei festzustellen:
- In mehr als 75 Prozent der Objekte ist das Schutzziel der ungeschmälerten Erhaltung klar nicht erreicht worden.
- In Einzelfällen muss von systematischer Zerstörung der spezifischen Schutzinhalte gesprochen werden.
- Elemente, deren besonderer Wert durch die Landwirtschaft bestimmt wird, wurden nur in wenigen Ausnahmen nicht beeinträchtigt.
- Besonders auffallend sind: neue Einzelgebäude, flächenhafte Überbauung, Kiesabbau, Düngung, Aufgabe des Feldobstbaus, Veränderungen des Nutzungsmusters der landwirtschaftlichen Hauptkulturen.

Im Jahr 2002 beauftragte die nationalrätliche Geschäftsprüfungskommission die Parlamentarische Verwaltungskontrolle des Bundes (PVK), eine Evaluation des BLN vorzunehmen. Auch diese Evaluation wartete mit vernichtenden Resultaten auf (PVK 2003):
- Das übergeordnete Schutzziel der ungeschmälerten Erhaltung bzw. grösstmöglichen Schonung der Natur- und Kulturlandschaft wurde in den BLN-Objekten insgesamt nicht erreicht.
- Das Siedlungswachstum innerhalb der BLN-Objekte war annähernd gleich gross wie im Rest der Schweiz.
- Die Teilaktualisierung der Fallstudien von 40 Objekten für die 1990er-Jahre zeigt, dass auch in dieser Periode das Schutzziel in zwei Dritteln der Fälle nicht erreicht wurde. Als besonders augenfällig und problematisch erwiesen sich Landschaftsveränderungen durch Gebäude ausserhalb von geschlossenen Siedlungen, flächenhafte Verbauungen sowie der Rückgang des Feldobstbaus.

- Bei den Werteinbussen infolge neuer Einzelgebäude und flächenhafter Überbauungen ist keine Trendabschwächung gegenüber den 1980er-Jahren ersichtlich.

In einem Antwortschreiben reagierte der Bundesrat mit den üblichen Worthülsen: «*Der Bundesrat dankt Ihnen für die vertiefte Analyse und Ihr Engagement zu Gunsten der wertvollsten Landschaften und Naturdenkmäler unseres Landes. Er ist sich der Bedeutung des BLN für die Natur- und Landschaftspolitik bewusst. Er geht einig mit der Stossrichtung Ihres Berichtes, wonach das Instrument BLN in Zusammenarbeit mit Behörden aller Stufen und möglichst unter Einbezug der Bevölkerung und der direkt Betroffenen zu stärken und seine Wirkung zu verbessern sei. Dabei nimmt er mit Befriedigung zur Kenntnis, dass die Verfahren auf Bundesstufe in den letzten Jahren verbessert wurden und die Beeinträchtigungen von BLN-Objekten durch Bundestätigkeiten abgenommen haben.*
Mit dem Landschaftskonzept Schweiz hat der Bundesrat im Jahr 1997 Rahmenbedingungen geschaffen, die bei der Umsetzung sämtlicher raumrelevanter Bundesaufgaben die Berücksichtigung der Anliegen des Natur- und Landschaftsschutzes sicherstellen. Die Massnahme 7.12 ‹Überprüfung der Schutzziele und -konzepte in BLN-Gebieten› nimmt das zentrale Anliegen Ihres Berichtes auf; die Realisierung wurde jedoch noch nicht in ausreichendem Ausmass angegangen. Der Bundesrat wird dieser Massnahme nun eine erhöhte Priorität einräumen, damit dies ab 2004 zielgerichtet der Fall ist.»
Der Bundesrat ist aber nicht bereit, auch nur einen Rappen in die Umsetzungsempfehlungen der Kommission zu stecken. Er «*ermächtigt*» das UVEK, «*zu Lasten des Sachkredits Natur- und Landschaftsschutz*» des BUWAL (dem die Mittel im Rahmen des Entlastungsprogramms 2004 eh schon massiv gekürzt worden waren) «*für die Dauer von fünf Jahren eine Stelle zur Umsetzung der Empfehlungen der Geschäftsprüfungskommission des Nationalrates zu finanzieren*». Angesichts des Handlungsbedarfs muss hinter diesen Worten eine gehörige Portion Sarkasmus vermutet werden. Gemäss dem Auftrag des Bundesrats soll das BLN unter folgenden Gesichtspunkten überarbeitet werden:
- Schutzziele der BLN-Objekte überprüfen,
- BLN in den Aufgaben des Bundes verankern und koordinieren,
- Akzeptanz für die Umsetzung des BLN bei den Betroffenen erhöhen,
- Öffentlichkeitsarbeit zum BLN über Schutz und Nutzung betreiben,
- Informationen zur Beurteilung der Entwicklung der BLN-Objekte bereitstellen.

Das «Projekt Aufwertung BLN» startete mit fünf Pilotgebieten. Doch der Alltag präsentiert sich nach wie vor anders als die hehren Absichten. Im Jahr 2004 bestätigt auch das Bundesamt für Statistik die Unwirksamkeit des BLN. Daten der Arealstatistik zeigen, dass sich die Veränderungen bei der Bodennutzung zwischen 1983 und 1995 innerhalb und ausserhalb der BLN-Gebiete wenig unterscheiden (BFS 2005, Abb. 496). Die Autoren kommen zu folgendem Schluss: «*Zwar verlangt das BLN kein absolutes Wachstumsverbot für Siedlungsflächen. Eingriffe müssen vielmehr vor dem Hintergrund objektspezifischer Schutzinhalte differenziert bewertet werden. Dennoch muss festgehalten werden, dass jene Nutzungskategorien der Siedlungsfläche, die im Untersuchungszeitraum auf den Inventar-Flä-*

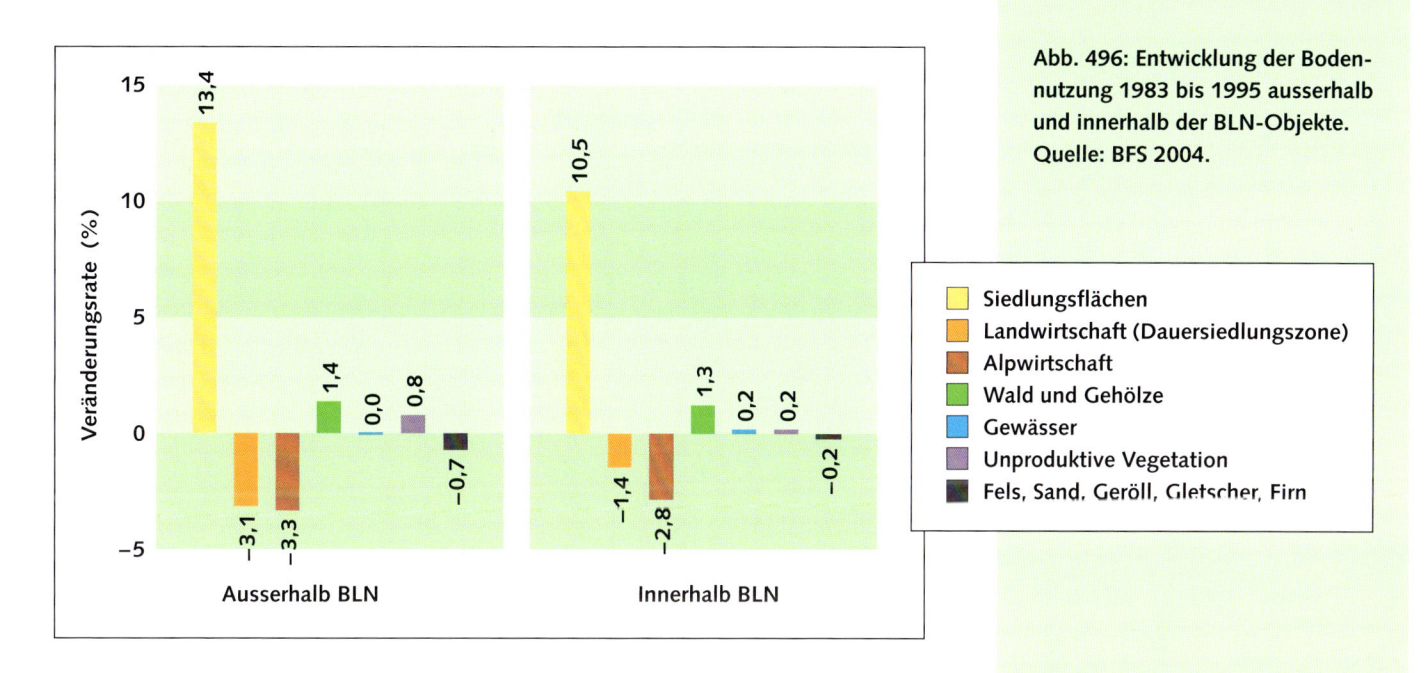

Abb. 496: Entwicklung der Bodennutzung 1983 bis 1995 ausserhalb und innerhalb der BLN-Objekte. Quelle: BFS 2004.

Legende:
- Siedlungsflächen
- Landwirtschaft (Dauersiedlungszone)
- Alpwirtschaft
- Wald und Gehölze
- Gewässer
- Unproduktive Vegetation
- Fels, Sand, Geröll, Gletscher, Firn

Ausserhalb BLN: 13,4 / −3,1 / −3,3 / 1,4 / 0,0 / 0,8 / −0,7
Innerhalb BLN: 10,5 / −1,4 / −2,8 / 1,3 / 0,2 / 0,2 / −0,2

chen insgesamt ein starkes Wachstum aufweisen, in den amtlichen Erläuterungen zum Inventar als Gefährdungsfaktoren des BLN bezeichnet werden. Ausserdem ist mit den Daten der Arealstatistik ein starkes Siedlungswachstum teilweise auch in jenen Objekten nachweisbar, in denen traditionelle Siedlungsstrukturen zu den expliziten Schutzinhalten des Inventars gehören.»

Aus dem Horrorkabinett der BLN-Objekt-Zerstörung

Im Folgenden ein sehr kleiner Auszug aus einer sehr langen Liste der Beeinträchtigungen von BLN-Objekten:

- Die Forstwirtschaft sieht von Anfang an keinerlei Handlungsbedarf in den BLN-Gebieten. Eine «Untersuchung» kommt 1979 zum Schluss (Vollenweider 1979): *«Zusammenfassend kann gesagt werden, dass die eigentliche Bewirtschaftung der Wälder in BLN-Objekten theoretisch nicht eingeschränkt werden kann und darf.»*
- Anfang der 1980er-Jahre wehrt sich der Schweizerische Alpenclub gegen eine militärische Nutzung der Marschola-Alp (GR) in der Region Hinterrhein, die sich in einem BLN-Gebiet befindet. Das Eidgenössische Militärdepartement schreibt dazu lapidar: *«Das Bestehen eines BLN-Inventars setzt die Bestimmungen der Militärorganisation nicht ausser Kraft.»*
- Im BLN-Objekt «Glaziallandschaft zwischen Lorzentobel und Sihl mit Höhronenkette» wird trotz zahlreicher Einsprachen ein fast 70 Meter hoher PTT-Sendeturm erstellt. Verbalschlachten werden von den Verfechtern des Baus dieser Antenne im Objekt von nationaler Bedeutung geführt, weil er dort und nur dort seine ebenso nationale Funktion erfüllen könne. 1991 geht der Fernmeldeturm, der die Öffentlichkeit mindestens 12 Millionen Franken kostet, in Betrieb. Bald danach ist das weit herum sichtbare Bauwerk technisch überholt: Glasfasern und Satelliten machen das Betonmonster überflüssig. Am 9. November 2004 wird der Turm für 1,3 Millionen Franken gesprengt.

Abb. 497: Zuger Goldrausch im BLN-Gebiet «Glaziallandschaft zwischen Lorzentobel und Sihl». Die Moränenkegel wurden schlussendlich nicht abgebaut. Quelle: Nebelspalter 1981.

- Im BLN-Objekt Schwantenau (SZ) wurden Moorflächen grossflächig in Ackerland umgewandelt.
- Der Kiesabbau in der Umgebung von Menzingen und Neuheim (ZG) führt «… zur endgültigen Zerstörung des vielleicht wertvollsten Elementes dieser Landschaft, nämlich des eigentümlichen, glazial geformten Reliefs» (Weber 1993). Gemeint sind die prächtigen, von Linden dominierten Kegel. Die Studie der Parlamentarischen Verwaltungskontrolle des Bundes nennt diesen Vorgang «massive Beeinträchtigung» (PVK 2003).
- Die geeigneten Schichten für Hartsteinbrüche liegen zu einem grossen Teil in BLN-Objekten. So kann man in der «Schutzlandschaft Vierwaldstättersee» (NW) oder in der «Schutzlandschaft Lauerzersee» (SZ) grosse Löcher in der Landschaft bestaunen. Als das Bundesamt für Umwelt im Jahr 2006 gegen eine Rodungsbewilligung für die Erweiterung eines Steinbruchs Beschwerde einlegte, hagelte es steinharte Reaktionen vonseiten der Abbaugesellschaft: «Die Argumente des BAFU lassen die Ignoranz der Bundesbehörde gegenüber Fakten und der volkswirtschaftlichen Bedeutung des Projekts erkennen.» Man sprach von einer «ideologisch fundamentalen Haltung», und erwartete «Gesprächsbereitschaft» – sprich einen sofortigen Rückzug der Beschwerde.

- Viele Umweltverbände, allen voran die Stiftung Landschaftsschutz Schweiz, Pro Natura und Schweizer Heimatschutz, setzen sich seit Langem für den Schutz von KLN- und BLN-Gebieten ein – und beschritten im Notfall den Rechtsweg bis zum Bundesgericht. Beispielsweise gegen die nächtliche Beleuchtung des Gipfels des Pilatus, BLN-Objekt Nummer 1605. Die Pilatusbahn-Gesellschaft lässt den Gipfel nachts seit 1991 im Scheinwerferlicht erstrahlen. Die dazu installierten neun Scheinwerfer wurden jedoch erst 1993 durch die Baudirektion des Kantons Nidwalden bewilligt. Obwohl mit Auflagen und Bedingungen zugunsten von Natur und Landschaft versehen, legte der Schweizer Heimatschutz gegen die Bewilligung Beschwerde ein. Er wurde aber vom Regierungsrat und vom kantonalen Verwaltungsgericht abgewiesen, worauf der Schweizer Heimatschutz das Bundesgericht anrief. In der öffentlichen Urteilsberatung wurde der Einwand der Pilatusbahn-Gesellschaft zurückgewiesen, die Scheinwerferanlage bedürfe keiner raumplanerischer Ausnahmebewilligung, weil die Scheinwerfer nicht fest montiert seien. Aus der Sicht des Bundesgerichts handelt es sich aber um eine dauerhafte Einrichtung, weswegen eine Bewilligung gemäss Raumplanungsgesetz Art. 24, Abs. 1 notwendig sei. Diese wurde prompt erteilt, weil die Anlage auf einen Standort ausserhalb der Bauzone angewiesen ist und keine überwiegend öffentlichen Interessen dagegensprechen. Immerhin wurden auch einige Auflagen erteilt. Zu der «ungeschmälerten Erhaltung» meinten einige Bundesrichter, dass eine zeitweilige nächtliche Beleuchtung die sensible Pilatuslandschaft nicht ernsthaft beeinträchtigen könne. Ein allfälliger Nachteil würde aufgewogen, weil die Beleuchtung die *«kulturgeschichtlich bedeutsame touristische Erschliessung»* des Pilatus *«unterstreicht»*.
- Völlig absurd war die Idee, die prächtigen Moränenkegel im Gebiet des Bundesinventars der Landschaften von nationaler Bedeutung «Glaziallandschaft zwischen Lorzentobel und Sihl» abzubauen, auszubeuten und aus Deponiematerial als Potemkinsche Dörfer wieder aufzubauen. Dank dem Einsatz von Naturschützern wurde dieser Einfall nicht realisiert.

Die «Rothenthurm-Initiative»

Um 1800 umfasste die Gesamtfläche der Moore in der Schweiz über 250 000 Hektaren oder rund 6 Prozent der Landesfläche. Vor allem die Hochmoore wurden seit dem 19. Jahrhundert mehr oder weniger systematisch entwässert, abgetorft und kultiviert. Ende des 20. Jahrhunderts waren 90 Prozent von ihnen verschwunden. Von den übrig gebliebenen rund 1500 Hektaren waren um 1980 ungefähr noch 500 Hektaren intakt. Weil die Abtorfung für Gartenbauzwecke weiterging, wurde auf Betreiben des SBN und des WWF ein Inventar der Hochmoore an die Hand genommen. Die Abteilung Natur- und Heimatschutz im Bundesamt für Forstwesen und Landschaftsschutz förderte die Inventarisierung. Doch erst die Annahme der Rothenthurm-Initiative im Jahr 1987 setzte der direkten Zerstörung der Moore ein Ende. Was sich in der Moorlandschaft Rothenturm vor diesem Datum abgespielt hat, ergäbe einen spannenden Kriminalroman.

Nachdem wegen Feuchtigkeit, hohen Niederschlägen und Nebel das Projekt eines Frachtflughafens in Rothenthurm aufgegeben worden war, tauchte das Eidgenössische Militär-Departement mit dem Plan auf die Bühne, einen Waffenplatz einzurichten. Teile dieser langwierigen Geschichte dokumentiert Burckhardt (1992). Das EMD beabsichtigte, ein Infanterieübungsgelände sowie ein Aufklärungsgelände mit einer Kaserne zu bauen. Mit den Landkäufen wurde 1982 begonnen. Der Grossteil der Landeigentümer von Rothenthurm wollte aber nicht verkaufen, worauf sie vom EMD unter Druck gesetzt wurden mit dem Hinweis, das EMD habe das Recht, Grundbesitzer zu enteignen.

Ein wüstes Gezerre setzte ein: auf der einen Seite das EMD, ausgestattet mit einer diktatorischen und drakonischen Rhetorik sowie mit 108 Millionen Franken des Eidgenössischen Parlaments für den Waffenplatz Rothenthurm. Auf der anderen Seite die hartnäckigen Rothenthurmer und die Naturschutzverbände. Die lokale Opposition erarbeitete gemeinsam mit dem WWF im Winter 1982/83 eine Volksinitiative «Zum Schutz der Moore – Rothenthurm-Initiative». Bereits nach einem halben Jahr wurden 160 293 gültige Unterschriften in der Bundeskanzlei deponiert. Als indirekten Gegenvorschlag zur Verfassungsinitiative verstärkte das Parlament den Biotopschutz im Natur- und Heimatschutzgesetz. Ein erster Erfolg der Initianten! Darin heisst es, dass der Bundesrat nach Anhörung der Kantone Biotope von nationaler Bedeutung bezeichnet.

Bis zur Abstimmung herrschten eiszeitliche Verhältnisse in Rothenturm. Vier Kurzgeschichten, «die das Leben schrieb», wollen wir hier aber aufwärmen:

- 1978 enthob der Kanton Schwyz den Leiter der Fachstelle für Natur- und Heimatschutz, Dr. Jean Gottesmann, dipl. Forsting. ETH, seines Amtes, weil dieser an einer Versammlung des Schwyzerischen Bundes für Naturschutz als Privatmann Bedenken gegen den geplanten Waffenplatz Rothenthurm geäussert hatte. Danach musste er nach jedem Referat über Naturschutz damit rechnen, sein Auto mit aufgeschlitzten Rädern vorzufinden. Er führte deshalb immer vier Ersatzräder mit sich.
- In der Fernsehsendung «Heute Abend in Rothenthurm» (Mai 1981) erhielt der damalige Posthalter von Rothenthurm als Gegner des Waffenplatzes Redeverbot von seinem Arbeitgeber, der PTT.

Saurierlogik

Die Natur wird im Laufe weniger Jahre die unvermeidlichen Wunden, die sie während der Bauzeit möglicherweise erleiden wird...

...wieder heilen. Von einer Zerstörung wird da niemand mehr reden.

Zitat aus einem Brief von Bundesrat Chevallaz an seinen Kritiker Prof. A. Müller.

Karikatur © Hans U. Steger / Nebelspalter 1983

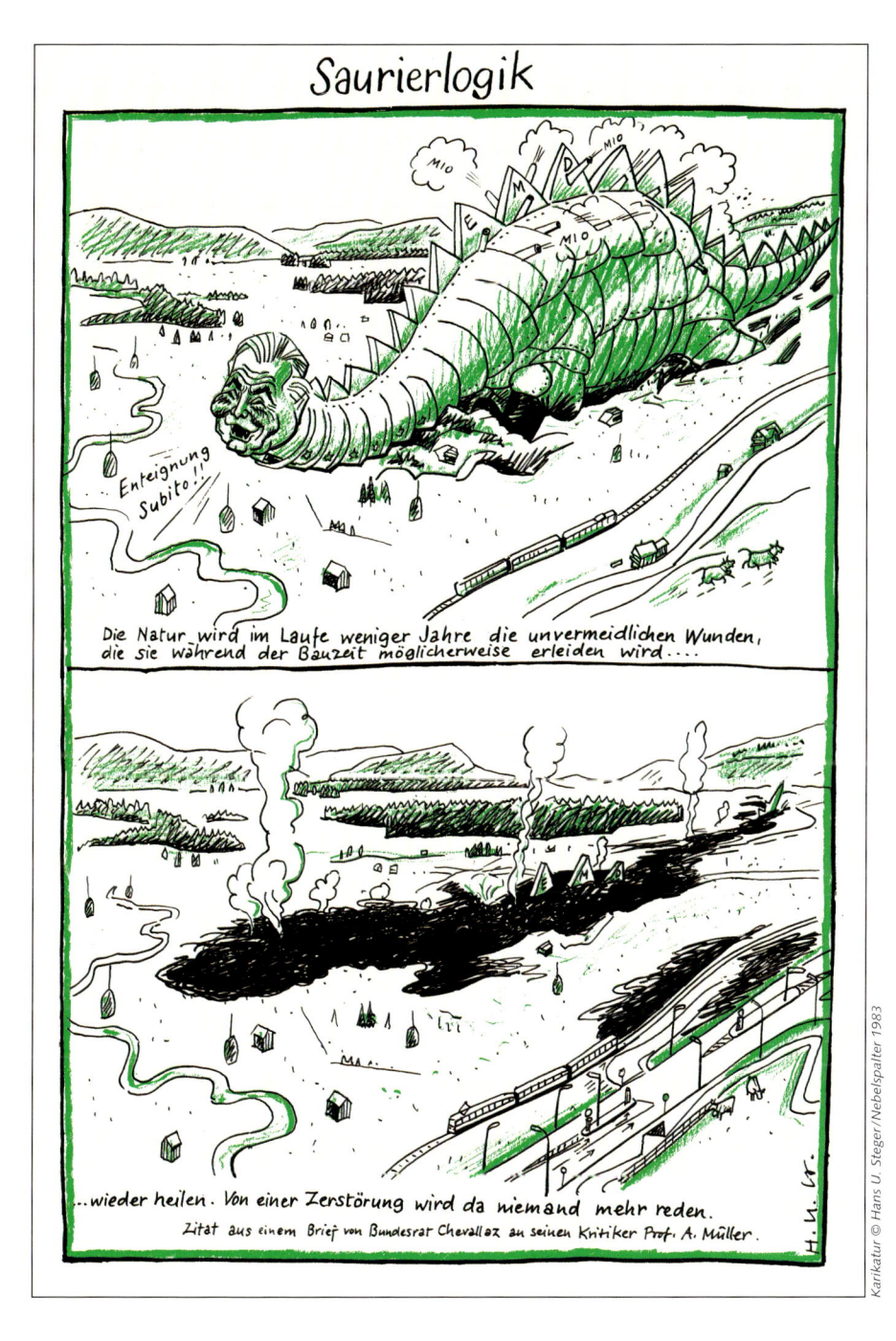

- Die Genossenschaft Rothenthurm sollte dem EMD 13,5 Hektaren Land verkaufen, was sie aber verweigerte. «Wir bekommen das Land so oder so», erklärte der EMD-Sprecher damals grossspurig, weil das Enteignungsverfahren «jederzeit» möglich sei. Gleichzeitig kaufte das EMD fleissig Land in Rothenthurm und kündigte den Bauern sofort die Pachtverträge. Im Dezember 1982 gab der EMD-Chef bekannt, dass in Rothenthurm 136 Hektaren Privatland enteignet werden müssten. Diese Androhung gab den letzten Anstoss für die Volksinitiative.

- «Wirbel um die Absetzung eines Klinikdirektors» titelte 1982 eine Tageszeitung. Was war geschehen? Der Regierungsrat des Kantons Zürich hatte auf Antrag der Erziehungsdirektion den Direktor der Chirurgischen Klinik am Tierspital Zürich, Professor Arnold Müller, für die Amtsdauer 1983–1987 nicht wiedergewählt. Müller wurden unter anderem «Führungsmängel» vorgeworfen. Der Betroffene vermutet, dass ihm seine öffentliche Stellungnahme gegen das Waffenplatzprojekt Rothenthurm zum Verhängnis geworden war – obwohl er Major war.

Am 6. Dezember 1987 haben die Schweizer Stimmbürger und Stimmbürgerinnen schliesslich die «Eidgenössische Volksinitiative zum Schutz der Moore» angenommen. Bei einer überdurchschnittlichen Stimmbeteiligung von 47,7 Prozent wurden 1 152 320 Ja-Stimmen (57,8 %) für den nebenstehenden Verfassungsartikel abgegeben (Neufassung Art. 78 Abs. 5).

Zusammen mit dem Verfassungsartikel bilden die seit 1988 rechtskräftigen Bundeskompetenzen im Biotopschutz die Grundlage für den Moorschutz in der Schweiz. Die Moore und die Moorlandschaften von besonderer Schönheit und nationaler Bedeutung mussten zunächst inventarisiert werden. Für die Hoch- und Übergangsmoore lagen bereits Daten vor. Die Kartierung der Flachmoore wurde 1990 abgeschlossen (Broggi 1990). Die wichtigsten Kriterien für das Prädikat «Moor von nationaler Bedeutung» bilden die Qualität der Vegetation und die Grösse des Objekts. Zurzeit sind 548 Hoch- und Übergangsmoore sowie 1170 Flachmoore in den jeweiligen Bundesinventaren aufgelistet. Ein drittes Bundesinventar listet die Moorlandschaften auf. 89 Objekte erfüllen die Bedingungen der besonderen Schönheit und der nationalen Bedeutung: landschaftliche Weite, Naturnähe und landschaftsdominierender Mooraspekt.

> «Moore und Moorlandschaften von besonderer Schönheit und gesamtschweizerischer Bedeutung sind geschützt. Es dürfen darin weder Anlagen gebaut noch Bodenveränderungen vorgenommen werden. Ausgenommen sind Einrichtungen, die dem Schutz oder der bisherigen landwirtschaftlichen Nutzung der Moore und Moorlandschaften dienen.»
>
> Neufassung Art. 78 Abs. 5 BV («Rothenthurm-Artikel»)

Abb. 498: Übersicht über Bundesinventare und ihren Bezug zu den Bundesgesetzen. Quelle: Eigene Zusammenstellung.

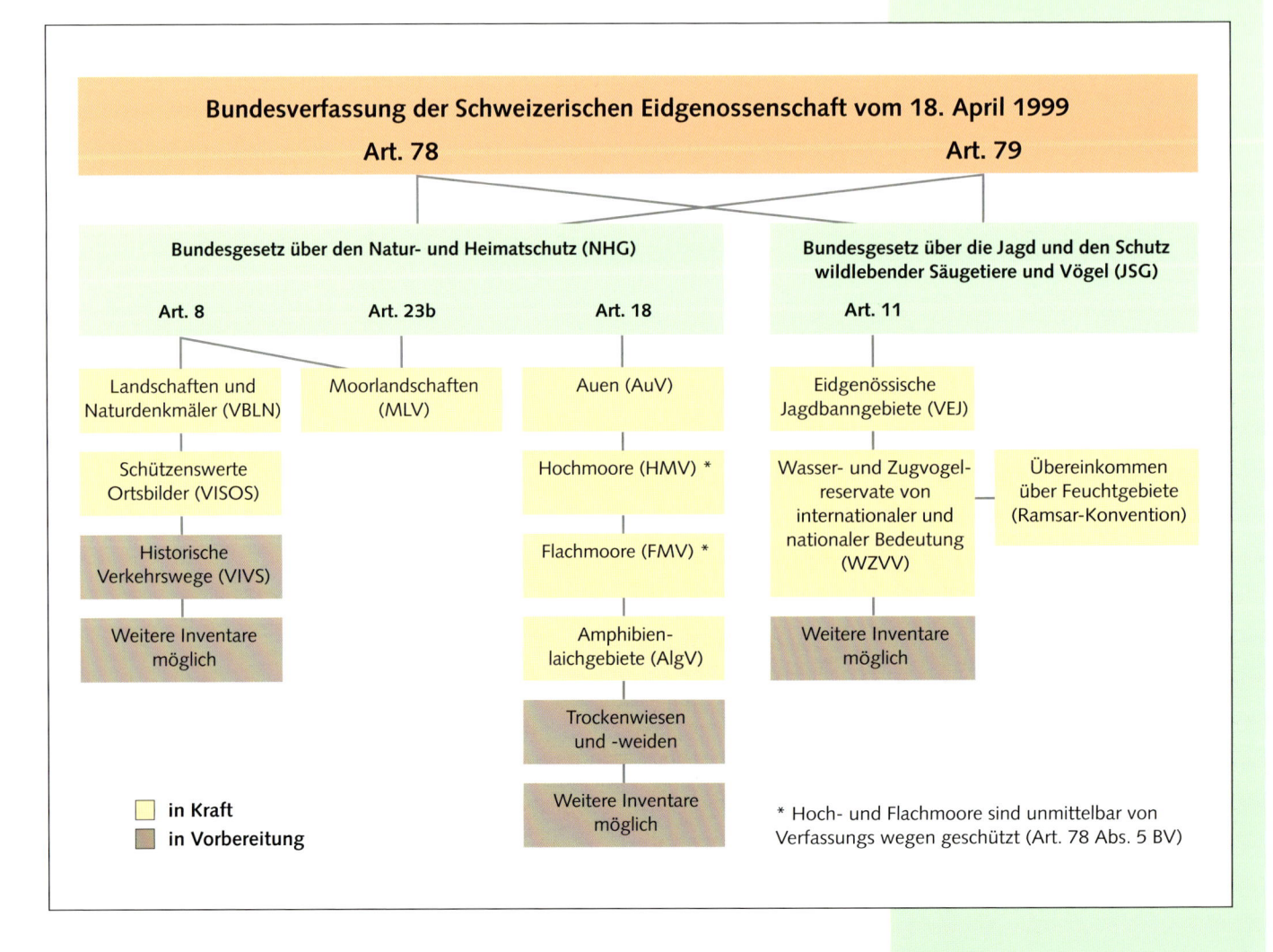

Bundesverfassung der Schweizerischen Eidgenossenschaft vom 18. April 1999
Art. 78   Art. 79

Bundesgesetz über den Natur- und Heimatschutz (NHG)
- Art. 8
  - Landschaften und Naturdenkmäler (VBLN)
  - Schützenswerte Ortsbilder (VISOS)
  - Historische Verkehrswege (VIVS)
  - Weitere Inventare möglich
- Art. 23b
  - Moorlandschaften (MLV)
- Art. 18
  - Auen (AuV)
  - Hochmoore (HMV) *
  - Flachmoore (FMV) *
  - Amphibienlaichgebiete (AlgV)
  - Trockenwiesen und -weiden
  - Weitere Inventare möglich

Bundesgesetz über die Jagd und den Schutz wildlebender Säugetiere und Vögel (JSG)
- Art. 11
  - Eidgenössische Jagdbanngebiete (VEJ)
  - Wasser- und Zugvogelreservate von internationaler und nationaler Bedeutung (WZVV)
  - Übereinkommen über Feuchtgebiete (Ramsar-Konvention)
  - Weitere Inventare möglich

☐ in Kraft
■ in Vorbereitung

* Hoch- und Flachmoore sind unmittelbar von Verfassungs wegen geschützt (Art. 78 Abs. 5 BV)

Der Bundesrat hat mittlerweile neben Mooren und Moorlandschaften auch Auen, Amphibienlaichgebiete und Trockenwiesen und -weiden von nationaler Bedeutung bezeichnet. Die entsprechenden Inventare sind heute wichtige Instrumente im Natur- und Artenschutz (Abb. 499).

In den vergangenen Jahren sind auch grosse Schutzgebiete in der Schweiz wieder ein Thema. Die Ausweisung des Entlebuchs (LU) als zweites Biosphärenreservat der Schweiz (nach dem Nationalpark 1979) und die Aufnahme der Gebiete Jungfrau-Aletsch-Bietschhorn (BE/VS), Monte San Giorgio (TI) und Tektonikarena Sardona (GL/GR) in das UNESCO-Weltnaturerbe dokumentieren dies. Ein zweiter Nationalpark ist noch nicht in Sicht – kaum ein anderes Land tut sich so schwer mit der Schaffung dieser Perlen der Schutzgebiete.

Seit der Revision des Natur- und Heimatschutzgesetzes (NHG) können ganz neue Parktypen entstehen (siehe Kap. 12). Die neue Parkpolitik des Bundes basiert dabei auf einem freiwilligen Prozess in der Region. Das bedeutet, dass nicht die schönsten Landschaften geschützt werden, sondern diejenigen, in denen all die unzähligen Interessen unter einen Hut gebracht werden konnten. Dass da nur wenig Natur übrig bleibt, liegt irgendwie auf der Hand.

Abb. 499: Seit der Annahme der Rothenthurm-Initiative im Jahr 1987 sowie des indirekten Gegenvorschlags zur gesetzlichen Verstärkung des Biotopschutzes sind Moorlandschaften und Biotope von nationaler Bedeutung bundesrechtlich geschützt. Die Moorlandschaften von nationaler Bedeutung geniessen dabei einen ebenso verbindlichen Schutz wie die Objekte der Biotopinventare. Die Schutzwirkung ist wesentlich höher als beim Bundesinventar der Landschaften und Naturdenkmäler von nationaler Bedeutung (BLN). In Kraft sind derzeit folgende Biotopinventare: Hoch- und Übergangsmoore, Flachmoore, Auengebiete und Amphibienlaichgebiete. In das Bundesinventar der Wasser- und Zugvogelreservate von internationaler und nationaler Bedeutung wurden im Rahmen der Ramsar-Konvention Gebiete aufgenommen, welche ziehenden Wasser- und Watvögeln als Lebensraum dienen.

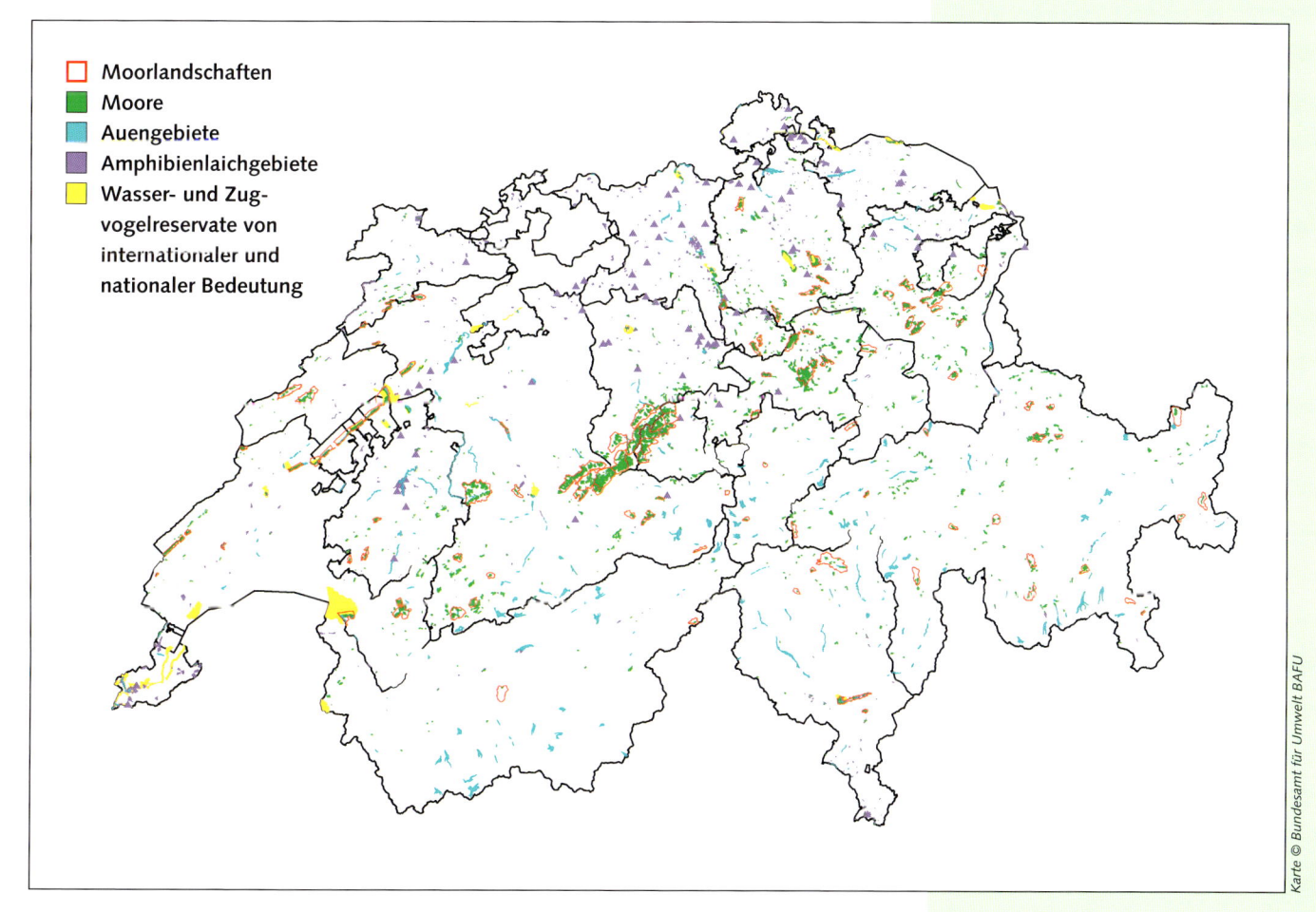

- Moorlandschaften
- Moore
- Auengebiete
- Amphibienlaichgebiete
- Wasser- und Zugvogelreservate von internationaler und nationaler Bedeutung

Karte © Bundesamt für Umwelt BAFU

Schöne Leitbilder

Ein Leitbild ist eine Absichtserklärung der zu erreichenden Ziele. In verschiedenen Bereichen des öffentlichen Lebens gibt es Leitbilder, aber auch Dienstleistungsbetriebe und Firmen erarbeiten Unmengen an Leitbildern, die meist nur kurz das Tageslicht erblicken und dann in den untersten Schubladen verschwinden. Im Landschaftsschutz ist das nicht anders. Die Landesplanerischen Leitbilder wuchsen in den 1960er-Jahren zum dreibändigen Werk (ORL 1971). Es ging damals um die Vorstellung der räumlichen Ordnung in der Schweiz für das Jahr 2000. Es wäre reizvoll, die damaligen Entwicklungsvarianten der heutigen Situation gegenüberzustellen. Sogar ein «Teilleitbild Landschaftsschutz» ist erarbeitet worden (Winkler et al. 1974). Die Autoren haben das damals einzig Konzeptionelle oder Leitbildhafte als Fundament in das Leitbild integriert: nämlich die Objekte aus dem KLN-Inventar.

Das wichtigste Leitbild der Schweiz ist das Landschaftskonzept Schweiz (BUWAL und BRP 1998), das vom Bundesrat am 19. Dezember 1997 als Konzept nach Artikel 13 des Raumplanungsgesetzes gutgeheissen wurde. Es enthält zwar viele gut gemeinte Ziele; es bietet aber keine Handlungs- und Umsetzungsanleitungen. Auf Seite 1 steht folgender bedeutsamer Satz: *«Die Kantone berücksichtigen die Ziele in der kantonalen Richtplanung nach ihrem Ermessen.»* Wieder nichts! In jüngerer Zeit sind Waldentwicklungspläne (WEP) geschaffen worden. Sie können Leitbildcharakter für Teilregionen haben, ebenso wie die Landschaftsentwicklungskonzepte (LEK; BSLA 2000).

Neueren Datums ist das Leitbild «Landschaft 2020» (BUWAL 2003). Darin legt das Bundesamt für Umwelt dar, wie aus seiner Sicht die Landschaftsentwicklung der nächsten Jahre mit den Zielen einer nachhaltigen Entwicklung in der Schweiz verknüpft werden kann und mit welchen Instrumenten und Massnahmen diese Ziele prioritär erreicht werden. Das Programm soll die Ziele des Landschaftskonzepts Schweiz für die Entwicklung der Bundespolitik Natur und Landschaft «operationalisieren».

Dramatischer Vollzugsnotstand

Der Vollzug als Begriff ist uns aus dem Alltag geläufig. So lesen wir vom Strafvollzug, der als Kette von Schritten vom Vergehen bis zur Strafmassnahme führt. Auch in anderen Bereichen des öffentlichen Lebens gibt es Vollzugsbeamte, die nach vorgegebenen Massgaben und Normen handeln. Wenn wir aber auf den Vollzug im Natur- und Heimatschutz blicken, muss von einem Notstand gesprochen werden, und zwar generell und sogar im Zusammenhang mit dem Schutz von Arten, wo die Situation relativ einfach ist, weil diese beispielsweise in der Artenschutzverordnung aufgeführt sind.

Bereits 1911 beklagte der deutsche Naturschutzpionier Hermann Löns den Vollzugsnotstand: *«Seit einem Jahrzehnt […] wird beträchtlich viel über Naturschutz geredet und geschrieben; sieht man sich das Ergebnis aber unbefangen an, so kommt nicht viel mehr dabei heraus als null komma null null eins. […] Es ist ja nett, wenn einige kleine Einzelheiten geschützt werden, Bedeutung für die Allgemein-*

heit hat diese Naturdenkmälerchensarbeit aber nicht. Pritzelkram ist der Naturschutz, so wie wir ihn haben. Die Naturverhunzung arbeitet ‹en gros›, der Naturschutz ‹en detail›. Zähneknirschende Wut fasst einen, sieht man die grauenhafte Verschandelung der deutschen Landschaft» (Löns 1929). Das war 1911! Der Naturschützer Heiner Keller schrieb 1993 zu diesem Zitat: «*Das Phänomen ‹100 Jahre Naturschutz› oder ‹100 Jahre 5 vor 12› wirft Fragen auf: Wieviel Restnatur braucht der Naturschutz, bis auch er am Ende ist?»*

Unantastbare Eigentumsrechte

Insgesamt verfügt die Schweiz über eine griffig formulierte Gesetzgebung im Bereich Natur- und Umweltschutz. Wie in anderen Bereichen müsste auch hier das Prinzip gelten: Wo ein Kläger ist, ist auch ein Richter. Die Realität spricht allerdings eine ganz andere Sprache. Ein Polizist wird um ein Vielfaches häufiger einen Falschparkierer büssen oder verzeigen als einen Delinquenten, der einen Trockenrasen düngt, eine Hecke abbrennt oder einen Spechtbaum fällt. Der Vollzug im Natur-, Heimat- und Landschaftsschutz ist – verkürzt gesagt – deshalb so schwierig, weil er sich im Normalfall in fremdes Eigentum oder in Nutzungsrechte einmischen muss. Beim Vollzug von Natur- und Landschaftsschutz sind in der Regel die Hauptnutzer des Freiraums betroffen, nämlich Landwirtschaft, Forstwirtschaft und Bauwirtschaft. Je nach Ziel des Schutzes sind starke bis massive Änderungen in der Nutzung zu verlangen. Aber die dazu notwendigen Befugnisse werden dem Natur- und Heimatschutz in der Regel nicht zugestanden. Er ist auf Reaktion und nicht auf Aktion angelegt. Daher muss er in all jenen Fällen unterliegen, wo er ein Ziel gegen den Eigentümer oder Nutzniesser erreichen muss.

Mit andern Worten: es ist ein Ding der Unmöglichkeit, mit ineffezienten Instrumenten in wirtschaftlich normierte Mechanismen eingreifen zu wollen. Unterseher (1997) formuliert es folgendermassen: «*Im Grunde genommen stellt sich eigentlich nicht die Frage, warum der Versuch, Belange von Naturschutz und Landschaftspflege mit Hilfe des Instrumentes der Landschaftsplanung durchsetzen zu wollen, hat fehlschlagen können. Vielmehr stellt sich die Frage, warum man nicht erkannt hat, dass es sich in seiner damals entworfenen und bis heute nicht grundlegend veränderten Form um ein unzureichendes Instrument handelt bzw. wie man hat nur so naiv sein können, zu glauben, man könne, durch eine passivistische Landschaftsplanung einen sozioökonomisch determinierten Produktionskomplex quasi persuasiv umstrukturieren. Der einzige Grund dafür, dass die Landschaftsplanung in der Agrarlandschaft bisher ‹keinen Fuss auf den Boden› sondern höchstens ‹einen Fuss in die Tür› gebracht hat, liegt schlicht daran, dass mit ihr an der Teilsystem-Rationalität des Wirtschaftssubjekt Landwirt vorbei operiert wurde.»*

Seeufer benötigt Hafen …

Aus der Rechtsschrift eines Anwalts zur Verteidigung eines Hafenprojekts am Zürichsee: «*Der Hafen beeinträchtigt das Landschaftsbild nicht. Im Gegenteil: Eine solche Einbuchtung, zudem öffentlich zugänglich, bringt eine angenehme Abwechslung der Natur, vergrössert die Fläche des Sees, fügt sich harmonisch in die Landschaft ein, bereitet dem Menschen Freude und Erholung.»* Ist ein natürliches Seeufer wirklich so eintönig, dass es «Abwechslung» braucht?

Quelle: Schweizerischer Bund für Naturschutz (SBN), August 1983

Die Gemeindeebene: Vollzugsnotstand in Reinform

Gehen wir hinunter auf die Gemeindeebene, wo sehr viele raumrelevante oder landschaftsverändernde Entscheide gefällt und ausgeführt werden. Wer ist dort verantwortlich für die Begutachtung, Genehmigung oder Ablehnung sowie Begleitung von landschaftsverändernden Bau-, Unterhalts- oder Abbruchmassnahmen? In der Regel ist es der Gemeinderat mit dem Ressort oder Departement Umwelt. Jedoch zeigt die Praxis, dass die Natur- und Umweltschutzprobleme sowie die Heimatschutzanliegen stiefmütterlich behandelt oder unprofessionell durchgeführt werden.

Dazu ein reales Beispiel aus dem Kanton Basel-Landschaft. In einer ländlichen Gemeinde hat ein Einwohner in aufwendiger Arbeit zwischen 1983 und 1985 ehrenamtlich ein Inventar mit zugehörigem Plan der zu schützenden Naturobjekte erstellt. Ein Planungsbüro hat anschliessend einen Zonenplan Landschaft erarbeitet und die Inventarobjekte übernommen. Die Gemeinde nahm die Planung an, der Regierungsrat genehmigte sie aber nur mit Einschränkungen. Daher erfolgte (erst!) zwischen 1997 und 2000 eine Überarbeitung der gesamten Zonenplanung Landschaft. Der ursprüngliche Inventarplan war aber zwischenzeitlich verloren gegangen, weshalb erneut – wieder ehrenamtlich – eine umfangreiche Kartierung der Naturobjekte vorgenommen werden musste. Ein anderes Planungsbüro machte sich an die Arbeit. Im politisch verlangten Mitwirkungsverfahren weigerten sich nun diverse Grundeigentümer, ihre Objekte in die Planung aufnehmen zu lassen. Sie hatten Erfolg.

Die Umsetzung der Planung bestand darin, dass (fast) nichts Positives passierte. Kurze Zeit nach der Inkraftsetzung der neuen Zonenplanung wollte der Gemeinderat sogar die gemeindeeigene Natur- und Umweltkommission aus Verschlankungsgründen der Verwaltungsstruktur abschaffen. Er hatte bereits nicht mehr daran gedacht, dass das Zonenreglement Landschaft ausdrücklich eine solche Kommission für den Vollzug aller natur- und landschaftsrelevanten Fragen vorsah. Eine solche Instanz wäre denn auch in allen Gemeinden nötig und wichtig. Drei Beispiele aus der erwähnten Baselbieter Gemeinde mögen dies illustrieren: In der Planung hatte die Gemeinde eine Hochstammobstzone erlassen, wenig später wurde aber die gemeindeeigene Obstpresse abgeschafft. Ein Eigentümer fällte einen geschützten Nussbaum. Ein Bauer pflügte eine Magerwiese um, die unter Schutz steht. In sehr vielen Gemeinden klappt es mit dem Vollzug der Landschaftsplanung überhaupt nicht, weil die geeigneten Fachleute und Vollzugsorgane fehlen. Es besteht zu wenig Druck zur Umsetzung, und es werden kaum Mittel für Natur und Landschaft gesprochen.

Die staatlichen und gemeindepolitischen Regelungen sind das eine; das andere sind wir Bürger oder Einwohner und unser (unzulängliches) Verhalten in all den Belangen, in denen die Um- und Mitwelt betroffen ist. Es gibt Möglichkeiten, umweltverantwortlich zu handeln und zu leben, beispielsweise beim Ressourcenverbrauch (Wasser, Benzin, Heizöl, Strom, Recycling, Nahrungsmittel).

Unterdotierte Naturschutzfachstellen

Etliche Naturschutzfachstellen von Kantonen sind personell unterdotiert und finanziell ärmlich ausgestattet. Sie sind wie Barfussärzte im Dschungel der dritten

Welt: da und dort ein Pflästerchen, aber keine lebensrettenden Massnahmen. Die Naturschutzfachstellen sind irgendwo angehängt oder angesiedelt, und der naturschützerisch unausgebildete Departementschef, meist ein Jurist, entscheidet über Inhalte von Stellungnahmen und Berichte der Naturschutzfachstelle. Der fortschrittlichste Kanton setzt nicht einmal ein halbes Prozent seiner Ausgaben für Naturschutzleistungen ein. Die öffentliche Hand nimmt somit Aufgaben, welche durch Verfassung und Gesetze klar vorgegeben sind, in völlig ungenügender Weise wahr (Ewald und Tanner 2005).

Zu wenig Geld für den Naturschutz

Der gesetzeskonforme Schutz und die Pflege der knapp 6000 Biotope von nationaler Bedeutung – dazu gehören Hoch- und Flachmoore, Auen, Amphibienlaichgebiete sowie künftig wohl auch Trockenwiesen und -weiden – würden jährlich 148 bis 183 Millionen Franken kosten. Diese Zahlen wurden durch die Eidgenössische Forschungsanstalt WSL, Pro Natura und das Forum Biodiversität der Akademie der Naturwissenschaften Schweiz berechnet und im April 2009 publiziert. Heute geben der Bund und die Kantone zusammen aber jährlich nur etwa 73 Millionen Franken für den nationalen Biotopschutz aus.

Damit wird deutlich, dass der Gesetzesauftrag nicht in ausreichendem Masse erfüllt wird, wie auch Erfolgskontrollen zeigen. Beispielsweise müssen Entwässerungsmassnahmen in Flach- und Hochmooren rückgebaut, Trockenwiesen und -weiden entbuscht, Auen regeneriert und Amphibienlebensräume wiederhergestellt werden. Die Kosten zur Erhaltung der wertvollsten Lebensräume auf knapp zwei Prozent der Landesfläche der Schweiz erscheinen tragbar. Denn die zusätzlich notwendigen jährlichen Mittel halten sich in Grenzen: Sie entsprechen beispielsweise einer Mahlzeit zu zehn Franken pro Einwohner der Schweiz oder dem Bau von ein bis zwei Kilometern Autobahn.

Beispiel Moorschutz

Offiziell stehen Moore und Moorlandschaften von besonderer Schönheit und nationaler Bedeutung unter dem Schutz der Bundesverfassung. Doch die Realität sieht anders aus. Die Erfolgskontrolle Moorschutz Schweiz des Bundesamts für Umwelt hat nachgewiesen, dass sich die Qualität der Hoch- und Flachmoore von nationaler Bedeutung innerhalb von nur fünf Jahren deutlich verschlechtert hat (Erhebungsperiode 1997/2001–2002/06; Klaus 2007). So ist mehr als ein Viertel der Moore trockener geworden, und in einem Viertel der Moore hat die Nährstoffversorgung zugenommen. Dementsprechend hat die Fläche der Hochmoore um zehn Prozent abgenommen.

Nicht viel besser sieht es in den Moorlandschaften aus: Über die Hälfte aller neu erstellten Gebäude in den Moorlandschaften wurden von den Experten der Erfolgskontrolle Moorschutz als schutzzielwidrig eingestuft. Auch bei den neu gebauten und der verbreiterten Strassen und Wege wurde von den Experten der Erfolgskontrolle Moorschutz der grösste Teil als schutzzielwidrig bewertet. Weil der Bund die Kantone mit Samthandschuhen anfassen muss, hält er sich mit Kritik zurück. Im Schlussbericht heisst es nur: «*Bei der Qualität der Umsetzung des Moor-*

Abb. 500: Flächenverluste und -gewinne verschiedener Moortypen in den Moorobjekten von nationaler Bedeutung innerhalb von fünf Jahren. Nichtmoor: Innerhalb der Perimeter der Moorobjekte liegen auch Vegetationstypen, die nicht zur Moorvegetation zählen, aber entweder von Moorfläche umgeben oder mit dieser eng verzahnt sind. Erhebungsperiode 1997/2001–2002/06. Quelle: Klaus 2007.

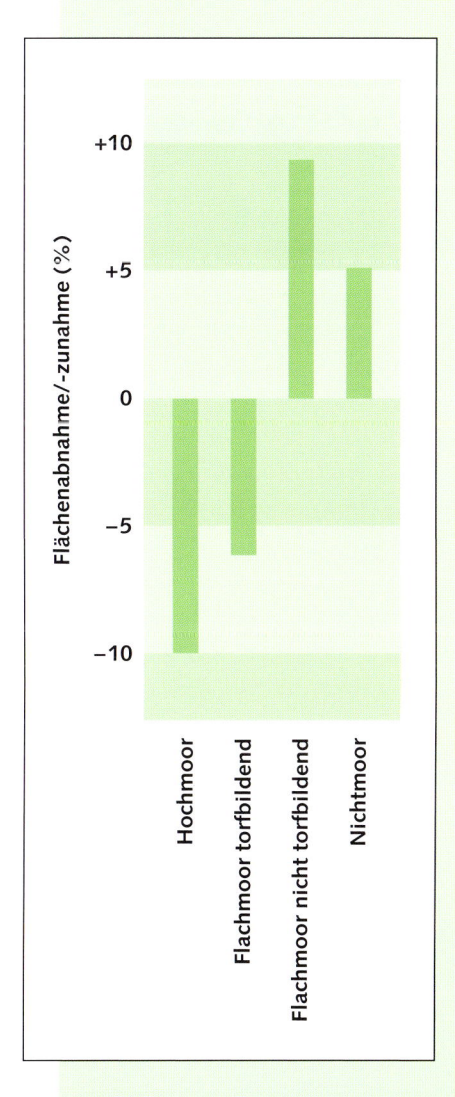

landschaftsschutzes gibt es grosse Unterschiede zwischen den Kantonen und den Gemeinden, auf die im vorliegenden Bericht nicht weiter eingegangen wird.»

Regenerationsmassnahmen sind unerlässlich, wenn die Moorfläche insgesamt erhalten bleiben soll. Vor allem müssen die noch immer wirksamen Graben- und Drainagesysteme deaktiviert werden, um den mooreigenen Wasserhaushalt wiederherzustellen. Doch in vielen Kantonen ist der Vollzug katastrophal. Das Problem sind nicht nur mangelnde Finanzmittel, sondern ist auch der fehlende politische Wille.

Nichtregierungsorganisationen ohne Geld

Im politischen und staatlichen Umweltschutzvakuum sind alte und neue Nichtregierungsorganisationen aktiv geworden (siehe Schmidhauser 1997). Es wurde und wird Lobbyarbeit betrieben, doch im Gegensatz zu Industrie- oder Agrarlobby standen und stehen hinter den Akteuren nicht Milliardenbeträge.

Abb. 501: Der Naturschutz hat keine Lobby. Quelle: Nebelspalter 1984.

Manchmal uneiniger Naturschutz

Die Subjekte im Natur- und Heimatschutz sind unterschiedliche Menschen mit ähnlicher Motivation, jedoch kann die Ansicht vom Objekt derart divergierend sein, dass sich ein Schutz nicht unter einen Hut bringen lässt. Das mag an den unterschiedlichen Spezialitäten liegen. Im Klartext: Die Vogelschützer zertrampeln die Orchideen der Pflanzenschützer. Oder die Denkmalschützer putzen die Ruine so sauber heraus, dass dort kein Objekt der Vogelschützer mehr brüten kann.

Geringe Wertschätzung

Der konservative Charakter des Schützens und Erhaltens ist verpönt, weil er fälschlicherweise mit Wirtschaftsfeindlichkeit und Konservatismus gleichgesetzt wird. Der Begriff Heimatschutz ist zur Metapher des Überholten und Lächerlichen gemacht worden, und zwar von einem Neoliberalismus ohne Wurzeln.

Der Fall Galmiz

Im Jahr 2004 beging der Kanton Freiburg einen raumplanerischen Sündenfall – *«Schweizerische Raumplanungspolitik auf einem Tiefpunkt»* titelte die Neue Zürcher Zeitung (Rodewald 2004). Am 10. Dezember 2004 hatte die Gemeinde Galmiz 55 Hektaren Landwirtschaftsland in eine Industriezone umgezont, was der Kanton Freiburg bereits am 22. Dezember 2004 genehmigte und umsetzte. Der Anlass war eine «eilige Anfrage» einer amerikanischen Pharmafirma, deren Name lange verheimlicht wurde und die einen Standort für eine Produktionsstätte mit bis 1300 neuen Arbeitsplätzen suchte. Die Fläche, auf der die Altstadt von Bern Platz hätte, liegt in der Fruchtfolgefläche (siehe Kasten Seite 586) im Grossen Moos, das mit erheblichen öffentlichen Mitteln entwässert und zum Kulturland gemacht worden war (Egli und Weiss 2006). Das Bundesamt für Raumentwicklung erklärte sofort, es könne keine Einsprache erheben. Daraufhin forderte Pro Natura den Rücktritt des Direktors, denn er habe die klaren Vorgaben des Raumplanungsgesetzes missachtet.

Ein rasch ins Leben gerufenes «Aktionskomitee Galmiz» organisierte den Widerstand. In einer Inseratenkampagne wurde die bis dahin anonyme Firma dazu aufgerufen, einen rechtskonformen Standort zu wählen. Das Wehklagen über diese Kampagne war gross. Die Natur- und Landschaftsschützer wurden als *«Spielver-*

Abb. 502: Galmiz-Moos mit dem eingezonten Industrieareal. Die Fotomontage zeigt die im Bau befindliche AMGEN-Anlage in Juncos (Puerto Rico) mit Bioreaktoren, wie sie im Grossen Moos zu erwarten gewesen wären. Luftaufnahme aus Anderegg 2002.

Abb. 503: Protestmarsch mit Plakaten.

derber» bezeichnet, die das Welschland von Zürich aus mit «irreführenden Aussagen» «bevormunden». Im Eidgenössischen Parlament löste der Fall Galmiz zehn Vorstösse aus. Am 3. April 2005 organisierte das Aktionskomitee unter anderem einen Protestmarsch mit einer nationalen Kundgebung im Grossen Moos. Einen gewaltigen Rohrkrepierer liess der damalige Staatsrat und Baudirektor des Kantons Freiburg platzen mit der Formulierung: «*Falsch verstandener Umweltschutz schadet; im Freiburger Seeland will eine Biotechfirma Arbeitsplätze schaffen; Umweltschützer gefährden mit irreführender Kritik den Standort Schweiz*».

FFF – Fruchtfolgeflächen

Als Fruchtfolgefläche gilt ackerfähiges Landwirtschaftsland, das die Grundlage der Ernährungssicherheit in der Schweiz bildet. Am 15. November 1940 gab Friedrich Traugott Wahlen den Plan zur Anbauschlacht bekannt. Die damaligen 210 000 Hektaren Ackerfläche sollten auf 366 000, im Notfall auf 500 000 Hektaren aufgestockt werden. Mit der Revision der Raumplanungsverordnung vom 26. März 1986 wurden 450 000 Hektaren sogenannte Fruchtfolgeflächen genannt. Das hiesse aber eine Rückzonung von etwa 20 000 Hektaren unerschlossenen Baulands in Landwirtschaftszonen. Dass der Wert nur als «*Richtwert*» bezeichnet wurde, freute den Zentralsekretär des Schweizerischen Baumeisterverbands, der diese Wortwahl als «*positiv*» bezeichnete.

Am 8. April 1992 erging der Bundesbeschluss zum Sachplan Fruchtfolgeflächen mit der Festlegung von 438 560 Hektaren. Dumm nur, dass das beste Landwirtschaftsland meistens dort liegt, wo auch die besten Voraussetzungen für die Siedlungsentwicklung herrschen. Zwar wurden die Kantone verpflichtet, die ihnen auferlegten Kontingente zu erhalten. Jedoch wird der Erfolg vom Bund nicht kontrolliert, sodass die effektiv noch vorhanden Fruchtfolgeflächen bis heute nur für einzelne Kantone bekannt sind.

Offenbar ist bzw. isst der Grossteil der Bevölkerung hors sol, denn sonst müsste über diese Ungewissheit der Ernährungsbasis grosse Sorge bestehen. Schon 1975, als die ersten Zahlen über den Verlust an landwirtschaftlicher Kulturfläche in den Jahren 1942 bis 1967 publiziert wurden (Häberli 1975), waren nur Natur- und Landschaftsschützer schockiert, dass niemand realisiert hatte, welche endgültigen Verluste zu beklagen waren – in den damals untersuchten 25 Jahren sind rund 100 000 Hektaren Kulturland «verloren» gegangen.

Am Ende liess die Pharmafirma ihre Beschützer hängen. Ende Januar 2006 gab sie bekannt, sie werde in Irland und nicht in Galmiz bauen. Anfang Oktober 2007 verzichtete der weltgrösste Biotech-Konzern wegen *«interner Schwierigkeiten»* ganz auf den Bau einer Produktionsstätte. Immerhin hat der Fall Galmiz zum Unterschriftenerfolg für die Landschaftsinitiative beigetragen.

Der Streit um das Grosse Moos hat grundlegende Fragen im Spannungsfeld zwischen Wirtschaft, Landschaftsschutz und Raumplanung aufgeworfen und beschäftigt seither breite Bevölkerungskreise. An einer Tagung am 25. März 2006 an der ETH-Zürich erklärte Enrico Riva, Professor für öffentliches Recht an der Universität Basel, dass die Umzonung in Galmiz *«eindeutig rechtswidrig»* war und auf *«groben Anwendungsfehlern»* beruhte, nicht aber auf Mängeln des Raumplanungsgesetzes. Zu erklären sei der Rechtsbruch aus einer *«Interessenskollision»* der Freiburger Behörden und einem *«systembedingten Versagen der gesetzlichen Sicherungsinstrumente»* für einen korrekten Vollzug. Der Vizedirektor des Bundesamts für Raumentwicklung gestand an der gleichen Tagung ein, dass auch der Bund versagt habe. Zugleich deckte er aber die rechtliche Ohnmacht des Bundes gegenüber Fehlplanungen der Kantone auf, weshalb die Koordinationsrolle des Bundes *«verstärkt»* werden müsse.

Anhaltende Schwächung des Naturschutzes

Es gibt unverkennbare Anzeichen dafür, dass nicht einmal der dürftige Standard der Schutzbemühungen gehalten wird. Deutlich wird dies bei einem Blick auf die Ereignisse und Erlasse, welche für den Natur- und Landschaftsschutz in der Schweiz seit 1967 besonders relevant waren. In der folgenden knappen, zweifellos unvollständigen Chronologie fällt auf, dass bis zum Jahr 1998 einer grossen Zahl positiver Entwicklungen relativ wenige negative gegenüberstehen. Danach wendet sich das Blatt. Im neuen Jahrtausend setzt die Demontage wichtiger Errungenschaften ein. Erschrocken und besorgt stellen sich heute viele Menschen in unserem Land die Frage, wie weit der begonnene Abbau von mühsam erkämpften Instrumenten noch gehen wird.

1967 Das Bundesgesetz über den Natur- und Heimatschutz NHG tritt in Kraft.
1970 Die Schweiz beteiligt sich an den Aktivitäten zum ersten Europäischen Jahr der Natur (Naturschutzjahr). Die meisten Veranstaltungen werden aber von den privaten Naturschutzverbänden wie SBN (heute Pro Natura) und WWF getragen.
1970 Für die Umsetzung des NHG gibt es in der Verwaltung der Eidgenossenschaft nur rund drei Stellen.
1971 Der Umweltschutzartikel hält Einzug in die Bundesverfassung.
1972 Notrecht! Der Bundesbeschluss über dringliche Massnahmen auf dem Gebiete der Raumplanung verpflichtet die Kantone, ohne Verzug Bauzonen und Landschaftsschutz- und Landschaftsschongebiete zu bezeich-

nen, um die Landschaft vor weiterer Überwucherung durch Bauten zu schützen. Etliche Kantone haben noch keine Raumplanung. Ihnen wird vom SBN bei der Erstellung der geforderten Pläne geholfen.

1976 Ein endlich formuliertes Raumplanungsgesetz, gegen das der Schweizerische Gewerbeverband das Referendum ergriffen hat, wird an der Urne abgeschmettert.

1977 Die mit dem NHG (seit dem 1.1.1967) gegebene Verpflichtung zur Erstellung von Inventaren, mündet in die Verordnung zum Bundesinventar der Landschaften und Naturdenkmälern von nationaler Bedeutung (BLN), wobei nur sogenannte «unbestrittene» Objekte die Vernehmlassung passiert haben.

1979 Erlass des Raumplanungsgesetzes (RPG).

1983 Umweltschutzgesetz

1987 Die Rothenthurm-Initiative wird zur grossen Überraschung aller angenommen. Damit wird der Moorschutz in der Bundesverfassung verankert.

1991 Übereinkommen zum Schutz der Alpen (Alpenkonvention). Die Ratifizierung der Protokolle ist grösstenteils noch nicht vollzogen.

1992 Erlass der Auenschutzverordnung. Bei den geschützten Auen handelt es sich nur noch um Relikte.

1993 Erlass des Waldgesetzes. Neu ist, dass nicht mehr jeder Quadratmeter Wald genutzt werden soll; sogar die Ausscheidung von Waldreservaten ist möglich.

1994 Flachmoorverordnung. Das Übereinkommen über die biologische Vielfalt von 1992 wird ratifiziert.

1995 2. Europäisches Jahr der Natur. Im Gegensatz zum 1. Naturschutzjahr von 1970 bewirkt es in der Schweiz fast nichts.

1996 Moorlandschaftenverordnung

1998 Endlich wird ein neues Landwirtschaftsgesetz erlassen.

1998 Die OECD rügt die Schweiz wegen deren ungenügenden Anstrengungen im Bereich des Artenschutzes, wegen der Zerstörung von Biotopen, unkontrolliert fortlaufender Verstädterung usw. Die Rüge zeitigt keine Folgen.

1999 Revision des RPG: Die Landwirtschaftszonen werden für Fremdnutzungen geöffnet.

2000 Die Erweiterung des Schweizerischen Nationalparks scheitert.

2001 Das Bundesamt für Statistik stellt fest, dass die Schweiz bei gleichbleibender Wachstumsgeschwindigkeit in 380 Jahren zugebaut sein wird.

2001 Erklärung der Region Jungfrau-Aletsch-Bietschhorn zum UNESCO-Weltnaturerbe. Viele Natur- und Landschaftsschutzanliegen bleiben ausgeklammert – nicht aber Heliskiing.

2002 Anerkennung des Biosphärenreservats Entlebuch durch die UNESCO.

2003 Vorstoss zur Abschaffung des Bundesamts für Umwelt, Wald und Landschaft BUWAL.

2003 Beschwerdelegitimation der Umweltverbände kommt erneut unter Beschuss, nachdem seit 1990 bereits mehrere parlamentarische Vorstösse zu deren Abschaffung oder Einschränkung eingereicht worden waren.

2003 Eine Überprüfung von 40 Objekten des BLN ergibt (ähnlich wie 1993) eine triste Bilanz. Endlich handelt der Bundesrat und schafft eine Stelle für die Verbesserung der BLN-Umsetzung; das Bundesamt für Zivilluftfahrt erhält gleichzeitig mehr als 50 neue Stellen

2004 Das Parlament beschliesst einschneidende Kürzungen der Geldmittel für das Bundesamt für Umwelt, Wald und Landschaft BUWAL.

2004 Der Nationalrat verstümmelt die Restwasserbestimmungen.

2004 Streichung des Heckenschutzes durch den Nationalrat.

2004 Der Fall Galmiz zeigt, dass die Raumplanung ein Phantom ist.

2006 Der Lehrstuhl für Natur- und Landschaftsschutz an der ETH Zürich wird aufgehoben.

Ein Scherbenhaufen

Die Gesetzgebung über Natur- und Heimatschutz – allen voran das Bundesgesetz über den Natur- und Heimatschutz – scheint im Blick auf den in diesem Buch präsentierten Landschaftswandel nicht existent gewesen zu sein (siehe Marti 2007, 2008; Bisang et al. 2008). Die Gesetze und deren Vollzug haben der Art und der Intensität der Veränderungsmöglichkeiten der Landschaft nicht standgehalten. Diese klaffende Lücke zwischen dem Schutz der Landschaft und deren Veränderungsmöglichkeiten gilt es so rasch als möglich zu schliessen. Die bestehende Gesetzgebung über den Natur- und Heimatschutz ist natur- und landschaftsgerechter auszulegen und ausschöpfend anzuwenden. Die Naturschutzgesetzgebung muss mit anderen Gesetzgebungen (zum Beispiel der Landwirtschaft) gleichgesetzt und gleichwertig gehandhabt werden. Dazu gehört unabdingbar, dass die in den Gesetzen gegebenen Begriffe bezüglich Natur und Landschaft und deren Schutz nicht nur nach juristischen Vorstellungen dargestellt und interpretiert werden, sondern dass sich die Begriffsinhalte an den tatsächlichen, naturwissenschaftlich belegbaren Verhältnissen im Feld orientieren und diesen gerecht werden.

Vor allem auf das 1979 in Kraft getretene Bundesgesetz über die Raumplanung wurde aus Sicht des Landschaftsschutzes viele Hoffnungen gesetzt. Sie wurden bitter enttäuscht. Den Spagat zwischen notwendiger Landschaftsveränderung und dem Anspruch der Landschaftserhaltung hat es nicht geschafft. Problematisch ist auch das schwache Engagement für die Landschaft in den kantonalen Richtplanungen und die ungenügende Umsetzung in der kommunalen Nutzplanung. Aufgabe einer echten Raumplanung muss es sein, Wege aufzuzeigen, bei denen der Landschaftswandel nicht mit dem Verlust von Landschaftsqualität gleichzusetzen ist. □

Kapitel 15

Über den Umgang – ein

mit Landschaft
Landschafts-Knigge

Abb. 504: Es reicht nicht mehr, Schützenswertes zu schützen. Die Landschaftsqualität ist vielerorts derart mangelhaft, dass Aufwertungsmassnahmen unumgänglich sind. Die beiden Bilder zeigen die Kulturlandschaft «Hinterem Neugraben» im Grossen Moos vor (2000) und nach (2002) der Anlage neuer Landschaftselemente.

Letzter Rückblick

Eine Fahrt durch das Mittelland: trostlose Äcker, endlose Vorstädte. Auf solchen Reisen hat man den Eindruck, die Schweiz besteht vor allem aus «Nichtorten»: monotones Agrarland, Strassenkreuzungen, Verkehrskreisel, Gewerbegebiete, Lagerhallen, Baumärkte, Einkaufsmärkte, Möbelläden, Tankstellen, Asphalt, Beton. Der Journalist Jörg Albrecht schrieb einmal treffend: «*Keiner sieht hin. Niemand ist zuhause.*»

Alles ist wie vom Reissbrett oder aus dem Musterkatalog. Es sind kaum noch regionale Unterschiede auszumachen. Das Urteil der Schriftstellerin Gertrude Stein über charakterlose Landstriche war noch nie so aktuell wie heute: «*Wenn man da hinkommt, ist kein da mehr.*» Zu viele Landwirte, Bauherren, Planer und Politiker fühlen sich keiner Tradition mehr verpflichtet. Früher konnte man sich sicher sein: Im Thurgau sind die Fachwerkhäuser, im Jura Häuser aus Bruchstein. Heute dominieren der Normbackstein, der Normziegel, das Normholzhaus. Überall dieselben Carports, dieselben Wintergärten, dieselben Türen, dieselben Cotoneaster. Wer heute die Schönheit der Schweizer Landschaften preist, muss vor allem die Kunst des Ausblendens beherrschen.

Vor über 40 Jahren schrieb der Bundesrat in der Botschaft zum Bundesverfassungsartikel über den Natur- und Heimatschutz: «*Die Gefahren haben einen derartigen Umfang angenommen, dass sie in beunruhigendem Mass die landschaftliche Eigenart des Landes berühren.*» Das war 1961. Das vorliegende Buch belegt in Wort und Bild, dass trotz dieses mahnenden Aufrufs der Landschaftswandel im negativen Sinn unablässig weiterging – und auch weitergehen wird. So werden zukünftige Generationen immer mehr in eine beliebige Gegend hineingeboren. Wir sollten uns aber bewusst sein, dass Heimat nicht nur die Herkunft bezeichnet, sondern dass aus der Heimat auch Zukunft entsteht.

Das Unternehmen «Natur- und Landschaftsschutz» war leider nicht sehr erfolgreich. Würden die Gesetze der Ökonomie gelten, müsste es liquidiert werden. Das liegt allerdings nicht an den Mitarbeitern des Unternehmens, sondern an der Gesellschaft, die das Produkt Natur und Landschaft entweder nicht wertschätzt oder gar nicht erst «erwerben» will. Nicht auszudenken, wie unsere Umwelt aussehen würde ohne die unermüdliche, aufopferungsvolle und meist ehrenamtliche Arbeit der Natur- und Landschaftsschützer!

Gedächtnisschwund im Endstadium

Der Charakter der traditionellen Kulturlandschaft in unserem mitteleuropäischen Raum entstand durch menschliche Nutzungen, wobei das Schöne und das Wirtschaftliche meistens nicht im Widerspruch zueinander standen, sondern sich gegenseitig ergänzten (Stein 2003). Jedes Landschaftselement, jeder Flurname erzählte eine eigene und spannende Geschichte, die der Mensch jederzeit abrufen konnte. Die Landschaft hat damit ein echtes Gedächtnis. Doch das Langzeitgedächtnis der Landschaft droht zu erlöschen. Mittlerweile sind fast alle Kulturgrenzen in der Landschaft bis zur Unkenntlichkeit verwischt. Nachdem man im letzten halben Jahrhundert die Landschaft mehr oder weniger nur als ökonomisches Potenzial betrachtet hat, wird die Abwesenheit einer «geistigen Dimension» spürbar (Stein 2003).

Doch wie war es möglich, dass angesichts der Auswechslung der Landschaft kein Aufschrei durch die Bevölkerung gegangen ist? Wo doch das Erinnerungsvermögen eine gewaltige Leistung des menschlichen Gehirns ist. Das Gedächtnis sorgt dafür, dass wir bekannten Gesichtern die richtigen Namen geben und uns in vertrauten Gegenden nicht verirren. Die meisten Menschen gewöhnen sich allerdings rasch an Landschaftsveränderungen. Vor allem bei einem langsamen Wandel der Umwelt können sich viele Menschen ganz einfach nicht mehr konkret daran erinnern, wie die Landschaft noch vor einigen Jahren – geschweige denn vor Jahrzehnten – ausgesehen hat. Ein begradigter Bach macht zudem aus einer Kulturlandschaft nicht sogleich ein Planquadrat, und ein gefällter Obstbaum provoziert noch keinen Protest. Sogar die Erinnerung, dass einst eine Wiese war, wo jetzt Häuser stehen, ist kein spektakuläres Aha-Erlebnis.
Es ist deshalb wichtig, dass wir unsere Sinne für die Landschaftsveränderungen wieder schärfen. Das vorliegende Buch ist ein Schritt in diese Richtung. Es ist ein Plädoyer gegen die rasche Vergesslichkeit und gegen die Gutgläubigkeit.

Natürlich ist es immer einfacher, rückblickend Kritik zu üben als detaillierte Lösungsvorschläge anzubieten. Die kritische Sichtweise in diesem Buch basiert allerdings meist nicht auf der Meinung der Autoren, sondern auf historischen Quellen. Es handelt sich also um «zeitgenössische» Kritik an vermeidbaren Landschaftsveränderungen und Naturzerstörungen.
Der deprimierenden Bilanz, die aufgrund der Rückschau in diesem Buch gezogen werden muss, müssen nun Taten folgen. Viele Lösungsvorschläge wurden bereits in den einzelnen Kapiteln aufgezeigt. In diesem Kapitel, das wir bewusst Landschafts-Knigge getauft haben, zeigen wir für die meisten Sektoren und Akteure, wie ein nachhaltiger Umgang mit der Ressource Landschaft aussehen sollte. Wie im stark soziologisch ausgerichteten Buch «Über den Umgang mit Menschen» von Adolph Freiherr Knigge (1752–1796) geht es hier weniger um Details, sondern um eine Aufklärung zu den Themen Taktgefühl und Höflichkeit – allerdings nicht im Umgang mit Menschen, sondern im Umgang mit der Landschaft.

Der Fonds Landschaft Schweiz FLS

Im Jubiläumsjahr der Schweizerischen Eidgenossenschaft 1991 haben National- und Ständerat den Fonds Landschaft Schweiz FLS gegründet – um «etwas von bleibendem Wert» zu schaffen. Seither hat der FLS über 100 Millionen Franken für die Erhaltung von naturnahen Kulturlandschaften eingesetzt. Im Rekordjahr 2008 konnten 133 Projekte unterstützt werden. Gleichzeitig wurden 197 neue Unterstützungsgesuche eingereicht. Dies zeigt, dass lokales und regionales Engagement für die Erhaltung naturnaher Kulturlandschaften vorhanden ist – und dass dieses Engagement auf die finanzielle Unterstützung des FLS angewiesen ist. Die in diesem Kapitel abgebildeten Fotos stammen aus Projekten des FLS und dokumentieren dessen grossen Erfolg. Die dazugehörigen Texte stammen von Bruno Vanoni vom FLS.

Landschaft bewusst planen

Die Lage der verschiedenen Interessengebiete müsste in einem Landschaftsplan deklariert werden, wobei die Erhaltung der Landschaftsqualität (siehe auch Tanner et al. 2006) immer oberstes Kriterium sein muss. Inhalt und Zweck einer Landschaftsplanung besteht darin, die Nutzungen im Raum so aufzuteilen, dass das Naturraum- und Landschaftspotenzial die ausschlaggebende Rolle spielen. Manche unserer Forderungen zu einer bewussten Landschaftsplanung stammen aus Ewald (1978) – sie dokumentieren damit über 30 Jahre Untätigkeit.

Naturnahe Landschaftselemente haben eine differenzierte Geschichte hinter sich. Oft sind sie das Resultat einer langen multikulturellen Nutzung und damit Teil einer komplexen und verzahnten traditionellen Kulturlandschaft. Deshalb kann die übliche, disziplinär getrennte Betrachtung, Planung, Behandlung und Nutzung der Landschaft nach den Gesichtspunkten Siedlung, Verkehr, Industrie, Gewerbe, Land- und Forstwirtschaft dieser Komplexität nicht gerecht werden.

▷ **Der gegenwärtig übliche Umgang mit der Landschaft wird ihren komplexen Verhältnissen nicht gerecht. In der Landschaft ist nicht das technisch Mögliche, sondern das Notwendige anzustreben.**

▷ **Landschaft muss man ihrem Charakter, Wesen und Struktur gemäss als dreidimensionales Naturprodukt anerkennen – auch und trotz einer langen Nutzungsgeschichte.**

Die Schaffung von «Ersatz» für zerstörte Landschaftselemente belegt das Verkennen der Irreversibilität in der Landschaft. Diese Aktionen, als Alibi-Naturschutz oder sogenannte Landschaftspflege betrieben, beruhigen das Gewissen. Analoges trifft zu für die «ökologischen Ausgleichsflächen», die menschlichem Vergeltungsdenken entspringen. Sie dienen vor allem als Ausrede oder Einrede bei der Beseitigung von naturnahen Bereichen.

▷ **Die Erkenntnisse der Nichtwiederholbarkeit in Natur und Landschaft müssen das Hantieren mit Natur und Landschaft ersetzen.**

Die Praxis, die Landschaft zu beplanen, nachdem alle anderen Teilpläne angefertigt oder bereits ausgeführt sind, ist im Blick auf die irreversiblen und erheblichen Verluste an Naturgut nur noch Pseudolandschaftsplanung. Eine Landschaftsplanung muss als erste und übergeordnete Planung an die Hand genommen werden, um so eine landschaftsgerechte Verteilung der Nutzung zu erreichen.

▷ **Die Landschaftsplanung ist allen anderen Planungen und Landschaftsveränderungen überzuordnen. Die Landschaftsplanung darf nicht mehr den Charakter einer Begleitplanung haben.**

Um den traditionellen Kulturlandschaften oder den davon noch verbleibenden Teilen den Charakter und den Kulturwert zu erhalten, sind vor jeder Veränderung landschaftliche Zustandsermittlungen durchzuführen. Sie sollen dazu verhelfen,

Bergahorne in Beatenberg

Zum Schutz von 400 landschaftsprägenden Bergahornen hat der FLS in der Gemeinde Beatenberg (BE) ein Pilotprojekt unterstützt: Bauern wurden mit Bewirtschaftungsverträgen zur Pflege der Bäume verpflichtet und dafür entschädigt. Der Erfolg ebnete den Weg zum regionalen Naturpark-Projekt Thunersee-Hohgant. Die Erhaltung alter Bergahorne ist auch ein Beitrag zur Biodiversität. Denn die Bäume beherbergen beispielsweise Rudolphs Trompetenmoos *(Tayloria rudolphiana)*, für dessen Erhaltung die Schweiz international Verantwortung trägt.

Foto © Fonds Landschaft Schweiz FLS

Vallon de Réchy

Dank des Verzichts auf den Bau touristischer Transportanlagen ist das Vallon de Réchy, ein Seitental des Unterwallis, landschaftlich intakt erhalten geblieben. Damit das vielgepriesene Landschaftsbild auch in Zukunft bewundert werden kann, müssen die Alpen weiterhin bewirtschaftet werden. Deshalb hat der FLS die Alpgenossenschaft Tsartsey bei der fachmännischen Erneuerung der Alpgebäude mit neuen Lärchenschindeln und Trockensteinmauern unterstützt.

Foto © Fonds Landschaft Schweiz FLS

die neuen Nutzungen den Potenzen der Landschaft anzupassen und wahrhaft nachhaltig zu konzipieren. Dazu gehört die An- und Einpassung der technischen Massnahmen in die Landschaft und nicht das umgekehrte Verfahren. Dieses Vorgehen ermöglicht, ein Nutzungsnebeneinander und -übereinander zustande zu bringen, das in landschaftlicher Hinsicht als koordiniert gelten kann. Erst dann ist auch Landschaftsschutz möglich – anderenfalls erschöpft er sich im Schützen von undifferenzierten, durch die Veränderungen zustande gekommenen trivialisierten Verhältnissen.

> **Charakter und Kulturwert einer Landschaft müssen massgebend sein für Art und Grad der Landschaftsveränderungen. Landschaftsschutz ist unbedingt als selbstständige Hauptnutzung anzuerkennen.**

Essay

Von Raimund Rodewald, Geschäftsleiter der Stiftung Landschaftsschutz Schweiz SL

Eine Trendumkehr ist möglich

Dieses Buch zeigt sehr anschaulich, wie der Mensch die Landschaft auswechselt und wer die Akteure sind. Was ist zu tun? Eine Trendumkehr der zerstörerischen Landschaftsentwicklung erscheint nur mit folgenden vier Postulaten möglich.

Postulat 1

Die Denkmuster der Denaturierung unserer Lebenswelten überprüfen und Landschaft als Gesundheitsressource erkennen

Eine weitere Entfremdung des urbanen Menschen von der Natur dürfte letztlich zu einer zunehmenden Aus- und Ernüchterung führen, da letztlich alles auf den Menschen selber bezogen wäre und keine äussere Orientierung mehr bestünde. Die innere Naturlosigkeit geht einher mit einem Verlust erlebbarer äusserer Natur und mit der Zunahme sogenannter Nichtorte, das heisst Orte ohne Identität, Gesicht, Leben und Geschichte, wie monofunktionale Verkehrsräume, Parkplatzwüsten, Talstationen von Bergbahnen, leer stehende Zweitwohnungsquartiere, Einkaufszentren nach Ladenschluss, gestaltlose Siedlungen.
Inzwischen wächst allerdings grundsätzlich die Erkenntnis, dass Natur, ästhetisch attraktive Orte und eine intakte Umwelt als Gesundheitsressourcen anzusehen sind. Das Projekt «Paysage à votre santé», das 2005 von der Stiftung Landschaftsschutz Schweiz (SL) und den Ärztinnen und Ärzten für Umweltschutz gestartet wurde, geht der Frage nach, welche gesundheitsfördernden Wirkungen von der Landschaft ausgehen. Die wissenschaftliche Recherchearbeit wurde im Auftrag der beiden Verbände vom Institut für Sozial- und Präventivmedizin der Universität Bern durchgeführt.
Die Studie erbrachte nun erstmalig eine breite Übersicht zu den Zusammenhängen von Landschaft und Gesundheit (Abraham et al. 2007). Sie zeigt anhand von zahlreichen jüngeren Studien auf, dass sich Landschaft umfassender auf Gesundheit auswirkt als bislang angenommen: Der Zugang zu Grünräumen, bewegungsfreundliche Städte, soziale Treffpunkte im Freien, Waldkindergärten und vieles mehr begünstigen die physische, psychische und soziale Gesundheit der Bevölkerung. Umgebungen, die von der Bevölkerung als attraktiv wahrgenommen werden und gut zugänglich sind, wirken sich positiv auf die Ausübung körperlicher Aktivität aus. Natur erweist sich auch als positiv für die psychische Gesundheit der Menschen. Die Anwesenheit von Bäumen, Wiesen, Feldern und anderen Naturwerten steigert die Konzentrationsfähigkeit, fördert positive Gefühle und reduziert Frustration, Ärger, Kriminalität und Stress. Schliesslich tragen grüne Aussenräume in hohem Masse dazu bei, dass sich Menschen in ihrer Umgebung sozial engagieren und sich integriert und wohl fühlen. Zudem wurden auch verschiedene Effekte auf die Gesundheit von Kindern und Jugendlichen aufgezeigt. Es ist dann nicht mehr egal, in welchem Umfeld die Arbeitnehmenden, die Staatsangestellten oder Familien ihr Leben verbringen.

«Die Einsicht, dass zerstörte Orte krank und attraktive Orte gesund machen, wird zu einem entscheidenden volkswirtschaftlichen Faktor für die Leistungs- und Integrationsfähigkeit der Mitglieder einer Gesellschaft. Standortmarketing ist ohne Berücksichtigung der Landschaftsqualität nicht mehr glaubwürdig.»

Die Einsicht, dass zerstörte Orte krank beziehungsweise attraktive Orte gesund machen, wird zu einem entscheidenden volkswirtschaftlichen Faktor für die Leistungs- und Integrationsfähigkeit der Mitglieder einer Gesellschaft. Standortmarketing ist daher ohne Berücksichtigung der Landschaftsqualität nicht mehr glaubwürdig. Attraktive Landschaften mit einem Nebeneinander von Wohn-, Arbeits-, Erholungs- und Naturräumen stellen somit «therapeutische Parks» dar.
In einer Umfrage der Zeitschrift «Reformierte Presse» unter 1000 Personen bezeichneten 52 Prozent der Reformierten und 34 Prozent der Katholiken die Natur als ihren persönlichen Ort der Spiritualität; die Kirche schnitt in der Umfrage aus dem Jahr 2008 deutlich schlechter ab (14 % resp. 20 %). Dies unterstreicht den Stellenwert der psychischen Gesundheitsleistungen von Natur und Landschaft. Der Philosoph Wolfgang Welsch (1996) drückt dieses Bedürfnis nach Berührung mit der Natur wie folgt aus: «*Ein ästhetisches Grundgesetz besagt, dass unsere Wahrnehmung nicht nur Belebung und Anregung, sondern auch Verweilen, Ruhezonen und Unterbrechungen braucht.*» Setzt sich diese Erkenntnis durch, so dürfte eine grössere Verantwortung von Wirtschaft und Staat gegenüber unseren Landschaften die Konsequenz sein.

Postulat 2

Die politischen Instanzen zu einer eigentlichen Landschaftsstrategie verpflichten

Die Landschaften Europas sind in jüngerer Zeit einem beschleunigten Transformationsprozess unterworfen. Der wachsende Ressourcenverzehr unserer Anspruchsgesellschaft hinterliess insbesondere in den Kulturlandschaften, die ohne menschliche Tätigkeiten nicht aufrechterhalten werden können, tiefgreifende Spuren. Der sozioökonomische Strukturwandel in den ländlichen Räumen führte zu einer fortschreitenden Aufgabe von fremdenergiearmen und an regionale räumliche Verhältnisse angepassten Nutzungs- und Bauformen und zu einem wachsenden Urbanisierungsdruck, der die regional noch vorhandenen kulturlandschaftlichen Werte und Formen mit der «handelsüblichen Ausstattung» wie Freizeitparks, Einfamilienhäuser, Tourismusresorts, Golfplätze und Kraftwerke überzieht und kontrastiert.
Diese grossräumige Segregation – hier Nutzungsaufgabe, dort Baudruck – vollzieht sich vielerorts ohne eine eigentliche Landschaftsstrategie, ja wird durch die häufige Inkaufnahme von unerwünschten Nebeneffekten der Sektoral- und Subventionspolitik gar noch angetrieben. So führt in Italien die Bestimmung, dass für jedes neue Kraftwerk mindestens zwei Prozent der Produktion aus erneuerbarer Energie stammen muss, zu Hunderten von Kleinwasserkraftwerkprojekten, beispielsweise im italienischen Teil des Onsernonetals, wo der Isorno abgeleitet werden soll. Dies würde das Tal weitgehend trockenlegen, das einzigartige Waldreservat ökologisch gefährden und den Lebensnerv des als Nationalpark Locarnese vorgesehenen Tals und seiner Bevölkerung treffen.

«Die grossräumige Segregation – hier Nutzungsaufgabe, dort Baudruck – vollzieht sich vielerorts ohne eine eigentliche Landschaftsstrategie.»

Das Fehlen einer übergeordneten politischen Strategie zur Erhaltung und nachhaltigen Weiterentwicklung des auf regionaler Vielfalt beruhenden europäischen kulturlandschaftlichen Erbes sowie das Bewusstsein um den Beitrag qualitätsvoller Landschaften zur Verbesserung der menschlichen Lebensqualität gab den Ausschlag für die 1992 angedachte und 2000 in Florenz unterzeichnete Landschaftskonvention des Europarats. Diese Konvention, an deren Erarbeitung auch Experten aus der Schweiz mitgewirkt haben, strebt gemäss Präambel an, dem Wunsch der Öffentlichkeit nach qualitativ hochwertigen Landschaften auch im alltäglichen Umfeld und nach aktiver Beteiligung an der Landschaftsentwicklung zu entsprechen. Wesentliches Ziel der Landschaftskonvention ist es, darauf hinzuwirken, dass die Vertragsparteien die Landschaften als wesentlichen Bestandteil des menschlichen Lebens und als Grundlage von Identität rechtlich anerkennen und eine nationale Landschaftspolitik mit Betonung auf Beteiligung der Bevölkerung erlassen. Schliesslich soll die Landschaft in die Sektoralpolitiken integriert und eine europäische Zusammenarbeit gefördert werden.

Dennoch hat die Schweiz bisher als einer der letzten Unterzeichnerstaaten die Landschaftskonvention nicht ratifiziert, ja den Ratifizierungsprozess noch nicht einmal gestartet. Inzwischen steht bei nur noch 6 von 35 Ländern die Ratifizierung aus. Die Bedeutung der Landschaftskonvention für die Schweiz liegt primär in ihrer politischen und gesellschaftlichen Signalwirkung: Eine Ratifizierung würde den Stellenwert der Landschaft und des Landschaftsschutzes in der Öffentlichkeit stärken. Dies wäre angesichts der politischen Herausforderungen im Bereich Landschaftsschutz – zu erwähnen sind hier die Defizite der heutigen Raumplanung betreffend Schutz des Kulturlands und Begrenzung der Baugebiete, Neuausrichtung des landwirtschaftlichen Direktzahlungssystems zugunsten von mehr Leistungen für Natur und Landschaft, Bedeutung des Landschaftsschutzes beim Ausbau der erneuerbaren Energien – sehr wichtig. Schliesslich könnte auch der Wiederaufbau der im Jahr 2006 zu Grabe getragenen schweizweit einzigen Professur für Natur- und Landschaftsschutz eine Chance erhalten.
Gerade für diese wichtigen Debatten wäre es von grosser Bedeutung, dass die Bundesbehörden und das Parlament den Stellenwert von Landschaft in den Interessenabwägungen anerkennen und die Landschaftskonvention ratifizieren. Damit würde die Schweiz ihre Position unter den in der Umweltpolitik führenden Staaten wieder einnehmen. Die Bundesbehörden sollten sich daran erinnern, dass die Qualität der Landschaften für einen künftigen Tourismus in einer klimaveränderten Welt eine zentrale Rolle spielen wird und mit ihrem Beitrag zur Lebensqualität auch im Standortwettbewerb und in ihrer Wertschätzung durch die Bevölkerung zunehmend an Bedeutung gewinnt. In der Frühjahrssession 2009 haben deshalb die beiden Stiftungsräte der SL, Ständerätin Erika Forster und Nationalrat Kurt Fluri, je mit einer Interpellation die Ratifizierung der europäischen Landschaftskonvention gefordert.

Der Landschaftsschutz und der Bereich Denkmalpflege/Heimatschutz in der Schweiz sind auf Behördenstufe im Bundesamt für Kultur und im Bundesamt für Umwelt beheimatet. Beide Amtsstellen sind aber seit einigen Jahren mit sinkenden Krediten für den Bereich Landschaft/Kulturlandschaft konfrontiert. Insbe-

«Die Schweiz hat bisher als einer der letzten Unterzeichnerstaaten die Landschaftskonvention nicht ratifiziert, ja den Ratifizierungsprozess noch nicht einmal gestartet.»

sondere der neue Finanzausgleich hat zu einem weiteren starken Rückgang der Gelder geführt. Die Bundesmittel im Bereich Heimatschutz und Denkmalpflege wurden in den vergangenen zehn Jahren von durchschnittlich 35 Millionen Franken pro Jahr auf 19 Millionen (2008) zurückgefahren. Für das Jahr 2009 wurde nun glücklicherweise eine Korrektur des Budgets nach oben vorgenommen. Doch nach wie vor fristet die staatliche Denkmalpflege ein Mauerblümchendasein – unverständlich angesichts des ständigen Verlusts von geschichtsträchtiger Bausubstanz. So konnte der einzigartige Landschaftspark des Schlosses Wartegg in Rorschacherberg (SG) 2009 nur dank einer von der SL unterstützten nationalen Sammelaktion vor der Überbauung gerettet werden.

Die geringen Bundesbeiträge führen zunehmend zu einer Reduktion der Kantons- und Gemeindebeiträge. Die Schäden an den Schutzobjekten und damit die Sanierungskosten nehmen zu. Auch im Bereich des Kredits «Natur und Landschaft» des Bundesamts für Umwelt sind die Einbussen derart, dass die gesetzlich möglichen Finanzhilfen für Schutz und Unterhalt von geschützten oder schutzwürdigen Landschaften (Art. 13 NHG) heute gar nicht ausbezahlt werden, zumal auch die Kantone über die Pflege der nationalen und kantonalen Schutzobjekte hinaus kaum mehr etwas für den Landschaftsschutz ausrichten können. Die Landschaftsschutzbemühungen des Bundes sind daher primär auf Gelder aus der Regionalpolitik, den Naturparks und der Landwirt- und Forstwirtschaft angewiesen. Eine eigenständige Politik besteht nicht.

Postulat 3

Die Landschaften und Ortsbilder von nationaler Bedeutung als Schutzobjekte anerkennen und den kulturellen Stellenwert von Landschaft mit einem «Swiss National Trust» stärken

In der Schweiz besteht die Paradoxie, dass der Bund zwar über Bundesinventare geschützter Landschaften (BLN, seit 1977), Ortsbilder (ISOS, seit 1981) und (künftig) auch historischer Verkehrswege (IVS) verfügt, deren Schutz in der konkreten Umsetzung aber nicht in allen Bereichen rechtlich durchsetzen kann. Es ist daher auch wenig erstaunlich, dass in einer parlamentarisch angeordneten Evaluation (2002/03) das übergeordnete Schutzziel der ungeschmälerten Erhaltung dieser Objekte (gemäss Art. 6 des Natur- und Heimatschutzgesetzes NHG) in den 1980er-Jahren in drei Viertel und in den 1990er-Jahren immer noch in zwei Drittel der untersuchten Fälle nicht erreicht wurde. Zwar sind in einzelnen Fällen auch Aufwertungen feststellbar, doch vor allem die Gebäudezunahme ausserhalb geschlossener Siedlungen, die flächenhaften Verbauungen sowie der teilweise dramatische Rückgang des Feldobstbaus erwiesen sich auch in den 1990er Jahren als problematisch.

Auch für das ISOS sind die konkreten Schutzziele oft nicht eingehalten worden. Schutzdefizite gibt es selbst bei den hochgradig geschützten Biotopen und Moorlandschaften von nationaler Bedeutung. Dort sind die grundeigentümerverbindlichen Schutzanordnungen noch längst nicht alle erlassen worden, und die öf-

«Für Schutzobjekte von kantonaler und kommunaler Bedeutung fehlen offensichtlich die Finanzmittel und die personellen Kapazitäten der Fachstellen.»

Landschaftspark Binntal

Im Binntal, einem intakten Seitental im Oberwallis, hat der FLS schon 1993 einen Landschaftspark angeregt. In den letzten Jahren hat er den Aufbau des Parkprojekts ebenso mitfinanziert wie konkrete Massnahmen in den Parkgemeinden und im zugehörigen BLN-Gebiet. So hat er beispielsweise mitgeholfen, den traditionellen Roggenanbau von Grengiols zu erhalten und die botanische Rarität der Grengjer Tulpe *(Tulipa grengiolensis)* zu retten.

fentlichen Finanzen (s. oben) genügen kaum mehr für die notwendige Pflege. Für Schutzobjekte von kantonaler und kommunaler Bedeutung – gerade diese sind für den Gesamteindruck einer Landschaft von grosser Bedeutung – fehlen offensichtlich die Finanzmittel und die personellen Kapazitäten der Fachstellen. Offensichtliche Schwäche der in der Schweiz an sich gut ausgebauten Inventare ist die Interessenabwägung: Hier stehen im Einzelfall handfeste, monetarisierbare Nutzungsinteressen den primär ideellen Schutzinteressen gegenüber. Ästhetische, baukulturelle, nutzungsgeschichtliche und identitätsbildende Aspekte werden oft als romantisierend belächelt und mit dem Pauschalargument entwertet, Landschaften seien immer schon dynamische Gebilde gewesen.

Das Bundesamt für Umwelt scheint sich nun dieser Schwachstelle annehmen zu wollen, droht sich aber in Detailfragen zu den objektspezifischen Schutzzielen zu verheddern. Schliesslich müssen im Biotopschutz bei unvermeidlichen Eingriffen gemäss Verursacherprinzip Wiederherstellungs- und Ersatzmassnahmen geleistet werden, während dies – im Gegensatz zu Deutschland – im Landschafts- und Ortsbildschutz nicht zwingend erforderlich ist (Marti 2008). Es wäre also schon viel erreicht, wenn dieses Verursacherprinzip auch für den Landschafts- und Ortsbildschutz eingeführt würde.

Darüber hinaus müssten die Bundesinventare als Sachpläne des Bundes anerkannt werden, womit die Schutzziele von den Kantonen auch zwingend zu übernehmen wären. Die Fachbegutachtung durch die Kommissionen des Bundes müsste neben den heutigen Bundesaufgaben auch die kantonale Richt- und kommunale Nutzungsplanung betreffen, und das Verbandsbeschwerderecht müsste generell auf alle Typen von Eingriffen in Schutzobjekten und Naturparks ausgedehnt werden. Diese wichtige Kontrolle der konkreten Umsetzung des Natur- und Landschafts-

«*Darüber hinaus müssten die Bundesinventare als Sachpläne des Bundes anerkannt werden, womit die Schutzziele von den Kantonen auch zwingend zu übernehmen wären.*»

Terrassendorf Linescio

Das Tessiner Dorf Linescio ist im Bundesinventar der Ortsbilder von nationaler Bedeutung (ISOS) aufgeführt. Es ist geprägt von einer Terrassenlandschaft, die sich über 400 Höhenmeter erstreckt. Während Jahrhunderten haben die Bewohner dem steilen Berghang mit Stützmauern Ackerterrassen abgerungen. Mit Unterstützung des FLS werden die Trockenmauern, die zusammengerechnet 25 Kilometer lang sind und aus 27 000 Kubikmeter Natursteinen bestehen, saniert.

Foto © Fonds Landschaft Schweiz FLS

schutzes durch die Umweltverbände müsste eigentlich finanziell abgegolten werden, dient sie doch einem zentralen gesellschaftlichen Anliegen.
Schliesslich sollte die Landschaftspflege und der Unterhalt der Kulturgüter in den national geschützten Landschaften – in Erweiterung des vom Bund eingesetzten, bis 2011 befristeten Fonds Landschaft Schweiz (FLS), der sich äusserst verdient gemacht hat bei der Erhaltung der kulturlandschaftlichen Qualitäten – über einen «Swiss National Trust» breit unterstützt werden. Dies in Anlehnung an das englische Modell des «National Trust», einer überaus erfolgreichen und finanzstarken Organisation, die in enger Zusammenarbeit mit der englischen Denkmalpflegebehörde «English Heritage» einen Grossteil der zahlreichen Kulturgüter in England nachhaltig unterhält. Für einen «Swiss National Trust» müsste der Bund aber einen wesentlichen Anstoss geben, einerseits finanziell, andererseits strukturell und inhaltlich. Die grossen Wirtschaftsunternehmen, kantonalen Lotteriefonds und der Bund kämen zur Äufnung des Fonds infrage.

«Die Schweiz benötigt einen ‹National Trust›.»

Postulat 4

Die Siedlungsausdehnung und den Landschaftsfrass auf Kosten unserer besten Böden bändigen

Der Landschaftsschutz in der Schweiz steht und fällt mit seinem wohl wichtigsten Instrument, der Raumplanung. Diese hätte nämlich nicht nur für einen grösstmöglichen Schutz der Ressource Boden zu sorgen, sondern auch die mangelnden

Zusammenhänge der raumwirksamen Sektoralpolitiken – hier Verkehrsförderung, dort Umweltschutz, hier Steuerwettbewerb, dort Regionalpolitik, hier Denkmalpflege, dort Eigentumsgarantie – zu glätten. Die heutige Raumplanungspolitik ist aber den Herausforderungen der offenen Märkte, des internationalen Kapitalflusses, des Klimawandels, der bislang ungekannten Dimensionen der Bauprojekte und der neuen architektonischen Freiheiten nicht mehr gewachsen. Die Zusammenarbeit zwischen dem Bund und den Kantonen ist heute derart mangelhaft, dass letztlich niemand für die Entwicklung des Bodenverbrauchs in der Schweiz zuständig ist. Richtpläne werden vom Bund «durchgewinkt» und die formulierten Auflagen nicht eingefordert.

Die ungebremste Siedlungsausdehnung ist längst zu einem untragbaren Kostenfaktor geworden (Erschliessungsinfrastruktur!) und trägt zum Ressourcenverschleiss und zum Klimawandel bei – man denke beispielsweise an die langen Pendlerstrecken und die beheizten, leerstehenden Zweitwohnungen. Es scheint in der Planung unserer Siedlungen alles so herausgekommen zu sein, wie wir es nie wollten. Immerhin ist die Sensibilität in der Bevölkerung seit dem «Fall Galmiz» und angesichts weiterer zahlreicher Einzonungsbegehren, aber auch seit dem ungezügelten und hoch spekulativen Zweitwohnungsbau, gestiegen.

«Es scheint in der Planung unserer Siedlungen alles so herausgekommen zu sein, wie wir es nie wollten.»

Im Zuge des «Falls Galmiz» lancierte die SL im Januar 2006 den Vorschlag einer Volksinitiative zur Begrenzung des Bodenverbrauchs durch Siedlungswachstum. Die eidgenössische Volksinitiative «Raum für Mensch und Natur (Landschaftsinitiative)» wurde am 10. Juli 2007 von 16 nationalen Organisationen im Bereich Landschaftsschutz, Umweltschutz, Raumplanung und Landwirtschaft unter der Federführung der Pro Natura lanciert und am 14. August 2008 eingereicht.

Die Landschaftsinitiative hat zum Ziel, die Raumentwicklung in der Schweiz auf den Pfad der Nachhaltigkeit zu bringen. Sie wendet dazu drei Mittel an:
- Die Verantwortung für einen nachhaltigen Umgang mit dem Boden ist neu eine Verbundaufgabe des Bundes und der Kantone.
- Die zentralen Elemente des bestehenden Verfassungsartikels werden ergänzt durch wichtige Begriffe, die bis anhin zu wenig Gewicht hatten: Schutz des Kulturlands, Trennung des Baugebiets vom Nichtbaugebiet, Siedlungsentwicklung nach innen.
- Die Gesamtfläche der Bauzonen (im kantonalen und gesamtschweizerischen Massstab) darf während 20 Jahren nicht vergrössert werden. Ausnahmen kann der Bundesrat in begründeten Fällen gewähren.

Es soll daher nur dann eine Neueinzonung erlaubt sein, wenn anderenorts im Sinne des Verursacherprinzips wieder ausgezont wird. Dieses Ziel lässt sich nur erreichen, wenn in der Raumplanung die Kantone und der Bund gemeinsam mehr Verantwortung übernehmen. Da Auszonungen nicht überall ohne grosse Entschädigungsforderungen möglich sind, müssen neue Instrumente, beispielsweise gegen die Baulandhortung (u. a. mit der Befristung der Einzonung), entwickelt und die Mehrwertabschöpfung durchgesetzt werden. Auch marktwirtschaftliche Instrumente wie die handelbaren Flächennutzungszertifikate sind denkbar. In begründeten Fällen soll der Bundesrat aber auch Ausnahmen vom Einzonungsstopp für Kantone gewähren können, die bisher nachweislich haushälterisch mit dem

Boden umgegangen sind, über genügend gutes Kulturland verfügen und in ihren Entwicklungsgebieten eine hohe Erschliessungsgüte aufweisen. Im Weiteren soll der Bund eine hochwertige Siedlungsentwicklung nach innen fördern und einschränkende Bestimmungen für das Bauen im Nichtbaugebiet erlassen.
Die Chancen für eine Stärkung des Raumplanungsgesetzes und seiner Umsetzung sind mit dieser Initiative reell. Unterstützung wird dabei auch von Bauernseite zu erhoffen sein, geht es doch letztlich um ihre Kapitalgrundlage, den kulturfähigen Boden. Immerhin sind bereits einige Anzeichen einer Trendumkehr spürbar: Die Regionalplanung Zürich und Umgebung (RZU) hat im September 2008 zu ihrem 50-Jahr-Jubiläum als Grundprinzip für die Zukunft gefordert, dass die Dynamik der Siedlungstätigkeit *«sich in Gebieten konzentrieren [soll], die bereits überbaut sind. Das schafft Voraussetzung, zusammenhängende Landschaftsräume ungeschmälert zu erhalten, erhöht aber auch die Anforderungen an Planung und Bauen.»*

Offen denkt man derzeit in verschiedenen Kantonen über die jahrelang stigmatisierte Mehrwertabschöpfung nach. Bemerkenswert ist schliesslich das Votum des Freiburgischen Raumplanungs-, Umwelt- und Baudirektors, der zu der Fotoausstellung «Paysages occupés» von Yves André, welche die Sünden der kantonalen Raumplanung schonungslos aufgezeigt hat, im Herbst 2008 schrieb: *«Die rationale Nutzung der beschränkten natürlichen Ressourcen, die uns zur Verfügung stehen, und die Weitergabe eines intakten Bau- und Landschaftserbes an unsere Nachkommen sind unsere prioritären Ziele. Die Herausforderung ist gross, doch wir sind uns dessen bewusst und werden uns ihr stellen. Wir danken dem Fotografen, der uns dies in Erinnerung ruft.»*

Die Lösungsvorschläge für einen anderen Umgang mit Landschaft liegen nun übersehbar auf dem Tisch. Wer sich jetzt noch dagegen sträubt, gefährdet nicht nur die Lebensgrundlage für Tiere und Pflanzen und für die Nahrungsmittelproduktion sowie die Volkswirtschaft und die schweizerische Kultur, sondern auch die direkte Lebensqualität und Gesundheit des Menschen. □

«Die Chancen für eine Stärkung des Raumplanungsgesetzes und seiner Umsetzung sind mit der Landschaftsinitiative reell.»

«Die Lösungsvorschläge für einen anderen Umgang mit Landschaft liegen nun übersehbar auf dem Tisch.»

Landschaft mit Qualität

Eine Trendwende im Umgang mit der Landschaft ist existenziell und sie ist – wie Raimund Rodewald anschaulich gezeigt hat – ohne volkswirtschaftliche Einbussen realisierbar. Sie ist sogar die Grundvoraussetzung für die Erhaltung unseres Wohlstands. Neben dem hohen Bildungsstandard ist sie der wichtigste Standortvorteil der Schweiz. Interessanterweise sind sich die Schweizerinnen und Schweizer des herausragenden Stellenwerts der Landschaft durchaus bewusst. In einer repräsentativen Umfrage des Forschungsinstituts LINK zeigte sich, dass wir an unserer Heimat die Landschaft am meisten schätzen. Abgeschlagen auf Platz 2 und 3 liegen «Sicherheit» und «Direkte Demokratie» (516 Interviews, Sommer 2008).

Nachdem Raimund Rodewald die allgemeine Marschrichtung vorgegeben hat, präsentieren wir im Folgenden für einzelne Akteure und Sektoren Lösungsvorschläge im Sinn allgemeiner Massnahmenlisten als Grundlage für weitere Diskussionen. Auf die Raumplanung (Kap. 14) gehen wir nicht nochmals explizit ein; allein ein solcher «Exkurs» würde ein Buch füllen.

Landschaftszerstörende Subventionen – der Bund als Mittäter

Die Subventionspolitik des Bundes wird den Aspekten der Nachhaltigkeit und des Landschaftsschutzes in keiner Weise gerecht. Dies zeigt eindrücklich eine Studie der Stiftung Landschaftsschutz Schweiz, die im Auftrag des Fonds Landschaft Schweiz erarbeitet wurde (Rodewald und Neff 2001). Über 90 Prozent der raumrelevanten Bundessubventionen – das sind ein Drittel aller Subventionen, die zwei Drittel der Bundesausgaben ausmachen – haben eine schädigende Wirkung auf die Landschaft. Dies lässt den Schluss zu, dass der Bund seit Jahrzehnten seiner Sorgfaltspflicht gegenüber Natur und Landschaft bewusst nicht nachkommt.

Mario F. Broggi hat einmal den Ausspruch geprägt, dass «*Subventionen dumm machen*». Das «dumm» bezieht sich darauf, dass kaum Alternativen erwogen werden, wenn die Subventionsgegenstände einseitig aufgelegt werden. Zudem sind Subventionen Kinder ihrer Zeit, und die kann sich überholen. Subventionen verschliessen sich auch häufig einer Kosten-Nutzen-Analyse, was als hochproblematisch bezeichnet werden muss. Trotzdem werden Subventionen selten abgeschafft.
Natürlich können die Bundessubventionen nicht allein für die Auswechslung der Landschaft verantwortlich gemacht werden. Ihnen kommt aber eine erhebliche Ankurbelungsfunktion zu. Rodewald und Neff fordern deshalb eine Neuausrichtung der Subventionspolitik. Die in der Verfassung festgehaltenen Ziele der Nachhaltigkeit (Art. 73 BV), der haushälterischen Nutzung des Bodens (Art. 75 BV) und der Schonung der Landschaft (Art. 78 BV) müssen endlich umgesetzt werden. Dazu enthält die Studie eine Liste von 171 Verbesserungsvorschlägen für 32 raumrelevante Politikbereiche. Es lohnt sich, die gesamte Liste durchzugehen.

Die folgenden Verbesserungsvorschläge für bestehende Bundeserlasse erscheinen uns besonders prioritär (Verbesserungen im Bereich Landwirtschaft: siehe unten).

Bundesgesetz über die Verwendung der zweckgebundenen Mineralölsteuer
▷ **Reduktion des Beitragssatzes für Bau und Unterhalt von Strassen Finanzierung der Sanierung früher erfolgter Landschaftsschäden**

Bundesgesetz betreffend die elektrischen Schwach- und Starkstromanlagen
▷ **Schaffung eines Leitungsverkabelungsfonds, finanziert mittels Abgaben auf Leitungsstränge oder Gebühren**

Bundesgesetz über die Investitionshilfe für Berggebiete
▷ **Verzicht auf Subventionierung von Schneekanonen sowie von touristischen Erschliessungsanlagen, die zu Erweiterungen von Skigebieten führen**

Bundesgesetz über die gebrannten Wässer
▷ **Die Höchstgrenze der steuerfreien Menge von gebranntem Alkohol soll von der Anzahl Hochstamm-Obstbäume und nicht von der Stückzahl Grossvieh abhängig gemacht werden.**

Bundesgesetz über den Wald
▷ **Im Zusammenhang mit forstlichen Erschliessungsanlagen ist eine Subventionierung von Spezialfahrzeugen, die für steilere und schmalere Wege angepasst sind, dem Neubau einer Strasse vorzuziehen.**

Bundesgesetz über den Natur- und Heimatschutz
▷ **Stärkere Kompetenz des Bundes für den Schutz aller nationalen Bundesinventarobjekte**

▷ **Pflicht zur Wiedergutmachung vergangener Landschaftsschäden und Zerschneidungen durch grössere Werke (insbesondere Infrastrukturanlagen) gemäss Verursacherprinzip**

Bundesgesetz über die Raumplanung
▷ **Siedlungstätigkeit und Bodenverlust sind mit entsprechenden Kompensationen (Ein/Rückzonung) zu plafonieren: Ein «Kyoto-Abkommen» für den Schutz des Bodens ist mit den Kantonen zu vereinbaren (handelbare Bodenzertifikate); der Grundsatz «die Landschaft ist zu schonen» ist zu operationalisieren.**

▷ **Pflicht zur überörtlichen Standortplanung; die nötigen regionalen Planungsinstrumente sind zu schaffen.**

▷ **Für die bodenschonende Raumentwicklung sind ein finanzielles Anreizsystem und klare Vorgaben zu schaffen.**

Die Stiftung Landschaftsschutz und der Fonds Landschaft Schweiz hatten gehofft, dass die Studie in der Bundesverwaltung eine Diskussion anregen würde über die bestehende Subventionspolitik, die zurzeit einseitig die technischen Aspekte von Projekten im Fokus hat und die Landschaftsaspekte fast völlig ausblendet. Ziel der Autoren war es nicht, den Subventionsfluss zu schmälern, sondern mit demselben Geld auch eine positive Wirkung auf die Landschaft herbeizuführen. Die Autoren begnügten sich daher nicht nur mit der Analyse und dem Erstellen eines Massnahmenkatalogs; sie zeigten auch, wie mit unkonventionellen Massnahmen Natur- und Landschaftsschutz realisiert werden kann, ohne wirtschaftliche Einbussen in Kauf nehmen zu müssen.

Ständerat und Ehrenpräsident des Fonds Landschaft Schweiz Eugen David lud am 6. Juli 2002 den Bundesrat mit einem Postulat ein, aufgrund der Studie die Auswirkungen der Subventionspraxis des Bundes auf die Landschaft zu prüfen. Der Ständerat lehnte das Postulat mit 16 zu 13 Stimmen ab. Seither liegt diese wichtige Studie in der Schublade. Ein neuer Umgang mit der Ressource Landschaft ist aber nur möglich, wenn bereits mit den Subventionen die Landschaft geschont wird.

▷ **Die Verbesserungsvorschläge von Rodewald und Neff (2001) sollten dringend in die Subventionspraxis übernommen werden.**

Freie Flüsse und Bäche will (und braucht) das Land

Die Wertschätzung von Bächen und Flüssen ist in der Bevölkerung hoch. Das zeigte sich spätestens 1992, als das Schweizer Stimmvolk das Gewässerschutzgesetz mit 66 Prozent der Stimmen annahm. An dieser Haltung hat sich nichts geändert: Eine Ende 2008 von gfs-zürich durchgeführte Umfrage im Auftrag der Initiative «Lebendiges Wasser» ergab, dass eine deutliche Mehrheit der Schweizerinnen und Schweizer genug hat von trockengelegten, zubetonierten und begradigten Flüssen. 72 Prozent sprechen sich für die Renaturierungen von Bächen, Flüssen und Seen aus. 59 Prozent wollen zudem, dass die Umweltorganisationen Renaturierungen nötigenfalls gerichtlich einfordern können. Die Ausweitung der Möglichkeiten, Fluss- und Bachbetten zum Zweck der Stromproduktion trockenzulegen, stösst auf breite Skepsis und wird von einer Mehrheit abgelehnt.

Doch der Volkswille wird seit Jahrzehnten – auch vom Parlament – missachtet. Immer wieder scheitern gute Sanierungs- und Revitalisierungsprojekte an der fehlenden Finanzierung oder dem Widerstand der Landbesitzer. Mit der im Sommer 2006 eingereichten Volksinitiative «Lebendiges Wasser» haben die Fischerei- und Umweltschutzorganisationen Bund und Kantone nun erheblich unter Druck gesetzt. Zurzeit (Frühjahr 2009) wird ein Gegenvorschlag konkretisiert, der die Kantone verpflichtet, den aufzuwertenden Gewässerraum festzulegen und diesen in der Raumplanung und in kantonalen Revitalisierungsprogrammen zu berücksichtigen. Über die nächsten 80 Jahre sollen die «prioritärsten» 4000 Kilometer aufgewertet werden. Das Bundesamt für Umwelt hat berechnet, dass dadurch pro Jahr nur 25 Hektaren Landwirtschaftsland verloren gehen würden. Zum Vergleich: Jedes Jahr verschwinden in der Schweiz 2700 Hektaren Landwirtschaftsland unter Beton und Asphalt.

Der Rombach in Müstair

Im Münstertal in der Südostecke der Schweiz, wo sich mit der mittelalterlichen Klosteranlage Müstair auch ein UNESCO-Weltkulturerbe befindet, hat der kanalisierte Rombach mit Unterstützung des FLS wieder ein naturnahes Bachbett zurückerhalten. Die Talschaft will nun unter dem Namen Biosfera Val Müstair als Regionaler Naturpark und UNESCO-Biosphären-Reservat anerkannt werden. Die Bilder zeigen den Rombach vor und nach der Revitalisierung.

Foto © Fonds Landschaft Schweiz FLS

Sollen Bäche und Flüsse wieder zu Lebensadern in der Landschaft werden, reicht der Gegenvorschlag aber bei Weitem nicht aus. Die Forderungen der Initianten der Volksinitiative gehen viel weiter. Die ersten drei hier formulierten Forderungen sind dieser Initiative entnommen.

▷ **Die Kantone müssen die Revitalisierung der Gewässer aktiv fördern.** Sie geben Flüssen mehr Raum, ergreifen Massnahmen gegen die schädliche Wirkung von künstlichem Hoch- und Niedrigwasser durch Wasserkraftwerke; sie sanieren zerstörte Flussbetten und sorgen für die Finanzierung und rasche Sanierung von trockengelegten Flussbetten.

▷ **Die Kantone errichten zur Finanzierung der Renaturierungsmassnahmen einen Renaturierungsfonds.** Der Kanton Bern spielt hier eine Vorreiterrolle: Seit 1998 wird der von der Berner Stimmbevölkerung beschlossene Renaturierungsfonds aus den Wasserzinsen finanziert.

▷ **Damit der Verfassungsartikel nicht toter Buchstabe bleibt, erhalten Fischerei- und Umweltverbände ein Antrags- und Beschwerderecht für die Gewässerrevitalisierung.**

▷ **Grössere Revitalisierungsprojekte werden von Landumlegungs- und Meliorationsverfahren begleitet.** Diese müssen nach streng ökologischen Kriterien durchgeführt werden, um einen Verlust an biologischer und landschaftlicher Vielfalt im Kulturland zu verhindern.

Eine multifunktionale Landwirtschaft, die diesen Namen verdient

Die massiven Landschaftsveränderungen im Landwirtschaftsland wurden in diesem Buch besonders ausführlich behandelt. Wie die verbleibenden Landschaftselemente erhalten werden können und wie die Landschaftsqualität wieder deutlich erhöht werden kann, wurde in Kapitel 8 dargelegt. Hier noch einmal die wichtigsten Forderungen:

▷ Alle Zahlungen an die Landwirtschaft müssen in Zukunft eine faire, nachvollziehbare Entschädigung für gewünschte gemeinwirtschaftliche Leistungen sein. Wir fordern vor allem eine konsequent zielorientierte Abgeltung von ökologischen Leistungen der Landwirtschaft. Das Verhältnis von Pauschal- zu Leistungszahlungen muss umgekehrt und die Ziele vermehrt auf die spezifischen regionalen und lokalen Bedingungen ausgerichtet werden.

▷ Die Ausbildung und Beratung der Landwirte muss endlich auf den multifunktionalen Verfassungsauftrag ausgerichtet werden.

▷ Das Einkommen der Landwirte liesse sich über eine geschickte Vermarktung von speziellen Produkten, die in einer naturnahen Landschaft hergestellt wurden, verbessern. Es braucht eine klare Strategie des Bundes und der entsprechenden Produzenten- und Vermarktungsorganisationen, die sich um dieses Potenzial kümmern.

▷ In der Regel sind Meliorationen weder volkswirtschaftlich sinnvoll noch ökologisch vertretbar. In traditionellen ländlichen Kulturlandschaften dürfen keine Meliorationen mehr durchgeführt werden. Auf Bundes- und Kantonsebene sollten die Pflichtenhefte der Meliorationsämter dringend überprüft werden. Meliorationen sind nur noch dann zu verantworten, wenn sie eine echte Chance für die Natur sind und monotone Landschaften zu Lebensräumen umgestalten.

▷ Die durch den Feuerbrand entstandenen Lücken beim wichtigen Landschaftselement Hochstamm-Obstbaum müssen durch Neupflanzungen robuster Apfel- und Birnbäume oder Baumarten, die nicht an Feuerbrand erkranken können, geschlossen werden – und zwar bevor sich die Bevölkerung an ein leeres Landschaftsbild gewöhnt hat. Bund und Kantone sollten hierzu ein einheitliches Programm entwickeln und die Finanzierung gewährleisten.

Positive Signale setzte der Bundesrat Anfang Mai 2009 mit der Verabschiedung des Berichts zur Weiterentwicklung des Direktzahlungssystems. Dort sind ausdrücklich Beiträge zur Förderung von Natur und Landschaft vorgesehen. Ob dann auch tatsächlich Biodiversität drinnen ist, wo Biodiversität draufsteht, bleibt abzuwarten. Während der Arbeit an der Weiterentwicklung des Direktzahlungssystems wurden nämlich laufend neue Törchen eingebaut, die es erlauben, problemlos den alten Wein wieder in neue Schläuche abzufüllen. Die Schläuche sehen

AgriKuuL und ProfiNatur

AgriKuuL – AgriKultur und Landschaft: Unter diesem Titel hat ein vom FLS mitfinanziertes Projekt im Zürcher Oberland erprobt, ob und wie die Pflege der Kulturlandschaft und die Bemühungen um die Erhaltung der Artenvielfalt zu einem eigenständigen Betriebszweig aufgebaut werden können. Der Erfolg des Pilotprojekts hat den Anstoss gegeben für ein regionales Folgeprogramm namens ProfiNatur, das auch vom Kanton und vom Bundesamt für Landwirtschaft unterstützt wird.

Posamenter im Tafeljura

Damit die traditionellen Obstgärten mit Hochstamm-Zwetschgenbäumen erhalten bleiben, hat der Verein Erlebnisraum Tafeljura mit einer Starthilfe des FLS die Vermarktung der einheimischen Zwetschgenernte gefördert. Unter dem Namen Posamenter werden Zwetschgen-Läckerli, -Mus, -Törtchen und Dörrobst angeboten und auch von der internationalen Bewegung Slow Food propagiert – als «die süsse Seite des Natur- und Landschaftsschutzes».

Alpställe im Alpstein

Die drei alten Melster auf Häderen (Fählenalp) im BLN-Gebiet Säntis hätten ursprünglich einem Neubau weichen sollen. Die einheimische Denkmalpflege hat die Alpgenossenschaft jedoch überzeugen können, die steinernen Zeugen bäuerlicher Baukultur im Alpstein fachgerecht renovieren zu lassen. Der FLS und weitere Geldgeber trugen dazu bei, dass die Renovation die involvierten Bauern nicht teurer als der geplante Neubau zu stehen kam.

tatsächlich weitgehend brauchbar aus, aber der Inhalt ist noch nicht ausgegoren. Das Seilziehen wird losgehen, sobald es um die Mittelverteilung geht und erste Zahlen dazu publik gemacht werden. Es gilt deshalb, den Druck auf die Agrarpolitik aufrechtzuerhalten.

Ersatzpflanzungen nach Feuerbrand

Für jeden Hochstamm-Obstbaum, der dem Feuerbrand zum Opfer fällt, soll ein junger Baum gepflanzt werden. Nach diesem Prinzip hat der Kanton Appenzell-Ausserrhoden in den letzten Jahren systematisch Ersatzpflanzungen gefördert. Der FLS hat die verbilligte Abgabe von jungen Bäumen an pflanzwillige Bauern finanziell unterstützt, damit die Landschaft nicht noch mehr verarmt und auch in Zukunft mit Bäumen bereichert bleibt.

Foto © Fonds Landschaft Schweiz FLS

Vielfältige Wälder

Die Integration des Natur- und Landschaftsschutzes ist im Wald deutlich einfacher als im Offenland. Das heisst aber nicht, dass die Forstwirtschaft per se speziell naturschutzfreundlich ist. Kapitel 9 hat dies deutlich vor Augen geführt. Ein Waldbau, der die Auszeichnung «naturnah» verdient, müsste folgende Anforderungen erfüllen:

▷ **Mindestens zehn Prozent des Waldes sollten nicht bewirtschaftet werden. Das Zulassen der natürlichen Dynamik in diesen Waldgebieten führt zur Rückkehr aller Sukzessionsstadien.**

▷ **Im Schutzwald soll gelten: so viel Dynamik wie möglich, so wenig Pflege wie nötig.**

▷ **Die forstwirtschaftliche Nutzung kann das Landschaftsbild erheblich beeinträchtigen. Um Konflikte zu vermeiden, ist eine neue Art der Nutzungsplanung nötig. Diese muss ganze Talschaften umfassen. Nur so ist es möglich, Prioritäten zu setzen: Wo soll intensiv, wo extensiv und wo überhaupt nicht forstwirtschaftlich genutzt werden.**

▷ **Die Pflege alter Kulturwaldformen hilft mit, das Verständnis für die Rolle der Wälder zu fördern und deren Bedeutung für unsere Vorfahren sichtbar zu machen. Die Anlage von Wytweiden, Mittel- und Niederwäldern sowie Kastanienselven soll gefördert werden, wo immer sich die Gelegenheit dazu ergibt.**

Wytweiden in Glacenal

Das mosaikartige Bild von Waldbäumen und Weideflächen prägt weite Landstriche im Jura. Diese Waldweiden, auch Wytweiden genannt, sind das Ergebnis einer jahrhundertealten Kombination von forst- und landwirtschaftlicher Nutzung. Doch vielerorts breitet sich der Wald aus, und die Artenvielfalt des Offenlands geht verloren. In Glovelier wurde mit FLS-Hilfe eine wertvolle Waldweide entbuscht. Nun sorgen Stiefelgeissen dafür, dass der Wald nicht wieder alles neu überwuchert.

Kastanienselven im Tessin

Kastanienselven wurden früher doppelt genutzt: Während oben die Kastanien als «Brot der armen Leute» heranreiften, wurde unten der Boden als Weidefläche genutzt. Nach jahrzehntelangem Rückgang hat der FLS vor gut 15 Jahren mit der Förderung der Selven begonnen. Seither hat er rund 2,3 Millionen Franken bereitgestellt, um etwa 350 Hektaren Kastanienselven wiederherzustellen und die Vermarktung der Ernten zu fördern – zum Vorteil auch der Artenvielfalt. Die Bilder zeigen eine Kastanienselve in Contone vor und nach den Pflegemassnahmen.

Bäume fürs Klostergelände

Mitten im stark überbauten Limmattal gibt es eine naturnahe Oase: das Gelände des Benediktinerinnenklosters Fahr. Es wird durch eine Extensivierung der Landwirtschaft ökologisch aufgewertet. Im Rahmen der Alleenkampagne des FLS haben die Nonnen des Frauenklosters zusammen mit jungen Zivildienstleistenden alte Baumreihen vervollständigt und neue Hochstamm-Obstbäume gepflanzt – zur Bereicherung des beliebten Lebens- und Naherholungsraums.

Eine Architektur für die Gesellschaft und mit der Landschaft

«Das Gesicht meiner Kindheitslandschaft ist innert zwanzig Jahren so entstellt worden, dass ich bei jeder Rückkehr glaube, ein Gespenst grinse mir entgegen.» Diese Zeilen schrieb die Schweizer Schriftstellerin Gertrude Leutenegger am 3. Dezember 1977 im Magazin des Tagesanzeigers. Was würde sie wohl heute schreiben, nach mehr als 30 Jahren noch intensiverer Bautätigkeit? In der meist unästhetischen Suburbanität des Siedlungsraums droht der Mensch seine Identität zu verlieren. Die Manie, die Aufmerksamkeit um jeden Preis auf sich zu lenken oder den Nachbarn mit noch Aufsehenerregenderem zu übertrumpfen, führt nicht nur zu unsinnigen Formexperimenten, sondern letztendlich zur visuellen, räumlichen und funktionalen Zerstörung unserer Städte.

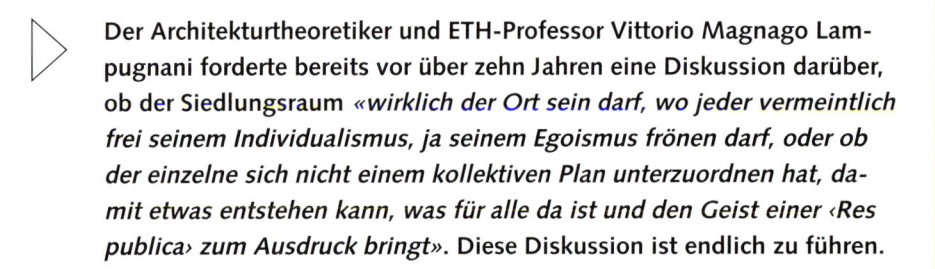

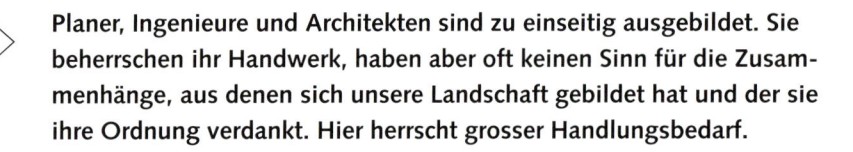

▷ **Der Architekturtheoretiker und ETH-Professor Vittorio Magnago Lampugnani forderte bereits vor über zehn Jahren eine Diskussion darüber, ob der Siedlungsraum** *«wirklich der Ort sein darf, wo jeder vermeintlich frei seinem Individualismus, ja seinem Egoismus frönen darf, oder ob der einzelne sich nicht einem kollektiven Plan unterzuordnen hat, damit etwas entstehen kann, was für alle da ist und den Geist einer ‹Res publica› zum Ausdruck bringt».* **Diese Diskussion ist endlich zu führen.**

▷ **Planer, Ingenieure und Architekten sind zu einseitig ausgebildet. Sie beherrschen ihr Handwerk, haben aber oft keinen Sinn für die Zusammenhänge, aus denen sich unsere Landschaft gebildet hat und der sie ihre Ordnung verdankt. Hier herrscht grosser Handlungsbedarf.**

▷ **Insgesamt ist im Siedlungsraum ein gigantisches Reparaturwerk notwendig. Strategien und Konzepte müssen allerdings erst noch erarbeitet werden. Auch die gröbste Bausünde kann wiedergutgemacht werden.**

▷ **Neubauflächen – egal ob Siedlungs-, Gewerbe- oder Industriefläche – müssen über mindestens 10 bis 20 Prozent unbebaute Fläche verfügen, die für die ökologische Ausgestaltung dauerhaft erhalten bleibt.**

Das Architekturverbrechen

Der Journalist Harald Martenstein plädierte im November 2008 im Magazin der Wochenzeitung «Die Zeit» dafür, einen neuen Straftatbestand in die Gesetzbücher aufzunehmen: das «Architekturverbrechen». Er schlug – halb im Ernst, halb im Spass – folgenden Paragrafen vor:

«Personen, die an der Planung, Finanzierung und Errichtung von Bauwerken oder an der Bewilligung von Bauwerken mitwirken, die das ästhetische Gemeinwohl mehr, als nach Abwägung aller Umstände erforderlich, beeinträchtigen oder das Stadtbild schädigen oder die Lebensfreude der Bürger […] dauerhaft in Mitleidenschaft ziehen, werden mit Gefängnis nicht unter zwei Jahren bestraft. Der Versuch ist strafbar.»

Alte Averserstrasse

Seit dem Jahr 2000 bemüht sich der Verein alte Averserstrasse mit Unterstützung des FLS, den Zerfall der historischen Talstrasse zwischen Rofla (Andeer) und Avers-Juf zu stoppen. Es gilt vor allem, die erhaltenswürdigen Natursteinkunstbauten zu sichern. Die Strasse wurde um 1895 erbaut und hat laut dem Bundesinventar der historischen Verkehrswege nationale Bedeutung. Bereits sind mehrere Teilstücke saniert und in einen attraktiven Wanderweg integriert.

Strassen – Mut zum Rückbau

Wir brauchen Infrastruktur. Strassen und Wege können zudem attraktive Landschaftselemente sein. Alles ist – wie so oft – eine Frage der Qualität und der Quantität.

▷ Die Landschaft darf nicht der Strasse angepasst werden. Das gilt vor allem für Strassen im ländlichen Raum.

▷ Die Linienführung neuer Strassen sollte möglichst nahe und parallel zu bestehenden Verkehrswegen geplant werden. Diese Bündelung wird auch im Landschaftskonzept Schweiz empfohlen.

▷ Mehr Mut zum Rückbau von Strassen. Der Rückbau sollte vor allem dort gefördert werden, wo bestehende Verkehrswege kaum noch befahren werden oder im Bereich wichtiger Tierwanderrouten liegen.

▷ In ökologisch sensiblen Gebieten sollte immer eine Tunnellösung als Alternative geprüft werden.

▷ Wanderwege dürfen nicht mit befestigten Wegoberflächen versehen werden.

▷ Land- und forstwirtschaftliche Wege sollten nur dort mit einem festen Belag versehen werden, wo dies unumgänglich ist.

▷ Die Erhaltung von historischen Verkehrswegen muss grundsätzlich durch sachgerechte Instandstellungsmassnahmen unter Einhaltung von denkmalpflegerischen Grundsätzen erfolgen.

Alpe Magnello

Die traditionsreiche Alpsiedlung Magnello ist in den späteren 1980er-Jahren aufgegeben worden. In der Folge dehnte sich der Wald aus. Doch 1990 nahm eine Bauernfamilie das Käsen wieder auf. Der Wille zur Erhaltung der Alp führte 2005 zur Gründung einer Stiftung, die nun mit FLS-Hilfe die Ställe sanft renovieren, den Fussweg zur Alp instand- und Waldweiden wiederherstellen will. Einfache Übernachtungsmöglichkeiten sollen eine sanfte touristische Entwicklung dieses Wanderparadieses ermöglichen.

Nachhaltiger Tourismus

Dass der Tourismus Landschaft frisst, ist eine traurige Realität. Jost Krippendorf, der tourismuswissenschaftliche Altmeister, schrieb 1986 zur 4. Auflage seines erstmals 1976 erschienenen Buchs «Die Landschaftsfresser» über den Zweitwohnungsbau: «*Ist es nicht unheimlich, dass dieses Thema ein Dauerbrenner blieb, ja in verschiedenen Feriengebieten aktueller denn je ist? Obwohl man darüber seit über einem Jahrzehnt spricht, Bücher veröffentlicht, Kongresse und Round-Table-Gespräche durchführt und politische Bekenntnisse abgibt. Obwohl die Zusammenhänge längst jedermann klar geworden sein müssen. Obwohl es kaum noch Forschungslücken gibt und man eigentlich genau weiss, wie dem ganzen beizukommen wäre, damit es endlich aufhört.*» 1993 notierte er, vermutlich leicht resigniert: «*Herr vergib ihnen nicht, denn sie wissen sehr wohl, was sie tun.*»

An Vorschlägen zur Eindämmung des Zweitwohnungsbaus mangelt es nicht. Genannt werden etwa die Festlegung von Erstwohnungsanteilen, Zweitwohnungsquoten (Kontingentierung), eine Vermietungs- und Nutzungspflicht, Zweitwohnungs- und Liegenschaftssteuern, massiv höhere Kurtaxen und eine Verkleinerung der eingezonten Flächen.

Auch in den anderen landschaftsrelevanten Bereichen des Tourismus müssen viele Altlasten – beispielsweise giftgrüne Golfplätze, kahle Skipisten, trostlose Chaletsiedlungen – saniert werden. Die Begründung dafür lieferte sehr schön der Tourismusfachmann Hansruedi Müller (2007): «*Umweltbelastungen reduzieren insbesondere den Attraktivitäts- und Erholungswert der Natur. Das Attraktivitätsgefälle der natürlichen Umwelt zwischen Ziel- und Quellgebiet scheint kleiner zu werden: Durch die Verbauung der Landschaft [...] gleichen sich die Tourismusdestinationen den Verhältnissen in Städten an und erhalten mehr und mehr Agglomerations-Charakter.*» Was zu tun ist, hat die Arbeitsgemeinschaft «Tourismus mit Einsicht» bereits 1991 formuliert. Auf deren «Verhaltensgrundsätzen» basieren die folgenden Forderungen:

Bosco Gurin

Bosco Gurin ist die höchstgelegene und einzige deutschsprachige Gemeinde im Kanton Tessin. Zur alten Walsersiedlung gehören zwei lange Stallreihen ausserhalb des Dorfs, die im Rahmen eines umfassenden Programms restauriert worden sind. Zusammen mit erneuerten Trockenmauern, Steintreppen, gepflästerten Wegen und artenreichen Trockenwiesen prägen sie das traditionelle Orts- und Landschaftsbild, das an der Eigenart der Region interessierte Touristen anspricht.

▷ Keine oder nur äusserst zurückhaltende Neuerschliessungen für den Skitourismus.

▷ Bei allen Planungsarbeiten sind Fachleute aus dem Natur- und Umweltschutz beizuziehen.

▷ Die touristischen Ausbauziele sollten sich immer auf das ökonomisch Sinnvolle beschränken und nicht das Machbare anstreben.

▷ Vermehrte Zusammenarbeit zwischen Tourismus und Landwirtschaft bei der Erhaltung attraktiver Kulturlandschaften fördern.

▷ Die Tourismusentwicklung ist konsequent auf die natürliche und kulturelle Eigenart der jeweiligen Region auszurichten.

▷ Golfplätze haben in einer vielfältigen und mehrheitlich extensiv bewirtschafteten Kulturlandschaft mit vielen gewachsenen Strukturen nichts verloren.

▷ Keine Toleranz mehr gegenüber illegalen Bautätigkeiten für den Skitourismus.

▷ Touristen müssen wieder mehr Verantwortung gegenüber der bereisten Natur und den dort lebenden Menschen übernehmen. Das ständige Verlangen nach mehr Komfort, Luxus und Freizeitangeboten wirkt sich fatal auf die Landschaft der Feriendestinationen aus.

Wasserkraft ja, aber ...

Wir wollen uns in Bezug auf die Wasserkraft ganz dem Urteil des Vizedirektors des Bundesamts für Energie anschliessen (Kaufmann 2009): Wasserkraft nicht «um jeden Preis». Kaufmann plädierte dafür, «*Schutz und Nutzen so zu koppeln, dass für beide Elemente Verbesserungen erwirkt werden*». Tatsächlich gibt es Beispiele, bei denen mit der Kapazitätserweiterung bestehender Kraftwerke auch Natur und Landschaft aufgewertet wurden. Grossen Handlungsbedarf sieht der Vizedirektor bei der Raumplanung: «*Wir haben in diesem Land weder auf Bundes- noch auf Kantonsebene genügende planerische Festlegungen (Sachpläne, Richtpläne) für die zukünftige Nutzung unserer Gewässer. Der jetzt auch aus Sicht des BfE bestehende Wildwuchs von Hunderten von Projektideen in teilweise heiklen Gebieten beruht auf diesem planerischen Versagen und den ungenügenden Festlegungen, wo eine Nutzung eben möglich ist und wo nicht.*» Die Kritik ist völlig richtig. In Zusammenhang mit der Wasserkraft muss aber erwähnt werden, dass der ökonomisch sinnvolle Ausbaugrad praktisch erreicht ist und neue Kleinwasserkraftwerke ökonomisch und ökologisch höchst bedenklich sind.

▷ **Kein Endausbau der Wasserkraftnutzung: Auf Neubauten von Klein- und Grosswasserkraftwerken muss verzichtet werden. Dies bedingt allerdings eine Intensivierung der Massnahmen zum Stromsparen und eine grossflächige Förderung der Sonnenenergienutzung.**

▷ **Bestehende Wasserkraftwerke dürfen nur dann ausgebaut werden, wenn ein Gewinn für Natur und Landschaft entsteht.**

Angriffslustige Naturschutzorganisationen

«*Was wäre geschehen, wenn es keinen Naturschutz gegeben hätte?*» Diese Frage stellte sich 1993 der Naturschützer Heiner Keller. Seine Antwort ist niederschmetternd: «*Das Heer der ehrenamtlich tätigen Naturschützer hat viel gemacht, wenig erreicht – aber einiges verhindert. [...] Den Naturschutzorganisationen kommen grosse Verdienste zu bei der Erstreitung der rechtlichen Grundlagen, bei der Information und beim Vollzug der Vorschriften.*» Allzu oft wurde aber das politisch Machbare akzeptiert. Der oft zutreffende Satz von den kleinen Schritten, die auch zum Ziel führen, gilt nicht immer, denn ein Ziel, das sich mit immer grösseren Schritten entfernt, ist auch mit vielen kleinen Schritten nicht erreichbar.

▷ **Die Naturschutzorganisationen müssen nach Wegen aus der Wirkungslosigkeit suchen und diese beschreiben.**

Der Fall Galmiz (Kap. 14) hat eindrücklich gezeigt, was Private leisten können. Die Einzonung war krass gesetzeswidrig. Es gab keinen Standortnachweis und kein Festsetzungsverfahren im Rahmen des Richtplans, dafür aber eine Verletzung des Öffentlichkeitsprinzips. Keine Behörde des Landes wollte etwas gegen diese Willkür unternehmen. Man drückte beide Augen zu und überliess es (je nachdem mit Wohlwollen hinter vorgehaltener Hand oder mit offenem Ärger und sogar Hass) einer privaten, ad hoc entstandenen Gemeinschaft von Leuten, die bereit waren, ihren zivilen Ungehorsam kundzutun. Dem «Aktionskomitee Galmiz – Ja zur Raumplanung Schweiz» gehörte und gehört die Mehrheit der (zum grossen Teil emeritierten) Raumplanungsprominenz der Schweiz an (z. B. die ehemaligen Delegierten des Bundesrats für Raumplanung), inklusive Professoren für Staatsrecht und Agrarwirtschaft sowie ein Altbundesrichter und ein Altbundesrat, wobei die Mehrheit der Mitglieder bürgerlich war. Auffallend: Die mittlere aktive Schicht aus Wirtschaft und Politik fehlte.

Fonds Landschaft Schweiz – weiterführen und aufstocken
Der Erfolgsausweis des Fonds Landschaft Schweiz ist beachtlich. Ohne die Unterstützung zahlreicher innovativer Projekte wäre die Landschaft Schweiz heute deutlich ärmer. Mit den bisher eingesetzten 102,5 Millionen Franken konnten Investitionen in der Grössenordnung von 300 bis 400 Millionen Franken ausgelöst werden – wertvolle Investitionen in die landschaftliche Schönheit, die für die Lebensqualität der Bevölkerung und für den Tourismus von grosser Bedeutung sind.

▷ **Der Fonds Landschaft Schweiz muss zu einer Dauereinrichtung werden. Er muss über die gesetzliche Befristung (31. Juli 2011) hinaus erneuert werden.**

Umweltbildung als Pflichtfach
«Kuckuck» ruft es nicht mehr aus dem Walde, aber die Leute realisieren es nicht selbst, sondern erfahren die Tatsache – wenn überhaupt – aus den Medien. Der Abbau der organismischen Biologie an den Schulen wie an den Universitäten ist deshalb bedenklich. Wir fordern etwas weniger Mathematik und mehr Umweltbildung.
Die Erziehung zum Umgang mit Natur und Landschaft muss zum lebenslangen Prozess werden, um die Rücksichtslosigkeit und Respektlosigkeit zu überwinden. Erziehung meint auch: öffnen der Augen, Ohren und anderer Sinne zur Wahrnehmung des aussermenschlichen Lebens sowie von Formen, Strukturen und Farben der Landschaft.
Es gibt unzählige Möglichkeiten, wie dieses Ziel erreicht werden könnte. Ein Beispiel ist die systematische Einrichtung von Lehr- und Erlebnispfaden, vor allem in Parks von nationaler Bedeutung. Touristen haben ein grosses Interesse daran, die Besonderheiten ihres Urlaubsgebiets kennenzulernen – und wenn nicht, müsste man sie entsprechend anleiten. Im englischen Sprachraum gibt es bereits langjährige Erfahrungen mit dem Konzept der «Heritage Interpretation» – zu deutsch Landschaftsinterpretation.

▷ **Das Landschaftsbild und dessen ästhetische Bedeutung sind über die Umweltbildung unabdingbar in das gesellschaftliche Wertesystem zu integrieren.**

Landschaftspolizei?

Die politische Gemeinde Davos lautet korrekt «Landschaft Davos». Sie umfasste ursprünglich fünf Kirchgemeinden auf einem Territorium von fast 284 Quadratkilometern, was etwa der Grösse des Kantons Genf oder des Kantons Nidwalden entspricht. Die Landschaft Davos besitzt logischerweise die «Landschaftspolizei Davos». Doch diese ist wie jede andere Polizei in schweizerischen Gemeinden für Ruhe, Ordnung und Sicherheit verantwortlich. Wir wünschen uns aber eine echte Landschaftspolizei, welche den dramatischen Vollzugsnotstand beheben hilft.

Unwissenheit, Ignoranz oder Absicht?

Bei manchen Aussagen von Exponenten ist man sich nicht so sicher, wie sie zustande kamen. So bei einer emeritierten Rechtsprofessorin aus Lausanne und Ex-Ständerätin der Liberalen Partei. Am 10. Mai 2009 äusserte sie sich wie folgt in der Neuen Zürcher Zeitung am Sonntag:

Luchs, Wolf und Bär *«sind [...] vor mehr als hundert Jahren aus unserem Land verschwunden, und zwar auf natürliche Art und Weise, weil ihnen die Natur schon zu jener Zeit kein genügend grosses Jagdrevier mehr bot».* Und: *«Im Übrigen hat sich herausgestellt, dass die Luchse namentlich in den Waadtländer Alpen und Voralpen inzwischen so zahlreich sind, dass sie die einheimische Fauna dezimieren [...].»*

Die Natur als Hauptursache des Artensterbens? Ein Raubtier, das die Fauna zehntet? Soll man weinen, soll man lachen?

Landschaft lesen lernen

Zum Schluss noch ein Punkt, der uns besonders am Herzen liegt: Wir müssen wieder lernen, Landschaften zu lesen. Wer seine Aufmerksamkeit stur nach vorne ausrichtet, blendet viel Wirklichkeit aus. Wer seine Umgebung aufmerksam betrachtet, entdeckt dagegen viele Landschaftselemente – vorausgesetzt, die Landschaft ist überhaupt noch lesbar.

Die Lesbarkeit der Landschaft ergibt sich einerseits aus den natürlichen Formen und Strukturen wie Hügeln und Senken, andererseits aus den Merkmalen der traditionellen Kulturlandschaft, welche die Naturlandschaft überformen und Akzente setzen, diese aber trotz der Nutzung transparent belassen.

Die Tonlandschaften bilden eine wichtige Dimension. Das Wasser in der Landschaft, Vogelstimmen, der Wind in den Blättern, Gewitter und klappernde Mühlen haben zu musikalischen Kompositionen inspiriert. Damit sind enge Bezüge zum Landschaftsgedächtnis geschaffen worden. Kirchenglocken, Kuhglocken oder Geissenglöckchen sind besonders markante akustische Reize, die das Gedächtnis speichert. Aber auch die *«heilige Stille»* (Ratzel 1904) kann mit bestimmten Landschaften assoziiert werden.

Gerüche bilden für «Nasenmenschen» eine unentbehrliche Orientierung in der Landschaft, denn sie riechen die Rinde bzw. Borke der Waldföhre, das Laub des Nussbaums, das Harz des verwundeten Baums. Sie riechen das Wasser über die Algen und spüren die Wassernähe an den Libellen. Wohlgerüche, aber auch Übelgerüche erinnern an bestimmte Orte, Erlebnisse und Spaziergänge, die als Dufträume zu erleben waren.

Die Landschaft hat viele Dichter inspiriert. So fühlt man sich in den Novellen von Adalbert Stifter auf einer Lichtung oder mitten im Wald. Man hört, riecht und

Die Würde der Landschaft

Das Gedächtnis der Erde als einzigartiges Erbe der Menschheit war bereits 1991 Gegenstand einer Tagung in Digne, Frankreich. In der damals formulierten Erklärung wird auf die Erdbezogenheit des Menschen hingewiesen. Die Erde ist und bleibt die Wiege allen Lebens sowie der Evolution und Metamorphose. Die Erde wird mit einem alten Baum verglichen, der das Wachstum als Erinnerung im Stamm speichert. So wie man das kulturelle Erbe schützt, sollte man auch das natürliche Erbe schützen. Die Ideen wurden aufgenommen und in einer weiteren Tagung über die Landschaft und die Krise ihrer Lesbarkeit behandelt (Mondada et al. 1992). Die Geomorphologie als Lehr- und Forschungsgebiet der Erdoberflächengestalt kümmert sich um diese Problematik (Grandgirard 1997).

Rund 150 Teilnehmer aus 12 europäischen Ländern haben im September 2000 in Dornach (BL) das Manifest «Die Kultur der europäischen Landschaft als Aufgabe» erstellt. Damit wurde auf die Krise der europäischen Landschaften eindringlich aufmerksam gemacht, denn in Zukunft bedürfe es einer *«neuen Kultur im Umgang mit der Landschaft»*. Wichtige Themen waren beispielsweise «Würde und Recht der Landschaft», «Nachhaltigkeit bedarf der persönlichen Zuwendung», «Landschaft ist die neue Heimat».

Rilkes Porta Romana

«Hier sein ist herrlich», schrieb Rainer Maria Rilke, als er zum ersten Mal in Bad Ragaz weilte. Er wohnte damals in einem Chalet ganz in der Nähe der Porta Romana, der Kulturlandschaft entlang eines alten Römerwegs. Das Gebiet, das den höchstgelegenen Weinberg der Ostschweiz und mittelalterliche Bauten beherbergt, wird mit einem vom FLS mitfinanzierten Projekt ökologisch aufgewertet, auch im Interesse der eindrücklichen Artenvielfalt.

Foto © Fonds Landschaft Schweiz FLS

Hodlers Strasse nach Evordes

Im Süden der Stadt Genf hat sich bis heute eine reich strukturierte Heckenlandschaft erhalten – ein wichtiger Lebensraum beispielsweise für die Nachtigall. Einen kleinen Ausschnitt daraus hat Ferdinand Hodler um 1890 in einem Ölgemälde auf Leinwand verewigt: die «Strasse nach Evordes». Die so berühmt gewordene Allee ist im Rahmen eines Projekts mit FLS-Hilfe erneuert worden.

Foto © Fonds Landschaft Schweiz FLS

spürt den Wald und die Waldarbeiter. Ob Johann Wolfgang von Goethe, Paul Rosegger, Rainer Maria Rilke – alle haben sie mit Beschreibungen der Landschaft und dem Erleben der Landschaft dem Landschaftsgedächtnis geradezu Koordinaten und eine Art cantus firmus (tragende Melodie) zugeordnet.

Natürliche Bäche und Flüsse haben zu musikalischen Kompositionen wie die Moldau von Friedrich Smetana oder das Forellenquintett von Franz Schubert inspiriert. Kanalisierte Gewässer haben noch keine Komponisten gefunden, und werden wohl auch keine finden. Abbildung 438 zeigt den gewaltigen Unterschied zwischen dem Rhein, der die Katarakte überstürzt und dem aufgestauten Rhein. Diese wichtige Konfiguration im Landschaftsgedächtnis wurde gelöscht.

Zurück zum Start!

Die Defizite in der Raumplanung und im Umgang mit der Landschaft wurden bereits vor 22 Jahren festgestellt. Der Schweizerische Bundesrat hat 1987 den «Bericht über den Stand und die Entwicklung der Bodennutzung und Besiedlung in der Schweiz (Raumplanungsbericht 1987)» dem Parlament unterbreitet (Schweizerischer Bundesrat 1987). Unter der Überschrift «Raumwirksame Tätigkeiten des Bundes» liest man staunend im Abschnitt «Natur- und Heimatschutz»: «*Obwohl von Bund und Kantonen in den letzten Jahrzehnten teilweise grosse Anstrengungen unternommen wurden, bleibt die aufgezeigte Entwicklung für den Natur- und Heimatschutz weiterhin besorgniserregend, namentlich im Bereich des Arten- und Biotopschutzes.*» Das war 1987, also zurück auf Feld 1!

Unter dem Titel «Absichten des Bundesrates» werden sogenannte «Leitsätze» aufgeführt: Leitsatz 11 lautet: «*Neben der Wahrung des besonders Schutzwürdigen soll auch der ‹alltäglichen› Landschaft und Natur vermehrt Sorge getragen werden.*»
Und weiter heisst es:

«*Die Unversehrtheit von Landschaft und Natur muss Normalzustand, die Belastung Ausnahme werden. Landschafts- und Naturschutz soll nicht zu einem ‹Inselschutz› werden. Selbst für den Schutz der besonders wertvollen Gebiete muss mehr unternommen werden.*
Es ist jederzeit darauf zu achten, dass im täglichen Vollzug Landschaftscharakter und Landschaftsbild weder durch Bodennutzungen noch durch andere raumwirksame Tätigkeiten gefährdet oder zerstört werden. Unumgängliche Beeinträchtigungen sind möglichst gering zu halten.
- *Sehr empfindliche, exponierte und einmalige Landschaften, besonders schöne und wertvolle, für die Erholung oder als natürliche Lebensgrundlagen bedeutsame Gebiete sind zu schützen. In diesen Gebieten sollen keine oder nur absolut unumgängliche standortgebundene Bauten und Anlagen zugelassen werden. […]*
- *Verkehrswege, Leitungssysteme, flächige Bebauungen, Terrassierungen usw. sind so zu planen, dass die die Landschaft gliedernden Strukturen und natürlichen Reliefs erhalten bleiben und freie, naturnahe Landschaften vor weiteren Zerschneidungen bewahrt bleiben.*
- *In intensiv genutzten Agrargebieten sind zusammenhängende natürliche und naturnahe Landschaftsteile zu erhalten oder wieder herzustellen.*
- *Natürliche Wasserläufe und Seeufer sind vor Begradigungen und landschaftsbeeinträchtigenden Verbauungen zu schützen; soweit möglich sind Renaturierungen früherer Verbauungen anzustreben und der Boden dafür zu sichern.*»

Zur gleichen Zeit haben sich einige Juristen um die Rechte der Natur und um das Recht zukünftiger Generationen gekümmert (Leimbacher 1988, Saladin und Zenger 1988). «*Hoffnung auf eine Zukunft darf nur jene Gesellschaft hegen, die bereit ist, den eigenen Wert der uns Behausung bietenden Landschaft anzuerkennen und sich entsprechend zu verhalten – etwa durch die Zuerkennung von Rechten an die Natur*» (Leimbacher 1992). Die seither verschütteten Ansätze verdienen eine

Treffpunkt Pilgerweg – zur Besinnung kommen!

Auf dem Jakobsweg wandern immer mehr Menschen zum Grab des Apostels Jakobus nach Santiago de Compostela. In der Schweiz führt die traditionsreiche Pilgerroute durch den entstehenden Naturpark Thunersee-Hohgant. Im Projekt «Treffpunkt Pilgerweg» werden mit Arbeitseinsätzen von Freiwilligen und mit Unterstützung des FLS die Natur- und Kulturwerte entlang des traditionsreichen Pilgerwegs gepflegt und beispielsweise zerfallende Trockenmauern neu aufgebaut. Die Fotos zeigen eine Trockenmauer am Pilgerweg vor und nach der Restaurierung.

Renaissance! Das gilt auch für die Nachhaltigkeitsidee von Rio, die zur Leerformel verkommen ist. Wiederbelebungsversuche sind überfällig. Denn vergessen wir nicht: Wir Menschen haben nur das Gastrecht in Landschaft und Natur – woher nähmen wir uns das Recht zur Zerstörung der Lebensgrundlagen?

Die Debatte um den Umgang mit Landschaft ist im Kern immer eine Debatte darüber, wie wir leben. Wer also an der Beliebigkeit, der Kälte und der Geschichtsvergessenheit der Agrarlandschaft, der Agglomerationen und der Wälder verzweifelt, verzweifelt in Wahrheit an unserer Gesellschaft. Feststeht: Ohne einen grösseren Gemeinsinn – mit der Bereitschaft der Bürger, ihre Einzelinteressen dem Allgemeininteresse unterzuordnen – ist ein Mindestmass an Landschaftsqualität nicht zu haben. ☐

Die Autoren

Prof. em. Dr. Klaus C. Ewald

Geboren 1941 in Basel, aufgewachsen in Liestal (BL), wurde 1966 auf Vorschlag seines ehemaligen Biologielehrers in den Vorstand der neu gegründeten Baselbieter Sektion des Schweizerischen Bundes für Naturschutz (SBN) gewählt. Seine Dissertation im Jahr 1969 war einem aussterbenden Landschaftselement der traditionellen Kulturlandschaft gewidmet: den Wölb-Äckern im Elsass. Ein Jahr später gründete er zusammen mit anderen Begeisterten eine der ersten Jugendnaturschutzgruppen der Schweiz. Nach seiner Dissertation arbeitete Klaus Ewald fünf Jahre lang als wissenschaftlicher Mitarbeiter beim SBN. Im Rahmen eines Nachwuchsforscher-Stipendiums widmete er sich dem Landschaftswandel in der Schweiz. 1978 erschien sein Buch «Der Landschaftswandel – zur Veränderung Schweizer Kulturlandschaften im 20. Jahrhundert». Bis 1987 etablierte er an der Eidgenössischen Forschungsanstalt WSL die Landschaftsforschung. Als Experte und Mitglied der «Kommission für die Inventarisation schweizerischer Landschaften und Naturdenkmäler von nationaler Bedeutung» (KLN-Inventar) engagierte er sich für die ungeschmälerte Erhaltung der schönsten Landschaften der Schweiz. 1987 wurde Klaus Ewald ordentlicher Professor für Landespflege an der Universität Freiburg im Breisgau. Von 1993 bis 2006 war Klaus Ewald erster und letzter Ordinarius der einzigen Professur für Natur- und Landschaftsschutz der Schweiz, und zwar an der ETH Zürich.

Dr. Gregor Klaus

Geboren 1970 in Freiburg im Breisgau, hat an der Universität Basel Geografie und Biologie studiert. Für seine Doktorarbeit an der Universität Zürich über Waldelefanten lebte er ein Jahr in den Regenwäldern Zentralafrikas. Seit 1998 arbeitet er als freier Wissenschaftsjournalist, unter anderen für die Neue Zürcher Zeitung. Gregor Klaus ist zudem Redaktor der Zeitschrift «Hotspot» des Forum Biodiversität Schweiz und externer Koordinator des umwelt-Magazins des Bundesamts für Umwelt. Er ist Autor und Redaktor mehrerer Bücher über Biodiversität. Zusammen mit seiner Frau und seinen drei Kindern lebt er im schönen, (noch) nicht meliorierten Rothenfluh (BL).

Literaturverzeichnis

Abegg, B. (1978): Die Schätzung der optimalen Dichte von Waldstrassen in traktorbefahrbarem Gelände. Mitteilungen der EAFV (Eidgenössische Anstalt für das forstliche Versuchswesen) 54(2): 98–213.

Abegg, B. (1993): Hat die heutige Waldbewirtschaftung tatsächlich die Artenvielfalt verringert? Natur und Mensch 35(5): 200–204.

Abegg, B. (1996): Klimaänderung und Tourismus – Klimaforschung am Beispiel des Wintertourismus in den Schweizer Alpen. Schlussbericht NFP 31. vdf Hochschulverlag AG an der ETH Zürich, Zürich, 222 S.

Abegg, B., Agrawala, S., Crick, F. und de Montfalcon, A. (2007): Climate change impacts and adaptation in winter tourism. In: Agrawala, S. (Hrsg.), Climate Change in the European Alps – Adapting winter tourism and natural hazards management. OECD (Organisation for Economic Cooperation and Development), Paris: 25–60.

Abegg, P., Bürgin, G., Rutishauser, S. und Stocker, M. (2005): Industrieensembles und Parkanlage «Bally» in Schönenwerd. GSK (Gesellschaft für Schweizerische Kunstgeschichte), Schweizerischer Kunstführer 775/776, Bern, 54 S.

ABN (Aargauischer Bund für Naturschutz) (Hrsg.) (1986): Kulturlandschaftswandel. Dokumentation.

Abraham, A., Sommerhalder, K., Bolliger-Salzmann, H. und Abel, T. (2007): Landschaft und Gesundheit: das Potential einer Verbindung zweier Konzepte. Institut für Sozial- und Präventivmedizin, Universität Bern, Bern.

Aerni, K. (1996): Ziele und Ergebnisse des Inventars historischer Verkehrswege der Schweiz IVS. In: Riedenauer, E. (Hrsg.), Die Erschliessung des Alpenraums für den Verkehr im Mittelalter und in der frühen Neuzeit. Historikertagung in Irsee 13.–15. September 1993. Athesia, Bozen, 368 S.

Aerni, K. (2005): Das Inventar der historischen Verkehrswege der Schweiz IVS – Zielsetzung, Methodik, Illustration und Anwendung. Fundberichte aus Hessen, Beiheft 4: 237–253.

Aerni, K., Betschart, A. und Schneider, H. (2006): Das Inventar historischer Verkehrswege der Schweiz (IVS) als Instrument zur Landschaftspflege. In: Tanner, K. M., Bürgi, M. und Coch, T. (Hrsg.), Landschaftsqualitäten. Haupt, Bern: 145–158.

Allet, B. und Schleiss, A. (1990): Wasserkraft in der Schweiz – Ausbau, Möglichkeiten und Schranken. Schweizer Ingenieur und Architekt 29: 804–810.

Altner, G. (1994): Perspektiven für eine ökologische Weltkultur im Widerspruch zwischen Anthropozentrik und Biozentrik. In: Landeshauptstadt Stuttgart, Kulturamt (Hrsg.), Zum Naturbegriff der Gegenwart. Band 1. frommann-holzboog, Stuttgart: 261–281.

Ammann, G. (2000): Nicht untergegangene Alpentäler. Natürlich 20(10): 6–21.

Ammann, G. und Meier, B. (1999): Landschaft in Menschenhand: 150 Jahre Michaelis-Karten – Kulturlandschaft Aargau im Wandel. Sauerländer, Aarau, 120 S.

Anderegg, J.-P. (2002): Freiburger Kulturlandschaften 2002 – Materialien zur Geschichte der ländlichen Siedlung. Kantonaler Kulturgüterdienst, Freiburg, 364 S.

Ardüser, G., Bühler, B., Giger, W. und Schaffer, C. (1993): Gedanken einer Försterrunde. Bündnerwald 46(4): 35.

ARE (Bundesamt für Raumentwicklung) und BAFU (Bundesamt für Umwelt) (Hrsg.) (2007): Landschaft unter Druck. 3. Fortschreibung 1989–2003. Bern, 42 S.

ARE und BAFU (Hrsg.) (2008): Externe Kosten des Verkehrs in der Schweiz – Aktualisierung für das Jahr 2005 mit Bandbreiten. Bern, 12 S.

ARE und BAV (Bundesamt für Verkehr) (Hrsg.) (2001): Touristische Transportanlagen der Schweiz – TTA-Statistik. 6. Auflage. Bern, 110 S.

ARE und BFS (Bundesamt für Statistik) (Hrsg.) (2001): Mobilität in der Schweiz – Ergebnisse des Mikrozensuses 2000 zum Verkehrsverhalten. Bern, 94 S.

ARE und BUWAL (Bundesamt für Umwelt, Wald und Landschaft) (Hrsg.) (2001): Landschaft unter Druck. 2. Fortschreibung 1984–1995. Bern, 48 S.

Augé, M. (1994): Orte und Nicht-Orte – Vorüberlegungen zu einer Ethnologie der Einsamkeit. S. Fischer, Frankfurt a. M., 140 S.

Auweck, F. A. (1982): Ökologische Auswirkungen von Flurbereinigungsmassnahmen auf Kleinstrukturen. Natur und Landschaft 57: 120–127.

Bachmann, P., Bachmann, T., Baeriswyl, I., Reinwand, M. und Wittwer, U. (1993): Flur- und Waldwege heute: asphaltiert, betoniert, befestigt. Bristol-Schriftenreihe 1, 124 S.

Bachmann, S. (1999): Zwischen Patriotismus und Wissenschaft – Die schweizerischen Naturschutzpioniere (1900–1938). Chronos, Zürich, 461 S.

Bader, K. S. (1973): Rechtsformen und Schichten der Liegenschaftsnutzung im mittelalterlichen Dorf. Böhlhau, Wien, 356 S.

BAFU (Bundesamt für Umwelt) (Hrsg.) (2001): Korridore für Wildtiere in der Schweiz. Schriftenreihe Umwelt 326, 116 S.

BAFU (Hrsg.) (2008a): Ressourcenpolitik Holz – Strategie, Ziele und Aktionsplan Holz. Bern, 30 S.

BAFU (Hrsg.) (2008b): Holz: wieder ein sicherer Wert. Umwelt 4, Bern, 62 S.

BAFU (Hrsg.) (2009): Lärmbelastung in der Schweiz – Ergebnisse des nationalen Lärmmonitorings SonBase. Umwelt-Zustand 7, 62 S.

BAFU und BFS (Hrsg.) (2007): Umwelt Schweiz 2007. Bern, 148 S.

BAFU und BLW (Bundesamt für Landwirtschaft) (Hrsg.) (2008): Umweltziele Landwirtschaft, hergeleitet aus bestehenden rechtlichen Grundlagen. Umwelt-Wissen 20, 221 S.

Baltensperger, J. (1937): 25 Jahre Schweizerische Grundbuchvermessung. Eidgenössisches Justiz- und Polizeidepartement und Schweizerischer Geometerverein, Bern, 90 S.

Bätzing, W. (1991): Kulturlandschaftswandel in der heutigen Schweiz als Verlust von Heimat. Geographica Helvetica 46: 86–88.

Bätzing, W. (2003): Die Alpen – Geschichte und Zukunft einer europäischen Kulturlandschaft. 2. aktualisierte Auflage. C. H. Beck, München, 431 S.

Baudepartement Aargau und Finanzdepartement Aargau (Hrsg.) (1994): Das Wald-Naturschutzinventar im Kanton Aargau WNI. Schlussbericht, 86 S.

Baumann, E. (1940): Metzerlen – Ein Beitrag zur bäuerlichen Siedlungs- und Wirtschaftsgeschichte. Schweizerisches Archiv für Volkskunde 38(1/2), 71 S.

Baumann, E. und Elmiger, M. (2004): Gesamtmeliorationen im Knonauer Amt. Neujahrsblatt der Gemeinnützigen Gesellschaft des Bezirks Affoltern. Weiss Medien AG, Affoltern a. A.

Baumann, W. und Moser, P. (1999): Bauern im Industriestaat – Agrarpolitische Konzeptionen und bäuerliche Bewegungen in der Schweiz 1918–1968. Orell Füssli, Zürich, 518 S.

Baumgartner, F. (2003): Raumentwicklung im Mittelland in den letzten 50 Jahren – Ursache und Wirkung. Agrarwirtschaft und Agrarsoziologie 2: 19–30.

Baur, B., Ewald, K. C., Freyer, B. und Erhardt, A. (1997): Ökologischer Ausgleich und Biodiversität. Birkhäuser, Basel, 101 S.

Baur, F., Franke, J. und Gätschenberger, K. (1979): Zur Messung der Erlebniswirkung von Landschaften. Natur und Landschaft 54: 236–240.

Baur, P. (1999): Agrarstrukturwandel in der Schweiz: eine theoretische und empirische agrarökonomische Analyse anhand von aggregierten Daten für die Schweizer Landwirtschaft 1939–1990 und von einzelbetrieblichen Daten für die Zürcher Landwirtschaft 1990–1996. Dissertation, ETH Zürich, Nr. 13240.

Baur, P. (2006): Die Rückkehr des Waldes im südlichen Alpenraum der Schweiz – Hintergründe eines Landschaftswandels. Agrarwirtschaft und Agrarsoziologie 2: 3–26.

Baur, P., Bebi, P., Gellrich, M. und Rutherford, G. (2006): WaSAlp – Waldausdehnung im Schweizer Alpenraum: eine quantitative Analyse naturräumlicher und sozio-ökonomischer Ursachen unter besonderer Berücksichtigung des Agrarstrukturwandels. Schlussbericht zuhanden des Schweizerischen Nationalfonds. WSL (Eidgenössische Forschungsanstalt für Wald, Schnee und Landschaft), Birmensdorf, 64 S.

Bergier, J.-F. (1990): Wirtschaftsgeschichte der Schweiz: von den Anfängen bis zur Gegenwart. Benziger, Zürich, 396 S.

Bericht des Bundesrates an die Bundesversammlung über die Geschäftsführung und Rechnung der Alkoholverwaltung für das Geschäftsjahr 1955/56, Bern, 39 S. sowie für die Geschäftsjahre 1956/57, 40 S., 1967/68, 33 S., 1969/70, S. 56 S., 1970/71, 60 S., 1974/75, 44 S., 1988/89, 29 S. und 1991/92, 25 S.

Bernhard, H. (1931): Die wirtschaftsstörenden Einflüsse der projektierten Stauseeanlagen im Rheinwald und die Realersatzfrage. Schriften der Schweizerischen Vereinigung für Innenkolonisation und industrielle Landwirtschaft 44, 85 S.

Berthout, G., Lebeau, R. P. und Righetti, A. (2004): Nationales ökologisches Netzwerk REN. Schlussbericht. Schriftenreihe Umwelt 373 und 373a, 131 S. bzw. Kartenset.

Bertiller, R. und Keel, A. (2006): 1000 ha Lichte Wälder für den Kanton Zürich. Zürcher Wald 38(5): 9–12.

Bertiller, R., Schwick, C. und Jaeger, J. (2007): Landschaftszerschneidung Schweiz – Zerschneidungsanalyse 1885–2002 und Folgerungen für die Verkehrs- und Raumplanung. ASTRA (Bundesamt für Strassen)-Bericht, Bern, 229 S.

Beschluss der Bundesversammlung über das Nationalstrassennetz (SR 725.113.11) vom 21. Juni 1960.

Betschart, A. (2002): Unterwegs zum modernen Verkehrsnetz. Wege und Geschichte 1: 4–9.

BFE (Bundesamt für Energie) (Hrsg.) (1997): Energieholzproduktion in Mittel- und Niederwäldern der Schweiz – Vergleich der Wertschöpfung in der Hoch-, Mittel- und Niederwaldbewirtschaftung. Bern, 16 S.

BFE (Hrsg.) (2007): Schlussbericht der Arbeitsgruppe Leitungen und Versorgungssicherheit (AG LVS). Schlussversion 5.0, 28.02.2007. Bern.

BFE, BUWAL und ARE (Hrsg.) (2004): Konzept Windenergie Schweiz – Grundlagen für die Standortwahl von Windparks. Bern, 34 S.

BFS (Bundesamt für Statistik) (Hrsg.) (1999): Bodennutzung im Wandel. Arealstatistik Schweiz. Neuchâtel, 31 S.

BFS (Hrsg.) (2000): Bauen. Umweltstatistik Schweiz 11, 20 S.

BFS (Hrsg.) (2001): Bodennutzung im Wandel – Arealstatistik Schweiz. Neuchâtel, 31 S.

BFS (Hrsg.) (2002a): Umwelt Schweiz – Statistiken und Analysen. Neuchâtel, 322 S.

BFS (Hrsg.) (2002b): Bevölkerungsentwicklung der Gemeinden 1850–2000, Eidgenössische Volkszählung 2000. Neuchâtel, 310 S.

BFS (Hrsg.) (2005): Arealstatistik Schweiz – Zahlen, Fakten, Analysen. Neuchâtel, 99 S.

BFS (Hrsg.) (2006): Umbrüche in der Landwirtschaft – Beobachtungen aus 100 Jahren landwirtschaftlicher Betriebszählung. Neuchâtel, 4 S.

BFS, BUWAL und ARE (Hrsg.) (2002): Nachhaltige Entwicklung messen – Einblick in MONET, das Schweizer Monitoringsystem. Bern, 25 S.

BFF (Bundesamt für Forstwesen) (Hrsg.) (1981): Waldstrassen – Wege zur Pflege. Eine Information des Bundesamtes für Forstwesen für alle Naturfreunde. Faltblatt, 8 S.

BFF, BLW und SIA-FKV (Fachgruppe der Kultur- und Vermessungsingenieure des Schweizerischen Ingenieur- und Architekten-Vereines) (Hrsg.) (1983): Natur- und Heimatschutz bei Meliorationen – Wegleitung und Empfehlungen. Bern, 75 S.

Biedermann, R. und Bühlmann, B. (2007): Umweltdefizite der schweizerischen Landwirtschaft – Ammoniak als Spitze des Eisbergs. Neue Zürcher Zeitung vom 20. März 2007.

Binggeli, V., Leuenberger, B., Leibundgut, C., Flatt, K. H., Steffen, M., Bärtschi, P., Eicher, U. und Ischi, M. (1999): Die Wässermatten des Oberaargaus – Subalpine Bewässerungs-Kulturen im zentralen schweizerischen Mittelland. Jahrbuch-Vereinigung Oberaargau, Langenthal, 278 S.

Bingisser, E.-L. (2002): Das Sihl-Alp-See-Projekt. In: Saurer, K. (Hrsg.), Der Sihlsee – Eine Landschaft ändert ihr Gesicht. Offizin, Zürich: 13–26.

Birrer, S. und Graf, R. (2004): Golfplätze als Lebensraum für Brutvögel. Der Ornithologische Beobachter 101: 233–246.

Birrer, S., Kohli, L. und Spiess, M. (2007): Haben ökologische Ausgleichsflächen einen Einfluss auf die Bestandsentwicklung von Kulturland-Vogelarten im Mittelland? Der Ornithologische Beobachter 104: 189–208.

Bisang, K., Moser, T. A., Zimmermann, W. und Landolt, D. (2008): Erfolgsfaktoren in der Naturschutzpolitik. Beispiele aus vierzig Jahren Natur- und Landschaftsschutzpolitik in der Schweiz. Rüegger, Chur, 222 S.

Bloesch, J. (2007): Statistik Verbandsbeschwerderecht 2007. Faltblatt. Koordination Verbandsbeschwerde, Chur, 4 S.

Bloetzer, G. (1992): Zur Entwicklung der schweizerischen Forstgesetzgebung. Schweizerische Zeitschrift für Forstwesen 143: 607–627.

BLW (Bundesamt für Landwirtschaft) (Hrsg.) (2000): Agrarbericht. Bern.

Boesch, B. (1946): Der Zaun im Flurnamenbild einer Gemeinde – Ein Beitrag zur geschichtlichen Namenforschung. Zeitschrift für Schweizerische Geschichte 26: 345–374.

Boesch, H. und Hofer, P. (1963): Flugbild der Schweizer Stadt. Kümmerly & Frey, Bern, 252 S.

Bolliger, S. (2004): Via Romana – Mythos und Realität der Römerstrassen. Wege und Geschichte 2: 17–19.

Borgmann, P. (2004): Magerwiesen in Liechtenstein – Vegetation, Diasporenbanken und Restitutionspotentiale. Bristol-Schriftenreihe 13. Haupt, Bern, 121 S.

Borner, W. M. (Hrsg.) (1988): Schweiz – Suisse 1917–1937. Flugaufnahmen von Walter Mittelholzer. Orell Füssli, Zürich, 280 S.

Bösch, R. (2002): Im 18. Jahrhundert setzte Bern neue Massstäbe. Wege und Geschichte 1: 19–23.

Boschi, C., Bertiller, R. und Coch, T. (2003): Die kleinen Fliessgewässer – Bedeutung, Gefährdung, Aufwertung. vdf Hochschulverlag AG an der ETH Zürich, Zürich, 119 S.

Bosshard, A. (1999): Renaturierung artenreicher Wiesen auf nährstoffreichen Böden – Ein Beitrag zur Optimierung der ökologischen Aufwertung der Kulturlandschaft und zum Verständnis mesischer Wiesen-Ökosysteme. Dissertationes Botanicae 303, 201 S.

Bosshard, A. (2008): Mehr Mittel für die nachhaltige Landwirtschaft – Kritik am Verordnungspaket zur Agrarpolitik 2011. Neue Zürcher Zeitung vom 24. Juli 2008.

Bosshard, A. und Burri, J. (2003): Renaturierung und Neuanlage von artenreichen Wiesen mit autochthonem Saatgut. In: Oppermann, R. und Gujer, H. U. (Hrsg.), Artenreiches Grünland: bewerten und fördern – MEKA und ÖQV in der Praxis. Ulmer, Stuttgart: 119–127.

Bosshard, A. und Sanders, J. (2009): Multifunktionalität kontra Nahrungsmittelproduktion? Auswirkungen von Mehrleistungen der Berglandwirtschaft zugunsten Natur und Landschaft auf Primärproduktion und Einkommen. Vorstudie im Auftrag des BAFU.

Bosshard, A. und Schläpfer, F. (2005): Perspektiven einer wirkungsorientierten Agrarpolitik. Agrarforschung 12: 52–57.

Bosshard, A., Oppermann, R. und Reisner, Y. (2002): Vielfalt in die Landschaftsaufwertung! Eine Ideen-Checkliste für Landwirtschaft und Landschaftsplanung. Naturschutz und Landschaftsplanung 34: 300–308.

Bosshard, A., Vontobel, H. und Oser, P. (2004): Neues Subventionsmodell: kosteneffizientere und nachhaltigere Meliorationen. Schweizer Gemeinde 41(3): 18–19.

Brändli, U.-B. (2000): Waldzunahme in der Schweiz. Informationsblatt Forschungsbereich Landschaft der WSL 45: 1–4.

Brändli, U.-B. und Dowhanytsch, J. (2003): Urwälder im Zentrum Europas – Ein Naturführer durch das Karpaten-Biosphärenreservat in der Ukraine. Haupt, Bern, 192 S.

Brandner, B. (1995): Skitourismus – von der Vergangenheit zum Potential der Zukunft. Rüegger, Chur, 273 S.

Braschler, H. (1980): Die «schlimmen» Meliorationen. Die Blaue: Alpwirtschaftliche Monatsblätter 4: 126–131.

Brassel, K. und Rotach, M. (Hrsg.) (1988): Nutzung des Bodens in der Schweiz. Zürcher Hochschulforum 11. vdf Hochschulverlag AG an der ETH Zürich, Zürich, 282 S.

Brassel, P. und Brändli, U.-B. (Red.) (1999): Schweizerisches Landesforstinventar – Ergebnisse der Zweitaufnahme 1993–1995. Haupt, Bern, 442 S.

Brassel-Moser, R. (1992): Öffentlichkeit und Er-Fahrung – Zur Diskussion um Automobil und Geschwindigkeit in den zwanziger Jahren. In: Degen, B., Kurmann, F., Schluchter, A. und Tanner, J. C., Fenster zur Geschichte: 20 Quellen – 20 Interpretationen. Festschrift für M. Mattmüller. Helbing & Lichtenbahn, Basel: 325–340.

Brink, A. und Wöbse, H. H. (1989): Die Erhaltung historischer Kulturlandschaften in der Bundesrepublik Deutschland. Untersuchung im Auftrag des Bundesministers für Umwelt, Naturschutz und Reaktorsicherheit, Bonn, 121 S.

Brockmann-Jerosch, H. (1928/30): Schweizer Volksleben, Sitten, Bräuche Wohnstätten. Band 1 und 2. Eugen Rentsch, Erlenbach-Zürich, 119 S. plus 325 Fotos bzw. 144 S. plus 268 Fotos.

Broggi, M. F. (Red.) (1990): Inventar der Flachmoore von nationaler Bedeutung. BUWAL, Bern, 79 S.

Broggi, M. F. (1994): Waldbewirtschaftung und Artenvielfalt – Des Försters Mühe mit dem Nichtstun. Natur und Mensch 36(1): 15–18.

Broggi, M. F. (2000): Raumplanung – Gedanken zur notwendigen Anpassung an die «Stadt-Schweiz». Physische Geographie 41: 75–87.

Broggi, M. F. (2006): Heimatliche Orte sind Alltagsräume. Forum für Raumplanung und Regionalentwicklung in Vorarlberg 5: 6.

Broggi, M. F. und Reith, W. J. (1984): Beurteilung von Wasserkraftwerksprojekten aus der Sicht des Natur- und Heimatschutzes. BFW, Bern.

Broggi, M. F. und Schlegel, H. (1989): Mindestbedarf an naturnahen Flächen in der Kulturlandschaft, dargestellt am Beispiel des schweizerischen Mittellandes. Bericht 31 des Nationalen Forschungsprogrammes «Boden», Liebefeld-Bern, 180 S.

Broggi, M. F. und Weiss, H. (1987): Waldstrassen – Geht die Erschliessung zu weit? Neue Zürcher Zeitung vom 24./25. Mai 1987.

Bronhofer, M. (1955/56): Die ausgehende Dreizelgenwirtschaft in der Nordostschweiz unter besonderer Berücksichtigung des Kantons Schaffhausen. Mitteilungen der Naturforschenden Gesellschaft Schaffhausen 26: 1–169.

Bronner, F. X. (1844a): Der Canton Aargau historisch, geographisch, statistisch geschildert ein Hand- und Hausbuch für Kantonsbürger und Reisende. Band 1. Huber, St. Gallen, 524 S.

Bronner, F. X. (1844b): Der Canton Aargau historisch, geographisch, statistisch geschildert ein Hand- und Hausbuch für Kantonsbürger und Reisende. Band 2. Huber, St. Gallen, 430 S.

Brönnimann, S. (1997): Die schiff- und flössbaren Gewässer in den Alpen von 1500 bis 1800 – Versuch eines Inventars. Der Geschichtsfreund 150, 178 S.

BRP (Bundesamt für Raumplanung) (Hrsg.) (1983): Raumbeobachtung CH – Ein Rahmenkonzept. Bern, 27 S.

Brugger, H. (1948): Geschichte der Aargauischen Landwirtschaft seit der Mitte des 19. Jahrhunderts: eine Darstellung nach der landwirtschaftlichen Statistik. Aargauische Landwirtschaftliche Gesellschaft, Brugg, 241 S.

Brugger, H. (1956): Die schweizerische Landwirtschaft in der ersten Hälfte des 19. Jahrhunderts. Huber, Frauenfeld, 270 S.

Brugger, H. (1978): Die schweizerische Landwirtschaft 1850–1914. Huber, Frauenfeld, 423 S.

Brugger, H. (1985): Die Schweizerische Landwirtschaft 1914 bis 1980. Agrarverfassung, Pflanzenbau, Tierhaltung, Aussenhandel. Huber, Frauenfeld, 320 S.

Brugger, H. (1992): Agrarpolitik des Bundes seit 1914. Huber, Frauenfeld, 96 S.

Brunner, M. (2007): Bedeutende Linden – 400 Baumriesen Deutschlands. Haupt, Bern, 328 S.

BSLA (Bund Schweizer Landschaftsarchitekten und Landschaftsarchitektinnen) (Hrsg.) (2000): Landschaftsentwicklungskonzepte. anthos 39(4), 87 S.

Buchwald, K. und Engelhardt, W. (Hrsg.) (1968/69): Handbuch für Landschaftspflege und Naturschutz – Schutz, Pflege und Entwicklung unserer Wirtschafts- und Erholungslandschaften auf ökologischer Grundlage. Band 1–4. BLV Verlagsgesellschaft, München, 245, 502, 271 bzw. 252 S.

Buchwald, K. und Engelhardt, W. (Hrsg.) (1978–1980): Handbuch für Planung, Gestaltung und Schutz der Umwelt. Band 1–4. BLV Verlagsgesellschaft, München, 288, 432, 753 bzw. 233 S.

Bühlmann, L. (2007): Verschwendung hat viele Ursachen. Heimatschutz 102(2): 6–8.

Bührer, G. (2002): Weisse Ballen in der Landschaft: billiges Futter für die Kühe. LID Mediendienst 2565: 3–5.

Bundesblatt (1996): Botschaft zur Reform der Agrarpolitik: zweite Etappe (Agrarpolitik 2002). Bundeskanzlei, BBL IV (96.060): 1–481.

Bundesblatt (2002): Botschaft zur Weiterentwicklung der Agrarpolitik (Agrarpolitik 2007). Bundeskanzlei, BBL V (02.046): 4395–4682.

Bundesgesetz vom 21. Juni 1935 über die Erstellung neuer Landeskarten, SR 510.62.

Bundesgesetz vom 3. Oktober 1951 über die Förderung der Landwirtschaft und die Erhaltung des Bauernstandes (Landwirtschaftsgesetz), SR 910.1.

Bundesratsbeschluss vom 19. September 1955 über die Umstellung des Obstbaues, Bern.

Bundi, U. (2002): Alpiner Wasserreichtum im Visier. Eawag News 55d: 3–6.

Bunzel-Drüke, M., Drüke, J. und Vierhaus, H. (1994): Quarternary Park – Überlegungen zu Wald, Mensch und Megafauna. ABUinfo 17/18: 4–38.

Burckhardt, D. (1992): Die Wiege des Naturschutzes stand in Basel – Streiflichter auf die Entstehung und Entwicklung des Naturschutzes in der Schweiz. Verhandlungen der Naturforschenden Gesellschaft Basel 102: 3–45.

Burckhardt, L., Frisch, M. und Kutter, M. (1955): Achtung: die Schweiz. 3. Auflage. Handschin, Basel, 54 S.

Bürger, K. (1935): Der Landschaftsbegriff – Ein Beitrag zur geographischen Erdraumauffassung. Dresdener Geographische Studien 7, 131 S.

Burggraaff, P. und Kleefeld, K.-D. (1998): Historische Kulturlandschaft und Kulturlandschaftselemente. Angewandte Landschaftsökologie 20, 320 S.

Bürgi, M. (1998a): Waldentwicklung im 19. und 20. Jahrhundert – Veränderungen in der Nutzung und Bewirtschaftung des Waldes und seiner Eigenschaften als Habitat am Beispiel der öffentlichen Waldungen im Zürcher Unter- und Weinland. Beiheft zur Schweizerischen Zeitschrift für Forstwesen 84, 234 S.

Bürgi, M. (1998b): Bestandesgeschichte des Bülacher Hardes – Was bringt der Einsatz von GIS? Schweizerische Zeitschrift für Forstwesen 149: 263–283.

Bürgi, M. (2010): Ewalds «J'accuse?» – Eine Buchbesprechung. Informationsblatt Landschaft 76: 5–6.

Bürgi, M. und Schuler, A. (2003): Driving forces of forest management – An analysis of regeneration practices in the forests of the Swiss Central Plateau during the 19th an 20th century. Forest Ecology and Management 176: 173–183.

Bürgi, M. und Stuber, M. (2003): Agrarische Waldnutzungen in der Schweiz 1800 bis 1950: Waldfeldbau, Waldfrüchte und Harz. Schweizerische Zeitschrift für Forstwesen 154: 360–375.

Bürgisser, E. (1979/80): Vom Maulbeerbaum an der Luzernerstrasse – Der Versuch in den 1840er Jahren die Seidenraupenzucht in Bremgarten einzuführen. Bremgarter Neujahrsblätter: 42–53.

Bürgisser, W. (1991): Jonen aus der Vergangenheit von Dorf und Pfarrei. 2. erweiterte Auflage. Gemeinde Jonen, Jonen, 211 S.

Burkhalter, R. und Schader, S. (1994): Strassen statt Wiesen und Wälder? Ökologische und ökonomische Beurteilung von Forst- und Güterstrassen. vdf Hochschulverlag AG an der ETH Zürich, Zürich, 123 S.

Burzler, A., Höneisen, M., Leicht, J. und Ruckstuhl, B. (2002): Das frühmittelalterliche Schleitheim – Siedlung, Gräberfeld und Kirche. Band 1 und 2. Schaffhauser Archäologie 5, 549 bzw. 354 S.

BUWAL (Bundesamt für Umwelt, Wald und Landschaft) (Hrsg.) (1991): Landschaftseingriffe für den Skisport – Wegleitung zur Berücksichtigung des Natur- und Landschaftsschutzes. Bern, 74 S.

BUWAL (Hrsg.) (1995): Forst- und Güterstrasse: Asphalt oder Kies? Schriftenreihe Umwelt 247, 192 S.

BUWAL (Hrsg.) (1998): Golf – Raumplanung, Landschaft, Umwelt. Reihe Vollzug Umwelt, Bern, 75 S.

BUWAL (Hrsg.) (1999): Der Schweizer Wald – Eine Bilanz. Waldpolitische Interpretation zum zweiten Landesforstinventar. Bern, 75 S.

BUWAL (Hrsg.) (2002): Lärmbekämpfung in der Schweiz – Stand und Perspektiven. Schriftenreihe Umwelt 329, 101 S.

BUWAL (Hrsg.) (2003): Landschaft 2020 – Leitbild. Bern, 25 S.

BUWAL (Hrsg.) (2004): Lothar Rechenschaftsbericht – Materielle und finanzielle Bilanz 2000–2003. Bern, 34 S.

BUWAL und BRP (Hrsg.) (1998): Landschaftskonzept der Schweiz – Teil I Konzept, Teil II Bericht. Bern, 40 bzw. 133 S.

BUWAL und WSL (Hrsg.) (2002): Moore und Moorschutz in der Schweiz. Bern, 68 S.

BUWAL und WSL (Hrsg.) (2005): Waldbericht 2005 – Zahlen und Fakten zum Zustand des Schweizer Waldes. Bern und Birmensdorf, 150 S.

Carle, G. und Tanner, K. M. (2000): Zum Wert der unverbauten Bauzone aus der Sicht des Naturschutzes. Vermessung, Photogrammetrie, Kulturtechnik 98(3): 126–130.

Christ, H. (1916): Zur Geschichte des alten Bauerngartens der Basler Landschaft und angrenzenden Gegenden. 2. Auflage. Benno Schwabe & Cio, Basel, 130 S.

Cinzano, P., Falchi, F. und Elvidge, C. D. (2001): The first World Atlas of the artificial night sky brightness. Monthly Notices of the Royal Astronomical Society 328: 689–707.

Conwentz, H. (1904): Die Gefährdung der Naturdenkmäler und Vorschläge zu ihrer Erhaltung. Denkschrift, Berlin, 207 S.

Däniker, A. U. (1941): Enquete über die durch landwirtschaftliche Meliorationen, Anbauschlacht und andere Eingriffe gefährdeten Biocoenosen. Schweizer Naturschutz 7: 82–88.

de Kerckhoven, D. (1995): Vom globalen Dorf zum globalen denken. Unesco-Kurier 36(2): 16–18.

Delarze, R. und Gonseth, Y. (2008): Lebensräume der Schweiz. Ökologie – Gefährdung – Kennarten. Ott, Thun, 424 S.

Demandt, A. (1997): Vandalismus – Gewalt gegen Kultur. Siedler, Berlin, 319 S.

Di Giulio, M., Holderegger, R., Bernhardt, M. und Tobias, S. (2008): Zerschneidung der Landschaft in dicht besiedelten Gebieten – Eine Literaturstudie zu den Wirkungen auf Natur und Mensch und Lösungsansätze für die Praxis. Bristol-Schriftenreihe 21. Haupt, Bern, 90 S.

Diamond, J. (2005): Collapse – How Societies Choose to Fail or Succeed. Viking, New York, 575 S.

Disteli, M. (1972): Waldwirtschaft gegen die Natur? Natur und Mensch 14(4): 179–180.

Dix, A. (Hrsg.) (1997): Angewandte historische Geographie im Rheinland – Planungsbezogene Forschungen zum Schutz, zur Pflege und zur substanzerhaltenden Weiterentwicklung von historischen Kulturlandschaften. Rheinischer Verein für Denkmalpflege und Landschaftsschutz, Köln, 212 S.

Doswald, C. (2000): Bestandsaufnahme historischer Verkehrswege am Beispiel der Schweiz. Auftrag, Methode und Forschungsergebnisse des Inventars historischer Verkehrswege der Schweiz IVS. In: Knauss, J. und Voigtmann, J. (Hrsg.), Räume, Wege, Verkehr – Historisch-geographische Aspekte ländlicher Verkehrswege und Transportmittel. Mitteilungen zur Geographie, Landes und Volkskunde 3: 11–50.

Doswald, C. (2005): Wege, Fahrstrassen und Brücken im schweizerischen Mittelland. Fundberichte aus Hessen, Beiheft 4: 265–279.

Dreier, S., Hofer, G. und Herzog, F. (2002): Qualität der Wiesen im ökologischen Ausgleich. Agrarforschung 9: 140–145.

DRL (Deutscher Rat für Landespflege) (Hrsg.) (1984): Landschaftsplanung – Erfahrungen mit dem neuen Naturschutzrecht. Schriftenreihe des Deutschen Rates für Landespflege 45: 401–443.

Dubler, A.-M. (1968): Die Klosterherrschaft Hermetschwil von den Anfängen bis 1798. Aargovia 80: 5–367.

Duttweiler, G. (Hrsg.) (1940): Eines Volkes Sein und Schaffen – Die Schweizerische Landesaustellung 1939 Zürich in 300 Bildern. Zürich, 192 S.

EAWAG (Eidgenössische Anstalt für Wasserversorgung, Abwasserreinigung und Gewässerschutz) (Hrsg.) (2005): Landwirtschaft und Wasserqualität. Eawag News 59d, 32 S.

Ebel, J. G. (1793): Anleitung auf die nützlichste und genussvollste Art in der Schweiz zu Reisen. Zürich, 2 Teile, 174 bzw. 211 S.

Economicsuisse (2006). Dossier Landwirtschaftspolitik – Direktzahlungen in der Agrarpolitik 2011 (AP 2011). Dossierpolitik 7(30), 10 S.

EDI (Eidgenössisches Departement des Innern) (Hrsg.) (1967): Bericht der Eidgenössischen Expertenkommission für Fragen der Landesplanung. Bern, 148 S.

EDI (Hrsg.) (1979): Richtlinien über Eingriffe in die Landschaft im Interesse des Skisportes. Bern, 35 S.

EER Raumplanungsbüro FSU, Ökobüro Hugentobler AG und Dr. Bertold Suhner-Stiftung (Hrsg.) (2003): Handbuch Siedlungsökologie – Praxisorientierter Beitrag zur ökologischen Aufwertung des Siedlungsraumes. vdf Hochschulverlag AG an der ETH Zürich, Zürich, 145 S.

Egli, H.-R. (1985): Die Rückschreibung zur Rekonstruktion der Gewannflurgenese im Bernischen Seeland. Geographica Helvetica 40: 19–24 mit Kartenbeilage.

Egli, H.-R. und Weiss, H. (Hrsg.) (2006): Das Grosse Moos – Vom Sumpfgebiet zur modernen Agrarlandschaft. Geographisches Institut der Universität Bern, 34 S.

Egli, H.-R., Bratschi, S., Flury, P. und Wenger, A. (2002): Analyse, Bewertung und Inwertsetzung der historischen Kulturlandschaft im Seeland. Schlussbericht. COST-Aktion G2 «Ancient landscapes and rural structures». Geographisches Institut der Universität Bern, 59 S.

Eidgenössisches Meliorationsamt (Hrsg.) (1954): Die Bodenverbesserungen der Schweiz im Zahlenbild 1885–1953. Bern, 23 S.

Eidgenössiches Meliorationsamt und BSG (Bund Schweizerischer Gartengestalter) (Hrsg.) (1944): Richtlinien zur Landschaftsgestaltung bei Meliorationen. Plan 1, 64 S.

Eidgenössisches Statistisches Amt (Hrsg.) (1945): Landwirtschaftsbetriebe, nach Grössenklassen, Kantonen und Gemeinden 1936. Statistische Quellenwerke der Schweiz 151, 338 S.

Eidgenössisches Topographisches Bureau (Hrsg.) (1896): Die Schweizerische Landesvermessung 1832–1864. Stämpfli, Bern, 268 S.

EJPD (Eidgenössisches Justiz- und Polizeidepartement) (Hrsg.) (1974): Raumplanung Schweiz – Bericht zur Durchführung des dringlichen Bundesbeschlusses über die Raumplanung. Bern, 39 S. mit 4 Kartenbeilagen.

Eisenbeis, G. (2001): Künstliches Licht und Lichtverschmutzung: eine Gefahr für die Diversität der Insekten? Verhandlungen Westdeutscher Entomologentag 2000: 31–50.

Eisenkrämer, K. (1987): Die Produktion nachwachsender Rohstoffe auf bisherigen landwirtschaftlichen Flächen aus der Sicht von Forst- und Holzwirtschaft. Forstarchiv 58(3): 83–85.

Ellenberg, H. (1986): Vegetation Mitteleuropas mit den Alpen in ökologischer Sicht. 4. Auflage. Ulmer, Stuttgart, 989 S.

Ellenberg, H. (1990): Bauernhaus und Landschaft in ökologischer und historischer Sicht. Ulmer, Stuttgart, 585 S.

Elsasser, H. und Knoepfel, P. (Hrsg.) (1990): Umweltbeobachtung. Wirtschaftsgeographie und Raumplanung 8, 130 S.

Elsasser, H. und Trachsler, H. (Hrsg.) (1987): Raumbeobachtung in der Schweiz. Wirtschaftsgeographie und Raumplanung 1, Universität Zürich, 93 S.

Ender, U. (1993): Niederwil im Freiamt – Dorfgeschichte 1993. Einwohnergemeinde Niederwil, 320 S.

Engeler, U. P. (2006): Unsere Feldflaschen. Weltwoche Nr. 28: 36–40.

Erni, P. (2000): Geschriebene Landschaft – Der Wandel von Kulturlandschaft und Güterstruktur in Basadingen nach dem Schriftgut des Klosters St. Katharinental (14.–18. Jahrhundert). Thurgauer Beiträge zur Geschichte 137, 226 S.

EVD (Eidgenössisches Volkswirtschaftsdepartement) (Hrsg.) (1925): Volkswirtschaft, Arbeitsrecht und Sozialversicherung der Schweiz. Band 1. Benziger & Co, Einsiedeln, 867 S.

Ewald, K. C. (1969): Agrarmorphologische Untersuchungen im Sundgau (Oberelsass) unter besonderer Berücksichtigung der Wölbäcker. Tätigkeitsberichte der Naturforschenden Gesellschaft Baselland 27: 9–178.

Ewald, K. C. (1971): Naturschutz in der Regionalplanung beider Basel – Naturschutzgebiete aus botanischen, zoologischen und geologischen Gründen. Regionalplanungsstelle beider Basel, Liestal, 307 S.

Ewald, K. C. (1978): Der Landschaftswandel – Zur Veränderung schweizerischer Kulturlandschaften im 20. Jahrhundert. Tätigkeitsberichte der Naturforschenden Gesellschaft Baselland 30: 55–308. Sonderdruck als Bericht der EAFV 191.

Ewald, K. C. (Red.) (1981): Das Naturschutzgebiet Reinacherheide. Tätigkeitsberichte der Naturforschenden Gesellschaft Baselland 31: 5–183.

Ewald, K. C. (1989): Landespflege – Wandel und Aktualität eines Begriffes. Regio Basiliensis 30: 39–47.

Ewald, K. C. (2001): The neglect of aesthetics in landscape planning in Switzerland. Landscape and Urban Planning 54: 255–266.

Ewald, K. C. und Tanner, K. M. (2005): Natur- und Landschaftsschutz seit der Rheinau-Initiative. Natur und Mensch 47(1): 2–7.

Felix, K. und Felix, L. (2004): Bestandsentwicklung des Gartenrotschwanzes Phoenicurus phoenicurus in der Gemeinde Horgen 1965–2003. Der Ornithologische Beobachter 101: 109–114.

Fierz, B. (2008): Linthal 2015: die Linth gewinnt. Natur und Mensch 50(2): 9–13.

Fischer, U. (1992): Unser Stetten – Dorfchronik. Baden-Verlag, Baden, 671 S.

Fischnetz (2004): Dem Fischrückgang auf der Spur – Schlussbericht des Projekts «Netzwerk Fischrückgang Schweiz». EAWAG, Dübendorf, 178 S.

Flückiger, R. (1991): Streiflichter zur Entwicklung des Tourismus in der Schweiz. Bulletin IVS 7: 6–19.

Flüeler, N. (Hrsg.) (1982): Malerische Reisen durch die schöne alte Schweiz. Ex Libris, Zürich, 318 S.

Frömelt, H. und Guisolan, M. (1998): Topographische Aufnahme des Kantons Thurgau von Johann Jakob Sulzberger, 1830 bis 1838. Cartographica Helvetica 17: 3–17.

Früh, J. (1932): Geographie der Schweiz. Band 2: Volk, Wirtschaft, Siedlung, Staat. Zollikofer, St. Gallen, 805 S.

Gabel, G. (2004): Beeinträchtigungen des Landschaftsbildes durch Windenergieanlagen – Kompensation durch Ersatzzahlung? Natur und Landschaft 79: 507–510.

Gadient, H. und Althaus, A. (2003): Umbau statt Abbruch. tec 21, Nr. 35: 5.

Gamper, B. und Suter, J. (1995): Der neue Berg. Regio Basiliensis 36: 175–182.

Gassner, A. (2006): Gewässerschutzbestimmungen in der Landwirtschaft: ein internationaler Vergleich. Umwelt-Wissen 18, 76 S.

Gebler, R.-J. (2002): Der natürlichste Fischpass. Hotspot 6: 13.

Gerken, B. und Meyer, C. (Hrsg.) (1996): Wo lebten Pflanzen und Tiere in der Naturlandschaft und der frühen Kulturlandschaft Europas? Natur- und Kulturlandschaft 1, Höxter, 205 S.

Gerlach, H. (1986): Atlas zur Eisenbahn-Geschichte: Deutschland, Österreich, Schweiz. Orell Füssli, Zürich, 98 S.

Glatthard, T. (1996). Naturschutz und Melioration. Schweizer Ingenieur und Architekt 39: 831–834.

Glauser, H. (2008): Die Schweiz vergibt mit angezogener Handbremse grosse Chancen. Energie und Umwelt 2: 4–7.

Glauser, P. (1993): Landschaftsbeobachtung im Rahmen einer integrierten, langfristigen Umweltbeobachtung in der Schweiz. Wirtschaftsgeographie und Raumplanung 16, Universität Zürich, 235 S.

Glisenti, M. (1995): Geldsegen für die Landwirtschaft. Cash vom 3. Februar 1995.

Glutz-Graff, R. (1905): Über Natur-Denkmäler, ihre Gefährdung und Erhaltung – Vortrag gehalten den 13. März 1905. Union, Solothurn, 38 S.

Gradmann, R. (1924): Das harmonische Landschaftsbild. Zeitschrift der Gesellschaft für Erdkunde zu Berlin (1/2): 129–147.

Graf, C. (1972): Das Kraftwerk Rheinau und die Rheinau Initiative 1954 – Ein Modellfall einiger staats- und völkerrechtlicher sowie staats- und kulturpolitischer Gegenwartsfragen der Schweiz im Lichte amtlicher Quellen. Dissertation, Universität Bern.

Graf, M. (1991): Die Bändigung der Gewässer – Eine Geschichte der Flusskorrektionen in der Schweiz. Lizentiatsarbeit, Universität Bern.

Grandgirard, V. (1997): Géomorphologie et gestion du patrimoine naturel – La mémoire de la Terre est notre mémoire. Geographica Helvetica 52: 47–56.

Gremminger, T., Keller, V., Roth, U., Schmitt, H.-M., Stremlow, M. und Zeh, W. (2001): Landschaftsästhetik – Wege für das Planen und Projektieren. Leitfaden Umwelt 9, 92 S.

Grimm, J. und Grimm, W. (1885): Deutsches Wörterbuch. Faksimile von 1984. Deutscher Taschenbuch Verlag, München, 33 Bände.

Grotrian, J. (2007): Verkehr in der Schweiz. Kompaktwissen CH 3. Rüegger, Chur, 167 S.

Grünig, A. (2007): Moore und Sümpfe im Wandel der Zeit. Hotspot 15: 4–5.

Gumbercht, H. U. (2004): Diesseits der Hermeneutik – Über die Produktion von Präsenz. Suhrkamp, Frankfurt a. M., 190 S.

Gunzelmann, T. (1987): Die Erhaltung der historischen Kulturlandschaft: angewandte Historische Geographie des ländlichen Raumes mit Beispielen aus Franken. Bamberger Wirtschaftsgeographische Arbeiten 4, 319 S.

Gutersohn, H. (1950): Landschaften der Schweiz. Büchergilde Gutenberg, Zürich, 218 S.

Haber, W. und Salzwedel, J. (1992): Umweltprobleme der Landwirtschaft. Metzerlersche Verlagsbuchhandlung, Stuttgart 176 S.

Häberli, R. (1975): Verlust an landwirtschaftlicher Kulturfläche in den Jahren 1942–1967. Sonderdruck aus «Informationshefte des Delegierten für Raumplanung 2», 15 S.

Haegele, P. (1990): Geräteführer Schwarzwälder Freilichtmuseum Vogtsbauernhof. 2. Auflage. Offenburg/Gutach, 131 S.

Hafner, H. (1992): Der Brand im Staatsarchiv – Gedanken eines Planers zum Stellenwert der historischen Kulturlandschaft und zur Rolle des Inventars historischer Verkehrswege der Schweiz IVS in der Ortsplanung. Bulletin IVS 8(2): 12–19.

Hauser, A. (1961): Schweizerische Wirtschafts- und Sozialgeschichte. Eugen Rentsch, Erlenbach-Zürich, 400 S.

Hauser, A. (1976): Bauerngärten der Schweiz – Ursprünge, Entwicklung und Bedeutung. Artemis, Zürich, 207 S.

Hauser, A. (1989): Das Neue kommt – Schweizer Alltag im 19. Jahrhundert. Verlag Neue Zürcher Zeitung, Zürich, 469 S.

Hauser, M., Güttinger, D. und Jans, B. (1999): Wie naturnah sind moderne Meliorationen. Vermessung, Photogrammetrie, Kulturtechnik 97(7): 360–363.

Heller, H. (1965): Die Flur von Ernen, Struktur und Entwicklung – Ein Beitrag zur Methodik alpiner Flurforschung. Dissertation, Universität Bern.

Heller, S. (2004): Erinnerungen ans Ried – Eine Landschaft wird umgestaltet. Neujahrsblatt der Gemeinde Neerach, 82 S.

Hertach, T. (1994): Landschaft im Spannungsfeld: melioriert – nicht melioriert. Vier Fallbeispiele aus dem Aargauer Jura. SBN (Schweizerischer Bund für Naturschutz) und ABN, Basel und Aarau, 24 S.

Herzog, F. und Richner, W. (Red.) (2005): Evaluation der Ökomassnahmen – Bereich Stickstoff und Phosphor. Schriftenreihe der FAL 57, 132 S.

Herzog, F. und Walter, T. (Red.) (2005): Evaluation der Ökomassnahmen – Bereich Biodiversität. Schriftenreihe der FAL 56, 208 S.

Heyer, H.-R. (1980): Historische Gärten der Schweiz – Die Entwicklung vom Mittelalter bis zur Gegenwart. Benteli, Bern, 272 S.

Hiltmann, M. (1999): Die Schifferzunft zur Oele und die Geschichte der Flösserei auf der Reuss und der Bremgarter Wasserwerke. Bremgarter Neujahrsblätter: 9–24.

Holliger, E., Vogelsanger, J., Schoch, B., Duffy, B., Lussi, L. und Büntner, M. (2007): Das Feuerbrandjahr 2007. Schweizerische Zeitschrift für den Obst-Weinbau 24: 9–12.

Hommeyer, H. G. (1805): Beiträge zur Militärgeographie der europäischen Staaten. Band 1. Korn der Älter, Breslau.

Hondong, H., Langner, S. und Coch, T. (1993): Untersuchungen zum Naturschutz an Waldrändern. Bristol-Schriftenreihe 2, 196 S.

Hornung, D. und Röthlisberger, T. (2005): Die Bergregionen in der Schweiz – Eidgenössische Volkszählung 2000. BFS, Neuchâtel, 152 S.

Hornung, D., Lindenmann, M. und Roth, U. (2005): Gebäude, Wohnungen und Bevölkerung ausserhalb der Bauzone. ARE und BFS, Bern, 56 S.

Howald, O. und Laur, E. (1962): Landwirtschaftliche Betriebslehre für bäuerliche Verhältnisse. 16. revidierte Auflage. Wirz, Aarau, 394 S.

Huber, A. (1998): Unheimliche Heimat. Geographica Helvetica 53: 30–36.

Hünerwadel, D., Rudin, R., Rüsch, W., Schwarzenbach, F. H., Stiffler, H.-K., Wallimann, B. und Weiss, H. (1982): Skipistenplanierungen und Geländekorrekturen – Erfahrungen und Empfehlungen. Berichte der Eidgenössischen Anstalt für das forstliche Versuchswesen EAFV 237, 51 S.

Hüttenmoser, M. (2006): Ich gehe, also bin ich! Vortrag anlässlich der Präsentation des Projekts «Schulweg selbständig und sicher erleben! Kinder von Balzers Liechtenstein zeichnen ihren Schulweg» des Verkehrsclubs Liechtenstein (VCL) im Rahmen des EU-Projekts via Nova Interreg III B – Alpine Space.

Huwyler-Frei, E. (1988): Beinwil, Freiamt – Zeitbilder einer Landgemeinde. Einwohnergemeinde Beinwil, 223 S.

Imboden, D. (2002): Die 2000 Watt-Gesellschaft – Der Mondflug des 21. Jahrhunderts. Natur und Mensch 44(4): 8–9.

Imhof, E. (1950): Gelände und Karte. Eugen Rentsch, Erlenbach-Zürich, 255 S.

Ineichen, A. (1996): Innovative Bauern – Einhegungen, Bewässerung und Waldteilungen im Kanton Luzern im 16. und 17. Jahrhundert. Rex, Luzern, 283 S.

Irsigler, F. (1979): Intensivwirtschaft, Sonderkulturen und Gartenbau als Elemente der Kulturlandschaftsgestaltung in den Rheinlanden (13.–16. Jahrhundert). In: Atti dell'11a settimana di studio, Agricoltura e trasformazione dell'ambiente: secoli XIII–XVIII. Istituto F. Datini, Prato: 719–748.

Iten, O. (1999): O du mein Wald. Du 59(8): 16–23.

Jacot, K., Junge, X., Luka, H. und Bosshard, A. (2005): Säume als neues ökologisches Ausgleichselement? Hotspot 11: 10–11.

Jaeger, J., Schwick, C., Bertiller, R. und Kienast, F. (2008): Landschaftszersiedelung Schweiz – Quantitative Analyse 1935 bis 2002 und Folgerungen für die Raumplanung. Wissenschaftlicher Abschlussbericht. Schweizerischer Nationalfonds, Nationales Forschungsprogramm NFP 54 «Nachhaltige Siedlungs- und Infrastrukturentwicklung», Zürich, 344 S.

Jäger, H. (1980): Die Bodennutzungssysteme (Feldsysteme) der Frühzeit. In: Beck, H., Denecke, D. und Jankuhn, H. (Hrsg.), Untersuchungen zur eisenzeitlichen und frühmittelalterlichen Flur in Mitteleuropa und ihrer Nutzung, Teil II. Abhandlungen der Akademie der Wissenschaften in Göttingen, Philologisch-Historische Klasse, Folge 3, Nr. 116: 197–228.

Jenny, M., Weibel, U., Lugrin, B., Josephy, B., Regamey, J.-L. und Zbinden, N. (2002): Rebhuhn. Schlussbericht 1991–2000. Schriftenreihe Umwelt 335, 143 S.

Jordi, A., Bosshard, A. und Schiess, C. (2007): AgriKuuL – Ein Modell für die Landwirtschaft der Zukunft. Schlussbericht des Pilotprojektes mit sieben Bauernbetrieben im Zürcher Oberland 2001–2007. GMFO (Gesamtmelioration Fischenthal Ost), FLS, ALN (Amt für Landschaft und Natur Kanton Zürich), Zürich, 70 S.

Kantonales Meliorationsamt Bern (Hrsg.) (1978): Richtlinien für den Kostenverteiler in Gesamtmeliorationen. Bern.

Kaufmann, M. (1996): Teuer und im alten Trott – Meliorationen und Wegebau: ein Thema, das nicht mehr tabu sein darf. Bulletin IVS 96(2): 18–19.

Kaufmann, M. (2009): Ein nationaler Sachplan für die Wasserkraft – Lösungsansätze für die Konflikte um anstehende Ausbauten. Neue Zürcher Zeitung vom 20. Februar 2009.

Keller, H. (1984): Vergewaltigter Wald – Wohin steuert unsere Forstwirtschaft? Natürlich 4(12): 6–9.

Keller, H. (1989): Die Forstwirtschaft zerstört die Natur. Natürlich 9(9): 28–34.

Keller, H. (1990): Einheimische Amazonas-Stimmung. Natürlich 10(6/7): 16–19.

Keller, H. (1993): Naturschützerische Irrtümer. Natürlich 13(7/8): 6–15.

Keller, R. (1973): Bauen als Umweltzerstörung – Alarmbilder einer Un-Architektur der Gegenwart. Artemis, Zürich, 192 S.

Kempf, A. (1985): Waldveränderungen als Kulturlandschaftswandel – Walliser Rhonetal. Fallstudien zur Persistenz und Dynamik des Waldes zwischen Brig und Martigny seit 1873. Basler Beiträge zur Geographie 31, 262 S.

Kessler, E. (1977): Naturschutz in der Reussebene – Erreichtes und Erwünschtes. Wasser, Energie, Luft 69: 218–224.

Kessler, E. (1991): Das Bundesinventar der Landschaften und Naturdenkmäler von nationaler Bedeutung BLN. Bulletin IVS 91: 6–15.

Kessler, R. (1990): «… faule, stinkende Sümpfe!» – Gründe, Hintergründe und Folgen von Gewässerkorrektionen in der Schweiz am Beispiel der Bünz. Lizenziatsarbeit, Universität Zürich. 149 S.

Klaus, G. (Red.) (2007): Zustand und Entwicklung der Moore in der Schweiz – Ergebnisse der Erfolgskontrolle Moorschutz. Umwelt-Zustand 30, 97 S.

Klaus, G., Kägi, B., Kobler, R. L., Maus, K. und Righetti, A. (2005): Empfehlungen zur Vermeidung von Lichtemissionen. Vollzug Umwelt, Bern, 37 S.

Klaus, F. (1982): Basel-Landschaft in historischen Dokumenten. 1. Teil. Quellen und Forschungen zur Geschichte und Landeskunde des Kantons Baselland 20, 310 S.

Klett, M. (2000): Landschaft und Landwirtschaft – eigentlich eine Einheit. Natur und Mensch 42(5): 44–49.

Klötzli, F. und Stadelmann, F. X. (Hrsg.) (2008): Umweltentwicklung Schweiz – gestern, heute, morgen. Neujahrsblatt der Naturforschenden Gesellschaft Zürich 211, 175 S.

Koeppel, H.-D. (1991): Landschaft unter Druck. ARE und BUWAL, Bern, 154 S.

Koeppel, H.-D. (1999): Landschaftswandel im oberen aargauischen Limmattal 1954–1994. Badener Neujahrsblätter 74: 47–60.

Koeppel, H.-D., Schmitt, H.-M. und Leiser, F. (1992): Landschaft unter Druck – Zahlen und Zusammenhänge über Veränderungen in der Landschaft Schweiz. ARE und BUWAL, Bern, 154 S.

Kohli, L. und Birrer, S. (2003): Verflogene Vielfalt im Kulturland – Zustand der Lebensräume unserer Vögel. Avifauna Report Sempach 2d, 72 S. mit 1 CD-ROM.

Kommission EDI für die Planung des Hauptstrassennetzes (Hrsg.) (1958): Das Schweizerische Nationalstrassennetz. Bern, 85 S.

Kramer, I. und Zumsteg, M. (1989): Der Windischer Schachen – Zur 300jährigen Entwicklung einer Landschaft. Brugger Neujahrsblätter 99: 157–178.

Kreimeier, K. (1995): Lob des Fernsehens. Hanser, München.

Kretz, F. (2002): Aus erster Hand – Alltägliches und Aussergewöhnliches aus der Zeit von 1728–1795, aufgezeichnet vom Freiämter Söldner, Seiler, Sigrist und Lehrer Anton Wolfgang Hilfiker. Sauerländer, Aarau, 186 S.

Kreuzer, H. (1983): Zur Ästhetik von Talsperren. Schweizer Ingenieur und Architekt 49: 1182–1188.

Krippendorf, J. (1975): Die Landschaftsfresser: Tourismus und Erholungslandschaft – Verderben oder Segen? Hallwag, Bern, 160 S.

Krippendorf, J. (1984): Das Kapital des Tourismus in Gefahr – Wechselwirkungen zwischen Landschaft und Tourismus. In: Brugger, E. A., Furrer, G., Messerli, B. und Messerli, P. (Hrsg.), Umbruch im Berggebiet – Die Entwicklung des schweizerischen Berggebietes zwischen Eigenständigkeit und Abhängigkeit aus ökonomischer und ökologischer Sicht. Haupt, Bern: 601–629.

Krippendorf, J. und Müller, H. R. (1986): Alpsegen Alptraum – Für eine Tourismus-Entwicklung im Einklang mit Mensch und Natur. Kümmerly & Frey, Bern, 88 S.

Krummenacher, J. (2006): Vom Leben eines Bergdorfs nach dem Untergang. Neue Zürcher Zeitung vom 18./19. März 2006.

Kuhn, W. (1980): Steigerung des Erlebniswertes einer Landschaft durch Flurbereinigung? Natur und Landschaft 55: 257–258.

Kümin, P. (1993): Waldbau und Forsteinrichtung im Einklang mit den Forderungen des Naturschutzes im Forstkreis Laufen? Ein Beispiel! Schweizerische Zeitschrift für Forstwesen 144: 566–569.

Kummer, M. (2002): Energieminderproduktion bei Wasserkraftwerken aufgrund der Restwasserbestimmungen im Gewässerschutzgesetz. BUWAL, Bern, 7 S.

Kummer, M., Baumgartner, M. und Devanthéry, D. (2007): Restwasserkarte Schweiz – Wasserentnahmen und -rückgaben. Umwelt-Zustand 15, 90 S.

Kummert, R. und Stumm, W. (1989): Gewässer als Ökosysteme – Grundlagen des Gewässerschutzes. 2. überarbeitete Auflage. Verlage der Fachvereine, Zürich und Teubner Verlag, Stuttgart, 331 S.

Kuster, J. und Meier, H. R. (2000): Siedlungsraum Schweiz – Struktur und räumliche Entwicklung. ARE, Bern, 100 S.

Kuster, T. und Tanner, K. M. (2006): Wo liegen die Kalender-Landschaften der Schweiz? Schweizerische Zeitschrift für Forstwesen 157: 325–327.

KVU (Konferenz der Vorsteher der Umweltschutzamtsstellen der Schweiz) (Hrsg.) (2006): Ökologie und Landwirtschaft – Zustand wichtiger Umweltbereiche und Weiterentwicklung der agrarpolitischen Massnahmen. Positionspapier, 10 S.

Landolt, E. (2001): Flora der Stadt Zürich (1984–1998). Birkhäuser, Basel, 1421 S.

Lassen, D. (1979): Unzerschnittene verkehrsarme Räume in der Bundesrepublik Deutschland. Natur und Landschaft 54: 333–334.

Laur, E. (1939): Der Schweizer Bauer, seine Heimat und sein Werk – eine Darstellung der Verhältnisse und der Entwicklung der schweizerischen Landwirtschaft im zwanzigsten Jahrhundert. Schweizerischer Bauernverband, Brugg, 674 S.

LBL (Landwirtschaftliche Beratungszentrale Lindau) (Hrsg.) (2000): Mit Brachen die Artenvielfalt fördern. Merkblatt, Reihe «Landwirtschaftliche Forschung und Beratung», 4 S.

Leimbacher, J. (1988): Die Rechte der Natur. Neue Literatur zum Recht. Helbing und Lichtenhahn, Basel, 481 S.

Leimbacher, J. (1992): A landscape named desire. anthos 31(2): 12–14.

Lendi, M. (2006): Integrierender Zutritt zur Landschaftsplanung – die Lebensraumverfassung, das Prinzip der Nachhaltigkeit. In: Tanner, K. M., Bürgi, M. und Coch, T. (Hrsg.), Landschaftsqualitäten. Haupt, Bern: 57–80.

Lendi, M. (2007): Die Politik bewegt die Raumplanung – Gesellschaftliche und wirtschaftliche Veränderungen setzen neue Schwerpunkte. Neue Zürcher Zeitung vom 7. September 2007.

Lendi, M. und Elsasser, H. (1996): Raumplanung in der Schweiz: eine Einführung. Verlag der Fachvereine, Zürich, 422 S.

Leser, H., (1997): Landschaftsökologie – Ansatz, Modelle, Methodik, Anwendung. 4. Auflage. Ulmer, Stuttgart, 644 S.

Linder, W. (1995): Die fünfziger Jahre – Die Verarbeitung ökonomischer Modernisierung durch die politischen Institutionen in der Schweiz. In: Pfister, C. (Hrsg.), Das 1950er Syndrom – Der Weg in die Konsumgesellschaft. Haupt, Bern: 295–309.

Lingeri, J., Neff, C. und Rodewald, R. (2007): Grundsätze zur nachhaltigen Entwicklung der Terrassenlandschaften der Schweiz. Geographica Bernensia, Reihe P, Geographie für die Praxis 39, 91 S.

Lips, M. und Ammann, H. (2007): Kostenvergleich im Ackerbau zwischen der Schweiz und Baden-Württemberg – Vollkostenrechnungen für fünf Ackerkulturen. ART-Berichte 687: 8.

Löns, H. (1929): Der Naturschutz in der Naturschutzphrase. Der Waldfreund 5: 3–13.

Lorenz, A. M. (2000): Klangalltag – Alltagsklang: Evaluation der Schweizer Klanglandschaft anhand einer Repräsentativbefragung bei der Bevölkerung. Dissertation, Universität Zürich.

Luder, R. (1992): Wie eine Kulturlandschaft umgestaltet wird – Das Beispiel Lenk. In: CIPRA (Internationale Alpenschutzkommission) (Hrsg.), Wie Strassen wirken – Grenzen der Erschliessung im Alpenraum. Teil 2. CIPRA, Vaduz, 46 S.

Luka, H., Uehlinger, G., Pfiffner, L. und Mühlethaler, R. (2006): Säume wirken sich positiv auf die Gliedertiere aus. Agrarforschung 13: 386–391.

Lüscher, A., Egger, M. und Meuli, H. (1998): Meliorationen im Einklang mit Natur und Landschaft. Schwabe, Muttenz, 76 S.

Lüthi, P. (1994): Koordinationsmangel beim Bau von Hochspannungsleitungen. Natur und Mensch 36(1): 35–36.

Lüthi, R. (2003): Reinacher Heide. Natur im Baselbiet, Exkursionsführer durch Naturschutzgebiete des Kantons Basel-Landschaft 5. Verlag des Kantons Basel-Landschaft, Liestal, 84 S.

Lüthi, R. (2006): Ermitage und Umgebung, Arlesheim. Natur im Baselbiet, Exkursionsführer durch Naturschutzgebiete des Kantons Basel-Landschaft 8. Verlag des Kantons Basel-Landschaft, Liestal, 88 S.

Lüthi, R. (2008): Der Kanton im Überblick: Teil B Oberbaselbiet. Natur im Baselbiet, Exkursionsführer durch Naturschutzgebiete des Kantons Basel-Landschaft 10. Verlag des Kantons Basel-Landschaft, Liestal, 96 S.

Lüthy, H. (1960): Die Entwicklung des landwirtschaftlichen Wasserbaues im Rahmen des schweizerischen Meliorationswesens 1910–1959. Wasser- und Energiewirtschaft 52: 51–59.

Machatschek, M. (2003): Nahrhafte Landschaft. Böhlau, Wien, 284 S.

Mader, H.-J. (1979): Die Isolationswirkung von Verkehrsstrassen auf Tierpopulationen untersucht am Beispiel von Arthropoden und Kleinsäugern der Waldbiozönose. Schriftenreihe für Landschaftspflege und Naturschutz 19, 126 S.

Makowski, H. und Buderath, B. (1983): Die Natur dem Menschen untertan – Ökologie im Spiegel der Landschaftsmalerei. Kindler, München, 309 S.

Mann, S. und Mack, G. (2004): Wirkungsanalyse der Allgemeinen Direktzahlungen. FAT-Schriftenreihe 64, 101 S.

Marek, D. (1994): Der Weg zum fossilen Energiesystem – Ressourcengeschichte der Kohle am Beispiel der Schweiz 1850–1910: Umweltgeschichte, umweltverträgliches Wirtschaften in historischer Perspektive. Zeitschrift für Historische Sozialwissenschaft, Sonderheft 15: 57–75.

Märki, E. (1960): Bestrebungen zur Reinhaltung und Sanierung unserer Gewässer. Wasser- und Energiewirtschaft 52: 306–313.

Marti, A. (2007): Hat das Schutzkonzept des Natur- und Heimatschutzgesetzes versagt? Umweltrecht in der Praxis 21(7): 757–770.

Marti, A. (2008): Das Schutzkonzept des Natur- und Heimatschutzgesetzes auf dem Prüfstand. Schweizerische Juristen-Zeitung 104(4): 81–90.

Marti, R., Flüeler, E. und Neff, C. (2009): Die neuen Resorts – Rundgang durch Landschaft, Politik und Projekte. Hochparterre 1/2, 35 S.

Mathis, P. Siegrist, D. und Kessler, R. (2003): Neue Skigebiete in der Schweiz? Planungsstand und Finanzierung von touristischen Neuerschliessungen unter besonderer Berücksichtigung der Kantone. Bristol-Schriftenreihe 10. Haupt, Bern, 83 S.

Matter, D. (2008): Wie viele Bauzonen braucht die Schweiz? Forum Raumentwicklung 2: 16–18.

Matthäus, G. und Roweck, H. (1988): Zur Bedeutung von Gehölzstrukturen für nahrungssuchende Kleinvögel in flurbereinigten Rebflächen. Landschaft + Stadt 20: 122–127.

Mayer, A. C., Stöckli, V., Gotsch, N., Konold, W. und Kreuzer, M. (2004): Waldweide im Alpenraum – Neubewertung einer traditionellen Mehrfachnutzung. Schweizerische Zeitschrift für Forstwesen 155: 38–44.

Mayer, K.-A. (1982): Hat die Flurbereinigung 339 Pflanzenarten ausgerottet oder gefährdet und ist sie verantwortlich für die Verringerung der Niederwildbestände? Zeitschrift für Kulturtechnik und Flurbereinigung 23: 365–371.

Mayer, P. (2005): Planierungen von Skipisten verursachen Vegetations-Schäden für Jahrhunderte. Natur und Mensch 47(5): 22–25.

McLuhan, M. Quentin, F. und Jerome, A. (1969): Das Medium ist Massage. Ullstein, Frankfurt a. M., 155 S.

Merki, C. M. (1995): Der Treibstoffzoll aus historischer Sicht: Von der Finanzquelle des Bundes zum Motor des Strassenbaus. In: Pfister, C. (Hrsg.), Das 1950er Syndrom – Der Weg in die Konsumgesellschaft. Haupt, Bern: 311–332.

Merki, C. M. (2002): Der holprige Siegeszug des Automobils in der Schweiz 1895–1930: zur Motorisierung des Strassenverkehrs in Frankreich, Deutschland und der Schweiz. Böhlau, Wien, 468 S.

Messerli, P. (1989): Mensch und Natur im alpinen Lebensraum – Risiken, Chancen, Perspektiven – Zentrale Erkenntnisse aus dem schweizerischen MAB-Programm. Haupt, Bern, 368 S.

Minor, H.-E. und Hager, W. H. (Hrsg.) (2004): Flussbau in der Schweiz. Stäubli, Zürich, 140 S.

Mitchell, F. J. G. (2005): How open were European primeval forests? Hypothesis testing using palaeoecological data. Journal of Ecology 93: 168–177.

Mollet, P., Hahn, P., Heynen, D. und Birrer, S. (2005): Holznutzung und Naturschutz – Grundlagenbericht. Schriftenreihe Umwelt 378, 52 S.

Mondada, L., Panese, F. und Söderström, O. (Hrsg.) (1992): Paysage et crise de la lisibilité: de la beauté à l'ordre du monde. Institut de Géographie, Université de Lausanne, 379 S.

Mone, F. J. (1861): Ueber den Obstbau vom 8.–16. Jahrhundert. Zeitschrift für die Geschichte des Oberrheins 13: 257–273.

Montgomery, D. R. (2007): Dirt – The Erosion of Zivilisations. University of California Press, Berkley, 285 S.

Moor, M. (1963): Pflanzengesellschaften als geologische Zeiger im Jura. Regio Basiliensis 4, 15–38.

Moser, P. (2005): Pendeln im Zürcher Wirtschaftsraum – ein Überblick. Der Zürcher Hauseigentümer 5: 223–329.

Mosimann, T. (1983): Landschaftsökologischer Einfluss von Anlagen für den Massenskisport. Heft 2: Bodenzustand und Bodenstörungen auf planierten Skipisten in verschiedenen Lagen (Beispiel Crap Sogn Gion, Laax GR). Materialien zur Physiogeographie 3, 72 S.

Mosimann, T. (1985): Landschaftsökologischer Einfluss von Anlagen für den Massenskisport. Heft 3: Ökologische Entwicklung von Pistenflächen – Entwicklungstendenzen im Erosionsgeschehen und beim Wiederbewuchs planierter Pisten im Skigebiet Crap Sogn Gion/Laax GR. Materialien zur Physiogeographie 9, 40 S.

Mosimann, T. (1989): Sport: ein Zerstörer der Landschaft? Forschung und Wissenschaft an den Schweizer Hochschulen 6: 23–27.

Mosimann, T. (1996): Die Gefährdung der Böden in der Schweiz. WWF (World Wildlife Fund) Schweiz, Zürich, 38 S.

Mosimann, T. und Luder, P. (1980): Landschaftsökologischer Einfluss von Anlagen für den Massenskisport. Heft 1: Gesamtaufnahme des Pistenzustandes (Relief, Boden, Vegetation, rezente Morphodynamik) im Skigebiet Crap Sogn Gion/Laax GR. Materialien zur Physiogeographie 1, 57 S.

Müller, H. (2007): Tourismus und Ökologie – Wechselwirkungen und Handlungsfelder. 3. überarbeitete Auflage. Oldenbourg Wissenschaftsverlag, München, 245 S.

Müller, H. (2008): Freizeit und Tourismus – Eine Einführung in Theorie und Politik. Berner Studien zu Freizeit und Tourismus 41, 302 S.

Müller, J. (2005): Landschaftselemente aus Menschenhand – Biotope und Strukturen als Ergebnis extensiver Nutzung. Elsevier, München, 272 S.

Müller, W., Schifferli, L., Zwygart, D. und Weibel, U. (2004): Rettet die Obstgärten. Schweizer Vogelschutz SVS/BirdLife Schweiz, 15 S.

Munz, R., Bryner, A. und Siegrist, D. (1996): Landschaftsschutz im Bundesrecht. Rüegger, Chur, 204 S.

Nievergelt, B. und Wildermuth, H. (Hrsg.) (2001): Eine Landschaft und ihr Leben: das Zürcher Oberland. vdf Hochschulverlag AG an der ETH Zürich, Zürich.

Nohl, W. (2006): Auswirkungen von grosstechnischen Baustrukturen auf das Landschaftsbild. In: Tanner, K. M., Bürgi, M. und Coch, T. (Hrsg.), Landschaftsqualitäten. Haupt, Bern: 215–231.

Oberli, A. (1991a): Trigonometrisch-Topographische Karte des Kantons Aargau 1:25 000 1837–1843. Dokumentation zur Faksimilierung. Cartographica Helvetica Verlag, Murten, 16 S.

Oberli, A. (1991b): Die Michaelis-Karte des Kantons Aargau 1:50 000 1837–1849. Dokumentation zur Faksimilierung. Cartographica Helvetica Verlag, Murten, 16 S.

Oberli, A. (1991c): Die Michaelis-Karte des Kantons Aargau 1:50 000 1837–1849. Cartographica Helvetica 3: 2–13.

OcCC (Organ consultativ sur les changements climatiques) und ProClim (Forum of the Swiss Academy of Sciences) (Hrsg.) (2007): Klimaänderung und die Schweiz 2050 – Erwartete Auswirkungen auf Umwelt, Gesellschaft und Wirtschaft. Langnau, 168 S.

OECD (Hrsg.) (1998): Examens des performances environnementales – Suisse. Paris, 244 S.

Ochsenbein, G. (1999): Strassenbau und Strassenkosten ohne Ende – Eine systemtheoretische Analyse eines sich selbst verstärkenden Prozesses im 20. Jahrhundert. Lizentiatsarbeit, Universität Bern.

OFI (Eidgenössisches Oberforstinspektorat) (Hrsg.) (1977, 1983, 1996, 1998): Bundesinventar der Landschaften und Naturdenkmälern von nationaler Bedeutung BLN. Bern.

Oggier, P., Rigetti, A. und Bonnard, L. (2001): Zerschneidung von Lebensräumen durch Verkehrsinfrastrukturen COST 341. Schriftenreihe Umwelt 332, 101 S.

Oppermann, R. und Gujer, H. U. (Hrsg.) (2003): Artenreiches Grünland: bewerten und fördern – MEKA und ÖQV in der Praxis. Ulmer, Stuttgart, 199 S.

ORL (Institut für Orts-, Regional- und Landesplanung) (Hrsg.) (1971): Landesplanerische Leitbilder der Schweiz. Schlussbericht. 3 Bände und 12 Karten. Schriftenreihe zur Orts-, Regional- und Landesplanung 10 A/B/C: 348, 391 S. bzw. Anhang.

Paffen, K. (1953): Der Landschaftsbegriff als Problemstellung. In: Pfaffen, K. (Hrsg.), Das Wesen der Landschaft. Wissenschaftliche Buchgesellschaft, Darmstadt: 71–112.

Paffen, K. (Hrsg.) (1973): Das Wesen der Landschaft. Wissenschaftliche Buchgesellschaft, Darmstadt, 514 S.

Paravicini, E. (1928): Die Bodennutzungssysteme der Schweiz in ihrer Verbreitung und Bedingtheit. Ergänzungsheft 200 zu «Petermanns geographischen Mitteilungen», Justus Pertes, Gotha, 84 S.

Patthey, P., Wirthner, S., Signorell, N. und Arlettaz, R. (2008): Impact of outdoor winter sports on the abundance of a key indicator species of alpine ecosystems. Journal of Applied Ecology 45: 1704–1711.

Perrenoud, A., Känzig-Schoch, U., Schneider, O. und Wettstein, J.-B. (2003): Nachhaltige Bewirtschaftung von Wytweiden – Ein Fallbeispiel aus dem Schweizer Jura. Bristol-Schriftenreihe 12. Haupt, Bern, 235 S.

Petitmermet, M. (1939): Forstwirtschaft. In: Schweizerischen Gesellschaft für Statistik und Volkswirtschaft (Hrsg.), Handbuch der Schweizerischen Volkswirtschaft. Benteli, Bern: 127–137.

Pfiffner, L., Häring, A., Dabbert, S., Stolze, M. und Piorr, A. (2001): Contributions of organic farming to a sustainable environment. In: European Conference, Organic Food and Farming, Towards Partnership and Action in Europe, 10.–11. May 2001 – Proceedings. Copenhagen: 115–123.

Pfister, C. (1985): Das Klima der Schweiz von 1525–1860 und seine Bedeutung in der Geschichte von Bevölkerung und Landwirtschaft. 2. Auflage. Band 2. Haupt, Bern, 163 S.

Pfister, C. (1996): Im Strom der Modernisierung – Bevölkerung, Wirtschaft und Umwelt im Kanton Bern (1700–1914). Band 4: Geschichte des Kantons Bern seit 1798. 2. Auflage. Haupt, Bern, 453 S.

Pfister, C. (1999): Wetternachhersage – 500 Jahre Klimavariationen und Naturkatastrophen (1496–1995). Haupt, Bern, 304 S.

Pfister, C. (2004): Das Karussell kommt in Schwung. Wege und Geschichte 3: 26–30.

Pfister, F., Candrian, M., Näf, F. und Erni, V. (1988): Erschliessungsbedarf in den Gebirgswäldern der Schweiz. Teilbericht des NFP-12-Projekts «Erschliessung der Bergwälder», EAFV, Birmensdorf.

Philippin, M. (1971): Die Vorgeschichte des Baubeschlusses der Engadiner Kraftwerke. Terra Grischuna 30: 165–170.

Piechocki, R., Eisel, U., Körner, S., Nagel, A. und Wiersbinski, N. (2003): Vilmer Thesen zu «Heimat» und Naturschutz. Natur und Landschaft 78: 241–244.

ProSpecieRara (1995): Landwirtschaftliche Genressourcen der Alpen. Bristol-Schriftenreihe 4, 544 S.

Purro, C. und Kozlowski, G. (2003): Flore de la ville de Fribourg. Editions universitaires, Fribourg, 608 S.

PVK (Parlamentarische Verwaltungskontrolle) (2003): Evaluation des Bundesinventars der Landschaften und Naturdenkmäler von nationaler Bedeutung BLN. Bericht der parlamentarischen Verwaltungskontrollstelle zuhanden der Geschäftsprüfungskommission des Nationalrates. Bern, 85 S.

Raba, A. (1997): Historische und landschaftsökologische Aspekte einer inneralpinen Terrassenlandschaft am Beispiel von Ramosch. Dissertation, Albert-Ludwigs-Universität Freiburg i. Br. 163 S.

Räber, P. (1996): Die Bauernhäuser des Kantons Aargau. Band 1: Freiamt und Grafschaft Baden. Schweizerische Gesellschaft für Volkskunde, Basel, 471 S.

Ratzel, F. (1904): Über Naturschilderungen. Oldenburg, München, 394 S.

Rausch, H., Marti, A. und Griffel, A. (2004): Umweltrecht. Schulthess, Zürich, 279 S.

Redle, M. (1999): Kies- und Energiehaushalt urbaner Regionen in Abhängigkeit der Siedlungsentwicklung. Dissertation ETH Zürich, Nr. 13108. 141 S. plus Anhang.

Reichholf, J. H. (2007): Stadtnatur – Eine neue Heimat für Tiere und Pflanzen. Oekom, München, 318 S.

Rentsch, H. (2006): Der befreite Bauer – Anstösse für den agrarpolitischen Richtungswechsel. Verlag Neue Zürcher Zeitung, Zürich, 430 S.

Rey, A. (1937): Die Entwicklung der Industrie im Kanton Aargau. Buchdruckerei Eugen Keller, Aarau, 195 S.

Rieder, P., Buchli, S. und Kopainsky, B. (2004): Erfüllung des Verfassungsauftrages durch die Landwirtschaft unter besonderer Berücksichtigung ihres Beitrags zur dezentralen Besiedlung. Hauptbericht. ETH Zürich.

Rodewald, R. (1993): Elektrische Übertragungsleitungen und Landschaftsschutz – Idee eines Verkabelungsfonds lanciert. Neue Zürcher Zeitung vom 12. Oktober 1993.

Rodewald, R. (1998): Golffieber statt Almrausch. In: Internationale Alpenschutzkommission (CIPRA) (Hrsg.): 1. Alpenreport – Daten, Fakten, Probleme, Lösungsansätze. Haupt, Bern: 103–107.

Rodewald, R. (1999a): Sehnsucht Landschaft: Landschaftsgestaltung unter ästhetischem Gesichtspunkt. Chronos, Zürich, 201 S.

Rodewald, R. (1999b): Kein Persilschein für intensive Landwirtschaft. Verordnungsentwurf zeigt Schwächen des revidierten RPG. Neue Zürcher Zeitung vom 24. November 1999.

Rodewald, R. (2002): Windkraft und die Archillesferse Landschaftsschutz. Natur und Mensch 44(1): 31–33.

Rodewald, R. (2004): Verbandsbeschwerderecht: eine unendliche Geschichte. DISP 157: 42–45.

Rodewald, R. (2008): Ausufernder Zweitwohnungsbau im Alpenraum – Der Wildwuchs kann eingedämmt werden. CIPRA Info 87: 8–10.

Rodewald, R. und Knoepfel, P. (2000): Regionalpolitik und ländliche Entwicklung in der Schweiz. Cahier de l'IDHEAP 197a, Lausanne.

Rodewald, R. und Neff, C. (2001): Bundessubventionen – landschaftszerstörend oder landschaftserhaltend? Praxisanalyse und Handlungsprogramm. FLS (Fonds Landschaft Schweiz), Bern, 166 S.

Roth, L. und Bürgi, M. (2006): Bettlaubsammeln als Streunutzung im St. Galler Rheintal. Schweizerische Zeitschrift für Forstwesen 157: 348–356.

Roth, U. (1980): Geschichte der Landesplanung. DISP 56, 55 S.

Roth, U., Zeh Weissmann, H. und Recher, H. (2007): Landschaft unter Druck. 3. Fortschreibung. ARE und BAFU, Bern, 42 S.

Roth, U., Leiser, F., Schmitt, H.-M., Gremminger, T., Engel, J., Zeh, W. und Meier, H. (1994): Landschaft unter Druck, Fortschreibung – Zahlen und Zusammenhänge über Veränderungen in der Landschaft Schweiz, Beobachtungsperiode 1978–1989. BRP und BUWAL, Bern, 56 S.

Rudorff, E. (1880): Über das Verhältnis des modernen Lebens zur Natur. Preussische Jahrbücher 45: 261–276.

Ruppen, P. J., Imseng, G. und Imseng, W. (1988): Saaser Chronik 1200–1988. Verkehrsverein Saas-Fee, Saas-Fee, 414 S.

Saladin, P. und Zenger, C. A. (1988): Rechte künftiger Generationen. Helbing und Lichtenhahn, Basel, 144 S.

Salathé, R. (2000): Die Birs – Bilder einer Flussgeschichte. Verlag des Kantons Basel-Landschaft, Liestal, 172 S.

Saurer, K. (Hrsg.) (2002): Der Sihlsee – Eine Landschaft ändert ihr Gesicht. Offizin, Zürich. 176 S.

SAW (Schweizerische Arbeitsgemeinschaft für Wanderwege) (Hrsg.) (1980): Die Auswirkungen des Strassenbaues auf das schweizerische Wanderwegnetz. Schlussbericht. Bern, 121 S.

SBN (Hrsg.) (1963–1988): Inventar der zu erhaltenden Landschaften und Naturdenkmäler von nationaler Bedeutung (KLN-Inventar). Basel.

Schader, C., Pfiffner, L., Schlatter, C. und Stolze, M. (2008): Umsetzung von Ökomassnahmen auf Bio- und ÖLN-Betrieben. Agrarforschung 15: 506–511.

Scheibler, U. (2007): Wasser hin oder her, Hauptsache der Profit stimmt! Natur und Mensch 49(3): 6–7.

Schenk, W. (2001): Auen als Siedlungs- und Wirtschaftsräume vor den ingenieurtechnischen Veränderungen des 19. Jahrhunderts – Das Mittelmaingebiet als Beispiel. Zeitschrift für Geomorphologie, Neue Folge, Supplement 124: 55–67.

Schenk, W., Fehn, K. und Denecke, D. (Hrsg.) (1997): Kulturlandschaftspflege – Beiträge der Geographie zur räumlichen Planung. Gebrüder Borntraeger, Berlin, 316 S.

Schiedt, H.-U. (2004): Der Ausbau der Hauptstrassen in der ersten Hälfte des 20. Jahrhunderts. Wege und Geschichte 1: 12–25.

Schiedt, H.-U. (2005): Landwirtschaft – Ein Transportgewerbe (nicht nur) wider Willen. Wege und Geschichte 1: 4–11.

Schiedt, H.-U. (2007): Die Entwicklung der Strasseninfrastruktur in der Schweiz zwischen 1740 und 1910. Jahrbuch für Wirtschaftsgeschichte 1: 39–54.

Schiess, H. und Schiess-Bühler, C. (1997): Dominanzminderung als ökologisches Prinzip: eine Neubewertung der ursprünglichen Waldnutzungen für den Arten- und Biotopschutz am Beispiel der Tagfalterfauna eines Auenwaldes in der Nordschweiz. Mitteilungen der Eidgenössischen Forschungsanstalt für Wald, Schnee und Landschaft 72: 3–127.

Schinz, S. (1775): Die Reise auf den Uetliberg im Junius 1774. Faksimiledruck von 1978. Schweizerverlagshaus, Zürich, 95 S.

Schivelbusch, W. (1977): Geschichte der Eisenbahnreise – Zur Industrialisierung von Raum und Zeit im 19. Jahrhundert. Hanser, München, 222 S.

Schläpfer, F. (2006): Zeit zum Ausmisten. Neue Zürcher Zeitung am Sonntag vom 19. März 2006.

Schmassmann, H. (1954): Bericht des Obmanns. Jurablätter 16: 179.

Schmid, H. und Pasinelli, G. (2002): Vergleich der Brutvogelgemeinschaften diesseits und jenseits der Schweizer Grenze. Der Ornithologische Beobachter 99: 187–204.

Schmid, H., Luder, R., Naef-Daenzer, B., Graf, R. und Zbinden, N. (1998): Schweizer Brutvogelatlas – Verbreitung der Brutvögel in der Schweiz und im Fürstentum Lichtenstein 1993–1996. Schweizerische Vogelwarte Sempach, Sempach, 574 S.

Schmid, H. G. (1997): Landschaftsverträgliche Wasserkraftnutzung – Bundesrechtliche Anforderungen und ihre Durchsetzung gegenüber den Kantonen. Helbing und Lichtenhahn, Basel, 231 S.

Schmid, W. A. (1980): Landschaftsplanung und landwirtschaftliche Strukturverbesserungsmassnahmen. Vermessung, Photogrammetrie, Kulturtechnik 78(3): 115–120.

Schmid, W. A. und Flury, A. (1984): Systemtechnisches Vorgehen in der Güterzusammenlegung, erläutert am Beispiel Otelfingen-Boppelsen. Verlag der Fachvereine, Zürich, 129 S.

Schmidhauser, A. (1997): Die Beeinflussung der schweizerischen Forstpolitik durch private Naturschutzorganisationen. Mitteilungen der Eidgenössischen Forschungsanstalt für Wald, Schnee und Landschaft 72: 245–495.

Schmidt, P. (1966): Die Tiere und die Strasse. Naturforschende Gesellschaft Schaffhausen, Naturschutzkommission, Flugblatt, Serie II, Nr. 5, Sonderdruck aus Natur und Mensch 7 und 8, 1964/65 und 1965/66, 20 S.

Schmithüsen, J. (1961): Natur und Geist in der Landschaft (Brief an den sechsjährigen Sohn). Natur und Landschaft 36: 70–73.

Schmitt, M., Schläpfer, F. und Roschewitz, A. (2004): Bewertung von Landschaftsveränderungen: Ein experimenteller Ansatz. Agrarforschung 11(10): 464–469.

Schneider, H. (1990): Der Bundesgerichtsentscheid Bollodingen – Forststrassen auf dem Holzweg. Bulletin IVS 90(3): 20–24.

Schönenberger, F. (1912): Die Harzfichten im Berner Jura. Schweizerische Zeitschrift für Forstwesen 63: 253–262.

Schottmüller, H. (1961): Der Löss als gestaltender Faktor in der Kulturlandschaft des Kraichgaus. Forschung zur Deutschen Landeskunde 130, 96 S.

Schreiber, C. (2000): Wer wächst, wer weicht in der Landwirtschaft? Das Bauernsterben findet nicht statt. Neue Züricher Zeitung vom 15. März 2000.

Schubert, E. (2002): Alltag im Mittelalter – Natürliches Lebensumfeld und menschliches Miteinander. Primus-Verlag, Darmstadt, 423 S.

Schudel, P. (1991): Ökologie und Pflanzenschutz – Grundlagen für Anwender von Pflanzenbehandlungsmitteln. Leitfaden Umwelt 2, 66 S.

Schüpbach, W. (1996): Frühes Wissen zurückgewinnen – Ursachen der Zerstörung von Kiesstrassen und Vorschläge für Gegenmassnahmen. Bulletin IVS 96(2): 20–27.

Schütz, J.-P. (1988): Waldbau im Spannungsfeld zwischen Ökonomie und Ökologie. Natürlich 8(7/8): 76–78.

Schwarz, W. (1996): BLS Lötschbergbahn – Schutz vor Naturgefahren auf der Nordrampe. Schlaefli, Interlaken, 126 S.

Schweizerische Fachorganisationen für Kulturtechnik und Vermessungswesen (Hrsg.) (1960): Güter- und Waldzusammenlegung – Agrarstruktur und Planung. Vogt-Schild, Solothurn, 82 S.

Schweizerischer Bundesrat (1987): Bericht über den Stand und die Entwicklung der Bodennutzung und Besiedlung in der Schweiz (Raumplanungsbericht 1987). Nr. 87.074.

Schwick, C. und Spichtig, F. (2007): Die Wasserfälle der Schweiz – mit 53 Wanderungen zu spektakulären Naturschauplätzen. Verlag Aargauer Tagblatt, Aarau. 223 S.

Schwineköper, K. (1997): Historische Landschaftsanalyse in der Landschaftsökologie am Beispiel des Wurzacher Riedes, des Einzugsgebietes der Wolfegger Ach und des Heidenwuhres. Berichte des Institutes für Landschafts- und Pflanzenökologie der Universität Hohenheim, Beiheft 2, 285 S.

Seifert, A. (1962): Ein Leben für die Landschaft. Eugen Diederichs Verlag, Düsseldorf, 160 S.

Seiler, W. (1986): Sommervogelgemeinschaften von flurbereinigten und nicht bereinigten Weinbergen im württembergischen Unterland. Ökologie der Vögel 8: 95–107.

Siebert, A. (1955): Wort, Begriff und Wesen der Landschaft. Umschaudienst der Akademie für Raumforschung und Landesplanung 5: 1–92.

Sieferle, R. P. (1982): Der unterirdische Wald – Energiekrise und Industrielle Revolution. Beck'sche Verlagsbuchhandlung, München, 282 S.

Sieferle, R. P. (1986): Entstehung und Zerstörung der Landschaft. In: Smuda, M. (Hrsg.), Landschaft. Suhrkamp, Frankfurt a. M.: 238–265.

Siegenthaler, H. und Ritzmann-Blickenstorfer, H. (Hrsg.) (1996): Historische Statistik der Schweiz. Chronos, Zürich, 1221 S.

Sittler, B. und Hauger, K. (2005): Das Laserscanning im Dienste der Kulturlandschaftsforschung am Beispiel der unter Wald fossilisierten Wölbäcker von Rastatt. Fundberichte aus Hessen, Beiheft 4: 229–235.

SL (Stiftung Landschaftsschutz Schweiz) (Hrsg.) (2008): Landschaftsschutz 2007 – Tätigkeit der Stiftung Landschaftsschutz Schweiz SL. Bern, 111 S.

Smuda, M. (1986): Natur als ästhetischer Gegenstand und als Gegenstand der Ästhetik – Zur Konstitution von Landschaft. In: Smuda, M. (Hrsg.), Landschaft. Suhrkamp, Frankfurt a. M.: 31–86.

SOLAGRO, Eidgenössische Anstalt für Agrarökologie und Landbau, Niederösterreichische Agrarbezirksbehörde (Hrsg.) (2002): Bäume, Hecken und Biodiversität – Die Bedeutung von Gehölzen für die biologische Vielfalt in Agrarlanschaften. Solagro, Toulouse 32 S.

Solomon, S., Qin, D., Manning, M., Marquis, M., Averyl, K., Tignor, M. M. B., Miller, H. L. und Chen, Z. (Hrsg.) (2007): Climate Change 2007 – The Physical Science Basis. Cambridge University Press, Cambridge, 996 S.

Sparovek, G., de Jong van Lier, Q., Marcinkonis, S., Rogasik, J. und Schnug, E. (2002): A simple model to predict river floods – a contribution to quantify the significance of soil infiltration rates. Landbauforschung Völkenrode 52(2): 187–195.

Spiess, M., Marfurt, C. und Birrer, S. (2002): Evaluation der Ökomassnahmen mit Hilfe von Brutvögeln. Agrarforschung 9: 158–163.

Steck, C. (2001): Die Nahrungsökologie des Grossen Mausohrs (Myotis myotis) heute und vor 100 Jahren – Eine historisch-ökologische Fallstudie. Diplomarbeit, Universität Zürich. 78 S.

Stein, K. (2003): Flurdenkmäler unserer Heimat – Streifzüge im Lausitzer Gebirge und in der Böhmischen Schweiz. Niederland-Verlag, Backnang, 119 S.

Steiner, R. S. (2006): Landnutzungen prägen die Landschaft. Dissertation ETH Zürich, Nr. 16796. 159 S.

Steiner-Haremaker, I. und Steiner, D. (1961): Zur Verbreitung und geographischen Bedeutung der Grünhecken in der Schweiz. Geographica Helvetica 16: 61–76.

Steiniger, F. (Hrsg.) (1964): Festschrift zum 50. Todestag von Hermann Löns. Erich Böhm, Hannover, 48 S.

Stern, H., Thielcke, G., Vester, F. und Schreiber, R. (1978): Rettet die Vögel – wir brauchen sie. Herbig, München, 239 S.

Stöcklin, J., Bosshard, A., Klaus, G., Rudmann-Maurer, K. und Fischer, M. (2007): Landnutzung und biologische Vielfalt in den Alpen: Fakten, Perspektiven, Empfehlungen. vdf Hochschulverlag AG an der ETH Zürich, Zürich, 191 S.

Stuber, M. und Bürgi, M. (2001): Agrarische Waldnutzungen in der Schweiz 1800 bis 1950 – Waldweide, Waldheu, Nadel- und Laubfutter. Schweizerische Zeitschrift für Forstwesen 152: 490–508.

Stulz, R. (2002): 2000 Watt Gesellschaft – Vision für eine nachhaltige Zukunft. Natur und Mensch 44(4): 2–7.

Suchomel, C. und Konold, W. (2008): Niederwald als Energiequelle – Chancen und Grenzen aus Sicht des Naturschutzes. Berichte der Naturforschende Gesellschaft zu Freiburg i. Br. 98: 61–120.

Suter, P. (1969): Die Einzelhöfe von Baselland. Quellen und Forschungen zur Geschichte und Landeskunde von Baselland 8, 203 S.

Suter, W. (1979): Zum Rückgang des Feldobstbaus im Kanton Zürich seit 1930. Semesterarbeit, Universität Bern. 40 S.

SVS (Schweizer Vogelschutz) (Hrsg.) (2000): Kleinstrukturen – Lebensnetze für die Natur. Zürich, 23 S.

Tanner, E. (1956): Die Güterzusammenlegung im Dienste der Landesplanung unter besonderer Berücksichtigung der Durchgangsstrassen. Schweizerische Landwirtschaftliche Monatshefte 34(3/5): 178–182 bzw. 245–273.

Tanner, K. M. (1999): Augen-Blicke – Bilder zum Landschaftswandel im Baselbiet. Quellen und Forschungen zur Geschichte und Landeskunde des Kantons Basel-Landschaft 68, 264 S.

Tanner, K. M. und Zoller, S. (1996a): Wie Meliorationen die Ausstattung der Kulturlandschaft verändern. Informationsblatt des Forschungsbereiches Landschaftsökologie WSL 32: 3–6.

Tanner, K. M. und Zoller, S. (1996b): Zum Ausmass von Landschaftsveränderungen durch Meliorations-Eingriffe. Eine vergleichende Untersuchung in den Gemeinden Wintersingen, Arisdorf und Ormalingen (Kanton Basel-Landschaft). Regio Basiliensis 37: 155–166.

Tanner, K. M., Bürgi, M. und Coch, T. (Hrsg.) (2006): Landschaftsqualitäten. Festschrift für Prof. Dr. Klaus C. Ewald anlässlich seiner Emeritierung im Jahr 2006. Haupt, Bern, 320 S.

Teich, M., Lardelli, C., Bebi, P., Gallati, D., Kytzia, S., Pohl, M., Pütz, M. und Rixen, C. (2007): Klimawandel und Wintertourismus – Ökonomische und ökologische Auswirkungen von technischer Beschneiung. WSL, Birmensdorf, 169 S.

Thélin, G. (1987): Was bringt die Raumbeobachtung der Landschaft? Wirtschaftsgeographie und Raumplanung Universität Zürich 1: 77–83.

Thomet, O. und Thomet-Thoutberger, E. (1991): Vorschläge zur ökologischen Gestaltung und Nutzung der Agrarlandschaft. Themenbericht des nationalen Forschungsprogrammes «Boden», Liebefeld-Bern, 147 S.

Tress, B. und Tress, G. (2001): Begriff, Theorie und System der Landschaft – Ein transdisziplinärer Ansatz zur Landschaftsforschung. Naturschutz und Landschaftsplanung 33: 52–58.

Trocmé, M. (1995): Stromleitungen – Neue Techniken schonen die Landschaft. BUWAL-Bulletin 2: 32–34.

Tschäni, H. (1986): Wem gehört die Schweiz? – Eine kritische Sicht auf den Umgang mit Eigentum und Bodenbesitz in der Vergangenheit und heute. Orell Füssli, Zürich, 182 S.

Turner, H. (1974): Umweltprobleme bei Naturzug-Nasskühltürmen grosser Kernkraftwerke in der Schweiz. Neue Zürcher Zeitung vom 18. Februar 1974.

Uhlmann, V. und Wehrli, B. (2006): Wasserkraftnutzung und Restwasser – Standortbestimmung zum Vollzug der Restwasservorschriften. EAWAG, Kastanienbaum, CD mit elektronischen Daten.

Unterseher, E. (1997): Ingenieurökologie und Landschaftsmanagement in zwei Agrarlandschaften der Region Basel – Möhliner Feld (Hochrheintal/Schweiz) und Feuerbachtal (Markgräfler Hügelland/Deutschland). Basler Beiträge zur Physiogeographie 24, 297 S.

van Elsen, T. und Scheller, U. (1995): Zur Bedeutung einer stark gegliederten Feldflur für Ackerwildkraut-Gesellschaften. Natur und Landschaft 70: 62–72.

Venner, K. (1978): Anleitung zum Entwässern – Landwirtschaft und Naturschutz am Beispiel des Seelandes. Dokumentarhörfolge. Schweizer Schulfunk 43(10): 256–260.

Vera, F. W. M. (2000): Grazing Ecology and Forest History. CABI, Wallingford, 506 S.

Vetterli, W. und Geiger, W. (1998): Meliorationen als Instrument der Landschaftsaufwertung – Grundsätze und Richtlinien. WWF Schweiz und Pro Natura (Hrsg.), Inka-Druck, Zürich, 39 S.

ViaStoria und Elsasser, K. T. (Hrsg.) (2007): Der direkte Weg in den Süden – Die Geschichte der Gotthardbahn. AS Verlag, Zürich, 232 S.

Vischer, D. L. (1986): Schweizerische Flusskorrektionen im 18. und 19. Jahrhundert. Mitteilungen der Versuchsanstalt für Wasserbau, Hydrologie und Glaziologie an der Eidgenössischen Technischen Hochschule 84, 77 S.

Vischer, D. L. (1990): Wasserkraftnutzung im Widerstreit der Meinungen. Schweizer Ingenieur und Architekt 23: 655–660.

Vischer, D. L. (2000): Johann Gottfried Tulla, badischer Experte für Schweizer Flusskorrektionen. Schweizer Ingenieur und Architekt 5: 11–16.

Vischer, D. L. (2001): Wasserbauer und Hydrauliker der Schweiz – Kurzbiographien ausgewählter Persönlichkeiten. Verbandsschrift des Schweizerischer Wasserwirtschaftsverbandes 63, 341 S.

Vischer, D. L. (2003): Die Geschichte des Hochwasserschutzes in der Schweiz – von den Anfängen bis ins 19. Jahrhundert. Berichte des BWG (Bundesamtes für Wasser und Geologie), Serie Wasser 5, 208 S.

Vischer, D. L. und Feldmann, H. (2005): Die erste Juragewässerkorrektion, 1868–1891. Cartographica Helvetica 32: 17–32.

Vischer, W. (1946). Naturschutz in der Schweiz. Schweizerische Naturschutzbücherei 3, 380 S.

Volkart, A. (1902): Dreifelder- und Egertenwirtschaft in der Schweiz. In: Dürst, J. U., Waldvogel, T., Landwirtschaftliche Schule Rütti, Laur, E., Glättli, G., von Okulitsch, J. K., Krämer, H., Peter, A., Schellenberg, H. C., Martinet, G., Nater, H., Moos, H., Bächler, C. und Vokart, A. (Hrsg.), Forschungen auf dem Gebiet der Landwirtschaft – Festschrift zur Feier des siebzigsten Geburtstags von Prof. Dr. Adolf Kraemer. Huber, Frauenfeld: 366–404.

Vollenweider, C. (1979): Bewirtschaftungsprobleme von Waldungen, die im Inventar der Landschaften von nationaler Bedeutung eingeschlossen sind oder werden. Diplomarbeit, ETH Zürich. 75 S.

von Arx, G., Bosshard, A. und Dietz, H. (2002): Land-use intensity and border structures as determinants of vegetation diversity in an agricultural area. Bulletin of the Geobotanical Institute ETH 68: 3–15.

von Humboldt, A. (1845): Kosmos – Entwurf einer physischen Weltbeschreibung. Band 1 bis 4. Cotta'scher Verlag, Stuttgart, 507, 535, 645 bzw. 690 S.

von Humboldt, A. (1849): Ansichten der Natur, mit naturwissenschaftlichen Erläuterungen. Band 2. 3. Ausgabe. Cotta'scher Verlag, Stuttgart, 407 S.

Wahlen, F. T. (1943): Unser Boden heute und morgen – Etappen und Ziele des Schweizerischen Anbauwerks. Atlantis, Zürich, 264 S.

Warnke, M. (1992): Politische Landschaft – Zur Kunstgeschichte der Natur. Carl Hanser, München, 189 S.

Weber, D. (1993): Beurteilung der Schutzwirkung des Bundesinventars der Landschaften und Naturdenkmäler von nationaler Bedeutung BLN – Erfolgskontrolle zu Art. 5 und 6 des Bundesgesetzes über den Natur- und Heimatschutz für den Zeitraum 1977–1992. Unveröffentlichter Bericht, deponiert im BUWAL, Bern.

Weggler, M. und Widmer, M. (2000): Vergleich der Brutvogelbestände im Kanton Zürich 1986–1988 und 1999. I. Was hat der ökologische Ausgleich in der Kulturlandschaft bewirkt? Der Ornithologische Beobachter 97: 123–146.

Weiss, H. (1982): Die friedliche Zerstörung der Landschaft und Ansätze zu ihrer Rettung in der Schweiz. Ex Libris, Zürich, 231 S.

Weiss, H. (2006): Was heisst Qualität der Landschaft? In: Tanner, K. M., Bürgi, M. und Coch, T. (Hrsg.), Landschaftsqualitäten. Haupt, Bern: 15–22.

Weiss, R. (1959): Häuser und Landschaften der Schweiz. Eugen Rentsch, Erlenbach-Zürich, 368 S.

Weiss, W. (1991): Fachwerk in der Schweiz. Birkhäuser, Basel, 252 S.

Weitnauer, E. und Bruderer, B. (1987): Veränderungen der Brutvogel-Fauna der Gemeinde Oltingen in den Jahren 1935–1985. Der Ornithologische Beobachter 84: 1–9.

Welsch, W. (1996): Grenzgänge der Ästhetik. Reclam, Stuttgart, 350 S.

Welti, A. (1993): Sekretär des Zürcher Naturschutzbundes. Neue Zürcher Zeitung vom 3. August 1993.

Werth, E. (1954): Grabstock, Hacke und Pflug – Versuch einer Entstehungsgeschichte des Landbaues. Eugen Ulmer, Ludwigsburg, 435 S.

Widmer, M. (2004): Sieben x Seide – Die Zürcher Seidenindustrie 1954–2003. Verlag hier + jetzt, Baden, 241 S.

Widmer, P. und Peters, M. (2000): Delphi-Umfrage – Zukunft des Verkehrs in der Schweiz. ASTRA und GVF (Dienst für Gesamtverkerhrsfragen), Bern, 72 S.

Widrig, J. (1950): Von einem Alp- und Waldverbesserungsprojekt und der Ausscheidung von Wald und Weide. Sonderdruck des «St. Galler Bauer», 12 S.

Wiesli, U. (1986): Die Schweizerische wissenschaftliche Länderkunde. Band 26. Wissenschaftliche Buchgesellschaft, Darmstadt, 354 S.

Wildi, O. und Wohlgemuth, T. (2008): Unruhe im Wald durch Globalisierung? Natur und Mensch 50(1): 10–13.

Wilke, J. (1994): Was ist Natur? Natur als Gegenstand der Naturwissenschaften. In: Landeshauptstadt Stuttgart, Kulturamt (Hrsg.), Zum Naturbegriff der Gegenwart. Kongressdokumentation zum Projekt «Natur im Kopf», Stuttgart 21.–26. Juni 1993. Band 1 und 2. frommann-holzboog, Stuttgart, 432 bzw. 380 S.

Winkler, E. (1970): Schweiz, Raumordnung und Landesplanung. In: Akademie für Raumforschung und Landesplanung (Hrsg.), Handwörterbuch der Raumforschung und Raumordnung. Band 3. Jänecke, Hannover: 2853–2863.

Winkler, E. und Hofer, H. (Hrsg.) (1941): Das Schweizer Dorf – Beiträge zur Erkenntnis seines Wesens. Atlantis-Verlag, Zürich, 422 S.

Winkler, E., Jacsman, J., Hug, C. und Schilter, R. (1974): Landesplanerische Leitbilder der Schweiz – Teilleitbild Landschaftsschutz. Schriftenreihe zur Orts-, Regional- und Landesplanung 18, 125 S.

Winkler, E., Winkler, G. und Lendi, M. (1979): Dokumente zur Geschichte der schweizerischen Landesplanung. Schriftenreihe zur Orts-, Regional- und Landesplanung 1, 224 S.

Winkler, J. (2002): Rhythmicity. In: Järviluoma, H. und Wagstaff, G. (Hrsg.), Soundscape Studies and Methods. Finnish Society for Ethnomusicology Publications 9: 133–142.

Wipf, S., Rixen, C., Fischer, M., Schmid, B. und Stoeckli, V. (2005): Effects of ski piste preparation on alpine vegetation. Journal of Applied Ecology 42: 306–316.

Wobmann, K. (1980): Touristikplakate der Schweiz. Verlag Aargauer Tagblatt, Aarau, 158 S.

Wöbse, H. H. (1994): Die Erhaltung historischer Kulturlandschaften und ihrer Elemente. In: Deutscher Heimatbund (Hrsg.), Plädoyer für Umwelt und Kulturlandschaft. Bonn: 37–43.

Wolf, R. und Hassler, D. (1993): Hohlwege – Entstehung, Geschichte und Ökologie der Hohlwege im westlichen Kraichgau. Beiheft zu den Veröffentlichungen für Naturschutz und Landschaftspflege in Baden-Württemberg 72, 416 S.

Wullschleger, E. (1997): Waldpolitik und Forstwirtschaft im Kanton Aargau von 1803 bis heute. Finanzdepartement des Kantons Aargau, Abteilung Wald, Aarau, 680 S.

WWF Schweiz (Hrsg.) (2004): Waldreservate – Die Kantone im Vergleich. Zürich, 18 S.

WWF Schweiz (Hrsg.) (2005): Illegaler Holzeinschlag und die Schweiz – Eine Analyse der Schweizer Aussenhandelsdaten 2003. Zürich, 42 S.

Wyler, T. (2000): Als die Echos noch gepachtet wurden. Aus den Anfängen des Tourismus in der Schweiz. Verlag Neue Zürcher Zeitung, Zürich, 155 S.

Zaugg, E., Hadorn, C. und Gsponer, G. (2007): Qualitätsziele Wanderwege Schweiz. Materialien Langsamverkehr 113, 23 S.

Zbinden, H. (1954): Das Spiel um den Spöl – Grundsätzliches zum Kampf um den Nationalpark. Herbert Lang und Cie, Bern, 62 S.

Zerner, J. M. (1981): Manipulationen – Was dabei herauskommt, wenn die Wissenschaft auf flurbereinigte Abwege gerät. Natur 11: 87.

Zimmermann, W. (1974): Schaffhauser Ackerbau durch die Jahrhunderte – Ein Beitrag zur Agrargeschichte der Schweiz. P. Meili, Schaffhausen, 141 S.

Zimmermann, W. (1988): Umweltbeobachtung und Umweltforschung in der Schweiz. Schriftenreihe Umweltschutz 80 und 81, 267 bzw. 126 S.

Zoller, H. und Erny-Rodmann, C. (1994): Epochen der Landschaftsentwicklung im Unterengadin. In: Lotter, A. F. und Ammann, B. (Hrsg.), Festschrift Gerhard Lang. Dissertationes Botanicae 234: 565–581.

Zryd, P. (1942): Grafenried zur Zeit der Dreifelderwirtschaft. Francke, Bern, 110 S.

Zschokke, H. (1838): Die klassischen Stellen der Schweiz und deren Hauptorte in Originalansichten dargestellt. Gezeichnet von G. A. Müller, auf Stahl gestochen von H. Winkles und den besten englischen Künstlern. Band 2. Kunst-Verlag, Karlsruhe, 217–423.

Zucchi, H. (2007): Was Studierende mit «Heimat» verbinden und verbindet – Ergebnisse einer Befragung. Natur und Landschaft 82: 63–67.

Zurwerra, C., Kaiser, K. F. und Landolt, R. (2006): Die Lärchen am Castelberg, Simplon – Ein hölzernes Archiv über acht Jahrhunderte. WSL, Birmensdorf, 2 S.

Stichwortverzeichnis

A

Aare 104 109f. 126
Abfalldeponie 371
Abwanderung 147
Ackerbau 44 55 60 68 76 89 94 137 142 179 257 268 271 **274f.** 326
Ackerbegleitflora 230
Ackerfläche **132** 257 359
Ackerland 60f. 80 187 221
Ackerlandschaft 351
Ackerraine 94
Ackerschonstreifen 222 **230**
Ackerterrassen 81f. **83f.** 133 163 601
Ackerwildkräuter 228f.
Ackerzelge 91
Agglomeration 27 31 326 334f. 348 **349f.** 367 369 621
Agglomerationsgemeinde 349f.
Agrarforschung 162
agrarische Waldnutzung **271ff.**
agrarmorphologischer Formenschatz 61 82 88 162
Agrarpolitik 99 135 140 144f. 211 **217ff.** 227 260 350 609
agrarpolitische Vision 252
Agrarreform **218ff.** 238 264
Agrarwüste 191 219
Agrotourismus 263
akustische Landschaft 27
Aletschwald 475
Alkoholgesetz 151
Alleen 26 222 430
Alleenkampagne 612
allgemeine Direktzahlungen 234 238 241 255
Allmend 55 74 79 85 91 187
Alp 287
Alpaufzug 381
Alpen 26 44 64f. 67f. 71 94f. 133f. 137 160 164 251 261f. 268 271 282 285 308f. 319 328f. 358f. 381 387 390 398 412 416 418 429 436 441 445 454 458 469 480 483 503 517 521 523 530 532
Alpenfaltung 64
Alpenkonvention 588
Alpenpässe 379

Alpenstrassen **383**
Alpwirtschaftsfläche 251
Altholz 295 298 308 317
Altsiedelgebiet 326
Ammoniak 158 232
Amphibienlaichgebiete 578f. 583
Anbauschlacht **141ff.** 144 165 550 586
Anerbengebiet 135
Ansichtskarten **56f.**
Antennen 351 353 537
Anwand 82 **85** 89 92 163 187
Arbeitsintensität 74
Architekturverbrechen 612
Arealstatistik 58 333
Artenarmut 524
Artenrückgang 234
Artenschutz 588
Artenvielfalt 29 89 206 208 218 **223** 227 229 236 255 257ff. 262ff. 268 277 295 308 366 368 419 455 466 544 609 611 619
Artenvielfalttag 368
Asphalt 38 85 169 378 392 400 410 **412** 427 592 606
Asphaltstrassen 410
Asthaufen 242f.
Ästhetik am Bau 340
Atomkraftwerke 353 532ff. 540 542 544
Auen 69 102 104 109 126 128 133 348 529 578f. 583
Auenlandschaft 54f. 128f.
Auenschutzpark 108
Auenschutzverordnung 588
Aufforstung 184 213 281 284 286
Auffüllkrankheit 359
Aufwertung 242f.
Ausbruchmaterial **405**
Ausdolung 127
Ausgleichszahlungen 520
Aushub 357
Ausnahmebewilligungen 453 560
Aussiedlerhof 139 **164f.** 172 175 180 210 351f. 474
Austragsnutzung 277
Auszonung 602
Autarkie 74

Autobahnen 109 177 284 331 371 377 384 389 397ff. 407 414 416f. 420 495 543 583
Autobahnareal 395
Autobahnbau 43 55 400 402 405 550
Autobahnlandschaft 399
Automobil 391f. 395f. 427
Automobildichte 395

B

Bäche 64f. 91 **102** 105 **108** 109 113 124ff. 129 143 161 164 176f. 179 199 207 210 241 250 523f. **606f.** 619
Bachrevitalisierung **126**
Bachverbauung 292
Bachverlegung **129**
Bagger 191
Bahn 2000 397 401
Bahnareal 366 395
Bahnhof 43 132 385
Bandstadt 424
Baubewilligung 432 451 560
Bauboom 326 339
Bauerngarten 369
Bauernsterben 235
Baugebiet 603
Baugesetz 553
Bauland 334 **335** 337 424
Baumbräuche 99
Baumgrenze 68
Baumaterialien 356
Bausünden 470
Bauzone 244 326 352f. **365** 366 374 553ff. 560 602
Bauzonenreserven **335** 470
Begradigung 125 164
Begrünung 453
Bergahorn 595
Bergbahn-Baufieber 437
Bergbahnen 387 440 442 462 483 596
Berggebiet 83 133 137 147 160 226 234 236 257 264 268 275 285f. 288 341 416 436 453 467 469f. 479 481 509
Berglandwirtschaft 134

651

Bergrestaurant 444
Berg- und Talstationen 445
Bergsturz 64 343
Bergzone 222
Berner Seeland 109 **112** 208 414
Beschneiungsanlagen 444 455f.
Beton 189 357 398 592 606
Betonmauer 408
Betriebsfläche 140
Bettlauben 276
Bevölkerungswachstum 69 76
Bewässerung **118ff.** 184
Bewässerungsgräben 90
Bewirtschaftungsaufgabe 286
Biber 248
Biker 463
Bilderbuchlandschaften 24 28
Biodiversität 82 174 191 225 238 242 308 315f. 318f. 321 323 608
Biodiversitätsförderflächen 240
Biodiversitäts-Konvention 218 227
Biolandbau 150 221 **236**
biologische Vielfalt 27 75 144 154 218 315 436 588
Biomasseanlage 541
Biosphärenreservat 579 588
Biotope von nationaler Bedeutung 576 579 583 599
Biotopschutz 576
Birs 54f. 105 107
Blutideologie 141
Boden 143 **249ff.** 601 605
Bodenerosion 83f. 249ff.
Bodenfruchtbarkeit 249
Bodenpreis 470 472
Bodenrechtsartikel 553
Bodenschutz 218 251 323
Bodenspekulation 481
Bodenverbesserung 132 146 210
Bodenverbrauch 602
Bodenverdichtung 124 249
Bodenverlust 249 251 320
Bodenversiegelung 366
Bodenzertifikate 605
Bonitierungsverfahren **183f.**
Borkenkäfer 312f. 317
Böschungen 366 398
Brachen 77 79 179 222 **228f.** 367
Brandwaldfeldwirtschaft 274
Brücken 379 387 433 444 510
Brutvogelarten 154 **155** 193 208 **223** 226 239 466
Buchenurwald 68

Bulldozer 76 143f. 162 183 195 201 449
Bundesamt für Energie 495 530 536 616
Bundesamt für Kultur 598
Bundesamt für Landestopografie 51f.
Bundesamt für Landwirtschaft 145 182 204 209 213 215 225 240 259 262 609
Bundesamt für Raumentwicklung 335 350 406 458 496 536 558 585 587
Bundesamt für Strassen 386 396 412
Bundesamt für Umwelt 18 35 113 224 240 320 406 410 428 468 522 536 552 556 560 571f. 574 580 583 588f. 598ff. 606
Bundesamt für Verkehr 460
Bundesgericht 205 284 292 538 556 575
Bundesgesetze 578
Bundesgesetz über den Natur- und Heimatschutz 299 445 552f. 578 587 589 605
Bundesgesetz über die Raumplanung 293 353 451 554 589 605
Bundesinventare 578 605
Bundesinventar der Landschaften und Naturdenkmäler von nationaler Bedeutung 289 547 566 **568ff.** 588f. 599f. 605
Bundesrat 99 146 151 153 223ff. 240 258 354 387 393 431 440 451f. 521 526 533 550ff. 556f. 565 568 572 579f. 589 592 602 606 608 620
Buntbrachen 74 221f. **226** 227f. 230 243
Bünten 79f. 187 365
Butterberg **158f.**

C

Campingplatz 463f.
Carport 592
Chalet 469 477 614
Chaussee 382ff.
Chinaschilf 171

D

Dachbedeckung 326
Dampffahne 535
Dark-Sky Switzerland 362
Denkmalschutz 562
Deponien 29 58 170 196 213 498 567 575

dezentrale Besiedlung 234
Direktzahlungen **218f. 221f.** 224 227 232 234f. 238f. **240f.** 253 255 257f. 260f. 264 288 598 608
Direktzahlungsverordnung 222
Diversifizierung 81
Doline 170 179 193
Domestikationsprozess 70
Dorfkern 339
Douglasie 296
Drainagen 115 **122** 124 143 162f. 166 179 191 194 196 208 213 250 584
Dreifelderwirtschaft **76ff.** 83 **90f.** 137 228 274
Dreizelgenwirtschaft 91 138 274 488
Drumlin 65
Dufourkarte 50
Dünger 74 76 80 90f. 95 144 148 **149** 158 160 218 222 224 241 288 453 571
Düngerwirtschaft 91

E

effektive Maschenweite 418f.
Eichenrinde 271 276
Eichenschälwald 276
Eidgenössische Denkmalschutzkommission 552
Eidgenössische Landestopographie 52
Eidgenössische Natur- und Heimatschutzkommission 451 550 552ff.
Eidgenössischer Landschaftsplan **556**
Eidgenössisches Meliorationsamt 140
Eindolung 164 184
Einfamilienhäuser 326 334 339 342 346 374 597
Einfamilienhausquartiere 341
Einheitsboden 122
Einkaufszentrum 29 **355f.** 370 389 482 596
Einzelbäume 26 161 181 241 447 564
Einzelhausbebauung 367
Eisenbahn 121 134 281 367 385 **387ff.** 416 489
Eisenbahnbau 132 384
Eisenbahnlärm 428
Eisenbahnnetz **387 390**
Eiszeit 64f. 68f. 115
Elektrifizierung 390f.
Elektrizität 490f.
Endausbau der Wasserkraft 499 **530** 616
Endmoränenbögen 65

Energie **488**
Energieautarkie 489
Energiegesetz 541
Energiequellen 490
Energieverbrauch 357 545
Entlastungsprogramm 572
Entwaldung 271 281
Entwässerung 108 **115 117** 118 **122** 135 163 184 192 194 196 213 410 453 466 583
Entwässerungsgräben 111
Erbteilung 77
Erdkruste 64
Erdölprodukte 488
Erdölraffinerie 543
Erdwege 382
Erfolgskontrolle Moorschutz Schweiz 583
Erholungsanlagen 334
Erholungslandschaft 199 449 452 471 473
Erlebnispark 373
Ernährungsgewohnheiten 257
Ernährungskrise 135
Ernährungssicherheit 256 570 586
erneuerbare Energie 488 536 **541ff.**
Erntemethode 321
Erosion 64 85 **249f.** 256 267 319
Erosionsrinnen 249
Ersatzaufforstungen 284 286
Erschliessungen 186 289 293 296 410 440 451 567
Erster Weltkrieg 99 121 **135ff.** 194 275 391 440f.
Etter 79 81
Europäisches Naturschutzjahr 153 554 566 587
Eutrophierung 232 250
extensiv genutzte Weiden 222
extensiv genutzte Wiesen 221f. 225 227
Extensivierung 243
Extremereignisse 317

F
Fachstelle für Natur- und Heimatschutz 552
Fachwerkhaus 279 326 592
Faustrecht 445
Feldgehölze 163 177 179 187 200f. 365
Feldobst-Baumbestand **152**
Feldraine **82** 83 88f.
Feldscheunen 163 171 548
Ferienhäuser 101 442 444 **469ff.**

Feuchtgebiete 69 92 102 105 109 115 118 124 138 161 187 192 194 196 199 213f. 275 284 414 466
Feuchtwiesen 319
Feuerbrand **245ff.** 608 **610**
Feuersbrünste 81
Fichte 296 300 303 317 318 321 417
Fichtenbau 294 299 316
Findling 65 69 115 562 564
Fischtreppe 532
Flächenmass 75
Flächenverbrauch pro Kopf **332**
Flachmoore 102 109 111 **115** 117 187 191 194 197 517 578 583
Flachmoorverordnung 588
Fleischkonsum 158 257
Fliessgewässer 64 114 **124ff.** 163f. 176 187 231 381 523 542
Flösse 381
Flughäfen 129 331 395 464
Flur 430
Flurbereiniger **184ff.** 192f. 198 204 210f.
Flurbereinigung 73 186 207 210 386 453
Flurformen 75 162
Flurgenossenschaft 185
Flurgeschichte **92ff.**
Flurnamen 133 241 592
Flurpeiniger 92 **184ff.**
Flurplan 92 162
Flurwege 177 410
Flurzwang 74 77 90 274 350
Flussaufweitungen 532
Flussbegradigungen **102 ff.**
Flüsse 64f. **102** 103ff. 108f. 113 125 129 144 **606f.** 619
Flusskorrektion **103ff. 128**
Flusslandschaft **102ff.**
Fonds Landschaft Schweiz 497 571 **593** 601 604 606 617
Formenschatz 67
Forst 268
Forstdienst 281 284 348
Forstideologie **306**
Forstpolizeigesetz 281 288 308 319
Forststrassen **289** 378 406
Forststrassenbau 292 306 433
Forststrassennetz 291
Forstverwaltung 275
fossile Energieträger 488f.
Freiamt 20 56 79 156
Freileitungen **491f.** 494f. 497
Freizeit 38 54 197 351 422 442
Freizeitanlagen 331 370

Freizeitbeschäftigungen 462
Freizeitlandschaft 444
Freizeitmenschen 463
Freizeitpark 373 482 484 597
Freizeittempel 482
Freizeitverkehr 422
Friedenslinde 344
Fromentalwiesen 242
Fruchtfolge 79 94 124 133 218 228
Fruchtfolgefläche 122 228 585 **586**
Furkapassstrasse 384f.
Futterbaugebiet 391
Futtermittel 158 **233**

G
Galmiz **585ff.** 589 602 616f.
Gärten 366 **369**
Gebäudeareal 334
Geländekorrekturen 460
Gemälde **56f.**
Gemeindestrassen 407
gemeinwirtschaftliche Leistungen 238 608
Generation Wahlen 223
Geologie 26f.
Geräte 75
Gerinneaufweitungen **126**
Gerüche 27
Getreideanbau 390
Getreideproduktion 194
Gewann 88 92
Gewannstoss 82 85 88f. 163 187 614
Gewässer 15 81 105 113ff. 122 126f. 129 158 187 191 224 232 250 256 365 379 381 399 447 457 466 487 514 521 523f. 526 528f. 532 546 573 607 616 619
Gewässerbau 70
Gewässerkorrektionen **108ff.** 489
Gewässerlandschaft 129
Gewässernetz **111f.** 113
Gewässerrevitalisierung 526 607
Gewässerschutzgesetz 224 521ff. 524 531 553 559 606
Gewässerschutzverordnung 231f.
Gewässerverschmutzung 105
Gewerbeanlagen 26 389 428
Gewerbezone 331 **354f.** 367 417 592
Gleitschirm 463
Gletsch 520
Gletscher 65 67 520
Gletscherlandschaft 67

653

Globalisierung 18 45 58f. 74 391
GMS-Anlagen 351
Golfplatz 29 217 443 464 **466f.** 479 597 614f.
Gotthardautobahn 398
Gotthardbahn 387
Gotthard-Basistunnel 405
Gotthardpost 396
Greinaebene 516 **517ff.**
Greina-Stiftung 519
Greina-Verordnung 519
Grenzertragsfläche 133 **288**
Grimselpassstrasse 385
Grimsel-Saumpfad 380
Grimselstausee 531
Grobrelief 26 65
Grosses Moos 109ff. 411 414 585ff. 591
Grossformen 26
Grossprojekt 483
Grossrelief **64f.**
Grosssägereien 316 321
Grossviehbestand **159**
Gruben 179 356 **357** 358 398 417
Grünbrücken 417
Grundwasser 232
Grundwasserqualität 231
Gülle 105 158 224
Güllegürtel 224
Güterregulierung 248
Güterstrassen 192 201 393 **410** 417
Güterstrassennetz 410
Güterzersplitterung 90 135 166
Güterzusammenlegung 76 85 92 97 132 135ff. **138** 139 146 153 162 164 166 **183** 184 **188** 189 191f. 205 399 410

H
Hagelschutzeinrichtung 220
Hallenbäder 339
Handarbeit 75 89
Hangstabilisierung 304
Hartbelag 289
Harz 271 277
Hauptstrassen 392f. 420
Hauptstrassennetz 382 **383** 392f. 396
Häuser 327
Hausformen **328f.**
Hauswirtschaft 278
Hecken 26 60 75 79 83ff. 90 **94** 161 176ff. 182 187 200f. 221ff. 227 239 241 243 250 365 378 392 410 417 430 447 619

Heckenschutz 589
Heimat **15ff.** 29 **41ff.** 44f. 58 254 **508f.** 514 549 553 561 584 592 604 618
Heimatkunde **58f.** 241 510
Heimweide 327
Helikopter 429
Helikopterlandeplatz 444
Heliskiing 460 588
Herbizide 229f.
Heritage Interpretation 617
historische Bauten 356
historische Verkehrswege 378f. 430ff. 578 613
Hochmoore 68 102 **115** 117 187 489 512 575 578 583
Hochspannungsleitungen 17 253 **491f.** 494f. 537
Hochspannungsnetz 495
Hochstamm-Obstbau 154
Hochstamm-Obstbäume 51 86 98 **151ff.** 154 157 163 178 180 221f. 227 241 **244ff.** 466 605 608 610 612
Hochstamm-Obstgarten 313
Hochstammrodungen 154
Hochwald 281
Hochwasser **102f.** 105 108 113 **124** 126 128f. 524 607
Hochwasserschutz 104 125ff.
Hohlwege 61 82 **85f.** 89 163 187 292 386 409
Holzimport 281
Holzkohle 488
Holzmarkt 315
Holznutzung 272 293 322
Holzproduktion 296
Holzschnitzelheizungen 544
Holzvorrat 295 319 321
Hors-Sol 38f. 158 165 586
Hotel **441f.** 443 470 479 481

I
illegale Bautätigkeit 460
Industrialisierung 489
Industrieanlagen 26 43 54 389f. 428
industrielle Landwirtschaft **147ff.**
Industriezone 197 334 354 366ff. 585
Ingenieurbiologie 304
Inlineskater 463
Inn 101 129
Inventar der historischen Verkehrswege der Schweiz 292 **386** 430 562 599 605

Inventar der zu erhaltenden Landschaften und Naturdenkmäler von nationaler Bedeutung 552
Inventar schützenswerter Ortsbilder der Schweiz 340 599 601 605
Inventare von Objekten mit nationaler Bedeutung 565 605
Inventarisierungspflicht **562**

J
Jogger 25 463
Juchart 75
Jungsteinzeit 68
Jura 26f. 64f. 84 94 107 160 **200ff.** 212 268 272 285 292 296 299 308 310 328f. 412 416ff. 469 592 609 611
Juragewässerkorrektionen **109ff.**

K
Kabellandschaft 493
Kahlschlag 274 281 **296** 300f. 308 315 322
Kahlschlagflächen 275 299
Kalenderbildlandschaften 24f.
kalte Melioration 173
Kanäle 105 111 **113** 163 177
Kanalisierung 104
Kantonsstrassen 378 382f. **394** 396 398 407
Kapellen 378 510
Karstlandschaften 64
Karten 48
Käserei 91 132 163
Käseunion 209
Kastanienselven 76 263 319 323 610 **611**
Kielwassertheorie 191 **293f.** 302f. 308 315
Kies 288 357f. 378 398 561
Kiesabbau 358f. 571 574
Kiesausbeutung 43
Kiesgruben 357 417
Kiesstrassen 410 412
Kläranlagen 105 353
Kleinrelief 27f. 60f. 73f. **82ff.** 162
Kleinstrukturen 178 **181** 213 **242f.**
Kleinwasserkraftwerke 107 542 597 616
Klimaerwärmung 319
Klimaschutz 488 535
Klimawandel 129 317 **454ff.** 530 532 536 602
KLN-Inventar 566ff. 580

654

Kohle 489f.
Kohlenmeiler 280
Kommission zur Erstellung einer Liste der zu erhaltenen Landschaften und Naturdenkmäler von nationaler Bedeutung **565**
konventionelle Landwirtschaft 148
Kopfweiden 242f.
kostendeckende Einspeisevergütung 541f.
Kraftfahrzeugbestand 394
Kraftfutter **159 233**
Kraftwerkorganismus **506f.**
Krautsäume 242f.
Kreislauf der Gesteine 64
Kriegsmelioration 141 143
Kühlturm **533ff.**
Kulturingenieur 162 182f. 186 191f. 212
Kulturlandschaft 29 71 74 214
Kulturtechnik 190
Kulturwald 271
Kulturwechselstufe 83
Kulturwege 379
Kunstdünger 94 133 **149** 196 456
künstliche Beschneiung 455 460
künstliche Lichtquellen 360
Kunsträume 38f.
Kunstschnee **455** 456f.
Kunststrassen 384
Kunstwiesen 154 466
Kutsche 380 391 436

L

Lachse 114
Landesausstellung **141f.** 337
Landesforstinventar 285
Landeskarte der Schweiz 51
Landesplanung 548
Landesversorgung 145
Landesverteidigung 223 351
Landi-Mentalität 141
ländlicher Raum 334f.
ländlicher Versorgungswald **280**
Landschaft 2020 580
Landschaftsarchitekt 192
Landschaftsästhetik **157**
Landschaftsbegriff **24ff.**
Landschaftsbild 18 25ff. 31f. 45 51 56 58 69 86 97 99 191 215 220 228 242 245 268 285 288f. 310 315 319 322f. 327 334 344 353 378 387 453 458f. 471 491 503f. 508 536 549 595 610 617 620

Landschaftsbeobachtung 558
Landschaftsdefinitionen **24 31ff.**
Landschaftselemente 19 33 38 48 59 67 74 76 **82ff.** 97 101 154 160 178 182 200 213 229 239 241 **268** 271 285 294 310 365 430 466f. 529 534 549 592 594 608 613 618
Landschaftsfranken 519
Landschaftsgedächtnis 132 138 618f.
Landschaftsgeschichte 20 40 58f.
Landschaftsgestalter 26 **98f.**
Landschaftsgestaltung **190ff.**
Landschaftsinitiative 337 **557** 587 **602**
Landschafts-Knigge **591ff.**
Landschaftskonvention 34 598
Landschaftskonzept Schweiz 225f. 238 569 572 580 613
landschaftsplanerische Leitbilder 580
Landschaftsplanung **190ff. 548f.** 562 594
Landschaftspolizei **617**
Landschaftsqualität 28 34 61 122 211 218f. 227 230 234 236 262 264 284 352 355 419 445 456 470 481 533 561 589 591 594 597 608 621
landschaftsrelevante Gesetze **558** 559
landschaftsrelevante Verordnungen 559
Landschaftsschutz **549ff.**
Landschaftsschutzpolitik 548
Landschaftsverständnis 33
Landschaftswahrnehmung 24f. 27 29 181
Landschaftszerschneidung 418
Landschaft und Gesundheit 596
Landschaft unter Druck 406
Landumlegung 607
Landwirtschaft 15 43 67ff. 74f. 90 94 105 115 124 133f. 139f. **147ff.** 154 158 161 184 186 188 214 217 **218ff.** 221 223f. 227 231 **232f.** 234f. **238** 240 244 253f. 296 332 353 399 412 464 **608** 615
landwirtschaftliche Betriebsformen 95
landwirtschaftliche Bildung 262
landwirtschaftliche Organisationen 209
Landwirtschaftsbetriebe 140 **148** 165 221
Landwirtschaftsfläche 251
Landwirtschaftsgeräte 140 559
Landwirtschaftsgesetz 134 **144ff.** 588
Landwirtschaftszone 354 374 554
Langsamverkehr 421 430
Lärchenwiesen und -weiden 308 **310**
Lärm 27 29 391 420 **428f.**
Lärmemissionen 536
Lärmsanierungen 397

Laubsack 275
Laufkraftwerk 389 481 487 498f. 502 529
Lavaux 84 97 207
Lawinen 280 282f. 323
Lawinenverbauungen 164
«Lebendiges Wasser» 527f. 531
Lebensmittelimporte 99
Lebensmittelpreise 182
Lebensmittelproduktion 210
Lebensqualität 598 603
Lebensraum **38** 154
Lehmgrube 358
Lehrwald der ETH 306f.
Leitungsmasten 491f.
Leitungsverkabelungsfonds 605
Lesesteine 60f. 79 84
Lesesteinhaufen 60 74 82 **84** 89 163 178f. 187 213 241 365
Lesesteinmauer 168
Lesesteinreihen 60 82 **84** 187
Lesesteinriegel 94
Lesesteinwälle 75 83
Lex Koller 481
Lichtabfall 361
Lichtemissionen 360 362
Lichtepidemie 360
Lichtglocke 360 363
Lichtshow 360
Lichtverschmutzung **360ff.**
Limmattal 388
Linthkanal 105
Linthkorrektion 104 **105**
Löss 68 83 85f. 326
Lothar 51 312f. 319
Lötschberg-Basistunnel 405
Luftbilder 48 51 **52** 162 175 293 296 399 417 568
Luftseilbahnen 442f. 445

M

Magerrasen 70 86 90 131 178f. 201 242 284 582
Mähmaschinen **96**
Maiensäss 287 327
Mais 20 29 76 132 **149** 179 215 248 257 466
Mannwerk 75
Marktstützungen 221
Maschinenpark 312
Massentourismus 442 448 567
Materialumlagerung 358f.

Mattland 77
Maulbeerbaum 96f.
Mechanisierung 140 148 210
Mega-Events 463
Megafauna 68 271
Mehrfamilienhäuser 334 372
Mehrzweckhallen 339
Melioration 29 83 109 111 118 122f. 131f. **135** 137 143 146 161 **162ff. 168ff. 178** 179 181ff. 189 **190** 191ff. 200f. 204f. 208 **210** 211ff. 219 221 249f. 261f. 365 399 402 410ff. 414 416 607 **608**
Meliorationsamt 154
Meliorationsgenossenschaft 206
Meliorationsgesetz 210
Meliorationskosten 187
Meliorationsleitbild **211**
Meliorationsstrassen 408
Meliorationssubventionen 187
Metropolisierung 370
Michaeliskarte **49f.**
Milchkuh 188 251
Milchleistung 148
Milchpreisstützung 158
Milchsee **158f.**
Milchstrasse 360
Milchverwertung 218
Milchwirtschaft 91
Militär 567
Militärflugzeuge 429
militärischer Übungsplatz 570
Mindestrestwassermenge 523
Minenergiestandard 481
Mineraldüngerverbrauch 233
Mineralölsteuer 605
Mittelalter 69 74 78 85 102
Mittelland 15 26 51 64f. 67ff. 90 109 115 124 165 219 226 229 238 242 257 264 272 275 285 289 292 295ff. 317 320 328f. 337 342 347 381f. 385 387 416 418 424 490 610
Mittelwald 57 **279** 295 316 319 323 383 544
Mitwelt **40** 41 44 348 582
Mobilität 339 **421** 422ff.
Mobilzaun 420
Moderne Meliorationen **210ff.**
Molasse 65
Monokultur 201 315
Moore 63 65 67f. 109 115 122 161 497 512 553 574f. 578f.
Moorlandschaften 562 579 583

Moorlandschaften von besonderer Schönheit und nationaler Bedeutung 578f. 588 599
Moorschutz **583f.**
Moränenwälle 65
Moratorium für Bauzonen 337
Moratorium für neue Wasserkraftwerke 499 501
Motorisierung 392f. 442
Mountainbiker 25 462
Mühlen 489
multifunktionale Landwirtschaft 218 253f. 259f. **608f.**
multifunktionaler Verfassungsauftrag 608
Multifunktionalität **254ff.** 258

N

nachhaltige Besiedlung **370ff.**
nachhaltige Energieversorgung 488
Nachhaltigkeit 297 318ff. 322f. 370ff. 431f. 556 604 618 621
Nachthimmel 361
Nachtlandschaft 360f.
Nadelholz 51 268 270 296 312 316
Nadelstreunutzung 277
Nagelfluhbänke 65
Nahrungsmittelautarkie 141
Nahrungsmittelproduktion 15 135
nationale Nutzungsplanung 322
Nationalpark 242 314 468 484f. **506ff.** 545 550 579 588 597
Nationalstrassen 378 **396ff.** 407 550
Nationalstrassenlänge 404
Nationalstrassennetz 397
Natur **28f.**
Naturdenkmäler 550 564 578
Naturerlebnispark 468
Naturgarten 366 368
Naturlandschaft 29 68 **70f.** 75 89 174
natürliche Dynamik 55 70 104
naturnahe Flüsse 103
naturnaher Tourismus 485
Naturpark 484 599f. 621
Naturparks der Schweizer Wirtschaft 368
Naturreisen 468
Naturschutz 28 150 210 562
Naturschutz in der Schweiz 552
Naturschutzfachstellen 15 **582f.**
Naturschutzgebiete 20 54f. 186 197 201 221 353 405 563
Naturschutzinstrument 213

Natur- und Heimatschutzgesetz 468 494 559 **562** 565 568 576
Natur- und Heimatschutzkommission 552
Naturwald 314 322
Naturwaldreservat 322
Naturwiesen 94
Neubauquartiere 341
Neue Eisenbahntransversale NEAT 397 404 420
Neueinzonung 602
Neuerschliessung 458
Neusiedlungen 139
Nichtbaugebiet 353 374
Nichtorte 331f. 592 596
Nichtregierungsorganisationen 548
Niederspannung 497
Niederstamm-Obstplantagen 154 156 179 220 248
Niederwald 53 57 **277f.** 279 295 323 **544** 610
Nitrat 232
Normallandschaft 593
Normbauten 192
Nullbäume 154
Nutzungsaufgabe 84 133 287
Nutzungsgeschichte 594
Nutzungsplan 302 554f.
Nutzungsvielfalt 160

O

Oberflächenbelag 410
Oberflächenteerung 392f.
Obstbau 90 **98f.** 571 599
Obstbäume 17 26 58 75 80 151ff. 169 417
Obstgärten 176 609
Offenhaltung der Landschaft **234**
öffentlicher Verkehr 335
Ökoflächenbeitrag 222
ökologische Aufwertung **241ff.**
ökologische Ausgleichsflächen **219** 222 **225ff.** 236f. 239f. 244 594
ökologische Direktzahlungen 221 241 255
ökologische Leistungen 608
ökologische Qualität 222
ökologischer Ausgleich 222 225ff. 299
ökologischer Leistungsnachweis **218** 224 232 236
ökologisches Potenzial 367
ökologische Vernetzung 222

Öko-Qualitätsverordnung 222 **237** 244 260 265
Ökumene 44
Orientierungslauf 300
Orkan 51 312 **313** 319
Ortsbild 339

P

Panorama 56f. **438**
Panzersperren 171
Paritätslohn 144
Park 368
Parkanlagen 366
Parkfläche 367
Parklandschaft 271f.
Parkplätze 38 355 424 498
Parks von nationaler Bedeutung **468**
Parlamentarische Verwaltungskontrolle des Bundes 571
Parzellen 53f. 74ff. 83 92 136 139 191f. 229 417
Parzellierungsverhältnisse 137
Passagieraufkommen 429
Passstrassen 390f. 440
Pendelband 127
Pendler 58 602
Pendlerverkehr 422
Personenverkehr 424
Personenwagen 394
Pestizide 89 105 218 231 357
Pflanzenarten 27 60 70 86 115 160 170 201 206 208 229 237 242f. 295 308 310 316 357 366ff. 405 410 436 451 466 481 483 552f.
Pflanzenschutzmittel 224 **231** 241
Pflästerungen 392
Phosphat **149** 158 **233** 250
Phosphor **232f.** 256
Photovoltaik 539 541f.
Pisten 444
Pistenfläche 455
Pistenplanierungen 453
Planungsbüros 187 582
Plan Wahlen 141 186
Plünderwald 280
Postkutsche 382 391
Preisstützung 253
Preisstützungspolitik 254
Produktionssteigerung **148**
Pro Natura 247 296 416 458 463 468 475 483 526 549 552 560 575 583 585 587 602

ProSpecieRara 150
Pufferstreifen 125 127
Pumpspeicherkraftwerk 499 502 508 532
Pumpstationen 498

Q

Quartierstrassen 407 414 427
Querverbauungen 113

R

radioaktive Abfälle 535
Raine 163 187
Randstrukturen 229
Rationalisierung 210
Raubbau 490
Raumbeobachtung 58 **558f.**
Raumkonzept 374
Raumplanung 262 337 353 470 548 557 587 598 601f. 606 616 620
Raumplanungsgesetz 337 354 447 483 548 **553ff.** 556f. 559 568 575 580 588 603
Raumplanungsverordnung 586
Realteilung 135
Rebbau 97 187
Rebbaugebiete **97 204** 222
Rebberge 177 179 **204ff.**
Rebbergmelioration 204ff.
Rebbergterrassen 206
Reblaus **97**
Regenerationsmassnahmen 584
Regionaler Naturpark 468
Reihenhäuser 334
Reisegeschwindigkeit 385
Reklametafel 360
Renaturierung 108 526 528 606
Renaturierungsfonds 607
Renaturierungskonzept 213
Rennpiste 456
Reparaturwerk 612
Réseau écologique national 419
Resort **479ff.** 483 515 597
Ressourcenmanagement 318
Restfläche 419
Restnatur 219
Restwasser **521ff.** 524 531
Restwasserbestimmungen 589
Restwasserkarte 522
Restwassersanierung 523
Restwasserstrecke 522
Reuss 102

Reusstal 67 108 143 593
Revision des Natur- und Heimatschutzgesetzes 579
Revision des Raumplanungsgesetzes 588
Revitalisierung 126f. 607
Rheinaubund 212 517 531 542f. 551
Rheinau-Initiative 550
Rheinfall 550
Rheinschifffahrt 381
Richtplan 213 555f. 602 616
Ried 194
Riedwiesen 197
Riegelbauten 326
Rigibahn 437
Rodungen 26 68f. 92 98 144 205 213 275 286 326 410 447 466
Rodungsbewilligung 574
Rodungsinsel 319
Römer 69 110
Römerstrassen 60 131 378f.
Rotationsbrachen 222 **226** 227f.
Rote Listen 40 223
Rothenturm-Artikel **578**
Rothenturm-Initiative 562 **575ff.** 588
Rückbau 371 613
Rückedistanz 289
Rückhaltebecken 109
Rückzonungen 365
Ruderalflächen 222
Ruderalfluren 86
Rutschgebiet 477
Rutschhang 304

S

Sachplan 554 556f. 600 616
Sand 288 357f. 398
Sauberkeitsideologie 223
Saubermann-Mentalität 199
Säume 89 227f. **229f.**
Säumerpfad 380
Säumerwesen 391
Schiessanlagen 428
Schifffahrt **381** 436
Schlepplifte **446** 458
Schneekanonen **454ff.** 605
Schneesicherheit 457f.
Schneiteiche 456f.
Schöpfbrunnen 118
Schotteroberflächen 392
Schotterstrassen 384
Schrägluftbilder 52f.

Schrebergärten 38 369
Schulhäuser 338
Schulweg 427
schützenswerte Ortsbilder 578
Schutzgebiete 196 213 374 494 536
 554f. **561ff.** 579
Schutzwald 101 281ff. 300 315 435 610
Schutzwaldpflege 322
Schwächung des Naturschutzes **587ff.**
Schwachstromanlage 605
Schwall und Sunk 523f. 532
Schwarzwaldgranit 105 107
Schweinebestand **159**
Schweinemast 272
Schweizer Alpenclub 552 560 565f.
 568 573
Schweizer Heimatschutz 292 492 508
 540 552 560 564ff. 568 575
Schweizerische Akademie der Naturwissenschaften 552 583
Schweizerische Naturforschende Gesellschaft 550 558
Schweizerische Naturschutzkommission 550
Schweizerische Stiftung für Landschaftsschutz 445 549
Schweizerische Vereinigung für industrielle Landwirtschaft 135
Schweizerische Verkehrspolitik 395
Schweizerische Vogelwarte Sempach 363
Schweizerischer Bauernverband 99 144f.
 235 240 256 541
Schweizerischer Bund für Naturschutz
 143 296 298 302 451 508 549 552
 564ff. 575 581 587
Schweizerischer Fischereiverband 524
 526
Schweizer Vogelschutz SVS/BildLife
 Schweiz 197 247 552 560
Secondlife 39
Seeblick 348
Seen 66
Seeufer **581**
Segetalflora 80
Segregation 192 214 349 597
Seidenindustrie 96f.
Seidenraupen **96f.**
Seilbahnanlagen 445
Seilbahnen 26 261 390 435 444 **446** 458
 460 498 537
Seilbahnverordnung **459**
Seilkrananlagen 301
Sektoralpolitik 598 602

Selbsternährungsgrad 256
Selbstversorgung 81 223 257
Sendeturm 573
Senkrechtluftbilder 52 54
Sesselbahnen 444
Sessellifte 460
Shoppingcenter 38 40 **355f.**
Siedlungen 17 26f. 67f. 251 **326ff.** 348
 430
Siedlungsausweitung 469 **601ff.**
Siedlungsbau 54 109 284 605
Siedlungsbrei 340
Siedlungsdruck 102
Siedlungsentwicklung 132 217 337 349
 358 603
Siedlungsfläche 251 325 **330ff.** 351 372
 419 469 571f.
Siedlungsformen **329**
Siedlungsnatur 368
Siedlungsraum 43 80 113 124f. 244f.
 267 299 326 **330** 334 338 340 354
 360 362 366 368 374 476 491 **612**
Siegfriedkarte **50** 53 133 336
Sihlwald 70 302 306 314 389
Siloballen **215** 227
Simplonbrücke 408
Skigebiete 447 449 454 456 458 605
Skilifte 27 443f. 458 537
Skipisten 445 453 455 614
Skipistenplanierung 370 445f. **451** 452
Skisport 436
Skisprungschanze **478**
Skitourismus 444f. 447ff. 453 457 615
Skybeamer 360
Snowboarder 25
Solaranlagen 542
solare Gesellschaft **488f.**
solares Energiesystem 489
Solarkraftwerke **539**
Solarzellen 541
Sommerstallfütterung 90 275
Sommertourismus 444 449 457 **462ff.**
Sömmerungsgebiet 261 286 288 310
Sonnenenergie 257 488 536 539 616
Sonnenkollektoren **540**
Sonderwaldreservate 314
Sortensanierung **150**
Spanisch-Brötlibahn 387
Speicherkraftwerke 498ff. 520
Speichersee **500** 502 507f. 521 524
Splügenpass 393
Sportflieger 429
Stadtgründungen 327

städtische Sanierungsgebiete 350
Stadtnatur **366**
Stadtplanung 556
Stallhaltung 121
Standseilbahnen 445
Starkstromanlage 605
Statistiken **57f.**
Staudamm 570
Staumauer 502 **503ff.** 506 514f. 517
 520 524 529 531
Staumauererhöhung 531
Stausee **498ff.** 503ff. 507 509 514f. 517
 523 529f.
Stauseeprojekt **514ff.**
Steinbruch **357** 358f. 398
Steinbrücke 574
Steinhaufen 161 222 227 243
Steinhaus 326
Steinkohle 134
Steinriegel 163
Steinschlag 435
Steinwälle 222
Sternwarte 363
Steuergelder 184 458
Steuerzahler 214 235 238f. 252f. 256
 265 551
Stichstrassen 379
Stickstoff **149** 224 **232f.** 250 256
Stiftung Landschaftsschutz Schweiz 206
 212 445 452 459 478f. 483 519 542
 545 552 560 571 575 596 604 606
Strassen 15 17 27 29 48 51 54 58 80
 82 85 108 132f. 162 164 176ff. 185
 193 261 278 289 291 294 361 **376ff.**
 406ff. 416 433 444 507 583 605 **613**
 619
Strassenbau 339 357 384f. **393ff.** 396
 402 408 412 423f.
Strassenbauten 54 567
Strassenbild 338
Strassenklassen 406f.
Strassenlandschaft 385
Strassennetz 69 179 285 388 **393** 395
 406 414
Strassensanierung 408
Strassentod 416
Strassenverkehr 421 427
Strassenverkehrslärm 428f.
strategisches Übertragungsnetz 496
Streuewiesen 90 **121** 162 199 222 510
Streuhof 329
Streuobstwiesen 172
Stromkabel 490

Stromleitungen **491f.** 570
Strommasten 492 494f. 497
Stromproduktion 535
Stromschnellen 487 529
Stromsparen 544 616
Strukturelemente 179
Strukturwandel 235
Stufenraine 74 **82f.** 88f. 133 187 200
Sturm 280 313 317 323
Sturmereignisse 270
Sturmholz 312
Subventionen 139 146 161 182 185f. **188** 189f. 204 **209** 221 223f. 238 255 261 281f. 289 292 313 315 456 460 571 597 **604** 606
Sukzession 312 610
Sustenpass 393
Swiss National Trust 599 601
swisstopo 51f.

T

Talsperren 499 501 **502**
Talstationen 596
Teer 398
Teiche 122 194 222 250
Telefonstangen 491
Televisionsdachantennen 491
Terrassenacker 88f. 187
Terrassenackerfluren 83
Terrassenhäuser 334 346
Terrassenlandschaften 83
Terrassierung 466
TerraSuisse 263
terrestrische Fotografien 48 162
Territorialpolitik 190 192 **302** 549 556
Tessin 336
Themenpark 482
Tierarten 70 86 114 124 127 154 160 170 206ff. 228f. 242 295 308 310 316 357 366ff. 410 416 436 466 529 551f.
Töne 27
topografische Karte **49**
Topographischer Atlas der Schweiz 50
Torf 115 117 196 489 511
Torfabbau 117 140
Torfhütten 510f. 548
Torfland 510
Totalreservat 561
Totholz 127 241 **270** 277 **295** 317
Tourismus 24 44 56 384 412 430ff. **435ff.** 468 498 598 **614f.** 617

Tourismusarchitektur 441
Tourismuskonzept **444**
Tourismusplakate **440**
Tourismuswerbung 462
touristische Transportanlagen 371 **444f.** 447 458 595
traditionelle Kulturlandschaft 67 73 **74ff.** 89 132 134 162 168 172 174 176 187 190 201 207f. 223 310 569 592 594 618
Traktoren 124 **148** 165
Transhumanz 327
Transportanlagen 459
Treibhäuser 220
Treibstoffzolleinnahme **393** 395f. 397
Trinkwasser 231
Trockenlegung 111 144 196
Trockensteinmauern 61 163 187 205f. 222 242f. 365 378 430 595 601 615 621
Trockenwiesen und -weiden 70 161 286 319 474 562 578f. 583 615
Trottoir 393
Tümpel 122 161 192 222 242f.
Tunnel 384 424
Tunnelausbruchmaterial 405
Typ-Landschaft 567

U

Überbauung 244 359 372 572
Übererschliessung 293f.
Überlandnetz 495
Überproduktion 158 161f.
Überschwemmungen 108f. 124 126 129 281
Übertragungsleitungen 351
Umfahrungsstrassen 29 424 426 464
Umgehungsgerinne 529
UMTS-Anlagen 351
Umwelt **40**
Umweltbeobachtung 58 558
Umweltbildung **617**
Umweltdefizite 224
Umweltleistung 252
Umweltschutzgesetz 224
Umweltverträglichkeitsprüfung 186 560
Umweltziele 240
Unarchitektur 373
UNESCO-Welterbe 84 207 363 432 532 579 588 607
Unort 373f.
Unterhaltskosten 410

unzerschnittene Flächen 418
Urbanisierung 597
Urbanität 15
Urbarmachung 117
Urlandschaft 55 68 **70f.** 519
Urproduktionsbereiche 296
Urwald 269ff. 295 302

V

VCS 560
Verbandsbeschwerderecht 372 556 **560f.**
Verbauung 114 129 599 614 620
Verbindungsstrassen 379
Verbrachung 288
Verdrahtung der Landschaft 492
Verfassung 145 227 234 241 253f. 257 262 370 412 459 532 550f. 553 557 559 578 583 587f. 602 604 607
Verfassungsauftrag 262
Verinselung **426ff.**
Verjüngung 177 270 298 300 308 312f. 315
Verjüngungsflächen 300
Verjüngungsschläge 298
Verkabelung 494f.
Verkaufsfläche pro Einwohner 356
Verkehrsangebot 422
Verkehrsfläche 334 351
Verkehrsleistung 421
Verkehrsmittelbenutzung **425**
Verkehrsnetz 356 422
Verkehrsströme **425**
Verkehrswege 378
Vermessungs- und Planungsbüros 187
Vernetzung 230 237 242 244 432
Verordnung über das Bundesinventar der Landschaften und Naturdenkmäler von nationaler Bedeutung 566
Verstrassung 261 289 378
Viadukte 398
Via Romana 379
ViaStoria 386 430ff.
Viehmarkt 332
Vision Landwirtschaft 238 260f.
Vivian 51 312
Vollzug 522 552 581 589
Vollzugshilfe 433
Vollzugsnotstand 452 555 **580ff.** 617
Vorstadtarchitektur 471

W

Wald 26f. 51 53 57 **59f.** 61 **65ff.** 69 74 79f. 85ff. 115 134 164 185 187 213 251 **266ff.** 296 348 389 399 417 448 460 465 556 605 **610f.**
Waldareal 284 289
Waldausdehnung **285f.**
Waldbewirtschaftung 272
Waldboden 288 321
Waldbrände 317 323
Waldentwicklungsplan 580
Walderschliessungen 315
Waldfeldbau 275
Waldfeststellungsverfahren 284
Waldfläche 52 57 273 281 **285f.** 300 319
Waldgesellschaften 65 268f. 314
Waldgesetz 281 288 314 316 318 588
Waldgrenze 51 65 68 71 452
Waldhütte 288 292
Waldimkerei 276
Waldland Schweiz **269ff.**
Waldrand 164 176f. 187 241 286 303
Waldräumung 297
Waldreservate 70 308 315 317 562 588
Waldreservatskonzepte 314
Waldsterben 306 308 312
Waldstrassen **288ff.** 393
Waldstreunutzung 275
Waldverbesserungsprojekt 309
Waldwege 177
Wald/Weide-Ausscheidung 308 311
Waldweiden 222 **272 308ff.** 315 611 614
Waldzunahme **285f.**
Wanderer **412f.** 444 463
Wandererlebnis 413
Wanderfeldbau 274
Wanderferien 462
Wanderfische 114
Wandergebiet 449
Wanderhindernis 114
Wandern 25 436 463
Wanderwegnetz **412**
Wasserentnahmestellen 522
Wasserfälle 65 526f.
Wasserfassung 498
Wasserkraft 488ff. **498ff.** 515 542 544f. **616**
Wasserkraftanlagen 500 502 **503**
Wasserkraftboom 499
Wasserkraftnutzung 523 527
Wasserkraftpotenzial 530
Wasserkraftwerke 498 514 518
Wässermatten 81 90f. **118ff.** 133 163

Wasserrechtsgesetz 519
Wasserschloss 102 500
Wasserwirtschaft 525
Wasserzinsen 519 523f. 526
Watt-Gesellschaft 54
Wege 27 76 85 180 191 193 222 261 **378ff.** 430 583
Wegebau 296
Wegentwässerung 179
Wegkapellen 411
Wegkreuze 378
Weglosigkeit 90 196 379
Wegnetz 92 179 379 411 414
Wegwerflandschaften 340
Weiden 17 26f. 68 77 79 81 89ff. 115 132f. 164 179 187 241f. 257 267f. 271 **272f.** 285 287f. 308ff. 310f. 319f. 327 445 455 510 611
Weidezäune 79 84 163
Weidgassen 60 **85** 163
Weidgräben 163
Weiher 192 214
Weiterentwicklung des Direktzahlungssystems **240f.** 608
wenig intensiv genutzte Wiesen 222
Werbeprospekt 437
Werbung 525
Werkplatz Wald **271** 280
Wertschöpfung 35
Widerstand **514ff.**
Wiederbewaldung 275 286ff. 319f. 562
Wiesen 17 20 24 26f. 75 81 88ff. 91 95 98 115 118 120f. 132f. 154 160 169f. 179 187 193 206 221f. 225 236f. 241ff. 257 267f. 271 287 319 342 367 414 455 488 510 539 596
Wiesenbewässerungssystem 119
Wildbäche **114** 144
Wildbachsperren 114
Wildtiere 416
Wildtierkorridore 417
Wildverbiss 323
Wildwechsel 416 420
Windenergie 488 **536** 538 544
Windkraftanlagen 536f. **538**
Windkraftboom 536
Windkraftnutzung 536
Windparkstandorte 536f.
Windturbinen 481
Windwurf 271
Windwurffläche 312
Wintergalerien 384
Wintergarten 592

Wintersportdestinationen 460
Wintertourismus **444** 454 458 524
Wirtschaftswald 269f.
Wohnblock 43
Wohngebäude 334
Wohnsilos 339 341
Wölb-Äcker 61 82 **86ff.** 187 511
WWF 187 189 205f. 247 451 483 540 552 560 575f. 587
Wytweiden 277 **310** 323 567 610 **611**

Z

Zahnradbahn 437 440
Zaun 79 378
Zelge 77ff. 92 133
Zement 356 358
Zementproduktion 357
Zerschneidung 395 **416ff.** 420 605 620
Zerschneidungsgrad 418
Zerschneidungskarte 418
zersiedelte Landschaft 165
Zersiedelung **330f.** 334 **337** 347 354 469 548
Ziege 91 272f. 278
Zivilisationslandschaft 67
Zufahrtstrassen 424 498
Zugtiere 81 140
Zugtierfutterfläche 488
Zürcher Naturschutzbund 212
Zürcher Vogelschutz 212
Zweifamilienhäuser 334
Zweiter Weltkrieg 139ff. 144 194 275
Zweitwohnungen **469f. 472** 473 596 602
Zweitwohnungsbau 481 **614**
Zwischenstadt 349
Zyklopenmauerwerke 399

Bitte beachten Sie auch die folgenden Seiten.

Hauptthema: Natur

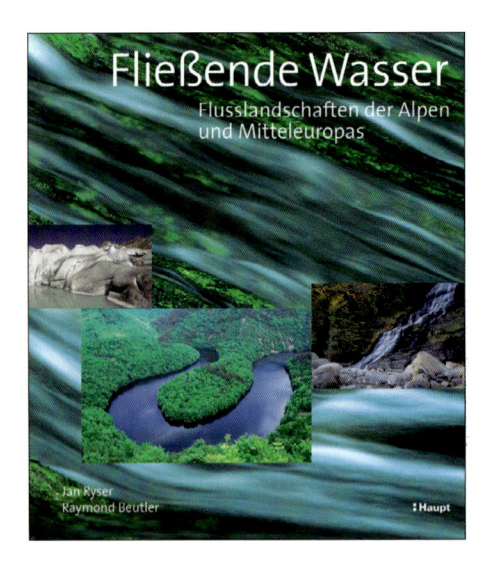

Jan Ryser / Raymond Beutler

Fließende Wasser

Flusslandschaften der Alpen und Mitteleuropas

2008. 224 Seiten, 163 farbige Abbildungen, gebunden
CHF 58.– (UVP) / € 34.90
ISBN 978-3-258-07379-8

Fließende Gewässer gehören zu den vielfältigsten und biologisch interessantesten Landschaftselementen und üben auf viele Menschen eine besondere Faszination aus. Vom kleinen Bergquell über den freundlichen, den Wandernden begleitenden Bergbach zum tosenden Fluss, der sich seinen Weg durch die Schlucht sucht, bis zum ruhigen Flachlandfluss – dies sind die gängigen Bilder von Fließgewässern. Dieses Buch zeigt jedoch, dass die Natur sehr viele Variationen zum Thema bietet.

Welche Quelltypen gibt es? Wie funktionieren Gletscher? Welche Wechselwirkungen von Fließgewässern und Landschaft gibt es? Wie passen sich die Tiere der Flussdynamik an? Welche unsichtbaren Wege nehmen Fließgewässer in Karstgebieten? Diesen und vielen anderen Fragen gehen die Autoren nach. Gut lesbare, informative Texte und viele Farbfotografien zeigen, wie vielseitig und faszinierend schön die natürlichen Fließgewässer sind.

Dieses Buch will für die Schönheit der Landschaft sensibilisieren und zeigen, wie kostbar natürliche oder naturnahe Fließgewässer sind. Für viele Tiere und Pflanzen ist es überlebenswichtig, dass ihr Lebensraum – das Fließgewässer – erhalten bleibt. Aber auch für uns Menschen ist die Vielfalt von «Fließenden Wassern» von unschätzbarem Wert.

Haupt   **Haupt Verlag** Bern • Stuttgart • Wien
verlag@haupt.ch • www.haupt.ch

Hauptthema: Natur

Thibault Lachat / Daniela Pauli / Yves Gonseth /
Gregor Klaus / Christoph Scheidegger / Pascal Vittoz /
Thomas Walter (Hrsg.)

Wandel der Biodiversität in der Schweiz seit 1900

Ist die Talsohle erreicht?

Bristol-Schriftenreihe. Band 25
2010. 435 Seiten, rund 230 Fotos, 60 Grafiken und 40 Tabellen, kartoniert
CHF 36.– (UVP) / € 23.50
ISBN 978-3-258-07569-3

Die Biodiversität ist unsere Lebensgrundlage; ihr ökonomischer, ökologischer, sozialer und ästhetischer Wert kann nicht hoch genug eingeschätzt werden. Im Jahr 2003 beschlossen die Umweltminister Europas daher, den Verlust der Biodiversität bis ins Jahr 2010 zu stoppen. Haben wir dieses Ziel erreicht? Die vorliegende Studie des Forum Biodiversität Schweiz der Akademie der Naturwissenschaften gibt fundierte Antworten auf diese Frage. Die umfassende Analyse, an der zahlreiche Wissenschaftler und Wissenschaftlerinnen, Fachexpertinnen und Fachexperten mitgearbeitet haben, zeigt auf Basis der besten verfügbaren Daten und differenziert für unterschiedliche Aspekte der biologischen Vielfalt, wie sich die Biodiversität in der Schweiz seit 1900 entwickelt hat.

Die Gesamtanalyse zeigt mit wenigen Ausnahmen starke Verluste an Biodiversität von 1900 bis 1990. In den letzten zwanzig Jahren konnten die Bestandsrückgänge bei vielen Arten und die quantitativen Flächenverluste bei bestimmten Lebensräumen gebremst werden. In wenigen Einzelfällen fand eine positive Entwicklung statt. Diese an sich erfreulichen Vorgänge fanden allerdings auf einem tiefen Biodiversitätsniveau statt. Vor allem im Mittelland ist die Biodiversität in einem bedenklichen Zustand. Insgesamt konnte der Verlust an Biodiversität nicht gestoppt werden; die Talsohle ist nicht erreicht. Die Prognosen bis 2020 zeigen, dass ein allgemeiner Aufwärtstrend beziehungsweise eine echte Trendwende unter den gegebenen Rahmenbedingungen (Gesetze, Instrumente und Massnahmen bzw. deren Umsetzung) nicht möglich ist.

: Haupt **Haupt Verlag** Bern • Stuttgart • Wien
verlag@haupt.ch • www.haupt.ch

Hauptthema: Natur

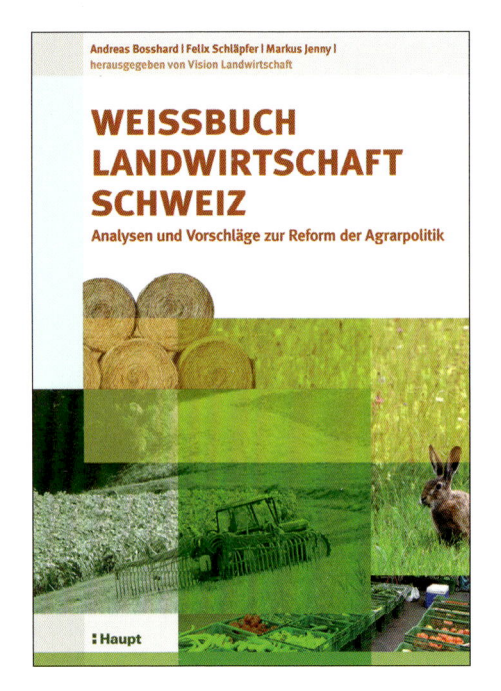

Andreas Bosshard / Felix Schläpfer / Markus Jenny /
Vision Landwirtschaft (Hrsg.)

Weissbuch Landwirtschaft Schweiz

Analysen und Vorschläge zur Reform der Agrarpolitik

2010. 272 Seiten, 53 farbige Abb., 35 Grafiken, 35 Tabellen, Klappenbroschur
CHF 48.– (UVP) / € 32.–
ISBN 978-3-258-07551-8

Die vor bald zwei Jahrzehnten begonnene Agrarreform ist auf halbem Wege stecken geblieben. Die heutigen agrarpolitischen Instrumente werden dem modernen und breit abgestützten Verfassungsartikel von 1996 nicht gerecht.

Im Weissbuch von Vision Landwirtschaft dokumentieren die Autoren umfassend und kritisch die aktuellen Entwicklungen in der Schweizer Landwirtschaftspolitik und analysieren allgemeinverständlich die Auswirkungen auf die Betriebe, die Produktion von Nahrungsmitteln und die Umwelt. Basierend auf einer sorgfältigen Auslegeordnung werden agrarpolitische Verbesserungen vorgeschlagen, die gezielt und transparent auf den Verfassungsauftrag der Landwirtschaft – und damit auf die Abgeltung gemeinwirtschaftlicher Leistungen einer produzierenden Landwirtschaft – ausgerichtet sind. Die Auswirkungen eines verbesserten Direktzahlungssystems werden mithilfe von Modellrechnungen im Detail untersucht.

Die Resultate zeigen, dass mit den hier vorgeschlagenen Reformen die gesetzten politischen Ziele im Rahmen des jetzigen Agrarbudgets erreicht oder sogar übertroffen werden können – bei mittelfristig höherem Einkommen und höherer Nettoproduktion der Landwirtschaft. Damit dürfte die Landwirtschaft unabhängig von einer weiteren Öffnung der Märkte besser für die Zukunft gewappnet sein.

¦ Haupt   Haupt Verlag   Bern • Stuttgart • Wien
verlag@haupt.ch • www.haupt.ch